# Découvrez l'histoire par les archives de presse

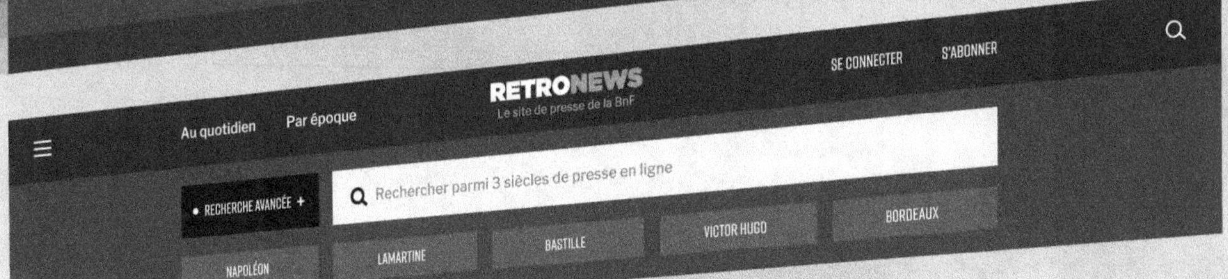


# RETRONEWS

Le site de presse de la BnF

www.retronews.fr

Prem'ère année, n° 1.     PREMIER NUMÉRO : CINQ CENTIMES     Dimanche 9 Octobre 1892.

Victor MERLEY, Directeur

## Principal rédacteur : Emile BLAIN

*Collaborateurs :* JACQUES D'ALVILLE. — ANDRÉ CARMEN. — MÉPHISTO. — RICHARD O'STEFIOL. — MARIUS RÉTY. — GONZAGUE D'HUBERT. — ÉDOUARD ZED. — PAUL LUX. — K. STOR. — DICK-D'ING. — H. MAZERON. — CARLE-MAX. — PO-PAUL. — FLANOCHARD. — MARCEL RÉGINALD.

---

## VINGT JOURS DE PLAISIR A PARIS
### Par Emile BLAIN

Phyloctète était très en voix. Les notes graves et aiguës sortaient, délicieuses et sonores, de ce nouvel instrument à vent.

## MISS RIGOLETTE
### Par André CARMEN

Sous ce pont improvisé par des jambes de danseuses chahuteuses, un gentleman passa en riant.

---

# Paris qui Rit!

Dans le royaume des gens austères, deux frères se promenaient un jour, se tenant par la main.

Le premier, un gaillard vigoureux, au regard gouailleur et malin, aux mâchoires largement dé-veloppées, d'où le rire s'échappait encore, la tête renversée, marchait d'un bon pas.

*Paris la Nuit* était son nom.

Le second, un adolescent imberbe, ne disait rien, mais pensait beaucoup. Il se réservait pour plus tard.

Dès leur apparition, ils furent accueillis avec joie par nombre de travailleurs et de bons bourgeois qui, après une journée laborieusement accomplie, écoutaient avec plaisir les récits du grand frère, se reposant à cette gaieté gauloise qui tintait bien à leurs oreilles, sans recherche ni mièvrerie, les secouant d'une franche hilarité.

Mais dans ses contes joyeux, n'hésitant pas à mettre parfois les pieds dans le plat lorsqu'il le fallait, cinglant les uns, fustigeant les autres, et toujours se tenant le ventre à deux mains, le grand frère éveilla la susceptibilité des gens graves qui résolurent sa perte.

*Paris la Nuit* disparut un jour, comme s'il eût été escamoté par le professeur Dickson.

C'est alors que le jeune adolescent ouvrit pour la première fois la bouche, et, redressant sa taille, répondit aux nombreuses questions qu'on lui adressait :

« Je suis *Paris qui Rit!* »

Son tour était venu !

*****

Non, aimables lectrices, l'esprit, le véritable esprit gaulois n'était pas mort.

Semblable au Phénix de la Fable qui renaissait de ses propres cendres, il a fait peau neuve et ce sera désormais *Paris qui Rit* qui en sera l'écho.

Prétendrait-on nous empêcher de rire, et nous forcerait-on bientôt à pleurer ?

Voudrait-on nous mettre des muselières, comme à ces malheureux représentants de la race canine, que la police hydrophobe traque partout, les suivant d'un œil vigilant, si bien que toute la force d'un œil vient à passer dans l'autre, et qu'il n'en reste plus pour arrêter cette armée de cambrioleurs qui pratiquent leur industrie sur le pavé de la capitale ?...

On cite même le fait d'un agent — dont je ne me souviens plus le numéro matricule — qui, en présence d'un malfaiteur, d'un chien errant dangereux et d'un petit roquet aveugle, n'hésita pas un seul instant...

Il s'empara du pauvre roquet !...

Arrivés au poste de police, on reconnut avec stupéfaction que le roquet était doux comme une demoiselle, mais que l'agent était enragé !...

Non, en dépit des gens timorés, qui ne sortent jamais sans un oignon dans leur poche et un mouchoir sous le nez, nous ne pleurerons pas !

Le Rire est notre drapeau, nous saurons le défendre.

Nous rirons, nous rirons toujours.

Et d'abord, et toujours, de ces mêmes gens timorés, qui s'offusquent d'une expression rabelaisienne, et se nourrissent l'esprit d'un tas de publications affolantes et surannées, sous forme de fascicules :

*La Vie de Cartouche*, les *Mémoires de Vidocq*, les *Exploits de Mandrin*, les *hauts Faits de Rocambole*, le *Roi des voleurs*, etc. !...

La littérature dangereuse, malsaine, la voilà !

Cela se tire à des milliers d'exemplaires, cela pénètre partout, cela vient hanter le cerveau de votre concierge — qui tire le cordon pendant la nuit, sans nécessité, sous le coup d'un affreux cauchemar provoqué par son feuilleton, si bien que monsieur l'assassin trouve la porte ouverte, ce qui l'engage à entrer, — et l'imagination de votre jeune fils, qui se met en campagne, ne rêvant plus qu'échelles de corde en cheveux, vilbrequins en arêtes de poissons, évasions et aventures.

Ces assassins vulgaires deviennent des héros ; on les admire, des femmes se disputent leurs photographies exposées dans les passages, on revendique leur nationalité : on est fier d'eux !

On les voit partout : au théâtre, à la ville, à l'Opéra-Comique, comme aux Français, comme au Gymnase et l'Ambigu ?...

" *Fra Diavolo* " fait rêver les jeunes filles, " *Monsieur Alphonse* " ne corrige pas les femmes mariées ; enfin c'est une adoration de toutes les minutes : pour un peu on leur dresserait des statues !...

Si cela marche ainsi, il ne serait pas étonnant de voir un de ces jours à la Comédie-Française " *Le chevalier de la Rouflaquette* ".

Pour peu que cette idée germe dans le cerveau d'un de vos immortels, monsieur Claretie sera trop heureux de monter cette œuvre grandiose.

Ce jour-là, il y aura queue à la porte... on refusera du monde !...

Quoi d'étonnant alors de voir les colonnes de nos quotidiens surchargées de meurtres, de vols, d'attaques nocturnes, et de coups du père François !...

Un rédacteur de talent, défendant ses idées rabelaisiennes, est sous le coup de la loi ; cela laisse le public bien indifférent... Mais un assassin ?... quelle aubaine !... quelle réclame !... comme on lui est reconnaissant du lustre et de l'éclat qu'il jette sur la localité !...

Pensez donc, il a tué un homme !... on mettra le nom du village dans les journaux, on s'occupera de lui pendant longtemps, on viendra visiter l'endroit du crime...

Et le débitant, établi à côté, se frotte les mains avec satisfaction.

Ça fait marcher le commerce !...

Celui-là, s'il fait une bonne recette, embrasserait l'assassin avec plaisir.

Aussi, à la cour d'assises, tous les vœux sont pour l'accusé, on jette des regards menaçants sur le président, on murmure au réquisitoire, et on éclate au verdict, en huant le jury.

Et le jour de l'exécution arrive ; quelle foule !...

On a dormi la nuit sur une chaise, pour le voir passer !

Enfin il est mort aux acclamations pleines de gratitude de la foule !

— Comme il est mort crânement, tout de même !...

La mort du soldat sur le champ de bataille n'est qu'une mazette à côté de celle-là...

Beaucoup de monde murmure :

— Quelle perte !

Et pas mal de gens pensent tout bas, bien bas :

— Quand donc en aurons-nous un autre de cette trempe ?

* *

Allons donc, sommes-nous ramollis à ce point ?

Ce n'est pas possible, ce n'est pas vrai ?...

Laissons toute cette séquelle de lugubrophiles de côté, et rions, mes amis, rions... Le rire n'a jamais fait de mal à personne, lui ; cependant on a voulu le guillotiner !

Tant que nous serons sur la brèche, nous lui prêterons nos bras et notre encre.

" *Paris qui Rit* ", c'est le rire gaulois, le rire français par excellence, que nous ont légué nos aïeux.

En avant donc, et au pas gymnastique !

Vous tous qui aimez franchement à rire, venez à nous.

Nos maîtres sont Paul de Kock, Pigault Lebrun, Rabelais, Boccace et Molière.

Qu'on vienne nous dire que ceux-là ne valent pas tous les autres ?...

Enfin notre devise qui nous est chère, sera toujours la même :

*Franchise, humour et gaîté !*

LA RÉDACTION.

# Vingt Jours de Plaisir dans la Capitale

## L'ARRIVÉE A PARIS [1]

— Mon jeune ami disait, il y a quelques semaines, un notable commerçant d'une petite ville de province, à l'intéressant Philoctète Dubassin, je vous ai promis la main de ma fille Euphrasie. C'est vrai, je ne le conteste pas. Euphrasie est un trésor ; elle a cinquante mille francs de dot et des espérances, plus une assez jolie frimousse... tout mon portrait.

Vous, de votre côté, vous jouissez (sans vouloir vous déprécier) d'un physique peu séduisant. Vous êtes comptable aux Pompes funèbres, ce qui est une place d'avenir ; mais vos parents défunts (il me plaît de le reconnaître) ne vous ont laissé pour toute fortune qu'une déplorable éducation...

— Permettez ! se récria le jeune Dubassin, n'oubliez pas que je me suis fait retoquer trois fois au bachot... Ce sont des titres !

— Bidemment ! Bidemment ! je connais vos antécédents. Mais les diplômes de ce genre-là, entre nous, ça ne sert pas à grand'chose. J'ai beaucoup connu — autrefois, au temps de mes débuts pénibles — un vidangeur qui prétendait être licencié ès-lettres. Il gagnait trente-cinq sous par jour, et une paire de bottes à la Saint-Sylvestre. Donc, mon ami, laissez-moi vous exposer, sinon les griefs, au moins les *desiderata* que me suggère notre situation respective.

Certes, quoique vous manquiez absolument de galbe, de maintien, de chic et d'entregent, il serait possible que vous devinssiez quelque jour un gentleman accompli, digne d'étreindre en vos bras maigres la plantureuse beauté qui s'appelle Euphrasie — ma fille.

Mais, ainsi que je l'insinuais tout à l'heure, votre éducation a péché par la base. On vous a colloqué dans le cerveau un tas de billevesées à dormir debout. Les uns vous ont appris à danser comme un cornichon dans un bocal, les autres vous ont mis en tête de confectionner des vers de treize ou quatorze pieds. — Certains vous ont insinué que vous aviez la bosse de la musique. Et, pendant vos heures de loisir, vous grattez avec obstination un déplorable jambonneau. Ne niez pas, j'ai ma police et je connais tous les détails de votre triste existence. Je dis « triste », parce que, mon cher futur gendre, ce qui vous manque, au suprême degré, c'est la gaîté.

— Mais permettez...

— Oh ! je sais ce que je dis... Vous riez, mon pauvre petit ; mais vous ne savez pas rire. Or, j'ai décidé que ma fille n'appartiendrait qu'à l'homme qui saurait non-seulement rigoler lui-même, mais encore faire gondoler ma progéniture. Instruisez-vous donc, piochez les auteurs fin de siècle, et, si vous voulez m'en croire, prenez ce soir le train pour Paris. C'est la capitale de la rigolade et du bon sang !

Ainsi parlant, l'aimable négociant tira de son portefeuille quelques billets de cent francs et les plaça dans les mains de Philoctète, en lui disant :

— Allez, partez !... amusez-vous ferme et revenez-nous un peu moins godiche. Apprenez donc, saperlipopette ! ce qui peut distraire une épouse... Je vous donne un mois... Passé ce laps de temps, je vous octroie ma

(1) Le premier dessin de notre première page représente la scène principale de *Débuts au Moulin-Rouge*, suite de *Vingt jours de plaisir dans la capitale*, qui passera dans le prochain numéro.

malédiction et je vous retire ma fille. Je suis un père sérieux, qui désire le bonheur d'une enfant portée naturellement aux choses folâtres. — Au revoir, à bientôt.

— Nom d'un macchabée ! clama Dubassin, voilà ce qu'on peut appeler une veine. Moi qui, depuis longtemps désirais visiter la capitale et goûter un peu à la coupe des voluptés que l'on dit être là-bas toujours pleine. O chance ineffable ! muni d'un petit capital, il m'est loisible, il m'est même ordonné de plonger jusqu'aux oreilles dans un océan de délices que les romanciers spéciaux m'avaient seulement fait soupçonner jusqu'à ce jour. En avant !...

Et, une heure après cet intéressant colloque, il prenait le train pour Paris.

Gare Montparnasse !... Chouette !... Très grand monument. Paris, il n'y a que Paris pour avoir des gares comme celle-là. Seulement, Philoctète avait la colique. Il entra dans un café quelconque, se fit servir un vermouth-cassis et indiquer le petit réduit. On lui désigna une sorte d'armoire où il s'engloutit, les pieds dans un renard de deux jours au moins. Après quelques minutes de méditation, il sortit de ce *buen retiro*, imprégné de fortes senteurs, qui nuisirent à l'absorption de son vermouth-cassis.

— Bast ! se disait-il, c'est un léger désagrément. A la guerre, comme à la guerre ! Je foule enfin aux pieds le sol de la capitale ! de cette capitale superbe, enchanteresse, mais aux chiottes, cependant, un tant soi peu délaissées.

Et il tendit au garçon un billet de cent francs pour payer sa consommation.

L'employé le regarda de travers, alla consulter la patronne, une grosse asthmatique, affalée dans le comptoir, et finalement partit pour faire de la monnaie.

— Tiens ! se dit Philoctète, c'est comme là-bas, chez nous ; ils n'ont jamais cent francs de monnaie dans le comptoir...

Et il attendit. Il attendit deux heures, trois heures, cinq heures. Le garçon ne revenait pas. La patronne, près de laquelle il alla chercher quelques explications, lui dit :

— Qué qu'vous voulez ? Ce garçon-là n'est pas de notre établissement. C'est un *extra*. Payez votre verre et allez vous plaindre au commissaire. Mais je vois bien que vous êtes ratissé !...

Le pauvre Dubassin qui avait voulu faire de l'épate avec son premier billet de cent francs, la trouva cruelle. Mais, croyant devoir jouer au malin, au « Parisien », dit-il en clignant de l'œil :

— Je la connais, on ne me la fait pas !

Alors, surgit d'un coin sombre, un gros homme, le patron, qui se mit à hurler : — De quoi !... ce vaurien-là, cette fripouille, ce filou, va nous insulter à c't'heure !... Va donc, faux-monnayeur ! D'ousque ça sort ?

Et d'un vaste heurt de sa semelle, il envoya dinguer le provincial sur le trottoir.

Philoctète, comme s'il avait le diable aux chausses, piqua sa course et ne s'arrêta qu'après avoir traversé la Seine, franchi au galop le Louvre, le Palais-Royal, et tomba épuisé sur une chaise, à la terrasse d'un café du boulevard Montmartre.

— Garçon !... un bock, fit-il d'une voix étranglée.

Dès qu'il eut absorbé le frais liquide, il essaya de rassembler ses idées :

— Pardon, demanda-t-il, avec une extrême politesse à un voisin, où suis-je ?

— A Chandernagor, répondit le type interrogé, où Charenton, si vous préférez.

— Charmant ! charmant ! fit en souriant le bon Dubassin, je comprends la plaisanterie, moi... Mais je veux demander dans quel quartier de Paris je me trouve !

A ce moment, une femme très élégante, au petit nez retroussé et des broussailles de cheveux dorés sur le front, vint s'asseoir près de lui, et murmura à son oreille :

— Ne l'écoute pas, c'est un raseur ; offre-moi une absinthe, mon petit, et je te conduirai dans les endroits chics.

— Ça, c'est une grue, se dit Philoctète, j'en ai assez entendu parler, là-bas, de ces hétaïres. Mais, par ma foi je ne suis pas fâché de savoir au juste à quoi m'en tenir.

— Ma chère, dit-il, prenez tout ce que vous voudrez, les consommations les plus chères, je m'en bats l'œil. J'ai de la monnaie dans le gousset, des billets de cent, moi, je me moque de ci et de ça !... Je suis venu à Paris pour m'amuser.

Un quart d'heure après, il montait dans un fiacre, près de sa « conquête » qui le menait dans un des plus beaux hôtels (meublés) de la Villette.

Là, ce fut une orgie comme l'excellent employé des pompes funèbres n'en avait jamais vu que dans ses rêves. Le champagne coula à flots, et... il s'endormit.

Quand il se réveilla, il avait la tête lourde et la bourse légère. Si légère qu'il ne trouva plus, après avoir constaté la disparition de sa belle compagne nocturne qu'une modeste somme de dix centimes, enfouie dans les profondeurs de son gilet.

Tout le reste de son petit capital avait disparu.

Fort piteux, il se rendit au bureau de l'hôtel, pour se plaindre.

Aux premiers mots de ses doléances, le patron (encore un gros homme) se mit à beugler :

— Ah ! sale marlou !... je te tiens !... c'est pas la première fois que tu me la fais avec ta gonzesse !... Attends un peu, salop ! j'vas te régler, moi...

Et, sur un rythme cadencé, mais violent, l'hôtelier lui administra une magistrale volée de coups de poing sur la figure.

Le nez en capilotade, le cher Dubassin, que le destin forçait ainsi depuis quelques heures à filer comme un lièvre dans les rues de la capitale, ne savait plus à quel saint se vouer. Son regard rencontra, par hasard, une affiche portant ses mots magiques : « Mont-de-Piété ». Il pénétra dans ce sanctuaire, déposa ses boutons de manchettes, — un présent de la belle Euphrasie, sa future — et encaissa, au bout de quarante minutes d'attente, la somme de trois francs.

Vite, il se réfugia dans un café, se faisant petit, tout petit, craignant de nouvelles avaries, et demanda, avec un verre d'eau sucrée et de quoi écrire.

Puis il rédigea la dépêche suivante :

« Beau-père. — Gendre moulu par vie de Paris — Douille absorbée — Beaucoup amusé — Envoyez argent pour retour ».                    DUBASSIN.

Depuis quelque instants, un jeune homme aux moustaches retroussées, à l'œil vif, contemplait Dubassin, chuchotant sa dépêche.

Se rapprochant, il lui dit :

— Excusez-moi, l'ami, si j'interromps vos occupations ; mais je parie que je devine le motif de votre rêverie cruelle. Passez-moi le mot, vous vous en... noyez comme un goujon dans une guitare. Et vous télégraphiez chez vous pour demander de l'argent, afin de retourner dare dare en votre paisible département.

Étonné d'une telle perspicacité, l'employé des pompes funèbres demeurait tout baba, les yeux écarquillés, la bouche ouverte.

Enfin, il balbutia.

— Qui êtes-vous donc, Monsieur ?

— Un rédacteur du *Paris qui rit*, c'est-à-dire un de ces joyeux personnages que vous avez cherché vainement jusqu'ici et qui vous aurait évité bien des mésaventures. Oui, votre futur beau-père a raison... C'est à Paris seulement que l'on peut s'ébattre et se dilater la rate.

— Mon futur beau-père !... vous le connaissez donc ?

— Nous connaissons tout. Télégraphiez donc, comme vous en aviez le dessein ; mais pour demander les subsides. Pour le reste, je me charge d'être votre cicerone et je vous mènerai, croyez-moi, aux bons endroits. Vous avez payé le tribut de votre ignorance et de votre candeur. Désormais, mon vieux lapin, tu vas naviguer à pleines voiles dans l'océan des voluptés que tu rêvais... Alors, ensuite, complètement dénaisé, tu pourras te présenter à ta future. Le beau-père sera content.

— La Providence soit bénie ! s'écria Dubassin, enthousiasmé.

Et, sans tarder, il écrivit un autre télégramme, donnant au beau-père son adresse aux bureaux de *Paris qui rit*, 13, faubourg Montmartre.

Alors — une nouvelle somme reçue par Dubassin — commença, pour les deux compères, une série de folles journées dont nous commencerons dans notre prochain numéro, le piquant récit, sous le titre de : **Débuts au Moulin-Rouge.**

Et en attendant ce récit, permettez-moi, cher lecteur, de vous serrer la cuiller, et vous, aimable lectrice, de déposer un bécot sur vos beaux yeux.

*(A suivre)*                    Emile BLAIN.

# ÉTUDE DE RIEUSES

## MISS RIGOLETTE

Un soir, que ma flânerie m'avait très spécialement conduit à l'Élysée-Montmartre, célèbre de temps immémorial par l'amabilité de ses contrôleurs, l'exhilarante et rubiconde maëstria de son chef d'orchestre, le bon Dufour, et l'inimitable naïveté du Père la Pudeur, un soir de cet été, dis-je, je rencontrai là, dans ce temple dédié à Therpsichore Calypige, la plus étrange et la plus délicieuse fille que vous puissiez rêver.

Oh ! la ! la ! oh !... En place pour le quadrille !

Et ces dames de quitter les tables qui semblent, pleines de rieuses pour la plupart jolies, comme des bas-reliefs fin de siècle plaqués momentanément sur les côtés de l'immense salle.

Et ces messieurs, accompagnateurs du chahut, cavaliers et partenaires des étoiles chorégraphiques du lieu, de rompre les petits groupes de causerie au pied de la tribune orchestrale et de se ranger deux par deux, vis-à-vis, en tirailleurs d'un nouveau genre, pour le combat du grand écart et la savante clownerie des intermèdes.

Et aussi, le public voyeur de se condenser aux bons endroits, dans un furieux besoin d'envolées de jupes, un rut spécial de jambes en l'air étudiées, et surprises parfois en flagrant délit de révélation par trop réalistes. Une rage, quoi ? La nostalgie de l'opoponax dégagé dans le chambard des linges, toute une débauche de corps de ballet et accessible au petit peuple Montmartrois, si épris de tous les arts depuis qu'il est convenu de par le monde que la Butte, même avec le Sacré Cœur, a la forme d'une radieuse et féconde mamelle.

Et ma foi, je l'avoue, le spectacle est troublant et je l'aime.

Dufour, avec une tonitruante intensité de cuivres, prélude. Je me trouve précisément posséder le bon coin, juste en présence des astres de première grandeur, m'affirme-t-on.

D'abord, la petite Macarona, bien entendu la sœur de la grande, puis une autre femme très curieuse, au profil joli, peu maquillé, — vingt ans à peine, dont le sourire fait état de dents très blanches.

Avec cela grasse à point et nichetonnée à ravir.

Le pied est mignon. Les dessous, d'un luxe païen, ont l'air, malgré leur impudeur voulue, de cacher tout un vol neigeux de colombes. Ces demoiselles ont déjà retroussé gravement, jusqu'au bas du corset, leur robe aux dentelles mouvantes.

Et j'aperçois avec étonnement à la place du pantalon fermé tant exigé jadis, un presque nu fait de larges mailles noires ou blanches, qui décèle, — oh ! je ne dirai pas entièrement, mais à si peu de chose près, les formes que nos pères appelaient honteuses de certaines parties, et que je ne me déciderai jamais à dénommer telles, moi qui, en vertu d'un contrat passé avec ma sœur l'Indépendance, les considère comme ce qu'il y a de plus délicat, de plus suggestif et de plus noble dans la superbe humanité.

Je regarde par dessus les têtes celle du Père la Pudeur, si farouche dans le temps et si expulseur de femmes dont les indispensables n'étaient pas hermétiquement clos.

Il ne bronche pas. Il manifeste pour cette grosse liberté une indifférence presque scandaleuse. Rien ne l'émeut, ce bonhomme. Il trouve très naturel ce pont établi par des jambes de danseuses chahuteuses et sous lequel passe, en riant, un des gentlemen présents.

Mais alors, je ne m'explique plus cette licence.

Au même instant, des bravos enthousiastes éclatent. La compagne de la petite Macarona vient de faire le saut périlleux, et l'on a pu admirer tous les dessous. Hourrah !

Cependant, le pourquoi de ces exhibitions m'intrigue.

Le quadrille terminé, je vais droit à l'héroïne du bal et je l'invite à prendre une consommation, qu'elle accepte.

De suite, pour me mettre plus à l'aise et forcer l'intimité, elle me remet sa carte où je lis :

MISS RIGOLETTE.

*Professeur de danses fin de siècle.*

C'est au mieux. De près, Miss, puisque Miss il y a, est encore plus charmante que dans le décor du quadrille. Rien de voyou dans les manières, un rire d'une louable aisance, et bonne fille, ni cramponnante, ni revêche, un copain plutôt avec lequel on ne doit pas s'embêter, et des yeux, tout un monde, pas des Léro-Cathelain, mais de vrais brillants un peu bleutés, enchâssés dans de grandes et belles amandes roses.

Pouvez-vous, chère, lui dis-je, me donner la raison de ce pantalon à mailles si larges, lorsque, autrefois, la plus petite échancrure était interdite.

— Ah ! voilà, me répond-elle. Nous étions, ou du moins sinon moi, mes devancières, dans la nécessité de coudre nos pantalons où vous savez, pour ne pas outrager les mœurs. Mais ça nous embêtait, car les hommes aiment voir un tantinet du meilleur de nous-mêmes dans le fouillis des jupons soulevés. Or nous nous sommes réunies en conciliabule, la Goulue, Grille-d'Égout, la Macarona et d'autres, et nous avons discuté la chose. La grosse question était qu'il n'y eût pas de solution de continuité dans la fabrication.

« Après maints pourparlers, j'ai trouvé le truc du filet.

« Nous l'avons essayé au Moulin-Rouge, ça a passé.

« A l'Élysée, la Pudeur ne dit rien. C'est bien plus indécent que l'ancien système, mais le règlement est observé, et tout est pour le mieux dans le meilleur des Montmartre du monde. »

Miss Rigolette me conte cela simplement, en camarade, avec une bonne franchise singulière qui m'amuse.

Et je la quitte, en lui promettant de la revenir voir bientôt. Et malgré moi je pense à une petite nouvelle de Louis Noir, parue dans *le Réveil* il y a quelque dix ans, dans laquelle il parlait de la pudeur du gendarme : « Un canotier ! dix pouces de manches, n... de D... N'en a pas. Procès verbal. Tas de polissons !

C'est le règlement. Dix pouces, pas un de moins.

Et pendant ce temps, devant ce même fonctionnaire les tireurs de sable, sur la Seine, exhibaient leurs torses nus, complètement, au grand soleil : — Ceux-là, j'm'en fous ; pas dans l'règlement, connais pas.

Oh ! l'administration !

Rigolette a raison, faut truquer dans la vie. Les pantalons à mailles sont une trouvaille, en tous les cas, un acheminement vers le progrès qui supprimera tous les tartuffismes un jour ou l'autre, et qui reconnaîtra que l'on doit appeler un chat un chat, et Rollet la Pudeur un... tout ce que vous voudrez.

ANDRÉ CARMEN.

# LA PARISIENNE

Vive toujours la Parisienne !
Blonde, brune, rousse surtout ;
N'importe comment, n'importe où,
Nulle bouche ne vaut la sienne
Et n'a si voluptueux goût :
Rayon-d'Or ou Grille-d'Égout,
Vive toujours la Parisienne !

A tout moment elle aime à rire :
Elle a, lorsque vous lui parlez,
De cascadants éclats perlés
Entre ses lèvres qu'on désire :
Quand on l'embrasse sur les dents,
Elle pouffe encore en dedans :
A tout moment elle aime à rire !

Ses yeux sont l'éclair et la foudre,
Malgré leur air de se moquer ;
Et sa frimousse est à croquer
Sous le fard, la crème et la poudre ;
A la fois brillants et brûlants,
Toujours inviteurs et troublants,
Ses yeux sont l'éclair et la foudre.

Elle n'est pas toujours jolie ;
Mais elle se frise et fournit
Son cor et d'ouate comme un nid ;
Elle n'est pas toujours polie,
Mais elle adore babiller.
Quand on veut la déshabiller,
Elle n'est pas toujours jolie.

Le pied frétille sous les jupes,
Et, mal découvert, le mollet,
Alerte, mais souvent fort laid,
Fait en chemin beaucoup de dupes.
Quels sont ces charmes devinés,
Rien qu'en ayant devant le nez
Le pied frétillant sous les jupes ?

Et dans le nocturne mystère
Du lit ouvert aux amoureux,
Parmi les chats fiévreux,
En est-il qu'on ne doive taire ?
Qu'importe ce qu'on dit tout bas
Quand elle a retiré ses bas :
Il faut respecter le mystère !

Vive toujours la Parisienne !
Son petit chic et sa gaîté,
Son artificielle beauté
Et sa galanterie ancienne ;
Ses caprices, ses faveurs
Aux particulières saveurs...
Vive toujours la Parisienne !

ZÉZETTE.

# LA CORBEILLE

Dans le grand salon bleu et or, le flamboyant soleil pénètre largement.

Madame de Triple-Étoile marie sa fille aînée.

On est à la veille du grand jour.

Les visites affluent, les compliments pleuvent. C'est un brouhaha confus de conversations et de rires. Le milieu y prête. A côté, les tapissiers clouent les dernières tentures; les préparatifs s'accélèrent dans un bruit de déballage et de kermesse; on voit dans tous les coins, à toutes les portes, des gens affairés et émus qui se cherchent, s'abordent, se consultent, poussent à la roue avec de grands gestes de hâte et de fièvre, dans une activité nerveuse de branle-bas de combat.

Puis il y a dans l'air avec l'annonce d'une jonchée de roses immaculées, comme un parfum échappé de la jeune alcôve qui s'entr'ouvre. Et des aspirations montent aux cerveaux, excitantes, des souvenirs s'éveillent. Les cœurs, diversement émoustillés, se dilatent plus à l'aise. Il arrive même qu'on se montre content du bonheur des autres et aussi qu'on a de l'esprit.

Le rayonnement de l'hyménée a du bon.

Pendant ce temps-là, Pétrus, le héros du lendemain, l'œil tourné vers l'étoile polaire qu'il ne perd pas de vue, emmène sa fiancée dans quelque pièce tranquille encore; et celle-ci, déjà confiante, se suspend, heureuse, nonchalante et légère, au bras du doux professeur d'amour dont elle n'attend plus que la leçon de choses tacitement mais ardemment promises, et dont les lèvres, devenues plus hardies, articulent déjà sur les siennes les premières strophes du positif poème qu'elle saura par cœur, l'espace de deux aurores.

La corbeille, pour eux chose secondaire en l'instant, s'étale dans un ruissellement d'exposition internationale. Comme elle est à l'image fidèle des donateurs, on s'y bouscule. On goûte là de véritables satisfactions.

Charlotte, la fille cadette, qui a quinze ans et est de son siècle, s'est constituée cicérone en la circonstance. Elle a tout catalogué avec confiance; elle va, vient, range, dérange, se multiplie, guette surtout les groupes malicieux pour s'y exercer au genre descriptif, faire valoir ce qu'on verrait mal et jeter un peu de relief sur ce qu'on ne verrait pas du tout.

Elle est pour l'égale dispersion des rayons visuels.

Malgré cette attitude de membre de l'opposition, elle est contente que sa sœur se marie. Ça l'avance, dit-elle.

Sigismond de la Besace et madame de la Tournelle ont attendu le dernier moment pour aller, eux aussi, jeter leur coup d'œil « bienveillant » sur la corbeille.

Ils comptent être seuls et pouvoir mieux, ainsi, procéder au mutuel échange de leurs impressions.

— Bon! la gamine, s'écrie la Besace.

— Elle ne bouge pas d'ici depuis qu'on y expose..... Question d'avenir et de performance. C'est quelque chose cela; que l'art d'apprécier ses semblables. Elle s'y montre déjà très forte. Vous savez, au surplus, qu'elle va au lycée — comme nos fils...

— Elle doit y faire bonne figure.

— C'est mon avis: on l'a ratée... Ce pauvre Triple-Étoile n'a jamais pu aller jusqu'au bout. Dame, quand on a, comme lui, d'après ce qu'on raconte...

— On donne malaisément la mesure de ses moyens, n'est-ce pas! Consolez-vous, quelqu'un suppléera en sa faveur à la parcimonie de l'ingrate nature. Elle aura en plus ce qu'elle a et les honneurs. Je serais bien étonné qu'elle attendît longtemps.

— Je crois que nous oublions qu'il s'agit d'une enfant.

— Elle le fait si peu penser.

— Vous n'êtes pas bon. Mais que vous ont donc fait les femmes pour que, même à l'état de chrysalides, vous les poursuiviez ainsi de votre humeur gouailleuse et de vos méchants propos?

— Oh! presque rien; et vous personnellement, marquise, pas assez...

— La voici... Tiens, un Japonais!

— Ma parole, il va s'ouvrir le ventre.

— Il est en loc, fit Charlotte, c'est les Bazemont...

— Ah!

— Oui, ils en ont un approvisionnement. Voici deux ans que Salomon leur paie ses termes avec des rossignols. Ils les casent, vous comprenez... J'espère aussi avoir mon Japonais.

— Et ça? c'est joliment relié...

— Les œuvres de Pierre Loti.

— Je me demande un peu de ce qu'ils vont faire de ce papier.

— Vous l'avez dit: il y a la reliure.

— C'est juste, fit madame des Tournelles, en levant au ciel ses regards devenus soudain mélancoliques, ils en sont à la reliure, eux aussi. Pauvres enfants!

— Comme vous dites cela, chère Isabeau. Moi, quand j'en arrive à la reliure...

— C'est pour donner à quelque valet de chambre le soin d'épousseter un bouquin de plus, n'est-ce pas!

— J'époussette moi-même.

— Vous êtes précieux. Et vous relisez aussi.

— Je relis les meilleurs chapitres.

— Côté du dénoûment, je connais ces lectures-là.

— Les autres aussi, mais je vous dis, les meilleurs.

— Dans le même livre?

— Quelquefois.

— Voulez-vous me permettre d'élever quelque doute.

— Vous feriez mieux d'entrer enfin dans la voie expérimentale. Je ne demande qu'à faire la preuve, moi, et constamment vous vous dérobez. Comment voulez-vous être convaincue. Vous resteriez confondue, pourtant, de la puissance de mes arguments et de la sincérité de la confection que je viens de vous faire de ma constance à tourner les mêmes feuillets, respirer les mêmes parfums, baiser les mêmes mains et les mêmes lèvres, toujours, sans humeur et sans lassitude...

— Je vous en prie... Cette enfant, qui a l'air très occupée de la brocatelle qu'elle tient à la main nous épie et nous écoute; mieux que cela, elle enregistre: c'est un phonographe. Et laissez mon avant-bras en repos.

— C'est donc également une plaque sensible, un gélatino-bromure.

— C'est une femme — là. Êtes-vous content?

— Un jugement sévère me satisfait toujours, quand il est juste.

— C'est bon, allez!.... Ah!

— Ceci vient de vous, monsieur de la Besace, fit Charlotte qui s'était rapprochée.

— Et c'est anonyme, appuya Mme de la Tournelle; pure modestie... Mais, dites-moi, qu'elle a été votre pensée en achetant ce bibelot, cette manière de cheval... ou cette manière d'athlète... après le cirque devant les jeunes grecques transportées qui l'acclament et l'appellent...

— Un centaure.

— Soit, un centaure. Il vous a semblé de bon goût d'amener notre chère Angèle à d'involontaires rapprochements, de lui préparer quelques désillusions...

— Oh! chère amie, pouvez-vous bien supposer...

— Alors vous n'avez pas vu ce que vous avez acheté.

— Marquise, vous exagérez tout.

— Enfin! c'est mauvais. On la voit assez tôt venir l'heure où l'étoile penche, où la petite flamme bleue de l'illusion s'en va, l'heure de la réflexion, du parallèle, des questions qui montent...

— Dans les cerveaux déséquilibrés.

— Dans tous!

Charlotte intervint.

— Angèle croit que c'est un cheval, dit-elle, un petit cheval de fantaisie... Elle n'a sans doute pas bien examiné.

— Voilà qui clôt la discussion, fit la Besace.

— L'inspection continua.

— De l'amiral du Palau: souvenir d'Orient.

— Il en a une jolie collection de ces souvenirs-là, l'amiral, — comme les Bazemont de leurs japonais.

— Tant que ça?

— Et des bons.

— Oh! mais alors, s'écria Charlotte...

— Ne cataloguez pas, mademoiselle.

— Est-ce que vraiment ce qu'on dit?...... questionna Mme de la Tournelle.

— Certainement.

— Un amiral!

— Il n'en est pas moins homme.

— Peut-il au moins conduire sa flotte?

— Sa flotte... mais oui.

— C'est l'important.

— Bon! un accordéon. Voilà au moins un symbole! Est-ce que Pétrus cultiverait de cet instrument! Tiens, il est muet... C'est un lapin!

— Pétrus n'en aura que moins de peine.

— Il est ici pour ses incrustations d'argent, dit Charlotte, pour ces peintures sur la soie. Puis, je crois bien qu'il se remonte.

— Ça le sauve. Mais qui peut bien avoir eu l'idée d'offrir un machin comme ça?

— Oh! monsieur de la Besace, un machin?... C'est une idée d'Étiennette, une camarade à Angèle. Elle est bizarre, Étiennette; elle a aussi offert des bas de soie, des pantalons... oh! très riches, mais ils sont drôles, les pantalons, venez voir.

— Je trouve, moi, qu'ils sont austères, dit la Besace en se penchant à l'oreille de Mme de la Tournelle — et inutilisables.

— Vous êtes inconvenant, vous.

— Avec cela qu'ils doivent être commodes, fermés comme le corps des Mines.

— De grâce!

— Angèle me les destine, reprit Charlotte, et je les accepte pour la dentelle, qui est bien jolie. Drôle de fille tout de même qu'Étiennette.

— Voici maintenant ses tentures jaunes. Encore un symbole!

— Vous êtes indécrottable, décidément.

— Et c'est à peu près tout, fit Charlotte, qui se résuma par un geste circulaire de la main. En somme, je ne vois guère que M. Pétrus qui ne se soit pas manifesté ici.

— Comment cela?

— Il n'a encore rien mis dans la corbeille.

— Ça viendra, dit la Besace en se penchant, gouailleurs, vers Mme de la Tournelle, qui, cette fois, ne trouva pas la riposte et rougit jusqu'à la base du cou, où un tas de mèches blondes décrivaient, capricieusement, de délicates et provoquantes arabesques.

ÉDOUARD ZED.

---

# SCÈNES FIN-DE-SIÈCLE

## LA CHANSON DE LYDIA

Permettez-moi de vous présenter, tout d'abord, les quatre personnages qui vont se mouvoir, causer, rire, chanter dans cette histoire.

Primo: LARIDON, président du Cercle des Ribouis-Plato. Littérateur à ses moments perdus.

Secundo: LAMY-DORÉ, son ami, musicien à ses moments encore plus perdus.

Tertio: LYDIA, étoile du théâtre des Folies-Suggestives.

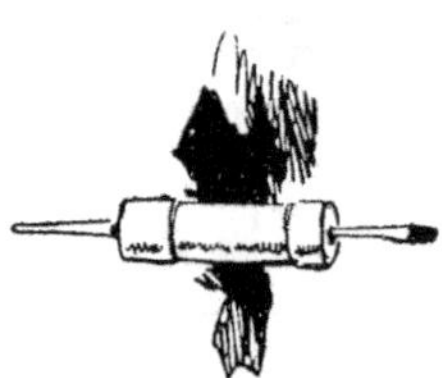

Quarto: Mme PUDUBEC, sa tante, que nous représentons par une seringue.

Au moment où nous faisons connaissance avec ces estimables personnages, Laridon et Lamy-Doré viennent d'entrer chez Lydia, où Mme Pudubec les reçoit.

— Ah! c'est vous, Messieurs, dit la vieille dame, ma nièce vous attendait avec une impatience!... Nous avions défendu notre porte pour être tout à vous.

LARIDON. — Ça c'est gentil, sans cela nous aurions été dérangés tout le temps... Permettez-moi de vous féliciter, Madame Pudubec, vous êtes une tante admirable... Toujours solide au poste!...

Mme PUDUBEC. — Oh! c'est que je connais Lydia... Elle est si généreuse, si ouverte...

LAMY-DORÉ. — Si ouverte que cela?...

Mme PUDUBEC. — Elle ne sait rien refuser à personne; alors, moi, j'ouvre l'œil...

LARIDON. — Vous avez bien raison... A propos, nous apportons la petite chanson... Paroles et musique... Lamy-Doré a trouvé un air délicieux... Prévenez donc votre nièce. Nous perdons un temps précieux.

Mᵐᵉ Pudubec. — Je vais vous la chercher.

(*Exit la tante*).

Laridon. — Ah! mon vieux, si elle consentait à chanter le dernier couplet!... Quel succès!... Alors, c'est convenu. Tu te mets au piano, et tu ne t'occupes de rien.

Lamy-Doré. — J'ai un rôle peu gai! Enfin, puisque je te l'ai promis... Chut! la voilà.

Lydia, une svelte et suave blonde de vingt-trois ans, fait son entrée, vêtue d'un peignoir bleu de ciel pailleté d'or, fermé par des nœuds de satin grenat.

— Tiens, Laridon, bonjour! Mon petit Lamy-Doré, ça va bien!... Vous voyez, je vous reçois en camarade, sans même être habillée, ni coiffée, mais ma tante m'a dit que vous étiez là, et je n'ai pas voulu vous faire attendre.

Laridon. — Vous êtes divine...

Lydia (*éclatant de rire*). — Vous trouvez.

Laridon (*emballé*). — Et sous le peignoir on devine les lignes admirables de ce corps si jeune, si souple, si...

Lamy-Doré. — Mon vieux, tu pourrais bien attendre pour dire des bêtises, que je sois au piano.

Il va s'asseoir sur le tabouret, ouvre le piano et tapote pendant que Lydia, tapant sur les mains de Laridon qui essaye de l'enlacer, murmure :

— Voyons, bas les pattes!... Causons sérieusement : La chanson de la revue est finie?

Laridon. — Oui, ma mignonne, et je crois que vous vous taillerez un grand succès.

Lamy-Doré. — Et j'ai spécialement fait la musique pour votre voix.

Lydia. — Quel est le titre?

Laridon. — Pas si long qu'ça!

Lydia. — C'est gentil, ça, commençons.

Laridon. — Lamy-Doré, prends ta plus belle voix (*A Lydia*). — Il chante comme une corde à puits.

Lamy-Doré. — On fait ce qu'on peut... Hum! hum! Le premier couplet d'abord est très anodin; il s'agit d'une petite fille qui ne veut pas apprendre l'alphabet. Enfin, elle s'y décide, et quand elle sait lire, elle s'écrie triomphante, avec un petit air enfantin...

Lydia. — Voyons l'air enfantin de Lamy-Doré.

Lamy-Doré (*chantant*) :

> Ah! la la! Ah! la la!
> Bast! ça n'est pas si long qu'ça!

Lydia. — Bon! Restez au piano ; je vais fredonner en même temps; mon p'tit Laridon, faites-moi répéter...

Laridon. — Approchez tout près, et regardez-moi bien en face.

Lamy-Doré. — Veinard!... Allons, vous y êtes... Deux mesures pour rien... Pi pan pan! Pi pan pan! Commencez.

Lydia (*chantant*) :

> Quand j'étais petite fille
> J'étais déjà fort gentille.

Laridon. — Vous l'êtes encore... Faites une petite moue...

> Maman disait a, b, c

C'est parfait... (*Il l'attire près de lui.*

Lydia. — Si vous me regardez comme cela, vous m'enlèverez tous mes moyens... Lâchez-moi donc, sapristi!... Voici ma tante:

(*Tous trois en chœur*) :

> Ah! la la! Ah! la la!
> Bast! ça n'est pas si long qu'ça!

(Au moment où Mᵐᵉ Pudubec entre, Lamy-Doré, qui s'ennuie, entame la valse des *Haricots*).

Mᵐᵉ Pudubec. — Tiens, il y a donc une valse dans votre chanson?

Laridon. — Une mesure à peine, puis le refrain :

> Ah! la la! Ah! la la!
> Bast! ça n'est pas si long que ça!

(*Bas à Lamy-Doré*). — Pourquoi as-tu joué cette valse, c'est stupide!...

Mᵐᵉ Pudubec. — Comme tu es rouge, Lydia!

Lydia. — Dame! ma bonne tante, il fait si chaud, et puis j'y mets tant d'action... J'ai la gorge sèche...

Laridon. — Ça serait le moment de boire un peu de vin de Champagne.

Mᵐᵉ Pudubec. — C'est cela. Je vais aller en chercher... Donnez-moi de l'argent.

(*Laridon donne deux louis*).

Un moment après, Mᵐᵉ Pudubec revient avec trois bouteilles de champagne prises chez l'épicier à raison de 12 francs les trois et redemande 5 francs à Laridon, sous le prétexte que chaque bouteille lui coûte 15 francs.

Mᵐᵉ Pudubec. — Si nous goûtions en même temps.

Laridon. — C'est cela. Tenez, voici un autre louis, allez nous chercher quelques sandwichs et des gâteaux, nous ferons un petit lunch pour réparer nos forces...

(*Sortie de la tante*). — Pendant son absence, Lydia répète le second couplet.

Retour de la tante qui pose les provisions dans un plat sur un guéridon, avec des assiettes et des verres. Elle emplit les verres et l'on entame les sandwichs.

Lydia. — A la santé, ma tante!

Laridon. — Et aux succès de Lydia.

Mᵐᵉ Pudubec. — Merci! Il est exquis ce champag ne...

(*A part*) J'ai gagné 33 francs dessus et 15 francs sur les gâteaux.

Laridon (*bas à Lamy-Doré*). — Mon ami, de grâce, débarrasse-moi de cet affreux paquis de tante; cela marchait si bien...

Lamy-Doré (*bas*). — Cela est bien difficile, maintenant qu'elle est installée, mais je puis l'occuper. — (*Haut*). — Etes-vous décidés à commencer le troisième couplet?

Lydia. — Vas-y, mon p'tit.

Lamy-Doré. — Notre héroïne se marie, sa mère lui donne les conseils d'usage :

> Maman le soir du mariage
> Me dit, dans les conseils d'usage:
> Mon gendre est de méchante humeur;
> J'ai bien peur...

Mᵐᵉ Pudubec. — C'est exquis !

Lamy-Doré (*hurlant*) :

> Ah! la! la! Ah! la! la!
> Il n'est pas si... méchant qu'ça!

Lydia. — Jamais je ne pourrai chanter ça! n'est-ce pas ma tante?

Mᵐᵉ Pudubec. — Je m'y oppose...

Lamy-Doré. — Mais c'est idiot! Voulez-vous ne pas faire d'effet? vous savez bien que, dans les revues, l'effet c'est tout, et qu'il faut laisser l'effet se faire...

Lydia. — J'aimerais mieux ne pas jouer.

Laridon. — Et puis, chanté par vous, le couplet s'idéalise. Les mots en passant par votre bouche perdent toute leur crudité; à votre insu vous leur prêtez votre charme...

Mᵐᵉ Pudubec. — Ça c'est vrai. Elle leur prête du charme... V'là c'que c'est que d'avoir reçu des principes, car ma nièce a des principes...

Lydia. — (*chantant*) :

> Ah! la! la! Ah! la! la!
> Il n'était pas si...

Laridon (*bas à son ami*). — Elle est canulante la vieille! occupe-la donc.

Lamy-Doré. — Mais, mille pétasses, ça m'assomme. (*haut*). Vous ne buvez pas, maman Pudubec?

Mᵐᵉ Pudubec. — Il ne reste plus de champagne.

Laridon (*empressé, tendant un louis*). — Allez donc en chercher!

Mme Pudubec sort.

Laridon met l'absence de la tante à profit, pour décider Lydia.

— Voyons, ma petite, supplie-t-il laissez-vous faire... si c'était trop risqué, je serais le premier à vous le dire.

Lydia (*bas*). — Je vous assure, il me semble que je serais moins intimidée devant toute une salle, mais là, comme cela, tout près, avec vous qui me regardez si drôlement; on dirait que vous me plongez vos yeux jusqu'au cœur.

Laridon (*bas*). — Je vous aime tant !

Lydia (*très troublée*). — Taisez-vous donc, si ma tante vous entendait.

Laridon (*s'échauffant*). — Croyez-moi, répétons ce trosième couplet ensemble, longuement, savamment, et quand nous aurons bien creusé la situation, vous arriverez à le dire si bien, si bien... que ce sera comme si monsieur le maire y avait passé. (*Il l'embrasse*). — Oh! ma petite Lydia, si vous vouliez. Quelle bonne petite existence nous pourrions mener! je vous ferais des rôles; vous, vous les diriez avec ce charme si pénétrant dont vous avez le secret; chacun travaillerait ainsi aux succès de l'autre; nous aurions le même instinct artistique, les mêmes goûts, les mêmes intérêts dans la vie...

Lydia. — Vous perdez la tête.

Laridon. — Du tout, la tête est toujours bonne, comme vous pouvez vous en assurer...

L'entrée de Mᵐᵉ Pudubec, avec une bouteille de champagne (elle en a bu une dans l'antichambre,) interromp la conversation animée de Laridon et de Lydia...

Lamy-Doré qui s'ennuie de plus en plus, joue sur son " chaudron " une polka entraînante.

Mᵐᵉ Pudubec, qui a l'œil vague et le sourir attendri, essaie un pas, puis deux... et va poser la bouteille sur le guéridon... et s'affalant sur le canapé, elle soupire :

— Oui, il s'appelait Francisque, c'était un beau brun qui s'est distingué dans la garde nationale, en 48... (*Lydia et Laridon s'éclipsent*).

Lamy-Doré (*s'approchant*). — Ah! il s'appelait Francisque... un nom superbe... Il faut être Sarcey pour porter ce prénom-là... Allons madame Pudubec, encore un petit verre de champagne...

Mᵐᵉ Pudubec. — Heu! c'est que j'ai la tête un peu lourde (*riant*). C'est drôle, vous avez un faux air de Francisque, vous !

Lamy-Doré (*à part*). — Aïe!

Mᵐᵉ Pudubec. — J'ai toujours l'âme si tendre ! mon cœur a conservé des trésors d'affection...

Lamy-Doré. — Je n'en doute pas, madame Pudubec...

Mᵐᵉ Pudubec. — Appelez-moi Valérie tout court.

Lamy-Doré. — Tout court ?... ça se corse... (*se retournant*). Mais, où sont-ils passés ?... (*criant*) Laridon ! Laridon !...

(*La voix de Laridon dans la chambre voisine*). — Voilà !... ne t'inquiète pas... nous étudions le troisième couplet...

Lydia. — Oui, écoutez :

> Maman disait a, b, c
> Moi, je fus bientôt à z.
> Ah! la la! Ah! la la!
> On apprend vite cela...

Mᵐᵉ Pudubec rêveuse, pousse de profonds soupirs...

Lamy-Doré qui s'ennuie de plus en plus, tape à coup de poings sur son piano...

Lydia et Laridon reviennent...

Lydia. — Ma tante.

Mᵐᵉ Pudubec. — Quoi, chérie?

Lydia. — Je le sais, mon troisième couplet.

Mᵐᵉ Pudubec (*souriante*). — Eh bien, chante-le.

Lydia. — Vous le voulez, ma tante?

Mᵐᵉ Pudubec. — Va, chérie... mais le refrain seulement, c'est le plus rigolo...

Lydia (*regardant Laridon en riant, entonne à pleine voix*) :

> Ah! la! la! Ah! la! la!
> Bah! ça n'est pas si long qu'ça!

Et sautant au coup de Laridon, elle l'embrasse.

Lamy-Doré, qui s'ennuie de plus en plus, entame l'air de *La Marmotte qui a mal au pied*, et Mᵐᵉ Pudubec, qui pense toujours à Francisque, s'endort en murmurant :

> Ah! la! la! Ah! la la!
> Qu'il était grand ce gaillard-là.

H. Mazebon.

# Feuillets de mon Carnet

Gobelalune n'est pas, comme son nom pourrait le faire supposer, un monsieur bénévole et facile à contenter qui accepte tous les mets qu'on lui offre...

Gobelalune est difficile.

Témoin ce fait :

Il sortait l'autre soir avec un de ses amis d'une maison où tous deux avaient été invités à dîner.

Sitôt la porte close :

— Quelle mauvaise cuisine! s'écrie Gobelalune.

— J'en conviens !

— C'était exécrable !...

— Pourtant... on nous fait une politesse... il faudra la rendre...

— Ma foi ! s'écrie Gobelalune avec véhémence, j'ai bien envie de la rendre... dans l'escalier !...

.•.

On est galant ou on ne l'est pas !

Or notre ami Carmen l'est en plein, et d'une façon particulièrement spirituelle, ce qui ne gâte rien à la chose.

C'était au dernier bal donné par l'ambassadeur du Groënland équatorial.

Une jeune et jolie dame était décolletée... aussi bas que possible, c'est-à-dire aussi largement qu'elle pouvait le faire sans craindre de paraître indécente, ce qu'il ne faut jamais dans le monde officiel.

Néanmoins, la dame se tenait dans les plus extrêmes limites, et montrait orgueilleusement tout le talus d'une poitrine nacrée et blanche, aux seins gras et fermes...

— Oh! madame! s'écrie Carmen, subitement tombé en admiration, vos épaules !! ressemblent aux articles du *Paris qui Rit!*

— ???

— Sans doute! Il tarde de *connaître la suite!*

Jacques D'ALVILLE.

# CONTES A BIBI

## Truc de Bohême

Permettez-moi de vous raconter une bien drôle d'histoire, arrivée il y a trois semaines aux époux Maigrefesses, les patrons du *Lapin Rose*.

Depuis quatre mois, ces braves marchands de soupe hébergeaient un bohème faméliqué, répondant au nom harmonieux de Chicambout, et rédacteur de la *Butte*, un journal que je vous recommande, mesdemoiselles.

Le premier mois avait été assez bien payé par le locataire... le second ne l'avait été qu'après maints tiraillements, le troisième fut soldé en espèces de lettre chargée, — refrain connu, — enfin, — le quatrième tirait à sa fin, et comme la fameuse lettre, trop chargée sans doute, s'obstinait à rester en route, la clef de son gîte allait être refusée le soir même au pauvre Chicambout.

Mais ne voilà-t-il pas qu'en vidant les ordures de son peu fortuné client, madame Maigrefesses aperçut quelque chose de brillant au fond du vase de nuit !

Elle courut chercher ses besicles, et après une laborieuse inspection, découvrit une infinité de petites paillettes étincelantes.

Épatée, elle se posa cette question :

— Qu'est-ce que cela pouvait bien être ?

Elle appela M. Maigrefesses, et tous deux, munis, qui d'un manche de plumeau, qui d'une fourchette, procédèrent de concert à la désagrégation du corps mou qui surnageait brunâtre dans la pâte blonde.

Bientôt les paillettes émergèrent nombreuses à la surface du vase, et M. Maigrefesses constata au toucher que c'était de la *bonne or*.

En même temps, il se souvint d'avoir lu jadis dans un livre scientifique médical (?) que des gens ayant dévoré une fortune considérable, l'avaient retrouvée plus tard dans... des conditions semblables à celles qui se présentaient.

Il en conclut que le ventre de son locataire avait bien pu se transformer en une mine inépuisable de précieux métal, et sa femme et lui décidèrent d'accaparer entièrement Chicambout, de continuer à l'héberger, à le nourrir confortablement, et de lui refuser, non plus la clef du n° 19, sa chambre, mais celle du n° 100, afin que les fameuses paillettes d'or n'allassent point s'engouffrer dans la fosse commune de nos tristes excréments.

Les époux supprimèrent le vulgaire pot de chambre en faïence, si incommode pour les personnes qui ont les joues grasses, — et il paraît que M. Chicambout les avait très dodues, — et il le remplacèrent par un superbe siège hygiénique aux rebords capitonnés de velours rouge.

Au début, le bohème fut bien un peu étonné ; mais ces écrivaillons s'habituent si vite aux douceurs, qu'il passait des heures entières sur son nouveau siège. Il y écrivait ses articles, trouvant que ça lui *venait* mieux. Et cela à la grande joie des époux Maigrefesses qui le guignaient par le trou de la serrure et qui se figuraient que pendant tout ce temps il ne cessait de lâcher des lingots.

Aussi, dès que Chicambout était sorti, M. et madame Maigrefesses s'élançaient dans la chambre du bohème, se précipitaient sur le fameux siège, en retiraient le double fond, et la récolte des fameuses pépites d'or commençait.

Et chose curieuse, après chaque séance, la quantité de ces pépites augmentait.

Décidément, la fortune souriait aux Maigrefesses.

Avec des soins extrêmes, ils recueillaient leur trésor dans une grande boîte en fer qu'ils fermaient soigneusement.

Ils avaient leur idée.

De son côté, Chicambout pensait que madame Maigrefesses se pinçait pour lui... A chaque instant, il est vrai, elle montait le voir dans sa chambre, s'informait de sa santé... lui demandait s'il n'était pas constipé... insistait pour le purger.

Le gredin faisait le beau... disait qu'il se portait comme un charme, et qu'il avait un appétit d'enfer.

Aussitôt on lui servait dans sa chambre un solide repas...

De bons vins, de bonnes viandes, du bon café, de bons cigares, et si tout de suite après le déjeuner, il voulait sortir, madame Maigrefesses ne savait que faire pour le retenir.

Elle était encore jeune, madame Maigrefesses. M. Chicambout le remarqua. Il eut des hardiesses. La proprio ne s'en fâcha pas.

Cependant un jour, elle résistait. Alors M. Chicambout, froissé, fit mine de prendre son chapeau.

C'était l'heure où habituellement son locataire digérait et lâchait ses paillettes... Que faire ?

Madame Maigrefesses jeta un regard vers la porte qui était fermée et ses bras autour du cou du jeune homme.

M. Chicambout retira alors son chapeau, puis son paletot, puis son gilet, puis... Mais avant d'aller plus loin, il dit à son hôtelière :

— Avouez que cela ne pouvait pas finir autrement... Je suis irrésistible... D'ailleurs, vous n'aurez pas à vous en plaindre, ô ! femme !

. . . . . . . . . . . . . . . . . . . . . .

.·.

Madame Maigrefesses ne fut nullement contrariée de son dévouement.

A part l'intérêt qui l'avait un tant soit peu guidée dans son acte, elle éprouvait maintenant une réelle satisfaction.

— Après tout, se disait-elle, en ratistolant ses cheveux, cela rendra peut-être les paillettes de meilleure qualité.

— Ah ! c'est égal ! dit alors Chicambout, qui s'était rhabillé, tu es une chouette femme, mon Adèle.

— Chut, dit l'hôtesse en rougissant ; maintenant, il faut descendre dans la salle pour y fumer un bon cigare. Tout à l'heure, j'irai vous rejoindre.

— Vos désirs sont des ordres, cher ange. Je n'ai plus rien à vous refuser.

Et après une légère accolade sur les lèvres, M. Chi-

cambout, léger comme l'oiseau s'apprêta à descendre.

Madame Maigrefesses le reconduisit jusqu'à la porte... puis le retenant :

— Ah ! j'oubliais... Vous demanderez dix francs à mon mari. Je ne veux pas que vous soyez sans argent de poche.

— Tous les bonheurs, alors, s'écria Chicambout... Ah ! chérie, tu me combles !

Madame Maigrefesses le poussa dans l'escalier, et lorsqu'elle se fut assurée que son locataire était descendu, elle courut au siège hygiénique, qu'elle savait rempli.

.·.

Dans la salle, Chicambout se trouva face à face avec son proprio qui le guettait.

En se souvenant de son action, notre bohème eut un tant soit peu la venette.

Il resta tout coi devant son marchand de sommeil. Mais celui-ci ne lui donna pas le temps de se troubler tout à fait.

— Eh bien ! fit-il joyeusement en lui tapant sur le ventre... Ça y est... On a fait sa petite affaire ?

Chicambout riait jaune. Il ne savait que répondre. Enfin il se décida :

— Mais oui, monsieur Maigrefesses, mais oui.

— Vous avez pu vous prélasser dans ses bras, hein ! M. Chicambout rougit.

— Et puis son siège est vaste, large... Ah ! mon gaillard ! il ne faut pas vous déranger quand vous êtes dessus ! Mais vous connaissez ma discrétion, ce n'est pas moi qui viendrai jamais frapper à votre porte dans ces moments-là.

— Vous êtes bien aimable, monsieur Maigrefesses, balbutia le bohème.

— Maintenant, dans les commencements, vous aurez peut-être un peu de mal à faire fonctionner l'appareil, — quoique je graisse copieusement tous les matins — mais à la longue, il finira par mieux se détendre. Ces fauteuils hygiéniques sont très commodes. Tenez, voilà un magnifique havane, fumez-le... Je vous laisse une minute...

Et quatre à quatre, M. Maigrefesses alla rejoindre sa tendre moitié qu'il trouva en train de *tripatouiller* dans le récipient.

Pendant l'absence de ses proprios, Chicambout tout en fumant son excellent havane se prit à philosopher, puis, tout à coup, il éclata de rire... dans sa barbe.

— Je ne vois pas pourquoi, après tout, il ne casqueraient pas d'un complet, murmura-t-il. Je n'ai plus de grimpant, mes passifs reniflent... Mais ce sera pour la prochaine fois... demain matin, grâce à leur dix francs, je pourrai mettre mon projet à exécution.

Et il terminait son cigare, lorsque M. Maigrefesses lui tapa sur l'épaule, en lui disant :

— Eh bien ! monsieur Chicambout, mon cigare était bon, hein !

— Excellent ! monsieur Maigrefesses ; seulement les cigares me sont contraires.

— Ah ! bah !

— Oui, ça me dérange ! ça me purge !

M. Maigrefesses sursauta.

— Oh ! question d'habitude... Et pour vous y habituer, tenez, permettez-moi de vous offrir cette douzaine de trabucos.

— Non, non, merci.

— Allons, allons, ne faites pas de manières, acceptez.

Et tout en disant cela, l'hôtelier bourrait de cigares les poches de son trop timide locataire.

— A propos, fit ensuite M. Maigrefesses, vous avez sans doute besoin d'argent de poche... Tenez, voilà vingt francs, allez prendre l'air... Mais, revenez dans une heure, nous avons à vous parler.

M. Chicambout empocha les vingt francs et dit :

— Je n'y manquerai pas, soyez-en sûr.

Puis il sortit d'un pas très dégagé.

L'hôtelier le regarda s'éloigner. Une inquiétude le prit :

— Pourvu qu'il n'aille pas se faire écraser.

Et il appela sa femme.

— Adèle ! tu aurais dû l'accompagner.

— Mais, je crois qu'il va aux bains !

— Qu'importe ! à l'avenir, je ne veux pas que tu le quittes... Et puis, si ça le prenait en route, tu nous rapporterais cela dans ton mouchoir.

Je le répète, M. Maigrefesses devenait fou.

.·.

Une fois dans la rue, Chicambout se reprit à sourire.

— O bêtise humaine, fit-il, en regardant le louis que venait de lui remettre son marchand de sommeil, voilà bien de tes coups... Il s'agit maintenant de travailler pour un complet et une paire de bottines ; mais pour cela, il me faut frapper un grand coup.

Il tourna la tête pour s'assurer qu'il n'était pas suivi, puis brusquement il entra chez un grand marchand de

couleurs. On le connaissait sans doute, car le premier commis vint à lui fort gracieusement.

— Pour combien vous en faut-il, aujourd'hui? dit ce garçon.

— Pour cinq francs, répondit Chicambout.

— Ah ! ah ! votre procédé réussit, alors ?

— Oui, et j'ai deux nouveaux portraits d'officiers en tenue, de commandés.

— Alors, cette composition dorée que je vous réduis en morceaux minuscules s'applique bien sur vos couleurs et imite, à s'y méprendre, l'éclat des galons.

— Parfaitement, seulement aujourd'hui je voudrais que vous me fassiez de cette composition une espèce de pâte, ayant assez l'apparence d'un morceau d'or.

— C'est très facile... Asseyez-vous une minute, et je vous confectionne votre morceau.

— En effet, cinq minutes après, notre ami Chicambout sortait de chez son marchand de couleurs avec ce qu'il avait commandé.

Au coin de la rue Bréda, il tourna vers la rue Pigalle... Bientôt, en compagnie de joyeux copains, il était attablé à la terrasse de la *Nouvelle Athènes*, où il ingurgita force absinthes, tout en fumant les cigares que nous connaissons.

Vers cinq heures, il rentra chez les Maigrefesses qui l'attendaient fiévreusement.

— Eh bien ! est-ce que je vous ai pas trop dérangé, lui demande aussitôt l'hôtelier.

— Pas le moins du monde, et je reviens tel que je suis sorti... Seulement, je crois que dans une heure, il m'en sera pas de même, car je commence à ressentir certains grouillements précurseurs.

— Montez dans votre chambre alors, mon ami, on vous servira à dîner chez vous.

— Vous êtes bien bon, ce n'est pas de refus.

Et Chicambout, qui avait son idée, monta se coucher.

Vers sept heures, juste au moment où madame Maigrefesses montait sur un vaste plateau le dîner promis, une envie irrésistible de se soulager prit Chicambout. Il courut à son siège, et lâcha le paquet.

Au même instant, madame Maigrefesses entrait.

— Ne vous dérangez, pas cria-t-elle, je suis habituée à ces choses-là... Et elle déposa son plateau sur la table, et elle sortit pour chercher du vin... Quand elle revint, Chicambout était recouché.

Sans mot dire, elle alla au siège, prit le récipient et sans souci, de l'odeur qu'il répandait, s'enfuit à travers les escaliers.

Chicambout la regardait du coin de l'œil, et se tordait comme une petite folle !

Comme d'habitude, le tamis fonctionna. Mais, oh ! surprise ! Cette fois, ce ne fut plus une quantité plus ou moins considérable de paillettes que les époux Maigrefesses aperçurent, mais bien un superbe lingot, tout étincelant, gros comme le petit doigt.

L'hôtelier saisit avidement ce lingot.

— Ah ! cela tient du prodige ! Quelle mine, que ce garçon... Adèle, remonte vite lui tenir compagnie, découpe-lui son manger, dorlotte-le, soigne-le, ne le quitte pas de la nuit... Moi, je vais d'un saut chez un bijoutier de mes amis pour lui faire voir ce lingot d'or, et en connaître le carat... J'en ai pour une demi-heure en tout. Surtout, ne lui refuse rien, tu m'entends, rien... rien!

Et avant que sa docile moitié ait pu placer un mot, le gargotier disparaissait en courant.

Tout doucettement madame Maigrefesses repénétra chez son locataire. Pendant qu'il sommeillait, elle s'approcha du lit ; mais aussitôt deux bras la saisirent.

Vingt minutes après Chicambout, avait tout obtenu : costume de premier ordre, bottines, chapeau, plus un prêt de 100 francs, sans intérêt... et le reste.

Il était radieux ! Enfin ! Ce que c'est que le génie en bohème...

Et il allait renouveler pour la troisième fois l'expression de toute sa reconnaissance à madame Maigrefesses, quand soudain un grand bruit se fit dans l'escalier... La porte du bohème s'ouvrit violemment, et l'hôtelier, tout en sueur, la figure boursouflée, les cheveux hérissés, les yeux hagards, les poings fermés apparut aux regards étonnés des deux amants qui se tenaient côte à côte dans le lit.

— Adèle, Adèle, criait Maigrefesses, nous sommes volés. Lève-toi vite, remets tes bas. Ne reste pas plus longtemps en contact avec ce chenapan... cet escroc. Tiens, voilà ton pantalon, ton corset. Ce n'est pas de l'or... ce n'est que du simple papier doré. Ah ! le voilà habillé... Redescends le dîner.

Madame Maigrefesses se mit à pleurer puis se sauva, confuse... Ce fut le seul moyen pour elle de battre en retraite... en bon ordre...

— Et vous, fit M. Maigrefesses, en s'approchant du lit et en s'adressant à Chicambout qui n'en menait pas large, vous allez déguerpir au plus vite. Levez-vous et fichez-moi le camp... faux monayeur !...

Il fallut bien que le pauvre bohème s'exécutât Il prit ses hardes et s'habilla, puis s'en alla par la porte de l'allée, tout confus et serrant les fesses.

Aujourd'hui, il est secrétaire de rédaction dans un journal chic, et il se nourrit depuis deux mois de pains à cacheter, son directeur ne lui ayant pas encore fichu un sou.

EMILE BLAIN.

# LE COUVERT D'ARGENT

Ils étaient là, nombre d'enfants d'Israël, réunis autour d'une table bien garnie, dressée dans la salle à manger, proche d'un bon feu qui pétillait dans l'âtre, enluminant les visages d'une flamme couleur lie de vin dont les reflets émanaient autant de l'extérieur que de l'intérieur, les ventres étant copieusement remplis.

Les paroles allaient leur train ; les éclats de rire surgissaient rauques et secs, semblables à des clapotements d'eau après la chute de plusieurs pierres; les voix étaient stridentes et enrouées, et les mots s'échappaient inarticulés, gras, sifflants, traînards, en onomatopées burlesques et incohérentes, en soupirs charmants de bêtes repues.

Quant aux cervelles, elles étaient bouillantes ; les têtes lourdes d'ivresse se dodelinaient de droite à gauche, sans trouver un centre d'assise, incapables de se tenir en équilibre sur les cous flasques et gonflés.

Cependant Nathaniel-Abraham était triste ; son regard errait vaguement sur la nappe salie de sauces, il roulait sa serviette entre ses doigts déliés, et s'interrompait de temps à autre pour porter à sa bouche une des parcelles de croûte échappée de son pain — ou de celui du voisin, — et qu'il prenait machinalement sur la table, sans penser à rien.

On allait enlever les couverts, — des couverts d'argent s'il vous plaît.

Soudain Nathaniel-Abraham tressaillit, il venait de surprendre chez le gros Zacharie, son voisin de face, un mouvement brusque, précipité, se fondant dans un geste qu'il avait esquissé en même temps pour répondre à une question qui lui était posée : et le couvert tout entier, cuillère, fourchette et couteau avait disparu dans sa large poche. L'œil de Nathaniel-Abraham lança une flamme ; il prit son couvert et le retirait déjà de table... lorsque la fille le lui ôta des mains en lui adressant un sourire et disant : « merci ! »

Alors, sa poitrine se serra, son gosier contracté laissa échapper une plainte sourde de colère, et, le regard mauvais, menaçant son voisin de face, il murmura entre ses dents.

— « Gros borc ! »

— Alors, qu'est-ce qu'on fa faire ?... interrogea l'hôte en évitant un bâillement.

— Si fous foulez pien, on fa chouer à quelque chosse ?...

— Oui, pour faire basser le temps...

— Mais à quoi ?..

— Ah ! c'est frai ça, à quoi bourrait-on pien chouer ?...

Le Jeune Daniel-Job réclama le silence.

— Je fais fous faire tes dours te rhysique ! dit-il gravement.

Tout le monde applaudit.

— C'est ça, c'est ça !...

Alors Daniel-Job étala sa serviette sur la table, devant lui, et reprit avec beaucoup d'aplomb !

— C'est tingt sous !...

Il y eut un murmure.

— Fingt sous ! s'écria l'hôte, bour quoi faire ?...

— Bour les escamoter, répondit Daniel-Job.

Foilà ce que che fais faire ; fous mettez fous-mêmes les tingt sous au milieu te la serfiette, cherabattrai les gatre coins tessus les fingt sous, et ch'enle ferai ensuite la serfiette en l'air. Les fingt sous auront tisparu !...

— Ah ! ah! fit l'hôte en secouant la tête avec approbation.

— Mais si on ne les retroufe plus, ces fing sous, reprit Daniel-Job, vous gombrenez pien que ce ne sera pas te ma faute... ils auront tisparu !

— Fingt sous ! s'écria l'hôte de nouveau... faisons la quête !

On fit la quête ; elle produisit dix-huit sous.

— Engore teux sous, dit Daniel-Job.

Sa remarque resta sans réponse.

Cinq minutes s'écoulèrent dans le silence le plus profond.

— Alors, c'est moi qui les mettrai... finit par dire Daniel-Job.

Et, ce disant, il jeta les dix-huit sous dans son gilet, et sortit de son portemonnaie une pièce de un franc, toute neuve.

Elle passa de main en main pour être reconnue du *vrai argent véritable* et sans que son propriétaire la perdît un instant de vue.

Enfin, l'hôte la plaça lui-même sur la serviette et bien au milieu.

Daniel-Job, vivement, rabattit un coin sur la pièce et posa un doigt au-dessus en appuyant de toutes ses forces.

— Remarguez, dit-il, remarguez gue che ne douche gue t'un toigt !...

Toutes les têtes se penchèrent pour mieux voir.

Il rabattit ensuite les trois autres coins, mais cette fois sans se presser, appuyant toujours avec son doigt et faisant bien remarquer qu'il lui était impossible ainsi de prendre la pièce. Il invita même chaque convive à sentir les vingt sous avec un doigt, au travers de la serviette ; effectivement, ils y étaient bien, tous déclarèrent qu'ils les avaient parfaitement touchés et sentis.

— Et maintenant, dit alors Daniel-Job, en élevant les mains au-dessus de la tête, éloignez-fous!...

Un frisson passa dans le rang des convives.

Alors Daniel-Job, prit avec le pouce et l'index de chaque main, chaque côté de l'angle formé par le rabattement du premier coin, et relevant la serviette au-dessus de la tête, de sorte que ce même premier coin pendît.

— Les tingt sous, ils ont disparu !... dit-il.

Puis roulant la serviette entre les bras, il la jeta en l'air.

En même temps le franc retenu au coin de la serviette par une mie de pain mâché, disparaissait de sa main dans son soulier, et la mie de pain détachée, tombait par hasard sur le nez d'un convive tout ahuri de ce projectile dont il ne s'expliquait pas bien la nature.

Tout le monde était stupéfait.

Tout à coup Nathaniel-Abraham se leva brusquement ; un sourire de joie folle glissait sur sa barbe, tandis que ses doigts crochus s'agitaient d'un léger frémissement

— Che fais fous faire blus fort que ça ! s'écria-t-il d'une voix mordante.

— Foyons, foyons !

— Gu'on m'abborte un goufert l'archent !

— Ah! non, alors !... s'écria l'hôte d'une voix formidable.

— Soyez dranquille !

— Si fous ne le carlez bas, pien !...

— Che ne le garterai pas !

— Mais alors, bourquoi faire !...

— Fous ferrez bien.

La fille lui appelée, et remit bientôt un couvert d'argent entre les mains de Nathaniel-Abraham, qui le regarda avec satisfaction, après l'avoir serré de toutes ses forces.

— Que fa-t-il faire ? interrogea-t-on de toute part.

— Foilà ! répondit-il, che fais faire tisparaître tevant vous, ce goufert l'archant... regartez pien,... che le tien, n'est-ce bas ?...

— Foui, foui !...

— Eh pien, maintenant, fouis allez tous fous lefer et me dourner le dos...

Tout le monde éclata de rire.

— Gomme c'est malin !...

— Ch'en ferai pien audant !...

— Bourquoi bas vermer les yeux ?...

— Chustement !... reprit Nathaniel-Abraham, toujours ferme, il faut bas gue fous recartiez l'abord... fous ferrez ensuite gomme ce sera choli... puisque che rentrai le goufert !...

— Au fait, puisqu'il rentra le goufert... dit l'hôte, on beut essayer tout te même !...

Les convives se levèrent alors, et comme le réclamait si vivement Nathaniel-Abraham, lui tournèrent le dos.

Ce ne fut pas long.

L'escamoteur avisant son paletot pendu au mur, et dont les larges poches s'ouvraient béantes, y jeta adroitement le couvert, enveloppé dans son mouchoir pour éviter qu'il ne fît du bruit.

En même temps toutes les têtes se retournèrent ; mais on avait vu que la second partie de son mouvement.

— Ça y est !... dit-il en se frottant les mains.

— Il l'a mis dans sa boche !...

— Fous poufez fouiller !...

On constata en effet qu'il n'y avait rien.

L'hôte commençait déjà à sentir une sueur froide perler sur ses tempes, lorsque Nathaniel-Abraham, dit enfin :

— Che fais fous le faire refenir.

— Foyons! foyons !...

Alors Nathaniel-Abraham élargit les bras, et regardant le gros Zacharie, en éclatant de rire.

— Fous n'afez qu'à le fouiller, dit-il en le montrant... fous le dronferez dedans son poche !...

Il n'avait pas fini que déjà Zacharie, tout pâle et tout tremblant, jetait le couvert sur la table avec un mouvement d'effroi.

Tout le monde poussa un cri d'étonnement, tandis que l'hôte se précipitait sur son couvert et le reconnaissait comme lui appartenant effectivement.

— C'est égal, dit-il, émerveillé, ça, c'est dout te même réussi !... car enfin, il n'y a bas à tire... Zacharie n'était pas un gompère...

— Ça, bour sûr, demantez-lui plutôt, poursuivit Nathaniel-Abraham, en se tenant les côtes.

— Il est frai, confessa naïvement Zacharie, encore sous le coup de l'émotion, il est frai que che ne m'y attentais bas !...

K. STOR.

# Procès d'Eté

Nous sommes à la 18e chambre correctionnelle, en plein mois de juillet.

Il fait chaud.

Néanmoins, l'auditoire est nombreux.

Ces dames dominent.

La plupart sont jeunes, et beaucoup, même, sont jolies.

C'est une réunion de toilettes fraîches, aux nuances claires, chatoyantes au regard.

Derrière des éventails agités par de petites mains, se dérobent des visages rosés, souriants, aux yeux brillants de malice.

Un chuchotement harmonieux et indiscret circule à travers la foule.

Soudain, un silence s'établit.

C'est la cour qui fait son entrée.

Tous les regards se tournent curieusement vers les magistrats dans l'exercice de leurs fonctions.

C'est Maître Burnichon qui préside.

Le Tribunal s'assied.

Les prévenus sont à leur banc, au nombre de deux.

Les gendarmes se tiennent rigides.

Le silence règne.

On entendrait voler un mouchoir.

Les inculpés conservent un air gouailleur.

Ce sont des jeunes gens de seize à dix-huit ans, des gamins de Paris.

L'un, Relmot, porte un veston râpé, troué au coude, et un pantalon de velours à côtes, jadis brun...

L'autre, Nigeaud, tourne entre ses doigts, avec une gaucherie voulue, une casquette si haut étagée, que plus d'un vagabond l'envierait pour aller coucher sous ses ponts...

Nigeaud a l'air très satisfait de lui, et se croit admiré par les dames.

Il est si beau !

Des cheveux carotte, coupés ras, des yeux jaunes, des membres de gringalet.

Pourtant, il ne craint pas de les montrer, ses membres, comme on va le voir tout à l'heure.

Le Président prend la parole et interroge d'abord son compagnon.

LE PRÉSIDENT, à Relmot. — Levez-vous !

— LE PRÉVENU. — C'est pas moi, m'sieu le président, c'est Melie !.. (*rires*).

LE PRÉSIDENT. — Je ne vous demande pas vos moyens d'existence!

LE PRÉVENU. — Oh ! m'sieu le président, je suis heureux comme un poisson dans l'eau !

LE PRÉSIDENT. — Taisez-vous !

— Voici les faits qui vous sont reprochés :

Le 18 juillet dernier, vous vous êtes déshabillés, votre camarade et vous, sur le quai de halage, et vous vous êtes jetés dans la Seine devant les Tuileries.

LE PRÉVENU. — Oh ! nous avons pris cet endroit-là comme nous en aurions pris un autre, aussi bien !.. (*hilarité*).

LE PRÉSIDENT. — Là n'est pas la question.

— Vous vous êtes baignés dans la Seine.

LE PRÉVENU. — Ah ! dame... je peux pas aller aux bains de mer, moi !..

LE PRÉSIDENT. — Vous n'êtes pas seul. Et si tout le monde se baignait dans la Seine, alors ?..

LE PRÉVENU. — Pourtant pour se baigner, faut bien aller que'quepart !

LE PRÉSIDENT. — Est-ce qu'il n'y a pas des établissements de bains ?..

LE PRÉVENU. — Ah ! mince, alors !.. Faut quat' sous pour se tremper !.. et chaque coup ? ça n'en vaut vraiment pas la peine ?..

LE PRÉSIDENT. — Tâchez d'avoir une autre attitude ici !

LE PRÉVENU. — On a ce qu'on peut : je ne suis pas riche ; demandez plutôt au bistrot qui demeure à côté de chez moi : je lui dois encore trois sous !..

LE PRÉSIDENT. — Taisez-vous !

— Vous pouviez aller vous baigner dans la Seine, hors Paris, à la condition de mettre un caleçon !

LE PRÉVENU. — Faut en avoir ! — Tout le monde n'en porte pas !..

Moi, j'avais mis mon mouchoir : ça remplaçait, en petit...
Seulement en nageant, y s'est tiré...

LE PRÉSIDENT. — Ça ne m'étonne pas !

LE PRÉVENU. — Ah ! vous avez déjà essayé ?

LE PRÉSIDENT. — Taisez-vous ! — Vous avez causé un scandale.

LE PRÉVENU. — Moi ?..

— Y avait au moins cent personnes qui nous regardaient sur le pont !..

LE PRÉSIDENT. — Justement.

— Le scandale consiste dans ce rassemblement que vous avez occasionné...

LE PRÉVENU (narquois). — Ah ?... Personne n'avait l'air scandalisé.

NIGEAUD, interrompant. — Y n'en avaient pas l'air, mais y s'en avaient p't'êt' la chanson (chantant) « Joséphine, elle est malade ».

LE PRÉSIDENT. — Voulez-vous vous taire !..

— Ou plutôt non, je vais vous interroger à votre tour...

LE PRÉVENU NIGEAUD. — Comme ça vous fera plaisir, mon président ; à votre disposition.

LE PRÉSIDENT. — Vous êtes bien bon...

NIGEAUD. — Des fois. Quand je cogne, j'y vas de bon cœur : demandez plutôt à Ninie !..

UNE VOIX DE FEMME DANS L'AUDITOIRE. — Oh ! ça ne fait rien : c'es un bon zig, tout d'même ! (explosion de rires.)

LE PRÉSIDENT. — Silence !

Au prévenu :

— Vous n'aviez pas de caleçon non plus ?

LE PRÉVENU. — Oh ! si, mon président, j'en ai un, et un beau, même...

Seulement, ce jour-là, je l'avais justement oublié chez ma sœur !.. (hilarité.)

LE PRÉSIDENT. — C'est comme si vous n'en aviez pas. Vous vous êtes montré tout nu en public. C'est un délit... Vous devriez le savoir.

LE PRÉVENU. — Oh ! quoi !.. J'suis pas fait autrement que les autres !.. (rires.)

LE PRÉVENU, continuant. — Tout ça, c'est pas sérieux, mon président.

Quand on passe la révision, est-ce qu'on n'est pas comme ça ?..

Y a pourtant là des gendarmes !

Est-ce qu'y vous arrêtent ?.. (nouveaux rires.)

LE PRÉSIDENT. — Ne vous moquez pas du tribunal !

LE PRÉVENU. — J'me moque pas : j'me défends !..

LE PRÉSIDENT. — On vous reproche encore de vous livrer à la mendicité ?

LE PRÉVENU. — Oh ! j'ai mendié une fois... Et encore c'était pour me faire les quatre sous pour le bain ! J'ai pas pu ramasser la somme... Pas de chance ! — Alors, c'est moi qu'ai été ramassé !

LE PRÉSIDENT. — Taisez-vous !

LE PRÉVENU. — Ah ! je demande pas mieux, mon président ! J'aime pas parler de ces choses-là, voyez-vous, ça me dégoûte !..

Le tribunal condamne chacun des prévenus à trois mois de prison.

On entend, au prononcé du jugement, un sanglot féminin dans l'auditoire...

C'est sans doute Ninie.

Et, en s'en allant, Nigeaud ne peut s'empêcher de s'écrier :

— Ah ! zut alors ! pour un bain d'eau douce, c'est rudement salé !..

PAUL LUX

# PETITE CORRESPONDANCE

(50 centimes la ligne)

Homme sérieux, 38 ans, désirerait connaître jeune femme, libre, blonde et forte de poitrine. Écrire à C. Z. 10, Poste restante, rue Fontaine, Paris.

Mlle Léa, 3, rue Gérando, est priée de passer aux bureaux du Journal. Urgence.

Jeune homme pouvant disposer de quelques louis par mois, aimerait jeune fille sage ; la mettrait dans ses meubles. X. Y. 100, Poste restante, place de la Bourse.

# JEUX D'ESPRIT

## CHARADE N° 1

par L. M. ÇA

Un roi avait dans sa *première*.
Une *entière* aux yeux langoureux ;
Il en devint très amoureux.
Enfiin ! elle succomba !..
Par la suite ; il s'abreuva,
Longtemps, de ma *dernière*.

La solution sera donnée dans notre prochain numéro et les noms des devineurs publiés dans le numéro 3.

# SPECTALES DE LA SEMAINE

OPÉRA. — FRANÇAIS. — OPÉRA-COMIQUE. — ODÉON : — Spectacle variable : consulter feuilles quotidiennes.

GYMNASE. — 7 h. 3/4. — A côté de la question. — Un Drame parisien.

VAUDEVILLE. — 8 h. 1/2. — Le fluide. — Le Prince d'Aurec.

VARIÉTÉS. — 7 h. 3/4. — Deux contre un. — La Vie Parisienne.

PORTE-SAINT-MARTIN. — 8 h. 1/4. — Martyre.

CHATELET. — 8 h. — Madame l'Amirale.

GAITÉ — 8 h. 1/2. — Les Cloches de Corneville.

AMBIGU. — 8 h. 1/4. — Le Régiment.

PALAIS-ROYAL. — 8 h. 1/4. La Terre-Neuve. — Monsieur chasse !

NOUVEAUTÉS. — 8 h. 1/4. — Le Scrupule. — La Demoiselle du Téléphone.

FOLIES-DRAMATIQUES. — 8 h. — Le Mari d'Hortense. — Les 28 jours de Clairette.

RENAISSANCE. — 8 h. 1/2. — L'Essayeur. — La femme de Narcisse.

BOUFFES-PARISIENS. — 8 h. 1/4. — Maldonne. — Miss Helyett.

MENUS-PLAISIRS. — 8 h. — Monsieur le Moraliste. — L'Œil crevé.

THÉATRE CLUNY. — 8 h. 3/4. — On ne badine pas avec l'Honneur. — La Femme du Commissaire.

DÉJAZET. — 8 h. 1/2. — Le Ciment. — Le Béguin de Nini.

CHATEAU-D'EAU. — 8 h. — Un Divorce à l'amiable. — Paille d'avoine. — Madame la Maréchale.

BOUFFES DU NORD. — 8 h. — Séraphine.

THÉATRE MONCEY. — 8 h. — Le Train de plaisir.

CIRQUE D'ÉTÉ. — 8 h. 1/2. — Les Porcherons, pantomime-ballet ; Douroff. — Jeudis, dimanches et fêtes, matinées à 2 h. 1/2.

HIPPODROME, — 8 h. 1/2. — Aux Pyrénées. — Dimanches, Jeudis et fêtes, matinées à 2 h. 1/2.

FOLIES-BERGÈRE. — 8 h. 1/2. — Robert-Macaire, pantomime par les Martinetti ; les Griffiths, comics excent. ; les Flechers, patineurs. — Dimanches et fêtes, matinées à 2 h. 1/2.

CASINO DE PARIS. — 8 h. 1/2. — Spectacle-concert, bal. — L'Heureuse rencontre, pantomime mêlée de chant.

ELDORADO. — 8 h. 1/2. — Concert. — Spectacle.

SCALA. — 8 h. 1/1. — Concert. — Spectacle.

CONCERT PARISIENT. — 8 h. 1/2. — Concert. — Spectacle.

# PIQUANTES CURIOSITÉS

**PHOTOGRAPHIES**, groupes extra-curieux (nature). Les 50 : 3 fr. Les 100 : 5 fr.

**LIVRES RARES** extra-curieux, français, anglais et allemands. Format n° 1 coutre 3 fr. N° 2, 6 fr.

**GRAVURES** très artistiques, sujets piquants. Les 6, 6 fr.

**AQUARELLES** exécutées par un maître, sujets piquants. Échantillon, 5 fr.

**ASSORTI GÉNÉRAL** de tout ce qui précède, contre 20 fr. au lieu de 28 fr.

Env. disc. contre mandat de préférence ou timbres. — *Librairie Bosc. Amsterdam.*

*L'Imprimeur-Gérant :* F. PREGALDIN.

Imprimerie spéciale du *Paris qui Rit*, 13, faub. Montmartre, Paris.



**Chemins de fer de l'Est.** — Voyages circulaires en Italie par les lignes de l'Est.

La Compagnie des chemins de fer de l'Est délivre toute l'année des billets pour de nombreuses combinaisons de voyages circulaires ayant principalement l'Italie pour objectif.

Au moyen de ces combinaisons, les voyageurs ont le choix entre un grand nombre d'excursions au Nord des Alpes (parcours en dehors de l'Italie et au Sud des Alpes (parcours italiens, qu'ils peuvent effectuer avec deux billets, dont l'un est valable pour les parcours Français, Suisses, Allemands ou Autrichiens, suivant l'itinéraire choisi, et l'autre pour les parcours italiens. La durée de validité pour les deux parcours réunis est de 60 jours.

Les prix et conditions ainsi que les différents itinéraires à emprunter figurent dans un livret spécial des voyages circulaires et excursions publié par la Compagnie des chemins de fer de l'Est et mis à la disposition du public dans la gare de Paris et bureaux succursales.

**Chemins de fer de l'Ouest.** — La Compagnie de l'Ouest donne, d'année en année, plus de facilité au public des bains de mer. Ainsi, elle avait récemment créé, pour les stations balnéaires distantes d'au moins 250 kilomètres, le *Billet de famille* valable pendant 33 jours et donnant droit à une réduction de 40 0/0, sous la seule réserve que les porteurs de ce billet voyageraient ensemble au nombre de 4 ; or, cette réserve n'existe plus. En effet, à partir de cette année, toute personne seule se rendant à une station balnéaire éloignée pourra bénéficier de la durée accordée aux billets de famille.

Les billets de bains de mer se trouvent par suite divisés en trois catégories, savoir :

I. — Pour les stations balnéaires rapprochées de Paris Dieppe, le Havre, Trouville, Etretat, etc.), il ne sera délivré que des billets valables du jeudi soir au lundi soir ; toutefois, comme ou pourra le remarquer, la diminution des tarifs a eu son effet sur le prix de ces billets, ainsi, les billets de Paris à Dieppe qui coûtaient 30 fr. en 1re classe et 22 fr. en 2e classe, ne coûtent plus que 27 fr. en 1re classe et 20 fr. en 2e classe.

Ceux du Havre qui coûtaient 33 francs en 1re classe et 24 fr. en 2e classe, ne coûtent plus que 30 fr. en 1re classe et 21 fr. en 2e classe. etc., etc., etc.

II. — Pour les stations de la Normandie plus éloignées de Paris (Bayeux, Isigny, Cherbourg et Granville, il sera délivré :

1° Des billets valables du jeudi soir au lundi soir avec prix également réduits sur ceux de l'année dernière ;

2° Des billets individuels valables pendant 33 jours (pour ces stations, le prix est uniformément fixé à 56 fr. en 1re classe et 37 fr. 80 en 2e classe).

III. — Pour toutes les stations de la Bretagne, de Saint-Malo à Brest et à Saint-Nazaire, il sera seulement délivré des billets individuels valables pendant 33 jours.

GUÉRISON

CERTAINE et RADICALE de toutes les affections de la PEAU : dartres, eczemas, psoriasis, acné, etc., même des PLAIES et ULCÈRES VARIQUEUX, considérés comme incurables par les plus célèbres médecins. — Le traitement n'exige aucun régime particulier, il ne dérange nullement du travail, il peut être suivi partout, même en voyage ; il est à la portée des plus petites bourses et des deuxième jusqu'à il produit une amélioration très sensible.

S'adresser à M. LENORMAND, médecin-spécialiste à MELUN, rue Saint-Liesne, 41 (Seine-et-Marne). — Consultations gratuites par correspondance.

Première année, n° 2.    LE NUMÉRO: **DIX** CENTIMES    Dimanche 16 Octo<sup>bre</sup> 1892.

Victor MERLEY, Directeur

Principal rédacteur : **Emile BLAIN**

*Collaborateurs* : JACQUES D'ALVILLE. — ANDRÉ CARMEN. — MÉPHISTO. — RICHARD O'STEFIOL. — MARIUS RÉTY. — GONZAGUE D'HUBERT. — EDOUARD ZED. — PAUL LUX. — K. STOR. — DICK-D'ING. — BABYLAS. — CARLE-MAX. — PO-PAUL. — FLANOCHARD. — MARCEL RÉGINALD.

## LA REVANCHE DE PHILIPPE
### Par Edouard ZED

Elle avait extrait d'une anfractuosité de rocher et tenait entre ses doigts un gros crabe qui faisait des efforts désespérés pour reconquérir sa liberté.

## LES CHANDELLES
### Par BABYLAS

Au lieu de rentrer en ville, perdus au milieu de la plaine dont les fortes senteurs nous chauffaient le cerveau, je l'entraînai dans le premier abri trouvé sur le chemin.

# LE TRIOMPHE DU RIRE

Qui donc nous disait que le Rire franc et sonore, vibrant comme un carillon de village, large et pansu, ouvert en demi-cercle sur un double clavier de dents blanches et gourmandes, bourrelé de bajoues roses et d'un menton à triple étage, — qui donc nous disait que le Rire était mort? Nos philosophes pessimistes, et nos écrivains hypocondriaques qui pressent leurs glandes lacrymales pour arroser l'oraison funèbre de la gaîté gauloise, tout en cachant sous un voile de regrets les coins obscurs de leur joie hypocrite.

Eh bien! nos noirs censeurs en seront pour leur courte honte, car le succès du premier numéro du *Paris qui Rit*, — succès qui a dépassé nos plus téméraires espérances, — va d'un seul coup leur clore les lèvres, à moins que, gagnés eux-mêmes par la joie de nos lecteurs, ils ne prennent le meilleur parti qui leur reste : celui de rire avec nous.

**⁂**

Le Rire mort! voyons, cela pouvait-il être vrai?

Avait-on allumé les feux de la Saint-Jean avec tous les ceps de Bourgogne, et enfoncé la cognée dans les pommiers normands, naguère aussi vivaces qu'aux jours de la Genèse? La Côte-d'Or et la Vallée-d'Auge avaient-elles tari leurs mamelles enivrantes dont le lait nous faisait voir jadis la vie en rose?

La France n'avait-elle donc plus de belles filles aux hanches rondes, au corsage bombé, aux lèvres tendues aux baisers?

Auraient-ils disparu, les gars aux faces réjouies, les francs-gaulois, les amis du plaisir et les jolies parisiennes?

Cela pouvait-il être?

Et si cela n'était pas, si la vigne avait encore du sang pour les buveurs, si Paris possédait encore de jolies filles, pourquoi le Rire nous eût-il quitté?

Car le Rire appartient au pays gaulois, et la vieille Lutèce ne saurait mentir à son titre de capitale. Si chaque province fournit à la France sa somme de gaîté, Paris en est le formidable écho. Que nos citadins antiques et romantiques regrettent les lieux de plaisir chers à leur jeunesse: la *Closerie des*

*Lilas, Musard et Mabille;* nous n'avons pas déchu, car nous avons le *Moulin-Rouge, Bullier* et le *Jardin de Paris...* Que les disciples de Mürger pleurent sur *Ramponeau* et la *Grande-Chaumière:* nous possédons Sylvain, Péters et Marguery... Que la chanson classique déplore la disparition des anciennes goguettes où venaient les Colmance et les Pierre Dupont, nous avons, nous, l'*Eldorado* et la *Scala,* l'*Éden-Concert* et le *Parisien...* Que nos aînés gémissent de la décadence du *Vieux Quartier latin:* nous, nous avons *Montmartre!*

La gaîté de Paris se transforme, mais ne disparaît pas. La ville et le théâtre, le bal et le concert ont changé leurs types, voilà tout. Si Darcier ne nous chante plus aujourd'hui:

*« Faites des enfants, ils nous faut des hommes! »*

Nous entendons chaque soir Paulus et Legay; si Debureau et Paul Legrand ne nous montrent plus leurs masques enfarinés, nous voyons ceux de Tarride, de Clerget et de Mévisto... Si la Schneider et Thérésa nous ont abandonnés, il nous est venu Judic, Théo et Yvette Guilbert; enfin, si la célèbre Rigolboche nous a été enlevée avec le dernier quadrille de Musard, le Moulin-Rouge nous donne la Goulue, Grille-d'Egout, Rayon d'Or et Valentin le-Désossé...

Le propre du Français n'est point de rire seul; il est exubérant dans sa joie: sa joie a donc besoin de la foule. Aussi, que l'homme triste visite le soir l'un des endroits où va Paris; mais surtout qu'il ait soin de voir si les boutons de sa culotte sont solides... car le rire est communicatif, et il est toujours embêtant de rentrer chez soi en tenant son pantalon! Que l'un de ceux qui disent que l'on ne s'amuse plus, parce qu'ils ne peuvent plus s'amuser, promène un soir sa mélancolie dans quelques-uns de nos bals et de nos concerts, et il verra si le rire n'est plus!

**

Connaissez-vous l'histoire de ce valétudinaire qui, après avoir fait le diable-à-quatre jusque vers la quarantaine, se sentit pris tout d'un coup d'un beau zèle pour la morale, et déclara que la franche gaîté était morte depuis le jour où il s'était trouvé, lui, dans l'impossibilité de rire?

Nos vieillards grincheux d'aujourd'hui sont un peu dans le cas de ce bonhomme. Comme le renard du bon Lafontaine, ils trouvent que les raisins

*« Sont trop verts, et bons pour des goujats! »*

parce que leur estomac ne peut plus supporter que les raisins secs!... Ils prônent les ébats chorégraphiques de leur temps: les *danses de caractère...* Que nous reportent-ils à la *gavotte* et au *menuet,* puisque la vue des mollets féminins et des pantalons bordés de dentelle les offusque! Ils ne peuvent souffrir les pages de Richepin, de Dubut de Laforest et d'Émile Blain, encore qu'ils en aient bien de plus grises dans Parny, Piron, Pigault-Lebrun et Paul de Kock, en passant par les *Contes drôlatiques* de Balzac...

Les chansons d'Yvette, celles de Lemercier ou de Meusy leur semblent décolletées... Les années ont obscurci leur souvenir, et leur ont fait oublier que nos mères-grand les ont bercés avec tel refrain de Collé ou de Désaugiers, dont la facture sentait plus la Courtille que le faubourg Saint-Germain, et que le « Confrère Bonaventure » laisse loin derrière soi, en fait de grivoiserie, les plus audacieuses productions de nos chansonniers modernes...

Mais voilà! l'astronome devenu aveugle à force de contempler le ciel prétendra toujours qu'il fait nuit! Que l'on ajoute à cela l'auréole dont la jeunesse couronne les choses, et l'on comprendra facilement que les vieillards préfèrent le passé au présent, et trouvent que celui-ci ne peut subir la comparaison de celui-là.

Or, nous voulons être jeunes et nous le sommes. C'est pourquoi nous savons rendre justice au temps actuel, — non supérieur à coup sûr, mais non inférieur au temps de nos aînés.

Nos graves censeurs auront beau, comme le barbier du roi Midas, creuser autour d'eux des abîmes pour y enfouir les éclats de gaîté bruyante des dieux d'Homère et les formidables hoquets joyeux de Rabelais, — de ces abîmes jailliront des roseaux chanteurs, qui toujours égréneront le rire sur la vieille terre gauloise.

Rassurez-vous donc, gais compères, videurs de brocs, trousseurs de filles et conteurs d'anecdotes grivoises, l'immense succès obtenu par *Paris qui Rit,* vient de nous prouver que chez nous le Rire est vivace. D'ailleurs si le Rire était mort en France, Paris ne serait plus; car l'âme de Paris... c'est le Rire!

MARIUS RÉTY.

# IMPÉNITENCE FINALE

Il était, ce jour-là, le brave Curé, sous le coup d'une des plus grandes préoccupations qu'il eût jamais ressenties dans sa longue carrière de pasteur desservant Château-Grenache, commune disparue à présent, les nécessités de l'armement à outrance ayant fait construire en ses lieu et place.

A sa messe, il s'était, à fréquentes reprises, arrêté court, l'esprit ailleurs, dans sa lecture pieuse des textes consacrés et, distraction cent fois plus condamnable encore, au déjeuner, il avait oublié de remercier dame Brigitte, sa digne gouvernante, pour le caneton aux olives, son plat de prédilection, que précisément elle s'était appliquée à confectionner avec tout le soin de son émérite talent.

C'est qu'aussi la journée, pour lui, se présentait rude!

On l'avait mandé, du château, pour assister Odette de Château-Grenache, prête à rendre à son créateur, compte exact de l'emploi de l'âme dont il l'avait gratifiée depuis tantôt soixante-dix ans révolus, et pour préparer, lui, le simple, cette grande dame au voyage dont l'étape nous reste toujours inexplorée.

Ce n'est pas que le spectacle d'un trépas lui causât quelque insurmontable émotion; il en avait, hélas! contemplé plus d'un pendant le cours de son ministère et plus d'un émigrant lui devait de s'être senti plus dispos pour la route suprême à franchir. Il avait, dans sa candeur d'apôtre villageois, conservé la foi et l'élan nécessaires à donner l'impulsion chrétienne pour la culbute dans l'immensité; mais c'est qu'alors, fils de paysans, il s'adressait à des paysans tels que lui, et de suite on le comprenait.

**

Or, Odette de Château-Grenache, d'après ce qu'il en tenait de certains qui avaient vu Paris, fleurait loin, bien loin même de cette simplicité rustique qui faisait la force de notre desservant de hameau.

Venue, il y avait quelque vingt ans, se retraiter au vieux manoir de son antique famille, où, depuis, on ne l'avait jamais vue accueillir aucune visite étrangère, vivant seule avec Néania, sa servante mulâtre amenée avec elle; la « dame », comme la surnommaient les paysans, respectueusement pénétrés de cette claustration quasi-monacale, avait été auparavant une grand'mondaine en vogue, admirée dans ce funeste Paris endiablé où elle était l'idole des salons les plus recherchés.

Elle avait été, jusqu'alors, pour le desservant, le plus lancinant cauchemar, avec ses refus incessants de le recevoir auprès d'elle, païenne endurcie qui faisait gros scandale au milieu du fervent troupeau; et voilà qu'au moment où il croyait être délivré de son obsession, par sa disparition dans les ténèbres de l'Au-delà, le cauchemar l'appelait à lui.

En soldat, il n'hésiterait pas à se rendre au poste, répondant docile à l'appel; mais quelle épouvantable frayeur il avait d'être ridicule et balourd, lui, le campagnard raboteux, auprès de l'exquise mondanité de cette pénitente de haut blason!

Il l'envoya même, *in petto,* à tous les diables, juste à l'instant inopportun de lui délivrer son ticket pour le Bon Dieu.

L'Heure sonnant où on le mandait, il se cramponna à tout son courage et, tout soucieux, il gravit la côte qui menait au manoir.

Sitôt l'Entrée, tout avait un air de gaîté qui le surprit. Meubles, tapisseries, étoffes et tentures étaient aussi frais qu'au sortir d'un étui capitonné, aux tons clairs et joyeux d'un bouquet de fleurs printanières, fenêtres largement ouvertes au plein air, des oiseaux babillant dans des cages, partout, à profusion. On aurait cru vraiment le palais enchanté de la fée Jeunesse.

Ce qui le déconcerta complètement, ce fut « l'antre de son cauchemar ».

Tout était tendu rose tendre, en satin de prix, pas de meubles, un lit et trois chaises; puis, par un phénomène de vision bizarre, emplissant toute la chambre, trois portraits d'hommes jeunes et élégants et en face, un autre portrait de blonde radieuse belle et mutine, en costume un peu nu de grande fête parée.

Un parfum délicat et subtil voletait, montant au cerveau.

Tout dérouté, le brave curé campagnard ne bougeait ni levait les yeux, pris de désir de s'esquiver de cet atmosphère qui le d'traquait.

La servante mulâtre, Néania, qui l'introduisait, le rappela sa mission:

— Madame, voici monsieur le curé; dit-elle, en se retirant par discrétion.

Il chercha du regard qui s'arrêta, anxieux, sur le lit où reposait Odette de Château-Grenache, l'ennemi qu'il devait gagner au Seigneur.

Miracle! la païenne n'avait pas cette face convulsée et grimaçante des futurs damnés, dont il avait vu dans les enluminures de religion les abominables contorsions.

Toute blanche parmi la blancheur des draps, soigneusement vêtue et parée comme en réception de convalescence, elle semblait une miniature ressuscitée du siècle dernier; une réduction satisfaisante du portrait de femme, pendu près de la couche; le sien, à vingt ans, l'âge d'or.

Seul, le « je ne sais quoi » qui transfigure aux dernières approches de l'Inexorable faisait comprendre que la Fin approchait à pas précipités.

Le Curé salua, poli, attendant.

Avec un indéfinissable sourire:

— Merci d'être venu, dit-elle; asseyez-vous, l'abbé, et écoutez-moi.

Dans son habitude, il voulut adopter les formes ordinaires et, pour paraître savant près de celle qu'il devinait plus instruite que lui, pour lui imposer son autorité de juge sur le coupable dont il va entendre la confession, il entassa coup sur coup les textes sacrés l'un sur l'autre, comme Pélion sur Ossa, avec tout arsenal dehors des pratiques exorcisantes et des évangéliques persuasions.

Odette, l'arrêta impatientée:

— Arrêtez-vous, l'abbé, de grâce! sans cela, vous n'arriverez jamais à temps pour l'absolution!

Confus, s'empêtrant à force dans son galimatias, il se résigna à la laisser parler.

Ce fut long et intéressant cette existence qu'elle lui détailla de femme autrefois lancée dans la Haute-Vie; ce fut même parfois légèrement scabreux d'après la mine du Curé et la rougeur qui l'empourprait de la tonsure à la limite du menton; et, Odette, à chaque aveu plus corsé, accentuait son récit avec une plus énergique insistance, comme en un besoin impérieux d'expansion dernière dont elle satisfaisait l'irrésistible envie, heureuse de parler, irradiée, inconsciente de sa catholique responsabilité.

A la fin, par métier, il fulmina furieusement, pour inculquer à sa « païenne » le repentir de ses enivrements et le remords des excursions courues en dehors de la voie canonique, qu'il avait coutume de prêcher au prône dominical.

— Mais, madame, l'Écriture ne permit jamais qu'un seul amour!

— L'Amour en un seul Dieu, l'abbé; en trois personnes bien distinctes; eh bien! que je sache! Je ne m'en suis jamais départie!

Et, montrant les portraits au mur, embrassant d'un dernier regard la gracieuse image de sa vingtième année et les trois séduisants cavaliers, ses vis-à-vis; la voix changée, pénétrante et vibrant son ultime passionnelle mélodie; revenant d'un dernier effort toutes les joies de sa vie passée:

— Mon seul Dieu, l'abbé, c'est l'amour et voilà ses trois divines incarnations! Et je l'ai bien pieusement adoré! Toujours constante à la foi jurée, le second symbole de ma mystique trilogie était blond, pour ne pas trahir le premier, mon cher brun précédemment élu, et j'ai voulu que le troisième fût roux, par religieuse fidélité aux deux autres personnes tant aimées de ma divine trinité.

Et sa figure s'illuminait du suprême souffle de l'Espérance:

— Ah! je suis bien heureuse de mourir, l'abbé; car votre Église enseigne que nous nous retrouverons tous au sein des éternelles félicités!

Puis, un souffle léger, la Fin! tandis que dans les cages, les oiseaux gazouillaient gaiement aux triples accordailles qui se renouvelaient au Ciel.

BARON DE VAUX.

## SOUS PRESSE

et pour paraître le *VENDREDI 21 octobre prochain,* les deux premières livraisons des

# CHASSEURS DE VIERGES

ouvrage complètement terminé, par EMILE BLAIN. Cet ouvrage paraîtra en livraisons in-4° à 10 centimes. — Dessins nouveaux. Sa publication entière, interrompue en plein succès par suite de cas de force majeure, est assurée.

Les 1re et 2e livraisons seront vendues au prix exceptionnel de **0,05** centimes.

# Vingt Jours de Plaisir dans la Capitale

## DÉBUTS AU MOULIN ROUGE

Le rédacteur du *Paris qui Rit*, qui, tout à coup, comme le Méphisto du *Petit Faust*, était apparu au naïf Philoctète Dubassin, n'était autre que notre ami Carle-Max.

Carle-Max, comme les lecteurs de feu *Paris la Nuit* le savent, est un bon vivant, faiseur de bons mots, et, — ce qu'ils ignorent peut-être, — un vadrouilleur de premier ordre ; de plus célibataire, et, par conséquent, indépendant, c'est-à-dire libre de circuler comme bon lui semble à travers ce Paris si impénétrable pour le rigolard de province.

Ici, je me permettrai d'ouvrir, en même temps que ma fenêtre, une parenthèse, inspirée par la chute de phrase ci-dessus.

Il y a, en effet, à Paris, deux sortes de visiteurs : ceux qui le connaissent et ceux qui ne le connaissent pas

Ceux qui connaissent la capitale descendent généralement chez des parents et des amis, qui ne les quittent pas d'une semelle, et leur font voir ce qu'ils ont déjà vu cent fois, en évitant avec soin les joyeux endroits où *l'on s'amuse*, de sorte que les *véritables* attractions du *Paris la Nuit* leur sont, pour ainsi dire, inconnues...

Quant à ceux qui n'ont jamais mis les pieds à Paris et dont la curiosité les a jetés, seuls, sur les grands boulevards, ils sont, après quelques heures d'ahurissement, complètement idiots. Perdus au milieu du brouhaha qui les entoure, ils ne savent que faire, et, généralement, l'apéritif pris dans le premier endroit venu, un dîner absorbé chez un empoisonneur quelconque, et une soirée passée au théâtre, ils rentrent à leur hôtel, sans avoir osé ramener la dame qui les a vingt fois raccrochés.

Au bout de deux jours, sans but bien défini, ils s'ennuient à crever et, finalement, reprennent le train, désillusionnés, maudissant cette fameuse ville qui ne leur a certes pas donné les plaisirs plus terre à terre et plus positifs que ceux de leur province.

Donc pour s'amuser à Paris, quand on le connaît, il ne faut pas descendre chez des parents et des amis, ou si l'on y descend ne consentir qu'à y prendre ses repas, mais conserver sa complète indépendance pour le *coucher*...

Et quand on ne le connaît pas, il faut carrément s'adresser à un parisien Vadrouilleur quelconque, toujours en extase devant une purée au *Café de la Presse* ou à la brasserie du *Clou*, et le prier de partager avec soi sa bourse et le reste.

Maintenant, je referme ma fenêtre et ma parenthèse, — ma fenêtre, parce que je m'aperçois que l'on vide la fosse de mon immeuble, et ma parenthèse, parce que je vois qu'elle m'entraînerait trop loin.

Je reprends donc

Carle-Max avait promis au jeune Dubassin de le piloter à travers la capitale. Il tint parole.

Dès que Philoctète eut de nouveau la bourse garnie, un rendez-vous fut pris un soir à la Nouvelle-Athènes d'où, après absorption d'une absinthe au sucre savamment distillée, les deux amis partirent pour aller dîner à l'Abbaye de Thélèmes.

L'endroit ne pouvait être mieux choisi. — On dîne là, copieusement, sans grands frais au milieu d'une société toujours joyeuse et bon enfant. Les jolies femmes de la butte y abondent, et leur rire franc et légèrement gavrochard, éclatant à chaque instant en gammes folichonnes, rendent les minutes délicieuses.

En entrant dans la grande salle artistement décorée de tentures anciennes et de tableaux modernes, Philoctète renifla l'air tout imprégné de senteurs féminines.

— Ah ! murmura-t-il, c'est très bien ici.

— N'est-ce pas ? répondit négligemment Carle-Max...

— Ça sent la femme.

— Il y en a, du reste.

— Oui. Et j'en aperçois même là-bas dans le fond, deux, dont les yeux nous fixent terriblement.

— Et vous seriez content de les voir de près, ces yeux ?...

— Je crois bien...

— Eh bien ! suivez-moi... Nous allons nous placer à la table de ces dames...

Les deux amis s'avancèrent.

— Tiens, voilà Carle ! s'écria aussitôt la plus jeune des deux femmes, en apercevant le rédacteur de *Paris qui Rit*...

— Berlurette ! s'exclama Carle-Max... Je ne t'avais pas reconnue.

— Assieds-toi donc !

— Oui... Mais avant permets-moi de te présenter un de mes bons amis : Philoctète...

— Mon pouce, interrompit en riant Berlurette...

— Non, dit alors en s'avançant hardiment le jeune provincial... Pas Philoctète mon pouce, mais Philoctète Dubassin, un bon garçon aimant à rire, et venu à Paris pour s'amuser... ayant en poche nombre de monacos prêts à tinter joyeusement pour le solde des additions les plus fantaisistes, tant en solide qu'en liquide...

— Alors, s'écria Berlurette, plus de gêne entre nous. Asseyez-vous, messieurs.

Et se levant cérémonieusement, présentant sa copine :

— Mademoiselle Margot, ma camarade.

— Vous me permettez de vous offrir à dîner, proposa bravement Philoctète ?

— J'le crois ! Ces choses-là ne se refusent jamais, surtout lorsqu'elles sont proposées si gentiment.

— Alors, si on dîne à quatre, fit Carle-Max, prenons un cabinet.

— Ça, c'est pas bête...

— Montons au-dessus.

— Oui... Nous serons chez nous.

En deux temps et trois mouvements, les quatre convives furent installés dans un cabinet.

— Plus de gêne, s'écria alors Philoctète qui, décidément, prenait de l'audace, permettez-moi d'ôter mon paletot.

— Ote tout ce que tu voudras, dit Berlurette, en se mettant elle-même à son aise.

Et se tournant vers Carle-Max :

— Dis donc, très gentil, ton ami. Je l'accapare.

Puis à Philoctète :

— Maintenant, embrasse-moi et tutoye-moi, nous sommes copains.

Philoctète s'était assis aux côtés de Berlurette ; Carle-Max, en doux Mentor, avait pris place près de l'amie, très gentille, ma foi.

— Vous savez, fit Berlurette en attaquant son potage, vous pouvez blaguer devant mon amie... Elle ne rougira pas : c'est une de mes élèves.

— De tes élèves ? dit Philoctète, surpris...

— Ah ! c'est juste, tu ne me connais pas... Carle-Max ne t'a rien dit ?...

— Non...

— Alors je vais te renseigner... Je suis Berlurette, une nouvelle étoile du Moulin-Rouge. La rivale de la Goulue.

— Pas possible !

— C'est tel que je te le dis... mon p'tit, demande à Carle.

— En effet, fit Carle-Max...

— Ah ! quelle heureuse rencontre... s'écria Philoctète... Au dessert, je paye du champagne.

— Hé ! Tu es dans le train... Aussi, tu ne regretteras pas de m'avoir rencontrée, si toutefois tu donnes une suite au dîner...

— Mais, naturellement, que je donnerai une suite au dîner, fit le jeune homme en embrassant Berlurette sur le cou, ce n'est même que pour la suite que... Et où reste-tu ?

Berlurette se mit à rire, d'un joli rire sonore et frais, puis d'une voix tendre :

— Qu'importe, pourvu qu'il y ait un bon lit...

— C'est l'essentiel.

— Mais je puis tout de même te dire mon adresse. J'habite rue Duperré, 18...

A ce moment de la conversation, Carle-Max intervint.

Depuis longtemps, il désirait connaître le passé de cette jolie fille, fleur de faubourg, poussée tout à coup à l'ombre des ailes du Moulin-Rouge.

— Ah ! fit-il, de cette voix grave qui impose l'attention, tu restes rue Duperré ; je l'ignorais.

— Je cachais mon adresse... volontairement.

— Pourquoi ?

— Ah ! tu es trop curieux.

— Compris. Tu filais là le parfait amour, avec quelque solide gaillard.

— Ma foi non !...

— Alors ?...

— Alors, je vois que tu veux connaître un peu ma vie. Mais qu'est-ce que je pourrai vous raconter,.. Je ne sais pas, moi.

— Tout ce qui te passera par la tête, fit Philoctète.

— Rien que par la tête ?

— Pour ne pas être trop indiscret.

— Ah ! avec moi il n'y a pas de gêne.

— Alors, il y a du plaisir ?

— Tiens, parbleu.

Là-dessus, on passa au premier plat.

— Voyons, parle-nous du passé, dit Carle-Max.

— Bah ! le passé, pourquoi faire ? J'en ai vu de toutes les couleurs.

— Vraiment !

Berlurette se mit à rire.

— Ah ! vous comprenez mal... Je ne fais pas de jeux de mots.

— C'est dommage.

— Tenez, je suis presque espagnole, — de la frontière...

— En effet, remarqua Philoctète, qui s'échauffait peu à peu sous le charme de plus en plus suggestif de sa jolie voisine de table, vous avez des cheveux noirs comme de l'ébène, auréolant de ténèbres votre charmant visage pâle où saigne une bouche rouge sous des yeux aux feux de diamant !

— Bravo ! bravo ! s'écria Carle-Max, la phrase est charmante... Je la retiens pour *Paris qui Rit*.

— Quant au corps, continua Philoctète, encouragé par les paroles de son ami, je suppose qu'il possède des jambes potelées et une poitrine pas excessive, mais bien ferme sur laquelle il me plairait assez de poser mes lèvres.

Berlurette eut un sourire, puis elle reprit :

— Je vous disais donc que j'étais presque Espagnole... C'est pour cela que j'ai appris la danse du ventre .. que je pratique assez bien... Mais ce que je n'aime pas... ce sont les lapins !... Du gibier oui, et surtout faisandé : c'est celui qui rend le plus... Pourtant j'avais un vieux qui a voulu me faire faire mon portrait. Il me dit : « Comment veux-tu être ? » Je lui ai répondu : « Couchée sur ton testament ! » Eh bien ! il m'a pas compris... ou plutôt si, il m'a trop compris ! Il m'a lâchée. Je n'ai pas eu de chance... Quand je pense que j'ai eu chevaux et voitures ! Aussi, je danse au Moulin-Rouge pour me refaire.

— Une virginité ! fit Carle-Max.

— Ah ! J'ai pas besoin de ça !... Pour ce que j'en ferais...

— Tu me la donnerais, ricana Philoctète.

— Elle ne serait toujours que d'occasion... Voyez-vous, ça ne sert qu'une fois ces machines-là ! Et encore ! J'avais quatorze ans moi, quand... vous comprenez !... On est bête, à cet âge-là ! On se gâche ! Lui, le premier, il en avait dix-huit... C'était un petit commis de nouveautés ! Ah ! ce que je l'aimais ! Je me rappelle : j'allais en classe ; j'avais des robes courtes, un tablier, les cheveux dans le dos... Les autres se moquaient de moi... c'était de la jalousie. Moi, je l'adorais, mon Henri... J'allais me rouler dans l'herbe, en jupon, sur la Butte, je me retroussais le plus possible : c'est comme ça que nous nous étions connus. Les autres gamines avaient bien des amoureux, seulement, elles, c'était pour la frime... Tandis que nous... en plein... Ça a duré, jusqu'à ce qu'il parte au service... C'est drôle, huit jours après, je l'avais oublié ! Mon dieu que j'ai soif. Qu'est-ce qui verse ?

Philoctète, depuis un instant tout drôle, regardait curieusement la jeune femme... Au moins, elle était franche celle-là, et ça lui plaisait.

— Et maintenant, dit-il, en versant un plein verre de mâcon à la danseuse... quel est l'heureux veinard qui...

Berlurette avala son verre d'un trait, puis sérieusement :

— Il n'y a pas de veinard... Je n'aime plus personne... J'ai un cœur d'artichaud : une feuille pour tout le monde... Je vadrouille à tour de bras et de jambes...

— Eh bien ! dit gaîment Carle-Max, les amoureux ne doivent pas s'en plaindre, car tu es jolie, Berlurette, et fraîche, vraiment fraîche, ce qui n'est pas banal... Allons, je bois à la chance qu'a eue mon ami Philoctète de te rencontrer... Il ne pouvait mieux débuter.

On trinqua, puis pour sceller la liaison, Philoctète embrassa Berlurette et Carle-Max baisa Margot sur les yeux.

Les têtes commençaient du reste à s'échauffer. Et au dessert, hommes et femmes étaient très rapprochés l'un de l'autre.

— C'est curieux, fit en se détirant Berlurette, je l'ai à la rigolade ce soir... J'ai des démangeaisons dans les mollets.

— Tant mieux, dit Philoctète, j'adore les femmes nerveuses. Ah ! ce que nous allons rire.

— Oui, mais après le bal... Ça, c'est sacré... Je me dois d'abord aux amis.

— Nous vous accompagnerons, cria le jeune provincial.

— Je veux bien... Et vous pourrez même me faire vis-à-vis si vous voulez... Mais savez-vous danser seulement ?

— Si je sais danser !... Vous en jugerez : Au cavalier seul, je ne crains personne !

— Tant mieux, car vous savez, pour danser avec moi, faut être solide.

— Vous jugerez !

— C'est entendu... Maintenant, si l'on buvait un peu de champagne !

*(La suite au prochain numéro).*

# CANTILÈNE

*A M<sup>lle</sup> Orloff, des Variétés.*

### I

Un désir est tantôt venu
Frapper à mon crâne ingénu
Qu'aucun mystère ne rebute,
Celui d'aller, tableau touchant,
Saluer à deux le couchant,
Là-haut, près du ciel, sur la Butte.

### II

Gravissant le mont des Martyrs,
Nous pousserons de gros soupirs,
Martyrs de l'amour que nous sommes,
Et tu verras comme il est bon
D'égarer son extase et son
Bonheur loin du regard des hommes.

### III

Aux pieds du grave Sacré-Cœur
J'adorerai ton cœur vainqueur
Mille fois plus divin que l'Autre,
Et Paris s'illuminera
Dans un vrai décor d'opéra
Pour fêter sa gloire et la nôtre.

### IV

Sur ce, je déshabillerai
Ton corps, et je l'encadrerai
Dans le couchant aux pourpres folles,
Si bien que la mort du soleil
Mettra sur ton front sans pareil,
Comme aux saintes, des auréoles;

### V

Et, quoique Vénus pour mes sens
Dont les ruts se font incessants,
Tu m'apparaîtras en Madone,
Et, Vierge sans virginité,
J'étreindrai ton torse enchanté
Qui rayonne, vibre et se donne.

### VI

Puis, lorsque nous aurons fini
Notre spasme dans l'infini,
Quand notre amour se fera veule,
Le soleil se sera couché,
Désorisé comme un miché,
Et je te retrouverai seule.

### VII

Alors je me demanderai
Tout en haut du tertre sacré
Lequel de l'Astre ou de Toi même,
Fut le plus beau dans le couchant,
Et, je penserai sur-le-champ
Que ce fut la femme que j'aime.

Hector SOMBRE.

# LA REVANCHE DE PHILIPPE

Philippe était un grand et beau garçon, toujours triste et toujours doux.

Il n'avait point aimé encore, bien qu'il eût vingt-cinq ans : c'est peut-être pour cela qu'il était triste ; il s'occupait de science âprement, à l'exclusion de toute autre occupation ; sans relâche, il n'avait pas d'autre joie : c'est peut-être pour cela qu'il était doux.

A la saison, il accompagnait à Villers-sur-Mer sa famille qui s'y rendait régulièrement chaque année. Dès le matin, il s'en allait rôder du côté des falaises classiques des Vaches-Noires qui, tout enfant, l'avaient étonné par leur aspect grandiose et sauvage et dont l'examen, plus tard, l'avait instruit.

Il y passait des heures, les étudiait, les scrutait, leur arrachait par lambeaux le secret de leur formation et de leur passé, et revenait avec des cailloux plein ses poches, des pensées mélancoliques plein la tête.

Il déduisait des bouleversements sans trève de ces roches le sort futur de la terre, ses modifications générales, continues, dans son lent acheminement vers la période stellaire où les plages seront désertes, les villes éteintes, les mers disparues. Ces écroulements d'argiles, les destructions silencieuses et mornes de choses géantes, lui disaient l'inanité de tout. Il en comparait la grandeur à la triste fin des hommes ; la vie heurtée de ceux-ci à la vie inconsciente de la matière, périssable comme eux, mais tranquille en somme, robuste et superbe.

En remontant de la sorte le cours des âges jusqu'au berceau du globe, en rapprochant les convulsions de son écorce de celles qui nous agitent, Philippe en arrivait à nous ravaler en bloc au rang des infiniment petits des rivages, négligeables, presque sans raison d'être et perdait de jour en jour plus complètement la vague notion qu'il avait des choses présentes, des sexes et de son temps.

Il fouillait dans les mers anciennes et y surprenait la nature attelée, infatigable, à son œuvre éternelle ; les mers actuelles, toujours les mêmes, ne lui disaient pas grand'chose ; il n'y jetait qu'un regard distrait, aussi restait-il ignorant de ce qui s'y passait, et, en particulier, de ce qui s'y tramait contre sa tranquillité de doux savant rêveur, inoffensif et détaché de ce monde.

Cependant, il s'y tramait un complot.

Par un jeu de bascule, probablement utile à l'équilibre général, plus Philippe s'élevait dans les hautes régions de la pensée, plus il devenait mûr pour les plongeons dans la bourbeuse réalité où nous croupissons

Sa cousine, Emilienne, avait résolu de lui jouer un bon tour, et, avec elle, tout le clan des petites camarades, qui trouvaient que, décidément, il avait besoin qu'on le tirât un peu de ses méditations. Il ne savait même plus parler à une femme, s'il l'avait jamais su ! On lui rendrait là un fier service.

Les têtes travaillaient, celle d'Emilienne surtout. On ne pensait plus qu'à la perpétration du sauvetage.

Chaque jour, à marée haute, heure de l'immersion obligatoire, le sauvage, qui était l'obligeance même, se constituait la sauvegarde du clan pendant qu'il s'abandonnait aux coups de houle avec les petits cris et les frissonnements d'aise dont « se servent » les femmes pour sceller les baisers reçus — même ceux de la vague — quand ils ont fait plaisir et qu'ils sont allés loin.

Mais Philippe faisait bien attention à cela! Il croyait devoir attribuer ces manifestations à l'expérience qu'elles faisaient du principe d'Archimède qu'il n'avait pas manqué de leur dévoiler et dont il leur faisait des démonstrations aussi précises que répétées.

Un matin, Emilienne s'écria, en jetant sur le sable son peignoir et en cabrant avec un geste inconscient de coquetterie sa jolie taille flexible, qui ne connaissait encore que l'étreinte passionnée du flot :

— Aujourd'hui, on ne parlera pas d'Archimède !

On était allé, la veille, rocailler, pieds nus, à mer basse au bout de la grève.

Philippe, lui, pendant ce temps, avait fait l'ascension de la falaise. On l'avait aperçu de temps à autre fort occupé de rompre avec un petit marteau quelque bloc de pierre qui devait emprisonner un animal précieux, un coquillage admirable, anté-déluviens, naturellement.

Il avait obtenu un succès de pitié qui se serait traduit par d'ironiques interpellations si Emilienne, s'étant un instant écartée, n'était revenue à temps, et avec une mine derrière la tête, à en juger par son allure dégagée et triomphante.

Elle avait extrait d'une anfractuosité de rocher et tenait entre ses doigts un gros crabe qui faisait des efforts désespérés pour reconquérir sa liberté, roulant rageusement ses yeux ronds de bête mauvaise, ouvrant toutes grandes ses pinces tendues en vain vers la peau blanche de l'ennemi.

— Je tiens la solution !

Toutes s'étaient rapprochées.

— Ça ?... tu sais, fais attention, c'est méchant, ces bêtes-là.

— Quelle colère ! on dirait véritablement un homme qu'on vient de museler.

— Un homme !... oh ! mesdemoiselles...

— Mais nous ne voyons pas en quoi ce crabe peut constituer une solution.

Emilienne avait baissé la voix, pendant que le bras du crabe s'agitait en de petits mouvements gracieux, mais pleins de menace, et se tendait vers les hauts pans d'argile où Philippe devait être encore, bien qu'on ne le vît pas en cet instant qui allait décider de sa vie.

— Ça lui fera mal, pauvre garçon, objecta la plus sensible.

— Bah ! en pleine chair. Et puis, qui veut la fin veut les moyens.

— D'autant qu'il n'y en a pas d'autre, car, enfin, il est de bois... nous sommes toutes d'accord là-dessus.

L'animal, enveloppé dans un fin mouchoir odorant, — ce qui lui était évidemment désagréable — prit connaissance avec la mer, sa nourrice et son amie.

Philippe tirait sa coupe avec la solennité qu'il apportait en toutes ses actions. Emilienne, qui plongeait comme une loutre, dont elle avait la frondaison ardente et fauve, avait par deux fois effleuré de sa peau à la fois chaude et fraîche, comme un ciel de Naples au soleil qui naît, l'épaule de Philippe. Celui-ci s'était tout bonnement écarté pour lui faire place. Il s'étirait vers la haute mer dans la direction de la pointe de la Hève, et comme celle-ci est encore un excitant pour le géologue, il n'agissait plus que par un mouvement machinal ; il n'avait même pas aperçu sa cousine. Quelqu'un était passé, qui était-ce ? que lui importait !

Emilienne tient de la main droite le crustacé du complot. Une dernière fois, elle pique droit vers Philippe, nageant entre deux eaux, calculant son élan, très résolue.

L'infortuné savant a poussé un cri étouffé.

Emilienne, qui s'est un moment montrée à la surface, a plongé de nouveau ; elle reparaît vingt mètres plus loin. Mais l'entreprise doit avoir mal tourné, car elle s'écarte pour regagner le rivage. Elle paraît ennuyée, confuse ; elle est toute pâle. De suite, elle prend pied, quitte la mer, revêt précipitamment son peignoir et se sauve sans détourner la tête.

Il fallut aller la chercher pour déjeuner. Les conjurés, qui avaient passé leur temps à se poser des points d'interrogation, voulurent être renseignés, comme c'était leur droit.

— Qu'as tu donc ? Tu as disparu comme cela, tout à coup, tu te calfeutres et tu ne dis rien.

Emilienne avait envie de pleurer.

— Je lui ai fait mal.

— Oh ! tant que ça?

— Oui, dit-elle d'une voix brève : j'étais lancée, je remontais ; lui était étendu sur le dos... Subitement, il s'est retourné... il y a eu méprise, voilà !

— Il n'y a pas de quoi te désoler pour si peu.

— C'est encore bien plus drôle !

— N'empêche que c'est absurde ce que j'ai fait là.

Le lendemain matin, Philippe, qui paraissait avoir mal dormi, frappait à la porte d'Emilienne.

— Vous avez désiré que je vous accompagne un jour à la pêche en mer, lui dit-il : je suis à votre disposition.

Emilienne fut prise d'un léger tremblement et ne répondit pas tout de suite.

— J'ai prévenu ma tante, continua Philippe : elle nous recommande seulement de ne pas aller loin.

— Je suis à vous dans un instant, le temps de me préparer. Revenez me prendre.

Ils s'en allèrent par les rochers. La grève était déserte. On voyait seulement quelques pêcheurs, au loin, du côté de Beuzeval, et des chasseurs de mouettes, sur un petit bateau que la brise poussait au large et qu'ils s'amusèrent longtemps à regarder.

Emilienne tenait à s'excuser de sa folie de la veille, mais les mots lui manquaient.

Ils ne venaient pas davantage à Philippe.

Une circonstance fortuite avait suffi ; le contact imprévu d'une main féminine avait relégué le savant au deuxième plan, sa vraie place. Les sentiments longtemps endormis dans son être s'étaient éveillés d'un seul coup, impérieux et souverains.

En Emilienne, d'abord, c'était la femme qui lui était apparue ; maintenant, à la voir si délicatement attendrie à qui le touchait, le regard adouci, comme si quelque prière eût monté d'elle vers lui, c'était plus que la femme, c'était la compagne vaguement entrevue aux jours où l'aride science ne lui laissait plus que le vide et la désespérance, qu'elle était impuissante à le consoler avec sa beauté sombre des pleurs qu'elle lui avait fait répandre.

Ils doublèrent les roches, étendirent leurs filets et se mirent à les pousser vers la mer.

Ils étaient toujours seuls.

— Emilienne ! dit tout à coup Philippe.

Puis abandonnant son engin au gré du flot capricieux, il entoura de son bras la taille svelte de sa cousine.

Des goëlands passaient alors tout près dans le ciel, un soleil éclatant dorait la cime de la vague qui roulait, douce et légère, tiède et clémente comme un lit nuptial.

Emilienne eut comme un éblouissement ; son regard où passaient des défaillances s'emplit de rêve, — et aussi de larmes.

Philippe l'embrassa éperdûment. Alors un dernier vertige emporta sa raison ; une poussée confuse de bonheur et de folie l'anéantit, elle s'abandonna, pendant que lui, les yeux perdus, le cœur sautant dans sa poitrine, l'emportait sur la rive, où il s'agenouilla près d'elle.

....................................................

— Je ne vous connaissais pas, Emilienne ; j'ai passé près de vous comme un étranger suivant, distraitement, une route solitaire ; je vous ai coudoyée sans vous voir, vous, pourtant, si radieuse et si belle, — et j'aurais manqué mon bonheur... si vous ne m'aviez pas appris ce que c'était que cela : le bonheur.

— Non, non ! J'ai été mauvaise et légère, mais j'en ai pleuré ; c'était un enfantillage, il n'y aura plus penser, maintenant.

— J'y veux, au contraire, penser souvent, tous les jours, toute ma vie... Je le dois faire. Et pour cela, voulez-vous m'accorder votre main, Emilienne, — la main au crabe ?

Edouard ZED.

## CONTES ROSES

### LES CHANDELLES

Oncques on ne vit jamais devise aussi gaillardement portée :

— Toujours prête ; au grand Jour ! —

L'arborait, à Saumur, la suggestive Delphine de Cimeuse, l'ange de la charité, pour la garnison.

Et jamais, de la vieille moustache du bedonnant général de « trois Etoiles » jusqu'au plus imberbe des sus-lieutenants frais promus, personne, aux jours pirs de la nostalgie de l'asphalte des Capucines ou des girandoles rosées du Moulin-Rouge, n'avait rentré plus infatigable consolatrice ni plus empressé vouement.

Au moindre signe, et même, par une bizarre divination, prévenant, avec une touchante spontanéité, l'ennui minable qui vous menaçait, elle accourait vous porter la bonne parole qui grisait l'âme et vous emportait avec elle, bien loin dans l'idéal, en une sublime envolée d'amour !

Et quel furieux montant Delphine vous avait ! Combien non pareille à toutes ces autres qui, tenant boutique de fausses pudeurs et de bégueules effarouchements, pour mieux feindre l'émotion de contrebande ou conserver dans l'ombre leur fard mensonger, sigent une obscurité de confessional, rideaux soigneusement tirés et toutes lampes sévèrement éteintes !

Delphine, partout, voulait le grand jour !

Point sculpturale pourtant et point belle ; un vrai minu ! Mais exquise à l'heure bénie, enivrant d'un coup, irrésistible et prenante à l'excès !

Impérieuse, elle réclamait pour cadre l'éclat irradiant de toutes lumières allumées, ne comprenant pas, dans sa grande franchise de cœur, qu'on se dissimulât pour la chose la plus naturelle du monde.

Loyale toujours, elle voulait en retour une égale sincérité. Toute à vous, alors qu'elle était à vous, elle ne vous tolérait que tout à elle, vous fouillant, les yeux dans les yeux, jusqu'aux extrêmes dédales de l'arrière-pensée !

C'eût été pour beaucoup grand dommage qu'elle ne fût pas née ! La foi en la femme, par elle, renaissait vivace ; par elle, on ressuscitait des amères désillusions, des trop brusques et décevants réveils de passion, incessamment renouvelés.

Aussi, quel assourdissant concert de ses louanges eus-je à subir, à mon arrivée là-bas !

Sans ridicule jalousie, dont elle les avait galamment déaccoutumés, mes anciens me félicitaient : mon cœur, fatalement, ne tarderait pas à sonner ; et c'étaient, en annonce d'un inconnu qu'ils avaient déchiffré déjà, des réticences irritantes, des demi-mots lancinants, qui, me mettant sur mes gardes, m'inspirèrent la terrible peur d'un « refait ».

Agacé, je pris de haute plaisanterie leurs perfides insinuations et tranchant du blasé rompu et lassé des nasquinades de l'alcôve, je les taxai en bloc de provincialisme invétéré, me portant fort de démasquer d'un tour de main l'affriolante comédie de la gamine qui les aveuglait.

Et sceptique, déniant la réciprocité chez les voltigeuses du cythéréen bataillon, je leur promis à tous un vigoureux rappel à la réalité.

Au lendemain, prévenue sans aucun doute par ceux que j'avais raillés, Delphine, croisée à la musique, du regard me jeta idit.

Enveloppé de curiosité, pris au piège, j'acceptai le cartel et, la croisant de nouveau, je lui murmurai, ironique et frondeur : — « A vos ordres, madame, quand il vous plaira ».

Une heure après, un papier ma foi ! assez savamment parfumé m'assignait rendez-vous en pleine campagne, aux portes de la ville — afin, j'ai sous-entendait-on avec une pointe de fine malignité, de mieux m'éviter prudemment toute distraction pernicieuse à l'étude psychique que je poursuivais.

En deux minutes de conversation, le malin que j'étais commençait à battre piteuse mine !

Elle était, la gamine, captivante à perdre raison. En légitime enfant de la Mère Nature, issue de race où l'outrance de la respectabilité mondaine étouffe et réfrouve l'élan des humaines affinités, elle avait tôt rompu en visière aux préjugés caducs et pris à large serre-d'ailes son ample vol, humant l'air dont elle avait soif.

Je compris l'ensorcellement dont elle envoûtait mes anciens et je devins gamin à causer avec la gamine, avec un renouveau délicieux d'illusion et de fougue de la prime jeunesse.

J'eus désir fou de bucoliques félicités et, au lieu de rentrer en ville, perdus au milieu de la plaine dont les portes senteurs nous chauffaient le cerveau, je l'entraînai dans le premier abri trouvé sur le chemin.

Une méchante auberge, égarée sur la grande route. J'aurais voulu, confus de cette rusticité trop sommaire, partir en hâte et pousser plus loin, au voisin bourg, pour découvrir à ma compagne un plus confortable cantonnement ; mais, elle, dès l'entrée, m'avait laissée, curieuse d'inspecter le terrain de notre duel original. En me rejoignant, elle avait aux lèvres un énigmatique sourire de provocation et, d'un ton ferme et décidé, me dicta son irréfragable volonté d'arrêter là le lieu de la rencontre.

Pendant que, dans la salle commune, nous grignottions en jacassant l'omelette et le pigeonneau servis, j'avais, à mesure que le coucou chantait à la vieille horloge, de petits frissons d'impatience, anxieux de savoir comment ma convive sortirait de l'épreuve où tantôt je la contraindrais.

Tout à coup, coupant court une phrase banale lancée, elle murmura, se penchant :

— « A vos ordres, quand il vous plaira, Monsieur ».

Je la suivis dans la chambre qu'avant elle avait choisie. Dès le seuil, je sentis que j'avais bataille perdue.

Sincère à sa fière devise : « au grand jour », par son ordre, sur tous les meubles, des chandelles brûlaient ; elle me bombardait de toute l'artillerie dont on avait pu disposer.

Fort amusée de mon attitude déconvenue, câlinement, tapant par deux fois du pied, en appel :

— « Eh quoi ! fit-elle, reculeriez-vous par hasard ? Pardonnez-moi, j'avais demandé des bougies ; mais il paraît qu'ici, hors les fêtes carillonnées, c'est un luxe encore inconnu. »

Puis, d'une crânerie sans exemple, elle ajouta :

— « Mais je pense quand même ainsi, bel imbu d'incrédulité, que vous verrez très suffisamment clair dans ce qu'au mess, vous nommiez dédaigneusement ma très affriolante comédie ».

O mon scepticisme endurci, ô mes doutes enracinés de viveur blasé, jamais, je crois, chandelles n'éclairèrent débandade pareille à la vôtre !

Et, proche l'aube matinale, comme la dernière vacillait en tremblant son dernier souffle de clarté, cédant, moi, terrassé, au poids acclablant du remords de mes fanfaronnades calomniatrices, je répondis, converti pour jamais, à Delphine qui, toute à la lutte, me lançait un ultime défi :

— « Arrête, apôtre, j'ai la Foi ! Et d'ailleurs, à présent, ce ne serait plus franc jeu, ma mignonne ; les chandelles sont toutes fondues ».

Vous étonnerai-je beaucoup en disant qu'à Saumur, auprès des nouveaux, je suis le plus éloquent avocat de Delphine de Cimieuse, notre ange de la charité.

Et quoi de plus simple, après tout ! Je connais au tréfond tous les arguments du procès.

BABYLAS.

---

## Feuillets de mon Carnet

Une énorme actrice de drame, parvenue à son déclin, vivait du produit de tristes tournées, montées à la diable, avec des comédiens de rencontre, le plus souvent en faisant appel, pour l'interprétation des rôles secondaires, aux bas emplois des compagnies de province.

Au cours d'une de ces tournées, où elle jouait La Tour de Nesle, le rôle de Philippe d'Aulnay est un jour distribué à un pauvre diable qui n'en savait pas un mot et qui l'apprend dans les coulisses avant le lever du rideau.

La fin du deuxième tableau arrive ; Philippe, poignardé, agonise à terre ; Marguerite de Bourgogne s'avance, se démasque et lui dit :

— « Voir ton visage et mourir » avais-tu dit ; eh bien ! regarde... et meurs ! »

Philippe doit retomber en murmurant :

— Marguerite de Bourgogne, reine régente de France !

Mais le malheureux, ahuri, troublé et contemplant la masse gigantesque, perd la tête et s'écrie :

— La Tour de Nesle !

---

## HISTOIRE DE CORNES

Toutes les petites femmes qui aiment les émotions violentes dans les prix doux, ont connu le courageux, l'invincible, l'incomparable toréador nommé Pablo Alfonso y Gonzès de Rastaquouèros ; toutes ont applaudi cent fois sa brillante *cuadrilla*, ses picadores, ses blaguadores, ses trucadores, et toute la sainte boutique qu'il exhibait dans les arènes de la Gran Plaza.

Mais ce qu'on a ignoré jusqu'à présent, c'est comment lui est advenu l'épouvantable accident qui, fondant sur lui avec l'ardeur d'un impétueux caballero, fut cause de sa fin tragique, que pleurèrent longtemps les habitués des spectacles chers à nos voisins de *tra los montes*.

Il nous convient aujourd'hui de fixer ce point d'histoire resté obscur pour le commun des mortels ; et nous estimons que nos descendants nous devront une fière chandelle pour ce récit digne des temps chevaleresques. Nous aurions pu, aussi bien, l'intituler : « *La mort d'Alcide* », mais, outre que notre héros ne porte pas ce nom, notre modestie s'est opposée à ce que nous employions ce titre à flaflas, un peu trop prétentieux en la circonstance.

****

Donc, pour en revenir à nos... taureaux, c'était à l'époque où notre hidalgo n'était pas encore Espagnol, et s'appelait tout bêtement Alphonse (*du Trône*), dit Cul-de-Singe. L'Exposition universelle venait de clore ses portes, et le Tout-Paris du boulevard de Charonne réintégrait ses quartiers d'hiver, emportant avec lui les souvenirs de la rue du Caire et les vagues relents de la danse du ventre, mêlés aux images déjà lointaines et confuses de la Macarona et de la belle Soledad.

Alphonse (du Trône), qui avait gagné quelques louis en s'exhibant sur l'Esplanade des Invalides comme chef de la tribu arabe des Beni-Souaf-Tou, voulut profiter de ses vacances pour se payer de l'agrément dans les grandes dimensions, et, pour ce faire, se rendit d'abord au bal des Purotains, le plus chic des établissements similaires compris entre la rue des Rats et la barrière Picpus.

Comme bien on pense, le bel Alphonse ne pouvait manquer de faire une conquête dans ce lieu de plaisir, rendez-vous ordinaire d'une multitude de jeunes beautés abordables.

Ce fut ce qui arriva, certain soir de novembre. Entre dix heures et un saladier de vin chaud, la brûlante Pistache Montbidet laissa tomber son cœur dans le gilet de flanelle d'Alphonse, lequel ne s'en aperçut que le lendemain matin en s'éveillant, et fut tout troublé de trouver à son côté l'aimable demoiselle.

Une douce idylle s'ébaucha alors pour l'amoureux couple, arrosée d'amers-citron et sustentée d'oreilles de morue et de plats à quat'sous. Jamais *Paul et Virginie* n'avaient été entrevus par les naturels de la place du Trône sous des couleurs aussi candides, aussi gracieuses, que leur apparurent le bel Alphonse et la suave Pistache.

Cependant, comme les amants

   « Etaient de ce monde où les plus belles choses
   « Ont un pire, etc.. »

il advint qu'au bout d'une quinzaine, tout l'or gagné dans le métier de chef arabe ayant été englouti par de folles prodigalités, Pistache manifesta des velléités de s'adjuger des amours plus lucratives.

En cette occasion, le bel Alphonse se mit à même de prouver qu'il était à la hauteur des évènements. Il avait pour principe que, le cas échéant, « une marmite doit faire bouillir l'autre », il sut si bien inculquer ce principe à sa douce compagne que, sur le champ, la tendre Pistache consentit à aller cueillir du persil sur le bitume du cours de Vincennes...

****

« Amour, amour, quand tu nous tiens !... » a dit un tel. Cela signifie tout bonnement que lorsqu'une bergère nous a tapé dans l'œil, nous sommes capables d'accomplir de grandes choses.

Voyez, par exemple, le cas d'Alphonse (du Trône), dit Cul-de-Singe : l'amour immodéré et scandaleux que lui inspirait Pistache Montbidet, lui suggéra une idée que nous qualifierons de géniale, si cette expression n'avait été elle-même disqualifiée par M. Cinq-Poils-Roux-le-Magnifique. On venait d'ouvrir les arènes de la Gran Plaza de Toros, rue Bertin-Poirée ; les taureaux ne manquaient pas ; mais on demandait à cor...nes et à cris des toréadors dont la disette se faisait cruellement sentir à Paris, — et cela par la négligence coupable du ministre de l'Instruction publique qui avait omis d'inscrire ce métier dans le programme de ses écoles professionnelles.

A la connaissance de ces faits, une lumière jaillit dans le cerveau d'Alphonse qui, décidément, avait de grandes tendances cosmopolites. — Pour être toréador, se dit-il, qu'est-ce qu'il faut ? il faut, tirli faut, être Espagnol... Eh bien, pourquoi ne le serais-je pas, puisque j'ai bien été Arabe pendant trois mois !

Dès ce moment, sa voie fut tracée ; et dans un transport d'allégresse que je décrirai une autre fois, il s'écria :

— Caramba ! adios la débina ! viva la rigolada ! el toreador Pablo Alfonso y Gonzès de Rastaquouèros alla gagna des pépétas por l'amor della bella Pistacha !

Et sans aller chercher midi à quatorze heures, il se rendit au Temple, y acheta une veste de satin passequillé, une culotte idem, des bas bleus et une toque d'astrakan, prit un fiacre et se fit conduire à la plaza...

Une heure plus tard, il en revenait avec un engagement qui le couvrait d'or.

****

Ah ! certes, ce fut une belle existence que mena alors la candide Pistache, devenue peu après, devant le maire du XXIe arrondissement, la senora Pistacha Gonzès de Rastaquouèros !...

Car Alphonse, parvenu à une célébrité auprès de la-

quelle celle du cholérilâtre Stanhope n'eût été que de la roupie, devait, pour le monde, régulariser sa situation par un mariage. D'ailleurs, son amour pour la folle enfant du bal des Purotains n'avait fait que croître et embellir... Et puis, Pistache ayant connu de mauvais jours, c'est-à-dire ayant été à la peine, il n'était que juste qu'elle fût à l'honneur.

Je n'essaierai pas de faner les lauriers ou de ternir la gloire dont se couvrit le brillant Alfonso dans les arènes de la Gran Plaza, — je n'essaierai pas, dis-je, de me faire l'apologiste du fameux toréador : mon ampleur littéraire ne serait pas à la hauteur de ma tâche ; et puis ce serait employer du papier inutilement. Aussi en arrivé-je de suite à ce qui intéresse au plus haut point mes lecteurs : les détails de la fin tragique de Pablo Alfonso y Gonzès de Rastaquouèros.

Le ménage du toréador était aussi uni que les pectoraux d'Yvette, lorsqu'un jour, pendant que son époux était à la répétition, Pistache fit la rencontre d'un débardeur du quai de la Râpée, qui sifflait l'air de la *Czarine* en se balladant, les mains dans les poches...
— Bon sang ! qué beau mâle ! s'écria la senora en toisant le monsieur...

...Après dix minutes de pourparlers, le superbe débardeur accompagnait Pistache jusque dans la chambre à coucher de l'hôtel où gîtaient les époux Alfonso, et la conversation suivante s'engageait dans l'alcôve :
— Oh ! bel inconnu, disait la senora, c'est bien malheureux que j'gobe tant mon toréador, car sans cela je te rendrai le plus heureux des mortels !
— C'est un métier bien dangereux que celui de combattre les taureaux ! ajoutait le débardeur.
— Hélas !
— Oui ! les oiseaux du ciel ont des nids, et les renards ont des tannières ; mais ton Pablo n'a pas de cornes pour protéger sa tête !
Pistache réfléchit un instant.
— Ça pourrait peut-être s'arranger ! dit-elle enfin.
Et elle tira les rideaux du lit...

Mais au même instant la porte s'ouvrit avec fracas, et le signor toréador Alfonso apparut sur le seuil...
Il était déjà trop tard...
Le débardeur sortait de l'alcôve en rajustant son faux-col...
Le noble hidalgo comprit tout sur le champ. — Ah ! caracco ponèta ! hurla-t-il... Vite, mon couteau catalan, ma navaja, mon espingole !
Et il se mit à arpenter la chambre comme un forcené ou un malade guérit par le système Pasteur...
Pendant ce temps, le débardeur s'était rafraîchi le visage et avait filé doucement.
Accablé, Alfonso était tombé sur une chaise, Pistache, levée à son tour, essaya de le consoler :
— Je t'aime tant, mon Pablo ! lui dit-elle.
Le toréador sursauta.
— Comment ! et c'est comme cela que tu me le prouves !
— Sans doute, mon adoré ! tu ne peux comprendre les tortures que j'endure lorsque, chaque jour, tu me quittes pour aller combattre les taureaux furieux aux applaudissements de la foule !... Donc, je me disais : « Il va s'attaquer à des adversaires terribles, munis chacun d'une paire de cornes formidables... Ça ne peut pas continuer, car il pourrait lui arrivé malheur !... » Maintenant, mon cher Pablo, tu pourras lutter avec les taureaux à armes égales...

Cela se passait il y a deux mois.
Le lendemain, à l'heure où le toréador avait coutume de se rendre à la représentation, Pistache qui revenait d'acheter des boules à pot-au-feu, trouva le senor Pablo Alfonso y Gonzès de Rastaquouèros baigné dans son sang...
Il s'était enferré lui-même... avec ses propres cornes.

FLANOCHARD.

# CHRONIQUE ABRACADABRANTE

## Sur l'Amour !

Le succès auprès de nos anciens lecteurs des récentes enquêtes que nous avons faites relativement à des sujets d'actualités, nous a engagé à en tenter une nouvelle pour *Paris qui Rit*, sur un sujet toujours d'actualité, celui-là ; nous avons nommé l'AMOUR.

Espérons que notre nouvelle tentative aura de la part de nos lecteurs le même accueil qu'elle a eue chez les gens que nous sommes allés consulter.

Il convient de dire que, pour être bien reçus, partout nous nous sommes présentés à trois : le spirituel K. Stor, le désopilant D'Alville, et enfin votre serviteur qui ne croit pas devoir se décerner lui-même une épithète laudative, mais qui sait bien qu'il la mérite. (Demandez plutôt à la blonde Natishatauka Skoromkobon-Loffypissenchakaschoff, l'étoile des Folies-Bergère, avec laquelle j'ai passé ma dernière nuit, — sauf le respect que je vous dois ; il est vrai que je ne vous dis pas que ce fut dans un lit : je vous le laisse deviner...

Mais voilà assez causer de mes affaires ; occupons-nous des vôtres, charmantes lectrices, car j'imagine que vous n'en avez pas d'autres que celles d'amour.

A donc, nous partîmes tous trois, moi, muni d'un carnet de reporter pour consigner nos notes ; K. Stor armé de sa canne ; quant à l'ami D'Alville, il ne portait que ses calembours... et ce devait lui être une *charge* bien lourde, car il s'en débarrassait par douzaines tout le long du chemin, à notre grande satisfaction.
— Çà, nous dit-il, j'imagine que nous allons aller voir les demi-mondaines les plus huppées pour leur demander leur avis sur la chose qui nous intéresse !
— Parbleu ! dit K. Stor ; il y a une certaine Émilie de Valenciennes, à qui je voudrais bien dire deux mots...
— De deux *maux*, il faut choisir le moindre, insinua D'Alville.
— C'est pourquoi, dis-je, nous irons d'abord chez M. Jules Simon.
K. Stor fit la grimace.
— Pourquoi, continuai-je, les hommes n'auraient-ils pas voix au chapître ?
— Celui-là, c'est une *voie*.... romaine ! exclama D'Alville.
— Chut ! Nous voici arrivés.
Nous sonnâmes. On nous introduisit.
— Illustre maître, nous avons pris la liberté de venir vous demander votre haute et intéressante opinion sur l'amour...
M. Jules Simon cracha, toussa, se moucha, essuya ses lunettes, et articula enfin :
— Je n'en ai pas !
— Il y a longtemps que nous nous en doutions ! murmura d'Alville entre ses dents.
— Cependant, insistai-je.
— Vous voulez absolument savoir mon opinion !... Eh bien ! promettez-moi de ne pas la répéter ?
— Parbleu !
— Nous ne sommes venus que pour ça ! ajouta gracieusement K. Stor.
— Alors, dit M. Jules Simon, je vais parler :
La femme n'est bonne qu'à raccommoder nos chaussettes... et à donner des défenseurs à la France !...
— Mais, pour cette dernière occupation, il faut... qu'on l'aide ?...
— Sans doute ! Et c'est là le plus grand défaut de la nature humaine !
— Un défaut ! s'écria D'Alville ! Moi, je trouve au contraire que c'est un ornement !...
— Pour vous, je n'en doute pas, jeune homme, répondit paternellement le vieil académicien ; mais quand, comme moi, vous aurez la sagesse des années, vous changerez d'avis ! — Et sur ce, messieurs, je vous présente mes civilités.
— Ah ! dit D'Alville en descendant l'escalier, c'est un pauvre coq qui n'a plus de dents pour croquer les poules !..
Devant cette figure hardie, nous demeurâmes sans réplique...

Et nous nous rendîmes chez une autre personne sérieuse, qui, par hasard, se trouvait de passage à Paris : nous voulons nommer Mme Sarah-Bernhardt.
L'artiste nomade nous fit asseoir sur des malles ; elle même voulut s'asseoir à la turque. — Mais ses jambes étaient tellement maigres qu'elle ne put y parvenir et elle prit le parti de les nouer ensemble comme de simples cordes.
Puis :
— L'amour ? nous dit-elle avec sa voix d'or qui n'est plus guère que du cuivre aujourd'hui, — l'amour ? Mais je n'ai fait que cela toute ma vie !
— Et alors ?
— Je ne sais pas encore ce que c'est !
— Diable !...
— Voyez vous, les ingénues en savent plus long que nous là-dessus.
— Vous plaisantez !
— Nullement.
— Mais c'est de l'amour platonique, alors ?
— Non pas ! Elles ne rêvent que de l'autre, au contraire... L'amour platonique, c'est aux femmes comme nous, qu'il faut parler de cela, à la bonne heure !...
— Berr ! dit K. Stor, elle est embêtante, la dame !
— Trottons-nous ! dit D'Alville dont le style académique se perdait dans cette autre du platonisme.
Bientôt, nous fûmes chez Émilie de Valenciennes qui demeurait à proximité.
L'adorable demi-mondaine nous reçut dans un délicieux petit boudoir tout parfumé d'héliotrope et d'impériale russe.
Cela sentait tellement bon que K. Stor en éternua...
— A vos souhaits ! dit la jolie minette en lui tendant sa petite main.
— Hélas ! gémit K. Stor en amoureux transi, hélas ! madame, mes souhaits, si vous les connaissiez, vous ne les exauceriez peut-être pas !...
Émilie de Valenciennes eut un joli rire.
La g..... pardon ! la tête de notre ami lui revenait.
— Qui sait ? dit-elle simplement.

— Justement, madame, dis-je, nous venons vous demander votre théorie sur l'amour.
— Ma *théorie* ? répondit la jolie fille, mais je n'admets que la *pratique*, moi !
— C'est toujours comme cela dans le commerce ! murmura D'Alville ; la *pratique*, il n'y a que ça !...
J'insistai :
— Mais... cette pratique, comment l'entendez-vous ?
— Ah ! mais ! fit la belle, vous devenez vraiment curieux !
— Indiscret ?...
Emilie eut une petite moue.
— C'est que nous voudrions bien des détails !
La jeune femme réfléchit un instant. Puis :
— Écoutez, fit-elle.
Je ne puis pas vous dire cela brutalement.
Et, comme je disais tout à l'heure, je n'ai pas de théorie... Il faut qu'on pratique...
— Elle se répète ! pensa D'Alville.
— Alors ? demandai-je.
— Alors, il me semble que vous ne connaîtrez bien mes idées sur l'amour que lorsque je vous les aurai, non pas dites, mais démontrées...
— Alors, vous me permettez... d'expérimenter ?
— Dame, il le faut bien.
— Mais, dit K. Stor, nous sommes trois...
— Eh bien ! tant mieux... N'est-ce pas de la discussion que jaillit la lumière !

En sortant de chez la charmante Émilie de Valenciennes, — voulant avoir des appréciations plus sérieuses — nous nous rendîmes chez un tas de gens.
Voici les réponses qu'on voulut bien nous faire :

— L'amour, est un terrible animal avec lequel je me suis battu trop souvent dans le courant de ma vie. Il ne m'a pas tué. Mais il m'a blessé.
AMBROISE THOMAS.

Aujourd'hui, après avoir maintes fois émoussé ma lance contre lui, je demeure complètement désarmé. — Je suis sourd, mes pauvres amis ! — C'est pour cela que le Conservatoire va si mal sous ma direction !..
Hélas ! hélas !
Pauvre invalide de l'amour !

Tu as aimé, tu as été confiante, tu es devenue mère ! C'est un crime ! c'est comme cela ! — Ah !
DENISE.

L'amour est un maraudeur armé d'une gaule, avec lequel il fourrage dans l'arbre, pour faire tomber les pommes... — du voisin.
VICTORIEN SARDOU.

Moi, je n'ai pas voix au chapître !!!
ABEILARD.

Pourquoi pas, mon chéri ? Si tu ne sais pas parler haut — à cause de ton extinction de voix, — tu sais de même remuer les lèvres.
HÉLOISE.

Faites-le... — mais ne le dites pas !
GYP.

Moi, je trouve que tout le temps qu'on emploie à en parler, est autant de perdu pour... le démontrer.
UNE INGÉNUE.

Un soupir, un serrement de main... et c'est tout.
NINI PATTE EN L'AIR.

Cachez ce sein que je ne saurais voir !
F. PASSY.

Pour qu'on te montre autre chose, alors ?...
GAVROCHE.

Écoutez la confession d'une pauvre fille séduite.
— Hélas ! mon histoire est bien simple ! J'étais jeune, j'étais confiante...
Il était charmant,... et entreprenant... Alors, j'ai cédé...
Et puis, un beau jour, — plutôt un vilain jour, comme cela, sans motif, pour rien — si ! pour une autre ! — il m'a quittée...
Hélas ! hélas !..
Alors... alors j'ai trouvé cela si bon, que j'ai pris un second amant, — et puis, plusieurs autres !..
HERMINE ANGÈLYS.

Ce qui me navre, c'est qu'on ne puisse pas être à la fois homme et femme !
MADAME BERNARD.

L'amour est un quadrille qui se danse à deux...
DUCROUPION.

L'amour est un magicien qui transforme les hommes en hérissons, et les femmes en écumoires...
LE SAR PÉLADAN.

C'est la chimie du cœur.
PASTEUR.

Ça pousse au printemps, comme les champignons à l'automne.
ARSÈNE HOUSSAYE.

Mais il lui faut un terrain propice pour se développer.
PAUL BOURGET.

« Ça vous vient de nuit, en écoutant chanter le rossignol. »
ALPHONSE DAUDET.

Puisque le cœur a deux ventricules, c'est donc qu'il y a place en lui pour deux amours en même temps ?..
MAURICE BARRÈS.

Cela veut dire tout simplement que pour aimer une femme, il faut s'y prendre à la fois de deux façons.
Savoir :
L'adorer comme une déesse.
Et... l'aimer comme une femelle.
PAUL ALEXIS.

L'amour! j'en parle tellement dans mes feuilletons —
honnêtes! — que je ne sais maintenant plus qu'en dire...
Je donnerais bien vingt sous à celui qui me donnerait
quelque chose de neuf à en dire.
Je suis vidé. Je suis idiot!
JULES DE GASTYNE.

Je me range à l'avis de mon illustre confrère! Je suis
comme lui.
GEORGES OHNET.

Ne me parlez pas de l'amour... Je ne sais plus, ou sais
trop ce que c'est. Et puis je ne veux rien vous dire, à vous,
qui appartenez à la *Bibliothèque Gauloise!* car pour moi, ce
titre signifie clairement : Bibliothèque polissonne!... Comme amour signifie cochonnerie. Voyez Littré.
OSCAR C...

Si l'on se range à cette opinion que la virginité est une
asthme, — l'amour doit être comparé à mon père...
DE LESSEPS fils.

Moi, j'aime lire les contes croustillants, comme un vieux
soldat invalide aime à entendre raconter des récits de batailles émouvantes...
Ça vous rappelle le mal que l'on ne peut plus faire.
UNE VIEILLE GARDE.

Vous aimez les lire? — Moi, j'adore les écrire, — mais,
pour les jeunes femmes!
GONZAGUE D'HUBERT.

A condition qu'il ne fasse pas trop chaud, c'est une
assez agréable distraction entre le déjeuner et le souper...
UNE GOURMANDE.

Cela fait perdre du temps... mais si cela ne faisait perdre que cela!
UNE VIEILLE FILLE.

Des mots! des mots! des mots!
UN DÉPUTÉ

Des faits! des faits! des faits!
UN MINISTRE.

Des fesses! des fesses! des fesses!
UN SÉNATEUR.

Oh!..
LOUBET.

Donnez-nous l'amour! nous réclamons l'amour! nous
voulons l'amour! vive l'amour! l'amour! l'amour!..
Qu'on nous aime! qu'on nous le montre! qu'on nous le
dise!..
Qu'on en parle toujours!..
CHŒUR DE FEMMES.

Devant ce charivari, D'Alville est devenu tout à fait
fou; K. Stor, est à présent épileptique, et votre serviteur n'a même plus la force de signer...
RICHARD O'STEFIOL.

# CONTES A BIBI

## UNE DEMOISELLE FIN DE SIÈCLE

Mademoiselle Mathilde Rigouillard, avec son petit
air pincé a été très précoce. Sans avoir l'air d'y toucher, à quinze ans, elle aimait à s'approcher doucement
des hommes, à les frôler et à leur renifler dans le cou...
A cette époque-là, la loge ne désemplissait pas. Pendant que la maman complaisante faisait semblant d'aller au marché, les amoureux accouraient.
Il y avait un menuisier, un garçon boucher, un tailleur, un conducteur d'omnibus, un valet de chambre.
A tour de rôle, ils étaient reçus, et la petite rou-
larde se laissait cajoler par tous ces hommes-là.
C'était sans conséquence! il est vrai. Jamais les baisers furtifs n'étaient descendus plus bas que le cou;
et les attouchements des mains plus bas que les né-
s; mais, en attendant, la petite y trouvait tout de
même un certain plaisir.
A seize ans, elle fut tout à coup dégoûtée des
quands. Elle se lança dans les employés.
Et sa maman, qui ne voulait jamais contrarier sa
chère enfant, fermait les yeux.
— Il faut bien qu'elle cherche le mari qui fera son
bonheur, disait-elle.
A ce moment-là, on ne pensait pas encore au « brillant avenir ! »
Le premier employé qui découvrit le chemin de la
loge fut un agent de la compagnie Lesage.
Mais comme il trimballait toujours avec lui des
échantillons de poudrette, mademoiselle Mathilde lui
tourna le dos. L'agent, froissé, ne revint pas.
Le remplaçant fut un comptable chez un tondeur
de chiens, coupeur de chats.
Il remplit la loge de puces. La mère Rigouillard se
fâcha et lui dit d'aller courtiser les filles d'un marchand de poudre insecticide. Le porteur de puces, furieux, s'en alla, mais pas sans avoir traité la pipelette
de vieille punaise.
Un troisième, caissier chez un fabricant de cages à
mouches, eut un instant quelques chances d'obtenir
la main de Mathilde. On lui croyait le sac. Mais cependant, comme, chaque fois qu'il venait, il empruntait quarante sous à la mère Rigouillard pour prendre
son tramway, celle-ci finit par ouvrir l'œil, et lui jeta
un beau soir la porte au nez.
— Vois-tu, dit la mère Rigouillard, tu ne trouveras
jamais ce qu'il te faut dans ce monde-là. Il va falloir
chercher ailleurs. Je sais bien que sans position, il est
difficile... Ah! si ton pauvre père vivait encore. Malheureusement je ne l'ai jamais connu! Enfin, peut-
être qu'en te faisant *artisse*, comme les filles d'une de
mes amies, concierge comme moi, arriverais-tu à
trouver un homme bien. Et si tu avais des goûts pour
la peinture !
C'est à ce moment-là que Mathilde essaya la peinture sur porcelaine.
Un incident la lui fit quitter.
Il y avait bien trois jours qu'elle prenait des leçons,
lorsqu'un beau matin, débarqua à Paris César Tristeglan, neveu de la mère Rigouillard, et par conséquent
cousin de Mathilde.
Le premier soin de César qui venait s'installer dans
la capitale fut d'accourir chez sa tante la concierge,
qui le reçut à bras ouverts.
C'était un garçon très doux que ce César, très rangé,
et résolu à se faire une situation.
Grâce au receveur des contributions directes de son
pays, — il avait obtenu de rentrer à la Banque de
France, en qualité de mouilleur breveté de pains à cacheter... 1,200 francs d'appointements par an tout simplement... Une fortune pour lui, quoi !
De plus, il était en possession de 5,000 fr. d'économie.
La tante Rigouillard le remarqua tout de suite.
— Voilà ton affaire, ma chérie, dit-elle à sa fille. Il
ne s'agit plus que de l'amener intelligemment à me
demander la main.
De cela la petite s'en chargeait.
D'autant plus qu'il n'était pas trop mal, ce garçon...
Il avait bien l'air un peu naïf, un peu bébête ; mais
cela tenait à la vie presque sauvage qu'il avait menée
à Trouszy-Ça-Karéman, sa ville natale, afin d'écono-
miser ses 5,000 balles.
Dame, là-bas, il faisait sa cuisine lui-même, fréquentait peu les auberges et les cabarets... voyait
rarement les femmes!
Il n'avait même jamais eu de maîtresse!
Et Mathilde ne se trompa pas là-dessus... « Mon
cousin a tout ce qu'il faut pour faire un Joseph des
mieux réussis, se dit-elle... En avant le grand jeu... »
Et elle dressa ses batteries.
La mère Rigouillard avait tout de suite arrangé les
choses :
— Une fois à la Banque, tu prendras tes repas ici,
mon garçon. A Paris, le restaurant est une ruine. Tu
coucheras ici, — les chambres d'hôtels sont inhabi-
tables.—Il n'y a pas grand'place... mais on se serrant,
et avec un lit pliant. . Tu auras pour voisin de lit, ta
cousine... Elle ne te fait pas peur, je suppose...
— Oh! non, ma tante.
Mais en disant cela, César avait rougi jusqu'aux
oreilles.
Cet arrangement du couchage le décida, je crois, plus
que la perspective des déjeuners, à rester chez sa
tante.
Et puis cette Mathilde lui faisait des yeux si drôles
chaque fois qu'elle le regardait.
Bref, au bout de trois jours, César Tristeglan était
entré à la Banque de France, et la vie de famille avait
commencé.
Tous les soirs, la mère Rigouillard rangeait les chaises, dépliait le lit du cousin et l'installait tout au fond
de la loge.
Pendant ce temps Mathilde faisait semblant de lire
le *Petit Journal.*
César se couchait et se tournait du côté du mur.
Alors venait le tour du lit de la jeune fille, également un lit pliant, que la pipelette installait près de la
commode, pas très loin de celui de César. Mais il y
avait si peu de place...
On baissait la lampe et Mathilde commençait son
petit déballage.
Les premiers jours, ce manège ne manqua pas
d'émoustiller un brin le mouilleur de pains à cacheter.
Peu à peu, il s'y habitua cependant, et, sa nature
calme prenant le dessus, il finit par ne pas plus faire
attention au déshabillé de sa cousine que s'il se fût
agi d'un garçon.
Les jours s'écoulaient... César ne faisait pas d'a-
vances. Il fallait pourtant en finir. Autant se marier
tout de suite.
— Ah! nous verrons bien, se dit Mathilde.
Et le soir même, elle se coucha sans même songer à
baisser la lampe.
Mais César ne se retourna pas.
La petite était furieuse.
— Bon, bon, fais ton petit saint Jean, mon gaillard,
se dit-elle en se fourrant dans les draps. Nous allons
voir ça tout à l'heure.
La mère Rigouillard, couchée à son tour, souffla la
lampe
— Bonsoir, mes enfants!
— Bonsoir, maman.
— Bonsoir, ma tante.
Puis, selon son habitude, pour s'endormir, César
commença à ronfler faiblement.
Déjà, il se voyait parti pour le pays des songes,
lorsqu'il sentit soudain sur son appendice nasal le
satiné chatouilleux d'une menotte de femme.
Jamais cela ne lui était arrivé.
Qui se permettait donc cette familiarité? Ce n'était
pas sa tante? Oh! non. Alors, c'était sa cousine. Tiens,
qu'est-ce qui lui prenait donc? Etait-elle donc somnambule? Ou bien est-ce que?... Oh! ce n'était pas
possible, lui qui la croyait pure et innocente comme
un ange !
La main continuait sa promenade sur son nez.
— Elle m'empêche de dormir, se disait le bon César,
mais il faut la laisser faire. Elle se calmera, elle re-
tournera se coucher, et demain, croyant que je dormais, elle n'aura pas à rougir devant moi.
Soudain, son malheureux piton se trouva serré
comme dans un étau et agité fébrilement.
— Eh bien! eh bien! Mathilde, gémit il doucement,
qu'est-ce que vous faites? Vous, une fille sage. Vous
me l'arrachez ! Ce n'est pas une raison parce que j'ai
le nez gros pour me le tirer ainsi. Je vous prie, demeurez tranquille et allez vous recoucher.
— Bast. Laissez donc, répondit Mathilde qui s'a-
perçut, mais trop tard, qu'elle venait de faire un pas
de clerc. Ne faites pas attention. C'est une manie que
j'ai. Je l'ai contractée en tirant le cordon à la place de
maman.
Mais cette manie ne fut pas du goût du jeune homme.
Fixé sur le compte de sa cousine que l'on voulait
lui donner pour femme, il se leva de bon matin, prit
ses cliques et ses claques, et fila, le nez encore tout
meurtri.
La mère et la fille ne le revirent plus.
— C'est pourquoi, Mathilde, dépitée, avait résolu de
se tourner du côté de l'art pur, et elle avait commencé
des cours de chant.
Vous savez ce que sont généralement ces cours. Le
plus clair de tout cela, ce sont des bécots dans les coins
sombres du Conservatoire, et des rencontres lucratives de temps à autre en y allant.
Or, un jour, la petite Mathilde, descendait fièrement
la rue Bréda, son rouleau de musique sous le bras,
lorsqu'au tournant de la rue Notre-Dame-de-Lorette,
elle se sentit suivie par quelqu'un.
Sans en avoir l'air, elle regarda dans les glaces d'un
coiffeur qui reflétaient les passants, elle vit que celui
qui lui emboîtait le pas était un officier.
Cela la réjouit. Elle se redressa, mit un peu plus de
ton dans son allure et pressa le pas.
Mais elle avait affaire à forte partie.
L'officier aussi pressa le pas.
Au bas de la rue il l'aborda. courtoisement.
Elle fit mine de vouloir changer de trottoir. Mais
réfléchissant soudain, elle n'en fit rien.
— Mademoiselle est élève du Conservatoire ? lui dit-
il en l'abordant.
— Oui, monsieur.
— Classe de piano ?
— Non, classe de chant.
— C'est dommage.
— Et pourquoi donc, monsieur ?
— Voici : Je suis grand amateur d'harmonie, et
cela s'explique puisque je suis chef de musique d'un
régiment. Mais les instruments de cuivre n'ont pas
toute ma sympathie. J'adore le piano, surtout le piano
à queue.
— Et moi donc !
— Je suis même très fort sur cet instrument. J'ai
découvert une neuvième note. Alors, depuis quelque
temps, je cherche des élèves auxquelles j'enseignerais
pour rien, et, si elles étaient jolies, jeunes et séduisantes comme vous, j'irais même jusqu'à les payer.
— Et... c'est loin, chez vous ?
— A deux pas.
— Allons-y, vous me donnerez une leçon. Je ne vous
prendrai qu'un louis.
Vous voyez qu'elle la connaissait dans les coins,
hein, cette petite Mathilde?
Elle arrive donc chez l'officier. Celui-ci était ravi
de son élève ou plutôt de sa conquête. Il y avait de
quoi : Mathilde est une fille superbe, fraîche comme
l'œil.
Il ne fit pas de préambule :
— Depuis quelque temps, je vous vois passer, ma-
demoiselle, et je raffole de vous...
— Monsieur... Je suis une fille honnête...
— Je n'en doute pas... Otez donc ce chapeau qui
cache vos cheveux si beaux...
— Ma mère est une honnête femme...
— Comment pourrait-il en être autrement?...Enlevez
ce corsage, il fait si chaud...
— Et c'est bien pour prendre une leçon que...
— Oui, une leçon, deux, trois si vous voulez... Ah !
les superbes épaules... Retirez maintenant cette jupe...
— Oh ! monsieur, c'est la première fois...
— Espérons que ce ne sera pas la dernière... Allons,
encore un petit effort, enlevez le pantalon... Là... vous
êtes admirable...
— Mais la leçon... monsieur... la leçon de piano...
— Elle va commencer...
— C'est une drôle de méthode !...
— J'en conviens; mais nécessaire pour ma neu-
vième note...
En somme, vous comprenez bien ce que voulait la
petite... en fait de leçon... le louis et pas davantage.
Elle se coucha.
L'officier allait la rejoindre...
— Ah! moi, vous savez, fit alors Mathilde en chan-
geant de ton... je fais payer les leçons que je prends
d'avance...
— Soit, voilà un louis...

Très adroitement, elle le fit disparaî tre dans son bas... où se trouvait déjà une pièce de dix sous porte-veine.

C'était sa mère qui lui avait appris cela... Sans s'occuper de ce manége, l'officier était passé dans la ruelle.

Mathilde prit peur.

— Mais pardon, monsieur, maintenant, serait-il inconvenant de vous demander le nom de mon... professeur ?...

— Mais nullement, ma toute belle...

Et se glissant rapidement près de Mathilde.

— Aristide Finevesse, pianiste, chef de musique, ex-élève du capitaine Voyer, de joyeuse mémoire.

A ce nom, Mathilde qui était très ferrée sur la renommée des célébrités musicales, ne fit qu'un bond. En deux temps, elle s'habilla et se sauva.

Tout essouflée, elle arriva chez sa mère à qui elle raconta l'aventure, et qui, pour la remettre, lui fit du vin chaud.

Mais elle avait oublié son pantalon... En revanche, elle avait conservé le louis et sa pièce de dix sous.

Ce qui n'était pas trop maladroit, convenez-en, pour un début.

ROGER BONTEMPS

## SPECTACLES DE LA SEMAINE

OPÉRA. — FRANÇAIS. — OPÉRA-COMIQUE. — ODÉON : — Spectacle variable : consulter feuilles quotidiennes.

GYMNASE. — 7 h. 3/4. — A côté de la question. — Un Drame parisien.

VAUDEVILLE. — 8 h. 1/2. — Le fluide. — Le Prince d'Aurec.

VARIÉTÉS. — 7 h. 3/4. — Deux contre un. — La Vie Parisienne.

PORTE-SAINT-MARTIN. — 8 h. 1/4. — Relâche.

CHATELET. — 8 h. — Madame l'Amirale.

GAITÉ — 8 h. 1/2. — Les Cloches de Corneville.

AMBIGU. — 8 h. 1/4. — Le Régiment.

PALAIS-ROYAL. — 8 h. 1/4. La Terre-Neuve. — Monsieur chasse !

NOUVEAUTÉS. — 8 h. 1/4. — La Bonne de chez Duval

FOLIES-DRAMATIQUES. — 8 h. — Le Mari d'Hortense. — Les 28 jours de Clairette.

RENAISSANCE. — 8 h. 1/2. — L'Essayeur. — La femme de Narcisse.

BOUFFES-PARISIENS. — 8 h. 1/4. — Maldonne. — Miss Helyett.

MENUS-PLAISIRS. — 8 h. — Monsieur le Moraliste. — L'Œil crevé.

THÉATRE CLUNY. — 8 h. 3/4. — On ne badine pas avec l'Honneur. — La Femme du Commissaire.

DÉJAZET. — 8 h. 1/2. — L'Instantané.

CHATEAU-D'EAU. — 8 h. — La Fille des Chiffonniers.

BOUFFES DU NORD. — 8 h. — Le Voyage en Suisse.

THÉATRE MONCEY. — 8 h. — L'Héritage de Jean Gommier.

CIRQUE D'ÉTÉ. — 8 h. 1/2. — Les Porcherons, pantomime-ballet ; Douroff. — Jeudis, dimanches et fêtes, matinées à 2 h. 1/2.

HIPPODROME. — 8 h. 1/2. — Aux Pyrénées. — Dimanches, Jeudis et fêtes, matinées à 2 h. 1/2.

FOLIES-BERGÈRE. — 8 h. 1/2. — Robert-Macaire, pantomime par les Martinetti ; les Griffiths, comics excent. ; les Flechers, patineurs. — Dimanches et fêtes, matinées à 2 h. 1/2.

CASINO DE PARIS. — 8 h. 1/2. — Spectacle-concert, bal. — L'Heureuse rencontre, pantomime mêlée de chant.

ELDORADO. — 8 h. 1/2. — Concert. — Spectacle.

SCALA. — 8 h. 1/1. — Concert. — Spectacle.

CONCERT PARISIEN. — 8 h. 1/2. — Concert. — Spectacle.

CIRQUE FERNANDO. — 8 1/2. — Spectacle varié.

# JEUX D'ESPRIT

## MOT EN LOSANGE
par DEUX TYPES (puits de nuit).

Mon *premier* : — Se trouve en France.
Mon *second* : — Qui sert à appeler.
Mon *trois* : — Petite monnaie grecque.
Mon *quatre* : — Se trouve en Russie.
Mon *cinq* : — Qui reçoit des leçons.
Mon *six* : — D'où l'on commence à compter les années.
Mon *sept* : — Petite rivière du Loir-et-Cher.

```
          .
        . . .
      . . . . .
    . . . . . . .
      . . . . .
        . . .
          .
```

*Solution de la Charade n° 1 : COUR-TISANE.*

*L'Imprimeur-Gérant :* F. PRÉGALDIN.

Imprimerie spéciale du *Paris qui Rit*, 13, faub. Montmartre, Paris.

ABONNEMENTS

PARIS : Un an, 6 fr. ; Six mois, 3 fr. ; Trois mois, 1 fr. 50. — DÉPARTEMENTS : Un an, 6 fr. 60 ; Six mois, 3 fr. 25 ; Trois mois, 1 fr. 75. — ÉTRANGER : Un an, 7 fr. 50 ; Six mois, 3 fr. 75 ; Trois mois, 2 fr.

Première année, n° 3.     LE NUMÉRO: DIX CENTIMES     Dimanche 23 Octobre 1892.

Victor MERLEY, Directeur

## Principal rédacteur : **Emile BLAIN**

*Collaborateurs* : JACQUES D'ALVILLE. — ANDRÉ CARMEN. — MÉPHISTO. — RICHARD O'STEFIOL. — MARIUS RÉTY. — GONZAGUE D'HUBERT. — EDOUARD ZED. — PAUL LUX. — K. STOR. — DICK-D'ING. — BABYLAS. — CARLE-MAX. — PO-PAUL. — FLANOCHARD. — MARCEL RÉGINALD.

## LEÇON DE CHANT
### Par MÉPHISTO

## A L'AUBERGE DES DEUX COCUS
### Par André CARMEN

Isidore ahuri, prit la rampe et dégringola l'escalier, oubliant son parapluie.
(Voir page 22)

Cependant, Alcindor, qui voulait rendre la pareille à Mᵐᵉ Trompelar, se vit repousser avec pertes et fracas (Voir page 20).

# MORCEAU DE ROI

De mémoire de gourmet, jamais il n'avait été donné à friand amateur de brioches et de babas parfumés d'être, à l'heure du goûter, servi par aussi ravissante pâtissière qu'Etiennette-Marie, la captivante propriétaire du « Galant-Nougat », à Saint-Symphorien de Gascogne, le plus coquet des chefs-lieux de canton perdus dans les pyrénéennes hauteurs.

Ce n'est pas dire qu'avant elle le « Galant Nougat » n'avait eu solide et fidèle achalandage, suffisant à la patriarcale existence de ses tenanciers immémoriaux, les Segonzac qui, de père en fils, ne cessaient de se glorifier auprès des voyageurs de la faveur insigne faite, au temps fortuné de jadis, par Henri IV, encore simple monarque de Navarre, à leur antique établissement élu par lui comme gîte et souper royal, de préférence à toutes autres hostelleries et marchands de friandises et de sucreries !

Ils laissaient même pieusement et sans les contredire les langues médisantes insinuer autour d'eux que le Bon Roi n'avait pas dédaigné laisser quelque vivace souvenir de la pleine hospitalité reçue.

Et de fait, le portrait, soigneusement conservé, de la maîtresse du logis, en ce temps-là, pouvait donner carrière aux malignes suppositions; tout aussi justement, d'ailleurs, que les autres images peintes, rangées en galerie familiale, dans le salon de réception des dames Segonzac, à qui, depuis lors, était échu le sceptre de l'autorité conjugale.

Par une bizarre coïncidence, toutes étaient avenantes et jolies et, sur toutes, des bruits avaient couru. De ces « Messieurs Segonzac », au contraire, la calomnie n'avait jamais trouvé son régal.

Ils avaient tous, et de toute époque, été gens graves, austères et sérieux, uniquement préoccupés des choses de leur négoce — peut-être un esprit avisé aurait-il même découvert là la secrète recette de leur goût constamment exquis à choisir leurs séduisantes compagnes — une friandise donnant parfois appétit d'une autre.

Jean Segonzac, titulaire présent, dernier de la race, n'avait eu garde de mentir au sang paternel; mais lorsqu'il avait, de Bordeaux, amené avec lui, Etiennette-Marie, sa récente épousée, c'avait, dans le paisible Saint Symphorien, été immédiat révolution.

Toutes charmantes qu'avaient été mesdames ses devancières, de cent mille coudées, Etiennette Marie les distançait de sa vigoureuse beauté.

Fraîchement échappée de la claustration du pensionnat congréganiste où elle avait grandi, à seize ans à peine sonnés, c'était une splendide créature : grande, élancée, nerveuse ; la taille d'une invraisemblable finesse et la poitrine accentuée, pointant, déjà superbe, hardie sous le corsage ; la main mignonne et potelée avec de gracieuses fossettes ; le pied cambré, impatient, mutin, sans cesse frétillant sur le sol ! Et quelle délicieuse figure !

Brune au teint mat ; l'œil bleu, très doux, aux attirantes profondeurs : la chevelure, d'un noir de jais, épaisse, frisottante et bouclée, faisant à la physionomie un cadre chaud de luxuriante vie ; les lèvres un peu fortes, d'une inconcevable rougeur : de véritables lèvres de gourmande enfant.

Et de vrai, Gourmandise était son défaut d'élection, dont jamais bonnes sœurs, au couvent, ne l'avaient pu désaccoutumer. Insouciante, en sa naïve pureté de pensionnaire cloîtrée, elle s'était empressée d'agréer l'hommage du nom de Segonzac, cédant à la tentation des « regalades » qui l'attendaient dans la maison de son futur époux — croquer des bonbons toute la journée. Quelle heureuse destinée !

Comme de toute chose permise, satiété fut bientôt venue ! Son insouciance de fillette s'envola, mise en fuite au contact malicieux du monde qui cherchait à l'endoctriner, et l'âpre un pressentiment de l'inconnu, la pensionnaire candide fit place à l'aurore de la femme ; Etiennette-Marie fut rêveuse, fantasque ; Saint-Symphorien tressaillit d'espérance d'un renouveau de frivolité.

De proche en proche l'astucieuse remarque de ce changement d'humeur circula dans la vieille cité et de partout, en nouvelle distraction, on vint en foule se rassasier à la pâtisserie du spectacle intéressant de « l'état d'âme » d'Etiennette-Marie.

Elle était ainsi plus capiteuse encore, avec un parfum savoureux de chute imminente qui la rendait plus désirable et plus enviée aux vert-galants en quête de piquante émotion.

Ce fut un acharné tournoi où les rivaux luttèrent toutes batteries déployées, des « farauds » firent même du chef bien venir les costumes tout flambant neufs, au ton « de la saison prochaine » et des cravates tentatrices, emblématiques, aux couleurs préférées de « la dame de toutes les pensées ».

Dans la coulisse, les vétérans, mis en jeunesse, engageaient des paris entre eux sur le nom probable du premier vainqueur.

L'indigne époux, trop digne rejeton de ses trop austères aïeux, la cervelle empâtée de ses tartelettes et ses massepains, ne voyait goutte à cette exquise transformation qui débutait chez la jeune femme ; et ce fut pour Saint-Symphorien la déplorable cause d'une désastreuse désillusion.

Etiennette resta inébranlablement respectueuse du conjugal honneur ! La vraie femme ne s'éveillait pas en elle du rêve mal défini ; elle demeurait impeccable, parce que son compagnon, obtus et lourdaud, se tenait silencieusement bouche close des paroles bénies qui illuminent les innocentes en soif de clarté.

Et les autres, à leur tour, lui parlaient un patois incompréhensible de rudesse et de rusticité, qui la choquaient irrémédiablement, sans la convaincre ni l'attendrir.

N'était-elle plus gourmande ? Que si ; mais d'un inexpliqué qu'elle ne pouvait éclaircir, dans un malaise étrange qui l'irritait fort.

Ce fut la politique qui la sauva.

Comme toute région qui se respecte un peu, Saint-Symphorien obtint, par l'éloquent organe du député de l'arrondissement, la concession d'un « Decauville » d'intérêt local, et l'inauguration venant d'être définitivement arrêtée, avec le grand honneur d'une présidence ministérielle, accordée en haut lieu en vue des élections dont la date n'était pas lointaine.

Jean Segonzac en faillit devenir insensé d'émoi ; désigné d'avance, en sa qualité du plus notable commerçant du genre dans la localité, pour fournir le relief des douceurs au banquet officiel, il s'agissait pour lui de porter un coup magistral !

La clientèle menaçait de se retirer, dépitée de l'accueil obstinément rêveur d'Etiennette-Marie ; il fallait écraser sous un triomphe irrésistible toute velléité d'émigration.

Ne voulant pas, près d'un Ministre, commettre l'irréparable impair d'un « monté » rustique et grossier, ne se sentant pas l'acquis nécessaire au « feuilleté » parisien, il manda près de lui un aide, obtenu à prix d'or, d'une fameuse maison de la capitale, fournisseur attitré du gouvernement. Une délicate prévenance à l'autorité.

Ce fut peut-être le seul éclair génial de sa pâtissière existence.

Comme il avait généreusement « fait les fonds », la grande maison parisienne lui dépêcha son « premier sujet », un de ces artistes du goût qui embellissent si heureusement nos féeriques desserts, ressuscitant par plaisir de la vue nos appétits languissants au déclin d'un copieux repas.

Avec ça, gentil cavalier, de jolie tournure, bien pris, moulé dans son vêtement à la coupe dernière façon, causeur spirituel et plaisant ; un « Monsieur », pas un « Commis », se disposant d'ailleurs à succéder sous peu aux respectables négociants dont il était alors le fondé de pouvoirs à Saint-Symphorien de Gascogne.

Quelques heures d'intimité avec l'époux lui suffirent pour percer à jour les brumes du rêve qui minait l'épouse et, en artiste qu'il était, dans cette incommensurable charité, il se jura de l'éveiller aux sons électrisants de l'éternelle mélodie d'amour !

Aux premiers accords qui vibrèrent de cette chan-

son inconnue, Etiennette-Marie fut tout étonnée ; et, tandis que le sot époux parcourait la ville en tous sens, orgueilleux de jeter à tous les échos l'annonce du miracle qui se préparait chez lui, en l'honneur du grand convive attendu, curieuse, un peu troublée et vaguement émue, l'épouse, fréquemment, allait au laboratoire jeter un regard sournois sur le chanteur qui lui semblait si dissemblable des autres qui l'agaçaient.

Sans s'arrêter de travailler à la besogne pour laquelle il était venu, comme, lui aussi, dans un rêve inexpliqué, lointain, obscur ; peu à peu et sans hâte, pour ne pas l'effaroucher à jamais, il fit sa chanson plus tendre et plus hardie.

Etiennette-Marie sentait la sympathie lui naître à cette ressemblance du cœur ; elle se fait heureuse à l'écouter et ne bougea plus pour le mieux entendre.

Puis, comme le soleil radieux, qui se fait royalement passage, dispersant d'un rayon brûlant les nuages obscurs qui barraient le chemin, il entonna largement la phrase magistrale, troublante, enfiévrée des âmes écloses, prêtes à échanger le délirant aveu.

Etiennette-Marie ne songeait plus ; et quand l'époux revint, anxieux, s'informant si elle croyait que le ministre serait content :

— « Ce sera un morceau de roi ! » soupira-t-elle, l'œil noyé, sans quitter du regard, fascinée, l'artiste qui travaillait toujours, en lui souriant.

On garde, à Saint-Symphorien de Gascogne, impérissable souvenir du passage ministériel, et le succès, avec les rêves disparus d'Etiennette-Marie, est revenu plus brillant que jamais à la pâtisserie Segonzac.

BABYLAS.

Notre ami et collaborateur Émile Blain, est alité depuis dix jours. Il est assez gravement malade par suite d'un refroidissement. Cependant le médecin ayant déclaré que la période dangereuse était terminée nous espérons que notre ami reprendra vite sa plume, et nous continuera les *Vingt jours de plaisir dans la Capitale* dans notre prochain numéro.

# INTERWIEWS HUMORISTIQUES

## ÉMILIENNE D'ALENÇON

Rue.... Au fait non ! ne disons pas le nom de la rue ! Nous pourrions en inventer : on invente tant de choses nous-mêmes... Mais chut ! Comme nous voulons dévoiler les secrets de toutes nos plus jolies demi-mondaines, révéler les mystères des plus intimes et les plus ignorés de leur « chez soi » au hasard de l'aventure, répéter tout ce qu'on nous dit, et même tout ce qu'on ne nous dit pas, tant notre flair est subtil, — et c'est si bon de s'en servir dans les intérieurs de femme à la mode !... — sachons être discrets... pour les choses qui n'ont pas d'importance !

Supposons donc que nous sommes entrés, et qu'après avoir traversé un vestibule somptueux où, à côté de plantes exotiques, d'arbustes graciles, se tiennent, rigides, des statues dont la nudité n'a pour excuse que leur antiquité et leur voluptueuse grâce, nous sommes introduits dans un salon dont une espiègle soubrette parisienne nous ouvre l'accès.

La jolie enfant dissimule un sourire malicieux, et, tandis que nous lui prenons galamment la taille :

— Mais, dit-elle en minaudant suggestivement, c'est madame que vous désirez voir ?

— Sans doute... Mais si vous vouliez causer un petit peu...

— Oh ! moi, non, je ne suis pas encore lancée ! Mais ça viendra !...

— Je l'espère pour vous... En attendant, si vous me parliez un peu de madame d'Alençon... Vous devez savoir bien des choses ?

— Beaucoup !

— ?

— Mais je les garde pour moi !

— Comme vos faveurs ?

— Hé ! Hé !...

— Vous êtes difficile ?

— Pour l'homme ? Oh non ! Je ne le regarderai même pas...

— Pourtant, à certains moments ?

— Oh bien, s'il est trop laid... dans ces moments-là... je fermerai les yeux !... — Il prendra cela pour de la pudeur ! Je vais prévenir madame !

Alors dans le salon, presque obscur, tant les rideaux sont épais, tant les stores aux dessins bizarres tamisent la lumière, dans l'air flotte une lointaine odeur de féminité élégante et luxueuse.

En la chambre, c'est un hétéroclite ameublement moderne où se coudoie un peu de tous les styles : des fauteuils larges, bas, semblent écrasés sur leurs quatre pattes terminées par des griffes de félin ; des chaises Louis XV, trop pâles, avec des bâtons dorés discrètement étouffés dans les coins sombres ; des fauteuils Voltaire dressés près de la cheminée ; des poufs et des tabourets semblant jouer à saut de mouton sur le tapis si épais que tout bruit y est amorti ; chiffonnier de bois de rose ; buffet Boule ; coffrets de laque, de santal, de teck ; au mur des tableaux en foule, lascifs pour la plupart...

Un froufrou de soie ; c'est la blonde déesse du lieu qui daigne faire son apparition.

Une grande dame, s'il vous plaît !

Maîtresse de duc et de prince ! pensez donc ! C'est elle qui a croqué deux millions au duc de Monte..., et ses petites quenottes blanches ne s'en portent pas plus mal pour ça !

— Ah ! qu'il fait sombre ici ! s'écria-t-elle en entrant ! Et souriante :

— Je vais faire ouvrir, n'est-ce pas, car ce n'est pas une visite amoureuse que vous me rendez, j'imagine ?

— Hélas ! non !...

En effet, on le regrette, devant cette chair jeune et délicate, — mais non pas faible, — dont émane une grâce exquise et grisante...

La lumière rentrant soudain à flots éclaire le visage aux lignes pures, allument les yeux vifs, et va se perdre dans l'échancrure du corsage sur la peau blanche et tiède...

— Alors, reprend Émilienne, vous venez m'interviewer ? Eh bien ! voilà, j'ai vingt-deux ans : l'âge d'aimer... Je suis toujours en l'âge d'aimer, moi... A quinze ans, je ne savais pas encore bien ce que c'était... Ma mère, qui habitait la campagne, m'envoie passer quelques jours à Paris, chez ma marraine ; je sens tout de suite un air vivifiant qui m'anime. Le lendemain de mon arrivée, savez-vous qui me faisait la cour ?

Le mari de ma marraine !

Je résistai, je ne voulais pas, moi ! Un homme marié ! Et sous le toit conjugal !...

Deux scrupules !

Il est vrai que le second, il le calme tout de suite, en me disant : — Je te louerai un appartement boulevard Malesherbes !... — C'était toujours ça... — Et mon autre scrupule ?...

— Savez-vous comment je l'ai perdu ?

Il n'était pas marié, m'a-t-il avoué. Simplement protecteur, il a changé de protégée ! Ma pauvre marraine ! Elle m'a rendu un fameux service ; elle n'a du reste rien fait d'autre pour moi. De ce jour-là, — on de cette nuit-là, — nous avons été brouillés...

Je ne vous parle pas de mon histoire avec le Casino de Paris, vous savez, ces affiches qui me représentaient toute nue, et qu'on voulait me faire payer !... — Mais aussi, j'étais mineure !... Et je l'ai bien fait voir !

— A beaucoup de personnes ?

— Ah ! dame oui !

Et Émilienne prenant un air aristocratique :

— Une femme du monde, vous comprenez... on ne peut pas faire autrement ! Il faut bien être bonne... A ce propos, par exemple, je vais vous raconter une histoire que je vous prie de ne pas répéter, s'il vous plaît...

— Soyez sans crainte !

(Bavardons toujours : tant pis si ce n'est pas vrai : on rectifiera après !)

— Alors, figurez-vous qu'un jour on m'avait présenté un monsieur très chic, un étranger... Je fais sa conquête, naturellement... Il vient chez moi... Mais, avant de l'introduire dans ma chambre, comme, en somme, je pouvais avoir à faire à un rasta, je me dis : — Ma petite, prends tes précautions !

Et, m'asseyant sur ses genoux, je lui glisse à l'oreille : — je suis un peu gênée en ce moment... Sans hésiter, il prend un carnet de chèques... et cinq minutes après, j'avais dix mille francs entre les mains... je le croyais du moins...

— Le lendemain, je vais à la banque... Ah ! bien oui ! Toute une histoire ! Le caissier me dit : Ce chèque ne vaut rien !... Allez trouver le patron : On me regardait drôlement ! Le directeur me reçoit dans son cabinet... et me dit : — Madame, je vais être obligé de vous faire arrêter... — Hein ? pourquoi !... — Affaire très grave : mauvaise signature... Ce monsieur n'a ici que vingt-cinq francs soixante à son compte...

J'ai cru que j'allais devenir folle... Je me suis mise à pleurer... Il m'a embrassée... Alors, je lui ai dit :

— Allons, vous vouliez me consoler, j'accepte !

Une demi-heure après, j'étais libre...

Mais en bas, le caissier se met à sourire, et me dit :

— Tout de même, si vous vouliez être gentille avec moi... vous pourrez toucher les vingt-cinq francs soixante !... Je ne voudrais pas vous voir dans la purée...

— Vous pensez si je l'ai envoyé dinguer.

LUCIEN DESTELLE.

# LES CHASSEURS DE VIERGES

par ÉMILE BLAIN, annoncés pour paraître le 21 octobre, ne seront mis en vente que le vendredi 4 novembre par suite d'une décision de l'administration de la Bibliothèque gauloise. Cet ouvrage paraîtra en livraisons in-4° à 10 centimes. — Dessins nouveaux. Sa publication entière, interrompue en plein succès par suite de cas de force majeure, est assurée.

Les 1re et 2e livraisons seront vendues au prix exceptionnel de **0,05** centimes.

# BATAILLES DE LA VIE

Par Jeorg' HONET

## Mon dernier Amour !

### Ou le prix d'une place d'impériale sur l'omnibus

Je l'avais aperçue, une après-midi de l'autre semaine, où ma concierge, en veine de câlineries, m'avait honoré d'un fauteuil de faveur pour me permettre d'aller admirer M. Casimir, son aîné, personnifiant, au théâtre des Batignolles, l'Auguste-roi Maboul, dans une féerie inédite de tout jeunes auteurs.

— « Entre artistes, on se doit aider ! » — m'avait-elle allégué, en me remettant le coupon — « et ce monsieur qui s'occupe d'art dans son journal, ne me refusera pas, j'en suis sûre, quelques lignes de chaude recommandation pour ce pauvre Casimir qui, véritablement, n'est pas à sa place sur cette scène exiguë de banlieue. — « D'ailleurs, monsieur n'achètera pas « chat-en-poche, » puisqu'il pourra l'apprécier en toute connaissance de cause, sur son terrain de combat et cela ne fatiguera pas monsieur, le billet est pour la matinée. »

La prière émue de cette digne femme de mère, quêtant mon appui pour son enfant, m'avait touché. Contrairement, je l'avoue, à mon habitude, je tins ponctuellement ma promesse ; à deux heures, au rideau levant, je m'asseyais dans le fauteuil que, par excès de prévenance polie, M. Casimir m'avait fait numéroter à l'avance.

Hélas ! trois fois, cent fois hélas ! que le brave garçon avait donc été désastreusement inspiré !

Contre toute attente et à ma grande stupéfaction, je m'intéressai à l'intrigue qui se dénouait sur le théâtre ; mais le personnage qui absorbait mon attention n'était pas celui-là pour qui je m'étais départi de mon apathie coutumière.

M. Casimir s'efforçait pourtant de tous ses moyens pour se gagner ma haute bienveillance. Grâce à une indiscrète et prévenante présentation qu'il fit insidieusement de moi à ses compagnons de dramatique aventure, je fus, en un clin-d'œil, passé à l'état cible du « critique influent » sur lequel les œillades et les regards ardemment quémandeurs s'abattaient en tournoi de fascination.

Tous les comédiens en scène, en mon honneur, dédaigneux des sourires et des bravos qui leur parvenaient de la salle, où, m'avait-il semblé, spectateurs et artistes étaient en pays d'amicale connaissance, n'avaient absolument de gentillesses que pour moi.

Tous, sauf une seule et mignonne « Fée des Eaux », l'ange gardien de toute la pièce représentée, qui s'obstinait à ne pas tourner le visage de mon côté.

Était-ce le courant de brûlant enthousiasme de la salle qui m'empoigna dans son volute d'emballement ou bien le secret dépit de l'indifférence marquée de « la Fée des Eaux », témoignant pour tous, hors moi seul, d'un si excellent caractère, qui me prit violemment au cœur ! La chose m'est encore inexplicable, mais ce que je sais bien par exemple, c'est que je ne m'occupai bientôt plus que de la cruelle qui ne me regardait même pas de loin.

À ma place, vous en eussiez fait tout autant.

Figurez-vous une adorable enfant de seize à dix-huit ans à peine, bien campée dans son maillot chair à paillettes argentées ; une luxuriante et blonde chevelure tombant en cascade dorée, d'un flux abondant, jusqu'à la ceinture ; la poitrine opulente et saillante, sous les replis du costume verdoyant, comme les sources d'éternel bonheur dont un mot joliment grivois des auteurs lui attribuait le gracieux apanage ; des jambes et des bras à faire la plus grande honte aux statues réputées du dernier salon et des yeux dont, même avec ma lorgnette, je ne pouvais découvrir l'ultime pétillante profondeur.

Avec ça, l'énigme faite femme ! Pas un mot, son rôle était muet ; et je me persuadai tout à l'aise, dans l'extravagance qui m'envahissait, qu'elle avait la voix idéale, divinement encore entendue.

Le spectacle s'acheva sans que je me fusse, je crois, aperçu que M. Casimir avait lutté de toute vaillance pour me plaire ; savais-je même alors si seulement il y avait au monde un M. Casimir ? En sincérité, je l'avais du moins complètement oublié, féru d'amour, j'allai faire sentinelle près de la porte de l'administration, parmi d'autres énamourés qui, pareillement, attendaient en plein air que leurs « étoiles » eussent fini de se « démaquiller ».

Ô chance inespérée ! Elle parut seule à la porte et seule elle se mit en route vers le boulevard extérieur ! Vous pensez si je fus rapide à m'élancer dans son lumineux sillage qui m'amena avec elle au bureau d'omnibus « place Wagram—Bastille », en face du théâtre, à côté du collège Chaptal.

Quoique un peu essoufflé, pour éviter de la voir m'échapper sans avoir essayé de la saisir au vol, je m'enhardis à lui offrir, en me nommant et en réclamant d'elle — en préambule d'introduction — quelques secondes « d'interview », de la reconduire « respectueusement », en voiture jusqu'au seuil de son domicile, prétextant hypocritement l'affluence des voyageurs et le risque pour elle de ne pas trouver place dans le véhicule complet la condamnant au maussade retour à pied au bout duquel, en récompense, on trouve le dîner refroidi.

— « Ce ne serait pas la première fois qu'il m'en arriverait ainsi » — me fit-elle, et ingénûment : — « Je ne puis du reste, monsieur, accepter, sans me compromettre, votre offre aimable, j'en conviens, mais d'un inconnu pour moi. »

Bien que n'étant pas aussi angélique que je la rêvais, elle avait la voix agréable, musicale et fraîche ; pour l'entendre plus longuement, sans me laisser désarçonner capinnement par le premier escarmouche refoulé, je pris comme elle un numéro ; comme elle, je grimpai crânement sur l'impériale où elle s'élança et je m'installai auprès d'elle, cavalièrement.

J'avais, d'autre part, depuis un instant remarqué qu'elle me lançait en dessous de furtifs regards scrutateurs qui me dévisageaient, brillants de curiosité et de mystérieuse envie.

« Après tout, si je remporte une disgrâce, j'en serai toujours quitte à très bon marché », me disais-je en donnant mes trois sous au conducteur, prix ordinaire de la place d'impériale où je l'avais suivie à l'assaut.

Les regards furtifs continuant à donner de plus belle et plus fréquents à mesure que nous avancions en chemin, je recommençai mon attaque et m'informai des causes de son silence obstiné.

Peu à peu, en la serrant de plus en plus près, je lui arrachai l'aveu d'un gros tourment qui la détournait de toute causerie étrangère.

— « Chacun a ses ennuis, monsieur, même au théâtre ; et les miens, voyez-vous, vous ne sauriez, j'en ai peur, y remédier en quoi que ce soit ».

— « Croyez-vous ? » insinuai-je, provocateur, exaspéré de la banalité persistante de la conversation où je n'arrivais pas à prendre le pied que je désirais.

— « Vous ne me connaissez pas assez pour cela — dit-elle — croyez-moi, il vaut mieux bavarder d'indifférentes choses, en amis ».

Je la pressai, l'entourai de si captivantes paroles qu'à la fin, gagnée, elle se confia, tout expansive et tout entière.

Son gros chagrin venait de la modicité de sa situation sociale qui ne lui permettait pas le moindre apparat de toilette, ni le moindre bijou, nécessaires et indispensables accessoires pour donner le relief obligé aux qualités qu'elle pouvait avoir dans la carrière artistique à laquelle elle s'était vouée.

Personne, mise en Cendrillon qu'elle était, ne faisait cas d'elle ; elle végéterait constamment, sans issue, dans les « doublures » du second plan.

Et pourtant elle sentait vibrer en elle le « je ne sais quoi » de ces sujets qui sont devenus « quelque chose » « quelqu'un » !

Ah ! elle savait bien un moyen d'avoir à profusion tout ce qui lui faisait aussi cruellement défaut ! mais elle était artiste et point courtisane, résolue à ne devoir son succès qu'à son seul talent avéré et jamais elle ne se donnerait que pure à celui qu'elle rêvait pour l'élu de son unique attachement du cœur.

Un regard plus brillant que les autres qu'elle me jeta, à ces mots, me détraqua tout-à-fait la tête ; je lui pris doucement les mains :

— « Et me refuserez-vous » — demandai-je, de vous aider à sortir du néant où vous gémissez ?

— « Vous y tenez aussi fortement que cela ? » fit-elle avec un étrange accent qui m'électrisa.

Nous étions arrivés place de la Bourse, je fis arrêter la voiture, et, le cerveau et la tête en feu, je l'entraînai, disant :

— Venez, mademoiselle ; vous verrez !

Et, riant comme deux jeunes fous, je m'amusai, dans une course insensée de modistes à couturières, à transformer ma petite cigale mal fagottée en un ravissant papillon au corsage étincelant de fraîche parure et de capiteuse jeunesse.

Elle était, au jeu, devenue d'une audacieuse coquetterie et voulut avoir, pour fixer la bride du capulet mignon qu'elle avait choisi, l'épingle en diamant qui tranchait sur ma longue cravate en soie noire.

— « Ça, c'est pour me souvenir de vous » — minauda-t-elle, en la détachant — « il y a assez longtemps que j'en avais envie, en omnibus, je ne la quittais pas des yeux.

Inondé d'amoureux espoir, à la voir si joyeusement familière, je lui fis malicieusement observer que l'heure du dîner était déjà passée et lui prenant le bras, je prétendis d'autorité mettre avec elle le cap sur Brébant.

Mais, coupant court mon diabolique projet :

— Oh! mais non ! non ! « — s'écria-t-elle, » — j'arriverais en retard au théâtre ce soir et je ne veux pas, pour tous les festins du monde, rater l'effet que mon entrée va faire sur monsieur Casimir.

Du coup j'étais abasourdi.

— « C'est un peu vif pour vous « reprit-elle » — mais avouez que vous l'avez tant soit peu voulu, avec votre persistante insistance ».

— « Et puis je n'y tenais plus, voyez-vous ! C'est pour me rapprocher de Casimir que je me suis mise au théâtre, après l'avoir longtemps dévoré des yeux dans la salle, pas plus avant qu'après, il n'a fait attention à moi ; alors, j'ai pris les grands moyens ! à présent, je le connais, c'est lui qui courra après moi ! Je regrette que le hasard m'ait fait tomber sur vous, car vous êtes un charmant garçon ! mais vous savez, quand le loup a faim, il faut qu'il déloge un mouton ! puis, s'attendrissant, la voix pleine de caresses :

— « Et comme il sera content, le pauvre chéri, quand je lui offrirai votre épingle de cravate en cadeau de nos fiançailles ! »

J'étais tellement anéanti que j'entendis à peine l'adieu qu'elle me cria en remontant en omnibus, le même qui nous avait amenés ; sur l'impériale, à la même place où mon épingle m'avaient valu ces regards sataniques qui m'avaient fait perdre raison.

Oh ! cet épouvantable Casimir ! le lendemain je l'éreintai en trois colonnes bien senties, me parjurant de la foi jurée à sa concierge de mère, pour me venger ; mais la « place d'impériale » qui m'avait, dans mon aventure, paru une occasion véritable de « bon marché » me revenait, tous colifichets compris, avec mon épingle de cravate, à la bagatelle modeste de vingt et quelques louis, — plusieurs mois de reportage à mon journal.

JEORG' HONET

# LES QUATRE RÈGLES

— Alors, dit Maxime en exprimant une bouffée odorante de fumée qui s'éleva lentement dans la nuit bleue, entre les arbres qui bordaient la terrasse où les amis étaient réunis, après dîner, — alors puisque vous voulez que je vous dise l'histoire de cette rigoureuse Madame Elleville, — je vais vous la raconter.

On m'a narré la chose confidentiellement... Mais bah ! les secrets qu'on ne veut pas voir divulguer, on n'a qu'à les garder pour soi : c'est encore le plus sûr, après tout !...

— Et de qui tiens-tu les détails ?

Maxime resta silencieux un instant.

Puis :

— Cela, je ne le dirai pas. À quoi bon, d'ailleurs ? Cela ne fait rien à la chose. Par exemple, j'ai un titre pour le conte : Les Quatre Règles.

— Tiens! fit le petit Pavilly, pour une histoire de femme, ça n'est pas mal trouvé. Mais pourquoi ce nombre ?...

— Par la simple raison qu'il s'agit des quatre opérations primordiales de l'arithmétique.

— Oh !

— Ma foi oui.

Vous connaissez Berthe Elleville ?

Avec sa jolie figure rieuse, ses joues fraîches, sa bouche chaude, ses yeux brillants à la caresse lascive et provocante, sa chevelure châtaine et dorée, abondante comme des flots impétueux ; jeune fille, elle était séduisante, mais depuis cinq ans qu'elle est mariée, elle est devenue ensorcelante. La fleur en bouton s'est épanouie. Ses formes encore un peu graciles sont devenues voluptueuses : son buste s'est développé, se hanches accentuées, ses charmes ont atteint leur complète performance.

— Bravo !

— À une pareille femme, il fallait un mari tout à fait exceptionnel.

Elleville en est-il un pour elle ?

Je ne saurais l'affirmer.

Toujours est-il qu'au bout d'une année de mariage, Berthe, — qui le croirait ? — était absolument dépitée de n'avoir pas d'enfants... et de ne pas être sur la voie...

Cette charmante tête folle était possédée du désir de la maternité.

C'était une toquade, l'envie d'avoir un bébé pour jouer à la poupée avec le petit être, se donner des airs sérieux, prendre rang parmi les dames raisonnables — dont elle ne fait pas partie.

— Pourtant, elle a un bébé maintenant !

— Raison de plus !

— Il n'est pas de son mari ?

— Attendez-donc la fin !

Un beau jour, comme la foule des soupirants qui tournait autour d'elle, brûlait de lui manifester leur adoration autrement que par des regards ou des paroles, elle se décida brusquement, et prit un amant dans le tas.

— C'était un coup de tête !

— De tête, si tu veux. Ça commence comme cela, et ça continue autrement.

Bref, le monsieur était gentil ; il faisait ce qu'il pe- vait...

Au commencement, Berthe se montrait très heureuse...

— Mais, comme sœur Anne, elle ne voyait rien venir... Alors, un beau jour, elle ralentit ses visites au monsieur favorisé...

— Et elle revint à son mari?

— Du tout! Elle n'avait jamais cessé de le voir, celui-là! Il ne comptait pas... à ses yeux! Ah! c'est une femme étonnante!

Elle se contenta de prendre un deuxième amant. Le premier était blond; le second fut brun... Et il n'y eut que cela de changé..

— Pauvre Berthe!

— Oui, pauvre Berthe! Car une fois sur la pente, elle ne crut pas devoir s'arrêter en si beau chemin, et elle en prit un troisième... Elle y mettait une sorte de rage.

Du reste, comme nous le constatons tout à l'heure, ses charmes n'y ont rien perdu: au contraire.

— Enfin, ses vœux furent exaucés?

— Et ses efforts récompensés; parfaitement. Seulement, je dois vous l'avouer, seulement après le neuvième!

— Le nombre des Muses!

— Et celui des amoureux de la fiancée du roi de Garbe, à ce que nous assure le bonhomme Lafontaine.

Berthe qui avait eu le compte, était bien résolue à ne pas dépasser ce chiffre.

— C'était déjà joli!

— Seulement, hasarda le petit Pavilly, je ne vois pas là-dedans les quatre règles de l'arithmétique...

— Ouvre les yeux alors:

La dame a accumulé les amants; elle a perdu son honneur; elle a eu un enfant; elle a partagé son cœur...

Il y a donc addition, soustraction, multiplication et division!

— C'est juste.

— Mais la similitude ne s'arrête pas là. Ecoutez plutôt la fin de l'histoire.

Dès que Berthe se vit enceinte, en personne attentionnée, en mère prévoyante, elle rompit commerce avec tous ses amants...

— Tous?

— Sans doute. Car la mignonne s'était tellement passionnée au jeu, elle s'était tellement consacrée à la chose, qu'elle avait fini par précipiter les événements, et à prendre un nouvel ami avant d'avoir rompu avec le précédent ..

Et ainsi de suite...

— J'admire ta manière de raconter.

— De sorte que si, malgré les paroles de l'Evangile, les derniers n'étaient pas les premiers, ils étaient du moins *avec eux*. au même rang, mangeant à la même table, et s'abreuvant à la même source.

— Seulement, comme je vous le dis, dès que Berthe eut un espoir sérieux de maternité, elle coupa les vivres à tout le monde. plus de festin, plus de caresses, plus de baisers... Elle était satisfaite, — momentanément.

Et un beau jour, elle accoucha d'un gros garçon bien portant...

— La vertu récompensée!

— Seulement, ce qu'il y a de plus surprenant, c'est que l'enfant est le portrait frappant de cet excellent Elleville!

— « Chimère, qui l'eût dit? Rodrigue qui l'eût cru? »

— Il n'y a pas à douter: il est bien fils de son père, malgré tout.

La mignonne Berthe s'est donc trop dépêchée.

Elle a été obligée de reconnaître qu'elle s'est trompée dans tous ses calculs; que ces quatre opérations sont fausses, et qu'en adultère comme en arithmétique on n'est jamais sûr du résultat, — même en faisant la *preuve par neuf!*

Paul LUX.

# TALENT FÉMININ

Hélène, c'est le petit nom
De la belle et leste acrobate
Etoile du Moulin... cré nom!
En est-il une de plus bathe?
J'aime la voir sur ses deux mains
Marcher comme un petit gavroche,
En de fantastiques chemins;
Et tout près d'elle, je m'approche
Pour l'admirer exactement.
Mais hélas! le maillot si rose
Ne montre pas suffisamment
Les douces et mignonnes choses
Qu'adorerait un amant.
Et pourtant elle est si gentille,
Portant son nom si suavement!
Mais comment, direz-vous, comment
Est donc son grand nom de famille?
La mignonne, tout simplement,
Possède un nom, un nom de fête:
Mademoiselle Petre-en...
Elle sait mettre en bas sa tête,
Et dresser en haut son tutu...

Dick L'ING.

## A l'Auberge des « Deux Cocus »

Par un matin de juillet, admirable de sérénité, les époux Moutonneau, rentiers, demeurant rue Saint-Joseph, s'éveillèrent avec des dispositions voyageuses.

Madame, la première s'étirant les bras et montrant dans l'étirement deux superbes nichons que ses trente-huit ans n'avaient pas encore altérés, déclara:

— Si tu voulais Alcindor, mon chéri, nous profiterions de ce beau temps pour aller passer la journée à la campagne.

— Parfaitement, répondit Monsieur, un gros homme court à face rubiconde dont le fessier tenait les trois quarts du lit conjugal.

Mais où? à la campagne?

— Ah! voilà, reprit Mme Moutonneau. J'y pense... si nous allions dans le pays où se trouve cette auberge si drôle dont parlait M. Trompelar au dîner des Coulendousse. Comment la nomme-t-on déjà, cette auberge?

— Les « Deux-Cocus! »

— C'est cela, les « Deux-Cocus ». Oh! ça sera très amusant. Il paraît que le bonhomme qui tient la boîte est d'un cocasse.

— Oui, en effet Seulement ne crains-tu pas le... comment dirais-je... le ridicule? N'es-tu pas superstitieuse? Et puis, je ne sais pas au juste où perche cette cassine. Il faudrait demander cela à Trompelar.

— Les emmener tous les deux plustôt?

— Soit. Tout ce que tu voudras. Alors, habille-toi vite, et j'en vais faire autant pendant que la bonne ira prévenir nos amis de nos intentions et leur demander s'ils acceptent de nous accompagner.

Dans le fond M. Moutonneau n'était pas fâché de cette idée qu'avait eue sa femme d'inviter les Trompelar, des rentiers comme eux, avec cette différence qu'ils avaient gagné leur fortune (ans la mélasse, tandis qu'eux Moutonneau, s'étaient enrichis dans le commerce des vidanges.

Mais, comme dit un proverbe: l'argent n'a pas d'odeur.

Il était même très heureux, M. Moutonneau, de ce que l'initiative vint de son épouse; car il se proposait de poursuivre au grand air, sous l'ombre protectrice et bienveillante des feuilles. la cour assidue qu'il faisait depuis tantôt six mois à Mme Trompelar, une petite femme nerveuse et potelée qu'il était sûr de mener à bien là-bas à l'écart, emmenée sous un prétexte quelconque en dehors du rayon visuel de son mari.

Il ne doutait pas que l'occasion seule jusque-là lui avait manqué pour réussir, et comme celle-ci se présentait en bonne larronne il se promettait d'en profiter.

Quant à sa propre moitié, il était certain d'une fidélité inébranlable (Tous les maris en sont là). Il n'ignorait pas que Trompelar, un polisson, qui dans sa jeunesse avait mis plus de cinquante filles à mal, esseyerait sur elle le reste de ses séductions. Mais quel piteux reste? Eclopé de débauches, goutteux, poussif... Ah! certes il pouvait laisser sa femme pendant un mois en tête-à-tête avec lui sans avoir à redouter le moindre manquement aux devoirs, tandis que Mme Trompelar succomberait infailliblement sous le poids monumental de son prestige et de sa vigoureuse ardeur. Donc tout était pour le mieux. Il s'agirait de ne pas manquer le coup, de ressusciter Don Juan aux prises avec des difficultés sans nombre.

Tout en formulant en lui-même ces saines réflexions, Alcindor s'était habillé et attendait madame qui n'avait plus que son chapeau à mettre. La bonne était revenue annoncer que le ménage Trompelar acceptait avec enthousiasme. Monsieur surtout avait paru aux anges.

— Ils seront ici dans un quart-d'heure, ajouta-t-elle.

*_*

Quelques minutes après, un fiacre emmenait *à fond de train*, — que le lecteur veuille bien ne voir en ces quatre mots aucune réclame pour aucune Compagnie de sapins parisiens, j'emploie ces termes par ironie, — vers la gare de Lyon, les deux couples épanouis.

Il avait raison Alcindor: elle était fort appétissante Mme Trompelar, et du sang plein les veines. Elle avait revêtu une toilette élégante et sobre, sans flafla, qui contrastait avec le tapageur costume blanc et rose de sa voisine.

Tout était vraiment à l'avantage de la première: l'allure dégagée avec distinction, au lieu du laisser-aller trop bambocheur de l'autre. Puis, ce je ne sais quoi qui indique une femme ayant vécu longtemps au contact d'un homme instruit dans les secrets de l'amour. A onze heures et demie, après un trajet d'une heure en chemin de fer, tous les quatre pénétraient dans l'auberge des « Deux-Cocus », à la grande satisfaction du tenancier qui les reçut de la façon la plus courtoise. Très curieux et très pittoresque l'emplacement de cette hôtellerie. Figurez-vous une maisonnette à un étage, garnie de volets verts avec l'écusson symbolique cité plus haut, au-dessus de la porte et sur les côtés, la vieille devise: Ici on loge à pied et à cheval.

Devant la maison, un chemin raboteux sous bois, tout autour des branches et des branches dans lequelles des milliers d'oiseaux chantaient. A gauche du seuil de la porte, on distinguait comme une roue donnant sur un vide d'où montait un bruit d'eau qui coule en cascadant entre les rochers.

C'était charmant. Ces dames voulaient voir de suite

— Mangeons d'abord, fit Moutonneau. J'ai une faim du tonnerre de Dieu. Après, nous nous balladerons.

Ce qu'ils firent. Maître Prosper, l'aubergiste, ava toujours, en prévision d'une visite inattendue, des pâtés, des canards, des lapins et autres victuailles qu ne demandent pas beaucoup de temps à préparer.

— Si vous nous contiez l'histoire des « Deux-Cocus » monsieur Prosper, en attendant, interrogea Mme Moutonneau.

— Ah! pour çà, ma petite dame, il faut patienter jusqu'à votre départ, répondit le bonhomme. Vous ne saurez rien avant. C'est l'habitude de la maison. Puis avec un malin sourire: — Et puis y en a pas qu'un d'histoire, allez... vous...

Mais il s'arrêta court. On l'appelait à la cuisine.

*_*

Le déjeuner fut des plus gais. Excellent vin blanc qui plaisait surtout à Mme Moutonneau. Trompelar d'ailleurs ne lui ménageait pas les rasades. Quant Mme Trompelar, malgré les instances de son voisin, elle ne voulait pas abuser. Au café, les langues allaient bon train, je vous jure. Trompelar, très éméché s'écria:

— Tout est permis aujourd'hui, n'est-ce pas, Moutonneau? Si je faisais la cour à ta femme.

Et sur ce, il l'attira à lui et l'embrassa bruyamment sans protestation de sa part.

Cependant, Alcindor, qui voulait rendre la pareille à Mme Trompelar, se vit repousser avec pertes et fracas

Il jura que la partie n'était pas égale et proposa pour se dérouiller les idées d'aller faire un tour.

Mais Trompelar et Mme Moutonneau déclarèrent qu'ils préféraient faire la sieste une heure.

Alcindor, aveugle comme l'amour, saisit la balle au bond et emmena Mme Trompelar vers la trouée à gauche, d'où montait un bruit d'eau cascadeuse.

Les voyant sortir seuls, l'aubergiste sourit dans sa barbe grise.

Quand ils se furent perdus dans l'ombre tutélaire du bois, Alcindor enlaça la taille de sa compagne.

— Non, laissez-moi, fit-elle.

— Eh! ne m'avez-vous pas promis?

— Je n'ai rien promis! j'ai dit si...

— Si quoi... Voyons, soyez franche. Vous savez bien que je vous aime.

— J'ai dit si vous étiez sage. Si vous ne faisiez pas comme mon mari qui, en ce moment, caresse votre femme tant qu'il peut.

— Ma femme, vous croyez?

— Si je le crois!

Alors, M. Moutonneau eut un éclair de génie. Il était certain de la fidélité de sa femme. Il résolut de faire semblant de ne pas y croire. Il reprit:

— Eh bien! mais... raison de plus.

— Alors, vous croyez aussi que mon mari me trompe outrageusement à mon nez, répondit la malheureuse Mme Trompelar, qui ne pensait pas un mot de ce qu'elle avait avancé tout d'abord.

— Si je le crois!

— Eh bien! monsieur Moutonneau, aussi vrai que je m'appelle de mon nom de jeune fille Marie Fignard, si vous me prouvez que mon mari faute avec votre femme, je me donne immédiatement à vous.

— Mais c'est bien facile...

— Comment, vous persistez...

— Si je persiste; certainement. Venez avec moi; nous les surprendrons. Seulement: promesse jurée, promesse tenue. Vous serez à moi si...

Le pauvre Alcindor, partagé entre le désir de coucher avec Mme Trompedar et celui de n'être pas cocu, se troublait. Maintenant une crainte lui venait. Non, c'était impossible. De son côté, sa compagne éprouvait les mêmes appréhensions. S'ils allaient les pincer en flagrant... Il faudrait s'exécuter, car çà porte malheur de se parjurer.

— Vous promettez toujours de m'appartenir au cas où nous les trouverions coupables... articula Alcindor une dernière fois.

— Je le jure, et sur l'heure, répondit énergiquement alors Mme Trompedar. En avant.

Et ils retournèrent du côté de l'auberge. Dans la salle à manger qui donnait sur le chemin, rien; pas davantage sous la tonnelle du jardin.

— Où sont-ils passés? se demandèrent avec anxiété les deux chercheurs.

— Si nous questionnions l'hôtelier.

Il entrèrent dans la salle commune où le brave homme assis écossait des petits pois. A leur vue, il eut un d'œil mystérieux.

— Déjà, fit-il, çà ne fait rien la chambre est prête, monsieur et madame peuvent monter.

— Comment monter? Et les autres où sont-ils?

— Ils sont en haut. parbleu. dans leur lit.

— Alcindor faillit tomber à la renverse. Mme Trompelar très pâle, frissonne, puis cherchant à paraître calme:

— Vous êtes bien sûr de ce que vous avancez ? demanda-t-elle.

— Si j'en suis sûr ! Ils sont dans leur chambre depuis une demi-heure, ça vous étonne ? Je croyais que vous saviez, moi. Qu'est-ce que vous venez faire ici si ça n'est pas pour vous tromper les uns les autres ? Allons, Clarine, conclut-il en appelant la servante... conduisez-moi ces deux petits tourtereaux là à leur chambre.

— Soit, j'ai juré, je tiens, s'écria M^me Trompelar. Allons-y, mon vieil Alcindor.

Quand les deux couples redescendirent, une gêne énorme les gagna. Ils ne parlèrent pas et leurs yeux s'évitèrent.

Ce fut M^me Trompelar, qui la première, interrogea...

— Eh bien ! madame Moutonneau, vous ne demandez pas avant de partir à Maître Prosper l'histoire des « Deux-Cocus ? »

Celle-ci ne répondit pas, baissant les paupières.

Alors l'aubergiste s'approcha et les poussant doucement l'un vers l'autre :

— Allons, embrassez-vous ; ça ne sera rien qu'ça. La voilà l'histoire. Elle est vivante en chair et en os. Quoi ? cocus, pas battus et contents. Qu'est-ce qu'ils vous faut de plus ?

Puis, comme ils s'éloignaient :

— Eh ! dites donc, les petits agneaux, n'oubliez pas l'adresse et faites-en part à vos amis.

André CARMEN.

## ACTION RÉFLEXE

Juliette dit un jour à Paul, son grand ami :

— A vivre ainsi de la même manière toujours, sous le même toit jamais changeant, entre les mêmes cloisons et les mêmes murs, et, les dimanches, dans les mêmes bois de Boulogne et de Meudon, sous le même ciel lourd de Paris, j'ai peur... J'ai peur de voir trop tôt dépérir notre amour : il n'est pas de jour où cette crainte ne m'assaille, où je ne tremble de découvrir entre nous quelque moisissure cachée encore, quelque rouille près de s'étendre. Veux-tu que nous le changions d'air, notre amour, que nous le sortions au grand soleil, que nous lui donnions un grand cadre, pour le vivifier et le rajeunir ? veux-tu ?

Paul la regarda et se mit à sourire.

— Tu t'ennuies, je vois cela : il te faut la clé des champs sur un beau plat couleur du temps, comme en avaient les fées, l'échelle de soie qui mène aux pays bleus ou l'aile des papillons qui mène sur les fleurs.

Tu veux voir un peu ce que c'est que de vrais bois sur de vraies collines, de la vraie aurore dans un vrai ciel.

Tu veux voir comment sur les routes qui serpentent, poudreuses, toutes blanches, parmi les broussailles et les chaumes, l'amour fait ses étapes et s'y prend pour éveiller le cœur des belles filles, joncher de leurs pudeurs la profondeur des blés et ne leur laisser plus, au front et sur les joues, qu'une pourpre d'incendie, des rougeurs ardentes de pivoines.

Tu veux voir de près les rustiques choses : des charrues au revers des sillons, de frustes palissades à la brèche — des carrés de choux. Tu veux respirer l'odeur grisante des foins coupés; te laisser bercer aux souffles mystérieux des soirs; provoquer, toi aussi, l'amour qui rôde sous les branches ou s'y embusque, et t'enfuir à sa vue pour trouver plus délicieuse la seconde où il te prendra, toute vive, et celle encore où il te laissera endormie, la paix, enfin, dans ton cerveau, l'enchantement dans ton cœur, — l'atelier loin de toi !

C'est bon. Mais ne soit pas ingrate; garde une pensée douce à ces mêmes bois de Boulogne et de Meudon, où je connais des sentiers qui sont bien jolis quand y flottent tes jupes claires et tes rubans de taille; à ces mêmes cloisons, à ces mêmes murs, à ce même toit jamais changeant... mais non plus jamais pareil par les fleurs que tu y apportes chaque soir, par l'estampille toujours renouvelée de nos baisers.

C'est entendu, nous changeons d'altitude. Je ne veux point de ces moisissures qui viendraient sûrement, à force d'y croire. Et c'est une indication : nous recommencerons de temps en temps les grandes manœuvres que nous venons de décider, et qui vont nous dégourdir les jambes et le cœur.

De par le monde, il y a trois belles choses, choisis : Paris...

— Je connais celle-là, pas la peine.

— J'en parle pour ordre. La montagne...

— Oui, avec les glaciers qui s'oublient en des dégringolades folles, les torrents qui gonflent en une nuit à couvrir des villages tout entiers, emplir jusqu'aux bords les vallées, qui charrient des rochers de trois cents mètres cubes...

— Tu sais ce que c'est qu'un mètre cube ?

— Oui, c'est gros comme la table.

— Va —

— ... Et des précipices qui font peur, qu'il faut franchir sur des morceaux de bois, parce qu'il n'y a pas de ponts, ou dont on gravit les parois attachés les uns aux autres avec des cordes — comme de simples saucissons. — Merci !

— En troisième lieu, la mer...

— Oh ! la mer, oui.

Et Juliette, un matin d'août, en compagnie de son grand ami Paul, s'envola, joyeuse, vers la mer.

On débarqua sur la côte normande et, quinze jours après, les yeux étonnés de Juliette ne cessèrent pas d'aller de la falaise noire et rude à la vaste étendue moutonnante, où se découpait, toute verte, sur le ciel tout bleu, et où son âme, — comme toutes les âmes assoiffée d'espace et d'infini — pouvait tout à son aise rayonner et s'étendre.

Elle rêvait de l'autre côté, sur l'autre bord, bien loin, de rivages bénis, de plaines fantastiques, paradisiaques, où elle s'en allait vivre. Des steamers passaient avec leurs panaches de fumée noire qui tenaient des lieues. Sa pensée s'en allait avec eux au gré du flot, sous le soleil. Elle ne se souvenait plus que comme d'un mauvais rêve de son destin de pauvre fille sans guide moral, de l'opiniâtre et stérile labeur des gens obscurs comme elle, des trois francs qu'elle gagnait pour onze heures de travail et la laissait à toutes les sensations de la rue. Elle ne se rappelait plus les gargottes où l'on s'empile, sans air, et où l'on prend son repas pour dix-neuf sous, le tiers du salaire; son avenir diffus et sombre; la vie matérielle, dont elle ne connaissait que le côté aride et douloureux, — plus douloureux depuis qu'elle aimait et qu'elle craignait de tout perdre avec son cher amour, si fragile, n'ayant pour le fixer que ses beaux yeux de vingt ans et son cœur.

Le soir, c'étaient les phares allumés sur la côte, et les étoiles ; la mer sans bornes réduite à un bout de vague écumante. Il lui semblait être à la rampe de quelque gigantesque théâtre, suspendue au-dessus du monde, auquel elle n'appartenait plus...

Et Paul s'attachait à elle davantage. La petite ouvrière, un peu sentimentale et simpliste, n'aurait duré qu'un temps ; mais, tout d'un coup, elle s'était transformée — et compliquée. — Elle était plus nébuleuse, mais elle était plus femme, et, ainsi, savait se donner mieux.

L'amour est un mets exquis, qui veut, cependant, être assaisonné. Et il s'assaisonne encore plus de marches à l'étoile et de poussées mystiques que de bon vouloir et de simples tendresses.

Juliette avait gardé tout son bon vouloir, mais elle l'assaisonnait, maintenant, avec un éclectisme et un art infinis.

C'est que son amour, plus vaillant, moins terrestre, plus mûr, et hardi comme un vieux marin, savait lâcher toute sa toile à l'âpre vent du large, et qu'aimer — elle le savait, à présent, — ce devait être du rêve encore.

*<br>* *

— Mais quitte donc la mer; cela t'affaiblit, je t'assure.

— Un préjugé : cela fatigue, tout au plus.

— Je ne veux pas que tu te fatigues.

— Bonne petite femme !

— Viens près de moi, là, si tu savais combien il est doux d'être ainsi étendu pendant que la mer qui vient barbotte à vos pieds et, par instants, vous couvre à moitié. C'est du bonheur en barre, vrai, et cela caresse, et cela grise, — et cela m'endort — oh ! d'un bon sommeil, va, d'un sommeil heureux. Viens...

— Un plongeon encore et je suis à toi.

Comme il aimait infiniment complaire à sa petite Juliette, que le sourire de celle-ci était troublant et sa pose adorable; que son costume de bain, entr'ouvert sur la poitrine, laissait apercevoir un peu de chair blanche qui frissonnait; comme sa petite main, bronzée déjà, s'agitait, suppliante, et que l'amoncellement de rochers solitaires où elle était tapie perdait avec elle son caractère sauvage et que c'était un rayon qui y était descendu, Paul n'abusa pas, et, après son plongeon, fut près d'elle.

— Sais-tu bien, chérie, que c'est un vrai temple consacré à l'amour l'endroit où tu es là.

— Alors, sauve-toi : on ne doit pénétrer dans un temple que selon le rite et en habits de fête.

— Mais tu m'appelles.

— Je ne t'appelle plus; trop tard. Je dors, à présent.

— Cela ne t'éveillerait pas un peu, si je venais selon le rite ?

— Il faudrait encore les habits.

— Oh ! les grands-prêtres étaient si peu habillés, en somme...

— Mais ils ne laissaient pas s'endormir la déesse.

— C'est vrai, cela, que tu dors ?

Pour toute réponse, Juliette appuya sa tête sur la poitrine de Paul qui s'était assis à ses côtés, et, charmante, abandonnée, toute lasse, véritablement, elle ferma les yeux. . . . . . . . . . . . . . . . .

. . . . . . . . . . . . . . . . . . . . . . . . .

Ils rentrèrent. Paul aida Juliette à s'habiller pour le déjeuner. Elle portait une robe qui se laçait dans le dos : il n'en finissait pas de trouver les œillets.

— Fais vite, j'ai faim, dit-elle.

— Moi aussi... faim de baisers.

— Tu ne t'en prives guère, il me semble.

— Tu t'en plains ?

— Non, certes, mais je voudrais bien être toujours de la fête.

— Comment cela ?

— Oui, à l'état conscient.

— Je ne comprends plus du tout.

— Ta mémoire s'en ressent donc à ce point ?

— Encore...

— Oh ! mon Dieu, pas plus tard que tout à l'heure et pas bien loin d'ici... Vous avez été fort gourmand, monsieur.

— Moi !

— Je n'ai pu réclamer, je dormais, mais j'étais vivante tout de même... Et ce que je dis, j'en suis sûre, très sûre. Je le vérifie encore en ce moment; tiens, à chaque fois que tu m'embrasses, oui, à chaque fois.

— Allons !

— Tu me supposes donc un épiderme d'hippopotame, des fibres de faon mariné. — Elles vibrent, nos fibres, sais-tu bien. Ce sont de fidèles confidentes qui ne se trompent pas sur l'impression reçue, qui la gardent, et que j'analyse, moi.

— Tu peux aller loin dans cette voie : un peu d'imagination et d'action réflexe ..

— Ah ! tu avoues.

— Rien du tout. C'est du mirage, une brûlure... à distance.

— Je me connais en brûlures et sais y mettre des dates... C'est fort blâmable, monsieur, d'abuser de sa femme sans défense, et d'en abuser... oui, en égoïste, en larron d'amour, en écumeur de mer. Certainement c'est de la piraterie : tu m'as volé ma part de bonheur, toute !

— Si l'on peut dire cela ! Moi qui n'ai rien sur la conscience, pas la moindre flibuste, pas le plus petit abordage... moi qui, toujours, t'associe étroitement à tous mes intérêts...

— C'est qu'alors tu sommeillais aussi et que tu n'as pas, toi, la ressouvenance aiguë de l'épiderme.

— Mais j'y suis : la mer qui barbotte nous couvre... le bonheur en barre... Tu te trompes, chérie, c'était la marée montante.

Edouard ZED.

## LEÇON DE CHANT

— Ma chère Adelaïde, dit un soir à son épouse M. Isidore Legorju, notable commerçant de la rue du Sentier, tu me vois vexé, ennuyé... Je comptais passer, avec toi, la soirée, en jouant aux dominos, en prenant le thé... J'espérais, au cours d'une conversation tendre et animée, réveiller certains souvenirs d'antan... Va te promener !... (je parle au figuré) je reçois un petit bleu qui me convoque, à huit heures, pour le quart, au sein du Comité de notre syndicat des fabricants de filoselle... C'est navrant, désolant ; mais je ne peux, sans déchoir, me soustraire à cet important rendez-vous.

Et, tout en discourant de la sorte, Isidore Legorju enfilait sa redingote neuve, mettait de l'eau de Cologne dans son mouchoir, coiffait son gibus des grandes journées et filait dare dare, tandis que sa moitié, jeune encore, une robuste gaillarde de trente ans, le regardait d'un œil (de la boutique) s'éloigner à grandes enjambées.

Isidore n'était pas ce qu'on peut appeler un Adonis, même moderne. Agé d'une cinquantaine d'années, il en paraissait bien avoir soixante. La vie sédentaire du négociant ne l'avait pas, en effet préservé de certaines détériorations. Et nul ne s'en étonnera, en apprenant que le bougre avait bien des fois abandonné son comptoir pour folâtrer dans les salons illicites et les boudoirs des créatures folles de leur corps.

Malgré cet aspect de délabrement, Legorju n'avait pas donné sa démission.

Et, de temps à autre, il retrouvait encore ses jarrets d'antan pour gravir les pentes de Montmartre, joyeux quartiers où il connaissait quelques stations consolantes.

Aussi, tout en arpentant la rue Notre-Dame-de-Lorette, une fleur à la boutonnière, le cigare aux lèvres, il fredonnait :

> Dans les sentiers remplis d'ivresse,
> Marchons ensemble à petits pas — as...

Et il grommelait, en mâchonnant son panatellas de deux sous :

— Oui, oui, ma tendre épouse, je vais au Comité du syndicat des fabricants de filoselle... Oui, oui, mon œil !... J'ai reçu un petit bleu ; mais il m'est adressé par Flora Molédredon, la plus ravissante dégrafée qui jamais ait désopilé un honnête commerçant...

Et, s'arrêtant sous un bec de gaz, il relut, d'un œil brillant, et le nez en trompette, la missive suivante :

« Flora attend, ce soir, Gropoulot pour souper. Prince russe assistera et fichera le camp au dessert. Sois douillard. »

— Parbleu ! se dit Isidore en reprenant sa route, cette femme a toutes les délicatesses. Elle m'appelle Gropoulot, pour ne pas me compromettre... Si ma femme se doutait de quelque chose, qu'aurait-elle à dire ? Je ne le demande !... Vous accusez Legorju d'être infidèle ?... Mais où donc est-il question de Legorju ?... Répondez ? Qui parle de Legorju ? Il s'agit d'un certain Gropoulot... Or, qui connaît Gropoulot ? Personne !... Gropoulot ignoré... Gropoulot, une blague, une craque !... Et puis, cette attention vraiment touchante d'inviter un prince russe à ces fines agapes... Elle sait que je meurs d'envie de voir un prince russe. Elle me le sert.. mais en ajoutant qu'il se retirera au bon moment. Cette créature est vraiment unique, et sa recommandation d'être douillard, ce qui veut dire (sauf erreur) d'être muni d'espèces monnayées ou de billets de banque, était noble. On ne saurait trop payer de pareilles félicités. Aussi me propose-je d'être aujourd'hui plus généreux encore que de coutume !... J'ai même économisé un fiacre afin de pouvoir donner plus libre cours à ma générosité.

**

Monologuant de la sorte, Isidore Legorju était arrivé, boulevard de Clichy, au domicile de sa belle.

Il pénétra, sonna à l'huis qui s'ouvrit au premier coup de sonnette, et il se trouva en présence de Flora Molédredon — sans doute comme d'un grand nombre de nos lecteurs.

Flora est, en effet, une des *artistes* les plus connues de l'Elysée-Montmartre, du Moulin-Rouge, et autres établissements où les donzelles les plus agiles lèvent la jambe avant de lever des hommes.

De taille moyenne, assez bien faite, les hanches agréables et souples, l'œil gouailleur et le rire équivoque, la toison d'or fauve, elle obtient, dans ses poses plastiques et ses grands écarts un, véritable succès près des amateurs de jambes en l'air.

Le négociant déposa, en entrant, son parapluie dans un coin, et un baiser sur la main de « l'artiste », en disant d'une voix d'enfant :

— Voilà Gropoulot... Gropoulot a reçu petit bleu... voilà Gropoulot... Ah ! ah ! voilà Gropoulot...

Puis, il demanda :

— Et le prince russe ?

— Il va venir, mon vieux poulet, ne t'inquiète pas... Faut d'abord commander le souper..

Et la douce enfant agita le cordon d'une sonnette.

La camériste parut, reçut les instructions de Flora et la braise d'Isidore, et bientôt sur une nappe bien blanche se dressaient trois couverts et de nombreuses victuailles.

En attendant le prince Moscovite, on se mit à prendre le vermouth.

Legorju était dorès et déjà fort excité.

— Une grande nouvelle, lui dit tout à coup la petite Molédredon, je suis engagée dans un théâtre de genre...

— Quel genre ? demanda le commerçant.

— Du meilleur, parbleu ! fit la danseuse... Un directeur, voyant avec quelle facilité je place mes guibolles au port d'armes, m'a engagée, comme chanteuse d'opérette... Ah ! voilà qui est flatteur pour toi, mon vieux poulet de grain. .

— Certes, je suis heureux, enorgueilli d'un tel succès... Alors, ange adoré, tu sais chanter...

— Pour sûr.. et même, si tu veux, puisque notre prince se fait attendre, je vais te détailler une romance qui me servira de début. Bien mieux, je vais te l'apprendre. C'est ça qui sera épatant. Tu chantes comme une corde à puits ; mais ça m'est égal. Tu verras comme je suis une bonne maîtresse de chant.

Viens t'asseoir près de moi, au piano, ma vieille saucisse aux choux, viens, et ouvre tes plats à barbe.

Et, après avoir plaqué deux ou trois accords tonitruants sur les touches, la prétendue diva commença, d'une voix éraillée, les couplets suivants :

> Y avait un' fois un pauvr' cochon (*bis*)
> Qu'était bêt' comme un cornichon (*bis*)
> Il possédait un' femme
> Non pas l' cornichon,
> Mais le pauvr' cochon
> Il possédait un' femme
> En légitime union.

Répète après moi, ma vieille andouillette de Tours, aie pas peur, les voisins sont sourds.

Et Legorju, gonflant les poumons, reprenait d'une voix fausse, mais d'un air convaincu :

> Y avait un' fois un pauvr' cochon
> Qu'était bêt' comme un cornichon

— Second couplet !...

> Il avait grâce à son pognon (*bis*)
> Un' maîtresse à jaune chignon (*bis*)
> La femme et la maîtresse
> Se fendaient le dos
> Pour le fair' cocu
> La femme et ta maîtresse
> S' moquaient de ce cocu !

Alors, le bon Legorju de répondre, en gueulant :

> La femme et la maîtresse
> S' moquaient de ce cocu !

Puis, tout à coup, pris d'un fou rire, Isidore se laissait tomber dans un fauteuil, en s'écriant :

— Et dire qu'il y a des maris comme ça !... des imbéciles, des crétins qui se laissent monter le coup... Non, c'est trop drôle !... Ta chanson, je veux l'apprendre par cœur, pour la chanter à certains cornards de ma connaissance.

> Il avait, grâce à son pognon (*bis*)
> Un' maîtresse à jaune chignon (*bis*)
> La femme et la maîtresse
> Se fendaient...

C'est bien cela .. Ah ! ah !... pour le faire cocu !... Et le serin qui ne se doute de rien !... Parfait !... Il n'a que ce qu'il mérite.

**

A ce moment, le timbre de la porte retentit.

— Voilà, sans doute, notre prince russe, fit Legorju, essayant de reprendre son calme.

C'était un commissionnaire qui remit un pli à la belle Flora.

A peine eut-elle parcouru le billet :

— C'est un contre-temps fâcheux. Son Excellence ne peut venir... ce soir... mais bah !... nous nous en consolerons facilement, n'est ce pas ? fit-elle, entourant de ses bras le cou d'Isidore, n'est-ce pas, mon vieux melon de couche ?...

Pendant ce tendre discours, le commissionnaire s'était approché du groupe et regardait attentivement le notable commerçant :

— Tiens ! tiens !... se mit-il à crier joyeusement, en v'la d'une rencontre !... C'est bien M'sieu Isidore Legorju, fabricant de fil d'oseille, rue du Sentier, que j'reluque en c'te cambuse... Ah ! mince !... après tout, faut qu'tout l'monde soit au courant... faut qu'tout l'monde connaisse son plaisir où qu'il le trouve. Pas vrai ?... compliment, j'vas en faire part à ma aune femme épouse. Elle sera flattée d'savoir qu'son homme, un vieux monument (qu'elle croyait) est encore assez vert pour rigoler chez des petites dames en chaussettes noires... Vrai !... c'est rigolo... j'vas m'trotter rue du Sentier... C'est mame Legorju qui va faire une trompette...

— Vil mercenaire, s'écria Isidore indigné, si vous dites un mot de tout ceci, je vous livre à la magistrature et je vous fais guillotiner raide comme balle ..

— De la peau ! mon vieux colon... vous avez la frousse de votre légitime... Par conséquent, faut casquer...

— Tenez, voici vingt sous pour payer votre silence... Et fichez-moi la paix.

— Ça ne serait pas à faire, reprit le faux commissionnaire. Montrez voir, un peu pour voir, ce qu'il y a dans votre portefeuille, et puis dans votre porte-monnaie. Ah ! ben! ça serait du propre, si les *négociants* pouvaient venir rigoler, comme ça, dans nos plates-bandes.

Et, tout en parlant, le gaillard, faisait l'examen consciencieux de tout ce que contenait la redingote de Legorju.

Après avoir insinué le tout dans sa profonde, il salua sa victime, en lui disant :

— Mon pauvre chéri, le meilleur conseil que j'ai à te donner, c'est d'éviter tout *escandale*. Décanille le plus doucement possible... Pas de pétard... Les commerçants de la rue du Sentier, quand ils sont pincés au demi cercle, en amoureux déli, n'ont qu'à se taire, sans murmurer, comme le vieux militaire. Au revoir, ma vieille.

Isidore, ahuri, prit la rampe et dégringola l'escalier, oubliant son parapluie.

Dès que la porte fut refermée derrière lui, Flora dit gaiement :

— Eh bien ! voilà une leçon de chant bien réussie.

— Grâce à bibi, déclara le prétendu commissionnaire Et rien à craindre, pas de danger qu'il jaspine.

— Bien plus fort, dit la petite Molédredon, il me reviendra.

**

Inutile de dire que, pendant son absence, le premier commis de Legorju, consolait son épouse.

C'est à peine, lorsqu'Isidore rentra, plus tôt qu'on ne pensait, dans le domicile conjugal, si cet employé fidèle eut le temps de se sauver dans le grenier, ses grègues sous le bras.

— Eh bien ! demanda la chaste épouse, et le Syndicat de la filoselle ?

— Séance orageuse, ronchonna Isidore... Fais-moi un verre d'eau d'oranger... Et, il se coucha, en fredonnant machinalement :

> La femme et la maîtresse
> Se fendaient...

Bientôt, il ronfla comme un savoyard, tandis que l'heureux commis descendait doucement l'escalier pour réintégrer son domicile.

MÉPHISTO.

# CONTES A BIBI

# La Corne au Chocolat

César Beaupif n'est certainement pas ce que l'on peut appeler un bel homme.

Loin de là.

Court de taille, un ventre de hareng vidé, des jambes un tant soit peu en manches de veste, une figure en lame de couteau avec des yeux qui se tournent le dos, vous voyez ça d'ici.

Il a vingt-cinq à vingt-six ans, et est employé en qualité d'accordeur chez un fabricant de clysopompes à musique.

Son patron, l'inventeur de ces instruments secrets, est en train de faire fortune, grâce à un système spécial que Beaupif a su adapter près du ressort ingargiteur.

Jusqu'ici les clysopompes à musique de la maison Lavemant et Cie étaient défectueux.

Défectueux, en ce sens, qu'ils ne jouaient qu'un seul morceau, ce qui ne suffisait pas toujours à satisfaire l'oreille plus ou moins exigeante des clientes.

Maintenant ces clysopompes jouent jusqu'à cinq et six morceaux. Il n'y a qu'à pousser sur un petit bouton pour qu'aussitôt, pendant l'opération, la *Marseillaise* ou le *Chant du Départ*, succède à la *Fille de Mme Angot* ou aux *Cloches de Corneville*.

Bref, la maison Lapurge et Cie a su perfectionner son système pour satisfaire toutes les classes de la société, et elle en tire d'énormes bénéfices, grâce à Beaupif qui, comme je l'ai déjà dit, en est l'inventeur.

**

Or donc, un beau soir, le directeur de la maison Lapurge et Cie apprenait à l'intelligent Beaupif qu'il lui fallait prendre le train, le lendemain à la première heure, et se rendre au château de Rose-en-Brie, résidence d'été de la baronne de Mont-Salé afin d'aller accorder le clysopompe à musique de la susdite baronne.

Beaupif devait prendre, gare Montparnasse, un train partant à 4 heures 45 du matin.

On était au mois de février.

Il se leva donc avant le jour, et d'un pas rapide, muni d'un clysopompe-échantillon, il se dirigea vers la gare.

Se croyant en retard, il pressait le pas, lorsqu'il s'aperçut qu'il n'était que quatre heures.

— Bon, se dit-il, cela va me permettre de prendre une tasse de chocolat.

Il y a toujours aux abords des gares des crémeries qui ouvrent leurs portes à quatre heures du matin.

Beaupif entra dans une crémerie et se fit servir « un chocolat. »

**

En choisissant la première crémerie venue, notre ami n'avait pas eu la main heureuse.

Voici pourquoi :

Deux marchands de lait se disputaient depuis longtemps la clientèle de cette crémerie, et, pour ne pas déplaire aux deux marchands, la crémière prenait un pot de lait, un jour à l'un, un jour à l'autre ; mais cette façon d'agir ne les satisfaisait ni l'un ni l'autre, de sorte que les deux marchands cherchaient à se nuire par des moyens souvent peu délicats.

Ainsi, une heure avant l'arrivée de Beaucroupion dans la crémerie, un des deux marchands avait déposé son pot de lait devant la porte encore fermée.

Dix minutes après, un maçon, payé sans doute, par l'autre marchand, s'était approché doucement du pot de lait, l'avait découvert et, après s'être assuré que personne ne le voyait, avait mis bas culotte, puis, tranquillement, s'était assis dessus.

Sa besogne faite, et sans même se donner la peine de se reculotter complètement, il avait recouvert le pot, et s'était retiré comme il était venu, tranquillement, et riant, l'ombre de la nuit protégeant sa retraite.

Un quart d'heure plus tard, la crémière ouvrait sa boutique, allumait ses fourneaux et préparait d'abord son chocolat, qu'elle fabriquait en très grande quantité : son chocolat délayé, elle prit son pot de lait et en versa le contenu dans son immense marmite.

C'est à ce moment précis que Beaupif, déjà assis, demandait :

— Un chocolat S. V. P.

— Voilà .. avait répondu la crémière...

Et tout .. de suite, la brave femme, qui était déjà d'un certain âge, apporta le chocolat à son client.

— C'est étonnant, pensait Beaucroupion pendant qu'on le servait, comme ça pue ici... sans doute que l'on vide des fosses d'aisance dans le voisinage.

Sans plus réfléchir, il attaqua vigoureusement son chocolat.

Du premier coup, il ramena dans sa cuiller quelque chose d'informe...

— Ah ! ah ! se dit-il, pourquoi diable... met-on d'avance le croissant dans le chocolat... comme tout change ; c'est sans doute une innovation...

Et, ouvrant une bouche capable d'avaler chocolat et bol d'un seul coup, il fit disparaître comme par enchantement la *chose* informe qu'il prenait pour une corne

Après quoi, il fit claquer sa langue et se dit :

— Tiens.. mais ce n'est pas mauvais du tout le chocolat ainsi préparé...

Le contenu du bol avalé, très satisfait, il paya, puis après avoir complimenté la crémière sur ses cornes au chocolat, il se hâta pour prendre son train.

*.*

A peine était-il dans un wagon, qu'une jeune femme y pénétrait à son tour...

Le train partit, et comme il ne faisait pas très chaud, la dame crut devoir fermer les portières.

Beaupif était causeur ; il s'approcha de la dame et voulut entamer la conversation.

Mais il n'avait pas plutôt ouvert la bouche que la dame se reculait, portait vivement son mouchoir à ses lèvres, et plus vivement encore rouvrait la portière.

— Madame se sentirait-elle indisposée ? lui dit Beaupif.

Pour toute réponse, la dame mit la tête au dehors, toujours en se tamponnant les lèvres.

— Cette dame n'est pas polie, se dit l'accordeur de clysopompes à musique ; après cela, elle est peut-être muette... Alors, rien à faire...

Et très philosophiquement, il se mit à siffler un air de chasse.

Bientôt le train s'arrêtait à une station.

— Ah ! ce n'est pas malheureux, dit tout haut la jeune dame, en poussant un profond soupir de soulagement.

Et elle descendit le plus vite possible.

— Tiens, elle n'est pas muette, se dit Beaucroupion, et aussitôt s'adressant à la dame qui était maintenant sur le quai :

— J'espère, madame, que vous ne me garderez pas rancune de vous avoir adressé la parole.

— Nullement, monsieur, répondit en gouaillant la jeune dame ; seulement, lorsqu'on a une tinette dans la poitrine, on tourne le dos aux voyageurs, et on se garde bien d'ouvrir la bouche.

— Ah ça... dites donc... vous.

Il ne put en dire davantage... Le train repartait.

Enfin, le train s'arrêta à destination.

Le château de... n'était pas très distant de la gare.

En donnant son ticket, Beaucroupion demanda son chemin à l'employé.

Celui-ci mit aussitôt sa large main devant sa bouche, et tournant un tant soit peu la tête, il montra avec son bras resté libre la direction du château qu'on apercevait sur une petite colline...

Beaucroupion se contenta de ce renseignement vague et passa, mais non sans entendre l'employé dire derrière lui :

— Voilà certainement un monsieur qui s'est oublié dans sa culotte...

Il se retourna pour voir à qui ces paroles s'adressaient, et, comme les yeux de l'employé étaient tournés du côté du chef de gare, il en conclut que cela s'adressait à ce dernier.

— Bah !... ça lui aura échappé à ce pauvre homme.

*.*

Après un quart d'heure de marche, Beaupif arriva devant la grille du château. Il sonna. Le jardinier accourut lui ouvrir... Il donna son nom... montra sa lettre, expliqua le but de sa visite, et demanda à être présenté à la baronne.

Mais le jardinier l'écoutait à peine... il jetait des regards inquisiteurs du côté de la grille, tout en reniflant l'air...

— Auriez-vous perdu quelque chose, mon brave homme ? lui dit Beaupif.

— Oh ! non, mon bon monsieur... mais il arrive par ici une certaine odeur qui me fait supposer que des gamins se sont permis certaines polissonneries auprès de notre grille... Enfin, je vais m'assurer de la chose... Quant à vous, monsieur, suivez l'allée jusqu'au bout, et ne manquez pas de vous essuyer vos pieds sur le paillasson de l'escalier. Vous demanderez mam'zelle Suzette qui vous introduira auprès de Mᵐᵉ la baronne.

Beaupif quitta le jardinier et atteignit vite l'endroit indiqué... Sur le perron, il vit Mˡˡᵉ Suzette et plusieurs autres domestiques qui l'avaient entendu sonner...

— Vous êtes, sans doute, le monsieur de Paris, l'employé de la maison Lapurge et Cⁱᵉ, que Mᵐᵉ la baronne a fait demander, lui cria Suzette.

— Mais, oui, mademoiselle...

— Montez donc vite... Mᵐᵉ la baronne vous attend avec la plus vive impatience.

En deux enjambées, Beaupif rejoignit la camériste et les autres servantes, mais, comme il était essoufflé, il se mit à respirer bruyamment.

Au même instant, le vide se fit autour de lui. Toutes les bonnes disparurent comme par enchantement.

Seule, Suzette resta en présence de Beaupif, en se tenant le nez, toutefois.

— Mais, pardon, dit Beaupif vexé. Quelle est cette plaisanterie ?...

— Mon Dieu... monsieur... excusez ces bonnes...

excusez-moi également ; mais vous puez atrocement ; il s'échappe de votre gosier des miasmes capables d'asphyxier tous les vidangeurs de Paris. Aussi, j'espère que vous allez vous retirer tout de suite, et ne pas pénétrer davantage dans le château...

— Comment, me retirer sans avoir vu la baronne... Jamais de la vie. Que dirait M. Lapurge ?

— Je vous en supplie, monsieur, n'insistez pas... Le cœur commence à me manquer, et...

— Ah ! assez de plaisanteries, n'est-ce pas... Je connais mon baleine... c'est celle d'un nouveau-né... Allons, où est Mᵐᵉ la baronne.

Beaupif avait élevé la voix.

La baronne entendant du bruit, ouvrit une porte et se trouva en présence de l'accordeur.

— Qu'y a-t-il, que se passe-t-il ? dit-elle.

— Madame, s'écria aussitôt Beaupif en s'approchant de la baronne, je vois à votre air noble que vous êtes la personne qui avez écrit à M. Lapurge, et je désire que...

— Oh ! monsieur... taisez-vous... de grâce, fermez cela... vous allez me faire tomber en syncope... Veuillez vous retirer, et prier votre patron de m'envoyer un autre accordeur.

La baronne allait s'enfuir.

Mais Beaupif ne l'entendait pas ainsi... Il voulut protester, et il retint la baronne par le poignet.

La baronne, qui était devenue verte, appela ses domestiques à son secours, et ceux-ci, sans plus de façons, jetèrent ce pauvre Beaupif à la porte.

*.*

Ahuri, désolé, croyant rêver, l'accordeur de clysopompes à musique reprit le train de Paris, ne s'expliquant pas du tout cette mauvaise odeur que l'on disait s'échapper de son gosier...

— Tous ces gens-là sont fous, se disait-il en débarquant à la gare Montparnasse. Ils ont le nez ensorcelé, bien sûr...

Il s'aperçut alors qu'il se trouvait devant la crémerie où, le matin même, il avait pris un bol de chocolat.

— Tiens, une idée... Si je prenais encore un croissant au chocolat.. J'ai l'estomac qui me tiraille...

Résolument, il entra dans la crémerie, l'air embêté cependant, et marchant droit à la crémière pour faire sa commande.

Celle-ci, aussitôt qu'elle l'aperçut, laissa tomber une assiette qu'elle était en train d'essuyer et se mit à pleurer en marmottant tout bas :

— Ah ! monsieur... Excusez-moi... Je comprends votre air vexé... mais ne déposez pas de plainte... Je suis une mère de famille... J'ai découvert une partie du corps du délit après votre départ... malheureusement, trop tard... Oh ! ce maçon...

— Ce maçon... répéta machinalement Beaupif.

— Oui, ce maçon... Je sais tout... c'est lui-même qui me l'a avoué... Eh bien ! c'est un maçon qui a fait le coup... C'est lui, l'ignoble personnage qui a soulagé son abdomen dans mon pot de lait, lequel lait m'a servi pour préparer votre chocolat...

Beaupif, livide, porta la main à son cœur...

— Alors, le croissant que... murmura-t-il d'une voix mourante...

— Hélas ! c'en était, mon pauvre ami... Ah ! quel malheur !

Beaupif ne put en entendre davantage ; il fit une grimace impossible à décrire, et, avant qu'il pût se retourner, il laissa tomber dans la vaste marmite de la crémière, le restant de son chocolat du matin qui venait de lui tourner sur le cœur...

Roger BONTEMPS.

## Oh ! ces soldats !

Je vais vous dire pourquoi les Lamouillette se sont décidés à ne plus revoir du tout M. Pissendouceur, une vieille culotte de peau du temps de l'Empire.

Mais, pour que vous me compreniez, il faut que je vous apprenne que le capitaine Pissendouce avait déjà fait rater trois fois de suite le mariage de made-

moiselle Lamouillette, une jeune personne très bien, par suite de ses propos risqués et de mauvais goût.

On lui en garde rancune dans la famille, et on a profité d'une absence de deux mois qu'il fit dernièrement, pour vite trouver un nouveau fiancé à mademoiselle Sophie, et la marier.

Mais jugez de la déveine, le capitaine Pissendouce tomba juste chez les Lamouillette, le matin du mariage... Impossible de l'éviter.

On ne pouvait le mettre à la porte... Un pareil jour. Que faire ?

Son vieil ami, le père de la mariée, le prit à part et lui dit :

— Alors, tu es des nôtres ?

— Tiens, c'te bonne blague ! répondit le capitaine. Ne voudrais-tu pas que j'aille me coucher le jour où l'on marie cette gamine de Sophie, que j'ai tenue sur mes genoux, et que, je puis bien le dire, j'ai...

— Oh ! c'est un grand honneur pour nous, mon cher ami ; mais, une prière... Surveille tes paroles... Pendant la cérémonie surtout, pas de tonnerre de Dieu ! Pendant le repas, laisse également les f... de côté, et au dessert, évite les comparaisons comme celles, par exemple, existant entre la culotte de peau d'un général et la noirceur de... ses jambes... Il y a beaucoup de jeunes filles, et... Enfin, tu me comprends ?

— Parfaitement, et pas besoin de la leçon, répondit le capitaine Pissendouce ; me prends-tu pour un conscrit ?

— Non, mais...

— Eh bien ! sois tranquille, et je veux bien être... empalé comme un poulet si j'ouvre la gu... pardon la bouche, pour dire autre chose que des amabilités à ces demoiselles.

Un peu plus rassurés, M. et madame Lamouillette montèrent en voiture, et on se rendit à la mairie où la cérémonie d'usage eut lieu.

Tout se passa bien... le capitaine ne desserra pas les dents, et c'est pour demander rapidement à son ami si son gendre avait les... fesses grasses... ce qui était une façon à lui de s'enquérir si le futur avait le sac.

Mais cela ne tira pas à conséquence... Personne ne l'entendit.

Après la cérémonie, on résolut de faire un petit tour de promenade du côté des Champs-Élysées avant le repas de noce.

Pissendouce voulait accaparer la mère du marié... Mais M. Lamouillette, très prudent, s'y opposa, ce qui mit en rage le vieux militaire qui s'écria :

— Alors... zut ! je n'ai plus qu'à me branler les pouces !... Autant rester à la cuisine pour chantiller la boune ! En voilà une noce...

— Mon ami, tu me navres... si tu m'écoutais parler.

— Allons, c'est bien... je t'assure faire le mort. Mais je te jure que c'est bien la dernière fois que tu me reverras dans ta famille.

Et il se colla rageusement dans un coin de voiture, où il s'endormit.

Il fallut le réveiller pour le faire descendre.

Il s'aperçut qu'il faisait un froid assez vif. De plus, il avait les pieds gelés...

— Diable ! on me...

Il allait terminer la phrase...

Il aperçut l'œil suppliant de son ami.

Il se contenta d'achever sa pensée intérieurement.

Et vite, il gagna la salle à manger, chauffée à point. Complètement remis, il mangea comme quatre... but comme deux, et le visage épanoui, il passa avec tout le monde au salon, où, en attendant l'heure du bal, chacun se mit à causer.

Un grand feu pétillait, en ronflant dans un calorifère monté exprès pour cet heureux jour. Pissendouce se colla derrière.

On fit cercle autour du poêle tout rouge.

Le capitaine avait juré de ne plus dire un mot.

Autour du poêle, les jeunes filles étaient en majorité et babillaient à qui mieux mieux.

Quelques jeunes gens jouaient.

Pour ainsi dire bloqué par les jeunes filles, Pissendouce, depuis quelques instants, ne cessait de tourner et de se retourner dans tous les sens.

— Qu'a donc votre ami ? demanda un invité au papa de la mariée, depuis quelque temps.

— Chut ! Ne réveillons pas le chat qui dort.

Mais au même instant, une voix de tonnerre se faisait entendre :

— Nom de... d'un pétard ! c'est intolérable à la fin. Les jeunes filles se regardèrent... Puis l'une d'elles demanda :

— Mais qu'avez-vous donc ? monsieur.

— Rien !... rien... Mais j'ai le... la... les qui, que... Crénonguieu que c'est em... bêtant d'pas pouvoir dire que l'on a le derrière qui grille !

Les jeunes gens éclatèrent de rire.

Les jeunes filles rougirent.

Les mamans furent indignées.

Quant au capitaine, il partit furieux, sans dire au revoir à personne.

FLANOCHARD.

# JEUX D'ESPRIT

## MOT CARRÉ

Synonyme de Crésus.
Synonyme d'Harpagon.
A Constantinople.
Race d'Afrique.
Coiffure de marin.

. . . . .
. . . . .
. . . . .
. . . . .
. . . . .

---

*Solution du Mot Losange :*

```
        C
      O H É
    O B O L E
  C H O L É R A
    É L É V E
      E R …
        A
```

### NOMS DES DEVINEURS

Margot et Bi-d'Elle. — Un potache au colège de Castres (Tarn). — La Vert Dents. — Octave des Bons Enfants. — Cosette Costeaux de Montrouge. — Larifla. — Montretout. — G. V. S. — Un gommeux de Bercy. — Sans scrupule. — Un lecteur grivois. — Po-Paul et son amie Clara. — Gédéon et Césarin. —

**Scala.** — Mévisto, l'incomparable artiste, obtient un légitime succès, dans ses scènes dramatiques, et, particulièrement, *Le Père* de François Coppée. Jeanne Bloch est désopilante dans *La Noce des Nez*. Blanche Raymond est charmante. Mme Camille Stéfani est une artiste de talent. Côté des hommes : après Mévisto, Libert est étourdissant de verve, Marius Richard chante de sa voix chaude et vibrante, *Le soldat de Floréal* d'Amand Sylvestre, Maurel ronronne d'une façon pitoyable *J'ai perdu ma gigolette*. Vignais a débuté avec succès, Lecourt est un bon comique excentrique.

Bonne soirée pour nos aimables lecteurs et sémillantes lectrices du " *Paris qui Rit* "

**Eldorado.** — *Salle-en-beau*, parodie de MM. Boulland et Rey, joué par toute la troupe. Mme Céline Dumont, engagée spécialement, remplit le rôle de *Salle-en-beau*.

**Époque.** — M. Meyronnet, le Directeur de cet établissement, doit encaisser de belles recettes, car chaque soir on vient applaudir M. Sérard, le comique régisseur; Couville, qui vient de la Cigale, a débuté avec succès, ainsi que Mlle Nicolle des Ambassadeurs.

Cette semaine, *L'Assommoir pour rire*, ambigu tragicomico, en un acte, de MM. Ch. Blondelet et Beaumaine.

**Élysée-Montmartre.** — Il y a foule en ce moment. Miss Rigolette est la joie de la Butte. M. Desprez, va prochainement rouvrir le Concert. Après le Concert-Bal quadrille dansé par les plus jolies filles de Montmartre.

**Nouveau-Théâtre.** — On prépare activement *Rabelais*, la pièce à grand spectacle de MM. O. Metenier et Dubret de Laforest, musique nouvelle de M. Louis Ganne.

ALBERT VERSE.

# SPECTACLES DE LA SEMAINE

OPÉRA. — FRANÇAIS. — OPÉRA-COMIQUE — ODÉON : — Spectacle variable : consulter feuilles quotidiennes.
GYMNASE. — 7 h. 3/4. — A côté de la question. — Un Drame parisien.
VAUDEVILLE. — 8 h. 1/2. — Le fluide. — Le Prince d'Aurec.
VARIÉTÉS. — 7 h. 3/4. — Deux contre un. — La Vie Parisienne.
PORTE-SAINT-MARTIN. — 8 h. 1/4. — Le Maître d'Armes.
CHATELET. — 8 h. — Madame l'Amirale.
GAITÉ — 8 h. 1/2. — Les Cloches de Corneville.
AMBIGU. — 8 h. 1/4. — Le Régiment.
PALAIS-ROYAL. — 8 h. 1/4. Une Tempête — Bébé.
NOUVEAUTÉS. — 8 h. 1/4. — La Bonne de chez Duval.
FOLIES-DRAMATIQUES. — 8 h. — Le Mari d'Hortense. — Les 28 jours de Clairette.
RENAISSANCE. — 8 h. 1/2. — L'Essayeur. — La femme de Narcisse.
BOUFFES-PARISIENS. — 8 h. 1/4. — Maldonne. — Miss Helyett.
MENUS-PLAISIRS. — 8 h. — Monsieur le Moraliste. — L'Œil crevé.
THÉATRE CLUNY. — 8 h. 3/4. — Disparu ! — La Tournée Ernestin.
DÉJAZET. — 8 h. 1/2. — L'Instantané.
CHATEAU-D'EAU. — 8 h. — La Fille des Chiffonniers.
BOUFFES DU NORD. — 8 h. — Le Voyage en Suisse.
THÉATRE MONCEY. — 8 h. — L'Aventurière.
FOLIES-BERGÈRE. — 8 h. 1/2. — Robert-Macaire, pantomime par les Martinetti; les Griffiths, comics excent. — Les Flechers, patineurs. — Dimanches et fêtes, matinées à 2 h. 1/2.
CASINO DE PARIS. — 8 h. 1/2. — Spectacle-concert, bal. — L'Heureuse rencontre, pantomime mêlée de chant.

*L'Imprimeur-Gérant :* F. PREGALDIN.

Imprimerie spéciale du *Paris qui Rit*, 13, faub. Montmartre, Paris.

---

# ABONNEMENTS

PARIS : Un an, 6 fr.; Six mois, 3 fr.; Trois mois, 1 fr. 50. — DEPARTEMENTS : Un an, 6 fr. 60; Six mois, 3 fr. 25; Trois mois, 1 fr. 75. — ETRANGER : Un an, 7 fr. 50; Six mois, 3 fr. 75; Trois mois, 2 fr.

---

## NOTRE PRIME GRATUITE

Désireux d'offrir à tous nos abonnés un gage de satisfaction personnelle et peu ordinaire, nous avons l'honneur de les informer que nous leur fournissons gratis à tous ceux qui en feront la demande un splendide

### PORTRAIT PEINT A L'HUILE

par un artiste de Paris bien connu (M. Dugardin). Il suffit d'adresser au bureau du journal, une photographie en indiquant la couleur du teint, des cheveux, des yeux et des vêtements.

Pour les frais de correspondance et de port, joindre la somme de 1 fr. 05 (soit 7 timbres-poste de 0 fr. 15).

La photographie étant détériorée n'est pas rendue.

Délai de la livraison du portrait *un mois et demi à deux mois*.

Les abonnés qui nous ont déjà envoyé leur photographie ne doivent pas s'étonner s'il se produit un léger retard dans l'envoi de leurs demandes.

Il ne faut s'en prendre qu'au succès obtenu par cette prime absolument nouvelle, et nous garantissons d'ailleurs aux intéressés qu'ils ne perdront rien pour attendre.

### Chemin de fer d'Orléans

Excursions aux stations thermales et hivernales des Pyrénées et du golfe de Gascogne, Arcachon, Pau, Biarritz, Salies-de-Béarn. Tarif spécial G. V. N° 196 Orléans.

Des billets d'aller et retour, avec réduction de 25 0/0 sur les prix calculés au tarif général d'après l'itinéraire effectivement suivi, sont délivrés toute l'année, à toutes les stations du réseau de la Compagnie d'Orléans, pour : Arcachon, Biarritz, Dax, Guéthary (halte), Pau, Saint-Jean-de-Luz et Salies-de-Béarn.

Durée de validité : 10 jours, non compris les jours de départ et d'arrivée.

Tout billet d'aller et retour délivré au départ d'une gare située à 300 kilomètres au moins de la station thermale ou hivernale, donne droit, pour le porteur, à un arrêt en route à l'aller comme au retour. Toutefois, la durée de validité du billet ne sera pas augmentée du fait de ces arrêts.

La période de validité des billets d'aller et retour peut sur la demande du voyageur, être prolongée deux fois de 5 jours, moyennant le paiement aux Administrations, pour chaque fraction indivisible de 5 jours, d'un supplément de 10 0/0 du prix total du billet aller et retour.

*AVIS.* — La demande de ces billets doit être faite *trois jours* au moins avant le jour du départ.

### Chemin de fer d'Orléans. — Cartes d'abonnement de famille à prix réduits.

La Compagnie d'Orléans, en vue de faciliter les relations de Paris avec la banlieue, délivre des cartes d'abonnement de famille comportant les réductions ci-après : 20 0/0 pour la 2e personne ; 30 0/0 pour la 3e personne; 40 0/0 pour la 4e et au-delà de la 4e personne, à la condition que ces cartes d'abonnement de famille soient demandées par le chef de famille, en même temps que l'abonnement qui lui est propre, pour la même période de temps et pour le même parcours.

Sont admis à cette faveur :

La femme, les enfants, gendres ou belles-filles, père ou mère, beau-père ou belle-mère, précepteurs, gouvernantes ou domestiques habitant avec le chef de famille, sous le même toit.

Le périmètre du parcours des abonnements souscrits dans les conditions ci-dessus ne peut excéder 60 kilomètres.

Les demandes d'abonnement de famille doivent être accompagnées du portrait photographié de chacun des membres de la famille au nom desquels l'abonnement est demandé.

Les réductions sont applicables aux cartes mensuelles, trimestrielles, semestrielles et annuelles.

Les abonnements courent du 1er et du 15 de chaque mois et doivent être demandés au moins quatre jours à l'avance.

### Chemins de fer de l'Ouest. — Services

quotidiens et rapides entre Paris et Londres par Dieppe et Newhaven. — Les importants travaux exécutés dans les ports de Dieppe et de Newhaven en donnant la facilité d'organiser dans ces deux ports, des départs à heures fixes, quelle que soit l'heure de la marée, ont permis aux Compagnies de l'Ouest et de Brighton, de réduire considérablement la durée du trajet entre Paris et Londres et de créer des services rapides qui fonctionnent tous les jours, sauf le cas de force majeure, aux heures indiquées ci-dessous.

De Paris à Londres : Nuit 1re, 2e, 3e classes; Départ de Paris St-Lazare, 8 h. 50 du soir; Départ de Dieppe, 1 h. du matin : Arrivée à Londres, gare de London-Bridge, 7 h. 40 du matin, et gare de Victoria, 7 h. 50 du matin.

Prix des billets : Billets simples, valables pendant 7 jours : 1re classe, 41 fr. 25 ; 2me classe, 30 fr. ; 3me classe, 21 fr. 25, plus 2 fr. par billet, pour droits de port à Dieppe et à Newhaven.

Billets d'aller et retour, valables pendant un mois : 1re classe, 68 fr. 75 ; 2me classe, 48 fr. 75; 3me classe, 37 fr. 50, plus 4 fr. par billet, pour droits de port à Dieppe et à Newhaven.

Ces billets donnent le droit de s'arrêter à Rouen, Dieppe, Newhaven et Brighton.

# PIERRE PETIT

*Opère lui-même.*

DANS SES NOUVEAUX ATELIERS
**29, Place Cadet, 29**
Douze marches à monter.
Les PHOTOGRAPHIES au CHARBON sont LES SEULES INALTÉRABLES

# GUÉRISON

CERTAINE et RADICALE de toutes les affections de la PEAU : dartres, eczemas, psoriasis, acné, etc., même des PLAIES et ULCÈRES VARIQUEUX, considérés comme incurables par les plus célèbres médecins. — Le traitement n'exige aucun régime particulier, il ne dérange nullement du travail, il peut être suivi partout, même en voyage; il est à la portée des plus petites bourses et dès le deuxième jour il produit une amélioration très sensible.

S'adresser à M. LENORMAND, médecin-spécialiste à MELUN, rue Saint-Liesne, 41 (Seine-et-Marne). — Consultations gratuites par correspondance.

# LE GRESHAM

Cie Anglaise d'Assurances sur la Vie
FONDÉE A LONDRES EN 1848, ÉTABLIE A PARIS EN 1854

Actif : près de 100 Millions

Assurances sur la Vie entière, Mixtes, à Terme fixe
**DOTATION DES ENFANTS**

*Assurances proposées* depuis l'origine de la Compagnie au 30 juin 1887, plus de **un milliard et demi.**

*Échéances, Sinistres, etc.* payés au 30 juin 1887, plus de **190 millions.**

**EXTRA-RISQUES MODÉRÉS**
Pour les Voyages en dehors de l'Europe.

**RENTES VIAGÈRES**
Aux taux de 10, 15 et 17 0/0, suivant l'âge.
PAYABLES SANS FRAIS A PARIS, et dans les Départements; chez les BANQUIERS ou AGENTS de la COMPAGNIE.
*Les Prospectus et les Renseignements seront donnés gratuitement aux personnes qui en feront la demande à la Direction, à Paris, 30, rue de Provence, 30, Paris qui accueillera toute demande d'Agence de personnes honorables.*

Première année, n° 4.    LE NUMÉRO. DIX CENTIMES    Dimanche 30 Octobre 1892.

## Principal rédacteur : Emile BLAIN

*Collaborateurs* : JACQUES D'ALVILLE. — ANDRÉ CARMEN. — MÉPHISTO. — RICHARD O'STEFIOL. — MARIUS RÉTY. — GONZAGUE D'HUBERT. — ÉDOUARD ZED. — PAUL LUX. — K. STOR. — DICK-D'ING. — BABYLAS. — CARLE-MAX. — PO-PAUL. — FLANOCHARD. — MARCEL RÉGINALD.


# VINGT JOURS DE PLAISIR DANS LA CAPITALE
### Par Emile BLAIN

Tout-à-coup, deux détonations effroyables retentissent, provoquant un éclat de rire général, forçant les deux combattants à se rendre compte de la mystification dont ils viennent d'être l'objet. (Lire cette scène dans le numéro 5.)

## CHRONIQUE GAULOISE

Nous nous regardâmes, consternés, à la rédaction ; Merley — notre sympathique directeur — venait de passer sans mot dire, sans répondre à notre bonjour et nous tonitruant d'un olympique regard.

Qu'y avait-il ? Une révolution se préparait-elle ? Un cyclone ? d'où venant et qui menaçant ?

Une seconde après, nous étions fixés. Merley rentrait avec Sébastien, le garçon de bureau, surchargé d'une interminable pile de journaux illustrés.

Il les étala, devant nous, et du doigt, nous indiquant leur en-tête de première colonne :

— « Qu'y a-t-il écrit là, lisez ! » —

Comme devant le Maître, à l'Ecole, nous chantâmes, soumis, en chœur :

« La Chronique parisienne ! patron.

Puis, lentement, dépliant les trois numéros parus du *Paris qui Rit.*

— « Et là ? » — fit-il.

Le chœur, même ton — « y en a pas ! » —

Lui — « Alors ?

Chœur, idem — « ??? » —

Et l'orage éclata, sur tous ! Personne n'y avait songé, pendant qu'il compulsait les registres boudés des avances faites à la rédaction ! Quelle gaffe commise ! Tout journal qui se respecte doit tenir ses lecteurs au courant de ce qui se passe autour d'eux N'avions-nous donc rien vu dans nos promenades qui pût intéresser nos multiples abonnés ou était-ce uniquement la Lune que nous contemplions ?

Puis, sa bonne et franche nature reprenant le dessus :

— « Ce n'est pas que la Lune fût quantité méprisable, à dédaigner ; Sylvestre même en a depuis longtemps fait son astre de prédilection et il ne répugnait pas pour sa part à son attractive observation ; mais c'est sur terre que *Paris qui Rit* venait d'éclore ; rien d'humain ne devait lui être étranger et il fallait que, comme ses frères aînés, il se montrât bien constitué, complet, fort, et comme eux, professant sur tout son légitime sentiment.

La chronique manquait ; notre devoir était de servir au public ce hors-d'œuvre encore oublié de notre menu.

— « Mais sur quoi ? » — demanda Flanochard, anxieux.

— « Sur l'Actualité, Monsieur » — répondit dignement le patron.

— Et laquelle ?

— « Cherchez, Messieurs ! » — termina Merley, nous congédiant. — « Moi ! j'ai du travail pour huit jours, à compter vos lignes, pour que vous ne carottiez plus comme à l'ordinaire ».

La discussion entre nous s'entama vive et animée sur le tour à donner à cette « copie nouvelle » à fournir, l'un penchait pour la politique, l'autre la cour d'assises ; un troisième pour les grands décès ! La jovialité est toujours de mise chez nous.

— « Le plus simple moyen d'en avoir le cœur net » — s'écria l'avisé Méphisto — « c'est d' « intervier-vier » les « clients ».

Le sort me désigna pour l'accompagner et contrôler les résultats de son enquête.

Hélas ! à peine étions-nous dans le faubourg Montmartre que Méphisto me quitta pour rejoindre une petite brune qui l'avait reconnu.

— « Tu sauras bien mieux te convaincre sans contradiction en faisant tout seul la besogne » — me dit-il — et, tout bas, « tu comprends, voilà bientôt trois ans qu'elle a un faux-col à moi chez elle, ce ne serait pas être galant homme que de l'en embarrasser plus longtemps. Tu me retrouveras à la brasserie Mallet ! »

Et seul je me mis en quête du « client à intervier-wier ».

De tous côtés, sur le boulevard, les camelots n'avaient qu'un cri : « Demandez nouvelles, la grève de Carmaux, la Cocarde 228e édition ».

Poliment, je m'approchai d'un respectable Monsieur qui souriait, *Paris qui Rit* à la main, en lisant l'article du tendre Edouard Zed.

La présentation faite, je lui soumis le litige pendant entre nous.

— « Oui, parfait ! excellente idée ! » — me répondit-il — « quelques lignes sur l'actualité du moment seraient certainement bien venues ».

— « Merci ! je vais à la Rédaction et dans un article bien senti sur la grève de Carmaux, je vais. —

— « Arrêtez, jeune homme ! » — et il sursauta ! — « Carmaux ? ça ne se chante que dans le ton mineur, mon ami, et vous nous devez la gaîté gauloise des trilles superbement majeurs ! Allez vous accorder aux flonflons des grands bals et joyeux concerts, et nous vous applaudirons à l'envi ! Pour le reste, le « Temps » nous suffit !

Côté des hommes, je savais à quoi m'en tenir ; mais la femme restait à interroger. N'est-ce pas de lui agréer que nous nous préoccupons au journal? Pour elle que nous nous travaillons.

A deux pas la chance m'embrassa en la personne de Nini-Serpentinette, l'exquise et spirituelle divette des « Folichonneries parisiennes » une « gauloise » du sang le plus pur, au courant de tout, sachant tout, causant et s'occupant de tout ; c'était la meilleure aubaine qui pût me tomber en chemin.

Je lui déclinai ma mission, avec ce je me proposais de traiter au début.

Elle eut une adorable moue :

— « Ah ! sacristi, mince, par exemple ! Je me désabonne ! On ne peut déjà plus lire tranquillement son *Gil-Blas* avec toutes ces balançoires-là ! Je vous demande un peu ce que ça veut dire, ça, Carmaux ? Si c'était Carpeaux, encore, passe ! on pourrait s'en faire une idée avec les statues de l'Opéra ! mais Carmaux ? Et puis, les mineurs, nous n'avons pas le droit de nous y arrêter !

— « En ce cas, le compte-rendu des Chambres ! » — insinuai-je, timidement.

— « Ah ça, oui ! mon cher ; je ne dis pas ! Il y aurait peut-être quelque chose de rigolo, quartier Fontaine principalement ! mais voilà...

— « La Censure ? » —

— « Probablement ! » —

Une amie passa, et Serpentinette :

— « As-tu du nouveau sur toi ? » — demanda-t-elle, charitable, à mon intention.

— « Oui, la grève des Carmeurs, hélas ! » —

Je croyais que la sémillante survenue se livrait à une acrobatie de langage excusable chez ces jeunes tôt envolées de la « Mutuelle » et que l'émotion ressentie de l'assourdissant « fait du jour » crié par les camelots lui avait fait chevaucher la prononciation de « Carmaux ».

Mais elle, furieuse :

— « Pas du tout ; c'est carmeur ! casquer, quoi ! Financier ! c'est dans Larousse ! Où avez-vous donc appris le français, cher Monsieur ? Oui, ma bonne, grève déclarée des Carmeurs ! mon banquier vient de filer en Océanie.

Je lui réclamai autre chose, cette « actualité » ne me semblant pas palpitante pour mes lecteurs.

— « Pas palpitante, merci ! vous êtes difficile ; je me serais contentée à moins ».

Puis, s'adoucissant :

— « Dites donc, vous qui êtes dans la presse, vous devez être au courant de ce qu'on fait pour l'armée coloniale et comme il faut que je cherche une situation, c'est-y vrai que le Gouvernement fait appel aux bonnes volontés pour reformer l'escadron d'amazones de Behanzin, au Dahomey ? Mon coiffeur me l'a assuré ce matin.

Serpentinette m'entraîna et, prenant en pitié la mine déconfite que j'avais de l'incertitude de mon « inter-view ». Elle me dit, câline, en s'appuyant, persuasive, sur mon bras : — « Ton Monsieur de tantôt avait raison, vois-tu ! Ce qui sera toujours de la plus attrayante actualité, mon bon, c'est l'Amour avec sa Gaîté ! Tu cherches l'avis des femmes, sois sûr qu'elles sont encore plus friandes que vous ! Les échos qu'il faut répéter pour nous plaire sont ceux des violons passionnés jetant à tous les vents leurs gammes frétillantes et sonores ! Voilà la seule éternelle politique de Tout le Monde et, crois-moi, l'Equilibre Universel tient ses véritables assises dans nos grandes kermesses joyeuses et demi-mondaines !

— « Mais » — objectai-je, peureusement — « le Moulin-Rouge, l'Elysée, et autres... je crains bien, « gratte-papier » que je suis, d'y faire sotte et bien piteuse figure !

— « Veux-tu que je t'y accompagne ? Ça m'amusera de faire du reportage avec toi ! Je poserai à la femme de lettres ! Et je te promets bien que les « petites amies » seront forcées d'en arriver à lâcher les petites confidences !

Un gai bécot scella le marché et, la semaine prochaine, j'aurai l'honneur de vous transcrire ici les « potins » surpris par Serpentinette.

En rentrant à la rédaction, j'ai trouvé Méphisto pensif et soucieux, chez Mallet et lui fis fidèle récit de mes investigations !

— « Sacré veinard ! » — fit-il — » pas comme moi ! Tu sais le faux-col que j'avais laissé ? ô magique transformation ?

— « Eh bien !

— « Phénomène ! à sa place, c'est une veste que j'ai rapportée ! »

PETIT-CLAUDE.

# Vingt Jours de plaisir dans la Capitale

Notre ami et collaborateur Emile Blain, quoique entré en pleine convalescence a dû, par ordonnance de la Faculté, remettre à la semaine prochaine la suite des *Vingt Jours de plaisir dans la Capitale*, dont, du reste, notre dessin de première page représente une des plus amusantes péripéties. Lire donc dans le n° 5, la scène dont il est question.

---

# ÉTUDE DE RIEUSES

## Le monstre de Cylla

J'ai voulu revoir, après quelques années de désertion, le vieux quartier Latin, jadis si intéressant par ses magistrales vadrouilles.

Et j'ai pris un sapin, en compagnie d'un mien ami, et nous avons déambulé toute la soirée, et même une partie de la nuit à travers les bals, les goguettes et les multiples tavernes de ce vieux boulevard Michel que l'on avait dit mort, et que j'ai trouvé, par ma foi, très alerte encore et bien à point sous le rapport de la gaîté.

Ah ! certes, la tonalité du rire n'est plus la même qu'autrefois.

On n'y rencontre plus la même exubérance de plaisir, ce laisser-aller tout intime qui faisait de l'étudiant d'antan un type unique au monde.

Mais que diable le siècle a marché, et l'antique Sorbonne qui, paternellement, couvre de son ombre chaste les dépravations escholières, a voulu donner elle aussi, comme une sorte d'acquiescement à la nouvelle ère, en se laissant retaper à neuf dans la personne de ses murs décrépits, qui abritèrent tant de générations d'illustres et d'imbéciles.

Le quartier latin, en un mot, s'est fort désiéclisé.

Monsieur Léon Fourneau, dit Xanroff, y est peut-être pour quelque chose, bien que ce nom en off n'ait rien de commun avec l'alliance franco-russe, de récente mémoire.

Mais on le chante beaucoup là-bas, ce Xanroff, qui, à vrai dire, ne relève que peu sensiblement le niveau intellectuel de la rive gauche.

Je constate seulement le fait.

Partout où je suis allé, ou à peu près, j'ai entendu « Héloïse et Abélard », « l'Encombrement », « l'Hôte du n° 3 », « le Fiacre » et autres élucubrations dont, entre parenthèses, j'ai entendu ailleurs contester la paternité.

Montoya aussi se taille un beau succès dans les lanciers.

Je préfère le dernier au premier de ces messieurs.

Il a la note très carabinesque, et le « Macchabée », les « Veuves du Luxembourg » et « Mimi », pour ne citer que les chansons les plus connues, sans être de purs chefs-d'œuvre, sont diantrement au-dessus des petits refrains du fidèle de Mlle Yvette Guilbert.

Et puis, je crois que Montoya n'emprunte pas à la plume du voisin la facture de ses couplets assez troussés.

Serait-ce la seule raison de mes préférences, qu'elle suffirait amplement à les justifier.

Donc, on chante du Montoya et du Xanroff, depuis le café du Cadran jusqu'à l'Observatoire.

Bullier, lui-même, dans l'accalmie des cuivres, fredonne presque tout entier leurs musiquettes populaires.

Ah ! Bullier ! c'est là surtout que j'ai retrouvé le changement, et pas à son avantage, je dois le confesser.

Où sont donc les grandes chahuteuses, non embrigadées comme celles d'aujourd'hui, qu'on y coudoyait dans le temps ?

C'étaient d'excellentes filles, peu commerçantes, qui levaient la jambe sans espoir de miché, par amour pur de l'art, pour entretenir une suite d'énervement toujours drôle, et les étudiants d'alors qui leur servaient de cavaliers, en étaient pour de bon ! des types du Quart' Lat', pas des calicots à la mie de pain, moitié soutenus, moitié souteneurs, tels que ceux d'à-présent.

Dans cette vieille Closerie des Lilas, il y avait une fraternité de baisers, une bonne franquette d'enlacements qu'on chercherait en vain de nos jours.

J'ai beau fouiller dans tous les coins ; pas une figure amusante qui s'amuse.

On danse à tant le cachet comme dans les grands quadrilles du Moulin-Rouge. Et ce qui ne choque pas à Montmartre, depuis qu'il est convenu que la Butte est la sentinelle avancée du progrès, se fera là-bas sur l'autre rive panthéonienne où l'on aimerait voir se conserver les traditions.

A quoi cela tient-il ? Est-ce que depuis la mort de Sapeck, il ne nous est pas éclos une famille aussi surprenante de cocasserie et de bonnes manières, pour refaire une génération de vrais rigolos et de femmes bambocheuses, dans la véritable acception du mot, c'est-à-dire drôles, pour s'amuser elles-mêmes et leurs camarades d'alcôve, et non pour la galerie qui, maintenant, leur jette deux sous au lieu du bouquet du même prix, lequel faisant tant de plaisir aux Augustine, aux Louise et aux Elise que j'ai connues.

Décidément Bullier m'a plutôt peiné dans sa dernière façon d'être.

Mais je me suis rattrapé par la suite.

Il y a rue Gay-Lussac une taverne avec sous-sol très, trop exigu, qui s'appelle : les *Alpes Dauphinoises*, où je n'ai pas perdu mon temps.

Là-dedans trônait, au milieu d'autres, une fille superbe, Blanchette, qui, à la vérité, m'a fait passer un quart d'heure délicieux.

Jolie. Je l'ai dit, les cheveux châtains, yeux brillants d'une éternelle liesse. Très coquettement vêtue d'un costume décolleté, qui décèle à ravir de mystérieux au-delà, Blanchette chante et rit, rechante et rerit, et encore et toujours que c'en est une perpétuelle pamoison.

Les étudiants l'accueillent avec son exilarante gaîté, comme une sœur. Oh ! une sœur très charitable, m'affirme-t-on, qui se dédouble volontiers, et qui compte un tas de frères aimables, avec lesquels elle partage chaque soir une délicieuse sonorité d'amour.

Puis, voici, à côté d'elle, près du piano, la jeune Georgette, que nous reverrons tout à l'heure à l'Université, rue Soufflot, aux Muller et aux Dharcourt.

On se démène terriblement dans ces Alpes — les Alpes en sous-sol. Vous ne trouvez pas que c'est une drôle d'idée ? — On s'y agite même tant parmi ce boucan formidable des clients, qu'il est bien difficile de saisir le sens de ce que l'on y chante. Avec cela une chaleur tropicale. On étouffe. Mais enfin, on ne s'embête pas et c'est l'essentiel, grâce peut-être surtout à la présence de Blanchette, qui me semble être le boute-en-train spécial de la maison.

De là, je suis allé chez *Chopinette*, en passant, bien entendu, par un tas de beuveries de femmes dont je vous parlerai une autre fois, en temps et lieu.

Je veux, avant tout, vous raconter la curieuse petite scène dont j'ai été le témoin en cet endroit qui rappelle, oh ! de loin, le Bruant des boulevards extérieurs.

Chopinette est un fort aimable garçon qui, après avoir débuté au *Mirliton* de Montmartre, sous les ordres des gens de lettres Aristide, — O Coppée! parrain dudit, avoue-moi que tu as dû bien rigoler le jour de son abracadabrante réception — est allé, volant de ses propres ailes, se terrer rue de Rennes, cent et quelques, pour enfin échouer rue Champollion, vêtu de velours gris à la mode de son maître, cravaté fantastiquement, et botté de même. Cette école bruantesque est décidément pour moi une source de stupéfaction.

Mais je ne veux pas discuter. L'accoutrement a réussi au prophète. Je crois qu'il est en train de réussir au disciple.

La salle est suffisamment vaste et éclairée à souhait. A gauche, en entrant, presque au centre, le piano, proche d'une plate-forme qui sert de scène aux nombreux amateurs du lieu.

Il est convenu d'avance que l'on n'entendra que du Xanrof, et du Montoya. Passons.

Chopinette me place à côté d'une petite femme adorable qu'il me présente : Cylla.

Elle est superlativement extraordinaire, cette dame avec ses bandeaux à la Vierge, encadrant une frimousse jolie dont le constant éveil polisson contraste avec l'arrangement madonien de sa chevelure.

Une silhouette du Titien avec un trois quart de Watteau.

Et gaie : une fauvette, et un peu commère par l'abondance radieuse des seins.

Comme Blanchette, des Alpes Dauphinoises, elle chante : un répertoire Yvette, mitigé de Stéphani. C'est drôle étrangement.

Cylla me conte qu'elle a eu le plaisir de me rencontrer l'hiver dernier à *l'Ane-Rouge*, en compagnie d'un camarade qui, lui-même, accompagnait une de ses amies intimes.

Et c'est ici que se greffe le curieux petit dialogue que je vous annonçais plus haut.

— Oui, dit-elle, je vous ai vu là-bas, tout en haut de la rue des Martyrs, chez Salis jeune, ce bon petit Gabriel si différent de ce mufle de Rodolphe, son frère. Si je me souviens bien, vous nous avez récité une pièce de vers de cet animal d'Hector Sombre, qui ne peut se décider à venir de temps en temps au Quartier. Vous voyez, on ne s'y embête pourtant pas trop. Vous étiez avec le grand Maurice et une femme.

« Dites-moi, est-ce que Maurice a couché avec elle ?

— Pourquoi cela ?

— Pour savoir.

— Mais, certainement.

— Ah ! c'est trop fort. Cette femme était une de mes amies et je ne la comprends pas, vraiment, de s'être compromise à ce point.

— Comment donc ? Maurice est un très brave garçon.

— Vous trouvez ? Vous ne savez donc pas qu'une femme qui se respecte ne couche pas avec Maurice.

— Qu'a-t-il donc fait pour mériter tant de rigueur ?

— Oh ! des choses terribles, monstrueuses, monsieur Maurice est un monstre.

— Mais quelles monstruosités a-t-il commises.

— Toutes.

— Encore, précisez.

— Non. C'est tellement grave que ma langue se refuse à des détails.

— Cependant...

— Non... Je ne peux pas. Oh ! c'est indigne.

— Aurait-il été condamné aux travaux forcés ou à la réclusion, jadis ?

— Pire que cela.

— Aurait-il détourné des mineures du droit chemin ou violé des petites filles ?

— Pire encore.

— Avez-vous entendu dire qu'il avait une parenté de mœurs datant des beaux jours de Salomon avec M. de Germiny et autres du même bord.

— Pire encore.

— Vous m'intriguez... Voyons. Vivrait-il de la débauche d'une femme ? Aurait-il en tous cas la réputation de poser des lapins à celles qui l'honorent de leurs faveurs?

— Oh ! si ça n'était que pour cela... Mais, monsieur, la vérité est plus épouvantable que ce que vous pouvez imaginer de plus abominable.

— Je vous en prie, ne me faites par languir. Dans mon propre intérêt, parlez. S'il en est ainsi, vous comprenez que je ne puis plus continuer à fréquenter ce monstre. Obligez-moi. Je vous promets de n'en souffler mot à âme qui vive.

— Vous me le jurez?

— Sur l'honneur.

Alors Cylla collant sa bouche à mon oreille — oh ! quelles jolies lèvres et quel frais sourire — :

— Eh bien !... A chaque fois qu'il voit une femme, il....

Puis, s'esclaffant : Il reste en panne au deuxième.

Franchement, je ne me suis pas ennuyé ce soir-là avec Cylla, et j'engage ceux qui ne la connaissent pas, d'aller chez Chopinette et de tâcher de ne pas jouer avec elle les monstres de Maurice qui perdent la mémoire de leurs rôles avant la fin de la pièce qui, d'après Cylla, doit toujours avoir cinq actes.

ANDRÉ CARMEN.

# LE DÉMÉNAGEMENT D'ANATOLE

S'il est par hasard quelqu'un, parmi mes bienveillants lecteurs, assidus du *Paris qui Rit*, qui se soit trouvé, aux approches du jour du terme, aux prises avec le problème à résoudre du départ « à la cloche de bois », celui-là, par confraternelle commisération, compatira certainement au lancinant souci qui harcelait mon héros, Gaétan-Anatole de Guibolle-Hardie, depuis que, sur les boulevards extérieurs, les feuilles des petits plumeaux qui y singent le rôle des arbres, commençaient à danser leur dégringolade automnale.

Guibolle-Hardie, de galant blason aux armes du Moulin-Rouge, avait pour noble profession d'entraîner chaque soir, à sa suite folâtre, les cohortes évaporées de la capiteuse armée du Chahut et il était la preuve irréfragable et vivante du marasme où la gloire laisse souvent végéter ses adeptes les plus favoris.

Le Sage a dit : — « Tu gagneras ton existence à la sueur de tes bras ! » — Il faut croire, qu'en ce qui concerne les jambes, ce n'est plus un axiome d'aussi éclatante réalité, car Guibolle-Hardie ne pouvait arriver à glaner, sur le champ de ses courageuses et fatigantes chorégraphiques dislocations, le mil urgent pour périr la « galette » suffisante au vorace appétit de son propriétaire, du 101 de la rue Bréda où il avait élu domicile légal, en avril dernier.

Vainement, il avait, par visites et par lettres, imploré renouvellement d'échéance ; ayant même en ultime ressort revendiqué quittance, à titre d'indemnité du chauffage qu'il n'avait pas cessé de consumer pour combattre l'humidité des murs de sa chambre mansardée :

« Qui, certes, sans ses soins et son calorique attiraii se fussent depuis longtemps mollis et effrités ». Avait-il conclu dans une longue et persuasive épître mûrement élaborée en collaboration de Gredinette de

Bel-Esbat, sa gigolette et partenaire de frétillement au Moulin.

Le titulaire des moëllons ainsi soigneusement séchés par Guibolle-Hardie était par malheur un esprit borné et rebelle aux délicatesses épistolaires.

En réponse, fin septembre courant, il lui avait fait signifier d'avoir à aller se guérir ailleurs de l'absence de mémoire qui lui avait, en précédent juillet, fait omettre de solder son dû ès-mains de la concierge préposée.

On l'invitait également, dans ce courrier, à ne pas se préoccuper inutilement du transport de son mobilier dont on prendrait soin rigoureux de conservation jusqu'à ce que, si guérison s'accomplissait, il fît preuve sonnante et trébuchante de mémoire ressuscitée.

Changer de tente ne constituait pour Guibolle-Hardie qu'une enfantine bagatelle, ç'avait été, avant que chance lui fût venue du poste fixe qu'il occupait chez Zidler, sa gymnastique de tous les jours, garderobe portée de chez Amandine Gruge-Tout à l'hôtel où nitait Satinette, une autre folle créature, au quartier latin.

Mais l'impossible serait de se séparer de la vieille commode aux tiroirs bondés de chiffons et de fanfreluches, souvenirs joyeux des mignonnes évaporées lorsqu'elles avaient passé par là pour prendre répétition intime de son fameux pas de « la bicyclette en délire », sa plus habile création.

Aussi cruelle serait aussi la perte de son imposant coffre-fort, qui lui servait d'armoire à glace, regorgeant de trésors en papier doré, sincères certificats des triomphes mérités aux quatre coins du monde et partout ailleurs.

Un soldat ne doit jamais, morbleu ! se défaire des titres et insignes conquis à force de valeur : Guibolle-Hardie fit serment formel de ne pas décamper mains vides des témoignages de satisfaction que de partout on lui avait décernés ; mais ces mains étant trop peu larges pour les emporter, il lui fallait en même temps les écrins qui les contenaient.

Avec cela, un lit en fer forgé, deux chaises antiques dépareillées, un guéridon servant de table de salle à manger et une autre table, de moindre importance et d'un usage différent et spécial, composaient tout son patrimoine mobilier, raccolé chez les brocanteurs, aux lendemains des « cachets » d'extra.

L'honneur entier du quadrille dont il était le plus bel ornement était engagé à cette partie ; conseil fut en conséquence sagement tenu entre ses membres où chacun émit son plan d'évasion.

Gontran Caoutchouc, son collègue, proposa prosaïquement, en arrièré brutal, de descendre pendant la nuit tout le « Bazar » par la fenêtre, rappelant les légendaires escalades de Latude, au siècle dernier.

Gredinette s'y opposa avec énergie.

Elle avait au théâtre, ayant à ses débuts été apprentie figurante aux Folies-Ménilmontant, et elle savait pertinemment que Latude avait mis six mois à préparer l'échelle de corde avec laquelle il s'était enfui ; même à eux quatre, ils n'arriveraient pas, dans les dix jours restant devant eux, à bout de la besogne.

De plus, Latude avait dû se servir de ses draps pour confectionner son engin et Guibolle-Hardie ne possédait en fait de cette sorte de linge qu'une nappe de douze couverts qu'il disposait en portefeuille pour se mettre au lit. Or, elle, Gredinette déclarait carrément, que s'il s'en défaisait, elle ne remettrait jamais plus les pieds chez lui, ne pouvant se faire à l'idée du rugueux contact du wareck qui remplaçait la laine de son unique matelas.

Le projet Caoutchouc, renvoyé lestement à son auteur, Zizi Vif-Argent, l'autre étoile du gai quadrille, aborda la tribune à son tour.

C'était bien plus simple qu'on ne le croyait : on scierait seulement tous les meubles dont, au fur et à mesure, on emporterait les morceaux dans ses poches.

La difficulté de la bonne remise en état fit encore échouer cette proposition qui avait paru d'abord assez spécieuse pour mériter le préalable examen.

On ne pouvait pratiquer ainsi ; on risquait, en les rajustant, de placer une parcelle de coffre-fort côte à côte avec un panneau du guéridon et tout effet artistique serait détruit par aussi disgracieux effet.

— « Bast ! on n'a qu'à numéroter les morceaux !... s'écria Vif-Argent « comme les saltinbanques le font.»

A ce mot impropre de saltinbanques, Gredinette croyant voir un outrage lancé à son noble art artistique métier, entra dans une colère bleue et faillit crêper le chignon bouclé de la blonde chevelure de Zizi Vif-Argent, qui se coiffait à la madame Récamier.

On n'arrivait en somme à trouver aucune solution praticable et Guibolle-Hardie, perdant la tête de désespoir, criait qu'il ficherait le feu à toute la baraque et s'ensevelirait vivant dans les cendres de ses trophées de travail et d'amour.

Gredinette, qui tenait pour lui d'un irrésistible « béguin » eut un tressaillement d'épouvante qui fit naître en son ingénieux cervelet une machiavélique rouerie.

— « L'essentiel est que personne ne vienne nous débiner quand on se tirera des arpions » leur dit-elle, dans son langage choisi de la rue des Martyrs où elle demeurait.

— « Mais la concierge? » objecta Guibolle-Hardie, à demi-convaincu.

— « Je m'en charge! fiez-vous-en à moi! » riposta Gredinette, en leur assignant comparution pour le quatorze octobre, à minuit moins quelques minutes, même lieu !

— « A minuit juste, nous serons au quinze et dans notre strict droit de nous esbigner en douceur. »

Dès le surlendemain, les autres locataires de la maison furent tout étonnés des allures nouvelles que prenait la concierge qui présidait à leurs locatives destinées.

Auparavant, toujours attifée à la mode en vogue sous l'empire, époque où, comme Gredinette, elle avait égayé les loisirs de ses riches contemporains, elle avait brusquement mis au rancart les multicolores colifichets dont elle se décorait d'ordinaire.

Puis, elle entrecoupa ses causeries, avec les commères du quartier, de soupirs étrangement fréquents, avec des mines singulières et de furtives lueurs dans les yeux.

Elle se mit, en veine d'insolite tendresse, à caresser les mioches du septième étage, mauvais garnements de qui, quelques jours avant, elle ne tolérait aucune cabriole dans l'escalier ; et, chose véritablement stupéfiante ! le facteur, chaque matin, lui remettait une lettre recommandée « de huit sous, ma chère ! » qui sentait la peau d'Espagne à plein nez.

L'avant-veille du terme, n'y tenant plus de besoin d'expansion, elle fit confidence à sa commensale préférée de la dernière de ces lettres qui faisaient événement dans les alentours.

C'était l'ardente déclaration d'un jouvenceau, en prime appétence de frivolité, séduit par le récit qu'il avait lu dans la *Vie Parisienne* du temps (dont son papa avait toute la collection) des émoustillantes conquêtes qu'elle éparpillait jadis autour d'elle.

Il implorait gourmandement entrevue avec l'héroïne de ses alléchantes lectures. Oh ! elle pouvait se rassurer, il saurait être gentilhomme galant et discret, pour ne pas lui faire perdre la situation où elle était arrivée ; et, aveuglée par le rappel à sa jeunesse, elle se regardait à tout instant dans la glace de son armoire, se persuadant, à force d'amoureuse illusion, que « le petit serpent » pouvait se présenter sans crainte de déception d'optique qui le pût mettre en déroute instanée.

La confidente choisie s'empressa de tout répéter aux autres commères des environs et jalouse de la bonne fortune qui tombait des nues à leur « chère amie » — bien plus mal conservée qu'aucune d'elles — elles se mirent toutes à rêver d'un prince charmant qui s'agenouillerait à leurs pieds.

La plupart ne nécessaient pas de se tirer les cartes et les plus impatientes allèrent même jusqu'à accabler d'œillades assassines et de propos malicieux les garçons charcutiers, épiciers et bouchers des établissements où elles s'approvisionnaient, au grand ahurissement de ces gars qui n'étaient point au fait de leur terrible bouleversement du cœur.

Et, méchamment, elles vinrent complimenter à l'envie « madame du Cordon » comme elles l'avaient spirituellement baptisée, en un concert de perfides louanges qui achevèrent de brouiller complètement la cervelle de la digne femme qui lâcha bride bientôt à toute circonspection.

Le 13 octobre, date fatidique et fatale, en une épître plus enflammée que ses devancières, le vicomte de Saint-Nénufar — c'était le jouvenceau séducteur — réclamait impérativement le rendez-vous si impatiemment attendu.

Il ajoutait que, soucieux du respect de l'unanime considération dont elle jouissait dans l'arrondissement, pour qu'on ne le vît pas, prudemment, il viendrait à minuit, période du plein sommeil qui aurait clos tout regard étranger indiscret.

Après une heure dernière de mortelle hésitation, un télégramme apportait au vicomte l'autorisation qu'il sollicitait.

Minuit sonnant, un gamin, fort élégamment vêtu, paraissant au plus seize ans, pimpant et taille fine comme une demoiselle déguisée, donnait à la porte cochère le signal convenu.

Elle le fit entrer en toute hâte dans sa loge, ayant aperçu, à quelques pas de là, sur l'asphalte, Guibolle-Hardie qui revenait de sa besogne coutumière en compagnie de Vif-Argent et de Caoutchouc et faisant tapage d'enfer.

Pour qu'ils ne pussent pas au passage remarquer qu'elle avait du monde chez elle, elle tira soigneusement les rideaux du vitrage qui masquèrent complètement le dehors.

— « Heureusement que ces brigands-là ne pèseront plus lourd dans la maison » dit-elle, au vicomte, que leur bruit semblait agacer « Ils vont voir la salade que je m'en vais accommoder demain avec leurs meubles vermoulus qu'ils auraient bien voulu détourner au propriétaire, les gueux ! »

Mais c'était leur faire trop d'honneur que de s'en occuper avantage et la causerie s'entama, attendrie mais restant convenable, entre gens de bon ton s'abordant pour la première fois.

C'aurait été pour la pauvre concierge une heure délicieuse et inoubliable, revivant un passé amèrement regretté, si elle n'avait pas été dérangée du fil de son discours par l'allée et venue continuelle de Guibolle-Hardie et sa bande qui cognaient sourdement les murs de l'escalier.

— « Ah ! ils sont encore ivres, c'est certain ; m'amour, mais n'y faites pas attention » répétait-elle au jouvenceau qui sursautait à chaque nouveau choc entendu.

A la fin, prise de folle rage, elle allait en furie surgir de sa loge pour les foudroyer de ses justes objurgations, quand Guibolle-Hardie fit chez elle impétueuse irruption.

— « Tu peux la lâcher maintenant, Gredinette ! » s'écria t-il « il n'y a plus là-haut que le locataire de la table de nuit que je lui laisse en souvenir. »

Son jouvenceau, c'était Gredinette ! D'un bon, la concierge fut derrière eux, dans la rue.

Coffre-fort et commode, alignés au ras du trottoir, railleurs, la convainquirent de la mystification dont elle venait d'être victime et, soit saisissement ou irréparable regret, le lendemain la jaunisse mettait à néant les derniers vestiges de sa beauté célèbre d'autrefois.

Au souper joyeux qui réunissait, après l'action terminée, les acteurs de ce vaudeville vécu, Gredinette disait à Guibolle-Hardie, franchement :

— « Tu sais, mon cher, désormais arrange-toi pour payer ton terme ! » Un peu plus et je ne sais vraiment pas comment j'aurais pu m'en tirer !

FLANOCHARD.

# Grandes Manœuvres d'automne

— Il y a Brissac, la Reynie, du Plan, Génissac, Desfeuilles, quelques autres. Je compte sur eux. Il y a aussi mon mari; je n'y compte pas du tout. Desfeuilles amènera le clan il me l'a promis. Son régiment doit venir prendre position ici à trois heures... vous voyez, sur ce petit mamelon, à gauche. Le régiment de Brissac se tiendra sur la route, là, en réserve.

— Si l'artillerie de mon ami Poinsot, qui gravit en ce moment les rampes de Vaucelle — regardez-là — permet à ces messieurs ces petits accommodements avec le dieu des armées.

— Ah ! général, que dites-vous là !

— Il y a de plus, quelque part, de ce côté, sous le couvert de la Saussaye, une bonne brigade d'infanterie qui pourrait bien, elle aussi, contrarier leur jeu un tantinet. Ils seraient trop contents ! Vos beaux yeux ne sont pas faits pour eux seuls, ma chère enfant.

— Vous êtes un messager de mauvais augure ; je vous en veux.

— Tant que ça? Mais vous allez y gagner, au contraire. Le régiment de votre mari ne fait-il pas partie de la brigade Colonieu? C'est elle qui nous entoure.

— Je vous avoue, général, que je n'en sais rien.

— Vous savez au moins quel est ce régiment.

— Je sais qu'il est mixte... les deux cent trente...

ma foi, il n'en finit plus, ce numéro, et j'en ai oublié la fin.

— Vous ne serez pas renseignée, tant pis.

— Ne le suis-je pas. Henry m'a écrit hier de Saint-Romme où il était et d'où il ne compte pas bouger. Il devait passer ici également, mais il paraît que le thème des manœuvres a changé. C'est vrai que ça peut changer comme cela ?

— C'est très possible.

— Enfin il a changé huit fois en quinze jours. Il me semble que c'est beaucoup. Enfin, je suis avisée que seuls les « hasards de la guerre »... Je ne crois pas aux hasards de la guerre.

— Et si, avec cela, vous m'enlevez le 12ᵉ hussards.

— Vous avez dit le ?...

— Le 12ᵉ hussards.

— Le 12ᵉ ! Ah ! bon... Ça me fait plaisir. J'avais craint un instant que vous n'eussiez plus la mémoire des nombres... et c'eût été dommage, si jeune.

— Général, vous n'êtes guère indulgent. Je ne puis avoir en tête tous les numéros de la création : je m'attache aux plus brefs.

— Eh ! les autres, les moins brefs, ont bien aussi leur euphonie. Il est du deux cent trente-quatrième. Hein ! Et comme la pensée a le temps de s'étendre doucement, paresseusement, avec ivresse, pendant qu'on dit cela sur celui qui a la bonne fortune d'être du deux cent trente-quatrième.

— Oui, mais ça sent le fantassin, interrompit avec une moue Mˡˡᵉ de Griège, sa belle-sœur, qui, datant de l'empire, en était restée aux lanciers bleus de la Garde.

— Ah ! pardon, répliqua vivement Ondine des Genettes, mon mari flaire bon, je vous assure.

— Je te le concède, petite, ; je pense même qu'il en est d'autres avec lui qui prennent assez, près de leurs femmes — quand ils sont près de leurs femmes — assez de verveine et d'eaux de roses pour contrarier toutes ces odeurs de cuir, de graisse enragée, de vieux bas...

— Pas même...

— Pas même, votre remarque est juste, général, enfin ces coulis gazéiformes, ces montées prolétariennes, mais répulsives, qui laissent leurs traînées derrière les colonnes en marche... Oui, certes, mais enfin, il s'agit de troupes à pied. Tu conçois, toi, des gens de guerre qui vont à pied ? Tu me renverses.

— Henry ne va pas à pied.

— Je sais bien qu'on a monté les capitaines. — Encore de la démagogie ! — Eh bien ! qu'est-ce que cela prouve ? On leur a aussi nickelé le sabre, est-ce que...

— Que leur a-t-on nickelé, demande Ondine qui, appuyée au balcon de la terrasse, fouillait avec sa jumelle tous les recoins de la plaine et n'était plus complètement à la conversation.

— On leur a nickelé le sabre.

— Ah !

— Et que dites-vous de cela, mon général ?

— Je dis qu'on aurait dû prendre cette mesure dès Charles VIII.

— Ce n'est pas répondre. Alors vous approuvez tous ces bouleversements, cette révolution, ce chaos, ce qu'ils appellent la réorganisation. Vous admettez les mélinites, les poudres sans fumée, les ballons, encore un relent de 93, — le démantèlement de nos vieilles places, peut-être aussi la suppression...

— On n'a rien supprimé.

— ... le port de la barbe, la lance aux dragons, tout le jacobinisme militaire, ce fatras. Dieu me pardonne, j'allais dire cette blague ! ô Sévigné ! Mais à quoi sert-il donc qu'on vous ait mis à la retraite ?

— Je crois le moment venu d'ouvrir l'œil.

— Enfin, vous en convenez.

— Je veux dire que le 12ᵉ hussards déborde de Luzarches et qu'il va se faire saluer.

Le général braqua sa longue-vue sur Luzarches.

— Génissac marche en tête du premier escadron; celui de Desfeuilles est en arrière, à droite. Ces gens-là ont l'air d'aller à l'aventure : voyez-vous Desfeuilles qui pique sur nous. Mais il est myope cet animal-là !

— Il veut être au rendez-vous, fit Ondine, déjà fiévreusement attentive aux mouvements qui se dessinaient.

— Eh bien ! attendez...

En une seconde, toutes les crêtes en face semblèrent s'allumer, une détonation brève, puis une autre, puis un déchirement continu, furieux, intense, fit trembler les vitres du château et couvrit les voix. De petites fumées rousses, transparentes, légères, montaient dans le ciel clair. Puis, le feu se rapprocha. Des batteries, maintenant, dévallaient les pentes, s'installaient sur la route où Brissac venait d'être aperçu dans un tourbillon, avec son peloton, escortant une batterie à cheval. Génissac avait tourné bride. Desfeuilles, qui s'entêtait, abordait le mamelon; une partie du régiment suivait. Une salve arrêta tout ce monde, net. Des deux côtés, alors, l'infanterie ouvrit le feu. On ne la voyait pas encore. Brissac, arrêté devant un petit pont, à un coude de la route, à cent pas de l'escorte, leva son sabre et se jeta dans les champs. La batterie s'ébranla, le suivit, escalada le mamelon et s'y installa. Un bataillon de ligne la couvrit aussitôt. Mais le feu de l'assaillant redoubla, les arbitres déclarèrent la position intenable ; on amena les avant-trains et pour la seconde fois la position fut évacuée.

Ondine trépignait de colère.

— Ah ! enfin ! dit-elle.

De tous côtés, des taillis, des fermes voisines, du revers des chemins, des plis du sol, l'infanterie se montrait en longues lignes, très denses, au pas de charge, dessinant un mouvement de masse sur la droite de l'ennemi conventionnel, dont l'artillerie, de plus en plus téméraire, s'était avancée jusqu'à canonner à trois cents mètres Brissac qui avait repris sa place sur la route, défilait par les contreforts du château de la Saussaye.

Une brigade entière de cavalerie appuyait la démonstration.

Un torrent de chevaux et d'hommes roulait par la plaine rose, dans un élan fou, baïonnette au canon, sabre au clair, avec un ordre parfait, sans flottement, comme sur le terrain de manœuvres.

— C'est beau ! fit Ondine.

— Et absurde, dit le général. Il n'en resterait pas deux cents.

Alors tout au bas de la terrasse, dans le potager, dans le parc, plus loin, éclata soudain un long crépitement, ce fut, tout de suite, un bruit violent de tempête, des rafales sans fin. L'air s'emplit d'émanations irritantes. Ondine pensa suffoquer ; mais elle resta à son poste ; sans qu'on l'ait vu venir, un régiment de ligne venait d'occuper le château, fusillant à bout portant l'escadron de Brissac qui se débanda.

Des officiers couraient d'un bout de la ligne à l'autre, dirigeant la fusillade, plaçant les compagnies.

— On dirait mon mari, s'écria Ondine, voyez donc, général.

— Feu rapide à répétition ! cria une voix en arrière de la ligne.

— Non, ce n'est pas lui, fit-elle, avec une pointe de tristesse.

Tout le monde devait être content, car les vaincus, Brissac, du Plan, la Reynie, Génissac, Desfeuilles, le clan tout entier, ne tarissaient pas. La verve coulait à pleins bords. Les bras avaient de larges gestes, les langues d'éloquentes envolées. Et on ne laissait rien dans les assiettes, l'appétit étant à la hauteur des circonstances.

Tapie contre la botte de guerre de Desfeuilles, la jambe droite d'Ondine, seule, ne bougeait pas.

On n'avait pu se dire un mot sérieux encore, mais le regard de Desfeuilles avait laissé s'élever une prière qu'Ondine avait dû recueillir au passage, car une flambée était montée au son front et ne s'en allait pas.

Le capitaine des Genettes, cependant, faisait toujours son stage de réserviste au régiment mixte dont le numéro compliqué, perdu dans la brume automnale, n'avait plus que l'éclat d'une pâle torchère fuligineuse, d'une pauvre chandelle de vieille à la mèche champignonnante, et qui fait froid à l'âme, amie des incandescences d'aurores et des embrasements d'astres.

Soudain un bruit confus s'éleva. Dans la cour, dans les corridors du château, aux sonorités de caserne, c'était un piétinement assourdissant, continu, des fusées de voix, des éclats de voix, un va-et-vient qui n'en finissait pas.

— Quel sabbat ! Il va bien ici le personnel.

— Ne vous gênez pas, ouvrez le bal ! cria Génissac, qui s'était dirigé vers la porte.

Un valet de chambre entra.

— Quel est ce tapage ? demanda sévèrement Ondine.

— C'est de la troupe. Le château est envahi. Ils sont au moins deux cents ; les communs en sont pleins ; il y en a vingt dans l'office. Ils transportent du bois, parlent de faire la cuisine. C'est un scandale !

— Il faut faire cesser cela.

— Je m'en charge, fit Desfeuilles : quelque sousofficier mal appris...

Et il se leva, mais n'alla pas loin.

— Bon appétit, messieurs ! dit une voix joviale.

— Ah ! des Genettes !

Les mains se tendirent.

— J'arrive en billet de logement. Ma chère amie, quatre couverts de plus. Ma compagnie cantonne ici : quatre officiers, dix sous-officiers, seize caporaux, cent quarante-cinq hommes ?... Tous affamés. C'est une aubaine. Aussi leur fais-je une réception gargantualesque et princière.

— Ils coucheront difficilement tous dans un lit.

— Ils coucheront sur leurs positions et sur un matelas de gloire. Mais ce n'est pas ce qui leur importe le plus, et j'ai pourvu à ce qui les intéresse.

Avez-vous laissé de quoi boire ? Alors, c'est bon. A table ! Je ne vous cèlerai pas que j'ai une faim de cannibale... faim... Ah !

Ce disant, il tourna discrètement le regard vers sa femme.

Celle-ci ouvrait ses yeux tout grands, croyant rêver, et point du tout mécontente. Ce revirement est toute la femme.

Desfeuilles paraissait vivement contrarié.

— Excusez-moi, dit Ondine, puisqu'il paraît que je reçois... Vous venez, Griège ?

Et, quittant la table, elle indiqua de la main son siège à son mari.

Des Genettes la croisa.

— Tu me remets donc ta petite place, chérie, lui dit-il tout bas, dans le cou.

— Vous paraissez fort animé, ce soir, monsieur.

Des Genettes, en effet, était fort gai. Tout la soirée, il fut renversant. On n'entendait que lui ; aussi son diapason, comme celui des convives, monta rapidement à une note tellement élevée que Brissac, qui avait besoin de s'excuser, s'écria :

— Nous excédons Brantôme, messieurs !

— Simple dérivatif, fit observer le général, que ces propos ne fâchaient point.

— Je demande à quoi ?

— A la tension des trajectoires, parbleu ! Ça vous amuse, vous, quinze jours de balistique ?

Le réveil-matin d'Ondine des Genettes égrena tout à coup son grincement énervant dans la nuit.

— Déjà cinq heures, s'écria-t-elle, déjà !

Des Genettes était éveillé depuis un moment.

— J'ai eu soin de mettre l'index à quatre heures. Ainsi : tu vois...

— Ça, c'est gentil.

— N'est-ce pas ?

— Car c'eût été grand dommage.

— Dit, as-tu encore froid aux pieds ? tu avais froid, hier soir.

— Grand fou !

— Ah ! c'est parce que...

— Parce que...

Je ne sais pas si des Genettes avait réellement envie de dire quelque chose ; en tout cas, il ne dit rien. Mais la discrète veilleuse qui éclairait la chambre se mit à vaciller au plafond dans sa lampe d'argent, comme si elle eût reconnu l'urgence de se faire toute petite pour qu'une ombre plus entière et plus douce permît à des Genettes de garder le silence sans que son regard le trahît, et de rendormir la questionneuse, pour qu'il ne lui prît pas l'idée de se lever et d'affronter la froide bise, — pour qu'elle restât bien.

L'indulgente petite veilleuse eut encore d'autres vacillements ; puis elle s'éteignit ; elle n'en pouvait plus.

Et Ondine se rendormit. Si parfaitement qu'elle n'entendit ni les cliquetis du sabre de réserve, ni ses heurts maladroits contre les chambranles des portes que des Genettes franchit d'un air heureux, content de soi, triomphal.

Elle n'entendit ni la diane dans la cour d'honneur, ni les sabots des chevaux, ni les roulements d'artillerie sur la route, ni la marche cadencée des colonnes, ni les pas redoublés des musiques d'infanterie par le tranquille matin, — ni même Marthe, la femme de chambre, qui avait cru bien de venir offrir ses services dès le départ de monsieur, — ni rien de rien.

A quelque temps de là, à Paris, Brissac fit la rencontre du général.

— Avez-vous des nouvelles de des Genettes ? lui demanda-t-il, au cours de la conversation.

— Je l'ai vu il y a une quinzaine de jours. Il sortait de chez son architecte avec un tas de papiers sous le bras. Il fait agrandir la Saussaye.

— Il veut donc y entretenir une garnison permanente. Vous vous rappelez l'invasion de ses lares par sa troupe — quel type ! — Et sa femme ? Elle a trouvé drôle d'être ainsi occupée militairement ?

— Eh ! sans doute... et il s'est agi pour elle d'une occupation véritablement effective.

— Ah bah !

— Oui — Il lui a laissé un petit poste — C'est ce qu'on peut faire de mieux... quand on couche, comme il disait, sur ses positions.

— Et cela cadre ?

— Il paraît que cela cadre — dame, quand on prend du troupier. .

— On n'en saurait trop prendre.

— Ni trop retenir — C'est flatteur pour la corporation. — Desfeuilles doit être parrain.

— C'est une amère ironie.

— Et il compte l'appeler Gamelle !

— Chacun sa petite collaboration, n'est-ce pas ?

EDOUARD ZED.

---

# LE MONT-ROSE

C'était liesse au manoir de Futaie-Chenue, près Montélimar, en Valentinois, et l'antique castel, du style Renaissance le plus pur, avait peine, malgré ses immenses appartements aux cent fenêtres d'imposante façade, à contenir la foule serrée des nobles hôtes qui, depuis la veille, s'empressaient d'accourir de toutes les châtellenies d'alentour.

On fêtait à la fois la sortie de couvent et les brillantes noces de Gracieuse-Emilienne-Edmée, petite fille unique et l'unique héritière de très haulte et puissante douairière Hermine de Futaie-Chenue, dont les biens s'étendaient autour du manoir, à perte de vue.

Emilienne-Edmée qui, fort jeune, avait perdu le comte son père, mort pour Bourbon pendant la guerre carliste, et peu après, sa mère, une frêle et tendre créature, terrassée par sa douleur de veuve, était toute la famille restant à madame Hermine, comme était celle-ci toute la famille d'Edmée. Aussi n'avait-elle cessé une minute d'entourer son enfance et sa jeunesse de prévoyante et farouche affection.

Emilienne-Edmée était la dernière fleur du bouquet familial, jadis si somptueusement épanoui, et dont il fallait à tout prix protéger l'exquise fragilité de tout contact pernicieux et impur.

Dame Hermine s'était hâtée, sitôt la prime adolescence venue, de confier son trésor aux soins vigilants et austères des dames Augustines de Montélimar, au couvent de supra-rigoureuse sélection, où l'admission n'était conquise qu'en montrant patte de noblesse.

Il y avait tantôt dix longues et mortelles années de cela et Gracieuse-Emilienne-Edmée avait, à plusieurs visites de son aïeule, témoigné son amer dépit d'être encore si vilainement accoutrée du très disgracieux uniforme du pensionnat, alors que toutes ses égales d'âge avaient tour à tour pris leur vol vers les couturiers de grand ton.

Dame Hermine n'avait soufflé mot aux colères mutines de sa chère enfant, ne voulant pas effleurer son ingénuité de la sincère confession du souci qui la tenaillait, à la préoccupation de son avenir.

Dans la noble maison de Futaie-Chenue, les filles, d'usage immémorial et respecté, ne quittaient le couvent que pour entrer au cloître ou prendre le bras d'un époux.

Le cloître ? En y songeant, la douairière avait des glaçons au cœur ! Pensez donc, en ces temps d'antichrétienne coalition, qui pouvait assurer que ce ne serait pas promptement le martyre ?

En ce règne odieux d'Antechrist, l'époux seul était à trouver qui fût apte à ouvrir sur la bonne route les grandes portes closes qui meurtrissaient sa précieuse fleur.

Ce fut, cette recherche, la besogne incessante de toute une saison, dans le défilé par devant tribunal de la sévère châtelaine de la jeunesse chevaleresque des environs, un constant défilé, hélas ! de déboires et de désillusions.

Tel était trop novice et tel de science trop approfondie ! celui ci d'allure trop rustique et celui-là de tournure par trop cavalière ? Le vicomte A** se ralliait parjure au multicolore étendard des néo-subversives idées ; le baron Z** n'était, lui, friand que de sport et de « pur-sang » qui eût tôt dissipé eu « écuries » le patrimoine-dotal à lui confié.

C'était à perdre véritablement raison avec toute espérance de la solution souhaitée !

La digne douairière se sentait quasi-affolée quand, l'automne suivant, le hasard des grandes manœuvres amena l'élu au manoir, en la personne d'un sémillant et correct sous lieutenant d'état-major, officier d'or donnance du général commandant en chef les opérations.

Aux présentations d'arrivée, Hermine retrouva dans le nom du jeune officier le souvenir d'une famille, alliée jadis aux Futaie-Chenue et qu'ils avaient perdue de relations depuis les terrifiantes centenaires émigrations.

On avait cru pouvoir, dans leur noble maison, agréer, aux vieux temps, contrat avec les proches de ce providentiel survenu; ce ne pouvait être déchoir que de renouveler alliance, en respectueuse familiale tradition.

Émilienne-Edmée, d'ailleurs, donnait signes multipliés d'impatience qui imposaient un dénoûment.

Le printemps qui suivit réunit à Futaie-Chenue Émilienne-Edmée au futur maître de ses conjugales destinées, Gabriel de Verte-Chênée, que son chef, pour la circonstance, avait, en carte de politesse, promu lieutenant dans son entourage personnel.

Sous l'œil inquiet de la chrétienne douairière, les fiançailles ne furent pas mouvementées de ces mille et un « petits riens » si charmants des aurores de joyeux hymen. Pas un mot, pas un geste, pas un regard ne fut lancé qui n'eût été pesé et mûri avec la plus rigide précaution; Gabriel, en habile élève de son chef de file, émérite tacticien, mis au fait par les successives déroutes de ses prédécesseurs, n'avait garde de s'avancer sur un terrain trop à découvert où l'aurait sans merci « mitraillé à néant » le « dragon » gardien du trésor.

Il se donnait de tout cœur au jeu : Émilienne-Edmée l'avait étrangement séduit, dès la première entrevue; et celle-ci ne l'avait point trouvé quelconque ni banal.

C'était dans l'ordre prévu par la douairière : ils formaient à eux deux le couple le mieux « assorti » qu'on pût imaginer.

Lui, grand, solide, élancé, brun; royalement campé sous le dolman aux brillantes aiguillettes, moustache conquérante et fine; œil noir, vif, plein d'énergiques volontés; cheveux coupés court, taillant droit, épais; — un homme!

Elle, svelte, élégante, faite superbement, de la même taille que lui, hautaine un peu sous le lourd diadème de l'abondante profusion de sa luxuriante chevelure blonde, mais avec, pourtant, dans ses grands yeux bleus de furtives lueurs de tendresse qui, à son insu, en cachette, le caressaient délicieusement; mains de reine et pied de duchesse : — une adorable déité.

Et l'accord qui était en eux restait sans nulle vibration, étouffé par la contrainte voulue qu'ils s'imposaient, prudemment chez lui, et chez elle, par naïve timidité qui attendait l'appel.

Émilienne-Edmée était même rendue encore plus gênée de causerie et d'attitude, par cette différence qu'elle observait en la façon d'être timorée et presque glaciale de son fiancé et les demi-confidences reçues, dans les visites, au couvent, des amies qui avaient, avant elle, subi l'épreuve qu'elle traversait. Le doute, parfois, la prenait de la sincérité d'attachement de l'époux choisi par l'aïeule; mais, en fille de race, soumise, elle acceptait la parole engagée pour elle.

Il enrageait, lui, d'être astreint à ce rôle de jouvenceau en bégaiement d'amour, poltron et muet, par blocus d'inexorable circonspection; et son humeur souvent s'en ressentait, irrité, sans sortir de la convenance polie, mais couvant sourdement l'irréparable éclat.

Il était complètement arrivé à bout de patience, quand, se déclarant satisfaite de l'examen, très haute dame Hermine le pria d'adresser pour elle la due convocation aux nobles familles de la province pour l'hymen qu'elle lui accordait.

Il fut assez fort, le pauvre lieutenant, pour garder jusqu'à la dernière limite le beau et méritant sang-froid qui le minait fébrilement; il avait l'âme d'un héros, car c'était pour lui un terrible combat!

D'autant plus que, de toutes parts, à le voir si guindé de haute correction auprès de sa charmante future femme, les jeunes épousées et les bonnes amies de pension, n'avaient pu tenir d'en faire à Émilienne-Edmée

la très dangereuse remarque; un instant même, l'état-major de ces perverses conseillères avait été bien près de culbuter dans le fossé des « mises en disponibilité par retrait d'emploi » l'état-major qu'il représentait, lui, si militairement.

Mais dame Hermine avait d'un mot calmé les craintes suggérées à sa chère enfant :

— « Ce sont de folles écervelées qui te montent ridiculement la cervelle! Aimerais-tu mieux un évaporé qui n'offrirait aucune sécurité d'avenir? D'ailleurs, tous les « Futaie-Chenue », ma fille, et ton grand'père, le premier, étaient gens, comme lui, de sévères principes et d'austère conversation; comme eux, je suis certaine qu'il te fera paisible et durable existence, et que tu n'en mourras pas plus que nous autres, tes devancières!

Le cœur un peu gros, à demi-satisfaite des explications de l'aïeule, Émilienne-Edmée trembla, mais signa quand même aux vieux registres paroissiaux.

La dame de Futaie-Chenue aurait voulu que les nouveaux unis passassent auprès d'elle les premières journées de leur récente liaison; mais, Gabriel, avait eu réponse catégorique qui le sauva de ce danger que, cette fois, il réussit à écarter.

— « Nous nous devons, Madame, aux usages du monde que nous sommes appelés à fréquenter avec mademoiselle Edmée, et le meilleur ton nous impose un voyage d'ordinaire cérémonial. »

Vaincue par la logique de ce raisonnement, dans son obéissance passive, accoutumée aux usages de bonne compagnie, dame Hermine avait bien été obligée à s'incliner, avec un énorme soupir d'anxiété qu'elle ne put retenir au sombre de son intime pensée.

Et lui, toujours vaillant, sans rien perdre de sa magistrale attitude, s'inclinant respectueusement :

— « Ce sera, Madame », — dit-il — « un voyage de toutes convenances.

— « Vrai? » — fit-elle, apeurée, cherchant à lire au profond de lui, en maternelle supplication, sans dire plus; ce que n'auraient certes pas manqué de faire, en phrases mal avisées, d'autres mères de race moins affinée.

Et ce fut ainsi que, toutes formalités religieuses et mondaines remplies, les « conjoints » partirent en voiture vers la prochaine station du P. L. M., accompagnés par la grand'mère, qui avait insisté pour ne quitter sa fille qu'au dernier moment.

Émilienne-Edmée était toujours pensive et songeuse, triste même : une amie malicieuse avait accentué son ennui, en lui demandant méchamment, alors qu'elle l'embrassait à l'adieu des séparations :

— « Et où partez-vous en voyage, avec ton charmant « ténébreux », au pôle-nord, mignonne, ou bien vers les égyptiennes momies? »

La machine siffla, et dès les premiers tours de roue, ils arrangèrent leurs mille bibelots dans le filet du coupé que, toujours conformément aux grands usages, la douairière avait elle-même retenu pour eux.

Puis, le silence vint, n'ayant plus aucune autre occupation qui les distrayait du terrible moment à passer de la première intime causerie.

Ce fut là le moment aussi de l'éclatante revanche de l'état-major qu'il représentait, et militairement il remporta éclatante victoire.

Pensive, elle s'était accoudée à la vitre, noyée dans une stupide contemplation du paysage qui se profilait rapidement.

Il avait aux lèvres le sublime aveu, prêt à partir; mais après sa conduite passée, il était fort embarrassé pour le prononcer dignement. Le croirait-on devenu si subitement épris, après tant de glaciale froideur soutenue? On l'écouterait, c'est évident; mais l'entendrait-on? le comprendrait-on? lui répondrait-on?

Y avait-il en elle épouvante ou tendre confiance, n'attendant qu'un éclair pour s'illuminer radieusement?

Et, toujours le nez au carreau, la place à surprendre ne se prêtait à l'attaque que médiocrement.

Bravement, il prit un détour, très secoué, empoigné par une étrange émotion de vaincre, à cette minute où peut-être il jouait sa vie tout entière d'époux; s'agenouillant auprès d'elle et saisissant, d'une hypnotisante caresse, sa main dégantée qu'il sentit frémir en la sienne, il lui dit, souriant, les yeux fixés ardents

sur ses yeux inquiets, se servant vaillamment des termes de la phrase méchante qu'il avait surprise, au moment du départ :

— « Est-ce que véritablement, chère femme, vous me croyez toujours aussi ténébreux que cela? »

Un regard plus intense que tous les autres, droit au sien, avant toute réponse, en l'interrogation puissante de la femme qui veut puissamment savoir et Émilienne-Edmée éclata franchement de rire :

— « Vous pouvez vous vanter, monsieur, de m'avoir causé fière peur!... »

Puis ce fut une suite ininterrompue de coquettes confidences des efforts faits mutuellement pour cacher à la pauvre grand'mère vigilante les aspirations de vivace tendresse qui germaient en eux, pendant la période de rigide examen subi, et, l'itinéraire changé de sa destination primitive, Rome, conseillée par madame Hermine, en pèlerinage chrétien, se transforma allègrement en une course folle à travers les monts et vallées riantes et verdoyantes de la Suisse, Gabriel amenant peu à peu, délicatement, à force de prévenantes persuasions, Émilienne-Edmée à la délirante révélation du sublime inconnu d'amour.

L'excursion, d'ordinaire cérémonial, promise rapide par lui à l'aïeule, dura six longs mois d'inquiétude mortelle pour la châtelaine asseulée.

Au retour, quelle pleine fête pour son anxieuse affection, Émilienne-Edmée, sa précieuse dernière fleur, rentrait à la serre familiale, épanouie, radieuse, transfigurée de l'abattement du départ.

En curieuse jamais assouvie, la grand'mère voulut tout apprendre, par le menu détail : existence, trajet suivi, observations, remarques, sensations de la route loin d'elle parcourue.

Comme elle frémissait au récit des périls affrontés par les excursionnistes endiablés...

— « Oh! avec lui, je n'avais pas peur!... » — fit Émilienne-Edmée, puis, avec un mutin sourire :

— « Mais c'est le Mont-Rose, surtout! tu n'as pas idée, bonne-maman, comme Gabriel l'a gaillardement franchi! »

BABYLAS.

# PETIT DICTIONNAIRE FIN-DE-SIÈCLE

## A

### AIMER

*Pour une dégrafée :* — Vendre des faveurs. (Vieux habits, vieux galons)!...
*Pour une ingénue :* — Donner son cœur.
*Pour une jeune mariée :* — Échanger des tendresses.
*Pour une veuve :* — Recommencer l'alphabet.
*Pour un poète :* — Pleurer... et chanter quelquefois, quand la muse (!) n'est pas rebelle.
*Pour Rayon d'or :* — Faire le saut périlleux... sans galerie.
*Pour un petit crevé :* — Payer pour... ne rien faire.
*Pour une actrice :* — Essayer sa tirade.
*Aimer sa femme :* — Remplir un office.

### AMOUR

Maladie de la peau.

### AMOUR CACHÉ

Maladie secrète.

### ADULTÈRE

Action de chipper les bons morceaux dans l'assiette du voisin.

## B

### BAISER D'AMOUR

Effet de commerce.

### BOUDOIR

Le passage qui mène du salon à l'alcôve.

### BOUCHE

La première porte du ciel.

### BRAISE

Feu de paille. *(Voir galette)*

### BANQUETTE

Petite banque...

### B...

Maison de change où la souscription est toujour ouverte.

(A suivre).

# LES CHASSEURS DE VIERGES (1) par Emile BLAIN

. — LES DEUX FERMIERS.

On était en juillet.

Le soleil s'était levé radieux, inondant la plaine, cette belle plaine de la Beauce, de ses mille rayons d'or.

Les blés, verts et superbes, dressaient déjà leurs têtes gonflées du grain en formation vers le ciel illuminé, et la ferme de Pierre Chantrel, perdue au milieu de cette immensité d'épis, le branle-bas du travail venait d'être sonné par les cocoricos répétés des coqs réveillés.

Dans la grande cour, encombrée de charrettes, tout un monde de travailleurs, au teint hâlé, aux mains calleuses, grouillait gaîment, en chantant ou s'interpellant, tout en attaquant la besogne quotidienne.

Et au milieu de tous ces gens, un homme de haute taille, aux épaules carrées, au front large, au visage ouvert, allait et venait, donnant des ordres, distribuant des poignées de main.

C'était le fermier: Pierre Chantrel.

Il pouvait avoir une cinquantaine d'années, à en juger par ses cheveux gris, mais encore abondants... Et de toute sa personne ressortait un air d'honnêteté et de franchise qui le rendait sympathique à première vue.

Lorsque Chantrel eut jugé que sa présence n'était plus nécessaire, il rentra dans le corps principal de la ferme, et montant au premier étage, il poussa la porte.

— Ah! c'est toi, père! fit un jeune homme vigoureux, de vingt-trois à vingt-quatre ans, qui achevait de s'habiller.

— Oui, mon garçon, répondit le fermier, après avoir tendrement serré la main à son fils, c'est moi, comme tu vois.

Puis s'asseyant, il dit, en voulant donner à sa voix un air de gaîté:

— Eh bien! voyons, as-tu bien dormi cette nuit? Le jeune homme poussa un soupir.

— Pas trop, je crois je comprends, reprit le père; allons, regarde-moi un peu... Diable!... tu as les yeux rouges... Aurais-tu pleuré, par la ai d?

— Non, fit vivement le jeune homme, oh! non!

Le fermier n'insista pas.

Il se contenta de prendre doucement les mains de son fils; puis, l'attirant à lui, comme il eût fait d'un enfant, il lui dit:

— Tu l'aimes donc bien, ta Gervaise!

— Comme un fou, répondit franchement le jeune homme.

Il y eut un instant de silence.

— Cependant, Jérôme, fit avec une certaine angoisse le fermier, s'il faut que le père Gaspard persiste à te refuser la main de sa fille!... que feras-tu?

— Ah! je ne sais... mais il me semble qu'alors, il ne me restera plus qu'à...

Pierre Chantrel interrompit son enfant.

— Oh! veux-tu te taire?... Eh bien! et moi... moi, qui n'ai plus que toi sur cette terre, que toi, qui m'es si cher...

Jérôme se jeta dans les bras de son père.

— Pardonne-moi, père, lui dit-il... Mais à cette seule pensée que Gervaise pourrait devenir la femme d'un autre...

— Tu devrais, fou! le comprendre... Moi aussi, j'ai connu cette sorte de désespoir, le jour où Thérèse, ta défunte mère, me fut brutalement refusée par ses parents, et sans la mort subite de son père, qui arracha ses ciseaux, je ne sais trop à quel acte de folie je me serais livré... Mais ne nous désespérons pas... Après tout, le père Gaspard va peut-être finir par entendre raison... Ce que je te donne en mariage est un joli denier, que je suis prêt à doubler s'il le faut... Allons, à toilette est terminée... En route. Vas y carrément... Pas d'hésitation... Tu es sûr du cœur de Gervaise... Ça te donnera du courage...

— Oh! ce n'est pas le courage qui me manque...

— Je vous accompagnerai jusqu'au détour de la route... Ah! si ce sacané père Gaspard n'était pas aussi rancunier, c'est moi qui irais te trouver... Et devrais-je lui tendre la main le premier...

— Tu feras cela, père?

— Oui, je ferais cela... quoique, à vrai dire, cela me coûterait terriblement... après plus de vingt ans de dédain réciproque...

— Ça vaudrait peut être mieux, insinua timidement Jérôme.

— Mais oui, ça vaudrait mieux... je le sais bien, on s'expliquerait une bonne fois... Après tout, ce n'est pas ma rancune...

Le fermier s'arrêta soudain.. Qu'allait-il dire?

Il eut un mouvement d'épaules, et brusquement:

— Hé! baste! au diable les bouderies... Tu aimes Gervaise, Gervaise t'aime... Il faut que vous soyez l'un à l'autre... Et je vais aller le trouver, moi, ce vieux rancunier de Gaspard... Nous verrons bien... Donne-moi ma redingote et mon chapeau.

Jérôme ne se fit pas dire deux fois.

Il bondit à travers la pièce et revint bientôt avec les vêtements demandés par son père.

L'œil du jeune homme était maintenant moins triste.

Et tout en endossant sa redingote, Pierre Chantrel murmurait:

— Chacun est bien libre de ses opinions, il me semble, et, franchement, empêcher deux jeunes gens qui s'aiment de s'épouser parce que le père d'la fillette est bonapartiste et celui du garçon républicain, serait par trop bête... Allons, viens avec moi, Jérôme; tu m'attendras sur la route, pendant que je causerai au père Gaspard.

Et les deux hommes sortirent.

La ferme tenue par le « père Gaspard », comme on l'appelait dans le pays, était située à un kilomètre à peine de celle de Pierre Chantrel.

Elle était moins importante que celle du père de Jérôme, mais le père Gaspard n'en passait pas moins pour très riche, d'autant plus qu'on le savait roué d'une forte dose d'avarice.

Chez lui, les manœuvriers n'étaient pas aussi bien nourris que chez Pierre, et la nourriture laissait un tant soit peu à désirer... Et puis, on n'y buvait jamais le cidre, qui le remplaçant, n'était pas absolument de première qualité.

Hommes et femmes ne s'y gênaient pas pour le dire, et plus d'une fois, le nom du fermier Pierre Chantrel était aux mots avait frappé l'oreille toujours tendue du père Gaspard... Cela ne faisait qu'augmenter la colère sourde que le vieil avare nourrissait depuis de longues années contre Pierre... Et il crispait alors les poings en murmurant:

— Hé! libre à lui de vous engraisser et de vous ficher son meilleur vin par la gueule... tas de buses..

Mais il le fait par gloriole, pour me surpasser, comme dans tout, du reste... Mais rira bien qui rira le dernier...

Le matin où nous le trouvons, le père Gaspard était dans une colère bleue.

Levé avant tout le monde, il avait fait un tour dans la ferme, et, après avoir visiter les écuries, les étables, les bergeries et jusqu'aux poulaillers, il avait constaté que les chevaux avaient gâché leur foin, trop abondamment distribué, les vaches leur luzerne, les moutons leur herbage et les poules leurs graines, et cela, parce quelques bribes de ces divers aliments gisaient çà et là, près des bêtes endormies.

— Et allez donc lutter contre les produits étrangers... et flanquer tous ces propre-à-rien de garçons de ferme à la porte...

Et de sa voix grêle il s'était mis à appeler les coupables afin de leur laver la tête.

D'ailleurs, il était surpris de ne pas les voir déjà à la besogne... Il y a longtemps qu'ils auraient dû être levés... Aussi, ce qu'il allait leur secouer les puces...

Et ce petit homme, sec, à la face imberbe, aux yeux ronds et sournois, enflant sa voix qu'il ne parvenait pas à rendre sonore, beuglait à la porte des écuries:

— Allons, tas de fainéants... décanillez... Il va être quatre heures... c'est près d'une heure que vous me volez!...

Tout le monde se leva en grognant, et chacun reçut sa part d'invectives.

Puis le père Gaspard, un peu calmé par ce déversement du trop plein de sa bile, se mit à la recherche de sa fille qui devait être levée.

Il ne la trouva pas dans la cuisine où, d'ordinaire, à la première heure du jour, Gervaise se tenait pour surveiller les préparatifs du repas du matin.

Et il allait ressortir de la pièce, lorsque sa fille rentra tout essoufflée.

— D'où viens-tu donc? lui demanda-t-il en la regardant de travers..

— Mais, fit la jeune fille en tremblant, de la cour où je prenais un peu l'air...

— Tu mens... J'en arrive moi, et je ne t'y ai pas vue... Dis plutôt du carré à légumes où hier encore je t'ai surprise en train de regarder sur la route si ton Jérôme ne passait pas.

Gervaise baissa la tête et ne répondit pas.

Le père Gaspard prit ce silence pour un aveu... et comme il se trouvait seul en ce moment avec sa fille, il en profita pour ajouter:

— Je t'avais cependant ordonné de ne plus penser à ce Jérôme... Mais je vois que mademoiselle se moque pas mal de mes ordres.. Cependant, il faudra bien que tu m'obéisses, à la fin.

Gervaise releva tête, la mine décidée:

— Oh! tant qu'à cela, jamais.

Le père Gaspard crispa le poing.

— Jamais! s'écria-t-il.. Oserais-tu me désobéir?

— Papa... Tu sais bien ce que je t'ai déjà dit: j'aime Jérôme... Je l'aimerai toujours, et ni toi ni personne ne m'empêcheront de voir celui que mon cœur a choisi.

— Sornettes que tout cela... enfantillages.

— Non papa, continua résolûment Gervaise... Mon sentiment est véritable et profond... Je ne suis pas une petite fille... J'ai vingt ans... Je suis presque majeure...

— Ce qui veut dire?

— Ce qui veut dire que malgré ton refus de me laisser me marier avec Jérôme, je continuerai à le voir jusqu'au jour...

— Jusqu'au jour!

— Jusqu'au jour où je serai majeure et où j'aurai le droit de disposer de ma personne tout en te demandant compte de la dot de ma mère

De rouge qu'il était, le père Gaspard devint jaune comme un coing.

Il ne s'attendait pas à celle-là, par exemple...

Comment, Gervaise, d'ordinaire si calme, si soumise, osait le braver?

Ah! c'est que l'amour donne du courages aux plus timides...

Hardiment campée, la tête haute, un poing sur la hanche, Gervaise regardait son père bien en face... Son joli visage de blonde grasse s'était animé... et ses beaux yeux largement fendus, avaient pris une expression résolue qui en imposait un tant soit peu au vieux fermier, qu'elle dominait de toute la hauteur de la tête.

Assez grande, la taille élancée, les seins abondants, fermes et bien plantés, vêtue d'une coquette robe qui lui allait à ravir et moulait admirablement ses hanches puissantes, Gervaise, ainsi placée, sous le reflet ambiant d'un rayon de soleil, était merveilleusement belle.

Les dernières paroles de la jeune fille avaient soudainement apaisé le vieil avare

— Ah! voilà donc le grand mot lâché! gémit-il... Ainsi, l'heure venue, tu n'hésiteras pas à me ruiner?

— Te ruiner!.. fit Gervaise, non... la part qui me revient est bien petite à côté de la fortune que je te connais... Mais puisque tu ne veux pas entendre raison, il faudra bien...

— Que je cède, n'est-ce pas?.. Eh bien! non, s'écria le fermier, en se remontant peu à peu, je ne céderai pas... Et tant que j'aurai le droit de m'y opposer, tu ne deviendras pas la femme du fils de Pierre Chantrel. de ce révolutionnaire... qui...

Il n'acheva pas...

La porte s'était ouverte doucement... Un homme était entré, et venait de dire:

— Et pourquoi donc, Gaspard, Gervaise ne deviendrait-elle pas la femme de Jérôme?... Mon fils serait-il donc un malhonnête homme?

Le vieux fermier étonné, regarda de côté, et, après avoir reconnu le nouveau venu:

— Ah! c'est toi.., Pierre?..

— Mais oui... mon vieux, dit gaîment Pierre, en envoyant un petit salut à Gervaise... comme tu vois.

— La jeune fille, aussi étonnée que son père, mais ravie de cette aide inattendue, avait répondu au salut du fermier par un bon sourire...

— Laisse-nous, Gervaise, dit le père de Gaspard... Pierre a sans doute à me causer... va voir si les lapins ont ce qu'il leur faut..

— Je conseillerai plutôt à Gervaise, fit toujours gaîment le père de Jérôme, d'aller du côté de la route.. Il y souffle en ce moment un petit vent qui n'est pas à dédaigner.

Puis, il cligna de l'œil, et Gervaise comprit tout de suite que Jérôme avait accompagné son père jusqu'à la porte de la ferme.

Aussi, sans plus attendre, elle s'élança hors de la pièce, une joie infinie peinte sur le visage et le cœur tout bouleversé...

Une fois seuls, les deux hommes s'étaient considérés un instant.

— Eh bien! dit, le premier, Pierre... tu ne m'offres même pas une chaise?

— Assieds-toi, répliqua sèchement Gaspard, et dis-moi ce qui t'amène?

— Oh! fit en s'asseyant tranquillement Pierre Chantrel, tu dois bien t'en douter quelque peu ..

— Ma foi, non...

— Vraiment? Eh bien alors! je vais te le dire... Ça va m'être d'autant plus facile que je n'ai qu'à reprendre la conversation que tu avais tout à l'heure avec ta fille... Et puis, il n'y a pas à tourner autour du pot pendant trente-six heures... Ecoutes: mon fils aime ta fille et il en est aimé... Dans ces conditions, je crois que le mieux à faire serait de les marier, d'autant plus qu'ils en grillent d'envie... Je viens donc te demander la main de Gervaise au nom de mon fils.

— Ah! ah! ricana le vieux Gaspard... et c'est pour cela que tu as mis ta redingote?...

— Mais oui...

— Eh bien! Pierre, tu as perdu ton temps... Je ne consentirai jamais à ce mariage.

— Et pourquoi donc? fit tranquillement le père de Jérôme.

Le père Gaspard garda le silence, tout en tapotant sur la table...

— Voyons, insista Pierre, parle...

— Je n'ai pas de raisons à te donner, finit par dire Gaspard...

Pierre éclata d'un gros rire...

— Pas de raisons à me donner?... Allons donc.. Tiens, je les connais, tes raisons..

— Ah!

— D'abord, c'est la dot de Gervaise qui t'effraie... tu es un peu avare, et dame, ça te coûte de sortir tes belles pièces de vingt francs de ton vieux bas de laine... mais cela n'est qu'un détail... J'excuse toutes les faiblesses, et si tu veux franchement nous réconcilier, si tu veux venir loyalement à moi, et me dire, en me tendant la main : — « Tope là, Pierre, toute rancune a disparu, unissons nos enfants! » Eh bien! j'accepte comme bien ta fille sans dot, et je donne cent mille francs à Jérôme!

Le père Gaspard ne sourcilla pas.

— Après... fit il simplement.

— Après? Mais il n'y a pas d'après; il me semble que ces cent mille francs tranchent toute difficulté.

— Tu crois...

— Ah! oui.. je sais bien, il y a encore cette vieille histoire de la guerre de 70, où, comme républicain, j'ai dû contrecarrer un peu, au conseil municipal, tes vues bonapartistes.. Dame.. c'était dans l'intérêt de tous, et tu as dû, depuis...

— Depuis, j'ai compris plus que jamais que j'avais en toi un adversaire implacable, s'écria le père Gaspard. N'est-ce pas grâce à toi, à ton influence dans la contrée, qu'à chaque élection un député républicain est élu, alors que j'aurais eu certes plus d'intérêt, et toi aussi, à ce que ce fût un bonapartiste?

— Oh! ça... c'est à voir... Mais ne parlons pas politique et revenons à nos enfants... Ce que tu viens de me dire, je le savais aussi... Or, tu penses bien que, connaissant les motifs de ta rancune, je ne suis pas venu ici sans être décidé à faire de grandes concessions... Maintenant, il n'y a plus à reculer, l'amour de mon fils est inguérissable, il y va de son bonheur, de sa vie peut-être... Voyons.. pas de dot à ta fille... Cent mille francs à Jérôme... Consens-tu?

— Non, répondit froidement Gaspard.

Pierre se leva nerveusement et fit quelques pas dans la pièce. Puis il passa la main sur son front inondé de sueur et, revenant se placer devant Gaspard:

— Les cent mille francs ne suffisent pas?.. Je ferai plus.. Je donnerai ma démission de conseiller municipal.. je ne ferai plus de politique... je...

Le père Gaspard interrompit le fermier.

— Inutile d'insister, fit-il résolûment.

Et. se levant à son tour:

— Je ne donnerai jamais ma fille au fils de Thérèse.

Pierre bondit comme un lion blessé

— Ah! nous y voilà, tonna-t-il. Le voilà le véritable motif de la haine que tu me portes depuis plus de vingt ans.. Ainsi, tu n'as pas pu me pardonner d'être devenu l'heureux époux de la plus digne et de la plus honnête des femmes... et que j'aimais, comme aujourd'hui mon fils aime ta fille.

L'œil du vieux Gaspard brilla un instant.

— Moi aussi, je l'aimais, dit-il.

— Mais elle ne t'aimait pas, elle, Thérèse.

— Elle m'aurait aimé et je l'aurais épousée, car j'avais plus de biens que toi, et son père me voyait d'un bon œil, sans la lâcheté que tu as eu de la séduire.

Pierre fut cinglé en plein visage.

Mais il ne put supporter le mot lâcheté.

Il s'élança brusquement sur le père Gaspard et, le saisissant par le derrière du cou:

— Ah! rétracte, rétracte à l'instant, vieux chenapan, ou je t'étrangle comme un chien.

Déjà Gaspard suffoquait.

— Oui... oui, murmura-t-il, je... je rétracte...

Pierre le lâcha.

— Tu sais bien, fit-il, plus calme, que Thérèse s'est donné librement à moi, librement et volontaire-ment, pour te couper l'herbe sous le pied et ne pas céder à son père qui, d'ailleurs, mourut quelques mois après.

— Eh bien! cela, je ne te le pardonnerai jamais, et jamais, jamais, jamais, entends-tu, je ne donnerai le consentement que tu demandes. Maintenant tu peux t'en aller.

Pierre prit son chapeau qu'il avait posé sur la table.

— Prends garde, Gaspard, dit alors le fermier, tu joues avec le feu, en ce moment. Ta fille aime follement Jérôme et elle pourrait bien faire comme Thérèse.

— Je ne crains pas cela... Gervaise est une honnête fille.

Pierre regarda froidement Gaspard...

— Thérèse aussi était une honnête femme...

Gaspard eut peur.

— Oui... oui.. Mais, enfin, ce n'est pas la même chose...

Et se plaçant prudemment de l'autre côté de la table, il ajouta:

— ... A vous, cependant, que le fils ait la hardiesse du père!

Pierre avait ouvert la porte...

Il se retourna simplement, et, avec dédain, il dit à Gaspard:

— Tiens, tu es plus méchant que je ne le croyais... Adieu!

Et Pierre sortit de la ferme, le cœur serré, douloureusement affecté par la triste nouvelle qu'il allait être obligé de transmettre à ceux qu'il considérait déjà comme ses enfants.

A l'entrée de la ferme, dans le renfoncement d'un pan de mur, deux arbres, plantés près de là, couvraient de leurs feuilles, formant ainsi comme un berceau et un refuge pour les amoureux, Gervaise et Jérôme assis sur un banc et tendrement enlacés, attendaient le retour de Pierre Chantrel.

Depuis une demi-heure, ils étaient plongés en une félicité infinie.

Leurs mains ne s'étaient pas abandonnées, et plus d'une fois leurs lèvres s'étaient rencontrées.

Maintenant, l'âme ravie, heureux de leurs aveux réciproques, ils se demandaient anxieusement ce qui pouvait bien se passer à la ferme entre Pierre Chantrel et le Père Gaspard.

— Je connais mon père, disait doucement Gervaise, c'est un entêté, il ne voudra pas céder.

— Allons, qu'allons-nous devenir! gémissait le jeune homme consterné.

— Ecoute, Jérôme, si mon père refuse, eh bien! forts de nos serments, nous attendrons l'heure de ma majorité, et de jour en jour, je serai votre femme.

— Un an... c'est bien long.

Gervaise sourit.

— C'est vrai, fit-elle... mais nous tâcherons de le raccourcir en nous voyant le plus que nous pourrons, en nous montrant la face de tous, toujours bras-dessus bras-dessous, comme deux fiancés, et surtout en nous aimant davantage encore...

— Nous aimer davantage! mais ce n'est pas possible, s'écria Jérôme; Gervaise, je vous aime ardemment, sincèrement, honnêtement... Vous êtes tout pour moi... Je ne vois que vous.. Je suis à vous corps et âme... Vous serez ma femme, et quoi qu'il arrive, je fais ici le serment de n'appartenir qu'à vous.

Gervaise approcha ses lèvres de celles de Jérôme, et après un long baiser, elle dit:

— Et moi, je vous jure que, dans un an, je serai votre femme, et que personne au monde ne m'en empêchera...

Et leurs lèvres allaient de nouveau se toucher, lorsqu'ils aperçurent Pierre Chantrel qui venait vers eux à grandes enjambées.

Ils se relevèrent d'un bond.

— Oh! ne vous dérangez pas, mes enfants, leur dit Pierre, profitez de ce court instant d'union, car, hélas! ce sera peut-être le dernier.

— Le dernier! fit Jérôme, tout pâle, et en se levant subitement.

— Oui... le père Gaspard ne veut rien entendre... Il a refusé!

Jérôme fit un geste de désespoir.

Mais Gervaise, crânement, se levant à son tour, dit au père de Jérôme:

— Non père, ne vous affolez pas... Aussi, ne me voyez vous pas trop affectée... Mon père a refusé? Eh bien! que la responsabilité de cette refus retombe sur lui seul... Quant à moi, j'ai dit à Jérôme ce que je ferai... Je l'aime, je serai sa femme à majorité, et d'ici là, loin de me plus me rencontrer avec votre fils, loin de l'éviter, je me montrerai avec lui et je le présenterai à tous comme mon fiancé.

Et, prenant les mains de Jérôme:

— Allons, c'est dit, n'est-ce pas?.. Nous attendrons... Et pour sceller notre engagement, embrassez-moi devant votre père, Jérôme, comme vous le feriez si j'étais votre femme.

La scène, quoique simple, était véritablement touchante.

Jérôme embrassa Gervaise, puis Gervaise embrassa Pierre Chantrel qui, tout ému et très content à la fois de voir son fils reprenant courage et acceptant l'arrangement de Gervaise, la serra sur son cœur en l'appelant sa fille.

— Et quand vous reverrai-je, Gervaise, demanda Jérôme à la jeune fille.

— Tantôt, si vous le voulez... Vers les quatre heures, je reviendrai du château des Gourmettes, où je dois aller porter des œufs et du beurre frais à ma sœur de lait. Vous pourrez venir au-devant de moi; nous reviendrons ensemble par le petit bois des Genêts.

Jérôme regarda son père.

— Oh! fit Pierre, tu peux aller au-devant de Gervaise, je te le permets... Seulement, il faudra alors te dépêcher de revenir de Bouville, où tu dois partir à dix heures avec un chargement de grains. Tu sais...

— Oui... oui... Oh! mais j'ai le temps d'aller à Bouville et d'être de retour pour quatre heures. J'irai donc au-devant de vous, Gervaise... Allons, à la côt.

Les deux jeunes gens s'embrassèrent une dernière fois; puis Pierre et Jérôme prirent le chemin qui les conduisait chez eux, et Gervaise regagna celle de son père, non sans s'être retournées plusieurs fois.

## JEUX D'ESPRIT

*Solution du Mot Carré :*

```
N A B A B
A V A R E
B A Z A R
A R A B E
B E R E T
```

#### NOMS DES DEVINEURS

Octave des Bons Enfants. — Saint-Gers. — Bouzier. — Mérot (Eugène), dit Bibi la Grillade. — Georges Aubert, de Paris.

### Demande

Jne Instr. dist. phys. agr. dés. pl. Dlle de Comp<sup>ie</sup>, lect., donn. leçon allemand. Écr. 417, Bur. 11. Paris.

## SPECTACLES DE LA SEMAINE

OPÉRA. — FRANÇAIS. — OPÉRA-COMIQUE. — ODÉON : — Spectacle variable : consulter feuilles quotidiennes.

GYMNASE. — » h. »/». — Relâche.

VAUDEVILLE. — 8 h. 1/2. — Le fluide. — Le Prince d'Aurec.

VARIÉTÉS. — 7 h. 3/4. — Le Remords de Gédéon. — La Vie Parisienne.

PORTE-SAINT-MARTIN. — 8 h. 1/4. — Le Maître d'Armes.

CHATELET. — 8 h. — Madame l'Amirale.

GAITÉ. — 8 h. 1/2. — Les Cloches de Corneville.

AMBIGU. — » h. »/». — Relâche.

PALAIS-ROYAL. — 8 h. 1/4. — Une Tempête — Bébé.

NOUVEAUTÉS. — 8 h. 1/4. — La Bonne de chez Duval

FOLIES-DRAMATIQUES. — 8 h. — Le Mari d'Hortense. — Les 28 jours de Clairette.

RENAISSANCE. — 8 h. 1/2. — Jaunard et Vertillon. — Le Brillant Achille.

BOUFFES-PARISIENS. — 8 h. 1/4. — Une Poire pour la soif. — Miss Helyett.

MENUS-PLAISIRS. — » h. — Bacchanale.

THÉATRE CLUNY. — 8 h. 3/4. — Disparu ! — La Tourne Ernestin.

DÉJAZET. — 8 h. 1/2. — L'Instantané.

CHATEAU-D'EAU. — 8 h. — La Fille des Chiffonniers.

BOUFFES DU NORD. — 8h. — L'Héritage de Jean Gommie

THÉATRE MONCEY. — 8 h. — Le Voyage en Suisse.

FOLIES-BERGÈRE. — 8 h. 1/2. — Robert-Macaire, pante mime par les Martinetti; « Miss Mabelle Stuart », dans serpentine; Mlle Polaire, chanteuse excentrique. — Dimanches et fêtes, matinées à 2 h. 1/2.

CASINO DE PARIS. — 8 h. 1/2. — Spectacle-concert, bal. — L'Heureuse rencontre, pantomime mêlée de chant.

ELDORADO. — 8 h. 1/2. — Concert. — Spectacle.

SCALA. — 8 h. 1/1. — Concert. — Spectacle.

CONCERT PARISIEN. — 8 h. 1/2. — Concert. — Spectacle.

CIRQUE FERNANDO. — 8 1/2. — Spectacle varié.

HIPPODROME. — 8 h. 1/2. — Aux Pyrénées. — Dimanche Jeudis et fêtes, matinées à 2 h. 1/2.

*L'Imprimeur-Gérant :* F. PREGALDIN.

Imprimerie spéciale du Paris qui Rit, 13, faub. Montmartre, Paris.

---

ABONNEMENTS

PARIS : Un an, 6 fr. ; Six mois, 3 fr. ; Trois mois, 1 fr. 50. — DEPARTEMENTS : Un an, 6 fr. 60 ; Six mois, 3 fr. 25 ; Trois mois, 1 fr. 75. — ETRANGER : Un an, 7 fr. 50 ; Six mois, 3 fr. 75 ; Trois mois, 2 fr.

---

## NOTRE PRIME GRATUITE

Désireux d'offrir à tous nos abonnés un gage de satisfaction personnelle et peu ordinaire, nous avons l'honneur de les informer que nous fournissons gratis à tous ceux qui en feront la demande un splendide

## PORTRAIT PEINT A L'HUILE

par un artiste de Paris bien connu (M. Dugardin). Il suffit d'adresser au bureau du journal, une photographie en indiquant la couleur du teint, des cheveux, des yeux et des vêtements.

Pour les frais de correspondance et de port, joindre la somme de 1 fr. 05 (soit 7 timbres-poste de 0 fr. 15).

La photographie étant détériorée n'est pas rendue.

Délai de la livraison du portrait *un mois et demi à deux mois.*

Les abonnés qui nous ont déjà envoyé leur photographie ne doivent pas s'étonner s'il se produit un léger retard dans l'envoi de leurs demandes.

Il ne faut s'en prendre qu'au succès obtenu par cette prime absolument nouvelle, et nous garantissons d'ailleurs aux intéressés qu'ils ne perdront rien pour attendre.

**Chemins de fer de l'Ouest.** — Services quotidiens et rapides entre Paris et Londres par Dieppe et Newhaven. — Les importants travaux exécutés dans les ports de Dieppe et de Newhaven en donnant la facilité d'organiser dans ces deux ports, des départs à heures fixes, quelle que soit l'heure de la marée, ont permis aux Compagnies de l'Ouest et de Brighton, de réduire considérablement la durée du trajet entre Paris et Londres et de créer des services rapides qui fonctionnent tous les jours, sauf le cas de force majeure, aux heures indiquées ci-dessous.

De Paris à Londres : Nuit 1<sup>re</sup>, 2<sup>e</sup>, 3<sup>e</sup> classes ; Départ de Paris St-Lazare, 8 h. 50 du soir ; Départ de Dieppe, 1 h. du matin : Arrivée à Londres, gare de London-Bridge, 7 h. 40 du matin, et gare de Victoria, 7 h. 50 du matin.

Prix des billets : Billets simples, valables pendant 7 jours : 1<sup>re</sup> classe, 41 fr. 25 ; 2<sup>me</sup> classe, 30 fr. ; 3<sup>me</sup> classe, 21 fr. 25, plus 2 fr. par billet, pour droits de port à Dieppe et à Newhaven.

Billets d'aller et retour, valables pendant un mois : 1<sup>re</sup> classe, 68 fr. 75 ; 2<sup>me</sup> classe, 48 fr. 75 ; 3<sup>me</sup> classe, 37 fr. 50, plus 4 fr. par billet, pour droits de port à Dieppe et à Newhaven.

Ces billets donnent le droit de s'arrêter à Rouen, Dieppe, Newhaven et Brighton.

---

**Chemins de fer de l'Est. — AVIS :** Nous apprenons que les relations directes entre Paris, la Suisse et l'Italie, assurées actuellement par la voie de Petit-Croix, Mulhouse, sont établies, à partir du 1<sup>er</sup> juillet 1892, de la manière suivante :

*A.* Service de jour, via Petit-Croix, Mulhouse : Départ de Paris à 8 h. 40 du matin, arrivée à Bâle à 7 h. 30 du soir. — Départ de Bâle à 10 h. 27 du matin, arrivée à Paris à 6 h. 16 du soir.

*B.* Service de nuit. — Via Delle, Delémont : Départ de Paris à 8 h. 40 du soir, arrivée à Bâle à 6 h. 33 du matin. — Départ de Bâle à 9 10 du soir, arrivée à Paris à 6 h. 32.

En outre, les voyageurs pour ou de Mulhouse qui voudront profiter de ces trains, trouveront à Belfort une correspondance directe. En partant à 8 h. 40 du soir de Paris, ils arriveront à Mulhouse à 6 h. 25 du matin ; en partant de Mulhouse à 10 h. 41 du soir, ils arriveront à Paris à 6 h. 32 du matin.

---

**Chemins de fer de Paris à Lyon et à la Méditerranée.** — La Compagnie vient d'abaisser dans de notables proportions le prix de location des wagons-salons. Ces wagons ne sont loués qu'en entier, mais ils peuvent être occupés moyennant le paiement de 7 places au moins.

Le prix d'une place est celui de la première classe augmenté d'un supplément calculé d'après la distance parcourue et la nature des trains utilisés.

Voir, pour plus de détails, les Indicateurs spéciaux et les prospectus distribués par la Compagnie.

---

**Chemin de fer d'Orléans**

Excursions en Touraine, aux Châteaux des Bords de la Loire et aux stations balnéaires de la ligne de Saint-Nazaire au Croisic et à Guérai de.

1<sup>er</sup> Itinéraire : 1<sup>re</sup> classe, 86 francs ; 2<sup>e</sup> classe, 63 francs. — Durée : 30 jours. — Paris — Orléans — Blois — Amboise — Tours — Chenonceaux, et retour à Tours — Loches, et retour à Tours — Langeais — Saumur — Angers — Nantes — Saint-Nazaire — Le Croisic — Guérande, et retour à Paris, via Blois ou Vendôme, ou par Angers, via Chartres, sans arrêt sur le réseau de l'Ouest.

La durée de validité de ces billets peut être prolongée une, deux ou trois fois de 10 jours, moyennant paiement, pour chaque période, d'un supplément de 10 % du prix du billet.

2<sup>e</sup> Itinéraire : 1<sup>re</sup> classe, 54 francs ; 2<sup>e</sup> classe, 41 francs. — Durée : 15 jours. — Paris — Orléans — Blois — Amboise — Tours — Chenonceaux, et retour à Tours — Loches, et retour à Tours — Langeais, et retour à Paris, via Blois ou Vendôme.

En outre, il est délivré à toutes les gares du réseau d'Orléans, des billets aller et retour réduits de 25 pour %, pour des points situés sur l'itinéraire à parcourir, et vice versâ.

Ces billets sont délivrés toute l'année : à Paris, à la gare d'Orléans (quai Austerlitz) et aux bureaux succursales de la Compagnie, et à toutes les gares et stations du réseau d'Orléans, pourvu que la demande en soit faite au moins trois jours à l'avance.

NOTA. — Le trajet entre Nantes et Saint-Nazaire peut être effectué, sans supplément de prix, soit à l'aller, soit au retour, dans les bateaux de la Compagnie de la Basse-Loire.

---

**Chemins de fer de l'Est.** — Voyages circulaires, par les lignes de l'Est, en Belgique, en Suisse, en Italie, en Autriche et en Allemagne.

La Compagnie des chemins de fer de l'Est a organisé une série de voyages circulaires à prix réduits, qui permettent aux touristes de visiter un grand nombre de villes et de sites remarquables en *Belgique :* (Vallée de la Meuse, Grottes de Han et de Rochefort avec traversée du Grand Duché de Luxembourg) ; *en Suisse :* Bâle, Lucerne, Lac des 4 Cantons, Zurich, Coire, l'Engadine, les Alpes, Cols du Splugen, du Bernardin et du Lukmanier, Lac de Lugano, Saint-Gothard, Ragatz, Schaffhouse, Chûte du Rhin, Lac de Constance) ; *en Italie :* les lacs Italiens, Milan, Venise, Florence, Rome) ; *en Autriche :* (Vienne, Ischl, le Salzkammergut et l'Arlberg) ; *en Allemagne :* (Munich, Nuremberg, Stuttgart, Heidelberg, Baden-Baden, Francfort-sur-Mein, Mayence et les bords du Rhin).

Pour les prix, conditions et itinéraires ainsi que pour la délivrance des billets et leur durée de validité, consulter le Livret spécial des Voyages, circulaires établi par la Compagnie des chemins de fer de l'Est et mis à la disposition du public dans sa gare de Paris et les bureaux succursales.

---

### PIERRE PETIT

*Opère lui-même.*

DANS SES NOUVEAUX ATELIERS

29, Place Cadet, 29

Douze marches à monter.

Les PHOTOGRAPHIES au CHARBON sont LES SEULES INALTÉRABLES

**N'ÉCRIVEZ PLUS** qu'avec le STYLOGRAPHE nouveau porte-plume à réservoir, écrivant 600 mille mots...

---

Assurances proposées depuis l'origine de la Compagnie au 30 juin 1887, plus de **un milliard et demi**. Échéances, Sinistres, etc. payés au 30 juin 1887 plus de **190 millions.**

**EXTRA-RISQUES MODÉRÉS**
Pour les Voyages en dehors de l'Europe

**RENTES VIAGÈRES**
Aux taux de 10, 15 et 17 0.0, suivant l'âge.
PAYABLES SANS FRAIS A PARIS, et dans les Départements chez les BANQUIERS ou AGENTS de la COMPAGNIE.
Les Prospectus et les Renseignements seront donnés gratuitement aux personnes qui en feront la demande à la Direction, à Paris, 30, rue de Provence, 30, Paris qui accueillera toute demande d'Agence de personnes honorables.

### LES DENTS

(13<sup>e</sup> édition illustrée, prix : 3 fr. 50)

Par A. PRETERRE

Dentiste américain

LAURÉAT DE LA FACULTÉ DE MÉDECINE DE PARIS

On retrouve dans cet ouvrage tout le savoir qui a valu à M. Preterre, depuis vingt ans, les plus hautes récompenses et les seules médailles d'or décernées aux expositions universelles. Traitement spécial des maladies de la bouche, Obturateurs, Redressements dentaires, Extractions sans douleur par le protoxyde d'azote. Dentiers de tous systèmes connus.

29, boulevard des Italiens. Paris

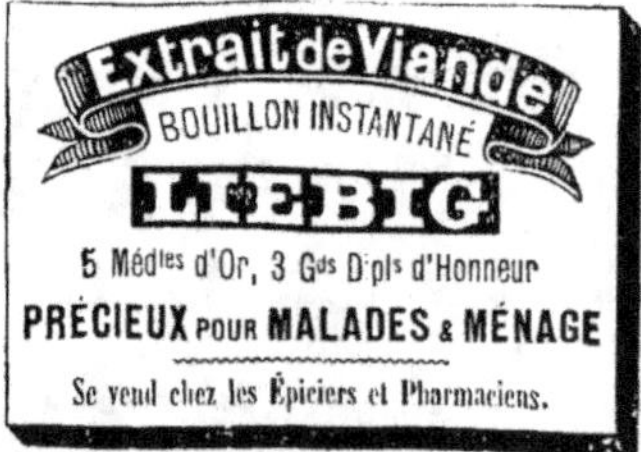


### GUÉRISON

CERTAINE et RADICALE de toutes les affections de la PEAU : dartres, eczémas, psoriasis, acné, etc., même des PLAIES et ULCÈRES VARIQUEUX, considérés comme incurables par les plus célèbres médecins. — Le traitement n'exige aucun régime particulier, il ne dérange nullement du travail, il peut être suivi partout, même en voyage ; il est à la portée des plus petites bourses et dès le deuxième jour il produit une amélioration très sensible.

S'adresser à M. LENORMAND, médecin-spécialiste à MELUN, rue Saint-Liesne, 41 (Seine-et-Marne). — Consultations gratuites par correspondance.

Première année, n° 5.          LE NUMÉRO : **DIX** CENTIMES          Dimanche 6 Novembre 1892.

Victor MERLEY, Directeur

Principal rédacteur : **Emile BLAIN**

*Collaborateurs :* JACQUES D'ALVILLE. — ANDRÉ CARMEN. — MÉPHISTO. — RICHARD O'STEFIOL. — MARIUS RÉTY. — GONZAGUE D'HUBERT. — EDOUARD ZED. — PAUL LUX. — K. STOR. — DICK-D'ING. — BABYLAS. — CARLE-MAX. — PO-PAUL. — FLANOCHARD. — MARCEL RÉGINALD.

## LE CAMBRIOLEUR
### Par MARIUS RÉTY

Mais alors, un spectacle stupéfiant, inattendu, le cloua sur place.

## LA PETITE DAME DU PREMIER
### Par PAUL LUX

Elle dégrafa le médaillon qu'elle tendit à Adhémar.

# CHRONIQUE GAULOISE

Mardi, 9 heures juste, Serpentinette sonnait à mon « huis », fidèle au rendez-vous ; mais extraordinairement de noir vêtue, au lieu de son bariolage coutumier de tons clairs, suggestifs et coquets.

— « Ah ! c'est toute une histoire ! » répondit-elle, à la stupéfaction de mon premier coup d'œil.

— « C'est la faute à ce pauvre « Millaud » et au petit « Machin », tu sais bien, le petit « Chose », de l'Artistic-Club.

— « Ah ! vraiment ?

— « Oui », fit-elle, comme je le rencontrais au convoi, il m'offrit de me raconter, sur Millaud, qu'il avait intimement connu, une « foultitude » d'anecdotes inédites : j'ai pensé tout de suite à toi et que ça pourrait te fournir une « copie » épatante pour *Paris qui Rit*, et, pour te rendre uniquement service, mon chéri... oh ! uniquement pour ça, je te jure...

— « Eh bien ?

— « J'ai suivi... « Chose-Machin » dans son « rez-de-chaussée », d'où je ne suis pas sortie depuis hier midi ; voilà pourquoi tu me vois en noir, n'ayant pas eu le temps d'aller chez moi changer de robe.

— « Et alors, Millaud ?... » demandai-je, gourmand de cet inédit qu'on m'avait fait entrevoir.

— « Bon ! que veux-tu qu'on dise du charmant garçon qu'il était ? et du reste, » reprit-elle, légèrement embarrassée », ce n'est pas seulement de Millaud que « Machin-Chose » avait à m'entretenir ; mais de ça, pas un mot avant mes mémoires, mon gros ! »

— « N'importe ! dis toujours ; et si c'est amusant, *Paris qui Rit*. .

— « Pas de bêtises ! hein ? ne va pas faire imprimer ça ! Ça me brouillerait avec mon agent de change, qui m'a cru chez ma tante de Bougival.

Et je n'en dirai pas davantage, pour ne pas lui valoir un « reportage » désastreux, fin du mois.

— « Allons, vite, ton pardessus, » dit-elle » j'ai quelqu'un qui m'attend à l'Elysée. .

— « Pour des anecdotes sur M. Grévy ?

— « Taquin ! à l'Elysée-Montmartre, chez Desprez ! et encore pour vous rendre service, monsieur.

— « Si c'est comme avec « Machin-Chose », tu sais...

— « Viens toujours, tu verras après. »

Nous étions à peine installés devant le premier bock de la mise en train que, me présentant une mignonne « dégrafée » qui nous abordait :

— « Voilà la personne qui m'attendait », fit Serpentinette... elle a besoin de ton précieux concours.

— « Garçon, un autre bock ! Et maintenant, mademoiselle, je suis tout à vous.

— « Ah ! monsieur, maintenant qu'on ne parle plus que d'arbitrage, à propos des mineurs, vous seriez rudement gentil de plaider notre cause dans *Paris qui Rit*.

— « Pourquoi donc, madame, et sur quoi ?

— « Eh ! sur la question des mineurs, justement, qui nous tracasse horriblement, à ne plus savoir comment en sortir : quand et où commence le mineur ? où finit-il ? A quoi peut-on le reconnaître ? Combien de temps dure-t-il ?

— « Autant de questions à résoudre pour nous, sous peine d'erreurs dont les conséquences nous causent de si préjudiciables dommages. Un arbitrage de votre part qui nous éclaircirait nos devoirs et nos droits, nous ferait réellement secours ! Sinon, par prudence, nous serons forcées de ne plus accorder notre confiance qu'aux respectables et indubitables contemporains de Mathieu-Salé.

— « Salem !

— « Oh ! je veux bien ! ça m'est égal ! Tenez, au *Paris qui Rit*, ouvrez-nous vos colonnes, à moi et à mes nombreuses amies en peine, et vous verrez combien est intéressant le problème social qui nous tourmente si fort.

— « Envoyez « copie », mademoiselle, et *Paris qui Rit* vous aidera dans sa complète solution. »

Un accord suave et mélodieux d'un quadrille qu'allait conduire et enlever, avec sa gaîté et son entrain habituels, le sympathique maëstro *Dufour*, nous priva de mon interlocutrice qui fila « chahuter un brin. »

Un monsieur, paraissant de la maison, dit bonjour en passant à Serpentinette qui me nomma, le priant de bien vouloir, pour *Paris qui Rit*, me donner connaissance des « célébrités » du moment.

— « Très volontiers ! » fit-il gracieusement. « Venez les voir à l'œuvre : je vous les désignerai à mesure. »

Ah ! Gaulois, mes confrères ! Que de jolies choses se devinaient sous les dentelles frétillantes des « étoiles » qui se trémoussaient !

Que de jambes nerveuses et capiteuses vous avaient, ces endiablées du Chahut, que mon cicérone obligeant m'indiqua, par professionnelle discrétion, sous leurs pseudonymes de guerre.

*La Fournal !* — Une charmante caisse d'épargne, je vous en réponds !

*La Gla !* — Un peu plus, et je m'y laissais prendre !

*Miss Rigolette !* — Aôh ! médème, vôlez vô que je parlai english avec vô !

*La Môme-Cricri.* — Pas plus haute que ça ! Une enragée du « grand-écart » et du « port d'armes » avec un mollet d'idéale finesse et un pied !... — Pends toi, Cendrillon ! tu chaussais du 20 auprès de cette pointure-là ! — Et des enlacements d'un provoquant, d'un provoquant !..

Toutes adorables, alors ! Oui, toutes ; d'ailleurs, au *Paris qui Rit*, nous sommes tous d'un enthousiasme supérieur !

— « C'est étonnant comme ça m'a donné soif de les voir danser ! » fit Serpentinette, un peu jalousée, en m'entraînant vers le buffet.

Nous redégustions un rebock, quand ma compagne, me touchant le bras :

— « Tiens ! vois-tu, là ! C'est la princesse !

— « Une princesse, ici ? veux-tu me faire poser, par hasard ?

— « Ou, du moins, elle l'a été sérieusement, je t'assure ! Mais la danse, son irrésistible passion, l'a ramenée au bercail Elyséen. »

Et la hélant :

— « Hé ! la Japonaise ! Bonjour !

— « Tiens ! Serpentinette ! »

Véritablement une belle fille, cette damoiselle en rupture de principauté, superbement faite, avenante, réservée de tenue comme il sied à ancienne grande dame et l'œil brun, pétillant d'une chaude flamme. Le prince délaissé doit avoir bien amers regrets.

Excellente fille, sans pose, elle me confirma le dire de Serpentinette. Il faudra qu'à mon tour, je lui réclame des anecdotes.. diplomatiques.

Oh ! en l'unique honneur de *Paris qui Rit*, croyez-le, et « honni soit qui mal y pense. »

— « Je ne l'ai pas vue dimanche », dit-elle à Serpentinette... tu n'as pas idée, ce que c'est amusant, ici, à présent, le dimanche, en matinée !

— « Quoi donc, princesse ?..

— « Le patinage, monsieur ! Quelles culbutes ! C'est à se pâmer ! Le papa « la Pudeur », notre austère surveillant moral, s'en arrache les cheveux de désespoir ! Au patinage, bernique ! il n'arrive plus jamais qu'après l'accident.

La salle, vers onze heures, avait pleine animation

et c'était charmant, sans cris, sans scandale, on se trémoussait de partout.

Un public gaulois tout-à-fait, commis, demoiselles de magasin, employés, évaporées, militaires même, gradés, pimpants ; on sentait ce coquin d'amour qui commençait à chauffer les cervelles, sous l'œil vigilant du « père la Pudeur » qui, très paternellement, ma foi, arrêtait d'un geste, souriant, les échappées trop audacieuses du malin démon, qui, derrière son dos, cabriolait de plus belle.

Dans l'air, voletait un souvenir d'antan, la « Closerie » de Murger, avec ses grisettes bénies dont les petites filles « chahutaient » comme leurs aînées, « pinçaient le cancan », éternel frétillement du cœur !

Au moment de partir, minuit, nous rencontrâmes à la porte l'obligeant monsieur qui m'avait renseigné, pendant les quadrilles.

Je lui serrai les mains, en le remerciant au nom de *Paris qui Rit*.

— « Monsieur Lavergne, l'administrateur », me dit Serpentinette.

— « A charge de revanche, monsieur ! »

Comme je demandais, avant de la quitter, à Serpentinette, qu'elle vînt dimanche avec moi au Concert-Colonne, fut-elle séduite par les culbutes ou l'espoir attrayant du désespoir du père la Pudeur ! Je l'ignore, mais elle me répondit carrément :

— « Ah ! non, zut ! moi, dimanche, tu sais ! je me patine à l'Élysée-Montmartre. »

PETIT-CLAUDE.

# LE CAMBRIOLEUR

Si vous aimez les histoires raides, chère madame, vous pouvez vous flatter d'avoir, sauf vot'respect, plus de chance qu'un cocu ; car il se trouve justement que j'en ai à vous raconter une qui, j'en suis sûr, va vous faire passer quelques moments agréables dont vous vous rappellerez longtemps !

Sur cet exorde que n'eût pas dédaigné le regretté Renan s'il l'avait eu sous la main, je pénètre à brûle-pourpoint dans le palpitant de mon histoire.

.·.

Après avoir, durant trois mois, rempli les pénibles fonctions de *bonne à tout faire* auprès de l'honorable Nicolas Pôdezéby, la jolie Cotonnade Sulpieux s'était vue tout à coup élevée au rang d'épouse légitime par son noble maître...

Si mon histoire a l'air de commencer comme un vaudeville de Labiche, il ne faudrait pas vous y fier, car elle s'achèvera, ainsi que vous en jugerez tout à l'heure, comme une tragédie de Shakespeare...

Donc, Nicolas Pôdezéby, disant un éternel adieu au célibat, avait convolé, — excusez l'expression ! — en justes noces. Vous dire que Cotonnade, après ce coup-là, ne s'était pas gonflée d'orgueil, serait méconnaître l'esprit humain... aussi je vous laisse libre d'en penser ce que vous voudrez.

Toujours est-il que Nicolas se mit en devoir d'adorer sa femme, ainsi que de droit. D'autre part, la jeune mariée se dévoua corps et âme à son mari. Ils formaient à eux deux le couple le mieux assorti de tout le quartier des Batignolles ; on les citait comme exemple à deux kilomètres à la ronde ; le bandagiste et la crémière, le bottier, le rémouleur et la porteuse de pain ne tarissaient pas d'éloges sur leur compte ; et patati, et patata !... Bref, tous les voisins étaient littéralement scandalisés de voir une union aussi heureuse, aussi paisible, aussi honnête...

Jamais les conjoints, — excusez l'expression ! — n'avaient la moindre discussion ensemble.

Si Pôdezéby disait :

— Ma Cotonnade en jujube, il me faudrait un bain de pieds à la moutarde...

Madame Nicolas répondait :

— Mon tendre époux en cascade, je t'en ferai deux au piment !

Lorsque Cotonnade s'aventurait à dire :

— Il faut que j'aille cette nuit lire le *Bossu* à ma tante qui a une maladie de langueur.

Pôdezéby répliquait :

— Vas-y dare-dare ; mais tu ne pourras pas lui lire le roman tout entier en une seule nuit :

Prends-en deux ou trois.

Comme on le voit, il eût été difficile de rencontrer dans Paris deux ménages comme celui-là.

Et cet état de choses durerait sans doute encore...

.*.

... Si le Conseil municipal avait voté un peu plus tôt le crédit destiné à l'augmentation de l'effectif des gardiens de la paix !

Vous ne saisissez pas bien ?

Rappelez-vous donc que les oies du Capitole ont jadis sauvé Rome... Songez que les plus grands effets résultent quelquefois des plus petites causes, et que la célébrité de Paulus est infiniment liée à celle du général Boulanger et des pastilles Géraudel. .

Vous ne comprenez pas encore ?

Eh bien ! tant mieux ! cela prouve que mon histoire est attachante et machinée comme les dessous d'une cocotte !

Sachez donc que, vers la mi-juin, comme il faisait une chaleur tropicale, Nicolas Pôdezéby dit à sa femme :

— Ma tendre colombe, j'ai bien envie d'aller jusqu'à Bondy-les-Eaux pour me refaire un peu le tempérament durant quelques semaines.

— V'là c'qui s'appelle une idée de derrière la tête ! répondit Cotonnade. File à Bondy ; moi je vais prendre le paquebot pour Arcueil-Cachan afin d'interviewer monsieur Raspail sur l'influence des peignes en celluloïd dans les maladies du cuir chevelu.

Chacun des époux fit ses malles ; et le départ eut lieu, non sans l'effusion déchirante provoquée par les affres de la séparation.

.·.

Nous ne dirons pas combien s'ennuya madame Pôdezéby durant trente mortelles journées ; non, nous le dirons pas ! mais nous affirmerons qu'au bout du temps Nicolas avait plein le dos du Casino de Bondy, et qu'il songea à reprendre un sleeping-car à destination de la c[a]pitale.

Ah ! le cœur lui battait bien fort en route, lorsqu'il pensait que bientôt il allait serrer dans ses bras sa fidèle Cotonnade, et qu'il escomptait à l'avance la douce soirée qu'ils allaient passer ensemble pour fêter leur mutuel retour !

De la gare de l'Est aux Batignolles, Pôdezéby ne fit qu'un saut...

Rien n'était changé dans le quartier depuis son départ : les omnibus roulaient comme de coutume ; les sergents de ville avaient toujours des regards de chiens de faïence ; les petites dames du boulevard trottinaient toujours en agitant la croupe ; et le commissionnaire du coin de la rue de Lévis fumait toujours son même brûle-gueule, noir comme les oreilles à Taupin...

Nicolas se sentit envahi par une douce émotion en arrivant devant son domicile ; mais il la déposa sur le paillasson afin de n'être pas trop chargé pour gravir l'escalier.

Ai-je dit qu'il était à peine huit heures du matin ? Non, je ne crois pas. Mais vous l'aviez déjà deviné, pas vrai ?

Pôdezéby grimpa les trois étages, ouvrit la porte et pénétra dans son salon...

Mais alors un spectacle stupéfiant, inattendu le cloua sur place...

La pièce était absolument vide : tous les meubles et les tableaux avaient disparu ! seules, deux immenses têtes de cerf étaient restées accrochées aux murailles nues !

A cette vue, l'honorable Nicolas se gratta l'oreille et ne put retenir une exclamation :

— Soleil de Dieu ! s'écria-t-il, que signifie cela ?

Après un instant de complet ahurissement, il se dirigea vers sa chambre à coucher, dans le but de demander des explications à la candide Cotonnade qui, vraisemblablement ne devait pas être encore levée.

— Ma douce amie, commença-t-il en ouvrant la porte, voulez me faire savoir comment il se fait que...

Mais il s'arrêta subitement.

La chambre conjugale, de même que le salon, la salle à manger et les autres pièces ne présentaient plus que les quatre murs...

Du coup, le brave Pôdezéby pensa devenir fou ; mais il préféra réfléchir à ce qui lui arrivait.

— Voyons, se dit-il, mon mobilier n'a pu disparaître tout seul, car la nature a horreur du vice, tout le monde sait ça ! Et puis, ma fidèle Cotonnade n'est pas une gaillarde à tolérer des meubles doués d'automobilité comme de simples fromages de géromé... Et, au fait, qu'est-elle devenue, ma femme ?

Il parcourut de nouveau l'appartement appelant de tous côtés :

— Cotonnade ! ma Cotonnade ! ma tendre Cotonnade !...

Mais, comme dans la chanson : « l'écho seul répondit à sa plainte ! »

Accablé, il allait se laisser tomber sur une chaise ; mais il en chercha une vainement : elles étaient toutes parties avec le reste.

Alors Pôdezéby sentit qu'il lui poussait une énergie farouche.

— Ça ne se passera pas comme ça ! s'exclama-t-il d'un air sombre.

Et, quatre à quatre, il descendit les marches de l'escalier et se rendit chez le commissaire.

Ce magistrat le reçut fort poliment, et après avoir écouté le récit de Nicolas, lui répondit avec la plus grande courtoisie.

— Ah ! ben, si vous croyez que nous avons assez d'agents pour nous occuper des cambrioleurs, c'est que vous ne savez pas le nombre de chiens non muselés que les sergots ont à conduire en fourrière...

Vos meubles ont disparu ? que voulez-vous que j'y fasse ? votre femme aussi ? il fallait la surveiller vous-même ! chacun son métier, les vaches seront bien gardées !

Sur ces paroles consolantes, Pòdezéby s'en alla le cœur gros, jusque chez son notaire afin de lui demander de l'argent pour reconstituer son mobilier. Mais il ne put reconstituer sa femme, le pauvre homme ! Si bien qu'on le vit, pendant trois mois, errer comme une âme en peine, et dépérir à vue d'œil, hélas !

**

Or, tout à coup, un soir de la semaine dernière, comme Nicolas essayait de tuer le temps en lisant un chapitre du Bottin, une clef tourna en grinçant dans la serrure.

Presque aussitôt Cotonnade se jeta dans ses bras...

Après une série d'épanchements compréhensibles, Pòdezéby questionna sa femme.

— Oh ! chère Cotonnade, lui dit-il, raconte-moi les malheurs..

— Ma foi, c'est tout simple ! répondit celle-ci. Tu sais bien le garçon boucher d'en face, le beau brun qui me donnait de la *réjouissance ?*

— Oui, fit Nicolas en pâlissant ; oui... achève !

— Eh bien ! c'est lui qui...

— Mais... je croyais que c'était des cambrioleurs ?...

— Sans doute ! c'est lui qui s'est introduit ici pendant mon sommeil, et qui a tout enlevé.

— Mais si tu étais couchée, il ne pouvait enlever le lit ?

— Au contraire ! moi, je ne voulais pas, tu comprends ! alors...

— Alors...?

— Alors... il m'a... cambriolée, avec le reste !

Pòdezéby eut un geste d'épouvante, et tomba dans une boîte de pensées amères, durant lesquelles Cotonnade alla faire un tour à la cuisine.

Comme elle en revenait avec une tartine et un filet de hareng mariné, elle entendit son époux qui balbutiait :

— Il faudra que j'aille remercier le conseiller de mon quartier pour avoir voté l'augmentation du budget de la police... J'ai été pincé une fois ; mais maintenant les cambrioleurs n'ont qu'à bien se tenir !

MARIUS BÈTY.

# Vingt Jours de plaisir dans la Capitale

Après avoir largement dégusté cartes bleues, roses et dorées, pour ne pas contrarier les préférences de personne, — « chacun son cru, en bonne camaraderie » — le quatuor, vers dix heures, quitta l'Abbaye de Thélème pour se rendre au Moulin-Rouge, où Berlurette ne voulait pas faire « faux bond » à ses nombreux admirateurs.

Quoique frappé, le champagne avait mis en feu la cervelle du jeune galant Dubuisson. Il gesticulait bruyamment, parlant haut, le « gibus » insolemment incliné sur la tempe gauche, foulant l'asphalte du boulevard extérieur d'un pas sonore et impatient, brûlant « d'épater » ce monde inconnu de chalands-chaleurs célèbres par « un cavalier seul », afin d'entrer encore plus avant dans les bonnes grâces de sa partenaire de l'Abbaye.

— « Je ne sais pas ce que j'ai, ce soir ! Jamais je ne me suis senti des jarrets comme aujourd'hui », disait-il, se penchant tendrement sur sa cavalière. « Ma parole ! on dirait que j'ai...

— « La Berlu... rette ! parbleu ! » répéta notre ami Carle-Max en pointe de frivolité.

Sur ce diagnostic prestement appliqué, ils franchirent en riant, le contrôle du Moulin-Rouge, où ils étaient arrivés.

Pour son début, Philoctète avait de la chance ! C'était grande fête de nuit au « Joyeux Moulin » et l'animation commençait à battre sa plus capiteuse frénésie.

On ne fit pas d'abord attention à eux, la galerie étant absorbée par l'irrésistible attraction d'une nouvelle figure de la « Goulue » qui, ce soir-là, en donnait la primeur à ses fervents abonnés.

Le jeune Dubassin put à l'aise se réjouir l'âme et les yeux de l'étincelant apothéose de gaîté gauloise, dont Zidler-Mahomet a surpris le monopole pour le service de son Paradis ; il clignait des yeux, ébloui par la lumière rayonnant des mille foyers électriques embrasés, avivant les couleurs voyantes et bariolées des toilettes multicolores, rendant plus éclatante et plus crue la blancheur des chairs satinées saillant des corsages habilement échancrés, provoquant les gourmands baisers.

Il s'enfiévrait de la fièvre enivrante, et Berlurette sentait son bras frémissant à chaque seconde sous le sien.

— « Ah ! nom d'une Gigolette ! » lui dit-il, émerillonné, « ça, c'est réussi, par exemple ! »

Peu à peu, on avait reconnu Berlurette, et des « chuchotements » suggestifs étaient murmurés à l'oreille de la séduisante enfant, qui le rendirent complètement fou d'orgueil de l'avoir à son bras.

— « Ah ! Berlurette, » s'écria-t-il, dans un noble élan de passion, « pour te plaire, je me sens capable de tout ! Demande-moi ce que tu voudras, tiens ! la lune ! et je vole te la décrocher ! d'un saut.

— « Peste ! quel « coup de talon » vous avez, mon cher !

— « Sur l'honneur, je ne m'en dédis pas ! »

Ils s'étaient approchés du « quadrille infernal » où la Goulue était en train de se tailler un triomphe retentissant.

En entendant les acclamations qui saluaient les prouesses de sa rivale, Berlurette sentit la moutarde lui piquer au nez.

— « Ah ! la gueuse ! Elle profite que je ne suis pas là ! Attends voir, on va te baisser ton quinquet ! »

Et fixant Philoctète de son plus impérieux regard :

— « Vrai ! vous savez danser, vous ?

— « Je vous l'ai déjà dit « un cavalier seul » comme on n'en fait pas.

— « Le public ne vous fait pas peur ?

— « Pas celui du Moulin, toujours ! et, pour être franc, je crois même que l'effet qu'il produit sur moi....

— « Philoctète ! soyez sérieux ! à nous deux, il faut écraser la Goulue... »

Puis, avec son plus engageant sourire :

— « Qui m'aime, me suive », cria-t-elle, fendant la galerie, et tombant, comme une bombe, devant la Goulue, qui pâlit.

Un indescriptible hourrah ! accueillit leur apparition !

La « danse » fut interrompue par l'assourdissant tapage de l'ovation qu'on fit à Berlurette ; la galerie témoignant à plein gosier sa jubilation de voir les « rivales » aux prises de jupons retroussés.

Pour sûr, on allait « rigoler » et les interpellations pleuvaient comme grêle.

— « Cent sous pour la Goulue !

— « Un louis pour Berlurette ! » pour les moult exciter à déployer sans réserve tous leurs chorégraphiques agréments.

L'orchestre s'était tu, ne s'entendant plus même jouer.

Carle-Max, hélas ! était trop distrait à ce moment par ses préoccupations personnelles auprès de Margot, l'élève de Berlurette, avec laquelle, plus loin, il contemplait amoureusement des enluminures d'éventails, qu'il expliquait à la folle enfant qui, ma foi, semblait assez attentive à l'éloquent discours du représentant de *Paris qui Rit.*

Il ne put retenir le pauvre Philoctète au bord de l'abîme où, sur les traces de Berlurette, il s'élançait imprudemment.

Jupes en main, l'orchestre donnant le signal, les rivales s'élancèrent dans un frétillement de haut goût, toutes dentelles déployées.

Le jeune Dubassin fit d'abord très convenablement honneur au tournoi où il figurait, sautant comme un cabri, avec des élans et des sauts d'une agilité qui eussent suffi à rassurer son futur beau-papa sur l'avenir de sa fille unique, et la galerie daigna encourager de ses éloges cet « amateur » qui s'en tirait si bien.

Mais la Goulue veillait, et comme, époumonné par cet exercice auquel il n'était pas habitué, il s'arrêtait, les jambes cassées, elle l'attaqua furieusement et ce fut un homérique tableau !

Le pauvre Philoctète n'avait pas assez de ses deux mains pour ramasser son « gibus » qu'à chaque seconde, elle envoyait à terre, d'une chiquenaude du bout de son pied lancé.

Pif ! le nez ! paf ! le menton ! pan ! dans l'œil ! Chaque coup portait.

Un moment même il fut pris par les cheveux dans les mailles du « filet pudibond » comme il s'était baissé afin de ressaisir son chapeau pour la dixième fois et

l'ennemie enragée de Berlurette l'entraîna ainsi, courant à quatre pattes, dans un épouvantable tourbillon.

La galerie trépignait d'aise, les « bis » et les « bravos » se croisaient de toutes parts.

Philoctète n'en serait sorti qu'en compote sans le secours toujours obligeant de Carle-Max qui, accouru au bruit, l'entraîna hors de la zone périlleuse.

Berlurette, bonne fille, les rejoignit aussitôt, pour ne pas abandonner son « gigolo » dans le malheur.

— « Bon ! — fit-elle. — « un bock, vite ! et il n'y paraîtra plus !

Aux tables proches de la leur, on ne s'entretenait que de l'absence du Pétomane, qui s'était fait excuser à l'administration, empêché par un rhume qui le privait de ses moyens et Berlurette expliqua à son cavalier, par le menu, quel genres de gammes exécutait le célèbre « rossignol » du Moulin.

Le jeune Dubassin qui n'avait pas encore digéré la veste remportée à son « cavalier seul » désarçonné par la Goulue, saisit au vol cette occasion de se réhabiliter à jamais.

— « Ce n'est que cela ! » — répondit il, très haut, à son interlocutrice qui s'extasiait sur le mérite de l'artiste indisposé — « pas malin ! Je parie tout ce qu'on voudra que je chante aussi bien que lui.

— « Chiche ! » — cria un voisin — un de ceux justement qui avaient assisté à l'échec du « cavalier seul ».

Dubassin ramassa le défi lancé, s'élançant sur la table, il se posa devant le cercle qui s'était aussitôt formé autour d'eux, dans l'attitude professionnelle de ce pétomane qu'on lui jetait à la face, et il commença à donner les premiers accords !

Cette fois Berlurette n'eut pas à rougir de son gigolo, jamais la valse charmante : « Va, petit mousse, où le vent le pousse », n'avait été aussi allègrement exécutée.

Philoctète était très en voix. Les notes graves et aiguës sortaient délicieusement et sonores de son instrument à vent.

Il n'y eut, dans le concert de louanges qu'on lui décernat en fin de coda, qu'une seule restriction émise méchamment par le voisin, furieux de la perte de son pari.

— « Oui, pas mal ! mais le pétomane a l'ut de poitrine bien autrement accentué que vous !

— « Insolent ! », rugit le jeune Dubassin, grisé de son triomphe, lançant son bock au nez de cet homme de mauvaise foi, qui riposta par la gifle la mieux appliquée.

Carle-Max et les femmes s'interposèrent et cherchèrent à calmer les deux enragés, sans y réussir.

Philoctète semblable à un lion déchaîné, il ne prétendait pas reculer d'une semelle.

— « Il ferait beau », fit-il à Carle-Max qui s'efforçait à le persuader d'en rester là « que futur beau-papa apprît que j'ai reculé ».

De son côté, son adversaire se déclarait résolu à toute extrémité, ne voulant pas avoir l'air de « caner » devant les curieux qui les entouraient, et en échange de celle de Philoctète qu'il lui apportait, il remit sa carte à Carle-Max, qui lut :

SOSTHÈNE FORTEMPOIL<br>Professeur de coiffure

Carle-Max s'inclina ; avec pareil nom, en effet, on ne pouvait faire d'excuses, et le duel fut arrêté, pour laver les injures échangées.

Philoctète, premier offensé, imposa ses conditions, à savoir : qu'on se battrait sur l'heure, au pistolet de combat, à trois pas, le brouillard de l'aube qui approchait empêchant de s'apercevoir à une distance plus grande.

On choisit, sur l'indication d'un témoin, pour lieu de la rencontre, un terrain vague de la rue Caulaincourt, derrière la Butte Montmartre, à cinq minutes du Moulin.

Berlurette emmenait avec elle une de ses élèves, ancienne apprentie doctoresse, en rupture de faculté, pour servir de médecin, en cas de danger pour son « gigolo ».

Il ne restait plus que les armes à trouver, Carle-Max, qui avait son arrière-pensée, déclara qu'il s'en chargerait, et tandis que les champions se rendaient au champ d'honneur, escorté par nombreuse compagnie, alléché par l'étrangeté de l'aventure ; il entra, en passant, rue Lepic, chez lui, avec les trois autres témoins qui devaient vérifier les armes proposées.

Pour entrer en matière, il leur offrit un doigt de Martell et, en deux mots, leur raconta ce que le jeune Dubassin était venu faire à Paris, que c'était un charmant garçon et que, pour sa part, il était d'avis qu'il fallait éviter à tout prix une fatale issue à cette querelle à propos... de vent.

Les témoins adverses, des clients du rageur Sosthène Fortempoil, se rangèrent à cet opinion, n'ayant aucun motif pour conduire à mal leur mandataire qui ne les avait jamais coupés en leur faisant la barbe quotidienne.

— « Alors, fit Carle-Max... il faut terminer par une pétarade de joyeuseté ce différent né d'une autre joyeuse pétarade, et j'ai justement ce qu'il faut. »

Il prit, à une des ses panoplies, deux antiques pistolets d'arçon, dont il remplaça soigneusement les pierres par deux rondelles, bien taillées, de fromage de gruyère.

— Là ! ça serait bien le diable, s'il y a mort d'homme avec ça ?...

Un témoin avisé objecta qu'il fallait mettre quelque chose dans les canons, sans ça les « champions » éventeraient aussitôt le truc employé.

Carle-Max sortit d'un tiroir deux chandelles romaines qui s'y reposaient depuis les six mois écoulés du dernier jour de l'an, seul jour où chez lui, il tirait un feu d'artifice en l'honneur de la gratification qu'il touchait au défunt Paris la Nuit, et les glissa en guise de cartouches.

— « Les mèches sont un peu humides, mais cela n'en fera que mieux ! » dit-il gaiment, en partant avec ses collègues retrouver les deux combattants qui devaient s'impatienter.

Ils arrivèrent à temps, car, pour se faire la main, en attendant, Philoctète avait proposé déjà de s'essayer aux coups de poing.

Carle-Max, pour les satisfaire, distribua les armes et les places, pendant que ses collègues mettaient l'assistance au courant de la comédie qui se préparait.

Vous pensez si la confidence fit se gondoler les joyeux compagnons échappés du Moulin et, s'efforçant de retenir leurs rires prêts à leur échapper, ils avaient, en regardant les deux rivaux, des mines exhilarantes que ceux-ci prirent pour provocatrices railleries, et ils stimulèrent Carle-Max pour recevoir de lui le signal du combat, à trois pas, se tenant en joue.

Un, deux, trois !

Pas un chien n'avait aboyé ; le gruyère leur avait clos la... bouche !

— « C'est le brouillard ! » — « Veuillez vérifier les pierres, que nous recommençons aussitôt », — dit Dubassin à Carle-Max qui prit les armes, et, flambant une allumette, sous prétexte de minutieux examen, mit le feu, en cachette, aux mèches des chandelles romaines dans chaque canon.

Un, deux, trois !

Toujours le même silence des chiens qui n'avaient pas fini leur fromage.

— « Crosse en avant alors ! » — s'écria Philoctète — « et marchons à coups de massue, puisque l'acier ne veut pas parler, satané brouillard !.. »

Comme il disait ces mots, tout à coup deux détonations effroyables retentissent, suivies d'un jet continu de flammèches étincelantes qui des canons s'envolaient vers le ciel, provoquant un rire général, et forçant les deux combattants, stupéfaits de la direction étrange que prenaient les balles sur lesquelles ils comptaient pour raccommoder leur honneur froissé, à se rendre compte qu'ils étaient l'objet d'une magistrale mystification.

Philoctète voulut, à son tour, vérifier les pierres qui n'avaient pas fait leur devoir de silex de bonne compagnie. S'apercevant de leur gruyéresque nature, il ne parlait de rien moins que tuer Carle-Max, qui l'arrêta d'un mot :

— « Vous craignez la colère de beau-papa ? Croyez-vous donc qu'il serait enchanté d'apprendre que vous vous êtes battu pour la simple question de la tonalité... d'un pet ? »

Philoctète baissa la tête, convaincu de la justesse du raisonnement.

— « Mais du fromage aussi, avouez que c'est un peu violent ! »

— « Ce gruyère, ami, » — conclut Carle-Max, — « va vous rappeler au devoir sacré qui vous incombe de nous offrir la joyeuse soupe de fin de combat. Eh ! donc ! tous présents ici, Sa Majesté Dubassin, par mon ministère, vous convie au pantagruélique régal d'un « palognon fromage » qui fera époque dans vos estomacs ! Par le flanc droit, oite ! par file... comme le gruyère que nous avalerons tout à l'heure ! »

*Émile* BLAIN.

## RIDES

Madame de Saint-Alban vient de se mettre à table.

Correct et droit, impassible et sévère, Benoît se tient derrière elle. Il est en habit et a fort grand air. La serviette qu'il tient sous le bras, bien qu'avec noblesse, la conjonction en losange de ses lèvres, les aspirations répétées de sa main droite vers la cuiller à potage qu'on a laissée sur la table, contre toute étiquette, gâteraient un peu le gentleman, si le port digne et solennel de la tête ne rachetait toutes ces apparences de servilisme pour le ranger définitivement parmi les imbéciles et le mettre à la hauteur de ses contemporains.

Il n'en est pas moins estimable pour cela.

Madame de Saint-Alban n'a pas d'appétit : à peine si, ayant avalé deux doigts d'un clair tapioca, elle peut venir à bout de l'œuf à la coque sur lequel elle s'escrime avec lenteur et découragement.

L'œil fixé sur un portrait d'homme placé en face d'elle, elle rêve.

— Oui, il y a vingt ans, dit-elle, entre haut et bas... vingt ans. Comme cela passe... J'avais dix-huit ans, alors ; je me mariais... Ah !... Benoît, quel est aujourd'hui l'état du ciel ?

— Bleu pâle.

— Couleur d'âme d'amante ou de jeune épouse... ensoleillé ?

— Eu...

— ... soleillé.

— Que madame me pardonne... oui, un peu.

— Et où donne le soleil, en l'instant ?

— Le soleil ?... il est caché.

— Quoi ? vous venez de me dire le contraire.

— C'est-à-dire qu'il est un peu caché, à moitié, comme ça...

— Je vais — vous couper la poire en deux.

— Non, le soleil...

— Quelle bûche ! s'exclama intérieurement Mᵐᵉ de Saint-Alban, et dire que j'allais lui demander... Il le faut bien : c'est mon seul confident... à présent.

Croyez-vous aux manifestations ! aux malignes manifestations d'outre-tombe, vous, Benoît ?

— D'où ? — madame dit ?

— D'outre-tombe. En d'autres termes, croyez-vous à une vie future ?

— Une vie future ? — Moi ! oui et non, c'est selon.

— Selon quoi ?

— Selon, dame... selon la réponse qu'il faut faire.

— Restez maître de cette réponse. Supposez que c'est un ami, un copain qui vous interroge.

— Un copain ! madame a dit un copain ! Alors, c'est non, ou tout proche : quand on est mort, je crois, j'ai l'intime conviction que c'est pour longtemps.

— Vous ne devez pas avoir trouvé cela tout seul...

— Je n'ai pas fait la phrase, madame la comtesse, mais elle ne m'a pas semblé mauvaise.

— Et elle ne vous désespère pas, cette phrase-là ?

— Pas plus que ça.

— Vous ne préféreriez pas autre chose, à défaut de la foi ?

— On m'avait parlé du paradis de Mahomet... J'aimerais assez le paradis de Mahomet.

— Qu'a-t-il donc de si séduisant, ce paradis-là ?

— Madame ne sait pas ?

— Je sais si peu.

— Madame me permet ?

— Allez, Benoît, allez.

— Il y a les Houris.

— Ah !

— Oui, et ça m'irait, les Houris ; ça m'irait. Voyez-vous, madame la comtesse, les femmes ! rien ne remplace ça, les femmes, — si ce n'est les Houris, car on les dit vêtues seulement de la Gloire du Prophète, et, vous comprenez, de cette façon, on a moins besoin d'attendre les soirs, ou de prendre des petits rez-de-chaussée, comme dans la vie...

— Oh ! Benoît, à votre âge !

— Madame la comtesse sait — ou plutôt ne sait pas — qu'il n'y a pas d'âge, en amour, ni de saison. On a même fait une chanson là-dessus. Voulez-vous ?...

— Inutile.

— Du reste, je n'en sais plus l'air. Ce qui est certain, c'est qu'il n'y a pas de limites à cette croyance-là...

— Non, mon Dieu ! pas de limites ! fit Mᵐᵉ de Saint-Alban, qui employa, ici, l'a-parté pour la seconde fois.

— Au contraire même : Plus le... plus la...

— La quoi ?

— La difficulté d'y sacrifier s'accentue, plus on y veut goûter et plus on y goûte, fut-ce par les chemins de traverse... Ainsi, tenez... Madame me permet ?

— Pas de confidences. Répondez seulement à cette question : Vous mourrez aujourd'hui ; cinq ans après, votre femme...

— Ma femme n'ira pas jusque-là.

— C'est une supposition ; cela ne vous désoblige ni ne vous désespère en quoi que ce soit ; votre femme, dis-je, s'aperçoit qu'elle ne peut plus vivre — dormir, surtout — sans que votre image persistante la persécute et la trouble, sans que tout ne lui revienne de votre passé commun, tout, jusqu'au son de votre voix, jusqu'à la couleur de vos chausses, jusqu'au moindre plissement familier de vos paupières... En admettant que vous puissiez penser, dites-moi, qu'est-ce que vous penseriez ?

— Avec le clignement d'yeux, je penserais qu'il se fait en elle des comparaisons... oh ! des comparaisons... tout à fait fin de deuil.

— Et qu'en diriez-vous ?

— J'en ferais mon deuil aussi.

— Vous en feriez votre deuil ?

— Ce serait si loin, la terre... Puis j'aurais d'autres occupations, moi : je me suppose dans le paradis de Mahomet...

— Benoît, vous me donnerez la salade et tirerez un peu ce rideau. Il fait un clair, ici.

— Madame la comtesse trouve ?

— Faites, Benoît.

Benoît s'exécuta.

Une ombre plus épaisse envahit la salle à manger où Mᵐᵉ de Saint-Alban s'était remise à rêver.

Depuis la mort de son mari, elle vivait ainsi dans de demi-ténèbres, en ascète, ne sortant jamais qu'à la tombée de la nuit, ne se montrant qu'à la lumière des bougies ou du gaz, fuyant le grand soleil.

C'est qu'à peine « affranchie », c'est-à-dire beaucoup trop tôt, une ride, la première, s'était montrée à la commissure jusqu'alors seulement rose et ombragée de longs cils de ses yeux ; et qu'une ride, hélas ! c'est la marguerite qui s'effeuille ; les petites clochettes des parterres, jadis bleues, qui sonnent, desséchées, l'heure crépusculaire ; le jardinier qui s'éloigne, son rateau sur l'épaule, n'ayant plus rien à faire, et qui ne reviendra qu'une fois, aux récoltes d'automne, à la flambée dernière, vers l'été de la Saint-Martin, — et si changé, si plein d'indifférence, si las, sa saison faite, qu'on ne le reconnaissait plus.

Ce sombre tableau effrayait Mᵐᵉ de Saint-Alban. Ah ! peut-être trop de fois avait-elle souri, au cours de sa carrière d'épouse, et les chairs avaient-elles gardé passivité cruelle de la matière — le pli de ses prodigalités. Peut-être avait-elle étiré sans mesure les petites fibres délicates, et l'œuvre impitoyable du temps s'était-elle plus vite accompli sur elle. Elle n'en savait rien, ne le voulait pas savoir, la pauvre femme, mais elle souffrait tant !...

Or donc, au moment même où la nuit se faisait éternelle pour le pauvre Saint-Alban, sa veuve éplorée consignait à sa porte la lumière du jour, cette première émanation du Créateur, et confiait au clair-obscur les intérêts suprêmes de son évanouissante beauté !

Drapée de ténèbres comme d'un manteau de deuil, — pâle et blanche — une statue de marbre antique sous un peplum bien à sa taille, l'œil brillant toujours, — on ne se refait pas l'œil, — elle prêtait à rêver de chapelle ardente dans un obscur coin de cathédrale, d'un diamant sur velours noir, d'un éclair perçant tout un nuage.

Ce ne pouvait manquer de la rendre intéressante et de ramener quelquefois au jardin d'automne le jardinier de printemps.

Dans son horreur des rayons crus, des couleurs éclatantes, Mᵐᵉ de Saint-Alban impliquait maintenant celle de l'écharpe municipale.

Une leçon, une campagne, lui avait suffi : elle avait juré de ne se remarier jamais.

Gonzague de Vieillebranche, qui était dans une situation analogue et partageait sa manière de voir — lui, je le comprends, — depuis trois semaines lui donnait, après d'autres, la réplique sur cette importante question de la vie et l'entretenait dans sa funeste erreur.

Hélas ! ce sarcleur automnal de plate-bande n'avait embrassé la carrière que par découragement : il manquait de zèle tout à fait, et son horticulture négligée ne méritait que blâme.

Aussi, la pauvre fleur au calice qui se flétrissait, faute d'une goutte d'eau ou faute d'une étoile, implorait-elle tous les nuages qui passaient en même temps que le ciel plein d'astres de ses souvenirs.

A la poésie près, Benoît, dans son gros bon sens d'être bruste, avait doublement raison : la poire était cueillie... et Mᵐᵉ de Saint-Alban comparait.

Était-ce le châtiment, Dieu sévère !... ou bien...

Elle sentit tout à coup un flot de sang lui affluer au cœur. Oui, pas de doute, c'était cela...

— Je suis vieille, gémit-elle ; ô ma mère !

Alors elle alla vers son secrétaire, s'y installa, et sur un papier de nuance sombre, comme sa pensée, elle écrivit :

« Mon cher Gonzague, Tyndale a dit quelque part, je « ne sais plus où, que, parfois, les rides se changent « en vagues et les vagues en rides.

» Notre pauvre matérialité obéit malheureusement « à cette loi physique, qui, si je ne me trompe, régit « surtout les ondes.

« De la première à la dernière heure de la vie, le « cycle impitoyable se complète, se ferme, se vérifie.

« Telle, entre toutes, est admirée : survient la qua- « rantaine, la vague montueuse se calme, mollit ; les « gonflements s'apaisent... Puis, c'est la flasque houle, « l'onde que ballottent les brises, les coups de mer « soudains, les lames de fond — dernières révoltes. — « Puis l'initial plissement.

» Alors, adieu les bouffées de mistral, les hourras « enthousiastes des hardis marins excités par la tem- « pête... Adieu les péchés, marquise, ceux que, pour « vous, commettent les autres !

« Et pourtant...

« Mais vous ne me devez rien, et moi je voudrais « vous devoir tant.

« La vague changée en ride, vous ne voyez que « cela.

« Que d'affluents douloureux, de regrets, que de lar- « mes elle nous prépare.

« Oh ! le pauvre amour, celui qu'on accueille à coups « de bonnet de coton, dans l'humilité à peine dégui- « sée, dans la détresse profonde !

« J'aurais voulu toujours vous laisser la belle et for- « tifiante illusion. Je l'ai cherché... vous n'avez pas eu « d'illusion une seconde.

« Je me croyais quelque mérite encore ; j'allais jus- « qu'à espérer une résurrection.

« Quelle erreur !

« J'aurais mieux fait de ne vous céler rien.

« Est-il trop tard ?

« Pour quelques rides au front, ô Gonzague ! que de « libres intactes au cœur ! »

Le bon Gonzague reçut cette épître le lendemain matin, alors qu'il était encore au lit.

Il n'y comprit rien du tout.

— Que me raconte-t-elle avec Tyndall, avec ses his- toires, avec ses rides ? Des rides ?... je ne lui en ai vu qu'une, — absolument point rédhibitoire — et encore... l'ai-je vue ?...

Édouard ZED.

# La Petite Dame du Premier

Adhémar Beaugardier était assez semblable à cet homme, uni en légitime noces à une femme char- mante, et à qui un ami demandait, le surprenant en bonne fortune avec une petite inclinée de la rue Bréda :

— Comment ? toi ? avec une cocotte ? comment cela se fait-il ?

Dans ta situation ce n'est pas pardonnable, sais-tu, mon cher !

Et l'autre répondit, très tranquillement :

— Que veux-tu ? ce n'est pas de ma faute : je n'aime pas les femmes mariées !

Adhémar était un blond de trente à trente-cinq ans, pas plus laid et aussi bien bâti que la grande majorité de ses semblables...

Il avait fait, — quelques années avant l'époque où nous le présentons au lecteur, — un mariage des plus convenables et conclu dans les meilleures conditions.

Ayant rencontré sur son chemin, — qui est, comme bien vous pensez, le chemin de la vie, et nullement ce- lui du cercle ou du théâtre des Folies-bouts-de-bois, — ayant rencontré, disons-nous, une jeune fille parais- sant douée de toutes les qualités voulues et expressé- ment requises pour faire une honnête femme, une bonne épouse et une bonne mère, sans balancer long- temps, Adhémar Beaugardier lui donna son nom.

Hâtons-nous de dire que si l'homme commet tou- jours une insigne et phénoménale boulette en se mariant, Adhémar n'avait pas tout à fait tort en faisant celle-là.

Le crime, — ou le délit, si vous êtes modestes, — comprenait des circonstances atténuantes.

Et ces « circonstances atténuantes » nous allons vous les détailler avec toute l'estime qu'elles méritent.

D'abord, la demoiselle en question, — dame aujour- d'hui, — Agathe de son petit nom, — possédait une jo- lie petite tête bien parisienne, bien vive, agrémentée d'yeux prometteurs, et d'une peau satinée qui devait être douce sous le baiser, — si douce...

Et puis, la poitrine, en tant que poitrine de petite bourgeoise, n'était pas à dédaigner.

Les rondeurs en étaient fermes, dodues, charnues, grasses à point...

Le reste, à l'avenant.

Et quand le reste se voit, le pied se devine...

Or, le pied était tout ce que l'on peut rêver de plus mignon...

Adhémar ne fut pas un gaillard malheureux.

Les premiers jours de son mariage, il ne se plaignit pas ; ou plutôt il ne se plaignit que d'une chose : d'être absolument vanné le matin en se levant, tandis qu'il laissait sa femme au lit, se reposer, très lasse et les yeux battus, mais gaillarde encore, le soir venu.

Mais tant va la cruche à l'eau qu'à la fin... elle s'em- plit, allions-nous dire...

Mais non, ce ne fut pas le cas pour Adhémar — au contraire...

Alors, Agathe, un peu déçue, mais voyant qu'elle n'avait plus rien à en tirer, commença à le laisser dor- mir tranquille...

... Et à rêver — à quoi rêvent les jeunes femmes.

Adhémar, lui, commença à se détacher de sa moitié.

Il n'est si beau festin qu'on ne dédaigne, une fois le dessert venu.

... Et voilà qu'un beau jour, en sortant ; Adhémar eut la fantaisie de lever le nez vers ses fenêtres.

Pourquoi diable eut-il cette fantaisie ?

Lui-même n'eût su le dire :

Peut-être avait-il oublié son étui à cigarettes qu'il voulait prier sa femme de lui jeter...

Peut-être...

Bref, il leva le nez...

Et au lieu de conduire son regard jusqu'à la saine hauteur du troisième étage où il avait établi ses légi- times pénates, il s'arrêta, — le malheureux et indis- cret ! — au premier...

Que vit-il ? quel spectacle charmant s'offrit à sa con- templation ?

Une fenêtre était entr'ouverte et dans la chambre, à la béance de la croisée, on apercevait distinctement une femme qui faisait sa toilette... Et quelle toilette !... La grande s'il vous plaît ! Toutes voiles dehors ! celle qui nécessite l'exhibition des formes sculpturales et marmoréennes... quand on en a.

Et la belle en avait.

C'était Zoé de Chatenville, la jolie dégrafée.

Du premier coup, — nous entendons le coup d'œil, — Adhémar fut subjugué...

— Pristi ! s'écria-t-il, quelle fenêtre ! faudra que je me la paie !...

Du reste, la dame y semblait toute disposée. Car, ayant aperçu son admirateur, elle lui laissa complai- samment le temps d'admirer en paix, puis ayant passé un peignoir, elle prit un bouquet de violette et vint s'accouder au balcon de la fenêtre...

Elle lança une amoureuse œillade à Beaugardier, porta son bouquet à ses lèvres... et le laissa choir aux pieds du jeune homme...

— Vive le ciel ! s'écria intérieurement le mari d'A- gathe. Je suis un misérable ! un scélérat ! — Mais tant pis, je garde ce bouquet...

Et il se sauva.

Tout le jour, il fut bouleversé.

Il erra mélancoliquement à travers les rues, ne voyant rien, ne s'intéressant à aucun spectacle.

Mais il avait le cœur inondé d'une joie débordante, et il cherchait à mettre un superbe plan de campa- gne à exécution dans un bref délai.

Remarquez toutefois qu'il ne pensa pas un seul ins- tant à sa pauvre petite femme qui se morfondait toute seule au domicile conjugal, — jamais plus lasse main- tenant entre les draps qui moulaient son joli petit corps... — sa pauvre Agathe fidèle à qui il allait infli- ger le suprême affront en ornant sa mignonne tête pa- risienne d'appendices cervicaux...

Les hommes sont des monstres !

Adhémar le prouva bien.

Non qu'il fût d'une bravoure téméraire.

Zoé de Chatenville dut user de plusieurs strata- gèmes pour l'amener à ses pieds...

De là à son alcôve, il n'y eut qu'un pas...

C'était le second.

Le premier coûta à Adhémar.

Ce qui le gênait, c'était que la belle impure (!) de- meurât dans la même maison que lui, — que sa femme par conséquent, — cela le paralysait...

Si seulement il y avait eu la rue à traverser...

Ou la Seine !

Une liaison de l'autre côté de l'eau, cela arrangerait tout, en somme...

Oui mais, si Zoé n'avait pas occupé le premier étage du numéro 126 de la rue Duperré, il n'aurait jamais eu occasion d'en tomber amoureux, lui Beaugardier...

C'était élémentaire.

Alors, il se consola — dans les bras de la dame.

Un jour que, planté sur le trottoir, il la regardait, sans oser plus..., elle laissa tomber son éventail, après un sourire...

Puis elle fit :

— Ah ! mon Dieu !...

Et elle rentra chez elle.

Adhémar ne demeura pas longtemps perplexe...

Un éventail, ce n'était pas comme le bouquet de vio- lettes, — qu'il gardait toujours dévotement sur son cœur. — Il fallait le rendre...

Il avait rendez-vous avec son ami Jolipoisseux...

Mais hélas ! Jolipoisseux l'attendrait...

Il ne laisserait certainement pas échapper l'occasion qui se présentait de pénétrer... chez la belle.

Et il pénétra...

Mal sans doute, car un après un long entretien, la jeune femme éclata de rire au nez du pauvre Beaugar- dier tout dépité de l'aventure...

Puis :

— Vous étiez pourtant bien amoureux, mon cher, dit Zoé de Chatenville, car vous n'avez même pas re- marqué le médaillon qui sert de fermoir à ma jarretière gauche : le côté du cœur...

— En effet, je...

— Eh bien ! voyez donc...

Et relevant sa jupe, elle dégrafa le médaillon qu'elle tendit à Adhémar.

Celui-ci le reconnut aussitôt.

Il devint très pâle...

— Mais, s'écria-t-il, c'est un cadeau que j'avais fait à ma femme ! Il y avait de mes cheveux dedans...

— Soyez tranquille, cher monsieur : ils n'y sont plus !

— Mais comment se fait-il ?

— Que cet objet soit en ma possession ?

C'est bien simple...

C'est votre ami Jolipoisseux qui m'en a fait présent...

— Hein ???

— Sans doute ! Il le tenait de votre femme ; cela me faisait plaisir de l'avoir...

Il n'a pas su me le refuser..

Si vous y tenez, donnez-moi quelque chose à la place ; je vous le rendrai...

Beaugardier n'écoutait plus.

— Alors... alors... râla-t-il... ma femme me trompe !...

— Avec Jolipoisseux, c'est probable...

Zoé sourit encore :

— Et vraiment, en présence de votre... éloquence, on ne saurait lui en faire un crime...

Néanmoins, ajoute vivement la dégrafée, je vous engage vivement à venger votre honneur...

Et je vous souhaite d'être plus fort sur le terrain que... dans la chambre !...

Je tenais à vous avertir parce que je n'aime pas qu'on fasse des saletés aux amis...

Et Jolipoisseux m'a plaquée la semaine dernière : c'est un mufle !

Maintenant, vous me devez deux louis... pour la consultation !

Paul LUX.

## L'ESPRIT EN CHEMIN DE FER

Profitant d'un des derniers beaux jours de l'automne, ils avaient pris le train, *elle* et *lui*, ou *lui* et *elle*, comme vous voudrez, selon que vous êtes galant ou que vous ne l'êtes pas, — afin d'aller folâtrer quelques heures dans la campagne.

Les amateurs de verdure — de verdure bien jaunie, hélas ! n'étaient guère nombreux à la gare quand ils y arrivèrent. Ce n'était plus la foule pimpante, chatoyante et bousculante de l'été, avec son ramage bigarré des toilettes claires, gigantesque arc-en-ciel vivant, toi- lette merveilleuse comme n'en possède nul peintre, — et nul amoureux, non plus...

Si bien qu'ils n'eurent pas de peine à trouver un wagon vide dans le train de banlieue qui les emporte, et ils voyagèrent seuls...

Ils formaient un joli petit couple.

Jeunes tous les deux ; lui, bon garçon, bien déluré, plein d'une faconde méridionale, il était d'ailleurs des bords de l'Hérault et répondait au nom euphonique de Marius Cascaboul...

Elle, une jolie petite poupée parisienne, pas trop mièvre, et pas encore fanée.

Les joues très passablement roses pour une citadine de la grande ville, la taille bien prise, — surtout quand Marius la serrait, — le pied leste et mignon dans des petites bottines pointues et perchées sur de hauts ta- lons...

Et puis elle était si vive!

Elle riait de si bonne grâce, avec de jolis égrène-
ments perlés et cristallins quand on l'embrassait dans
le cou... que cela donnait envie de continuer.

Marius Cascaboul n'y a failli pas.

Et emporté par l'ardeur de son tempérament méridional, le compartiment de banlieue qui les hospitali-
sait momentanément prêta, en guise d'oreille, ses coussins attentifs à une conversation des plus animées.

Mais hélas! au milieu de la plus éloquente tirade de
Marius Cascaboul, voilà-t-il pas qu'une casquette ga-
lonnée se montre intempestivement à la portière de
droite? — à moins que ce ne fût à celle de gauche,
l'histoire est incertaine...

Et tandis que la pauvre petite Parisienne rieuse —
et bavarde! — s'effarouche plus que de raison, le
sévère employé, en proie à un accès d'indignation
rigide et vertueuse, s'écrie, s'adressant à Marius:

— Monsieur, vous êtes un...

— Un boute-en-train, n'exagérez pas... répond joyeusement le gai Cascaboul en tendant un louis à l'employé pour l'inviter... à ne plus venir se mêler à la
conversation.

# Pour vol d'animaux domestiques

Qui n'a pas vu, près de Lagrandville-sur-Mer, dans
le département de la Sarthe-Inférieure, la coquette
commune de Saint-Chrysostôme-le-Gai, ignoré le plus
beau pays de la France Gauloise.

Véritable et charmante réduction du Paradis-Ter-
restre dont parle la Sainte-Écriture, Saint-Chrysostôme-le-Gai est, à quinze lieues à la ronde, justement
renommé pour l'abondance de ses pommiers et des
pommes dont, à profusion, chaque année, il promet à
ses heureux habitants une innénarrable récolte.

C'est à supposer que Saint-Chrysostôme-le-Gai était
appelé à fournir amplement cidre et dessert aux gour-
mets de Paris et des départements limitrophes, dé-
pourvus de la même bénédiction de fertilité!

Point du tout, avant que d'arriver à l'époque légitime de la cueillette ordinaire, Pommes disparaissaient
des pommiers et le garde-champêtre s'épuisait en vain
à chercher les auteurs de ces préjudiciables larcins.

Pommes étant, à ce que prétend aussi la Sainte-
Écriture précitée, primeurs de féminine prédilection,
le représentant de l'autorité avait fait la chasse, de
près, aux citoyennes dont il avait la surveillance
légale; mais, par une très bizarre coïncidence, c'était
invariablement dans les champs situés à l'opposite de
ceux où il faisait sa tournée qu'avaient lieu les dommages, signalés au Maire de la localité, lequel était
dûment outré de constater le peu de sécurité garantie
par l'agent préposé à la sauvegarde de ses respectables
administrés.

Au fond pourtant, le digne officier municipal se
moquait des déprédations commises chez les contri-
buables de son ressort, n'ayant, pour sa propre part,
jamais eu à en souffrir aucunement.

En ce bas monde, n'est-il pas vrai? Tant soit il
qu'on ait droit de se reposer sur la protection efficace
de la police, il est de toute première prudence de travailler à se garder d'abord soi-même, de son mieux.

— « Aide-toi, la police t'aidera » — est un proverbe
consacré dans toutes les nations!

Et s'il était, lui, Maire et le plus riche cultivateur en
fruits de tout Saint-Chrysostôme-le-Gai, avec ses vastes champs de pommiers de la pousse la plus splendide, s'il était à l'abri des audacieuses menées des
spoliateurs toujours inconnus, c'est qu'en matois
compère, il avait à sa solde un garde-particulier, tout
à fait particulier même, qui faisait rigide vigilance
autour des beaux produits dont il s'enorgueillissait à
raison.

Un agile luron, ce garde-particulier, qui d'un bond
aurait sauté à la gorge de quiconque eût essayé de porter une main délictueuse sur le bien du maître qui le
nourrissait, incorruptible, sauvage, ennemi des fami-
lières fréquentations pernicieuses au décorum des pouvoirs publics inhérents à ses fonctions.

Point lourdaud non plus et pesant comme était Du-
gron-lard, le garde-champêtre communal, lequel aver-
tissait de loin les délinquants d'un approche menaçante par le bruit continuel de ses sabots tapant l'un
contre l'autre, à chaque enjambée qu'il faisait, marchant en dedans, épouvantablement caigneux.

Lui, Minet — ainsi se nommait le garde-particulier
du Maire — s'avançait au contraire traîtreusement et
silencieusement, en tapinois, sans jamais tousser ni
cracher imprudemment, pour ne pas trahir sa venue,
sans se livrer jamais au plus léger bruit dénonciateur.

Il n'avait à cela, nous devons le dire, aucun mérite
spécial, ayant nature et caractère farouches et muets,
comme chat que de naissance il se trouvait.

Oui, un chat! On avait longtemps, à Saint-Chrysostôme-le-Gai, plaisanté copieusement Monsieur le Maire
de son incompréhensible choix d'un semblable surveillant pour ses domaines; mais — avait-il répondu
avec malice aux sarcasmes dont on le gratifiait — Il
avait préféré Minet, parce qu'un chien eût offert moins
de quiétude, étant plus accessible que le chat aux
tentatives corruptrices des coquins à l'affût de méchantes machinations.

Minet, d'une sauvagerie exemplaire, ne connaissait
que son maître et les gens du logis familial, ne se laissait aborder que par eux seuls, toute autre personne
étant inévitablement et fatalement destinée à maint
coup de sa griffe acérée.

Les pommes municipales étaient supérieurement
défendues et le Maire passait nuits et jours en profonde paix, sans appréhension de rapine ou de dol;
et, après leur avoir cent fois conseillé de prendre le
même parti que lui, il était arrivé à envoyer railleuse-
ment se promener les plaignants qui l'assiégeaient de
leurs doléances.

Les récriminations se firent cependant si pressantes,
si vives, que le sagace magistrat, pour ne pas compromettre, à force, sa prochaine réélection, usa de
complaisance en remplaçant par un nouveau titulaire
le maladroit garde-champêtre dont on était mécontent.

Il avait aussi cru devoir céder à la pression, en réfléchissant, non sans orgueilleuse intime égoïste satisfaction, que tous les chats étaient loin d'être aussi
bien dressés que le sien et que ses administrés dépouillés avaient sans doute de justes motifs pour ne
pas suivre son exemple; et, prenant en pitié leur détresse, il avait tenu à s'attirer à jamais tous leurs suffrages, en adressant au député de l'arrondissement une
lettre soigneusement explicative du besoin urgent
qu'on avait à Saint-Chrysostôme-le-Gai d'un agent
modèle pour couper jusqu'aux racines le mal sévis-
sant sans répit.

Après démarches répétées au ministère de la Guerre
le mandataire légiférant dépêcha à Saint-Chrysostôme-
le-Gai le fonctionnaire « phénix » si impatiemment
« espéré ».

C'était un « gars » magnifique, solide, vraiment
beau, bien râblé, fièrement planté sur ses jambes nerveuses; l'œil hardi, très brun, bien « en face »; moustaches audacieusement cirées en pointes provocatrices;
qui produisit le meilleur effet, quand il descendit de
la diligence faisant la correspondance du chemin de
fer, à la station voisine, le galbe rehaussé par l'éclat
de son uniforme de sous-officier aux zouaves qu'il
devait échanger contre la livrée laissée par son prédécesseur.

Il s'appelait Jean Cadet, de Gascogne, son pays natal
et venait, à trente ans, de terminer son second engagement militaire, en Algérie, d'où on l'avait directement
expédié sur Saint-Chrysostôme-le-Gai; — le poste de
garde-champêtre étant un des emplois réservés aux
sous-officiers en fin de congé.

Hommes et femmes se montrèrent vivement enchantés de leur nouveau protecteur; les hommes —
dont la plupart n'avaient jamais servi à cause d'une
épidémie chronique de gibbosité masculine fréquente
en la région. Il n'est pas de beau ciel qui n'ait son
nuage! obéissant à l'influence du prestige militaire,
se sentaient un appui solide dans les galons qu'il portait au bras.

Les femmes avaient, en le voyant si joli garçon,
tressailli d'une admiration intense, inconnue, accoutumées qu'elles étaient! à l'élégance très sommaire des
inégalités de stature de leurs époux.

En moins que rien, ce fut à qui lui ferait le meilleur
accueil, mérité du reste amplement; car, dès le lendemain de sa prise de possession, la cueillette clandes-
tine des pommes avait commencé à décroître d'intensité dans la majorité des champs où le pillage s'était
fait sentir.

Et, à chaque propriétaire nouveau lui témoignant
accueil d'amicale hospitalité, chaque champ où l'on
ne remarquait plus passage des anciens malfaiteurs.

Jean devint rapidement ainsi l'enfant gâté de toute
la commune et, par reconnaissante familiarité, au
lieu de pompeusement l'appeler « Monsieur le garde-

champêtre, comme exigeait qu'on fît le précédent titulaire Céleste, Jean fut bientôt tout bonnement le « Cadet » choyé de chaque maison qu'il fréquentait.

Saint-Chrysostôme-le-Gai connaissait enfin la paix
dont le Maire avait été jusqu'alors le bénéficiaire
exclusif!

Grande fut la stupéfaction de celui-ci, peu après, en
apercevant dans ses domaines d'insolites vestiges de
déprédation scandaleuse! Ses pommes, dont il savait
le nombre exact, à une près, se révélèrent un matin
diminuées de notable quantité.

Il trembla, mais stoïque, ne voulant pas paraître
avoir besoin à son tour de l'agent qu'il avait déclaré
hautement ne mander que pour le service d'autrui,
admonesta sévèrement son garde-particulier, Minet,
de redoubler de zèle dans ses tournées.

Peine et sermons perdus! Les pommiers continuèrent à se dépeupler; chaque appel imposait le
constat navrant de nouvelles disparitions.

Les coupables ne pouvaient être que des gens de sa
propre maison, sinon Minet eût démasqué le ravisseur par empreinte sanglante de sa griffe inexorable.

Le Maire congédia, d'une seule énergique décision,
tout son personnel domestique, lequel se composait
d'une seule, très accorte servante, Margotte, qui donnait au surplus depuis quelques jours signes visibles
d'étrange agitation.

Ce congé ayant amené suspension de criminelles
récidives spoliatrices, le Maire se congratula d'avoir
su, par ses propres forces, mettre l'ennemi en déroute
sans recourir à l'aide de l'ancien zouave dont la popu-
larité grandissante dans le pays menaçait d'éclipser
la sienne.

Minet, puisque Margotte était de l'intimité familiale,
n'avait pas menti à sa noble réputation et fut en faveur croissante auprès de son maître qui l'accablait de
caresses et d'incessantes prévenances.

Quand, hélas! un beau soir de la fin d'août, radieux, où l'air saturé de mille senteurs pénétrantes,
chaudes et embaumées grisoltait tendrement les âmes,
le Maire eut beau, de sa voix la plus engageante, appeler à lui son Minet, dans tous sens, toutes directions!

Indocile à répondre, malgré son habituel usage de
politesse bien élevée, Minet se refusait obstinément à
l'appel.

Tout ahuri d'étonnement, mortellement inquiet, le
premier magistrat de Saint-Chrysostôme-le-Gai passa
toute sa nuit à courir la plaine à la recherche de son
chérubin disparu.

Ce fut également en vain que, le lendemain, le tambour de ville assermenté s'égosilla, à chaque carrefour, à promettre en son nom suffisante récompense à
quiconque ferait retrouver on donnerait indice du précieux Minet regretté!

Personne ne se présentait et le Maire se désolait,
pleurant à chaudes larmes, seul, dans la grand'salle
de son vaste logis désert, n'ayant pas une âme
auprès de lui pour le consoler et le soulager dans la
peine immense qui le bouleversait; car, par un affo-
lant concours de misérable fatalité, Madame la Mairesse était, elle aussi, absente du toit conjugal, partie
également de la vieille, en visite amicale dans les environs.

À la douleur cuisante vint naturellement se greffer
la soif de la vengeance. Le Maire s'altéra du désir irrésistible de découvrir et châtier le ravisseur de son Minet pour son audacieuse infamie.

La Justice devait en outre avoir son cours plus implacable et plus rigoureux encore, par ce fait aggravant
qu'aussitôt après Minet volé, les pommes avaient recommencé à dégarnir de la municipale propriété.

Les soupçons du maître frustré se portèrent spontanément sur Margotte, la servante chassée. Il n'y avait
qu'elle, en effet, pour avoir pu commettre le délit. Ne
pouvant s'attaquer au patron, elle avait exercé sur le
fidèle serviteur les représailles de son renvoi.

Par son ordre, le secrétaire de la Mairie la convoqua
à la Barre municipale pour s'y défendre du rapt pré-
sumé.

À son côté, afin de la rendre témoin de l'imposante
façon dont il savait mener un débat, le Maire avait fait
seoir Madame la Mairesse, un peu pâle, sans doute de
la fatigue des visites dont elle était précisément revenue quelques instants avant l'audience.

Le tribunal entama l'interrogatoire; puis, les préliminaires achevés.

— « Avouez sincèrement, si vous voulez vous attirer
clémence » — tonna le magistrat sévère, à Margotte, la
prévenue.

— « Avouer quoi ? » — interrogea la servante, ahurie de tout l'appareil justicier.

— « Mes pommes et Minet » — fit le Juge, avec un sanglot. — « prenez garde ! et songez qu'on n'en impose pas aisément à la clairvoyance du Tribunal ! »

— « Pour les pommes, je ne dis pas, Monsieur le Maire, que j'en ons point croqué quèqu'une à l'occasion ; mais quant à Minet, Monsieur le Maire, demandez plutôt à Madame la Mairesse, c'est pas moi, c'est Cadet qui l'a pris ! Je l'ai vu ce matin, par un carreau, qui l'étouffait chez lui ».

La Cour rendit son arrêt ; mais le Président circonspect, toujours pour ménager sa prochaine réélection, ne releva indulgemment contre Cadet que le délit, prévu par la loi, pour les vols d'animaux domestiques, avec une pénalité légère, comme on me l'a raconté à Saint-Chrysostôme-le-Gai ; où, paraît-il, chez le Maire, le service de Minet est fait à présent par un ancien caporal de sapeurs-pompiers.

BABYLAS.

## NOTRE PRIME

Le prochain numéro contiendra une **Prime** coloriée « Nécessité n'a pas de loi », que nous offrirons gracieusement à nos lecteurs.

Prochainement, le pendant : « Ah ! si je le tenais », leur sera également offert.

# BATAILLES DE LA VIE
### Par Jeorg' HONET

# LA DAME DE BOIS-MORT
#### ou « IL FAUT DES ÉPOUX ASSORTIS »

*(Air connu)*

Elle était, la dame de Bois-Mort, la perpétuelle déception du « tout Périgueux cancanier » dont, avec sa vie monacale de recluse cloîtrée vive dans sa demeure d'à-côté de la Cathédrale, elle dépistait sans trêve les embûches d'investigation incessamment renouvelées.

Jamais on ne la voyait en sortir, hors le dimanche, pour la grand'messe de dix heures, que célébrait monsieur l'archiprêtre, son confesseur et le seul étranger admis chez elle où il avait couvert mis une fois, deux au plus, par mois.

Les rusées revendeuses du Marché-Neuf n'avaient pas non plus, malgré tous leurs prodiges multipliés d'artificieuse obsession, pu tirer aucun renseignement de Scholastique, l'unique servante de la maison, qui feignait, en Picarde qu'elle était, de ne rien entendre au patois qu'on lui débitait.

On avait bien appris qu'elle venait de Paris, il y avait presque un an, à son arrivée dans la ville, par l'étiquette du chemin de fer posée sur le fourgon qui avait transporté ses meubles ; mais on avait eu beau puiser à toutes les sources connues d'informations dans la Capitale, ce nom, pourtant assez remarquable, de Bois-Mort, n'avait amené aucun éclaircissement des correspondants interrogés.

Périgueux, en hospitalière cité, aurait certes en repos laissé vivre à sa guise cette peu communicative fraîche débarquée, si la dame de Bois-Mort s'était contentée d'être une personne ordinaire, comme tout le monde, insignifiante, de celles qu'on croise en la rue sans qu'elles éveillent l'attention.

Mais point. Elle vous avait au contraire, pendant le minuscule trajet de son domicile à la Cathédrale, une façon à elle de marcher, d'une allure légère d'oiseau, élégante, non pareille à la démarche posée, un peu lourde, des « dames conséquentes » du quartier Saint-Front, et laissait sur ses pas la trace délicieusement odorante d'un parfum exquis, inconnu, qu'elles n'avaient pu découvrir chez les marchands les mieux approvisionnés de la Grande-Rue.

La dame de Bois-Mort n'était plus de toute première jeunesse, à en juger par le peu qu'on apercevait de son visage sous son épaisse voilette pudiquement baissée ; mais elle était superbement « bâtie » — comme on disait à Périgueux des personnes bien douées des performances de nature — et plus capiteuse incon-

testablement que les beautés cotées et réputées de tout l'arrondissement.

Les « dames conséquentes » du quartier Saint-Front, piquées de jalousie, avaient fait siège en règle de la discrétion de l'archiprêtre, qui s'était toujours retranché derrière le secret professionnel.

On l'avait pris, en outre, la recluse, en considération, parce que Petit-Louis, le garçon de bureau de la poste, avait révélé le montant des plis chargés envoyés à son adresse par un notaire parisien, — près de vingt mille francs, en moins d'une année : revenu estimable pour Périgueux.

Et, comme bien vous pensez, il ne manquait pas, sous les redingotes périgourdines, de cœurs battant la chamade, brûlant de se dévouer à égayer l'austère claustration dans laquelle elle se confinait.

Mille démarches avaient été ébauchées, pour le plus honorable des motifs, qui s'étaient piteusement échouées sur les marches en pierre de la porte de son hôtel d'où Scholastique avait, par le judas seul entrebâillé, foudroyé les ambassadeurs d'un pareil et inéluctable congé :

— « Madame ne reçoit personne, Monsieur. »

A force, les rangs serrés de la cohorte matrimoniale s'étaient éclaircis ; tel ayant, dans quelque détour, rencontré l'âme sœur de sa destinée et tel autre ayant renoncé à courir le prix, époumoné de taper si longtemps à la massive porte de chêne, défendue par Cerbère-Scholastique et qu'on ne pouvait même pas ébranler.

Trois combattants, trois braves, restaient invaincus, déterminés, obstinément sur la brèche.

Noble Agénor de Pluvieux-Castel, baron de hauteroche Vésunnale, portant gaillardement la verdeur de ses quarante-cinq printemps révolus.

Cyprien-Théodule Le Marmouset, le plus important bourgeois de l'antique cité, notable commerçant en truffes de grande renommée, adjoint au maire et premier marguiller au banc paroissial. Cinquante ans, celui-là ; mais magnifiquement conservé, n'ayant pas gaspillé ses trésors dans les ébats fougueux de la folle adolescence.

Enfin, Evariste Brandicourt, trente-cinq ans, un artisan modeste, le sculpteur d'ornements de la rue de la République, passant pour un révolutionnaire enragé, siégeant à l'extrême gauche du Conseil municipal.

Les divers ordres du Tiers-Etat étaient représentés dans la lutte qui se poursuivait.

En adversaires loyaux qu'ils étaient et pour donner à la société périgourdine qui suivait, haletante, leurs préparatifs de combat, un grandiose spectacle d'imposante magnanimité, ces « Messieurs » avaient convenu d'unir leurs efforts, au début, pour pénétrer au cœur de la place fermée, la fois en présence et face à l'ennemi, ce serait alors au plus fort ou au plus adroit de décrocher la palme de la victoire.

Jusqu'alors, les attaques à découvert n'ayant que médiocrement réussi, ils décrétèrent la ruse géniale suivante :

Copie fidèle était, sous pli recommandé, adressée à la dame de Bois-Mort, de chaque bulletin municipal affiché au tableau des publications de mariage ; avec signature lisible, chaque fois, des trois intrépides impétrant le même honneur.

A ce régime constant d'insinuation détournée, le diable serait bien que l'indifférence de la recluse ne s'échauffât pas du mutin désir de se faire afficher à son tour.

Ils avaient assez bien posé le problème. La dame de Bois-Mort, au commencement singulièrement agacée de cette avalanche de « communiqués » dont le dessous lui échappait tout d'abord, puis intriguée des trois persistantes signatures apposées, envoya Scholastique au Marché-Neuf s'enquérir de la comédie qu'on lui offrait.

Périgueux tressaillit de contentement : l'intrigue se nouait décidément et les propos malicieux parvinrent aux oreilles de l'archiprêtre qui, confesseur soucieux de son ministère, courut citer sa « pénitente » à son tribunal de sincère averti.

La dame de Bois-Mort, en soumise brebis, fit au pasteur récit des péripéties de son aventure.

— « Pourquoi donc » fit le juge, courroucé « avez-vous, Madame, si imprudemment, par l'enquête de Scholastique, témoigné de votre intérêt aux menées de « ces Messieurs » ? Est-ce donc tenir fidèlement votre promesse formelle de ne rien entreprendre sans me consulter, quand j'ai consenti, pécheresse, à vous chaperonner ici sous ce nom trompeur de Bois-Mort que je n'ai jamais dévoilé ?

— « Mais, l'abbé ; je ne puis pourtant pas empêcher les gens de s'acharner après moi ? »

— « Tremblez qu'ils ne découvrent en vous la Chinchinette — et le digne homme se signa — que vous avez été et qu'alors votre dernier espoir ne s'envole avec vos trois derniers prétendants dans les brouillards où les autres se sont évanouis ! »

La dame, inabordable et mystérieuse, de Bois-Mort n'était autre, en effet, qu'une ex-horizontale de grande

marque, en rupture du quartier Marbeuf, — ah ! si Périgueux l'avait su ! — et qui, sérieuse et positive, comme la plupart d'aujourd'hui, aussitôt fortune suffisante amassée, s'était retirée en province, rêvant de s'y établir légitime et honnête femme, dûment consacrée en cette qualité par devant les municipales autorités.

Un « ancien ami » l'avait, au souper de retraite, baptisée de ce nom respectable de Bois-Mort, en subtile allusion à ces feux dont jamais plus elle ne voulait brûler et sous les cendres desquels elle allait s'ensevelir à jamais !

Et c'était également une « petite camarade » de souche périgourdine, qui l'avait incitée, pour éviter d'irréparables bévues, à recourir aux conseils avisés de l'archiprêtre qui était, de tout le diocèse, l'ecclésiastique le mieux vu et le plus écouté.

Il l'avait, du reste, menée directement sur la bonne route ; grâce à son habile direction, Chinchinette arrivait à toucher du doigt la réalisation de ses plus chers projets. Trois maris, au lieu d'un, s'offraient à saisir qui couvriraient ses épaules du manteau d'honorabilité sans lequel au plein air, elles auraient eu à subir l'ouragan mortel du mépris de toute la ville dépitée.

Le temps était venu d'arrêter son choix, sous peine de lasser aussi les derniers candidats restants ; mais avec quelle prudente circonspection pour ne pas culbuter dans un abîme sans issue ?

Qui des trois allait être le plus accessible à convaincre de l'insignifiance des cascades passées au point de vue de la solidité future de la constance conjugale ? Qui des trois plus aveugle, plus accommodant ou plus courageux ?

Tel fut l'exorde de l'archiprêtre qui détestait chercher ses mots pour choses avérées et de la plus évidente clarté.

— « Bien aimable, l'abbé, merci » — riposta Chinchinette, assez peu flattée — « zut ! tant pis ! J'incendie ma flotte ! Nous verrons après ! Je suis excédée, après tout ! de l'emploi que vous me faites tenir de nonnette de profession ! »

L'archiprêtre partit, navré, prévoyant un coup de tête désastreux.

Le lendemain, ces « Messieurs » recevaient de la dame de Bois-Mort autorisation d'ouverture du concours galant. On les soumettait toutefois à une épreuve d'élimination préalable, afin d'éviter aux deux blackboulés, qui fatalement sortiraient de « l'engagement », l'amer regret d'être contraints à repasser honteusement le seuil de l'Eden où ils auraient cru conquérir d'emblée droit de suzeraineté exclusive.

On n'admettrait à comparoir que le jouteur assez habile pour lancer le trait juste à « l'âme » du but envié.

Huit jours francs étaient octroyés pour se préparer au décisif examen et ce fut, dans tout Périgueux, huit jours d'indescriptible anxiété.

Les convenances exigent, à l'aurore de toutes fiançailles de bon ton, que toute adresse à la future épousée soit, par délicatesse, remise ès-mains paternelles et, la neuvaine arrivant à terme, ce fut l'archiprêtre, père spirituel, qu'on désigna pour porter à la dame de Bois-Mort le triple envoi, triplement scellé, des trois prétendants soumis à l'épreuve.

Chinchinette de Bois-Mort était formidablement émue, on a beau antérieurement avoir traversé des crises bizarres et mouvementées, la situation présente était de nature à donner intimidation.

— « Du courage, Madame, et surtout de la justesse de coup d'œil » — fit, sympathique, l'archiprêtre — « et d'ailleurs, je suis là pour vous soutenir ! »

Le premier envoi contenait, au nom d'Agénor de Pluvieux-Castel, la « Page d'Amour » de Zola, avec, en alléchante dédicace calligraphiée :

— « Si daignez, la lirons, Madame, jusqu'à l'ultime dénouement. »

— « Hé, mais !... risqua l'archiprêtre » voilà qui me semble avoir assez d'idéal pour...

— « S'en aller au Diable, l'abbé » — répondit l'examinatrice — « un livre trop souvent parcouru n'a jamais en de charme pour moi. »

Aux calendes helléniques pareillement fut envoyé le respectable Le Marmouset qui avait empli le second envoi décacheté de colonnes de chiffres totalisant le million qu'il avait gagné dans les truffes.

— « Et truffes, disait-il, comme elle s'en assurerait par la suite, n'étaient pas encore épuisées !

— « L'aimable perspective qu'il me fait entrevoir, cet olibrius ! d'aller les chercher avec lui ! » répliqua la dame de Bois-Mort, outragée, à l'impatientant l'archiprêtre qui insistait, dans son expérience des hommes, certain d'avance que celui-là aurait préjugés vaincus par la solidité des rentes de la compagne choisie.

En hâte d'en avoir le cœur net, la dame de Bois-Mort fit sauter le cachet du dernier envoi :

Mignonnement étendu dans un écrin de satin rose, c'était un adorable petit lapin blanc, artistiquement moulé, dont les yeux étaient en « Lère-Catholan », les ongles des pattes et le nez en verroteries scintillantes, de taille de goût. Un parfum délicat, son parfum de prédilection, se dégageait du poil élégamment frisé.

Sur l'écrin, en exergue gravé, ces mots : «Article de Paris. »

L'Énamouré, mais pauvre, Brandicourt avait envoyé toutes ses économies pour faire venir, à l'intention de sa dame, ce qui se faisait de plus récent dans la capitale et on s'était empressé de lui «coller» la «dernière nouveauté pour l'exportation. »

Fut-ce cette délicate attention qui la toucha? fut-ce en elle la mystique dame de Bois-Mort qui s'hypnotisa à l'éclat des «Lère-Cathelain» ou Chinchinette qui s'attendrit à cet emblématique rappel aux félicités disparues? L'archiprêtre ne le pouvait discerner ; mais, exultante d'allégresse, elle saisit le bibelot qu'elle baisa frénétiquement, par trois fois.

— «Oh! tiens, tiens! toi, Mignon! Tu ne me quitteras jamais! »

— «Eh bien! » demanda-t-elle «celui-là, l'abbé, que trouverez-vous à m'en dire ? »

L'avisé confesseur, souriant :

— «Bien, Madame. Je m'incline devant ce manifeste évident de la divine Providence. »

— «Celui-là était certes l'époux que vous méritiez ; il sera payé de retour! »

JEORG' HONET.

## JEUX D'ESPRIT

### NOMS DES DEVINEURS DU MOT CARRÉ

Henri, sa Fiole, Bartholo. — Aimé et sa Marie de Suxy. — Mimi et sa Ninette. — P. d'Allons. — Peine à Vivre et Trompe la Mort, de Nantes. — V. G. T.

### Demande

J[eu] Inst. dist. phys. agr. dés. pl. D[lle] de Comp[ie], lect., donn. leçon allemand. Écr. 417, Bur. 11. Paris.

**Ba-ta-Clan.** — Ce concert, sous la direction de Paulus Habans, est fort bien dirigé ; en tête, M. Réval, le joyeux monologuiste, puis viennent : MM. Max Morel, un jeune réaliste qui promet ; M. Bollini chante agréablement le Vin de Marsala ; Antony est original dans le Raccommodeur de fontaines, très drôle le couplet du vieux dentiste qui rage de ne pouvoir plus mettre de dents ; Gauthier, Romas, David, etc., complètent le côté des hommes. Côté des dames! Mlle Barca est gentille en son costume Louis XV ; Mme Gaspard est bien drôle dans la cheffesse d'orchestre. — L'orchestre est dirigé par M. E. Galle.

**Cigale.** — Nos compliments à la nouvelle direction ; l'artiste Baldy a maigri, mais son talent engraisse ; Grandval chante des chansons qui ne sont pas de son genre ; Chopp est inimitable en troupier ; Maader et Frejol sont drôles ; Gibert est désopilant. Mlle Nita Darlel cherche à imiter Yvette Guilbert et chante le repertoire de Kam Hill, ça ne lui va pas ; Mlle Démeah est la joie de la Cigale, sa gaieté est communicative ; De Verly fredonne bien. M. Febvre s'acquitte fort bien de ses fonctions de régisseur, car la mise en scène des pièces est irréprochable.

**A l'Elysée-Montmartre.** — Les mardi, jeudi et samedi, grandes fêtes ; orchestre sous la direction du maestro Dufour. Le père la Pudeur fera la danse du ventre.

Mlle Camille Stéfani obtient chaque soir un véritable succès avec la chanson : Une Jeune fille moderne, parue dans «Paris la Nuit », chanson dont les paroles sont de notre ami et collaborateur M. Albert Verse, musique du compositeur populaire Spencer.

ALBERT VERSE.

Notre ami M. Verse prépare avec Bourgès, le joyeux comique de la Scala, une grande scène comique «Marius de Marseille. »

## SPECTACLES DE LA SEMAINE

OPÉRA. — FRANÇAIS. — OPÉRA-COMIQUE. — ODÉON. — Spectacle variable : consulter feuilles quotidiennes.

GYMNASE. — 8 h. 1/4. — La Sonate en mi. — Celles qu'on respecte.

VAUDEVILLE. — 8 h. 1/2. — Le fluide. — Le Prince d'Aurec.

VARIÉTÉS. — 7 h. 3/4. — Le Remords de Gédeon. — Premier Paris.

PORTE-SAINT-MARTIN. — 8 h. 1/4. — Le Maître d'Armes.

CHATELET. — 8 h. — Madame l'Amirale.

GAITÉ — 8 h. 1/2. — Les Cloches de Corneville.

AMBIGU. — » h. — Relâche.

PALAIS-ROYAL. — 8 h. 1/4. — Une Tempête. Bébé.

NOUVEAUTÉS. — 8 h. 1/4. — La Bonne de chez Duval.

FOLIES-DRAMATIQUES. — 8 h. — Le Mari d'Hortense. — Les 28 jours de Clairette.

RENAISSANCE. — 8 h. 1/2. — Jaunard et Vertillon. — Brillant Achille.

BOUFFES-PARISIENS. — 8 h. 1/4. — Une Poire pour la soif. — Miss Helyett.

MENUS-PLAISIRS. — » h. — Bacchanale.

THÉÂTRE CLUNY. — 8 h. 3/4. — Disparu! — La Tournée Ernestin.

DÉJAZET. — 8 h. 1/2. — La Petite Salammbô. — L'Instantané.

CHATEAU-D'EAU. — 8 h. — La Fille des Chiffonniers.

BOUFFES DU NORD. — 8h. — L'Héritage de Jean Gommier.

THÉÂTRE MONCEY. — 8 h. — Le Voyage en Suisse.

FOLIES-BERGÈRE. — 8 h. 1/2. — Robert-Macaire, pantomime par les Martinetti ; «Miss Mabelle Stuart», danse serpentine ; Mlle Polaire, chanteuse excentrique. — Dimanches et fêtes, matinées à 2 h. 1/2.

CASINO DE PARIS. — 8 h. 1/2. — Spectacle-concert, bal. L'Heureuse rencontre, pantomime mêlée de chant.

ELDORADO. — 8 h. 1/2. — Concert. — Spectacle.

SCALA. — 8 h. 1/1. — Concert. — Spectacle.

CONCERT PARISIEN. — 8 h. 1/2. — Concert. — Spectacle.

CIRQUE FERNANDO. — 8 1/2. — Spectacle varié.

HIPPODROME. — 8 h. 1/2. — Aux Pyrénées. — Dimanches, Jeudis et fêtes, matinées à 2 h. 1/2.

L'Imprimeur-Gérant : ALPHONSE CARROT.

Imprimerie spéciale du Paris qui Rit, 13, faub. Montmartre, Paris.

## ABONNEMENTS

PARIS : Un an, 6 fr. ; Six mois, 3 fr. ; Trois mois, 1 fr. 50. — DEPARTEMENTS : Un an, 6 fr. 60 ; Six mois, 3 fr. 25 ; Trois mois, 1 fr. 75. — ETRANGER : Un an, 7 fr. 50 ; Six mois, 3 fr. 75 ; Trois mois, 2 fr.

Première année, n° 6.          LE NUMÉRO : **DIX** CENTIMES          Dimanche 13 Novembre 1892.

Demander avec ce numéro :

# LA GRAVURE-PRIME OFFERTE GRATUITEMENT
### A tout acheteur du " PARIS QUI RIT "

## VINGT JOURS DE PLAISIR DANS LA CAPITALE
### Par Emile BLAIN

Les voisins menaçaient la bande de désagréables aspersions.          Le chat tournait sur lui-même en se léchant la partie qui le démangeait.

## CHRONIQUE GAULOISE

— Tu m'aimes, dis ?

— J'te crois !

Puis un câlin bécot, un de ces bécots grisolleurs qui vous trottent le corps jusqu'aux extrêmes pointes de vos escarpins, d'un seul irrésistible frisson.

— Non, dis ! bien vrai, là ! Tu m'aimes véritablement ?

— Si je t'aime ? En douterais-tu ? En veux-tu la preuve ? Demande-moi...

— Oh ! que tu es gentil quand tu veux !... Allons-y tout de suite !... Ta canne, ton chapeau ! filo...s ! nous le ramènerons avec nous !

— Qui ça et d'où le ramènerons-nous, s'il vous plaît ?

— Qui ? le « pur-sang » du Tattersall que tu viens de m'offrir si gracieusement... Tu ne vas pas changer d'idée, je suppose ! Vite ! C'est à peine si j'aurai le temps de le faire entraîner pour la réunion d'après-demain à la Croix de Berny !

(De la d'Alençonnite aiguë, page novembre 1892. — Se guérira par formule appliquée de maquignons et de jockeys, docteurs qui la connaissent dans tous les... crins).

Et Serpentinette, que la féminine sportive contagion n'avait, hélas ! pas épargnée, m'entraîna avec elle aux écuries de la rue Beaujon.

Non pas que je fusse en aucune façon l'heureux titulaire des bécots dont j'ai tenté plus haut de vous dépeindre la suggestive portée.

Moi, un « pur sang » ? Grands Dieux ! de quelles avances multiples il me faudrait pour ça « taper » Merley, notre excellent directeur !

Mais l'agent de change en titre de notre amie avait dû négliger le Tattersall pour la Bourse où il allait glaner... l'avoine future du « porte-couleurs » de la dame de ses habituelles distractions.

Et, en femme avisée qu'elle était, Serpentinette avait d'instinct pensé à moi pour l'accompagner.

— Tu te présenteras comme courtier et nous partagerons la commission qu'on t'allouera, pour mes petites frivolités.

Au Tattersall, le directeur, homme du reste du meilleur monde, nous apprit qu'il regrettait fort, — mais son dernier coureur venait d'être adressé sur dépêche, à Nice, à Liliane d'Évreux, pour le Betting de Monte-Carlo.

— D'ailleurs, monsieur et madame auraient grand tort de vouloir s'obstiner à en trouver autre part, à moins d'aller les prendre dans les prairies du Kansas; Ces Demoiselles ayant tout enlevé dans les Champs-Élysées, chez ses concurrents.

Serpentinette — elle! de Saint-Nazaire authentiquement, où son père salait la sardine — s'entêta, en Bretonne de qualité, à dénicher n'importe comment le — crack — dont elle manquait pour soutenir son rang de femme de bon ton.

— Au Marché aux chevaux, cocher!

Et, en route, elle me démontra par de rigoureux arguments que plus d'un gagnant des grands prix était sorti du milieu où elle me menait.

— De simples manœuvriers, ajouta-t-elle, on avait bien fait des ténors, pourquoi donc d'une Rossinante ne tirerait-elle pas un Gladiateur?

Elle avait, comme on voit, d'ingénieuses comparaisons!

— Trop tard, la belle enfant, répondirent à nos avances les négociants du boulevard Saint-Marcel, de nature galante et joyeuse, nous montrant leurs nombreux licous vides qui pendaient accrochés aux poteaux de la grande cour.

— Beaucoup trop tard! il y a huit jours au moins que le quartier Bréda a fait la rafle — entre nous, serait-ce ironie? — pour les sauts de haies de Saint Ouen! mais il y a là-haut, à Belleville, le père François qui fournit les cochers marrons, il lui restera peut-être l'alezan que vous désirez.

— À Belleville, cocher! chez le père François!

Un type, celui-là! brocanteur hippique, de moins raffinée compagnie que le directeur du Tattersall, assurément, mais d'aussi engageant accueil.

Flairant en nous des pratiques « au sac », il nous offrit pour nous capter, un « mêlé-cass » d'entrée en matière, au bar du coin.

Serpentinette, quoique accoutumée au somptueux service des cabarets du boulevard — pas extérieur, — accepta courageusement, soupçonnant, pour que ce commerçant cherchât à nous séduire par l'alcool, qu'il avait quelque chose à céder.

Mais quand nous lui eûmes décliné l'objet de notre visite, il eut une réplique désolante :

— Ah! si j'avais prévu!... Il n'y a pas dix minutes que j'ai collé mon dernier « carcan » qui trottât, à la petite Paméla Boule-de-Suif, l'étoile de l'Élysée-Charonne, pour la nouvelle piste qu'on va inaugurer à la porte de Bagnolet.

— J'ai bien encore là une « carcasse » d'à peine quatorze ans, mais ça boite et c'est réservé pour les râleurs de nuit, ça abat tout bravement ses deux kilomètres en trois heures. A ma première occasion, je vous préviendrai.

Serpentinette s'en calfeutra chez elle, de rage, pendant plusieurs jours; mais hier, quand je la revis, elle était radieuse, consolée.

Le bruit courait que La Goulue qui, comme elle, n'avait pu arriver à se procurer le « pur sang » rêvé, songeait à organiser des concours d'huîtres, étant experte à les faire courir.

— Il y a les courses de Deauville, avait-elle expliqué à Serpentinette : les courses de Cancale les éclipseront; et, à défaut de la bête entière, nous aurons, ma chère, les « pieds de cheval » pour nous rattraper.

Vous pensez bien que Serpentinette, sous la grave préoccupation qui l'obsédait n'a pu recueillir sur les autres évènements de la semaine que de très vagues informations, que je transcris ici, sous toute réserve de confirmation et contrôle du *Journal Officiel*.

C'est ainsi, m'a-t-elle assuré, que :

*Aux Colonies*, on préparerait un projet de loi pour envoyer à Abomey un détachement de gardes républicains, afin d'apprendre aux amazones du galant Behanzin la théorie du Lebel et le service de planton aux théâtres et dans les concerts.

*Au Conseil municipal*, il serait question de laisser aux habitants de l'Eure, les eaux de l'Avre qu'on voulait leur emprunter, les réservoirs de la ville regorgeant de liquide pour dix ans avec les récentes pluies et M. Pasteur ayant affirmé que les microbes célestes qu'elles contenaient ne causeraient pas plus d'épidémie que l'eau de source dont on s'était servi jusqu'à présent.

*Au Moulin-Rouge*, il serait essayé prochainement des projections lumineuses électriques à travers les mailles du filet pudique des chahuteuses, par décence

et pour la plus grande gloire du chocolat Menier et du cacao Van Houten.

Mais, sous toutes réserves, bien entendu, comme nous l'avons dit.

Au moment d'envoyer ma prose aux typos, je reçois d'une correspondante le petit bleu suivant :

« J'ai Anatole, mon ami, qui est mineur; pour ne pas être prise au dépourvu, ayez donc l'obligeance de me dire combien de temps il pourra durer ? »

Vous aurez le renseignement, Madame, au bureau des hypothèques légales et, en tous cas, cela dépend de votre gracieux appétit!

PETIT-CLAUDE.

# BIZARRE ADULTÈRE

Tous les habitants des Épinettes ont connu, vers la fin de l'Empire, Brigitte Panatieu, la belle écaillère de la rue Marcadet. Je pourrais citer ici les noms de hauts personnages appartenant à l'Histoire, qui, à cette époque, ne dédaignèrent point de faire des infidélités aux nobles dames des Tuileries pour se payer le sourire et la douzaine de *pied-de-cheval* de la jolie Brigitte.

Ah! c'est qu'elle vous avait un jus épatant, lorsque présentant au client son plateau rempli de mollusques, elle disait, gracieusement, en zézayant un peu :

— Monsieur désire-t-il de la sauce poivrade ou bien un zeste de citron?

Ç'que c'est que d'nous, tout d'même !

Si vous voyiez aujourd'hui à quel point elle est déjetée, c'te pauvre vieille Panatieu, non, vrai de vrai, vous n'la *reconnaisseriez* pas!

C'est pas que je prenne plaisir à débiner les anciennes... Comme dit la chanson :

« On n'a pas toujours vingt ans! »

Mais c'est égal, il ne devrait pas être permis, lorsqu'on a eu de la jeunesse, toutes ses dents et pas de corset, de tomber dans une semblable décrépitude !

Ah! c'est en considérant la vieille Bonatieu que je comprends mon homonyme Caïus Marius pleurant sur les ruines de Carthage! — quoique, tout bien réfléchi, je ne crois pas qu'on puisse assimiler les ruines de Brigitte, l'écaillère, avec celles de la cité punique...

Bref, pour en arriver au sujet qui m'occupe, il faut que vous sachiez que, non contente d'être devenue aussi laide qu'une guenon, la mère Panatieu, de gracieuse et souriante qu'elle était il y a un quart de siècle, s'est en même temps transformée en une pimbêche, une rouspéteuse, une mégère incapable d'être apprivoisée, — même au Théâtre-Français...

Ce dernier renseignement donné sur le compte de dame Brigitte me sert de transition naturelle pour vous faire savoir qu'elle possède une fille, — le portrait frappant de sa mère, il y a vingt-cinq ans...

Oui, elle a une fille, souvenir de quelque folle nuit d'amour passée dans un hôtel de la barrière des Poissonniers, au temps où Zola n'avait pas encore inventé l'*Assommoir* du père Colombe...

Ah! ce tendre mot de « Colombe » qui tombe sous ma plume est bien le seul qualificatif qui pourrait s'appliquer à la jeune Cornélie (car je ne veux pas vous laisser ignorer plus longtemps que mademoiselle Panatieu s'appelle Cornélie, comme une personne quelconque).

Mais on a beau être une colombe ou tout autre volaille, — oh! volaille! — du même tonneau, on n'en a pas moins un cœur, et, lorsqu'on a dix-huit ans, on brûle du désir d'en trouver le placement.

C'est ce qui arriva pour Cornélie, un beau soir d'été, entre chien-et-loup d'une part et le café du Rat-Mort de l'autre. Elle sentit que ça lui faisait « pan ! » dans le thorax à l'instant précis où le jeune Pylade Vertugadin esquissait un cavalier seul sur le trottoir d'en face...

Quand ça vous a fait : *pan!* il n'y a plus à hésiter; c'est ce qu'en amour on nomme vulgairement le coup de foudre.

Cornélie n'hésita pas...

Elle sauta au cou du beau calicot susnommé; et la noce eut lieu le soir même, à peu de distance de là, au restaurant enseigné : *A la renommée des tripes*. Puis, après le festin, largement arrosé de petit reginglard à seize, les deux époux allèrent se coucher, ainsi que de simples mortels, dans une chambre où il y avait un lit et tout ce qu'il faut pour... dormir.

Le lendemain, lorsque l'aurore aux doigts, etc., Pylade Vertugadin, qui avait légèrement mal aux cheveux, constata que sa compagne n'était pas du tout dégoûtante, et prit bravement son parti de l'aventure.

— Ma foi, se dit-il, j'ai eu la main assez heureuse, cette enfant a l'air de m'adorer suffisamment pour que je veuille bien consentir à faire son bonheur... Du reste, à présent, le sort en est jeté! arrive qui plante moi, je m'en lave les mains à l'instar de mon trisaïeul Ponce... Pylade !

Mais vous devinez tout de suite qui est-ce qui ne fut par content? ce fut cette vieille pimbêche de mère Panatieu !

Songez donc! elle qui s'était mise dans la tête de faire concourir sa fille pour le prix de vertu !

Elle fut sur le point d'en faire une maladie; mais elle préféra faire une scène à Cornélie, laquelle, il faut le reconnaître, s'en battit les flancs dans une large mesure.

Cependant, Vertugadin, qui n'était pas un pignouf, crut devoir légitimer son union comme tout bon calicot qui se respecte.

C'est alors que la fureur de madame Panatieu ne connut plus de *bornes*, car la colère la rendit aveugle...

Aussi, à peine Pylade et Cornélie furent-ils mariés que Brigitte conçut les plus noirs desseins pour les faire divorcer. Il y avait à cela plusieurs motifs : d'abord Madame Panatieu trouvait l'union disparate; ensuite, si la femme adorait son époux, et si celui-ci lui rendait la pareille, il était notoire que la belle-mère ne pouvait souffrir son gendre; il y avait entre eux incompatibilité d'humeur, et un tas d'autres choses...

Elle consulta des hommes de loi, des avocats, des avoués, des huissiers, des greffiers et tout le bataclan; malheureusement ces braves chicaniers furent contraints de reconnaître que les motifs allégués étaient insuffisants pour obtenir une séparation.

— Eh bien! alors, s'écria Brigitte, il ne me reste plus qu'à jouer de l'adultère !...

Et, la canaille, ce qu'elle avait dit, elle le fit !

Mais vous allez voir que les desseins de la Providence sont impénétrables, et que le crime est toujours puni et la vertu récompensée, — quelquefois.

» Ce fut pendant l'horreur d'une profonde nuit » que la mère Panatieu écrivit à Pylade une brûlante lettre d'amour... dans laquelle elle donnait au jeune époux, un rendez-vous pour le lendemain, au domicile conjugal, au nom d'une femme inconnue. En même temps elle expédia une seconde missive, signée Pilade à quelque grue du boulevard, en la priant de venir le trouver à telle heure, chez lui.

Quand approcha le moment du rendez-vous, fiévreuse, Brigitte alla trouver son gendre et lui demanda :

— Où est Cornélie ?

— Elle est sortie.

— Chouette ! pensa-t-elle. Elle ne nous gênera pas, et je ferai de meilleure besogne toute seule.

Elle descendit l'escalier et alla se mettre en embuscade sous le porche d'une maison voisine.

Au bout de quelques minutes elle aperçut une jeune femme qui entrait au domicile de Pylade.

— Ça y est ! s'exclama-t-elle. Cette fois-ci je tiens mon divorce !

Un quart d'heure plus tard on voyait passer madame Panatieu flanquée d'un monsieur très correct et de deux sergents de ville.

En silence, selon la gravité de la situation, les quatre personnes montèrent l'escalier et frappèrent à la porte de l'appartement occupé par Vertugadin.

— Au nom de la loi, ouvrez ! dit le monsieur bien mis.

Il y eut un moment d'angoisse terrible pour Brigitte.

Enfin la porte s'ouvrit.

— Quoi qu'y a ? fit Pylade, ramenant sur ses genoux les pans de sa chemise.

— Y a que je viens constater l'adultère ! répondit la mère Panatieu... Vous avez une femme ici.

— Mais... oui... balbutia Vertugadin.

— Monsieur le commissaire, faites votre devoir ! s'écria Brigitte en poussant le magistrat dans la chambre...

Mais tout à coup, son visage devint livide, à c'te pauvr' femme...

Sur la couche conjugale elle venait d'apercevoir le minois chiffonné de la belle Cornélie, sa fille!

Le commissaire jura, sacra, d'avoir été dérangé pour rien...

Et j'apprends, en dernière heure que la mère Panatien en vient d'attraper la jaunisse...

Espérons qu'elle en crèvera.

Quand je vous disais qu'en ce monde, comme dans les drames de l'Ambigu, le crime est toujours puni, et la vertu récompensée.

MARIUS RÉTY.

# Vingt Jours de plaisir dans la Capitale

Après un « ban » d'enthousiasme frappé en l'honneur d'Amphitryon-Philoctète et de son aimable ministre Carle-Max, on se mit en route deux par deux, par files galamment enlacées, chaque gigolo enserrant capiteusement la taille de sa gigolette, Berlurette marchant en tête de colonne, faisant gentiment panier à deux anses entre les deux héros du tournoi aux chandelles romaines.

Fut-ce la fraîcheur de la matinale rosée ou le parfum lénifiant des violettes de Parme qui ornaient le corsage de Berlurette? La raison physiologique en échappait, mais il fut avéré bientôt qu'un apaisement s'opérait dans les cervelles naguère bouillantes des deux champions; car, à cent pas du terrain de leur épique combat, Philoctète, redevenu l'excellent garçon que de nature il était, disait à son Fortempoil adversaire :

— Eh! Sosthène! t'aurais pas une « sibiche » sur toi?

Fortempoil, en retour de bonne camaraderie, lui passa aussitôt le « calumet » désiré, en s'obstinant à le nommer Philocôme du Lubin, par instinctive suggestion de sa profession capillaire.

Carle-Max, en passant à nouveau devant chez lui, y rentra un instant pour remettre en leur panoplie les armes devenues inutiles et d'aucun usage pour attaquer les « palognons » vers lesquels on se dirigeait.

— Quel charmant garçon! s'écria Dubassin, pendant la halte opérée.

— Le fait est que sans son gruyère et ses « artifices », reprit Fortempoil, nous risquions fort d'avoir chacun sur la conscience un homicide dont, pour ma part, je ne me serais jamais consolé !

— Et moi donc ?

— Un brave garçon tel que vous !

— Un aussi joyeux camarade !

— Avec une aussi belle voix... de basse !

— Permettez!..

— Non!... J'avoue sincèrement que je te calomniais. Au Moulin, la voix du pétomane arrive à peine au bas du do, tandis que toi ..

— Sosthène !

— Philocôme !

Et, tout émus, pris simultanément d'irrésistible impulsion de tendresse, Dubassin et Fortempoil appliquèrent ensemble un sonore et gourmand baiser sur chacune des joues rosées de Berlurette, choisies pour accumulateur d'amitié.

Le courant électrique s'établit aussitôt à travers toute la colonne. On n'entendit pendant cinq minutes que les lèvres tutoyant de près comme salinées sur prunelles timidement papillotantes, suivant l'intimité idoine aux éléments mis en contact.

Carle-Max, du haut de sa fenêtre, au cinquième étage, une bougie à la main en guise d'amoureux fanal, tapait sur un gong imitant le futur bourdon du Sacré-Cœur imitant l'allégresse publique.

Et c'était merveilleux et touchant spectacle que cette embrassade générale, au milieu des criailleries mesquines des habitants des immeubles voisins, qui, furieux d'être troublés dans leur pacifique sommeil, menaçaient la bande de magistrades aspersions aux désagréables odeurs.

Un quidam plus grincheux, s'écria :

— Il faut aller chercher la police !

— Pas besoin! nous batifolons avec elle! ripostèrent ironiquement Sosthène et Philoctète, en faisant crépiter sous leurs baisers la peau frissonnante du col gracieuse de Berlurette, qui criait « au secours ! » sous le chatouillement provoqué.

— Ce n'est pas la police, répliqua à son tour un des témoins du duel; c'est fromage, fromage, fromage; c'est fromage qu'il nous faut !

Et, avec ce refrain plein de gaîté, dont, en sa qualité de professeur d'harmonie sociale à l'Académie de la Nouvelle-Athènes, il dirigea l'exécution, la joviale cohorte repartit en chantant vers l'enseigne hospitalière connue de tous les joyeux viveurs, à l'entente de la rue Lepic, du « Vatel », adopté par les dilettantes du « Palognon », à la sortie du Moulin.

Il était temps, tout juste temps! Le Vatel infâme posait, à sa devanture fermée, le dernier boulon de clôture.

Le pauvre homme, en voyant l'invasion qui s'avançait et en entendant son chant vorace de guerre, se mit en devoir de hâter la barricade de sa maison pour ne pas être retardé dans le repos qu'il se disposait à aller goûter en paix avec son épouse.

Mais, plus prompt que le fulgurant éclair, Philoctète, toujours courageux, s'élança dans l'entrebâillement de la porte sur laquelle Vatel était prêt à tirer le dernier verrou.

— Enfonce si tu veux ! Écrabouille-moi si tu l'oses, lui dit-il, en athlète que le danger n'émouvait jamais !

Pris au piège ingénieux du jeune Dubassin, le Vatel essaya de disperser l'invasion par de persuasives paroles.

— Impossible!... je regrette... les règlements!

— C'est bon! On le paiera d'avance!

— Ma cuisinière est éteinte !

— Les yeux de Berlurette la rallumeront.

— Je n'ai plus d'oignons épluchés !

— Nous allons les râcler en chœur !

— Croyez-moi, mes enfants, vous feriez mieux d'aller vous coucher.

— Mon concierge m'a prévenu que, passé 9 heures, il ne tirerait plus le cordon.

Et impatienté, Carle-Max eut recours à l'effet de son éloquence ordinaire.

— Or ça, Vatel de mon cœur, tu sais le proverbe «ventre affamé n'a pas d'oreilles ! » donc, tu perds à nous haranguer un temps précieux qui serait plus utilement employé à préparer les « palognons » exquis que tu vas nous servir selon la magique recette et de bon gré; sinon, par les mânes sacrés de la défunte mère de mon angélique Margot, concierge de son vivant dans la rue Coquenard, je te jure que tous ci-présents, nous démolissons ton indigne baraque et la réduisons à néant ainsi que son propriétaire récalcitrant.

— A nous, Vatel, les succulentes soupes aux filandres vantés dans tout l'univers ou jamais plus gourmet ne pourra se réconforter de ta géniale cuisine.

Comprenant qu'il ne viendrait pas à bout de se débarrasser de l'infernale bande, Vatel ouvrit sa porte par où elle s'engouffra en reprenant de plus belle son chant interrompu par les précédents pourparlers.

Et, toutes les folles enfants évaporées, qui, chez elles, se servaient d'une bonne pour lacer jusqu'à leurs mignons souliers, se ressouvenant des talents qu'elles exerçaient naguères, avant l'envolée de leurs bonnets par dessus la butte et ses galants moulins, se précipitèrent à l'envi pour apprêter le « Palognon » à leurs gigolos rigolards.

— Tiens! Margot, à toi les oignons !

— Berlurette! râpe le fromage !

— Hé! Francine! viens m'aider à allumer le feu !

Vatel et son épouse s'étaient calmés, pris par la communicative gaîté des jeunes fous et trinquaient cordialement avec ces « messieurs » qui faisaient place convenable au « palognon » à dose répétée de Noilly-Prat et de Pernod.

Berlurette, élue par ses compagnes chef d'atelier, vint les arracher aux confidences des époux Vatel qui déploraient les difficultés incessantes qu'ils avaient à satisfaire la clientèle avec la hausse croissante du gruyère et des oignons.

— Ces messieurs sont servis !

Pour une franche lippée, ce fut une franche lippée, telle que Rabelais eût éprouvé plaisir divin à la narrer dans ses détails et amusantes réparties.

Au centre et pour leur faire honneur, on avait mis les époux « Vatel » qui commençaient à se grisotter un peu.

— C'est encore diablement coquet, ici, dit Philoctète, à Carle-Max. Décidément mon cher, vous ne connaissez que de bons endroits et je vous jure...

Il fut forcé de s'arrêter par un étrange bruit qui se faisait près d'eux depuis une seconde.

— Ne faites pas attention, dit madame « Vatel », ce n'est que nos chats, nos enfants! Ils viennent voir s'il n'y a rien pour eux, les trésors !

Câlinement, dodelinant de la tête et ronronnant, douze chats sortaient lentement de la cuisine, nez tendu et miaulant en mendiant qu'on les invitât au festin.

Ces demoiselles se jetèrent sur eux, pour les caresser et se fourrer le nez dans leurs poils soyeux.

— Vous avez là de superbes bêtes! s'écria Philoctète aux époux Vatel, dont la figure s'épanouissait d'aise de l'accueil fait à leurs favoris.

— Que voulez-vous? nous n'avons que cette distraction-là! Encore un peu de « palognon », monsieur.

— Non, merci.

Et, l'œil brillant d'un éclat furtif, comme si une idée lumineuse traversait son cerveau, Philoctète, qui décidément se formait, murmura à Berlurette et à Carle-Max :

— Que diriez-vous si je trouvais le moyen d'avoir dégusté notre excellente soupe — à l'œil?

— Ça, je t'en défie, les « Vatel » sont sourds à cette musique-là.

— Tu vas voir.

Et, tout haut, reprenant son éloge de matous :

— Il y en a un, là, surtout, le gros rouge, quelle bête superbe! et d'une race!

— Vous trouvez?

— Où l'avez-vous acheté?

— On nous l'a donné dans le quartier, Monsieur, c'est un septième qu'on voulait jeter à l'eau: nous avons mieux aimé le prendre.

— Vous avez été merveilleusement inspiré. Il vaut de l'or.

— Oh! vous riez!

— Pas du tout! portez-le au marché de Birmingham, je suis certain qu'on vous en donnera 2000 livres sterling !

Les convives se regardaient croyant le jeune Dubassin devenu subitement toqué.

— Eh! dis donc! deviens-tu Maboul? dit Carle-Max.

— Chut! c'est notre soupe à l'œil, que je commence à faire chauffer!

Les époux Vatel avaient été alléchés par la somme énoncée.

— Mais à quoi voyez-vous, demanda le mari, qu'il vaudrait une pareille somme?

— A sa race parbleu! c'est un chat qui doit manger de la moutarde.

Un rire homérique secoua toute l'assemblée.

— Vous n'avez jamais essayé de vous en convaincre, reprit le jeune Dubassin, avec un imperturbable sérieux.

A propos de moutarde, le père « Vatel » la sentait qui lui montait au nez, croyant comme les autres, à présent, que Philoctète cherchait à le faire poser.

— Je vous prie de croire, Monsieur !..., fit-il avec la dignité qui convient à un notable commerçant qu'on prétend mystifier..., que je ne suis ennemi d'aucune plaisanterie; mais celle-ci est un peu trop forte, un chat qui mange la moutarde... Du gigot, j'y croirais sans peine ; mais de la moutarde, Monsieur !

— Ah ! du gigot...

— Certainement, tenez ! celui-ci, quand il peut m'en voler une tranche...

— Eh bien ! monsieur Vatel, pour vous prouver que je ne me moque aucunement de vous, je vous offre de parier avec moi le montant de toutes les soupes que nous venons de manger, que si votre chat est placé entre du gigot et de la moutarde, ce sera sur cette dernière qu'il ira se précipiter d'abord.

— Vous y tenez ?

— Parfaitement.

— Oh ! alors! ce sera pour vous du « palognon » à double tarif, Monsieur.

— Nous verrons ! allez chercher une tranche de gigot.

Et pendant que le sieur « Vatel » allait chercher du gigot dans la cuisine, le malicieux Philoctète, qui avait en sourdine trempé son doigt dans un pot de moutarde à sa portée, l'enfonça jusqu'au bout dans la cavité que le chat roux possédait à l'endroit d'où le pétomane faisait sortir ses amusantes mélodies.

Monsieur Vatel revint avec d'une main une assiette contenant un morceau de gigot appétissant, dans l'autre main un pot gigantesque de chez Bornibus.

— Je vous attends, fit-il à Dubassin, qui lâcha le matou dont il avait « graissé » le pétomanique gosier.

Le chat rouge, allait naturellement se lancer sur le gigot, mais le sinapisme de Philoctète lui piquant la muqueuse au vif, il se mit à tourner comme un fou sur lui-même, en se léchant furieusement la partie qui le démangeait.

— J'ai gagné! s'écria Philoctète, et montrant aux époux « Vatel » ahuris, leur matou, dont il souleva délicatement la queue.

— Vous voyez! la moutarde y est encore !

Les joyeux compagnons se tordaient de rire et applaudissaient à outrance ce petit provincial qui témoignait d'une ingéniosité pleine de promesses.

Les époux « Vatel » regardaient, consternés, la soupière vide et les bouteilles décachetées.

Mais, Berlurette ayant déclaré que les balayeurs donnaient dans la rue le signal habituel de la retraite, il paya en bon prince la dépense faite, reconnaissant avoir agi à « moutarde » prohibée et les gigolos en chœur se disposèrent à regagner leurs domiciles légitimes ou de fantaisie.

Carle-Max offrit généreusement la moitié de son bois de lit à Dubassin ; mais Berlurette s'écria :

— Et Margot! faut-il qu'elle s'en aille à l'hospitalité de nuit ?

— D'ailleurs! conclua-t-elle à Philoctète, en se penchant sur lui, irrésistiblement: « J'ai congédié ma bonne hier soir et je ne suis jamais fichue de me déshabiller toute seule. »

*(La suite au prochain numéro).*

# ÉTUDE DE RIEUSES

## L'infidèle fidélité

Comme Mercédès était en train de terminer sa toilette — le chapitre des ablutions à la peau d'Espagne, un rêve de parfum et de perles humides, ma chère, — la sonnette de l'antichambre retentit fortement trois fois.

— Qui peut venir à cette heure ? pensa la mignonne et brune Espagnole dont les yeux encore mal désobscurcis regardaient anxieusement le cadran de la pendule à droite, sur la cheminée encombrée de bibelots étranges et de photographies d'amants.

Au même instant la porte s'ouvrit toute grande et Jeanne Volubilis entra comme une trombe, — quelle jolie trombe faite d'un envolement de jupes blanches et roses sous une pluie de radieux cheveux blonds !

— Ah ! c'est toi, fit simplement Mercédès, rassurée.

— Et qui croyais-tu donc que cela pouvait être ?

— Est-ce que l'on peut jamais savoir avec nous autres. Nous recevons tant de visites.

— C'est vrai. Mais tu avais l'air particulièrement inquiète, tout-à-l'heure.

— Un rien...

— Que si.. je lis encore l'appréhension dans les yeux, bien que la tranquillité te soit de suite revenue à mon approche.

— Eh bien! oui, tu veux savoir .. Je pensais que ça pouvait être Georges, et cela m'ennuyait de le recevoir malgré toute l'affection que je ressens pour lui et son bel or sonnant.

— Et pourquoi ?

— As-tu le temps ?

— Certainement.

— Assieds-toi donc, poursuivit Mercédès, et je vais te conter tous mes chagrins. C'est presque, vois-tu, ma chère, un cas de conscience.

Jeanne Volubilis, retroussant coquettement une jupe de soie rose semée de dentelles pâles, s'installa dans un fauteuil et souriante suspendit sa délicate frimousse d'enfant gâtée, une petite tête fraîche et éveillée dans laquelle les yeux semblent deux coins de ciel découpés en amande, aux lèvres de son amie.

Au bout d'un instant Mercédès s'était vêtue d'un peignoir grenat et étendue sur une chaise longue bien en face, commença :

— Nous nous connaissons depuis longtemps, n'est-ce pas, Jeanne ? La première fois que nous nous sommes rencontrées, c'était au Jardin de Paris. Ce jour-là nous avons accompagné deux messieurs qui nous offrirent à l'hôtel Terminus du champagne et le reste. Quel reste ! Ah ! le vieux chauve ! était-il assez répugnant ? T'en souviens-tu ? Le tien était un peu mieux. Mais nous n'avions pas à choisir. C'était la dèche dans ce temps-là ! Bref, nous marchâmes.

Depuis, les soirées du Casino de Paris et les bals du Moulin-Rouge n'ont vu que nous, bras-dessus, bras dessous, excitant par la dualité de nos charmes, les viveurs de marque à nous venir aimer.

Nous avons assez réussi. Notre amitié nous a porté chance. Il y a des choses comme cela dans la vie.

Aujourd'hui nous triomphons de l'antique purée. Nous sommes cotées sur le turf de la galanterie parisienne. En un mot nous valons cinquante louis comme deux sous.

Nos boudoirs sont fréquentés par tout ce que les endroits de plaisirs comptent de plus chic et de plus casqueur.

Grâce à notre mutuelle assistance nous avons vaincu la guigne.

Eh bien ! Jeanne, malgré la connaissance approfondie que nous avons l'une de l'autre, je suis persuadée que tu ignores un point essentiel et délicat de ma manière d'être avec les hommes.

— Tu plaisantes, interrompit Jeanne Volubilis.

— Nullement, c'est très sérieux.

— Alors, qu'est ce ?

— Voila, petite curieuse. Puisque la circonstance se présente à propos de ce Georges, je vais lever le voile que ta perspicacité pourtant si renommée n'a su soulever.

Jeanne, promets-moi seulement de ne pas mettre en doute ma parole malgré toute l'invraisemblance de ma révélation.

— Je te le promets.

— Eh bien ! ma chérie, au contraire de nous toutes, femmes de noces, qui passons des bras de l'un dans ceux de l'autre sans souci des protestations d'amour et des prières de fidélité, je suis une femme fidèle.

— Ah ! par exemple, s'exclama Jeanne, en voila une fumisterie de mauvais goût, fidèle ? toi ! c'est trop fort.

— Tu vois, tu n'es pas gentille, tu ne tiens pas la promesse de me croire sans réticences, tu doutes.

— Dame j'avoue que je ne m'attendais pas à celle-là. Tu comprendras toi-même combien elle est dure à digérer ; fidèle ? mais explique-moi comment il se peut qu'avec une pareille divinité de relation, avec la débauche perpétuelle de caresses qui fait de toi la plus courue des femmes du Casino ; tu sois fidèle même une heure à l'un quelconque des messieurs auxquels tu accordes si facilement tes faveurs.

— Parfaitement cela ce peut et je vais t'initier à ce que tu traites d'impossibilité et de mystère.

— Parles, je t'écoute ?

— C'est bien simple. Tu sais qu'en dehors de l'imprévu, des heureux hasards du soir... je possède six amants en titre qui, à eux seuls, suffiraient, si j'étais plus raisonnable et moins bohème, à assurer le confortable de mon existence. Or, c'est précisément à ces six amants dont Georges fait partie, je prétends être fidèle entièrement, d'une fidélité de caniche, à toute épreuve.

Compte sur tes doigts. J'ai Emile, Réné, Gustave, Henri, Charles et Georges Cela fait bien six. Je les ai choisis de nom différents, afin d'être plus certaine de ne pas me tromper, les prendre l'un pour l'autre, car tu sais aussi bien que moi que sous la multiplicité des rendez-vous, une erreur préjudiciable est vite commise.

Avec mon système il n'y a pas moyen de gaffer Emile, Réné, Gustave, Henri, Charles et Georges sont des prénoms d'une sonorité tellement disparate, que même au comble de la plus puissante extase il faudrait être bête ou égarée jusqu'à se pâmer sur un article de Georges Montorgueil, pour les confondre et commettre ainsi la plus impardonnable des méprises.

Donc, mes six amants, je les aime à la folie. Je les ai tous rencontrés dans des circonstances amusantes qui me tiennent au cœur.

Emile au *Divan Japonais*, chez le camarade Sarrazin, où j'étais allée faire applaudir Victor Meusy et Sarcey. On faisait depuis une demi-heure un potin de tous les diables. Cet Emile en tête, semblait même organiser le chahut, juste à deux pas de moi, dans la loge voisine. Comme ce chambard menaçait de continuer lors de l'entrée en scène de Meusy, et que je tenais absolument à l'entendre, je me penchai, oh ! si câlinement ! vers lui, de façon qu'il découvrit un tantinet de la blancheur radieuse de mes seins et lui dis avec l'accent de prière que tu me connais dans les cas urgents :

— Monsieur, de grâce ! pour moi cessez ce bruit. Je vous en serai bien reconnaissante.

À ces mots caressants, lui aussi se pencha et ses lèvres faillirent effleurer les miennes, et cet à peu près de baiser fut désormais le gage d'un profond silence, que seule, troubla dans la suite, à la joyeuse pétarade du champagne, Laure de Chiffreville.

Je connus Réné chez Gabriel Salis – ouh ! ouh ! pour Rodolphe — à l'*Ane Rouge*.

Placé derrière un des curieux panneaux de Defeure, des ours rampant, soumis, aux pieds d'une mystique joueuse de harpe, il battait frénétiquement des mains en l'honneur d'une surprenante chanson de Sécot : la complainte des Marlous, et se disposait lui-même à déclamer quelque chose, en attendant le tour du chansonnier poète montmartrois, Linder, lorsque quelqu'un demanda : l'*Aveu de la faute*, d'Hector Sombre.

— Oh ! oui, fis-je, ayant déjà entendu avec plaisir ce petit poëme mystico-profane, récité à genoux devant monsieur Jésus.

Mais Sombre n'était pas là. Alors Réné Sémille, à ma supplication, le dit à sa place, et voi à pourquoi du coup, je l'aimai.

Quant à Gustave. — vicomte de Pamiliska pour les dames — c'est une vadrouille effrénée. On le rencontre rarement à Montmartre. Il fréquente la *Taverne Gauloise*, boulevard Sébastopol, et le *Caveau des Négociants*, même boulevard.

Très ami des directeurs de ces deux goguettes, de Nola et Mortreuil, il remplace au pied levé les amateurs souffrants ou ronchonneurs.

Il n'a qu'à chanter *Sentinelle, rei lez*, de Paul Marot, et la salle croule sous les applaudissements.

Bénéfice et bilan de la soirée : une cuite et des femmes au choix.

Je me suis battue une nuit à la sortie avec Suzanne pour l'avoir. Je l'ai eu, et, comme dit la ballade, je l'aurai toujours celui que j'aimerai. Avec ça, ma chère, une affaire d'or, cet animal-là.

Pour Henri et Charles, c'est tout le contraire et c'est la même chose, ce furent eux qui se battirent pour savoir qui me posséderait ; pour ne pas faire de jaloux, je les ai emmenés tous les deux.

Georges, mon petit Georges chéri, se trouvait chez Rossignol, rue des Martyrs, presque en face la Tartine, lorsque j'y fis mon entrée vers les trois heures du matin après la fermeture du *Rat Mort*. J'avais une pistache formidable. Nous allions nous envoyer un copain nous achever avec des petits marcs dans cette maison hospitalière. Tu connais la boîte, c'est drôle, on y rencontre un peu de tous les mondes. L'élément chic y domine. C'est plutôt un ramassis de bons types qui aiment à voir se lever l'aurore, qu'un coupe-gorge, ainsi que certains l'imaginent. Rossignol d'ailleurs est un frère.

Toutefois il arrive que des femmes se prennent du bec et se crêpent le chignon, mais ça se voit partout, n'est-ce pas ? Ce soir-là, il y avait autour de la grande table du fond, Inès, Augusta la blonde et Nana la brune, cette jolie fille aux yeux qu'ils ensorcelleraient dix âmes. Tout à coup, à propos de bottes, une querelle éclata, je me trouve incidemment mêlée à la bagarre et dame sans Georges, je ne sais pas ce qui ce serait passé sans lui.

Alors, je lui en ai su gré, c'est tout naturel, bien gré je l'assure ; encore plus gré le lendemain lorsque j'ai senti que ma gratitude ne s'était pas adressée à un ingrat.

— Oui, mais interrompit Jeanne Volubilis, tout cela ne prouve pas la fidélité, bien au contraire.

— Pardon j'y arrive. Une fois en possession de ces six amants que j'aimais d'un égal amour, j'ai voulu concilier mes devoirs de maîtresse ardente avec ma native honnêteté, car je suis honnête, Jeanne, plus qu'une femme ne l'est et j'ai trouvé un joint :

Je me suis sixtuplée, c'est-à-dire, tu vas comprendre à demi-mot, que j'ai choisi six différentes parties de mon individu que j'ai attribuées sans partage à chacun d'eux. Emile à mes seins, Réné ma bouche, Gustave ma bouche encore mais avec une deuxième édition de caresses, Henri le fouilli brun qui souligne mes bras blancs, Charles l'illusion de mes hanches, enfin Georges le tout moi, que Mendès appelle un lys rose.

— Et ils s'arrangent de ces attributions, tes amis.

— Parfaitement, jusqu'ici.

— Alors d'où vient ton trouble...

— C'est que Georges voudrait changer, l'uniformité l'assomme. Il menace de me lâcher si... et pour rien au monde je ne voudrais être infidèle.

— C'est bien simple, conclut en riant Jeanne, s'il existe des lys roses, il en existe aussi de jaunes m'a-t-on dit ; septuple toi chérie.

ANDRÉ CARMEN.

# LADOUCINE

Eustache Ladoucine était surnuméraire en la placide et benoîte administration du Timbre. Il avait vingt-cinq ans, un bel âge, quoique terriblement avancé déjà pour un surnuméraire. Mais il était ami des lettres. C'était un doux poète, le seul, du reste, que possédât Picardeau-sur-Couie, un pays fort pauvre en grands hommes.

Un sonnet auquel personne ne comprit rien l'avait révélé à sa patrie. D'autres suivirent, en tout pareils et Ladoucine fut proclamé génie.

Lui, partagea tout de suite l'enthousiasme de ses concitoyens. Il alla même très loin dans cette voie et se prit à morigéner son siècle. Celui-ci prit assez bien la chose et le censeur n'eût encouru de ce chef aucune responsabilité si le meilleur mais aussi le plus malencontreux de ses sonnets n'eût heurté de front la fougueuse Eudoxie, une petite passementière qui n'aimait pas les moralistes et qui ne demandait qu'à en tenir un pour lui river son clou.

Je n'ai pu me procurer la copie de cette œuvre. C'est fâcheux. Il me souvient seulement que la forme en était byronienne, la chute élégante, l'apostrophe hautaine et dédaigneuse.

Eudoxie y rimait avec asphyxie : rime riche, mais qu'elle n'avait pas goûtée. Justement, un de ses aïeux — elle avait bonne mémoire — avait, en son temps payé les mandats-poste à domicile dans le haut pays aux confins de Perche ; et elle avait vu là une intention aussi perfide que déplacée d'effeuiller sous le ridicule le plus fier rameau de l'arbre généalogique de la famille.

Toutefois, elle ne voulut pas se venger sur l'heure. Ladoucine avait la faveur populaire. On racontait même que ses élucubrations tiraient à cent cinquante et qu'elles se vendaient : il n'y faisait pas bon pour l'instant.

Elle se borna donc à étudier son homme : il devait bien avoir un faible.

Il en avait un, la peur des femmes. Elle passa une bonne semaine à se demander pourquoi.

Quand, dans ses promenades aux environs, il rencontrait quelque minois apprivoisé, — il y en a aussi à Picardeau, — les histoires de brigands qu'on lui avait racontées sous le manteau de la cheminée, par veillées d'hiver, lui revenaient toujours à l'esprit, aiguës, salutaires, et il s'en tenait à de vagues — oh ! très vagues, — politesses. Aussi son imperfection en la thermodynamique était-elle absolue ; il ignorait tant encore des sources mécaniques de la chaleur. Pauvre jeune homme !

Si Picardeau n'avait qu'un seul poète, sa terre n'en était pas moins riche et féconde. Les filles y étaient étonnamment intelligentes, jolies, idoines aux données théoriques et aux procédés d'application les plus ardus et les plus divers.

Aussi, à peine leurs vues élargies découvraient-elles de nouveaux horizons par delà les collines normandes, qu'elles frétillaient du désir d'apprendre plus encore, et qu'elles filaient avec un touchant ensemble vers l'étoile, vers Paris, ce boulevard de la science et de l'hospitalité.

Et les Picardins avaient un tel souci de l'avenir des picardines que, bon an mal an, ils en rangeaient une bonne douzaine sur les banquettes de cuir de la diligence locale qui les emportait au chemin de fer et à la conquête de la vie.

Ladoucine trouvait cela bien, et il y applaudissait, — en vers libres, réservant le style noble pour les grandes actions et les grands devoirs.

Or, il admit qu'un beau matin Eudoxie, faisant trève à ses noirs projets, se trouva prise subitement du désir de contempler du haut de la Butte la tour Eiffel et le Palais des Arts Libéraux, — et qu'un autre matin, un an après, prise d'une nostalgie soudaine, elle fit une réapparition — oh ! passagère — au colombier paternel, nid toujours ouvert aux filles de bonne volonté.

Ladoucine fut tout surpris de la rencontrer un jour en allant vers dix heures et demie à son bureau.

Secoué à sa vue par une émotion violente, il la salua si bas que son chapeau melon lui échappa des mains.

— Ah ! mon gaillard, se dit la belle, nous y venons ..

Et subitement ressaisie par sa rancune... elle rendit le salut par la plus gracieuse et en même temps la plus savante des révérences.

Tant de courtoisie endormit Ladoucine, devenu tendre comme un poulet, dans la plus trompeuse sécurité ; il prit pied sur le terrain semé de chausses-trappes où il était impatiemment attendu.

Le poète regrettait bien un peu la « Doxie » des anciens jours, aux gros souliers informes, l'enfant pauvre du faubourg de petite ville, la jeune ouvrière en tablier de laine, la jolie créature aux couleurs fraîches de pêche tentante et saine.

Mais l'homme — j'aurais pourtant bien voulu dire : l'animal — s'accommodait volontiers de la robe impudiquement ouverte, du chapeau en bataille autour duquel s'enroulait une large plume blanche, panache des soirs de ralliement ; il se sentait confit d'indulgence pour les bas noirs très à jour, les souliers grands comme ça, les yeux partis fripons, simplement, revenus battus et canailles, — de ces yeux qui vous déshabillent jusqu'a l'escarcelle, pleins d'un feu sombre qui trouble, d'éclairs ardents qui émeuvent. Ainsi ceux-là qui, aux vesprès mourantes, illuminent les lointains du ciel, — éclairs de chaleur de la nature animale.

Quelques jours après, Eudoxie se retrempait dans les soins du ménage. Elle avait arboré pour la circonstance un élégant déshabillé — et tous ses bijoux. Cela faisait bien parmi la fruste vaisselle des vieux.

Ladoucine, qui venait de pondre une œuvre sur les rives en fleur de la Couie, — sa chère Couie, — et qui rentrait déjeuner, l'aperçut. Elle était occupée à puiser de l'eau à une pompe, dans la cour.

Fortement penchée en avant, la main droite au balancier, la gauche tenant ramassée et relevée assez haut les longues jupes embarrassantes, elle avait une si charmante posture qu'Eustache se dit incontinent :

— Tiens si je l'aidais.

Et il entra sans façon.

Eudoxie était seule à la maison.

— Mon poète, s'écria-t-elle.

— Vous allez vous écarteler, vous démolir toute, ce serait fâcheux. Permettez-moi.

Et aussi maladroitement que possible il se jeta sur le balancier, lequel se trouvait en l'air à la limite de sa course.

Mais sa main tomba sur le poignet nerveux et souple de la nouvelle samaritaine — avant la couche. — Cela lui parut probablement suffisant, car il s'en contenta et se mit à imprimer des mouvements nécessairement oscillatoires mais désordonnés à la combinaison de leviers dont il s'était constitué directeur.

Ce manège aboutit à un furieux à-coup, et la belle fille subitement lancée en avant culbuta. Il n'eut que le temps de la retenir dans ses bras.

— Peste ! elle sent bon, se dit-il, sans se préoccuper de l'antithèse, pour la première fois de sa vie.

Et il sentit en même temps la pression légère de son sein sur sa poitrine.

Ce n'était déjà point mal ce résultat, pour un parnassien de cette envolée. Eh bien ! il ne le satisfit pas du tout. Il voulut autre chose. Quoi ? Vous ne connaissez pas les timides, vous.

Il commença par prendre un baiser.

Mais se dérobant et se saisissant du seau à demi plein qui était à ses pieds, Eudoxie recula d'un pas et, à la volée, riant à perdre haleine, avec un mouvement de chatte excitée qui commence à pouvoir montrer les griffes, elle en lança le contenu à la tête du malheureux Ladoucine, qui en éternua de stupeur.

La douche, toutefois, se trompa d'adresse : ce devait être calmant, ce ne fut qu'un baptême, et celui du feu.

Aussi, le soir de ce jour mémorable, à l'ombre de la vigne paternelle encore pourvue de ses feuilles, Eustache tenait la preste Eudoxie sur son cœur.

Et, voilà bien les femmes, maintenant il n'était plus question d'atroce vengeance, ou la vengeance s'était fortement compliquée. Ladoucine n'était pas vilain garçon ; on parlait beaucoup de lui dans la contrée, - et c'est flatteur, cela.

Aussi, la joue en feu, très montée, s'était-elle résolue à user doucement, câlinement, de représailles, voulant donner beaucoup de bonheur, voulant, elle aussi, recevoir beaucoup de joie.

Mais aux premiers bégaiements de Ladoucine, comme réveillée en sursaut, elle se rejeta vivement en arrière, et, tout bas, avec l'accent d'une étrange terreur, émue, peinée, suppliante même, toute triste, elle le repoussa.

— Plus tard... oui, plus tard, lui dit-elle, tenez... la veille du jour où je m'en retournerai. Je vous le promets.

Et la veille de ce jour, après la bataille, quand eut retenti le dernier coup de clairon ralliant les lignes éparses, Ladoucine, au lieu de l'extase, n'eut qu'un balbutiement d'une inconvenance majeure.

— Et puis... c'est tout ?

Oui, candide jeune homme ; mais parce que Dieu, en déléguant l'amour, t'a protégé. Cela arrive qu'il nous protège. Et brûle un cierge en l'église paroissiale de son pays.

Quelquefois, tu sais, cela vous jette des sorts, les belles filles, surtout quand sous le couvert d'une innocente villégiature peut se dissimuler toute une diplomatie relevant à la fois de l'hydraulique la plus intime et des convenances les plus hautes. Aussi, rien de moins étonnant que cette fantaisie du destin d'accoupler sans transition ces deux positions diverses par lesquelles passe toute l'humanité, et que tu pourras chanter un jour sur ta lyre, ô poète : vierge, et martyr !

Avec ce cierge, tu dois bien cela au ciel clément de Picardeau — et à l'éducation de ses glorieux enfants.

ÉDOUARD ZED.

# Querelle archéologique... d'Allemands

On les citait, à vingt lieues de pays environnant comme des lumières de science archaïque.

Le nombre des vestiges des temps les plus reculés qu'ils avaient, avec mémoires justificatifs minutieusement détaillés, adressés aux diverses académies des provinces voisines, s'élevait à l'infini.

Ils avaient ensemble leur vie déjà longue, soixante-dix hivers laborieusement parcourus, à des fouilles ininterrompues du sol qui les avait vus naître, pour lui arracher bribe à bribe les secrets enfouis des lointaines époques, dont ils rêvaient de reconstituer la véridique histoire, n'ayant dans les récits des écrivains passés qu'une confiance très restreinte.

Parents proches, cousins doublement germains, venus au monde à quelques heures de distance, fils de deux mères, sœurs et épouses des deux frères, ils ne s'étaient jamais quittés.

L'École, le Gymnasium, l'Université, les avait toujours vus étudier côte à côte ; suivant les mêmes cours, du même degré, poussés tous deux d'un même élan passionnel vers l'aride archéologie.

Ensemble, ils s'étaient fixés au village natal, où ils avaient aimé la même femme que, seul, l'un d'eux avait pu épouser, puisque la loi barbare interdisait une double liaison légitime à laquelle ils eussent pourtant consenti sans faire aucune récrimination, tellement ils avaient sur toute chose identique façon de voir et de guider leurs actions.

C'était Elle qui avait choisi et désigné celui dont elle accepterait l'hymen et l'autre, malgré le changement de vie survenu dans l'existence du préféré, n'avait pas cessé de demeurer sous le même toit ; et jamais il n'y avait eu pour cela la plus légère querelle entre eux deux.

Entre eux deux, Elle avait vécu paisiblement heureuse, sans secousses, jusqu'au jour où elle avait pris son céleste vol vers le dispensateur de nos futures destinées.

Ensemble, ils s'étaient partagé les souvenirs de la défunte regrettée et ils avaient continué ensemble leurs fouilles et scientifiques travaux.

Quand, un jour de printemps, ils étaient revenus pour déjeuner au logis commun dans un état de préoccupation bizarre et inaccoutumé ; n'échangeant pendant le repas que de rares monosyllabes, au lieu de l'interminable dissertation qu'ils entamaient alors, pour l'achever qu'au soir tombant, sur leurs découvertes de la matinée.

Ils étaient arrivés, observant le même silence, jusqu'à trois heures après midi, lorsqu'enfin Julius von Bitterwasser junior dit posément à Wilhelm von Bitterwasser senior — ceci se passant en Allemagne, près de Dusseldorf, vers 18...

— « Quel malheur, Wilhelm, que notre pauvre Anna ne soit plus là pour nous éclairer !...

— « Nous saurions à quoi nous en tenir » répondit Wilhelm.

— « Je crois, moi ! que c'est un de ces récipients dans lequel les anciens Teutons, nos premiers pères, déposaient le sang des agneaux sacrifiés dans les religieuses cérémonies.

— « Je ne suis pas de votre avis, Julius, ce doit être plutôt le plat où le grand Frédéric se lava les mains quand il passa dans ce pays, en 1753.

— « Ou celui qui servit à l'évêque Wolfram, pour ondoyer les pieds des pauvres, lorsqu'il officia ici, le jeudi saint, en 1240.

— « Vous barbottez en erreur grossière, Julius, ce ne peut être que le plat à barbe du seigneur Johann von Hochwald von Pappel, le fameux géant si cruel qui mettait la région à mal de 1440 à 1465 ; vous raisonnez, Julius, comme un enfant que vous êtes et moi, votre aîné...

— « De deux heures trois quarts seulement, Wilhelm... n'empêche, avec le respect que je vous dois que je vous soutiendrai...

— « Vous êtes un âne bâté, Julius » — interrompit violemment von Bitterwasser senior, furieux de se voir contredit si obstinément.

— « Et vous un sot bélître entêté, Wilhelm ! — répliqua von Bitterwasser junior.

— « Quel malheur que notre pauvre Anna ne soit plus là, vous verriez si elle vous donnerait raison.

— « Pas à vous non plus, je suppose ! j'étais son époux d'ailleurs...

— « Cela ne signifie rien du tout, Julius...

— « Prétendriez-vous par hasard que vous l'auriez influencée ? Elle me disait constamment, la pauvre chère disparue, que c'était à cause de moi seulement qu'elle vous tolérait dans la maison.

— « C'était de sa part une preuve de finesse, Julius...

— « Que prétendez-vous avancer par là ?...

— « Qu'elle vous avait jugé sainement le triple butor que vous êtes pour se jouer de vous à son gré.

— « Pas avec vous toujours, Wilhelm !

— « Je n'en jurerais pas, Julius !

— « Wilhelm !

— « Julius !

— « Cela n'a rien, du reste, qui doive vous surprendre. Elle avait promptement reconnu ma supériorité sur vous. Quand on prend pour le plat sacré des sacrificateurs Teutons le plat à barbe du géant Johann, vous avouerez qu'on n'a pas ce qu'il faut pour assurer le bonheur d'une femme comme était la vôtre.

— « Quelle charmante créature elle était, Wilhelm !

— « Adorable, je le sais autant que vous, Julius !

— « Aimante !

— « J'en ai eu maintes fois la preuve !

— « Spirituelle !

— « Elle m'en donnait témoignage, alors qu'elle me parlait de vous.

— « Et fidèle !

Von-Bitterwasser senior fut pris à ce moment d'un accès de toux suffocante qui l'empêcha de répondre de façon intelligible et précise.

— « Un plat sacré, Wilhelm ! Je ne sais où vraiment vous avez la tête aujourd'hui...

— Un plat à barbe ? vous êtes un pandour, Julius !

on n'a pas idée, ma parole, que pareille sottise pût exister !

— « Tenez ! Wilhelm, je crois que Gretchen, la servante serait plus perspicace que vous.

— « Je n'en refuse pas le verdict, Julius ! Elle vous convaincra de votre incompréhensible entêtement dans l'aberration.

— « Allons-nous chercher l'objet du litige, Wilhelm ?

— « Allons-y, Julius !

Ils allèrent, gesticulant et criant, par la route, donnant aux paysans, leurs concitoyens, l'étonnant spectacle de leur dispute, la première qu'on ait vu s'élever entre eux.

Un quart d'heure après, ils soumettaient à l'arbitrage de leur servante Gretchen, un coquet bassin en porcelaine, oblong, elliptique, procédant par sa forme du « baigne-œil » des oculistes et de ces boites légères en bois qui renferment, dans les bazars, les jouets d'enfants à bas prix.

— « Dites, Gretchen ! c'est le plat sacré des Teutons !

— « Le bain de pieds du vénéré Wolfram !

— « Le plat à barbe du géant Johann !

— « Ça ! » — répondit la servante interrogée — « je la reconnais bien, allez ! c'est la cuvette qu'avait oubliée chez madame Anna votre ami Meister, le capitaine de hulans, quand il vint en manœuvres ici, avec son régiment.

— « Madame m'avait dit de l'enterrer dans les champs aussitôt après son départ. Vous n'avez pas trouvé les pieds en bois de rose qui étaient avec ? ils se seront pourris avec le temps.

Wilhelm von Bitterwasser regarda, rouge d'émotion, Julius von Bitterwasser qui avait pâli.

— « Ah ! Julius !

— « Oui, Wilhelm, je comprends ! nous qui prenions ça pour des antiquités historiques ! nous sommes des sots, mon cousin !

— Et autre chose aussi, Julius ! C'est égal, je me félicite, cousin, d'être, de nous deux, celui qui est resté garçon.

BABYLAS.

# CONTES A BIBI

## Pauvre M. Frétillard

Il y a quelque temps M. Frétillard, un jeune employé de ministère que nous connaissons, était allé à Marseille pour régler un petit héritage laissé par un arrière-parent.

Ses affaires faites, il pensa revenir vite à Paris, car il ne disposait que d'un congé de six jours.

Lorsque M. Frétillard arriva à la gare, le train était prêt à démarrer.

Déjà la cloche du départ avait donné son signal, et le strident sifflet de la locomotive faisait vibrer tous les échos.

La plupart des portières étaient fermées, M. Frétillard, malgré le ticket de première classe dont il était porteur, dut se contenter du premier compartiment venu et, sans s'inquiéter de ses compagnons de route, il s'alla sur la banquette d'un wagon de deuxième classe en poussant un « Ahau ! » de satisfaction

Après un sommaire examen de la situation, M. Joseph Frétillard conclut : qu'ayant quinze heures à passer en wagon, il devait chercher à les passer le plus agréablement possible... et comme il avait dû s'en rapporter au hasard des portières, il voulut voir comment ce hasard l'avait servi.

Pour ce faire, il étudia ses compagnons de route.

Ils étaient deux, un homme et une femme, sans âge à préciser par la physionomie, sans profession ou qualité bien définie par le costume.

L'homme, un gros rougeaud au nez enluminé, court, trapu, le ventre débordant du pantalon, était habillé comme un honnête bourgeois, mais il avait les doigts surchargés de bagues voyantes et de mauvais goût.

La femme, une grande personne bien en chair, aux seins saillants, fermes dans le corsage bien tendu, la taille point trop déformée, les hanches pleines et rondes, avait le visage avenant d'une boutiquière du Marais.

En outre, l'homme et la femme se tutoyaient et, comme ils parlaient pension, ménage, confection économique des plats populaciers, Joseph Frétillard en tira cette nouvelle conclusion : que ce devait être un couple de gargotiers ou de charcutiers.

Il engagea la conversation, en demandant la permission de fumer un cigare et, comme pour l'inviter à user de la permission sollicitée, le gros homme tirait de son étui une pipe en cummer's bien culottée, M. Frétillard ne crut pouvoir mieux faire que d'offrir un demi-londrès à son voisin.

Celui-ci accepta le cadeau et, l'examinant en connaisseur, il l'alluma séance tenante, puis, tout en lançant au plafond du compartiment des spirales de fumée aussi bleues qu'odorantes, les deux hommes engagèrent un dialogue tout plein de banalités, de lieux communs, comme en trouvent les gens qui n'ont rien à dire.

Cependant, M. Frétillard qui s'était avancé sur la banquette, du côté de ses compagnons, ayant la jeune femme en face de lui, et le mari à sa droite, apprit avec plaisir que, comme lui, ils se rendaient à Paris.

On n'aime pas à changer trop souvent de visages pendant les longs voyages.

De plus, Frétillard remarqua que la jeune femme, sans être belle n'était pas non plus vilaine, qu'elle avait même un physique mutin, des yeux immenses, une grande bouche, mais bien garnie, des lèvres sensuelles et une gorge magnifique.

Et cette constatation l'engagea à rester en 2e classe.

Le train filait rapide, brûlant les stations intermédiaires, et dans la buée de la poudre d'or que le soleil levant déversait sur la plaine, un fleuve aux flots tumultueux scintillait comme un grand serpent aux écailles argentées.

Joseph Frétillard est ce que l'on appelle un coureur de belles, un aventurier d'amour.

Le fruit défendu a pour lui un attrait particulier. — Je sais ça seulement depuis hier; son journal m'en a appris de belles.

Ainsi, il paraît que ce gaillard-là a besoin de condiments pour réveiller ses sens déjà engourdis, blasés par un usage immodéré de plaisirs variés.

Les situations difficiles le tentent.

Il cherche du nouveau partout, et la femme mariée, la légitime d'autrui, devient pour lui, qu'elle soit plus ou moins jeune ou plus ou moins jolie, un objet d'ardentes convoitises.

Qu'est-ce qui aurait jamais cru cela de ce petit bonhomme ?

Aussi, une aventure en chemin de fer n'était pas de nature à lui déplaire, et c'est en caressant cette perspective que, petit à petit, il en était arrivé à croire que son voyage ne s'effectuerait pas sans un coup de canif soigné dans le contrat du gargotier...

Du reste, la gargottière avait un petit air évaporé, cascadeur très prononcé, et elle regardait leur co-voyageur d'une façon non équivoque pour un « connaisseur » comme M. Frétillard.

Enfin, dans un mouvement qu'elle s'était permis pour changer de posture, elle avait été très impudique en laissant voir une bottine en mordoré, lacée et haut montante, surmontée d'un bas très blanc et suffisamment rempli, lequel bas était retenu très haut, par une coquette jarretière rose à sachet.

Il put explorer rapidement un tas de contours gracieux qui lui firent augurer que: si le mari avait la manie des bijoux, des pendeloques, du clinquant, la femme avait la coquetterie des dessous...

Il en fut charmé.

Et dans la campagne, le paysage se déroulait, magique, et par la glace que les voyageurs avaient baissée, il entrevit dans le compartiment de capiteuses senteurs de myrtes, de menthe, de verveine et de serpolet. .

A la vôtre, mes amours.

Le train roulait vertigineusement depuis quelques heures, quand il stoppa dans une grande gare.

— Trente minutes d'arrêt... buffet ! cria d'une voix sourde, mal éveillée, le serre-frein du convoi.

M. Joseph Frétillard, jugea qu'une petite invitation ne manquerait pas de lui concilier la sympathie du mari, dont la trogne annonçait clairement son opinion sur la table !... et la dame serait assurément encore plus expansive après la dégustation de quelques flûtes de champagne frappé.

Il convia donc ses deux compagnons à le suivre au buffet, ce qu'ils acceptèrent chaleureusement.

Très gentleman, très correct, Joseph Frétillard aida la jeune dame à descendre du compartiment, ce qui lui permit de constater encore une fois la couleur de ses jarretières.

Le menu fut fort réussi.

M. Frétillard déploya de réelles connaissances dans le choix des mets. Les convives y firent honneur.

Le bonhomme, surtout, employa bien son temps, et ne quitta la table que poussé par la voix du serre-frein, criant :

— En voiture ! En voiture !

M. Frétillard en fut quitte pour la somme assez rondelette de 63 fr. 95 centimes...

Mais il eut une consolation.

En remontant dans son compartiment, il revit pour la troisième fois les jarretières de la dame, avec un coin de chair rosée.

Puis il constata la présence de deux nouveaux voyageurs : un abbé pansu et une dame mûre légèrement parcheminée.

Il y eut une grimace générale.

Et l'abbé et la dame mûre furent même assez longs à se remettre de leur mauvaise humeur.

Chacun reprit sa place et le train repartit.

Mais, bientôt, le gargottier fut pris de sommeil, sommeil pesant, accompagné de ronflements sonores autant qu'encourageants pour les deux couples, car le curé et la vieille dame formaient aussi son couple, ne vous en déplaise.

M. Frétillard, très émoustillé, en profita pour se permettre des privautés risquées, qui furent favorablement accueillies.

En arrivant à une autre grande station, vingt cinq minutes d'arrêt, il était complètement fixé sur bien des points...

Ainsi, il savait que la gargottière avait les cuisses grasses et fermes, en même temps que sensibles, que sa poitrine était d'albâtre, et... Mais il n'en savait pas davantage. Et il enrageait assez.

Cette femme lui portait à la peau, et il la voulait connaître à fond, coûte que coûte.

M. Frétillard n'est pas riche, mais il possède quelques économies, et. malheureusement, il les portait sur lui.

Aussi, dès que le curé et sa compagne furent descendus — leur voyage se terminait là, il jugea prudent, afin d'éviter une nouvelle intrusion, de louer le compartiment tout entier.

Et, pendant que le mari continuait au second buffet le repas commencé au premier, Frétillard traitait avec le chef de gare.

Il laissa soixante-dix neuf francs au buffetier, et deux cent quatre-vingt-quinze francs à la Compagnie.

Enfin, quand, après différents arrêts ruineux, le train entra en gare de Charenton, mon locataire avait dépensé six cent soixante-deux francs quinze centimes.

Le mari et la jeune femme avaient absorbé une effroyable quantité de victuailles, arrosées d'une quantité non moins considérable de vins de marque.

Le Roederer figurait à lui seul pour cent trente francs dans l'addition.

Mais, que voulez-vous ? M. Joseph Frétillard s'était laissé emballer.

Et puis, le mari avait digéré en dormant huit heures presque consécutives, de sorte que...

A Charenton, l'arrêt fut assez long à cause d'un encombrement de la voie.

La jeune femme en profita pour aller satisfaire un besoin urgent, pendant que les deux hommes fumaient un cigare en devisant.

— Hein ? fit tout à coup le gros charcutier. Pas mal, la p'tite !

— La petite ! La petite. Votre dame, murmura timidement M. Frétillard.

— Ma femme ! ah ! ah ! ah ! continua le gros homme en s'esclaffant, ma femme ! Elle est bonne, celle-là. Mais c'est vrai ; j'y pense, je ne vous ai pas encore dit qui je suis, ni fait mes offres de service.

— Dites, grommela mon locataire, visiblement interloqué.

— Voilà ! d'ailleurs, je vous dois bien cela, après vos aimables invitations, reprit le gros homme. Figurez-vous que je tenais, il y a deux ans, un établissement à Toulon, une maison modèle... ah ! ah ! ah !

— Une maison modèle ! ! ! murmura M. Frétillard.

— Oui, une maison modèle ! Oh ! pas un couvent, bien sûr. Je n'ai pas l'air d'un moine, hein ? Maison de premier ordre, bien tenue. Pas de simples soldats, pas de blouses : des officiers et des gentlemen. Oh ! pour rie de chic, ma maison. Je m'y connais dans ce truc-là.

— Mon locataire était atterré.

Le gros homme continua :

— Les affaires allaient bien. J'ai vendu ça trente mille francs, et je suis venu à Paris en remonter une dans le même genre. Quelque chose de tapé. Vous viendrez voir ça..., 212, boulevard Fontaine. Consommation de marque, pensionnaires de choix. Vous verrez. Imaginez-vous que l'animal auquel j'ai vendu le fonds de Toulon ne s'exécutant pas à mon gré pour le paiement, je suis allé le talonner, et il a craché. Ah ! ah ! ah ! trente mille balles, tout rond, rien que des billets de mille. Vous comprenez ma joie. J'étais en veine. Et c'est à ce moment, que j'ai rencontré Niella, mon ancienne pensionnaire, une bonne fille, quoique un peu *louffe-louffe*. Elle a quitté la partie pour rouler sa bosse, et elle a connu la dèche. Je vous assure qu'elle n'était pas brillante quand je l'ai rencontrée l'autre soir, derrière la caserne. Mais je l'ai refusquée et je l'emmène, car c'est une perle pour une maison. Je sais qu'elle est un peu malade.

— Vous dites ?

— Je sais qu'elle est un peu malade... mais avec deux mois de bon traitement, il n'y paraîtra plus. Avec ça qu'aujourd'hui ce recrutement du personnel n'est pas très facile. La loi sur les étrangers nous porte un tort considérable. Vous voyez donc que c'est une bonne aubaine pour moi.

M. Joseph Frétillard n'était pas du tout à son aise. Niella était remontée dans le compartiment, souriante, soulagée.

Le bonhomme se tut.

M. Frétillard faisait sa tête.

Mais cela n'empêcha pas le bonhomme, au moment de quitter le wagon, à Paris, de crier à M. Joseph :

— Hein ! vous savez l'adresse, 212, boulevard Fontaine, maison Croquevy. Venez un soir me faire payer l'absinthe, vous verrez mes pensionnaires, il y a du choix ! Allons, viens, Niella.

Mais celle-ci, avant de sauter du wagon, s'était rapprochée de M. Frétillard, et lui tendant vivement la main :

— N'oublie pas mon petit cadeau.

M. Frétillard ne put se contenir plus longtemps. Il s'écria :

— Ton cadeau ! Tiens, voilà pour toi...

Et il se frappa la cuisse violemment avec sa main droite, ce qui, pour tout le monde, est un geste très inconvenant.

Alors Niella eut un haussement d'épaules, et elle quitta le wagon en disant :

— Va donc ! Eh ! Nib-de-Dard ?

Puis elle rejoignit son patron en riant.

Roger BONTEMPS.

# UNE VISITE A LA TOUR EIFFEL

Depuis qu'il était arrivé à Paris avec son régiment, Jean-Polydore Berlurot, natif de Pontivy, n'avait pas encore pu satisfaire sa dévorante envie de contempler de près la Tour-Eiffel, dont il avait si souvent entendu parler.

Mais à quoi donc, direz-vous, passait-il ses dimanches et les jours de pluie bienfaisante au repos des troupiers ?

Il les avait passés, comme les autres jours non fériés du reste, à aider Stéphanie, la bonne du commandant Sabroclair, de madame Sabroclair, son épouse, et de Gaëtan Sabroclair, leur unique rejeton, âgé de trois ans et un mois.

Etant, lui, Berlurot, le brosseur-ordonnance de cet officier supérieur du 625° de ligne, dépôt à Cancale-sur-Meuse.

Et, comme dans tous les ménages, militaires ou non, que le ciel a comblé du bonheur insigne d'avoir des enfants, la besogne ne manquait pas chez le commandant Sabroclair, toujours renouvelée de l'éternel désordre enfantin que, vu sa débonnaire et placide nature, Berlurot avait spécialement été préposé à ramener à de supportables proportions.

Entre temps, quand la commandante était sortie, pour la promenade de Gaëtan, il recevait aussi la mission de donner un coup de main à Stéphanie pour nettoyer les cuivres, cirer les chambres ou tordre la lessive avant de la mettre au séchoir.

Ou bien c'était le commandant, lequel avait du goût pour la peinture qui, recouvrant son uniforme d'un immense peplum romain, l'obligeait à lui poser des heures entières les « Brutus » et les « Coriolan » dont, pour se maintenir à un bon numéro sur le tableau d'avancement au choix, il faisait hommage, pour leur fête, à ces dames de la Colonnelle du 625° et les diverses Générales du corps d'armée.

Ajoutez à cela, les lits à faire le matin, le vernissage des chaussures, le tirage du vin, l'approvisionnement du chauffage, l'entretien des lampes et des feux, le service de la table aux heures des repas, l'essuyage de la vaisselle et le journal qu'il lisait mot à mot à Stéphanie pendant qu'elle faisait revenir ses ragoûts ou tournait ses culinaires liaisons, et avouez, en sincérité, que le brave garçon était excusable de n'avoir pas encore été rendre à la Tour son légitime tribut de politesse de bon français.

Et le pauvre Berlurot désespérait de jamais pouvoir, avant sa libération, satisfaire l'envie qui le lancinait.

Mais la Providence, charitable aux malheureux, lui réservait adoucissement à sa peine.

Le matin du 14 juillet, le commandant Sabroclair, avant de partir pour la revue, héla son subordonné domestique :

— Berlurot ! avancez à l'ordre, v'm'entendez ?

— Oui, m'commandant !

— La commandante, m'fils Gaëtan et moi dînons pas ce soir au quartier ; tout l'régiment broute chez le colonel, pour boire à la santé de sa nouvelle croix. Conséquence, campo pour toute la journée ; v'm'avez compris, je suppose ?

— M'commandant !

— Suffit ! pas de remerciement ! rompez et soyez rentré pour l'appel de Madame, à 10 heures et demie.

Dix secondes ne s'étaient pas écoulées, que notre fantassin trottait déjà, en sifflotant, dans la rue de la Boëtie, les Sabroclair demeurant à deux pas de la caserne de la Pépinière où le 625° était cantonné.

Et en route, allongeant le pas, Jean-Polydore Berlurot se montait peu à peu la tête, pour se dignement préparer à admirer la Tour avec tout l'enthousiasme qu'elle méritait par son universelle renommée.

Il allait, il allait, d'une allure qui se précipitait davantage à chaque pas, en hâte inconsciente de n'arriver jamais assez vite au but, et il était tout essoufflé quand il déboucha sur la terrasse du Trocadéro.

Jamais, au grand jamais, pas même à Pontivy, il ne lui était arrivé de voir devant ses yeux éblouis se dérouler un aussi magnifique panorama.

Il s'était arrêté, cloué sur place, en extase devant la Tour, se demandant comment elle faisait pour se tenir toute seule, si haute et si frêle, sous les coups de vent ?

Et, soit persistance d'essoufflement ou hypnotisme bizarre d'admiration, pour que l'image s'en gravât ineffaçable jusqu'au fond de ses entrailles, il avait bouche grande bée, comme l'objectif d'un gigantesque instantané.

On riait autour de lui de son étrange heureuse physionomie qui réflétait sa joie intime de voir, enfin, la célèbre Tour, et, pour s'attirer un succès propice au débit de sa marchandise, un camelot vendeur de cocardes et de confetti nationaux, lui jeta dans la bouche ouverte une poignée pleine de ces derniers.

Berlurot, excellent garçon, ne prit pas au tragique cette plaisanterie et, non sans en avoir, malgré lui, avalé quelques-unes, il se débarrassa lestement des rondelles en papier qui obstruaient ses voies respiratoires, puis voulut reprendre sa course vers le Champ-de-Mars, faisant sonner dans sa poche ses petites économies qui allaient lui permettre de se régaler de l'ascension au 3° étage.

— Quand on prend de la Tour, on n'en saurait trop prendre, — se disait-il.

Hélas ! Berlurot n'en prit pas du tout, par une épouvantable guigne !

Il était parvenu à peine au bout du bassin du Trocadéro, à côté de l'hippopotame, qu'il se sentit une douleur atroce, comme une boule qui dansait dans son estomac ; il blêmit, il pâlit, il rougit, à la même minute, en proie à une crise terrible, s'appuyant au pied d'un triton pour ne pas défaillir.

— A mon secours ! aïe ! aïe ! — gémissait-il, — je vais mourir.

Dans la foule qui s'était assemblée autour de lui se trouva quelqu'un d'avisé qui pénétra la cause de son terrible malaise.

— Bon ! c'est des confetti qu'il aura avalés ! — fit-il, — vite ! allez prendre de l'émétique ! ça vous guérira.

Berlurot, peu familier avec les pharmaceutiques idiomes, dit à l'obligeant conseiller :

— Comment que vous nommez ça ?

— Emétique ; mais dépêchez-vous... tout-à-l'heure, ce serait peut-être trop tard.

Pour être sûr d'arriver à temps, Berlurot, malgré sa souffrance, prit le pas gymnastique vers la rue de Passy, en répétant sans cesse, pour ne pas l'oublier, le nom cocasse du remède sauveur.

A force de le répéter, sa langue, comme on dit, « fourcha » par un phénomène que vous avez pu souvent remarquer.

— Cosmétique, cosmétique — articula-t-il à la première boutique ouverte qu'il rencontra.

Et le marchand, stupéfait de le voir se jeter voracement sur le petit rouleau qu'il venait de lui servir, essaya de le retenir...

— Mais vous allez vous empoisonner, arrêtez !

— Craignez rien, c'est pour me guérir ! — et Berlurot en deux temps, eut fini d'avaler la cartouche de cire grasse, au nez du commerçant ébahi, qui, par prudence, le signala à un gardien de la paix qui passait et qui, croyant aussi avoir affaire à un fou, ordonna au fantasque fantassin de le suivre chez le commissaire pour qu'on pût, en cas d'intoxication à craindre après une pareille dégustation, l'envoyer se soigner à l'infirmerie du dépôt.

Berlurot que n'avait pas, comme il l'espérait, instantanément calmé le remède prescrit et docilement avalé, se laissa emmener sans résistance, sans force pour s'expliquer, la cervelle en feu, les pupiles dilatées, suffoquant.

Amené au commissariat, le secrétaire avait téléphoné au Val-de-Grâce pour qu'on vînt le délivrer de cet hôte inquiétant, dont il ne pouvait tirer aucune réponse et qui se tordait en poussant des cris suraïgus :

— Oh ! aïe ! aïe !... oh !... maman !... ma mère ! — les yeux prêts à sortir de l'orbite congestionné !

C'était clair ! les mains qu'il portait sur son abdomen, crispées, l'indiquaient : l'empoisonnement commençait. On le débarrassa de sa garance culotte pour éviter qu'il n'étouffât complètement avant son transfert.

Quand une détonation retentit, semblable à celle de l'ancien canon du Palais-Royal, et l'on entendit aussitôt le bruit sec d'un corps mat tombant sur le plancher.

Et Berlurot donnant preuve de soudaine guérison, s'écria :

— Pour sûr, il devait y avoir autre chose que des confetti ! ça a eu trop de mal à passer.

Puis, il fit le récit de son aventure à l'autorité qui retéléphona pour décommander l'intervention médicale militaire qu'on avait réclamée.

Comme Berlurot s'en allait, un agent lui remit l'objet du délit qu'il venait de ramasser

C'était une petite république en faïence qui s'était détachée d'une cocarde et s'était glissée dans les confetti du camelot qui l'avait facétieusement régalé.

L'erreur que sa langue, en fourchant, lui avait fait commettre, au lieu de la secousse violente dont l'émétique l'aurait endolori, avait facilité, par son onctueuse persuasion la chute laborieuse du corps étranger qui le torturait.

A dix heures, rentrant au quartier, le commandant Sabroclair remarquant la pâleur de Berlurot ne put s'empêcher de le plaisanter un peu, en belle humeur sous les fumets du Bourgogne de son colonel :

— Ah ! mon gaillard, ce que tu as dû t'en fiche une satanée cuite, à la Tour-Eiffel...

— Fectivement, m'commandant, — répondit simplement Berlurot, pas encore revenu tout-à-fait à son état normal.

FLANOCHARD.

Aujourd'hui que nous sommes à peu près débarrassés des trois points noirs qui encombraient l'horizon, il est permis, sans trop de présomption, d'espérer une reprise que la pénurie du mois dernier justifiait plus que suffisamment.

En effet, Carmaux, le Dahomey et le Choléra étaient devenus comme une sorte d'entité malfaisante, qui, à l'exemple de l'antique *Mane, Thecel, Pharès*, troublaient jusque dans leurs soupers fins, agents de change et coulissiers.

Mais maintenant que le *dont dit* va refleurir, et que le *son pour demain* va de nouveau réclamer son droit à l'existence, nous allons assister d'après tous les *on-dit* à une levée de carnets mémorable.

Le 3 0/0 va chercher, à n'en pas douter, à réescalader le cours de 100 fr. et les Sociétés de Crédit à sortir d'une torpeur si dangereuse pour elles.

Il est des cas de léthargie d'où certains malades ne se sont jamais réveillés.

Déjà on parle à mi-voix d'emprunt d'Etats, et on tâte l'opinion encore au sujet d'une grosse opération russe.

Sur cette grave question, réservons-nous. La *haute autorité* dont jouit le *Paris qui Rit* dans le monde, nous impose la plus grande mesure dans nos appréciations *politico-financières*.

Il n'y a pas jusqu'à l'Italie, qui ayant tourné en vain ses yeux vers tous les coffres anémiques de la *Triple Alliance*, songerait à accélérer la conclusion d'un traité de commerce, afin de tenter, aussitôt après, une petite proposition honnête.

Mais là encore, pas d'inquiétudes immédiates, le *maou-roui* est devenu d'une digestion tellement difficile pour le marché français que ces bons Teutons de la Bourse, gens tenaces cependant, ont depuis longtemps cessé de nous en offrir.

On entend beaucoup moins dans ce coin de la Bourse, cette phrase typique

« Comment est l'Idalien »
« Chai le l'Idalien »

Eh bien! tant mieux pour toi, mon garçon, si tu as de l'Italien. Garde-le !

Quant au groupe Portugais, il est toujours dans la période d'observations. Et les malins n'osent encore trop y toucher.

Les Péruviens, les Brésiliens et autres Argentins, c'est là le Champ de Navets, le cimetière des Suppliciés, c'est le seul titre qui leur donne le droit d'être cités aujourd'hui. Jour des Morts.

G. QUATRESS

*P. S.* — A ceux de nos lecteurs qui préféreraient aux aventures lointaines des emprunts exotiques, des placements raisonnables et faciles à surveiller, nous indiquerons, *sur leur simple demande*, des emplois de fonds très rémunérateurs et offrant autant de sécurité que les fameuses valeurs *dites de tout-repos*, qui bientôt vont donner 2 1/2 0/0 d'intérêt, et au moyen desquelles l'ancien rentier qui s'est endormi dans ses vieilles habitudes, se réveillera un beau matin, tout préparé pour une vie d'abstinence et d'austérité.

Ces pratiques ascétiques ont peut-être du bon, mais nous pensons qu'ils aimeront mieux autre chose.

## SOUS L'ÉVENTAIL

**Nouveau-Théâtre.** — *Rabelais*, la pièce de MM. Dubut de Laforest et Oscar Méténier a obtenu un vif succès littéraire et faut dire que cette pièce est montée avec un luxe de bon goût. Comme artistes : M. Chalmin, le comique des Variétés, est tout à fait amusant dans Rabelais, et Barral excelle dans Panurge. L'artiste chargé du rôle de François Ier est bien mauvais. Mme Veyns joue avec beaucoup de grâce le rôle de Manon. La musique de Louis Ganne est mouvementée.

En voilà pour cent représentations.

**Gaîté Rochechouart.** — Parmi les concerts de Paris, en voici un dont la troupe est excellente, du reste M. Briet en est le régisseur et son éloge n'est plus à faire. M. Claudius, l'artiste préféré du public, est très original, Brunet et Eugénio se font applaudir, Favart est un bon artiste, de même Vi'lo', un tout jeune homme qui promet, Delort n'est pas mauvais mais qu'il surveille sa voix, elle le tremblotte légèrement. Mlle Bokaï, l'étoile de ce concert, est une fine diseuse, elle est tout à fait charmante, Mlle Alexandrine est inarable dans *J'ai perdu mon bookmaker*, Mlle Gaudet qui vient de l'Alcazar d'Été a remporté de vifs succès, Dufor, le réaliste bien connu, débite chaque soir jusqu'à huit monologues. Bonne soirée pour nos lecteurs et adorables lectrices du *Paris qui Rit*.

**Epoque.** — M. Meyronnet fait partie des directeurs intelligents; il est, du reste, habilement secondé par M. Serard, le régisseur de cet établissement, qui se taille de jolis succès dans l'audition de ses chansons. Courville est toujours désopilant. Je citerai particulièrement un jeune réaliste de talent, M. Gaëtan. M. Poncet est très drôle dans ses paysanneries. Mlle Derma est une femme plus que fin de siècle; Mlle Nicolle se fait rappeler cinq fois par le public qui se pâme dès qu'elle paraît en scène.

**Elysée Montmartre.** — Toujours grandes fêtes et chahut infernal. Miss Rigolette attire beaucoup de monde à cause que le pantalon qu'elle porte est à jour et laisse entrevoir un peu de sa chair rose.

ALBERT VERSE.

## SPECTACLES DE LA SEMAINE

OPÉRA. — FRANÇAIS. — OPÉRA-COMIQUE. — ODÉON : Spectacle variable : consulter feuilles quotidiennes.

GYMNASE. — 8 h. 1/4. — La Sonate en mi. — Celles qu'on respecte.

VAUDEVILLE. — 8 h. 1/2. — Le fluide. — Le Prince d'Aurec.

VARIÉTÉS. — 7 h. 3/4. — Le Remords de Gédéon. — Premier Paris.

PORTE-SAINT-MARTIN. — 8 h. 1/4. — Le Maître d'Armes.

CHATELET. — 8 h. — Michel Strogoff.

GAITÉ — 8 h. 1/2. — Les Cloches de Corneville.

AMBIGU. — . h. o/o — Les Cadets de la Reine.

PALAIS-ROYAL. — 8 h. 1/4. — Une Tempête. Bébé.

NOUVEAUTÉS. — 8 h. 1/4. — La Bonne de chez Duval.

FOLIES-DRAMATIQUES. — 8 h. — Le Mari d'Hortense. — Les 28 jours de Clairette.

RENAISSANCE. — 8 h. 1/2. — Jaunard et Vertillon. — Le Brillant Achille.

BOUFFES-PARISIENS. — 8 h. 1/4. — Sainte-Freya.

MENUS-PLAISIRS. — » h. — Bacchanale.

THÉATRE CLUNY. — 8 h. 3/4. — Disparu ! — La Tournée Ernestin.

DÉJAZET. — 8 h. 1/2. — La Petite Salammbô. — L'Instantané.

CHATEAU-D'EAU. — 8 h. — La Fille des Chiffonniers.

BOUFFES DU NORD. — 8h. — Le Forgeron de Châteaudun.

THÉATRE MONCEY. — 8 h. — La Dame aux Camélias.

FOLIES-BERGÈRE. — 8 h. 1/2. — Robert-Macaire, pantomime par les Martinetti; « Miss Mabelle Stuart », danse serpentine; Mlle Polaire, chanteuse excentrique. — Dimanches et fêtes, matinées à 2 h. 1/2.

CASINO DE PARIS. — 8 h. 1/2. — Spectacle-concert, bal. L'Heureuse rencontre, pantomime mêlée de chant.

ELDORADO. — 8 h. 1/2. — Concert. — Spectacle.

SCALA. — 8 h. 1/1. — Concert. — Spectacle.

CONCERT PARISIEN. — 8 h. 1/2. — Concert. — Spectacle.

CIRQUE FERNANDO. — 8 1/2. — Spectacle varié.

HIPPODROME. — 8 h. 1/2. — Aux Pyrénées. — Dimanches, Jeudis et fêtes, matinées à 2 h. 1/2.

*L'Imprimeur-Gérant :* ALPHONSE CARROT.

Imprimerie spéciale du *Paris qui Rit*, 13, faub. Montmartre, Paris.

---

## ABONNEMENTS

PARIS : Un an, 6 fr. ; Six mois, 3 fr. ; Trois mois, 1 fr. 50. — DÉPARTEMENTS : Un an, 6 fr. 60 ; Six mois, 3 fr. 25 ; Trois mois, 1 fr. 75. — ÉTRANGER : Un an, 7 fr. 50 ; Six mois, 3 fr. 75 ; Trois mois, 2 fr.

---

# Nécessité n'a pas de Loi

PRIME GRATUITE du « *PARIS QUI RIT* » nᵒ 6, offerte gracieusement à ses lecteurs

Première année, n° 7.　　　　LE NUMÉRO: **DIX** CENTIMES　　　　Dimanche 20 Novembre 1892.

Principal rédacteur : **Emile BLAIN**

Collaborateurs : JACQUES D'ALVILLE. — ANDRÉ CARMEN. — MÉPHISTO. — RICHARD O'STÉFIOL. — MARIUS RÉTY. — GONZAGUE D'HUBERT. — ÉDOUARD ZED. — PAUL LUX. — K. STOR. — DICK-D'ING. — BABYLAS. — CARLE-MAX. — PO-PAUL. — FLANOCHARD. — MARCEL RÉGINALD.

## MUSIQUE DE CHAMBRE
### Par BABYLAS

Et sous la tonnelle, éclairée, comme en soir de fête, par des lampions
et de vénitiennes lanternes...

## PÊCHE MIRACULEUSE
### Par Edouard ZED

¡Ça mord, s'écria à mi-voix Laminette, qui avait entendu.

# CHRONIQUE GAULOISE

En rentrant chez moi ce matin, ma concierge, préposée à la garde et à l'entretien de mes meubles et de mon estomac, me prévint charitablement qu'il fallait me résigner à aller déjeuner au restaurant, ce que j'ai horreur.

— Au restaurant, madame Chapotard ? — m'écriai-je ma cerbère s'appelant Chapotard, comme son mari.

— Je croyais vous avoir priée de me préparer un ...er pot-au-feu.

— Sans marmite, monsieur ?

— Comment, sans marmite ? C'est à peine si la mienne fuit par trois petits trous que j'ai du reste bouchés soigneusement avec de l'étoupe.

— Justement, c'est cette étoupe-là qui est cause...

— De grâce, Chapotard de mon cœur, soyez lucide et....

— C'est bien simple, — vous n'avez pas besoin pour ça de me traiter comme une *somnambule*, c'est pas poli ! — Je l'avais portée au ferblantier du coin pour qu'il fermât vos trous selon les règles de l'art, au lieu de votre satanée ficelle qui boit tout le bouillon ; mais en apercevant la bourre, il a envoyé votre marmite au laboratoire municipal.

— Pourquoi faire?

— Par prudence, on se méfie depuis l'aventure de la rue des Bons-Enfants, la filasse pouvait bien être la mèche de quelque malfaisant complot.

— Mais ma marmite était vide, madame Chapotard...

— Ça ne fait rien, il y avait des doutes et il avait reçu ordre de la police d'expédier à l'autopsie toutes les marmites suspectes qui se présenteraient.

— Il fallait en acheter une neuve dans le quartier...

— Pas moyen d'en avoir une seule, il y a même une marchande qui m'a traitée d'anarchiste en ravitaillement.

— Vous n'avez pas su vous y prendre, vous allez voir si je ne m'en tire pas mieux que vous !

Et descendant quatre à quatre l'escalier, je fus en deux sauts au bureau de poste voisin où je téléphonai à la Ménagère.

— Allô ! allô !

— Allô !

— Une marmite 40 sur 17, 394, rue Clignancourt, d'urgence, s'il vous plaît.

— Impossible, monsieur Petit-Claude, elles sont toutes sous les scellés depuis ce matin.

— A cause?

— De la rue des Bons-Enfants, vous savez...

— Pas possible.

— On est sur le qui-vive en haut lieu, vous connaissez le proverbe « quand on prend de la marmite, on n'en saurait trop prendre » et pour éviter un « renouvellement marmitard » on a, par dépêche, saisi tous les clichés et exemplaires tirés chez nous; nous ne pouvons plus débiter que des grils et des écumoires.

— Merci, je vais voir ailleurs.

Et je retéléphonais au Bazar de l'Hôtel-de-Ville :

— Allô !

— Article de cuisine, je vous prie.

— Ce n'est pas pour une marmite, au moins, Monsieur ; le Ministère de la guerre vient de nous les faire enlever toutes afin de les adresser au colonel Dodds, au Dahomey, pour faire une petite surprise d'amitié à Béhanzin.

— Puisqu'il faut y renoncer — m'écriai-je — allons demander à Serpentinette la côtelette de la camaraderie.

Il était écrit que je ne déjeunerais pas ce jour-là sans doute, car je trouvai mon adorable collaboratrice en proie à la plus vive irritation, cassant tout et faisant un tapage d'enfer.

— Grands Dieux ! qu'arrive-t-il ? l'a-t-on coupé une tirade aux Folichonneries Parisiennes ?

— Ah ! la gueuse ! la coquine ! la misérable ! — et v'lan, une potiche par terre.

— Qui, mais qui ? qu'y a-t-il ?

— Oh ! les marchandes de soupe, quelle engeance !

— Celles des Halles ? est-ce qu'on les aurait encore supprimées ? et je pensais : « sans doute aussi à cause des fameuses marmites. »

— Non ! celle de la pension de ma fille.

Serpentinette a en effet, une amour de bébé de sept ans, jolie et mutine comme sa mère et dont je regrette fort de ne pas être le papa.

— Après ?

— Comment, après ! si ça ne te suffit pas, à toi ! Vouloir m'obliger à signer les bulletins de la gamine de mon vrai nom de « Rapouillat » c'est affreux !

— Le fait est que « Rapouillat » ma chérie...

— Je te prie de croire que si j'avais choisi mes parents !... Et faire un crime à cette pauvre chérie d'apprendre à ses camarades le nom de mes parfums et de mon maquillage dont il faudra bien pourtant qu'elles se servent comme moi plus tard.

— Elles ont le temps.

— Possible ! mais ça leur viendra plus vite que tu ne le crois. Et puis, pourquoi alors a-t-on institué les bataillons scolaires pour les garçons ?

— Mais...

— C'est une injustice, voilà tout ! si les hommes ont le fusil Lebel, nous avons nous le crayon gras et les cartouches de vermillon, je ne vois pas pourquoi on empêcherait nos fillettes de s'exercer à leur maniement pendant que les petits garçons s'habituent aux flingots scolaires.

— D'ailleurs, je vais porter ma plainte au commissaire de police. Tu me soutiendras de l'autorité de parole du *Paris qui Rit*, arrive !

Au commissariat — quels heureux mortels ! — le commissaire était allé déjeuner à Bois-Colombes et son secrétaire à Rosny-sous-Bois.

Et Serpentinette dut expliquer son cas à un sous — sous-secrétaire adjoint qui — lui aussi ! — terminait un rond de saucisson et qui, pour ne pas outrepasser ses pouvoirs, déclara qu'on ferait une enquête.

Il demanda à Serpentinette, pour mieux savoir à qui en communiquer le résultat, de lui décliner ses noms et prénoms et comme elle allait lui lâcher ce « Rapouillat » qui l'affolait, un agent survint qui l'interrompit.

— Pardon ! fit-il, au fonctionnaire du rond de saucisson — c'est une marmite qu'on vient d'apporter.

— Ah ! sacristi ! qu'on n'aille pas essayer de la vider au moins !

— Ça serait difficile, monsieur le secrétaire, elle est pleine comme trente-six tonneaux !

— Vous avez bien dit une marmite ? de quelle dimension ?

— Taille ordinaire. C'est la fille Hortensia, la marmite au souteneur que nous avons bouclé avant-hier pour outrage à un de mes collègues, elle faisait du chambard chez le troquet de la rue Christiani.

— Je vais faire mon rapport à la Préfecture. Madame — fit-il, à Serpentinette, — dès que j'aurai du nouveau, avant trois ans, je vous informerai.

— D'ici là — dit ma compagne, en sortant, — j'ai mon idée ! Vous allez, au *Paris qui Rit*, me prêter un local pour que j'y donne des leçons aux gamines de ces dames du corps de ballet du Moulin-Rouge et de l'Elysée-Montmartre.

Près de nous, j'entendis cet échange de politesses entre une « chercheuse » et un élève de Rollin.

— Mademoiselle, écoutez-moi donc !

— Une minute, t'es encore mineur, pas vrai ?

— Mais !

— Eh bien ! va te faire... sauter plus loin !

Et Serpentinette m'ayant quitté pour aller à fin d'avoir son autorisation d'école, demander une audience au Ministre de l'Instruction publique, j'entrai en passant à la rédaction où je vis — c'était vraiment fait exprès pour me narguer ! — notre garçon de bureau, Georges, grignottant pour son goûter un appétissant cervelas.

Mais Georges est un charmant garçon et je lui en empruntai la moitié, que je croque en écrivant ces lignes, déjeunant enfin à quatre heures de l'après-midi.

PETIT-CLAUDE.

---

**En présence du succés obtenu par notre gravure-prime, nous offrirons mensuellement à nos lecteurs des reproductions de gravures anciennes, dont la prochaine en décembre, sera : « *Ah! si je te tenais!* » la gravure-pendant de : « *Nécessité n'a pas de loi!* »**

# MUSIQUE DE CHAMBRE

Il était enfin venu au rendez-vous, lui ! le bohème, le fou, le toqué, que depuis leur mariage, Jacques Dulac et Pierre Vanneau n'avaient pu réussir à amener chez eux.

— Non, merci ! — avait-il répondu, à chaque pressante invitation. — Autrefois, c'était bon, ma « vadrouille » trouvait en vous un esprit d'unisson; mais aujourd'hui je ne serais pas à mon aise et j'effaroucherais vos femmes qui vous obligeraient bientôt à me renvoyer à mes... brebis ; donc, il vaut mieux en rester où les choses en sont.

Mais Jacques et Pierre s'étaient mis en tête, en négociants sérieux qu'ils étaient, de contraindre Guy d'Hellespont — comme il avait choisi son nom de guerre — leur ancien camarade de dix années de pensums et de retenues au « bahut » Charlemagne, à dépouiller le musicien nomade qu'il s'entêtait à vivre et à devenir quelqu'un, comme ils avaient fait, eux.

Il avait, ainsi que beaucoup de ses confrères en « vadrouille » un réel talent qui, bien et sagement conduit, pouvait lui épargner les soucis d'une vieillesse dans la gêne.

— Puisque tu n'aimes que la musique, décide-toi pour un genre déterminé et nous te dénicherons une compagne dont la dot te mettra à même de travailler en paix à quelque chef-d'œuvre qui te sortira à jamais du besoin.

— Quelle macabre plaisanterie ! — avait clamé Guy, sursautant au seul mot de mariage — moi ! m'astreindre à la bégueulerie des demoiselles que j'ai aperçues dans ce que vous appelez, vous, le monde, quand j'y vais faire des soirées ? oh ! jamais ! Je ne tiens pas à avoir une vie d'enfer !

— Viens chez nous ! Tu verras, par nos femmes, si c'est vraiment aussi diabolique que tu le crois.

Mesdames Blanche Dulac et Lucile Vanneau avaient joint leurs instances à celles de leurs maris, par partage d'abord de leur manière de raisonner et beaucoup aussi très curieuses de voir de près un de ces personnages cités dans les chroniques du boulevard, un des acteurs de cette vie joyeuse, dont leurs époux — pareils aux autres époux, du reste — leur avaient toujours refusé l'entrée. Eves qui brûlaient d'envie d'approcher du fruit défendu.

Invitations pleuvaient à l'hôtel où nitait Guy d'Hellespont, le conviant à festins, bals, dîners et villégiature, à Chatou et à Bougival, rues de Prony et de Lisbonne, domiciles d'été et d'hiver des Dulac et des Vanneau.

Un beau jour donc il était venu, pris de force par Jacques et Pierre qui l'avaient relancé jusque chez lui, l'emmenant le samedi soir à Chatou, chez Pierre, où Jacques et sa femme devaient rester jusqu'au lundi matin, par suite d'une combinaison émanant de Blanche et Lucile, coalisées pour qu'on les mit enfin en présence de l'extravagant dont on leur avait tant parlé.

A table, ces dames déployèrent toute leur coquetterie, en femmes modèles, soumises à leurs maris, pour faire germer en Guy ce désir d'union sérieuse et légitime que Pierre et Jacques souhaitaient si fort de lui inculquer, par esprit de comparaison.

Guy, surpris du gai naturel qu'elles montraient sans affèterie ni « cant » ridicules, mais ne les connaissant pas assez pour ne pas s'observer, s'était prudemment limité aux réserves sévères de la meilleure compagnie.

Ce qui était pour la curiosité maligne des deux jeunes femmes une réelle déception.

Aussi, pendant que ces messieurs fumaient en prenant le café, ayant été chercher quelque chose pour se couvrir contre la fraîcheur du jardin où l'on devait terminer la soirée, Blanche disait-elle à son alliée Lucile :

— C'est un sot !

— Je ne comprends pas ces journaux — ajoutait Lucile — de raconter mensonges pareils. C'est affreux de tromper ainsi ses lecteurs.

— Ses lectrices surtout !

— Et pourtant ces chansons qu'on imprime de lui, ces histoires qu'on en raconte en nommant d'autres personnes qui n'ont jamais opposé de démenti...

— Mais alors c'est nous qu'il prend pour des niaises devant qui on ne peut parler et qu'il traite en pensionnaires à peine échappées du couvent ?

— J'en ai peur ! Il a dans les yeux des lueurs passagères, as-tu remarqué....

— Oui, en te regardant principalement....

— Tu crois ? C'est drôle, moi ! j'avais fait la même observation quand il jetait son regard sur toi. Est-ce un sot ou bien...

— Il faut en avoir le fin mot, Blanche !

— Et le confesser, Lucile, tu as raison !

— Si Jacques s'imagine que c'est en nous supposant des dindes qu'il sera entraîné aux idées matrimoniales...

— Si Pierre croit qu'on attrape les abeilles avec de la quintessence de pot-au-feu ..

— C'est pour éviter une déconvenue à nos chers maris...

— Pour le bon résultat de l'œuvre...

— Tu le questionneras aussi, au moins ?...

— Sois tranquille ! Je suis aussi intriguée que toi !

Et sous la tonnelle, éclairée, comme en soir de fête, par des lampions et de vénitiennes lanternes, en sablant un doigt de champagne frappé, Blanche et Lucile devant leurs maris, étonnés de leur entrain inaccoutumé, se mirent à force d'insinuations et de perfides réparties, à provoquer les confidences de Guy d'Hellespont.

Celui-ci qui « crevait » positivement d'ennui sous la contrainte qu'il s'imposait, se jeta, tête baissée, dans la voie de gaîté dont on lui entr'ouvrait la barrière.

Et avec son « brio » des meilleurs jours, il récita ses chansonnettes, les meilleures du Chat-Noir et des Caveaux joyeux, avec une irrésistible « furia » qui promptement gagna son auditoire.

Ces dames, émoustillées, reprenaient les refrains en chœur, comme leurs époux.

Puis, Guy, taquiné par elles, narra par le menu les potins et nouvelles galantes des cabarets à la mode et des boudoirs cotés, emballé, emballant Lucile et Blanche, dont la féminité n'avait jamais été à pareille fête et qui lui décochaient, à ses mots, de spirituelles et vives ripostes.

Jacques et Pierre semblaient enchantés du ton qu'avait pris la présentation du bohème toqué à leurs femmes, y voyant les prémisses de sa conversion à leur projet.

— Tu vois bien — lui disaient-ils, bas — que la vie d'enfer a son bon côté !

— Avec des démons comme les vôtres — répliquait-il — je ne dis pas...

— Blanche et Lucile ont des sœurs, et si tu voulais...

— Quoi ?

— Te décider à faire de la musique sérieuse.

— Pas si vite ! Laissez-moi le temps de choisir une note ; nous verrons après.

Jacques et Pierre n'insistèrent pas, le premier pas était franchi.

A minuit, on se prépara à gagner les lits préparés pour se refaire, par paisible sommeil, les forces nécessaires à la promenade du lendemain, et, pendant que les trois camarades de Charlemagne vidaient un dernier verre de fine, Blanche disait, toute rouge, à Lucile :

— Ce n'est pas un sot.

— C'en est loin — répondit Lucile.

— Crois-tu que c'est vrai, tout ce qu'il dit?

— Et toi?

— Oh! comme saint Thomas, ma chérie.

— Moi de même. S'il nous avait fait poser, par hasard?

— Dame! on a vu plus fort que ça!

— Il faut en avoir le cœur net, Blanche

— Mais certainement qu'il le faut! autrement, il serait trop content de s'être moqué de nous.

— Si Pierre s'imagine qu'on peut juger comme cela quelqu'un à première vue...

— Si Jacques croit que je pourrai me prononcer sur lui sans plus ample examen...

— Ce serait téméraire...

— Risquer de tomber dans une grave erreur...

— C'est d'ailleurs toujours pour le bien de l'œuvre...

— Il faut le confesser encore, Lucile.

— Oui, mais séparément; et, de nos observations réciproques...

— Nous verrons bien s'il se contredira...

— Mais tu seras franche avec moi, Lucile.

— Comme l'or.

Et chacune rentra dans sa chambre, ces messieurs ayant déjà mis le verrou aux leurs, à l'étage au-dessus; et les maris roulant déjà, souriant au rêve qu'ils faisaient de signer comme témoins à l'hymen du bohème enfin converti.

Le lendemain se passa avec une pareille gaité, canotage, croquet, billard; ces dames faisaient à l'envi à leur chansonnier les honneurs de tous les plaisirs dont on disposait.

Mais Blanche semblait plus que Lucile avoir sur Guy arrêté définitivement son opinion.

— Ce sera un excellent mari —avait-elle dit à Pierre, qui lui avait demandé son avis.

Le soir fut une dernière explosion de rires et de joyeux refrains et, comme la veille, à minuit, comme dit la chanson populaire : « Chacun s'en fut dormir », pour reprendre le lendemain le train du retour et des commerciales affaires.

— Eh bien! qu'en penses-tu? — interrogea Jacques, en buvant son café matutinal.

— Oh! ce sera un excellent époux, — fit Lucile, qui disparut sous un prétexte bénin.

— Mesdames, je vous remercie — disait un instant après, Guy d'Hellespont, se disposant à suivre ses deux camarades au chemin de fer.

— Vous reviendrez?

— Assurément.

— Non! pas avant qu'il n'ait choisi le genre de musique auquel il s'adonnera — répliquèrent ensemble Pierre et Jacques, qui poursuivaient leur idée.

— C'est déjà fait! — fit Guy, souriant avec finesse.

— Bah! et lequel? — demandèrent les deux associés.

— La musique de chambre — dit-il, en déposant un respectueux baiser sur les deux mains que Lucile et Blanche lui tendaient, en signe d'adieu.

BABYLAS.

# Vingt Jours de plaisir dans la Capitale

Le lendemain, ou pour être plus véridiquement vrai, le jour même, vers une heure de l'après-midi, Philoctète qui paraissait prendre le goût le plus vif aux fonctions de caméiste par intérim, dans lesquelles Berlurette l'avait prié d'essayer ses aptitudes naturelles, voulut, à toutes forces, refaire ce qu'il avait défait précédemment.

Relacer le corset qu'il avait — pas trop gauchement — délacé, pour emmener sa gigolette aux courses de Longchamps qu'il ne connaissait pas.

— Tu paieras — lui disait il — je ferai les fonds nécessaires et quant au gain, ma foi, tu le consacreras à tes bonnes ou mauvaises œuvres, comme il te plaira.

Mais si Berlurette ne dédaignait pas les tuyaux à trois cent contre un, elle était avant tout fille de rare prudence et sagacité.

— Non! peux pas! D'abord, c'est dimanche et kermesse au Moulin, Zidler compte sur moi.

— Et puis, ce n'est pas en l'attardant à la même station que tu arriveras pour le délai fixé au terme des excursions que t'a prescrites ton futur beau-papa.

— Enfin, si on nous voyait encore ensemble aujourd'hui, on serait capable de supposer que je me suis mise en ménage avec toi; ça me déconsidérerait et j'ai l'amour-propre de mes opinions; j'ai déclaré que jamais je ne me collerais de ma vie. Ta ballade à Longchamps sera pour une autre fois, mon lapin!

— Oh! lapin? — s'écria Philoctète, vexé.

— Bêta! va! si c'était, je ne te le dirais pas! Sur ce, viens me dire bonjour en ami quand tu voudras, un de ces jours, et maintenant, embrasse-moi et file prendre le train suivant de ton voyage en folichon pays.

Une fois dans la rue, Dubassin, au premier moment en colère de se voir ainsi congédié, revint peu à peu à de plus saines réflexions et reconnut que Berlurette était femme de bon conseil.

Il valait mieux rompre amicalement avant que la lassitude fût venue les dégoûter l'un de l'autre et comme elle l'avait dit, il y avait nombre d'autres régions inconnues à explorer.

Il explorerait donc et pour ce faire, il vint cogner à l'huis de Carle-Max, son guide patenté.

— Qui est là?

— Moi?

— Moi, qui?

— Dubassin!

Mille regrets, cher ami; à demain! Margot a été prise de ses rhumatismes dans le fémur! pas moyen de sortir, faut que je reste pour la frictionner!

Philoctète pensait se rabattre sur l'ortempoil, son ancien rival de la vieille, mais en digne coiffeur qu'il était, celui-ci pratiquait activement ce jour-là le culte de la tondeuse et du blaireau.

Et Dubassin, tout seul, déboucha mélancoliquement sur la place Clichy.

Il y avait autour de lui, dans l'air, des effluves toutes différentes des parfums respirés dans l'atmosphère du Moulin-Rouge et de l'abbaye de Thélème.

C'étaient encore de jeunes et jolies filles, mais dissemblables à celles entrevues la veille; babillant, jacassant comme les autres, mais avec des voix plus fraîches et moins enrouées, en toilettes moins voyantes et de plus charmeuse simplicité.

Point de fard aux joues ni de kohenl aux yeux! du rose, du vrai rose, d'animation, de gaité; point la beauté factice des déesses grand'viveuses, celle du diable, qui convertit mieux.

Par groupes de deux ou trois, elles allaient vers la foire de Montmartre qui commençait à deux pas de la statue de Moncey, au coin du boulevard extérieur, friandes de parades et de boniments.

— Sacrédienne! — fit, à part soi Philoctète, — il y a de jolies frimousses là-dedans!

— Et il se mit à suivre un de ces groupes, d'assez près pour surprendre quelques bribes de conversation.

— Tu es toujours chez le même patron, Clara?

— Toujours, mais la guelle dans la passementerie ne marche pas fort; si ça dure, Nini, je n'arriverai pas de si tôt à mettre de côté ma part pour l'acquisition du petit mobilier qu'il nous faut pour nous marier avec Anatole.

— Il va bien?

— Oui, j'irai le prendre au café du Delta vers cinq heures, sa boite d'épicerie ne ferme qu'à quatre heures, le dimanche, et toi?

— Moi, Lucien est de garde à son bureau de poste, je ne le verrai qu'à huit heures, à la gare du Nord.

— Faut-il que nous les aimions tout de même, ces monstres-là pour nous astreindre à nous promener ainsi sans cavalier qui nous paie Corvi et les chevaux de bois.

— En effet! — se disait in-petto, leur suiveur Dubassin, faisant des comparaisons entre ces deux fidèles et Berlurette, qui professait, avec sa chorégraphie, religion d'infidélité.

— Mais sont-elles sincères? — ajoutait-il — et ne pourrait-on vraiment pas profiter de ce désir qu'elles témoignent de carrousel et de Corvi? Bah! qui ne risque rien, n'a rien; risquons-nous!

Et il les aborda gaillardement en s'offrant à remplacer auprès d'elles, les cavaliers qui leur manquaient.

— Mais nous ne vous connaissons pas, Monsieur!

— Aussi, permettez que je me présente, Philoctète Dubassin.

— Oh! Nini, Philoctète! tu sais comme le jeune homme qui sauve la jeune fille dans le roman que tu m'as prêté.

— Mesdemoiselles, j'attends que vous décidiez de ma proposition.

— Au fait, Lucien ne peut pas nous voir de son guichet.

— Ni Anatole de son comptoir...

— D'ailleurs, monsieur, vous savez, si nous acceptons, c'est en tout bien, tout honneur!

— Bien entendu, mesdemoiselles! — répondit le jeune Dubassin qui sourit avec une malicieuse arrière-pensée; et les prenant chacune par un bras, il les conduisit à la fête.

On alla dans toutes les baraques, de Pezon à Delille, et de Corvi aux Montagnes-Russes à vapeur, achetant en route des mirlitons et démolissant toutes les têtes des massacres rencontrés en route.

Les deux demoiselles de magasin bavardaient comme des petites perruches éveillées, lui racontant leur vie, leurs projets.

— C'est égal! — disaient-elles en remerciement de son amabilité — c'est fâcheux que nous ne soyons pas libres, nous aurions aimé sans cela avoir un ami tel que vous!

— Eh! Eh! je crois que j'avais raison : ça commence à mordre! Oh! les femmes! — pensait Philoctète — le tout est de les attaquer au moment opportun.

L'heure s'était passée, depuis longtemps celle aussi où mademoiselle Clara devait rejoindre au café du Delta son ami Anatole l'épicier; et la sournoise, toute à son plaisir de spectacles forains, ne parlait pas de s'en aller, non plus que la brunette Nini qui ne soufflait plus mot de Lucien.

Vers huit heures, les estomacs commencèrent à crier famine et Philoctète, pour achever de se gagner la partie, fit ses offres d'apéritif, en attendant le dîner.

— Accepté! — fit Clara, toute émoustillée, — dites donc, j'ai une envie folle de ce quinquina de Saint-Raphaël, qu'on lit sur tous les murs du quartier.

— Et puis, nous dînerons chez Wepler, la première de chez nous, qui y est allée l'autre jour, m'a dit que c'était épatant!

Philoctète, toujours bon garçon, paya Saint-Raphaël et Wepler.

Le diner fut très gai, les folles s'en donnaient à cœur joie, avec un appétit d'enfer, voulant de tous les plats dont les noms fantasques les émérillonnaient!

Dubassin se gonflait d'orgueil en se réjouissant à l'avance de la déception de Carle-Max, quand il lui raconterait la bonne journée qu'il venait de passer et de son dépit certain de ne s'être pas trouvé avec lui.

Certainement Berlurette avait eu du bon, de l'excellent même; mais c'était du piment; tandis que Clara et Nini, ce serait la suave fraîcheur de la franche simplicité : l'oasis après la traversée brûlante du Sahara cardiaque de ces dames du Moulin-Rouge.

Au champagne, dont elles se régalèrent à coupes-que veux-tu, Philoctète émit l'idée d'aller voir les tableaux vivants qu'on avait négligés; mais Clara et Nini, regardant l'horloge, s'écrièrent comme un seul homme, en chœur.

— Oh! non! il est trop tard à présent! nous allons rentrer.

— Comment rentrer? Anatole et Lucien vont vous faire une drôle de réception, vous feriez mieux de rester avec moi.

— Bah! nous leur conterons que nos boîtes n'ont pas fermé aujourd'hui par extraordinaire.

— Et comme il est l'heure de tous les jours, ils ne se douteront de rien.

— Du reste, ils sont nos futurs maris, il faut bien les dresser dès à présent; sinon, plus tard, nous serions flambées, noyées dans un mortel pot au feu.

— Et puis, c'était convenu, avouez-le, en tout bien, tout honneur! monsieur Philoctète. Pour rire et se promener comme tantôt, vous nous ferez toujours le plus grand plaisir; mais faire des farces à nos amoureux, jamais!

— Seulement, comme nous sommes assez gourmandes de spectacles et de distractions qu'ils n'ont pas les moyens de nous offrir, quand nous trouvons un cœur charitable comme vous, nous en profitons; à vous revoir, Monsieur, pour la fête à Ménilmontant.

Quel désastre Philoctète avait maintenant à narrer à Carle-Max et combien celui-ci rirait de sa déconvenue!

Ce désespoir ne dura pas longtemps, le jeune Dubassin ayant, comme c'est l'âge, le sang chaud et l'âme forte et le cœur valeureux. Il regrimpa sur sa bête — un mot favori de son futur beau-père — et se disant qu'il devait, à la foire, se rencontrer d'autres demoiselles de boutiques et petites ouvrières aussi accortes et jouissant en outre du charme de la liberté, ce serait bien le diable qu'il n'en trouvât pas une pour l'initier à ces amours de grisette qu'il convoitait d'ajouter à ses expériences.

Mais c'était le moment où tous les Anatoles et les Luciens avaient, leur besogne enfin terminée, rejoint leurs Claras et leurs Ninis; et les groupes de l'après-midi s'étaient doublés, folâtrant, riant et chantant, s'appelant par les noms de leurs magasins.

— Pygmalion, tu paies un nouga?

— C'est Potin qu'a gagné la rose!

— Pi-ouit! eh, Godchau! où en-tu, Godchau?

— Pas si vite, là-bas, Dufayel!

Pas une voix ne criant — à moi, Dubassin ! — Philoctète commençait à perdre toute espérance d'initiation, quand, s'arrêtant devant un manège de vélocipèdes, il remarqua une petite brunette de seize ans environ qui semblait être seule et s'amuser énormément au jeu.

— Tiens ! on dirait que je connais cette figure-là ! fit-il, en la dévisageant avec curiosité.

La brunette ne baissant pas les yeux sous son regard, il s'élança derrière elle et tout en tournant avec une vertigineuse rapidité il entama la conversation qui n'était pas à bout d'arguments lorsque les machines cessèrent leur rotation et, tendant galamment son bras, il offrit, pour plus amples pourparlers, d'aller gagner des lapins aux premiers « bonnets de coton » qu'on rencontrerait.

Ah ! Carle-Max ! cette fois-ci, ce ne serait pas une débâcle dont on vous ferait le piteux récit ! Pour avoir tardé, la récompense allait être fort belle pour le persévérant Dubassin.

La brunette était, de son propre aveu, une fleur à son aurore qui risquait ce soir-là sa première envolée dans l'inconnu qui fait tant rêver les filles d'Eve, plumassières ou archiduchesses ! On lui en avait tant raconté à l'atelier, que ma foi, ayant prétexté chez ses parents qu'elle passait son dimanche chez une camarade à la campagne, elle était décidée à ne plus s'entendre traiter de « bécasse » par ses camarades de travail.

— Mais où diantre vous ai-je donc vue ? — demandai-t-il à sa jeune compagne — pour sûr, je vous ai déjà aperçue quelque part !

— J'y vais parfois, Monsieur ! répondit-elle, dans sa naïve ingénuité. Et crânement résolue à déchiffrer le Sphinx dont elle ignorait l'oracle, la brunette, vers minuit, suivait Philoctète à l'hôtel où il l'entraînait, la cajolant, mais l'effleurant à peine comme un timide agneau qu'on craint d'effaroucher et de mettre en fuite.

— Oh ! jamais je n'oserai me déshabiller devant vous ! couchez-vous le premier et tournez-vous au mur, sans regarder surtout... ou sinon, je n'oserai jamais...

O suave candeur qui enchanta Philoctète ! soumis, il se coucha le premier, et soumis, il se tourna le nez contre la muraille, attendant qu'elle se déshabillât à son tour.

Mais il ne put résister à l'envie de risquer un œil.

Ah ! ça ! quelle lubie la prenait de se déguiser de pareille façon ?

Elle avait retiré sa robe et achevait de mettre le pantalon qu'il avait étalé sur la chaise !

Chose étrange, à ce moment même où elle ne devait avoir que douces et roses pensées, sa physionomie était devenue sombre et mauvaise.

Philoctète se demandait si elle était folle et, tremblant, pris de subite frayeur, il se sentait paralyse entre les draps.

Puis, ce fut son corsage qu'elle jeta à terre d'où s'échappèrent deux ballons de caoutchouc, dont il avait goûtumé tout à l'heure envié la rotondité, et le paletot avec le pardessus remplacèrent sur elle le corsage envoyé sur le plancher.

— Un homme ! c'était un homme ! balbutia le jeune Dubassin, dont les dents se choquaient d'effroi.

— Pas de bêtise ! ou je te surine ! dit à voix sourde l'ancienne adorable brunette, prête à prendre congé de lui. C'est égal, un instant, j'ai eu le trac de manquer mon coup, quand tu te rappelais m'avoir déjà vu !

— Oh ! cherche pas, je vais te rafraîchir la mémoire avec tes poches. J'étais hier, chez le père Vatel, comme extra-laveur de vaisselle ; j'peux bien t'avouer, y m'ne connaît pas par mon nom et je file demain pour distribuer des prospectus à l'exposition de Chicago.

C'qui m'gênait, c'était l'argent du voyage.

Tu penses si tes œillades m'ont été droit au cœur ; mais, tu sais, à l'avenir, cache tes faflots de la Banque quand tu règles chez les gargotiers, c'est toujours malsain, ces choses-là !

Et visitant les poches du portefeuille de l'épouvanté Dubassin.

— Deux mille ! chouette ! j'vais pouvoir me payer les premières classes avec les commissaires du gouvernement !

Puis, revenant sur ses pas :

— N'te préoccupe pas de la chambre, je la paierai en passant. Je ne veux pas qu'on te colle au clou, à ton réveil. Adieu, Loulou !

Une heure après, enfin dépatalysé, Philoctète qui avait dû, faute de mieux revêtir, pour rentrer chez lui, les vêtements féminins qu'on lui avait laissés, eut à subir la dernière humiliation des lazzis du garçon d'hôtel qui lui ricana insolemment en lui ouvrant la porte du sapin qu'il avait envoyé chercher :

— Mes compliments, la belle ! vous n'êtes vraiment pas longue à les expédier, vous, les clients !

— Ah ! faisait Philoctète pendant que le sapin roulait, heureusement que je n'avais pas sur moi toute la galette du beau-papa ! Si on me repince jamais à cascader sans l'ami Carle-Max, il tombera de la neige à Saint-Francisco !

*(La suite au prochain numéro).*

# PÊCHE MIRACULEUSE

— Allons, Virginie, allons...

— Je suis à toi, mon ami, un peu de patience. Je ne puis pas mettre à la fois une robe et mes bottines.

— Dans la position, je comprends ; mais François II piaffe, s'impatiente ; il va rompre sa longe — et ce sera du joli.

— Donne-lui un morceau de sucre.

François II, c'était le cheval. Il s'impatientait en effet et commençait d'imprimer de fameuses secousses à la petite carriole d'osier remplie d'instruments de pêche et d'une foule de provisions diverses qui constituait son gouvernement, — tout constitutionnel, puisqu'il n'en tenait pas le fouet.

— Hortense, n'oubliez pas l'eau de mélisse, pour madame.. ni l'épuisette. Vous avez l'épuisette ?

— Je ne sais pas où monsieur l'a mise ; je la cherche partout...

— Mathurin, vous savez où gît l'épuisette ?

— Elle doit être dans la serre.

— Non, elle n'est pas dans la serre.

— Mais que voulez-vous que je fasse sans épuisette ?... Mathurin, laissez-là vos tulipes, mon ami, et me cherchez l'engin.. ou, plutôt, venez vous occuper de François II ; il va desseller la grille.

— Monsieur, voici l'épuisette !...

— Enfin ! .. Ah ! sacré nom d'un chien ! et la civette que j'oubliais .. Hortense ! La civette.

— Vous pêchez à la civette, vous ? fit une voix au premier étage, l'étage de madame.

— Vos ancêtres, mon bon, faisaient battre les étangs. Était-ce moins perfide ?

Godefroy de la Chauffardière s'avoua collé en restant bouche bée à la fenêtre. M. Laminette le rassura sur ses intentions bienveillantes par un petit geste supérieur et plein de condescendance qui lui allait fort bien.

Mais il commença à trouver que madame Laminette mettait à sa toilette un temps invraisemblablement long:

— Ah ! bobonne ! Aidez-la, Godefroy, aidez-la, je vous en prie.

Godefroy qui paraissait être l'obéissance et l'obligeance mêmes, disparut de la fenêtre.

Et son aide dut être efficace, car un quart d'heure suffit pour que la tant désirée épouse apparût, en coup de vent, les cheveux légèrement ébouriffés, le teint animé : — joyeuse, par exemple.

Godefroy la suivait. Il tenait l'ombrelle.

— Enfin !

— Mais vous n'êtes même pas prêt

— Comment, pas prêt ?

— Votre chapeau et vos molletières.

— Sapristi ! c'est vrai. Vous ne pensez donc à rien, Hortense. .

— Monsieur a ses molletières sous son pantalon.

— Vous mettez vos molletières sous votre pantalon ? Quelle idée !

— Je ne veux pas traverser la ville en molletières.

— Où serait le mal ?

— Ah ! Virginie ! pour aller à la pêche.

— C'est donc un accoutrement inutile.

— Inutile... Tu verras cela dans le bateau.

— J'espère bien n'y pas mettre le pied dans le bateau. Pour risquer de prendre un bain, merci ! Avec cela, tu rames si mal.

— Si mal !

— Je trouve, moi, que Laminette rame comme un autre, insinua Godefroy, qui était aussi d'un naturel doux et conciliant.

— Quand, par exemple, il lâche les avirons dans les roseaux et qu'il faut les repêcher avec la gaffe au prix de mille émotions et de mille dangers ! N'est-ce pas ?

— Un accident...

— Qui pourrait aussi vous arriver, à vous ?

— Qui sait.

— Eh bien ! tous les deux vous faites la paire.

— Ah ! petite, petite, fit Laminette. Et comme Godefroy de la Chauffardière s'occupait de détacher François II :

— Je ne te comprends pas, en vérité, de toujours quereller ce garçon. Il n'est pas de notre monde, son amitié nous honore, et me flatte énormément, tu le sais bien ; sois un peu familière avec lui si tu veux, mais nom d'un chien ! sois déférente.

Et il ajouta entre ses dents :

— Ah ! matin, je suis bien tranquille avec ces êtres-là, ils ne peuvent s'entendre une seconde.

Ce fut au tour de Virginie de s'impatienter.

— Maintenant, que faisons-nous ici ?

— Laisse au moins à la Chauffardière le temps de débrider François II.

— Il n'a pas le débridement expéditif quand il s'y met.

— Ce n'est pas comme moi, hein ?

— Vous... parlons-en... Mais elle va s'emballer cette bête. Vous croyez que je vais monter là-dedans.

— Sans doute, chère amie.

— Alors vous ne craignez rien pour votre femme, ni les cahots, les heurts, les temps de galop de cette capricieuse bête, ni...

— Ah ! sacrebleu ! dire que j'y pense sans cesse et que je n'y pensais plus. Sans doute, je crains... Mais comment faire ? à moins d'aller à pied...

— Une vraie partie de plaisir, quoi !

— Deux petits kilomètres.

— Ce n'est rien, en somme, dit Godefroy qui intervint.

— Vous trouvez cela, vous ?

— En allant doucement.

— Puis, bobonne, c'est le début, en somme : trois mois, au plus...

— Je devais me douter que je vous trouverais tous les deux à l'unisson contre moi. Ça ne manque jamais.

— Encore !... Virginie, tu me désespères.

— Allons, reprit Godefroy, il y a un moyen de tout concilier — François II sera calmé à la montée de Poissy — madame pourra alors se confier à lui sans danger.

— Eh bien ! c'est cela.

— C'est cela, en effet, mais il fallait le trouver ; et tu ne l'as pas trouvé. — Tu ne trouves rien.

— Bon ! c'est moi, maintenant.

Laminette coupa court à la discussion en grimpant dans la carriole ; ce qui leur permit de hausser les épaules sans danger d'être vus et sans crainte de riposte, par conséquent.

Comme la Chauffardière l'avait prévu, François II ne brûla que cinq cents mètres de pavé et ralentit son allure. Laminette le laissa souffler pour permettre aux piétons de rejoindre.

Godefroy tenait toujours l'ombrelle. Était-ce sa spécialité auprès de madame Laminette ? Il la tenait ouverte cette fois. On ne paraissait pas se disputer. Laminette s'en montrait tout content.

Aussi, ce fut avec la plus parfaite amabilité et de façon fort galante qu'il s'empressa auprès de sa femme et la hissa sur le siège.

Un quart d'heure après, on avait atteint le barrage d'Andrésy, non loin duquel était amarré le bateau de Laminette.

On descendit. La Chauffardière et Virginie aidèrent à décharger l'outillage et remontèrent dans la voiture pour l'aller conduire à l'auberge. Laminette détacha son embarcation et poussa au large.

— A tout à l'heure. Je me tiendrai-là, à la pointe de l'île. Si le cœur vous en dit, je vous passerai.

La matinée est superbe. Dans cette partie de la Seine, l'eau est d'une pureté de cristal. Les limons de haut fleuve, la boue fétide de Paris n'arrivent pas jusque là : le courant les charrie plus loin, vers la rive gauche, où il est plus rapide et le lit plus profond. Des nénuphars jaunes et blancs, aux longues tiges plongeantes, toutes droites, tapissent de çà et de là la surface tranquille, trouble seulement par les tournoiements de bandes de perches et de chevesnes qui prennent ici leurs ébats et leur part de soleil. Des milliers d'insectes aux nuances éclatantes voltigent dans l'air. C'est un bourdonnement sans fin, très doux ; un murmure de fête lointaine, une exquise musique qu'on entendrait bruire comme un écho du troisième âge du monde, quand le fleuve apaisé sous le couvert des forêts qu'il ne dévastait plus, commençait de rouler sans menace, comme une caresse, ses flots vierges sur les cailloux immaculés de son lit, et que les dieux de l'onde saluaient de leurs chants sa marche lente et sereine.

Laminette, en vandale qu'il était, jeta son bateau

u beau milieu des nénuphars, qu'il éparpilla à droite
t à gauche, et porta le désarroi parmi les perches et
es chevennes qui se frottaient le ventre aux rayons,
i contents de vivre.

Il trouva même — l'animal ! — que l'eau était trop
laire, que c'était trop bête cette idée de la Seine de
e payer des transparences là justement où il y avait
u poisson, et il quitta le haut-fond pour aller planter
es deux perches et amarrer son bateau dans la partie
ourbeuse où, au moins, cet imbécile de gravier ne
uisait pas comme la cuisse d'Amphitrite, avec ses
ecttes blanches, selon ses propres expressions.

Il appâta royalement, se plongea jusqu'au coude
ans la glaise et les asticots, distribua plus parcimo-
ieusement sa civette, tendit ses lignes, alluma sa
ipe, et, l'oreille aux grelots, les yeux aux bouchons,
l attendit.

Cependant, madame et son compagnon avaient été
onduire le cheval à l'écurie. Mais au lieu de déranger
Laminette, ils étaient restés sur la berge et s'étaient
nstallés près du bord, dans une oseraie, sous les
aules, où le soleil tombait discrètement. Ils s'y trou-
èrent si bien qu'ils ne donnèrent pas même signe de
vie.

Ils s'entretenaient tout bas, paraissant se compren-
re et s'entendre à merveille. Virginie était la défé-
ence même. Laminette eût été ravi de sa bonne
enue.

Tout à coup, un grelot teinta.

— Ça mord, s'écria à mi-voix Laminette, qui avait
entendu.

Sans se hâter. Il se mit à enrouler son fil.

Bientôt, l'eau s'agita, faiblement d'abord, puis violemment, au bout de la ligne un malheureux poisson
faisait des bonds désordonnés, se jetant de tous côtés,
ensanglanté, fou, impuissant, vaincu.

*Struggle for lifer.*

Laminette, avec un petit frémissement d'émotion,
tirait, puis laissait filer, prenait son temps, et recom-
mençait, devenant nerveux, impatient ; serrant les
lèvres, comme sous une montée de colère.

Enfin, la lutte s'abrégea ; il se saisit de l'épuisette
et au moment où le ventre lustré de l'adversaire apparut hors de l'eau à sa portée, il acheva sa victoire.

Ses nerfs se détendirent. Il considéra sa capture
avec un bon regard satisfait, sans haine, un regard
de brave homme, et un flux de paroles monta à ses
lèvres.

— C'est un barbillon. Cela pèse trois livres : une
belle pièce. Le barbillon aime à être enduit de beurre
et frit. On le sert sur une jonchée de persil avec ou
sans sauce. C'est un poisson de qualité moyenne.

C'est en mai que cela fraie. Tiens, moi aussi... mai,
uin, juillet, trois mois ; c'est le compte, mais mir...
On n'est pas souvent impétueux sous les eaux.

C'est vraiment curieux ; j'ai étudié cela : la femelle
dépose ses œufs sur un sable bien pur, à l'abri des
tourbillons et des courants — et aussi de la voracité
des confrères. — Le mâle ne la quitte pas d'un instant ; il faut le voir faire ce bon apôtre, et, dans la désolation de n'avoir point de bras pour la saisir et l'en-
serrer, s'en dédommager par de frétillantes et hypno-
tiques allées et venues et des baisers d'écailles qui
n'en finissent pas...

Par exemple, il ne gagne point en allure, tel que
vous le voyez, il n'a pas l'air remarquablement intelligent, mais au psychologique instant, il paraît dix
fois plus bête encore.

— C'est comme ça...

Sur ces mots, comme il tournait la tête, il aperçut,
par une éclaircie de branches, sur la rive, le bas d'une
robe bleue qu'il reconnut pour être celle de sa femme.

— Eh ! vous autres, leur cria-t-il, en élevant victorieusement sa proie au bout de son bras. Que dites-
vous de cela ? Pendant que vous vous prélassez, voici
comment on travaille ici.

La Chauffardière se montra, puis Virginie.

— Oh ! épatant !

— Mais insuffisant, mon ami.

— Soyez tranquille, le temps y est, je vous éton-
nerai.

Un autre grelot se mit à danser.

— Encore un ! cette fois-ci, c'est une carpe. Je le
reconnais à la vigueur du recul. Ce poisson est étonnant sous ce rapport ; je vous citerai...

Tiens, où sont-ils donc ?

La Chauffardière et Virginie avaient cessé de s'intéresser à la pêche.

La capture d'une carpe présente le plus vif intérêt.
Elle n'immobilisa pourtant que les facultés du bon
Laminette.

Pareille indifférence l'étonna et, la besogne faite, il
se mit à fouiller d'un regard anxieux la verte saulaie
où avaient dû s'enfoncer ses deux spectateurs. Il
aperçut pour la seconde fois le bas de jupe de sa
femme et son visage reprit son initial rayonnement.

— Ce qui me chiffonne, se dit-il, c'est qu'elle me
paraît assise sur un tronc d'arbre que je connais et à
la solidité auquel elle a tort de croire, — et de croire

comme elle fait, car, Dieu me pardonne ! elle s'y balance... Dans sa position ! Mais elle est folle ! Et Godefroy que je ne vois pas... Bon ! ce que j'avais prévu...
Petite sotte !

Dans l'oseraie où le soleil si discrètement tombait,
un cri, un fouillis de dentelles, de chiffons, une jambe
ronde sous un bas noir, un triangle de chair rose un
instant aperçu — le bruit très distinct d'une chute.

Virginie venait de basculer en arrière et de choir
sur le dos.

— La voilà bien avancée. Pourvu que... et tout
émotionné il lui cria.

— Virginie, ma fille, tu es insupportable !

— Vous ne vous figurez pas que je l'ai fait exprès.

— Toujours des imprudences. Mais que fait donc
Godefroy ?

Godefroy se montra.

— Coquin de sort ! que je suis vexé, dit-il. Oh !
madame...

— Ce ne sera rien que cela. Et vous, mon ami, au
lieu de mugir comme vous faites, vous feriez beaucoup mieux d'attérir et de venir déjeuner, il fait une
faim, sous cette feuillée...

Mais un bouchon plongea, puis un second, et, à
l'autre bout du bateau, aux lignes de fond, ce fut un
carillon sans fin.

— Ah ! mais, ah ! mais, ils sont enragés aujour-
d'hui. Qui a commencé ? C'est toi. V'lan !

Il mit un quart d'heure à relever ses engins ; il suait
à grosses gouttes. Le succès avait dépassé l'espoir, sa
peine était et au-delà compensée.

— Mais dépêche-toi, lui cria sa femme. Je meurs.

— Vous en prenez à votre aise, vous autres de la
terre ferme. Je suis en nage, je n'en puis plus... Vous
ne savez pas ce que c'est.

— Ça mord donc avec beaucoup d'effervescence,
questionna la Chauffardière, un peu goguenard, cette
fois.

— C'en est plein... autant que de cocus !

— Vous avez entendu, chère enfant, fit Godefoy,
absolument scandalisé, mais très tendre et dans un
beau sourire.

— Il est fort drôle toujours quand ça mord, lui répondit Virginie, avec candeur et simplicité.

EDOUARD ZED.

# LES PIEDS D'HORTENSE

Le commun des mortels ne s'imagine pas généralement l'influence que peut exercer une paire de *pieds*
sur la destinée humaine...

Cependant, on n'ignore pas que ce fut seulement
pour avoir ajouté deux *pieds* aux alexandrins que
M. de Lorgeril dut de passer à la postérité. Des esprits
reptiles ont, à la vérité, essayé d'insinuer que, dans
les vers de ce grand génie politique, les syllabes ne
s'appelaient pas des *pieds*, mais des pattes... Nous
laisserons de côté les critiques des méchantes langues, et nous citerons comme autre exemple important le digne Américain James Craft, qui conquit sa
fortune à la suite d'une longue course à *pied* dans laquelle il arriva bon premier, — ce qui prouve, entre
parenthèses, que le monsieur en question avait aussi
bon *pied* que bon œil...

Ne voulant pas mettre les *pieds* dans le plat, nous
allons arrêter nos citations, après avoir encore rappelé,
toutefois, la vogue dont jouiront, il y a quelques années, les pantalons à *pieds* d'éléphant, lesquels ne
sont plus portés aujourd'hui que par les jeunes gens
des barrières qui ont déjà un *pied* dans le crime, ce
qui ne les empêche pas, de temps à autre, de flirter
avec maintes petites femmes sans préjugés qui, de ce
chef, mettent souvent à leurs maris, un *pied* de plus
sur la tête !

La jeune et jolie Hortense Peaudebouc, femme légitime de mon ami Nicodème Peaudebouc que j'ai déjà
eu l'insigne honneur de présenter à mes lecteurs, n'est

pas sans avoir eu quelques faiblesses dans son existence. La dernière de ces faiblesses se nomme Rodolphe Livarot, dit *Chaussette-Russe*, et est âgé de vingt-
cinq printemps, sans compter les mois de nourrice
(comme votre serviteur). C'est un garçon de principes
immuables, qui s'est voué au célibat par dévouement
à l'amour libre.

Il y avait environ huit jours que la belle Hortense
l'adorait comme une folle, lorsque tout à coup arriva
la macabre découverte que connaît aujourd'hui tout
le monde et que nous n'allons rappeler que pour mémoire.

Un matin de la semaine dernière, deux agents en
ballade aperçurent, au milieu d'un tapis de gazon du
jardin des Tuileries, un petit paquet enveloppé dans
une feuille d'expédition du chemin de fer d'Orléans...

Les agents se consultèrent du regard, et, au bout
d'un quart d'heure, s'étant compris, ils se précipitèrent prudemment sur l'objet.

— De la dynamite ? questionna celui qui n'avait pas
osé prendre l'objet.

— Non ! répondit l'autre d'un air sombre... Je crois
que ça sent la chair fraîche !

— Bonne affaire ! un crime, peut-être ?...

— Je ne sais...

— Allons trouver le patron !

Une demi-heure plus tard, les deux agents arrivaient
à la préfecture de police, et demandaient à parler sur
le champ à M. Goron.

Le chef de la sûreté ne se fit pas attendre.

— Me voici, mes enfants, dit-il en arrivant. Qu'y a-
t-il de nouveau ?

— Ceci, fit l'un des policiers en tendant le paquet.

M. Goron l'ouvrit avec précaution, puis reculant
épouvanté :

— Diable ! balbatia-t-il en se grattant l'oreille...
C'est une grave affaire ! allons trouver le préfet de
police.

Comme M. Lozé était en vacances, il fallut prévenir
le parquet, qui délégua un juge d'instruction, lequel
interrogea sommairement les agents ; et, après avoir
mandé M. Brouardel pour l'examen du paquet, se rendit sur le lieu de la funèbre trouvaille.

Pendant ce temps le médecin-légiste se livrait à une
minutieuse étude sur les objets qu'on venait de lui
remettre.

Au bout de deux jours d'examen, le docteur n'hésita
plus.

— Ce sont là des pieds, dit-il, il n'y a pas à en douter ! mais il me faudrait posséder le restant du cadavre pour savoir s'il y a eu crime ou suicide...

— Le malheur est, fit le juge d'instruction en fouillant dans la poche de son faux-col, le malheur est que
je ne l'ai pas sur moi ! il nous a été impossible de le
retrouver...

— Ce sont des pieds de mammifère, reprit le médecin ; et tout me porte à croire qu'ils ont été détachés
d'une paire de jambes. Or, la science est depuis longtemps fixée sur ce point, des jambes ne peuvent exister que si elles adhèrent, ou ont adhéré à un tronc.
D'autre part la nature ne crée que fort rarement des
troncs acéphales... Donc, ces pieds ne forment pas à
eux seuls un cadavre complet. Messieurs, vous viendrez me consulter à nouveau quand vous aurez retrouvé le reste.

Et d'un geste digne, le médecin-légiste congédia le
juge d'instruction et les agents, qui se mirent en campagne pour éclaircir ce mystère...

Les choses en étaient là, lorsque, mardi dernier, un
particulier se présenta à la Préfecture de police, demandant à parler à quelqu'un, ne fût-ce qu'à un garçon de bureau. Il eut la veine de tomber sur le préfet
en personne qui, justement, comme Pierre Petit, le
photographe (voir aux annonces) était en train d'opérer lui-même.

— Monsieur, lui dit l'inconnu, je m'appelle Nicodème Peaudebouc, et suis négociant en papiers imper-
méables pour châlets aristocratiques. Je lis les journaux tous les jours, car de même que Térence l'ancien :
« *homo sum, et nihil humani a me alienum puto* ». Ce
qui signifie :

— Ça suffit, nous la connaissons ! interrompit le
préfet. Qu'est-ce que vous désirez ?

— Voilà, reprit Peaudebouc : j'ai eu une connaissance des débris humains trouvés dans le jardin des
Tuileries, et comme je demeure près de là, et que ma
femme a précisément disparu la veille du jour où eut
lieu la lugubre trouvaille, je viens voir si, par hasard,
il n'y aurait pas quelque coïncidence entre ces deux
événements...

L'œil du préfet de police s'éclaira d'une joie intense.

— Ah! enfin, nous allons tout savoir! s'écria-t-il. Puis, redevenant subitement maître de lui :

— Venez, brave homme! dit-il à Peaudebouc en lui saisissant le bras.

Ils traversèrent une série de couloirs, descendirent d'immenses escaliers, et, arrivés sur le quai, hélèrent un cocher à qui le préfet donna une adresse à voix basse.

Le sapin roula pendant cinq minutes, et s'arrêta devant la porte de la Morgue.

— Quoi! balbutia Peaudebouc, ma femme serait-elle morte?

Et il se mit à sangloter.

— Chut! fit le préfet de police, en le poussant à l'intérieur, derrière une série de portes... Chut! pas un mot, pas un geste!

Soudain, sur un signe, un rideau s'ouvrit devant Nicodème, laissant voir deux objets vagues étalés parallèlement.

— Reconnaissez-vous ceci? lui demanda le préfet.

Peaudebouc esquissa un sourire qui, heureusement ne fut pas aperçu du magistrat :

— Parbleu! répondit-il, ce sont les pieds de ma femme!

Le préfet rayonna.

— Bon! s'exclama-t-il. Tout va bien. Vous pouvez vous retirer. Avant la fin de l'année, si la Providence nous est propice, nous aurons retrouvé le reste du cadavre.

Cependant, en cette même journée de grâce, on faisait la fête dans la chambre numéro 69 de l'hôtel Jonquille, rue de la Huchette, où deux jeunes gens se trouvaient réunis.

— Oh! que j'aime ma reine Hortense! disait le jeune homme à la jeune femme.

— Et moi donc, mon cher Livarot! on n'a pas idée de ça à Saint-Jean-Pied-de-Port! répondait celle-ci.

— Si nous prenions encore un verre, avant de nous coucher?

— Comme tu voudras, mon amour!

Le nectar coula en pétillant dans les hanaps...

Soudain, la porte s'ouvrit avec fracas...

C'étaient des agents chargés par la sûreté de rechercher le cadavre d'Hortense, dont Nicodème avait donné le signalement au préfet.

Les deux amants comprirent tout de suite que leur quiétude allait être troublée.

— Comment s'appelez-vous? demanda l'un des agents à la jeune femme.

— Mais... Monsieur!

— Y a pas de mais! répondez.

— Je m'appelle Hortense...

— Hortense quoi?

— Hortense Peaudebouc.

— Je m'en doutais! alors, c'est vous qui êtes le cadavre?

— Le cadavre?

— Oui, oui, bien sûr! faut pas nous la faire, vous savez! et d'abord, où sont vos pieds?

— Les voilà, mes pieds.

Et Hortense exhiba deux jolis petits petons chaussés de mules cendrillonesques.

— Quel est donc ce mystère? s'écrièrent en chœur les deux agents stupéfaits.

Mais le premier reprit aussitôt :

— Tout ça, c'est d'la roustamponne! nous sommes chargés de rechercher le cadavre; nous l'avons trouvé, nous l'emmenons... Tant pis s'il y a des pieds en trop!

Durant cette scène, le sensible Rodolphe Livarot avait lui comme un panier.

Les agents arrivèrent donc à la Préfecture : ... Hortense seule.

Le préfet mandé aussitôt, fit avertir Peaudebouc par le téléphone.

Dix minutes plus tard, il se présentait à son bureau.

Le magistrat, absolument ahuri, s'y promenait de long en large.

— Ah! enfin, vous voilà! dit-il à Nicodème. Nous allons peut-être savoir ce que signifie cette mystification!

— Tiens, Hortense! fit Peaudebouc en apercevant sa femme. Tu ne m'embrasses pas?

— Plus souvent, que le cadavre... interrompit le préfet.

— Mais ce n'est pas un cadavre, objecta Nicodème.

— Et c'est justement ce que je vous reproche, fit sévèrement le magistrat; car enfin, vous avez reconnu ses pieds l'autre jour!

— Oui, ça c'est vrai; je les avais vus sur la table de la salle à manger, avant de sortir, le jour où elle a disparu...

— D'abord, mettre ses pieds sur la table, ce n'est

pas une place! Et puis, tout cela n'est pas clair! expliquez-vous, madame.

Hortense s'approcha, le visage caché dans ses mains.

— Ma foi, monsieur, dit-elle confuse, je sais qu'il ne faut pas tromper la justice, et je vais tout vous dire.

— A la bonne heure! s'écria le préfet. Pour un cadavre, voilà qui est parler!

— Mais ce n'est pas un cada... essaya de dire Peaudebouc.

— Taisez-vous, et n'interrompez pas!

— Donc, reprit Hortense en hésitant un peu, j'étais sur le point de déjeuner seule, puisque Nicomède venait de sortir, lorsque...

— Lorsque?

— Lorsqu'on sonna à la porte. J'allais ouvrir; c'était Rodolphe Livarot...

— Qui que c'est que ça, Livarot? fit Peaudebouc.

— N'interrompez pas!

— C'était donc Rodolphe, un gentil garçon qui... que... Enfin, bref, il me dit comme ça : « Ma tourterelle, habille-toi bien vite, je t'emmène à la campagne... » Moi, vous comprenez, j'accepte. Je mets mon déjeuner dans mon manchon, et nous v'là partis...

— Miséricorde! s'écria Nicomède.

— N'interrompez pas!

— Et voilà, monsieur! Ça a duré quinze jours...

— Ah! malheureuse! bégaya Peaudebouc. Pourrais-je jamais te pardonner!

— Et... et les pieds? fit le préfet. Tout ça ne nous explique pas la provenance des pieds?

— C'est vrai! reprit Hortense. J'oubliais de vous dire que comme nous allions trop loin, je ne voulus pas voyager avec mon déjeuner, et que je jetai le paquet à l'endroit où il a été trouvé, espérant que quelque chien en ferait son profit.

— Et qu'y avait-il dans le paquet?..

— Dans le paquet? il y avait des pieds à la gelée, ceux que mon mari avait vus sur la table...

Le magistrat tomba accablé dans son fauteuil, et réfléchit durant quelques minutes. Puis se levant tout à coup, avec un bon sourire :

— Au fait, dit-il, tout est bien qui finit bien! Nous avions déjà assez de crimes à Paris!

— Je ne trouve pas que cela finisse si bien! observa Peaudebouc... Quoique, après tout, il vaut encore mieux que j'aie un pied de plus sur la tête que d'en voir deux de moins aux jambes de ma femme!

MARIUS RÉTY.

# VISITES A MIE

*A Suzanne Cicé.*

De jour et de nuit j'irai te voir. Mie
Que ton âme veille ou soit endormie.
De jour et de nuit j'irai te voir, Mie.

I

Par les matins blancs et les aubes d'or
Avant que le ciel entier ne flamboie
J'irai te porter mon baiser de joie
Pour ensoleiller ton œil bleu qui dort.
Nous déjeunerons d'œufs et de laitage
Dont tu répandras sur tes seins jolis;
Si bien que le lait perlant ton corsage
Semblera des pleurs de lys sur des lys.

II

Dans les fiers midis des soleils brûlants
J'irai saluer ta beauté princière
Et t'offrir en bloc la splendeur entière
De l'astre d'amour que j'ai dans les flancs.
Nous ferons à deux toute une fournaise
A l'ombre des bois où nous aimerons.
Et nous essuyerons en nous plaignant d'aise
La sueur de notre âme éclose à nos fronts.

III

La nuit je viendrai comme un malfaiteur
Poignarder ton corps et voler tes lèvres,
Si bien que malgré ses troublantes mièvres
Tu me recevras mieux qu'un sénateur.
La lune, à travers ta fenêtre aimée,
De sa face glabre au masque argenté
Sourira gaîment à sa sœur pâmée
Dans ma paume ardente au derme enfièté.

De jour et de nuit j'irai te voir, Mie
Que ton âme veille ou soit endormie;
De jour et de nuit j'irai te voie. Mie.

HECTOR SOMBRE.

*Adaptation musicale de Léopold Gangloff.*

# BREDOUILLE !

Chez Sylvain où de compagnie, tous les soirs, elles tenaient leurs galantes assises, Jeannette et Marguerite étaient passées depuis longtemps à l'état de curieux phénomènes de l'amitié.

Désirables toutes deux, en leurs différences d'allure et de physionomie, Jeannette, blonde, et Marguerite brune, aucun habitué de l'endroit ne pouvait se vanter de les avoir eues toutes deux pour amies; qui avait reçu de l'une d'elles favorable accueil pouvait faire de l'autre son deuil éternel.

En bonnes camarades, à qui le voulait bien entendre, elles répétaient à l'envi que double siège était obligatoire déroute. Elles avaient juré solennel serment de ne jamais se tromper l'une l'autre en amour; jamais Marguerite n'accepterait favori de Jeannette, ni Marguerite soupirant consolé par Jeannette et plus d'un s'était fait éconduire au jeu.

Elles ne voulaient pas, disaient-elles, plus honnêtes en leur petit doigt que les honnêtes femmes, qui trafiquent ainsi communément de leurs communs époux.

Et les choses étaient encore en le même état quand Guy de Montauvent arriva à Paris, de Toulouse, pour passer sa thèse de docteur en droit.

Un joli cavalier, ce Guy, et qui avait, sur le champ des frivolités toulousaines, compté plus d'un victorieux combat!

On assurait même là-bas qu'il savait si malicieusement s'y prendre, que fille ou femme qu'il abordait était sitôt place conquise.

Le hasard des soupers de la grande « vadrouille » l'ayant amené chez Sylvain, de la table où il sablait le champagne en joyeuse compagnie, des allusions partirent sur le cas de Jeannette et de Marguerite, qui justement venaient de quitter la maison au bras de deux « momentanés » connus des camarades de Guy.

Le Toulousain, au récit qu'on lui débitait, s'enflamma comme une allumette et paria tout ce qu'on voulut qu'il arriverait à rompre le pacte conclu entre les deux coquettes enfants.

— « Mais » — fit l'une des convives, de ce sexe gracieux auquel nous devons Louise Michel et la dame de Saint-Tropez, Jeannette et Marguerite ont, paraît-il, un signe infaillible de reconnaissance pour s'avertir du danger qui les pourrait menacer de parjurer à leur insu à la parole donnée.

— « Nous verrons! » — riposta le galant champion.

.˙.

Dès le lendemain il entra en campagne. Le sort ayant, comme début d'attaque désigné la blonde Jeannette, il prit bien garde, pour ne pas éventer la mèche de l'artifice qu'il méditait, de ne pas l'aborder chez Sylvain, en présence de Marguerite qui l'aurait alors dépisté du coup.

Il s'en fut, au domicile de la blonde « dégrafée » dont un garçon lui avait « lâché » l'adresse moyennant un pourboire rondelet.

Comme il s'était, en homme qui sait la vie, fait précéder d'un messager sérieux, en bijoux sonnants, avec sa carte dûment soulignée d'acceptables propositions, Jeannette lui fit le plus charmant accueil.

Mais, on n'alla pas en besogne aussi vite qu'il l'aurait cru et la conversation de première entrevue fut sobre et réservée, digne de gens du meilleur ton, et, Jeannette abordant le sujet banal et commode à soutenir des modes et costumes du moment, eut un mot de reproche pour la cravate qu'il portait à laquelle il manquait l'épingle qui, pour elle, était la suprême marque de la véritable fashion.

— Voulez-vous me permettre de vous décorer à mon goût! lui dit-elle d'un geste câlin, en piquant dans le nœud de satin une fantaisie en vieil argent ciselé représentant une minuscule « La Goulue », dans une affriolante pose.

Enchanté de ce commencement de familiarité, qui augurait bonnes conséquences Guy se prêta de la meilleure grâce à cette fantaisie.

Puis, le temps arrivant où Jeannette devait s'absenter en visite, il la quitta, emportant la formelle promesse d'une réponse définitive de refus ou d'acceptation pour le lendemain.

Il cheminait, radieux, dehors « et d'une ! » se disait-il — « l'autre ne fera qu'une bouchée »

Et la faim le surprit de la dévorer aussitôt.

— « Comme ça, elles n'auront pas le temps de se prévenir ! — ajouta-t-il, en adroit Toulousain qu'il était !

— Marguerite le reçut non moins bien que Jeannette, mais en lui parlant, elle avait de petits gestes mal déguisés, de vive impatience qui ne cherche qu'à éclater.

— « Qu'avez-vous « fit Guy, intrigué — « voulez-vous que je me retire ? »

— « Oh ! non pas ! c'est votre cravate ! Dieu ! qu'elle est sottement arrangée ! qui diable, vous a conseillé de l'agrémenter d'une épingle ? Ça ne se porte plus depuis longtemps. Elle me porte tellement sur les nerfs que vous me rendriez service en m'autorisant à vous l'arranger ».

Puis elle dépiqua lestement « La Goulue » dont Jeannette l'avait orné.

— « C'est cocasse » — se disait Guy — « cette divergence d'opinions chez deux personnes aussi intimement liées ensemble !

Comme pour Jeannette, il obtint l'assurance que le lendemain Marguerite le fixerait définitivement s'il devait se regarder comme heureux suzerain en son aimable logis.

— « Ça y est, ce coup-ci, c'est certain ! « — dialoguait-il, seul, dans la rue. — « Ça serait bien extraordinaire si, les surprenant à la fois dans la même journée, elles arrivaient à deviner ma diabolique tentative !

Aussi le soir, chez Peters, où il avait retrouvé la compagnie de l'avant-veille, par convention de ne pas aller chez Sylvain et toujours de peur de dévoiler le complot en cours d'exécution, se vanta-t-il orgueilleusement du succès inévitable de son entreprise. A l'incident doublé de la cravate, l'un des convives, Henri Courseulles, s'écria :

— « Eh bien ! demain, mon cher, tu auras perdu ton pari et bredouille tu t'éveilleras ! »

Guy regarda comme ivre ou fou l'interrupteur prophète de calamité.

Et pourtant, le lendemain matin, à son réveil, son domestique ne lui remit qu'une seule lettre parfumée qu'il ouvrit fiévreusement.

Pourquoi cette seule missive, alors qu'il en attendait deux.

Il courut à la signature, et il lut... — hélas ! les deux noms accolés de Jeannette et de Marguerite qui, cette fois encore, gardaient intact le serment échangé.

— « Votre ami Courseulles aurait dû vous en avertir d'avance : vous avez perdu la partie par votre faute en vous laissant épingler de notre « Goulue » d'alarme ; et bien d'autres se meurtriront l'aile à notre coup d'épingle qui nous a toujours réussi ».

A midi, Courseulles venant aux nouvelles, Guy lui avoua sa déconvenue !

— « Qui aurait cru que pareille chose me trahirait ! Une cravate rose que j'avais achetée exprès pour me donner du montant.

Puis, curieux :

— « Et toi, cher, comment ça t'est-il arrivé ?

— « Moi, fit Courseulles « c'est bien différent ! ma cravate était bleue et c'est Marguerite qui m'avait épinglé avec Rosa et Josépha, leur téléphone du moment.

— « Ce qui prouve une fois de plus, mon bien bon ! — conclut le Toulousain sur l'air du renard des raisins de la Fable, — « qu'on est toujours refait par les femmes qui vous sautent au cou ».

SUZANNE DE FOUGÈRES.

# ÉTUDE DE RIEUSES

## Le respect de la chair

« Si je l'avais trompé, je te l'aurais dit ». Ces paroles sont extraites du livre des Évangiles de Léonide Lebland, page soixante-neuvième.

Elles sont d'ailleurs d'une suggestivité intense.

Toute la femme à béguins, toute la névrosée est là, sous ces huit mots qui devraient être gravés en lettres d'or et de rubis, sur le seuil des milliards de temples de Cythère dont les oriflammes de satin mauve flottent aux quatre coins du monde; car ils sont plus qu'un caprice de langage, ils équivalent à un axiome, à une définition.

Or, par un soir triste et pluvieux de ce mois-ci, une petite femme blonde, si blonde que les maïs de Macédoine en eussent été jaloux, avec ses yeux bleus, si bleus que jamais l'Éternel Père ne sut faire même pour l'Italie de pareils firmaments, entra justement au cabaret de la *Butte*, boulevard de Clichy, et s'assit avec un charmant retroussis de jupes soyeuses en face d'un grand jeune homme pâle, très brun, qui depuis une heure attendait, le regard obstinément fixé sur les vitraux de la porte d'entrée dans une attitude de rêverie désolée, sans doute — oh ! certainement — la petite femme blonde qu'un hasard — ces hasards, nos adorées, même celles qui furent miennes, savent si bien les raccrocher en route — avaient attardée.

Et d'abord les deux jeunes ne se parlèrent pas.

Ils se contentèrent de se serrer la main gauchement, comme gênés du contact de chairs soupçonnées d'ingratitude, puis restèrent cois, l'un en face de l'autre, s'évitant du regard ainsi qu'ont coutume de le faire les criminels célèbres pendant la scène de la confrontation.

Et toute la soirée ils restèrent ainsi, muets, écoutant d'une oreille distraite les vers et quelques œuvres déclamés ou chantées qu'on interpréta devant eux.

Il fallait vraiment qu'ils eussent de gros sujets d'inquiétude et qu'ils entendissent de fortes voix reprocheuses au fond d'eux-mêmes pour ne pas prêter une attention plus soutenue aux ballades et refrains d'amour qui emplissaient *la Butte* d'une symphonie délicieuse.

D'abord Claudius; le régisseur du célèbre cabaret montmartrois, avait débuté avec une chanson dont la musique originale et une de ses plus pures trouvailles : *Ohé! Monsieur le Tavernier*. Je suis personnellement trop bien avec l'auteur des paroles pour en dire ce que j'en pense. Qu'il vous suffise de savoir qu'il y a là dedans de troublantes évocations moyenâgeuses assaisonnées de pan-pan sonores qui excitent au rire et au boire la magnifique assemblée.

N'y aurait-il que Claudius en la maison pour intéresser pendant quatre heures d'horloge trois cents personnes que la salle ne désemplirait pas, car Claudius, c'est le répertoire fin-de-siècle fait homme.

Je ne connais pas de garçon plus amusant, plus constamment nouveau, possédant une bibliothèque chansonnière mieux choisie et plus variée. Avec cela de la voix, une jolie voix que ne parviennent pas à érailler les libations, et un tact de diction purement exquis !

Mais il n'est pas seul : certain quatuor toulousain fort remarquable, chante deux ou trois fois dans la soirée des refrains du pays : *Lous poutons! Qué cantos!* etc., qui, accompagné par le jeune maëstro, Robert Florius emplissent d'un magistral rayon de soleil du Midi l'immense taverne où, comme en un atelier de grand artiste, sont accrochés aux murs des toiles superbes : d'Abel Truchet : *Une marchande de fleurs*, place Pigalle; de Fayerol : *Entrée de clowns sur une piste*; de Grün : une surprenante fanfare avec figures allégoriques venant donner aubade à l'ami Baume, un des intelligents directeurs de *la Butte*; de Vincent, d'Hulert et de nombreux autres peintres que le fier lait de la mamelle du Mont des Martyrs élève et nourrit pour la plus grande jouissance de la postérité.

En dehors de ce quatuor vraiment peu ordinaire, les amateurs sont pléiade : Pigeon fait frissonner l'auditoire avec *la Glu*, de Jean Richepin.

Hector Sombre vient presque tous les soirs dire son : *Étude de femme*, *Histériologie* et l'*Après Nature*. Même, il y a quelques jours de cela, l'électricité ayant salement manqué, il improvisa le sixain suivant, dont il m'a autorisé à vous livrer la primeur typographique :

Mesdames et Messieurs, si l'électricité
Ne montre pas ce soir à notre volonté
Et semble mettre en nous des sombreurs de désastres,
C'est qu'Edison a cru dans sa simplicité,
Que nous saurions trouver l'électrique clarté
En nous qui sommes tous des astres.

Entre nous, ça n'est pas bien épatant; mais il demande grâce pour l'impromptu.

Enfin, tout ce que Montmartre compte de poètes afflue.

Je ne citerai que pour mémoire Sécot, en compagnie de sa maîtresse et de Lumineuse, dont le joli minois blond et rose ensorcela jadis, au temps des soirées du *Clou*, celui dont j'ai plus haut cité des vers.

Le journal en son entier ne me suffirait pas s'il me fallait citer les autres ; non plus si j'étais obligé d'examiner les femmes idéales qui emplissent la salle de leur aimable joie. Nous y coudoyons quotidiennement Jeanne, du Moulin-Rouge, Berthe, Adèle, Suzanne, et encore des Jeanne et des Jehanne avec un *h*, et puis aussi Clémence, celle sur de laquelle un chroniqueur fort connu, E. L., son ancien amant, composa cette sorte de blason rimé :

Clémence
Démence
Immense
Dépense.

Mais je m'aperçois que je m'éloigne de ma petite femme blonde, plus blonde que le maïs de Macédoine, avec des yeux bleus, plus bleus que les meilleurs firmaments du Père Éternel, qui, entrée en coup de vent, alla s'asseoir en face d'un grand jeune homme brun, d'aspect triste, qui fuyait son regard obstinément.

J'y reviens.

Lorsque vers les une heure du matin, la soirée étant à peu près terminée, lui, jugea le moment venu d'opérer la retraite, il dit :

— Partons-nous, Louisette ?

— Si tu veux, répondit Jacques ; car j'ai omis jusqu'ici de vous dire qu'il s'appelait Jacques, comme elle s'appelait Louisette.

Et ils partirent froidement.

Une fois dans la rue, sur le trottoir, elle voulut lui donner le bras ; mais lui la repoussa presque brutalement.

— Non, dit-il, marchons seul à seul.

— Et pourquoi ?

— Parce que j'ai mes raisons.

— Ah ! oui, je sais. Tu crois que je t'ai trompé. Et bien, mon cher ami, si je suis restée deux jours sans te voir et sans rentrer chez moi, c'est que j'ai couché chez ma mère qui était malade.

— Oh ! tu peux me montrer tout ce que tu voudras, je sais pertinemment que tu m'as fait des traits et je ne le cache pas qu'à partir d'aujourd'hui tout est fini entre nous. Je suis venu t'attendre à *la Butte*, pensant que tu me donnerais une explication valable. Mais non. Ta mère ? c'est tout ce que tu trouves... Tu me l'as jetée trop souvent à travers l'âme. Je n'y coupe plus dans ce pseudo-pont maternel. Et tiens, si tu n'étais pas coupable, tu serais venue à la main plus franchement tendue. Tu m'aurais envoyé un de ces baisers muets, qui parlent presque autant à mon cœur que le véritable et vibrant toucher de tes lèvres. Tu m'aurais dit, d'un coup, avec un sincère accent de regret, combien tu avais souffert de ton absence obligatoire.

Mais au lieu de cela, je n'ai rencontré chez toi qu'une glaciale froideur, qu'un parti pris de m'éviter des yeux. En un mot, je sens que tu n'es plus mienne. Alors va voir pour toujours celui ou ceux avec lesquels tu as passé ces deux nuits qui m'ont tant et tant angoissé. Adieu.

— Je te jure, Jacques, s'écria Louisette que je ne t'ai pas été infidèle.

Sur quoi veux-tu que je te le jure ?

— Sur rien. Tu mens.

— Non, veux-tu que j'en fasse le serment sur la tombe de mon père.

Alors, comme Jacques savait que Louisette avait adoré son père, il hésita une seconde...

— Tu commettrais un parjure, un sacrilège, répondit-il plus timidement, comme vaincu.

— Puisque je veux jurer, laisse-moi. Tu verras que je n'ai pas menti.

— Eh bien ! fais, mais malheur à toi, si tu blasphèmes.

Louisette étendit la main dans la nuit, comme vers une sépulture imaginaire et prononça des paroles sacramentelles, puis Jacques semblant lui tendre les bras, elle s'y précipita et éperdument colla ses lèvres aux siennes.

Alors ils rentrèrent rassérénés au domicile de la petite femme blonde. Mais là se passa une scène étrange.

Comme Jacques allait s'étendre dans les draps grands ouverts, Louisette se précipita...

— Non, pas encore, fit-elle, je t'en supplie. Attends.

— Et pourquoi, s'exclama-t-il.

— Parce que.

— Quoi !

— Ah ! non, c'est plus fort que moi, je ne veux pas que tu couches dans ces draps-là.

— Alors, tu m'as...

— Oui, j'avoue, mais pardonne. J'étais folle. Ça ne sera rien cela. Je vais changer les draps, il n'y paraîtra plus et puis en nous aimant nous ferons une petite prière pour papa, afin qu'il oublie là-haut dans le ciel le faux serment de sa Louisette adorée.

Cette femme avait le respect de la chair.

ANDRÉ CARMEN.

Les prévisions de notre précédente chronique se confirment de plus en plus.

Les explosions de dynamite, qui cependant devraient «terroriser les bons et remplir de joie les méchants», n'ont jusqu'à présent, qu'un résultat diamétralement opposé.

Encore une marmite foudroyant et nous aurons le 3 0/0 à 100 francs.

Sans vouloir faire ressortir l'inutilité politique de ce lugubre évènement, nous ne pouvons nous empêcher de jeter un regard en arrière et de constater qu'à chacun des attentats qui, depuis un an ont assombri la situation, c'est par un enlèvement des cours que la Bourse a répondu.

C'est là peut-être un résultat original, mais qui n'en est pas moins rigoureusement vrai.

Il y a là une idée à creuser pour les moments d'accalmie, où les affaires languissent dans un désastreux marasme.

La Rente continue donc sa marche en avant à 99 40.

L'Italien *jouit* toujours de la défaveur la mieux justifiée, et ce n'est pas encore la chambre prochaine qui contribuera à combler le trou béant du déficit creusé de plus en plus par la triple-alliance.

L'*Extérieure* continue son mouvement de bascule à 63 fr. avec 50 centimes de hausse.

Les valeurs des Chemins de fer et les Sociétés de crédit sont généralement faibles et sans affaires. Le public attend avidement l'annonce des dividendes.

En somme, l'allure de nos fonds d'État est la note dominante du moment, — note qui forcément va aller s'accentuant, grâce aux heureuses nouvelles du Dahomey, transmises par le *Général Dodds*, dont nous saluons respectueusement la nouvelle épaulette.

G. QUATRESS

P. S. — Nous avons répondu à tous nos correspondants de cette semaine, au sujet des renseignements auxquels faisait allusion notre dernier *post-scriptum*.

Aux derniers qui nous ont écrit, nous nous empressons de faire savoir que nous pourrons encore leur procurer quelques-uns des mêmes titres.

Le revenu est bien, en effet, à peu de chose près, de 10 0/0.

# JEUX D'ESPRIT

## MOTS EN CARRÉ AVEC LOSANGE

par X. A. Z.

```
.  .  .  .  .
.  .  .  .  .
.  .  .  .  .
.  .  .  .  .
.  .  .  .  .
```

*Carré*

Sorte de grand manteau d'Église. — Grand vase pour boire. — Crochet. — Sectateur de la religion de Zoroastre. — Armes.

*Losange*

Voyelle. — Recueil de bons mots. — Crochet. — Chef-lieu de canton et port. — Voyelle.

# SPECTACLES DE LA SEMAINE

OPÉRA. — FRANÇAIS. — OPÉRA-COMIQUE. — ODÉON : — Spectacle variable : consulter feuilles quotidiennes.

GYMNASE. — 8 h. 1/4. — La Sonate en mi. — Celles qu'on respecte.

VAUDEVILLE. — 8 h. 1/2. — Le fluide. — Le Prince d'Aurec.

VARIÉTÉS. — 7 h. 3/4. — Premier Paris.

PORTE-SAINT-MARTIN. — 8 h. 1/4. — Le Maître d'Armes.

CHATELET. — 8 h. — Michel Strogoff.

GAITÉ — 8 h. 1/2. — Les Cloches de Corneville.

AMBIGU. — 8 h. 0/0 — Les Cadets de la Reine.

PALAIS-ROYAL. — 8 h. 1/4. — Une Tempête. — Bébé.

NOUVEAUTÉS. — 8 h. 1/4. — Champignol malgré lui.

FOLIES-DRAMATIQUES. — 8 h. — Le Mari d'Hortense. — Les 28 jours de Clairette.

RENAISSANCE. — 8 h. 1/2. — Jaunard et Vertillon. — Le Brillant Achille.

BOUFFES-PARISIENS. — 8 h. 1/4. — Sainte-Freya.

MENUS-PLAISIRS. — 8 h. — Bacchanale.

THÉÂTRE CLUNY. — 8 h. 3/4. — Disparu ! — La Tournée Ernestin.

DÉJAZET. — 8 h. 1/2. — La Petite Salammbô. — L'Instantané.

CHATEAU-D'EAU. — 8 h. — Les Crochets du Père Martin.

BOUFFES DU NORD. — 8h. — Le Siège de Paris.

THÉÂTRE MONCEY. — 8 h. — L'Abbé Constantin.

FOLIES-BERGÈRE. — 8 h. 1/2. — Robert-Macaire, pantomime par les Martinetti; «Miss Mabelle Stuart», danse serpentine; Mlle Polaire, chanteuse excentrique. — Dimanches et fêtes, matinées à 2 h. 1/2.

CASINO DE PARIS. — 8 h. 1/2. — Spectacle-concert, bal. — L'Heureuse rencontre, pantomime mêlée de chant.

ELDORADO. — 8 h. 1/2. — Concert. — Spectacle.

SCALA. — 8 h. 1/4. — Concert. — Spectacle.

CONCERT PARISIEN. — 8 h. 1/2. — Concert. — Spectacle.

CIRQUE FERNANDO. — 8 1/2. — Spectacle varié.

*L'Imprimeur-Gérant :* ALPHONSE CARROT.

Imprimerie spéciale du *Paris qui Rit*, 13, faub. Montmartre, Paris.

---

ABONNEMENTS

PARIS : Un an, 6 fr. ; Six mois, 3 fr. ; Trois mois, 1 fr. 50. — DÉPARTEMENTS : Un an, 6 fr. 60 ; Six mois, 3 fr. 25 ; Trois mois, 1 fr. 75. — ÉTRANGER : Un an, 7 fr. 50 ; Six mois, 3 fr. 75 ; Trois mois, 2 fr.

---

**Chemins de fer de Paris à Lyon et à la Méditerranée.** — Circulation à demi-place.

Le public peut se procurer dans toutes les gares des chemins de fer de l'État, de l'Est, du Midi, du Nord, d'Orléans, de l'Ouest et de Paris-Lyon-Méditerranée, des cartes donnant le droit de circuler à demi-place *sur les sept réseaux*, moyennant le versement préalable d'une somme de : pour trois mois : 1re classe, 200 fr.; 2e classe, 150 fr.; 3e classe, 110 fr.; — pour six mois : 1re classe, 300 fr.; 2e classe, 225 fr.; 3e classe, 165 fr.; — pour un an : 1re classe, 400 fr.; 2e classe, 300 fr.; 3e classe, 220 fr.

**Chemins de fer de l'Est.** — Voyages circulaires en Italie par les lignes de l'Est.

La Compagnie des chemins de fer de l'Est délivre toute l'année des billets pour de nombreuses combinaisons de voyages circulaires ayant principalement l'Italie pour objectif.

Au moyen de ces combinaisons, les voyageurs ont le choix entre un grand nombre d'excursions au Nord des Alpes (parcours en dehors de l'Italie et au Sud des Alpes (parcours italiens) qu'ils peuvent effectuer avec deux billets, dont l'un est valable pour les parcours Français, Suisses, Allemands et Autrichiens, suivant l'itinéraire choisi, ou l'autre pour les parcours italiens. La durée de validité pour les deux parcours réunis est de 60 jours.

Les prix et conditions ainsi que les différents itinéraires à emprunter figurent dans un livret spécial des voyages circulaires et excursions publié par la Compagnie des chemins de fer de l'Est et mis à la disposition du public dans la gare de Paris et bureaux succursales.

**Chemins de fer de l'Ouest.** — *Abonnements sur tout le réseau.*

La Compagnie des chemins de fer de l'Ouest fait délivrer, sur tout son réseau, des cartes d'abonnement nominatives et personnelles (en 1re, 2e et 3e classe), pour trois mois, six mois ou un an.

Ces cartes donnent droit à l'abonné de s'arrêter à toutes les stations comprises dans le parcours indiqué sur sa carte et de prendre tous les trains comportant des voitures de la classe pour laquelle l'abonnement a été souscrit.

Les prix sont calculés d'après la distance kilométrique parcourue.

Il est facultatif de régler le prix de l'abonnement de six mois ou d'un an, soit immédiatement, soit par paiements échelonnés.

Ces abonnements partent du 1er et du 15 de chaque mois.

**Chemin de fer d'Orléan.**

Excursions en Touraine, aux Châteaux des Bords de la Loire et aux stations balnéaires de la ligne de Saint-Nazaire au Croisic et à Guérande.

1er Itinéraire : 1re classe, 86 francs ; 2e classe, 63 francs. — Durée : 30 jours. — Paris — Orléans — Blois — Amboise — Tours — Chenonceaux, et retour à Tours — Loches, et retour à Tours — Langeais — Saumur — Angers — Nantes — Saint-Nazaire — Le Croisic — Guérande, et retour à Paris, *via* Blois ou Vendôme, ou par Angers, *via* Chartres, sans arrêt sur le réseau de l'Ouest.

La durée de validité de ces billets peut être prolongée une, deux ou trois fois de 10 jours, moyennant paiement, pour chaque période, d'un supplément de 10 % du prix du billet.

2e Itinéraire : 1re classe, 54 francs ; 2e classe, 41 francs. — Durée : 15 jours. — Paris — Orléans — Blois — Amboise — Tours — Chenonceaux, et retour à Tours — Loches, et retour à Tours — Langeais, et retour à Paris, *via* Blois ou Vendôme.

En outre, il est délivré à toutes les gares, du réseau d'Orléans, des billets aller et retour réduits de 25 pour 0/0 pour des points situés sur l'itinéraire à parcourir, et *vice versâ*.

Ces billets sont délivrés toute l'année : à Paris, à la gare d'Orléans (quai Austerlitz) et aux bureaux succursales de la Compagnie, et à toutes les gares et stations du réseau d'Orléans, pourvu que la demande en soit faite au moins trois jours à l'avance.

NOTA. — Le trajet entre Nantes et Saint-Nazaire peut être effectué, sans supplément de prix, soit à l'aller, soit au retour, dans les bateaux de la Compagnie de la Basse-Loire.

| Pour une famille de 3 personnes | 25 0/0 |
| — 4 — | 30 0/0 |
| — 5 — | 35 0/0 |
| — 6 — ou plus | 40 0/0 |

Durée de validité : 33 jours, non compris les jours de départ et d'arrivée.

La durée de validité des billets de famille peut être prolongée une ou deux fois de 30 jours, moyennant le paiement, pour chacune de ces périodes, d'un supplément égal à 10 0/0 du prix du billet de famille.

Avis. — La demande de ces billets doit être faite *quatre jours* au moins avant le jour du départ.

**Chemins de fer d'Orléans**

Billets d'aller et retour de famille pour les stations thermales et hivernales des Pyrénées et du Golfe de Gascogne, Arcachon, Pau, Biarritz, Salies-de-Béarn. Tarif spécial G. V. n° 106 (Orléans).

Des billets d'aller et retour de famille de 1re et de 2me classe sont délivrés toute l'année à toutes les stations du réseau d'Orléans, avec faculté d'arrêt à tous les points du parcours, pour :

Arcachon, Biarritz, Dax, Guéthary (halte), Pau, Saint-Jean-de-Luz et Salies-de-Béarn, avec les réductions suivantes, calculées sur les prix du tarif général d'après la distance parcourue, sous réserve que cette distance, aller et retour compris, sera d'au moins 500 kilomètres :

Première année, n° 8. — LE NUMÉRO : **DIX** CENTIMES — Dimanche 27 Novembre 1892.

Direction et Administration : à la **BIBLIOTHÈQUE GAULOISE**
13, Faubourg Montmartre, Paris.

Victor MERLEY, Directeur

Principal rédacteur : **Emile BLAIN**

Collaborateurs : Jacques D'ALVILLE. — André CARMEN. — MÉPHISTO. — Richard O'STEFIOL. — Marius RÉTY. — Gonzague D'HUBERT. — Douard ZÉD. — Paul LUX. — K. STOR. — DICK-D'ING. — BABYLAS. — CARLE-MAX. — PO-PAUL. — FLANOCHARD. — Marcel RÉGINALD.

Il s'aperçut qu'une fort jolie fille était assise à côté de lui.

Aïe, mon louis — fit Philoctète en reconnaissant l: fétiche beau-paternel.

# CHRONIQUE GAULOISE

— Peste, Serpentinette, ma mie ! Comme vous fleurez bon ce matin ! Quel est ce parfum qui réveillerait un actionnaire du Panama ?

— Le dernier goût du jour, mon ami !

— Verveine, patchouli, essence d'iris, ixora ; peau Espagne, peut-être ?

— Oh ! non pas, cher ; « pot de Hainaut » ! pour faire sauter l'escarcelle de mon crampon d'agent de change.

— Fichtre ! On n'est pas plus fin... de mine, mademoiselle !

Et nous nous mîmes tous les deux à la table que nous avions dressée ensemble, dans sa chambre à coucher, pour déguster le modeste déjeuner qu'elle avait préparé elle-même de sa blanche main, sa bonne l'ayant quittée pour suivre son amoureux, un garçon boucher de la rue Vintimille, que l'appel de la classe dont il faisait partie avait conduit à Châtellerault.

Et depuis deux jours, je donnais un coup de main à notre collaboratrice pour les menus soins de son ménage en attendant une remplaçante à la « conscrite » déménagée. Tout en mangeant, je contais à la folle enfant la mission que m'avait confiée Merley, notre directeur, de découvrir n'importe où un engin explosif pour exposer dans les salons du *Paris qui Rit*, lequel ne pouvait souffrir d'être en retard sur le « *Journal.* »

— Apportez-moi n'importe quoi ! — m'avait-il dit — mais surtout que cela n'ait pas servi et ne soit pas en simili comme la « marmite » de la rue Richelieu ! Au *Paris qui Rit*, On n'emploie jamais de circonlocutions, entendez-vous ! On n'y mâche ni ses mots, ni ses engins ! ainsi, marchez de l'avant !

Et je priais Serpentinette de m'aider en me présentant à quelque anarchiste de ses connaissances afin qu'il me prêtât un de ses ravissants joujoux.

— Avec plaisir — me répondit-elle, avec son amabilité ordinaire — mais voilà, nous irons demain, si vous le permettez ; aujourd'hui j'attends une nouvelle bonne de province et tant qu'elle ne sera pas arrivée, je n'ose pas sortir.

Au moment où elle achevait ces paroles, on sonna.

— Madame Serpentinette ?

— C'est ici !

— Je suis la nouvelle domestique qu'on a annoncée à Madame.

— Ah ! très bien !

Très bien, en effet, cette camériste, dix-huit ans ! un morceau de roi !

— Et où étiez-vous, mademoiselle, auparavant ?

— A Condé-sur-Noireau, Madame ! où j'étais chez de braves gens, depuis ma sortie de l'école ; Madame peut prendre les renseignements sur moi...

— Mais pourquoi avez-vous quitté...

— Madame va comprendre. Mon cousin, étant de la classe qui vient de partir, est venu rejoindre son régiment à la caserne de la Pépinière, à deux pas d'ici et, comme c'est pour le bon motif, j'espère que Madame m'acceptera à son service et ne m'exposera pas à aller à l'autre bout de Paris.

— En effet, ce serait cruel !

— Madame peut être assurée que je lui serai toute dévouée.

— Jusqu'à quand ?

— Oh ! jusqu'au prochain changement de garnison, Madame peut compter sur moi !

— C'est juste ! Eh bien ! allez prendre le tablier, je vais vous essayer pendant quelques jours !

— Je parie — fit Serpentinette, quand cette fille nous eut quittés, — que nos sagaces législateurs n'avaient pas prévu cette conséquence du service obligatoire, qu'en dis-tu ? allons ! tu as de la chance qu'elle soit arrivée aussi tôt, je m'habille et vais te prêter mon concours dans la quête de l'engin explosif.

Nous avions déjà inutilement frappé chez deux anarchistes que Serpentinette connaissait, sans les rencontrer au logis — ils avaient mis tous les deux prudemment la frontière anglaise entre leurs culottes et les crocs des limiers de M. Lozé — quand nous rencontrâmes la « Goulue » qui courait, l'air tout effaré.

— Qu'as-tu donc ? — fit Serpentinette.

— As-tu des nouvelles de la Chambre ?

— Est-ce qu'il y a une révolution ?

— Bien pis que cela ! la réforme de l'impôt sur les boissons, ma chère !

— Eh bien !

— J'ai une sacrée frousse, vois-tu bien, que ces nigauds-là ne fassent encore augmenter le « sherry-gobler » or, moi qui ne bois que ça, tu comprends !

— En effet ! chère, c'est palpitant !...

— Je me sauve, je tiens à suivre le débat, j'ai une place dans la loge diplomatique.

Et la Goulue, nous serrant les mains, s'esquiva.

Deux pas plus loin, nouvelle rencontre ; cette fois, d'une petite amie de Serpentinette, qui répondit à peine à mon salut.

— Que vous ai-je donc fait, mademoiselle Zizi, pour me valoir aussi rigoureux accueil ?

— Vous m'avez brouillé avec ma concierge, tout simplement, à qui j'ai eu l'imprudence d'avouer que je vous connaissais.

— Pourquoi ça ?

— Depuis votre prime, monsieur ! Elle est en rage après les locataires qui l'ont tous achetée pour se moquer d'elle...

— Je ne vois pas...

— C'est bien simple ! Votre femme... fontaine est son portrait tout... craché. Elle ne parlait de rien moins tantôt que d'aller, à prix d'or, acheter tout votre stock en bloc, pour ne pas devenir la risée du quartier, qui ne l'appelle plus que « nécessité n'a pas de loi ».

— Elle arrivera trop tard, mademoiselle ! Il n'y en a plus un seul exemplaire, tout a été raflé en deux jours !

— Je le lui dirai pour la rassurer. Ah ! à propos, Serpentinette, tu ne connaîtrais pas une femme de chambre, par hasard ? La mienne a filé avec son galant à Pont-Audemer, où il vient de s'en aller faire ses trois ans.

O loi du service obligatoire, que de changements... de tabliers, à votre contingent !

— Dites donc ! — fit elle, au moment de nous laisser — c'est vrai qu'il y aura une autre prime en Décembre ?

— Parfaitement, le pendant de la première « Ah ! si je te tenais ! »

— J'en retiens cent numéros à l'avance, n'est-ce pas ?

— A votre service, mademoiselle Zizi !

— Et mon engin ? demandai-je à Serpentinette.

— Attends ! nous allons courir au bon endroit !

Il était dit, hélas ! que nous serions encore retardés ! Ce fut Henri de Vadrouille-Euragée, de l'Âne-Rouge, qui, nous croisant, m'arrêta pour me dire combien, lui aussi, notre prime l'avait amusé.

— Et ce qu'il y a de plus joli, ajouta-t-il — c'est Oller, du Moulin-Rouge, qu'elle a empêché de dormir.

— Vraiment !

— Oui, c'est une attraction qu'il ne pouvait pas s'offrir, il s'en arrachait les cheveux ! Alors...

— Eh bien !

— Pour vous faire concurrence, il a rappelé le « pétomane » depuis huit jours !

— Ah ! ce coup-ci ! — s'écria Serpentinette — tant

pis pour les gêneurs ! nous ne répondrons plus à personne. Ton service avant tout ! tu connais X... de la ligne confraternelle ?

— L'anarchiste, je crois bien, il a failli me flanquer une râclée à une réunion chez Favier !

— Il doit bien avoir un engin chez lui ; il demeure rue de Panama.

— Rue de Panama ?

— A Montmartre ; mais je ne sais pas au juste de quel côté ; demandons à ce gardien de la paix là-bas — et nous l'accostâmes poliment.

— Panama ! vous dites Panama ?

— Parfaitement !

— Arrivez ! M. le Commissaire vous expliquera ça mieux que moi.

— Comment, vous nous emmenez ?

— Pas d'osservations ! c'est la consigne ! Poursuites contre le Panama ! suivez-moi ou je vous passe le cabriolet !

— Mais ..

— Me r'garde pas ! c'est l'ordre donné ; en route pour le mazaro !

Au bout d'une heure de prévention, comme on reconnut que nos moyens modestes nous avaient empêchés d'avoir jamais le moindre rapport avec les bonnes ou mauvaises actions de cette entreprise trans-océanique, on nous rendit, Serpentinette et moi, au libre arpentage de la rue.

Et je revenais, déconfit, à la rédaction, sans engin, redoutant la colère de Merley.

— Rassure-toi — fit Serpentinette — j'ai le moyen de l'amadouer.

— Comment ça ?

— Tu vas voir !

Aïe ! dès l'entrée, je sentis mes genoux fléchir, au premier coup investigateur du patron.

— Et l'engin ! — cria-t-il — je ne vois pas l'engin !

— Il est chez moi, mon vieux — fit Serpentinette, que j'admirais, tout ébahi de son phénoménal aplomb.

— Comme je le voulais, au moins ! Est-il neuf ? — continua le grand chef, toujours gracieux.

— Je vous réponds qu'il n'a encore jamais servi !

— Nous verrons ! qu'est-ce que c'est, d'abord ?

— Une modeste bombe, vilain gourmand !

— Une bombe ?

— Glacée, aux framboises ! que j'ai commandée chez Julien ! — termina ma collaboratrice — et vous m'en direz des nouvelles. Arrivez et prenez mon bras, sacripant !

— Ah ! les brigands ! — fit Merley, en prenant son chapeau — comme ils savent m'entortiller !

Petit-Claude.

---



---

# PROVINCIAUX

# DANS LES DÉLICES DE CAPOUE

— Oui, mesdames, vous vous exagérez singulièrement, comment dirai-je ? — car je ne veux parler ni de votre orgueil, ni de votre suffisance, ni de votre vanité...

— Oh !

— Bien connus... mais de l'importance toute d'espèce que vous croyez devoir vous attribuer, de votre importance... sapristi ! je ne suis pas inspiré, ce soir... de votre importance industrielle.

— Môsieur !

— Commerciale, si vous voulez...

— Vous êtes un impertinent !

— Oui, Bitumeux, vous manquez absolument aux convenances les plus vulgaires, qui veulent que la personne présente soit toujours exceptée, et qui dit la personne, dit l'assistance ; nous sommes ici...

— Souvenraide, mon ami, ne faites pas le censeur, ou l'eunuque. .

— Monsieur Bitumeux, vous outrepassez...

— Marthe, ma chérie, dit M. Casteljone, le conducteur des ponts-et-chaussées, dont la femme vient de se révéler par cette interruption ; je vous en prie, laissez Souvenraide se relever de ce coup de boutoir et Bitumeux nous continuer sa conférence qui me paraît remplie d'intérêt.

— Je suis prêt, continua Bitumeux, à m'excuser auprès de tous et de toutes si, dans la chaleur de l'improvisation, ma parole malheureuse a trahi ma pensée ; si j'ai compromis le bon renom, l'honneur du chef-lieu de canton par un aperçu philosophique que la sous-préfecture déjà accepterait sans sourciller et qui, à Paris, dans ce milieu ruisselant de lumière et d'esprit, loin de soulever des orages, fait le frais quotidien de la conversation à la table de famille et dans les salons, est dépassé par la réalité... qu'on trouve banale, à force d'être la réalité insipide et sans fard.

— Parlez, parlez !...

— Je ne fais que cela. Je m'inclinerais et, certes, ferais sur l'heure amende honorable, si je ne préférais appuyer cette préposition, ce théorème, d'une petite histoire locale, absolument vraie...

— Personne n'en doute.

— Qu'en l'instant décédé mon propriétaire, — c'est vous, Casteljone, — ou, ce qui m'est à peu près également indifférent, que la coupole de l'Institut s'effondre avec fracas sur toutes les calvities qui s'y abritent à raison de cent sous par jeton de présence. . vous protestez, Souvenraide ?...

— Allez, allez, Bitumeux.

— Que s'accomplissent ces épouvantables choses si, dans le cours de ce récit, un mot, un seul, constitue le moindre outrage à la vérité. Au surplus, que votre mari ou que l'un de vos amants...

— Vous allez trop loin...

— Un peu de retenue, s'il vous plaît.

— Et de respect...

— Je ne nomme personne et vous voilà toutes en l'air... que l'un de vos amants, — la loi autorise ici le pluriel.

— La loi, monsieur, interrompit Souvenraide scandalisée, la loi est la loi, elle n'autorise rien de cela.

— Vous baissez, mon cher ; la loi, qui ne tire sa raison que de la nécessité d'endiguer nos appétits et aussi nos passions permet tout ce qu'elle ne défend pas, et je ne sache pas qu'il soit défendu par les textes...

— Continuez...

— Je disais donc : que votre mari — ou votre amant, puisque le pluriel vous offusque, se préparent à la controverse, s'il leur paraît osé de soutenir que toutes les femmes, — ne vous effarouchez pas, je ne parle que des honnêtes femmes — se distinguent avec soin ce qui est « elles » de ce qui est « d'elles » et n'aient toujours stupéfié la simplicité de nos benoîtes aïnes par la graduation furibonde, la gamme effroyablement chromatique de ce qu'elles disent leurs complaisances, de ce que nous appelons leurs faveurs, de ce qui est, à la vérité, tout simplement la manifestation de leurs instincts.

— On ne comprend pas bien.

— Je suis assez gêné par la pauvreté du vocable, mais Souvenraide vient de lever le menton : il a donc compris, cela me suffit pour l'instant, et...

— Votre histoire...

— Et je continue par mon histoire...

. . . . . . . . . . . . . . . . . . . . . . .

Aux confins de Perche, sur la grande route que chaque jour parcourt le vénérable percepteur qui se dissimule, fonctionnaire modeste, mais bien rétribué, au souvenir de la postérité sous le nom de Souvenraide...

— Encore des personnalités...

— ... Mais dont les pas n'ont point effacé la trace des légions romaines qui l'ont construite et parcourue ; sous les grands chênes, sous les couverts sombres, près de la fontaine de Junon où l'Olympe un jour défila, laissant d'authentiques signatures sur les dalles de pierre — on les voit encore — et où César, dit-on, s'abreuva ; dans les mousses et les bruyères, dans cette solitude où le soleil rayonnant ne s'aventure jamais et que visite seule l'étoile du matin, plus subtile, une hutte s'élève. Elle est ouverte à tout venant. On lui donne cinq siècles ; on ne le dirait pas. Les forestiers le jour, les braconniers la nuit y viennent déjouer les malignités des règles administratives ou sociales, les premiers en y jouant au bouchon, tout bonnement, les seconds en y préparant leurs lacets, tout bonnement aussi. Il y vient également des amoureux, entre le jour et la nuit, entre la loi, habillée de vert, comme les feuillées qu'elle protège et ses farouches ennemis, habillés de brume, ténébreux comme la forêt nocturne — entre chien et loup, aux heures vespérales. — Ces trois genres, produits directs de la civilisation, ne s'y rencontrent jamais. Là, on est chez soi. Il y a un divan — oh ! rustique — fait de fougères et de serpolet ; il y a le mystère. J'y serais bien .. non pas seul...

C'est évidemment ce qu'avaient dû se dire notre ami la Huchette et la tant attrayante Mathilde, que vous connaissez bien, si blanche, ou plutôt si rose qu'on dirait de l'aurore et qui, avec un peu plus de lettres, serait en tout parfaite, sans rivale, par conséquent.

Vous savez combien le mari de Mathilde abuse des figures de pensée et quel sillage tout de savoir et d'esprit cela laisse dans l'imagination de sa femme, qui emmagasine avec soins toutes les citations maritales pour en tirer parti sous le moindre prétexte.

Il y avait justement deux jours qu'en apprenant à sa femme la naissance du dixième enfant de son ami Bûcheron, il s'était écrié :

— Voilà ce qu'on gagne à s'endormir dans les délices de Capoue.

— Capoue ? avait questionné Mathilde.

Mais un client étant survenu, le mari, qui est quincaillier, s'en fut vendre une barre de fer à cet intrus, et Mathilde ne put être renseignée.

Elle dut avoir recours à son dictionnaire.

— Capoue ?.. ville d'Italie... Ce n'est pas cela tout à fait de point de sens. Il est tant de mots qui se ressemblent dans notre pauvre langue et qu'on emploie les uns pour les autres... C'est ce qui constitue l'esprit.

Elle se tient néanmoins pour fixée, un peu confusément, mais elle ne tenait pas absolument à l'exactitude de la citation ou de la métaphore.

Le cheval dételé s'occupe de brouter les jeunes pousses dans les broussailles et trouve que cela le repose de l'avoine, que c'est moins échauffant. Laissons-le aux soins de son hygiène.

Par l'unique ouverture de la hutte mystérieuse où tombent les premières ombres du soir, un vent de folie s'est engouffré.

Fort impressionnable, très peureuse même, Mathilde a cherché sur l'épaule de la Huchette un abri contre ses frayeurs.

Elle s'en est trouvée bien.

Étroitement enveloppée dans les bras de l'ami dont l'haleine certainement protectrice effleure doucement son visage, elle ne tardera pas à se trouver rassurée de la manière la plus complète.

Un grand pas a même été fait déjà dans cette voie, car la Huchette a une façon heureuse de ramener la quiétude dans les cerveaux impressionnés par la terreur vague du silence et de l'ombre.

On ne parle plus que tout bas ; les voies sont troublées, les paroles entrecoupées ; les regards se voilent.

L'abîme — c'est cependant à peu près tout ce qui nous est départi de vives joies, — l'abîme, car c'est l'abîme tout de même, va s'entr'ouvrir pour Mathilde qui glisse, prise de vertige, sur la pente raide qu'on ne rencontre qu'avec tant de peine, quand on la remonte.

Mais, absolument rassurée maintenant sur les dangers imaginaires qui l'avaient un instant émue, elle semble tout à coup en revenir aux données pratiques de l'existence, en femme élevée selon les bons principes économiques, habituée à ne jamais perdre le nord pendant plus de deux secondes, le temps de fermer les yeux et de les rouvrir.

Elle leva donc lentement sa tête blonde et caressante dans un murmure exquis en soi mais perfide, elle demanda :

— Albert ?

— Mon doux ange ?

— Quand plus fort nous viennent les fièvres et que, silencieusement, s'efface la pensée ; quand dans Capoue, la ville pernicieuse et bleue, la cité des bonheurs, des griseries et des songes ; quand l'imagination, comme un flot déferlant de tempête monte et, tout à coup, s'élève jusqu'à la folie ; quand la raison défaille, êtes-vous de ceux que, sur le sol, étend sans vie le long

sommeil ; de ceux qui ne voient plus rien qu'un ciel vague quand leur est versée la coupe d'ambroisie sous les ombrages épais de la ville enchantée ?... Êtes-vous le guerrier de France oublieux de ses armes et de son camp, et des destinées de sa patrie, ardent à goûter dans la guerre les bienfaits de la paix sans souci des lendemains, sans reproche et sans remords ?... Êtes-vous de ceux-là ?

— ...?

— Oui... car, même pour la ville conquise, une campagne n'est rien : l'entrée triomphale du vainqueur, les fanfares, le panache, — on aime cela partout — la dédommagent de ses alertes et de ses veilles. Elle ne voit de redoutable que l'indemnité territoriale, non le blocus. Pour les troupes victorieuses, c'est beau, tout simplement ; mais, ce qui l'est moins, c'est la contribution de guerre, les représailles, si, à leur tour, il leur arrive d'être vaincues. Et celle-là peut être forte et celles-ci sans pitié... c'est selon ...

— C'est étonnant, je ne saisis pas bien...

— Attelez, Albert, la nuit est tombée, la forêt est profonde et noire... et, décidément, j'ai peur des fauves. .

Edouard ZED.

# Vingt Jours de plaisir dans la Capitale

Après s'être remis, par quelques heures de repos solitaire bien gagnées, de la terrible émotion ressentie à l'hôtel garni de Montmartre, Philoctète, qui, une fois son émoi apaisé, avait reconquis sa vaillante humeur d'explorateur galant, allait de nouveau se rendre rue Lepic pour se replacer prudemment sous l'égide tutélaire de notre ami Carle-Max, quand, avec ses vêtements brossés, la bonne de son logement meublé lui remit le petit bleu suivant :

— Cher ami, ne comptez pas encore aujourd'hui sur moi. Le docteur vient d'ordonner à Margot, pour son fémur, une cure de quarante-huit heures aux eaux de la Grenouillère-lès-Bougival. Son affection réclamant des soins incessants, elle exige que je ne la quitte qu'après complète guérison. Donc, à après-demain, et en attendant, croyez-moi cordialement votre : Carle-Max.

— Diable ! — s'écria le jeune Dubassin, très ennuyé du contre-temps — comment vais-je employer ma journée ? Pourvu qu'il ne m'arrive pas un nouvel accident ?

— Si je retournais demander à déjeuner à Berlurette ? Nous irions ensemble retrouver Max et Margot, à la Grenouillère, dont les eaux me seraient peut-être bienfaisantes aussi après mes transes de la nuit passée.

Et Philoctète descendit vers le logis de la rieuse enfant, lorsqu'à l'angle de la place Pigalle, il vit venir à lui un jeune homme qu'à deux ou trois reprises il avait rencontré avec Carle-Max et avec qui il avait déjà échangé quelques paroles de politesse.

— Tiens ! Monsieur Dubassin ; quel heureux hasard ?

— Monsieur Raoul ! enchanté...

— « Corbleu ! jeune homme, que faites vous-ici ? » — comme dit madame la chanson.

— Moi ! je vais demander à Berlurette une miette légère de nos agapes de ces jours derniers.

— Berlurette ? D'où sortez-vous donc ? Où donc étiez-vous hier soir ?

Philoctète devint rouge comme pivoine, et, par diplomatie, taisant son aventure en compagnie de sa rosière vélocipédique, dissimula l'échec subi sous le couvert d'une soirée sagement passée au Musée Grévin et à l'académie de billard des Folies-Bergère.

— Ah ! très bien, alors, je comprends — reprit son interlocuteur, M. Raoul. — En ce cas, apprenez, M Dubassin, que votre gracieuse étoile est partie ce matin pour filer le parfait amour, sur les rives fleuries du fleuve du même nom, au bras d'un jeune chinois de grand bocal...

— Plaît-il ?

— De grande marque qui, sa thèse en droit terminée, était venu en chercher la péroraison au Moulin et qui a fini par trouver sa chute dans les dentelles pudibondes de la folle enfant. Nous étions une cinquantaine à les accompagner au train.

Et remarquant la mine attristée de Philoctète :

— Voyons ! ne prenez pas aussi mauvaise figure ; vous ne supposiez pas, j'imagine qu'elle vous serait restée fidèle comme la Pénélope d'antan ?

— Oh ! pas le moins du monde, ce qui m'ennuie.

— Quoi ?

— C'est de ne pas savoir comment employer mon temps... ce Carle-Max qui justement aussi me manque de parole...

Et ma foi, la perspective d'aller déjeuner au restaurant tout seul ...

— Le fait, est que ce n'est pas attrayant et si j'osais...

— Dites !

— Entre nous, n'est-ce pas, pas besoin de faire des façons...

— Je vous en prie.

— Venez déjeuner chez moi, en camarade...

— Mais...

— Ma femme sera ravie de vous connaître, votre duel l'a beaucoup intéressée.

— Vous êtes donc marié ?

— Presque, ce qui vaut beaucoup mieux ! Et quelle perle, vous allez voir ça ! pas comme Berlurette ! le caniche de la fidélité !

— Vraiment ?

— Voilà cinq ans passés que nous sommes ensemble, ça équivaut à un mariage n'est-il pas vrai ? Eh bien ! jamais, au grand jamais, mon cher, je n'ai vu la moindre circonstance inquiétante.

— C'est merveilleux !

— D'autant plus que c'est un trésor de beauté ! j'avoue que je suis un heureux mortel ! et spirituelle, et gracieuse !...

— Fichtre !

— Non ! vous ne pourrez en juger que quand vous l'aurez vue ! Car c'est dit, vous êtes des nôtres.

— Je ne voudrais pas vous gêner...

— Pas le moins du monde, cher ami ; et pour vous mettre plus à l'aise, tenez ! vous prendrez en route ce qu'il vous plaira ; nous ferons un pique-nique, vous voyez que j'en use franchement avec vous, ne sachant pas ce que nous trouverons à manger au logis où l'on ne m'attend pas avec un convive et où, si le bonheur règne en souverain, la liste civile n'a qu'un émargement fort restreint.

Philoctète sourit à cette invitation originale et accepta gaiment.

En route, ils dévalisèrent les rôtisseurs et les charcutiers ; le jeune Dubassin qui ne voulait pas avoir l'air d'un provincial regardant fit largement les choses et paya son écot au pique-nique, comme si le festin devait durer une quinzaine de jours.

M. Raoul ne discontinuait pas les éloges de sa compagne, sur une gamme dont les ascendances s'accentuaient davantage à chaque pas, exhalant à pleins poumons sa béate quiétude ménagère.

Le jeune Dubassin l'écoutait avec complaisance, laissant germer en lui, sous la pluie d'adjectifs louangeux dont l'autre l'aspergeait, une maligne envie de scruter la réalité effective de cette fidélité phénoménale qui le trouvait un peu incrédule, dans le parisianisme qui commençait à le gagner.

— Hé ! hé ! — se disait-il — c'est un genre de femme dont l'étude manque à ma collection ! Si je réussissais, quelle auréole auprès du futur beau-papa !

Et pendant que M. Raoul parlait, quel sourire nous avait le malicieux Philoctète !

Mme Raoul, Stéphanie — Fanny dans l'intimité quasi-conjugale — était, en effet, une radieuse créature, grande, svelte, élancée, brune, l'œil noir étincelant de feu, la poitrine crevant le corset et un pied !... avec un bas de jambe !...

Philoctète en fut ébloui, et son envie maligne ne s'en accrut que de plus belle !

Il se montra de suite empressé et galant, sans que Raoul en prît le moindre ombrage.

— Allez ! allez ! — lui disait-il, tout bas — Si vous croyez que je ne vois pas clair dans votre jeu ? Vous perdez votre temps, vous pouvez en être certain d'avance ; il y en a bien d'autres qui ont sombré avant vous !

A table, Philoctète démasqua, sous la table, toutes ses batteries : frôlement de genou, attaques mutines du pied, savamment ; doucement d'abord, ensuite de plus en plus fort et ne se sentit plus de contentement quand, au bout de quelques instants, il s'aperçut que l'inaccessible Stéphanie répondait à ses insinuantes avances.

M. Raoul témoignait un calme incessant qui, plus d'une fois manqua de faire étrangler Philoctète à force de retenir son hilarité.

— Oh ! ces maris — pensait-il — tous les mêmes !

— Mais allez donc ! — lui murmurait M. Raoul — vous n'allez pas ! Puisque je vous dis que je ne crains rien. Je tiens à vous convaincre qu'il y a encore des femmes inexpugnables dans ce Paris dont on ne vous a fait voir que les mauvais côtés.

Et, ma foi, docile, Philoctète allait de son mieux.

— Eh bien! qu'en dites-vous? — demanda M. Raoul, pendant que Stéphanie était partie dans la cuisine chercher ce qu'il fallait pour servir le café.

— Eh! Eh! — dit Philoctète, légèrement émoustillé par le champagne et le manège du dessous de la table — elle est diablement tentante, votre femme, mon cher.

— N'est-ce pas?

- - Mais quant à ce que vous m'affirmez...

— Vous n'êtes pas encore convaincu!

— Avec les femmes, il ne faut répondre de rien...

— Oh! les autres, je ne dis pas; mais Stéphanie m'aime tant...

— Raoul, vous êtes un fat, mon ami.

— Tenez! je vous fais un pari...

Le champagne devait aussi avoir fait son effet sur l'amant de la brune Fanny.

— Quoi?

— Je vous parie que si je vous laissais seul avec elle, vous n'obtiendrez même pas un baiser.

— Raoul, le diable est un monsieur qu'il est imprudent de tenter!

— Tenez-vous le pari?

— Vous y tenez?

— Tellement, que je vais chercher le cognac que nous avons oublié de prendre pendant notre ravitaillement Au revoir, beau futur amoureux transi!

— A tantôt, enragé parieur!

Les maris sont, d'après Molière, taillables et corvéables à merci; M<sup>me</sup> Stéphanie qui, comme Philoctète, avait gardé fidèle souvenir de ses Classiques, jugeant avec ce dernier que trop longs préambules sont préjudiciables aux meilleures causes, ne put s'empêcher de donner la réplique qu'il lui demandait dans la scène capitale de l'immortel Georges Dandin du vieux Maître; et le jeune Dubassin put ajouter un nouveau fleuron à la couronne dont son futur beau-papa exigeait l'apport dans la corbeille de noces!

— Ah! mon ami! croyez qu'il m'en a bien coûté avant que d'en arriver à pareille extrémité! — soupirait peu après la brune Stéphanie — Raoul est si bon, si confiant!

— Le fait est — répondit Philoctète — qu'il a une confiance étonnante...

— Mais le pauvre garçon, voyez-vous, ne pourrait jamais suffire aux besoins effrayants de la toilette d'une femme comme moi. Avouez que si vous m'aviez trouvée vêtue comme une cuisinière, Philoctète... je ne t'aurais pas autant plu!

— J'avoue que...

— Alors, je suis excusable, n'est-ce pas?

— Certainement!

— Ah! les toilettes, auxquelles, pauvres femmes, nous sommes condamnées... Et encore, malgré toute mon économie, je n'y arrive pas! Voilà un mois, mon cher, que je sors fagottée comme un as de pique sans avoir pu changer mes rubans de chapeau! On n'a pas idée de ce qu'une femme endure de souffrances ignorées!

— Si vous me permettiez, Stéphanie, fit le jeune Dubassin, offrant le louis nécessaire au ruban convoité, un des bons vieux louis du futur beau-papa, au millésime de 1820, percé, qu'il avait exprès envoyé à son gendre en expectative — pour lui porter bonheur dans ses expériences parisiennes.

— Mais, monsieur Philoctète, vraiment...

— Je vous en prie, en ami, en camarade...

— Oh! à ce titre-là, j'accepte. Raoul vous rendra cela un de ces jours.

— C'est égal, s'il apprenait jamais que...

— Lui? pas de danger! je lui fais croire que j'achète tout d'occasion au Temple.

Monsieur Raoul qui rentrait avec le cognac, interrompit ces ravissantes confidences. Stéphanie retourna dans la cuisine chercher le café qu'on avait dû remettre sur le feu.

— Vous n'avez pas l'air content, mon ami? demanda M. Raoul à Philoctète, dès qu'ils furent seuls.

— Ma foi, non! ce n'est pas ce que j'aurais cru! répondit celui-ci, qui semblait un peu désillusionné.

— Je vous l'avais prédit, je connais ma femme, que diable!

— Permettez!

— Ta! ta! ta! pas de fausse honte! Tous mes amis ont été capots comme vous!

Après le café, Stéphanie, qui sans doute se trouvait gênée et en position fausse entre ces deux messieurs, proposa d'aller prendre un bock au Rat-Mort.

— Je vous fais un jacquet, Philoctète, s'écria Raoul.

En homme de bonne compagnie, le jeune Dubassin perdit la partie pour ne pas donner tort à Raoul ni au proverbe connu « heureux comme un... veinard » mais le féal seigneur de Stéphanie ne voulut jamais consentir à ce qu'il payât les consommations.

— Non! sapristi! vous en avez assez offert au déjeuner! Entre gens comme nous, c'est chacun son tour!

Et il jeta sur la table au garçon une pièce de vingt francs, en or.

— Tiens! elle est percée! remarqua le garçon, rendant la monnaie.

— Aïe, mon louis! — fit Philoctète en reconnaissant le fétiche beau-paternel.

Et malgré les invitations réitérées de Raoul et de Stéphanie, qui ne s'étaient pas aperçus de leur étourderie, il préféra aller dîner seul au restaurant.

Le surlendemain, comme il racontait l'aventure à Carle-Max revenu des Eaux de la Grenouillère-lès-Bougival, celui-ci lui dit pour le consoler:

— Rassurez-vous, mon ami; vous êtes au moins le trois centième qui y passez! Il y a cinq ans que Raoul nous a annoncé qu'il avait hérité d'un oncle de Tombouctou.

— C'est un nouveau coin de la grande farce parisienne qui vous a été révélé et il en reste d'autres encore. Demain, je vous mènerai dans le monde joyeux des actrices et des écuyères! En avant, toujours en avant, si vous voulez que beau-papa signe enfin à votre bonheur.

*(La suite au prochain numéro).*

# PARIS QUI AIME

## HISTOIRES D'AMOUR

### EN MANIÈRE DE PRÉFACE

Sous ce double titre, il m'est dévolu, ô gentes et chères lectrices, de vous narrer hebdomadairement quelqu'une de ces si douces et si tendres histoires, où l'Amour joue le principal rôle, et qui se passèrent en vos bras — et parfois aussi en votre couche, rideaux tirés et portes bien closes — histoires et non contes, confidences des unes, racontars des autres, et souvent même, — que le Ciel me prenne en pitié et pardonne, — confessions!

*Paris qui Aime*, dans *Paris qui Rit*, n'aura pas toujours, hélas! la gaieté si communicative des articles qui le précéderont ou le suivront dans ces colonnes qu'emplissent si joyeusement mes amis et collaborateurs. On ne rit pas toujours, quand on aime — vous le savez peut-être de reste: — aussi bien, point n'est toujours besoin de vivre en une folle joie, et j'apporterai tous mes soins à ce que vous trouviez, chaque semaine, quelque agrément à causer un peu avec moi, quand avec le voisin vous aurez fini de... rire.

Comme je l'écris plus haut, je dirai les petites aventures que je sais, que des amis ou amies — l'amitié n'a pas de sexe — me confièrent; des souvenirs amoureux dont mon escarcelle est pleine, et aussi, et surtout, je raconterai ceux que vous me communiquerez, car vous avez bien chacune quelque péché mignon qu'il vous serait agréable de voir imprimer et de conserver au fond de la cachette où vous serrez régulièrement vos petits secrets.

En un mot, je vous servirai, pour ainsi dire, de secrétaire d'amour, toujours prêt à répondre aux questions que vous me poserez; à vous donner, par la voie du journal ou par lettre particulière, les renseignements qu'il vous plaira de me demander.

Et sur ce, je souhaite que le petit dieu Éros vous prenne sous sa si aimable protection.

## En Ballon

*A Marguerite de Vernon.*

— Et maintenant, j'espère que vous allez me raconter votre ascension en ballon, qué?...

Les coudes sur la nappe, le menton dans la paume de ses mains, ses frisottis noirs, un peu en débandade, tombant sur le front, les joues légèrement couperosées par le champagne, la brune enfant dardait sur moi ses yeux dont l'azur semblait avoir emprunté un reflet aux eaux méditerranéennes qui baignent sa belle Provence.

Tout à l'heure, flânant, rue Richelieu, je l'avais vue entrer dans la salle des dépêches du *Journal*, son petit sac, — le sac du déjeuner sans doute — à la main; et tout de suite, en fille d'Ève curieuse, elle s'était faufilée au premier rang, regardant les débris de l'explosion de la rue des Bons-Enfants, les photographies des hommes du jour, des actrices en vogue, des criminels nouvellement arrêtés, avec, ici, de petites moues, des sourires sympathiques; là, des mouvements d'horreur, de répulsion qui la rejetaient en arrière, écrasant les pieds de ses voisins pour fuir plus vite la hideur du spectacle étalé sur les panneaux.

Puis, son attention fut attirée par la nacelle du ballon exposée dans un coin de la salle.

Elle s'approcha; je l'y suivis, et c'est alors que la voyant intéressée, je m'enhardis à lui parler, lui donnant des explications, une leçon aérostatique brève, sans technologie aride, lui démontrant la manœuvre, l'utilité des guindeaux, du cercle de suspension, la signification des pavillons, l'usage de la boussole, du thermomètre, des baromètres anéroïde et ascensionnel, de la lampe électrique, de l'ancre, de tous les instruments de navigation aérienne attachés, suspendus aux agrès.

Elle m'écoutait, de temps à autre m'interrompant pour me faire répéter une chose mal comprise, me questionner sur un point de détail omis, naïvement captivée, surprise, avec des: « C'est-il, Dieu possible! » des: « C'est étonnant! » des exclamations qui mettaient encore plus de mutinerie sur sa jolie petite frimousse éveillée.

Et, tout à coup, comme prise d'une idée subite:

— Mais alors, vous avez donc fait un voyage en ballon, vous, pour en savoir si long?

— Mon Dieu! oui, mademoiselle, j'en ai même fait plusieurs.

— Oh! alors, racontez-moi ce que l'on éprouve quand on se sent enlever là-haut, tout là-haut, vers les nuages...

Elle insistait, voulant savoir:

— Ça doit faire une drôle d'impression, dites?

Je promis de lui faire cette narration, mais j'y mis une condition: elle viendrait dîner avec moi, en tête-à-tête, et, au dessert, je lui raconterais tout ce qu'elle voudrait.

D'abord, elle avait refusé. On l'attendait, à la maison, pour dîner. On savait à quelle heure elle sortait de son atelier et elle serait grondée si elle tardait trop. Certes, on ne l'empêchait pas de muser un peu en route, de s'arrêter aux vitrines; mais il ne fallait pas dépasser les bornes, abuser.

— Alors, fis-je, je vous dirai cela un autre jour: vous vous arrangerez pour avoir plus de temps à me donner.

Mais cela ne lui convenait pas.

— Non, non, tout de suite; dites vite: ce sera bientôt fait... et m'accompagnant un bout de chemin.

Puis, soudain:

— Au fait, j'accepte à dîner. Je dirai à la maison que nous avons veillé. Mais vous me promettez, n'est-ce pas, de me raconter...

— Oui, c'est promis... au dessert.

. . . . . . . . . . . . . . . . . . . . . . . . . . . .

— Et maintenant, j'espère que vous allez me raconter votre ascension en ballon.

Le garçon venait d'apporter le café, et, discret, s'était retiré, fermant la porte du cabinet derrière lui.

— Chose promise, chose due... Mais avant, permettez-moi de vous offrir ce petit verre de Chartreuse.

Elle le but d'un trait.

— Allez... je vous écoute.

Je m'étais levé de table, et assis sur le canapé:

— Venez là, près de moi.

Un peu titubante, l'œil émerillonné, à point, elle vint, riant:

— Vous y tenez donc beaucoup, à savoir?

Elle eut un sursaut.

— Si j'y tiens! Mais je ne suis pas venue pour autre chose.

Alors, me faisant violence — car j'étais peu en train, je vous assure, de raconter des impressions de voyage — je lui décrivis de mon mieux la narration inhérente à l'ascension.

Trois fois, ayant fini ma narration, je cherchais à entraîner ma jolie Provençale dans une excursion tout aussi éthérée, quoique moins aérienne, et trois fois mes entreprises avaient avorté devant ce parti-pris, cette idée fixe:

— Encore, dites-moi, encore... Alors, quand on monte...

— Oui, il semble que peu à peu l'air manque aux poumons... On se sent angoissé, ému, la respiration

entrecoupée, essoufflée ; puis, peu à peu, on entre
ume dans une sorte de béatitude, une ivresse
ange... plus on monte, plus cette ivresse, cette béa-
ide s'accentue et, tout à coup...

— Et, tout à coup...

— Tout à coup, crac ! le jeu d'un déclic, un rouage
casse, une détente, une débâcle....

— Ah !

Puis, après une seconde de réflexion, je l'entendis,
n bas, comme un souffle, murmurer, avec son ac-
t méridional si expressif :

— Té ! Il faudra aussi que je me fasse enlever en
lon... Pécaïré !...

# Œil pour œil ! Dent pour dent !

Nul n'est prophète en son pays ! Encore moins ténor,
ce qu'il faut en déduire de la chute mémorable qui
ait suivi les débuts, au théâtre du Capitole de Tou-
lse, de Marius Haubémol, lequel avait cependant vu
jour sur les bords fleuris de la Garonne.

— Bah ! j'aurai meilleure chance autre part...

Et Marius Haubémol, — de son vrai nom Pancrace
Bouillard — avait, en compagnie de madame Rose
Haubémol, son épouse, repris l'express de Paris où,
dès le lendemain de son retour, il avait été chercher
autre engagement à la fameuse agence Henrival,
qui approvisionne les quatre coins du monde et ailleurs.

Madame Rose fut la première casée, en sa qualité de
jolie femme blonde, grande, adorablement faite,
une performance remarquable ; sans talent reconnu,
ayant encore joué que les dix-septièmes soubrettes
province, mais possédant des jambes, des bras et
poitrine d'une surprenante éloquence.

Henrival, qui y possédait des actions, en homme
droit, l'avait fait engager au théâtre des Frivolités
parisiennes, à deux pas du boulevard, pour la revue
qu'on y montait, et où on lui confia le délicate mission
habiller le maillot de l'Hospitalité de Nuit, un des
clous » les mieux réussis de la pièce.

Elle l'habilla si gaillardement que dès le lendemain
elle fut admise à signer un contrat irrésiliable de cinq
ans, avec vingt mille francs de dédit dûment stipulé, à
avantage de la direction.

Quand une chance vous vient, elle n'arrive jamais
seule, et quelques jours après, Marius recevait à son
tour d'Henrival l'avantageuse proposition d'organiser
dans la capitale du Soudan, un Conservatoire, où le
Négus voulait initier ses fidèles sujets aux douceurs
mélodiques des grands maîtres de la composition lyrique italienne et française premier crû.

— Au Soudan, Rose, qu'en penses-tu ?

— Henrival donne-t-il des avances ?

— Six mois, en or ; voyage en premières, aller et retour ! et un minimum assuré de quarante mille balles
par an.

— C'est tentant, Marius, mais...

— C'est ce que je pensais, Rose ; nous séparer...

— Ne plus voir mon galant Roméo, mon Faust, mon
Raoul !

— Loin des yeux, loin du cœur, madame Haubémol !
comment supporterez-vous mon absence ?

— Et vous, monsieur Pancrace Bibouillard — elle
appelait toujours ainsi quand il commençait ses scènes
ordinaires de jalousie — qui me garantit que là-bas
une autre...

— Oh ! Rose !

— Ne se laissera pas prendre, comme moi, aux attirantes marguerites du jardin de Faust et aux capiteux
orangers de Mignon ; or, avec la faiblesse de caractère
que je vous connais...

— Que tu connais peu, ma chérie. Tiens, veux-tu
venir avec moi...

— Et mon dédit aux Frivolités parisiennes ?

— Eh bien ! n'en parlons plus ! Je vais envoyer un
mot de refus à Henrival.

— Est-ce assez malheureux quand même, Marius !
Quand je pense qu'avec ces quarante mille francs nous
pourrions si bien acheter la petite maison de campagne, que nous avons vue à Colombes, l'autre jour.

— Et du vrai vieux vin pour la cave ?

— Profiter de toutes les occasions de coupons au
Bon Marché.

— Donner les dîners nécessaires à m'ouvrir l'entrée
des concerts Colonne et de l'Opéra !

— Faire pâlir, avec mes toilettes, cette pimbêche de
Clara-Soleil, la divette des Frivolités.

— Rose ?

— Marius ?

— Qu'en penses-tu, décidément ?

— Ça me sera bien dur dans les commencements,
Marius ! Mais puisque la fortune nous sourit...

— Il ne faut pas lui faire la grimace. Rose ! tu as
raison !...

Et Marius signa le traité d'exil que lui proposait
Henrival.

Bien que le congé que Rose avait demandé à son directeur eût fort ennuyé ce dernier qu'il privait pendant vingt-quatre heures d'une de ses plus agréables
maillots, madame Haubémol put accompagner son
mari jusqu'au paquebot, et ils avaient, au suprême
baiser d'adieu, la cloche sonnant le départ, échangé
solennel serment de la fidélité la plus absolue.

— D'ailleurs ! tiens-toi pour averti, Marius ! Œil pour
œil, dent pour dent !... Et tu sais comme je tiens ma
parole, quand je m'y mets !

Si certains abonnés des Frivolités Parisiennes avaient
conçu l'audacieux projet, après le départ de l'époux,
d'un galant intérim dont l'aubaine ne manquerait pas
de leur arriver, ils en furent piteusement pour leurs
voltiges d'imagination.

Marius et Rose restaient inéluctablement fidèles au
pacte conclu, et madame Haubémol régalait à chaque
courrier soudanais ses amis — mais rien, toujours, que
de simples amis — des fautes d'orthographe de son
mari qui, malgré sa mauvaise écriture, laissait entre
les lignes lire très couramment la constance de son attachement au lointain maillot des Frivolités !

Et ses lettres étaient pleines du récit pompeux de
ses triomphes multipliés. Tout était donc radieux dans
le ciel bleu du ménage Haubémol, Rose ayant eu de
son côté une augmentation de vingt francs par mois à
son théâtre, sans aucune amende retenue !

Quand, au cours d'une répétition, Rose Haubémol
fut toute surprise des mines de condoléance que ses
petites camarades affectaient de prendre en la regardant.

Puis ce furent des mots inquiétants, à mi-voix, mais
prononcés pourtant d'assez intelligible façon pour
qu'elle n'en perdît pas une syllabe.

— Pauvre Rose ! Elle qui ne se doute de rien !

— Oh ! ces hommes ! quels monstres de perfidie !

Et des questions amicales sur Marius, sur ce qu'il
faisait auprès du Négus, avec des « vraiment ?... pas
possible ! » légèrement ironiques et incrédules qui l'é-
nervèrent au plus haut point.

A la fin, elle soupçonna quelque chose et voulut savoir, agacée.

Ce fut naturellement la plus intime de ses bonnes
petites camarades qui s'offrit le plaisir de la renseigner, en lui présentant un journal : l'*Officiel Soudanais*, où dans l'article souligné qui fut mis sous ses
yeux, un indiscret rédacteur relatait tout au long les
fredaines galantes d'un certain ténor toulousain avec
la directrice du lycée de jeunes filles, chez lesquelles
il donnait des leçons de solfège et de mélodieuse harmonie ; et la pauvre Rose se convainquit, à n'en pouvoir douter, par la précision des détails, qu'il ne pouvait être question que de son époux absent.

Courageuse, héroïque, quoique piquée au vif, elle
ne broncha pas sous l'horreur inattendue de cette révélation ! Les camarades devant qui elle conserva un
calme décevant, en furent pour leur inutile espérance
d'assister au spectacle de son chagrin, et les abonnés
qui s'étaient aussitôt fait inscrire chez elle pour s'offrir à la consoler de la trahison de son infidèle mari,
continuèrent à prêcher dans le plus désolant désert.

Rose, comme Pénélope, demeurait inexpugnable
dans ses vertueuses résolutions et s'entêtait à leur répondre par la lecture assidue des missives tendrement
hypocrites qu'à chaque paquebot elle recevait de Marius, entassant lauriers sur lauriers.

Mais son caractère, naguère si joyeux, prenait peu
à peu une croissante teinte de sombre mélancolie ;
elle affectait de sortir seule, à pied, pendant les intervalles de son service aux Frivolités, et, par une bizarre
attraction magnétique, pour y poursuivre sans doute
une enquête intime sur la conduite de l'ingrat qui la
trahissait, elle parcourait, songeuse, les fêtes foraines
des boulevards extérieurs, pénétrant, sans en manquer une, dans toutes les baraques où l'on exhibait au
public des sauvages vivants d'authenticité garantie.

Puis, un jour, elle cessa brusquement de s'y montrer et, ayant, il faut croire, obtenu enfin les renseignements douloureux qu'elle cherchait, ne se sentant
plus, l'âme torturée, la force nécessaire à sourire chaque soir devant ses fervents abonnés, elle obtint, sur
certificat légalisé de son médecin, de résilier avant sa
seconde année d'engagement avec les Frivolités Parisiennes et se retira chez elle, fermant sa porte à tout
le monde, se confinant dans une claustration monacale.

Or, comme tout, en ce monde, casse, lasse et cède
la place à la dernière nouveauté qui paraît ; au bout de
trois années de professorat accomplies, le Négus se
résolut à remplacer Marius auprès de ses sujets par
un élève du Pétomane, qu'il avait demandé à Zidler,
afin de donner à la musique nationale soudanaise une
direction différente et le grand ténord Haubémol annonça son retour par les premières Messageries en
partance.

Et comme il était radieux, le cher homme ! d'accourir près de sa Rose adorée et fier de venir déposer sur
ses mutins genoux les piastres et ducats qu'il avait
fait jaillir des gosiers africains. Il faillit, d'émotion et
de joie, casser le cordon de sonnette de l'appartement
conjugal, et sauta au cou de la bonne qui vint lui
ouvrir l'entrée qu'il avait si longuement désiré de franchir à nouveau ! Enfin, il pénétra dans la chambre bénie dont il avait si souvent rêvé dans son exil !

— Capédédious ! jura-t-il, stupéfait, en voyant auprès de la couche nuptiale un berceau où dormait en
ronflant un affreux marmot de deux ans à peine, du
plus beau noir d'ébène que jamais teinturier ou ébé-
niste ait pu rêver ! — Que signifie cette grotesque
fumisterie, Mme Haubémol ?

— Dent pour dent ! Œil pour œil ! je vous l'avais dit,
Pancrace, j'ai tenu ! — répliqua vertement Rose, en
lui tendant « l'*Officiel Soudanais* » dont elle n'avait
pas encore digéré l'entre-filet dénonciateur.

— J'ai trouvé, moi aussi, un ancien professeur de
rhétorique du Pays où vous avez fait vos cascades,
monsieur ! Il mangeait de l'étoupe à la foire de Ménilmontant !

— Ah ! ça, que me chantes-tu, cadédis ! avec ce
journal ?

— Trêve de raillerie ! Monsieur Haubémol, et cessez
vos cyniques dénégations ! Un *journal officiel* n'a jamais rien inventé en ce monde !

— Encore faudrait-il, Rose, que cet *officiel* existât ;
or, au Soudan, — tu pourras dès demain t'en assurer à
l'ambassade, — il n'y a qu'un seul journal connu, celui
des missionnaires bénédictins qui s'occupent de toute
autre reportage que celui qui t'a si fort affligée.

— Et d'ailleurs ! — fit il, tirant de sa poche un par-
chemin scellé des armes du Négus, voilà qui vous
prouvera, Madame, que je suis toujours resté complètement digne de votre exclusif amour !

— Mais ce journal, alors ? — sautant, pris d'idée
subite, à l'adresse de l'imprimeur que la loi impose
d'y consigner :

— Robinson ! à Fontenay-sous-Bois ! l'imprimeur
d'affiches des Frivolités ! — s'écria-t-elle, la mine déconfite et penaude, les camarades se sont joliment... fichu
de moi !

Puis, tremblante, ne sachant pas quelle serait
pour elle la conséquence de son involontaire bévue,
elle murmura, câline et suppliante, à son époux, qui
faisait la grimace en contemplant le négrillon qui sommeillait toujours.

— Ah ! Marius, me le pardonneras-tu jamais ?

Le ténor Haubémol possédait une âme généreuse et
il y avait en faveur de la coupable tant de circonstances atténuantes que son procès était depuis long-

temps mis hors du rôle, quand Rose lui dit avec sa voix suave des meilleurs d'antan.

— Et ne va pas t'aviser d'être jaloux, au moins! Si tu savais ce que l'autre était laid, mon chéri! Quant au mioche, si tu veux, nous l'expédierons...

— Du tout, Madame Haubémol! Il mangera de l'étoupe comme son papa — répondit le ténor toulousain qui venait d'avoir une géniale idée!

Et au nom du *Paris qui Rit*, dont Marius Haubémol est venu, en me racontant cette histoire, implorer la puissante publicité, je vous engage fortement à aller à l'une des prochaines foires au Pain-d'Épices, honorer de votre visite le petit mangeur d'étoupes africain que vous montrera, pour deux sous l'ancien pensionnaire du Négus, lequel, toujours aimable, pendant la quête de rigueur, entonnera de sa superbe et magistrale voix le chant national soudanais.

DICK D'ING.

# COQUIN D'AMOUR

Jacques sortit de chez lui avec la ferme résolution de s'aller jeter dans la Seine.

— Oui, puisqu'Elle ne l'aimait plus, puisqu'elle avait pu rester huit longs jours sans le voir, sans lui écrire, sans lui donner signe de vie — il en finirait!

Peut-être alors comprendrait-elle à quel point il l'aimait, peut-être le pleurerait-elle.... Peut-être!... Est-ce qu'on sait jamais?...

Et Jacques se récitait à lui-même des vers qu'il avait faits, sur un mot d'Elle :

> L'amour n'est pas de ce monde!
> On a tort de le rêver —
> Jamais — le ciel ne confonde —
> Nul ne pourra l'y trouver :
> L'amour n'est pas de ce monde!
>
> L'amour est une chimère.
> Comme l'or, et la vertu.
> Un sentiment éphémère
> Aussi léger qu'un fétu :
> L'amour est une chimère.
>
> L'homme est un pur égoïste ;
> La femme ne vaut pas mieux.
> Tout est petit, bas, et triste :
> C'est bête, de vivre vieux....
> L'homme est un pur égoïste.

. . . . . . . . . . . . . .

Tout en devisant de la sorte, Jacques s'avisa qu'il était arrivé sur le Pont-Neuf.

. . . . . . . . . . . . . .

Il pouvait être cinq heures de l'après-midi. Il faisait grand jour — on était en plein mois de mai — et il y avait beaucoup de monde dehors.

Jacques réfléchit qu'il serait absolument ridicule de sa part de se jeter dans la Seine en ce moment : il se trouverait certainement quelqu'un pour le repêcher ; on le conduirait au poste, et le commissaire de police, après une verte semonce, lui ferait promettre de ne plus recommencer... il valait bien mieux remettre à la nuit l'exécution de son fatal projet.

Jacques traversa le Pont-Neuf et s'achemina, pensif, tout le long du quai Conti.

Il se rappelait — non sans mélancolie — les commencements de leur amour. Deux ans de cela, déjà!... Comme elle était jolie, à cette soirée où il l'avait rencontrée, pour la première fois, avec sa robe de velours noir qui faisait ressortir la blancheur de sa gorge et de ses épaules, ses cheveux d'un blond doré, son profil de reine, son port de déesse!... Tout de suite, il l'avait aimée, mais d'un amour timide et qui n'ose pas; comme on aimerait une belle statue montée sur un piédestal inaccessible... — Monsieur Jacques Louverne... — Madame de Précigné.. Un salut cérémonieux... une froide inclination de tête... Qui lui aurait dit, ce soir là, qu'il posséderait cette femme?...

Tout de même, la comédie de salon est une invention merveilleuse... Sans la comédie de salon, jamais il n'aurait pris la taille de M<sup>me</sup> de Précigné, et jamais il ne lui aurait baisé la main... une petite main si blanche, si douce :

> Et j'aime ta petite main
> Que je tiens, longtemps, prisonnière..
> La caresse du lendemain
> Ne serait jamais la dernière....
> Et j'aime ta petite main !...

Sur la place de l'Institut, Jacques s'arrêta machinalement, pendant dix bonnes minutes, devant un hercule forain qui avait installé ses poids sur un tapis, et qui attendait, pour *commencer* la séance, que la recette en valût la peine.

— Faut-il qu'il y ait des badauds! dit-il, en continuant sa route, et en s'engageant sur le quai Malaquais.

.... Comme ils s'étaient passionnément, divinement, follement aimés!... Comme ils s'étaient donnés tout entier l'un à l'autre, corps et âme! Comme ils s'appartenaient bien! Comme ils étaient heureux!... Avec quel superbe mépris du monde ils marchaient tous les deux dans leur rêve étoilé!.. Il ne vivait que pour elle... elle ne vivait que pour lui... plus rien n'existait à leurs yeux qu'eux-mêmes, et leur amour :

> Notre amour, mon adorée,
> Je veux passer ma soirée
> À te dire, à genoux,
> Car nos pensers sont bien nôtres ;
> Il n'est pas pareil aux autres
> Notre amour — à nous !

Et Jacques, parvenu devant le pont des Saints-Pères, jeta de loin un regard d'admiration sur l'Apollon domptant Pégase, de Mercié, que les rayons du soleil couchant nimbaient d'une lumineuse auréole !

. . . . . . . . . . . . . .

Les femmes sont des êtres complexes et indéchiffrables. Il adorait Marthe de toutes les forces de son être... il le lui prouvait sans cesse, et elle n'en pouvait douter... S'ils étaient obligés de passer une journée sans se voir, il lui écrivait deux lettres, trois lettres pour la bien assurer qu'il ne l'oubliait point, que sa pensée était toujours avec elle — et c'était vrai — qu'il n'aspirait qu'à l'instant béni où il lui serait permis de la serrer dans ses bras — et il était sincère !... Eh bien ! l'on eût dit, par moments, qu'elle ne voulait pas être aimée... Elle l'accueillait avec une froideur hautaine et déconcertante :

— Que t'ai-je fait?... — Laissez-moi tranquille, je suis énervée. — Mais pourquoi?... Embrasse-moi, voyons. Elle détournait la tête...

— Voyons, Marthe... — Ah ! laissez-moi, vous me faites mal, vous me chiffonnez mon col.... Dans ces moments-là il l'aurait tuée !

Il ne l'avait jamais tuée, cependant. Au contraire, il la prenait par la douceur :

— Ma petite Marthe, tu sais bien que je t'aime...

— Vous m'aimez !... vous m'aimez !... ah! oui! coquin d'amour !

Elle avait une façon particulièrement exaspérante de prononcer ces deux mots : elle y mettait à la fois de l'ironie, de l'amertume, du dédain, de la pitié, une commisération profonde !... — Coquin d'amour !

Puis on s'expliquait : Jacques avait regardé une autre femme dans la rue, ou au théâtre ; ou bien Marthe n'avait pas trouvé « d'amour » dans sa dernière lettre ; ou encore, il ne faisait plus de vers !

Mais il lui en avait fait, des vers ! et, même, un sonnet qu'elle avait trouvé très bien, et qui était très bien du reste :

> Je suivais, sans savoir pourquoi,
> La route banale et suivie,
> Sans but, sans désir, sans envie...
> Je ne te connaissais pas, toi !
>
> Toi ! Ton regard me fait la loi,
> Rend mon âme triste, ou ravie ;
> Toi ! Dans ce mot j'ai mis ma vie,
> J'ai mis mon bonheur et ma foi !
>
> Avec toi, c'est le ciel sans ombre ;
> Sans toi, j'ai vu dans la nuit sombre,
> Se creuser un gouffre béant...
>
> Avec toi, c'est la muse altière,
> C'est l'amour, c'est la vie entière :
> Sans toi, ce serait le néant !

En achevant le dernier tercet, Jacques eut un coup d'œil navré pour les ruines de la Cour des Comptes, d'où s'échappaient de toutes parts de vigoureuses touffes de verdure... Il songea que son pauvre cœur, lui aussi, était en ruines, mais que le printemps — hélas ! — n'y faisait rien pousser !

. . . . . . . . . . . . . .

— Oui, ce serait le néant !... Est-ce qu'il vivait, depuis huit jours?... Est-ce que c'était une existence ? Il n'était même plus capable de travailler... Il pensait à elle, encore et toujours ! Cela tournait à l'obsession, à l'idée fixe, à la folie !.. Ses soirées, surtout, étaient mortelles... Ses soirées ! Habituellement, Marthe les passait toutes avec lui, dans sa garçonnière .. Elle venait le trouver là ! et c'étaient des heures délicieuses, exquises, divines, adorables que celles qu'ils passaient ensemble, dans ce doux nid de leurs jeunes amours !... Et maintenant, elle ne revenait plus !... Pourquoi?... ah ! pourquoi?... Pour une niaiserie, pour une bêtise, naturellement... En sortant de chez lui, le matin, Jacques avait oublié d'éteindre son fourneau à gaz, sur lequel il avait mis de l'eau à chauffer, dans une casserole ; le soir, Marthe, qui avait une clef de l'appartement, était arrivée quelques minutes avant lui. Quand il était rentré, elle lui avait fait une scène, prétendant lui démontrer qu'elle avait couru les plus grands périls, que rien n'était plus dangereux que le gaz, les explosions, et qu'un de ces jours il les ferait sauter, et toute la maison avec !... Jacques avait l'imprudence d'objecter que les femmes exagèrent sans cesse, et qu'un bec de gaz qui brûle n'a d'autre inconvénient que d'augmenter la note de la Compagnie, à la fin du mois... Là dessus, Marthe s'obstinant dans son idée, Jacques avait eu le tort grave de s'écrier : « Mon Dieu ! ma pauvre fille, que tu es bête !... » Très froissée, elle avait pris son manteau et était partie en claquant la porte, sans qu'il lui eût été possible de la retenir... Il lui avait écrit, elle n'avait pas répondu ; il l'avait suppliée de revenir, et elle n'était pas revenue... et voilà !...

Était-ce assez stupide?... Ah ! si ! par exemple, il était pareil aux autres, leur amour, à eux !.. Et Marthe, qui se fâchait d'une lettre pas assez tendre ou d'un regard donné à une autre, était restée, volontairement, huit longues journées sans le voir....

— Coquin d'amour !

Devant le Palais-Bourbon, Jacques se demanda très sérieusement s'il serait bien raisonnable à lui, le soir venu, de se jeter dans la Seine.

Cette réflexion ayant donné un autre cours à ses pensées, il se mit en devoir de traverser le pont de la Concorde.

Vers le milieu du pont, il s'accouda sur le parapet, et s'amusa à considérer les bateaux-mouches qui passaient.

Ils étaient très gais, les bateaux-mouches, chargés de passagers et de passagères en claires toilettes de printemps, qui voguaient joyeusement vers les rivages fortunés du Bas-Meudon ou de Bougival.

Et l'idée vint à Jacques de prendre aussi le bateau-mouche. Il n'était attendu nulle part, il pouvait donc dîner et passer la soirée où bon lui semblait.

Il acheva de traverser le pont, descendit à l'embarcadère, et monta sur le premier bâtiment en partance.

La brise était fraîche et pure ; après la journée un peu chaude, cela faisait du bien de respirer !... Pourquoi donc cherchait-on si loin des paysages verdoyants et des sites champêtres ?... Rien assurément, en ce bas monde, ne valait les environs de Paris !

En face de la Tour Eiffel, Jacques se dit qu'il faisait bon vivre, et que M. Paul Bourget avait été bien coupable, en écrivant *Mensonges*, de donner des idées de suicide à de bons jeunes gens, qui n'y auraient jamais songé sans cela.

Ce fut dans ces dispositions d'esprit qu'il s'aperçut qu'une fort jolie fille était assise à côté de lui.

XXX...

*(La suite au prochain numéro).*

# CHARMEUR D'OISEAUX

Ô la gente et mignonne qu'était, en la douce et suave fraîcheur de ses seize ans à peine sonnés, demoiselle Yvonne de Genêt-Fleuri, suzeraine régnant — de par le trépas tôt venu de ses proches parents — sur Kermor de la Haute-Lande, bourg voisin de Brest, la vieille armoricaine cité.

Combien agréable à la vue, pour les tenanciers de ses fermes et pâturages, le spectacle qu'elle leur donnait de son idéale et mystique beauté, tandis qu'avec Mariannie, sa vieille gouvernante, elle parcourait ses domaniales cultures, au temps de la moisson d'août.

On l'eût volontiers prise, s'avançant légère au milieu des gerbes dorées, pour une angélique apparition descendue des célestes régions afin d'apporter cœur au travail et divine bénédiction aux rudes manieurs de faulx et aux agiles glaneuses d'épis oubliés en chemin.

C'est qu'il s'échappait d'elle, en effet, un tel saisissant parfum de virginale et chaste odeur que les plus incrédules, à son contact, se sentaient pris jusqu'aux moelles, d'adoration et de vénération respectueuses, comme ont marins pour glorieuse Notre Dame d'Auray.

Svelte et grande, onduleuse, blonde à faire pâlir les blés mûrs qui étincelaient au soleil ; l'œil bleu, plus tendre que l'azur du firmament, avec des profondeurs comme les siennes, inexplorées et infinies ; magique, ensorcelante créature, la vierge dans sa native pureté !

Aussi, comme autour d'elle, les langues se faisaient craintives, les regards se voilaient, timides, pour ne pas effleurer ce mystère d'innocence et de sainte candeur ; et la loi étant restée vivace encore, dans le pays, de l'influence des « mascottes », on la croyait de par son état même d'inconscience du péché, dispensatrice de l'abondante fertilité du sol.

On surveillait de près les abords de son castel et faisait la garde la plus vigilante pour éviter toute incursion maligne du démon contre la colombe sans tache qui portait bonheur aux moissons.

Mais, si grande est la foi sincère, si nombreux sont ses exorcisants pionniers, plus nombreux et plus grands étaient, malgré tout, les maléfices démoniaques, en cette époque déjà experte de rouerie et de mauvaise foi.

Comme ce fidèle récit en donnera la preuve concluante.

. . . . . . . . . . . . . . . . . . . . . . . . . .

A quelques lieues de là, un autre castel s'élevait où, chaque an venait faire la fête, avec nombreuse compagnie, galant vicomte Edmond de Verte-Bruyère, lequel dévorait à pleines dents la succession qu'il avait encaissée d'un sien oncle, propriétaire en son vivant du second castel que nous venons de citer.

A l'automne arrivé, arrivaient avec lui le vicomte et sa bande pour courir en la plaine sus au gibier et aux filles de bonne volonté.

Jusque là point n'avait chaut de sa besogne aux farouches gardiens d'Yvonne. Satan chassait sur ses terres, c'était son droit : mais à chaque carrefour où lisière se trouvait de la diabolique propriété et du domaine de Genêt-Fleuri, se trouvait également planté au sol un poteau qui le forçait d'arrêter son élan, avec cette inévitable inscription :

PROPRIÉTÉ RÉSERVÉE

soulignée par la présence menaçante de quelque solide vassal d'Yvonne, armé jusqu'aux dents.

Connaissant les Bretons et leur nature entêtée, il n'avait pas cherché deux fois à s'enquérir de la grave raison qui motivait aussi rigoureuse surveillance, rebuté qu'il avait été à sa première question par un silence peu engageant et une mise en joue moins engageante encore de la part de la sentinelle qu'il interrogeait.

Peu après, il n'y songeait plus, repris par le souci d'égayer les convives qu'il hébergeait.

Or, il advint pourtant, comme toujours quand Satan s'en mêle, qu'en certain carrefour, un matin, la sentinelle manqua, arrachée à son devoir de vigie par un autre devoir plus impérieux, et celui-là exigeant secrète ambassade.

Le vicomte Edmond, — à sa place, vous en eussiez fait autant — ne perdit pas son temps à deviner par où avait pu déserter le planton qu'il avait coutume de rencontrer là et, au galop de sa monture, il arriva prestement sur le terrain brûlant où se promenait, parmi les moissonneurs, la ravissante « mascotte » qu'on voulait l'empêcher d'aborder.

— « Jarnibieu ! l'énivrante fée ! » s'écria-t-il, perdant toute prudence, dans l'enthousiasme qu'éveillait en lui la charmante vision de demoiselle de Genêt-Fleuri. Ce cri d'admiration fut pour lui signal d'épouvantable déroute ! Les vassaux de Genêt-Fleuri, sous l'imminence du péril, l'assaillirent à coups redoublés de gerbes demi-nouées qui le renversèrent à bas de son coursier, suffoquant, sur le sol, et il en avala tant de poussière que, transporté chez lui, aux trois quarts étouffé, il lui fallut six semaines complètes pour parvenir, à force de Jalap et d'herbes médicinales, à recouvrer sa primitive liberté de respiration.

Les six semaines qu'il employa à rattraper son souffle endommagé n'effacèrent pas dans le souvenir du vicomte de Verte-Bruyère la radieuse image d'Yvonne ; au contraire ! La solitude à laquelle les spécialistes indigènes l'avaient astreint la lui ramenait sans cesse devant les yeux, en lancinante illusion du cœur.

Et il se jura, dès qu'il ne serait plus aussi court d'haleine, de provoquer une nouvelle rencontre avec elle, voulant avoir cœur net de l'obsession qui le persécutait.

Demoiselle de Genêt-Fleuri subissait, elle aussi, le contre-coup de la tragique aventure, par magnétique influence ; elle avait des gaîtés soudaines rompues brusquement, sans motif plausible, par de bizarres et déconcertantes tristesses.

Elle ne venait plus dans les champs, s'enfermant seule dans son oratoire, éloignant même sa chère Mariannic, qui se désolait. Ses joues étaient pâlies, son œil bleu avait de sombres lueurs et sa taille, gracieuse et fière jadis, se penchait languissamment : en un mot, elle dépérissait !

Et les vassaux fidèles étaient consternés !

La sentinelle qui s'était laissée surprendre avait été mise au ban de l'opinion générale, malgré l'excuse valable qu'elle avait donnée de sa désertion passagère du poste confié.

Et malédiction pleuvait comme grêle drue sur le nom exécré du vicomte Edmond, le fauteur du mal qui fondait sur la paisible seigneurie !

Mais plaintes, rigueurs et doléances ne rendaient pas à Yvonne sa fraîcheur et son insouciance perdues !

Quand le Ciel, au vingt-deuxième jour de la crise publique, parut enfin prendre en pitié ces pauvres gens de grande foi !

Un étranger, vêtu comme sont les bohémiens coureurs de provinces, montreurs de phénomènes et guérisseurs de funestes épidémies, vint, à la nuit tombante, demander hospitalité dans le village dont Yvonne avait suzeraineté.

— Ne craignez pas maléfices de moi, fit-il, je suis un charmeur d'oiseaux ! en montrant une cage où s'ébattait un mignon colibri.

L'homme avait une longue barbe blanche et des cheveux de neige qui incitaient au respect et, malgré leur antipathie instinctive pour tout venant du dehors, les défenseurs de Genêt-Fleuri s'attendrirent à l'aumône qu'il sollicitait.

On l'accueillit au gîte et, naturellement, sans se gêner pour hôte de si peu d'importance, à la veillée, on devisa du sujet palpitant qui causait l'émoi quotidien.

Le bohémien semblait prendre, aux paroles échangées, un pieux intérêt qui lui valut la sympathie du cénacle assemblé.

— Ne connaîtriez-vous pas, lui demanda-t-on, vous qui avez tant voyagé, le remède qui nous rendrait notre gentille demoiselle d'antan ?

Le vieillard regarda longuement le colibri dans la cage, l'interpellant dans une langue bizarre.

— Eh bien !... fit-on, de toutes parts, quand il eut achevé cette sorte d'invocation.

— Je sais soulagement à votre infortune, répondit-il, noble demoiselle Yvonne de Genêt-Fleuri renaîtra aux fraîches couleurs et retrouvera le bonheur qu'elle croit évanoui.

— Comment faire ? Dites vite ! nous vous récompenserons royalement !

— Mon colibri, par son doux chant, apaisera sa peine grande et votre suzeraine sera délivrée de son cruel souci. Il faut donc que vous m'ameniez auprès d'elle.

Cette demande du bohémien déplut, la défiance se réveillait.

— Personne ne peut entrer au castel, mendiant ! lui répliqua-t-on, assez durement.

— Suis-je donc quelqu'un, moi ! pauvre, vieillard et errant — reprit-il, sans se déconcerter du rigide refus. — Etes-vous donc si poltrons que je vous épouvante ? Paix ! je suis un humble charmeur d'oiseaux ; votre colombe, devenue sauvage, se relègue au fond de son nid, loin de vous, je ne prétends qu'à la rendre à votre affection. Prenez garde, si vous la chérissez vraiment, de lui refuser son salut.

Et le lendemain, les doyens du village conduisaient en cortège, près d'Yvonne, le bohémien qui la devait guérir de son ennui, par la suggestive grâce de son oiseau chanteur.

Indifférente, elle se laissa aborder, acceptant l'épreuve que voulait tenter le vieillard, sans croire à un heureux résultat.

— « A quoi bon !... » soupira-t-elle, lassée — « ce n'est pas ainsi, j'en suis sûre, que ma peine se calmera.

— « Croyez-vous, » — répondit le vieux bohémien, dont la voix avait soudainement changé, impérieuse, vibrante.

Yvonne s'était levée, frémissante, fixant sur lui un ardent regard scrutateur.

— « Qu'on nous laisse ! » commanda-t-il en maître « et miracle va s'accomplir ! »

Les vassaux s'éloignèrent et, peu après, demoiselle de Genêt, fleurie, transfigurée d'exultante joie, les joues pourprées de radieuse émotion, l'œil brillant d'une chaude flamme, venait à leur rencontre, sortant du castel, appuyée sur le bras du vieux bohémien.

— « En vérité, » fit-il, s'arrêtant avec elle, sur la haute marche de l'antique seuil seigneurial. — En vérité, préparez les présents promis ! mon colibri chanteur a charmé votre languissante colombe.

Et jetant au vent longue barbe et perruque qui flottèrent au gré de l'aquilon, éparpillant leurs filaments neigeux, le vicomte de Verte-Bruyère, ajouta, en vainqueur généreux qu'il était :

— Ça, j'ordonne, pour laver l'injure que vous me fîtes, malandrins, lors de ma visite première, que futailles soient, en liesse, défoncées dans chaque logis familial et que « Noëls » soient chantés par tous en allégresse de mon heureux hymen prochain avec puissante et gracieuse damoiselle de Genêt-Fleuri qui daigne me conférer sur vous ses droits de suzeraineté absolue.

A la moisson qui suivit ces noces, les vassaux de Kermor de la haute Lande, apeurés, redoutaient, à chaque image qui paraissait au ciel, qu'un désastre ne détruisît la récolte espérée ; mais, dans le domaine privilégié de Genêt-Fleuri, cette année-là, on eut presque la récolte double, et depuis, on laisse en liberté les filles, comme les colombes dans l'air, s'apprivoiser de leur farouche humeur aux « sorts » des joyeux gars de vaillante Armorique, qui n'avaient pas tardé à prier leur nouveau seigneur de consentir à leur prêter le colibri chanteur du vieux bohémien, le charmeur d'oiseaux.

Et comme toutes légendes en ce monde, à Kermor de la Haute Lande, l'antique respect des « Mascottes » tend à disparaître plus complètement de jour en jour.

BARON DE VAUX.

La Bourse décidément s'est mise à l'unisson des événements.

C'est le chaos, le méli-mélo, et surtout la confusion la plus parfaite.

Ce peut être le point de départ de toutes les invraisemblances, dont le marché nous a donné si souvent de peu édifiants exemples.

Les poursuites contre le Panama, tant souhaitées par les uns et tant redoutées par les autres, les événements du Ministère, dit à reversement par les loustics du lieu, en souvenir de la trop fameuse bombe de la rue des Bons-Enfants, et enfin le cortège obligé de fausses nouvelles qui sont l'habituel assaisonnement des situations troublées.

Aussi, voyons-nous la rente, à 99 francs, sans préjudice du courant.

Les grandes valeurs industrielles, telles que le Suez et le Gaz, qui cependant n'ont pas grand'chose à faire dans cette galerie, touchées elles-mêmes assez sérieusement dans la bagarre.

Les Etablissements de Crédit sont hésitants.

Des ventes assez suivies sur le Comptoir National, la Banque de Paris, le Lyonnais et la Banque d'Escompte.

Côte des fonds d'Etats, même note pessimiste.

Les Russes, par suite de la baisse constante du rouble à Berlin, sont entraînés sensiblement et emmènent à leur suite le reste du groupe. L'Extérieure, ballotée entre la saute chancelante du petit roi et celle de la monarchie qui ne se porte guère mieux, perd envi... sou unité. Et le Portugais qui semblait avoir atteint le but de la baisse, trouve moyen de fléchir encore.

Quant à l'Italien, tous les efforts coalisés de la Banque Allemande ne peuvent réussir à l'enlever et il reste lourd à 93 francs.

Les ballons d'essai, lancés au moment des élections et tendant à préparer l'opinion à une conversion prochaine de ce fonds en rente à 1 1/2 ont donc toutes les chances possibles de crever en l'air.

Quant aux capitalistes français, désireux de fournir à nos bons voisins les fonds nécessaires au paiement des fusils et des canons qui doivent être dirigés contre nous, ils vont avoir là une belle occasion de montrer leur *patriotisme* et de perdre leur argent.

Il y aura à notre humble avis d'ici peu, de belles positions à prendre pour les spéculations, et il est certain que de nombreux syndicats étrangers sont déjà formés pour exploiter la situation.

G. QUATRESS.

P. S. — M. J. R... à Elbeuf. — Ainsi que vous nous le demandez, nous avons fait le nécessaire pour que tous les renseignements vous soient adressés au sujet du placement, dont nous avons déjà parlé.

— M. Emile H... à Lyon. — Nous ne pouvons que vous confirmer les renseignements qui vous ont été fournis. Il s'agit bien en effet d'un vaste établissement médical aux portes de Paris. Situé dans un parc admirable, pourvu de tous les appareils de chirurgie et de thérapeutique modernes, et auquel le concours des plus illustres spécialistes est acquis.

D'après les résultats obtenus jusqu'à ce jour, les parts de 250 francs doivent donner un revenu qui ne saurait être inférieur à 25 ou 30 francs, soit 10 0/0 environ, ainsi qu'il avait été dit.

**Concert Parisien.** — M. Mussleck, le directeur de ce concert a engagé la divette Yvette Guilbert, l'étoile du jour, qui est très artiste dans son répertoire de chansons plus que fin de siècle. Il y a aussi Reschal un comique original qui chante « J'ai perdu ma gigolette » autrement que Mauret de la Scala, Charlus est amusant, MM. Chambot, Velly, ce dernier a une voix comme on en voit rarement à l'Opéra !... Luciani est le meilleur parmi les bons, Mlle Naya a de fort jolies jambes, mais chante faux, de plus, elle n'est pas jolie... Mlle Delmary est une véritable artiste, doublée d'un physique agréable.

M. Marcel, est l'habile régisseur du Concert Parisien.

**Théâtres des Bouffes-du-Nord et Moncey.** — Prochainement, compte-rendu des nouvelles pièces, que M. Abel Ballet montera dans ces deux théâtres.

**Concert du Soleil.** — Ce concert, installé 57, Faubourg du Temple, et dont on parle rarement est bien tenu. On applaudit particulièrement M. Hervier, le régisseur et M. Sylvain. Côté des dames, je ne vois que la semillante Mme Sylvain, vraiment extraordinaire dans ses chansons grivoises.

**Européen.** — Situé rue Biot, dirigé par M. Debasta, l'heureux directeur de l'Horloge, a offert à son public une troupe d'élite, avec des artistes tels que MM. Hyacinthe, Emilien, Léo Bert, Charley, un bon monologuiste et Dherval, qui détaille « l'homme tatoué », avec sa verve habituelle, M. F. Kelm, le régisseur, imite Bruant, d'une façon surprenante; Mme Fonty, prête à ses chansons sa joyeuse humeur. Je n'aime pas Mlle Genève. Mlle Marcena a des grandes qualités.

Charmants lecteurs, charmantes lectrices du joyeux Paris qui Rit, suivez mon conseil, allez à l'Européen, et vous m'en direz des nouvelles.

**Elysée-Montmartre.** — Mardis, jeudis et samedis, grandes fêtes et continuation des danses fin-de-siècle — Orchestre conduit par Dufour.

ALBERT VERSE.

# JEUX D'ESPRIT

## MOTS CARRÉS

Par CORRICOPOULOS MIMOIS

. . . .

. . . .

. . . .

. . . .

Déesse des Egyptiens — Aspect d'un lieu — Adverbe — Synonyme de moitié.

*Solution du problème précédent*

C H A P E
H A N A P
A N C R E
P A R S E
É P É E S

Ont deviné :

Cyprien de Z..., à Belleville — Vas-y-Voir, à Chateau-Gontier — S. Besnol, à Montmorillon — Ibrahim bey, à Héliopolis.

## SPECTACLES DE LA SEMAINE

OPÉRA. — FRANÇAIS. — OPÉRA-COMIQUE. — ODÉON : — Spectacle variable : consulter feuilles quotidiennes.

GYMNASE. — 8 h. 1/4. — Partie gagnée. — Celles qu'on respecte.

VAUDEVILLE. — 8 h. 1/2. — Les paroles restent.

VARIÉTÉS. — 7 h. 3/4. — Premier Paris.

PORTE-SAINT-MARTIN. — 8 h. 1/4. — Le Maître d'Armes.

CHATELET. — 8 h. — Michel Strogoff.

GAITÉ — 8 h. 1/2. — Les Cloches de Corneville.

AMBIGU. — » h. »/» — Les Cadets de la Reine.

PALAIS-ROYAL — 8 h. 1/4. — Une Enquête. — Bébé.

NOUVEAUTÉS. — 8 h. 1/4. — Champignol malgré lui.

FOLIES-DRAMATIQUES. — 8 h. — Le Mari d'Hortense. — Les 28 jours de Clairette.

RENAISSANCE. — 8 h. 1/2. — Jaunard et Vertillon. — Le Brillant Achille.

BOUFFES-PARISIENS. — 8 h. 1/4. — Sainte-Freya.

MENUS-PLAISIRS. — » h. — M. le Moraliste. — Toto.

THÉATRE CLUNY. — 8 h. 3/4. — Disparu ! — La Tournée Ernestin.

DÉJAZET. — 8 h. 1/2. — Ferdinand le Noceur.

CHATEAU-D'EAU. — 8 h. — Les Crochets du Père Martin.

BOUFFES DU NORD. — 8h. — Le Siège de Paris.

THÉATRE MONCEY. — 8 h. — Le Lion Amoureux.

FOLIES-BERGÈRE. — 8 h. 1/2. — Robert-Macaire, pantomime par les Martinetti; « Miss Mabelle Stuart », danse serpentine; Mlle Polaire, chanteuse excentrique. — Dimanches et fêtes, matinées à 2 h. 1/2.

CASINO DE PARIS. — 8 h. 1/2. — Spectacle-concert, bal. — L'Heureuse rencontre, pantomime mêlée de chant.

ELDORADO. — 8 h. 1/2. — Concert. — Spectacle.

SCALA. — 8 h. 1/1. — Concert. — Spectacle.

CONCERT PARISIEN. — 8 h. 1/2. — Concert. — Spectacle.

CIRQUE FERNANDO. — 8 1/2. — Spectacle varié.

*L'Imprimeur-Gérant :* ALPHONSE CARROT.

Imprimerie spéciale du *Paris qui Rit*, 13, faub. Montmartre, Paris.

# LES CHASSEURS DE VIERGES

## Grand roman de mœurs fin-de-siècle, par Emile BLAIN

## A NOS LECTEURS

LES

### CHASSEURS DE VIERGES

paraissent de nouveau sous la haute surveillance d'une administration sérieuse.

Arrêté en plein succès pour des raisons que nous ne redirons pas, cet ouvrage prit fin au 27e fascicule, car il fut publié en petit format, alors qu'aujourd'hui il paraît en livraisons in-4°.

La reprise de l'œuvre était donc difficile; mais l'administration de la

*Bibliothèque Gauloise*

n'hésita pas. En possession désormais du manuscrit entier, elle en connaissait l'importance et l'intérêt. Nul doute que les fascicules parus atteints, les anciens acheteurs des

### CHASSEURS DE VIERGES

ne continuassent à les demander.

Et ils auront raison, c'est tout ce que l'auteur peut leur dire.

Dans ce roman d'une forme toute nouvelle, l'auteur a mis toute son âme, et il croit être parvenu à avoir écrit une œuvre méritoire.

Aujourd'hui, c'est la

### 9me et 10me livraison

que l'on met en vente. Que nos lecteurs anciens qui désireront continuer la lecture de notre roman se tiennent en éveil, à partir de la

### 13me livraison

Car l'auteur qui a fait des coupures et des remaniements, reprend la suite de son roman à la

### 13me livraison

Donc c'est la *13me livraison* des

### CHASSEURS DE VIERGES

qu'il faudra acheter pour avoir la suite juste au moment où l'ancienne édition, petit format a été interrompue.

Les douze premières livraisons in-4° seront alors tenues sous couverture, à la disposition des anciens lecteurs qui nous les demanderont, au prix net de 1 fr. 50, port en plus

Première année, n° 9.        LE NUMÉRO : DIX CENTIMES        Dimanche 4 Décembre 1892.

Principal rédacteur : **Emile BLAIN**

*Collaborateurs :* Jacques D'ALVILLE. — André CARMEN. — MÉPHISTO. — Richard O'STEFIOL. — Marius RÉTY. — Gonzague D'HUBERT. — Edouard ZED. — Paul LUX. — K. STOR. — DICK-D'ING. — BABYLAS. — CARLE-MAX. — PO-PAUL. — FLANOCHARD. — Marcel RÉGINALD.

Black, qui sait sa leçon, dresse les oreilles et attend.        Dis donc, tu dois avoir ma clé.

## CHRONIQUE GAULOISE

La politique, l'affreuse politique, a bien failli, chers lecteurs, et vous, ô charmantes et non moins chères lectrices vous priver de votre chronique accoutumée.

Serpentinette, qui, depuis quelques jours, illumine la revue des « Folichonneries parisiennes » de l'éclat de ses grands yeux bleus et des diamants de son agent de change, avait avant-hier fait bâiller d'admiration les spectateurs, et davantage encore les spectatrices, par l'exhibition de son chapeau de joyeuse commère : un véritable chef-d'œuvre de grâce et d'échafaudage de paille, de plumes, de fleurs et de rubans, pour justifier le refrain de la « Belle Jardinière » qu'elle disait, avec sa verve et sa mutinerie ordinaires, à son entrée en scène.

Or, Serpentinette, en paille comme en hommes, n'a de goût que pour les meilleures choses ; et elle avait eu, l'imprudente ! la malencontreuse idée d'imposer à son directeur le sacrifice, pour sa coiffure, d'une forme en vrai Panama — matière, on le sait, des plus ruineuses entre tous les colifichets trans-océaniens connus — et, comme son précédent historique, le Panama de Serpentinette avait fait la plus grande fureur.

Ce qui lui valut, aussitôt le rideau baissé sur le dernier couplet de la revue, la visite dans sa loge d'un monsieur, ma foi ! — me répéta-t-elle — assez coquettement habillé et la boutonnière ornée, en guise de bouquet, d'un petit attribut en métal doré assez semblable à ceux qu'arborent les commissaires, dans les ventes ou fêtes de charité grand'mondaines.

— Mademoiselle !

— Monsieur !

— Je suis venu...

— Je m'en doute ; — fit Serpentinette, dans son habitude de ces sortes de démarches ; — mais avez-vous demandé l'autorisation de mon directeur ?

— Pourquoi faire ?

— Mais pour votre fête ; je ne vous refuse pas mon concours ; mais il faut l'autorisation ; comme commissaire, voyons, vous savez bien cela.

— Pardon, mademoiselle, mais il y a confusion certainement...

— Pourquoi donc? cet insigne à votre boutonnière...

— Est celui du mandat que mes électeurs m'ont confié, je suis monsieur Populus, mademoiselle, député du Var Inférieur, et viens, au nom de la commission des trente-trois dont je suis membre, vous prier de bien vouloir vous rendre demain au Palais-Bourbon pour nous éclairer sur...

— Sur?

— Cette brûlante question du Panama dont vous portiez tantôt sur la scène si gaillardement le fardeau, qui nous pèse à nous si fort aux épaules..

— Mais monsieur...

— Nous comptons sur vous, mademoiselle, et je dois vous prévenir, tout en espérant ne pas être forcé d'en arriver là, qu'en cas de non réponse à notre appel de votre part, nous serions obligés de vous dépêcher un de nos gardes municipaux de planton.

— Ce sont des beaux hommes, monsieur, et dont la compagnie même n'a jamais rien eu de bien effrayant pour moi; tenez, je me souviens qu'un soir, quand je débutais, au théâtre de Belleville..

— Ah! mademoiselle, veuillez m'excuser; j'aurais eu, il y a un mois, le plus vif désir à entendre votre joyeux récit; mais nous n'avons plus aujourd'hui la tête au rire et si vous le permettez, je vais achever ma nuit à compulser le dossier des révélations qui nous sont arrivées ce matin. A demain, mademoiselle, ne manquez pas!

— J'y serai, monsieur Populus; quoique la perspective de votre planton municipal soit bien tentante à m'encourager au retard.

— Très joli, mademoiselle; mais, je vous l'ai dit, nous ne rigolons plus à la Chambre.

— Et j'ai joliment regretté, va! me dit la rieuse enfant, quand, après deux courses inutiles chez elle pour avoir la copie nécessaire au *Paris qui Rit*, je la retrouvai, sur l'indication de sa bonne, dans le couloir de la commission d'enquête:

— Ah! pour sûr; je regrette bien de ne pas avoir attendu le municipal! Je me serais plus amusée qu'ici! — dit-elle, — voilà 3 heures 1/2 que je pose et j'ai le numéro 1775.

Un huissier appela le 329 et, avec un galbe princier, pria les « numéros » suivants de revenir le lendemain même heure, la commission ne recevant plus personne après le « veinard » qui venait d'entrer.

— Par le mollet de la Goulue! — s'écria ma mignonne collaboratrice exaspérée —rappliquer demain? des navets! c'est l'échéance de mon agent de change.

— Gare au municipal, alors! objectai-je timidement.

— Ah! non, zut! ce ne serait plus mon jour? C'est affreux de faire aller ainsi une petite femme comme moi! Au surplus, ça ne se passera pas comme ça, nous allons bien voir ce qu'en pensera Klauss, le conseiller municipal de mon quartier. Oh! ne fais pas ta moue, ce sera l'affaire d'un instant et je serai toute au *Paris qui Rit*.

Ding! Ding!

— Monsieur Klauss, je vous prie! — demandai-je à la servante qui ouvrait.

— Monsieur est sorti et ne rentrera pas de la journée!...

— Où est-il? que j'aille le trouver! fit, nerveuse, Serpentinette, piétinant de dépit.

— A l'hospice d'aliénés de Charenton, mademoiselle, pour s'assurer en personne si les malades en traitement ont reçu notion convenable des marques extérieures de respect dont ils doivent observer l'exécution en présence d'un représentant de l'édilité parisienne.

— Ce qu'il doit être beau en écharpe! oh! il faut que je m'offre cette attraction-là!

— Monsieur n'a pas pris ses insignes, mademoiselle, l'élu du peuple doit se reconnaître à sa simple physionomie, il est allé à Charenton.

— Le fait est — dit Serpentinette, railleuse à ses heures —que les fous ont parfois de bizarres lucidités.

— Que faudra-t-il dire à Monsieur? Si mademoiselle veut me laisser son nom.

— Dites-lui donc qu'il vienne déjeuner avec moi un de ces jours...

— Chez mademoiselle?...

— Serpentinette! étudiante de quinzième année.

— Déjeuner chez une étudiante, Monsieur Klauss?... ce n'était pas la peine de vous déranger — répliqua sèchement la soubrette, — nous en avons soupé, des étudiants!

Et la porte nous fut fermée au nez.

— Eh bien! et ma chronique? — demandai-je à ma compagne; — allons-nous enfin nous en occuper?

— Oh! je n'ai rien de saillant, mon ami! sinon que Zidler a quitté le Moulin-Rouge.

— Ah! bah! Et que diable mijote-t-il à présent?

— Je le sais, il me l'a confié; mais tu ne le diras à personne...

— Parbleu!

— Eh bien! Zidler va partir à Abomey installer les Montagnes Russes et une succursale du Jardin de Paris.

— Avec la Goulue?

— Oh! non! Elle a peur d'être prise pour une fétiche et qu'on lui laisse la jambe en l'air sur un piédestal. A propos d'Abomey, dis donc.

— Quoi?

— J'ai ma concierge qui voudrait y avoir un bureau de tabac et j'ai pensé qu'avec la protection du *Paris qui Rit*...

Nous renvoyons humblement la demande au Ministère des Finances...

PETIT-CLAUDE.

# CHASSÉ-CROISÉ

A Trouville, les peintres en bâtiment n'ont pas de suite dans les idées.

Ce sont des bipèdes roux, à la barbe rugueuse, tenant à la fois du loup et du phoque — du phoque par les mains — qui siègent entre le cancre et le fumiste, dans l'échelle des êtres, et dont Cuvier a retrouvé les traces initiales dans les limons quaternaires, sur les bords du fleuve Noir, à l'île des Ravageurs.

Je regrette que les lois de mon pays m'interdisent de faire empailler, pour le diriger en cet état vers le musée ethnologique du Trocadéro, celui qu'un trop confiant patron avait chargé de numéroter les appartements de l'hôtel du « Pape et de la Grande-Vergue », celui même où le noble duc Bêtes de la Puroterie s'installa avec sa maison en la période estivale et où il convenait de s'observer plus que partout ailleurs.

Dans cette bâtisse, où ne sont admis que des gens de qualité, l'unité d'enluminure, la persévérance des styles, surtout en matière de plaques indicatrices, devaient en effet se rencontrer, de la cave au grenier, dans une immutabilité d'étoile fixe et une limpidité d'eau de Vals.

On n'est jamais trop complètement renseigné!

Vous allez voir comment le barbouilleur roux de Trouville a réalisé ce désiderata.

Séduit évidemment par le caractère profondément artistique du chiffre romain, il n'avait pas hésité: sur le fond orange de l'écusson qu'ornemente le dessus des portes en cette luxueuse hôtellerie, il y était allé d'un bâton majestueux pour le premier local, de deux bâtons pour le second, et ainsi de suite... jusqu'au quatrième, où il avait changé d'avis et, sans prévenir qui que ce soit, en était revenu modestement aux caractères arabes.

Il arriva ainsi qu'au premier étage, où douze appartements ouvrent sur le même vestibule, rien ne devint plus facile que d'aller cogner au numéro onze croyant avoir affaire au numéro deux, et vice versa, — et que le digne propriétaire de l'immeuble — propriétaire: saluez ce mot et cette institution! — eut beau s'ingénier: instituer dans la journée un service de grooms permanent, allumer la nuit dix cabochons électriques sous de beaux globes bleus cerclés d'or, il ne parvint pas à supprimer le danger des erreurs de direction, si fâcheuses, si grosses de conséquences et dont la gravité émeut l'esprit le moins sagace et le moins réfléchi.

Il avait même été fort loin dans cette voie, notre artiste: au quatrième, sous les toits, aux chambres de bonnes, égrenant sur les portes la suite naturelle des nombres, il en était arrivé au numéro cent. Le nombre l'avait effrayé par sa rondeur bourgeoise, avait alarmé ses susceptibilités d'homme bien né. Il s'était gratté l'oreille. Oh! juste le temps de lâcher les caractères arabes pour en revenir à sa marotte et s'ouvrir d'un grand C, en faveur de la chambre où était dressée son échelle.

Mais un esprit positif lui ayant fait remarquer tout ce que cette lettre isolée présentait de nébuleux et d'incompréhensible, il s'était pris de nouveau à réfléchir; et, sans bruit, il avait fait précéder sa majuscule d'un double V sévère, —autre style dont la discrète esthétique l'avait vivement frappé au cours de son tour de France et dont il avait gardé le souvenir.

Vous voyez que sous les combles de l'hôtel du Pape on peut quelquefois s'amuser et que l'on doit un buste à cet obscur.

Mais notre histoire se passe au premier étage; il serait bon d'y descendre.

Là était le grand traquenard, l'écueil, le perfide panneau où vont se trouver prises en même temps la blonde marquise Paule et la non moins blonde petite baronne Louisa, installées depuis la veille et qui dorment d'un profond somme en attendant leurs maris — qui dorment, parce qu'il s'agit de leurs maris et qu'elles sont lasses.

......

— Savez-vous où nous sommes là? avait demandé la petite marquise à la femme de chambre.

— Au numéro onze, madame.

Même question de la petite baronne à son « chef de clinique. »

— Je l'ignore, madame, c'est Jean qui a fait l'installation.

— Vous auriez dû vous en enquérir. Allez voir.

— Il y a deux un.

— Eh bien! cela fait onze, je suppose.

— C'est ce que je suppose aussi, madame.

— Pourquoi des circonlocutions? Paroles inutiles, cela, ma fille.

Et le soir même, les maris, Edmond et Gontran, reçurent un télégramme ainsi conçu:

« Suis à l'hôtel Pape et Grande-Vergue, numéro onze, au premier. T'attends, m'ennuie déjà. »

— C'est entendu, dit Edmond à Gontran, nous prendrons le train de dix heures vingt. J'irai chercher.

— N'y a-t-il pas un autre train vers minuit? demanda Gontran, impatient de voler vers sa femme.

— Un omnibus; c'est éreintant. On arrive à huit heures du matin.

— Pas de trains commodes sur cette compagnie: dix heures vingt!

— Oui, c'est idiot!

Vers deux heures du matin, les deux voyageurs arrivaient à l'hôtel du Pape.

La route leur avait fait du bien: ils avaient le teint légèrement animé et ne paraissaient plus regretter de s'être confiés au train de dix heures vingt.

Le chemin de fer est décidément une merveilleuse chose. Un gouvernement démocratique ne regrettera jamais d'inscrire cinquante millions à son budget ordinaire pour propager cet outillage de civilisation et de paix. On ne peut, certes, demander aux lignes ferrées plus qu'elles ne peuvent donner, mais de quels bienfaits nous leur sommes redevables!

Le train s'allonge, sifflant et fumant dans la campagne qui dort, par la nuit d'été clémente, pleine d'étoiles, de transparences gaies, de traînées d'ombre mystérieuses sur les champs où rien ne bruit. Des frémissements, des désirs, de soudaines fièvres passent, troublants dans l'air tiède des voitures. La trépidation ardente, la vibration souveraine poussent un sang vigoureux sous la peau qui tressaille; le sommeil fuit, le cerveau s'illusionne et la vie s'accélère; c'est le triomphe de la chair, intense et rayonnant, le coup de briquet allumant l'incendie, le choc d'où jaillit le fulgurant éclair des soirs orageux.

C'est la salutaire influence des milieux.

Et Stéphenson est à demi oublié, dont le bronze devrait s'élever jusqu'au ciel sous un amoncellement d'offrandes féminines!

Le garçon de service s'empressa.

— Inutile, dit Gontran, nous trouverons bien seuls. Vous monterez les bagages demain matin. Cependant, les clés.

— Monsieur sait qu'il a le numéro...

— Nous savons, donnez.

Sur le palier, ils se serrèrent la main. Du premier coup, leurs regards s'étaient portés sur le chiffre qui les intéressait.

— Bonne nuit!

Mais Gontran revint presque aussitôt.

— Dis donc, tu dois avoir ma clé.

— Et toi la mienne, car je m'escrime là sans succès et je fais un tapage...

— Vois donc.

— Ça va: il y avait interversion.

— En effet, se dit Gontran qui, lui aussi, réussit à ouvrir: il y avait en inversion. Heureusement que cela n'a pas dépassé le vestibule.

Chacun ouvrit la porte qu'il croyait sienne, et Gontran entra sans bruit, marchant sur les pointes, retenant son souffle. Ce mari était pétri de prévenances envers sa femme.

— Tiens! se dit-il, en examinant à la lueur de la veilleuse qui éclairait l'antichambre, des vêtements de femme accrochés au mur, tiens, elle a de l'ordre, à présent. De chez?... Worth. J'attends la facture. C'est la troisième de la saison... Ce chapeau?... encore un! Six pour une seule tête! ça finit par devenir agaçant, ces superfétations.

Néanmoins, il ouvrit doucement la porte de la chambre à coucher et se dirigea discrètement vers le lit.

— Elle dort bien... ce ne sont pas les remords qui la travaillent, au moins ; ça fait toujours plaisir. La chère petite... a-t-elle de jolis bras, hein ? Mais on y voit mal, si j'allumais... non, je l'éveillerais : ce serait grossier, sans avoir une justification toute prête. Pourvu que je trouve le cabinet de toilette...

— Oui, c'est moi, ma chérie.

— Bonsoir ! dit une petite voix flûtée, sous les couvertures.

— Bonsoir seulement, comme cela ?

— Oh ! mieux... viens, fit la même petite voix toute voilée de sommeil, émue cette fois.

On ne se dit point autre chose, mais on se serra bien l'un contre l'autre, et ce qu'on avait à se raconter fut exprimé exclusivement et tout au long dans la langue harmonieuse du baiser.

Il est un terme aux meilleures choses : Gontran s'endormit rêvant de beaucoup de lacunes dans sa vie conjugale pour ces rénovations qui laissent au cerveau tout un fourmillement d'astres, douces comme des récompenses.

— Ma parole ! ce n'est pas la même, se disait-il.

— Monsieur ! c'est une indignité !

Gontran, réveillé en sursaut par cette douche exclamatoire, se frotta les yeux, ahuri.

Tout à coup, d'un bond, il se dressa et, stupéfié, momifié, la voix étranglée, les yeux vagues, il se jeta à bas du lit. Il avait l'air absurde.

— Madame ! bégaya-t-il.

— Monsieur de Saint-Clair, vous êtes un misérable !

Gontran s'habilla à la hâte, cherchant à rallier ses esprits, toujours hébété, ayant l'ahurissement tenace ; en fouillant machinalement dans ses poches, il mit la main sur le télégramme qu'il avait reçu la veille.

— Enfin, madame, quel est le numéro de cet appartement ?

— Le numéro onze.

— Eh bien ! voyez ceci...

Il lui tendit le papier.

— Il n'est pas de moi, ce télégramme.

— Lisez...

— « Je suis au numéro onze. » — C'est trop fort.

— Quelle indication avez-vous donnée à Edmond, vous ?

— Mais... la même. C'est stupéfiant !

— Alors, sacré tonnerre ! il est chez ma femme !

— Il me semble que vous êtes chez la sienne.

Et tout cela lui sembla si drôle, que Paule — c'était Paule — sentit d'un seul coup tomber sa colère.

Cette judicieuse remarque arrêta Gontran, dont le rire perdit un peu de sa couleur jonquille.

— C'est à n'y rien comprendre... Comment cela est-il arrivé ?

— Ça y est, voilà qui est sûr. Vous êtes inquiet des suites... Tirez-vous de là, cela vous regarde. Quant à moi, je n'ai plus la force de vous en vouloir. Je suis désarmée... vengée, c'est probable. Puis ce n'est pas notre faute, n'est-ce pas ?... Mais il m'importe : il doit être tard, et... vous comprenez...

— Vous désirez que je me retire.

— Précisément.

— Vous me permettrez au moins de vous serrer la main.

— Si cela peut vous faire du bien...

Pareille scène et pareil échange d'explications avaient eu lieu chez la petite baronne Louise. De sorte que, lorsque Gontran sortit de chez Paule, la première personne qu'il aperçut fut Edmond.

Très gênés, ils ne savaient quelle contenance tenir.

Enfin, Gontran aborda son ami.

— Quelle histoire !... que signifie ?

— Qu'il y a dans la maison deux numéros onze... C'est simple.

— Mieux que cela.

— Oui, parce que nous voici obligés de nous battre...

— Tu crois ?

— Je pense.

— Je suis à ta disposition, dit Gontran ; mais il me semble qu'un duel en la circonstance serait le comble de l'absurde, tout bonnement. — Ce qu'on en rirait...

— Eh bien ! alors, quoi ?

— Je ne sais.

— Allons chercher des idées sur la plage : on est à l'étroit, ici.

Le résultat de la conférence fut qu'on n'en découdrait pas cette fois-ci et que si aucun rentrerait chez sa femme serait la meilleure posture possible.

— C'est égal, fit Edmond, tu aurais bien pu l'apercevoir tout de suite de la méprise.

— Et toi ?

Le bon Edmond ainsi cloué fit, un quart d'heure après, sa réapparition chez sa femme.

---

— Vous êtes joli garçon, vous.

— Je...

— C'est bien, n'y revenez plus... sans cela...

— Sans cela ?

— Je ne réponds plus de rien.

— Alors ?... questionna Edmond, qui se reprenait, rayonnant, à l'espérance.

— Il est heureux que j'aie, à temps, reconnu l'erreur. Mais c'est tout juste, tu sais...

— Vrai ?

— Tiens..

— Veux-tu que je t'embrasse ?

— Et... à côté ?

— A temps aussi...

Au déjeuner, les deux amis, tout à fait revenus de leur alerte, échangeaient une large poignée de main. Ils étaient pleins l'un pour l'autre, ces bons jobards, convaincus, chacun, de leur triomphe exclusif, et d'une compassion infinie ; un peu plus et ils s'embrassaient.

— Pauvre garçon ! se disait Edmond, charmante nature au fond, une femme si délicieuse, si pleine de bon vouloir et d'entrain, si divinement blonde.

— Pauvre garçon ! se disait de son côté Gontran, une femme si bien douée, si parfaite.. que de suavité, de souplesse, d'imprévu, que de gloire et aussi que de montant, Seigneur !...

EDOUARD ZED.

---

**Nous rappelons aux personnes qui ont entre les mains les premières séries de l'ancienne édition petit format des « Chasseurs de Vierges », le si pathétique roman d'Emile BLAIN, qu'elles trouveront la suite qu'elles en attendent, dans la 13ᵉ livraison de l'édition nouvelle qui paraîtra irrévocablement le vendredi 9 décembre prochain, et dont le complet achèvement de publication est assuré, car nous sommes en possession de tout le manuscrit de l'Auteur, qui a remanié son œuvre avec le plus grand soin.**

---

# Vingt Jours de plaisir dans la Capitale

Le soir même, Carle-Max emmenait le jeune Dubassin aux Folichonneries de Lutèce, un théâtre de genre, situé non loin des grands boulevards et où le directeur Finmuso, un Italien naturalisé, cultivait à la fois le grand art et les... mollets des demoiselles de son corps de ballet ; mollets souvent garnis dont certains avaient vaillamment enlevé, dans les moments critiques, la commandite de la rédemption.

— Vous allez voir, mon cher, les types les plus curieux de Paris, hommes et femmes, dont, en province, on ne saurait se faire la plus légère idée.

— Les actrice sont de loin de fort attrayantes personnes — objecta Philoctète, toujours gourmand — mais c'est de près surtout que je les voudrais étudier.

— C'est justement à cette étude que je vous mène, mon ami ; Finmuso, qui rêve de se gagner la bienveillance du *Paris qui Rit*, a donné des ordres pour qu'on nous laissât circuler librement partout.

— Aussi dans les coulisses ?

— Et même dans les loges de ces dames, bouillant Philoctète ! Mais le cocher s'arrête, nous voici arrivés devant l'entrée des artistes, descendez donc et suivez-moi.

Et ils s'engouffrèrent tous deux dans un long et étroit corridor à peine éclairé par deux lampes charbonneuses, bousculés dans l'ombre par une nuée de petites femmes qui venaient, à la sortie de l'atelier, figurer sur la scène pour essayer d'attraper à leur tour le lanceur qui traversait leur sommeil en songes dorés.

Puis, entrant dans une cabine à côté de la porte de fer de la scène, Carle-Max présenta Philoctète à l'imposant Finmuso !

— Ah bien ! fit-celui-ci, vous tombez rudement mal si vous êtes venus pour vous amuser !

— Comment cela ? cher ami ; demanda Carle-Max, qui échangea une poignée de main avec l'impresario.

— Je vais être forcé de faire relâche. Cyprien, vous savez, mon clown qui joue l'accordeur de l'orgue de la Tour Eiffel, me télégraphie qu'il a une extinction de jambes et qu'il lui est impossible de faire ses cabrioles accoutumées. Or, comme il est le clou de la pièce, pas moyen de lever le rideau sans lui.

— Satané guignon, va ! ajouta, rageur, l'irrité Finmuso. Il n'y a qu'à moi que cela arrive ! Juste un jour où les deux tiers de la salle sont occupés par des billets donnés ? Ce qu'ils vont m'arranger demain dans

---

les journaux ! Je vous demande bien pardon, Messieurs, mais il vous faudra revenir un de ces jours. Je vais dire à mon régisseur de faire l'annonce de rigueur !

— Arrêtez, Finmuso ! s'écria Carle-Max qui, on l'a vu, était l'homme né des périlleuses situations.

— Pourquoi ça ? connaîtriez-vous...

— Est-ce qu'il est long, le rôle de Cyprien ?

— Pas un mot, deux culbutes au second tableau, une cabriole au cinquième, et se laisser enlever au dernier par une corde qui vient du cintre. J'avais offert deux louis de cachet pour dénicher un remplaçant, mais personne n'a voulu accepter, à cause du chef-machiniste qui est sujet à caution. Satané guignon !

— Bénissez le sort qui nous a amenés ici ce soir, Finmuso ; et ne blasphémez plus ! M. Dubassin, que voilà, va sauver le tiers solide de votre recette de ce soir.

— Mais saura-t-il ?

— Rassurez-vous, en fait de culbutes et de cabrioles, Dubassin n'a pas son pareil ! Quant à la corde, c'est à lui de se prononcer.

— Oh ! la corde, après tout, je m'en... fiche ! répliqua le matois Finmuso, on la coupera, il sera trop tard pour rendre l'argent ! Je cours dire qu'on vous prépare le costume de Cyprien.

— Dites donc, vous ne vous gênez pas, Carle-Max, lui dit Philoctète, dès qu'ils furent seuls, me déguiser ainsi en acrobate d'occasion !

Du diable, si je saurai jamais comment tenir mes bras et mes jambes quand je serai en face du public.

— Ça vous vaudra des effets comiques qui vous assureront un effet colossal.

— Grand merci ! j'aime mieux m'en aller... si j'avais su...

— Ingrat !

— Plaît-il ?

— Au lieu de me remercier de vous procurer le bonheur que plus d'un membre du Jockey Club paierait de plusieurs années de ses revenus...

— Quoi donc ! monter à la corde ?

— Non, profane ! Tenir dans les bras la taille ravissante de Miss Aïnéa qui sera votre camarade de gymnastique, Aïnéa l'étoile, Aïnéa qui amène tout Paris chez Finmuso.

— Ah ! vraiment, je la tiendrai dans mes bras ?

— Tout le temps de la pièce, mon ami !

— Carle-Max, je vous prie de me pardonner ma mauvaise humeur de tantôt, je reconnais mon ingratitude abominable et...

Finmuso qui rentrait avec le costume coupa net les excuses du jeune Dubassin.

— Là ! ça y est ! j'ai fait annoncer aux spectateurs le début d'un amateur du cirque Molier et je crois que vous allez avoir une « entrée » comme on en voit peu.

— Tenez ! dans le coin, l'apercevez-vous ? demandait un instant après Carle-Max à Philoctète — Cyprien-Clown qui attendait que le conducteur de la pièce le poussât en scène.

— Où ça ? répondit le jeune Dubassin, se cognant dans un châssis qu'on déployait à coté d'eux.

— Pas par là ! de ce côté-ci ; un vieux monsieur décoré lui parle. C'est la radieuse Aïnéa ! Venez, je vais vous présenter à elle.

— Mademoiselle...

— Monsieur !

— Aïnéa, fit solennellement Carle-Max, je vous présente un noble descendant des Princes du Congo qui, brûlant de vous enlacer sans que vous vous en lassiez...

— Carle-Max, je vais prier Benoît, le régisseur, de vous faire jeter à la porte ; vous savez bien que les calembours sont réservés ici aux auteurs ; il n'en ont pas trop pour qu'on les leur prenne !

— Soit ! j'abrège ! je vous présente votre compagnon de corde pour ce soir.

Ah ! vous êtes bien aimable, monsieur ! fit l'étoile, en tendant sa main fuselée et mignonne à Philoctète, — sans vous en douter, vous me rendez un réel service, j'avais un trac, figurez-vous, qu'on ne jouât pas aujourd'hui !...

— Pourquoi donc ?

— Le directeur des Funambules de Pernambuco est venu exprès pour me voir avant de m'engager et vous comprenez combien je vous suis reconnaissante de ne pas me faire manquer une aussi superbe affaire.

— Philoctète, mon bel ami ! — lui souffla à l'oreille, Carle-Max — voilà un engagement qui vous méritera, si vous savez vous y prendre, des honoraires assez séduisants.

— Vous dites encore une monstruosité, au moins, demanda la charmante Aïnéa à notre ami

— Monstruosité, au contraire, ma belle ! car c'est de vous qu'il s'agissait, — répondit celui-ci s'avançant pour surprendre une privauté.

— Trop tard, goulu — fit en riant l'actrice prenant le bras de Dubassin — Je n'ai plus de corde à donner.

Enfin, le moment arriva où Philoctète-Cyprien dut, au son d'une polka enragée, sauter en cabriolant devant la rampe étincelante de clarté.

Anxieux, Finmuso, les régisseurs et ceux des artistes qui n'étaient pas en scène, haletaient, l'œil vissé aux fissures du marouflage des décors ; de crainte d'un four colossal qui aurait compromis toute la soirée et, aussi pris de quelque intérêt pour le jeune Dubassin qui, par son acte courageux de bon garçon, sauvait avec la recette les à-comptes que plus d'un irait demander le lendemain à la caisse de Finmuso.

Mais comme toujours Carle-Max avait été bon prophète, l'ignorance scénique et le trouble de Philoctète lui donnaient une allure si gauchement exhilarante qu'il fit éclater la salle d'un accès d'irrésistible gaîté ! Jamais Cyprien n'avait eu un pareil effet !

Puis, comme un conscrit au premier feu, le jeune Dubassin se grisa peu à peu de l'éclat des lampes électriques, de la chaleur qui venait de la salle, du tapage des cuivres de l'orchestre, et il en arriva à faire des cabrioles insensées.

Quand miss Aïnéa survint pour lui donner sa réplique, Dubassin toucha au délire, la cervelle incendiée de sa radieuse beauté !

Elle était, de fait, adorable et irritante à l'excès sous le rayon brillant de la projection lumineuse qui l'enveloppait et, gagnée, elle aussi, par la sympathie communicative de Philoctète, l'encourageait de son plus capiteux sourire.

Et tous deux, en vrais fous, s'élancèrent en franchissant les plans divers du théâtre dans des bonds d'un élan inouï.

Des fleurs jonchaient toute la scène, lancés de tous côtés à la splendide Aïnéa qui gracieusement en décorait son partenaire improvisé.

Ce fut sur une triple salve de bravos que se baissa la toile, après ce deuxième tableau ; et si le futur beau-papa de Philoctète avait été là, il aurait certainement eu remords des doutes qu'il avait émis sur l'élasticité de caractère de son futur gendre !

L'entr'acte se passa pour le jeune Dubassin dans la loge de la sémillante Aïnéa, à boire du champagne et à flirter de la plus audacieuse façon, sous l'œil paternel du directeur Finmuso, lequel ne parlait de rien moins que de résilier le vrai Cyprien pour s'attacher son remplaçant qui certainement pouvait conduire la pièce à une durée inconnue aux plus légendaires succès.

Philoctète nageait dans la joie la plus ineffable ; Aïnéa venait de lui indiquer tout bas l'heure à laquelle on pouvait la rencontrer au logis et précisément on ne l'y trouvait qu'après le spectacle de chaque soir.

Comme il cherchait Carle-Max pour le remercier de la galante aubaine qu'il lui avait procurée, il ne le découvrit nulle part ; mais une habilleuse le renseigna.

Notre ami, au nom du *Paris qui Rit*, interviewait la grande coquette de la maison sur la nouvelle pièce dont on avait fait la lecture au foyer dans l'après-midi et pour qu'aucune indiscrétion ne pénétrât au dehors, il avait tiré le verrou de la loge où cette demoiselle s'habillait.

La soirée s'acheva sur la même gamme brillante ! Philoctète-Cyprien montrait une agilité surprenante, s'accroissant à chaque culbute, dans son gymnastique duo avec Aïnéa et restait sourd aux agaceries des petits rôles et des figurantes qui venaient se frôler à lui comme après un fétiche de succès.

Seuls, les hommes, jaloux de ces applaudissements qu'il accaparait, lui tendaient les pièges ordinaires aux débutants : trappes ouvertes brusquement où il aurait dégringolé, portants avancés en pleine poitrine qui l'auraient suffoqué, sans Aïnéa qui veillait sur lui comme sur l'ange gardien de l'engagement américain qu'elle convoitait et qui, s'il lui fût arrivé une débâcle quelconque, aurait sombré dans la chute de Dubassin.

Il fallait qu'il fût bon jusqu'à la corde du dernier tableau et ce fut pour tous deux le triomphe le plus complet, Finmuso dirigeant lui-même la manœuvre pour éviter une bévue du chef machiniste qui était coutumier d'erreur !

Le jeune Dubassin, en Amour, enlaçait, en l'air, dans ses bras, Vénus-Aphrodite Aïnéa et l'on sentait s'échapper de lui une telle conviction que Sarcey lui-même, qui était dans la salle, fut émerveillé et le lendemain écrivait dans son feuilleton que « la scène n'était plus à faire ».

Aussi, en rentrant dans sa loge, Aïnéa qui trouva devant sa glace l'engagement signé de l'impressario des Funambules de Pernambuco, sautait-elle au cou du jeune Dubassin radieux, en lui disant :

— Oh ! toi ! tu sais, je ne te lâche plus ce soir ! Il faut que je te présente à maman ! et se hâtant de se dégrimer, elle quitta le théâtre avec lui, s'appuyant frénétiquement à son bras.

Carle-Max n'avait sans doute pas achevé non plus d'interviewer la grande Coquette, car ils se trouvaient tous quatre, une demi-heure plus tard, réunis dans un cabinet particulier de chez Brébant, devant un buisson d'apéritives écrevisses ; puis, comme dit la chanson, chacun s'en fut chez... la chacune de son choix, légèrement grisé de succès et de veuve Cliquot !

Et le lendemain, comme Carle-Max demandait à son protégé, en prenant l'absinthe du déjeuner :

— Eh bien ! Dubassin de mon âme, j'espère que vous n'allez pas vous plaindre aujourd'hui...

— Non certes ; Aïnéa était une divine enfant, mais...

— Mais ?

— Elle m'a fait passer la nuit à lire les articles de journaux parus jusqu'à ce jour sur elle, et moi...

— Plaît-il ?

— C'est drôle ! je n'aurais jamais cru que ce fût une si grande vérité, quand on m'assurait autrefois...

— Quoi ?

— Que les comiques les plus amusants sur les planches, étaient d'une décevante tristesse dans l'intimité.

*(La suite au prochain numéro).*

# L'Envoûtement

Sachez d'abord, chers lecteurs que MM. Alexandre Dumas père et Auguste Maquet sont les auteurs d'un drame bien noir intitulé : *La Reine Margot*. Dans cette pièce, il est question de deux personnages d'importance, nommés La Môle et Annibal de Cocomas, que la reine Catherine de Médicis fait condamner à mort pour crime d'envoûtement...

Eh bien ! ce n'est pas de cet envoûtement-là que je veux vous entretenir, mais d'un autre, bien plus palpitant d'intérêt à cause de son actualité. Du reste, vous allez vous en rendre compte. Mais auparavant je crois devoir vous gratifier de quelques petits renseignements sur cette pratique renouvelée du moyen-âge.

Le journal scientifique le *Cosmos* a publié dans le courant de la présente année de grâce, et sous la signature de M. de Rochas, une étude sur l' « extériorisation des individus ».

À première vue, cette formule ne vous dit pas grand'chose, n'est-ce pas ? à moi non plus. Mais vous allez voir. *Extérioriser* un sujet, cela signifie, paraît-il, rendre son image aussi sensible que lui-même. Ainsi, par exemple, si vous avez la photographie de quelqu'un, et que vous laissiez tomber votre poing fermé sur la partie qui représente le visage, vous pouvez être certain, si le sujet a été *extériorisé*, qu'il aura sur le champ au moins un œil au beurre noir...

Hein ! voilà quelque chose de simple, de pratique et de peu dispendieux ! ça met la vengeance à la portée de tous les courages et de toutes les bourses, et ça laisse loin derrière soi les petites marmites de mes confrères anarchistes !

Seulement il ne faut pas oublier que le sujet a dû être *extériorisé*, sans cela, c'est un four !

Maintenant que vous êtes fixés sur ce point, rappelez-vous aussi, que le docteur Brown-Séquard a découvert que le. — comment dirais-je ? — enfin que le... ce que vous voudrez de lapin, jouit d'une propriété de fécondation incomparable.

Si vous tenez compte de ces renseignements, vous êtes tout préparés pour comprendre l'histoire que je vais vous narrer incontinent.

Modeste Pompamiel avait trente ans et dix-huit cents francs de rentes lorsqu'il lui passa par la tête l'idée qu'il possédait toutes les qualités acquises pour faire un époux accompli. Nous devons à la vérité de dire que cette idée lui était venue un matin, en rencontrant dans l'escalier de son immeuble la jeune Virginie Présalé qui revenait de chercher six sous de tabac en carotte pour sa mère atteinte d'une violente rage de dents.

À peine rentré chez lui, Pompamiel, tira des plans pour faire sa déclaration à la belle enfant. Mais, entre temps, il s'enquit aussi de la situation pécuniaire de la famille Présalé. C'est ainsi qu'il apprit que Présalé, un ancien sapeur de la garde, était devenu mort en laissant à sa veuve la jeune Virginie et une cinquantaine de mille francs gagnés honnêtement dans le commerce des boules de son *rabian*.

Dès ce moment, Modeste n'eut plus qu'un vœu : faire le bonheur de mademoiselle Présalé... et empocher les cinquante mille balles que sa mère ne pouvait manquer de lui donner en dot.

Il alla au Temple, se paya un complet d'occasion et se présenta chez la mère Présalé.

Celle-ci, une grosse maman entre deux âges, l'accueillit assez bien, lui trouva même l'air assez distingué, et, comme elle apprêtait justement une fricassée d'escargots aux framboises, le retint pour dîner.

Trois semaines après la belle Virginie s'appelait madame Pompamiel gros comme le bras.

Seulement, il était un point sur lequel la mère Présalé avait été intraitable : celui qui touchait à la dot.

— Ah ! pour ça non, mon petit ! vous en mangeriez plus que de m...élasse ! je garde ma belle et bonne galette !

Puis elle avait ajouté, pour ne pas fendre l'âme de son gendre à coups de désespoir :

— Qué que ça fait, après tout ! c'est de l'argent qui vous reviendra à mon décédement !

Modeste, le cœur bien gros, était parti avec sa femme sous le bras, se disant à part lui :

— Eh ben, ma veille, tu sais, j'te garde un chien de ma chienne !

. . . . . . . . . . . . . . . . . .

On comprendra que ce premier incident n'avait pas été fait pour tresser des liens d'amitié bien solides entre Pompamiel et sa belle-mère. Disons aussi que celle-ci vous avait un caractère pointu qui ne pouvait qu'envenimer les relations.

Bref, il n'y avait pas encore huit jours que le mariage avait eu lieu, que déjà la mère Présalé et son gendre étaient les plus grands ennemis de toute la rue Maubuée.

C'est alors que la fameuse découverte de M. de Rochas fut communiquée aux lecteurs du *Cosmos*. En sa qualité d'abonné à ce journal, Modeste en eut connaissance, et, immédiatement une réflexion méphistophélique se fit dans son intellect.

Le lendemain, il se rendit chez sa belle-mère et lui tint à peu près ce langage :

— Belle maman, vous savez quelle amitié immodérée j'éprouve pour votre excellente personne ? je souffre de n'avoir pas constamment votre image sous les yeux.. Quoi que vous disiez si je vous offrais de vous faire faire votre portrait ?

Vous dire que la mère Présalé ne fut pas complètement épatée de cette proposition serait aller un peu trop loin, et vous ne me croiriez pas...

Cependant elle répondit :

— Moi, je veux bien ; mais vous savez, je suis gênée ces jours-ci, et jusqu'à la fin du trimestre.

— Oh ! qu'à cela ne tienne, belle maman, c'est moi qui paierai le photographe...

— Alors, allons-y gaîment !

Aussitôt que Pompamiel fut en possession du bienheureux portrait, il s'occupa de l'extériorisation, suivant la méthode de M. de Rochas — méthode que je ne vous dévoilerai pas, car je ne veux pas me rendre complice de la série de crimes que cette divulgation ne manquerait pas d'avoir fait commettre.

Quand ce fut fait, il alla dans la cuisine, où Virginie apprêtait le repas du soir, saisit un énorme couteau et se retira dans son cabinet de travail, en ayant soin de pousser le verrou de la porte derrière lui.

Puis il s'assit dans son fauteuil, tenant d'une main le fatal couteau et de l'autre la photographie de sa belle-mère...

À ce moment terrible, une foule de pensées s'agitèrent dans son cerveau. Il réfléchit durant quelques minutes, et relut le texte du *Cosmos* à haute voix :

— « Une fois le sujet extériorisé si l'on frappe la photographie, c'est la personne qu'elle représente qui est blessée... »

Il réfléchit encore.

Enfin, d'un ton résolu, il s'écria, en élevant son couteau :

— Je vais la frapper au cœur... Elle en mourra, la bougresse ! nous serons bien débarrassés, et, du même coup, nous hériterons des cinquante mille balles !

Et avec une rage folle, il enfonça la pointe de son couteau dans la malheureuse carte-album..

— Tiens ! tiens ! vlan ! encore !

Dame ! quand on voit rouge, n'est-ce pas ?...

. . . . . . . . . . . . . . . . . . . . . . . . . . . . . . .

Le lendemain, l'assassin n'osa pas sortir de chez lui. Il se disait :

— La concierge doit être étonnée de ne pas l'avoir vue descendre... son cadavre doit commencer à fouetter maintenant ! c'est égal, je vais manger un sacré morceau de pain et de fromage à la sortie du cimetière !

Tout à coup il tressaillit...

La sonnette de l'appartement venait de tinter. Ce fut Virginie qui alla ouvrir.

— Bonjour maman ! dit celle-ci.

Pompaniel faillit tomber à la renverse...

Elle n'était donc pas morte, la canaille ?...

Hélas, non !

Et le plus triste, c'est que Modeste n'héritera pas intégralement des cinquante mille francs, car... — avonons-le ! — madame Présalé vient d'accoucher de deux gros garçons...

Mon Dieu, oui !

Dans sa fureur, ce n'était pas au cœur que Pompaniel avait frappé... Et, comble de déveine ! le couteau dont il s'était servi venait d'être employé par Virginie pour découper un lapin...

MARIUS RETY.

# PARIS QUI AIME

## HISTOIRES D'AMOUR

## Black

*À Hélène Suchet.*

### I

Lorsqu'elle fut de retour de la triste, oh ! si triste cérémonie ! que sa voiture aux lanternes encore enveloppées d'un crêpe noir l'eut déposée devant la porte de *l'aimoir*, de la garçonnière de l'ami qu'elle avait accompagné tout à l'heure, jusqu'au bord du grand trou d'où l'on ne revient pas, enfermé, rigide, froid, dans la caisse lugubre où il lui semblait qu'on avait scellé avec l'être aimé, son cœur, son âme, toute elle, Yvonne se hâta dans l'escalier, fébrilement fit jouer la clef dans la serrure de la porte, se précipita, tout de suite, en coup de vent, dans la chambre, où elle venait chercher les débris de ce qui fut son bonheur, les choses apportées une à une, à chaque rendez-vous, oubliées, les souvenirs qu'elle voulait garder ainsi que de lamentables reliques, et s'affala, désâmée, haletante, sanglotante, angoissée, sur un canapé.

O cette funèbre et suprême visite, cette halte dans ce décor plein de leur amour, dans ce *plus jamais* qui comme un glas lui sonnait au cœur, la brisait, venait de la jeter, éperdue, sans forces, parmi les coussins de ce divan d'où elle voyait le lit où ils s'étaient aimés à la folie, embrassés de lèvres défaillantes, l'endroit précis où pour la première fois elle s'était donnée tout entière, où elle l'avait tenu emprisonné dans ses bras, entendu lui dire des mots si tendres, si extasiants, où elle l'avait, elle aussi, possédé, lui, cet amant si passionné, baisé si souvent sur ses yeux si doux, si clairs, et, aujourd'hui, clos pour l'éternel sommeil.

Et tous ces meubles, qui avaient été leurs complices ! qui survivaient, eux, à ce désastre, à cette fin, semblant attendre leur retour ! Oh ! pourquoi son cœur ne se rompait-il pas, pourquoi quelque coup terrible, foudroyant, ne le jetait-il pas au milieu d'eux, terrassée, annihilée, morte ! au milieu d'eux qui semblaient lui parler, l'appeler, l'entouraient d'un murmure plaintif d'adieux, et qui s'en iraient, Dieu sait où ?

Oui, où irait échouer la petite table si étroite, où ils se serraient l'un contre l'autre, s'embrassaient tant de fois, mangeaient si peu ?

Où, ces glaces qui si souvent avaient reflété leurs enlacements, leurs figures fatiguées, meurtries par les heures d'amour ?

Où, ce piano devant lequel elle s'asseyait, et là, s'accompagnait un des airs sensuels, mélancoliques qu'ils aimaient et qui les revivifiaient ?

O ces pensées qui l'assaillaient, la dévastaient, l'achevaient !

Enfin, elle se ressaisit.

Elle se leva, jeta pêle-mêle dans un petit sac de voyage les chemises si jolies, si attirantes, son peignoir de crêpe rose, les menus objets de toilette, les photographies qui traînaient sur la cheminée, inutiles, presque dérisoires, le dernier bouquet de boutonnière des chrysanthèmes, qu'il avait arraché de son habit, un soir, en revenant de l'Opéra, jeté sur le tapis, et qu'on avait oublié de balayer.

Le jour baissait.

Yvonne, son sac à la main, allait quitter pour toujours cette maison où à chaque pas un souvenir nouveau lui arrachait une parcelle du cœur, lorsque, sur le seuil, elle se retourna, et étendant la main droite, prononça :

— Edgard, je jure de te rester fidèle à jamais !...

Et, rapide, elle s'enfuit.

Au dehors, entre le ciel gris et les branches noires, des flocons errants de neige tourbillonnaient, avant de se poser partout en un immense amoncellement blanc.

### II

Black est un joli chien noir à la puissante mâchoire, aux crocs terribles.

Depuis tantôt deux mois, l'intelligente bête est dressée à protéger sa maîtresse contre les entreprises trop osées des nombreux postulants à la succession d'Edgard.

Yvonne, dans sa volonté ferme de tenir le serment de fidélité qu'elle fit à Edgar, a choisi Black comme garde du corps, et Yvonne se méfie autant d'elle-même que de ses adorateurs.

La chair est faible, pense-t-elle, et un jour, peut-être bientôt, elle succombera à la tentation. Et qui la défendra contre les exigences de ses sens, dans un moment d'oubli, de folie, de passion ?

Ce sera Black.

Un mannequin a été construit : c'est un homme en chemise.

Il fait nuit. Seule, la petite veilleuse suspendue au plafond jette, dans la chambre, un mince filet de lumière à travers un globe bleuté.

Yvonne prend le mannequin en ses bras.

Black, qui sait sa leçon, dresse les oreilles et attend.

Un petit cri, puis un autre — est-ce une plainte, est-ce une joie ? — C'est le signal. — Un bond, un coup de dent, et Black revient avec, à la gueule, un lambeau de chemise du mannequin.

Et maintenant, messieurs les séducteurs, allez vous y faire mordre !... Vous pouvez venir ; on vous attend.

### III

Ce qui vient, un matin, c'est un fait divers, dans un journal :

Le banquier Israël a pris le rapide de Bruxelles. Sa caisse, en fidèle campagne, l'a suivi.

Pour vous, peut-être, pour moi, assurément, cela importe peu.

Pour Yvonne, c'est la ruine, c'est la misère, absolue, inéluctable.

Toute sa petite fortune, tout ce qu'Edgard lui a laissé, en amant soucieux de l'existence de la bien-aimée, détruit, disparu, envolé avec le voleur.

C'est un cataclysme, un effondrement.

Lorsqu'Yvonne aura vendu ses bijoux, ses chevaux, ses meubles, elle pourra encore vivre quelque temps.

Et puis ?

Elle travaillera ? Mais de quel métier ?

Ses petites menottes de patricienne, si blanches, si effilées avec, au bout, de ses petits ongles si roses, vont-elles donc se mettre à tirer l'aiguille ? Ses pieds si mignons qu'il semblerait que seule la pantoufle du conte féérique enfantin les pourrait chausser, vont-ils donc s'énerver sur la pédale d'une machine ? Ses grands yeux si bleus, si pétillants, vont-ils donc se rougir à la clarté douteuse d'une lampe fumeuse durant les longues veillées d'hiver !

Non, non ! Edgard lui-même ne le permettrait pas, et si de sa demeure dernière il peut voir et juger Yvonne, il pardonnera.

Yvonne en est certaine. Et c'est pourquoi Yvonne sera traîtresse à son serment, infidèle, pour vivre, prendra un amant.

Et pour bien prouver que le cœur n'est pour rien dans son parjure, cet amant sera riche, très riche, le plus riche parmi ses nombreux adorateurs.

### IV

Emma, tremblante à la pensée que tout à l'heure elle sera dans les bras d'un autre, subira ses caresses, sera obligée, — car elle n'a pas d'amour au cœur, — de jouer la comédie de l'amour, Yvonne s'est coulée prestement dans son lit, pendant que le jeune vicomte Oscar fait en hâte sa toilette de nuit à la lueur de la petite veilleuse au globe bleuté.

Comme à l'ordinaire, Black, oublié par sa maîtresse, s'est couché, en rond, la tête entre son arrière-train, sur un fauteuil, près de la cheminée.

Dort-il, Black ? Peut-être. En tout cas point il ne bouge, et rien, pas même son souffle, ne recèle sa présence.

Mais soudain, de l'alcôve, un cri part, plus douloureux, semble-t-il, plus long, plus pleureur, plus plaintif.

Un hurlement, d'abord, puis un blasphème.

Un ouragan, une avalanche.

Black est sur le lit, et c'est lui qui a hurlé.

C'est Oscar qui a blasphémé.

Pendant un moment, sur le lit, c'est comme un fouillis inextricable de blancheurs d'où émerge, par sursauts, la masse noire qui est Black.

Black qui n'a pas oublié la leçon, Black le garde du corps qui ne connaît que la consigne.

### V

Dès le lendemain, Black fut attaché toutes les nuits dans la niche qu'on lui fit aussitôt préparer.

O fidélité des chiens !

O traîtrise des femmes !

# LE SECRET DE LA CONFESSION

Curieuse ? Ah ! certes, elle l'était ; comme Ève ou Monsieur Goron.

Mutine, espiègle, alerte comme un écureuil, bavarde comme un sansonnet, elle avait été le souci cuisant des dames auxiliatrices, chez lesquelles elle s'était armée, avec ses égales de race, du bagage nécessaire à la vie grand'mondaine qui l'attendait, au sortir de leur pieuse maison.

Musique, dessin, danse, anglais, italien, teinte légère des classiques et des auteurs sacrés, principes éclairés de tolérante religion, code cérémonial de la meilleure compagnie ; elle avait tout appris avec une dévorante ardeur !

Elle avait même approfondi, au désespoir des saintes femmes qui la dirigeaient, certains mystères, tenus jusqu'alors par elles loin de la portée des candides brebis de leur troupeau, se faufilant en cachette, la nuit à travers les sombres couloirs, l'oreille collée aux fissures des portes et l'œil interrogeant le trou des serrures fermées.

Que de mignons secrets découverts dans ces nocturnes pérégrinations !

Le goût de ma Sœur Saint-L... pour les enluminures grivoises de Caran-d'Ache et les diableries du Pierrot de Villette, dont elle se régalait dans sa cellule, à la lueur de sa lampe, quand tout dormait alentour.

Le champagne que Madame la Supérieure dégustait avec la Sœur Économe, vers onze heures du soir, pour célébrer la divinité sous les espèces de son meilleur vin.

La tête de modiste que la Lingère disposait avec soin sur son oreiller, afin que la surveillante de service ne s'aperçût pas, à l'heure de sa ronde, en regardant par le judas réglementaire, de l'absence souvent renouvelée de la vagabonde partie on ne savait où.

Où ? Isabelle de Mésange aurait bien voulu le savoir ; mais si la lourde porte d'entrée avait pour la lingère des complaisances d'entre-bâillement ; pour l'élève, elle demeurait infranchissable et d'une exaspérante claustration.

Non qu'Isabelle fût poussée par vicieux instinct ou précoce sensualité ! oh ! non pas ! c'était par désir uniquement de savoir ce qui se passait, se tramait, se disait autour d'elle ; sans plus.

Quand elle épousa son cousin, Louis de Tour-Neuve, elle était demeurée chaste autant qu'il est permis à pensionnaire d'un aussi saint établissement ; et c'avait été encore par pure curiosité de connaître ce que son fiancé cachait dans la profondeur des regards brûlants dont il l'enveloppait, alors que la rigidité maternelle leur laissait quelques secondes de tête à tête, au cours du stage ordinaire des accordailles de grand ton.

Puis, ce fut par curiosité pure également, que devenue comtesse de Tour-Neuve, elle avait, pendant les voyages que faisait en Beauce son mari, propriétaire de cultures à surveiller, ce fut par simple curiosité qu'avec sa camériste Suzette, elle avait été entendre Bruant ; Sombre à l'Âne-Rouge, et voir les Épopées au théâtricule du Chat-Noir.

Par curiosité simple qu'elle y était retournée, seule, poussant jusqu'Ailleurs, comme la duchesse Gratienne, une curieuse aussi, pour savoir ce qu'étaient dans l'intimité ces « décrafées » et ces « acteuses » près desquelles le comte Louis oubliait fréquemment le retour au boudoir conjugal.

Par curiosité, tout bonnement, des affres de l'adultère, sa liaison avec le baron Paul, le colonel Henri et le sculpteur André, qu'elle avait du reste lestement expédiés en retraite aussitôt enquête accomplie !

Et, après deux ans à peine de mariage, Isabelle de Tour-Neuve savait tout ce que femme peut désirer savoir. Satisfaite ? pas encore ; une énigme la torturait, qu'elle n'avait encore pu parvenir à déchiffrer.

Oh ! cette énigme, ce mystère, cet inconnu, qu'elle convoitait si ardemment d'approfondir, combien difficiles à percer à jour !

Seuls les hommes qui auraient pu lui en éclairer l'obscurité énervante étaient incorruptibles ou du moins elle n'osait s'aventurer avec eux, pour éviter un irréparable scandale, aux questions investigatrices qui brûlaient ses mignonnes lèvres.

C'est qu'il fallait prendre bien garde de se perdre au jeu, qu'en ce monde ultra-rigoriste où elle vivait, on n'aurait jamais consenti à tolérer, étant crime de lèse-Divinité ; et pourtant, la pauvre ! terriblement sa native curiosité souffrait et se lamentait de ne pouvoir interroger ces prêtres qui détenaient pour eux seuls, égoïstes, le fin mot du sphinx convoité. Tout, elle savait tout, de toutes et de tous, sur tous et sur toutes, hors ces révélations intimes du secret du confessionnal, ces dessous de la vie impénétrables à tout autre qu'au confesseur, l'intime moi des consciences et des arrière-pensées.

C'était là l'ultime science dont elle avait soif inassouvie.

— Vertugadingué ! comme disait le duc Edmond, son beau-père. Chez Tour-Neuve oncques personne ne connut obstacle insurmonté ! En légitime épousée de Tour-Neuve, il faudrait bien que l'énigme se révélât.

Comme toute famille de grande caste, les Tour-Neuve avaient payé leur tribut aux divins autels en la personne d'un cousin germain du comte Louis, l'abbé Robert, nommé récemment vicaire à Sainte-Clotilde, l'aristocratique paroisse, à deux pas de l'hôtel habité par la comtesse et son mari.

Isabelle, qui avait son idée, enveloppa l'abbé de toute son astucieuse diplomatie pour qu'il lui permit de s'occuper de sa garde-robe, véritablement négligée par la vieille servante unique, son cordon bleu et son valet de chambre à la fois, inhabile, par suite d'âge, au bon entretien de la tenue toujours soignée qu'il devait observer, en futur candidat aux grandes dignités ecclésiastiques, réservées comme de coutume à son grand nom familial.

— Laissez-moi faire, l'abbé, — disait-elle — cela me sanctifiera, comme celles qui vont aux ouvroirs paroissiaux.

Et, peu après, les propos malicieux commençaient à se donner cours sur l'étrange assiduité qu'elle montrait à l'entretien des vêtements religieux de son cousin, chez lequel on l'avait vue se rendre invariablement chaque jour.

Des proches lui en firent observation, qu'elle accueillit avec une hostilité marquée. Elle avait, ma foi, bien autre chose à faire que de s'y arrêter, à présent qu'elle touchait à la réalisation du projet si péniblement élaboré !

Ce fut la veille de Pâques qu'arriva l'occasion qu'elle guettait si impatiemment, la vieille bonne étant allée se préparer à la communion du lendemain et le cousin abbé siégeant au tribunal pénitentiel d'où il ne reviendrait que le soir.

Oh ! jamais occasion ne fut, je crois, aussi lestement saisie par sa légendaire toison !

En moins que rien, la comtesse Isabelle, vêtue des sombres vêtements du cousin Robert, descendait l'escalier derrière la servante et trottait vers Sainte-Clotilde, le feutre enfoncé jusqu'aux oreilles et la tête modestement baissée, comme il sied à vicaire modeste et pudibond.

Ah ! le cœur lui battait une rude chamade ! C'était un sacrilège abominable qu'elle commettait là ! Mais comment résister plus longtemps à la tentation de savoir ce qui, à la fin, l'affolait ? D'ailleurs, elle le sentait bien, sous peine de révolution cérébrale, elle n'aurait pas y tenir plus longtemps.

Le diable même semblait s'être mis d'accord avec elle, en la coïncidence particulièrement favorable de ce jour de grand mouvement et d'animation où elle passerait inaperçue au milieu de la foule qui encombrerait le Saint Lieu.

Et, aussitôt entrée à Sainte-Clotilde, elle se glissa furtivement dans le premier confessionnal vide qui se présenta un de ces confessionnaux écartés, réservés dans chaque paroisse aux prêtres étrangers, qu'elle ouvrit à l'aide d'une clef surprise au cousin abbé, et, frémissante, angoissée, attendit la révélation si éperdument désirée.

. . . . . . . . . . . . . . . . . . . . . . . . .

Une femme s'avança, timide, dans la petite chapelle, paraissant prise de recul au moment du sincère aveu ; mais... la plaque vierge de tout nom qui surmontait la porte du confessionnal, certaine de rencontrer là un juge inconnu, qu'elle ne risquerait pas de rencontrer, après, dans son monde, elle s'enhardit et s'agenouilla devant le grillage sacré dont la comtesse Isabelle fit en tremblant glisser le volet rédempteur.

La pénitente entamant l'oraison d'usage, Isabelle de Tour-Neuve sentit son cœur se serrer d'épouvante ! Elle avait, prosternée près d'elle, en coupable, la plus intime de ses amies, la marquise Emma de Loursanges ; et, de peur, elle aussi, d'être reconnue, elle allait fermer le volet, perdant la tête, quand le malin démon de sa curiosité lui fit comprendre, dans un retour à la saine raison, combien elle s'exposerait ainsi à plus dangereuse et plus irréparable reconnaissance.

Elle resta ; et néanmoins, déguisa prudemment sa voix. Tout d'abord, ce furent banalités : pour Isabelle, une déception ! et elle ne put s'empêcher d'insister indiscrètement :

— Est-ce bien tout ? n'ayez crainte, ma chère enfant, la divine clémence est infinie !

— Non, mon père, j'ai encore... — balbutia la coupable agenouillée — mais je n'oserai jamais...

— Dites ! Dites vite, ou vous serez damnée ! — fit la comtesse, haletante, sentant venir l'épilogue du roman qu'elle avait échafaudé.

— J'ai...

— Quoi ?

— J'ai trahi ma meilleure amie, mon père, et j'ai commis adultère avec son époux.

Il y eut de l'autre côté du grillage comme un grincement d'ongles se crispant à la boiserie.

— Oh ! c'est mal, je le sais, mon père ; mais si vous le connaissiez, il est si charmant cavalier, le comte Louis, il a de si tendres regards, de si douces paroles, et puis...

— J'écoute.

— C'est vraiment par charité pure que j'ai consenti à consoler le pauvre garçon, il est si malheureux, voyez-vous !

— Vraiment ?

Et le grincement s'accentua plus nerveux qu'auparavant avec un bruit semblable à celui de pieds frappant coléreusement le plancher.

— Il est vraiment si malheureux que cela, votre comte Louis, mon enfant ?

— Oui, mon père, par sa femme — comme il vous le dirait lui-même, s'il était là — une gamine qui n'a pas pour deux liards de conversation !

— Ah ! Vertugadingué, marquise ! — s'écria le pseudo-confesseur, oubliant toute retenue — c'est bizarre comme nos situations se ressemblent ! le marquis Georges, votre époux, m'en disait autant de vous ce matin, en me relaçant mon corset !

Est-ce curiosité enfin assouvie ? Depuis ce jour-là, toute changée, la comtesse Isabelle de Tour-Neuve ne s'inquiète plus du secret de la confession.

BABYLAS.

# LE PARAPLUIE D'HORTENSIA

Un vrai veinard, c'était, sans contredit, monsieur Polydore Beaufémur, l'ancien fabricant d'appareils orthopédiques renommé du quai des Orfèvres, qui s'était, après fortune faite dans le gutta et les moules en bois durci, retiré à Joinville-le-Pont, en compagnie de madame Hortensia Beaufémur, sa femme et son légitime orgueil.

Oui, orgueil ! Et il avait raison de s'en énorgueillir : vous auriez difficilement rencontré beaucoup de créatures aussi charmantes qu'elle, avec d'aussi beaux yeux noirs, si bien fendus ; poitrine aussi redondante, sans coton de supercherie ; aussi beaux bras dodus terminés par d'aussi mignonnes menottes, à galantes fossettes ; aussi petit pied, crânement cambré, qui allât si bien à minuscule chaussure. Bref, madame Hortensia était une délicieuse et mutine personne, adorable à croquer, et, ce qui ne gâtait rien, réputée pour être fidèle à son époux.

Aussi citait-on dans tout Joinville-le-Pont — où pourtant les mauvaises langues ne manquent pas — le ménage Beaufémur comme un modèle de félicité conjugale.

Mais, hélas ! en ce bas monde, tout est bien fragile et les plus graves désastres ont souvent les causes les plus minimes ; tel ce parapluie à pomme d'argent qui fit sombrer dans le baquet microbé du divorce le lac paisible de l'existence des Beaufémur !

C'est en revenant un soir de Paris, où il était allé faire sa partie quotidienne d'échecs avec monsieur Lecroupion-Panney, ancien marchand en gros de volailles et son voisin du quai des Orfèvres, que Polydore Beaufémur avait remarqué la présence de ce parapluie dans le râtelier de l'office, à une place restée vide jusque-là.

— Sarpejeu ! le joli pépin ! s'était-il écrié, à madame qui, à cette exclamation, était devenue rouge comme un coquelicot — à qui est-il ?

— Mais, mon ami...

— Et quelle pomme il vous a, le gaillard ! à la bonne heure, voilà qui est gentil de me faire une aussi agréable surprise ; car c'est un parapluie d'homme et comme, en fait d'individu de mon sexe, je ne connais que moi dans la maison, il est clair que ce pépin m'était destiné. Je n'en veux pas, du reste, d'autres preuves que ta rougeur actuelle... au fond, cela m'ennuie que j'aie deviné la surprise dont tu te réservais de me bombarder tout à l'heure.... de là, l'incarnat de tes joues.

— Moi, Polydore, mais...

— C'est bon ! c'est bon ! on saura vous en être convenablement reconnaissant, gourmande que vous êtes ! Viens dîner, nous en recauserons au dessert. Il me tarde de l'étrenner.

Le lendemain même, pour surcroît de chance, et comme si la Providence se complaisait à satisfaire ses moindres désirs, une pluie torrentielle obligea monsieur Beaufémur à « étrenner » comme il disait, le parapluie à pomme d'argent.

Et avant d'entamer leur trois cent vingt-troisième partie d'échecs, en ce trois cent vingtième jour de l'année, Polydore Beaufémur ne manqua pas l'occasion de montrer à l'ami Lecroupion-Panney ce cadeau d'Hortensia, nouveau gage de son bonheur conjugal persistant.

Mais ce jour-là il leur fut impossible de jouer tranquillement, le parapluie avec sa pomme avait fait événement dans le café fréquenté par une clientèle d'habitués qui se connaissaient tous depuis de longues années, en amicales relations d'ancien voisinage et de bocks bien tirés.

— Eh ! Beaufémur, tu sais, un pareil pépin, ça s'arrose !

— Les coutures se défaufileraient !

— Les baleines casseraient !

— Ton manche se dévisserait.

Beaufémur était de trop large esprit pour se refuser à la petite contribution à laquelle on voulait l'astreindre. Il « arrosa » son « pépin » et comme les co-habitués du café n'étaient pas de ces malotrus qui reçoivent politesse sans en rendre la monnaie, ils offrirent chacun leur tournée ; ce qui porta à cinquante-deux le nombre de « demies » que Polydore Beaufémur avait englouti, lorsque sept heures sonnant à Notre-Dame lui rappelèrent, à travers la fumée de l'alcool qui troublait un peu son cerveau, qu'il lui restait juste un quart d'heure pour ne pas rater son train à la Bastille.

Il sauta dans un fiacre et dans sa hâte, pour ne pas manquer son départ, il oublia dans le véhicule le « pépin » si bien arrosé.

Vous pensez si madame Hortensia, toute aimable qu'elle était d'ordinaire, le reçut comme il le méritait d'être, la tête pleine de bière salycilée et la main vide du cadeau fait à peine de la veille.

— Te tourmente pas, ma Tensia chérie, je ne reviendrai pas demain sans avoir retrouvé la pomme d'argent que tu m'avais donnée à garder.

. . . . . . . . . . . . . . . . . . . . . . . . .

Quand on a perdu quelque chose dans un fiacre dont on n'a pas le numéro — et Polydore Beaufémur avait, dans son ébriété naissante, totalement omis d'accomplir cet acte prévoyant — il faut aller s'adresser au bureau des objets perdus à la Préfecture de police qui, au bout de deux ou trois jours, reçoit les trouvailles déposées par les cochers chez les loueurs.

Et cette formalité remplie, Polydore donna un pourboire au garçon de bureau pour qu'il lui télégraphiât aussitôt que le « pépin » serait signalé, et le surlendemain, madame Hortensia, qui lui témoignait depuis la perte de la pomme d'argent une indifférence des plus humiliantes, lui remit un petit bleu qu'on venait d'apporter.

— Victoire, Tensia, victoire ! — s'écria-t-il — le parapluie est certainement retrouvé. On m'informe à la Préfecture d'avoir à me présenter pour affaire me concernant — et il se mit à gambader joyeusement sans remarquer dans son hilarité le pâleur qui venait de blêmir le front rosé de madame Beaufémur.

À l'heure dite, Polydore Beaufémur se faisait introduire chez le chef de bureau de la Préfecture qui l'avait mandé et qui lui demanda à brûle-pourpoint :

— Êtes-vous bien sûr que ce parapluie soit à vous ?

— En voilà une question ! c'est ma femme qui me l'a donné.

— Possible ! mais il y a une autre personne qui l'a réclamé avant vous et à qui nous l'avons donné déjà.

— C'est une erreur, monsieur, ce parapluie m'appartient et je vais aller le réclamer à l'audacieux filou qui a osé... Comment se nomme-t il ?

— Oscar Grosbuisson, courtier en pois cassés, 15, rue Ménilmontant.

— Merci ! j'y cours, et nous verrons...

— Attendez ! l'un de vous deux s'est évidemment moqué de l'administration, je vais vous faire accompagner par deux agents qui me ramèneront le farceur des deux qui aura voulu nous berner.

Et Polydore Beaufémur dut subir la honte, en passant devant le café où l'attendait son ami Lecroupion, d'être vu escorté de ces messieurs que leur mine patibulaire fout reconnaître entre mille, comme les concierges à leur air gracieux, et d'entendre son partenaire dire à ses compagnons de la néfaste orgie, en le désignant avec un suprême dédain :

— Je savais bien, moi, que Beaufémur était trop veinard ! voilà où ça l'a conduit !

Avant de frapper à la porte du courtier en pois cassés, les mouchards qui l'accompagnaient dirent prudemment à Polydore Beaufémur :

— Comme nous sommes convaincus, rien qu'à voir votre air idiot et votre conversation dépourvue de malice que ce n'est pas vous qui avez refait l'administration, il faut agir de ruse pour pincer le farceur qui nous fait courir. Donc, vous allez vous donner pour un de nos collègues, nous allons bien voir ce qu'il nous dira.

— Monsieur Grosbuisson, s'il vous plaît !

— C'est moi, messieurs, entrez ! Qu'y-a-il pour votre service.

Et le farceur qui, entre parenthèse, était un joli garçon de 20 à 25 ans, les fit très poliment s'asseoir.

— Nous sommes envoyés, monsieur, par la Préfecture qui...

— J'allais justement y aller... c'est pour le parapluie, n'est-ce pas ?

— Précisément.

— Un autre que moi est allé vous le réclamer, je m'en doute.

— Oui, monsieur, il assure même que c'est à lui — riposta Beaufémur, à qui la moutarde montait au nez, devant la contenance impassible de l'effronté filou !

— Il se trompe ! voici la facture acquittée du fabricant qui s'est engagé à ne faire pour personne autre ce modèle de pomme que je lui avais commandé exprès pour moi seul.

— Mais alors !...

— C'est toute une histoire ! et promettez-moi le secret ; il s'agit d'une femme charmante à qui je ne voudrais pas causer de désagrément.

— Eh bien ?

— J'avais, il y a quatre jours, pris un fiacre pour la reconduire au train qu'elle devait prendre afin de retourner auprès de son époux, un imbécile dont elle oublie la stupidité native en ma compagnie.

— Je ne vois pas de parapluie dans tout ça, au fait, fit monsieur Beaufémur, qui s'impatientait singulièrement.

— J'y arrive. Nous causions de choses si absorbantes, qu'en renvoyant et payant le cocher à la gare, je ne songeai plus à mon pépin que j'avais emporté de chez moi et ayant ensuite constaté sa disparition, je fis à votre chef de bureau la réclamation que vous savez, croyant l'avoir laissé dans le sapin.

— Au fait.

— Or, ce pépin, que votre administration m'a très ponctuellement restitué, je vais vous prier de le remporter.

— Pourquoi ça ?

— Voilà ! Il paraît que je ne l'avais pas oublié dans la voiture et qu'il avait été emporté distraitement chez elle par mon amie, madame Hortensia Beaufémur — avouez qu'avec un pareil nom, son mari mérite bien l'agrément frontal dont je le décore.

— N'insistez pas, passez ! — s'écria Polydore, justement vexé.

— Et surprise par son époux, qui s'étonnait de la présence de ce parapluie inconnu, mon amie avait eu la présence d'esprit de lui faire croire que c'était un cadeau, une surprise, qu'elle lui avait réservés ; ce qu'il goba, en mari qu'il est.

— Après !

— Or, cet olibrius qui, le lendemain, s'était grisé comme un polonais, forcé de recourir, pour remplacer l'office de ses guiboles alcoolisées, à l'assistance d'un sapin qui le conduisit à l'embarcadère du retour, avait pris le véhicule où l'on a retrouvé le pépin que, dans son ébriété dégoûtante, il y avait oublié, et c'est cette coïncidence des deux sapins, dont nous n'avions, ni l'un ni l'autre pensé à prendre les numéros, qui a fait que, premier réclamant, on m'a restitué l'objet, à moi premier.

— Des preuves ! monsieur, des preuves ! — demanda

ragensement Beaufémur — qui nous certifie, après tout, que la dame en question tenait ce parapluie de vous ?

— Voilà une lettre d'elle qui me servira de caution ; lisez : « Surtout reporte notre pomme d'argent à la Préfecture pour que mon chimpanzé cornard l'y retrouve ; sinon il finira par le découvrir, et nous serons perdus ! Ton Hortensia pour la vie : femme Beaufémur »

— Et je compte sur votre obligeante courtoisie, messieurs — termina Grosbuisson, en remettant le fatal pépin aux mains de Polydore, qui faisait une drôle de tête — pour le restituer à cet ivrogne de Beaufémur que je n'ai jamais vu, mais à qui je dois des égards que vous comprendrez : honneur aux vaincus, n'est-ce pas ?

Le rapport des mouchards qui l'accompagnaient servit à Beaufémur pour obtenir le divorce qui s'imposait à lui et la belle Hortensia s'en fut vivre avec le joli Grosbuisson.

Mais, ô juste vengement des choses d'ici-bas !

Le joli Grosbuisson vient à son tour de chasser la belle Hortensia qui, ces jours-ci, est rentrée à sa garçonnière avec le parapluie révélateur, à pomme d'argent, que Beaufémur avait malicieusement gardé par devers lui depuis son enquête avec les mouchards.

Ce qui prouve, lecteurs, qu'un... parapluie n'est jamais perdu.

FLANOCHARD.

---

# COQUIN D'AMOUR

*(Suite)*

Vingt ans, à peine : grande ; la taille bien prise, la poitrine un peu maigre, mais le visage d'un ovale parfait, la bouche rieuse, le nez petit et fin, et de grands yeux noirs, profonds comme l'enfer : sur une chevelure abondante et brune, un chapeau à paille à large visière, orné de coquelicots, une toilette simple, pas très riche, dépassant un peu le bord de la jupe, deux petits pieds chaussés d'escarpins qui laissaient entrevoir des bas rouges.

Cet examen terminé, Jacques mit toute son application à déshabiller mentalement sa voisine. Après quoi il fut bien obligé de s'avouer à lui-même que l'homme est, par nature, essentiellement polygame, et que, s'il s'écarte parfois de cet état primitif, la paresse et l'habitude — beaucoup plus que la civilisation — en sont la cause. Le bateau-mouche approchait alors du Point-du-Jour.

. . . . . . . . . . . . . . . . . . . . . . . . . . . . . .

Sa jolie voisine s'apprêtait à descendre. Comme il n'avait aucune raison d'aller plus loin que le Point-du-Jour, Jacques s'apprêta à descendre aussi.

— Oh !... Mademoiselle !...

Dans sa précipitation à passer du bateau sur le ponton, le pied lui avait manqué, et elle était tombée fort à propos dans les bras de Jacques, qui s'élançait pour la recevoir.

— Vous êtes-vous fait mal ?...

— Oh ! ce n'est rien, Monsieur, je vous remercie !... Mais elle souffrait évidemment, car son visage s'était contracté, et elle était devenue toute pâle.

— Je me suis un peu... tourné le pied.., mais cela va passer...

— Appuyez-vous sur mon bras, voulez-vous ?...

Elle ne demandait pas mieux. De la main gauche, Jacques lui soutenait le coude, tandis que, du bras droit, il lui entourait la taille. Elle gravit ainsi péniblement l'escalier, fit quelques pas, et s'assit sur un banc, près du viaduc.

— C'est plus douloureux que je ne croyais... Je suis confuse, Monsieur, de la peine que je vous donne...

— Mais pas du tout, Mademoiselle, c'est la moindre des choses...

— Il faut cependant que je rentre chez moi...

— Voulez-vous que j'aille chercher une voiture ?...

— Non, c'est inutile, cela va aller mieux...

Elle se leva.

— Vous devriez prendre quelque chose, Mademoiselle, vous avez été secouée...

Elle se fit un peu prier. Sur les instances de Jacques, elle finit par consentir, et tous deux entrèrent dans les jardins d'un grand restaurant pour noces, tout proche.

Jacques choisit une tonnelle bien solitaire, et s'y installa avec sa compagne.

— Un peu de cognac, n'est-ce pas ?... Garçon ! une fine pour Madame, un vermouth pour moi.

— Bon !!

— Savez-vous ce que vous devriez faire ?...

Elle eut un sourire encourageant.

— Quoi ?

— Vous devriez dîner avec moi, bien tranquillement.

Pendant ce temps-là, vous vous reposeriez, et, tout à l'heure, vous pourriez continuer votre route...

— Mais, Monsieur, je ne vous connais pas !

Le garçon revenait avec son plateau.

— Qu'y a-t-il de bon pour dîner, garçon ?...

Jacques consulta la carte, et commanda aussitôt.

— Mais, Monsieur, c'est une trahison !... Encore une fois, je n'ai pas le plaisir...

— Qu'à cela ne tienne, Mademoiselle !... Il prit son portefeuille dans sa poche, et ses yeux tombèrent sur un papier portant ces mots : Qu'on n'accuse personne de ma mort...

Il éclata de rire, et déchira le malencontreux papier.

Pardonnez-moi de me présenter moi-même : Jacques Louverne, architecte, Mademoiselle ?...

— Germaine, fleuriste. Mais qu'allez-vous penser de moi, Monsieur ?...

Il en pensait absolument rien, sinon qu'elle semblait d'une conquête facile et qu'elle était charmante.

Le dîner se passa très bien.

Mlle Germaine avait, tout décidément, le cœur sur la main. Elle devenait très expansive, bavardait, et racontait à son cavalier ses anciennes amours, avec un étudiant en médecine — un brave type, qu'elle s'était vue forcer de quitter néanmoins, parce qu'il était trop panné.

Rendu bienveillant par une digestion paisible, son cavalier ne se sentit ému, à l'endroit du carabin, d'aucune jalousie rétrospective.............

Au dessert, Jacques et Germaine, qui s'étaient rapprochés, se tutoyaient, buvaient dans le même verre, fumaient la même cigarette, et s'embrassaient à pleines lèvres......

— Coquin d'amour ! dit Jacques en se frottant les mains.

En sortant du restaurant pour noces, tous deux s'amusèrent beaucoup de la tête d'une jeune mariée, toute petite, rougeaude, et que l'atmosphère surchauffée de la salle du banquet avait rendue éclatante.

— Elle est drôle, observa Germaine... On dirait une tomate qui fait sa première communion !

— Où me conduis-tu, chéri ?

— Mais... chez moi !

— Oh ! non ! pas ce soir, il faut que je rentre !...

— Ne dis pas des bêtises !...................

Pelotonnés l'un contre l'autre dans le fiacre découvert qui les ramenait à Paris, les mains dans les mains, les yeux dans les yeux, Germaine et Jacques se promettaient des ivresses extatiques, des félicités paradisiaques.................

— C'est ici ! Nous sommes arrivés !

Il descendit de voiture, tendit la main à sa « petite femme », paya le cocher, et sonna.

Jacques monta l'escalier avec délices, précéda Germaine, et, tandis qu'il accrocha son pardessus dans l'antichambre, lui dit :

— Tu peux entrer.

Germaine ouvrit la porte de la chambre, et poussa un cri !

Assise devant une table, le chapeau sur la tête, à la lueur d'une bougie, une femme écrivait :

Marthe, estimant qu'une bouderie de huit jours était parfaitement suffisante, était rentrée au bercail, sans crier gare !...

La scène fut brève et décisive.

— Sale type, hurla Germaine, étouffant d'indignation.

Et elle descendit l'escalier quatre à quatre.

— Misérable ! fit Mme de Précigné avec une fureur contenue.

Et, lançant à son amant ahuri un regard de mépris et de haine, elle disparut à son tour.

— Nom d'un tonnerre ! s'écria Jacques, resté seul... Le jour où m'y reprendra, à laisser une clef à une femme !... Qu'est-ce qu'elle pouvait bien écrire ?

Il s'approcha de la table et lut :

« Je suis trop faible avec vous, mon ami. Sur vos prières, sur vos supplications, je suis revenue, et peut-être ai-je eu tort... »

— Ah ! oui par exemple !

« Vous n'êtes pas chez vous, et il est dix heures passées ! Vous prenez de jolies heures, à ce qu'il paraît. Aussi vais-je me retirer, dès que j'aurai terminé ces lignes... »

Si elle avait pu s'en aller cinq minutes plus tôt !

— Peut-être m'avez-vous oubliée... peut-être déjà qu'un autre amour.. .

La lettre s'arrêtait là.

Ragensement, Jacques sema ses effets à travers la chambre, se coucha, et souffla sa bougie en murmurant :

— Coquin d'amour !

XXX...

La bourse a l'air de vouloir repartir du pied gauche, 1° sur la nomination de la fameuse Commission d'enquête de Panama, 2° sur le petit, tout petit succès de M. Rouvier au Sénat à propos, de l'interpellation Blavier sur le Crédit foncier.

De tous ces nuages, quelle sorte de tempête sortira-t-il ? Pour notre part, nous craignons bien que cette montagne n'accouche que d'une souris, selon l'antique et solennel usage.

Toutefois, pour le présent et malgré les efforts de la corbeille et de la coulisse, le pas en avant que l'on essaie de faire à la cote est assez chancelant, et avec tous les événements en cours, nous ne voyons guère de chance d'assister de sitôt à un enlèvement sérieux.

Il n'y a eu en somme que les excellentes nouvelles du Dahomey qui réunissent les félicitations unanimes de tous les partis.

Un bon point au général Dodds pour avoir accompli ce tour de force militaire et politique.

Le 3 0/0 flotte toujours entre les cours de 99.40 à 55 sans grande fermeté.

Les fonds d'État étrangers restent lourds, sauf, peut-être l'Italien que la banque allemande chauffe à blanc.

(Ce qu'ils doivent en savoir le prix, ces bons Teutons, de leur campagne à la hausse). Il doit, à notre humble avis, se trouver de jolis stocks de rente italienne dans les portefeuilles de Francfort et de Berlin, si tout le titre acheté depuis un mois a été levé, ce dont nous doutons un peu ; et dans cette dernière hypothèse, gare la débâcle. Les maisons qui auront accepté les contreparties, ne feront pas mal de se garder à carreau.

Quant à la clientèle de la petite spéculation, nous croyons lui donner un sage conseil en lui recommandant de s'abstenir pour le moment.

G. QUATRESS.

**Moulin Rouge.** — Avant le bal, grand concert où l'on applaudit MM. Hollair, Amond, Fougère, M<sup>mes</sup> Deligny, Odette, Préval, Dennys et Poly. Je citerai tout particulièrement M<sup>lle</sup> Stoldy, une comique excentrique amusante. Comme clous : il y a Louis Chevallier, un artiste celui là, il faut le voir avec ses grands bras et ses grandes jambes, il est vraiment désopilant ; à côté de lui, M<sup>lle</sup> Voluey détaille d'une façon curieuse *Le Rapin*. Grand divertissement dansé par de jeunes et jolies filles, M<sup>lle</sup> Lydia est une reine de Gomme. Quadrille : La Goulue épate les bons bourgeois... Joyeux viveurs, gentilles lectrices du *Paris qui Rit*, allez au Moulin Rouge, *Paris qui Rit* vous le conseille, car on s'y amuse.

**Théâtre Moncey.** — *Le Siège de Paris*, pièce de A. Lepailleur, cette reprise a obtenu auprès du public le même accueil chaleureux qu'à la première ; les artistes étaient à la hauteur de leurs rôles, surtout M. Dublay très remarqué dans un rôle d'espion. M. Abel Ballet a fort bien monté cette pièce, rien n'y manque ; M<sup>lle</sup> Reynold joue avec conviction. Une artiste hors pair, c'est M<sup>lle</sup> Marsan.

**Européen.** — Je signale un début des plus brillants, M<sup>lle</sup> Rosette, qui non seulement est gentille, mais possède une jolie voix ; on lui fait une véritable ovation chaque soir.

ALBERT VERSE.

MM. Lecourt de la Scala, et Louis Chevallier du Moulin-Rouge, vont créer une chansonnette de notre ami et collaborateur, M. Albert Verse, intitulée : *Un Amour de Mitron*, musique du compositeur bien connu, M. Albert Petit.

## SPECTACLES DE LA SEMAINE

GYMNASE. — 8 h.1/4. — Celles qu'on respecte. — Leurs filles.
VAUDEVILLE. — 8 h. 1/2. — Les paroles restent.
VARIÉTÉS. — 7 h. 3/4. — Premier Paris.
PORTE-SAINT-MARTIN. — 8 h. 1/4. — Le Maître d'Armes.
CHATELET. — 8 h. — La Prise de Pékin.
GAITÉ. — 8 h. 1/2. — Les Cloches de Corneville.
AMBIGU. — 8 h. o/» — Les Cadets de la Reine.
PALAIS-ROYAL — 8 h. 1/4. — Une Enquête. — Bébé.
NOUVEAUTÉS. — 8 h. 1/4. — Champignol malgré lui.
FOLIES-DRAMATIQUES. — 8 h. — Les 28 jours de Clairette.
RENAISSANCE. — 8 h. 1/2. — Le Brillant Achille.
BOUFFES-PARISIENS. — 8 h. 1/4. — Sainte-Freya.
MENUS-PLAISIRS. — 8 h. — M. le Moradiste. — Toto.
THÉÂTRE CLUNY. — 8 h. 3/4. — La Tournée Ernestin.
DÉJAZET. — 8 h. 1/2. — Ferdinand le Noceur.
CHATEAU-D'EAU. — 8 h. — La Fille des Chiffonniers.
BOUFFES DU NORD. — 8h. — Le Lion Amoureux.
THÉÂTRE MONCEY. — 8 h. — Le Siège de Paris.
FOLIES-BERGÈRE. — 8 h. 1/2. — Miss Loïe Fuller, danse serpentine ; les Delevines. Mlle Duclere, les Chiens danois. — Dimanches et fêtes, matinées à 2 h. 1/2.
ELDORADO. — 8 h. 1/2. — Concert. — Spectacle.
SCALA. — 8 h. 1/1. — Concert. — Spectacle.
CONCERT PARISIEN. — 8 h. 1/2. — Concert. — Spectacle.

*L'Imprimeur-Gérant :* ALPHONSE CARROT.
Imprimerie spéciale du *Paris qui Rit*, 13, faub. Montmartre, Paris.

# LES CHASSEURS DE VIERGES
## Grand roman de mœurs fin-de-siècle, par Emile BLAIN

## A NOS LECTEURS

LES

### CHASSEURS DE VIERGES

paraissent de nouveau sous la haute surveillance d'une administration sérieuse.

Arrêté en plein succès pour des raisons que nous ne redirons pas, cet ouvrage prit fin au 27<sup>e</sup> fascicule, car il fut publié en petit format, alors qu'aujourd'hui il paraît en livraisons in-4°.

La reprise de l'œuvre était donc difficile ; mais l'administration de la

*Bibliothèque Gauloise*

n'hésita pas. En possession désormais du manuscrit entier, elle en connaissait l'importance et l'intérêt. Nul doute que les fascicules parus atteints, les anciens acheteurs des

### CHASSEURS DE VIERGES

ne continuassent à les demander.

Et ils auront raison, c'est tout ce que l'auteur peut leur dire.

Dans ce roman d'une forme toute nouvelle, l'auteur a mis toute son âme, et il croit être parvenu à avoir écrit une œuvre méritoire.

Aujourd'hui, c'est la

### 11<sup>me</sup> et 12<sup>me</sup> livraisons

que l'on met en vente. Que nos lecteurs anciens qui désireront continuer la lecture de notre roman se tiennent en éveil, à partir de la

### 13<sup>me</sup> livraison

qui paraîtra irrévocablement le VENDREDI 9 DÉCEMBRE prochain.

Car l'auteur qui a fait des coupures et des remaniements, reprend la suite de son roman à la

### 13<sup>me</sup> livraison

Donc, VENDREDI prochain, 9 DÉCEMBRE, c'est la *13<sup>me</sup> livraison* des

### CHASSEURS DE VIERGES

qu'il faudra acheter pour avoir la suite juste au moment où l'ancienne édition, petit format a été interrompue.

Les douze premières livraisons in-4° seront alors tenues sous [illisible], à la disposition des anciens lecteurs qui nous les demanderont, au prix net de 1 fr. port en plus

Berthe s'était levée, le laissant à genoux devant la chaise longue.　　　Anatole avait déjà désarçonné une dizaine de cavaliers.

# CHRONIQUE GAULOISE

— Ouf! s'écria Serpentinette, en s'affalant dans un fauteuil, à la Rédaction, qu'on m'apporte un lit, une rivière, un hamac, n'importe quoi! pourvu que je puisse me reposer un peu…

— Tu viens encore au moins de faire une « varouille » insensée! lui dis-je, paternellement; depuis tantôt trois jours que je ne t'ai pas aperçue.

— Du tout, mon cher, je viens de m'offrir, en l'honneur du *Paris qui Rit*, 3000 kilomètres de wagon en 48 heures; rien que ça!

— Vraiment?

— Oui, mon bon, l'archange du dévouement, quoi! Je viens d'interviewer Monsieur von Bismarck, chez lui, à Varzin; c'est un peu plus loin que Chatou!

— Ah! ma chère Serpentinette; arrive! que nous t'embrassions tous comme tu le mérites, sur tes mignonnes joue rosées!

— J'aimerais mieux une côtelette ou une aile de poulet; je n'ai rien pris depuis Stettin, j'ai une faim…

— Faim de siècle! attends, Georges va aller te chercher un plat assorti à l'entrée du faubourg et en l'espérant, comme dit la concierge bretonne, nous espérons que tu vas nous narrer toutes les impressions!

— Ah! mon ami, ça été épatant, tout simplement D'abord, un paysage délicieux, avec des plaines sans arbres, sans culture, sans animaux, sans habitants! d'une gaîté à faire crever d'ennui! un décor de douzième tableau pour l'Ambigu. Les mystères d'Adolphe!

— Pardon; les mystères d'Udolphe, ma chère enfant!

— Oui, je sais; on a mis Udolphe, parce que c'est un roman anglais; mais en français, ça se prononce Adolphe, chacun sait ça.

— C'est juste; continue.

— Après ce gai paysage, un autre auquel un autre encore succède non moins gaîment et de Hambourg à Schlève, on a de quoi rigoler sans se faire mal aux côtes en regardant par la portière du compartiment; à Schlave, on descend et puis...

— Dis vite ; tu nous fais languir.

— Et puis, on demande : Monsieur Bismarck, je vous prie ? à quelque obligeante personne qui vous répond :

— Fus foyez pien le route là, defant fus ?

— Oui !

— Eh pien ! fus le prendrez tut troit, tu troit, pendant trois heures et après trois heures de marche, vus ferrez un pettide sentier tans lequel il y a un ferme et un vieille picoque ; le vieille picoque, c'est Bismarck.

— Compris, merci ! mais peut-on avoir une voiture ?

— Un foiture, Madame, un foiture !

— Oui !

— Il y en a plus dans le pays. Les churnalistes de Paris ils ont tout pris pour les emmener.

— Des churnalistes ?... l'accent me gagnait, mes amis !

— Oui, madame, le *Journal*, le *Vigaro*, l'*Eglair*, le *Landerne*, le *Petit Parisien*, la *Petite Journal*, le *Kaulois*, l'*Indensichant*, le *Vère Péinard*, la *Jurnal des Aprélis*, le... enfin, les 327 foitures du kanton y ont passé ; fus, faudra que fus alliez à pied.

— Pas de vélocipèdes non plus ?

— Les félos ! madame ; ils les ont pris également pour leurs segrédaires abborter ici les débèches !

— Merci bien, Monsieur, et au revoir !

— Et, continua Serpentinette ; je pris mon courage à deux jambes et trois heures 47 minutes après, je sonnais à la porte du Chancelier de Fer.

Ah ! mes amis ! quelle cahute ! aux enchères, ça ne ferait pas cinquante francs !

— Et alors, Bismarck ?

— Je ne l'ai vu que le lendemain ; à mon tour des numéros qu'on y distribuait comme à la Chambre, pour la commission d'enquête ; mais je n'ai rien perdu pour attendre.

— En vérité !

— Non ! Bismarck a été charmant pour moi ; il paraît même que mon nom lui rappelait certaine équipée qu'il avait faite, à Paris, incognito, avant la guerre, dans les environs de la rue...

— Bréda ?

— Non, Marbeuf, vilain mal appris ! ma grand-mère allait à la cour !

— Et Bismarck ?

— D'une gentillesse sans exemple ! Un journal charmant que le vôtre, s'est-il écrié ! Je le prends chaque semaine chez le correspondant du *Petit Journal*. Votre prime surtout, « *nécessité n'a pas de loi* », m'a fait un plaisir extrême.

Eh ! eh ! ça ressemblait étonnamment à quelqu'un que j'ai beaucoup connu.

— Et qui donc, Monsieur le Chancelier ?

— Ta ra ra boum de hay ! comme dit la chanson ; vous le répéteriez dans votre journal et ça pourrait m'attirer du désagrément ; j'ai été, pour sa retraite, obligé de prendre cette personne comme dame de confiance dans la maison et vous comprenez, je ne veux pas m'exposer à ce que, de dépit, mes chemises n'aient plus de boutons et mes chaussettes...

— tournent peu à peu aux chaussettes russes, je comprends ça avec la triple alliance ; mais la prime de la semaine prochaine, vous verrez, je ne vous dis que ça.

— Quoi donc !

— « Le pendant de l'autre ! *Ah si je te tenais* » !

Eh ! eh ! le fait est que...

N'est-ce pas ?

— Mademoiselle Serpentinette, vous me faites dire des bêtises, savez-vous ! n'allez pas écrire ça dans le *Paris qui Rit*, au moins.

Je le lui promis, ajouta la rieuse enfant, et je tiens ma parole, puisque c'est Petit-Claude qui écrira, c'est de la diplomatie, ça, pas vrai ! et Bismarck ne peut pas m'en vouloir, par esprit de confraternité !

— Assurément, mais.

— Oui, je te vois venir, gros malin ! l'article de Harden, la déclaration de la guerre...

— Précisément !

— Il n'a rien voulu m'avouer, pour ne pas rendre les confrères jaloux : mais il m'a assuré qu'il enverrait au *Paris qui Rit*, le récit des autres lapins qu'il a posés dans sa modeste carrière.

— Autant dire ses mémoires, alors ! fit le tendre Zed qui nous écoutait.

Georges venait d'apporter le plat assorti et Serpentinette s'était arrêtée de parler pour calmer la faim qui la talonnait, quand le facteur lui remit une lettre char-

gée pour elle qu'il rapportait pour la troisième fois depuis deux jours.

— Ah ! c'est du guignon, par exemple ! s'écria-t-elle ; ce cher chancelier m'a fait manquer un fier gueuleton !

— Vraiment, lequel ?

— Tiens ! fit-elle en me tendant le pli décacheté ; Klauss, le conseiller municipal qui me conviait au banquet qu'il offrait hier aux étudiants des hôpitaux de Paris.

— Ils se sont donc raccommodés ; la question du salut...

— Doit être définitivement tranchée, car l'invitation porte : « On gardera son chapeau sur l'occiput. »

— C'est juste ; c'était jadis la politesse des rois !

Et, sur ce, fit notre aimable collaboratrice, je me la casse, mon chéri !

J'ai les reins brisés du wagon, je cours me reposer dans mon domicile légal.

— Je rentre aussi et comme nous allons du même côté...

— C'est cela ; le chemin sera bien moins long à deux, y es-tu ?

Et bras dessus, bras dessous, je la reconduisis à sa porte ; puis gagnai la mienne, à deux pas.

Il y avait à peine un quart d'heure que je fumais tranquillement au coin de mon feu en songeant au bonheur que j'aurais au ciel, où je ne ferais plus de copie, quand Serpentinette m'arriva comme une avalanche.

— Qu'y a-t-il encore, chère amie ?

— Impossible de rester chez moi, pas une pièce de faite, pas mon lit, pas de dîner préparé, pas d'huile dans la lampe, le désordre le plus complet !

— Tu as reçu la visite des cambrioleurs ?

— Non ! mais ma camériste est à la commission d'enquête : il paraît, m'a appris ma concierge, qu'on l'appelle pour lui demander compte de l'emploi de mes journées et de mes nuits...

— Ce qu'ils vont rigoler, alors, ces Messieurs nos honorables députés !

— Insolent ! puis, avec un très gros soupir, Serpentinette reprit :

— Ah ! mon pauvre ami ! quelle déveine tout de même que mon voyage à Varzin.

— Plains-toi donc, tu as vu Bismarck !

— Oui, mais pendant ce temps-là j'ai raté le garde municipal qu'on m'avait dépêché du Palais-Bourbon pour m'appréhender au corps : ce devait être un homme superbe, je ne me le pardonnerai de ma vie !

— Bah ! tu pourras le retrouver.

— Hélas ? ma voisine m'a dit qu'il était parti furieux et vexé ; mais vexé...

— De quoi ?

— D'avoir fait... buisson creux, mon cher !

— Très joli ! je le passerai à Réty qui les prend pour faire un recueil à deux sous.

PETIT-CLAUDE.

# LE THAPSIA

Le vicomte Gaston de Castel-Fleury faisait une cour assidue à la jolie M<sup>me</sup> Berthe Rivoire.

Oh ! oui, jolie ! si jolie, avec ses cheveux blonds envolés sur le front en boucles espiègles, ses grands yeux clairs qui vous pénétraient jusqu'à l'âme, son nez fin aux narines frémissantes, et sa toute petite bouche aux lèvres gourmandes — si jolie, si jolie que Gaston en était fou — littéralement.

Après avoir fait quelque peu parler d'elle, Berthe s'était rangée pour épouser cet excellent Rivoire, qui avait eu le bon esprit de la laisser veuve, assez jeune, à la tête d'une fortune rondelette.

Dirais-je que Gaston avait l'intention d'épouser Berthe, et que Berthe songeait à convoler avec Gaston ? Je ne le crois pas. Ce qui est certain, c'est qu'elle

ne demandait qu'à être consolée. Elle recevait tous les vendredis soirs, et Gaston, pour rien au monde, n'eût manqué un seul vendredi. Gaston n'était pas trop laid, pas trop bête, pas trop banal, il ne lui déplaisait point. En un mot, ils étaient bien près tous deux de réaliser la fameuse définition de Chamfort : Rencontre de deux fantaisies...

La seconde partie manquait encore, à la vérité. Mais il suffisait d'une occasion, du choc électrique, de l'étincelle qui met le feu aux poudres...

Ce soir-là, justement, comme Gaston, resté le dernier, s'était enhardi jusqu'à dire à Berthe, en lui faisant ses adieux : Quand vous reverrai-je ? Berthe, ayant réfléchi un instant, lui avait répondu en lui serrant la main sur le palier :

— Venez mardi soir. Je serai seule.

Gaston était rentré chez lui, le ciel dans le cœur.

Le lendemain, il ne se tenait pas en place. Après une journée laborieusement passée à ne rien faire, il se demanda, non sans inquiétude, à quoi il pourrait bien occuper sa soirée. A six heures du soir, il endossait son habit, sans savoir pourquoi, dînait sans appétit, et, n'ayant rien découvert de mieux, se décida à aller au spectacle.

Il ne comprit pas un mot à la pièce, jugea les artistes détestables, la salle surchauffée, et, sans penser à réclamer son pardessus à l'ouvreuse, sortit sur le boulevard pour prendre l'air.

Il faisait froid, un froid humide, pénétrant, il tombait de la neige fondue. Gaston sentit un léger frisson dans le dos, éternua et regagna le théâtre précipitamment, mais trop tard...

Il était enrhumé.

Le dimanche matin, quand son ami Gaspard vint le chercher pour déjeuner et l'emmener aux courses, il le trouva au lit.

— Comment ? tu ne te lèves pas ? tu ne viens pas aux courses ? Qu'est-ce que tu as ?

— Je suis malade.

— Malade ? de quelle maladie ?

— Je suis enrhumé.

— Et c'est cela qui l'empêche de sortir ?... Allons, dépêche-toi de t'habiller.

— Qu'est-ce que tu fais, toi, quand tu es enrhumé ?

— Absolument rien. J'attends que mon rhume s'en aille, comme il est venu.

— Oui, mais moi, je ne veux pas attendre. Il faut que je sois guéri tout de suite.

— Ah !... pourquoi ?

— Ça ne me regarde pas. Trouve-moi un moyen rapide, un dérivatif puissant, qui me débarrasse tout d'un coup — comme avec la main.

— Badigeonne-toi avec de la teinture d'iode.

— Ce n'est pas assez fort.

— Colle-toi un thapsia.

— Cela produit beaucoup d'effet ?..

— On le dit.

— Va pour le thapsia ! Je te remercie de la consultation, mon cher ami. Au revoir. Excuse-moi de ne pas te reconduire.

— Au revoir.

Gaston tenait absolument à être guéri. Rien ne lui paraissait ridicule comme d'être enrhumé, pour risquer une déclaration. Aussi envoya-t-il aussitôt son fidèle serviteur, Baptiste, chercher un thapsia, et se l'appliqua-t-il immédiatement.

La journée fut calme.

La nuit fut horrible.

Gaston sentit d'abord un petit picotement.

Puis le picotement devint démangeaison.

La démangeaison se changea en brûlure.

— Tant mieux ! se disait Gaston avec une joie féroce, le remède opère !

Et bien qu'il éprouvât un désir immodéré d'arracher l'instrument de torture et de l'envoyer à tous les diables — il le serrait des deux mains contre sa poitrine, avec l'héroïsme des anciens martyrs.

Vaincu par la fatigue, Gaston s'endormit.

Il rêva qu'il était couché sur une fourmillière, et s'agita désespérément.

Au milieu de ces mouvements désordonnés, le thapsia se décolla, glissa de la poitrine sur l'estomac, de l'estomac sur le ventre, et vint se fixer sur la face interne des jambes, où il séjourna quelques instants.

Gaston rêva qu'il était écartelé, puis qu'on le poussait dans un précipice.

Il jeta un grand cri, reçut une commotion violente, et s'éveilla, baigné de sueur, sur sa descente de lit.

Le thapsia avait fait son œuvre.

Le mardi, après dîner, vers neuf heures, Gaston sonnait à la porte de Mme Rivoire.

Étendue sur une chaise longue, Berthe l'attendait, en parcourant le roman à la mode.

Gaston salua timidement et s'assit en face d'elle.

Elle était plus jolie que jamais, et Gaston cherchait un moyen de le lui dire.

Le moyen s'offrit tout naturellement.

— Avez-vous lu cela, monsieur Gaston ?

— Oui, madame.

— J'aime beaucoup le chapitre III... Vous savez, quand Octave rencontre Mme d'Epernon, au bal de la duchesse...

— Voulez-vous me permettre, madame ?...

Et Gaston s'installa traîtreusement à l'extrémité de la chaise longue, et peu à peu se rapprocha de Berthe, pour suivre avec elle sur le livre :

« Madame d'Epernon était merveilleusement belle... »

Gaston s'interrompit :

— Pas si belle que vous, murmura-t-il... Oh !!!

— Qu'avez-vous, monsieur Gaston ?

Le malheureux se frappait sur la poitrine à grands coups de poing.

— Rien, madame. Je disais que Mme d'Epernon...

— J'ai très bien entendu. Croyez-vous, monsieur Gaston, qu'il y ait beaucoup d'hommes comme Octave.

— Que voulez-vous dire ?

— Aussi grands, aussi nobles, aussi passionnément épris ?

— Beaucoup, je ne crois pas. Mais il doit y en avoir, il y en a très certainement... Ah !!!

Et l'infortuné, saisissant à pleines mains, sa redingote, se secoua avec fureur.

Berthe le regardait. Il fit un effort surhumain, se croisa les bras, et ne bougea plus.

— Dites-moi, monsieur, est-ce que vous croyez à l'amour, tel qu'on le dépeint dans les romans ?

— Si je crois à l'amour tel que le décrivent les romanciers, madame... Mais les romans sont toujours bien au-dessous de la réalité ! Les écrivains font ce qu'ils peuvent pour bien rendre nos passions, nos amours, nos haines, nos joies et nos désespoirs... Mais comment y réussiraient-ils tout à fait, quand nous avons tant de mal à les exprimer nous-mêmes ? Les mots sont impuissants à traduire tout ce que nous avons dans le cœur, et il faut le deviner pour le bien comprendre... Quand je vous aurai dit que je vous aime, vous rirez de moi, madame, si, depuis le soir où nous nous sommes rencontrés, vous n'avez pas lu dans mon âme, comme entre les lignes d'un livre, et si votre cœur et le mien n'ont point éprouvé les mêmes sensations, vibré sous les mêmes pensées, frémi des mêmes craintes et tressailli aux mêmes espérances...

Gaston était tombé à genoux. Berthe, très émue, s'abandonnait, les yeux noyés, dans une pose alanguie.

Le moment psychologique était venu.

Gaston le comprit. Il voulut se relever, fit un mouvement, et sentit, aux jambes, à l'endroit où avait séjourné le thapsia, une brûlure atroce.

L'épiderme se détachait.

Gaston se sentit perdu. Plus à plaindre encore que le roi Laurent, de la Mascotte, il était tout à fait incapable... de quoi que ce soit — même d'enfoncer une porte ouverte.

Il fallait agir, il parlait. Il parlait pour ne pas crier, pour s'étourdir, sans savoir ce qu'il disait... Il parlait d'amour platonique, de l'union des âmes, d'Héloïse et d'Abeilard... Il perdait la tête, se grisait de ses paroles, et parlait toujours...

Il parlerait encore, si brusquement Berthe ne s'était levée, le laissant à genoux devant la chaise longue, et ne lui avait crié d'un ton sec, en fermant sur elle la porte de sa chambre :

— Adieu, monsieur !

— Maudit thapsia ! geignit Gaston, en se retrouvant dans la rue.

Et il tomba dans une série de réflexions profondes.

— Pourquoi diable, aussi s'était-il appliqué ce thapsia ?

— Parce que son ami Gaspard le lui avait conseillé.

— Pourquoi ?

— Parce qu'il lui avait demandé un remède.

— Pourquoi ?

— Parce qu'il s'était enrhumé.

— Pourquoi ?

— Parce qu'il était sorti le soir, par un temps de neige, sans pardessus.

— Pourquoi ?

— Parce qu'il était allé au théâtre.

— Pourquoi ?

— Parce qu'il ne savait que faire de la soirée.

— Pourquoi ?

— Parce qu'il était à la fois préoccupé, inquiet, ravi du rendez-vous que lui avait donné Berthe.

— Pourquoi ?

— Parce qu'il l'adorait.

... Et, reprenait Gaston avec la conviction d'un homme qui a fait un raisonnement impeccable, si je n'avais pas tant aimé Berthe, je n'aurais pas été troublé à ce point du rendez-vous qu'elle me donnait, je n'aurais pas été embarrassé de l'emploi de ma soirée je ne serais pas allé au théâtre, je ne serais pas sorti sans paletot, je ne me serais pas enrhumé, je n'aurais pas demandé conseil à Gaspard, je n'aurais pas mis de thapsia, mon thapsia n'aurait pas changé de place, je ne me serais pas conduit comme un imbécile — et Berthe serait à moi !

De sorte que — conclut-il en rapprochant la première proposition de la dernière — si je n'avais pas tant aimé Berthe, Berthe serait à moi !

A quoi tient la destinée ? ..

* * *

**Nous avons l'honneur d'informer nos lecteurs que « *Ah! si je te tenais* » la gravure-prime et le pendant de « *Necessité n'a pas de loi!* » devra leur être remise gratuitement avec le n° 11 du Journal, qui paraîtra le 17 Décembre courant : et en même temps nous rappelons aux lecteurs de l'émouvant roman d'Emile BLAIN « Les Chasseurs de Vierges », ancienne édition, que la suite de cet ouvrage est parue dans la 13e livraison de l'édition nouvelle, mise en vente avant-hier 9 Décembre, pour continuer sans interruption jusqu'au dénouement.**

# Vingt Jours de plaisir dans la Capitale

— De sorte que ? fit Carle-Max qui s'amusait fort des confidences du jeune Dubassin.

— Nous avons vogué en plein idéal, cher ami ! répondit le jeune Dubassin qui semblait un peu déconfit.

— C'est à recommencer !

— Oh! non; d'ailleurs Ainéa m'a dit que désormais elle ne recevrait plus personne avant son départ pour Pernambuco.

— Pourquoi ça ?

— C'est son nouveau directeur qui l'a exigé.

— Vraiment ?

— Oui, comme il a télégraphié là-bas la nouvelle de son engagement, elle va être interviewée par tous les correspondants des journaux de là-bas et son directeur ayant, pour doubler son prestige attractif, annoncé qu'elle était « ma-cotte » vous comprenez ..

— Qu'en effet si on rencontrait des « amis » chez elle, on retrouverait la cocotte et le canard américain ..

— Aurait les ailes coupées, Carle-Max. Eh bien, et vous ! Votre grande coquette !

— Femme adorable, mon ami !

— Heureux mortel !

— Nous avons beaucoup parlé de vous et vos aventures l'ont si fortement intéressée qu'elle m'a demandé de vous inviter à déjeuner avec nous au restaurant de la Cigale, où elle nous rejoindra tout à l'heure.

— Vous n'êtes donc pas jaloux ?

— Moi! pas le moins du monde ! Et puis, avec ces demoiselles, mon cher, ce serait peine absolument perdue ! Y êtes-vous ?

— Où est-ce, votre Cigale hospitalière ?

— A deux pas, boulevard Rochechouart, au coin de la rue des Martyrs. Dépêchons-nous, Marguerite doit être arrivée.

— Marguerite ?

— Ma grande coquette ; une charmante enfant, comme vous le verrez ?

Marguerite était, en effet, arrivée, mais pas seule. A la table où elle dégustait un « Picon-curaçao » se tenait assise auprès d'elle une autre demoiselle, non moins charmante, et qui lui ressemblait étonnamment.

— Ma sœur Colombe, messieurs! fit Marguerite, en la présentant aux deux jeunes gens.

— La prima-donna du Cirque Fernando, n'est-ce pas, Mademoiselle, dit gracieusement Carle-Max.

— Vous vous connaissez donc ? demanda la grande coquette au journaliste, avec un petit ton aigrelet qui dénotait en elle une dissemblance de façon de voir en fait de cette jalousie dont il se moquait, lui, si agréablement.

— Et du reste, tu perdrais ton temps. Carle-Max. Colombe n'est pas venue pour toi.

— C'est donc pour ce cher Philoctète...

— Précisément ; quand je lui ai dit tantôt, en passant lui souhaiter le bonjour, que je déjeunais avec toi et monsieur, qu'elle avait aperçu la nuit de son duel au Moulin Rouge, elle n'a pas eu de cesse que je l'amenasse avec moi.

— Oh! Mademoiselle, c'est être trop aimable, en vérité; fit le jeune Dubassin, se rengorgeant.

— Au cirque, on a parlé de vous pendant deux jours; il y avait la petite Emma, la « grenouille automatique » qui était justement avec un des témoins de votre adversaire et je n'étais pas fâchée, vous comprenez, de voir de près l'un des héros de cette fameuse rencontre.

— Croyez, Mademoiselle...

— A table! fit Carle-Max, on s'expliquera mieux au perdreau truffé.

A la fin du déjeuner, Carle-Max avait pour la seconde fois régalé Marguerite des exploits du jeune Dubassin et sa sœur Colombe, qui paraissait décidément d'humeur bienveillante pour son énergique nature, avait applaudi à mainte reprise et avait même, d'émotion, au moment de la détonation des chandelles romaines, oublié sa menotte potelée dans les mains nerveuses du champion dont elle se toquait et qui, câlinement, la massait pour calmer son touchant émoi.

— Oh ! Colombe, murmurait-il, Colombe, dites-moi ! où donc allez-vous ?

Mais pour être écuyère, on n'en a pas moins des principes, ce que prouva la ravissante enfant à Philoctète, en lui répondant, révère :

— Oh! pas si vite, s'il vous plaît, cher monsieur! nous ne sommes pas au Moulin Rouge! D'ailleurs j'ai fait un vœu! Je n'aimerai jamais qu'un homme qui se sera distingué par une action d'éclat.

— Eh bien! mais, et son duel? objecta Carle-Max, toujours conciliant.

— Ce n'a pas été pour moi qu'il a eu lieu, Monsieur Carle-Max.

— Que faut-il faire, alors! je suis prêt à tout, s'écria le jeune Dubassin que, comme à son ordinaire, la perspective d'un obstacle à franchir électrisait.

— Cherchez et vous trouverez, cher Monsieur.

Et comme l'heure sonnait pour Mademoiselle Colombe d'aller au cirque, pour la matinée, et Marguerite, à son théâtre, on se leva de table, en maugréant contre les rigueurs de la vie artistique qui enchaînaient ces dames à un esclavage ennuyeux.

On était si bien là, qu'il en coûtait fort de se séparer, ainsi que le soupira le jeune Dubassin, agacé de quitter Colombe dont la résistance l'affriolait.

— Rien de plus simple! fit Marguerite, bonne fille; ces Messieurs vont vous accompagner au cirque, voilà tout !

— Et toi ?

— Je me sacrifierai, ma sœur !

Puis tout bas, dans le baiser d'au-revoir que lui prit Carle-Max.

— Mais tu me le rendras ce soir, dis, chéri ?

— Au centuple, c'est entendu.

Et le jeune Dubassin entra avec Carle-Max dans les écuries du cirque, où les loges d'artistes se trouvent à deux pas des « boxes » de messieurs les chevaux, Colombe ayant obtenu qu'on leur accordât la faveur de libre admission.

C'était une bizarre animation, un « pêle-mêle » plus original encore que celui des coulisses que Philoctète avait vues la veille, et qui le stupéfia complètement.

A côté d'un « pur sang » de haute école, gambadait un singe déguisé en jockey, à la voltige la plus grotesque audacieuse et auprès de l'hercule qui allait jongler avec les canons, s'exerçait un clown mal bâti, à l'accent anglais de la rue Mouffetard, avec la note gaie des jupes de mousseline des écuyères et des paillettes dorées des maillots d'acrobates qui se disposaient aux poses à représenter plus tard sur la piste, où le régisseur, bel homme, jouait de la chambrière aux clic-clacs sonores qu'accompagnaient les cuivres de l'orchestre endiablé.

— De jolies femmes, n'est-il pas vrai ? disait Carle-Max qui n'arrêtait pas de répondre aux mille « bon jours » qu'on lui envoyait.

— Oui, mais Colombe est encore bien mieux ! répondait Philoctète en regardant à tous moments du côté où elle était partie s'habiller.

— Peste ! vous en tenez, mon cher ! et je vous comprends. La voici !

Elle était, en effet, la plus belle de toutes quand elle reparut, en costume court d'écuyère, le maillot chair collant sur sa cuisse divinement faite, et la poitrine saillante sous la cuirasse argentée qui serrait sa taille dans une énivrante rondeur.

Philoctète ne put s'empêcher de lui témoigner son admiration.

— Se peut-il, aussi adorable, que vous refusiez une adoration ? lui dit-il, tout énamouré.

— Vous savez ce que je vous ai dit ? Avez-vous trouvé ?

— Allons, fit Carle-Max, ne soyez pas si méchante, Colombe ! puisqu'il se soumet à l'épreuve, aidez-le !

— Soit, répondit, après une seconde de réflexion l'écuyère, qui demanda à un palfrenier !

— Anatole fait-il son numéro, ce matin ?

— Oui, Mademoiselle.

— Anatole ? demanda le jeune Dubassin.

— Le plus intelligent des ânes, Monsieur Philoctète, avec lequel, si ma conquête vous tente tant soit peu, vous allez vous mesurer tout à l'heure.

— Avec un âne !

— Oh ! vous ne serez pas ridicule, ne craignez rien Loin de moi une aussi mauvaise pensée...

— Mais.

— Il ne s'agit que d'arriver à se maintenir sur sa selle, tout simplement.

— Rien que cela ?

— Peu de chose, en effet ; mais que personne, excepté son maître, n'a pu arriver à faire jusqu'à présent et si vous réussissez...

— Eh bien ?

— Je me croirai peut-être déliée de mon vœu, cher ami !

— Alors, Mademoiselle, c'est comme si le Pape y avait passé ! répartit gaiment Philoctète, radieux, qui s'éloigna un instant pour aller examiner le rival qu'il avait à vaincre.

— C'est mal, Colombe ! dit Carle-Max, vous allez lui faire casser le cou !

— Oh ! non pas ! j'en serais désolée, c'est un trop gentil garçon ; mais il a besoin d'une petite leçon ; il vous a un air fat avec les femmes !

— Et s'il se démolit pourtant.

— Je le raccommoderais, cher monsieur ; et d'ailleurs, pas de danger, les clowns sont là pour veiller aux accidents et le sable de la piste est profond. Je vous quitte, voici mon numéro.

Philoctète avait suivi, tout émerveillé, les exercices de Mademoiselle Colombe qui était l'étoile de la maison et un frisson de désir courait rapide en toutes ses veines.

— A la bonne heure, au moins, disait-il à Carle-Max, voilà une femme, au moins ! et quand je pense que, ce soir, elle m'appartiendra...

— Gare à l'âne, ami Philoctète ; comment allez-vous en sortir ?

— En l'hypnotisant, Carle-Max.

— Attention ! voilà le moment de vous distinguer !

Anatole arrivait sur la piste, conduit par son maître. Il allait posément, noblement, naseaux en l'air et bultant fièrement de sa longue queue, en âne indompté qu'il était et après les saluts d'usage à la Société, il se campa fièrement au milieu du cirque, défiant de son plus magnifique braiement les amateurs à venir s'escrimer avec lui.

— Eh bien ? vous reculez ? fit l'écuyère qui avait rejoint nos deux amis, après s'être couvert les épaules contre la fraicheur.

Anatole avait déjà désarçonné une dizaine de cavaliers et son maître allait le ramener dans son écurie quand le public assista à une scène étrange :

Un monsieur en chapeau haute forme s'approchait doucement de l'âne, en brayant d'un ton singulier, avec des modulations entrecoupées, presque mélo-dieuses ; et Anatole, dès les premiers sons, avait suspendu net ses cabrioles et ses ruades endiablées, tendant d'oites ses longues oreilles comme pour n'en pas perdre une vibration.

Puis, le jeune Dubassin, car c'était lui, passa à une charge de « hi-han ! » sonores, précipités, tandis que la queue d'Anatole fouettant l'air, marquait la mesure, en cadences régulièrement marquées.

Philoctète ayant repris sa mélodie harmonieuse du début, le public, vit Anatole, lentement, se dandinant, avec des allures félines, se diriger, comme fasciné, vers le jeune Dubassin qui continuait son chant.

Lorsqu'il fut à deux pas, Anatole fléchit sur les deux genoux et tendit son naseau à Philoctète qui s'était aussi agenouillé pour recevoir l'accolade du démon qu'il venait d'exorciser.

Et, l'accolade terminée ; d'un bond, Philoctète sauta sur l'échine d'Anatole qui fit en trottinant, sans broncher sous le poids de son cavalier, le tour de la piste pour saluer le public avant de regagner le son qu'il bien gagné.

Un tonnerre de bravos proclama la victoire du jeune Dubassin.

Quand il retrouva Carle-Max, il ne vit plus l'écuyère qui avait disparu ; mais un employé lui remit un petit paquet entouré d'une faveur rose.

— Mademoiselle Colombe m'a prié de donner ceci à Monsieur, fit-il.

C'était une clef nickelée, avec une fiche portant ces mots : 296, rue Condorcet, au 1er, au-dessus de l'entresol, à minuit, ce soir.

Minuit sonnant, Philoctète causait avec l'écuyère, dans un boudoir élégant satin bleu et celle-ci lui demandait :

— Que diable, mon trésor, as-tu chanté à Anatole pour l'amadouer de semblable façon.

— Le grand air de la *Dame Blanche*, « viens, gentille dame » ma toute belle, transcrit pour ânes, tel que j'ai mainte fois entendu, au cours de mes promenades à travers champs, chez nous, les baudets se le roucouler, au temps des cerises et des jeunes pousses du printemps. Ah ! les grands airs des animaux, je les connais tous.

— Et le chant des oiseaux, l'as-tu retenu aussi bien ? demanda la mutine enfant.

— Oui, ma douce Colombe ; surtout leur chant au nid !

*(La suite au prochain numéro).*

---

## PROVINCIAUX

# La candidature Souvenraide

Une fois pourvu de l'autorisation administrative qui lui était nécessaire, le percepteur Souvenraide commença la campagne.

Il s'agissait de remplacer, au conseil municipal de Légumeville, le fameux Brochalas, qui avait donné sa démission par coup de tête, mais qui se serait bien gardé de ne pas se repentir prisant fort le pouvoir. Brochalas tenait pour l'installation de bancs permanents, c'est-à-dire scellés sur un massif de maçonnerie, sur la promenade des Tilleuls, la fierté de Légumeville. La majorité du Conseil s'étant prononcée pour les bancs mobiles, Brochalas était tombé sur cette grave question économique et en avait appelé au *referendum* populaire.

Souvenraide ne tenait ni pour les bancs fixes, ni pour les bancs mobiles, n'ayant pas coutume d'aller s'asseoir sous les tilleuls ; mais les bancs mobiles lui ayant paru jouir de plus de faveur parmi les intéressés, il s'en réclama, en fin matois qu'il était. Tout eût donc marché à souhait, si Brochalas, navré, décidément, de ne plus rien être, et redoutant la concurrence sérieuse de Souvenraide, n'avait tout à coup fait volte-face et doté la promenade de six bancs mobiles, fabriqués spécialement pour Légumeville, aux vastes magasins de la Ménagère et dont Brochalas avait lui-même surveillé l'emballage et l'expédition.

Il était allé sournoisement à Paris pour faire son coup. Souvenraide en faillit crever de dépit. Sa profession de foi était toute prête : il allait avoir à la réviser de fond en comble ; la rage de siéger autour d'un tapis vert, généralement sale et maculé d'encre, et d'y faire des effets de renversement de corps dédaigneux dans les grandes controverses, l'avait gagné ; voilà que l'assouvissement lui en paraissait compromis ; l'espoir lui avait chatouillé l'épigastre : il fallait maintenant tenter la chance et combattre ! Où donc allait le monde, grands dieux !

Après avoir pris conseil de Casteljone, le conducteur des ponts-et-chaussées, qui faisait partie de l'assemblée municipale, et dès lors devait en connaître l'esprit, il répondit au dire de Brochalas par l'offre de vingt-trois cloches à melons pour le potager municipal.

Brochalas répliqua par une paire de giffles ; Souvenraide lui dépêcha deux témoins. On ne put s'entendre sur la rédaction du procès-verbal, et, les deux champions en étant revenus aux torgnoles, il en résulta, pour Brochalas, l'obligation de garder le lit pendant trois semaines ; Souvenraide lui ayant cassé deux côtes d'un seul coup de la fameuse matraque qu'il prétendait avoir rapportée de Kabylie, au temps de la conquête et qu'il sortait dans les grandes occasions.

Devenu seul maître de la situation, Souvenraide avait repris confiance dans le succès, et déjà il rédigeait par avance une motion tendant à réglementer l'enlèvement des ordures ménagères, qui laissait fort à désirer ; quand, un matin, alors qu'il était encore au lit, aux prises avec l'article deux de sa motion, Casteljone se présenta tout effaré :

— Mon pauvre vieux, ça ne va plus. D'abord le Conseil est furieux de ton envoi de cloches.

— J'ai pris ton avis.

— Sauf sur la quantité ; tu ne t'es donc pas souvenu qu'ils sont vingt-trois, eux aussi ?

— J'en avais acheté deux douzaines, ce n'est pas ma faute si le chemin de fer m'en a brisé une.

— Il fallait les refuser où n'en donner que vingt. Enfin, on t'a taxé de fumiste.

— Qui ça ?

— Pyromaque, l'agent-voyer. Tu sais que c'est une sale bête.

— Il te râfle tous les cantonniers.

— Il y a plus, maintenant toutes les femmes sont du côté de Brochalas, dont la situation excite leur compassion.

— Les femmes, je m'en charge.

— Tu n'as pas idée de la cabale.

— J'en muselerai un demi quarteron...

— Et tu resteras sur le flanc.

— Bon Dieu ! que dis-tu là, Casteljone.

— Remets-toi en campagne tout de suite et ne débride qu'après les avoir retournées toutes ; toutes, tu m'entends...

Souvenraide, incontinent, s'habilla

— Tu vas m'en donner la liste.

— Pas la peine, je te dis que tu n'en a pas une seule pour toi ! Commence d'abord par la mienne.

— Ta femme ?

— Puisque je suis de ton camp...

— C'est juste.

Sur les trois heures de l'après-midi, Souvenraide avait déjà rallié deux fois Mme Casteljone, qui se dérobait tout le temps et qu'on avait toutes les peines du monde à fixer un peu sérieusement.

A cinq heures, il rallia la femme du notaire et ne parut pas à l'apéritif.

A huit heures, il exposait ses vues à celle du cordonnier de la place la Balue. A neuf, il n'avait pas encore diné, et, à dix, son armée se composait déjà d'une escouade, y compris Mme Souvenraide, également dissidente, naturellement, qu'il avait dû, bon gré mal gré, rallier également, entre minuit et une heure du matin !

La tactique de Souvenraide était simple : il n'en

vait même pas, n'ayant qu'un moyen, toujours le même, pour exciter les enthousiasmes féminins : le ...thétique, tiré de son éloquence aisée et naturelle; ...ais il en usait à ravir et, en quelques minutes, sa... ...ait gagner tous les cœurs. C'était un maître.

Pendant huit jours et huit nuits, il rallia de la sorte. ...e neuvième jour, il lui restait juste cent quarante-...uit adversaires à convaincre. Et les élections devaient ...voir lieu sous quinzaine.

Il fit son pointage.

— Sacré matin ! mais je piétine sur place !

Alors le découragement le prit ; il eut la nausée de ...a bataille, le vertige des hauts sommets; le doute en...ahit son âme pourtant bien trempée.

Mais l'ami Casteljone renfloua son courage. Il re...ressa sa taille altière, ramassa son bâton de voyage, ...a bonne matraque qu'il avait laissé choir, épuisé, ...essaya en quelques moulinets et rentra dans l'arène.

A partir de ce moment, dans Légumeville, par les ...ues étroites, dans les hameaux avoisinants, par les ...hemins détrempés, par les sentes boueuses, on ne ...it plus que ceci : un homme botté jusqu'aux cuisses, ...trange comme un Juif errant, qui allait, suant et ...oufflant, dévallant les pentes, arpentant les guérêts ...t les chaumes, jaunes, tout tristes, sous le ciel hu...ide et bas de novembre, le jarret solide encore, mais ...s joues creuses, les moustaches pendantes, les ...reilles bleuies par la bise qui soufflait, âpre et froide, ...ar la campagne morne, dans les rameaux dépouillés ...s hêtres et les branches flasques des saules.

Le soir, il s'asseyait un instant sur une borne, au ...oin d'une porte-cochère, ou sur quelque talus de ...oute, parmi les fleurs pourries, les herbes mortes, ...épongeant le front, n'en pouvant plus, visiblement, ...auvre Pégase endolori, tombé fourbu de l'Empyrée, ...yclope lassé qui ne donne plus que d'un front endormi ...ur l'enclume chaude encore de ses coups.

Ah ! il les connut, en même temps que les cabarets ...où s'épand, entre deux tonnes d'absinthe, l'essence ...igiférante, les portes basses des maisons de la ville, ...es greniers à foin, les granges, d'où montent des fer...ents qui grisent, des senteurs qui poussent aux ...nesthésiques sommeils, des appels d'épis à la germi...ation souveraine, — tous lieux propices à l'éclosion ...'une candidature honnête où se développent seuls ...a sainte persuasion et la libre controverse.

Il s'était élevé jusqu'au sublime dans l'art sacré ...'apprivoiser les foules ; nul jamais n'avait plus haut ...ue lui porté la prestigieuse parole électorale dans les ...asses indifférentes et les milieux récalcitrants, ...ieux justifié l' « extincta revivisco » des muscles ...uissants d'Hercule.

Hélas ! ils étaient trop, et Souvenraide, dont la pé...iode était devenue apeurée et diffuse, vint échouer ...iteusement devant l'argumentation ferrée de Mᵐᵉ Bran...esy, la femme du marchand de bois du bourg de Cou...recieux, qu'il avait cru devoir garder, poire déli...ieuse, pour la fin et dont l'influence électorale était ...onsidérable.

— Ce sera ma manœuvre de la dernière heure, ...'était-il dit.

— Monsieur Souvenraide, que ferez-vous de la pres...tion ?

— Ce qu'on voudra.

— Vous n'avez pas d'opinion.

— En matière de péréquation, je suis de l'avis de ...eux qui paient.

— Alors, vous ne savez pas que nous sommes au ...ôle pour huit journées d'homme et quinze de cheval. ...a proportion est excessive.

— Je ramènerai tout cela à une demi-heure.

— C'est encore trop. Ici, on ne va pas jusque-là.

— Oh ! belle dame, que dites-vous là ?

— La vérité.

— La vérité ! Vous voulez donc attrister d'un regret ...a veillée des armes, que j'aille, cette préoccupation ...ans l'âme, lié par mon devoir professionnel, recevoir ... prorata exagéré d'une industrie qui souffre, péri...lite, tombe à rien...

— Je ne voudrais rien de cela.

— Et ne pouvant falsifier les écritures publiques, je ...e ferais pas d'effort pour combattre ce triste marasme, ...econstituer votre prospérité disparue... Je serais in...igne ! Madame, portez moi à votre livre de com...andes pour dix cordes de bois.

— Oh ! monsieur Souvenraide !...

— J'oblige Casteljone, qui a des ressources, à s'en ...aire livrer vingt avant ce soir.

— Oh ! monsieur Souvenraide !...

— J'en ferai commander cent par la municipalité, plus mille fagots, pour les pauvres... je ..

— Oh ! monsieur Souvenraide !...

— Je... oh ! madame !

Mais c'est là tout ce que put articuler le pauvre homme.

Penaud et déconfit, il lui fallut prendre congé !

— Monsieur Souvenraide, vous n'êtes guère persuasif, lui dit ironiquement Mᵐᵉ Brandesy, qui détestait les points d'orgues au début d'une partition.

Le lendemain samedi, jour de l'ultime réunion des électeurs, Souvenraide épuisé, méconnaissable, vieilli de dix ans, endossa son frac, devenu trop large, chaussa ses lunettes d'or pour se donner de l'allure et s'en fut à la convocation qui lui avait été adressée.

Brochalas, guéri et ma foi très dispos, fit son entrée au moment où Souvenraide, après s'être prononcé sur la question des bancs communaux, abordait la note patriotique par laquelle il est de bon goût de terminer toute harangue qui se respecte.

Il était accompagné de Brandesy.

Tous deux paraissaient très gais ; ils se frottaient le ventre d'un air sardonique.

Souvenraide en fut alarmé, et ce fut d'une voix éteinte qu'il s'écria :

— L'Europe, messieurs !...

— Ça manque de chaleur, interrompit Brandesy.

— Passez-lui le Choubersky, appuya Brochalas.

— Ou l'accumulateur Siemens.

— Et pourquoi, s'il vous plaît, messieurs ? questionna avec hauteur Souvenraide.

— Parbleu ! pour vous donner le *la*.

— Vous croyez que je ne vibre plus ?... Messieurs, dans tous les sens. .

— Ne vous faites pas d'illusion. Vous voulez, citoyens, un élu qui vibre ? continua Brandesy.

— Nous le voulons !

— Criez : Vive la France ! Brochalas !

— Vive la France ! hurla Brochalas.

Les vitres en tremblèrent. On se regardait avec admiration.

— Grenouilles ! clama Souvenraide, pendant qu'un tonnerre d'applaudissements saluait la profession de foi sonore et très simple du candidat.

— Étonnant tout de même ce Brochalas, se disait-on dans les groupes.

— Prenez cet organe et renvoyez dans sa fosse l'ours chauve, au chef branlant, de cet homme qui vous abuse par un semblant d'audace et de virilité. Soyez cléments pour Souvenraide, ne le tuez pas. Il lui faut le calme des nuits, la quiétude de la vie domestique, les joies pures du jardinage ; non point les tumultueuses séances de nos assemblées, la lutte ardente des idées, des marches impétueuses aux scrutins publics. Il bouderait devant les urnes !

— Je bouderais...

— Laissez parler l'orateur.

— L'orateur, c'est moi : Brandesy n'a pas la parole.

— Il parle, donc il a la parole, fit doucement observer le président.

— Rendez ce lamentable à son obscurité et à sa paperasse ; ne lui demandez pas d'efforts. Il ne peut rien pour vous : perclus, vidé, aphone, terne et quinteux, il n'a plus rien qui vibre, rien, vous dis-je. C'est un macchabée électoral : laissez passer la justice de Dieu !

Souvenraide s'affaissa, ce soir-là, sous le poids de cette éloquence indignée ; et, le lendemain, sous une minorité de cent quatre-vingt quinze voix sur quatre cent dix inscrits et deux cent vingt votants.

Mais il eut des compensations : au mois de juillet qui suivit, il dut accepter d'être parrain trente-cinq fois de suite !

ÉDOUARD ZED.

# PARIS QUI AIME

## HISTOIRES D'AMOUR

# CONFITEOR!...

*À Andrée Bafferme.*

Insoucieuse des beautés que Rude, Pradier, Lemaire, et d'autres ont semées à profusion dans la vaste église aux apparences de temple grec, placée sous l'invocation de Marie-Madeleine, Clara avait franchi le porche, s'était glissée, avec des airs pudiques, de pénitente sincère, de dévote fervente, sous les voûtes sacrées, dans l'espoir d'y trouver la pâtée du soir, le vieux monsieur frôleur de jambes, qui tâte les hanches des tem-

mes dans la foule, se rapproche de façon à mêler son haleine à la leur, avec, dans les yeux, des lubricités séniles et qui paye bien, généreux.

À ce moment, en chaire, un bénédictin, tonitruant, fulgurant, et exalté; ses fines mains blanches, émergeant jusques au coude des larges manches de la robe de bure, étendues sur son auditoire de mondaines pécheresses comme lançant l'anathème, la malédiction, prêchait sur la corruption du siècle, fulminait des excommunications, traînait aux gémonies les épouses adultères, menaçait de toutes les foudres célestes les péripatéticiennes qui ne viendraient pas à résipiscence, ne feraient pas amende honorable, ne renonceraient pas à la vie de débauche, n'imploreraient pas le pardon de ce Dieu si bon, si miséricordieux, telle la femme de Magdala qui pour faire oublier sa dépravation lavait, suivant T. Gautier, les pieds du Christ dans les larmes de tous les hommes qu'elle avait... consolés.

La voix du moine, sonore, retentissante, emplissait l'édifice, pénétrait partout, dans les coins les plus éloignés, grossie encore par l'acoustique des hautes voûtes, se mêlait au parfum de l'encens qui brûlait dans les cassolettes, et, comme elle, s'y répandait.

Clara, d'abord indifférente au prêche, tout entière au but qui l'avait amenée là, ne put cependant s'empêcher de prêter peu à peu l'oreille aux paroles du Révérend. Sans qu'elle s'en doutât, elles pénétraient en elle, l'angoissaient, la terrorisaient, et elle en vint à se demander de quelle boue épaisse était donc pétri son être, quels germes obscurs, quel levain d'impureté fermentaient dans ses veines, viciaient son sang; et lorsque ce fut fini, que précédé des enfants de chœur, du suisse faisant sonner sa hallebarde sur les dalles, l'homme saint se fut retiré dans la sacristie, la pécheresse, à genoux et le visage en ses mains, écrasée, pantelante, bourrelée de remords, harcelée par la crainte des souffrances de l'au-delà, des flammes éternelles, frappa par trois fois sa poitrine dans un acte de contrition sincère, pendant peut-être; puis se retira modeste, mais l'air radieux comme si elle se fût, dans la prière, lavée de ses souillures, et dans ses *mea culpa* refait une autre virginité.

Maintenant que la grâce divine est en elle, que sa résolution est bien prise, irrévocable, la vie de Clara va entrer dans une phase nouvelle. Elle licencie, d'abord, ses adorateurs attitrés, ceux qui venaient à jour et à heures fixes, pour ne pas trouver la place prise; même l'amant de cœur, le jeune Alphonse reçu les jours de chômage, à qui cela ne coûtait rien, au contraire; mais qui servait de chaperon pour aller aux courses, au théâtre, qui prenait sa défense dans les disputes, dans les rixes, parce qu'il a de larges épaules et une forte voix, et elle renonce aussi aux clients de passage, racolés dans la rue, dans les temples, auxquels elle se livrait à leur gré, suivant leur caprice, dans une chambre d'hôtel, en voiture, sur un banc de boulevard désert, qu'elle amenait chez elle, à qui elle disait tout d'abord, avant toute chose : « Fais-moi ton petit cadeau, veux-tu, chéri » « si l'homme n'inspirait pas confiance, ou, dans le cas contraire, s'il avait montré un peu d'or, exhibé quelque bijoux, lui faisait crédit de quelques minutes, ne lui demandait son salaire qu'au moment du départ, retroussait ses jupes, dégrafait sa jarretière, et montrant au-dessus du genou, le bas béant, comme une aumônière, disait avec dans la voix des inflexions câlines et dans le regard des douceurs inviteuses : « Eh ! bien, que me donnes-tu, mon gros chien ? Tiens, mets-le moi là dedans, ça me portera bonheur ! »

Et lorsque sa situation est ainsi mise au net, Clara déménage, quitte la maison témoin de ses exploits, où elle est trop connue pour y pouvoir vivre tranquille du fruit d'un travail honnête qu'elle se procurera et, sans tambour ni trompette, va loger dans un quartier perdu, tranquille, où son passé ne viendra pas troubler la quiétude de son existence nouvelle.

Son passé ! Ô cet horrible passé de débauche, de marchandage de chair humaine, où elle vendait ses baisers, ses caresses, où elle livrait tout son corps aux attouchements obscènes du premier venu pour un peu d'argent, comme elle voudrait le rejeter loin derrière elle, l'oublier, comme on rejette, on oublie le souvenir des cauchemars !

Et alors lui reviennent à la pensée les paroles du moine, qu'elle croit encore entendre, qui troublent à nouveau sa conscience de pécheresse repentie : « Renoncez à Satan, à ses pompes et à ses œuvres ! » a-t-il vociféré, terrible. Elle se rappelle que c'est au moment précis que le repentir est entré en son âme. Mais suffit-il d'avoir la contrition parfaite? ne faut-il pas aussi aller confesser ses fautes, pour en obtenir le pardon ?

Eh bien ! soit ; elle ira. Elle se jettera aux pieds

du prêtre, lui avouera tout, tout, et peut-être qu'alors, sa pénitence faite, absoute, pardonnée, elle pourra jouir des félicités promises aux très purs dans ce monde et dans l'autre.

Toute tremblante, Clara pénétra dans le petit salon où la vieille gouvernante venait d'annoncer sa visite à l'abbé.

— Entrez, mon enfant, et asseyez-vous, là, près de moi.

Machinalement, comme poussée par un ressort, Clara fit ce qu'il lui demandait.

— Est-ce un conseil que vous venez chercher, ou une confession que vous désirez me faire ?

En deux mots, Clara dit le but de sa visite.

— En ce cas, mon enfant, mettez-vous à genoux, je vous écoute.

Et aimée, affable, prévenant, le prêtre approcha un pouf moelleux sur lequel sa pénitente s'agenouilla.

— Faites, maintenant, le signe de la croix, et tandis que je dirai le *Confiteor* à haute voix, suivez-moi religieusement, car, ajouta-t-il avec un sourire triste, vous ne devez pas le savoir par cœur, n'est-ce pas ?

Puis, cette prière dite :

— Parlez, mon enfant, je vous écoute.

Alors, Clara se mit à parler avec une telle volubilité, une telle hâte de tout dire, de tout avouer d'un seul coup, d'en finir brutalement, d'étaler ses fautes comme autant de plaies saignantes, avec une franchise anxieuse de malade qui se confie à son médecin, que le prêtre l'interrompit, lui demanda de mieux relier ses pensées, de s'expliquer de façon plus lucide, de préciser, d'entrer dans des détails qui le secouaient, lui, le pénétraient jusqu'aux moelles, le faisaient s'exclamer :

— Oh ! que c'est vilain ! Oh ! la malheureuse ! Que me dites-vous là, mon enfant ? Est-ce possible ? Continuez, continuez, dites encore.

Et Clara reprenait, larmoyante, confuse :

— Oh ! mon père, de grâce, ne m'arrêtez pas, ne me parlez pas, laissez-moi confesser ces fautes qui me brisent, qui me tuent, qui m'amènent sans forces vers vous comme vers un asile ; laissez-moi vider ce cœur qui n'en peut plus, tant que je m'en sens encore le courage.

Elle haletait comme quelque bête aux abois traquée par des chasseurs, étouffait dans la tiédeur du petit salon. Et elle dégrafa un peu le col de son corsage, respira un instant à pleins poumons, puis continua sa confession de désespérée.

— Non, vous ne savez pas, mon père, ce qu'est la vie d'une jeune fille jetée dans le monde avec les désillusions d'un premier amour. Car, j'ai aimé, moi, l'impudique, la flétrie, la prostituée. J'ai aimé une fois, une seule, mais avec toute la force de mon âme, et d'un amour dont on ne guérit pas. Il était si charmant ! d'une élégance si achevée ! et d'une gaieté qui eût chassé les pires mélancolies ; toutes mes amies en étaient folles, le tentaient, paraissaient avoir la tête à l'envers dès qu'il se montrait. Je lui plus pour mon malheur ; il me fit la cour, et je succombai.

— Malheureuse !

— Mais, dites-moi, qui m'avait appris à être vertueuse, qui me couvait, qui me criait casse-cou, qui me donnait ce qu'il m'avait fait miroiter : du bonheur, de l'amour ? Personne, personne ! Ah ! ce ne lui fut pas malaisé de m'amener dans ses bras, de me prendre le cœur. Et puis, je l'aimais, je l'adorais, aussi follement, aussi passionnément qu'il est possible de se donner, d'appartenir à l'élu de son cœur, avec toute mon âme, avec tous mes sens, sans pudeur, sans retenue... Là un beau jour, disparu, envolé, enfui ! Ce fut un déchirement, quelque chose de moi, le meilleur, qui était parti, s'était effondré... Alors, de désespoir, je me jetai dans le vice, me vautrai dans la boue, me donnant à quiconque me voulait, me pliant aux exigences les plus répugnantes, les plus abjectes, sans plaisir, sans amour, pour de l'argent... Oui, mon père, pour...

Elle n'eut pas le temps de finir.

Le prêtre, grisé par ce qu'il venait d'entendre, succombait à la tentation puissante de la chair, et l'avait prise dans ses bras, brutal, comme les autres.

En deux tours de mains, Clara avait remis un peu d'ordre dans sa chevelure, fixé les frisons sur son front, rétabli l'harmonie de sa toilette, et soudain, oublieuse du sermon du bénédictin, de ses bonnes intentions, de ses promesses, obéissant à la force de l'habitude, elle lui mit un genou à terre, fit sauter la jarretière de l'autre,

jambe étendue, et ouvrant son bas comme naguère, avec, sur les lèvres, son sourire quémandeur :

— Eh bien ! que me donnes-tu, mon gros chien ? dit-elle.

Alors, le prêtre, calme, onctueux, étendant sur la pécheresse ses deux mains bénisseuses :

— L'absolution, mon enfant !...

(La suite au prochain numéro).

# LA BLESSURE DE FRITZ

Moi je suis pour les histoires qui contiennent une morale.

Et vous ?

D'ailleurs, n'est-ce pas, aujourd'hui que nous avons l'instruction obligatoire, il est nécessaire d'élever la jeunesse avec des principes austères, — absolument comme le bois de chauffage.

Cependant je crois que l'austérité de ces principes doit être enveloppée, revêtue d'une forme agréable. C'est ce qu'ont bien compris nos chimistes, lorsqu'ils ont songé à nous faire avaler des pilules d'ipécacuana sous forme de pastilles de menthe.

Or, comme nos lecteurs sont justement des jeunes gens, — du moins entre dix-sept et cinquante ans — j'ai cru bien faire en revêtant mon histoire d'une tunique alléchante... — Fichtre ! quelle image choisie, mes enfants !

Au fond, je n'hésite pas à dire que ce petit article, pourrait être intitulé : « Le chien gourmand » et signé du nom de madame de Ségur.

C'était lundi de la semaine dernière.

J'étais rentré un peu tard, vers quatre heures du matin.

C'est drôle, quand je vais au café je ne peux plus en sortir ! J'ai tant d'ouvrage !

Donc, en arrivant devant ma porte, j'aperçois Fritz qui venait d'atteler la Grise.

— Tiens ! Bonchour, Marius, qui m'dit comme ça.

— Bonjour Fritz, prends-tu le vin blanc ?

— Pourquoi pas ?

Le mastroquet d'à côté venait d'ouvrir. Nous y entrâmes.

Il faut vous dire que Fritz est alsacien, mais un vrai, vous savez... Il me parle toujours de l'année de la guerre, où il faisait si froid que le vin du Rhin, ayant gelé dans les caves de Wilhelm Kaïser, son oncle, les Prussiens durent le casser à coup de crosses et le faire fondre dans leurs marmites pour le boire.

C'est un patriote enragé. Il a combattu pendant le siège et à Châteaudun, et a été assez grièvement blessé. Depuis une quinzaine d'années, il tient avec sa femme une boutique de fruiterie en bas de la maison que j'habite.

Nous prîmes donc le vin blanc. Puis il me proposa de descendre avec lui, dans sa voiture, jusqu'aux halles, où il va s'approvisionner chaque matin.

J'acceptai. Je montai dans la carriole, et la Grise partit au petit trot.

Une fois arrivé aux halles, comme je préférais prendre l'air que m'enfermer chez un mastroquet, je fis le tour du marché avec lui. Il fit ses achats en connaisseur, fit porter les marchandises dans sa voiture, et nous pensâmes à casser la croûte.

A six heures du matin, aux halles, on n'est plus la même chose qu'à l'heure de l'absinthe sur le boulevard ; on est sans gêne, quoi !

Nous nous dirigeâmes donc vers un marchand de tripes, de boudins et de saucisses et nous en achetâmes pour quelques sous.

Puis je dis à Fritz :

— Viens, nous allons prendre un verre ici tout près, chez un camarade.

Fritz se gratta l'oreille.

— C'est que ch'ai aussi un ami, à gôté, où che fais tous les chours, me dit-il.

— Ça ne fait rien, répondis-je, nous irons après. Nous allâmes donc chez mon camarade où se trouvait un boucher devant le comptoir. Le boucher avait un bouledogue superbe.

Fritz le caressait en mangeant sa saucisse.

— Faites attention, lui dit le boucher, Médor va vous la boulotter.

— Pas d'tancher ! répliqua le fruitier.

A peine avait-il dit ces mots que houp ! Médor saisissait le reste de la saucisse dans la main de Fritz et se sauvait avec.

— Cochon d'chien ! fit l'alsacien, en riant d'un gros rire.

Nous payâmes nos deux verres et nous nous en allâmes.

— Tu tiens chez mon ami à brésent ? me dit Fritz.

— Allons-y.

Là, il y avait trois ou quatre clients, tous maraîchers ou porteurs.

— Bonchour, Charlot : dit mon fruitier en tendant la main au patron. Che te brésente un camarade, et un pon ! il est chournaliste, tu sais...

— Oui, oui, che sais répondit Charlot.

— Tu sais, me dit Fritz, c'est aussi un alsacien...

— Je l'entends !

Quand il nous eut servi, le patron sortit de son comptoir et s'approcha du fruitier.

— Tis ton', nous parlions de la guerre. Che tisais chistement que toi tu étais un prave, qu'il avait bien compattu...

— Oh ! oh ! bas si prave que ça ! Gomme tout le monte, quoi ! fit modestement Fritz.

— Et que tu avais été plessé à Jâteaudin...

— Oh ! une écradignire !

— Une écradignire à mettre le poing ! protesta Charlot... Tiens, Fritz, fais foir don plésire (1) à ces messieurs...

Fritz se récria :

— Touchours tu me te fis te moudrer mon plésire... C'est pas si peau à voir ! Et puis une plésire à l'aîne che beux bas éialer ça en biblic...

— Allons, monsieur, faites-nous voir cela, fit quelqu'un ; une chose glorieuse est toujours belle !

J'insistai également :

— Vas-y, Fritz ; ne refuse pas à ces messieurs de montrer ton... blessure.

Fritz, très ennuyé, se déboutonna.

Les têtes se penchèrent auprès de la chemise relevée... Mais au même instant une bousculade eut lieu, et Fritz n'eut que le temps de remonter son pantalon...

Le chien du boucher nous avait suivis.

MARIUS RÉTY.

# La Rosière

Parmi les « Rosières » normandes, la plus réputée est, sans contredit, celle de Barbantron-les-Pommes de Saint-Florentin, un petit bourg de trente et quelques feux, à quelques kilomètres de Caen.

Non pas que les femmes y fussent meilleures ni plus belles que dans les autres pays d'alentour, ou que la « rosière » annuelle de Barbantron eût sur ses collègues de la région quelque avantage particulier qui la signalât à l'attention spéciale des amateurs d'essence de fleurs d'oranger !

Aucunement ; mais c'était qu'à Barbantron-les-Pommes, le couronnement de la rosière était le prétexte de grandes fêtes, célèbres, dans toute la contrée, pour leur extraordinaire magnificence et leur éclat, grâce au legs laissé par madame la comtesse défunte de Lavallée-Desjarmes-Decroc (Odile), laquelle, au jour de son trépas dans le vieux château voisin, avait voulu encou-

(1) lisez : *blessure.*

rager les jeunes et jolies fillettes, ses anciennes féales, à conserver précieusement leur patrimoine maternel.

Trois mille francs, en bonnes rentes 3 0 0 avaient été institués par l'excellente femme en vue de subvenir, chaque année, à la récompense de la plus digne des concurrentes et aux fêtes qui devaient consacrer le choix du comité d'examen.

Il y avait, outre la cérémonie civile et religieuse, de nombreuses et attractives réjouissances publiques, telles que courses en sac, jeux de ciseaux, de bagues, mâts de cocagne, enlèvement de ballons en baudruche, représentant des personnages grotesques et amusants, revue des sapeurs-pompiers (huit en tout), dont un capitaine et trois sergents ; et l'après-midi et le soir, grand bal dans la prairie du maire, monsieur Leveston-Deflanel, aubergiste, à la « Corne d'abondance », sur la route, au haut de la côte, où tous les routiers donnaient à boire à leurs bêtes et reprenaient eux-mêmes des jambes à l'aide d'un pichet de cidre nouveau.

Ah ! le bon cidre qu'on y buvait, ainsi que dans tout le pays, dont c'était la grande renommée, et d'où les habitants tiraient toutes leurs ressources d'existence ! Leur commerce marchait du reste assez bien toujours, mais leur plus belle recette était le débit qui s'en faisait au couronnement de la rosière, lequel attirait de tous les environs une foule considérable de curieux, dont les gosiers s'altéraient aux danses, fort intelligemment conduites par les membres du Conseil municipal qui poussaient savamment à la consommation.

Et, comme chacun avait le plus grand intérêt à profiter de la fête annuelle, les parents surveillaient leurs filles pour ne pas chômer de rosières et éviter de tomber sous le coup de cessation de paiement du legs, la feue comtesse ayant expressément déclaré son désir formel de voir la fameuse rente 3 0 0 retourner aux membres de sa famille, au cas où, même une seule année, Barbantron-les-Pommes ne pourrait pas fournir l'article primé par son testament.

Aussi, comme nous l'avons dit, à Barbantron, les filles étaient-elles rigoureusement gardées et, dans chaque ménage, s'efforçait-on, en prévoyance de l'avenir, de donner de futures vestales à la patrie, et la naissance d'un garçon y était-elle considérée comme une défaveur du ciel.

Or, il y a deux ans, Barbantron-les-Pommes était dans la plus complète désolation !

Malgré toute son indulgence et sa bienveillance ordinaire, le docteur Padouillet, l'unique médecin du canton et, à ce titre, le seul examinateur scientifique, désigné pour la vérification des titres des postulantes à l'honneur du couronnement, n'avait pu dénicher, même en y regardant à deux fois, aucune candidate admissible, parmi les douze demoiselles nubiles qui formaient le contingent virginal.

C'était une conséquence du fâcheux esprit de militarisme à outrance qui, maintenant, s'implante partout ! L'encombrement des troupes sur pied, au moment des grandes manœuvres, avait obligé le général commandant la région à désigner Barbantron comme gîte d'étape pour une compagnie d'artilleurs, qu'on n'avait pu loger autre part, et l'excellent cidre du pays, troublant les cervelles, avait causé plus d'une cavalcade en terrain varié... et galant.

Bref, le brave docteur avait dû se résigner à écrire « néant » sur l'état de proposition du maire, qui l'avait en hâte mandé chez lui.

— Ah ! docteur Padouillet ! c'est impossible, voyons ! vous avez dû vous tromper dans votre diagnostic.

— Je le voudrais, mon cher Duflanel ; mais il n'y a même pas moyen de s'illusionner un instant ; cependant, si vous y tenez, je puis appeler un confrère en consultation.

— Non pas, docteur ; il faut que ceci demeure entre nous ! Ainsi, vous n'avez rien trouvé ?

— Oh ! si..

— Ah ! je respire ! Je me disais aussi : il doit plaisanter, ce cher Padouillet.

— Mais c'est justement ce que j'ai trouvé qui rend le doute impossible, mon pauvre ami !

— Alors ! la fête est flambée !

— Comme par une fusée d'artillerie, mon cher Deflanel !

— Cinq cents tonnes de perdues pour moi, Padouillet !

— Que de bronchites et de gastralgies à rayer de mes honoraires, mon pauvre Leveston !

— Ah ! l'armée permanente, quelle abomination de la désolation, docteur !

— C'est la ruine, même en temps de paix, monsieur le Maire, vous avez raison.

— Ce qu'ils vont se gausser de nous, les héritiers de cette bonne comtesse !

Puis, après une seconde de silence, le maire Leveston Deflanel s'écria, avec le geste légendaire et tragique du conventionnel Danton, auquel il ressemblait un peu, ce dont il ne manquait pas de s'enorgueillir :

— Par les cornes de ma belle-mère, ça ne peut pas se passer comme ça ! J'ai mon idée ! De l'audace, docteur Padouillet ; de l'audace et encore de l'audace ! Venez, nous allons rassembler les cinq membres du Conseil municipal ! Vous appuierez ma motion.

Et le soir même, ledit sieur Leveston Deflanel, qui avait laborieusement improvisé pendant toute l'après-midi, prononçait un remarquable discours, dont, pour ne pas ennuyer le lecteur, nous ne donnerons ici que la magistrale péroraison.

— Grâce à votre fatale incurie, grâce à votre négligence coupable, Messieurs, Barbantron va se voir à jamais déshonoré ! et nos futailles de cidre resteront abandonnées et pleines, comme vos filles, que vous n'avez pas su garantir des soldatesques incursions ! Il va donc falloir imposer à nouveau la commune pour suffire aux exigences incessantes des écoles et de la chasse aux toutous. Et qui paiera l'impôt, Messieurs ! Et avec quoi le paiera-t-on, à présent que la déche de « mascottes » va nous enfoncer tous dans l'abîme et la non moins déche carabinée ?

— Tout ça, c'est la faute à ceux qui avaient des filles ! s'écria un des cinq conseillers, dont la femme venait d'accoucher de son quatorzième garçon.

— Mais à défaut de « Mascotte » — reprit l'éloquent Deflanel — le Ciel vous a donné un maire qui, comme les oies du Capitole, va écarter de la commune la ruine qui s'en approche à pas précipités.

— Bravo ! Bis ! Parlez ! Parlez !

— Barbantron aura son couronnement et sa fête ; votre Maire, le père de famille du pays, a trouvé la mèche qu'il fallait pour allumer la contre-mine aux maléfices de ces damnés artilleurs.

— Quelle mèche, monsieur Leveston ?

— C'est ..

Mais, s'arrêtant net, au moment de la confidence, monsieur Leveston-Deflanel, en homme qui connaît son monde, s'écria :

— Permettez-moi, mes chers collègues, de garder mon secret pour moi ; vous iriez tout dire à vos femmes, qui le répéteraient à celles des autres, et alors...

— Nos femmes sont plus discrètes que cela, monsieur le Maire — fit observer le premier adjoint, que la sienne, de notoriété publique, conduisait par le bout du nez.

— Ne dites donc pas d'enfantillages, Beaulardon — répondit monsieur Deflanel — je la connais mieux que vous, votre femme, voyons !

— Monsieur le Maire, cette insinuation...

— Là ! ne vous fâchez pas, ces messieurs peuvent vous en dire autant que moi ; et revenons à la grave question pour laquelle je vous ai convoqués ici. Je me résume, messieurs : m'autorisez-vous à mettre tout en œuvre pour sortir Barbantron de l'impasse où vos filles l'ont fait sombrer.

— Oui ! oui ! (applaudissements).

— Me donnez-vous carte blanche ?

— Oui ! oui !

— Me jurez-vous de garder sur le plan que je vous ai soumis le silence le plus absolu ?

— Ça ne sera pas difficile, t'as rien dit ! ricana le deuxième adjoint, frère de lait de M. Deflanel-Leveston.

— Merci donc, Messieurs, pour la confiance dont vous m'honorez et soyez sûrs qu'à Barbantron, malgré les artifices de l'artillerie, il y aura encore cette année pas mal de futailles défoncées.

— Et d'ailleurs, le docteur Padouillet, notre éminent examinateur, sera près de moi pour vous garantir la pureté de la marchandise... oh ! pardon !... du sujet que je vous aurai découvert.

Un vote à l'unanimité autorisa M. Leveston-Deflanel à faire tout le nécessaire pour assurer la fête, et il semblait avoir réussi à accomplir le miracle qu'il avait promis ; car le matin de la Pentecôte, jour consacré à Barbantron pour la fameuse cérémonie, les cloches de l'église sonnaient à quadruple volée !

Et c'eût été vraiment malheureux qu'elle ne se fût pas célébrée ; il faisait une journée superbe et jamais, de Caen ni d'ailleurs, pareille affluence de monde n'était accourue.

Vers dix heures, le maire Deflanel, ceint d'une écharpe neuve, sortait de la Maison communale, en grande pompe et donnant le bras à une jeune personne vêtue de blanc, comme une communiante ou une chaste enfant de Marie, et qui paraissait convenable, quoique elle eût, sous sa virginale tenue, une allure passablement gênée, manque d'habitude, sans doute,

de parure aussi distinguée et comme une paysanne qu'elle devait être, avec cette tournure un peu hommasse, coutumière aux filles des champs.

Le cortège imposant, précédé du suisse chamarré d'or, s'avançait vers l'église, au milieu des rangs pressés des curieux qui échangeaient gouailleurs les plaisanteries d'usage ; mais tout allait néanmoins pour le mieux et M. Leveston Deflanel exultait de joie et jouissait du triomphe qu'il remportait auprès de ses administrés.

Quand, presque au porche du lieu saint, une femme, à la mise excentrique, audacieusement maquillée, l'air gavroche et la voix enrouée, sortit de la foule et se jeta au cou de la virginale enfant qu'on allait couronner, en s'écriant :

— Ah ! elle est bien bonne, la blague ! Isidore en Jeanne d'Arc ! Épatant ! Ça va bien, chéri, depuis jeudi dernier !

Le maire avait étrangement pâli ; il voulait faire écarter la créature qui troublait la cérémonie ; mais celle-ci repoussant le garde-champêtre qui l'appréhendait :

— Fichez-moi la paix, vous ! On ne se moque pas des gens de la sorte ! Je le reconnais bien, mon Zidore ! Tenez, en voulez-vous la preuve ? Votre rosière a une fraise au-dessus du genou droit !

Puis, s'esclaffant, canaille :

— Ah ! malheur ! Si je la connais votre rosière ! Elle est en Troisième, au lycée de Caen ! et c'est avec moi, le jeudi, qu'elle vient siffler des bocks à la brasserie, quand elle sort de l'hôtel avec sa tante Leveston Deflanel : une vieille folle qui aime à faire des éducations ! C'est nous qui casquons les thunes que la dindague aboule au mignon !

O stupeur ! O effondrement ! Madame Leveston Deflanel s'évanouit ! La rosière tombe à bras raccourci sur la trop reconnaissante siffleuse de bocks, et les héritiers de la feue comtesse font dûment dresser un procès-verbal circonstancié !

Et depuis ce temps-là, Barbantron-les-Pommes de Saint-Florentin n'a plus les moyens de s'offrir le couronnement de la rosière accoutumée, et le commerce du cidre y est tombé dans un marasme désespérant.

Le maire Leveston-Deflanel avait pourtant bien imaginé son stratagème et, comme il le lui avait reproché avec juste raison, tout cela était la faute au docteur Padouillet, dont l'examen n'avait pas été suffisant...

— Vous auriez dû faire attention, docteur, sacrebleu ! la rosière, je m'en... moque comme de Colin-Tampon ! mais c'est ma femme, j'étais si tranquille, le jeudi, lorsqu'elle allait passer la journée à Caen !

FLANOCHARD.

Les amateurs d'émotions peuvent se vanter cette semaine d'en avoir eu pour leur argent.

Seulement, ce qui a dérangé une foule de petites combinaisons syndicales, c'est la rapidité avec laquelle ont marché les événements.

Questions, interpellations, tous ces faits intéressants se succédaient comme un un kaléidoscope vivant.

Toutes ces boîtes à surprises, s'ouvrant en pleine liquidation, il est facile de comprendre dans quel désarroi le marché allait évoluer.

Le 3 0/0 après avoir touché le cours de 99 fr. 85 s'est vu ramené en deux séances aux environs de 99 fr., et si un éclair de raison n'illumine rapidement notre nouveau Ministère, le chapitre de la baisse n'est pas encore à son épilogue.

Aussi croyons-nous que la petite spéculation assez heureuse pour être liquidée sans trop d'avaries, va mettre, pour un moment, l'arme au pied, et attendre patiemment la fameuse trêve annuelle, dite des Coulissiers.

Les écarts de primes fortement discutés depuis la fin du mois, n'ont pas diminué de tension, et les engagements nouveaux pour fin décembre ne font que de plus en plus prime.

Les places étrangères n'ont pas vu, sans une secrète appréhension, le changement d'orientation politique, et le groupe du Portugais, qui était jusqu'alors sans grandes inquiétudes, étant donné les bonnes relations de M. Ribot avec le Cabinet de Lisbonne, ne sait plus trop de quel côté mettre la barre.

Quant au *Panama*, figé dans son cours immuable de 21 à 21.50, il voit se dérouler autour de lui les lugubres événements que l'on sait, avec le calme attristé des grands désespoirs.

En présence de l'inconnu qui se dégage de cette situation troublée, nous ne pouvons que répéter à nos lecteurs de se garer de toute opération à terme, jusqu'à ce que l'horizon soit un peu déblayé.

Lorsque nous aurons vu à l'œuvre le nouveau Gouvernement, il nous sera facile d'en déduire les conséquences au point de vue de la tenue de Bourse pendant ce dernier mois de l'année.

N'oublions pas que le Budget n'est pas voté, que nous sommes acculés forcément au 12e provisoires, et que malgré l'abondance des capitaux, ces expédients financiers effraient toujours quelque peu le commerce, et le monde des affaires en général.

G. QUATRESS

**Elysée-Montmartre.** — Mardi, jeudi et samedi, orchestre dirigé par Dufour; samedi, 3 décembre, bal des Toqués. La Macarona et Miss Rigolette font courir la Butte et le Tout-Paris.

**Casino de Paris.** — Mme Favre est bien goûtée dans l'audition d'agréables chansons dont la musique entraînante est du compositeur populaire Spencer.

**La Cigale.** — Cette semaine on jouait une opérette « L'Ile de Taliputta » où Baldy est vraiment remarquable, Grandval joue avec conviction le diplomate. A signaler dans un rôle muet, Gibert. Mlle Deverly est gentille à croquer. Dans le concert, il y a Nita Darbel qui lâche un peu le répertoire de Kam-Hill et chante bien « Le Petit Bateau ». Côté des hommes, je citerai toujours le joyeux Baldy, le premier de la troupe, l'étoile de la Cigale; à côté de lui, Maader se fait applaudir, Brunois et Saint-Marc complètent cet ensemble merveilleux; Gibert me plaît beaucoup, il est jeune, il arrivera sûrement. Excellente soirée pour nos charmants lecteurs et toutes mignonnes lectrices du *Paris qui Rit*.

**Gaité-Rochechouart.** — Toujours même succès, M. Briet, le sympathique régisseur de ce concert, conduit habilement la troupe. L'artiste ayant le plus de succès est Claudius, en voilà un qui peut se vanter de désopiler la rate du public: rien qu'en entrant en scène, il fait rire. MM. Brunet, Perrier, Auffray, Delort et Cazales, se font applaudir. Dans le côté des dames, Mlle Bokhat, dont tout le monde apprécie le talent, chante fort gracieusement *Le Coq ne chante plus*. Mlle Alexandrine nous fait pâmer d'aise, Mlle Gaudet idem, puis Mmes Deferville, Schneider, Violetti, complètent ce parfait ensemble. On s'amuse ferme à la Gaité-Rochechouart.

**Bouffes-du-Nord.** — *Les 4 Sergents de la Rochelle*, drame en 6 tableaux, joué consciencieusement par la troupe d'élite de M. Abel Ballet. Cette pièce a obtenu un vif succès, M. Fraizier est un avocat parfait, je lui confierai une cause sans crainte. Mme Dorsay est pathétique, Mlle Barbiéri joue fort bien, Charly porte le costume de prêtre avec dignité.

ALBERT VERSE.

*****

La Société « *Les Rigollos de Belleville* » (siège social, Mme Michel, 48, rue de Belleville), donnera son Troisième Bal annuel, le samedi 17 décembre 1892, salle de l'Elysée-Ménilmontant, à 10 heures du soir.

Le Comité a eu l'excellente idée de faire ce bal travesti, paré et masqué, et nous espérons que nos lecteurs des quartiers Belleville-Ménilmontant se feront un plaisir d'assister à cette fête, où peuvent venir les familles. Se procurer des billets au Siège de la Société.

## SPECTACLES DE LA SEMAINE

OPÉRA. — FRANÇAIS. — OPÉRA-COMIQUE. — ODÉON : — Spectacle variable: consulter feuilles quotidiennes.

GYMNASE. 8 h.1/4 — Colles qu'on respecte. — Leurs filles.

VAUDEVILLE. — 8 h. 1/2. — Les paroles restent.

VARIÉTÉS. — 7 h. 3/4. — Premier Paris.

PORTE-SAINT-MARTIN. — 8 h. 1/4. — Le Maître d'Armes.

CHATELET. — 8 h. — La Prise de Pékin.

GAITÉ — 8 h. 1/2. — Les Cloches de Corneville.

AMBIGU. — » h. »/» — Les Cadets de la Reine.

PALAIS-ROYAL. — 8 h. 1/4. — Système Ribadier.

NOUVEAUTÉS. — 8 h. 1/4. — Champignol malgré lui.

FOLIES-DRAMATIQUES. — 8 h. — Les 28 jours de Clairette.

RENAISSANCE. — » h. »/». — Clôture.

BOUFFES-PARISIENS. — 8 h. 1/4. — Sainte-Freya.

MENUS-PLAISIRS. — » h. — Relâche.

THÉÂTRE CLUNY. — 8 h. 3/4. — La Tournée Ernestin.

DÉJAZET. — 8 h. 1/2. — Ferdinand le Noceur.

CHATEAU-D'EAU. — 8 h. — Madame Nicolet.

BOUFFES DU NORD. — 8h. — Les 4 Sergents de la Rochelle.

THÉÂTRE MONCEY. — 8 h. — La Fille de Coralie.

FOLIES-BERGÈRE. — 8 h. 1/2. — Miss Loïe Fuller, danse serpentine; les Delevines. Mlle Duclerc, les Chiens danois. — Dimanches et fêtes, matinées à 2 h. 1/2.

ELDORADO. — 8 h. 1/2. — Concert. — Spectacle.

SCALA. — 8 h. 1/1. — Concert. — Spectacle.

CONCERT PARISIEN. — 8 h. 1/2. — Concert. — Spectacle.

CASINO DE PARIS. — 8 h. 1/4. — Spectacle-concert, bal. — L'Heureuse rencontre, pantomime mêlée de chant. — Miss Abbott??? Mlle Bianca, Mme Lescot. Wils et Dare, Harry, Steele, Caïn et Loreno.

*L'Imprimeur-Gérant :* ALPHONSE CARROT.

Imprimerie spéciale du *Paris qui Rit*, 13, faub. Montmartre, Paris.

# LES CHASSEURS DE VIERGES

## Grand roman de mœurs fin-de-siècle, par Emile BLAIN

## A NOS LECTEURS

LES

### CHASSEURS DE VIERGES

paraissent de nouveau sous la haute surveillance d'une administration sérieuse.

Arrêté en plein succès pour des raisons que nous ne redirons pas, cet ouvrage prit fin au 27e fascicule, car il fut publié en petit format, alors qu'aujourd'hui il paraît en Livraisons in-4.

La reprise de l'œuvre était donc difficile; mais l'administration de la

*Bibliothèque Gauloise*

n'hésita pas. En possession désormais du manuscrit entier, elle en connaissait l'importance et l'intérêt. Nul doute que les fascicules parus atteints, les anciens acheteurs des

### CHASSEURS DE VIERGES

ne continuassent à les demander.

Et ils auront raison, c'est tout ce que l'auteur peut leur dire.

Dans ce roman d'une forme toute nouvelle, l'auteur a mis toute son âme, et il croit être parvenu à avoir écrit une œuvre méritoire.

Aujourd'hui, c'est la

### 13me et 14me livraisons

que l'on met en vente, et nous prévenons nos lecteurs anciens qui désirent continuer la lecture de notre roman, que c'est précisément dans cette

### 13me livraison

qui est parue avant-hier, VENDREDI 9 DÉCEMBRE que l'auteur a repris la suite de son roman et que c'est par conséquent cette

### 13me livraison

de l'édition nouvelle, grand format, des

### CHASSEURS DE VIERGES

qu'il faut acheter pour avoir la suite du récit juste au moment où l'ancienne édition, petit format a été interrompue.

Les douze premières livraisons in-4° seront alors tenues sous couverture, à la disposition des anciens lecteurs qui nous les demanderont, au prix net de 1 fr. port en plus

Première année, n° 11.　　　　　LE NUMÉRO: **DIX** CENTIMES　　　　　Dimanche 18 Décembre 1892.

DEMANDER AVEC CE NUMÉRO

# NOTRE SECONDE GRAVURE-PRIME GRATUITE

"AH! SI JE TE TENAIS!", le pendant de "NÉCESSITÉ N'A PAS DE LOI"

— Ce cher Aristide... doit-il être assez heureux en amours !...　　　　　Allons, un bon mouvement... mon ami !

# CHRONIQUE GAULOISE

O les promesses des hommes ! des ministres, surtout...

Malgré deux lettres, dont une sur papier timbré et signée dûment, s'il vous plaît, de son nom familial et légal de « Rapouillat » et l'autre, moins officielle, sur papier rose tendre, en long, au goût du jour, et fleurant la fine senteur de l'Ylang-Ylang, adressées au Ministre de l'Instruction publique, portant requête du congé de mise à la retraite motivée de cette affreuse maîtresse de pension, où notre aimable collaboratrice a sa fille, mentionnant avec soin les griefs qui motivaient impérieusement ce renvoi, savoir : l'interdiction à la mère du pseudonyme dans la signature des bulletins de chaque semaine et la défense formelle à la fillette de causer en classe des merveilles de Piver ou de la parfumerie du Congo ; malgré ce double rappel aux engagements pris verbalement pendant l'audience, où il s'était montré de si grande aménité, le Ministre n'avait pas encore, ces jours derniers, donné à la solliciteuse la satisfaction demandée, et Serpentinette, qui a tout juste l'angélique patience d'un matou dont on

rebrousse le poil, vint me prendre à la Rédaction pour l'accompagner au Ministère, afin de voir où « ça en était. »

Rue de Grenelle, notre cocher fut obligé de s'arrêter.

— Qu'y a-t-il ? mais avancez donc, cria Serpentinette, en mettant son joli museau à la portière ; nous n'arriverons jamais, si vous continuez !

— Impossible de passer, madame : c'est tout plein de voitures de déménagement.

— Où ça ?

— Là, madame, devant le Ministère ; c'est le Ministre qui fait ses paquets.

— Le Ministre ?

— Madame ne sait donc pas ? Le Gouvernement a rendu son tablier tantôt, je l'ai appris tout à l'heure en conduisant à la Chambre des Anglais en voyage de noces qui voulaient voir la blouse de M. Tivrier.

— Allons, bon ! ça n'arrive qu'à moi, ces choses-là ! maugréa ma compagne.

Et, descendant du véhicule numéroté, nous faufilant par des prodiges de gymnastique à travers les malles et les caisses de bibelots étalés sur le trottoir, attendant qu'on les hissât dans les tapissières capitonnées, nous arrivâmes enfin à la loge du portier-consigne qui nous répondit en souriant :

— Monsieur le Ministre est parti il y a une heure ; mais je crois que madame pourra le trouver à l'Intérieur. On parle de lui pour la nouvelle formation du Cabinet.

— Place Beauveau, cocher ! et rondement, je vous prie !

Hélas ! pendant que nous roulions sur le macadam, une autre combinaison avait été élaborée, la première n'ayant pu aboutir faute d'éléments.

Pour faire un civet, il faut un lièvre ; et il paraît, que pour former le Cabinet, la première battue n'avait fourni que des lapins ; et nous reçumes du concierge de la place Beauveau l'avis charitable, pour ne pas perdre notre temps, de nous rendre au plus tôt aux Finances, rue de Rivoli, ce brave homme nous assurant que les bourgeois que nous cherchions figurait à ce poste dans la seconde liste ministérielle qui venait de circuler.

Or, il faut croire, en ce temps d'électricité à outrance, qu'il en est des enfantements gouvernementaux comme des lampes Édison, deux cents volts à la minute, puisque de la rue de Rivoli (Finances), nous dûmes prendre l'omnibus Grenelle-Porte Saint-Martin, notre bourgeois, suivi de ses voitures de déménagement, ayant, par suite d'une troisième évolution des portefeuilles en maroquin rouge, été expédié rue de l'Université, aux Affaires Étrangères, où nous le trouvâmes enfin.

— Ah ! chère madame ! s'écria-t-il en voyant Serpentinette, désolé de ne pas pouvoir vous donner de réponse ; j'ai transmis votre plainte au parquet, mais voilà...

— Quoi ? monsieur le Ministre ?

— Votre poursuite est suspendue, la maîtresse de pension de votre fille nous a fait interpeller par le député de son arrondissement, qui a demandé une enquête ; votre procès ne peut plus être jugé maintenant que lorsque la commission législative se sera prononcée.

— Va-t-elle m'appeler devant elle, votre commission ? interrogea sournoisement notre amie.

— C'est très probable, chère madame.

— Oh ! vous seriez bien aimable, en ce cas, de m'envoyer chercher par un municipal de planton ?

— Vous y tenez ?

— Oui, ça me posera dans mon quartier.

Puis, tout bas, elle me jeta à l'oreille :

— Je vais me rattraper de mon voyage à Varzin, tu comprends ?

Au moment de nous séparer de notre interlocuteur officiel, nous fûmes interrompus par un huissier qui, s'adressant au Ministre, lui dit respectueusement :

— Les déménageurs de M. le Ministre font demander à M. le Ministre s'ils peuvent aller remiser, les chevaux n'en peuvent plus.

— Oui, je crois que c'est terminé, répondit le grand homme ; puis, se ravisant :

— Au fait, non ! faites-les bivouaquer dans la cour, j'en aurai peut-être encore besoin demain matin.

— Allons, termina-t-il à Serpentinette, vous pouvez compter sur moi, chère madame, je vais recommander votre dossier à la commission.

— Avec le planton, surtout, fit notre collaboratrice, insista-t-il.

— Avec le planton, c'est convenu.

Notre course étant terminée, Serpentinette retourna chez elle, et nous étions depuis deux jours sans avoir reçu sa visite à la Rédaction, lorsqu'elle arriva, tout courant.

— Ah ! mes enfants, le quartier Bréda est en révolution !

— Qu'y a-t-il ? Une descente de police, la rafle !

— Non ! c'est la commission du Panama, les perquisitions ?

— Comment ! les perquisitions ?

— Oui, il y a un Tchèque qui s'est perdu et que sa famille fait chercher partout.

— Un Tchèque ?

— Un vrai Tchèque ; et vous voyez d'ici si ces messieurs de la commission parlementaire ont sauté dessus l'occasion qui se présentait d'en attraper un au passage. Il y a un photographe qui les suit partout ; on photographie tout ce qui tombe sous la main.

— Il doit y avoir de drôles de reproductions.

— Mais ce n'est pas tout, mes amis. J'en ai une qui va faire monter *Paris qui Rit* à cinq cent mille, sans bouillons.

— Dis vite ! nous photographions.

— *Faith healing !* du docteur Charcot, l'évènement du jour.

— S'il te plaît ?

— C'est de l'anglais, à ce qu'il paraît ; c'est un russe qui me l'a dit hier soir au *Rat Mort*, un livre épatant, ça veut dire : la guérison par la foi ! il doit venir le traduire chez moi, vous le publierez en feuilleton. On se l'arrachera.

— Pas possible !

— C'est bien simple, plus de médicaments à acheter, plus de visites de médecin, on n'a qu'à dire au malade : crois que tu n'as pas de cors au pied ! et les cors au pied disparaissent plus sûrement qu'avec la pommade Galopeau !

— C'est splendide.

— Oui, ça rappelle le fameux roman d'autrefois : le *Guillotiné par persuasion*.

— C'est de la suggestion simplement.

— Ah ! s'écria Dick d'Ing, mélancoliquement, si par la *faith-healing*, je pouvais arriver à guérir ma belle-mère...

— De quoi, cher ?

— D'être la mère de ma femme ! Comme je m'offrirais le plaisir de la prier d'aller bougonner ailleurs que chez moi.

— C'est effrayant tout de même comme je suis peu veinard ! ajouta-t-il ; pas de danger que je rencontre une âme charitable pour me la couper en morceaux.

— Ah ! j'allais faire une jolie gaffe, moi ! fit Serpentinette, à propos de la femme coupée en morceaux.

— Eh bien !

— On a arrêté l'assassin.

— Où ça ?

— A Belleville, rue des Orteaux !

— Tu es sûre ?

— C'est ma concierge qui me l'a affirmé ; c'est un gardien de la paix qui l'a dit au cousin de son gendre qui allait réclamer au poste un parapluie qu'il avait perdu dans le tramway de la Porte-Maillot.

— À la bonne heure, voilà une nouvelle à sensation, au moins ! Mais allons aux informations complémentaires, nous n'annonçons jamais rien en l'air au *Paris qui Rit*.

Et vingt minutes après, nous descendions, Serpentinette et moi, du funiculaire qui n'avait déraillé que quarante-trois fois en chemin.

— Rue des Orteaux ?

— La première, à droite.

— Merci.

Dès l'angle, on voyait qu'il y avait quelque chose. Des groupes étaient arrêtés, et l'on y causait bruyamment.

— Je vous dis, moi, que quand la police est arrivée, elle était déjà désarticulée.

Le froid nous passa dans le dos ; était-ce une réédition du crime de la rue Botzaris ! Nous demandâmes où était la maison fatale et là, nous eûmes le renseignement désiré.

À qui se fier, désormais, si les dires des fonctionnaires de la sûreté publique s'agrémentent aussi de la fantaisie d'imagination des Lemice-Terrieux ?

Il y avait pourtant eu quelque chose et voici le fait, dont seuls, dans la presse, nous donnons en détail les dramatiques péripéties.

Mercredi dernier, vers huit heures du soir, des agents en civil, en tournée dans la rue des Orteaux, s'arrêtaient, haletants, devant le numéro 612. Une voix les avait comme hypnotisés, qui partait du second étage.

Une voix d'homme qui disait, sur un ton de troisième rôle de drame :

— Ah ! la belle ! à nous deux, ma cocotte ! Tu vas voir si je vais te découper ça proprement ! là, la cuisse ! la tête ! le...

Puis, un bruit de couteaux qu'on aiguisait précipitamment !

Plus de doute, c'était l'homme de la rue Botzaris qui faisait une nouvelle victime ; les agents, au mépris de tout danger, courageux et dévoués, s'élancèrent dans l'escalier, enfoncèrent la porte, pour aller plus vite et tâcher d'arriver avant que l'attentat ne fût achevé, afin de pouvoir recueillir une ultime révélation, et pénétrant dans la chambre où se terrait le meurtrier, ils le virent... à table, tranchant méthodiquement une superbe dinde rôtie, que, comme il le prouva par le bulletin du colis postal, sa grand'mère lui avait envoyée de Lisieux.

Le bruit court que la Préfecture, pour éviter une nouvelle erreur à ses agents, va demander à l'Académie d'édicter qu'à l'avenir toutes les volailles seraient du genre masculin.

On en excepterait celles du boulevard Montmartre. Sous réserve, bien entendu !

Serpentinette n'ayant pas interviewé M. Lozé à ce sujet.

PETIT-CLAUDE.

---



---

# LES GRAINS DE SEL

En dépit de tous les renseignements erronés publiés par nos confrères les grands quotidiens, la chose ne s'est point passée comme ils le prétendent.

Seuls dans la presse, nous nous trouverons à même de jeter des torrents de clarté sur cette affaire qui, depuis un mois, passionne l'opinion publique.

Ainsi, l'on a prétendu que les multiples blessures reçues par la demoiselle Bilboquette l'avaient absolument défigurée, avaient rendu son visage pareil à un moule à pastilles... C'est faux, archi-faux !... Ensuite, quoi qu'on en ait dit, le coup de fusil tiré par Tigemol n'est point du tout le résultat d'une vengeance corse. Enfin, il est maintenant avéré que le garde-champêtre n'est nullement anthropophage, et n'avait aucunement songé, en perpétrant son crime, à se préparer un gigot de pré-salé.

Sur ce, nous allons rétablir les faits avec cette précision que l'Europe nous envie, et cela sans tenir compte des médisants et des colporteurs de fausses nouvelles.

Vincent Tigemol, ex-sous-officier aux sapeurs de la Garde, est, depuis une dizaine d'années, garde-champêtre à Mouillé-les-Glands. C'est un vieux grognard de la pire espèce, ennemi absolu des conventions douanières et du régime des sucres ; c'est un dur à cuire, à cheval sur le service et terriblement redouté des maraudeurs. Pour citer ses hauts faits glorieux, le Livre d'or des Peuples serait d'un format trop petit, et le Panthéon serait trop exigu pour loger sa gloire.

Bref, Tigemol est un garde-champêtre hors de pair, et si l'on n'en prend pas tout de suite de la graine, je doute fort qu'on en trouve un semblable quand il sera mort, — ce qui, à la vérité, ne serait pas un mal !

Car si le vieux Vincent a quelques qualités appréciables pour les pétrouskins, en revanche il a un grave défaut dont à ce cruellement à souffrir sa nièce, la jeune Bilboquette Verlecuisse, l'héroïne de ce drame : Tigemol est jaloux comme un homme de lettres, et c'est justement sa nièce qui est cause de cette inconséquente jalousie.

Oui, le vieux garde-champêtre, malgré ses soixante-huit ans bien sonnés, s'était fourré dans la caboche l'idée inavouable d'épouser la chaste et pure Bilboquette.

— Voyez-vous ça !

Heureusement pour la tendre créature que le destin devant en décider autrement... sans ça, la pauv'fille, je ne la voyais pas dans de beaux draps !

Or donc Tigemol exerçait autour de sa nièce une active surveillance qui ne le cédait en rien à celle qu'il prodiguait aux choux et aux betteraves des habitants de Mouillé-les-Glands.

Cet espionnage exagéré, convenons-en, à la longue, ne faisait pas l'affaire de Bilboquette non plus que celle du bouillant Achille Tandur qui voyait la jeune fille d'un assez bon œil.

Les choses en étaient à ce point lorsque le bouillant Achille... le bouillant Achille (musique d'Offenbach) s'avisa de les brusquer, et de précipiter les événements.

Un soir, entre chien et loup, Vincent Tigemol revenait de faire sa tournée quotidienne dans les champs des environs, et se disposait à se livrer aux douceurs de la soupe aux choux d'un repos bien mérité, quand, en rentrant chez lui, il s'aperçut que Bilboquette était absente.

— Elle sera allée aux légumes, pensa-t-il. Je lui ai cependant défendu d'aller au persil sans ma permission...

En attendant le retour de sa nièce, le brave garde-champêtre se mit à la fenêtre afin de respirer l'air embaumé par le purin de la ferme voisine.

Tigemol occupait une petite maison d'un premier étage, entourée de vergers et de potagers appartenant à différents propriétaires.

Tout à coup, sur la lisière de l'un des carrés de terrain, à peu de distance, le garde-champêtre aperçut deux formes indécises, cherchant à se dissimuler derrière un massif d'oignons.

Prendre son courage à deux mains et réfléchir profondément fut pour Tigemol l'affaire de dix minutes. Enfin il s'écria :

— Plus de doute ! ce sont des maraudeurs qui sont en train de piller les légumes aqueux du voisin...

Au moment où il disait cela, il reconnut que les deux formes se livraient à une toute autre besogne que celle de cueillir des oignons...

— Ah ! mais, s'exclama-t-il, ça ne va pas se passer comme ça ! ma nièce n'aurait qu'à revenir et voir ce spectacle... quel tableau dangereux pour sa vertu et sa pudeur !

D'un brusque saut le garde-champêtre tomba sur son fusil qui, à tout hasard, était toujours chargé au gros sel. Il épaula, visa, et pan !...

Les deux formes restèrent un instant comme pétrifiées, puis s'enfuirent vivement et disparurent dans la campagne.

Tigemol, satisfait du devoir accompli, eut un sourire satanique, et se remit béatement à contempler les étoiles.

Au bout d'une demi-heure, Bilboquette arriva. Elle était allée aux légumes. Malheureusement, en revenant, comme il faisait sombre, elle avait chu dans un fossé, et souffrait terriblement de douleurs aiguës, dans le bas des reins.

Son oncle parla de la frictionner avec du baume tranquille, mais elle s'y opposa de toutes les forces de sa pudeur effarouchée.

Elle se retira dans sa chambre et se mit au lit.

Le lendemain, comme le mal avait empiré, Tigemol se décida à aller quérir le rebouteur.

Celui-ci se rendit auprès de la belle enfant, examina les parties contaminées, et ne prescrivit aucun remède. Seulement il conseilla à Bilboquette d'éviter de s'asseoir.

Lorsqu'il sortit, le garde-champêtre l'accompagna en le questionnant sur le mal dont souffrait sa nièce.

— Je n'ai jamais vu ça, répondit le rebouteur. La pauvre enfant a les... joues postérieures criblées de petits trous comme une écumoire... N'empêche qu'elle est joliment bien fichue, la fillette, et si je n'étais pas marié...

Soudain, la lumière jaillit dans l'esprit de Tigemol.

— Des petits trous... une écumoire...! c'est cela, c'est le sel... mon coup de fusil ! ah ! fille perdue qu'elle est, et misérable comme je suis ! je n'ai plus qu'à me suicider ! c'était elle ! mais qui donc était l'autre ? Et moi qui voulais l'épouser ! eh bien ! merci, j'aurais été propre avec une femme grêlée !

Cependant, Bilboquette se rétablit promptement ; mais son oncle avait senti son cœur se refroidir à son égard.

Peut-être la chaste demoiselle en aurait elle été réduite à coiffer Sainte-Catherine, si quelques jours après le bouillant Achille n'était venu trouver Tigemol et lui avait tenu ce verbiage :

— Garde-champêtre de mon cœur, je me reconnais la cause involontaire de l'accident arrivé à votre nièce...

— Ah ! c'était donc vous qui étiez l'autre ! interrompit Tigemol.

— C'était moi-même, et je viens vous demander la main de mademoiselle Bilboquette.

— Mais... voulut objecter le garde-champêtre, vous savez que...

— Oui, oui, je sais ! le coup de fusil, les grains de sel ; ça ne fait rien. J'adore votre nièce, et puis, entre nous, vous savez... ça m'est égal qu'elle soit grêlée... de ce côté-là !

MARIUS RÉTY.

# Vingt Jours de plaisir dans la Capitale

Philoctète, à ce qu'il faut croire, avait fait du chant des oiseaux une étude aussi approfondie que pour le ranz des ânes qu'il avait si brillamment exécuté sur la piste du Cirque Fernando ; car deux jours durant, la mignonne Colombe figura pour absence sur le tableau d'amendes du régisseur.

Mais en ce monde, hélas ! tout passe, tout lasse, tout casse ; même les plus excellentes choses et malgré l'attention soutenue et la vaillante docilité de sa gracieuse élève, le professeur Dubassin dut se résigner à clore la leçon par le point d'orgue de l'ultime mélodie du chant du cygne et voulut la quitter pour s'aller recueillir chez lui, afin de retrouver, dans le silence de la réflexion solitaire, ceux des motifs, dont pris à l'improviste une l'avait été, il avait bien pu oublier les notes dans son répertoire.

— Ah ! jamais de la vie, par exemple ! je te connais, tu ne reviendrais pas ! Je t'ai, je te gobe ; tant pis pour toi, tu ne me lâcheras que quand je le voudrai, mon loulou !

— Mais.

— Tu t'ennuies donc bien avec moi, vilain ingrat ?

— Tu as dû t'en apercevoir, il me semble.

— Eh bien ?

— Quoi !

— Allons prendre l'air pendant l'entr'acte, mon Philo, et après ?

— Après ?

— Je crois que j'écouterais encore volontiers la romance du rossignol, tu sais... Nonnes, qui reposez, réveillez-vous !

— Et le cirque, et votre devoir, mademoiselle ; fit sévèrement Philoctète ; et votre engagement, les amendes ?

— Les amendes ? je m'en moque comme de l'an quarante ; quant à mon engagement...

— Voyons, Colombe ! raisonnons un peu, s'il vous plaît ; toutes charmantes que puissent être nos relations, quelque goût que tu aies pour les symphonies imitatives que tu m'as demandé de t'enseigner, nous ne pouvons pas pourtant demeurer ensemble jusqu'à l'inauguration du Métropolitain. Et puis, tu sais, moi ! les collages, ça m'est interdit par ordonnance de futur beau-papa. Pétronille m'attend sous l'orme paternel !

— Pétronille ?

— Ma fiancée, une charmante enfant, ma chérie.

— Ah !

— Ne sois pas jalouse ; c'est à elle que tu dois le plaisir de m'avoir connu.

— Comment ça ? ah ! dis donc, tu sais, sois poli, au moins et ne me monte pas de bateau !

— Pas le moins du monde, c'est logique ! si je n'avais pas reçu de ma chère Pétronille le doux serment des légitimes accordailles, son père ne m'aurait pas envoyé à Paris pour jeter au-dessus du Moulin-Rouge ma timide tunique de jouvenceau et si je n'étais pas venu à Paris, je ne t'aurais pas rencontrée, et si je ne t'avais pas rencontrée... c'est aussi limpide qu'un discours d'académicien.

— Alors, monstre, vous me plaquez ?

— Ah ! plaquer, ma chère Colombe ? je vous demande un congé renouvelable, tout simplement.

— Après ce que j'ai fait pour vous, c'est affreux !

— Échange de bons procédés ne doit se regretter jamais, Colombe !

— Et dire que j'étais prête à tout sacrifier pour cet être-là ! mes succès, mon cirque, mon talent... ah ! tiens, si je ne me retenais, je le grifferais jusqu'au sang !

Eh là-bas ! ce n'est pas pour ça tout à fait que papa futur beau-père m'a envoyé à Paris, ma belle ! allons, calme toi ! ce soir, tu m'oublieras avec un autre ami ! Séparons-nous en camarades, gentiment ; ta menotte, vite, cela vaut mieux.

— Adieu ! fit sèchement Colombe, vexée.

Puis, comme Philoctète allait disparaître dans l'escalier, elle le rappela, doucement :

— Philo ?

— Ma chérie ?

— Ça m'ennuie de te parler d'argent ; mais comme c'est la faute, après tout, si j'ai raté aujourd'hui les à-compte au cirque, tu serais bien aimable de me prêter...

— Avec plaisir ; voilà ! c'est pour les gants ?

— Non ! c'est pour le maillot qu'on doit m'apporter tout à l'heure.

— C'est donc dans les maillots que tu mets les économies ? les autres que j'ai connues les mettaient toutes dans leur bas !

— Insolent.

Comme on voit, le jeune Dubassin prenait décidément la grande allure parisienne que son beau-père lui souhaitait d'acquérir.

En rentrant chez lui, il trouva un mot de Carle-Max qui était venu deux fois sans le rencontrer.

— « Prenez garde, mon cher ami, lui écrivait-il, ma grande coquette m'a prévenu que votre Colombe était une accapareuse de première force sur le porte-monnaie. Donc, si vous vous échappez, venez me rejoindre au Minet-Blanc, où, ce soir, les poètes dissidents donnent tournoi de galante improvisation. Vous m'y verrez à partir de neuf heures et demie. Bien à vous, Carle-Max.

— Que faire d'ici-là ? se demanda Philoctète ; il est vrai que je n'ai pas encore fait l'ascension de la Tour Saint-Jacques ni grimpé à la Tour Eiffel, comme beau-papa me l'a conseillé ; mais il n'y a cependant que cinq minutes à peine de chez Colombe ici, c'est drôle ! on dirait que j'ai des jambes en coton !

Et, tirant sagement les doubles rideaux de sa fenêtre, le jeune Dubassin se glissa sous ses draps de lit où il ne tarda pas à rouler langoureusement, dernière réminiscence de l'hymne amoureux qu'il avait chantée à l'âne du Cirque Fernando.

Il était nuit quand il se réveilla brusquement.

— Ah ! sapristi ! ce n'était qu'un rêve, tant mieux ! Je croyais que Colombe m'empruntait encore quelque chose pour son trousseau, et regardait la pendule Empire qui ornait la cheminée de la chambre garnie, il s'écria :

— Bigre ? dix heures ! Carle-Max doit être furieux après moi.

Il s'habilla prestement et se dirigea vers le Minet-Blanc où notre confrère l'attendait.

Il était dix heures et demie lorsqu'il entra dans le célèbre cabaret qui se trouve à deux pas du boulevard Rochechouart, et il fut tout émerveillé du spectacle qui s'offrit à ses yeux.

Ce n'était plus là le banal café qu'il avait vu à la Nouvelle-Athènes ou au Rat-Mort non plus que l'élégance de l'abbaye de Thélème, le Minet-Blanc semblait un Musée où l'on aurait servi des bocks aux visiteurs, avec ses peintures aux murs, suspendues, ou brossées à même l'enduit de plâtre qui les recouvrait ; ça et là, tranchant, des plats en simili-bronze, gigantesques ; des sabres, des fusils turcs, des castagnettes, des tambourins enguirlandés de flots de rubans multicolores, un chapeau de cardinal et le bonnet de coton du roi d'Yvetot.

Un monsieur s'approcha de lui, vêtu d'un habit à palmes vertes des membres de l'Institut, qui lui demanda :

— Que faut-il servir à Monsieur ?

— Le dictionnaire Larousse, je vous prie ; répondit Philoctète, trompé par l'académique uniforme de l'individu et tout désorienté.

Mais voyant à côté de lui, à une table, un second habit noir, non moins somptueusement palmé, apporter au consommateur voisin une carafe d'eau frappée, il comprit qu'en ce lieu austère les pseudo-membres de l'Institut ne faisaient partie que de la Section des Limonadiers et se reprenant, s'informa si l'on n'avait pas vu Carle-Max qu'il venait chercher.

— Non, Monsieur ; il doit être dans la salle du haut, avec les poètes dissidents.

Au premier étage, Philoctète, en entrant, aperçut Carle-Max qui lui fit signe de venir s'asseoir près de lui.

— Ah ! mon cher Philoctète, lui dit-il, en lui serrant la main, je tremblais que vous ne vinssiez pas !

— Vous êtes bien aimable, merci.

— Ne me remerciez pas, c'est de l'égoïsme, mon ami. J'ai besoin que vous me rendiez un service d'ami.

Puis, bas, à l'oreille, lui montrant une jeune femme assise auprès d'eux :

— Vous voyez cette charmante enfant, j'en suis fou.

— Eh bien ! cher, dites-le lui et tâchez de vous faire écouter favorablement.

— C'est déjà fait, j'ai son adresse et je dois aller prendre le thé chez elle après la soirée.

— Heureux mortel !

— Vous croyez ? certes, je ne me plaindrais pas si je n'étais pas talonné par la crainte de voir Marguerite m'arriver ici d'un instant à l'autre et alors, bonsoir ! une fois qu'elle sera là, je rate la charmante enfant.

— Elle est donc jalouse ?

— À faire dresser les cheveux sur la tête ! et vous seul, pouvez me sortir d'affaire, mon cher ami.

— Comment ça ?

— Voilà ! devant Margot, vous allez me rendre le service d'avoir l'air d'être le cavalier de cette dame, à qui je vais vous présenter, et vous la reconduirez chez elle, à ma place, pour que Margot ne se doute de rien. Moi, pendant ce temps-là, j'accompagnerai ma grande coquette jusqu'à sa porte où je la laisserai seule, sous prétexte d'atroce migraine qui me force à ne pas l'ennuyer de ma maussade compagnie et je viendrai vous remplacer chez cette mignonne évaporée, vous comprenez ?

— Parfaitement !

— Cela ne vous ennuie pas trop, au moins ?

— Trop heureux de vous être agréable, mon cher ami.

Et Carle-Max, radieux, rassuré, présenta Philoctète à sa voisine qui, après un rapide coup d'œil, lui sourit très gracieusement.

— Monsieur...

— Philoctète Dubassin, Madame...

— Isabelle de Romorantin, Monsieur.

Et la conversation s'engagea, Isabelle riant beaucoup du stratagème ingénieux de Carle-Max qui parla de sa grande coquette comme d'une parente de province devant laquelle il était astreint à la plus sévère retenue, pour éviter des cancans dans sa famille ; mais il furent obligés de se taire, la seconde partie du tournoi des poètes dissidents allait commencer.

Un jeune homme, pâle et blond, débuta par un sonnet réaliste sur les mérites du Livarot ; un autre, brun, aux cheveux longs, bouclés, improvisa des stances à la reine d'Onolulu ; un troisième récita un furibond plaidoyer sur les vicissitudes des marlous et de leurs marmites, démolissant Saint-Lazare à grand coups de rimes heurtées.

Une femme de lettres déclama un poème, en trois périodes, sur les maléfices des huissiers ; un monsieur chauve célébra les bienfaits de l'eau à faire repousser les cheveux et se fit blaguer par toute l'assistance qui l'accusa de faire de la publicité.

Quant Philoctète qui — on ne s'en étonnera pas, connaissant sa fougueuse et brave nature — ne pouvait assister à ce tournoi sans brûler du désir d'y remporter le prix, demanda qu'on voulût bien l'admettre au concours.

Les poètes dissidents sont, chacun sait, du reste, gens hospitaliers et très bons garçons : Philoctète fut admis à l'unanimité.

Il sauta d'un bond sur l'estrade, près du piano.

— Trémolo ! dit-il, à l'orchestre, représenté par l'unique accompagnateur.

*Le Lapin et la Dégrafée*, fable, en vers libres... annonça-t-il, puis il débita :

> *Jean Lapin, après causerie,*
> *Dit à sa belle, fort galant,*
> *Attendez-moi, je vous en prie,*
> *Je remonte dans un instant.*
> *Je vous veux faire une surprise*
> *Pour vous remercier, cher cœur,*
> *De votre politesse exquise.*
> *L'avez-vous entre humble serviteur.*
> *Elle attendit, la dégrafée*
> *Deux heures sans le voir venir ;*
> *Puis, dans la rue, exaspérée*
> *À ses trousses, elle fut courir.*
> *Elle arriva juste à la gare*
> *Pour le voir monter dans le train.*
> *Ah! Zut! fit-elle, le barbare!*
> *Il m'a fait turlurer pour rien.*

> MORALE
>
> *Rien ne sert de courir,*
> *Il faut partir à temps.*

Un tonnerre de bravos salua cette improvisation du jeune Dubassin, qui revint modestement à sa place, en homme habitué aux publiques ovations.

La soirée tirait à sa fin et, comme l'avait prévu Carle-Max, Marguerite, sa grande coquette, était accourue le relancer, aussitôt son théâtre fini.

Et, à la sortie, vers deux heures du matin, ce fut, selon le programme arrêté, Philoctète qui offrit son bras à la gente Isabelle de Romorantin, laquelle l'entraîna gaiment vers son logis où il allait, avec elle, attendre l'arrivée de Carle-Max, parti mener sa parente de province à son hôtel.

Or, c'était cette demoiselle de Romorantin, une mutine fille de la Grande-Bohème, venue on ne savait d'où, mais reçue partout en amie pour sa gaieté et son esprit pétillant de malice. Point grue comme tant

d'autres, elle jacassait de tout avec assez d'à-propos, sans mots crus détonnants, sans phrases affectées de poseuse, avec un naturel charmant.

Et, tout en prenant le thé à côté d'elle, le jeune Dubassin se sentant pris pour elle d'une réelle sympathie, ne restait pas en arrière de répartes moqueuses et de blagues adroitement lancées.

— C'est égal, avouez, cher Monsieur, que notre position est bizarre ! s'écria-t-elle, après une seconde de silence, quand ils eurent épuisé le chapelet des banalités.

— Bizarre, pour moi, je ne dis pas, répondit Philoctète ; vous, au moins, lorsque Carle-Max arrivera...

— Oui, c'est un très gentil garçon ; mais...

— Mais ?

— Quelle idée de faire venir sa parente au Minet-Blanc ?

— Je ne m'en plains pas, Mademoiselle...

— Pourquoi ?

— Je ne serais pas près de vous, sans cela ; riposta lestement le jeune Dubassin, qui se rapprocha d'elle, insidieusement...

— Savez-vous, cher Monsieur, qu'ils étaient réussis, les vers que vous nous avez récités...

— Vous trouvez ? et Philoctète se rapprocha, plus près.

— Certainement ! et si je n'avais pas promis à M. Carle-Max auparavant...

— Eh bien ?

— Il aurait pu se faire que je...

— Isabelle ?

— Au fait, il vous a prié de le remplacer auprès de moi, après tout.

— Jusqu'à son arrivée toutefois...

— Nous verrons quand il surviendra...

. . . . . . . . . . . . . . . . . . . . . . . . . . . .

Vers quatre heures du matin, quand Carle-Max, qui venait d'avoir une scène terrible avec sa grande coquette, laquelle ne voulait pas le laisser partir, et qui lui avait, en fin de querelle, signifié son congé formel s'il la quittait malgré sa défense, sonna à la porte d'Isabelle de Romorantin, personne ne lui répondit et il dut s'en retourner rue Lepic, doublement capot.

Était-ce donc que Philoctète trahissait sa parole donnée de lui céder la place à son arrivée ?

Non ! mais avec Isabelle, il causait tellement haut, à ce moment-là, qu'ils n'entendirent ni l'un ni l'autre le coup de sonnette de l'infortuné Carle-Max.

(*La suite au prochain numéro*).

# PARIS QUI AIME
## HISTOIRES D'AMOUR

## Trop raide!...

À Clotilde S...

Deux personnages : deux portraits rapides, *currente calamo*, comme disent ceux qui veulent faire croire qu'ils lisent du Virgile aussi couramment que vous et moi lisons du Zola, les fats !...

Elle, M<sup>me</sup> la comtesse de HauItebranche — honneur aux dames ! — est une jeune, jolie, grande et svelte femme, avec, dans la silhouette, d'harmonieuses cambrures, de souples lignes de statue moderne. Ses grands yeux sont noirs, de ce noir velouté, mystérieux, qui attire et épeure aussi. Ses cheveux sont blondis et entourent comme un turban de soie le front lisse et blanc, avivant la matité du teint.

Lui, M. le comte de HauItebranche, est un sportman accompli. Il fait courir, tire aux pigeons, appartient à trois clubs, a sa loge à l'année à l'Opéra et aux Français, entretient une danseuse avec laquelle il trompe sa femme, une divette d'opéra-boufte avec laquelle il trompe la danseuse, et une agenouillée de grande marque qui lui sert à tromper les trois autres. Délaisse un peu sa femme, naturellement : on n'est pas de bois.

•

Le comte et la comtesse ont déjeuné, ce jour-là, en tête-à-tête.

Ils viennent de passer au salon.

Le comte, après avoir allumé un cigare, s'est étendu sur le canapé, et, silencieux, regarde sans les voir,

l'esprit ailleurs, les spirales de fumée qu'il lance en l'air.

La comtesse a pris un journal, et le parcourt d'un œil distrait.

Soudain, un passage semble l'intéresser plus particulièrement. Elle le lit, le relit et le relit encore.

Elle pose le journal sur le guéridon de milieu, prend un ouvrage de tapisserie commencé, s'approche de la fenêtre et travaille.

Un long silence, puis enfin :

ELLE. — As-tu lu les journaux, ce matin, mon ami ?

LUI. — Ma foi, non ! La politique m'ennuie ; tout ce linge sale qu'on lave en public, en pleine Chambre, m'écœure. À l'avenir, je veux me désintéresser absolument de tout cela. Mais pourquoi me poses-tu cette question ? Y aurais-tu découvert quelque chose d'intéressant ?

ELLE, *hésitante*. — Moi ? non ! c'est-à-dire...

LUI. — C'est-à-dire quoi ?

ELLE, *un peu troublée*. — En fait de chose intéressante, j'ai lu, tout simplement... le compte rendu d'une pièce... au Gymnase.

LUI, *indifférent*. — Au Gymnase ?... Mais il y a à peine huit jours, nous avons vu *Celles qu'on respecte*, et c'est un succès, un gros succès... je ne m'explique pas ce changement.

ELLE. — Mais *Celles qu'on respecte* sont toujours sur l'affiche. C'est d'une petite pièce, en deux actes, qui les accompagne...

LUI. — Et qui s'appelle ?...

ELLE, *déterminée*. — *Leurs Filles*...

LUI, *impassible*. — Ah! oui, je sais, une ordure ; c'est tout ce qui t'a intéressé ?

ELLE, *désappointée*. — Oh! intéressée... C'est peut-être beaucoup dire. Je t'en parle comme d'une nouveauté, voilà tout.

LUI, *allumant un second cigare*. — Une nouveauté qui n'en est pas une, en tout cas. La pièce a déjà été jouée ailleurs.

Nouveau silence. La comtesse continue son travail de tapisserie, mais fiévreusement. On sent qu'elle a quelque chose à dire encore, mais qu'elle n'ose pas. Enfin, elle se décide, quitte son ouvrage et s'approche du canapé où son mari, comme toujours, s'amuse à faire des ronds de fumée.

ELLE, *timidement*. — Je voudrais te demander quelque chose...

LUI, *comme surpris*. — Tu as un désir quelconque, et tu ne m'en fais part ? Ah ! ma chérie, ce n'est pas bien. Voyons, parle... Tu sais bien que je ne sais rien te refuser...

ELLE. — Devine...

LUI. — Tu veux mettre mon esprit au supplice ?... Eh bien! je vais tâcher... En passant rue de la Paix, tu as vu à la vitrine d'un bijoutier une parure, un diadème, un collier, un bracelet...

ELLE. — Non, ce n'est pas ça.

LUI. — Tu as vu chez Worth le costume que l'on prépare pour la princesse de Galles, et tu en désires un plus riche encore ?

ELLE. — Tu n'y es pas.

LUI, *après avoir cherché un moment*. — Les deux bai-brun dont je te fis cadeau le mois dernier ne te plaisent plus, et tu voudrais les remplacer par les alezans que nous avons vus chez Chéri, l'autre jour ?

ELLE. — Nenni ! ça n'est pas encore ça.

LUI. — Alors, c'est que tu voudrais que nous allions passer l'hiver à Nice ?

ELLE. — Décidément, tu ne devines pas...

LUI. — Alors, j'y renonce, et si tu ne me le dis pas, c'est donc quelque chose de bien extraordinaire, que tu hésites ainsi ?...

ELLE, *prenant son courage à deux mains*. — Je voudrais.. eh bien ! là, je voudrais... que... tu me conduises voir jouer *Leurs Filles*, au Gymnase.

LUI, *sursautant*. — Tu es folle ?... Tu veux aller voir cette pièce ignoble... cette insanité... Je t'en prie, n'en parlons plus... Ce que tu me demandes là est impossible... Une pièce retour du Théâtre Libre !...

ELLE, *navrée*. — Je comprends que tu n'aies pas voulu me conduire au Théâtre-Libre... mais au Gymnase !...

LUI. — Le théâtre a changé, mais la pièce est la même. On n'y voit pas moins une fille de cocotte qui couche avec l'amant de sa mère...

ELLE. — La belle affaire !...

LUI, *avec étonnement*. — Comment ! la belle affaire !... Et encore, s'il n'y avait que cela... Tiens, demande-moi autre chose, mais pas ça... Je ne veux pas que demain, un ami, une connaissance, en plein salon, devant cinquante personnes, m'interpelle : « Dites donc, HauItebranche, il faisait joliment chaud, hier, au Gymnase... M<sup>me</sup> la comtesse de HauItebranche était rouge comme une pivoine... » Car tu rougirais, vas-tu comme tout le monde y rougit, d'ailleurs. Je me rappelle qu'à la première, au Théâtre-Libre, le municipal de garde était devenu comme un coquelicot, et que les pompiers eux-mêmes...

ELLE, *l'interrompant.* — C'est bien; trêve de plaisanteries. Vous ne voulez pas me donner cette satisfaction, cela ne m'étonne pas. Ah! si votre maîtresse...

LUI, *l'interrompant à son tour, avec aplomb.* — D'abord, madame, je vous ferai observer que je n'ai pas de maîtresse. Et ensuite, les maîtresses, on peut les conduire partout où l'on ne peut conduire sa femme. Que ne me demandez-vous d'aller chez Bruant ou au Divan Japonais? Voulez-vous souper chez Bill's ou chez Baratte? Allons, mon amie, vous divaguez. Parlons d'autre chose; mais n'insistez plus, je vous prie; je ne vous conduirai pas voir jouer *Leurs Filles...* C'est trop raide!.

ELLE, *froidement.* — C'est bien, monsieur; puisque c'est si raide que ça, je me priverai de ce plaisir, mais je n'en maintiens pas moins que si j'étais une cocotte, une petite grue...

LUI, *impatienté.* — Mais, oui, certainement!... Dans ce cas, on se cache. On loue une baignoire grillée, bien obscure, d'où l'on peut tout voir sans être vu. La femme sort de sa voiture la figure enveloppée d'une mantille épaisse; son costume est de couleur sombre, et l'on se faufile rapidement...

ELLE, *frappée d'une idée subite.* — Au fait, voilà! Qui m'empêche d'être la femme voilée, habillée de noir, qui se faufile, sans être reconnue!...

LUI. — On ne vous reconnaîtrait pas, vous, c'est possible; mais moi...

ELLE. — On dira que vous êtes en bonne fortune ..

LUI, *comme se parlant à lui-même.* — Tiens! tiens!

ELLE, *passée derrière le canapé, et lui entourant le cou de ses bras.* — Allons, un bon mouvement... mon ami!

LUI. — Mais...

ELLE, *câline.* — Je t'en prie.

LUI, *ébranlé.* — Tu y tiens donc beaucoup?,..

ELLE. — Oh! oui, oui!... Allons, c'est dit?...

LUI. — Puisque... tu... le... veux...

ELLE, *l'embrassant.* — Oh! merci... Tu vas aller tout à l'heure louer la baignoire?...

LUI, *vaincu.* — Oui!...

.'.

Monsieur le comte et Mme la comtesse de Haute-branche viennent de souper.

Ils se retirent dans la chambre commune.

Elle est visiblement furieuse. Il est fortement agacé.

Ils font leur toilette de nuit.

ELLE, *très en colère.* — Non, mais, là; fiez-vous donc à eux! oh! les hommes!

LUI, *impatienté.* — Eh bien! ça n'est pas encore fini? Depuis que nous sommes sortis du théâtre, voilà cent fois que tu me répètes la même chose!...

ELLE. — Certainement, et je ne saurais trop le répéter. Trop raide!... c'est trop raide!... Dis donc que tu cherchais à éviter de me donner cette petite satisfaction...

LUI, *les bras croisés.* — Ah! ça, mais, comment te les faut-il, alors? Tu ne trouves pas cette pièce raide?... Tu aurais voulu sans doute la scène qui a fait condamner de Chirac!

ELLE, *se mettant au lit.* — N'exagérons pas... Entre la scène en question, que je ne connais que par le bruit qui s'est fait autour d'elle, et ce que j'ai vu ce soir, il y a une nuance.

LUI, *se couchant aussi.* — Alors?...

ELLE, *résolûment.* — Alors, je trouve que ça n'est pas aussi raide que tu voulais bien le dire.

LUI, *résigné.* — Eh bien! soit. Je te l'accorde. Laisse-moi dormir maintenant. Bonsoir.

ELLE, *entêtée.* — Oui, bonsoir; tu n'es même plus joli. Ça m'empêche bien de le dire.

LUI, *agité.* — Grrrrron! grrrrrron!... grrrrrron onon!...

ELLE, *furieuse, vexée, donnant des coups de poing à l'oreiller.* — Eh bien! non : ça n'est pas si raide que ça!... Ça n'est même pas raide du tout.

## LE SERMENT D'ARISTIDE

M... et Mme Théodore Boisrivé constituaient, avec ... Aristide Vieuvénard, le plus parfait ménage ... qu'il se puisse imaginer.

Bien ... ménage à trois soit une variété depuis longtemps ... et classée, j'ai toujours eu, pour ma part, ... de peine à l'admettre. Je suis, en amour, l'un ... me ridicule. Je comprends le mari, qui,

ne sachant rien, il y a des grâces d'état, est assurément *le plus heureux des trois;* mais je ne comprends pas l'amant qui consent à partager la femme avec le mari, et qui devrait mourir de jalousie pendant les entr'actes; et je comprends encore moins la femme qui se prête à ce double rôle, et qui doit se dire, après tout, que son amant ne l'aime pas, puisqu'il ne meurt pas de jalousie. Une veuve jeune, jolie, et exempte de préjugés, voilà ce que je conseillerais toujours à un jeune homme!

Je vous demande pardon, je manque à tous mes devoirs de conteur : il ne s'agit point, en effet, de vous exposer mes opinions, mais de vous présenter au plus vite les personnages de cette véridique histoire.

Théodore — le mari — était bien l'homme le plus insignifiant du monde. N'ayant guère de chance dans ce qu'il entreprenait, il n'avait jamais fait grand'chose de sa vie; il tenait, au moment où commence ce récit, un petit café-restaurant, assez mal achalandé du reste, dans la rue du Château-d'Eau, à deux pas du boulevard de Strasbourg. Au physique, ni petit ni grand, ni brun ni blond, ni gros ni maigre, d'un âge difficile à déterminer, entre vingt-huit et quarante ans; au moral, tout aussi indécis qu'au physique, mais fort aisé à diriger, et subissant toutes les influences.

Sa femme, Hélène, Mme Théodore — comme on avait coutume de l'appeler — était une petite brune boulotte, gentille à croquer.. Non pas une de ces beautés régulières, une de ces beautés froides de statue qui, tout admirables qu'elles puissent être, vous glacent et vous paralysent toujours un peu, quoi qu'on en ait, mais avenante au possible et délicieusement adorable ou adorablement délicieuse — comme vous voudrez — avec son abondante chevelure noire, relevée sur la nuque en une épaisse torsade, et découvrant un cou blanc et rond, ses yeux d'un bleu sombre, pas très grands, mais pétillants de vivacité et de malice, son nez légèrement retroussé, juste assez pour égayer sa physionomie, et son joli sourire creusant dans ses joues fraîches deux mignonnes fossettes, véritables nids à baisers... Faut-il ajouter qu'Hélène était très bien prise, dans sa petite taille, qu'elle avait la gorge à la fois opulente et ferme, les hanches rebondies, les mains fines et soignées, et des pieds d'enfant?...

Ah! certes, Aristide Vieuvénard n'était pas à plaindre, et sans la présence continuelle de cet animal de Théodore, son bonheur eût été complet.

Au fait, je ne vous ai point encore fait le portrait d'Aristide... Ma foi, tant pis! nous n'en finirions pas. Qu'il vous suffise de savoir qu'Aristide était un charmant garçon.

Comment Aristide était devenu l'hôte habituel, le commensal indispensable du ménage Boisrivé, c'est là, j'imagine, un détail qu'il vous importe assez peu de connaître... Que si vous en étiez curieux cependant, apprenez qu'un soir qu'il pleuvait et qu'Aristide n'avait pas de parapluie — ça va bien quand il fait beau — il était entré par hasard — le hasard n'en fait jamais d'autres — dans l'établissement de la rue du Château-d'Eau.

Au fond de la salle, deux consommateurs faisaient un cent de piquet; le garçon, Joseph, s'étirait en bâillant, sur une banquette; M. Théodore se promenait de long en large, une serviette sous le bras; et la pauvre Hélène, un peu triste, les yeux machinalement fixés sur les topettes de cognac et sur les petites soucoupes remplies de sucre cassé à la mécanique, trônait au comptoir.

En voyant entrer ce visiteur, ruisselant comme un fleuve, et qui se secouait piteusement, tel un chien qui sort de la rivière, Hélène ne put réprimer un léger sourire.

— Cette petite femme est gaie, se dit Aristide.

Cependant, M. Théodore s'empressait auprès de ce nouveau client, et Joseph, réveillé en sursaut par une bonne tape sur l'épaule, prononçait la phrase sacramentelle :

— Que faut-il servir à Monsieur?

— Un grog américain... très chaud!

— Boum!

Hélène avait fait un signe à son mari : Vois comme il est mouillé, dit-elle à demi-voix. Dis-lui de s'installer près du poêle.

Et l'excellent Théodore, toujours docile, s'étant acquitté de la commission, Aristide, auquel rien n'échappait, pensa :

— Elle a bon cœur, cette petite femme.

Le poêle était placé juste au-dessous du comptoir. Tout en faisant sécher ses vêtements, d'où montait un nuage de vapeurs, Aristide levait les yeux, de temps à autre, et son regard rencontrait celui d'Hélène :

— Elle est vraiment jolie, cette petite femme! songeait-il.

Quand Aristide, à peu près sec, eut absorbé son grog, il prit son chapeau, s'inclina profondément devant Hélène, ouvrit la porte du café, s'assura qu'il ne pleuvait plus, et rentra chez lui en murmurant à plusieurs reprises, avec beaucoup de conviction :

— Voilà une petite femme qui ferait bien mon affaire!

Le lendemain — bien que ce ne fût pas du tout son quartier — Aristide Vieuvénard prenait son café dans le restaurant de la rue du Château-d'Eau.

Huit jours après, il était de la maison, tutoyait Théodore, qui ne pouvait plus se passer de « son cher Aristide », lui faisait tous les soirs d'interminables parties de jaquet qu'il perdait invariablement, à la grande joie de son hôte :

— Ce cher Aristide... doit-il être assez heureux en amours!... Hein? qu'en dis-tu Madame Théodore?... Crois-tu qu'il est assez bien nommé? Aristide... Vieuvénard!

Vous voyez comme c'est simple?...

Eh bien! c'est toujours comme ça!

*La suite au prochain numéro].*

# Moi aussi!

Les chambrées resplendissent.

Le parquet, lavé à grande eau, frotté pendant trois heures avec des morceaux de brique est d'une netteté de frises poncées et réchampies, prêtes pour de fines sandales de ballerines; les bancs frustes, les tables massives, grattées au verre et cirées, ont des airs d'ébénisterie de luxe, et les planches à pain, dans leur simplicité antique, des chatoiements de lampes sacrées aux voûtes sévères des cathédrales.

Carrées, planes comme des billards, normales au mur, dans l'axe exact des paquetages découverts, les couchettes brunes s'alignent, correctes, sans une brisure.

Les armes démontées, propres, soignées, sans une rouille, sans une poussière, y sont installées sur le mouchoir à carreaux d'ordonnance, le mouchoir neuf des grands jours.

Il est trois heures.

Les hommes en petite tenue, les cheveux correctement ras, tête nue déjà, pour la plupart, vont, viennent, se penchent aux fenêtres, guettent dans les corridors, impatients et nerveux, vaguement inquiets, dans une fièvre.

Les sergents de section achèvent leur tournée hâtivement, rogues, grincheux plus encore que d'habitude, criant tout haut au sale métier, au surmenage, aux corvées éreintantes qui n'en finissent plus, à la malechance, aux journées de bloc qui les guettent avec ces tas de bougres, ces tapées de carottiers qui se fichent de tout, tirent « au flanc » tout le temps, qui ne vivent que pour cela, mais qu'ils mâteront, ils s'en chargent : oh! oui, ils s'en chargent!

— Puis, vous savez, deux tours à la cravate, ou pour sortir demain... mes bottes!

Et dans le tas de bougres, il en est qui tremblent comme des feuilles, de pauvres gars...

Dehors, sur le perron de la salle des rapports, les officiers causent distraitement, par petits groupes, les yeux tournés vers la grille du quartier et par delà, sur la place d'armes, vers la demeure du Colonel qui doit passer la revue de détail et qu'on attend.

Les hommes de garde sont massés devant la porte, tout prêts.

Le sergent de planton, l'œil au guet, scrute la porte-cochère du grand chef tout en s'inspectant des pieds à la tête, redressant son pompon qu'il croit de travers, s'acharnant avec de la salive sur une tache de graisse au pan droit de sa tunique, souvenir persistant d'un fin souper où manquaient les dissolvants chimiques.

Enfin, un grand brouhaha, une minute quasi-solennelle, trente mains qui se lèvent à la hauteur de la visière, des talons qui se joignent, des têtes qui se redressent.

— Hors la garde!

Le colonel entre au quartier, salue d'un geste sec, méthodique, le factionnaire qui présente les armes, jette dans la cour un regard circulaire et, sans s'inquiéter de personne, se dirige vers le corps central du bâtiment.

Il se plante un instant devant les silhouettes noires peintes sur les murs pour les exercices préparatoires de tir et continue sa marche.

Le lieutenant-colonel, les chefs de bataillon le rejoignent, s'empressent autour de lui, et, tout de suite, la revue commence par la compagnie de dépôt.

Cet animal de Lagloire a encore fait des siennes. Avec un nom comme cela, cependant... on est allé le chercher quatre fois à la cantine. Mais sous le prétexte que ce lieu de délices était consigné, il s'était refusé d'en sortir, par délicatesse, pour ne pas compromettre le cantinier qui l'avait reçu quand même, préférant payer pour tout le monde, en grand cœur, ayant omis, du reste, de se renseigner sur ce qu'on désirait de lui plus haut.

Son lit est dans le plus beau désordre; son fusil est encore au râtelier, tout seul; il n'a rien de prêt, sa grande courroie de sac sur laquelle il avait commencé à étendre du cirage, — pour gagner, avait-il dit, un temps précieux, — traîne à terre, lamentable.

Et le colonel est dans la chambre voisine.

Que faire ?

Le caporal de chambrée est dans la désolation : tout va bien lui retomber sur le dos. Jamais pourtant la chambrée n'avait flambé comme cela : c'est un vrai soleil. L'escouade astiquée à fond lui fait le plus grand honneur; lui-même est superbe de correction et de parfaite tenue. Jamais, vrai, on n'avait tant obtenu de la cire froide et du tripoli :

Il a fallu que cet ivrogne... En voilà un qui laissait un vide !

— Tant pis ! je lui flanque mon maximum dit le caporal — pour décharger sa bile.

Les camarades sont consternés : tous, bien sûr, vont s'en ressentir. Ah ! cela va bien marcher tout à l'heure.

— Il faut tout de même lui retaper son pieu, dit quelqu'un.

Et quatre se précipitent. En un clin d'œil le lit est prêt et capable de rivaliser de symétrie et d'élégance avec les mieux dressés. L'enroulement moelleux du traversin surtout flatte doucement le regard. Mais voilà...

Le pauvre caporal, qui verdit progressivement avec l'approche du terrible constat de défaut, n'y tient plus.

— Allez prévenir le sergent de semaine.

Celui-ci accourt.

— Quoi ?

— Il y a Lagloire...

— Qu'est-ce que cela me fait, Lagloire.

— Il est absent.

— Absent.. il veut « y couper », ça ne prend pas.

— Il n'a pas paru.

— Pas paru ?

— Voyez.

— Et vous attendez ce moment pour m'en aviser. Qui m'a fichu un caporal comme ça ! Vous aurez quatre jours, d'abord, vous entendez, cela vous apprendra.

— Ce n'est pas ma faute : je l'ai envoyé chercher quatre fois.

— Où est-il ?

— À la cantine.

— Les cantines sont consignées.

— Il y est tout de même.

— Pas la peine, alors. Eh bien ! que voulez-vous que je fasse, moi, ici. Voulez-vous que je vous le présente sur un plateau.

Mais le bon Lagloire, que le sentiment du devoir avait dû ressaisir, tourna lui-même la difficulté en se montrant tout à coup, par l'entrebâillement de la porte, la face goguenarde, jovial, très gris.

— Vrai, alors, c'est pas un frère, l'escalier, il se dérobe : n'y a plus de marches. Je ne sais pas comment je suis là. Je n'aurais pas plus de mal pour aller au ciel... Tiens, il y a du soleil dans votre turne : c'est donc jour de rata, aujourd'hui ?

Il fit péniblement deux pas dans la chambre et trébucha

— Bon dieu ! il y a du roulis

Le sergent bondit vers lui.

— Ah ! te voici, canaille ! Tu vas me faire demi-tour, tout de suite.

— Pardon, sergent, faut que j'installe. Je suis remonté exprès pour cela. Vous ne me priverez pas de voir mes chefs, voyez-vous...

— Descendez-moi cet homme-là à la boîte.

— À la boîte ! Raide, celle-là. Faudrait d'abord savoir ce que j'ai fait.

— Emballez !

Mais un bruit de pas nombreux retentit au bout du corridor

— Pas moyen, le colonel !

— Bon sang !

— Que faire ?

— Il faut le coucher et le porter malade.

— C'est une idée. Allons-y et vivement!

Deux camarades l'empoignèrent et, malgré ses résistances et ses protestations, le dépouillèrent de ses vêtements et l'introduisirent dans son lit, où le sergent, le cala d'une solide bourrade dans les reins, laquelle, il faut être juste, le ramena à un sentiment plus exact de la situation.

— À vos rangs ! Fixe !

— Que signifie ce tapage ? demanda le capitaine Latringle, commandant la compagnie, au sergent, qu'il prit à part, dans un coin.

— Un homme malade, mon capitaine... subitement : un coup de sang.

— Ah !

— On l'a couché !

— Qui ?

— L'homme...

— Je ne vous demande pas qui on a couché, mais qui l'a couché, l'homme...

— Nous, moi...

— Comme cela, sans l'assentiment du docteur.

— Mais le docteur. .

— Je sais bien : vous allez me dire que le docteur n'était pas là à guetter la syncope de ce garçon... Il a eu une syncope ?

— Oui, mon capitaine...

— La syncope de ce garçon, que... je sais tout cela, et aussi autre chose. Vous avez outrepassé vos fonctions : vous aurez un jour de consigne à la chambre; vous entendez ?

— Mon...

— Ah !... eh bien ! moi aussi, mon garçon, moi aussi, sachez-le bien... et regagnez votre chambre.

Le colonel paraissait n'avoir rien entendu; de glace, toujours, il passait devant les lits, prenait les livrets des hommes, les parcourait d'un coup d'œil rapide, toisait chacun des pieds à la tête, sans une parole, sans un pli de son visage impassible.

Quand il fut au bout de la première file! il appela le capitaine et de sa voix blanche, sans nuances, très calme, douce même :

— Vous n'avez donc pas fait changer tous vos bidons : j'en vois ici deux du modèle B... Puis, il y a là un fourreau d'épée baïonnette qui me paraît mal tenu : on a dû le frotter au grès.

Le colonel continua son inspection.

Le capitaine Latringle revint au soldat au fourreau mal tenu.

— Un vieux bidon... C'est toi qui as un vieux bidon ?

— Mon cap...

— Tais-toi : tu as un vieux bidon, un sale fourreau... tu n'as pas honte... M'feras un jour de consigne. Tu m'entends ?

Le pauvre troupier était devenu blême : mais l'annonce d'une punition aussi anodine que légère parut le remettre en selle : un soupir de satisfaction lui échappa, — malgré lui ; sachant qu'on doit garder ces soupirs là pour soi.

— Hein ? qu'est-ce que tu mâchonnes entre les dents ?... Eh bien !... moi aussi, mon garçon, moi aussi, Tiens-le toi pour dit.

— Ah ça, fit en souriant le commandant du bataillon, qui prit le capitaine Latringle par le bras et l'emmena dans l'embrasure d'une fenêtre, qu'est-ce que vous voulez dire avec votre : moi aussi, que vous répétez tout le temps ?

— N'ont l'air de rien répondre, ces lapins-là, répondent tout de même.

— Ce pauvre diable n'a pas bronché !

— Croyez cela. — J'ai porté le sac, je sais ce que j'avance. Savez pas ce qu'il a dit; oh ! mentalement, ne s'y serait pas fié ?... Il ne s'est pas gêné, allez. Je ne me gênais pas non plus, moi. Je l'ai collé au bloc : alors, toutes ses fibres se sont solidarisées; il s'est raidi...

— Contre l'infortune...

— Et s'est écrié, en dedans : c'est comme ça : eh bien ! vieille baderne, vieille croûte, je l'....

— Compris... Et vous ne vouliez pas être en reste avec eux.

— Je les muselle  ça les épate.

— En effet, il a l'air tout chose après.

— Tiens... l'autorité morale.

— Cependant, le colonel arriva devant le lit de Lagloire.

— C'est cet homme qui est malade, demanda-t-il ?

— Oui, mon colonel, répondit son voisin de lit.

— Le docteur est dans la cour, on le fera venir.

Lagloire n'avait pas eu le temps de s'endormir. En l'attendant, il cherchait à rassembler ses idées éparses et n'était plus dominé que par le seul souci de faire bonne contenance devant ses supérieurs. Les quelques mots du colonel lui allèrent droit au cœur. Quel brave homme! alors, tout à coup, il se mit à sangloter, subitement attendri, pris de reconnaissance, de respect, de remords au si, honteux, se croyant obligé de s'ex-cuser humblement, de mériter, par un retour au bien l'intérêt qu'on lui portait; mais il ne trouvait plus de paroles dans son gosier à présent desséché.

Enfin, il fit un effort.

— Oh ! mon colonel, dit-il, en se soulevant avec peine, la tête lourde, les épaules vacillantes, les yeux troubles, oh ! mon colonel, je suis indigne du régiment... je déshonore... je suis un sale cochon ! oui, un sale cochon !...

Le colonel passa. Le capitaine Latringle, de l'embrasure de la fenêtre où il était n'entendit rien : mais il vit les lèvres de Lagloire qui s'agitaient en murmurant indistinctement dans l'ivresse qui le reprenait :

— oui, je suis un sale cochon !... oui un sale cochon.

Il courut vers lui et tout bas, menaçant : dans son invincible manie, marmotta — moi aussi, tu sais, mon garçon, moi aussi. Et je n'y vais pas par quatre chemins pour te le dire.

ÉDOUARD ZED.

# PETIT DICTIONNAIRE FIN-DE-SIÈCLE

*(Suite)*

### C

**CANCANS**
Maladie locale.

**CHAHUTER**
En faire beaucoup.

**CHŒUR**
Se trouve à l'Église et à l'opéra.

**CHUTER**
Faire une chute.

**CLAQUE**
En usage partout, même au théâtre, mais principalement entre les gens qui s'aiment trop.

**CLOU**
Très en faveur dans les pièces à succès pour y accrocher les vestes précédentes.

**COCOTTE**
Une poule qui a des dents.

**COCU**
Celui qui a de la veine.

**CŒUR**
Objet d'étagère.

**COUP**
Se donne, se reçoit... et se paie. Sont exceptés, les coups à l'œil.

### D

**DANSER**
Le plaisir des femmes et le désespoir des hommes quand c'est devant le buffet.

**DEMI-MONDAINE**
Espèce très variée aussi, mais plus facile que la précédente à explorer et à approfondir.

**DEMOISELLE**
On ne sait pas trop en quoi ça consiste; l'espèce est fort variée.

**DÉSESPOIR**
*Pour une femme :* Envie de faire la noce quand elle n'a plus le sou.
*Pour un homme :* Se consoler avec la précédente.

**DEVOIR**
L'art de faire faire aux autres ce qui vous est personnellement agréable.

**DOT**
Compensation à la laideur.

*(À suivre)*

# LA CHEMISE

Le vendredi était, chez la baronne Jeanne, jour de *five o'clock tea*; le mercredi, chez Berthe d'Arcelles; le lundi, chez la princesse Marguerite, et le samedi, chez la bonne duchesse douairière du Val Saint Benoît.

Quant au dimanche, il était, par chacune d'elles, consacré en partie double au Seigneur et à leurs époux, qui, la Bourse et les Chambres chômant, daignaient n'ayant plus le prétexte plausible à donner du 3 6 0 ou lu Panama, honorer le foyer conjugal de leur courtoise présence, accompagnant le matin Madame à la messe chantée et l'après-midi au tour du Lac, pour l'écouter le soir, en fumant l'impériales, qu'elle tolérait gentiment, tapoter au piano la dernière création de Gounod ou d'Yvette Guilbert.

Et c'était, à notre humble avis, ce jour dominical, le seul de toute la semaine où ils fissent réellement preuve de bon goût; car ces dames étaient de ravissantes créatures, cent fois mieux et cent fois plus pétillantes et charmeuses que les « Léa d'Azur » et les « Clotilde de Beauséant » chez lesquelles ils perpétraient leurs reportages législatifs et financiers.

Trois amies du couvent des Oiseaux, du même âge, élevées ensemble selon les excellents principes grand'-mondains de l'exquise maison. Trois « Grévin » éveillées, gracieuses, spirituelles, pas « bégueules » dans l'intimité, toujours prêtes aux sous-entendus hardis, pourvu que galamment présentés et sans gants pour mordre le fruit au dessert.

Du même monde, on s'était choisi son mari, dans ce salon commun de la douairière, la vieille amie des papas et des mamans, qui, généreuse et aimable, avait organisé, à leur sortie du pensionnat, bals blancs et sauteries préliminaires aux décisives déclarations; et, dans une habile manœuvre de l'experte grande dame, on avait pu, presque en même temps, s'allier convenablement à trois bacheliers frais éclos de la grande institution des bons Pères de la rue de Vaugirard, bien titrés, bien stylés et rentés plus solidement encore, ce qui était bien loin de gâter l'enjeu.

On s'était en voyage de noces, rencontrées toutes trois au hasard de l'Italie; on avait ensemble vu Rome, le Vésuve, l'Etna, Nice; ensemble égréné quelques louis sur le tapis de Monte-Carlo et ensemble inauguré, toujours dans le salon de la douairière, la vie mondaine de jeunes femmes dans une soirée de grand gala ou l'on avait, par obligeance de la vieille amie, rendu la politesse aux assistants nombreux de la nuptiale cérémonie.

Puis, soucieuses de ne jamais interrompre leurs amicales relations, de se continuer les confidences quotidiennes du couvent, ces dames avaient fait serment de se réunir tous les jours et chacune recevait à tour de rôle chez soi les deux autres dans les « five o'clock », dont nous avons donné plus haut la journale disposition; les mardis et jeudis étaient réservés aux œuvres dont elles étaient ensemble dames patronnesses, ouvroirs et visites aux malheureux.

Par âge et par goût, plus gourmande, la duchesse douairière de Val-Saint-Benoît avait retenu le samedi, réclamé qu'on lui confiât d'une seule bouchée le goûter des aventures et impressions de toute la semaine, se pouvant s'en régaler au fur et à mesure de leur actualité, clouée et tenue par le refus de service de ses pauvres jambes que les rhumatismes condamnaient à une désolante passivité.

Et, le samedi où nous sommes, le clou de la causerie était l'exposition de lingerie qu'avaient faite les grands magasins du Petit Saint-Thomas, le fournisseur adopté par l'aristocratique faubourg.

Les trois inséparables amies ne tarissaient pas d'exclamations élogieuses et d'énumérations enthousiastes!

— Oh! les cache-corsets, duchesse! si vous aviez vu ça; d'un sublime! s'écriait la brune princesse Marguerite-Margot, en petit comité.

— Bah! ils ne valaient pas deux sous, ma chère! auprès des bonnets du matin, les amours de dentelles et de rubans soyeux, à vous tourner la tête à l'envers! d'un délicieux déifiant! ripostait la baronne Jeanne, qui, du geste, sur sa tête blonde, dessinait en un tour de main, avec son élégant mouchoir aux initiales armoriées, le frou-frou des bonnets fascinateurs.

— Et les jupons; ah! les jupons! disait, rouge d'émoi, Berthe d'Argelles, qui ne les a pas vus, n'a rien vu. Des nuages! des cascades! d'un extra-chic!

— Si l'on peut, en saine raison, les préférer aux nouveaux bas du Sixième rayon! reprit la princesse Margot — figurez-vous, duchesse, le dernier mot de la suprême élégance! un tissu de finesse idéale, à la trame serrée d'un maillot, et quelle mièvrerie dans ces fleurettes, myosotis et muguet, qu'on dirait peintes en gouache savante, du coup de pied à la naissance du mollet! des chefs-d'œuvre!

— Eh bien! moi, termina la baronne Jeanne, ce qui m'a le plus empoigné, c'est les pantalons!

— Tu en raffolais déjà au couvent, ma chère! lança méchamment Berthe d'Argelles, qui se serait fâchée avec l'une de ses compagnes plutôt que de se priver du plaisir d'un mot piquant.

Et, comme à l'ordinaire, il y allait avoir une orageuse discussion, quand la duchesse, toujours maternelle, les calma et s'adressant à toutes les trois:

— Ah! mes pauvres enfants! dit-elle; sur quelle pente fatale vous glissez et combien vous vous exposez à de cruelles déceptions! vraiment, pour des élèves de la docte maison des Oiseaux, vous donnez une piètre idée de l'éducation qu'on y reçoit, ma parole d'honneur!

— Pourquoi donc? qu'avons-nous donc dit de si monstrueux? demandèrent les inséparables, piquées.

— Eh! c'est justement de ne vous en entendre rien dire, que je me plains!

— Mais de quoi parlez vous de grâce?

— De la chemise, mignonnes, tout simplement!

— Oh! duchesse!

— Point de fausses pudeurs, mes belles, ou la chemise vous perdra!

— Vraiment?

— Ecoutez; je n'irai pas chercher mes exemples bien loin. Vous avez connu le défunt duc, mon époux regretté...

— Certes, je me le rappelle, moi! fit Berthe d'Argelles, un homme charmant.

— Et qui se laissait facilement charmer! — reprit la duchesse; aussi volage que messieurs vos maris, ce qui n'est pas peu dire, entre nous!

— Oh! duchesse!

— Tant pis si ça m'est échappé; mais aussi vous êtes trop sottes de ne rien voir de ce qui se passe chez vous.

— Mais...

— Ou si vous voyez clair, bien plus sottes encore d'accepter le mal sans mot dire, sans vous regimber.

— J'ai essayé, duchesse! mais ça ne m'a pas réussi; au premier mot, Octave a été perdre mille louis au Jockey! avoua franchement la princesse Margot.

— Vous ai je conseillé les scènes?

— Faut-il donc alors tromper nos maris?

— Gardez-vous-en bien, mes petites; croyez-moi, un amant, c'est pire que trois époux assemblés!

— Alors?

— La chemise! qui vous ramènera les infidèles, domptés, vers vous! Comment sont-elles vos chemises?

— Comme toutes les autres, duchesse!

— Oui, je vois ça d'ici, padiboubles, collet monté, sévères; des chemises de nonne, comme celles du couvent! pouah! comment voulez-vous que ces Messieurs fassent la moindre attention à vous?

— Oh! duchesse!

— Point de fausse timidité, c'est de votre bonheur qu'il s'agit! Vous n'avez jamais vu de chemises de cocottes?

— Duchesse, vous allez d'un loin!

— Pas si loin que là où vos maris vous mèneront, si je n'y mets bon ordre, mes enfants. Ce n'est pas tout qu'être jolie, ce n'est même rien, moins que rien, si le cadre est banal, quelconque, déplaît! qu'est une perle fine dans une boîte de bois grossier, mal ouvré? y fieriez-vous attention? non! ce qui vous attire les yeux, chez les grands bijoutiers, c'est l'étalage, la lumière, l'écrin de nuance préférée d'où le joyau ressort lumineux et brillant! ah! les coquines de haut vol sont plus adroites que nous!

Comme vous, d'abord, je me suis laissée distancer par elles; puis, comme vous, adorant quand même le sacripant qui me délaissait, j'ai cherché le moyen de l'arrêter, de le fixer à moi...

— La chemise, duchesse?

— Oui, ma belle!

— Mais comment savoir?

— Par comparaison.

— Plaît-il?

— Par la chemise de votre mari, comtesse d'Argelles!

— Comprends pas!

— C'est bien simple; de quelle étoffe se revêt-il, la nuit venue?

— Pompadour, en linon, bouquets printaniers!

— Belle gaité, comtesse; il faut vous mettre à l'unisson; mousseline, dentelle et flots de rubans roses! et vous, Jeanne?

— Oh! moi, Paul est bien plus sévère, soie rouge et cordelière tressée.

— Le contraste, puisqu'il est brun; ce qui indique pour vous, ma chérie blonde, le satin noir, larges cocardes rouges, en épaulettes; les couleurs de votre féal époux.

Puis, s'adressant à la princesse Marguerite qui semblait pensive:

— Et toi, mignonnette, le prince?

— Flanelle! répondit Margot, tristement.

— Si nous ne parlions plus de chemises! termina la fine duchesse qu'on ne prenait jamais au dépourvu.

BABYLAS.


# PROFILS D'ARTISTES

### M<sup>lle</sup> CAMILLE STEFANI


# PROFILS D'ARTISTES

### Mlle CAMILLE STEFANI

La toute gracieuse divette de la Scala a d'abord voulu faire du théâtre, est entrée au Conservatoire, a profité des leçons du Maître M. Got. Au Casino de Paris elle détaillait finement *Le Petit Serpent* de Xanrof, puis M. Brigliano la remarqua et se l'attacha à l'Eldorado pendant une année. Aujourd'hui elle est à la Scala où elle vient de jouer très artistement *L'Amour s'amuse*, avec son ami Mévisto, a créé *Vas-y Colligny*, avec une fantaisie extraordinaire.

*Paris qui Rit* lui prédit un brillant avenir, et *Paris qui Rit* ne se trompe jamais.

### MÉVISTO

A débuté au Théâtre-Libre dans *L'Évasion*, de Villiers de l'Isle-Adam; a composé merveilleusement le rôle de Nikita dans *La Puissance des Ténèbres*. A quitté Antoine pour aller jouer *La Grande Marnière* à la Porte-Saint-Martin, de là, engagé à l'Odéon par le sieur Porel qui ne lui a fait jouer que d'adroites « panne ». Dégoûté du théâtre il récitait au « Chat Noir » de jolies pièces de vers; Brigliano, l'administrateur des concerts de l'Eldorado et Scala a eu l'excellente idée de se l'attacher. Mévisto a eu à la Scala un grand succès, il a fait adopter au concert un genre littéraire. *Paris qui Rit* est le premier à l'en féliciter et lui souhaite bonne chance. — A. V.

La reconstitution du Cabinet avec le baisser reparaître que l'on voit cette saison, por une haute recrudescence.

Les centimes gagnés à chaque rentrée nouvelle de M. Rouvier aux finances, sont les salves d'artillerie qui accompagnent habituellement cette excellence.

La Bourse et la haute Banque verront toujours avec le même plaisir le retour de cet homme aux ressources multiples.

Pareil effet se produisait autrefois, lorsque le Jeu des bascules politiques s'imposaient aux affaires, M. Rouvier et plus récemment dans l'histoire M. Léon Say, ministre des finances, né et établi attitré des grandes Compagnies, ainsi que des institutions de Crédit.

Le 3 0/0, soutenu par les événements dont on a eu raison de parler, et consolidé encore par le détachement du coupon restera très soutenu dans les hauts cours jusqu'aux premiers jours de l'année.

La sainte et bonnête habitude qui consiste à escamoter dans ce bien heureux 15 centimes dans le mois qui suit, est trop bien ancrée dans nos mœurs financières pour laisser aux spéculateurs à la hausse, le moindre doute sur la marche à suivre.

Les emprunts russes paieront leur prime encore pour longtemps.

Les sociétés de Crédit à la veille de leur bilan de fin d'année, sont également sous la nécessité de soutenir leurs titres de l'escompte pour l'évaluation normale des portefeuilles où se trouvent eux chargés de valeurs malheureusement un peu avariées.

L'Extérieure, parmi les fonds étrangers, se fait remarquer par sa tenue prévenile — tous les prétextes sont bons à cette rente d'État pour faire des bonds à droite et à gauche. En ce moment, la Cote paraît être manœuvrée par le syndicat à la hausse; aussi attendons-nous à des surprises dans ce coin du marché.

Et après tout, pourquoi ne grandirait-elle pas puisqu'elle est Espagnole.

Le reste de la cote est assez ferme. Le fait qui domine tout, c'est la tenue de nos rentes, notamment du 3 0/0 qui est toujours la boussole des spéculateurs.

Les émissions qui devaient rester enfouies sous des craintes ridiculement exagérées se manifestent petit à petit, et il est certain que janvier verra une éclosion de feuilles de couleurs à tous les prix, qui ne rappelleront que d'excessivement loin, cette que dame nature nous offira *gratis pro Deo*, lors qu'Avril sonne son réveil printanier.

G. QUATRESS.

**Eldorado.** — *Dans ses ans.* — Fantaisie revue de MM. B. Lebreton et Henri Moreau, musique de Ch. Malo. Le compère c'est Sulbac dont l'éloge n'est plus à faire. Vaudet est toujours merveilleux par ses imitations, la gracieuse et semillante Micheline charme son auditoire, Anna Thibaut est l'un des clous dans la Revue avec « Gigolette ». Je

citerai également M<sup>lle</sup> Paulucette, une jeune étoile que l'El
dorado vient de découvrir, qui marche vers le succès.

A citer aussi parmi les dames : Dufay, Giraldue, Laney,
gentille à croquer, Bernier, Valbruge, Denelly, Saint-Lot.
Destigny, ont de jolies cuisses ; côté des hommes — Teste
et Plebin en tête — MM. Ducreux, Bannière, Blondel, Farville sont les artistes bien connus qui se taillent de jolis
succès dans des bouts de scènes. En somme excellente soirée qui fait honneur à l'Eldorado, la Comédie-Française du
Café-Concert.

**Paris-Concert Ternes**. — Le directeur P. Bornel,
toujours en quête de nouveau, a engagé un jeune artiste,
M. Nelyus, de l'Horloge ; côté des dames : M<sup>lle</sup> Doralys n'est
pas trop mauvaise, je préfère M<sup>lle</sup> Mainville qui chante
gaiment « *La femme du major* », chanson créée par Jeanne
Bloch à la Scala, Babya est gentille comme un amour. Côté
des hommes : Milcamps est inénarrable dans ses monologues, Médéric Henriot a chanté avec beaucoup de gaîté
*Hue cocotte*, A signaler M. Martin. Le régisseur E. Desmonts se taille un vif succès dans « *J'ai perdu ma gigolette* », il chante comiquement cette chansonnette et non
pas d'une façon ministre comme Maurel de la Scala. L'orchestre est dirigé par V. Monti.

**Epoque**. — *Le bois du Vésinet*, comédie de V. Delacour,
n'a été qu'un long éclat de rire. Je félicite les artistes chargés des rôles de cette pièce ; ils sont tous parfaits. M. Sérard en tête, qui, de plus, est un habile metteur en scène.
Dans le concert, M<sup>lle</sup> Nicolle est amusante au possible dans
« *Tha-ma-ra boum-dié* », le grand succès du jour.

M. Sérard, le régisseur, est ce qui s'appelle un artiste de
talent. Gaëtan, le jeune réaliste dont j'ai déjà apprécié le
jeu, chante bien « *A Saint-Sulpice* ». Je n'oublierai pas le
joyeux Courville, qui nous a fait mourir de rire.

**Elysée-Montmartre**. — Il y a maintenant une salle
de patinage, c'est une attraction de plus, surtout quand
une jolie femme tombe, on peut voir la lune à bon marché !
Mardis, Jeudis, Samedis — Grandes fêtes.

                                          ALBERT VERSE.

M<sup>lle</sup> Paulucette obtient en ce moment un vif succès à
l'Eldorado, dans la chanson de notre ami et collaborateur
M. Albert Verse, « *Une jeune fille moderne* » qu'elle détaille
finement, il faut dire que la musique est savamment écrite
par M. Spencer, le compositeur populaire.



# LES CHASSEURS DE VIERGES
## Grand roman de mœurs fin-de-siècle, par Emile BLAIN

**Nos anciens lecteurs peuvent s'assurer par l'extrait suivant de la livraison 13, que c'est bien dans cette livraison
qu'est parue exactement la suite de l'ancienne édition (petit format) interrompue.**

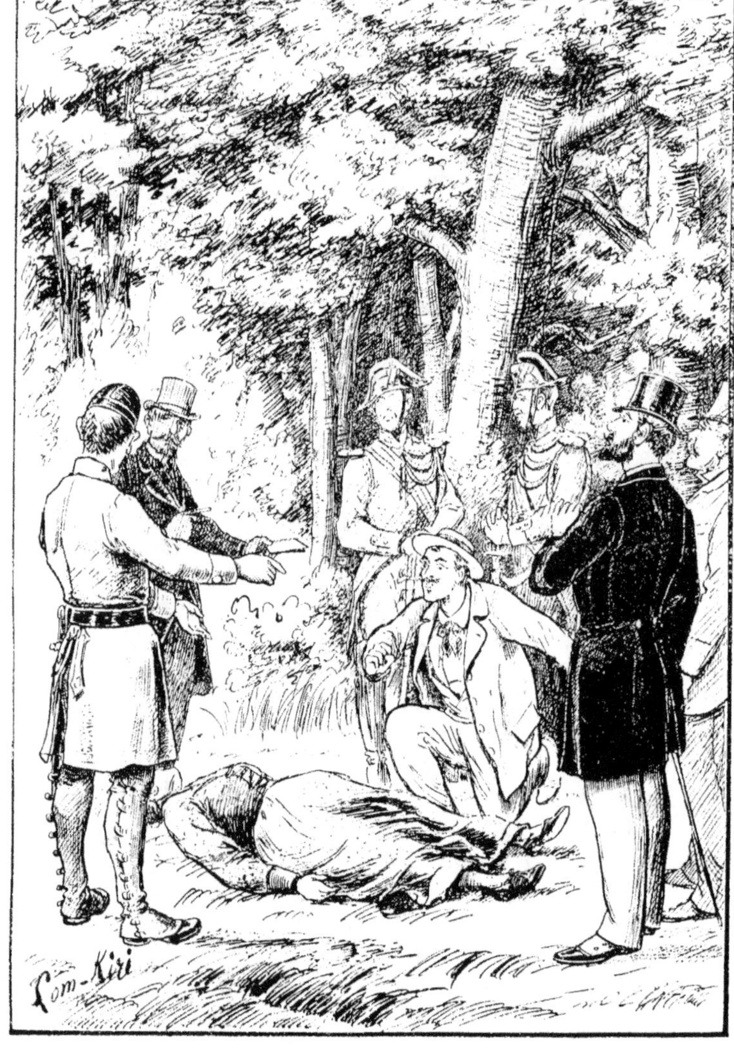


— Tenez ! ils sont entrés, on leur ouvre
la grille ainsi qu'à la voiture.

— Je cours à leur rencontre ; nous nous
retrouverons au salon, mon cher Paul.

Le baron disparut pour aller recevoir les
hôtes qui lui arrivaient.

Tout de suite, Paul avait compris le motif de la visite inattendue du magistrat,
chargé, sans doute par le parquet de Chartres, d'instruire la triste affaire du viol de
Gervaise Gaspard.

[...]

en attendant, ces quelques gouttes de pale-ale, de franche marquise, dont je vous sais assez friand.

— Avec plaisir ! Ah ! dites-donc, soyez-donc assez bon
de faire r miser mon cheval.

L'ordre fut donné.

Puis le baron présenta un second verre au greffier qui
les avait repris au salon depuis un instant.

— Et vous, monsieur ? . .

— Plantur... et le juge, mon secrétaire particulier

et mon greffier, mon *alter ego* depuis bientôt quinze ans.

A ce moment, trois heures sonnèrent à la colossale
pendule du salon.

Le juge se leva et posant son verre sur le plateau :

— Mes amis, dit-il, voici l'heure où le magistrat doit
s'occuper de son devoir. Nous allons, car je vous prie de
m'accompagner, baron, ainsi que vous mon cher avocat,
nous rendre au bois des Genêts où j'ai donné l'ordre qu'on
amenât Jérôme Chantrel, et qu'on appelât son accusateur,

le garde Jean-Denis. Ces dames nous excu-
seront ; mais il y peut être là, comme
l'assure M. Delaunay, un innocent que la
Justice doit au plus vite délivrer de l'accu-
sation monstrueuse qui pèse sur lui.

— Allez, messieurs ! fit M<sup>me</sup> de Gerval ;
nous souhaitons du fond du cœur, ma fille
et moi, que de cette confrontation surgisse
éclatante la grande loyauté de Jérôme que
nous connaissons depuis si longtemps et
dont nous n'avons jamais douté.

— Quant à moi, je suis sûre que le fiancé
de ma pauvre Gervaise est incapable d'une
action aussi indigne et aussi lâche ! s'écria
Berthe de Gerval, tout émue.

[...]

*Lire la suite dans la 13<sup>me</sup> livraison
parue le 9 décembre 1892.*

# Ah! si je te tenais!

D'après la célèbre lithographie de DELORME

(XVIIIᵉ SIÈCLE)

PRIME GRATUITE du « PARIS QUI RIT » nᵒ 11, offerte gracieusement à ses lecteurs

Imprimerie spéciale du « Paris qui Rit », 13, faubourg Montmartre, Paris.

Première année, n° 12.     LE NUMÉRO: **DIX** CENTIMES     Dimanche 25 Décembre 1892.

Principal rédacteur : **Emile BLAIN**

*Collaborateurs :* JACQUES D'ALVILLE. — ANDRÉ CARMEN. — MÉPHISTO. — RICHARD O'STEFIOL. — MARIUS RÉTY. — GONZAGUE D'HUBERT. — EDOUARD ZED. — PAUL LUX. — K. STOR. — DICK-D'ING. — BABYLAS. — CARLE-MAX. — PO-PAUL. — FLANOCHARD. — MARCEL RÉGINALD.

Pendant l'entr'acte, je me rendis près d'elle.

— Pour le coup, c'est trop fort. Attends. mâtin.

# CHRONIQUE GAULOISE

Vers quatre heures, avant-hier, un petit bleu m'arrivait de Serpentinette qui m'invitait, toute affaire cessante, à l'aller rejoindre chez elle, d'où elle ne sortirait pas, retenue par une occupation des plus importantes, jusqu'à l'heure fixée pour son service aux *Folichonneries parisiennes.*

Je me rendis aussitôt à ce pressant appel et trouvai notre gracieuse collaboratrice manœuvrant une machine à écrire, sur le clavier de laquelle elle faisait trottiner ses doigts fuselés avec une agilité surprenante.

— Ah! sapristi! lui dis-je, que fais-tu là? un prospectus, une réclame?

— Moi! du tout, je réponds simplement aux personnes qui, depuis huit jours, m'ont obligeamment envoyé des indiscrétions, des potains à révéler dans *Paris qui Rit*. Cinquante-deux mille trois cent seize enveloppes pour accuser réception. Je te demande pardon, je continue; ou sans ça, j'y serais encore dans trois mois.

— Y avait-il quelque chose de nouveau, au moins, dans ces « communiqués? »

— Non, ma foi! toujours le Panama, la Commission d'Enquête...

— Des dénonciations?

— Tout le temps.

— Drôles?

— Quelques-unes.

— Fais voir.

Et elle me passa un petit paquet de lettres, ficelées avec un élégant bolleduc rose clair.

— « Mademoiselle, — je prends au hasard — mademoiselle, vous qui semblez avoir une âme charitable, vous ne me refuserez certainement pas l'appui de votre immense publicité. Ma femme, charmante créature à part ça, a eu le malheur, en naissant, d'avoir une mère; laquelle a la rage de ne jamais être de mon avis; ce qui me donne des envies folles de l'étrangler à tout moment. Ne pourriez-vous pas me rendre le signalé service de la désigner adroitement à l'attention de ces Messieurs de la Commission d'enquête, comme ayant eu des accointances avec les administrateurs incriminés. C'est, du reste, la très exacte vérité, elle a été une fois chercher du linge sale chez l'un d'eux, pour la blanchisseuse chez qui elle fait des journées. J'ai le doux espoir, Mademoiselle, que le trac la prendrait et que l'heureuse idée lui viendrait de s'empoisonner, ce dont je vous aurais une reconnaissance éternelle; je vous adresse d'avance mes respectueux remerciements: Froiddanledot, professeur de cambriolage »

Une autre, toujours au hasard.

— « O Serpentinelle, venez au secours d'une fille d'Eve, comme vous, qui se trouve dans le plus grand embarras. Je suis mariée à un affreux jaloux qui m'empêche de continuer mes leçons avec mon professeur de piano, M. Oscar. J'implore de votre pitié que dans *Paris qui Rit* vous signaliez mon grotesque époux; ayant été à l'écolde communale avec frotteur du baron de Reinach, la Commission d'enquête ne manquera pas de le convoquer pour avoir des renseignements; et, comme nous habitons Carpentras, pendant son absence, M. Oscar, pourra reprendre le cours d'harmonie qu'il avait commencé à m'enseigner. J'aime tant la musique qu'il me manque quelque chose quand M. Oscar n'est pas là. A vous de cœur. Eusébie Dubosalé, femme Grolard ».

Une troisième, qui sentait le musc du Tonkin, avec l'orthographe-autographe:

— « Chaire denoi zail, jeu suis branisseuse chai Vieumouche, rue Kardinnalle-Lemoinne, et jeu garne quinse son parc joure; mais mune vaukacion aimpairieuse m'appell ver la koraigrafie et mon raixe est deu débuté o Moulin Rouge poutre me fair un saut en rapor avec mon inteligence natal. Dénoncez moi l'eun connaissan Kellam et lapsons dans l'affaic Panama, la Komission d'anequaite me foura apelé, on mattra mon nom dans tou les journals et mon leura du bien prai deu Monsieur Oller, qui m'angagera o Moulin, à Kose deu la raklême; si joint le taimbre deu troi sou pour raiponse. Virjini ditte la Taurpille-Ailectrie, fille mageune ».

J'allais cesser ma lecture, quand ma collaboratrice me passa un billet qu'elle avait mis à part.

— Encore une?

— Encore une, me répondit-elle, la dernière reçue; tu verras, elle a sa saveur.

Ah!

— Écoute : « Papa m'a pincé chez Clara-Soleil, dont j'avais su l'adresse en tripotant un jour dans son courrier. Papa m'a flanqué une trempe pour commencer et, depuis, il m'a coupé mon compte-courant chez son banquier. Or, j'ai besoin de galette pour les êtres nés de son concierge; voulez-vous être assez aimable pour dire, dans votre journal, aux échos mondains, que vous avez vu papa entrer dans la maison de Clara, il aura peur que la Commission d'enquête ne le cite à son tribunal, que maman ne découvre aussi le pot aux roses et pour que notre commun Soleil ne fasse pas de boucan, il me donnera de quoi subventionner le portier de Clara. Un mot, mademoiselle, et j'irai en personne vous remercier; Polache, no 2021, bureau d'Amsterdam, près du lycée Condorcet. »

— Fin de siècle, ce gamin-là! dis-je à Serpentinelle.

— Un bachelier... ès-lettres, me répondit-elle, en riant.

— Un dés... agrégé, tu veux dire.

— Bah! peut-être un diplomate de l'avenir.

— Et tu réponds à cela! demandais-je à Serpentinelle.

— Oh! le même cliché, mon ami; j'envoie votre lettre au secrétaire de la Commission.

— A ta place, je n'aurais rien répondu, moi!

— Pas moyen, à chaque lettre, il y avait un timbre pour réponse; on aurait pu supposer que je faisais la noce avec...

— Et ce petit bleu, toute affaire cessante, c'était pour cette autopsie épistolaire?

— Oh! non pas! ça, c'est épatant, mon cher.

— Quoi donc?

— Les petits Noëls des hommes du jour : Je sais ce qu'ils vont trouver dans leurs souliers, dimanche matin.

— Vraiment?

— Oui; la mère Cyprien me le fait voir, dans le marc de café, tantôt, après déjeuner.

— Parle, je note.

— A tout seigneur, tout honneur. Monsieur Brisson....

— Eh bien?

— Attends que je me rappelle! ah! j'y suis.

— Va, j'écris.

— Une douzaine de savons de Panama, tout ce qu'il y a de bon pour le lessivage des poches.

— Après?

— Le général Dodds : la carte de visite de Béhanzin, écornée.

*Moi, répétant* : Née.

— Bismarck : le truc dévoilé, ou le fumiste à aiguille, édition de 1870.

— Dix.

— Emile Zola: « Espérance en l'avenir! » valse académique, et un bâton de chef d'orchestre pour accélérer le mouvement, en racine assez... Lourdes.

— Ourde.

— M. Klauss : le Code civil, à l'usage des hôpitaux.

— Aux.

— Sarah Bernhardt : un fourreau de parapluie, péplum dernier genre, contre les neiges de Sibérie.

— Rie.

— Edouard Drumont : un lion de Judée, en terre cuite.

— Uite.

— Emilienne d'Alençon : la femme qui fait courir, roman de mœurs cavalières, ou le tuyau plein de braise.

— Aise.

— Le Pétomane : la dernière méthode de basson, en *do mineur*.

— Neur.

— Et c'est tout, fit Serpentinelle, nous en étions là, quand la mère Cyprien, en éternuant, a tout troublé son marc de café; le charme était rompu.

— Tu y crois, toi, au marc de la mère Cyprien? demandai-je, sceptique, en esprit fort.

— S'j'y crois! C'est la mère Cyprien qui m'a prédit l'alliance Franco-Russe.

— Bah!

— Et elle ne s'est pas trompée, la vieille sorcière! Huit jours après, je dénichais le boyard qui m'a lancée.

— Oh! alors!

Et, comme l'heure était arrivée pour elle de se rendre aux « Folichonneries », je lui serrai la main et rentrai à la Rédaction, où je transcris fidèlement toute notre conversation.

PETIT-CLAUDE.

# ÉTUDE DE RIEUSES

## Une Femme Sérieuse

Cuvier, qui cependant inventa une des plus merveilleuses classifications des races et des êtres, oublia d'assigner un rang dans l'espèce à ce que l'on est convenu d'appeler de nos jours : une femme sérieuse.

En effet, nous ne saurions d'ailleurs nous en étonner outre mesure, la femme sérieuse est de création récente, tout entière née et sortie de la névrose antimorale de cette fin-de-siècle, et Cuvier ne pouvait soupçonner la délirante imagination de ces temps mémorables qui, entre autres mille gloires, auront celle d'avoir vu éclore le génie somnifèrant du grand Georges Montorgueil.

Dès les ages préhistoriques, les premiers habitants de notre planète, les presque contemporains du chaos, avaient constaté dans la faune humaine la présence de quatre catégories de géréiformes :

Il y avait la femme honnête; la mérétrice, autrement dite fille de joie; la lesbienne, celle que l'argot moderne de Paris assimile à des enveloppes étranges d'alliacées; et celle qui, n'appartenant à aucune de ces castes, pas même femme, dans la véritable acception du mot, puisqu'il lui manquait la déflorescence, restait vieille fille, acariâtre et ronchonneuse, espoir des neveux et des nièces vautrouilleurs qui, dans toutes les époques, ont escompté la mort des tantes inviolées.

Mais la femme sérieuse était inconnue.

C'est que ce type est une trouvaille absolument incompatible avec la majesté des âges antiques.

La splendide nudité de l'Eve légendaire ne se prêtait pas à cette combinaison, pas plus d'ailleurs que l'ample tunique et que le merveilleux peplum pourpre ou bleu frangé d'or, dans lesquels se drapaient les grandes dames de la Rome des Césars et les artistiques prostituées de la Grèce de Périclès et de Phidias.

Etre une femme sérieuse dans leur apparat presque royal eût été un non sens, un ridicule tel que les Tacite, les Lucien, les Aristophane et les Juvénal n'eussent pas été assez satyriquement géniaux pour les conspuer.

Il fallait, pour l'éclosion de ce cryptogame muliébre le raffinement quintessencié de notre fumier de débauche.

Le cadre nécessaire de notre civilisation pudibonde et crapuleuse à la fois et parce que... s'imposait, ainsi que le costume absurde des hétaïres de profession qui semble les emmailloter comme en des langes spéciaux, bordés de toc et semés de paillettes, ainsi que des fesses de clowns pirouettant.

Et ce sera sinon la gloire, du moins la spécialité de ces vingt dernières années, d'avoir créé de toutes pièces et jeté sur le pavé de bois de la capitale la femme sérieuse telle que je vais la présenter à vos yeux.

Des yeux bleus avec des soupçons de reflets verts. Tels deux lotus dorés sur tranche, grands ouverts. Ainsi m'apparut-elle un soir, la radieuse Idalie, voilà quelque huit ans, dans un cabaret, depuis défunt, qui s'appelait : le *Clair de Lune*.

Cette boîte où toute la nuit, derrière des grilles surveillées en cas d'irruption de la police, s'esbattait un grouillement de noctambules et de filles, était situé juste à l'endroit où se trouve actuellement le café de la *Cigale*, boulevard Rochechouart.

Le petit jardin — oh! si peu au-dais et si cosmopolite! — qui s'allongeait en bordure sur le boulevard, a disparu pour l'alignement, presque en même temps que le bal de la *Boule Noire*, auquel le café-concert actuel a succédé.

On rigolait ferme là dedans.

Le triptyque Paul Boisnard, Hector Soubce et Paterne Berrichon — ce pauvre Paterne a, paraît-il, bien mal tourné depuis — avaient fondé, avec l'acquiescement de Laplace — celui-là mort bouquiniste, dans un état adossé à l'*Abbaye de Thélème* — et de madame Turel, associés pour l'exploitation de l'établissement, des *Absinthes littéraires*, qui étaient fort courues.

Jean Ajalbert, Sennain, Ranson, toute la pléiade, aujourd'hui parvenue, venaient déclamer leurs premières productions.

Et ces absinthes se prolongeaient souvent bien avant dans la nuit, après un dîner succinct, dans la maison, même ou dans les gargottes environnantes.

C'était drôle et intéressant, plus curieux que le *Chat Noir*, qui se trouvait encore, à ce moment-là, dans l'immeuble près de l'Elysée-Montmartre, occupé maintenant par le trouvère des marlous et des gonzesses, Aristide Bruant.

Plus curieux aussi que le *Clou*, malgré l'incomparable attraction de l'ami Claudius; mais ce *Clou* possédait un patron si maussade que toute liesse s'en trouvait détournée ou amoindrie.

Bref, le *Clair de Lune* et la *Franche Lippée* furent dans ce Montmartre d'il y a huit ans, les centres les plus pittoresques que l'on pût voir.

Mais je retourne à la belle Idalie.

Oh! quel trouble que ces yeux bleus avec des soupçons de vert pâli!

Et ces seins, deux coupes d'albâtre, retournées sur une table podrinale, d'une structure impeccablement jolie!

Ajoutez, à cela, le sourire le plus entraîneur que vous puissiez rêver, et des gestes mutins, et de petits cris de perruche effarouchée au moindre mot grivois lancé.

Elle venait tous les soirs au *Clair de Lune*, abandonnant, pour la franche nuitée en compagnie des camarades, les malheureux michés, plaqués en la chambre d'hotel, coûte que coûte, sur le coup de minuit et demie.

Elle avait des envolées de jupes exquises, et quand elle comprenait qu'elle avait été un peu loin, elle poussait un *shocking* inimitable, une sorte de *cade retro satanas* poussant, suivi d'ailleurs immédiatement de quelque bon « nom de Dieu » comique, que soulignait de près une crudité plus accentuée, dans un abandon quasi-velu de tout l'être.

Tout cela pour finir à l'œil, tantôt dans les bras du voisin de gauche, tantôt dans ceux du copain de droite, en un lit prochain, qui ne connaissait, le pauvre, que les pioncés diurnes après le surmenage matutinal.

Or, savez-vous ce qui m'est advenu, voilà quinze jours à peine?

Idalie, que j'avais mille fois entendu faire le solennel serment de ne jamais quitter Montmartre et de vivre toute sa vie en nomade effrénée, avait tout à coup disparu du quartier, partie rejoindre, on ne savait trop quelle tribu de tziganes parisiens — du moins le croyait-on.

Or, par curiosité, autant que par béguin pour cette fille folie, je m'étais mis, dans les premiers temps de son éclipse, à sa recherche.

J'étais allé de l'autre côté de l'eau, au d'*Harcourt*, à la *Cigarette*, au *Louis XIII*, — qui n'existe plus, au *Prérale*, à la *Chaumière*, à *Mürger*, à *Gil-Blas*, au *Furet*, à l'*Apollon*, partout enfin où pouvait se terrer dans la nuit cette Vadrouilleuse de race.

Et, dans ces établissements servis par des femmes charmantes, où l'âme des Lucie, des Lucia, des Léonie, des Jeanne et des Jenny, de mes vingt ans, flottait encore, je ne rencontrai aucun indice qui pût me mettre sur une piste acceptable.

On ignorait même l'ombre d'Idalie.

Personne n'avait entendu parler du papillon voyageur, aux ailes moitié de fange, moitié d'azur.

Avait-elle définitivement abandonné Paris?

J'explorai Belleville, Ménilmontant, Montparnasse, l'Étoile, Grenelle, Charonne, les grands quartiers du centre, depuis *la Vacherie* et *la Ruche* du Château d'Eau jusqu'aux *Phares de la Bastille*; depuis *Peters* jusqu'à *Hill's* et *Sylvain*, en passant par *Julien* et le café Américain.

Nulle trace d'Idalie.

Assurément elle devait être morte.

Je possédais le désir de savoir jusqu'à visiter les nouvelles tombes des grands cimetières.

Je passai trois jours dans le Père-Lachaise, et j'acquis la conviction que sa sépulture ne s'y trouvait pas.

Après deux après-midi passées dans la nécropole de l'Est, où j'évoquais l'esprit de la royale courtisane, qui fut Marguerite Gautier, et deux autres après-dinées dans le cimetière Montparnasse, je dus me convaincre que nulle part Idalie ne reposait son dernier sommeil.

Idalie était introuvable.

Et las de ces courses vaines, j'avais résolu d'oublier ce démon fait femme, lorsque...

Oh! mais, je vous l'ai déjà dit; il y a de cela quinze jours à peine, lorsque, en allant écouter le *Brillant Achille* à la *Renaissance*, je fus comme hypnotisé par une apparition de femme.

C'étaient bien les mêmes yeux bleus avec des soupçons de reflets vert.

Tels deux tomes dorés sur tranches, grands ouverts.

Et comme Théo terminait au milieu de frénétiques applaudissements un couplet bissé, nos deux regards se rencontrèrent; et Idalie, car c'était bien elle, me sourit agréablement et, du geste, me saluant, sembla m'inviter à lui rendre visite dans la loge de balcon qu'elle occupait.

Je me penchai sur le bord de velours de la mienne et constatai qu'elle était accompagnée d'une petite fille adorable, aux cheveux d'or bouclés, et d'une jeune femme très pâle, aux paupières fatiguées.

Pendant l'entr'acte, je vins m'asseoir près d'elle.

Elle me tendit la main, et me fit signe de m'asseoir dans le fauteuil resté disponible derrière elle.

— Eh bien! comment va, cher, me dit-elle sans embarras.

— Parfaitement, et vous?

— De même, vous voyez.

En effet, Idalie avait un teint de pêche fraîchement cueillie, et l'embonpoint des joues décelait une santé merveilleuse.

— Mais alors, repris-je, comment se fait-il que l'on ne vous voie plus à Montmartre. Je vous croyais morte ou en province, ce qui est tout comme.

— Pas du tout... Je suis une femme sérieuse, voilà tout, mon cher.

Femme sérieuse! Demandai-je perplexe.

— Oui, sérieuse! très sérieuse, continua-t-elle.

— Et ce charmant baby?

— C'est ma fille.

— Mariée, alors?

— Que non!

— Veuve?

— Non plus... Ne peut-on avoir d'enfant sans être ni l'un ni l'autre?

— Que si fait.

— Tout simplement une erreur de jeunesse que je vous avais toujours cachée.

— Très bien, et cette jeune femme?

— Ma sœur.

— Et bien sûr que vous êtes aussi sérieuse que vous le dites?

— Plus peut-être encore.

— Je ne comprends pas. Vous avez un amant qui vous entretien?

— Nullement, et je ne sors plus. Une ou deux fois par mois au théâtre, et c'est tout.

— Alors...

— Alors, c'est bien simple. Ma sœur m'est débarquée à Paris, il y aura cinq ans et demi à la Noël. Elle cherchait une situation. Je lui indiquai la vraie voie à suivre: celle que je n'avais pas suivie moi-même, me prodiguant en vadrouilles et en temps perdu. Elle m'a comprise du coup, et par mes bons soins s'est lancée. Nous vivons ensemble, chez elle, et voilà, mon cher, comment on devient, et pourquoi je suis une femme sérieuse.

Là-dessus, Idalie éclate de rire, un rire bien mitigé de l'éternel soupçon vert, avec un éclat de perles blanches entre les lèvres.

Femme sérieuse!...

Non, sérieusement, Cuvier, qui, cependant, inventa une des plus merveilleuses classifications des races qui soit, n'eût pu raisonnablement assigner une place sortable dans l'espèce à ce type hybride d'Idalie, qui n'est pas isolé, mais tend de plus en plus à se multiplier à l'infini.

André CARMEN.

# Vingt Jours de plaisir dans la Capitale

Il était jour, grand jour même, car midi venait de sonner, quand Philoctète se réveilla à côté de la très aimable Isabelle de Romorantin, dans le grand lit à la courtine rose, où l'amoureuse enfant donnait ses nocturnales audiences.

Comme il avait horreur, étant éveillé, de sentir quelqu'un sommeiller à ses côtés, il toussa, retoussa, se remua, tourna, vira, de la belle façon et fit tant et si bien qu'Isabelle, à son tour, entr'ouvrit les yeux et balbutia :

— Qu'y a-t-il encore, Cyprien! Tu ne peux donc pas me laisser dormir?

Ce nom de Cyprien, imprudemment lancé par la mignonne « dégradée » refroidit subitement l'envie de bavarder dont était repris Philoctète, qui se glissa doucement hors de la couverture; puis, sans bruit, alla dans le cabinet voisin faire sa toilette de départ.

Mais la gente Isabelle s'était tout à fait éveillée.

— Comment? déjà habillé! s'écria-t-elle, en le voyant rentrer dans la chambre, complètement vêtu; sans me dire bonjour, vilain?

— Pardonnez-moi, mais il est tard et je...

— Je parie que j'ai encore prononcé le nom de Cyprien, en revant? C'est cela qui te fait partir!

— J'avoue que cela m'a un peu désillusionné.

— Jaloux! fit-elle, en lui passant ses bras autour du cou, comme il s'était rapproché; Cyprien, c'est mon angora et, tous les jours, il m'empêche de dormir en venant me taquiner sur le lit.

Le mensonge était peut-être un peu vif, peu de matous portant ce nom de Cyprien, mais ce fut dit si gentiment que Philoctète feignait d'être persuadé, quand la pendule sonna la demie.

— Ah! sapristi! exclama Isabelle, en sautant, à son tour, du lit:

Quelle heure est-ce!

— Midi et demie, pourquoi ça?

— Et moi qui ai promis à ma nourrice d'aller déjeuner avec elle, la pauvre femme doit être dans tous ses états.

De plus fort en plus fort : mais le jeune Dubassin, stoïque, ne broncha pas et en homme bien élevé, il allait, après avoir serré son portefeuille, lui offrir ce qu'on pourrait appeler le prix de la consultation, lorsqu'Isabelle l'arrêta, l'air fâché.

— Non! fit-elle, pas ça! tu es trop gentil, ça gâterait notre plaisir à tous deux; et puis je n'en ai pas besoin, ma nourrice me fait des petites rentes.

Philoctète sourit et, insistant...

— Un souvenir, tout simplement.

— Si tu tiens à m'offrir un souvenir, mon chéri, achète-moi un bibelot quelconque, n'importe où, n'importe quoi, et envoie-le par un commissionnaire.

— C'est entendu! tantôt tu recevras ton bibelot.

— Tu reviendras?

— Je te le promets.

— Au revoir, Philo!

— Au revoir, chérie!

Et, sur un dernier et tendre baiser, le jeune Dubassin descendit l'escalier, enchanté du joyeux moment qu'il venait de passer, quoique un peu étonné

du désintéressement! de cette aimable fille, dont l'espèce est encore plus nombreuse qu'on ne le croit; et le cœur au peu remis de ses précédentes mésaventures.

Mais ce qui le gênait, c'était d'aller retrouver Carle-Max, à qui, comme on dit, il avait, somme toute, posé un gigantesque lapin. »

Il ne voulait pas se fâcher avec lui et il lui tardait de le revoir, pour être fixé.

Il le trouva justement chez lui, qui l'attendait, et notre ami, en excellent camarade qu'il était, ne lui laissa pas même le temps de s'expliquer, en lui disant :

— Mes compliments, mon cher! si, après celui-là, votre beau-père ne vous trouve pas assez dégourdi, vrai! je ne sais pas ce qu'il lui faudra.

— Ne m'en veuillez pas, mon cher Carle-Max, et croyez...

— Je ne vous en veux pas, mon ami! J'ai eu tort de jouer avec le feu, c'est bien fait pour moi! ça s'est-il bien passé, au moins?

Et Philoctète lui raconta son aventure tout au long.

Il avait à peine fini que Carle-Max, se frappant le front, comme ayant une géniale idée :

— Dites donc; si ça ne vous fait rien, le bibelot...

— Eh bien?

— C'est moi qui irai le lui porter.

— Pourquoi ça?

— Allons! allons! ne soyez pas égoïste, mon cher; après tout, il me semble que ce sera un prêté pour un rendu.

L'idée était si amusante que le jeune Dubassin céda.

— Soit! fit-il, allons déjeuner et ensuite nous irons choisir la bagatelle que vous lui porterez.

— Demain, c'est convenu, Philoctète; aujourd'hui, je ne pourrais pas, j'ai à vous présenter...

— Où ça?

— C'est toute une histoire.

Et, pendant qu'ils marchaient, se dirigeant vers le restaurant, Carle-Max, tirant un journal de sa poche, le tendit au jeune Dubassin, en lui montrant un passage souligné.

— Là, fit-il, c'est une trouvaille que j'ai faite.

Philoctète, intrigué, lut à peu près moins :

Mariages riches, 50,000 à 600,000 francs : Madame de Saint-Ildefonse, de deux à quatre heures, à L., Chaussée-d'Antin, à l'entresol.

— Mais je ne suis plus à marier! s'écria-t-il.

— Ça ne fait rien; vous allez voir comme c'est intéressant, fit Carle-Max, en attaquant le hors-d'œuvre qu'on leur avait servi.

Puis la conversation tourna à des banalités sur la politique et les événements du jour.

A deux heures et demie, les deux amis sonnaient à la porte de Mme de Saint-Ildefonse, qui leur fut ouverte par un valet, correct en livrée de gala; culotte satin rouge, et habit bleu, galonné, à la française.

— Si ces Messieurs veulent bien passer au salon, Mme de Saint-Ildefonse est occupée à une présentation; mais je vais annoncer ces Messieurs au secrétaire de Madame.

— Peste! fit le jeune Dubassin, en s'asseyant, dans le salon où on les avait introduits. C'est luxueux, ici.

— Et pas cher, mon ami, répondit Carle-Max, tout ça, c'est des cadeaux de « clients » satisfaits.

Et le menant au près des tableaux pendus au mur, il lui montra les étiquettes qui y étaient clouées, tranchant sur les cadres.

— En souvenir de nos excellentes relations... En gratitude du bonheur que je lui dois... Impérissable souvenir de reconnaissance..., etc., etc., lut Carle-Max; une engageante réclame, n'est-il pas vrai?

— En effet; mais c'est donc vrai? Il y a donc des gens qui véritablement se marient par ce moyen-là?

— Quelquefois! seulement, il ne faudrait pas croire que tous ces « boniments » affichés soient des certificats d'hyménée pure et consacrée par les municipalités constituées...

— Comment ça?

— Pas le moins du monde! on n'est pas si exclusiviste que cela, ici; mais silence, voici le secrétaire, tenons-nous bien.

Au lieu du secrétaire, ce fut Mme de Saint-Ildefonse elle-même, qui se présenta, sur l'avis du valet, qui avait trouvé une bonne « balle » à ces Messieurs. On aurait dit, à la voir, avec ses cinquante ans bien portés, dans sa robe de satin noir, les cheveux poudrés, très élégante et bien encore, que Mme de Saint-Ildefonse était une noble douairière, en grand apparat de son jour de visites mondaines.

— Messieurs, vous écoute; fit elle, en les invitant du geste à s'asseoir.

Philoctète, un peu interloqué, laissa parler Carle-Max qui commença:

— Madame, lui dit-il, mon ami M. Dubassin, que je vous présente, est affligé d'un oncle millionnaire, atteint d'une goutte chronique qui s'achemine à grands pas vers le cœur. C'est donc, vous le voyez, un oncle escomptable à très bref délai ; or, par un entêtement de vieillard, ledit oncle vient de signifier à mon ami qu'il le déshériterait s'il le laissait mourir sans lui avoir donné un petit neveu.

— Mais c'est un homme très sage que monsieur votre oncle, Monsieur, interrompit M<sup>me</sup> de Saint-Ildefonse, en s'adressant à Philoctète, le mariage est le seul état qui convienne aux personnes raisonnables et sensées.

Carle-Max continua, avec le même phénoménal aplomb.

— Nous avons donc pensé, Madame, qu'avec votre obligeance accoutumée, vous ne nous refuseriez pas le service de nous aider à faire plaisir à cet oncle qui désire cette joie avant que de partir pour l'éternel voyage.

— Vous avez eu raison, Monsieur.

— Croyez que vous n'aurez pas obligé des ingrats, Madame, et...

— Oh! mon Dieu! Monsieur, c'est bien simple. Vingt pour cent sur l'apport de chaque partie contractante, le jour de la signature du contrat.

— Oh! ce n'est pas pour moi ; mais nous avons forcément des frais qu'il faut couvrir.

— C'est donné, Madame. Nous acceptons n'est-ce pas, mon ami, dit Carle-Max au jeune Dubassin qui était stupéfié d'étonnement.

— Certainement! Certainement! quoique vingt pour cent... risqua le jeune Dubassin, contraint d'entrer dans le jeu de Carle-Max et pour inspirer confiance à M<sup>me</sup> de Saint-Ildefonse.

— Ce sont les usages de la maison, répliqua celle-ci, onctueusement ; mais, au moins, nous pouvons garantir les mérites des sujets que nous présentons.

— Soit! fit Philoctète, aussi sérieux que son compagnon.

— Vous dites un petit-neveu?

— Oui, madame. Vous ajouterai-je que nous sommes pressés... notre oncle pourrait être pris à l'improviste et...

— Je comprends ; mais il est difficile pourtant de lui amener un neveu poussé comme cela tout d'un coup.

— Oh! Madame ; nous sommes assez intelligents pour le persuader que c'est une réparation d'honneur, un devoir sacré rempli religieusement par nous et...

— C'est une idée, au fait! Et puisque vous vous chargez de tourner la difficulté..

— Eh bien?

— Je crois que j'ai ce qu'il vous faut...

— Oh! Madame, que de reconnaissance...

— Venez ce soir, vers neuf heures, j'aurai quelques amis, la personne que je vous destine y sera et si elle ne vous déplaît pas trop, nous en causerons demain longuement.

— Si vous voulez, Madame, nous pouvons dès à présent vous dire qui nous sommes et signer l'engagement.

— Oh! Monsieur, j'ai confiance en vous jusqu'à demain. On voit tout de suite quand on a affaire à quelqu'un comme il faut. Et Carle-Max avec Philoctète sortit après avoir salué.

Ils étaient à peine sortis que Madame de Saint-Ildefonse appela le valet galonné.

— Vite une dépêche aux têtes de veau, commanda-t-elle, il y a thé de famille ce soir, et qu'on m'aille chercher la tache de la rue de Verneuil.

Juste à ce moment Carle-Max expliquait au jeune Dubassin, sur le boulevard, ces mots bizarres de « têtes de veau » et de « tache » qu'employait si singulièrement la respectable Madame Ildefonse.

— Ce soir, mon cher, vous assisterez à un spectacle curieux, comme on n'en peut voir qu'à Paris.

— Vraiment?

— Les amis dont la digne commère vous a parlé ne sont autre chose que des « têtes de veau » terme consacré pour cette espèce de figurants de spéciale nature, destinés à encadrer la jeune personne qui vous sera montrée et qu'on nomme la « tache » en ce genre de négoce matrimonial.

— La tache?

— Oui, la tache, à cause du neveu! vous comprenez?

— Ah! très bien!

— A neuf heures juste, en grande tenue de cérémonie, le jeune Dubassin et Carle-Max reparaissaient dans le salon de M<sup>me</sup> de Saint-Ildefonse, éclairé splendidement et non moins splendidement garni d'une dizaine de « têtes de veau » toutes âgées, d'aspect imposant, aussi « régence » que la maîtresse du logis, et faisant adroitement ressortir la fraîcheur d'une jeune femme brune, auprès de laquelle un petit gamin, de cinq ans, au minois fûté, jouait sur un tabouret.

— La tache! murmura Carle-Max à son compagnon.

Madame de Saint-Ildefonse courut à eux et comme un seul homme, toutes les « têtes de veau » s'inclinèrent respectueusement.

Seule, la tache affecta un air de simplicité ingénue.

Après avoir fait asseoir Philoctète, comme sans préméditation auprès de la jeune femme brune, Madame de Saint-Ildefonse fit placer sur un canapé près d'elle à Carle-Max et pria une des « têtes de veau » de faire un peu de musique au piano, pour faciliter les conversations entre Philoctète et la tache, et pour pouvoir elle-même obtenir de Carle-Max certains renseignements complémentaires sur le jeune Dubassin, qu'elle n'avait pas osé demander en sa présence, l'après-midi. Nous voyez d'ici toutes les fariboles dont la régala notre joyeux ami!

La conversation qui, comme à tout début de liaison, se montra d'abord un peu languissante, permit à Philoctète de passer la revue des « têtes de veau » qui semblaient religieusement savourer la mélodie tapotée par leur confrère.

Oh! l'affriolant tableau que c'était! Pas un de ces figurants qui ne ressemblât aux caricatures du commencement de ce siècle qui a eu l'honneur de donner le jour aux crayons de Cham et de Gavarni!

Et quelle richesse étalée, aux doigts, aux corsages, aux oreilles, « en Lère Cathelain » et en « Bluze »! Il y en avait au moins, dans les dix personnages, pour quarante-trois francs.

Puis, la causerie s'animant, la jeune femme brune, les désigna par leurs noms à son époux en expectative :

— Le baron de Chandorcille, mon oncle et ma tante Aurélie, la baronne

— Le marquis de Boisnoir, le cousin issu-de-germain de mon grand-père, avec la marquise Arabelle, son épouse.

— Puis, le vicomte Abel de Pommevieux, mon parrain, et la duchesse Dalila de Vertefeuillée, ma marraine.

Tous ses parents! Seul, son père, ne devait la venir chercher qu'à onze heures, étant retenu au dehors par une grosse affaire de mines, dont il s'occupait.

Quant à elle, tenant d'abord à lui prouver toute sa franchise, après une allusion faite par lui au sujet de l'enfant qui jouait, c'avait été une infâme trahison d'un jeune duc, secrétaire de son père, à qui elle avait en une confiance démesurée et qui l'avait odieusement abandonnée.

Quelle reconnaissance éternelle elle aurait à l'homme généreux qui donnerait un nom au pauvre chérubin qui n'avait pas demandé à naître!

Et son œil, ma foi! très joli, dardait sur Philoctète une très éloquente provocation.

Après le piano, une autre « tête de veau » récita un monologue en situation ; puis on passa prendre le thé dans la salle à manger, richement servie.

Et vers dix heures et demie, les « têtes de veau » se retirèrent une à une, ou deux par deux, sur un geste discret de Madame de Saint-Ildefonse, qui augmentait ainsi l'intimité naissante du jeune couple dont elle avait à faire le bonheur.

A onze heures sonnant, la jeune femme brune, la tache, s'écria, comme tourmentée :

— Ah! mon Dieu! comment faire? Mon père qui ne vient pas me chercher. J'aurais dû m'en méfier, quand il est dans ses mines, il n'en sort plus.

— Je vais vous faire chercher une voiture, offrit complaisamment Madame de Saint-Ildefonse.

— Oh! madame! fit Carle-Max ; nous ne le souffririons pas, en vérité. Si Mademoiselle le permettait, mon ami et moi, nous l'accompagnerions jusqu'à sa porte, on voit tant d'attaques nocturnes en ce moment-ci.

Et, tout bas, à la maîtresse de la maison.

— Mon ami a l'air d'être enthousiasmé de cette charmante enfant et elle, de son côté, semble ravie de la rencontre, ne croyez-vous pas qu'il serait bon de battre le fer...

— Pendant qu'il est chaud, certainement! riposta madame Ildefonse, enchantée de trouver en lui un si spirituel auxiliaire.

Après quelques réticences prudentes, la tache accepta enfin l'offre de Carle-Max et ils partirent tous les quatre avec l'enfant, à pied ; car il faisait une nuit superbe, tiède, et l'on aurait ainsi plus de temps à rester ensemble ; Carle-Max terminant la marche avec le marmot.

La tache était femme d'esprit, très avenante et Philoctète se prenait à son charme avec des envies d'envoyer la pauvre Pétronille, la future qui l'attendait au pays natal, se promener aux calendes dahoméennes, quand hélas! triple fois hélas!.....

Au coin de la rue de Verneuil, à deux pas de la maison où la jeune femme brune avait dit qu'elle demeurait, le gamin demanda, dans sa naïve sincérité d'enfant :

— Dis, petite mère, aujourd'hui, je vais coucher dans le cabinet, alors?

Philoctète lâcha du coup le bras gracile qui s'appuyait au sien et Carle-Max eut aux lèvres un énigmatique sourire.

Ce lapin valait bien celui que Philoctète lui avait servi la veille ; il n'avait pas manqué, lui, à sa parole de lui enseigner toutes les rouleries de la capitale et celle-ci pouvait compter pour deux, n'est-ce pas?

*(La suite au prochain numéro).*

# Quand on a trois filles

C'était un fin matois, le père Gaudry, qui passait dans son village pour avoir amassé une grosse dot à ses trois filles, sans que personne en connût le chiffre, par exemple. Quand on lui en parlait il se contentait de rire dans sa barbe grisonnante, disant :

On verra ça quand elles seront en âge. D'ici là, ça fera la boule.

Et c'était, ma foi! de belles créatures, les trois sœurs, superbes paysannes plantureuses, et fraîches à défier les roses de Provins.

L'aînée, Clarisse, était majeure, les méchantes langues disaient depuis longtemps ; la seconde, Eulalie, menaçait de coiffer Sainte-Catherine ; la plus jeune, Jeannine, n'avait que dix-huit ans : c'était l'enfant gâtée du père d'abord, ensuite de la gouvernante de la maison, dame Périne, qui avait été sa nourrice, la mère étant morte de sa dernière couche.

Ses aînées n'étaient pas jalouses de ces préférences pour la petite qui avait de la gentillesse et de la malice à leur en vendre à toutes les trois.

Or, dame Périne, qui était fort honnête femme et portait le deuil de son mari, avec une fidélité rare, remplissait en conscience ses fonctions qui commençaient à la sortie de pension de ces demoiselles et ne devaient finir qu'à leur mariage.

Le papa Gaudry, tout à ses marchés de gros cultivateur pendant le jour et, le soir, à sa partie de piquet avec le voisin Nausse et l'ami Leclère, deux vieux garçons, ne pouvait guère surveiller à la fois sa ferme, ses cartes et ses filles. Il les confia à dame Périne en lui faisant jurer de ne les jamais quitter un instant.

Dame Périne jura et passa près des trois sœurs à l'état de crampon.

Un jour, le père rentra de meilleure heure et garda près de lui ses deux aînées :

— Nausse et Leclère vous demandent en mariage ; ça me va.

— Nausse pour faire soigner ses rhumatismes, dit Eulalie.

— Et Leclère pour se faire mettre ses chausses, à cause de sa bedaine qui le gêne! s'écria Clarisse.

— Ils ont du bien tous les deux, et vous le passeront par contrat de mariage.

L'accord fut touchant pour le refus.

Or, les deux sœurs aînées, en dépit de dame Périne qui priait la vierge pour leur vertu, avaient chacune un amoureux. C'étaient deux frères, comme elles étaient deux sœurs, beaux gars, peu chargés d'écus, ce qui est une raison pour en prendre dans la main d'une femme. On était parvenu à se parler à l'église, en promenade, on s'était serré furtivement la main et passé des billets doux. Enfin, grâce à la gamine qui mettait la main sur les yeux de dame Périne, pour lui faire une farce innocente, on avait pu échanger de ces baisers qui irritent le désir, ne le satisfaisant pas.

La perspective de recevoir de Nausse, chauve et squelette, ou de Leclère au ventre tonneau, le compliment qu'elles attendaient de gaillards jeunes et beaux, hâta la conclusion de l'idylle. Il fallait les voir, leur demander... au moins un conseil.

Jeannine trouva un joint :

— Prenez jour et heure avec vos amoureux, dit la naïve enfant ; à ce moment-là, je serai si malade, que nourrice ne pourra me quitter. Fiez-vous à moi!

La chose se renouvela au grand plaisir des trois

sœurs, la jeune s'amusant fort de la farce qu'elle avait jouée.

Mais, dame Périne ne tarda pas à découvrir la galante partie : certains signes révélateurs, migraines fréquentes, envies bizarres, irrésistibles, violentes, trahirent irrémédiablement les imprudentes énamourées.

— Malheureuses! s'écria-t-elle, qu'avez vous fait?

Les coupables essayèrent de nier, mais en vain.

— Impossible de rien cacher à votre père, j'ai ma responsabilité à mettre à l'abri. Du reste, il ne tarderait pas à s'en apercevoir. Qu'allons nous devenir? grands Dieux! avec votre sotte équipée! Votre père me chassera et vous tuera.

Elles tremblaient comme la femme de Barbe-Bleue devant le coutelas.

Le père ne dit mot à ses filles. Il alla trouver les deux frères :

— Voulez-vous vous marier? mes filles son prêtes; mais je vous préviens que je ne donne pas un sou de dot, ni de tout mon vivant un centime.

Il n'était pas très vieux, le papa Gaudry, et il paraissait robuste à narguer le temps et sa faulx. Épouser ses filles sur lesquelles les gars avaient pris des avances, ça pouvait être un fort mauvais calcul.

Ils refusèrent tous les deux.

Les deux sœurs pleurèrent à sanglots, s'en cachant par ordre du père, qui avait son idée; et trois jours plus tard, arrivait un notaire avec Nausse et Leclère en habits noirs pour le contrat.

Sous le coup de leur déception amoureuse, perdues dans la noirceur d'un horizon effrayant, Clarisse et Eulalie signèrent au contrat et se laissèrent conduire sans résistance à la mairie et à l'église.

C'étaient de superbes mariées dans leurs robes blanches, sous leur couronne de fleurs d'oranger. Les deux cornards par anticipation se montraient très fiers.

— Ils vous paraissent peut-être un peu vieux pour des maris, dit sans reproches le père à ses filles, mais ce seront d'excellents endosseurs.

— Bah! ajouta Jeannine, tout heureuse d'être à la noce, ils sont assez vieux pour que vous soyez bientôt veuves.

Une force et une espérance pour la lune de miel.

On fit ripaille et l'on dansa. Les trois sœurs n'avait jamais mis le pied dans un bal, le père le défendait et dame Périne était sévère là-dessus.

Jeannine flirta avec un gentil sous-lieutenant, enfant du pays venu en congé; mais ayant l'expérience de ses sœurs elle se contenta de flirter.

Le papa Gaudry qui avait si bien mené sa barque dans l'aventure de ses aînées, ne voulant pas laisser l'autre aller à la dérive, n'attendit pas le coup de vent qui jette les filles à terre et fila droit chez le sous-of.

— Vous plaisez à ma fille, je lui donne cinquante mille francs de dot. La voulez-vous?

Le sous-lieutenant la prit.

— Ouf!...

Il respirait plus à l'aise, le papa Gaudry, depuis qu'il s'était refait garçon.

Mais la partie de piquet? Nausse et Leclère, ses gendres et ses partenaires habituels, y manquèrent. Du diable s'il avait songé à ça en leur donnant ses filles. Il se gratta l'oreille; puis philosophiquement :

— Bah! elles me les rendront bientôt. Je les connais. Ça ne durera pas longtemps, leur lune de miel.

PASCALINE.

# A RAMBOUILLET

Les aiguilles courent fébrilement entre les doigts agiles, piquant la soie, — celle que d'autres étaleront le lendemain, au grand prix, étendues ou vautrées, suivant le cas, sur des coussins de victorias ou bien juchées, méprisantes et hautaines quand même, sur des voitures de dentistes, et aux pieds desquelles tomberont les regards bêtes des foules aisément admiratives, les sourires béats et fades des crétins de haute futaie, les compliments rancis des gâteux qu'émoustilleront une fois encore les chairs rafraîchies par des toilettes neuves et le soleil de juin, qui darde, indifférent, sur les crânes dans les foules, comme il darde sur les blés dans les plaines, sans se demander un instant s'il y porte la stérile incandescence ou la fécondité! On a allumé les lampes : la saison s'achève dans un dernier coup de feu, dans une alerte de bataille. A peine, d'abord, si quelques yeux se lèvent furtivement, si quelques mots se croisent autour des grandes tables — où pourtant trente femmes sont assises. On ne perçoit guère que les trépidations des machines à coudre, le cliquetis des ciseaux qui coupent un fil, rectifient une coupe, les sifflements du gaz en pression autour des becs et, de temps en temps, la voix sèche d'une première qui pontifie dans quelque coin, jalouse de son sacerdoce, entichée de son autorité, cassante comme toute femme ornée d'une fonction, grincheuse et maussade comme un chef de bureau.

Et cela dure depuis des heures, les membres s'ankylosent, les cerveaux s'alourdissent; les torses fatigués se redressent, cherchant du repos dans la position normale; les yeux papillottent invinciblement; puis des crampes viennent aux doigts, des migraines montent; alors un insurmontable besoin de parler, de rentrer par là dans la vie, s'impose tout à coup, et, sans souci de la discipline du lien, les langues se délient, reviennent à leur activité naturelle; des conversations s'ébauchent, se propagent; des bouffées de rires courent d'un bout à l'autre de l'atelier qui devient un champ de foire et qui ne rentrera dans le calme qu'au départ.

— Alors, toi, tu vas au Grand-Prix?

— Tiens! Il n'est pas fait pour les chiens, je pense.

— Moi, j'ai à ravauder la robe de ma petite, dit une mère de famille.

— Amusez-vous bien.

— C'est bête, d'avoir des mioches.

— C'est bon aussi.

— Oui, mais on paye cela trop cher. Mieux vaut autre chose.

— Pourquoi sommes-nous faites alors?

— C'est bon pour les femmes riches : ce sont elles qui sont faites pour cela.

— Alors, nous pas?

— Nous... pour la frime, cela suffit.

— Si le bon Dieu était juste, ou s'il y avait vraiment un bon Dieu; c'est comme cela, pourtant, que ce devrait être.

— Oui, mais...

— Mais?

— Il n'est pas juste, ou il n'est pas, et nous sommes parfois trop curieuses, nous... demandez à Pauline.

— Je vous ferai remarquer...

— Cela viendra, ma petite. Au train que tu prends...

— Vous êtes agaçantes, à la fin.

— Tu vas aussi au Grand-Prix?

— Qu'est-ce que cela peut vous faire?

— Elle ira où il lui plaira d'aller, n'est-ce pas?

— Mais où lui plaira-t-il d'aller?

— Flûte!... A Rambouillet. Etes-vous satisfaites?

— A Rambouillet... où il y a une forêt? A-t-elle de la veine, cette Pauline.

Je crois bien qu'elle avait de la veine : elle était d'abord fort jolie avec ses yeux pleins de rêves et ses cheveux blonds, bouclés, soyeux, longs, comme devaient être ceux d'Eve, sa grand-grand mère, qui, en héritage, lui avait laissé par dessus le marché son goût immodéré pour les belles pommes du pays bleu, sa première et douce patrie, où Pauline allait dans ses extases, sans revenir jamais complètement sur la terre.

De plus elle aimait. Elle aimait depuis trois semaines un étudiant en droit qui, chaque soir, l'initiait amplement aux progrès qu'il faisait journellement en cette science, dans leur petite chambre du Près-Saint-Gervais où, l'été, il y avait des oiseaux et des arbres, — et des rayons de lune où se baignaient leurs âmes.

Rambouillet doit être sur la route du paradis terrestre, car le lendemain, en prenant le train, de grand matin, Pauline ne se possédait plus. Elle se suspendait au bras de René jusqu'à ne point porter sur le sol et son regard se levait vers le sien avec des invocations à troubler une conscience.

— Il n'existe pas de train-éclair, sur cette ligne, dis?

— Hélas! non; ici, on voyage en prose : il n'y a que des express...

— Qui mettent...

— Une heure à peu près.

— Que c'est long!

— Ce qui l'est bien davantage... tu dis?...

— Rien.

— C'est le chemin que nous avons à parcourir en forêt pour satisfaire à notre programme.

— Oh! ça, ce n'est plus de la prose, c'est de l'ambroisie.

— Tu veux dire de la poésie.

— Ça m'est égal : le mot ne fait rien à l'affaire.

— Tous les deux expriment en effet une chose exquise.

— Pas, que c'est exquis?

— Chère folle!

On s'en alla allègrement vers la forêt, les narines pleines de parfums d'asphodèles, d'âpres senteurs de fougères.

Pauline avait une toilette claire, toute simple, — point gênante. — Elle en profitait pour bondir comme un cabri que l'été met en joie; elle initiait les vieux chênes placides aux refrains enlevants de la Cigale, disait mille folies, rayonnante, les joues toutes roses, les poumons dilatés, gorgés d'air pur, les yeux ravis, étonnés de tout et de rien, d'un brin d'herbe, d'une fleur sauvage au revers d'un fossé, d'une traînée de soleil sous le couvert, heureux de vivre, — et de vivre ainsi.

René lui laissait la bride sur le cou.

— Je la rattraperai bien tout à l'heure, se disait-il.

Et, en effet, un besoin d'expansion ayant succédé cette exhubérance, elle devint plus calme, revint se suspendre au bras de René et d'une voix douce, toute grave, se mit à lui parler de grandes choses.

De la nature qui l'avait toujours éblouie chaque fois qu'elle l'avait prise ainsi en flagrant délit de grandeur et de beauté; de la vie qui doit être si bonne, à deux, aussi près d'elle, sur ses genoux presque; de l'amour...

Oh! de cela, de la chose sainte, de toutes la plus sacrée, elle parla tout bas, si bas et de si près de sa bouche que ce fut son souffle seul qui dit sa pensée à l'ami attentif, et son baiser qui lui exprima son désir et son espérance.

Ils avaient été boire du lait dans une ferme, à la lisière du bois. Pauline s'était fort égayée d'un petit marcassin qui pataugeait sur le fumier dans la cour, tout à fait domestiqué, avec les porcs et les oies. Elle l'avait appelé, il était venu à elle, sans façon, avait flairé ses mains, son visage : elle l'avait embrassé, le trouvant laid comme une bête qu'il était; mais, tout de même beau comme un cœur, l'avait bourré de chocolat, et s'en était fait un ami en fort peu de temps.

Chez les animaux comme chez les simples, le sentiment de l'amitié est tenace et profond. Pauline en eut la preuve au moment où, René lui rendant dans le cou l'incendie de son baiser, elle regardait autour d'elle pour sa sécurité; dans un mouvement instinctif de pudeur et de crainte, et, se sentant irrémédiablement perdue, mais ayant souci de sa réputation, pour implorer en même temps la discrétion des sapins et le silence indulgent des mélèzes.

— Tiens! la petite bête, fit-elle.

Le marcassin, en effet, débouchait en cet instant d'un fourré et, tout joyeux, avec des grognements d'aise, branlant éperdûment sa grosse tête disproportionnée, se précipitait vers elle.

Il lui caressa les pieds de son mufle et la regarda, charmé de ses petits yeux vifs où la reconnaissance du ventre mettait des pétillements qu'on eût pu regarder comme des sourires.

— Veux-tu te sauver, dit René!... tu vas recevoir des coups de canne.

— Tiens, dit Pauline... du chocolat, va-t-en! Le trop apprivoisé marcassin, qui avait pris goût à cette friandise, se mit en devoir de grignoter incontinent ce qui lui était offert.

Pauline et René en profitèrent pour se jeter sous bois.

— Ma chère Pauline... disait-il déjà. Mais il dut se retourner. — Sapristi! encore cet animal!

— Il est agaçant à la fin!

— Tu n'as plus rien à lui donner.

— Si, les fondants que tu m'as achetés ce matin.

— Jette-les-lui, qu'il nous débarrasse.

Pauline égrena son sac à la volée parmi les bruyères, et le petit marcassin fit une nouvelle étape.

Pauline s'était assise sur un petit tertre. René, sans paraître songer à mal, la regardait en jouant négligemment avec le ruban de son soulier. Négligemment aussi sa main progressivement caressante s'égarait aux abords de la cheville, vers le nord, pendant que Pauline, toujours en vertu de son instinctive pudeur, résistait en maintenant de son mieux dans les limites convenables sa robe décidément trop légère.

— Seuls, tu sais, fit René.

Mais Pauline se leva d'un bond.

— Ah!... encore cet animal!

— Pour le coup, c'est trop fort. Attends, mâtin.

Et prenant sa canne qui gisait à terre, il en administra une volée à l'innocente bête qui s'enfuit en hurlant; mais qui, une minute après, se montra de nouveau dans un enchevêtrement de ronces.

René prit des pierres et se mit à mitrailler la retraite du jeune fauve.

— Veux-tu bien retourner chez toi, petit gredin, disait de son côté Pauline. Tu n'auras plus de chocolat.

Mais le petit gredin, bien à l'abri des coups, se borna à se renfoncer au plus épais de la broussaille et se refusa de bouger.

— Ne nous en préoccupons plus, c'est le plus sage, finit par dire René.

— Oh! jamais... une bête qui grogne, qui se faufile,

qui furète partout... cela ne te fait rien [à toi ?]... Sauvons-nous.

On se sauva. On se crut seuls ; le charme renaissait, puissant avec le mystère, les baisers revenaient aux lèvres, les regards de nouveau se voilaient... et, au bon moment, le petit marcassin toujours fidèle et vite rassuré se montrait.

Ce fut ainsi jusqu'au soir, jusqu'au premières maisons de la ville, jusqu'à l'hôtel... où cette fois l'infortunée bête dut regretter l'ardeur inconsidérée de son attachement envers des inconnus, car on le coffra, en vue des rôtis futurs, où la place d'honneur lui fut aussitôt réservée, sur sa seule bonne mine. Que cela vous serve de morale. On reprit le train — Dans la petite chambre des Prés-Saint-Gervais, ce soir-là, il n'y eût point de chansons, ni de rires.

Ce ne fut pourtant pas la faute de Réné.

— Ma petite chérie...

— Je ne me sens pas bien, vois-tu.

— Il n'y a plus de marcassin, ici.

— Je suis à bout : énervée, morte ; je tomberais là.

— Oh !...

— Je t'en prie !

Réné eut beau insister, supplier, et, à deux genoux mendier l'amour, tout promettre... peine perdue !

Le lendemain à l'atelier, où Pauline avait repris sa place et son aiguille, les questions allaient bon train.

— Ah ! vous êtes allés à Rambouillet, dans des bois...

— ... Déserts...

— Ça ne t'a pas inspiré, dis...

— Vous allez, n'est-ce pas, me laisser tranquille, faisait Pauline, très nerveuse encore.

Mais les questions se multiplièrent, pressantes, goguenardes, cruelles ; une scie.

— Dis-nous ce qu'il a fait.

— Nous voulons savoir ce qu'il a fait.

— S'il a fait bien les choses...

— Il a fait la gaule tout le temps, là ! cela vous suffit-il, rugit Pauline, toute rouge, hors d'elle-même — et des larmes pleins les yeux.

Edouard ZED.

# Lettres d'Amour

La présente histoire, que je n'hésite pas un seul instant à qualifier d'authentique, est en ce moment en train de défrayer les conversations de toute la domesticité employée dans l'hôtel Du Corneau. Elle m'a été contée par l'homme qui touche de plus près au marquis, c'est-à-dire par son valet de chambre en personne, lequel m'a fait jurer sur sa tête de ne pas ébruiter l'affaire...

Et comme on sait tenir un serment chez les aôtres, je m'empresse de la divulguer à mes lecteurs.

C'est ainsi que doit toujours pratiquer tout bon journaliste qui se respecte.

Et aïe donc !

* *

Le marquis Saturnin Du Corneau, avant de connaître les monotones douceurs du pot-au-feu conjugal, avait commencé par se livrer à toutes les folles équipées que doit se permettre un galant gentilhomme. Voltigeant avec grâce de la brune à la blonde, et de la blonde à la rousse, il avait tour à tour exploré le boudoir blanc et or de Persillette d'Aubusson, l'alcôve discrète d'Anaïs Cinq-Louis, et la chambre garnie de Nini Chausson.

Certes, on me croira sans peine si j'avance que Saturnin, homme sensible et toujours au regret de quitter une maîtresse pour une autre, avait conservé de chacune de ses bonnes fortunes à tant le cachet un impérissable souvenir.

Et lorsque son épouse, la délicieuse marquise Eusébie faisait sa poire, lorsqu'il y avait de la brouille dans le ménage, lorsque, enfin, pour employer l'expression de Leconte de Lisle, le torchon brûlait à la maison, Saturnin se retirait dans son cabinet de travail ; et là, dans le recueillement et la méditation, il ouvrait le tiroir aux souvenirs, en exhumait les bienheureuses lettres, et, pour oublier ses chagrins présents, se longeait jusqu'aux aisselles dans la captivante lecture de ces fantômes du passé... (mince de fleur de rhétorique !)

Or, à la suite d'un de ces orages familiers durant lesquels Madame la marquise s'oubliait jusqu'à traiter Saturnin de *macaque* et de *vieux fourneau*, le marquis, ivre de sang et de carnage, se retira dans son cabinet comme de coutume. Comme de coutume aussi, il exhiba ses lettres d'amour et se mit à les relire pour apaiser sa fureur.

Il y réussit pleinement.

Les tendres expressions qu'elles contenaient tombèrent comme des gouttes de baume sur son pauvre cœur meurtri. Et bientôt, grâce à ce puissant dictame, Saturnin s'endormit du sommeil du juste, — un juste qui ronflerait comme une toupie d'Allemagne...

Il devait avoir bien besoin de ce repos réparateur, car il ne se réveilla que quelques minutes avant l'heure du dîner.

— Diable ! fit-il en consultant son *oignon*, c'est étonnant comme j'ai l'attendrissement soporifique !

A peine s'était-il fait cette judicieuse réflexion qu'il entendit le pas d'Eusébie sur le parquet de la pièce voisine.

Aussitôt on frappa à la porte de son cabinet.

Les malheureuses lettres étaient étalées sur son bureau, et l'on concevra qu'il ne tenait nullement à ce que sa femme les aperçut.

— Voilà, voilà, on y va ! cria-t-il pour gagner du temps.

C'eut été trop long d'ouvrir le tiroir.

Il prit le paquet de billets doux et les jeta dans sa corbeille aux vieux papiers. Puis il alla ouvrir.

— Tiens, c'est cette vieille branche de Béquillard ! s'écria Saturnin en apercevant celui qui frappait.

— Oui, Béquillard qui vient le prendre pour venir faire une partie de chasse chez la douairière de Maldeux !

Le marquis, qui était un grand Nemrod devant l'Eternel, tressaillit de joie. Il oublia sur le champ ses billets doux, endossa son *alpague*, et sortit avec l'ami Béquillard.

Quatre heures plus tard, ils descendaient du train à Bondy-la-Poudrette, chez la douairière.

La partie de chasse dura huit jours.

Au bout de ce laps, fatigué des paysages riants arrosés par le canal de l'Ourcq, Du Corneau réintégra le domicile conjugal.

Aussitôt arrivé, Il prit à peine le temps de s'informer de l'état de santé d'Eusébie, et s'empressa de se diriger vers son cabinet de travail. Son premier regard fut pour la corbeille où, la semaine précédente, il avait jeté son paquet de lettre...

La corbeille était vide !

Du coup, les bras lui en tombèrent... — mais il les ramassa tout de suite.

Ah ! c'est un homme de résolution, le marquis Du Corneau, vous savez !

Au lieu de se désoler, de se désespérer comme vous feriez peut-être en semblable occurrence, Saturnin s'assit devant son bureau et sonna son domestique.

Antoine arriva immédiatement.

Le marquis prit un air dégagé, indifférent même.

— Il fait aujourd'hui un brouillard affreux, dit-il en feignant de se limer les ongles.

— Oui, m'sieur le marquis, répondit le larbin.

— C'est un bon temps pour la pousse du tapioca...

— Oui, m'sieur le marquis.

— Ah ! à propos, vous n'auriez pas, par hasard, entr'aperçu dans ma corbeille une liasse de papiers, des lettres d'affaires, que j'y avais mises avant mon départ ?

Antoine devint rouge comme... ma barbe.

— Si, m'sieur le marquis, répondit-il. En effet ; mais vous pensez bien que des affaires semblables...

Saturnin se mordit les lèvres.

— Vous les avez mises de côté ? demanda-t-il.

— Oh ! certainement, m'sieur le marquis. Je ne pouvais pas laisser traîner ça ! Gertrude, la cuisinière n'aurait eu qu'à les trouver ! Il y avait là-dedans des horreurs, des choses qui ne se disent pas... Et je ne voulais qu'une créature innocente comme Gertrude...

— Il ne s'agit pas de Gertrude, mais de mes lettres ! allez me les chercher.

Antoine ne bougea point.

— Et bien ! reprit Du Corneau, vous ne m'avez pas compris ?

— Parfaitement ! mais c'est que...

— C'est que quoi ?

— C'est qu'il n'en reste plus !

— Comment ! il n'en reste plus ! que sont-elles devenues ?

— Dame ! m'sieur sait bien que madame la marquise se purge tous les mois... C'est justement tombé cette semaine ; et j'avais accroché les lettres dans son water-closet...

On a bien raison de dire que la philosophie est l'ennemie de la poésie !

Au lieu de prendre l'aventure au tragique, Saturnin ne put s'empêcher d'en rire...

Hélas ! lettres d'amour, billets doux, souvenirs de jeunesse : autant en emporte le vent !

FLANOCHARD.

# NOËL

**I**

Voici qu'est revenu l'hiver ;
Et, de son œil couleur de cendre,
Un nouveau Jésus va descendre
Sans apporter un rameau vert...
Implacable aux pauvres mioches,
Comme aux vieux roidis par le gel,
L'enfant-Dieu se grise au Noël
Que lui chantent les vieilles cloches.

**II**

Le métayer, rêvant un peu,
Dans la closerie en liesse,
Avant le retour de la messe,
Fume sa pipe au coin du feu.
Devant l'âtre, les tournebroches
Parlent au gourmet sensuel
Du plantureux et gras Noël
Que célèbrent les vieilles cloches.

**III**

Le sanglot d'un gueux, quelquefois,
Cloches qui chantonnez sans cesse,
Ajoute une vague tristesse
A l'*allegro* de votre voix...
Bah ! plus tard, bizarres clodoches,
Les gueux au bastringue du ciel,
Pourront, quelque nuit de Noël,
Danser au son des vieilles cloches !

**IV**

Egrénant ses lourds chapelets,
Le moine à figure matoise
Evoque en oraison gauloise,
Le rire du vieux Rabelais.
Mortifications, taloches,
Au diable, office et rituel !
Du vin clair pour fêter Noël,
A la santé des vieilles cloches !

**V**

Viens-t'en, Nina, réveillonner,
Pendant que le vicaire prêche :
Puis, ensuite, dans notre crèche,
Nous irons après le dîner.
Viens ; j'ai quelques louis dans mes poche,
Et d'amour est plein notre ciel ;
En chrétiens honorons Noël,
Aux arpèges des vieilles cloches...

**VI**

Parmi les ténèbres du bois,
Dont frimaire a fait des squelettes,
Pour le Christ, demain, les musettes
Se joindront au son des hautbois.
Si l'amour veut, de triples croches,
Renforcer nos baisers de miel,
Nina, cette nuit de Noël,
Aimons-nous à la voix des cloches !

MARIUS RÉTY.

# L'HORLOGE

Une jeune femme bien à plaindre, c'était assurément la tendre Virginie Ducroquet, l'épouse légitime et désolée d'Athanase Ducroquet, collecteur des contributions indirectes, pour le canton de Sainte-Cunégonde, sur Give-de-Gier, en pleine vallée de la Loire.

Quand on a un métier comme ça, on ne devrait jamais se marier.

C'est un véritable crime que laisser constamment seule à la maison familiale une adorable créature comme l'était Virginie, au cœur chaud de l'ardeur de ses vingt-cinq ans et qui demandait à tous les échos la réplique aux douces paroles d'amour qui sortaient, en murmure mutin, de ses lèvres mignonnes, assoiffées de baisers.

Mais Athanase Ducroquet était la perle des fonctionnaires, toujours en route, par monts et par vaux, tombant sur les débiteurs de l'État au moment où ils s'y attendaient le moins et n'ayant jamais de retard dans ses encaissements. Aussi n'avait-il jamais eu d'avancement, car il était naturel de conserver à son poste cet employé modèle dont on n'aurait jamais pu trouver l'équivalent.

Et une toujours restait Virginie, en sa maison du bord de l'eau, n'ayant pas même, pour se distraire, la ressource de la pêche à la ligne, qu'elle détestait.

Mais la Providence qui, comme on le sait, est la mère des malheureux, prit enfin en pitié cette fleur qui positivement commençait à se dessécher sur sa tige.

Athanase, en tournée, trouva un jour une occasion superbe, dans une vente par autorité de justice qu'un partial encaisseur des deniers de l'État, il avait requis l'huissier du canton d'opérer.

Pour cent sous, il devint le propriétaire d'une horloge Louis XIV, à la haute caisse en chêne sculpté, de grandeur d'armoire, un chef-d'œuvre, méconnu des populations ignares de la contrée, et qui valait au bas mot cent écus comme un sou.

Il y avait, en outre, actionné par le mouvement d'horlogerie, au dessus du cadran, un amour automate qui jouait de la flûte pour sonner les heures, ce qui était bien plus coquet que le coucou, dont le cri peu harmonieux vous sonne toujours mal aux oreilles quand on est marié.

— Nous verrons encore, à présent, si Mme Ducroquet, se plaindra toujours de ne pas avoir de distraction! voilà de quoi lui tenir compagnie! se dit-il, en homme avisé, en donnant l'ordre d'apporter le meuble chez lui.

Virginie fut, en effet, enchantée de la trouvaille de son époux et, comme les enfants, comme moi, qui à la première montre « pour de vrai », elle s'amusa si fort pendant la première semaine à remonter le petit amour, pour entendre sa flûte enchantée, qu'un beau jour, crac! elle lui casse le soufflet.

Aristide, furieux, tempêta bêtement comme un mari qu'il était, et fit venir en maugréant l'horloger voisin, un jeune homme, élève de Bréguet, nouvellement établi à sa sinistre, où il avait vu le jour et avait été élevé côte à côte pour ainsi dire avec Virginie Bécamer, dont il avait partagé les jeux jusqu'au jour où elle s'était appelée Mme Ducroquet.

C'est à peine depuis s'il avait pu lui adresser de très rares paroles, le collecteur Ducroquet étant un de ces maris jaloux qui prétendent réserver pour eux seuls la voix mélodieuse de leurs femmes, ce souffrant par, qu'en leur absence surtout, personne ne s'avisât de les remplacer, même verbalement. Vous pensez donc si Prosper Lebalancié, le jeune horloger, fut heureux de l'aubaine qui se présentait de franchir le seuil du ménage Ducroquet.

Et très sournoisement il déclara au collecteur Athanase qu'un soufflet crevé ne se répare pas comme une locomotive, qu'il faudrait du temps et des soins, et parvint avec ce manège adroit, à lui faire accepter un abonnement d'un an pour l'entretien des cadrans horaires de toute la maison.

De la sorte, ce serait moins cher, puisqu'il se chargerait de remonter pour le même prix tout ce qu'il faudrait au logis.

Athanase, économe et sage, accepta; mais pour éviter un nouvel accident à son amour musicien il prit la clef du ressort de la sonnerie; comme cela, Virginie n'abuserait pas du plaisir au point d'en perdre le vent.

Au bout de trois semaines, Athanase Ducroquet se félicitait de la bonne idée qu'il avait eue de prendre abonnement pour ses pendules; par une bizarre anomalie, depuis qu'il en avait signé l'engagement, il survenait chaque jour un accident nouveau qui nécessitait le secours de Lebalancié.

— Ce que ça m'aurait coûté les yeux de la tête, autrement! s'écriait-il en déjeunant avec Virginie; puis, légèrement railleur:

— Mais c'est ce pauvre M. Lebalancié qui ne doit pas y trouver son compte, qu'en dis-tu?

Virginie, en discrète personne qui ne se mêlait jamais des affaires d'autrui, ne répondit que par un énigmatique sourire qui ne pouvait la compromettre en rien.

Prosper Lebalancié se contentait sans doute dans ses commerciales opérations d'un bénéfice restreint, car jamais il ne se plaignait, au contraire; et semblait toujours enchanté, lorsqu'on le venait quérir de chez Ducroquet.

Comme on pense, il trouvait presque toujours la belle Virginie seule, les pendules n'attendant pas le retour d'Athanase pour se livrer à leurs fréquentes excentriques divagations.

Vous étonnerai-je beaucoup en vous confessant que c'était Virginie, elle-même, qui, matoise comme Ève, son aïeule, aidait la plupart du temps, d'un coup de pouce savamment donné, à l'avance effrayante des aiguilles de tous les cadrans.

Et peu à peu, par la fréquence des rapprochements, des visites de Lebalancié, par les frôlements de main qu'il provoquait quand Virginie le secondait dans la remise en état des ressorts lâches, détendus, leurs deux cœurs battirent à l'unisson des tic-tacs furibonds et précipités des mécaniques dont il avait la haute direction.

Une chose avait pourtant étonné Athanase Ducroquet, c'est que, seule, la grande horloge n'éprouvait aucune des hallucinations remarquées chez tous les autres appareils horaires du logis.

Bah! pensa-t-il, c'est que Virginie ne peut plus s'amuser à la démolir, voilà tout! Encore une excellente idée que j'ai eue de prendre la clef avec moi.

Mme Ducroquet avait, en effet, trouvé une tout autre distraction; aussitôt son époux parti, vite! un coup de pouce à la pendule du salon; crac! un ressort cassé et la nécessité d'envoyer la bonne chercher l'horloger, qui passait consciencieusement son après-midi à l'urgente réparation.

Or, cet heureux temps ne devait pas être de longue durée pour Lebalancié et la tendre Virginie.

Un jour, au moment où, après avoir raccroché le mouvement au cartel de la chambre à coucher de Madame, l'horloger, fatigué, reprenait des forces en dégustant avec Virginie un verre de fine chartreuse, dans la salle à manger, sous l'œil vigilant de l'amour-flûteur de la grande horloge, la servante de la maison, qui était au courant des dessous des cartes, — parbleu! du dérèglement des pendules, — accourut les prévenir qu'Athanase Ducroquet arrivait avec son cabriolet.

— Pas moyen de fuir! ajouta-t-elle, Monsieur sera à la porte, avant que vous ne sortiez.

— Comment faire? fit la douce Virginie, apeurée, s'il vous trouve ici, mon jaloux va faire un malheur! Une toux d'asthme dans l'escalier les avertit de l'approche imminente du danger.

— Vite! s'écria la bonne, que M. Lebalancié se cache dans la boîte de l'horloge, je tâcherai d'éloigner M. Ducroquet pour qu'il puisse se sauver.

Aussitôt dit, aussitôt fait; et Prosper partagea avec son homonyme de la vieille horloge le carré vide de la boîte du vieux chêne sculpté; mais gêné et ne pouvant plus se mouvoir dans l'espace qu'occupait Prosper Lebalancié, celui de l'horloge s'arrêta, entraînant l'immobilité complète de tout le reste du mouvement et à mesuré, l'amour-joueur de flûte ne sonna pas son air fastidieux; mais, en revanche, au bruit sonore, tenant de la détonation d'une pièce de 25 et du souffle du vent à travers la feuillée des arbres en septembre, vint arrêter net la fourchette qu'Athanase Ducroquet, à table avec Virginie, allait porter à sa bouche affamée.

— Sacrebleu! le ressort de l'horloge qui vient de se détacher! s'écria le collecteur, qui se leva pour aller chercher la fameuse clef dont il avait retiré la jouissance à sa trop nerveuse moitié.

A peine était il sorti de la salle à manger, que Virginie s'empressa de faire sortir le pauvre Lebalancié de la prison où il commençait à s'étouffer.

— Quelle imprudence! Monsieur! ne pouviez donc vous taire un instant.

— J'aurais bien voulu vous y voir, ma chère amie! répliqua l'horloger, en se dirigeant à la hâte vers la porte de sortie, le manque d'air, la poussière que j'avais avalée... fallait bien que ça sorte par quelque part...

Et, comme naturellement, après le départ de son compagnon de chambrée, le balancier de l'horloge avait repris son oscillation, Athanase Ducroquet, revenant avec sa clef, fut tout ébahi d'entendre le petit amour jouer de la flûte avec vingt-cinq minutes de retard.

— Hein! Comment! il marche à présent?

— C'est moi qui l'ai remis en route; répondit Virginie, avec aplomb.

— Tiens! c'est vrai la boîte est ouverte; tu as donc fait faire une seconde clef!

— Il le fallait bien, mon ami; mon amour demande à être remonté tous les jours et comme vous n'êtes jamais là...

— Vous risquiez encore de faire un malheur; il fallait appeler l'horloger pour ça.

— Rassure-toi! c'est ce que j'ai fait, mon Loulou! fit Virginie, en embrassant, câline, Ducroquet, pour atténuer la férocité de son aveu.

DICK-D'ING.

## LE SERMENT D'ARISTIDE

*(Suite)*

## LE SERMENT D'ARISTIDE

*(Suite)*

Aristide et Hélène conjuguaient le verbe aimer avec délices. Ils avaient, pour le mieux, organisé leur existence. Aristide avait transporté ses pénates presqu'en face du restaurant Boisrivé, et avait installé là un joli nid d'amour, confortable et douillet. Tous les matins, à l'heure où elle allait d'habitude faire ses provisions au marché, Mme Théodore traversait la rue, montait l'eux étages, tressaut le léger se la porte, et tombait dans les bras du choix de son cœur.

Et vraiment, c'était dommage que ces deux êtres-là ne se fussent pas rencontrés... le célibat tout! Ils savaient si bien s'aimer! Et c'était chaque jour, dans le grand Hélène, plus riche, qui était la moitié de la chose... comment il comprenait le mieux — au nid d'un ménage de tendresses de plus en plus folles, s'oubliant cependant par cet imbécile de Théodore, — et la main présidait au nettoyage de sa chambre, et dirigeait les incursions du garçon boucher, avec d'une tête de loup, à la recherche des toiles d'araignée...

Maintenant, c'était Aristide qui faisait le marché. Il se levait dès l'aube, rapportait un panier rempli de victuailles, et se raccrochait Boisrivé ouvert, en attendant la bien-aimée. M. Théodore avait trouvé que sa femme restait bien longtemps absente le matin. Hélène, avec un sourire angélique, avait expliqué qu'elle avait du quitter le marché plus tôt pour diriger elle-même l'approvisionnement aux Halles, vu la suite une très notable économie.

— Bonne petite femme! la perle des ménagères! Théodore, attendri, l'avait embrassée sur les deux joues.

Ces maris! tous les mêmes!

Notre ménage à trois aurait donc eu tous les éléments d'une absolue félicité, si le bonheur parfait était de ce monde.

Mais Aristide commença à trouver les soirées longues, et les parties de jacquet fastidieuses, Mme Théodore s'ennuyait de plus en plus avec son occupant; et Boisrivé se plaignait constamment que ses affaires n'allaient pas...

Telle était la situation, lorsqu'un double événement vint changer la face des choses: Hélène devint enceinte, et Théodore annonça l'inattendu, et son prochain départ pour l'Amérique.

Qu'Hélène fut devenue enceinte, c'était simple, elle faisait tout ce qu'il fallait pour cela, et personne ne songea à s'en étonner; pas même son mari, quoique, depuis un an bientôt, tous les efforts pour arriver à ce résultat fussent demeurés infructueux... Mais que Théodore, l'homme calme par excellence, l'être casanier et sans initiative que ses excursions les plus lointaines n'avaient jamais entraîné au delà d'Asnières, parlât tout à coup d'un voyage en Amérique, voilà qui dépassait les bornes de l'imagination!

Rien de plus naturel pourtant, et vous allez le comprendre. Théodore — nature faible et sans consistance — subissait toujours l'ascendant de quelqu'un. Or, un sien cousin, un nommé Laurent Barre — un malin! — était en train de réaliser en Amérique une colossale fortune. Boisrivé recevait de lui des lettres enflammées remplies de description étincelantes, de merveilleux paysages où de grands fleuves coulaient des paillettes d'or... Il n'y avait qu'à se baisser pour en prendre. Et la dernière épître du cousin Laurent Barre se terminait par ces mots:

« Pourquoi ne tenterais-tu pas la malheureuse boutique, où tu ne fais pas le sou? Pourquoi ne viens-tu pas me rejoindre? Je suis pour quelques jours à New-York, avant de repartir dans le sud. C'est une occasion. Allons! un bon mouvement! Arrive, et la fortune est faite! »

*La suite au prochain numéro.*

Passez muscade! Ayres, Rouvier, M. Tirard le tout, en vingt quatre heures, ça ne chôme pas, comme vous voyez.

Le 3 mai, après avoir touché 99 fr. 05 sur la démission officiellement connue de M. Rouvier, rebondit à 99 fr 22 sur l'acceptation de l'ancien titulaire de ce même portefeuille des finances.

M. Tirard, en effet, va retrouver là toutes les figures connues, qu'à de si nombreuses reprises il a pu juger à l'œuvre.

Nous n'aurons pas l'irrévérence de dire qu'il fait partie des cabinets présents et futurs, comme un immeuble par destination, mais nous constaterons en passant que la Bourse accueille généralement ses rentrées aux affaires avec plutôt de la sympathie, qu'avec tout autre sentiment.

Le mobile auquel M. Bouvier a obéi en rendant spontanément son tablier est d'un ordre trop délicat pour que nous y insistions dans cette rapide chronique.

La Commission d'enquête est saisie de tous ces graves événements, la justice également ; le meilleur est donc de s'abstenir.

De tous ces faits rapides, il se dégage néanmoins une légère lumière sur certains agissements de groupes à la baisse.

Il faut croire que les positions étaient bien prises pour assister avec calme à un joli effondrement des cours, car lorsque l'on s'est aperçu que la disparition de M. Bouvier pesait si peu sur la cote, vite les meneurs du marché ont cherché un supplément de nouvelles à sensation, au nombre desquelles figurait la démission possible de M. Carnot.

Et voilà comment aux grands maux on trouve de grands remèdes. Mais ce pétard était mouillé, il a fait long feu et a fini par rater.

**Le Panama,** ballotté par tous ces courants contraires, flotte entre 20 et 18 fr.

**Le Foncier,** tenu à l'œil depuis la dernière discussion devant le Sénat conserve une hésitation bien étrange par cette fin d'année.

**La Banque de France,** elle-même, est délaissée et sans affaires.

L'heure n'est décidément pas à la spéculation sur les grandes valeurs.

A notre humble avis, la spéculation a raison, le moment est mal choisi pour qu'elle s'embarque sur des titres aussi lourds à soulever et qui, à la moindre panique, dégringolent, de 100 ou 150 fr., sans qu'il soit possible de défendre les positions.

A ceux qui voudront quand même tenter les fluctuations, de ces changements de ministère, nous conseillons, en terminant, de se couvrir sagement par des primes.

Ce conseil s'applique à la rente, de même qu'à toutes les valeurs *dites* de spéculation.

G. QUATRESS

**Scala.** — Dernière représentation de « *Mon Camarade* », on pousse activement les répétitions de la revue de fin d'année dont on dit grand bien, paraît que l'on en entendra de raides... dans le concert, Mévisto, dont j'ai déjà dit beaucoup de bien, est l'artiste épris d'art que l'on connaît. Libert a toujours l'air d'un ahuri, il est amusant, Maurel si mauvais dans « *J'ai perdu ma Gigolette* », excelle dans ses nouvelles créations. Caudieux est un bon vivant, je l'aime beaucoup, et si j'étais femme... du reste c'est le créateur de la « *Marche des Commis Voyageurs,* » Vignais est un original, faut le voir en « *Belle Fatma...* », on se tord !... Mathias est bon, Lecourt vient de créer une nouvelle scène « *La Fille à Denis* », il a pleinement réussi. Côté des dames : Mᵐᵉ Paula Bréhion est très appréciée. Camille Stéfani est une étoile dont le succès s'accentue chaque soir ; Jeanne Bloch est désopilante au possible, sa sœur Blockette chante avec crânerie « *Nos étudiants* » ; Mˡˡᵉ Raymond est gentillette, Mˡˡᵉ Laroche est une jeune chahuteuse qui ne demande qu'à chahuter.

J'oubliais de mentionner la rentrée du comique danseur Stéfani qu'un fâcheux accident avait éloigné de la scène, il est complètement rétabli et vient de retrouver son succès d'autrefois. L'orchestre est dirigé par M. Patusset.

**Concert du Soleil,** 37 faubourg du Temple. M. Hervier est un artiste amusant et un régisseur qui sait conduire son affaire. M. Nestor est parfait, de même Poquelin et Boussard ; M. et Mᵐᵉ Silvin sont drôles dans une scène d'auverpins « *Un ménage du Cantal.* » Côté des dames : Mᵐᵉ Silvin est **l'Etoile du Soleil**, Mᵐᵉ Huart chante *Le clos aux Pissenlits* avec une verve endiablée. Alfreda, Renard, sont jolies et bien faites...

**Eden-Concert.** — Paris s'amuse, revue en deux tableaux de Maurice Millot. Je félicite M. Villé et sa charmante commère Mᵐᵉ Freder. Dans le concert, Régiane, Villé, Mercadier, Yvain sont les habituels artistes qui ont le plus de succès. Dambreville dit finement le monologue. Il y a Limat, qui est régisseur est qui trouve le moyen de se faire applaudir dans une chansonnette « *Fais-le pour ta famille* » que je recommande aux aimables lecteurs et aux sémillantes lectrices du *Paris qui Rit*. Mˡˡᵉ Dupare chante des vieilleries. Dufresny est la joie du boulevard Sébastopol. Je signale aussi J. Gieler qui est une artiste de talent, j'ai déjà eu le plaisir d'applaudir cette jeune personne aux Ambassadeurs.

Liovent, Boisselot, Stelly, Rejeane sont gentilles à croquer...

Avis aux lecteurs.

**Elysée-Montmartre.** — Mardis, jeudis, samedis, grandes fêtes et patinage. Orchestre, dirigé par L. Dufour.

ALBERT VERSE.

## SPECTACLES DE LA SEMAINE

OPÉRA. — FRANÇAIS. — OPÉRA-COMIQUE. — ODÉON — Spectacle variable : consulter feuilles quotidiennes.
GYMNASE. 7 h.3/4 — Celles qu'on respecte. — Leurs filles.
VAUDEVILLE. — 8 h. »/». — Monsieur Coulisset.
VARIÉTÉS. — 8 h. »/». — La Souris (rev.).
PORTE-SAINT-MARTIN. — 8 h. »/» — Au Dahomey.
CHATELET. — » h. — Relâche.
GAITÉ — 8 h. »/s. — Les Cloches de Corneville.
AMBIGU. — 8 h. »/» — Les Cadets de la Reine.
PALAIS-ROYAL. — 8 h. 1/4. — Système Ribadier.
NOUVEAUTÉS. — 8 h. 1/4. — Champignol malgré lui.
FOLIES-DRAMATIQUES. — » h. — Relâche.
RENAISSANCE. — » h. »/». — Clôture.
BOUFFES-PARISIENS. — 8 h. 1/4. — Sainte-Freya.
MENUS-PLAISIRS. — » h. — Relâche.
THÉATRE CLUNY. — 8 h. 3/4. — La Tournée Ernestin.
DÉJAZET. — 9 h. »/». — Ferdinand le Noceur.
CHATEAU-D'EAU. — 8 h.3 4 — Madame Nicolet.
BOUFFES DU NORD. — 8h. — Robert Macaire.
THÉATRE MONCEY. — 8 h. — L'Abbé Constantin.
FOLIES-BERGÈRE. — 8 h. 1/2. — Miss Loïe Fuller, danse serpentine ; les Delevines, Mlle Duclerc, les Chiens danois. — Dimanches et fêtes, matinées à 2 h. 1/2.
ELDORADO. — 8 h. 1/2. — Concert. — Spectacle.
SCALA. — 8 h. 1/1. — Concert. — Spectacle.
CONCERT PARISIEN. — 8 h. 1/2. — Concert. — Spectacle.
CASINO DE PARIS. — 8 h. 1/4. — Spectacle-concert, bal. — L'Heureuse rencontre, pantomime mêlée de chant. — Miss Abbott??? Mlle Bianca, Mme Lescot, Wils et Dare, Harry, Steele, Caïn et Loreno.

*L'Imprimeur-Gérant : ALPHONSE CARROT.*

Imprimerie spéciale du *Paris qui Rit*, 13, faub. Montmartre, Paris.

# LES CHASSEURS DE VIERGES
## Grand roman de mœurs fin-de-siècle, par Emile BLAIN

Nos anciens lecteurs peuvent s'assurer, en se procurant la livraison 13, mise en vente le 9 décembre (nouvelle édition), que c'est bien dans cette livraison qu'est parue exactement la suite de l'ancienne édition (petit format) interrompue.

### ABONNEMENTS

PARIS : Un an, 6 fr. ; Six mois, 3 fr. ; Trois mois, 1 fr. 50. — DÉPARTEMENTS : Un an, 6 fr. 60 ; Six mois, 3 fr. 25 ; Trois mois, 1 fr. 75. — ÉTRANGER : Un an, 7 fr. 50 ; Six mois, 3 fr. 75 ; Trois mois, 2 fr.

Deuxième année, n° 13.　　　　LE NUMÉRO : DIX CENTIMES　　　　Dimanche 1ᵉʳ Janvier 1893.

Direction et Administration : à la BIBLIOTHÈQUE GAULOISE
13, Faubourg Montmartre, PARIS.

Principal rédacteur : **Emile BLAIN**

*Collaborateurs :* JACQUES D'ALVILLE. — ANDRÉ CARMEN. — MÉPHISTO. — RICHARD O'STÉFIOL. — MARIUS RÉTY. — GONZAGUE D'HUBERT. — EDOUARD ZED. — PAUL LUX. — K. STOR. — DICK-D'ING. — BABYLAS. — CARLE-MAX. — PO-PAUL. — FLANOCHARD. — MARCEL RÉGINALD.

Junon eut bientôt une renommée...　　　　　　— Misère de Dieu ! s'écria-t-il, trompé trente-neuf fois...

## CHRONIQUE GAULOISE

SERPENTINETTE
ET
PETIT-CLAUDE
AUX
leurs meilleurs souhaits

— A l'année prochaine, mon bon ; m'avait dit notre collaboratrice Serpentinette, avant-hier, en sortant de prendre le café avec moi chez Bignon (le traiteur habituel de la rédaction du *Paris qui Rit*).

— Comment, à l'année prochaine ? mais ça ne tombe que dans cinq jours, tu avances.

— Je sais bien ; mais il me sera impossible de te revoir avant ça.

— Pourquoi ?

— Un tas de visites à rendre.

— Déjà ?

— Oui, je commence avant le jour de l'an, sinon jamais le mois de Janvier ne me suffirait pour y arriver.

— Eh bien ! à l'année prochaine, ma chère enfant. Et nous nous embrassâmes gentiment, à la santé de l'année présente qui, comme disait Serpentinette, commençait à se « débiner » au triple galop.

L'année prochaine ! que diable peut-elle bien nous réserver ? me demandais-je, perplexe, sur l'asphalte du boulevard des Italiens, après que Serpentinette m'eut quitté.

Que verrons-nous ? que deviendrons-nous ?

Sera-ce le chaos, la résurrection, le néant ?

Et je me creusais la cervelle pour pouvoir deviner, lecteurs et vous, mes charmantes lectrices, quelles étaient les surprises que pouvait bien vous réserver cette nouvelle année qui allait frapper tantôt à la porte.

Quand l'idée lumineuse me vint d'aller, moi aussi, consulter le marc de café de la mère Cyprien et je hélai un sapin qui me déposa, vingt minutes après, au 108 de la rue de Buffault, où nichait l'incomparable prophétesse.

Écoutez donc ! voici ce que nous annonce le marc extra-lucide que la devineresse retire du café Potin.

Tempête et froid, dans les ménages, au commencement ; causes climatériques : le terme, les cadeaux donnés aux amis, les dîners rendus, les étrennes du concierge, du facteur, du télégraphiste, du boucher, du boulanger, du charcutier, de l'épicier, de la cuisinière, du valet de chambre, du frotteur, du ramoneur, du balayeur, du vidangeur, du garçon-coiffeur, etc.

Bilan : deux mois en perspective, pour Monsieur, de privation de visites à la petite Amélie, des Folies-Bergère ; et, pour Madame, la remise forcée à plus tard de l'acquisition d'un costume pareil à celui de Mₗₗₑ X... dans Monsieur Coulisset.

— Ah ! si c'était à refaire ! s'écrie Monsieur, c'est moi qui n'aurais rien donné aux Verpillon, ni aux Chandoreille.

— Ni aux Ballurin, aux Chapuzard, aux Normandet, ni aux Coupard, fait Madame, sur le même ton.

— Ça ne se passera pas comme ça, l'an prochain ! dit Monsieur.

— Pour sûr, non ! répond Madame.

Et le marc de café, qui sait et qui prédit tout, me montra Madame et Monsieur recommençant le même manège, vers le 15 décembre suivant, pour ne pas laisser s'exercer sur eux les langues des Coupard, des Normandet, des Chapuzard, des Ballurin, des Chandoreille et des Verpillon, qui auraient répété partout que leurs affaires tournaient mal.

Quand on est dans le commerce, pas vrai ? Enseigne oblige !

Et quelles admirables choses on verra, en cette année qui va naître :

Le Métropolitain aura un nouveau projet et les chiens, une double muselière, pour éviter les accidents, au cas où la première casserait.

La Goulue renoncera à la chorégraphie pour entrer aux petites sœurs des pauvres et Rayon-d'Or se fera carmélite, de chagrin d'avoir perdu Zidler.

Pasteur inventera un remède contre la rage... de dents et Brown-Séquard une nouvelle liqueur pour augmenter la dose de vitalité des pièces du Gymnase.

Une loi sera promulguée interdisant les grands ordres dignitaires de la Légion d'Honneur à tous autres qu'aux citoyens inscrits au Bureau de Bienfaisance ; le peu de rapports qu'ils ont avec le monde de la finance excluant tout soupçon possible de concussion et de gaspillage de fonds.

Les actionnaires des grandes industries ne seront plus tenus de verser leurs espèces sonnantes et trébuchantes (ainsi nommées, parce que la plupart du temps elles sont prises au trébuchet), qu'après la complète réalisation des travaux projetés ; les administrateurs devront faire les avances, de leurs propres deniers. Moyen le plus efficace d'empêcher le retour de scandales récents.

Nul ne pourra être élu député ou sénateur, pendant la période de lancement d'une grande opération financière et les Chambres seront suspendues, pour ne pas donner prise aux malsaines tentations.

Les ateliers de couturières et de modistes seront fermés à 6 heures tous les soirs, afin de donner à ces demoiselles le temps de dîner et de s'habiller pour aller au Moulin-Rouge ; la statistique ayant constaté une désolante progression de dépopulation nationale.

A l'Opéra, la direction fera faire la quête pendant les entractes par ses danseuses les plus jolies, pour combler le déficit probable de fin d'année, et, au Pôle-Nord, il sera défendu aux couples galants, d'inscrire leurs noms sur la glace, comme ils le font d'ordinaire dans les cabinets particuliers des restaurants de nuit.

Au Téléphone, on conversera par signes, pour éviter d'être entendus par ces demoiselles de l'administration qui, filles d'Eve, curieuses, s'arrangent souvent à mal vous accrocher, pour se mettre au courant de vos petits secrets.

On ne donnera plus de licence de cocher de fiacre qu'aux candidats connaissant leur Paris à fond, afin d'éviter des erreurs regrettables ; telles que, par exemple, la conduite des invités du bal de la Présidence à celui de l'Elysée... Montmartre, au boulevard Rochechouart.

Nous en étions là, quand, comme pour Serpentinette, la mère Cyprien fut prise d'une attaque de son coryza chronique et le marc de café, troublé, ne parla plus.

— Tiens ! pensai-je, en regagnant la Rédaction ; si je faisais comme Serpentinette ! si je commençais mes visites : ça serait toujours ça de gagné.

Et dix minutes après, je sonnais chez le petit Machin, des Brouillards de la Seine.

— Monsieur désire ?

— M. Machin.

— Alors, il faut que monsieur fasse sa demande à la préfecture, M. Machin est à Mazas.

— Bah ! le Panama ?

— Oh ! la moitié d'un chèque, seulement.

Et d'une ! Un quart d'heure plus tard, chez Chose, l'administrateur des Asphaltes Cristallisées.

— Monsieur ne reçoit pas, monsieur.

— Dites-lui que c'est moi !

— Inutile, monsieur ; M. Chose est absent.

— Quand reviendra-t-il ?

— On l'ignore ; ça dépendra du procès.

— Du procès ?

— Monsieur ne sait donc pas ? M. Chose est au dépôt depuis cette après-midi, en revenant de Turin.

— Pourquoi ça !

— L'article 179, monsieur !

Et, en rentrant à la rédaction, on m'apprit, sauf vérification, qu'on allait organiser dans les prisons de la Capitale un service d'entrées spécial pour que ces messieurs de l'article 179, puissent recevoir leurs visites officielles de nouvel an.

J'y étais à peine arrivé, que Serpentinette m'y rejoignit.

— Comment, déjà ? lui dis-je, et tes visites ?

— Mes visites, tu ne t'imaginerais jamais ce qui vient de m'arriver.

— Dis !

— Tu sais, le municipal qu'on avait envoyé me chercher pour me conduire à la commission d'enquête ?

— Oui, un beau gars ; après ?

— Comme je rentrais chez moi pour prendre mes cartes de visites que j'avais oubliées, je l'ai trouvé qui m'y attendait... ça m'avait fichu un de ces tracs, car maintenant ça n'est plus pour rire qu'on vous fait chercher !

— Et alors ?

— Mon municipal a été charmant, et m'a, de la meilleure façon, rassurée en me disant que ça se passerait à merveille.

— Et ça s'est bien passé ?

— On ne peut mieux ..

— De sorte que tu reviens de la commission d'enquête ?

— Non ! mon municipal m'avait posé un lapin ; il s'était servi de ça pour venir me dire un petit bonjour.

— Mais c'est un affreux scélérat !

— Oh ! oui, va ! répondit Serpentinette, en me déclarant qu'elle m'emmenait dîner avec elle ; et, docile, je la suivis.

En arrivant à sa demeure, sa concierge m'arrêta :

— Dites-moi donc, monsieur Petit-Claude, vous qui êtes dans la Presse, vous devez savoir ça ?

— Quoi donc, madame Boulingrin ?

— Il y a le garçon boucher du 60 qui m'a affirmé, quand je lui parlais de l'action que j'ai du Panama, que nous n'en aurions jamais un sou, en m'assurant, ce pierrot-là, que ça allait être pris par la Colombine, une puissance voisine de par-là

Au moment où j'allais répondre, Serpentinette, me montrant une pierreuse qui racolait un badaud, me dit en riant :

— Sais-tu comment elles nomment ça, à présent ? La prise de Pékin, mon cher.

Oh ! D'Ennery, un succès, n'est-ce pas, sur lequel vous ne comptiez pas.

Et sur ce, lecteurs et vous, lectrices, nos ravissantes amies, à l'an prochain et que la franche gaîté gauloise vous ait en sa sainte garde.

PETIT-CLAUDE.

# VISITES ACADÉMIQUES
### A Messieurs les Quarante.

Vous connaissez tous, au moins de nom, le romancier Louis-Philippe Duclapet, dont le livre unique, (le titre m'échappe) fit quelque bruit dans Arcueil-Cachan vers l'année 1830 ? vous savez aussi que ce grand génie méconnu posa, aux dernières élections, sa candidature à l'Académie ?

Mais ce que vous pouvez ignorer c'est la raison pour laquelle il fut blackboulé par nos immortels à l'unanimité des trente-neuf votants.

Comme je doute fort que M. Camille Doucet — dont c'est cependant la besogne en qualité de secrétaire perpétuel, — en ait fait mention dans ses procès-verbaux, je me crois obligé de narrer à nos lecteurs l'histoire de cette candidature ; histoire tellement ébouriffante que si un autre que moi la racontait, on ne le croirait pas...

Duclapet est aujourd'hui âgé de soixante et quelques années ; — je néglige les centimes ; on ne peut pas dire qu'il est mûr, ce serait employer un euphémisme désobligeant ; mais on peut affirmer qu'il est blet... Cependant, s'il n'est pas académicien, il est marié. C'est, suivant le proverbe, le commencement de la sagesse. Oui, Louis-Philippe Duclapet, tout à fait revenu des vanités du monde, a épousé, il a deux ans, la succulente Juliette Mibémol, l'étoile incontestée du *Canapé Turc*. La belle enfant qui, jusqu'alors, n'avait su rédiger convenablement que l'absinthe au sucre, le grog américain et le *gin cock-tail*, sentit tout à coup se révéler en elle des qualités latentes : comme qui dirait une force incommensurable dans la confection du lait-de-poule et du pot-au-feu à la morue...

Aussi Louis-Philippe se mit-il à adorer sa femme de toutes ses forces, — ce qui n'est pas beaucoup dire ! enfin, on fait ce qu'on peut !

Bref, au bout de trois jours de ménage, les deux nouveaux époux étaient les meilleurs amis du monde... Seulement, la belle Juliette se faisait déjà des cheveux, que c'en était dégoûtant...

Un matin, Duclapet qui, malgré ses soixante ans passés, se sentait encore la force de descendre de temps en temps ses deux étages pour aller acheter ses journaux, remonta furieux, brandissant un paquet de gazettes.

— Oh ! mon p'tit n'amour ! s'exclama sa femme, qu'est-ce qui peut bien te mettre dans un état pareil ? voyons, raconte-moi ça ! qu'est-ce qu'il y a ?

— Il y a... il y a, répondit Louis-Philippe en se laissant tomber son fauteuil, — il y a que je suis transporté par la colère !

— Alors, tu aurais bien dû dire à la colère de te *transporter* le long de l'escalier ! tu ne soufflerais pas ainsi, comme un phoque, sauf vot' respect !

— Comprend-on des choses pareilles ? reprit Duclapet, ne répondant pas aux paroles de sa douce amie.

— Quoi donc ? fit celle-ci.

— Monsieur Zola, monsieur Loti ! connais-tu ça, toi ?

— Oui.

— C'est des Italiens, bien sûr !

— Eh bien ! figure-toi que ces gens-là briguent le fauteuil actuellement vacant à l'Académie...

— Pas possible !

— C'est comme je te le dis ! un tas d'ignorants qui n'ont pas seulement lu le monsieur de Laharpe, et qui, j'en suis certain, ne connaissent pas mon volume !

— Oh ! pour ça, je veux bien le croire !

— Les malheureux ! ils ne savent donc pas que moi, si je voulais, avec mon air bête et ma vue basse, j'y entrerais d'emblée, à l'Académie ! ça ne ferait pas un pli... le temps de dire : « Ouf ! »

— Ta rara boum !... conclut Juliette, en esquissant une aile de pigeon.

Puis, redevenant tout à coup sérieuse :

— Mais, au fait, dit-elle, pourquoi donc que tu ne te ferais pas nommer académicien ? tu es assez gâteux pour avoir des chances de réussite...

— Ça c'est vrai ! mais il y a une tas d'ennuis... Il faut se déranger, aller faire des visites...

— Qu't'es donc bête ! je les ferais pour toi, moi !

Louis-Philippe réfléchit un instant.

— Bien vrai ? dit-il enfin. Tu ferais cela ?

— Mais oui, ça me distrairait ! C'est pas déjà si rigolo d'être toujours avec toi...

Duclapet se leva, et, tombant dans les bras de sa femme :

— Ah ! merci, merci ! s'exclama-t-il. Tu es ma digne compagne, Juliette ! tu es et tu seras toujours le plus beau jour de ma vie !

Or, ce même jour, un des disciples de Louis-Philippe, le jeune et bouillant Babolin Panade, était justement invité à déjeuner chez le futur académicien. C'était un garçon plein d'avenir qui nourrissait, — dans les prix doux ! — une secrète mais terrible passion à l'endroit de la belle Juliette. Jamais pourtant, il n'avait osé s'en ouvrir à elle, sachant que l'ex étoile, était devenue depuis son mariage, un parangon de vertu.

Il arriva donc à l'heure dite, salua le monde, et se mit les pieds sous la table.

Vers la fin du repas, entre le géromé et le livarot, Duclapet fit part à Babolin de sa résolution.

— L'Académie? bravo, cher maître! c'est une idée génitale... géniale, veux-je dire! et les visites faites par madame Duclapet, ça, c'est du dernier chic! ça vous a un jus!...

— N'est-ce pas? fit Juliette.

— J' vous crois! surtout que nous sommes en temps de carnaval! vous pourrez être sûrs qu'on en parlera dans Landerneau! à propos, savez-vous les usages en pareil cas?

— Non, répondit naïvement madame Duclapet.

— Eh bien! alors, laissez-moi faire, reprit Babolin, je me charge de vous ménager une entrevue avec chacun de ces messieurs. D'ailleurs, vous n'irez en visiter qu'un par jour... Nous avons le temps, les élections ne se feront qu'à la fin d'avril, et il ne faut pas brusquer le mouvement!

On conçoit si la proposition du jeune Babolin Panade fut accueillie avec des transports de joie. Duclapet emplit lui-même les verres de champagne et l'on but à la santé de futur immortel.

***

Quelque temps après, Juliette reçut un pli ainsi rédigé :

« Madame,

« A la recommandation de mon jeune ami, B. Panade,
» j'ai l'honneur de vous annoncer que je vous recevrai
» ce soir, entre dix heures et minuit, chez Sylvain,
» cabinet n° 6.

» Agréez, je vous prie, etc.
» ARSÈNE HOUSSAYE, »

Vite, la tendre épouse alla trouver Duclapet, et lui fit lire le billet.

— Chouette! s'écria Louis-Philippe. L'enfant se présente bien, ma chère Juliette, tâche d'en faire autant, et d'enlever le vote de M. Houssaye... surtout ne rentre pas trop tard!

— Pas de danger! répondit la jeune femme.

A onze heures du matin, le lendemain, elle reparut.

— Eh bien! lui demanda, anxieux, son mari.

— En v'là pour un, répondit Juliette. Oh! il a été très gentil, et si les autres font de même, je ne regretterai pas mes courses!

— Bah! et mon élection?

— Ça a marché comme sur des roulettes! mais c'est égal! je ne croyais pas les académiciens si beaux perieurs!

Après le déjeuner un second billet arriva. Signé Leconte de Lisle, celui-là, et donnant rendez-vous à madame Duclapet chez Vachette, pour le soir, neuf heures...

Puis, de jour en jour, les lettres se suivirent, régulièrement. Décidément le jeune Babolin accomplissait sa promesse avec zèle.

Juliette eut des entrevues avec tous les académiciens successivement : MM. Taine, Sully-Prud'homme, A. Mézières, F. Coppée, J. Simon, etc., les trente-neuf immortels se firent un plaisir d'entretenir à tour de rôle madame Duclapet.

Mais quand arriva le trente-neuvième jour elle avoua à Louis-Philippe que le métier était fatigant et qu'elle était bien contente d'avoir fini et de se reposer en attendant le jour du scrutin.

Hélas! il nous faut bien le dire : ce jour fatal arriva; Et Duclapet n'eut pas une seul voix !

**

Ce fut par une indiscrétion de la presse que Duclapet apprit toute l'étendue de son malheur...

Profitant du carnaval, Babolin avait lui-même rédigé les trente-neuf lettres, et s'était déguisé trente-neuf fois pour recevoir lui-même Juliette...

Anéanti, effondré, Louis-Philippe eut néanmoins la force de questionner sa femme.

— Misère de Dieu! s'écria-t-il, trompé trente-neuf fois et avec un Babolin Panade, c'est trop pour un homme seul.

Et il tomba dans une série de quatre syncopes!

**

Aujourd'hui ces noirs chagrins sont effacés. Louis-Philippe est de nouveau candidat à l'Académie; mais Juliette, qui doit encore faire les visites d'usage, l'a juré sur la coupole du Palais-Mazarin :

— Cette fois, a-t-elle dit, je ne veux pas voir un immortel sans m'être assuré de son... identité!

MARIUS RÉTY.

---

**Nous avons l'honneur d'informer ceux de nos lecteurs du *Paris qui Rit* qui n'auraient pas notre première gravure-prime « *Nécessité n'a pas de loi!* » le pendant de « *Ah! si je te tenais* » la prime parue avec l'avant-dernier numéro, que nous leur adresserons « *Nécessité n'a pas de loi!* » sur leur demande, franco, à domicile, avec le n° 6 du Journal, contre envoi de 0 fr. 15 en timbres-poste; de même que nous tenons à leur disposition les douze premières livraisons de l'édition grand format des « *Chasseurs de Vierges* » le roman si intéressant d'Émile Blain, au prix net de 1 fr. 20, franco de port, contre envoi de même somme en mandat ou en timbres-poste.**

---

# Vingt Jours de plaisir dans la Capitale

Après avoir quitté la tache de la rue de Verneuil, Philoctète héla une voiture et partit avec Carle-Max au Jardin de Paris où il y avait fête de gala et de nuit.

Carle-Max voulait rentrer chez lui où il espérait trouver un mot de pardon et d'appel de sa grande coquette qui, après tout, était une excellente fille et dont il désirait vivement ne pas perdre la bonne camaraderie.

Mais Philoctète s'était écrié, en le raillant :

— Je vous croyais plus énergique que cela, mon cher. Avec les femmes, voyez-vous, il faut savoir se faire désirer; sinon, on se fait mener par elles comme une girouette au vent. Laissez-la huit jours à vous attendre et elle reviendra folle de vous.

Comme on le voit, le jeune Dubassin se parisianisait de plus en plus.

— Venez au Jardin de Paris, continua Philoctète, je ne veux pas quitter Paris, avant de l'avoir vu.

— Allons! avait répondu notre ami Carle-Max, toujours complaisant.

Dix minutes après, le fiacre qu'ils avaient pris les déposait devant les globes lumineux du lieu de plaisir et Philoctète s'émerveillait du spectacle de la lumière électrique dans le feuillage des arbres verts et des toilettes exquises des « évaporées » qui se promenaient, sillonnant leur passage d'œillades provocantes et souvent de mots lestement lancés, quêtant une galante réponse.

— Oh! ce Paris tout de même, disait Philoctète, il n'y a que lui pour ces choses-là.

Carle-Max avait, dans la foule, reconnu et salué déjà mainte figure de connaissance, quand Philoctète eut un mouvement de stupéfaction.

— Ah! sacrebleu! on jurerait le député de chez nous! fit-il à Carle-Max, en lui désignant un monsieur qui serrait de près une gamine à l'air des plus éveillés, toute jeune, qu'on sentait à peine lancée, de seize à dix huit ans.

— Mais oui, c'est que c'est lui tout à fait, répéta-t-il en s'approchant avec Carle-Max.

— Tiens! Monsieur Dubassin! s'écria le folâtre légiférant en apercevant Philoctète; et lui serrant cordialement la main : que faites-vous ici? c'est bon pour moi qui suis célibataire; mais vous! qui allez vous marier, diable! c'est un peu risqué et si beau-papa le savait.

— C'est lui qui m'y envoie, mon cher député.

— Vraiment?

— Comme je vous le dis. Et le jeune Dubassin raconta au joyeux représentant de ses concitoyens la mission que son beau-père l'avait envoyé remplir à Paris.

— Ça ne me surprend pas de lui, riposta le député, je le sais homme positif et qui ne se paie pas de promesses. Mes compliments, mon cher Monsieur Dubassin, car si sa fille tient tant soit peu de lui...

— Eh bien?

— M'est humblement avis que vous n'aurez pas de quoi vous ennuyer, compliments!

— Je vous conseille de plaisanter, vous, par exemple! fit, en riant, Philoctète; si vos électeurs vous voyaient...

— Moi! mais je m'occupe d'une grande question qui intéresse tout le pays. Je reste dans mes attributions.

— Quelle question? interrogea le futur époux de Pétronille.

— La question des mineures, mon cher électeur, dit le député en lui présentant sa compagne : mademoiselle Tata, dix-sept ans, bientôt une des plus brillantes étoiles du supra-chic parisien.

— Mademoiselle.

— Monsieur.

— Et maintenant, venez prendre un bock, termina le légiférant; vous allez devenir un de mes électeurs influents, il faut que je vous soigne.

— De la corruption électorale, alors, Monsieur? lança Carle-Max, avec un sourire.

— Tout simplement.

Philoctète, en sourdine, agaçait la petite Tata, pris d'envie de la « souffler » au député, se disant que ce nouveau trait de malice ne pouvait que lui faire honneur dans l'esprit de son futur beau-papa, et, ma foi! le manège allait assez bien, quand Carle-Max s'écria, en indiquant une femme très élégante, de grande tenue, qui avait l'air de chercher quelqu'un dans les groupes serrés des promeneurs :

— Madame de Sainte-Sévère, ici! En voilà un évènement!

— Ah! sapristi, maman! maugréa la petite Tata, se levant; si elle me voit, ça va faire un sale chambard! Elle qui me croit toujours chez la fleuriste où elle m'a placée. Et, ayant entraîné en hâte avec elle le député, qu'elle semblait mener par le bout de son nez officiel, elle disparut avec lui par la porte de sortie du quai.

— Quelle est cette madame de Sainte-Sévère, demanda Philoctète à Carle-Max, en voyant l'inconnue repasser devant eux; et pourquoi ce nom de guerre original? Sévère et sainte, ce n'est guère de mise ici.

— Une nouvelle catégorie de femmes aimables, mon cher ami, que vous ne connaissez pas encore.

— Quoi donc?

— La femme qui reçoit chez elle.

— Et ici.

— Non pas! C'est peut-être la première fois qu'elle y vient. Au surplus, nous allons le savoir, venez! je vais vous présenter.

Et, s'étant levés, ils rejoignaient une minute après la dame de Sainte-Sévère, qui serra familièrement la main de Carle-Max.

Quoique d'un certain âge déjà, puisque mademoiselle Tata l'avait reconnue pour être sa respectable maman, madame de Sainte-Sévère était une admirable personne; grande, superbement dessinée dans son costume de grand ton, une tête de Junon fièrement plantée sur de magnifiques épaules dont la chair, blancheur de lait, perçait tentante sous la dentelle noire qui recouvrait pudiquement la large échancrure du corsage.

— Monsieur, fit-elle, gracieusement au jeune Dubassin, je suis ravie que mon ami Carle-Max ait eu la bonne pensée de me présenter à vous.

— Madame, répondit Philoctète en s'inclinant et ajoutant in-petto :

— Saperlotte! une pêche mûre qui doit avoir rudement de la saveur!

La pêche ne demandait sans doute qu'à se faire cueillir, car au bout de deux ou trois phrases de causerie, madame de Sainte-Sévère invitait les deux jeunes gens à venir déjeuner chez elle, le lendemain, 191, rue Taitbout; ce qu'ils acceptèrent sans se faire prier.

— Mais que diable faites-vous ici? demanda Carle-Max à la dame; vous, que je n'y ai jamais vue et qui, à ce que je savais, ne sortiez jamais de chez vous.

— C'est juste, mon petit Max; fit-elle; aussi a-t-il fallu une circonstance toute particulière pour m'y amener, figurez vous...

— Nous sommes tout oreilles.

— Figurez-vous que le gros Schmitt, vous savez, Schmitt, le marchand de diamants, m'a fait faux bond tantôt pour me payer une commission sur une affaire que je lui ai fait faire et comme je le connais comme un des fervents du jardin à Zidler, j'étais venue pour le relancer; mais je ne l'aperçois nulle part, je vais rentrer.

— Nous rentrons aussi, dit Philoctète, qui semblait ne pas vouloir se séparer aussi vite de leur captivante interlocutrice.

— De quel côté?

Et quand ils eurent donné leur adresse, madame de Sainte-Sévère ajouta :

— Ça tombe à merveille: comme nous demeurons à deux pas les uns des autres, vous allez profiter de la voiture que j'ai laissée à m'attendre et qui vous mènera chez vous.

— On n'invite pas plus poliment les gens à régler ses frais de sapin ; pensa Carle-Max, mais tout bas, pour ne pas déplaire au jeune Dubassin, qu'il voyait complètement séduit.

Et, après avoir déposé madame de Sainte-Sévère à sa porte, puis Carle-Max à la sienne, Philoctète dut, arrivé enfin chez lui, payer au cocher douze francs, plus le pourboire. Madame de Sainte-Sévère courait depuis cinq heures de l'après-midi après son marchand de diamants!

Quoique légèrement ennuyé de cette orgie de voiture, à laquelle il regrettait fort de ne pas avoir davantage participé, ayant, à diverses reprises, dans le trop court trajet du retour, senti le pied de M<sup>me</sup> Sainte-Sévère presser d'une façon très significative le sien, le jeune Dubassin, se coucha, en murmurant :

— Bah ! demain, ce sera moi qui réclamerai ma petite commission !

Le déjeuner, le lendemain, fut très gai, chez la dame de Sainte-Sévère, qui habitait rue Taitbout un appartement bourgeois, très confortable et supérieurement aménagé, avec les pièces confortablement meublées, aux sièges larges et capitonnés avec goût, séparées, libres les unes des autres, et deux sorties différentes sur l'escalier.

La maîtresse du logis était plus séduisante encore que la veille, dans un peignoir coquet de satin grenat, qui s'entr'ouvrait traîtreusement par instants, laissant apercevoir de ravissantes choses.

Elle était au courant de tout, savait tous les cancans du boulevard et donnait gaillardement la réponse à Carle-Max qui ne chômait pourtant pas d'interviews et de potins.

Au dessert, ce dernier, que son devoir appelait au *Paris qui Rit*, s'excusa et prit congé, en laissant Philoctète, qu'on avait témoigné le désir de conserver auprès de soi.

Le jeune Dubassin, complètement émoustillé, voulut, dès qu'il fut seul avec la dame de Sainte-Sévère, prendre d'audacieuses privautés.

Mais celle-ci l'arrêta, sans pourtant se fâcher.

— Y songez-vous, fit-elle, moi ! une vieille femme qui ai une fille de dix-sept ans.

— Vrai ? dit Philoctète, qui songeait à la fuite, la veille, de la petite Tata ; mais puisqu'elle n'est pas là, profitons en !

— Heureusement, ajouta la dame de Sainte-Sévère, que j'ai eu le bon soin de la placer chez une fleuriste où elle est sévèrement tenue ! Avec mes occupations, je ne sais véritablement pas comment j'aurais pu m'en tirer ici

— Rien qu'un petit bécot, un seul, implora le jeune Dubassin, que le Chambertin avait mis en gourmand appétit.

Au moment où madame de Sainte-Sévère, charitable, allait satisfaire à cette galante supplication, on sonna violemment, et la bonne entra.

— C'est monsieur Dulac, madame, il est au salon.

— Tu ne m'en voudras pas, mon bébé, fit madame de Sainte-Sévère à Philoctète, qui avait eu un mouvement d'impatience ; mais, pas moyen de le renvoyer ; il ne vient qu'une fois par mois et ne sois pas jaloux, va ! c'est un vieil épicier en gros, retiré, cinquante ans, et si tu voyais quelle tête !

Elle disparut et revint dix minutes après.

— Je t'ai fait attendre, hein ! Il ne voulait pas s'en aller. Tu n'as pas idée de ce qu'ils sont assommants quand ils s'y mettent ! Ah ! si je n'avais pas besoin de mettre quelques louis de côté pour me retirer le plus tôt possible à la campagne, comme je l'enverrais à sa chère épouse, ce moricaud-là !

Puis, ce fut au moment où la causerie était revenue au point où le jeune Dubassin souhaitait de la maintenir, un nouveau coup de sonnette et nouvelle entrée de la bonne.

— Monsieur Maldent. Il attend madame au salon.

Et nouvelle plainte de madame de Sainte-Sévère, qui reparut au bout d'un quart d'heure. Celui-là, c'était un ancien marchand d'épinards aux Halles.

Puis, monsieur Cyprien le Guérineau, un ex-fournisseur de l'armée, pour les cires à astiquer.

Puis M. le baron Souplesse, l'ancien propriétaire du Gymnase de la rue des Martyrs.

Puis, un ancien vinaigrier, un ex-charcutier, un pharmacien en retraite d'officine, un ex-marchand de draperies du quartier du Sentier, et un ancien banquier.

Et, chaque fois, après un quart d'heure, madame de Sainte-Sévère venait retrouver Philoctète, qui se dis-trayait en lisant un livre assez gai qu'elle lui avait donné pour prendre patience, en ajoutant chaque fois un baiser maternel sur son front pour apaiser la colère qui commençait à lui monter au cerveau.

A cinq heures, la bonne annonça : M. Schmitt.

— Mon marchand de diamants, enfin ! s'écria madame de Saint-Sévère ; zut ! je ne me dérange pas. Faites entrer ici, je vais l'expédier.

Le marchand, un vieux juif, s'excusa de ne pas être venu la veille et remit à la dame une enveloppe cachetée.

— Comme c'était convenu, dit-il, toujours de parole en affaires.

Et, par habitude de métier, sans doute, il se mit à extirper des vastes profondeurs de la poche de son veston « quelques pièces rares et choisies » comme on n'en trouverait pas autre part dans tout Paris.

La dame de Sainte-Sévère l'engagea à remettre tout où il l'avait pris.

— Ce Monsieur, fit-elle, en désignant Philoctète, n'est qu'un ami, pas un client ; et malgré toute son envie de posséder un des bijoux étalés, elle ne souffrirait pas qu'il fît une folie pour elle.

Ce qui, naturellement, coûta vingt-cinq louis au jeune Dubassin, lequel ne voulait pas, devant ce marchand dont l'air narquois l'impatientait, passer pour un vulgaire panné.

Le digne négociant se retira aussitôt après, ne voulant pas, disait-il, importuner madame plus longtemps ; il repasserait le lendemain pour lui montrer autre chose.

Ah ! si le pauvre Philoctète avait su la vérité, quelle désillusion !

C'était tous les jours la même répétition ; chaque vente ramenait le jour suivant le marchand qui, à moitié prix, reprenait à madame de Sainte-Sévère le bijou payé la veille ; une manière comme une autre d'association mercantile.

Mais le jeune Dubassin n'eut pas le loisir de le deviner; madame de Sainte-Sévère, ayant déclaré à la bonne, que sa porte était désormais condamnée, consacra le reste de la soirée aux remerciements qu'elle devait au jeune Dubassin.

Vers huit heures, Carle-Max revint chercher son ami, et quand ils furent tous deux dans la rue, Philoctète lui reprocha de ne pas l'avoir laissé seul plus longtemps près de sa ravissante hôtesse.

— Pas la peine, dit Carle-Max, elle ne vous aurait pas gardé. Elle ne reçoit personne la nuit.

— Le fait est que le jour. ...

— Oh! ce n'est pas ce que vous croyez.

— Elle a eu pourtant une dizaine de visites.

— Qu'elle a congédiées au bout d'un quart-d'heure ?

— Oui.

— Eh bien! ne soyez pas jaloux, mon cher. C'était son jour de migraine; retournez-y demain, je parie qu'elle l'aura. C'est une femme prudente qui se ménage pour l'avenir.

— Bah !

— Quand elle aura des rentes, elle épousera quelque bookmaker décavé et s'en ira dans quelque bonne ville de province où elle passera pour une femme très comme il faut.

— Mais ce nom de Sainte-Sévère ?

— Sainte, parce qu'elle est née dans la ville du même nom, au lieu de Mélanie-Gertrude, celui qu'elle reçut au baptême et qui aurait sonné fort mal au moment des tendres aveux; et Sévère à cause des migraines précitées. C'est son premier amant qui l'a baptisée ainsi.

— Comment diable, connaissez-vous ces migraines machiavéliques, mon cher Carle-Max ?

— Par expérience, mon cher Philoctète, j'y ai passé.

Emile BLAIN.

(La suite au prochain numéro).

# L'AVENTURE DE MAITRE CHIBOUST

L'étude marchait toute seule, ayant été bien conduite par le prédécesseur, maître Charrier, qui venait de la vendre cent cinquante mille francs, chiffre peu banal pour une étude de petite ville. Le premier clerc continuait de la conduire, et tout allait pour le mieux dans la meilleure des études possibles.

Mais le nouveau notaire, que faisait-il ?

La roue devant ses clients et ses clientes, ce qu'il n'est pas toujours une si grosse bêtise qu'on le croit.

Fils de paysans enrichis et, de par ses parents, fait monsieur, il posait pour être quelqu'un, gardant de sa naissance le goût de la paysannerie.

En ville, depuis qu'il était M<sup>e</sup> Chiboust, les filles à marier et les filles à tout faire l'embêtaient; quoique à dire vrai, il en fût cause.

Doué de beauté bête et d'allure crâne, il devait plaire aux imbéciles que les détracteurs de l'humanité affirment être plus communs que les gens d'esprit

Il tournait sur lui-même pour se faire voir dans tous les sens et ne perdre aucun de ses avantages aux yeux des innocentes, qu'il faisait rêver d'alcôve et de lit nuptial; ou encore devant les femmes qui briguaient la gloire de s'attacher, pendant un jour, au char d'un don Juan.

Don Juan, il l'était, tant et si bien qu'il en perdait son nom de Chiboust.

On le rencontrait dans toutes les réunions, dîners ou soirées. Il dansait bien, causait beaucoup pour ne rien dire, savait assez de musique pour accompagner une romance ou faire danser une polka, et montait à cheval comme véritable écuyer de cirque. Le cheval était sa grande passion. Quand il s'agissait de ses chevaux, c'était un homme sérieux. Il veillait lui-même sur ses écuries, quoiqu'il eût un palefrenier comme on n'en eût pas trouvé à vingt lieues à la ronde.

Il fit une folie. On en parlait beaucoup, cela lui faisait plaisir. C'était un moyen d'amener des clients à l'étude. Plus une célébrité est faite de bêtise, plus elle attire ;

M<sup>e</sup> Chiboust en était une preuve.

Bref, il avait acheté une jument de race, dont le prix, aux dires des racontars, variait de dix à trente mille francs. Elle avait une robe d'un roux superbe, à croire qu'on la passait au vernis, tant le poil était uniforme et brillant; une tête mutine, aux yeux intelligents et doux, des jambes fines et fermes à rendre jaloux les meilleurs chevaux de courses.

Junon eut bientôt une renommée, et quand la montait son maître, on n'eût pa dire qui de l'un ou de l'un ou de l'autre attirait les admirations, dans la ville, bien entendu.

A la campagne c'était autre chose : le joli notaire habillé, astiqué, pomponné et ciré, comme un garçon coiffeur parisien, avait plus de succès que sa bête. Les paysans le saluaient très bas, et les paysannes le reluquaient, fallait voir! quant à elle, Junon était trop mince; ça ne valait vraiment pas un bon gros cheval de labour.

Si les filles reluquaient M<sup>e</sup> Chibou-t, M<sup>e</sup> Chiboust reluquait les filles et, ma foi! un jour de printemps où la nature chantait l'amour, il s'affola d'une gaillarde au corsage rebondi, au teint de pivoine, aux dents éblouissantes, solidement enchâssées dans des gencives sanguines que découvraient de fréquents éclats de rire.

Nous l'avons dit, M<sup>e</sup> Chiboust aimait les paysannes; effet d'atavisme peut-être. Celle-ci était tout bonnement servante dans l'auberge où il descendait

Il fit sa cour. Un éclat de rire répondit, découvrant sa superbe mâchoire, une tentation. M<sup>e</sup> Chiboust, par surprise, baisa la mâchoire il en recueillit une morsure et un soufflet.

A la bonne heure, ces filles-là ne ressemblent en rien à celles de la ville; c'est honnête au moins, ça ne vend pas son corps.

— Pierre, mon ami, que faut-il faire pour réussir auprès de Marceline ?

A cette question, le garçon d'écurie se gratta l'oreille. Dans cette main qui cherchait une idée, M<sup>e</sup> Chiboust mit un beau louis tout neuf qui reluisait fort.

— Dame, M. le notaire, vous vous adressez à la plus résistante des filles du canton. Pourtant.....

— Voyons le *pourtant*.

— Elle doit se marier et elle aime son amoureux, qui ne veut l'épouser que lorsqu'elle aura cinq cents francs d'économies, ça pourrait bien lui faire coiffer Sainte-Catherine.

« Alors pour vous être agréable, je suppose que si on lui offrait la dot, par amour pour son futur.....

Le notaire qui portait les marques de dents et avait encore la joue enflée, accepta cette transaction; mais ne voulut pas risquer la proposition, dont se chargea le garçon d'écurie.

— Eh! dis donc, Marceline !

Ils discutèrent pendant une grande heure, et Marceline se décida à consentir, par dévouement pour son amoureux dont elle avait hâte de devenir la compagne.

On se couche de bonne heure à la campagne, M<sup>e</sup> Chiboust, très pincé par les appâts de la belle Marceline, recommanda Junon à Pierre et prit le chemin de la chambre de la demoiselle.

— Tu sais, mon ami, je ne regarde pas au pourboire, soigne Junon comme moi-même; tu m'entends.

L'amour de la femme ne faisait pas oublier au notaire l'amour de la bête.

Les voluptés printanières furent interrompues plusieurs fois par un bruit insolite, venant de l'écurie.

— Qu'a donc Junon? se demandait le maître inquiet.

Et dès le matin, très satisfait, du reste, il alla visiter Junon.

Un gros cheval de labour, trapu, mal bâti, tenait compagnie à mademoiselle Junon, qui hennissait tendrement.

Furieux, Me Chiboust appela le garçon.

— Qu'est-ce que cela veut dire?

— C'est notre meilleur cheval, monsieur.

— Animal! tu m'as perdu Junon, une bête de race qui m'a coûté si cher, quelle diable d'idée tu as eue là!

La voix du sang paysan perçait dans le regret.

—Mais, monsieur, répondit le garçon d'écurie; je n'ai fait que suivre vos instructions. Vous m'avez dit, hier soir: traite Junon comme si c'était moi! Je vous ai obéi, monsieur, voilà tout!

PASCALINE.

---

# UNE PAGE BLANCHE

Il y avait des traditions dans la famille, honorées à l'égal des portraits d'ancêtres, obéies comme les articles d'un testament. C'est ainsi que toutes les filles s'y appelaient Rillette, en souvenir d'une grand grand'mère qui, charcutière de son état, s'était imposée à l'adoration du baronnet Philippe de Tours, un descendant, à ce qu'il disait, de saint Grégoire. Mais le fait n'a jamais été bien établi et l'enquête serait difficile.

Autre tradition: quinze jours avant de se marier, les petites Rillettes de Tours quittaient l'hôtel familial du faubourg Saint-Germain pour aller faire une retraite préparatoire au château des ancêtres, en Touraine. Là, sous l'œil des grands aïeux et des fières châtelaines les conseillant du haut de leurs cadres, les petites Rillettes méditaient, et de cette rêverie un peu longue mais si suggestive, elles sortaient toutes prêtes à imiter leurs mères, pour la plus grande satisfaction des ancêtres qui, on le sait, ne désirent rien tant que de voir s'allonger indéfiniment leur postérité.

Quand, le mois dernier, l'heure sonna pour la dernière des Rillettes, de se rendre en Touraine, l'ingénue fut prise d'un insurmontable effarement. Elle ne savait rien, rien de rien, de ce qui l'attendait. Très heureuse jusqu'à cette heure, sans autre souci que de garder intacts le rose de ses joues et le bleu de ses yeux, elle tremblait au seuil de révélations qui allaient peut-être gâter sa vie.

Exquise en sa grâce de blonde mûrie en serre, délicate comme des hors-d'œuvre de table royale avec, au fond des yeux, les mystérieuses promesses d'un plat de résistance insoupçonné, c'eût été pourtant grand dommage que, s'entêtant en ses hésitations de fillette naïve, elle se dérobât à l'appel des ancêtres déjà mis en joie par l'annonce de son mariage.

Les parents supplièrent, le fiancé prit des airs de saule pleureur, si différents de ceux de l'ogre qu'en sa petite imagination de pensionnaire elle redoutait de trouver en lui — et Rillette se soumit. — Au fond, c'était une très bonne nature, timide, prompte à s'effaroucher, mais ne demandant qu'à être dirigée et réconfortée. Dire qu'elle s'amusa beaucoup au cours de la retraite imposée, pendant les quinze longs jours passés à interroger l'inconnu sous l'œil des aïeux, serait peut-être excessif, d'autant que cette retraite ne lui apprenait rien.

Parfaitement muets en leurs cadres, les ancêtres la laissaient, livrée à elle-même, s'enliser dans ses vaines rêveries. Sa mère, qui l'avait accompagnée — le mariage devait se faire au château — copiait le silence des aïeux, et n'eût été sa grand'mère, la vieille douairière, qui s'amusait de ses naïvetés, en riait volontiers et la forçait à rire, la pauvre petite Rillette eût perdu à cette retraite le rose de ses joues et le bleu de ses yeux qu'elle tenait tant à garder intacts.

Enfin, comme le terme fixé approchait — le fiancé devait arriver le lendemain et voici que les jardi-

niers vidaient la serre pour parer la chapelle — Rillette se décida à interroger sa grand'mère.

Ce silence organisé, cet effarement comme à dessein entretenu en elle jusqu'au dernier moment, la révoltaient, à la fin. Elle voulait savoir, dût-elle en souffrir.

La grand'mère eut un joli éclat de rire; elle s'attendait à cette révolte, à cette rage de savoir qui lui rappelait ses seize ans — mais elle ne parla pas, se retranchant derrière la tradition.

— J'ai passé par là, ma petite Rillette, lui dit-elle, non sans une pointe de malice; comme toi, je dus chercher et trouver...

— Mais vous trouvâtes, grand'mère! exclama l'ingénue.

— Heu!... je trouvai... il serait plus vrai de dire que je devinai, après que l'on m'eut mise sur la voie.

La petite Rillette se dressa, les mains jointes:

— A votre tour, grand'mère, mettez-m'y, sur la voie...

— Je ne peux pas te refuser cela, répondit l'aïeule. Aussi bien, tu aurais pu découvrir toi-même ce que je vais te mettre dans les mains, si tu t'étais avisée d'aller aux sources des traditions familiales... Mais, de nos jours, on se soucie peu de consulter le testament des ancêtres. Viens!

Elle conduisit l'ingénue à la bibliothèque, et lui désignant un gros livre:

— Prends celui-là, dit-elle, lis et médite.

C'était le journal manuscrit de toutes les Rillettes: elles avaient là, au jour le jour, noté les impressions et les incidents de leur retraite, d'introduction au mariage avec, comme appendice, quelques lignes de réflexion datées du lendemain du grand jour. Toutes ces notes se ressemblaient, et Rillette s'aperçut bien vite que son état d'âme n'avait rien d'exceptionnel: toutes les Rillettes l'avaient, avant elle, connu.

— Au moins, pensait-elle, en tournant rapidement les feuillets pour arriver à la page révélatrice du moment suprême, je vais savoir...

Or, elle ne sut rien. Entre les pages des jours d'attente et celle du lendemain de leur mariage, elle ne trouva qu'une page blanche. Les premières Rillettes n'avaient pas jugé à propos de raconter les mystères de la révélation; leurs descendantes avaient imité leur discrétion, et la page blanche était devenue une tradition à ajouter à celles qui régissaient la famille.

L'ingénue ne demanda pas d'explication à sa grand'mère: elle eut peur de paraître, décidément, par trop bébête. Grand'mère avait deviné; elle devinerait aussi. Aussi bien, elle fut d'une discrétion décourageante, la grand'mère; pas une seule petite fois, ne fit allusion au livre ni ne provoqua la moindre confidence.

Mais, le lendemain du mariage, dès le matin, alors que la chère initiée sommeillait encore, toute rosée et lasse, elle accourut, anxieuse comme une fillette, à son tour voulant savoir...

Le livre était resté ouvert sur un meuble: trois lignes, écrites à la hâte, à peine séchées, s'y étalaient:

« Grand'mère a raison, nous ne respectons plus les traditions: les autres Rillettes se contentaient d'une page blanche... moi, j'en ai laissé six. »

— Oh! la petite bavarde! soupira l'aïeule.

Et, songeant aux Rillettes futures, elle supprima la confidence inutile.

REVOLVER.

---

# CONTE DE NOËL

---

La veille de Noël, les années précédentes, il n'était pas même revenu dîner. Vous savez que nous habitons à la campagne, à vingt minutes de Paris, c'est loin, je l'excusais; au surplus, il ne me prenait point en traître; c'est un fier diplomate que mon mari; j'étais toujours avisée huit jours auparavant, huit jours juste; mais à la vérité, tant de précision finissait par m'agacer.

Notre Charlot grandissait, c'était mon petit ami; il apportait le baume de son rire sur ma peine.

La nuit de Noël, il passait de son lit dans le mien, à minuit; c'était une grande fête . nous faisions un souper de poupée où figuraient un Saint-Honoré et une pomme cuite, son régal.

Il dévorait tout des yeux à l'avance, trépignant de joie. Il y avait dans la cheminée un grand feu qui le réjouissait. A la fin, nous débouchions le Champagne, nous aussi; il en buvait une larme, puis il s'endormait, un peu gris, abattu d'un seul coup par le sommeil, mais ne perdant pas l'esprit et me recommandant vivement d'éteindre le feu qui flambait encore.

— S'il allait se brûler, petite mère, le petit Noël, en descendant tout à l'heure.

Ces nuits-là, malgré tout, je ne pouvais fermer l'œil, je songeais à ces amis des veillées de Noël qu'on ne me présentait jamais. Le vent d'hiver qui secouait les arbres de l'avenue m'apportait comme des bruits de rires qui me faisaient mal; mais la petite tête de mon Charlot touchait la mienne, j'avais son souffle pur sur ma joue et, près de mes lèvres, les longues boucles blondes de ses cheveux: c'était encore un joli réveillon, et le lendemain j'étais consolée. Le cher petit homme!

Il y a quinze jours de cela, c'était le quinze décembre, Paul avait encore des allures de mystère.

— Bon! le réveillon me disais-je, et malgré moi, je sentais que mon cœur se serrait déjà.

Pendant le déjeuner je ne trouvais pas un mot à dire, lui ne tarissait pas. Toujours énigmatique, mais d'une gaîté si franche qu'elle me semblait intempestive. De temps en temps, il me regardait à la dérobée, avec une espèce de sourire que j'accueillais fort mal.

Il dut sentir que cela se gâtait.

— Dis-donc, dit-il, tout à coup.

— Eh bien?

— Tu réveillonnes cette année?...

— Tu es deux jours en avance, mon cher, et bigai..., de trop...

— Ce n'est plus la même chose; du reste, c'est une question que je pose: réveillonnes-tu?

— Moi?

— Oui, toi, pourquoi pas?

Le « pourquoi pas » me fit plaisir. Pourquoi pas, au fait?

— Réponds donc!

— Je ne m'engage pas ainsi, moi; où, de quelle façon et en quelles circonstances?

— A Paris, tous les deux et... de façon civile.

— Vrai cela! tous les deux?

— Et je t'ai dit: de façon fort civile.

— Oh! cette clause...

Je n'achevai pas, je la trouvais bien à sa place, délicieusement menaçante, mais je désirais ni me découvrir ni me compromettre.

— Par exemple, dès six heures, il faudra que tu aies endormi ton convive des derniers réveillons, que nous le sachions tranquille sous l'œil de sa nourrice, point inquiet de nous, couvé dans son sommeil, sans cela...

— Sans cela?

— Nous ne pourrions enfler toute la gamme et j'en aurais du regret.

J'eus un mal terrible à m'acquitter de la première partie du programme, laquelle, de par droit maternel, m'incombait tout entière et dont je ne me fusse déchargée sur personne, à aucun prix: il me semblait que par là je gagnais les grâces du Seigneur; et comme je pensais qu'il n'est point inutile, quand on ne sait pas au juste où l'on va, de s'assurer quelques indulgences et de prendre des appuis sur le ciel, je ne négligeais pas l'occasion de m'entourer d'une atmosphère de clémence et de miséricorde.

Le petit homme devait avoir le pressentiment que cette fois-ci, s'il lui arrivait de succomber au sommeil il ne serait ni à la fameuse pomme cuite, ni au Saint-Honoré, ni au Champagne des Noëls passés; car après avoir élevé toutes les difficultés possibles pour se mettre au lit, il ne consentait point à s'endormir. C'était des conversations sans fin, des mouvements de couleuvre sous le duvet, des rires sonores, toute une exubérance de vie qui commençait à m'inquiéter.

Pendant qu'il jouait ainsi, comme un jeune chat, sur son lit, qu'il mettait au pillage, je m'habillais.

Par instant, il s'apaisait, je me reprenais à l'espoir. Mais, tout d'un coup, une question montait:

— Dis, petite mère?

L'affreux petit drôle! Je l'avais trop gâté, trop bourré, j'avais apporté trop d'empressement, de solennité à lui faire mettre ses souliers au coin de l'âtre; il allait tout compromettre.

— Si tu ne dors pas, tant pis pour toi; tu sais qu'il ne visite que les enfants qui dorment, qui sont sages. Et tu n'as que le temps.

— Il vient donc plus tôt cette année, petite mère ?

— Je crois bien, il commence par ici.

Cette réponse, qui me grisa un peu moi-même, n'eut pas d'effet. J'eus recours au grand moyen. J'enveloppai le récalcitrant dans son couvre-pieds et, l'apportant près du feu, je me mis à le bercer doucement, comme dans le temps, avec la même chanson, les mêmes baisers, le même sourire. Il me semblait qu'il y avait de cela un siècle : j'en étais toute attendrie ; comme il était grand maintenant, déjà !

— Fais bon ici, petite mère.

— Pas ?

— C'est doux une maman.

— Tu trouves ?

— Bien doux... C'était mon petit oreiller, quand j'étais petit !

Je dus rougir car je me souviens qu'une sorte d'émotion m'empêcha de lui répondre tout de suite.

— Ton petit oreiller... mais oui.

Il se pelotonna, et ce fut fait au bout de cinq minutes. L'oreiller des mères, on y puise tour à tour la vie et le sommeil, et remontant, moi aussi, le cours de ma vie, je pensais qu'en effet, c'était le plus doux.

Je le laissai à son rêve pailleté d'étoiles.

Une heure après, on dînait, oh! lestement, à la vapeur. Il paraît que nous n'avions pas de temps à perdre. Je n'ai plus le souvenir du menu ; il devait être bien traître, car dans la voiture qui nous emmenait, contre toutes les convenances, comme des papillots, au Vaudeville où l'on jouait je ne sais plus quelle pièce — j'ai si peu de mémoire — j'éprouvais tout à coup le besoin d'embrasser mon mari dans le cou, sous le menton, ce à quoi il daigna souscrire à la condition qu'on en prendrait une loge grillée.

Je m'explique à présent pourquoi j'ai pu avec tant de facilité perdre également le souvenir de la pièce : un grillage n'est pas fait pour aider à l'initiation : il faut y être habitué ; moi, je n'ai pu, la soirée, m'initier un instant à ce qui se tramait sur la scène, malgré l'application que j'y apportais et il était temps que cela finît, j'étouffais : ce théâtre est mal compris.

Ma pauvre tête! qu'est-elle devenue ensuite ? Des glaces, des lumières, bleues, rouges, vertes, tamisées ou éclatantes; des dorures, des miroitements de verroterie, une foule élégante, animée, bruyante, de la soie, des fourrures, des parfums; puis la solitude tout d'un coup! un petit salon, oh! coquet et si bien compris, une nappe d'une blancheur! des tentures si discrètes!.. un mari goguenard, mais empressé, souriant, point pareil au mari des quotidiennes soirées, un mari, comment dirai-je, ailé et si peu respectueux, par instants, que je ne sais pas encore bien, tant mes idées tourbillonnaient, tant j'avais d'étonnements et de vertige, tant j'étais loin de notre grande chambre bleue si correcte, tant je devais être peu moi-même, que je ne sais pas bien encore ce que c'est qu'un véritable réveillon.

Vers deux heures du matin, Paul parla d'aller se coucher. Une voiture nous roula d'abord par toutes sortes de cabarets puis nous déposa au Terminus, où le chasseur de service me fit de loin un étrange effet, debout, dans la cour, parmi les cariatides et les fleurs d'hiver, toutes frileuses Dans mon sommeil agité, plein encore d'éblouissements, où la foule bourdonnait toujours, agaçante, où passaient des éclats de rire, des détonations de flacons qu'on débouche, dans mon sommeil enfiévré de nuit de Noël, je revis constamment ce planton.

A midi, nous étions encore au lit, mais chez nous. Nous avions repris le train de bon matin. La neige tombait, je grelottais. Quel retour! mais quel bon sommeil réparateur après !

Nous avions apporté des bonbons, deux grands sacs. Le destinataire, qui s'était levé de bon matin et qui attendait impatiemment notre réveil, vint en prendre po-session.

Je l'enlevai de terre, je l'étendis près de moi un instant. J'étais lasse encore, cela me remit d'un seul coup.

— Eh bien! et nos étrennes, est-on content du petit Noël?

Le cher ange s'en alla dans le vestibule et en rapporta une brassée de jouets de toutes sortes; il revint au second voyage, traînant cette fois-ci un grand cheval tout sellé sur lequel il avait juché un polichinelle :

— Voilà, fit-il simplement, sans enthousiasme et et jetant à la dérobée comme des regards d'envie à notre coté.

— Pourtant, voici un magnifique cheval.

— Est tout bleu, y a pas de chevaux bleus... Le petit Noël ne m'a pas écouté, je lui avais demandé autre chose...

— Quelle autre chose? Je vais te la donner, moi, lui dis-je, véritablement affligée de sa déception.

— Faudrait le retirer au petit père...

— Quoi encore?

— Le petit oreiller que j'avais, quand j'étais petit, tu sais...

Edouard ZED.

## Les sacs de marrons glacés

Quoique marié, et, sans doute, comme la plupart des hommes mariés, précisément parce qu'il était marié, Jean-Baptiste-Isidore-Alcibiade Blandelait, sous-inspecteur aux tramways parisiens, avait ce qu'on appelle une aventure en ville.

Et ladite aventure était la plus mutine et la plus écervelée des modistes de la capitale, Mme Césarine Bellemain, qui troussait les mignonnes capotes que vous admirez, mesdames, aux étalages des boulevards; car elle avait nombreuse clientèle et occupait une quinzaine d'ouvrières et apprenties, dans son appartement de la rue de Vaugirard, à deux pas de la gare Montparnasse.

Tous les jours, elle prenait le tramway, vers deux heures de l'après-midi, pour descendre, par Saint-Germain-des-Prés, correspondance avec Batignolles, au coin de la rue Richelieu, au centre de sa clientèle, chez qui elle allait prendre les ordres pour le lendemain.

Or, certaine fois qu'Alcibiade rentrait de tournée, le hasard le fit se trouver, sur la plate-forme d'une des voitures de sa compagnie, à côté de la blonde Césarine, qui, comme toute modiste qui se respecte, était mise avec un chic épatant.

Ça lui fit « toc » au cœur, à ce pauvre Alcibiade que la monotonie rongeait déjà de l'existence conjugale où il avait « piqué sa tête » depuis une quinzaine de mois ; et l'envie lui vint furibonde de lacérer son contrat d'un coup de canif clandestin.

Mais comment entamer la conversation, la « femme suave » comme il l'appelait à part soi, se tenait irréprochablement et ne donnait prise à aucune attaque justifiée ; et il allait donner son âme au diable, de dépit, quand celui-ci, qui ne rate jamais une occasion de bien faire, vint à l'improviste à son aide.

L'écervelée Césarine avait un conflit avec le conducteur. Elle avait, en se dépêchant pour s'habiller, oublié son porte-monnaie sur la cheminée de sa chambre; l'excuse avait un air de sincérité qui toucha Alcibiade, mais qui n'émut pas un instant le contrôleur, lequel, stimulé par la présence du sous-inspecteur, exigeait de l'argent ou menaçait de faire descendre la voyageuse très ennuyée et rouge de honte.

Saisir aux cheveux l'occasion qui se présentait fut pour Alcibiade l'affaire de la moitié d'un quart de seconde et il offrit la somme réclamée par l'employé esclave de son devoir.

On le remercia gentiment et la conversation s'engagea, Alcibiade n'était point sot, Césarine était mutine et éveillée; on s'entendit à merveille et au lieu de rentrer chez lui, à l'entrée de la rue du Dragon, Alcibiade correspondit avec Batignolles et ne quitta la modiste qu'en face le passage des Princes, sur le boulevard des Italiens, après promesse échangée de se revoir le lendemain, chez elle, afin qu'elle lui remboursât son avance du prix de la place en tramway, augmentée d'un louis neuf qu'il l'avait forcée d'accepter, ne voulant pas qu'elle pût se trouver embarrassée encore dans ses courses de la journée. Huit jours après, Césarine, enfin convaincue, perpétrait avec Alcibiade le crime puni par la loi, sévère aux incartades conjugales et nommé communément du nom disgracieux d'adultère.

Et pour que sa légitime épouse, Emilienne, ne conçût pas de dangereux soupçon, au sujet des sorties nocturnes dont son service ne le pouvait décemment pas excuser, les tramways ne fonctionnant pas encore la nuit dans notre capitale arriérée, et Césarine étant absorbée, tout le jour durant, par le soin de sa clientèle, Alcibiade Blandelait avait prié son ami d'enfance, Edgard Chanoantel, un boursicotier, de l'aider en annonçant à Emilienne que, lui, Alcibiade, l'accompagnait chaque soir à la réunion des actionnaires du Panama (ceci se passait il y a un an) où, à titre de porteur d'obligations, son devoir était de s'associer aux efforts qu'on faisait pour essayer de tirer une épingle du jeu.

Emilienne était le modèle des épouses; chose rare, elle ne ronchonna pas et n'émit aucun soupçon, aucune opposition, aucun doute et pendant huit mois, aussitôt le dîner terminé, Alcibiade courait rue de Vaugirard, où tantôt il restait à bavarder avec Césarine et tantôt filait avec elle pour se réfugier dans une baignoire de petit théâtre de genre, Césarine n'admettant en musique que les *Mousquetaires au Couvent* et les *Cloches de Corneville*. Comme il arrive toujours aussi, Alcibiade n'avait pas su résister à la satisfaction d'amour-propre de présenter sa conquête à l'ami Edgard et on s'était trouvé ensemble à une représentation de l'*Oncle Célestin*.

Pour ne pas se couper dans sa comédie, il appelait Césarine « ma chatte » comme il avait coutume de le faire pour Emilienne, et, chaque fois qu'il faisait une emplette pour Emilienne, il faisait un achat pareil à Césarine, afin de ne pas se tromper de paquet.

Il passait littéralement des jours, ou plutôt des nuits, couleur de rose, retrouvant au retour de ses équipées avec Césarine la blonde, la brune Emilienne, toujours aussi douce, aussi calme, aussi aimable, plus gracieuse même que lorsqu'il ne manquait pas à la foi qu'il lui avait jurée par devant l'écharpe municipale.

— Ah ! je suis vraiment un heureux coquin, disait-il, en se levant, le matin, quand il se faisait barbe quotidienne; je parie qu'il n'y en a pas deux comme moi dans tout Paris.

A Noël, c'est ainsi qu'il avait offert à chacune de ces dames une petite crèche à musique, la dernière création des fabricants d'objets de piété; un jouet charmant. On remontait la mécanique, le bœuf et l'âne de la tradition accompagnaient, en marquant la mesure, les airs de cantique que chantaient sans paroles les rois mages prosternés devant le Divin bébé, qui soulevait ses bras en signe de bénédiction.

Et des deux côtés, Alcibiade avait été chaleureusement remercié de son présent original; mais, vu sa grande nouveauté, le double bibelot avait coûté les yeux de la tête au galant sous-inspecteur, qui était fort embarrassé, gêné même pour ses emplettes du jour de l'An.

Il lui fallait pourtant se conformer aux usages, sous peine de passer près de Césarine surtout, pour un pingre ou pour un panné, ce que les modistes ont généralement en horreur.

Or, il tenait à ne pas se fâcher avec la mutine enfant; et avec sa femme, il voulait éviter une explication dangereuse : car il avait, dès le début de son ménage, laissé celle-ci au courant de la quantité d'argent de poche qu'il conservait en dehors de ce qu'il lui remettait pour les besoins de la maison.

Or, cet argent de poche était suffisant pour lui permettre la dépense des étrennes qu'Emilienne devait attendre et, pour avouer sa pénurie, il eût fallu en révéler le scabreux motif. Mais Alcibiade s'en tira adroitement. Il alla chez un fabricant de sacs à bonbons et se procura à vil prix deux « laissés pour compte » portant l'étiquette Boissier.

Chez un épicier sur son chemin, il les fit remplir de marrons glacés, onzième choix; l'étiquette Boissier devait sauver dignement les apparences.

Et, comme toujours, pas moyen pour lui de se tromper, les deux sacs étaient identiquement pareils, ornés d'une fleur bizarre, un camélia orange, rôti, aux pétales de forme étrange ressemblant à des anses de pot au feu. On aurait couru toute la capitale, sans réassortir les semblables et Alcibiade se proposait d'en faire ressortir la valeur par la rareté du modèle.

C'est ce qu'il fit bravement : à minuit juste, chez la modiste ; à deux heures du matin, auprès d'Emilienne et comme tout se passa dans l'allégresse et le calme le plus absolu. Alcibiade s'en réjouissait et répétait, *in petto*, en se faisant, le lendemain matin, sa première barbe de la nouvelle année :

— Sûr, je parie qu'il n'y en a pas deux comme moi dans tout Paris !

Il y avait pourtant un nuage dans l'azur de son ciel, Césarine allait passer la journée dans sa famille, des blanchisseurs de Puteaux et sa femme Emilienne, après le déjeuner, sortait sans lui pour aller rendre ses devoirs à sa mère, avec laquelle, en sa qualité de gendre, Alcibiade ne pouvait pas se voir.

Après avoir essayé de se distraire de sa solitude en lisant le *Figaro* du jour, le sous-inspecteur se leva de son fauteuil, s'écriant :

— Ah! diable! Et moi qui ne songeais plus à aller serrer la main de cet excellent Chaumontel!

Un quart d'heure après, le domestique du boursicotier l'introduisait dans le petit salon de son maître, en lui disant :

— Monsieur est sorti pour quelques instants; mais si Monsieur veut attendre une minute, Monsieur va rentrer.

Puis, il se retira discrètement.

Horreur et stupéfaction !

Sur la cheminée, Alcibiade aperçut deux sacs de bonbons dont la vue lui fit dresser les pellicules sur la tête !

Pas d'erreur possible, c'était les deux siens, avec leurs camélias oranges, aux pétales grotesques.

D'un bond, il les saisit, les éventra.

C'était aussi les marrons de l'épicier, 11e qualité ?

De l'autre bond, il sonna le domestique de Chaumontel; et furieux :

— Qu'est-ce que c'est que ça!

— Je l'ignore, Monsieur; c'est deux commissionnaires qui les ont apportés, avec un petit mot pour Monsieur.

— Où ça, le mot? fit Blandelait, en sautant à la gorge du valet.

— Aïe! ne m'étouffez pas! balbutia celui-ci, le croyant fou; là! sur le guéridon, tenez!

Et comme l'inspecteur s'emparait des lettres apportées, le valet courut s'enfermer dans l'office, de peur d'un nouvel accès.

Faire sauter les enveloppes fut pour le pauvre Alcibiade l'affaire d'un dix-millième de seconde et il sauta aux signatures.

Ça y était, en plein! Émilienne! Césarine! Coup double!

Et il lut :

« Mon gros loup, je t'envoie les marrons glacés de mon idiot d'époux; nous les croquerons ensemble, tu sais, comme nous faisons tous les soirs, quand il va à sa réunion pour le Panama. Ta bibiche, Émilienne. »

— Ah! la gueuse! hurla Blandelait, qui avala sa seconde pilule.

« Chien aimé, cet imbécile de Blandelait m'adresse des marrons glacés que je t'expédie. Nous les boulotterons à sa santé, en prenant le café, un de ces après-midi, tu sais bien, quand je lui conte que je sors pour voir mes clientes. Ta Ririne adorée : Césarine Bellemain. »

— Ah! la coquine! rehurla Alcibiade, qui, comme un ouragan, descendit dans la rue, pour aller quérir des témoins, car cette double trahison ne pourrait se laver qu'avec tout le sang infâme de Chaumontel.

Mais il s'arrêta au premier café, réfléchissant que le prétexte du duel qu'il allait provoquer, ne serait peut-être pas tout à fait à son honneur.

Et, navré, en buvant le bock qu'on lui avait servi, il murmura :

— Non! je parie qu'il n'y en a pas deux comme moi dans tout Paris!

*S'il y en a un autre, qu'il se nomme!*

FLANOCHARD.

# PARIS QUI AIME

## HISTOIRES D'AMOUR

# FLEURS BLANCHES

*À Marguerite Noël*

Jamais mieux que Léda d'Avron, femme ne mérita, par son allure, ces mots charmants que Virgile appliqua à Vénus :

*Vera incessu patuit dea...*

car, par sa démarche, elle révèle vraiment une véritable déesse.

Petite actrice d'un théâtre boulevardier, Léda est une Parisienne consommée, de la nuque aux talons, avec, toutefois, un je ne sais quoi d'étrange, d'exotique, qui évoque dans l'esprit observateur des contrées lointaines aux paysages légendaires.

Grande, bien faite comme si elle fût sortie, telle la Minerve Promachos, du ciseau de Phidias, elle a dans le regard une douceur de rêve, des langueurs de tendresse, et sa bouche, très rouge, sensuelle, impérieuse, a, par moments, quelque chose d'enfantin qui perle ses éclats de rire moqueurs.

Au théâtre, c'est une chercheuse, une intelligente. Elle travaille, elle regarde, elle apprend.

Nulle ne sait s'habiller comme elle, et nulle, comme elle, ne saisit l'adroit chiffonnement d'une pièce de soie, n'épingle aux cheveux une capote avec plus de crânerie, d'élégance.

Avant d'être distinguée par le directeur habile qui eut la bonne inspiration — qui fut pour lui une bonne fortune — de l'engager, Léda, qu'aucun Conservatoire n'avait instruite, faisait partie d'une troupe de drame qui exploitait dans ses tournées les théâtres des quartiers excentriques de la capitale, jouant huit jours à Montmartre, huit autres jours aux Batignolles, puis à Grenelle, aux Gobelins, et parfois aussi hors barrières, à la banlieue.

Sans posséder un talent transcendant, Léda s'incarnait suffisamment dans les rôles vibrants et angoisseux de notre vie, pour sortir de la moyenne ordinaire des cabotines de ces sortes de représentations.

Elle se dépensait avec ses nerfs, avec ses forces : ses cris passionnés émouvaient souvent jusqu'aux larmes, et aussi ses gestes ardents, qu'elle fût l'ingénue, la jeune fille qu'une révélation soudaine, implacable, frappe en plein cœur, meurtrit, réveille du sommeil où elle s'était engourdie dans le luxe, le bonheur; qu'elle fût la mondaine, inconsciente, curieuse d'inconnu, assoiffée de sensations brutales et qui, à chaque pas, perd ses illusions, se désenchante, ou qu'elle eût à représenter la petite paysanne séduite, lâchement abandonnée, et qui roule dans le bourbier, vaincue, se traîne au ruisseau comme les autres, après avoir lutté contre la misère, la honte, la faim.

Oui, dans tous ses rôles elle mettait un peu de son être, s'usait, se fatiguait, voulait ressortir, s'élever, atteindre ce but : jouer sur les grands boulevards, non par amour de l'art, mais pour courir la chance des coulisses, exploiter un à un les idiots qui y font les jolis cœurs, se faire payer cher, avec la hantise de la villa aux environs de Paris pour ses vieux jours, le long repos sur un lit de banknotes gagnées dans les bras des mirliflors, sans plaisir, sans joie, mais aussi sans lassitude.

Elle le savait : la femme de théâtre, avec le prestige que lui donne la scène, l'auréole des applaudissements, possède l'homme, le domine et elle en peut abuser, le torturer. Et l'homme, dans cet immense orgueil qui est en lui, dans ce besoin de parader avec une femme dont le nom est dans toutes les bouches, s'étale en vedette sur les affiches, accepte son inconscience, son insensibilité, sa mobilité de sentiments, les sautes de son humeur, son absence de sens moral, de bonté, à cause de sa beauté, de la jalousie, de l'envie du voisin, de son amour-propre satisfait.

En revanche, elle ignorait ou feignait d'ignorer qu'il n'est rien au-dessus du bonheur d'aimer, du désir, du rêve qui emplit la tête et le cœur, de l'inconnu que l'on poursuit angoissé, fiévreux, que l'on cherche à deviner dans les craintes, les hésitations, les émois où nous plongent le son d'une voix, un frôlement, le semblant d'un aveu, la douceur d'un regard.

Elle s'était juré de rester froide, sans amour au cœur, de ne pas s'emballer dans des aventures où les sens seuls ont leur compte, mais où la bourse reste vide. Et maintenant que la voici parvenue, que son premier but est réalisé, que son nom paraît dans toutes les gazettes avec les éloges les plus flatteurs, il s'agit de ne pas perdre son temps, de ne pas attendre que l'engouement, la vogue se soient enfuis, de profiter de l'heureuse veine et d'emplir l'escarcelle. Elle a adopté un tarif — le grand ovale — et quiconque ne l'accepte pas, reste à la porte impitoyablement.

Si vous croyez que Messieurs les directeurs, même les plus consciencieux, vous donnent des appointements suffisants pour que vous puissiez, en économisant sou à sou, vous retirer à la campagne, le jour où vous aurez cessé de plaire au public !

Nenni !

Et si l'on n'a pas été prévoyante, si l'on n'a pas pensé à l'avenir, ce jour-là il vous reste la ressource de vous engager dans une troupe qui fait la province, va monter les nouveautés parisiennes à Carpentras, à Castelnaudary, ailleurs.

Pas de ça.

C'est pourquoi, tous les soirs, Léda, sans noces qui rougissent les yeux, sans soupers qui éraillent la voix et détraquent l'estomac, bien sagement, bien bourgeoisement, rentre chez elle, après le spectacle, avec le gogo auquel elle a d'abord posé ses conditions et qui les a acceptées.

Elle a eu le soin, avant de partir, de placer sur la cheminée de sa chambre, sur le guéridon, d'énormes touffes de fleurs blanches, de tubéreuses au parfum pénétrant.

Peu à peu, elle s'est entraînée à supporter sans danger leur présence, à annihiler leur action toxique, et, pourvu qu'elle ne se laisse pas surprendre par le sommeil, elle peut, pendant plus d'une heure, sans en être incommodée, vivre dans l'air saturé de leurs émanations violentes.

Dès l'entrée, le compagnon élu de Léda admire les fleurs, complimente, les trouve magnifiques... Puis, c'est au tour de la femme de recevoir des hommages, des sourires, des caresses...

Mais la fatigue est venue pour l'amant de passage, et c'est alors qu'il songe aux choses sérieuses : les tubéreuses l'inquiètent !

Ce sont d'abord des névralgies que procurent ces plantes fatales, des maux de tête, puis le sommeil, le long sommeil, qui ne finit pas.

Il le sait, et il se hasarde :

— Chérie, dis, veux-tu? Fais enlever ces fleurs ?

— Jamais, au grand jamais... C'est un vœu, et cela me porterait malheur.

— Mais c'est plutôt leur présence qui te portera malheur : on en peut mourir !...

— Allons donc! S'il en était ainsi, il y a beau temps que je ne serais plus de ce monde.

Il insiste ; elle reste inflexible.

Enfin, voyant l'inutilité de ses supplications, il feint de se résigner, de se soumettre à sa volonté, de vouloir respecter son vœu, chose toujours respectable, de renoncer à sa requête, mais, tout à coup, il se frappe le front, pousse des : « sapristi ! » des « nom d'un chien ! »

— Mais, qu'as-tu donc, mon loup?

— Ce que j'ai!!! Eh bien! j'allais faire du propre !... Moi qui ai oublié que le vicomte L... m'attend au cercle !...

— C'est donc urgent ?

— Si c'est urgent !... Une affaire d'honneur !...

— Oh! dans ce cas, je ne te retiens pas...

Et ce que voulait Léda arrive.

Son « momentané » se rhabille à la hâte et file daredare, soulagé, respirant à pleins poumons l'air pur du dehors, sentant bien que s'il était resté quelques instants de plus, il se serait trouvé mal, là-haut, dans la chambre de cette fille...

Et tout aussitôt Léda se pend à un cordon de sonnette.

La femme de chambre accourue à son appel, qui sait son affaire, est dressée à ce manège, à cette comédie, emporte, sans qu'un ordre lui soit donné, les fleurs dans le salon voisin, ouvre les fenêtres, chasse l'air vicié, tandis que Léda, rentrée dans son cabinet de toilette, s'éponge, se frictionne, se lave du contact du mâle qui, tout à l'heure, l'a étreinte, se parfume de la tête aux pieds comme pour recevoir l'amant préféré, rentre dans sa chambre, se met au lit, enfonce sa jolie tête dans les oreillers ornés de dentelles, renvoie la soubrette et, dans un long soupir, exhale cette phrase qui peut sa satisfaction et aussi son impatience :

— Enfin, seule !...

À la suite de l'orage parlementaire que la question de Panama a fait abattre aussi bien sur la Chambre que sur la Bourse, les mouvements désordonnés qui sont venus agiter la cote, n'ont rien de bien surprenant.

Attendons-nous encore, au contraire, à de nouvelles surprises, car il n'est vraiment pas banal de voir en même temps sur la sellette, cinq anciens ministres, un ancien préfet de Police et un gouverneur général de l'Algérie.

C'est littéralement une chasse à courre qui commence, et à en juger par la qualité du gibier, il est permis de supposer qu'il ne se laissera pas forcer sans riposter par de nombreux coups de boutoir.

Quoi qu'il en soit, la séance de la Chambre du 20 courant aurait pu provoquer un effondrement des cours qui se serait bientôt traduit par un désastre, sans le bon sens public qui n'a pas tardé à réagir contre l'affolement de la première heure.

Le comptant est arrivé à la rescousse et des paquets de rente ont été achetés dans les cours de 98.15 et 20.

Cette intervention assez naturelle du reste a suffi pour enrayer la baisse; aussi croyons-nous que sans voir de suite un relèvement important des cours, on doit compter sur le *statu quo* pendant les vacances de Noël.

Les Bourses étrangères, déjà passablement ébranlées par les situations obérées de leurs gouvernements respectifs, ont été touchées aussi fortement que la nôtre par le contrecoup des événements actuels.

Les spéculateurs qui ne craindront pas de profiter du moment, peuvent se placer comme acheteurs de prime. Les écarts étant relativement peu tendus.

De la sorte leurs risques seront limités et ils pourront conserver, le cas échéant, une marge assez sérieuse de bénéfices.

Le groupe du Turc et de la Banque Ottomane conserve une fermeté qui étonne beaucoup de monde, mais qui ne nous surprend guère, sachant depuis longtemps sur quels appuis sérieux ces valeurs ont le droit de compter.

Les intérêts nombreux en jeu à cette époque, aidant, nous espérons que toutes les questions passionnées et irritantes qui sont en jeu perdront de leur intensité et que la vie normale reprendra enfin son cours.

C'est ce qu'au seuil de la nouvelle année, nous prendrons, chers lecteurs, la liberté de vous souhaiter.

G. QUATRESS

**Pépinière.** — Concert excellent, surtout le côté des hommes. Ransard, Gombert, Renneval, sont à citer; une mention spéciale à M. Helt, un comique nature. Jean Maxim a du talent à vendre. Tassaert et Brunin fils sont bons. Côté des dames : Mlle Davis est l'étoile de la Pépinière; Walzi chahute joliment bien, c'est un plaisir de la voir en scène. L. Debay détaille comme il faut *Les deux Pommes d'Api*. À citer aussi le régisseur, E. Durafour, qui se fait

applaudir dans les pièces. — Gentils lecteurs, gentilles lectrices, *Paris qui Rit* vous conseille d'aller à la Pépinière, car la gaieté règne en ce concert.

**Bouffes-du-Nord et Moncey.** — *Robert Macaire* est joué supérieurement. M. Montaubry s'est assumé la lourde tâche du rôle de Macaire, jadis créé par Frédérick Lemaître. Je n'ai pas eu le bonheur de voir ce grand artiste, j'ai vu Montaubry, il y est parfait. M. Bour, dans Bertrand, est amusant au possible. La mise en scène, comme toujours, est irréprochable; du reste, c'est M. Abel Ballet, l'intelligent directeur, qui s'en charge.

**Européen.** — *Ouah! Ouah! Ouah!* revue en un acte et deux tableaux de MM. Arthur Verneuil et Maxime Guy, revue dont on dit grand bien. J'en donnerai le compte rendu détaillé la semaine prochaine.

**Cigale.** — Un début à sensation : Mlle Eugénie Buffet, une jeune réaliste de talent. Elle vient d'être engagée par M. Ducarre, le directeur des Ambassadeurs, pour cet été, aux Champs-Élysées.

**Ba-Ta-Clan.** — *Les Paulussonneries de l'année*, Revue où Paulus joue le rôle du compère. Détails dans le prochain numéro.

**Époque.** — M. Meyronnet a le plaisir de voir sa salle comble chaque soir. La semaine dernière, on a joué *Les Étrennes de Trouillast*, de MM. Héros et Delesalle, musique de Gangloff. La mise en scène du régisseur Sérard est soignée, ce n'est qu'un rire général durant la soirée. Ajouter à cela « Cocotte et Polache », un duo-bouffe habilement interprété par M. Sérard et Mlle Grandin. À citer aussi Mlles Derma et Nicolle, MM. Gaetan et Courville comme artistes hors de pair.

**Élysée-Montmartre.** — Le samedi 17 décembre a eu lieu le bal de la Caisse des Écoles du XVIIIe arrondissement. Il y avait toute la municipalité; j'ai coudoyé des personnalités artistiques et littéraires et aussi la fille de mon concierge, décolletée le plus loin possible... Il y avait des jeunes filles aux appas naissants, de vieilles dames plantureuses aux appas plus que mûrs. À part moi, les hommes étaient tous vilains.

ALBERT VERSE.

M. Bourgès, le joyeux comique, prépare avec notre collaborateur et ami Verse, une grande scène qu'il chantera en janvier à la Scala. M. Bourgès va partir pour Nice, donner quelques représentations.



# LES CHASSEURS DE VIERGES

## Grand roman de mœurs fin-de-siècle, par Emile BLAIN

**Nos anciens lecteurs peuvent s'assurer, en se procurant la livraison 13, mise en vente le 9 décembre (nouvelle édition), que c'est bien dans cette livraison qu'est parue exactement la suite de l'ancienne édition (petit format) interrompue.**



**Chemins de fer de l'Ouest.** — *Services quotidiens rapides entre Paris et Londres.*

Le service de jour à heures fixes entre Londres et Paris, par Dieppe et Newhaven, est supprimé depuis le 1er novembre.

Quant au service de nuit entre les mêmes points, toujours par Dieppe et Newhaven, il est maintenu comme d'usage pendant l'hiver.

**De Paris à Londres :**

Départ de Paris-St-Lazare. — 8 h. 50 soir.
Départ de Dieppe. — 1 h. .. matin.
Arrivée à Londres :
Gare de London-Bridge. — 7 h. 40 matin.
Gare de Victoria. — 7 h. 50 matin.

**De Londres à Paris :**

Départ de Londres :
Gare de Victoria. — 8 h. 50 soir.
Gare de London-Bridge. — 8 h. .. soir.
Départ de Newhaven. — 11 h. .. soir.
Arrivée à Paris-St-Lazare. — 8 h. .. matin.

*Prix des billets :*

Billets simples, valables pendant 7 jours : 1re classe, 41 fr. 25. — 2e classe, 30 fr. — 3e classe, 21 fr. 25.

Plus 2 fr. par billet, pour droits de port à Dieppe et à Newhaven.

Billets d'aller et retour valables pendant un mois : 1re classe, 68 fr. 75 — 2e classe, 48 fr. 75. — 3e classe, 37 fr. 50.

Plus 4 fr. par billet pour droits de port, à Dieppe et à Newhaven.

Ces billets donnent le droit de s'arrêter à Rouen, Dieppe, Newhaven et Brighton.

Le service de jour sera repris, à heures fixes, au printemps prochain.

× ×<br>× ×

**Chemin de fer d'Orléans.** — Septembre 1892.

Voyages aux Stations Thermales, Hivernales et Balnéaires des Pyrénées et du golfe de Gascogne.

La Compagnie d'Orléans, d'accord avec celle du Midi, vient d'adopter de nouvelles mesures en vue de faciliter les voyages aux Pyrénées et sur les bords du Golfe de Gascogne.

1° La durée de validité des billets d'aller et retour, individuels, de toutes classes, réduits de 25 0/0 en 1re classe et de 20 0/0 en 2e et 3e classe sur les prix du Tarif général, vient d'être portée de 10 à 15 jours, non compris les jours de départ et d'arrivée.

En outre, la durée de chacune des deux périodes de prolongation qui sont accordées aux voyageurs moyennant le paiement, pour chacune d'elles, de 10 0/0 de la valeur du billet, est portée de 5 à 10 jours.

2° Les billets d'aller et retour de famille à prix réduits, de 1re et de 2e classe dont la durée de validité est de 33 jours, non compris les jours de départ et d'arrivée, devaient anciennement comprendre au moins trois personnes.

Or, une réduction de 20 0/0 sur les prix du tarif général est accordée, actuellement, aux *familles de deux personnes* ayant à parcourir une distance d'au moins 300 kilomètres, aller et retour compris.

Ces divers billets sont délivrés, toute l'année, à toutes les stations du réseau d'Orléans, pourvu que la demande en soit faite au moins 4 jours à l'avance, pour les stations ci-après :

Alet, Arcachon, Argelès-Gazost, Ax-les-Thermes, Bagnères-de-Bigorre, Bagnères-de-Luchon, Banyuls-sur-Mer, Biarritz, Cambo-ville, Capvern, Céret (Amélie-les-Bains, La Preste, etc.), Couiza-Montazels, Dax, Guéthary-Ichatte, Hendaye, Lamalou-les-Bains, Laruns-Eaux-Bonnes, Oloron-Sainte-Marie, Pierrefitte-Nestalas (Cauterets), Pau, Prades (Le Vernet et Molitg), Saint-Flour Chaude-saigues), Saint-Girons, Saint-Jean-de-Luz, Salies-de-Béarn, Salies-du-Salat et Ussat-les-Bains.

À cette nomenclature, il convient d'ajouter la station de Boulou-Perthus, pour laquelle, jusqu'à présent, ces billets n'étaient pas délivrés.

Deuxième année, n° 14. — LE NUMÉRO: **DIX** CENTIMES — Dimanche 8 Janvier 1893.

Principal rédacteur : **Emile BLAIN**

Collaborateurs : JACQUES D'ALVILLE. — ANDRÉ CARMEN. — MÉPHISTO. — RICHARD O'STEFIOL. — MARIUS RETY. — GONZAGUE D'HUBERT. — EDOUARD ZED. — PAUL LUX. — K. STOR. — DICK-D'ING. — BABYLAS. — CARLE-MAX. — PO-PAUL. — FLANOCHARD. — MARCEL RÉGINALD.

Larfouillat tendait cette missive à sa noire moitié...

L'artiste avait tout simplement peint une muselière sur le museau de l'épagneul...

# CHRONIQUE GAULOISE

Justement, ce matin-là, je m'étais, contre mon ordinaire... ordinaire, levé dès l'aube, pour aller rendre mes confraternels devoirs à ma camarade Serpentinette, et, j'avoue en toute sincérité, un peu pour échapper à la persécution incessante des quémandeurs d'étrennes.

Et je n'avais eu à subir, vu l'heure matinale, que les souhaits aussi peu intéressants que fort intéressés de l'abominable duègne que le Ciel — En est-ce un ? — m'a dévolu pour concierge, à valoir sur mon stage de purgatoire à venir et qui m'en avait donné en conscience pour les cent sous, avec lesquels je fermai sa patte tendue.

J'étais donc de charmante humeur en arrivant au logis de Serpentinette et ce fut très gaiement que nous prîmes ensemble le petit café au lait de la bonne camaraderie.

— L'excellente idée que j'ai eue, hein ? lui dis-je, de venir ainsi te surprendre ! Comme nous allons passer gentiment la journée, à jacasser, à potiner, tranquilles comme Baptiste, au coin de ton feu, tandis qu'autour de nous tout va s'agiter, se remuer, se trémousser, se fatiguer, se harasser, mentir à chaque parole pour offrir mille vœux de bonheur à des personnes indifférentes et banales, ou bien à des parents d'âge dont la succession, en vérité, se fait diantrement attendre !

Ce qui, en général, fait qu'on commence son année en étrennant d'une bonne courbature, d'une extinction de voix qui ne tarde pas à devenir chronique, pas gauloise, d'un ressemelage de souliers défoncés à force de grimper étages sur étages, d'une paralysie momentanée de la main, ankylosée à force de « shake-hands » reçus de malotrus qui s'imaginent que, plus ils vous l'auront serrée fort, plus vous êtes convaincu de leur attachement.

Il est vrai que madame votre épouse ou mademoiselle votre amie a reçu de tous vos camarades de cercle ou de café, qui se sont ruinés par politesse pour vous, mille babioles nouvelles qui encombrent votre bureau ou des brassées de fleurs qui vous fichent une migraine à tout casser! Mais ces dames sont si contentes qu'il faudrait véritablement que vous ayez une âme de pierre pour ne pas savoir un gré infini à ces messieurs.

Quelle exquise délicatesse de leur part de s'ingénier ainsi à vous faire plaisir dans ce que vous avez de plus cher au monde ! quel orgueil pour vous, l'heureux seigneur et maître du trésor, auprès duquel ils se montrent si fort empressés !

Et paresseusement étendu dans un fauteuil bas, songeant au branle bas, au remue-ménage du monde environnant, j'en raillais ironiquement avec notre collaboratrice qui me donnait joyeusement la réplique, non moins enchantée que moi.

— Quand je pense combien de fois j'aurais eu à entendre chez moi l'éternel « je vous souhaite... », j'en ai des frissons dans l'échine ! m'écriais-je, en m'enfonçant d'un degré de plus dans le fauteuil.

« Le facteur, le ramoneur, le vidangeur, le chiffonnier, l'égoutier, le garçon boucher, épicier, charcutier, laitier ; la porteuse de pain, le frotteur qui cire l'escalier .. que sais-je ?

« Eh ! dis donc, ajoutai-je, réfléchissant. je n'ai rien à craindre de cela ici, au moins ?

— Du tout, répondit Serpentinette, ma concierge s'est chargée d'expédier tout ce monde-là pour moi !

— Ah ! merci !

— Nous allons faire un jacquet, veux-tu ? proposa la chère enfant ; le jacquet, c'est sa passion !

Nous allions commencer la partie, quand : ding ! ding ! la sonnette de l'antichambre nous fit sursauter.

Et la bonne annonça :

— Le machiniste du théâtre de Madame.

Bon pour dix francs et un compliment : — je vous souhaite... »

Ding ! ding !

— L'apprentie de la corsetière de Madame !

Cent sous.

Ding ! ding !

La marchande de parfumerie de madame !

Une boîte de savons, vingt francs !

— Les ouvreuses du théâtre de Madame !

Quatorze fonctionnaires, vingt huit francs !

— Le premier commis du chef de claque !

Cinquante francs !

— Le masseur de Madame !

Re-cent sous !

— Son pédicure.

Idem !

— Sa manicure !

Trois francs.

— Le garçon de bureau du quart d'agent de change de Madame !

Cinq louis, pour qu'il ne vende pas la mèche au patron.

— Le souffleur de Madame !

Vingt sols et une bouteille de vin cacheté.

— L'accordeur de piano de Madame !

Un cachet pour son dérangement.

Et tous, avec le même discours, stéréotypé « je vous souhaite... ».

Un défilé de trois heures sans discontinuer. Je me sentais devenir enragé !

— Si nous sortions ?

— C'est ça, fit-elle, allons déjeuner en ville.

Hélas ! nous ne devions pas en être quittes à si bon marché.

Au *Rat-mort* où nous étions entrés pour l'apéritif, le garçon mit devant nous deux plateaux ; l'un chargé de pipes en terre, enrubannées de faveurs roses, avec des exergues émaillés « souvenir du garçon — café du Rat-mort — monsieur Chose — le docteur Machin » etc., etc.

L'autre, bondé de bouquets de violettes de Parme et de sachets à odeurs.

Ce qui me fit payer trois francs chacune de nos absinthes au sucre.

Ça m'avait légèrement coupé l'appétit, mais Serpentinette criait famine.

— Soit, allons déjeuner, lui dis-je ; et dix minutes après, elle attaquait les huîtres à l'abbaye de Thélème.

Horreur ! le citron que l'écaillère nous avait envoyé était enrubanné, le monstre ! lui aussi.

Le reste du déjeuner s'acheva cependant sans nouvel ennui et je me disposais, moins maussade, à savourer en paix le café qu'on y sert très bon en cet endroit ; lorsque s'approchant de nous, avec un gracieux sourire irradiant sa face rasée, le garçon nous présenta un petit vase en porcelaine décorée.

— Monsieur et Madame désirent ils des cure-dents ? demanda-t-il, dans une génuflexion de la voix.

Vous vous en doutez, n'est-ce pas, enrubannés toujours, les cure-dents.

Oh ! l'an prochain, comme je ferai toutes mes provisions la veille, par exemple !

Ce qu'on étrenne, le jour de l'an : on n'a pas idée de ça !

Ouf ! nous revoilà en plein air, dans la rue ; Serpentinette ayant manifesté le désir d'aller voir les baraques du boulevard,

Je respire à plein poumons ! au moins, là, plus de garçons ni de plateaux enrubannés.

Aïe ! hélas ! au coin de l'avenue Frochot, autre essaim de solliciteurs :

— Un bouquet, monsieur, pour madame ; étrennez-moi...

— Dans un grenier, qu'on est bien à vingt ans !... air connu...

Connaissez-vous dans Barcelone, une Andalouse .. à la tierce, en voix de fausset.

À côté de Notre-Dame de Lorette :

— C'est le jardin d'Eugénie l'ouvrerière...

— Ayez pitié d'un pauvre aveugle qui a perdu les deux bras dans l'explosion de la rue de Clichy...

Rue Lepelletier :

— Six enfants. monsieur, une femme folle et ma belle-mère en nourrice, me glissa un pâle titi, qui paraissait à peine vingt ans.

Arrivés au boulevard pas moyen de circuler, dix rangs de curieux entassés devant chaque étalage où le camelot glapissait son boniment avec son langage imagé !

Puisque nous avons tant fait que de nous mettre en route pour nous promener un peu, fit Serpentinette, allons jusqu'aux Champs-Élysées, veux-tu ?

— Je ne demande pas mieux, ça me remettra de tout ce tapage là !

Et coupant par les rues adjacentes, nous traversâmes la place de la Concorde, et nous débouchâmes dans la grande avenue déserte. Mais, furieux, je pris le bras de ma compagne et, faisant demi-tour, je la ramenai vers le centre de Paris.

Pareils aux spectres de Banco, avec leurs squelettes de fer, les sièges de chez Tucker, vides, au bord du trottoir, étaient ornés aussi de banderolles de multicolores rubans !

— Tu sais, dis-je à Serpentinette, j'en ai assez ! nous allons prendre quelque chose en route, chez le rôtisseur, et nous dînerons au coin de ton feu.

— Ça va !

Il était dit que tout me raterait ce jour là !

Serpentinette avait à peine tourné sa clef dans la serrure de sa porte, que sa bonne accourut lui dire, en me regardant d'un air narquois :

— Le municipal de madame attend madame au salon !

Je n'étais pas fâché de voir de près le gaillard en question, je la suivis.

Et...

Je vis six superbes cavaliers, dont un brigadier, qui, militairement, rendirent à notre collaboratrice les honneurs qui lui étaient dûs.

— Comment, six ? lui demandais-je, tous bas, stupéfait.

— Que veux-tu ? me répondit-elle, de même, un peu confuse ; chaque fois que la commission d'enquête m'a fait demander, on avait changé le planton.

Six contre un ! c'était trop pour un gentilhomme !

Je me sauvai et courus à la Rédaction, voir s'il n'y avait pas de courrier pour moi, où je trouvai le télégramme suivant :

« Grave nouvelle. Béhanzin fortement compromis dans le Panama ! »

A la semaine prochaine, pour les détails.

PETIT-CLAUDE.

---

# Vingt Jours de plaisir dans la Capitale

En sortant de chez madame de Sainte-Sévère, les deux amis étaient allés finir leur soirée au Cirque des Champs-Elysées, où Carle-Max avait ses entrées et où il tenait absolument à conduire le jeune Dubassin, qui devait s'y réjouir du spectacle de la « gentry » parisienne ; car c'était précisément un jour de représentation de gala.

— Encore des écuyères, alors, mon bon ? demanda Philoctète, qui semblait peu enthousiasmé ; mais vous m'en avez déjà fait voir un échantillon, à Fernando.

— Des écuyères, non pas ! dit Carle-Max ; des santeuses, si vous voulez ; mais, en tous cas, des femmes « chic » comme vous n'en avez pas encore vu.

— Vraiment ?

— Quartier Marbeuf et plaine Monceau ! l'aristocratie de la bagatelle, le select de la haute vie, le gratin, quoi !

— Comme dans le macaroni ?

— Oh ! elles ne sont pas de pâte aussi tendre ; pour les entamer ..

— Eh bien ?

— Il faut une griffe solidement dorée: l'ovale est pour ces demoiselles le « sésame » de rigueur.

— Diantre ! mais, vous savez, beau-papa ne va pas aussi loin que cela, mon cher ami.

— Bast ! nous verrons ; entrons toujours,

Et ils entrèrent au contrôle, où on leur donna gracieusement, comme attachés au *Paris qui Rit*, deux tickets de premières, près des écuries.

Ils tombaient au plein milieu de la représentation et la salle était comble, étincelante de clarté, de gaieté, de toilettes et de bijoux dont les feux luttaient avec l'électricité des lustres et des girandoles, ornés de fleurs.

C'était une magique corbeille de jeunes et charmantes femmes, aux corsages échancrés laissant voir la peau satinée et fraîche, avec des costumes de ville délicieusement chiffonnés par les grands couturiers en vogue, aux tons clairs et joyeux, rehaussés par le cadre sévère des habits noirs et des « gardénias » qui les escortaient.

Et les figures souriaient aux grimaces des clowns, certaines même se pâmaient d'aise aux déhanchements des Gugusse et aux contorsions de l'homme-serpent qui se disputaient les honneurs de la piste.

Des ouvreuses étaient appelées, à qui sous prétexte d'une demande de petit banc ou de lorgnette, plus d'une « évaporée » de marque, glissait, avec un louis dans la main, sa carte cornée pour être remise au pitre qui s'esbattait.

Carle-Max montra même au jeune Dubassin deux « horizontales » en face d'eux qui s'étaient battues à l'épée — un vrai duel, corsage bas et corps nu — pour un homme-canon dont elles prétendaient chacune s'offrir l'imposante conquête.

Et, au fur et à mesure que son œil les reconnaissait au milieu du fouillis des étoffes qui s'enchevêtraient, Carle Max nommait les spectatrices à Philoctète, en lui dévoilant en même temps les petits secrets des alcôves et des boudoirs.

Là cette grande blonde, radieusement faite, une bretonne, Suzanne de Quimperlé, ne se couchait jamais sans dire sa prière ; et, le vendredi, laissant ses gens chez elle manger confortablement, déjeunait invariablement dans un restaurant à vingt-trois sous, pour se conformer, disait-elle, suivant les leçons de son enfance, au précepte de l'Eglise, qui dit : « Vendredi chair ne mangeras. »

Et la brune Estelle de Quincampoix, sa voisine, une matoise, qui avait sa maison montée avec son père pour intendant, son oncle pour cocher, son grand-père pour concierge et sa tante comme femme de chambre et qui répondait crânement aux favoris de passage qui s'ébahissaient de l'entendre tutoyer sa valetaille :

— Voyez-vous, mon bien bon ! on est toujours volé par ses laquais, n'est-ce pas ? c'est pourquoi j'ai pris les miens dans ma famille...

— Comprends pas !

— C'est bien simple pourtant, une façon comme une autre de tire-lire. Ce qu'ils me carottent à présent me reviendra plus tard, puisque je suis leur héritière ; tandis qu'avec des domestiques étrangers...

— Epatant ! fit le jeune Dubassin ; et cette rousse superbe, plus loin ?

— Ça ! répondit Carle-Max, c'est Léontine de Saint-Maixent, ainsi nommée parce qu'elle est l'école galante des sous-officiers de cavalerie que, jadis servante dans une cantine militaire, elle va relancer au quartier Suffren, quand le vieux Mathias Koppendorff, le vieux marchand de tableaux qui l'entretient, est cloué chez lui sans pouvoir sortir, par la goutte chronique dont il claquera un de ces matins.

— Et la vieille dame, là-bas, si entourée, qui a l'air si respectable, que les messieurs saluent avec tant de respect ?

— Oh ! Philoctète, mon ami ! Cette vieille dame mérite toute votre attention. C'est la Providence des provinciaux !

— Bah ! encore une maricuse !

— Pas le moins du monde ! Madame de Bellange ne veut de mal à personne. Vous aimez le théâtre n'est-ce pas vrai ?

— Beaucoup ! fit le jeune Dubassin.

— Et quand sur la scène, de loin, du bout de votre

lorgnette vous apparaît l'étoile, la diva, la divette, qu'on encense et qu'on applaudit, n'enviez-vous pas le bonheur du favorisé de la fortune qui peut s'approcher d'elle, être de sa connaissance, lui être présenté, lui parler ?

— Mais oui.

— Eh bien ! mon ami, madame de Bellange est là, qui, compatissante à votre souci, âme charitable, se chargera de vous faciliter un interview avec votre étoile dans son appartement de la Chaussée d'Antin, où elle reçoit journellement toutes les femmes de théâtre les plus cotées.

— Eh ! eh ! mais une étoile, dites donc, Carle-Max, une étoile de première grandeur ; car vous dites qu'elle les connaît toutes, c'est ça qui me mettrait sur un fameux piédestal auprès de futur beau-papa !

— Halte-là ? Il y a un mais, Philoctète !

— Lequel ?

— Cette excellente madame de Bellange, malgré son bon cœur, ne peut pas se ruiner pour ceux qu'elle oblige et les femmes de théâtre ont une telle habitude qu'on les gâte et les choie, reçoivent de tous les côtés de si magnifiques cadeaux, que madame de Bellange, si charitable qu'elle soit, a besoin qu'on lui vienne en aide pour offrir à ses artistiques amies les petits souvenirs, qui entretiennent l'amitié dont elles l'honorent ; et, avant toute réception, on est tenu, chez elle, à blasonner la carte de visite que son valet de chambre réclame de vous « pour vous annoncer à Madame » de l'apostille teintée aux couleurs de la Banque de France. C'est encore l'ovale mon pauvre ami !

— Mais, fichtre ? s'écria Carle-Max, pris d'une idée subite et comme ayant oublié le lieu où ils se trouvaient, ce qui lui attira les foudres d'un « chut ! » désapprobateur, de la part de tous ses voisins. Et il reprit à voix basse :

— Je crois que j'ai le moyen de vous faire présenter à l'œil.

— Vrai ? fit le jeune Dubassin émoustillé.

— Vrai ! mais il faudra jouer votre rôle avec aplomb.

— Comptez sur moi ; vous savez bien que le courage ne me fait pas défaut.

— A l'entr'acte, avant la pantomime, nous irons dans les écuries où madame de Bellange se rendra inévitablement et, comme je la connais un peu par une artiste, chez qui je l'ai vue un jour, nous tâcherons qu'elle vous invite à venir chez elle.

— J'ai hâte que cette partie du programme soit achevée ! dit Philoctète, qui, en attendant, recommença, avec Carle-Max, à passer en revue les jolis minois de l'assistance.

A l'entr'acte, ils trouvèrent en effet madame de Bellange qui, dans les écuries, échangeait des bonjours et des poignées de mains amicales avec des messieurs fort bien.

— Madame, fit Carle-Max, en la saluant poliment.

— Ah ! monsieur Carle-Max, répondit la dame, en s'arrêtant.

— Vous vous souvenez de mon nom, Madame ? demanda Carle-Max, surpris.

— Quoique je n'aie eu le plaisir de vous voir qu'une seule fois chez… oh ! ma foi ! C'est bizarre ! Je ne me souviens plus chez qui je vous ai vu ! mais votre nom, Monsieur, et votre physionomie m'avaient frappée. On oublie rarement les gens d'esprit.

— Trop aimable, Madame.

— Non, franchement. Pourquoi n'êtes-vous pas venu me voir, vous me l'aviez promis pourtant ; Vous avez la mémoire plus infidèle que moi, monsieur Carle-Max.

Un monsieur qui passait les interrompit, qui aborda madame de Bellange, en s'excusant, pour échanger avec elle quelques paroles à voix basse, à l'écart.

— Attention ! murmura, pendant ce répit, Carle-Max au jeune Dubassin ; dites comme moi, je vais brûler nos vaisseaux

Madame de Bellange revenait à eux.

— Je vous demande pardon, fit-elle, c'est un de mes amis qui aura une nouvelle à m'apprendre. Eh bien ! c'est dit, n'est-ce pas ; à un de ces jours, venez causer, au five o'clock Téa ! ajouta-t-elle à Carle-Max.

— Ah ! Madame, le temps !… nous sommes tellement pris au journal ; et tenez, ce soir même vous ne me voyez ici que parce que, Monsieur, un ami de ma famille, président du cercle des étudiants d'une de nos grandes villes de province, m'a prié de l'accompagner.

— Ah ! Monsieur est…

— Monsieur Dubassin, Madame, président…

— D'un cercle d'étudiants ? Eh ! j'y songe, amenez Monsieur avec vous, Monsieur Carle-Max ; venez donc demain vers quatre heures, j'aurai quelques amis, on fera de la musique ; Monsieur verra de près nos grandes artistes, ça l'intéressera.

— Madame.

— Oh ! pas de refus, je les refuse ! riposta gracieusement madame de Bellange, en ajoutant : je vous attends sans façon, vous savez, en camarades.

— Vous pouvez compter sur nous, répondit Carle-Max, en serrant la main gantée qu'elle lui tendait.

On annonçait la reprise du programme et ils se séparèrent pour regagner leurs places respectives.

A la sortie, Carle-Max et le jeune Dubassin rentrèrent ensemble, chacun chez soi, en riant comme des fous de la « blague » phénoménale que Carle-Max avait contée à cette pauvre madame de Bellange.

— A demain ! dit Philoctète, à sa porte.

— A demain fit Carle-Max en prenant congé de lui.

Le lendemain, à quatre heures et quelques minutes, Carle-Max arrivait avec Philoctète chez madame de Bellange qui habitait, Chaussée-d'Antin, un entresol très luxueusement meublé.

Dans le salon où le domestique les avait introduits pendant qu'il allait annoncer leur visite à Madame « qui attendait ces messieurs » — avait-il dit — ils entendirent dans une pièce voisine une voix jeune et fraîche qui chantait les couplets en vogue de l'opérette du moment, accompagnée au piano.

— Tiens ! on jurerait la voix de Clara, des Actualités Parisiennes ! s'écria Carle-Max.

— Vous croyez ? dit Philoctète.

— Ma parole ! c'est étourdissant de ressemblance.

Madame de Bellange accourait, empressée, remerciant de leur exactitude.

Et après quelques phrases banales échangées :

— Je suis désolée, leur fit-elle, figurez-vous que les amis sur lesquels je comptais aujourd'hui me font tous défaut. Il y a, il paraît, à Longchamps, des courses du plus haut intérêt.

Le piano et le chant avaient cessé depuis un instant.

— Nous vous avons empêché d'y aller, Madame, sans doute ? dit Carle-Max, poliment.

— Pas du tout, je n'y vais que très rarement. Du reste, je l'aurais vivement regretté, pour vous d'abord, messieurs…

— Oh ! Madame, fit le jeune Dubassin.

— Et puis, j'aurais perdu la véritable aubaine qui m'est arrivée quelques instants avant vous.

— Vraiment ?

— Vous avez dû l'entendre d'ailleurs ; quand vous êtes entrés, messieurs, elle me chantait son succès de tous les soirs.

— Une voix délicieuse, en effet.

— C'est la petite Clara, des Actualités parisiennes, la grande vedette, qui fait fureur.

— Nous vous avons dérangée, Madame, nous nous retirons.

— Comment donc ! Je voudrais bien voir ça ! du tout ; Clara n'est pas une farouche personne. Vous allez venir avec moi et elle est si gracieuse que je suis certaine qu'elle ne demandera pas mieux que de nous chanter quelque chose de son répertoire.

— C'est abuser véritablement.

— Mais non. Monsieur Dubassin ne peut pas refuser, d'abord, cette occasion d'admirer de près une artiste en renom. C'est un plaisir dont en province on est privé, n'est-ce pas, Monsieur ? demanda madame de Bellange, en se levant, et en se dirigeant avec eux vers la pièce voisine.

Près d'un piano, sur lequel une partition était entr'ouverte, une jeune femme, mise simplement, mais d'élégante façon, était debout, feuilletant un album qui semblait absorber toute son attention, car elle ne se retourna pas, n'ayant pas l'air de les avoir entendus arriver.

— Ma chère Clara, dit madame de Bellange, j'ai l'honneur de vous présenter…

La divette se retourna pour saluer et deux cris d'étonnement partirent de sa bouche et de celle du jeune Dubassin ahuri.

— Monsieur Philoctète !

— La fille au père Mathieu !

Madame de Bellange était devenue rouge comme une betterave et, sous prétexte d'un ordre à donner, elle disparut aussitôt.

— Eh bien ! en voilà une rencontre reprit la jeune femme, un peu remise de sa stupéfaction.

— Le fait est que je ne m'attendais pas à vous retrouver ici, fit le jeune Dubassin toujours ébahi

Carle-Max riait à se tordre dans un fauteuil.

— Vous êtes donc devenue une étoile ? demanda Philoctète qui cherchait à comprendre.

— Moi ! pas le moins du monde !

— Mais ce nom de Clara que madame de Bellange…

Le domestique entra dans la pièce, annonçant que madame de Bellange, subitement indisposée, venait d'être obligée de prendre le lit.

— Je comprends ! fit Carle-Max, ça a dû lui porter un sacré coup !

Et pour obéir au congé déguisé qu'on leur donnait, les deux amis se disposaient à se retirer quand la jeune femme les pria de l'attendre.

— Je descends avec vous dit-elle.

Elle sortit et revint au bout d'un instant, coiffée et gantée.

— Je viens de la voir, elle est comme une furie ! apprit-elle à Carle-Max et à Philoctète, en descendant l'escalier.

La jeune femme que Philoctète avait appelée la fille au père Mathieu était une de ses compatriotes qui, à la suite d'une folle équipée, était venue à Paris, pour esquiver le mépris de ses concitoyens ou plutôt de ses concitoyennes ; car les concitoyens étaient tout disposés à une charitable indulgence.

L'heure du dîner étant proche, Philoctète invita Carle Max et la jeune femme à dîner.

Celle-ci les conduisit à l'Américain, dans un cabinet particulier, pour être plus tranquille et causer longuement du pays.

Comme la conversation, forcément, était revenue sur l'incident de l'après-midi, Carle-Max dit à la jeune femme :

— Le fait est, ma chère enfant, que vous avez avec Clara, des Fantaisies Parisiennes, une ressemblance…

— Je le sais bien, répondit-elle, voilà six mois que ça me réussit…

— Chez la Bellange ?

— Oui, Monsieur ; que voulez-vous, quand on a un pied dans le crime…

— Avec tout ça, je n'y suis pas encore, moi ! demanda Philoctète, que l'énigme poursuivait encore.

— C'est encore un coin du Paris joyeux, mon cher, que mon devoir était de vous montrer, fit Carle-Max.

Et il expliqua en deux mots le manège de madame de Bellange, qui gagnait gros, en jouant, auprès des provinciaux et des naïfs, de la ressemblance que certaines de ses amies avaient avec les actrices à la mode.

— Ah ! j'y suis ! s'écria Philoctète, enfin au courant. Ça m'étonne plus à présent.

— Quoi donc ?

— Futur beau-papa, mon ami ?…

— Pourquoi ça ?

— Lui qui, pour me narguer et poser près de moi au Don Juan, se vantait à toute minute de s'être rencontré dans le monde avec mademoiselle Mars, à son premier voyage à Paris, quand il plaçait ses produits commerciaux.

— Eh bien ?

— Si c'était…

— Dites !

— Une rencontre à la ressemblance ! Oh ! du coup, je lui demande cinq mille francs de plus pour la dot !…

— Bravo ! tu me paieras en huit-ressorts avec ! s'écria la jeune femme, qui se familiarisait

— En attendant, garçon ! commanda le jeune Dubassin, une autre bouteille de champagne pour boire à la santé de madame de Bellange, la prima-donna du simili ; mais ce que je ne m'explique pas, c'est qu'elle m'ait reçu chez elle, sans me faire montrer patte… dorée.

— Parbleu ! fit Carle-Max ; ne vous avais-je pas présenté comme étant le président d'un cercle d'étudiants de province.

— Alors ?

Elle espérait que vous ne lui garderiez pas le secret, voilà tout !

*(La suite au prochain numéro).*

# LA SUCCESSION BOURLASTIC

ÉTUDE
de M' FORTENBAIL
Notaire
rue de la Lune, 299

Paris, le 18 Décembre 1892.

Monsieur LARFOUILLAT, nég'
rue de la Goutte-d'Or, 317

J'ai l'honneur de vous convoquer en mon étude, lundi prochain, à trois heures de relevée, afin de vous donner communication de dispositions vous concernant.

Mandataire depuis quinze ans de votre honorable tante, M^me V^e Bourlastic, j'ose espérer que cette recommandation vous suffira pour me continuer la confiance qu'elle m'a toujours témoignée.

Veuillez croire cher Monsieur, à l'expression de mes meilleurs sentiments.

FORTENBAIL.

Du bout de ses doigts, vierges de toute tache blanche, le dénommé Larfouillat, charbonnier de profession, tendait cette missive à sa noire moitié, en appuyant cette démonstration de l'exclamation suivante :

« Qu'éche que chet encore que chette vieille carcache peut bien nous vouloir ?

— Eh ! on ne chait pas, faudra tout de même aller voir, pour voir !

— Eh bien, chet bien, on ira, mais chil nous deminde des chignatures, y'a rien de fait.

— Oh, pour chur, alorsse !

Sur cette bonne parole, les conjoints Larfouillat, reprirent le triage interrompu de leur charbon, et continuèrent tout le long du jour à distribuer con cienciensement trois quarts pour une livre à leur nombreuse clientèle.

Mais, comme tout arrive en ce bas monde, le fameux lundi, le lundi aux trois heures de re'evée (ce qui était déjà passablement mystérieux) arriva aussi à son tour, et à la minute tapante, M et M^me Larfouillat, négociants (s. v. p.) faisaient leur entrée solennelle dans l'étude de la rue de la Lune.

Sur la présentation de leur lettre de convocation, les époux auvergnats furent aussitôt introduits dans le cabinet du patron.

Après une série d'épreuves d'équilibre instable, que, leurs souliers ferrés excusaient du reste amplement, ils réussirent enfin à se caser dans une paire de fauteuils, dont la moleskine s'étonna un peu de ce contact extra roturier.

Alors Larfouillat de son air le plus digne, proféra après mûre réflexion :

— Chet nous, monchieu le notaire !

— Vous ! ça à un nom, répondit l'honorable officier public ; et mis aussitôt au courant par la lecture de sa propre missive il ajouta, la bouche en cœur :

— Mes bons amis, depuis longtemps votre honorable tante avait l'intention, après certaines réserves, compréhensibles du reste, de vous demander une pension alimentaire...

Les époux (comme un seul homme) : oh ! la vieille tortue, oh ! je viens chien malade ; qu'elle est plus riche que nous... et comme digeol toujours, votre rechepectable père, qu'é ai chon frère, che n'est qu'une vieille loupe, et encore...

— ... Mais, nous, nais... du calme ! laissez moi donc achever pour l'amour de Dieu !

— Oh ! achevez, Monchieu le notaire, mais pour nous, che qu'il y a de cher, chet que vous ne commencherous pas, churtout ch'il faut payer quelque chose en argent !

— Avez-vous fini, vos observations intempestives ?

— Oui !!

— Eh bien ! je continue.

« Je disais donc que votre honorable tante (mais je vous en prie ne m'interrompez plus) avait l'intention de vous demander, après l'abandon d'une partie de ses biens, une pension alimentaire, modeste, mais lui permettant de vivre honorablement.

(Nouveau silence)... Or, le décès-aint de votre parenté au 2^e degré me laisserait désarmé, en face de ses prétentions... possibles, si dans son expérience de la vie, feu M^me Bourlastic, n'avait pris soin d'y pourvoir...

« Vous êtes donc héritiers !

— Là héritiers indiscutables, sinon de tous ses biens, mais au moins d'une majeure partie d'iceux.

Dixi N...!!!

Ce vocable mystérieux en imposa tellement aux époux Larfouillat, que pendant un bon instant, ils curent la pensée réciproque de s'aller consulter en haut

lieu, par exemple, chez le député Cantalou de leur chirconscription...

Cependant, cette velléité de révolte contre la suprématie administrative ne dura que l'espace d'un éclair. D'un consentement tacite, ils acceptèrent iceux jusqu'à voir...

— Le notaire, continua donc, de sa voix blanche et officielle...

— « Cette qualité vous donne donc le droit de faire « ouvrir illico un ordre amiable, aux fins de vous faire « reconnaître comme propres à l'envoi en possession. »

Dixi.

.          .          .          .          .          .          .          .

— Tout cha, chet très joli, Mochieu, le notaire, mais tot' pauv' tante est morte d'après tout che que j'ai pu comprendre ; et la chainte femme, elle nous laiche quelque chose.

— Chest-il oui ?

— Chest il non ?

— Mais, certainement, qu'elle vous laisse quelque chose, c'est même spécialement pour vous apprendre cet heureux événement, que je vous ai convoqué.

Ah !!

Oh !!!!

— Et alorcl e !!! voyons donc, pour voir ?

— Et bien, mes bons amis voici...

Votre respectable tante, dont j'étais le seul mandataire depuis de nombreuses années a laissé en dépôt entre mes mains, le testament que j'ai le devoir de vous faire connaître aujourd'hui.

« Au milieu d'autres legs dont je n'ai pas à vous entretenir, elle vous laisse (à vous) époux Larfouillat, héritiers au 2^e degré : une propriété sise Barrière de l'Ecole, impasse des Dardanelles, n° 69, consistant en une maison, propre à tout commerce ou industrie, se comportant avec cour sur le derrière et dégagements complets sur le devant.

Cette propriété, telle qu'elle se poursuit et comporte, est d'une valeur estimative, à dires d'experts comme d'usage) de 24,000 fr. Elle serait donc d'un rendement moyen à 5 0/0, de 1,200 fr.

Or, votre respectable tante, forcée par les circonstances quelquefois difficiles de la vie, avait dû, après des hésitations nombreuses et que j'oserai, taxer d'honorables, donner à bail et, sans engagements réciproques, sa propriété, au prix accepté de 3,000 fr. l'an, toutes charges supportées par le locataire.

Or, les locataires actuels qui sont, d'après l'acte, à fin de bail tous les ans, sont tout disposés à continuer la location et aux mêmes conditions, pendant tout le temps que le bailleur consentira. Et comme aujourd'hui, les bailleurs c'est vous, c'est à vous qu'il appartient de répondre.

Ajoutez que la maison, bien louée en d'autres circonstances vaut au grand prix de 1 000 à 1 200 francs.

— Mais qu'esche que chet donc que che commerce qui est locataire et qui permet de payer le double de che que cha vaut.

— Oh ! mon Dieu, je puis bien vous le dire, en vous rappelant du reste que vous êtes toujours libre, à toute époque, de résilier le bail.

« C'est en France, ce que notre éminent compatriote Loti appellerait en Chine, une maison de thé, ou plus poétiquement encore, un bateau de fleurs !

Maigeon de thé ?

Bateau de fleurs ?

— Je ne chou pas très bien, la ananche !!

M^e Fortenbail, un peu embarrassé à ce point du dialogue, se contenta d'éternuer fortement, ce qui est l'ultime argument de tous les notaires dans l'embarras.

Enfin, des explications embrouillées de ce nœud gordien de la morale, il en résulte tout de même cette solution :

La maison, objet du legs louée normalement, valait bien 1,000 à 1,200 fr. et le notaire avait preneur à ce prix, les occupants actuels ayant leur congé toujours en règle.

Ou continuation du bail à 3,000 fr. aux anciennes conditions, mais déconsidération sur l'immeuble, laquelle se déversait naturellement sur les propriétaires !!!

Avec une série d'arguments de cette force, il n'est pas difficile de supposer que la plus grande indécision arrivait à régner dans l'esprit des nouveaux propriétaires...

— Et vous dites donc Monchieu le notaire, que ché femmes-là, elles sont pas r chepectables, mais de bonne paye.

— Oui, mon ami !

— Et chi on leur y résiliait leur bail, vous trouveriez tout de même 1,200 fr. de loyer honnête !...

— Oh, oui, plutôt deux fois qu'une !

— Eh bien ! mochieur Fortenbail, nous vous demandons vingt quatre heures de réflection, nous revien-

drons après demain, vous apporter notre réponche, e nous verrons chi on doit renouveler, ou pas renouveler le fameux bail !...

.          .          .          .          .          .          .          .

Le surlendemain, à trois heures exactement retapantes, le couple Larfouillat, l'attitude digne et compassée refaisait son entrée dans l'étude procitée.

M^e Fortenbail, défiant, regardait le défilé.

— Eh bien ! Mochiou le notaire, nous revoilà ?

— Eh bien ; mes bons ami !

— Eh bien, Monsieur, le notaire. Nous avons décidé avec ma femme, que nous ne renouvellerions pas le bail du locataire actuel à qui nous donnerions chon congé.

M^e Fortenbail (bondissant) et tendant au couple une vibrante poignée de main :

— Mes chers amis, mes bons amis, croyez bien que je n'en attendais pas moins de vous, de vos sentiments d'honnêteté, d'honneur, de respectabi...

Larfouillat, un peu gêné et l'interrompant :

— Oui, Mouchieur le notaire, que j'avons déchidé, mon éponje et moi, puicheque la maijon tenue comme ça, donne de chi gros bénéfiches, nous la tiendrons nous-même, voilà tout ! Et voilà !!!

M^e Fortenbail regrettera, jusqu'à la fin de sa carrière de tabellion, sa vibrante poignée de main.

DU CANTAL..

# LE CAPRICE DE LILI

Lili est une jolie fille au minois chiffonné, aux boucles brunes folichonnant coquettement sur les tempes veinées de bleu, au nez retroussé et crâneur.

Elle fait les délices du quartier latin.

Son cœur est fragile, il ne tient que par un fil et l'on peut le détacher souvent... mais elle soumet ses futurs amants à des épreuves préalables, sans lesquelles elle ne transige jamais.

Elle appelle cela des gages d'amour.

On a accompli jusqu'à présent des tours de force pour lui plaire, ce qui l'a rendue plus exigeante encore.

Vous verrez qu'elle demandera la Lune et que l'on s'empressera de courir la chercher pour lui en faire cadeau.

On attendra probablement pour cela la prochaine exposition qui doit nous faire voir notre satellite à un mètre seulement de distance.

Un mètre, pensez donc ; il sera facile de le toucher du doigt et de le prendre avec la main.

Mais nos savants sont si blagueurs !

De plus, Lili sait exciter les amours-propres, on rivalise pour lui plaire, et ce n'est pas toujours facile. Elle est utile dans le sens que, pour elle, on cherche et l'on trouve.

C'est d'elle l'idée première des trottoirs roulants que nous verrons à Chicago, ou du moins le rêve qui la suggéra, un jour qu'elle était lasse de marcher pour aller à un rendez-vous.

Or, Lili, depuis quelque temps, est d'une humeur massacrante.

Il faut vous dire d'abord qu'elle possède un petit chien, un charmant épagneul à poils flottants, vif comme la poudre et hargneux comme monsieur Frédéric Passy devant un portrait léger du Salon.

Hélas ! on fait la guerre aux chiens, maintenant, comme on la fait aux nègres. Ce n'est pas assez du Dahomey, on organise à Paris une Saint-Barthélemy de la race canine, des armées de gardiens de la paix empoignent ces pauvres quadrupèdes... par où ils se peuvent, et les collent sans rémission à la fourrière !

Si nous étions en temps de siège, encore, cela se comprendrait.

Mais il n'en est rien, heureusement !

Ils paient patentes, cependant, les malheureux, mais cela ne suffit pas pour garantir leur existence.

En Belgique, on les fait travailler ; en France, on les pige.

A Constantinople, on les laisse errer tranquillement dans les rues et l'on ne constate pas un seul de leurs semblables qui soit hydrophobe !

Et la fameuse loi protectrice des animaux, qu'est-ce donc devenue ?

Mais bah ! Pasteur a enfoncé Grammont, que voulez-vous, il n'y a rien à faire.

Il faut une muselière ou une laisse ; on ne sort pas de là.

Et voilà précisément ce qui révoltait la séduisante Lili du quartier latin.

Affubler Bibi — il s'appelle Bibi ! — d'une muselière ? fi ! l'horreur !

Il deviendrait enragé tout de suite.

Et puis il serait bien trop malheureux.

Quant à la laisse, inutile d'y songer ; il les casse toutes.

Que faire ?...

Mais cependant c'est le règlement.

Allons donc ! est-ce que Lili connait les règlements, elle ?

Et Bibi, donc !...

Cela n'a pas le sens commun !

Voilà donc ce qui, pour le moment, occupait l'idée de la mignonne.

Préserver son chien de la muselière, de la fourrière et de la laisse.

Ce n'est pas commode, au temps où nous vivons !

Mais entrons carrément dans notre sujet.

Dans la maison qu'habitait Lili, logeait un peintre.

Ex-élève des Beaux-Arts, ayant raté nombre de fois le prix de Rome, et retoqué annuellement au Salon.

Il se consolait de ses déboires en peignant des vaches grasses pour les crémeries de faubourgs.

Les peintres ont l'âme sensible et prennent feu assez facilement.

— Pensez donc, ils emploient tant d'essences pour leurs couleurs ! —

Celui-ci était comme les autres, bon enfant, gai, boute-en-train, et ne sachant résister longtemps à l'œillade capricieuse d'une jolie femme.

Lili fit sa conquête en un clin-d'œil, comme il descendait l'escalier.

Ces choses-là se font, a dit Scribe, et l'on a tort.

Ce fut une cour en règle, agrémentée de bouquets de violettes et de cœurs enflammés à la gouache, passés sous la porte.

Comme il n'était pas mal, et d'humeur joyeuse, Lili ne disait pas non.

Mais il y avait à remplir la formalité indispensable, le tour de force préalable, la condition *sine qua non*.

Lili proposa de suite, comme condition, de trouver un moyen pratique pour rendre à *Bibi* la liberté complète, et cela sans qu'un agent ait le droit de s'en emparer.

— Comment diable voulez-vous que je fasse ? cela est impossible, répondit immédiatement le fabricant de croûtes, dès qu'on lui eût fait part de ce que l'on exigeait comme épreuve.

— Demandez une dispense à la Préfecture, et mon cœur est à vous.

— A la Préfecture ! une dispense ! mais vous n'y songez pas

— Pourquoi pas ?

— Mieux vaudrait s'adresser au Pape, lui seul accorde des dispenses assez facilement.... mais aux hommes seulement.

— Alors, que faire ?...

— Débarrassez vous-en, vous n'aurez plus à vous en inquiéter.

— Moi, me séparer de Bibi ? jamais !

Cela devenait embarrassant.

— Vous avez trois jours, reprit Lili, provocante, trois jours et pas davantage... tout dépend de vous.

Rentré chez lui, le peintre se mit à réfléchir.

Trois jours après, Lili était sa maîtresse et Bibi avait une muselière.

L'artiste, en malin qu'il était, avait tout simplement peint une muselière à l'huile sur le museau de l'épagneul, pour tourner la difficulté.

Et depuis ce temps Bibi vagabonde joyeusement par les rues sans être inquiété aucunement.

Que voulez-vous ? la forme est observée, tout va bien !

K. STORR.

# Flair de Zouave

— Mâtin ! la jolie femme !

Et Georges Moissac, ceci dit, ne voulut laisser à aucun autre le soin de l'aller publier aux oreilles mêmes de l'intéressée, au cas où celle-ci ne le sût point encore, car nous vivons à une époque si bizarre que rien ne doit étonner et le vrai est si près de l'invraisemblable qu'on ne risque pas grand'chose à faire pivoter autour de l'invraisemblable toute la synthèse de la vie.

Or, ce jour-là, prévoyant, pressentant que la soirée ne se passerait pas sans aventure, Moissac avait acheté, sur le boulevard, en flânant un petit bracelet d'argent, léger comme une aile de papillon, joli comme un sourire, un rien : deux petites boules terminant un mince fil enroulé en spirale, un coulisseau, deux pendeloques au bout d'une chainette, mais tout petit, séduisant, symbolique, tout-à-fait présentable.

Dame ! « Pékin de bahut » la veille encore; il arborait pour la première fois le trèfle d'or fin sur le dolman noir ; jamais encore il ne s'était vu sous autant de nœuds hongrois et de soutaches étincelantes ; sous autant de plis triomphants, comme en formait, sur toute sa longueur, son pantalon légèrement au-delà de l'ordonnance, qui le gênait bien un peu, mais qui triplait son volume, le carrait par la base et qui le sacrait zouave. Jamais, même, il n'avait vu d'autre zouave que lui ; il ne s'en souvenait pas. Quand on en est à ce point, les choses ne se passent pas ordinairement de pacifique façon.

C'est une nouvelle entrée dans la vie : ce jour-là on pavoise.

Et pavoiser est d'autant plus une obligation qu'on vient de soutirer des caisses du Trésor la forte somme du premier équipement, et qu'on l'a toute entière dans sa poche, le bottier et le tailleur n'étant généralement pas payés.

Georges, donc, se précipita.

La jolie femme après un regard en arrière avait enfilé le passage de l'Opéra. Elle allait très vite.

Avec de grands heurts de sabre sur les dalles, Moissac lui emboîtait le pas consciencieusement.

A l'extrémité du passage, elle s'arrêta brusquement devant l'étalage d'un marchand de parapluies ; Moissac, lancé, la dépassa, mais il revint sur ses pas tout aussitôt.

— Madame, lui dit-il en l'abordant obséquieusement le képi à la main, Madame, vous perdez quelque chose.

— Moi, Monsieur ? fit une petite voix douce, si chaude avec cela que Moissac sentit qu'un incendie s'allumait dans ses veines et que son flair ne l'avait pas trahi.

— Moi... Monsieur, vous croyez ?

— Ceci. Et il lui tendit le bracelet.

La dame resta étonnée et le regarda avec de grands yeux où il sembla à Moissac que toute l'Afrique, sa future résidence, avait concentré ses rayons et ses flammes, ce qui le troubla énormément.

Mais le « 2e Zouaves » lui apparut, serré en colonnes de bataillons et fanions déployés, dans une brume, sur le fond gris du désert, dans une telle attitude de crânerie et d'audace qu'il se sentit petit et honteux devant la vision et qu'il reprit son assiette tout de suite.

— Seule, en effet, une main d'enfant pourrait laisser passer cela. Mais voyons...

Sans autrement crier gare, il prit la main de la dame, laquelle main, élégante et fine, se prêtait heureusement à l'expérience, et, sans nulle peine, y glissa le bracelet de la conquête.

— Voyez, dit-il, avec le plus beau sang froid.

La jeune femme ne se facha pas ; elle eut même un sourire. A la vérité, il s'y mela une pointe d'ironie, mais c'était un sourire et Moissac n'en demandait pas plus. Il n'avait pas lâché la main dont il s'était emparé.

Les yeux toujours fixés sur le « deuxième régiment » dans son lointain nuage, il la mit sans façon sous son bras, la tira un peu pour amener le bras à son tour sous ses fourches caudines et, sans autre préparation, initia la dame aux principes du demi-tour à droite.

— Une voiture, dites, chère belle ?

Mais la chère belle hésita.

— Votre bras est doux ; ce que je sens battre tout près l'est sûrement plus encore. Tant pis pour vous ! Les cités opulentes, les grasses plaines, les champs luxuriants et fertiles excitent les armées au pillage ; vos grâces, Mesdames, sont un cartel que vous nous adressez. J'accepte votre cartel et ne bouge plus.

Puissant effet de l'esprit de corps, magie du panache ! Ce zouave de vingt ans allait comme ses anciens.

La jeune femme ne put s'empêcher de sourire de nouveau, sans ironie, cette fois, mais elle devint nerveuse, visiblement, et resta dans la même perplexité.

— Voyons, Monsieur, c'est une plaisanterie, dit elle enfin.

— Non pas, je vous en prie, cela est très sérieux.

— Tant que cela.

— Jusqu'à la prière, comme je vous le dis.

— Vous le voulez, décidément ?

— Oui.

— Eh bien, allons ; cocher : 47, rue Lamartine !

.*.

Dans un grand salon, damas et vieil or luxueusement meublé, très soigné, décoré avec goût d'artiste, où l'on sent la main et la grâce de la femme, un homme à l'air bonasse est assis à une petite table, occupé à compulser divers volumes qu'on a approchés de lui sur des chaises. Plusieurs sont ouverts à sa portée ; il en tient un dans sa main gauche pendant que de la droite il en feuillette un autre.

Ce doit être quelque bénédictin laissé pour compte à notre siècle par le Moyen-âge, quelques-uns de ces chercheurs dont la race se perd, quelque savant que les facilités de l'existence n'ont pas amolli. Son air absolument insignifiant autorise à cet égard toutes les suppositions.

— Mon cher ami, dit la gracieuse Irène en présentant Moissac qu'elle pousse devant elle, et qui a besoin d'être poussé, le pauvre, car son effarement en entrant dans cette pièce est intense, mon cher ami, je te présente M. le lieutenant Moissac qui, tout à l'heure, vient de me rendre un grand service...

Le mari, ç'avait bien l'air d'un mari, se leva et, avec beaucoup d'aisance, en s'inclinant :

— Soyez le bienvenu Monsieur, dit-il.

Moissac dissimula à grand peine une effroyable grimace et s'inclina à son tour, l'œil fixé sur le drapeau, plus que jamais.

— Vois-tu, mon ami, ce bracelet : sans Monsieur, je le perdais...

Le mari, toujours impassible, fit à Moissac l'honneur d'une seconde inclination de la tête et du torse.

— Où suis-je tombé, grands dieux, murmurait à part lui le malheureux jeune homme.

— Il faut offrir le thé à Monsieur.

— Je... je suis vraiment confus...

— Vous êtes ici chez vous, Monsieur. Va, Irène.

Irène elle-même servit le thé. Le guéridon avait été débarrassé des bouquins qui l'encombraient. On prit place autour, et le mari se mit à parler politique.

Mais bientôt, la conversation devint languissante. Irène avait pris une tapisserie et s'y était acharnée, silencieuse.

— Ne vas-tu pas faire un peu de musique.

— Je t'en prie, souffrante comme je suis depuis quelques jours, je causerais à Monsieur trop d'ennui : épargne-lui cela.

— Oh ! Madame....

— Je suis déjà une détestable musicienne ; ce serait horrible, n'insistez pas, quoique mauvaise, j'ai mon amour-propre.

— Alors, tu vas tailler un petit bac avec nous... vous jouez, Monsieur ? J'ai ouï dire qu'à Saint-Cyr on jouait beaucoup... beaucoup trop.

— Je...

— Alors, approche la table, ma chère amie.

— Mais moi, je ne joue pas ; j'exècre les cartes. Quand je suis seule avec mon mari je prends sur moi de lui être agréable, mais lorsqu'il a un partenaire, je m'efface.

Une grosse sueur montait à la face de Moissac.

Ne pouvant guère faire autrement, il prit place à la table de jeu, mais dans l'attitude peu sereine d'un condamné à mort.

— Le boston, ça vous va-t-il ?

— A un louis de reprise ?

— ...

— Allons.

D'abord Moissac gagna, gagna beaucoup. Les appréhensions du premier moment disparurent. Du reste, Irène lui souriait doucement à la dérobée ; il remarqua qu'elle avait les joues un peu rouges et que, sous le couvert de sa tapisserie, elle ne le quittait pas des yeux un instant. Le mari perdait avec une bonne grâce et une jovialité étonnantes, risquait de sommes relativement considérables, faisant des mots, ce dont on l'aurait cru incapable, et montrant d'autant plus de bonne humeur et d'entrain que la chance lui était contraire.

Moissac, tout à fait confiant, ne se posa plus aucune question ; il se mit à bavarder, lui aussi, de son mieux, et, ébloui par son jeu qui miroitait sur le tapis, en face de lui, s'enhardit comme un caporal.

Alors.

L'espoir changea de camp, le combat changea d'âme. Vingt minutes suffirent. Moissac était décavé, décavé jusqu'à sa dernière pièce de cent sous. Il avait perdu cinq cents francs. Irène souriait toujours.

— Mon pauvre ami, lui disait en manière de consolation le mari qui ne s'était pas un instant départi de son calme, je suis dans la désolation, croyez-moi.

Avez-vous vu cette saute de veine ? C'est à n'y rien comprendre.

Moissac s'en alla la tête vide, abasourdi, comme ivre. Il marcha longtemps à travers les rues, dans la nuit, pour se reprendre et aussi s'injurier sur tous les tons et dans toutes les langues qu'il parlait. On vantait son flair : il en avait, oui, un fameux ; on pouvait en faire une légende à l'usage des présent et futur des melons, des conscrits ; ils seraient bien renseignés ! Et il était zouave : jamais plus il n'oserait se l'avouer.

Rentré à son hôtel vers cinq heures du matin, son premier soin fut d'écrire de divers côtés pour exposer sa détresse et faire de pressants appels aux coffres-forts amis qui lui étaient bienveillants d'ordinaire.

Il lui restait juste trois francs. Sa situation lui semblait pleine d'intérêt. Aussi, s'endormit-il confiant dans le succès de sa cause.

Neuf heures sonnaient à Notre-Dame-de-Lorette.

Moissac ne s'éloignait jamais des bons endroits, quand trois coups discrets frappés à sa porte, le tirèrent de son sommeil.

— Entrez ! fit-il, de son lit, sans se demander seulement quelle pouvait être cette visite, sachant qu'il n'en attendait aucune, mais se rappelant en revanche que la clé était sur la porte et qu'il lui était loisible de ne point se déranger.

Une femme, jeune, autant que pouvait le laisser supposer un ample manteau de fourrures qui la couvrait depuis les pieds jusqu'à la nuque, tourna la clé et s'introduisit dans la chambre.

Moissac sursauta en signe de stupéfaction.

Avec un sourire d'une infinie puissance, d'un mouvement lent de chatte frileuse, comme se cambre une gazelle et se donne une femme, la visiteuse retirait son manteau.

La toque de velours qu'elle portait ne mit, elle, qu'une seconde à tomber sur une chaise. L'allure s'accélérait :

Moissac tendait les bras.

Irène, ce n'était point une autre, — l'insigne jobarderie de Moissac ne saurait m'autoriser à dénaturer les faits, — Irène apparut en peignoir crème, noué à la hâte, dans tout le rayonnement de sa beauté brune, comme un astre qui se lève.

— C'est moi, dit-elle, de son harmonieuse et douce voix.

— Viens, je t'aime ! lui répondit Moissac qui n'avait pas de rancune.

Le peignoir tomba, sans nulle peine.

Des blancheurs marmoréennes, des troublantes frondaisons, des lignes qui fuient et renaissent et s'auréolent, des clairs-obscurs où du soleil éclate, des réseaux d'artères azurées sous une gouache éblouissante de dentelle et de soie.

— La chambre s'en illumina une seconde. Une seconde, pas plus. L'heure était matinale ; l'hiver approchait ; Irène avait froid, elle tremblait, et la couchette de Moissac avait la courtine hospitalière et le sommier impatient.

— Cher ange ! Enfin...

Le « deuxième Zouave » était relégué derrière l'Atlas ; l'heureux joueur de la veille dormait d'un bon somme, content de lui.

— Tu ne m'en veux plus, maintenant ?

— T'en ai-je voulu jamais ?

— C'était contre ma volonté, va ; j'aurais voulu que tu n'insistes pas.

— Je t'en prie, ne parlons plus de cela.

Trois heures s'écoulèrent sans qu'il fût un instant question des évènements de la veille. Irène était l'obéissance même.

Moissac sonna. On déjeuna au lit. Ce fut charmant.

À la nuit tombante, Irène remit son peignoir crème, son manteau, sa toque de velours.

— Le petit bracelet, tu me le donnes ? demanda-t-elle.

— Si je te le donnes !

Alors Irène, toute changée, le regarda, et l'enveloppant d'un sourire amer :

— Prends mon cœur en échange, dit elle. Il ne vaut pas l'or, mais tu le trouveras fidèle, toujours, dispose de lui à ton jour, à ton heure, à ton caprice, à ton gré. Il ne sera pas exigeant... Ce sera mon châtiment.

Et clôturant d'une larme cette scène toute de joyeux abandons, elle s'en alla.

Moissac resta pensif avec son flair. Ce soir-là, il ne mit pas sa culotte de zouave, laquelle resta éployée au revers d'un fauteuil, et, la nuit, il ne dormit point.

ÉDOUARD ZED.

# CUISINE BOURGEOISE

Lorsque la charmante demoiselle Publica Laponotte consentit à unir ses jours à ceux d'Ortolan Cornifère, elle tint à faire savoir à son prochain époux que, malgré les principes austères dans lesquels elle avait été élevée, elle en savait un peu plus long que la colombe qui vient de naître. Aussi, avant d'aller prononcer le solennel « oui » devant le magistrat à ventrière tricolore, elle le lui déclara impudemment :

— Mon petit Ortolan, lui dit-elle, je ne crois pas avoir besoin de te répéter que j'ai pour ton charmant individu un *pépin* absolument scandaleux... D'ailleurs, tu m'en diras des nouvelles demain matin ! Mais il faut que tu saches bien ceci, et que tu en fasses ton profit : je ne suis pas du tout disposée à tolérer les lapins ni les infidélités, et je resterai toujours intraitable, inébranlable sous ce double chapitre. Je ne suis pas le moindrement partageuse ; et pour ce qui regarde mes droits conjugaux, ma maxime est fort simple : chacun pour moi, et le reste pour les autres. Donc, tu as compris ? à la première incartade, v'lan ! je poignardise le contrat !

Ortolan Cornifère, qui, ayant fait toutes ses études en denrées coloniales, dans la rue des Lombards, n'était que la moitié d'un imbécile, comprit sur le champ qu'il avait affaire à une gaillarde avec laquelle il ne ferait pas bon plaisanter. Il cligna de l'œil d'un air roublard, et tint compte de l'ultimatum.

Puis, après avoir en compagnie des témoins, cassé le cou à la moitié d'un hareng saur, histoire de tuer le ver en attendant le gueuleton nuptial, les futurs s'étaient dirigés vers la mairie où tous les invités, — la fleur des pois du quartier, — étaient déjà réunis depuis longtemps.

Tout se passa convenablement, entre gens du monde. La noce fut joyeuse. Tout le monde, y compris les nouveaux mariés, se flanqua une mémorable indigestion de gigot aux haricots et de petit salé aux choux, dont on parle encore, avec des pourléchements de babines, de la rue Aubry-le-Boucher jusqu'à ce le de la Cossonnerie.

Oncques n'avait fait jusqu'alors la maison Lesage de si brillantes affaires en une seule nuit !

Avec votre perspicacité bien connue, vous avez déjà deviné, n'est-ce pas, que Cornifère qui venait d'atteindre la cinquantaine, s'était retiré du commerce aussitôt après son mariage ?

Du reste, il était à la tête d'une quatre-vingtaine de mille francs ; Publica lui en avait apporté autant en dot ; et quand on a les modestes goûts d'un marchand de canelle et de girofle, on peut se contenter d'une honnête aisance. Cependant, quand on a longtemps servi les autres, quand on a gagné des argents en faisant risette à la clientèle, on aime assez à se faire servir à son tour. Aussi Ortolan et son épouse tombèrent-ils d'accord pour se procurer une bonne, une cuisinière dans les prix doux susceptible de leur faire connaître les douceurs des petits plats sucrés dont la rédaction était au-dessus des moyens culinaires de la belle madame Cornifère.

Ils en trouvèrent une de rencontre, pas encore trop déjetée, et répondant au nom de Barbe Bouldeçon. Mais la stupéfaction de celle-ci fut indicible lorsque Publica, après les premiers renseignements d'usage, lui dit brusquement, à brûle-ragoût :

— Mon enfant, vous entrez ici dans une maison recommandable, et je ne voudrais pas vous y voir introduire des mœurs relâchées... Voyons est-ce que vous avez un *bon ami...* un dragon, un artilleur, un pousse-caillou ?

La cuisinière rougit jusque dans les plis de son tablier, et se récria :

— Oh ! non madame ! j'ai eu dans le temps un pompier, mais je lui ai donné ses huit jours...

Madame Cornifère mit ses poings sur ses hanches et sentit la moutarde lui monter au nez.

— Ah ! ça, s'exclama-t-elle, pour qui donc me prenez-vous ? vous croyez que je vais employer une domestique qui n'a pas de cousin dans l'armée !

« Plus souvent, que je m'y risquerais! au bout de huit jours vous serez la maîtresse de Monsieur, et alors moi, qu'est-ce que je deviendrais ?

Barbe baissa pudiquement les yeux.

— Que Madame m'excuse ! balbutia-t-elle.

— Y a pas d'excuse là-dedans ! je veux bien vous prendre ; mais si dès demain je ne vois pas venir un soldat dans cette cuisine, je vous flanque à la porte !

Puis se radoucissant, Publica continua :

— Voyons, ce n'est pas si difficile à trouver ! vous êtes encore d'âge à vous procurer un fantassin ou un chasseur à pied...

Barbe réfléchit un instant.

— Si ça ne faisait rien à Madame, dit-elle enfin, je préférerais un turco...

— Va pour un turco ! conclut Madame Cornifère.

Mais vous savez, je veux que vous l'ayez trouvé demain soir, au plus tard, sans ça vous rendez votre livrée !

Vingt-quatre heures après, effectivement, la cuisinière recevait la visite d'un fort gaillard, vêtu de bleu de ciel à passepoils jaunes et brun comme la nuit.

— Tiens ! mais il n'est pas mal, c'l'homme-là ! remarqua Publica. Il est même beaucoup mieux qu'Ortolan !...

Et elle se retira, rêveuse...

Or, en honnêtes bourgeois qu'ils étaient, les Cornifère tenaient une comptabilité exacte de leurs dépenses. Ortolan et sa femme avaient chacun un petit livre de ménage où ils consignaient les différents achats de chaque jour ; mais ils tenaient cette comptabilité pour eux-mêmes, et n'avaient point coutume de se la communiquer mutuellement. Quant aux dépenses de la cuisine c'était Barbe qui était chargée d'en tenir le livre ; comme on le voit, rien n'était négligé dans cet intérieur économe.

Tout à coup, à propos de bottes, — de carottes ou de navets, sans doute — il advint que l'aimable Publica conçut des doutes sur la probité de sa cuisinière. Oui, en un mot elle supposa que Barbe faisait danser l'anse du panier...

Que celle qui n'a jamais failli lui jette la première pomme cuite ! Pour nous, nous ne pouvons que constater ceci : lorsque Madame Cornifère demanda à sa domestique de lui montrer son livre de dépenses, celle-ci lui répondit candidement qu'elle l'avait perdu...

— Ah ! vous l'avez perdu ? reprit Publica furieuse... C'est votre turco qui vous l'a fait perdre pour que je ne puisse pas constater vos déprédations. Eh bien ! ça ne se passera pas comme ça ! je me charge de le retrouver, moi !

Incontinent, elle se mit à fureter dans tous les coins, à mettre le mobilier sens dessus-dessous, bouleverser l'intérieur, de la cuisine à la chambre à coucher.

Soudain, elle poussa un cri de triomphe...

Elle venait de trouver le bienheureux livre dans un gilet de flanelle appartenant à son mari...

— Ah ! s'écria t-elle, c'est ici que va se manifester le doigt de Dieu ! Je vais savoir si ma cuisinière me roule !

Elle ouvrit le livre...

Mais aussitôt elle pâlit affreusement...

Qu'avait-elle donc lu, Messieurs de la maréchaussée ?

Patience ! vous allez l'apprendre !

Sur la première ligne étaient écrits ces mots, de la propre main d'Ortolan :

« Dépenses particulières pour distractions extra-conjugales. »

Puis, à la suite :

« Une paire de bas cuisse-de-nymphe, pour Mademoiselle Barbe.................... 6 francs.
« Douze pots de pommade, pour la même.............................. 35 —
« Envoyé le turco de la même prendre l'air................................ 8 sous.
« Tabac en carotte pour le turco........ 3 francs.
« Encaustique pour les moustaches du turco................................. 40 —
« Lecture de Rocambole, en compagnie de Barbe.............................. 20 —
« Je ne suis pas ingrat.............. 1 fr. 10
« Pour que Barbe ne vende pas la mèche à ma femme............................ 5 louis.
« Payé l'absinthe au turco pour qu'il s'en aille............................ 12 sous.
« Avoir manqué d'être pincé... 20 francs.
« Etc., etc., etc... »

Madame Cornifère en bavait.

Elle laissa échapper le livre, qui, on le devine n'était point celui de la cuisinière, mais celui d'Ortolan.

Alors elle pensa à tomber dans une attaque de nerfs ; mais elle ne s'arrêta pas à cette idée, et murmura seulement :

— La vengeance est le plaisir des dieux !

Eh bien ! vous ne devineriez jamais ce qui vient d'arriver.

Non ; mais je vous le donne en mille...

D'abord, au bout de quinze jours, Barbe fut flanquée dehors avec tous les honneurs ; moi, je comprends ça. Mais voici l'épatant : c'est que Madame Cornifère vient d'accoucher... d'accoucher d'un moutard solide, et brun comme la nuit ! ... et y a que ça juste s'il n'est pas venu au monde avec un uniforme bleu de ciel à passepoils jaunes ; mais le turco est retourné depuis trois mois à

Mascara. Et lorsque Cornifère fait remarquer que son fils ne lui ressemble guère, Publiea ébauche un sourire satanique et se contente de répondre :

— Ortolan de mon cœur, la vengeance est le plaisir des dieux !

MARIUS RETY.

# LE SERMENT D'ARISTIDE

*(Suite)*

On ne saurait croire l'effet magique que produisirent ces quelques lignes sur le cerveau mal équilibré de l'infortuné Théodore. Comment s'en étonner, d'ailleurs, à une époque où des gens se disant sérieux ont prétendu, sans aller jusqu'en Amérique, extraire de l'or des pierres provenant des carrières du même nom ?

— Oui, au fait, se répétait sur tous les tons le cafetier, pourquoi ne lâcherais-je pas ma boutique ?... Il n'est que trop vrai, hélas! que je ne gagne rien de rien, ici... Pourquoi n'irais-je pas là-bas? Oui... Pourquoi pas? Il ne faudrait pas m'en défier, après tout...

Et comme si quelqu'un l'en eût défié en effet, il s'exaltait, se montait la tête, s'emballait tout seul — en même temps saisi de la fièvre de l'or, et de la fièvre de l'inconnu.

Le soir même, entre deux coups de dés, il communiquait tout haut, bravement, sa résolution à son ami Aristide.

Ce fut un coup de théâtre.

De stupéfaction, Aristide laissa tomber son cornet. Hélène dégringola les marches du comptoir, en s'écriant, d'un ton de doux reproche :

— Comment chéri, tu veux me quitter?...

— Te quitter? . Mais pas du tout, répliqua vivement Théodore. Je t'emmène avec moi. Nous vendons notre fond de commerce, nous bazardons tout, et — en route pour l'Amérique, pour la fortune, pour la gloire!

— Et moi, mon bon Théodore?... clama douloureusement Aristide.

— Toi? mais tu viens avec nous, bien entendu! nous t'emmenons! est-ce que je pourrais vivre sans toi, d'abord?

Étourdi, au premier moment, par une nouvelle si inattendue, Aristide reprenait peu à peu ses esprits.

— Voyons, réfléchis, mon bon Théodore... Cela n'est pas possible.

— C'est si bien possible, reprenait le cafetier en s'entêtant de plus belle, que cela se fera, et que tu le verras!

Aristide eut un éclair de génie.

— Non, reprit-il avec énergie, je ne le verrai pas. Tu es un honnête homme, Théodore : tu n'as pas le droit d'exposer ta femme à tous les périls d'une traversée, dans l'état où elle est. Regarde-la.

Hélène s'arrondissait énormément.

— Sept mois... au moins! fit Aristide.

Théodore était atterré.

— Voilà bien ma veine, gémissait il, la voilà bien! Depuis cinq ans que je suis marié, je désire un enfant. je n'en ai pas. Aujourd'hui, une occasion unique s'offre à moi de faire fortune — je vais avoir un enfant — et c'est un obstacle!... Et cependant, il faut que je parte, il le faut!... Si je ne partais pas, je me le reprocherais toute ma vie.

— Ne te désole pas, mon bon Théodore. Peut-être que tout peut s'arranger. Raisonnons. Pourquoi s'arrêter aux partis extrêmes?... Pourquoi vendre ton établissement, tout bazarder, comme tu dis?... Va-t en seul. Je resterai à Paris, moi. J'administrerai ton restaurant, je tiendrai compagnie à ta femme.

— Tu ferais cela, toi, Aristide?...

— Je ferai, oui, mon bon Aristide.

— Viens dans mes bras.

. . . . . . . . . . . . . . . . . . . . . . . . .

Huit jours après ce mémorable dialogue, Théodore Boisrivé prenait le train du Havre.

Sur le quai de départ, il adressait à son ami ses dernières recommandations.

— Mon bon Aristide, je remets entre tes mains ce que j'ai de plus cher... Jure-moi solennellement que tu respecteras ma femme, et que tu me la rendras, à mon retour, telle que je te la confie...

— Telle que tu me la confie, Théodore, je te le jure !

Et Théodore étant monté dans un compartiment de seconde classe, le train siffla, se mit en marche, et disparu bientôt, dans une traînée de fumée blanche...

Laissons ce fou de Boisrivé courir après la fortune, au lieu de l'attendre paisiblement dans son lit — comme tout homme sensé doit le faire — et occupons-nous de

nos amoureux, qui, seuls, sont dignes de notre intérêt.

Le premier soin d'Aristide fut de remplacer au comptoir « Madame Théodore » par une caissière et d'installer définitivement sa chère Hélène dans le doux nid capitonné. Là... Mais à quoi bon vous donner des détails? Les peuples heureux n'ont pas d'histoire, et nos amants constituaient, à eux seuls, un peuple heureux

Deux mois plus tard, Hélène mettait au monde une jolie petite fille qu'on appela Théodora, et qui était bien la vivante photographie d'Aristide Vieuvenard.

Un an s'écoula encore.

Les personnes qui, après une année d'absence, auraient passé devant le paisible et modeste restaurant autrefois tenu par Boisrivé, auraient eu de la peine à le reconnaître.

Ah! c'est qu'Aristide avait bien fait les choses! Désespérant de voir arriver la clientèle dans ce café à l'aspect antique, aux murs nus, aux traditionnelles banquettes de velours rouge, il avait pris la résolution de sacrifier au faux goût moderne, et de dépasser en excentricité *le Chat Noir*, *l'auberge des Adrets*, *la Truie qui file*, *le Rat mort*, *le Bagne*, *l'Enfer*, *le Palais des Singes*, *la Caverne des Sorcières*, et *les Incohérents* eux mêmes...

Aussi lisait-on maintenant, découpée en *capitales* gigantesques sur des vitraux qui reproduisaient fidèlement de macabres scènes de dissection, à l'amphithéâtre de médecine, cette flamboyante inscription :

A L'ANTRE DES ÉCORCHÉS

A l'intérieur, le garçon Joseph, vêtu d'un maillot rouge sanguinolent, sur lequel couraient de petits réseaux blancs et bleuâtres, simulant les muscles et les veines, le visage horriblement tatoué, les cheveux emprisonnés dans un serre-tête s'adaptant exactement au costume, faisait tout à fait la farce d'une pièce anatomique et servait d'innombrables bocks à des consommateurs sans nombre.

Car c'était à qui viendrait visiter l'*Antre des Écorchés* : les carabins s'y rendaient en morçomes; et, tous les soirs, en sortant des *Menus-Plaisirs*, du *Concert Parisien*, de l'*Eldorado* et de *la Scala*, la foule emplissait la salle, devenue trop étroite, du petit café de la rue du Chateau-d'Eau.

Seule, Hélène n'en franchissait jamais le seuil, et pour cause : de nouveau elle était enceinte — Aristide n'avait point perdu de temps — et il redoutait pour elle, en cet état, la fantastique apparition de Joseph.

Et, pendant ce temps-là, que faisait M. Boisrivé?...

— Il tournait la manivelle...

Parbleu! peut-être ne croyez-vous pas si bien dire. Tour à tour commissionnaire, décrotteur et garçon d'hôtel, il avait fini par s'engager dans une troupe de saltimbanques, et s'employait à faire fonctionner un manège de chevaux de bois.

Son odyssée était navrante, dans sa simplicité.

Le cousin Laurent Barre — qui était à cent lieues de se douter que sa lettre le déterminerait à prendre le paquebot — ne l'avait point attendu.

Dès son arrivée à New-York, le malheureux s'était trouvé sans ressources, et contraint d'embrasser successivement les différentes carrières — infiniment peu lucratives — que nous venons d'énumérer.

La nostalgie du pays n'avait pas tardé à le saisir, et, revenu des grandeurs et des fleuves qui roulaient des pépites, il n'avait plus qu'un rève : réaliser les économies suffisantes pour payer sa traversée.

Il aurait pu attendre longtemps encore, s'il ne s'était souvenu, fort à propos, de certains talents culinaires dont il avait maintes fois fait preuve, dans sa profession de restaurateur.

Il s'engagea donc — en qualité de cuisinier — dans un paquebot transatlantique en partance pour la France.

Il y avait ce soir-là, grande affluence à l'*Antre des Écorchés*. Presque tous les spectateurs d'une revue nouvelle, aux *Menus Plaisirs*, avaient envahi l'établissement pendant un entr'acte, et faisaient une ovation à Joseph, plus hideux que jamais, lorsque la porte s'ouvrit, et livra passage à M. Théodore.

— Aristide!

— Théodore!

— Embrassons-nous, Aaristide!

— Avec plaisir, Théodore!

— Et ma femme?... s'écria soudain, en palissant, le voyageur, qui avait jeté un coup d'œil sur le comptoir, et n'avait pas reconnu la caissière.

— Elle est chez une voisine. Je vais la chercher.

Aristide disparut, et revint un instant après, donnant le bras à « Madame Théodore ».

En apercevant à côté de son mari, le garçon Joseph dans son effroyable déguisement, Hélène poussa un cri, et s'évanouit.

On s'empressa autour d'elle, on la transporta dans la cuisine, où son mari se mit en devoir de la déshabiller.

— Misérable! s'écria tout à coup celui-ci, en sautant à la gorge d'Aristide.

— Quoi?... Qu'est-ce qui te prend?

— Ce qui me prend? Mais ma femme est enceinte... et il y a plus d'un an que j'ai quitté Paris!... Rappelletoi ce que tu m'as juré.

— Je me rappelle parfaitement. Je l'ai juré de rendre la femme, telle que tu me la confiais.

— Eh! bien?...

— Eh! bien! lorsque tu es parti, ta femme était enceinte de sept mois.

Anéanti par l'écrasante logique de cet argument, Théodore ne trouva point de réplique. . . . . . . . .

Au bout de deux mois, la pauvre Hélène donnait le jour à un affreux petit monstre, qui n'est point baptisé encore, et qui ressemble, à s'y méprendre, à Joseph—en écorché.

Aristide avait tenu son serment.

* * *

Beaucoup de mouvements dans les cours depuis notre dernière Causerie, mais en somme rien de bien saillant comme nouvelles exactes.

Les canards, par contre, se sont abattus par vols nombreux, mais nous remarquons avec une certaine satisfaction, que la crédulité du public commence un peu à s'émousser.

Sur le bruit de la démission de M. de Freycinet, le 3 0/0 de 98.25 avait touché le cours de 96.80. Sur le démenti officiel de ce racontar, le lendemain la cote inscrivait 97.90. Des écarts de 1 fr. à 1 fr. 50 en deux jours, sont des mouvements assez inusités pour comprendre dans quel trouble devaient être plongés les spéculateurs.

Depuis, sous l'influence bienfaisante des vacances, les esprits surexcités se sont un peu calmés et sans penser qu'une reprise sérieuse soit imminente il est tout au moins permis de croire que la panique est enrayée.

Les grosses positions étaient réglées avant la liquidation, ce qui a enlevé à cette opération, toujours délicate, surtout lorsqu'elle est en même temps liquidation de fin de mois et de fin d'année.

Le groupe des valeurs, relativement mieux tenu, a été néanmoins fortement touché, mais a en vite reconquis ses cours d'avant la crise.

Le foncier attaqué très rudement par les baissiers a fait tête avec succès et est en voie de regagner ses cours momentanément perdus.

Les primes se traitent toujours avec le même courant d'affaires. — Le ferme étant jugé avec raison, comme dangereux à fréquenter d'ici quelque temps.

La spéculation à ce nom semble en ce moment comme pierre d'attente, un fonds d'Etat sur lequel nous voyons un mouvement de hausse que la fermeté actuelle indique suffisamment. Il s'agit de l'*Extérieure*.

Depuis la semaine dernière, de très gros spéculateurs espagnols se livrent à des achats suivis qui n'auraient, prétend-on, d'autres motifs que l'assurance, aujourd'hui acquise, du renouvellement du *modus-vivendi*, entre la France et l'Espagne au sujet des conventions douanières.

Nous estimons quant aux positions à prendre sur notre 3 0/0, qu'il est bon d'être très prudent pendant cette première quinzaine de janvier. A ce moment-là on commencera à voir clair et les opérations pourront être conduites avec connaissance de cause.

G. QUATRESS

# PROFILS D'ARTISTES

### YVETTE GUILBERT

Yvette, la grande Yvette débuta au Divan-Japonais où Sarrazin, le directeur de ce boui-boui la payait pas très cher, on lui jetait des sous. je me souviens que j'avais un stock de sous dorés, comme je n'ai pas d'enfants je les ai écoulés au Divan. Mon frère Désiré imitait le chant du coq dès qu'Yvette entrait en scène, il présidait la bande de chahuteurs qui a été pour beaucoup dans le succès de la grande artiste. — A du talent, beaucoup même... elle touche au Concert-Parisien 500 francs par soirée, c'est-à-dire 100 francs par chanson de quatre couplets, c'est donc 25 francs le couplet de huit vers, c'est pour rien!...

M. Mus-leck est un directeur honnête et intelligent, c'est rare à Paris. Il a su s'attacher Yvette Guilbert et c'est le succès de son établissement, Yvette a créée d'adorables chansons. *Le Fiacre de Xanrof*, *La Promise de Meusy* et *Si tu savais ma chère!* du même auteur, maintenant elle est musicienne jusqu'au bout des ongles et composa elle-même la musique de ses chansons, afin de palper des droits d'auteur... Elle est très laide sur les affiches, mais en chair et en os, elle est exquise!...

A. V.

***

## PAUL BOURGÈS

Bourgès, Paul pour les dames est né à Bordeaux, c'est pour cela je crois qu'il est si gai, tout jeune, il était apprenti chez un cordonnier, comme il n'aimait pas les cuirs, il se mit garçon boucher, il chantait à ses camarades de joyeuses chansonnettes. Un jour, le Directeur de l'Alcazar de Bordeaux ayant entendu parler de son talent d'amateur le pria de prêter son concours dans une soirée à bénéfice. Il y remporta un succès fou et ce succès fut le début de sa carrière; c'est lui le créateur d'*En r'venant de Suresnes*. Bourgès excelle dans les auvergnats et dans les types du midi. Ses créations connues sont : *Les pioupious d'Auvergne*, *C'est la poire!*, *La Marche des Pêcheurs à la ligne* dont il est l'auteur, *La Valse des Chopines*, j'en passe et des meilleures. — Bourgès est souvent compositeur et même auteur de ses créations. Bourgès dans son intérieur est très accueillant et d'une amabilité que l'on rencontre rarement auprès d'artistes de sa valeur, il a un certain vin blanc de Barsac excellent, c'est son apéritif... Bourgès fabrique aussi des mandolines, il leur donne des formes gigantesques... poêles à frire, casseroles, etc...

Bourgès est un artiste admirable à cause de son naturel en scène, il débite la blague d'une façon spirituelle qui fait venir le rire aux lèvres des gens les plus moroses... Il rentrera à la Scala, le 1er février 1893 avec " Fortenerac de Bergerac ", scène comique faite en collaboration avec notre collaborateur et ami Verse.

**

## VIGNAIS

Un artiste de talent, original et naturel, trouvé par M. Brigliano, qui l'a engagé à la Scala. Chantait à Marseille, où il faisait pâmer d'aise les mangeurs de Bouillabaise!... A le visage triste à la ville, mais en scène il déride son visage et le public. Fait la danse du ventre dans une chansonnette de Spencer " La Belle Fatma ".

Sera l'un des premiers artistes de Paris.

*Devise* : Toujours en avant!...

*Parenthèse* : Ne paye pas la claque, est applaudi tout de même par le public intelligent !

*Paris qui Rit*

**Concert de Lyon**. — Mme Laure Foucard chante le répertoire d'Yvette Guilbert, avec une fantaisie amusante. Mlle Speranza chante la romance agréablement. Mlle Maes est drôle dans " Les Six Serruriers ". Berthat est une belle cascadeuse. — Côté des hommes, Mauraisin est le boute en train du concert de Lyon. M. Montjoyeux est un comique-réaliste parfait. About est à féliciter dans sa chansonnette " La Fleur de Pétrin ".

**Européen**. — *Oua! oua! oua!* revue canine en 1 acte et 2 tableaux de MM. Arthur Verneuil et Maxime Guy, musique de l'habile chef d'orchestre Laurent Halet. C'est une bonne revue. Hyacinte personnifie le pétomane. F. Kelm dans Paul Husse et Mme Mazedier dans Paule Hussette; Mme Mazedier est un peu trop grasse et elle est loin de ressembler à la toute mignonne Paulucette de l'Eldorado. Charley est bien en maréchal Ney, c'est frappant. Emilien est le joyeux compère de la revue. A féliciter : directeur, auteur et artistes. MM. Delisne, Dherval, Delacroix, Norac, etc. Mmes Fonty, P. Blé, Marcena, Luigi, Delevecque, Rosette, Verli, Balthy, Bluetty, Jeannin, etc... Amis lecteurs et joyeuses lectrices qui aimez rire, allez à l'Européen, rue Biot, 5. *Paris qui Rit* vous le conseille.

**Cigale**. — On a joué la semaine dernière *Une Tasse de thé*. Baldy joue les rôles de vieux et les jeunes premiers, il jouait " Camouflet " dans la *Tasse de thé* et il est drôle.

Dans le concert, puisque je parle de Baldy, je dois dire qu'il chante " La Sentinelle rageuse " avec une verve peu ordinaire, il faut le voir jurer après son colonel qui couche avec sa bonne amie et on se roule quand il dit : *Huit jours de p'loton!... quand c'est pas moi qu'avait ploté*. M. Mauder est bien de même. Grandval dont le succès a diminué depuis six mois. Brunois imite mal Bruant, il ne vaut pas Reschal. A féliciter : Chopp, Gabin et Gibert, ce dernier très en progrès. Mmes Grillon, Nita Darbel, Ryssler se font applaudir. A citer : Deverly, gentillette, Noël et Launnay, Mireille chante faux, elle est désagréable. Eugénie Buffet a bien le type de la rue, mais sa voix n'est pas pure.

**Époque**. — Samedi, 24 décembre a eu lieu la première de "*Cocher, 10, boulevard Beaumarchais*", revue en 3 parties de E. Serard, musique nouvelle arrangée par M. Müller, décors nouveaux de M. Ruiz, costumes entièrement neufs de la maison Charvot. Tous les artistes sont excellents et la revue est habilement faite. Je félicite M. Serard, l'auteur de cette revue si intéressante, et je conseille les lecteurs et lectrices du *Paris qui Rit* d'aller l'applaudir.

**Élysée-Montmartre**. — Mardis, jeudis et samedis, grandes fêtes.

ALBERT VERSE.

## SPECTACLES DE LA SEMAINE

OPÉRA. — FRANÇAIS. — OPÉRA-COMIQUE. — ODÉON. — Spectacle variable : consulter feuilles quotidiennes.
GYMNASE. 7 h.3/4. — Partie gagnée. — Charles Demailly.
VAUDEVILLE. — 8 h. »/». — Monsieur Coulisset.
VARIÉTÉS. — 8 h. »/». — La Vie Parisienne.
PORTE-SAINT-MARTIN. — 8 h. »/». — Au Dahomey.
CHATELET. — 8 h. — La Prise de Pékin.
GAITÉ — 8 h. »/». — Les Cloches de Corneville.
AMBIGU. — 8 h. »/». — Les Cadets de la Reine.
PALAIS-ROYAL — 8 h. 1/4. — Système Ribadier.
NOUVEAUTÉS. — 8 h. 1/4. — Champignol malgré lui.
FOLIES-DRAMATIQUES. — 7 h. 3/4. — Miss Robinson.
RENAISSANCE. — » h. »,». — Clôture.
BOUFFES-PARISIENS. — 8 h. 1/4. — Sainte-Freya.
MENUS-PLAISIRS. — » h. — Relâche.
THÉÂTRE CLUNY. — 8 h. 3/4. — La Tournée Ernestin.
DÉJAZET. — 9 h. »/». — Ferdinand le Noceur.
CHATEAU-D'EAU. — 8 h. 3/4 — Madame Nicolet.
BOUFFES DU NORD. — 8h. — Robert Macaire.
THÉÂTRE MONCEY. — 8 h. — L'Abbé Constantin.
FOLIES-BERGÈRE. — 8 h. 1/2. — Miss Loïe Fuller, danse serpentine; les Delevines, Mlle Duclerc, les Chiens danois. — Dimanches et fêtes, matinées à 2 h. 1/2.
ELDORADO. — 8 h. 1/2. — Concert. — Spectacle.
SCALA. — 8 h. 1/1. — Concert. — Spectacle.
CASINO DE PARIS. — 8 h. 1/4. — Spectacle-concert, bal. — L'Heureuse rencontre, pantomime mêlée de chant. — Miss Abbott??? Mlle Bianca, Mme Lescot, Wils et Dare, Harry, Steele, Caïn et Loreno.


*L'Imprimeur-Gérant :* ALPHONSE CARROT.

Imprimerie spéciale du *Paris qui Rit*, 13, faub. Montmartre, Paris.


# LES CHASSEURS DE VIERGES
## Grand roman de mœurs fin-de-siècle, par Emile BLAIN

**TRÈS PROCHAINEMENT**, mise en vente des « CONTES A BIBI », du même auteur, qui paraîtront deux foix par semaine, en fascicule de 16 pages, au prix de 0 fr. 05 chaque livraison.

### ABONNEMENTS

PARIS : Un an, 6 fr. ; Six mois, 3 fr. ; Trois mois, 1 fr. 50. — DÉPARTEMENTS : Un an, 6 fr. 60 ; Six mois, 3 fr. 25 ; Trois mois, 1 fr. 75. — ETRANGER : Un an, 7 fr. 50 ; Six mois, 3 fr. 75 ; Trois mois, 2 fr.

Deuxième année, n° 15.　　　LE NUMÉRO: **DIX** CENTIMES　　　Dimanche 15 Janvier 1893.

## PARAITRA AVEC LE PROCHAIN NUMÉRO DATÉ DU 22 JANVIER
# Notre Troisième Gravure-Prime gratuite
## ⚞ LA SENTINELLE EN DÉFAUT ⚟

C'est vous!... ah!.. c'est vous! dit-il... Elle est bien bonne!　　　　　Elle choisissait sans cesse un bibelot nouveau.

## CHRONIQUE GAULOISE

— Tiens! c'est vous, comment va?

— Ereinté, mon cher; et vous?

— Moulu!

— J'en suis à ma cent quatre-vingt onzième visite.

— Moi! je viens d'avaler ma deux cent quarante septième.

— J'ai monté onze mille trente-trois marches.

— J'ai répété huit cent quatorze fois...

— « Je vous la souhaite ». Je connais ça! je ne trouve plus de salive.

— Deux mille cent trois francs de bonbons, chez Boissier.

— Cinq cent dix sept francs de voiture.

— Et en revanche?

— Cent quatre vingt-onze et deux cent quarante sept...

— Soit quatre cent trente-huit...

— Quatre cent trente-huit personnes, qui trouvent que nous ne sommes pas ruinés pour elles, tout simplement.

— Qui nous débinent.

— Tout bonnement.

— Allons, au revoir, cher; je vole à ma deux cent quarante-huitième...

— Et moi, au numéro cent quatre-vingt-douze.

Telle est, exactement, la conversation que j'ai saisie au vol, en face Tortoni, hier, sur le boulevard, pour bien vous narrer, amis lecteurs, l'état moral de Paris actuel.

Et l'on dit que le jour de l'an se perd, que... que... que...

— Allons bon! qui est-ce qui me met ainsi la main devant les yeux! J'avais une si belle phrase!

— Ne cherche pas, c'est moi! me répond une voix fraîche, amicale et connue.

— Serpentinette !

— En personne ; mais laisse-moi m'asseoir, je n'en puis plus.

— D'où viens-tu en aussi superbe apparat ?

— Je te le donne en cent, en mille, en ce que tu voudras...

— Eh bien !

— J'arrive de Mazas, mon bon !

— Ah !

Ce mot de Mazas m'avait subitement jeté un froid et Serpentinette qui s'en était aperçue, reprit.

— Oh ! ne fais pas le dégoûté ! Tout le monde ne peut pas y aller, tu sais !

— Bah !

— C'est un luxe qui dénote une certaine fortune, mon cher.

— Mazas ?

— Oui, Monsieur, ne vous en déplaise : à présent, c'est on ne peut mieux habité. Depuis l'enquête du Panama, la moindre cellule ne s'obtient qu'à prix d'or.

— Je me demande un peu ce que tu étais allée perpétrer par là ?

— Je n'abandonne jamais un ami qui dégringole. Avis à toi pour plus tard. J'étais allée voir Boursedor, tu sais bien, le député du Var supérieur.

— Oh oui ! celui qui a fait avoir un bureau de tabac à la tante de Bougival.

— Juste. C'est hier que j'ai reçu de lui la carte que voici :

Je lis.

« M. Boursedor recevra ses amis, le douze janvier, de deux à quatre heures, cellule 12,946, Mazas.

— Ah ! le pauvre ; s'écria Serpentinette, tout émue : je ne pouvais pas le reconnaître !

— En vérité !

— Lui qui était d'un svelte si coquet, si élégant. Ce que ça vous change un homme, la prison ! Il a 128 de tour de taille maintenant.

— Le dur régime des cachots !

— C'est affreux ! Je voulais en même temps serrer la main à Kalesac, tu sais bien aussi, le sénateur qui m'a fait obtenir ma bourse au Conservatoire ; mais...

— Mais ?

— Pas moyen ! Il avait été retrouver Mᵐᵉ Kalesac, chez le juge d'instruction.

— Tu plaisantes ?

— Non pas ; Mazas, c'est pour les profanes, les simples connaissances ; aux intimes, aux parents, on réserve l'honneur du Palais !

— Et les actionnaires ?

— Oh ! pour eux, on se contente d'envoyer la carte...

— A payer ?

— Parbleu !

— Et ton quart d'agent de change, a-t-il été gentil, au moins, pour tes étrennes ? lui demandais-je, pour changer de sujet de conversation.

— Ah ! mon pauvre Petit-Claude, je crois bien que je vais être forcé de l'envoyer... remiser.

— A la remise, un quart d'argent de change ? c'est raide comme cabriole !

— On n'a pas idée d'un homme pareil ! s'entêter à la hausse...

— Ça ne va donc pas à la Bourse ? Je croyais que c'était comme tous les ans, la trève des confiseurs.

— Je t'en fiche ! en fait de confiseur, mon quart d'agent de change est baba, la corbeille est en compote, la coulisse est en marmelade et les courtiers marrons... glacés d'effroi en songeant à la prochaine liquidation.

— Diable ! ton quart d'agent de change...

— Toujours à la hausse, c'est inquiétant ! aussi tu penses si je vais tâcher de me faire présenter à un baissier ! J'ai ma couturière à payer.

— Tiens ! qu'est-ce que c'est donc que ça ? demanda-t-elle, après un moment de silence, la jolie gravure !

— C'est notre prochaine prime.

— Et de qui ?

— De Beaudoin, du dix-huitième siècle, (1777), *la Sentinelle en défaut.*

— Dis donc ! tu sais, faudra pas oublier de l'envoyer à Bismarck.

— Mais non ; c'est convenu.

— Ah ! j'allais oublier ; reprit Serpentinette. J'ai vu la mère Cyprien, à déjeuner...

— Qui ça, la mère Cyprien.

— Tu ne te rappelles pas ? le marc de café...

— Ah ! si... alors ?

— Que de choses cette année-ci, mon cher !

— Pas possible !

— D'abord, elle m'a dit qui était le fameux X... de monsieur Andrieux.

— Ah !

— Mais tu ne le répèteras pas au moins.

— Je le jure !

— Eh bien !

— C'est...

Et elle me dit un nom, tout bas, dans l'oreille.

— Vrai ?

— Tout ce qu'il y a de plus vrai ; puisque c'est la mère Cyprien qui le dit.

Vous me pardonnerez, lecteurs, de ne pas vous répéter le nom qu'elle m'a dit ; mais on n'aurait qu'à m'appeler à la Commission d'enquête...

Et je ne suis pas comme Serpentinette, moi ! les gardes municipaux...

Et...

Mais c'est tellement inouï, tellement énorme, tellement... que si vous le saviez, vous refuseriez certainement d'y croire. Et j'aime mieux vous laisser vos illusions !

— C'est tout ce qu'a dit le marc de café ?

— Oh ! non pas ; en 1893, il y aura les élections ! Devine un peu quels sont ceux qu'on nommera députés.

— Comment veux-tu...

— Je le sais, moi ! le marc de café me l'a appris.

— Fais comme lui, mets-moi au courant.

— Eh bien !...

— Va, je note pour les lecteurs du *Paris qui Rit.*

— Pour être nommé député, il faudra faire preuve qu'on avait jadis placé sa fortune dans le Panama.

— Pourquoi ça.

— Parce qu'alors, l'électeur ne pourra jamais reprocher à ses élus d'avoir touché des dividendes ni tiré aucun profit de la grande affaire et il n'y aura plus de scandales au Palais-Bourbon.

— C'est juste ! les malheureux actionnaires... j'en sais quelque chose, mon concierge...

— Après ?

— Avant Panama, il avait un brosseur qui cirait l'escalier, et sa fille prenait des leçons de piano ; or, depuis Panama.

— Depuis Panama ?

— Le pauvre diable frotte lui-même et sa demoiselle...

— Dis !

— A remplacé son piano par un accordéon, par économie !

— Que d'infortunes tout de même ça a causé, ce maudit Panama ! quand on pense qu'il y en a des millions comme ça dans Paris ! C'est effrayant.

Nous fûmes interrompus dans nos considérations philosophiques par l'arrivée de Flanochard, qui s'écria :

— Ah ! mes enfants ! une nouvelle épatante.

— Quoi encore ?

— L'Académie vient d'arrêter son choix pour le fauteuil de Renan.

— Et qui ?

— Le rédacteur en chef du *Père Peinard,* qui sera chargé de rédiger le dictionnaire de l'Avenir. Zola fait une tête !

J'estime cordialement Flanochard, mais je vous conseille de « consulter les affiches » pour la date de la réception.

Et, comme Flanochard qui avait son sac plein de nouvelles inédites, racontait à Serpentinette qu'il était fortement question de saisir la fortune des personnes inculpées d'avoir touchés des chèques du Panama.

Notre fine collaboratrice lui répondit :

— Ce serait justice, tout simplement.

— Pourquoi ?

— La peine... du talon, voilà tout !

Et nous sortîmes, pour faire passer ça avec l'apéritif.                    PETIT-CLAUDE.



# UN RENDEZ-VOUS

Il y a quelques années, dans un journal satirique qui eut son heure de succès, la *Gazette parisienne*, des chroniques d'art paraissaient sous la signature : comtesse Berthe.

Le style en était délicat, un peu cherché, parfois un peu mièvre, toujours correct, élégant même, et dénotait chez l'écrivain des instincts aristocratiques, et des idées point banales. Mais il n'avait été loisible à personne de démêler qui — homme ou femme — se cachait sous ce nom.

C'était là d'ailleurs, à mon humble avis, une tâche ardue et malaisée. Buffon a écrit quelque part : « Le style c'est l'homme. » Mais nulle part, que je sache, il n'a donné de recette pour distinguer, de manière infaillible, le style de l'homme de celui de la femme... et je crois que cela n'est guère possible !

Si Mᵐᵉ de Sévigné, en effet, nous a laissé des lettres dans lesquelles apparaissent et se révèlent toutes les préciosités de son siècle, et — disons-le — de son sexe, George Sand a bien pu signer tous ses écrits sans mentir à son étiquette masculine, et Mᵐᵉ de Girardin, afin de pouvoir parler librement de toutes choses, a illustré dans nombre de causeries charmantes, et sans jamais trahir son programme, le pseudonyme de vicomte de Launay.

La réciproque peut-elle être vraie ?...Quoi qu'il en soit, le secret de la comtesse Berthe était bien gardé. Personne, je le répète, ne pouvait se vanter de la connaître, et les indiscrétions du personnel du journal n'étaient point à craindre. Régulièrement, sa copie parvenait au secrétaire de la rédaction, qui la transmettait à l'imprimerie ; mais aucun prote, aucun typographe n'avait jamais entrevu la signature mystérieuse de la *Gazette parisienne.*

Parmi les lecteurs les plus assidus de la comtesse Berthe se trouvait Paul Simiane, un jeune sculpteur de beaucoup de talent, qui n'achetait guère la *Gazette parisienne* que pour les chroniques d'art.

Il suivait de la sorte les errements communs au plus grand nombre : car, sauf les lecteurs consciencieux qui savourent une feuille entière, depuis A jusqu'à Z, et sans sauter une ligne, combien délaissent les trois quarts de leur journal, pour courir bien vite à l'article qui les intéresse !

Les uns, avides de savoir ce qu'est devenue, depuis la veille, l'héroïne du roman-feuilleton qu'ils trempent tous les matins dans leur café au lait, commencent leur lecture par le bas de la seconde page ; les autres, non moins avidement, se précipitent sur la colonne des faits divers ; ceux-ci n'ont d'yeux que pour les échos de théâtres ; ceux-là, pour la petite correspondance, et d'autres, pour les tribunaux...

Donc, Paul Simiane prisait fort les articles de la comtesse Berthe, et cela, parce qu'il était presque toujours en communion d'idées avec elle ; tant il est vrai que le journal bien pensant doit se définir : celui qui pense exactement comme la personne qui le lit !

Un soir que le jeune sculpteur se promenait sur le boulevard avec un sien ami, nommé Dutilleul, la conversation vint à tomber sur les femmes-auteurs et sur les femmes artistes.

Ce Dutilleul était bien l'homme le plus insupportable et le moins galant qu'on pût rencontrer, daubant sur toutes choses, critiquant tout le monde, incapable lui-même de quoique ce fût, mais ayant en revanche la prétention de tout connaître, et d'être renseigné comme pas un.

Naturellement, il n'accordait pas aux femmes le moindre mérite, et les traitait de bas bleus et de déclassées, à la grande indignation de son ami.

— A propos, interrogea tout à coup celui-ci, toi qui sais tout, pourrais-tu me dire qui est la comtesse Berthe, de la *Gazette parisienne?*

C'était le trait caractéristique de Dutilleul de ne jamais rester court, même quand il ne savait pas le premier mot de ce qu'on lui demandait.

Aussi répondit-il avec une parfaite assurance:

— Tu ne peux pas mieux t'adresser... On me l'a justement montrée l'autre soir aux *Folies-Dramatiques.* C'est une jeune femme, brune, assez jolie, ma foi!

— Mariée?...

— Non. Veuve.

Ah!... et... comment s'appelle-t-elle?...

— Tu m'en demandes trop, répliqua cette fois Dutilleul, pris au dépourvu... On m'a dit son nom, cependant.

Attends donc... un nom très ordinaire, comme Dunant, Dumont, Duparc... Je ne me rappelle pas au juste.

Et puis, qu'est-ce que cela te fait?... Tu ne veux pas l'épouser, par hasard?...

— Oh! la curiosité, seulement!

A quelque temps de là, peu de jours après l'ouverture du Salon, la *Gazette parisienne* publiait un article violent contre le célèbre Rubis de Havane, qui venait d'exposer ses deux toiles: *Pauvre chasseur* et *Paisible contrée.*

Paul Simiane, qui était un fervent admirateur du Maître, n'en revenait pas! C'était la première fois que Berthe se trouvait avec lui en contradiction flagrante.

Il en conçut tout d'abord un grand dépit. Puis l'idée lui vint de convaincre et de ramener à ses propres sentiments cette jeune femme dont son ami — bien que peu indulgent d'habitude — lui avait tracé un si sympathique portrait.

Il décida qu'il lui écrirait et, s'avisa, pour ne point l'effaroucher, d'une combinaison machiavélique.

Voici la lettre:

« MADAME,

« Je suis une de vos lectrices les plus assi
« dues, et, jusqu'à présent, vos appréciations
« artistiques étaient à ce point d'accord avec les
« miennes, que votre chronique m'étonne et me
« déconcerte! Peut-être me trouverez-vous bien
« ambitieuse et bien téméraire, mais je ne dé
« sespère pas de vous faire revenir sur votre
« opinion au sujet des tableaux de Rubis de
« Havane. Il faut que vous les ayez mal regar
« dés. Si je pouvais vous parler seulement cinq
« minutes, je suis certaine que vous vous ran
« geriez à mon avis.

« Veuillez excuser en tous cas, Madame, la
« liberté que je prends de vous écrire, et croyez
« à mes meilleurs sentiments.

LOUISE DUROCHER. »

Suivait l'adresse. Paul eut bien soin de prévenir son concierge que, s'il arrivait par hasard une lettre pour Mme Durocher, c'était pour lui.

La réponse ne se fit point attendre.

Elle était ainsi conçue:

« MADAME,

« Si vous voulez vous trouver mercredi, à dix
« heures du matin, devant le tableau *Pauvre
« chasseur!* j'aurai le plus grand plaisir à faire
« votre connaissance, et à causer avec vous.
« C'est une bonne fortune pour nous que nos
« lectrices s'intéressent assez à nos opinions pour
« prendre la peine de les discuter.

« Votre toute dévouée.

COMTESSE BERTHE. »

Le mercredi suivant, à dix heures précises, Paul Simiane franchissait les portes du Palais de l'Industrie. Dans le salon carré, où se trouvaient les tableaux de Rubis de Havane, il n'y avait absolument, à cette heure, qu'un jeune homme qui prenait des notes sur un carnet.

Après avoir fait le tour de la salle et examiné minutieusement toutes les toiles de la cimaise, ce jeune homme vint s'installer sur le divan du milieu, juste en face de *Pauvre chasseur!*

Cependant, Paul se promenait fiévreusement de long en large, regardait sa montre, et de temps en temps, sortait pour jeter un coup d'œil sur l'escalier.

Quand il fut fatigué de ce manège, il tira de sa poche la lettre qui lui donnait rendez-vous, et, bien que l'ayant lue plus de vingt fois, se mit en devoir de la relire.

Après quoi, il recommença sa promenade en monologuant:

— C'est bien pour dix heures, ici... Je n'y comprends rien... Quel intérêt peut-elle avoir à me faire poser?

Et le hasard, au milieu de ses allées et venues, l'ayant amené près du divan où le jeune homme au carnet continuait à prendre des notes, il s'arrêta, et reprit à demi voix:

— Il est admirable ce tableau!... Quelle poésie merveilleuse!... Quelle désolation profonde dans l'aridité du paysage!... Quelle mélancolie intense et pénétrante!...

Alors il entendit à côté de lui ces simples paroles:

— Moi, je trouve cela complètement idiot!...

— Vous dites, Monsieur? s'écria-t-il furieux, en se tournant vers son interlocuteur.

— Je ne dis rien, Monsieur. Je me parle à moi-même. Vous faites bien vos réflexions tout haut. Vous trouverez bon que je fasse les miennes..... Je ne vous connais pas.

— Monsieur!...

Et Paul Simiane, ayant porté sa main à sa poche pour en tirer sa carte, laissa tomber par mégarde l'enveloppe de la fameuse lettre.

L'inconnu éclata de rire.

— C'est vous!... ah!... c'est vous! dit-il... Elle est bien bonne!

— Que signifie, Monsieur?... riposta Simiane, tout à fait exaspéré.

Mais le jeune homme se baissa, ramassa l'enveloppe, la lui tendit, et gravement, cette fois:

— Je ne me bats pas avec les femmes... Madame Louise Durocher, j'ai l'honneur de vous présenter la Comtesse Berthe.

— Ah!... Ah!... prononça Paul qui n'en revenait point. Moi qui vous croyais brune... et veuve... et qui avait pensé... Alors, nous avons eu la même idée?...

— N'en parlons plus!

Ce matin-là, Paul et la pseudo comtesse Berthe déjeunèrent ensemble chez Ledoyen.

Ils sont devenus les meilleurs amis du monde.

* * *

## NOS PRIMES

*Nous appelons tout spécialement l'attention de nos lecteurs sur nos primes de chaque mois. Ces primes sont la reproduction exacte de vieilles gravures des Maîtres du XVIIIe siècle — comme sera, par exemple, celle qui paraîtra la semaine prochaine:* **La Sentinelle en défaut, de Beaudoin, peintre du Roi (1777).** *Ces gravures, dans le commerce (quand on parvient à les trouver, car elles deviennent rares), coûtent communément de 5 à 10 francs l'exemplaire, en reproduction et l'original en varie de 50 à 100 francs.*

*C'est donc un véritable cadeau que* **Paris qui Rit** *offre à ses nombreux lecteurs.*

# 20 Jours de plaisir dans la Capitale

Bien que la fille au père Mathieu fût une adorable petite créature, et charmante à croquer, à l'issue du repas, Philoctète la laissa partir seule et la mit dans un fiacre pour qu'il la reconduisît chez elle.

— Comment, vous vous quittez ainsi? s'écria Carle-Max, tout ébahi de ce manège peu habituel au jeune Dubassin. Vous savez bien, voyons, que vous n'avez pas à vous gêner avec moi. Allons! bonsoir les amoureux! Je vous laisse accompagner cette belle enfant jusqu'en son hospitalier logis.

— Qu'en dis-tu? demanda, mais sans conviction, Philoctète, à sa compatriote.

— Pas grand'chose, répondit-elle: et toi?

— Presque autant, fit-il; c'est drôle, comme camarade, comme amie, tu me plais énormément, mais...

— C'est tout comme moi, mon cher; riposta la fille du père Mathieu...

— Nous nous connaissons depuis trop longtemps...

— Plus d'illusions!

— Plus guère!

— Je te vois toujours avec les pantalons fendus, Philoctète, et les tartines de confiture que tu mangeais quand tu allais à l'école, chez le vieux François.

— Et moi, il me semble encore te voir l'échapper des rangs, dans les promenades avec les sœurs, pour venir avec nous jouer aux barres sur le Mail, où nous t'attrapions constamment par les jupons qui flottaient, quand tu courais avec nous.

— Nous ne pourrions jamais garder notre sérieux mon pauvre ami!

J'en ai peur, ma belle.

— Et je n'aime pas à plaisanter, moi, avec les choses sérieuses.

— Ni moi non plus.

— Allons, au revoir! tu ne m'en veux pas?

— Et toi?

Non! la franchise, cela vaut mieux. A propos, quand tu retourneras là-bas, je compte sur toi pour ne pas dire où ni comment nous nous sommes rencontrés et si on te demande si tu m'as vue et ce que je fais...

— N'aie pas peur; je dirai que tu es chez une maîtresse de chant, voilà tout!

— Tiens! il est joli, celui-là! au besoin je m'en servirai. Merci! s'écria la rieuse enfant qui jeta son adresse au cocher et partit.

— C'est égal, remarqua Carle-Max, jamais je n'aurais cru cela de vous, mon cher!

— Quoi!

— Elle est pourtant très bien, cette enfant.

— Je ne dis pas, mais...

— Vous vous connaissez trop.

— Oh! ce n'est pas cela seulement, mon ami.

— Quoi alors?

— Si je l'avais accompagnée chez elle, elle s'en serait fait des rentes plus tard.

— Comment ça?

— Tiens! ne savait-elle pas où me retrouver et une fois marié, elle n'aurait pas manqué de me relancer, ce qui m'aurait occasionné une foule de dépenses superflues pour m'empêcher de faire du scandale auprès de ma femme.

— Compliments! vous commencez à connaître ces demoiselles.

— Avec un guide tel que vous, mon cher Carle-Max, on ne peut que devenir rapidement parisien. Ah! ça, maintenant où allez-vous diriger mes pas?

Carle-Max réfléchit un instant, puis il fit:

— Quelle heure?

— Dix heures moins le quart.

— Bien! nous arriverons juste à temps.

— Chez qui?

— Chez le grand Bond'élan, Philoctète, le maître à danser.

— Mais je sais valser.

— Aussi n'est-ce pas pour vous faire prendre une leçon, on ne s'en soucie que fort peu, là où nous allons ; c'est encore une des curiosités de Paris.

— Vraiment?

— Vous verrez ça !

Et une demi-heure plus tard, Carle-Max et le jeune Dubassin arrivaient dans une rue voisine de la Porte-Saint-Martin.

A la porte de la maison devant laquelle ils s'arrêtèrent, une large plaque dorée tranchait sur la peinture sombre du bois :

BOND'ÉLAN, PROFESSEUR DE DANSE
COURS DE 2 A 4 HEURES
TOUS LES SOIRS LEÇONS COLLECTIVES
PRIX MODÉRÉS

— Nous sommes arrivés, dit Carle-Max, en pressant le bouton de la sonnerie électrique.

Un valet, correctement vêtu d'un habit noir à la française, la chaîne de l'huissier au cou, vint leur ouvrir et reconnaissant notre ami Carle-Max :

— Ah ! monsieur Carle-Max, Monsieur Bond'élan va être enchanté de vous voir ; il y a justement soirée de gala aujourd'hui.

Et les ayant introduits dans un petit cabinet de travail, il alla avertir le professeur de leur arrivée.

— Dites-moi au moins où nous sommes, demanda le jeune Dubassin.

— Non, je veux vous en laisser la surprise, mon bon.

Le professeur Bond'élan fit son entrée, non point en culotte de velours ni de soie, sans avoir les bas blancs bien tirés ni la perruque à queue de ses confrères du XVIII⁰ siècle, et sans être armé de leur légendaire pochette ; mais mis à la dernière mode du jour, avec le col rabattu, montant haut, le gilet garni du plastron étincelant de blancheur, les cheveux taillés racine droite, un gentleman.

— Messieurs, fit-il en les saluant.

— Vous avez eu bonne idée de venir, continuat-il à Carle-Max.

— Bah !

— Vous allez voir ça, c'est charmant! Ça vaut cinquante lignes, en première page.

— Toujours gourmand, donc ? dit Carle-Max.

— Toujours! La réclame, voyez-vous, cher, il n'y a que ça !

Et les précédant, il les conduisit dans une salle assez vaste, très éclairée, garnie tout à l'entour, contre la muraille, de sièges et de bancs, où étaient assises des dames, la plupart jeunes, assez jolies, de maintien convenable et réservé.

Au bout de la salle, un piano et un petit orchestre composé d'une flûte, d'un violon, et d'un piston, quatre instruments.

Des messieurs de tout âge se promenaient par groupes en causant.

Mais toute l'assistance fleurait un parfum d'honnêteté et de bonne tenue qui frappa le jeune Dubassin.

— On dirait le bal d'une noce, fit-il à Carle-Max, pendant que le professeur Bond'élan était allé donner un ordre à l'orchestre.

— Oui, répondit Carle-Max ; mais c'est une noce d'un genre tout spécial.

Le petit orchestre entama une ritournelle de valse et le professeur Bond'élan les étant venu rejoindre demanda à Philoctète :

— Aimez-vous la danse, Monsieur?

— Beaucoup, mais ne connaissant personne..

— Oh ! qu'à cela ne tienne, je vais vous présenter. Mes élèves seront enchantées d'avoir un excellent cavalier comme vous.

Et l'ayant emmené auprès d'une jeune femme, qui paraissait au plus avoir vingt-cinq ans, il lui dit :

— Mademoiselle Lucile, permettez-moi de vous présenter Monsieur, un cavalier qui vous en enseignera plus, en deux tours de valse, que moi en cinquante leçons.

La demoiselle, souriant gracieusement, se leva et prit la main que Philoctète lui offrait.

Ils partirent en mesure et disparurent bientôt au milieu des autres couples qui tournoyaient.

La valse finie, poliment, le jeune Dubassin reconduisit sa danseuse à sa place et s'assit auprès d'elle, après en avoir sollicité la permission qu'elle lui accorda gentiment.

Cette demoiselle Lucile était une blonde enfant, au regard doux et bleu, avec d'énigmatiques profondeurs qui attiraient comme un fascinant abîme.

Elle était petite, mignonne ; mais cambrée, très joliment faite, simplement habillée, très correcte et très bien moulée dans son corsage sans ornements.

Elle avait une voix agréable, fraîche, et, en valsant, le jeune Dubassin s'était délicieusement régalé du battement de son cœur qui répondait aux battements du sien.

Avec ça, un parfum subtil, délicat et discret, de verveine s'échappait d'elle qui flattait l'odorat et grisait un peu le cerveau.

Quelques mots avaient été échangés en valsant et Philoctète semblait fort disposé à continuer la conversation.

— Ainsi, mademoiselle, vous êtes dans les fleurs ?

— Oui, Monsieur, rue Saint-Denis, à la Rose Mousseuse ? depuis 3 ans et j'espère bientôt passer première.

— Et vous êtes beaucoup tenue, dans ce commerce-là? interrogea Philoctète, qui, quoique peu timide, comme on a pu le voir, n'osait pas autrement formuler son arrière-pensée, dans cet atmosphère de respectabilité environnante.

— Toute la journée, la semaine, Monsieur.

— Vous ne prenez jamais de distractions, de repos ?

— Si le soir, je viens souvent ici ; j'adore danser et, au moins, chez Monsieur Bond'élan, c'est convenable et pas comme dans les bals publics, où mes parents ne me laisseraient pas aller.

— En effet! c'est très respectable, ici ! fit Philoctète, avec une nuance de dépit.

— Puis le dimanche, ajouta la demoiselle, après un instant de silence, occupé par elle à examiner en dessous son interlocuteur, je vais à la campagne avec des amis.

— Et vos parents ?

— Non ! mon père a la goutte, et maman est forcée de rester près de lui pour le soigner ; et puis, ils ne s'amuseraient pas, nous allons canoter à Nogent.

Philoctète respira. Ce canotage, très ingénument avoué, lui ouvrait un horizon folâtre, qui lui fit écarquiller les yeux.

— Vous êtes charmante, mademoiselle, reprit-il, en dardant sur elle son regard le plus persuasif. On a dû vous le dire déjà.

— Mais, Monsieur... fit-elle, avec un petit mouvement de recul, qui força Philoctète à se rapprocher davantage.

— Oh ! ce n'est point un compliment banal, mademoiselle, croyez-le bien et si j'osais...

— Où voulez-vous en venir ?

— A ceci, mademoiselle, obtenir de vous la permission de vous revoir.

— Monsieur...

— Oh ! vous ne me refuserez pas cette grâce.

— Mais je ne vous connais pas, Monsieur...

— Il me semble, moi, mademoiselle, que je vous ai toujours connue.

— Trop aimable, Monsieur. C'est égal, c'est aller un peu vite, Monsieur... je ne sais pas même votre nom.

La place qu'assiégeait Philoctète ne se défendait, en somme, qu'assez faiblement ; le jeune Dubassin le comprit et insista de plus belle, après s'être nommé et donné, le traître, comme un simple commis d'une maison de gros.

— Voyons, mademoiselle, vous êtes intelligente et je vous crois bonne, me laisserez-vous sans espoir ?

— Sans espoir ?

— La vie est si bizarre parfois, Mademoiselle ! aujourd'hui on ne s'était encore jamais vu et demain on se lie pour toujours.

— Oh ! oh ! mais alors c'est une déclaration en règle, Monsieur.

— Que je vous prie d'agréer favorablement, Mademoiselle. Nos situations sont les mêmes, continua Philoctète, en poursuivant son ingénieuse comédie, une alliance entre nous n'aurait rien que de naturel, après tout ; et à moins que je ne vous sois absolument antipathique.

— Je ne dis pas cela, Monsieur ; répliqua vivement la fleuriste, qui semblait prendre charme à la conversation.

— Alors ! c'est dit, vous me permettez de vous revoir.

— Que vous êtes pressant! mais je ne veux pas vous désespérer, vous me croiriez trop mauvaise.

— Ce qui veut dire ?

— Que vous me verrez tous les soirs ici, d'abord...

— Et puis?

— Dame ! quand je vous connaîtrai davantage.

— Eh bien ?

— Un dimanche, vous viendrez canoter à Nogent avec mes amis.

— Vous êtes adorable et je vous adore.

— Chut ! voici monsieur Bond'élan qui revient avec ce Monsieur qui vous accompagnait quand vous êtes arrivés.

— Vous m'aviez donc remarqué, mademoiselle ?

— Mais...

— C'est la sympathie qui naissait?

— Peut-être ; mais silence, si monsieur Bond'élan se doutait de la moindre chose, il m'empêcherait de revenir ; il est très sévère pour cela...

Philoctète se leva et l'ayant saluée, il rejoignit Carle-Max et le professeur.

— Eh bien ! avez-vous bien dansé, Monsieur, vous êtes vous amusé ? interrogea le professeur.

— Si bien, Monsieur, que vous aurez à l'avenir un élève de plus.

— Enchanté.

— Si vous voulez me dire le prix de vos cachets...

— Oh ! à demain, Monsieur, les affaires sérieuses. Vous me trouverez de deux à cinq heures.

Et après avoir cordialement serré la main de Bond'élan, Philoctète le quitta avec Carle-Max et quand ils furent dans la rue :

— C'est charmant, vous savez, cette maison-là! s'écria le jeune Dubassin.

— N'est-ce pas? ah ! Bond'élan est un adroit compère.

— Un compère ?

— Que vous a dit votre charmante danseuse? Philoctète lui raconta toute sa conversation, très emballé, avec la petite fleuriste.

— Ce qui se termine, somme toute, par les cachets que vous solderez d'avance demain au sieur Bond'élan, qui se prépare ainsi de bonnes petites rentes pour ses vieux jours.

— Comme chez la Bellange, alors ?

— Oh ! non ! Bond'élan ne fait pas de vilaine besogne ; il se contente de louer son salon pour faciliter les rencontres, dont il ne se mêle jamais ; il n'a même jamais l'air de se douter de rien.

— Mais ces demoiselles sont-elles de véritables employées de commerce, au moins ?

— Absolument.

— Une agence de faux mariages, alors! comme celle de la tache de la rue de Verneuil.

— Non ! l'agence de l'amour libre ; libre à vous d'agir à votre loisir, on danse ou l'on flirte, chacun à son gré.

— Oh ! ce Paris ! s'écria Philoctète. Il faudra que j'y revienne, quand je serai marié !

*(La suite au prochain numéro).*

# HANNETONS

— Ce qu'on fait au bahut ?

— Dame, vous n'y êtes pas pour vous croiser les bras, je pense ?

— A quel moment, le soir, le matin ?

— Dans la journée.

— Rien, on pioche, ou on ne pioche pas, ça dépend des tempéraments.

— C'est tout ?

— Puis on bouquine — dans les pupitres.

— Vous êtes joliment surveillés. Ça se voit, que diable ! un pupitre qu'on tient levé.

— Il y a des accalmies. Ainsi, de deux à trois, l'autorité se relâche : elle fait un petit somme.

— Chez nous pas, elle voyage... dans le bleu.

— Jeune, alors, l'autorité chez les Mères ?

— Trente ans.

— C'est l'âge.

— Pourquoi cela ?

— Parce que c'est l'âge. Tu n'as donc jamais rien lu ?

— Que si !

— Pas les bonnes pages — ou tu es bouchée.

— Dis donc !

— Ne t'en plains pas, va ; ça s'ouvre assez tôt, les horizons, hélas !

— Tu regretterais cela, toi ?

— C'est selon.

— Selon quoi ?

— Selon les seconds plans. Il y en a de fort beaux, il en est aussi de terriblement dépréciés.

— Qu'est-ce qui t'a donc appris tout cela ?

— L'expérience, mademoiselle.

— Celle des autres, j'imagine.

— Point, la mienne.

— Ah ! mais, il dit cela avec un petit air ! Tu en as donc, toi, de l'expérience ?

— Ma petite Laurette, tu deviens indiscrète.

— Voyez-vous, monsieur le philosophe, monsieur le blasé, pour qui la vie n'est déjà plus assez belle, puisqu'il la divise en premiers et seconds plans, ceux-ci supposés dépréciés, et qui, s'emballant par delà Platon pour scruter l'impénétrable, court si vite qu'il se casse les pattes et n'ose plus bouger, ne voyant que l'épine, non la rose. Enfin, il y a encore des roses, on ne vous les a pas toutes déflorées.

— Mais, petite, tu as lu, et lu les bonnes pages ; tu dissertes admirablement et parles mieux encore : qui « s'emballe », qui « se casse les pattes »... Ce siècle a du bon, sur la fin ; instruites dès l'œuf, mesdemoiselles, —voire même littéraires. Du diable si je songerai à me marier, maintenant : trop de fleurs !

— Poltron !

— Poltron ! mais tu n'as que seize ans, ma belle chérie, et te voilà partie avec tes grands yeux bleus restés candides. — Compliments ! Eh bien ! suppose, veux-tu, que j'aie tous mes bachots, pas un de plus — j'en ai déjà pas — et que, très sérieux désormais, je prouve que je touche aux sommets de la bêtise humaine en demandant ta main à mon vieil horloger d'oncle, ce cumulard, puisqu'il est aussi ton père. Eh bien ! dis-je, je l'avoue, je ferais une gaffe : je devrais hésiter, vrai... tu es trop parfaite. Il ne me resterait pas le plus précieux de toi-même, ma Laurette, et le plus précieux de toi-même, c'est encore ton ignorance, sais-tu bien.

— Oh !... regarde donc ces hannetons...

Laure et son cousin Louis se promenaient au plus profond du parc par une matinée claire de mai.

Mai est l'ère sainte des tendresses, des ravissements, l'ère des sèves montantes, des éclosions, dans le monde fini des êtres et des choses. D'autre part, le cousin est la première proie qui s'offre aux dents ingénument avides de la petite

cousine, juste au moment où l'œil de celle-ci s'ouvre curieusement sur les inconnus que la littérature dévorée n'importe comment et n'importe où, dans la fièvre, à la hâte, n'a pas dévoilés, mais auxquels, car elle est moderne et dans le mouvement, elle a donné une étrange saveur et de troublants attraits.

— Vois-les donc, ces insectes.

— Je ne vois que cela.

— Comme ils sont drôlement placés, hein !

— Ils rêvent.

— Bête, tu vois bien qu'ils dorment, tout simplement.

— Ils dorment, je veux bien.

— J'ai envie de les prendre.

— Tu n'y penses pas ; sois donc charitable, laisse-les tranquilles.

— Pourquoi ris-tu ?

— Curieuse. Je t'en prie, ne va pas introduire cela à la maison.

— Et puis après ?

— Oh !...

Louis avait saisi au vol la main de Laure qui allait s'abattre sur les inoffensives bestioles.

Or, ce n'était pas seulement dans l'air qu'il passait des effluves. Laure, de pâle qu'elle était d'ordinaire, devenait en effet toute rouge ; son cœur battait sourdement ; c'est qu'aussi Louis gardait sa main prisonnière. Il lui avait paru, tout à coup, que près d'elle, la vie se faisait lumineuse et que plus il serrait la main de sa cousine, plus il montait de lumière dans son cœur.

Trop de perfection ne l'effrayait plus à présent. Mais ce qui l'étonna, c'est que Laure ait pu se transformer si vite à ses yeux, et qu'effrayante, ou à peu près, selon la saine morale, il n'y avait qu'un instant, elle fût devenue aussi complètement idéale.

Et, après un assez long temps de silence où leurs cœurs, sans parler, s'étaient dit de bien douces choses, le moraliste qu'était le cousin ne redoutait plus, sans doute, de toucher, comme il le disait, aux sommets de la bêtise humaine, de faire la gaffe — toujours comme il disait — car, comme, rêveuse, la cousine s'appuyait de tout son poids sur le bras qu'il lui avait offert, il lui murmurait à l'oreille, la caressant de cette promesse qui, plus que tout, la charmait.

— Tu seras ma petite femme, je te le jure. Et tu seras cause que j'aurai tous mes bachots : les voici conquis.

Ils reprirent, en s'en allant, le même chemin. Il était tard, ils avaient faim. Maintenant, ils marchaient vite, contents d'eux-mêmes et de toute la création, riant comme des fous.

Les mêmes hannetons sur les mêmes branches continuaient leur même sommeil.

— Ils dorment toujours, fit Laure, qui s'arrêta un instant à les regarder.

— Non ; ils rêvent !

Elle ne répondit pas, mais s'appuya plus fort au bras de son cousin.

Edouard ZED.

Six heures du soir. L'heure *dite* entre chien et loup.

L'omnibus Batignolles grimpe péniblement la côte de la Trinité.

Les lanternes vont être allumées par le conducteur, lorsque celui-ci pris soudain d'une noble fureur, apostrophe violemment un personnage assis au fond de la voiture.

Avec l'urbanité qui distingue le plus souvent ces fonctionnaires, il s'écrie :

Eh, là-bas ! Qu'est-ce que c'est que ça...

Voulez-vous bien éteindre votre cigare !

(Tout le monde se regarde, personne ne bouge).

N... de D... voulez-vous oui ou non l'éteindre, ou sinon l...

Et joignant l'exécution à la menace, il se précipite dans l'intérieur de la voiture jusqu'auprès du délin-

quant et lui arrache violemment de la bouche le...... nez vermillonné qui flamboyait victorieusement au-dessus.

Nous ne dirons rien de la fureur du monsieur à l'appareil illuminant, non plus que de l'inconvenance d'une gaieté gondolante qui s'empara aussitôt de l'assistance.

.*.

On a tout essayé, soins, neuvaines, pèlerinages, — tout le reste — mais en vain. Et la charmante petite baronne se désolait de la stérilité de son ménage, qui eut été si heureux, mieux pourvu.

L'autre jour on parlait devant elle d'une amie de couvent.

— Encore !

— Cela fera six.

— En cinq ans.

— C'est ainsi : les uns ont trop, les autres pas assez.

— Hélas ! fit la petite baronne avec un soupir.

---

# LA NOUVEAUTÉ DE L'ANNÉE

C'était le trente-un décembre dernier, il y a à peine quinze jours, que cette histoire, vraie, est arrivée à mon ami Ferdinand Maltrouvé, un ancien camarade de pensums et de vers latins, au collège de Sainte-Ménéhould.

Ferdinand, lequel a depuis fort longtemps perdu son père et sa mère, a du mariage la plus épouvantable horreur ; il est né garçon et il est fermement résolu à mourir en le même état social.

Mais si le mariage lui inspire une aversion peu commune ; la femme, en général, ne lui déplaît pas, au contraire !

Il a des caprices fréquents, tout comme une petite maîtresse (on n'est pas de Sainte-Ménéhould pour rien) et dame ! c'est plus fort que lui, quand un caprice le vient harponner, que ce soit pour une fille de ferme ou une archiduchesse, à la campagne où il demeure, l'été ; ou l'hiver, sur l'asphalte du boulevard Montmartre, dans le promenoir des Folies-Bergère, au Pôle-Nord ou à l'Elysée-Ménilmontant : oh ! il n'y a pas, vous savez, il faut que caprice se passe.

Avec ça, sa fortune rondelette lui permet bien de ces fantaisies qui ouvrent si habilement le cœur des dames pas « bégueules », cocottes ou bourgeoises, courtisanes, demoiselles de compagnie, ou grand'mondaines du noble faubourg, qui ne répugnent pas à s'encanailler avec un « croquant » non titré comme lui.

Comme il va partout, est reçu dans tous les mondes, de par sa dualité de profession, occupant ses loisirs au Ministère des... — mais je ne vous dirai pas lequel, on le reconnaîtrait aussitôt, — donc, il occupait ses loisirs au Ministère de... où il émargeait à titre d'attaché au cabinet et, à ses heures de travail, il collaborait au journal le... — impossible encore de vous le citer, vous devineriez encore plus vite de qui je prétends vous parler, — comme il va partout, vous disais-je, il a toute facilité possible pour satisfaire les mutins caprices qui — je vous l'ai déjà dit aussi, je crois — le harponnent assez fréquemment.

Ajoutez à cela que mon ami Ferdinand est un grand et beau gars de trente ans, bien planté, large d'épaules et plantureux de biceps ainsi que de mollets, avec une figure avenante, de grands yeux brillants, des dents blanches, et toute sa barbe, toujours soigneusement taillée.

Si les femmes ne lui déplaisent pas ; en réciprocité, il leur est des plus sympathique, et ses fameux caprices ne restent pas souvent en défaut.

Or, le trente un décembre dernier, mon Ferdinand, à son matutinal réveil, entre onze heures et demie et midi un quart, le moment habituel où il se décidait d'ordinaire à s'habiller pour aller — après déjeuner, bien entendu — faire acte de présence au ministère de... — chut ! — s'était soudainement souvenu que, précisément,

cette après-midi-là, le généreux ministre de...
avait donné congé à son laborieux personnel,
afin que chacun pût, à l'aise, aller dépenser la
gratification allouée, en achats pour les étrennes
du lendemain.

— Que faire? se demanda Ferdinand.

Et il songea à rendre visite aux diverses titu-
laires de ses caprices des derniers temps; mais,
cela tombe toujours comme ça, aujourd'hui qu'il
pouvait sans tricher à son service gouvernemental, disposer de sa journée, au gré de sa fantaisie, il était sûr de ne pas trouver une seule de
ces dames ou demoiselles en état ou en liberté
de le recevoir. Il était, d'avance, certain de trouver partout la même réponse :

— Y pensez-vous, mon cher, la veille du Jour
de l'An ?

— Et mes emplettes, mes cadeaux ? Je reçois
ma famille à dîner demain ! J'ai ma toilette à
essayer pour aller déjeuner chez ma tante! etc., etc.

Justement parce que mille empêchements
auraient dû les mettre en fuite, les malins
caprices l'assaillirent comme des furieux et Ferdinand se sentit la cervelle pétiller d'envie de
folichonnes adventures !

C'était insoutenable, jamais il n'avait été emballé de pareille façon.

Il essaya de réagir par la claustration et s'en-
ferma chez lui à lire la traduction du Code civil
japonais, pour s'engourdir l'âme, jusqu'à cinq
heures de l'après-midi.

Mais ce fut tout ce qu'il put faire; à cinq heures
une, il commença à crisper les mains, énervé ; à
cinq heures sept, il ferma son livre et à cinq heures
quinze, il ouvrit la porte de son appartement, n'y
tenant plus, étouffant, suffoquant; à cinq heures
trente-deux, il débouchait sur le boulevard des
Italiens.

L'animation environnante l'amusa pendant un
quart d'heure, il regarda curieusement les étages des baraques ; mais, va te faire lanlaire ! à la
seizième minute, les caprices indiablés se mirent de nouveau à marteler son pauvre cœur
d'une tambourinade effrénée.

— Si seulement encore, murmurait le pitoyable Ferdinand, je voyais dans la foule un minois
intéressant? pas de danger ! toutes ces trimous-
ses féminines qui circulent, vous ont des airs de
mamans uniquement affairées des cadeaux à
acheter pour les petits. Quel sale jour que le
Jour de l'An.

Il y avait bien les pierreuses, qui faisaient
consciencieusement leur petite « ballade » de
tous les jours ; mais Ferdinand était un délicat
que ces mercantiles ne tendaient point.

Et il désespérait de dénicher à qui s'adresser,
quand une petite femme l'accosta, en souriant.

— Tiens ! Monsieur Oscar, quelle bonne rencontre !

— Pardon, Madame, mais je ne m'appelle
Oscar ! je...

— Oh ! Monsieur ! que je suis confuse ! comment m'excuser?... mais c'est que vous ressem-
blez si étonnamment aussi à Monsieur Oscar...

Et la dame s'arrêta, balbutiant, ne trouvant
plus ses mots, toute déroutée, sur place.

Un seul coup d'œil avait suffi à Ferdinand
pour s'apercevoir qu'elle était jolie ; un second,
qu'elle était adorablement faite sous le costume
assez simple, quoique très propre, qu'elle portait ; un troisième, le convainquit qu'elle était
l'interlocutrice souhaitée pour la capricieuse
démangeaison qui le taquinait de folichonner,
et, en brave que de nature il était — à Sainte-
Ménéhould, on ne connaît pas les inutiles péri-
phrases — il attaqua carrément la conversation :

— Voulez-vous me permettre de vous offrir
mon bras, mademoiselle?

On fut, à vrai dire, un peu surprise de cette
brusque entrée en matière ; mais on devait être
brave aussi, car on ne baissa pas les yeux, et,
très décidément, demanda :

— Pourquoi faire, Monsieur...?

— Pour regarder, en votre charmante compagnie, mademoiselle, tous ces bibelots étalés,
qu'une femme intelligente — et vous l'êtes, j'en
suis persuadé — répondit Ferdinand, qui savait
qu'on ne prend rien avec du vinaigre — doit aimer et je serai ravi, si vous me permettiez de
vous offrir ceux qui vous plairont le plus.

— Vrai ? fit-elle, comme tentée.

— Vrai ! mademoiselle, à vos ordres : conduisez-moi où vous voudrez.

— Boulevard Poissonnière, alors ! s'écria la
demoiselle, en acceptant sans façon le bras que
lui présentait Ferdinand ; il y a là une boutique
où l'on vend la dernière nouveauté de l'année,
des bibelots ravissants ; et si, tout à l'heure, quand
j'y suis passée, je ne m'étais pas aperçue que je
n'avais pas assez d'argent dans mon porte-
monnaie...

— Le mien y suppléera, mademoiselle ?

— Agathe ; Monsieur?

— Ferdinand !

— Bien joli nom, monsieur.

La connaissance était faite, et plus ils avan-
çaient sur le boulevard, plus Ferdinand se félicitaient de sa rencontre.

Mademoiselle Agathe n'était point banale et la
causerie n'arrêta pas de rouler sur l'intéressante
situation de ces petits négociants des baraques
Collet qui ont tant de frais à payer et souvent si
peu de recettes pour y subvenir, quoiqu'ils
offrent au public de si tentantes marchandises.

— Oh ! surtout, ce qui était réussi, c'était ce
ce qu'elle allait lui montrer, la dernière nouveauté de l'année ! Non ! il ne pouvait pas s'en
faire une idée !

Elle jacassait fébrilement, comme prise d'in-
sadiable désir des objets qu'elle lui décrivait.

— Elle est charmante, se disait Ferdinand ; ce
doit être une petite ouvrière ou une demoiselle
de magasin qui rêve, comme moi, une mignonne
équipée ! la délicieuse rencontre !

Ils arrivèrent enfin devant la baraque tant
vantée par la séduisante enfant.

Un jeune homme, joli garçon, y vendait des
bibelots étrangers, bizarres : des amulettes, des
dieux, des étoffes ; et une enseigne flottait, au-
dessus de l'étalage, annonçant aux promeneurs :

FABRIQUES ROYALES DE BEHANZIN
PRODUITS DU DAHOMEY

C'était bien, comme elle l'avait dit, la dernière
nouveauté de l'année !

La petite se mit, dans son enthousiasme, à
pousser, en touchant à chacun des objets exposés, des cris de contentement qui gênaient un
peu Ferdinand, car cela amassait la foule autour d'eux et, en cinq secondes, la baraque
dahoméenne fut assiégée.

Et la compagne de Ferdinand choisissait sans
cesse un bibelot nouveau, qu'il payait et ça commençait à lui coûter cher ; mais un sourire
d'elle le calmait au moment où il allait lui témoigner son refus de continuer la dépense.

En voyant acheter, les badauds achetaient
aussi et les pièces blanches tombaient comme
grêle dans la sacoche du marchand dahoméen.

Cela dura une heure environ, puis le moment du
dîner étant venu, les autres clients se dispersé-
rent et Ferdinand se disposait à se retirer aussi
avec sa compagne quand celle-ci, devenue tout
à coup timide, lui dit, fort embarrassée...

— Oh ! Monsieur, me pardonnerez-vous jamais...

— Quoi donc ?

— Je n'ose pas vous le dire, vraiment...

— Mais quoi ?

— Nous n'avions rien fait depuis Noël, Monsieur, avec Auguste, mon mari ; ajouta la jeune
femme, en présentant le marchand dahoméen à
Ferdinand ; alors...

— Alors ? fit l'attaché au cabinet, qui commençait à s'inquiéter.

— Je vous ai reconnu sur le boulevard, monsieur Ferdinand, ajouta-t-elle, en donnant son
vrai nom à mon ami — car c'est toujours par

discrétion que nous l'avons appelé ici Maltrouvé
— j'avais vu votre portrait sur une affiche de
votre journal et, comme je lis tous vos articles,
je me suis dit qu'un homme qui écrit si bien devait être un excellent garçon et je vous ai amené
ici pour qu'en achetant nos bibelots, vous nous
serviez à entraîner, par l'exemple, d'autres amateurs ; mais Auguste va vous rembourser, monsieur Ferdinand ; nous serions désolés de vous
voir en être de votre poche.

— Ah ! sacrebleu ! s'écria mon ami, exaspéré :
c'est trop fort ! m'avoir pris pour un « Chi-
quer. »

Comme il va dans tous les mondes, Ferdinand
connaissait ce mot des camelots qui exprime la
la comédie que son « caprice » lui avait fait
jouer.

Le comble, c'est qu'avant de le laisser partir,
l'espiègle petite femme lui a arraché la promesse
qu'il lui ferait de la réclame.

Or, le journal où il écrit est trop sérieux et trop
grave pour s'occuper de bagatelles pareilles et
mon ami Ferdinand m'a envoyé cet article pour
que je le fasse insérer au *Paris qui Rit*.

C'est donc pour mon ami Ferdinand, du Ministère de *** — n'insistez pas, je resterai discret —
que je signe, ami lecteur, ces quelques lignes.

                                        BABYLAS.

# L'ALCHIMISTE

En ce temps-là, Jérôme Canasson était amoureux fou de madame Sophie Tournesol.

Seulement, il faut vous dire que l'amour dé-
sordonné de Jérôme était aussi furieusement
contrarié que le fut, pendant le siège de Paris,
le plan du général Trochu, de froussarde mémoire. Mais, à l'encontre de ce grand guerrier,
ce qui contrecarrait les projets du brûlant Canasson, ce n'étaient point les canons prussiens...
Non ; mais c'était sa position sociale qui le plaçait dans un cas d'infériorité déplorable...

Jérôme Canasson n'était que le larbin des
époux Tournesol ; et cela, — il le sentait, — lui
retirait énormément de prestige vis à vis de son
adorée.

Sachez d'abord ce qu'était le ménage Tournesol.

Césarin, le mari, avait cinquante ans, la face
glabre, des lunettes à verres ronds, et un laboratoire. Il était chimiste ; mais non chimiste
comme la racaille du laboratoire municipal. Il
avait étudié consciencieusement tous les papas
en la matière depuis Paracelse jusqu'à Wurtz
et Dumas.

Après avoir longuement fouillé les natures
*organique* et *inorganique*, il en était arrivé à se
persuader ceci : que s'il trouvait un moyen pour
décomposer l'azote, — l'un des quatre corps
de la nature organique, - il serait parvenu au
grand Ternaire des alchimistes du Moyen-Age, et
serait bien près de la transfusion des métaux.
Alors, il serait capable de faire de l'or !

Voilà de quoi s'occupait M. Césarin Tournesol.

Quant à Sophie, sa femme, elle allait avoir
vingt-deux ans, — comme vous, madame! — et
possédait une paire d'yeux, une paire de seins,
de mains, une paire de pieds, je ne vous dis que
ça! d'ailleurs, elle avait presque tout par paire.

Son mari l'adorait, et elle l'aimait peut-être
aussi. Ce qui faisait crever de rage le malheureux
Jérôme Canasson.

*,*

L'amour est un conseiller souvent mauvais.

Le digne larbin dont la flamme était si mal récompensée eut un jour l'idée que s'il arrivait à
la fortune il pourrait s'affranchir du sceau du

servage, et qu'alors la belle Sophie pourrait bien se laisser fléchir. En effet, être revêtu d'un habit vert à galons jaunes, et passer ses jours à effeuiller un pluméau en disant : « Elle m'aime, un peu, beaucoup, passionnément, pas du tout! » ne constitue pas une existence heureuse, surtout lorsque, à tout moment, un malencontreux coup de sonnette vous fait retomber brutalement des hauteurs de l'idéal au terre-à-terre de la réalité.

Il fallait mettre un terme à cette situation ridicule ; et c'est ce que fit le jeune Canasson.

En domestique dévoué, Jérôme s'intéressait beaucoup aux travaux scientifiques de son maître.

De fil en aiguille, il avait gagné l'ambition de Césarin, et voulait, lui aussi, faire de l'or... S'il y parvenait, Sophie serait à lui, corps et âme! quoique l'âme, entre nous, vous savez!...

Or, vers l'époque où le larbin pensa à son tour à faire de l'or, la *Société pour l'encouragement des lubies inoffensives*, dont Césarin Tournesol était membre honoraire, fit présent à l'éminent chimiste d'un petit coffre-fort en carton peint figurant un alambic posé sur un piédouche en bois verni, — touchant hommage allégorique ! dans le piédouche s'ouvrait un tiroir destiné à recevoir les valeurs.

Un matin, en époussetant les vieux bouquins, les éprouvettes, les capsules et autres crocodilles empaillés, Jérôme aperçut l'alambic.

Bien qu'habitué à voir son maître acheter chaque jour de nouveaux instruments, la vue de celui-ci intrigua beaucoup le larbin.

— Tiens! se dit-il, qu'est-ce que c'est encore que cette machine?

Il examina longuement l'objet et découvrit le tiroir...

« Que faire d'un tiroir à moins de le tirer? » aurait dit Lafontaine.

Canasson pensa comme le fabuliste, et exécuta sa pensée...

O étonnement, éblouissement!...

Le tiroir était aux trois quarts plein de louis...

— Mazette! s'exclama Jérôme, le patron est enfin arrivé à faire de l'or! et ceci est l'instrument qui lui a servi; cependant, ce qui m'étonne, c'est que ce vil métal se produise tout monnayé, à l'effigie de Napoléon III et de la République... Bah! on voit de si drôles de choses en chimie!

Il se remit à contempler l'alambic avec admiration, et dit enfin :

— Au fait, puisque Tournesol est parvenu à faire de l'or, je peux bien lui en *faire* un peu, moi!

Et, malhonnêtement, il plongea les quatre doigts et le pouce dans le tiroir, et en sortit une trentaine de pièces qu'il glissa, non moins malhonnêtement, dans la poche de son haut-de-chausses...

Quotidiennement, il renouvela sa manœuvre, si bien qu'au bout d'un mois ou deux, il se trouva la tête d'un joli pécule.

— Maintenant, pensa-t-il, je vais précipiter les choses.

Il faudra bien que madame Tournesol cède à ma tendresse et à mes louis !

Effectivement, il ne s'écoula pas vingt-quatre heures avant que Sophie tombât dans les bras du larbin.

Les femmes sont si faibles.

Ce fut une lune de miel dont on ne peut se faire une idée qu'en relisant *Paul et Virginie*.

Mais il advint alors que Jérôme Canasson sentit entrer en lui le démon de la jalousie. Il eût voulu posséder madame Tournesol pour lui seul... Si ce n'est pas honteux !

Comment faire ?

Sans doute, il eût pu l'enlever comme on fait dans les romans de Xavier de Montépin ; mais il n'avait pas assez de galette, malgré le bienheureux alambic, pour tenter l'aventure et louer une chambre garnie pour y abriter ses amours contre les intempéries de la saison... Et puis **Sophie voulait bien rigoler un brin, mais ne te**

nait pas à quitter son vieux Tournesol sans avoir l'avenir assuré.

Que faire, encore une fois ?

Chaque jour Jérôme se posait cette question avec l'anxiété du désespoir, lorsque tout à coup, une après-midi, pendant que Tournesol était allé acheter une cornue indispensable pour quelque nouvelle expérience, le domestique, en nettoyant le laboratoire aperçut auprès de l'alambic une feuille de papier blanc sur laquelle était tracée cette formule :

Un œil de veau bien frais
Poil à gratter . . . . . 5 grammes
Fleurs de sureau . . . 10 »
Médaille du pape . . . 1 »
L'Assommoir . . . . . 1 chapitre

Agiter fortement : enfermer hermétiquement ; et laisser macérer pendant deux mois.

Cette note laconique en disait long pour Canasson.

— C'est la recette! s'écria-t-il. C'est la recette pour faire de l'or ! Je n'ai plus qu'à faire construire un instrument semblable à celui-ci il désignait l'alambic-coffre-fort et dans deux mois, je serai riche comme Crésus et il me sera facile d'enlever ma bien-aimée Sophie !

Le lendemain, qui est-ce qui fut épaté en s'apercevant que sa chaste moitié n'était pas rentrée de la nuit? Ce fut le pauvre chimiste Césarin Tournesol...

— Elle sera allée chez sa cousine Brigitte ! pensa-t-il. Pour tuer le temps en attendant son retour, il passa dans son laboratoire. Il y évolua quelque temps, chercha et finalement s'arrêta, interdit.

— C'est étonnant, dit-il. J'avais placé là ma formule pour les crampes au pylore, et je ne la retrouve plus ?

Il sortit, et parcourut l'appartement en appelant :

— Jérôme ! Jérôme ! Ah! maroufle ! faquin ! viendras-tu ! Jérôme ! Jérôme ?

Personne ne répondit. Et pour cause !

— Étrange ! étrange ! ma femme et mon valet disparus, pensa Tournesol... Quel est donc ce mystère !

. . .

Trois semaines plus tard, le chimiste, qui avait tout appris par la rumeur publique, frappait à l'une des chambres de l'hôtel du *Pied-Humide*.

— Voilà, on y va! répondit de l'intérieur une voix que Césarin reconnut pour celle de sa femme.

— Dépêchez-vous, ou je m'en vais! reprit Tournesol.

La porte s'ouvrit.

Alors un spectacle navrant s'offrit à ses yeux. Jérôme son ancien domestique, était en train d'exécuter un cavalier seul au milieu de la pièce, en chemise, pendant que sur la table un alambic semblable au sien se découpait sous la protection de la belle Sophie.

— Jérôme, que signifie...? commença le chimiste.

— Cela signifie que ça y est! répondit le larbin.

— Quoi qu'y est ?

— Je fais de l'or, moi aussi !

— Ah bah! mais ce n'est pas une raison pour avoir débauché ma femme !

Puis il ajouta, visiblement intéressé :

— C'est vrai que tu fais de l'or ?

— Voyez plutôt! répondit Jérôme en faisant approcher Tournesol de l'alambic.

Celui-ci regarda, ahuri.

— Hein, est-ce que c'est ça? fit Canasson avec orgueil.

— Je ne vois qu'un trou au fond de l'instrument, répondit le chimiste.

— Oui; mais attendez. je vais ouvrir le tiroir. Seulement ce n'est peut-être pas bien fini. Il n'a que trois semaines, et vous savez qu'il faut deux mois.

Jérôme tira le tiroir... Horreur ! trois fois horreur !

*Horresco referens !*

Le tiroir était plein d'asticots, de quoi prendre tous les goujons de la Seine !

Tout le monde se recula épouvanté. Jérôme n'en revenait pas. Cependant au bout d'une minute, il reprit :

— Ah ça, ce n'est donc pas la vraie formule ?

— Quelle formule ?

— L'œil de veau, le poil à gratter...

Tournesol, quoique furieux, ne put retenir un sourire.

— Ma recette pour la crampe au pylore ! s'écria-t-il.

A ce moment, Sophie intervint :

— Décidément, qui trompe-t-on ici ? dit-elle.

— C'est moi! firent ensemble Césarin et Canasson.

— Eh bien, mon petit, si tu ne sais pas faire de l'or, dit madame Tournesol au larbin, je te lâche, moi! j'aime mieux retourner avec mon vieux.

— T'as raison ! fit Césarin ; mais, tu sais, ne recommence pas!

Et tous deux sortirent dignement, accablant Jérôme sous le poids de leur mépris.

Celui-ci ne survécut pas longtemps à son désespoir, car il s'empoisonna avec le contenu de l'alambic.

Ainsi soit-il.

MARIUS RÉTY.

semaine tumultueuse. Bourse houleuse et agitée et en somme mauvaise sur toute la ligne.

La Rente, malmenée par les vendeurs, a perdu cinq points en dix jours, ce qui, depuis longtemps ne s'était vu.

Pour assister à une débâcle de ce calibre, il faut remonter jusqu'aux désastres de Lang-Son, ou de l'Union Générale.

A tort ou à raison, on prête aux groupes financiers monarchiques les manœuvres qui ont provoqué cette baisse carabinée.

Le parquet a en effet vendu comme un sourd et ces ordres répétés ont fini par obtenir l'attention publique qui alors, a suivi le mouvement.

On a prétendu que c'étaient les congrégations qui vidaient leurs portefeuilles du 3 0/0 qu'ils contenaient pour remployer en 4 1 2 ; ce qui au fond n'était pas une bête de spéculation étant donnée la parité des deux fonds d'État, qui favorise le 4 1/2 à 105 fr. 32 par exemple, d'un revenu infiniment supérieur au 3 0/0 à 97 fr.

Nous croyons que la secousse qui vient d'ébranler si fortement le marché, sera longue à se calmer et pour nous la baisse n'a pas dit encore son dernier mot, même à 93 fr. 50 sur le 3 0/0.

Le Foncier, malgré les efforts de son groupe, a été touché assez durement et ne peut voir regagner facilement le cours de 1,000 fr. perdu depuis une quinzaine de jours. Il se soutient sans beaucoup d'entrain aux environs de 970 à 980 fr.

Seules, les valeurs que nous avons déjà signalées : Turc à 21.37, Banque Ottomane à 576, Extérieure à 63 1/3, se font remarquer par leur fermeté dans cette débandade générale.

La logique de ce qui précède, consisterait donc pour les spéculateurs, à vendre.

Du 3 0/0 en se couvrant au besoin par des primes pour fin courant, et à acheter. Les valeurs ci-dessus désignées, ce qui, à notre point de vue, constituerait un excellent arbitrage.

G. QUATRESS.

**Fantaisies-Parisiennes**. — 52, *Rue Roche-chouart*, une résurrection que M. Verdellet, le directeur, va rendre impérissable avec *Vert-Vert*. Quelle charmante étoile que M^lle Dalba.

**Pôle-Nord.** — Grand, grand, grand succès ! c'est le comble de l'attraction. Que de jolies femmes et comme elles patinent avec fureur !

**Casino de Paris.** — Toujours la même vogue amplement justifiée par les attractions que l'intelligente et active direction offre au public. Excellente soirée que nous recommandons à nos lecteurs; rien de plus gracieux que la *Fin du Monde*.

**Folies-Bergère**. — La Loïe Fuller est toujours la grande étoile de cet établissement et elle mérite le succès dont elle jouit auprès du public d'élite qui se presse rue Bergère, et chaque soir retient à l'avance les loges, qu'il faut véritablement se disputer.

**Eldorado, Scala**.— *Cambriolons!*— *Dansécent Ans.* Duo de revues et duo de succès. La partie de concert est toujours remplie par les premiers artistes de concert; en tête : Bonnaire, Mévisto, Ouvrard. C'est dire qu'on s'y amuse franchement.

**Ba-Ta-Clan**. — Aller voir Paulus en compère, dans *les Paulassonneries de l'Année*, est devenu du dernier bon ton, et, chaque soir, salle comble !

**Gaieté-Rochechouart**. — *Musclez-les !* une des revues les plus réussies de l'année.

**Européen**. — Toujours la main heureuse. M. Debasta, le sympathique directeur, a monté avec le plus grand soin la revue *Ouah ! Ouah ! Ouah !* de nos amis MM. Verneuil et Max. Guy. Bravos et compliments.

ALBERT VERSE.

## SPECTACLES DE LA SEMAINE

OPÉRA. — FRANÇAIS. — OPÉRA-COMIQUE. — ODÉON : —Spectacle variable : consulter feuilles quotid.
GYMNASE. 7 h. 3/4 — Charles Demailly.
VAUDEVILLE. — 8 h. »/». — Monsieur Coulisset.
VARIÉTÉS. — 8 h. »/». — La Petite Marquise.
PORTE-SAINT-MARTIN. — 8 h. »/». — Au Dahomey.
CHATELET. — 8 h. — La Prise de Pékin.
GAITÉ — 8 h. »/». — Les Cloches de Corneville.
AMBIGU. — 8 h. »/» — Les Cadets de la Reine.
PALAIS-ROYAL. — 8 h. 1/4. — Système Ribadier.
NOUVEAUTÉS. — 8 h. 1/4. — Champignol malgré lui.
FOLIES-DRAMATIQUES. — 7 h. 3/4. — Miss Robinson.
BOUFFES-PARISIENS. — 8 h. 1/4. — Sainte-Freya.
MENUS-PLAISIRS. — » h. — Relâche.
THÉATRE CLUNY. — 8 h. 3/4. — La Tournée Ernestin.
DÉJAZET. — 9 h. »/». — Ferdinandle Noceur.
CHATEAU-D'EAU. — 8 h. 3/4 — Madame Nicolet.
BOUFFES DU NORD. — 8h. — Le Roi s'amuse.
THÉATRE MONCEY. — 8 h. — Les Millions de Joséphin.
FOLIES-BERGÈRE. — 8 h. 1/2. — Miss Loïe Fuller, danse serpentine; les Delevines, Mlle Duclère. — Dimanches et fêtes, matinées à 2 h. 1/2.
ELDORADO. — 8 h. 1/2. — Concert. — Spectacle.

*L'Imprimeur-Gérant :* ALPHONSE CARROT.

Imprimerie spéciale du *Paris qui Rit*, 13, faub. Montmartre, Paris.

# LES CHASSEURS DE VIERGES
## Grand roman de mœurs fin-de-siècle, par Emile BLAIN

**VENDREDI 13 JANVIER**, mise en vente des « CONTES A BIBI », du même auteur, qui paraîtront deux fois par semaine, en fascicule de 16 pages, au prix de 0 fr. 05 chaque livraison.

ABONNEMENTS

PARIS : Un an, 6 fr. ; Six mois, 3 fr. ; Trois mois, 1 fr. 50. — DÉPARTEMENTS : Un an, 6 fr. 60 ; Six mois, 3 fr. 25 ; Trois mois, 1 fr. 75. — ÉTRANGER : Un an, 7 fr. 50 ; Six mois, 3 fr. 75 ; Trois mois, 2 fr.

### Chemin de fer d'Orléans

Voyages aux Stations Thermales, Hivernales et Balnéaires des Pyrénées et du golfe de Gascogne.

La Compagnie d'Orléans, d'accord avec celle du Midi, vient d'adopter de nouvelles mesures en vue de faciliter les voyages aux Pyrénées et sur les bords du Golfe de Gascogne.

1° La durée de validité des billets d'aller retour, individuels, de toutes classes, réduits de 25 0/0 en 1re classe et de 20 0/0 en 2e et 3e classe sur les prix du Tarif général vient d'être portée de 10 à 15 jours, non-compris les jours de départ et d'arrivée.

En outre, la durée de chacune des deux périodes de prolongation qui sont accordées aux voyageurs moyennant le paiement, pour chacune d'elles, de 10 0/0 de la valeur du billet, est portée de 5 à 10 jours.

2° Les billets d'aller et retour de famille à prix réduits, de 1re et de 2e classe dont la durée de validité est de 33 jours, non compris les jours de départ et d'arrivée, devaient anciennement comprendre au moins trois personnes.

Or, une réduction de 20 0/0 sur les prix du tarif général est accordée, actuellement, *aux familles de deux personnes* ayant à parcourir une distance d'au moins 500 kilomètres, aller et retour compris.

Ces divers billets sont délivrés, toute l'année, à toutes les stations du réseau d'Orléans, pourvu que la demande en soit faite au moins 4 jours à l'avance, pour les stations ci-après :

Alet, Arcachon, Argelès-Cazost, Ax-les-Thermes, Bagnères-de-Bigorre, Bagnères-de-Luchon, Banyuls-sur-Mer, Biarritz, Cambo-ville, Capvern, Céret (Amélie-les-Bains, La Preste, etc.), Couiza-Montazels, Dax, Guéthary (halte), Hendaye, Lamalou-les-Bains, Laruns-Eaux-Bonnes, Oloron-Sainte-Marie, Pierrefitte-Nestalas (Cauterets), Pau, Prades Le Vernet et Molitg), Saint-Flour (Chaudes-aigues), Saint-Girons, Saint-Jean-de-Luz, Salies-de-Béarn, Salies-du-Salat et Ussat-les-Bains.

A cette nomenclature, il convient d'ajouter la station de Boulou-Perthus, pour laquelle, jusqu'à présent, ces billets n'étaient pas délivrés.

## RÉCLAMER AVEC CE NUMÉRO
### Notre Troisième Gravure-Prime gratuite
## LA SENTINELLE EN DÉFAUT

Et alors on vit un étrange phénomène!     — Et un vrai! lança la comtesse Jehanne.

## CHRONIQUE GAULOISE

— Allo! allo!

— Allo!

— Qui est là, je vous prie?

— Moi, Serpentinette, et vous?

— Petit-Claude. Vas-y! que veux-tu?

— Un petit renseignement. Connais-tu un entrepreneur de déménagements?

— Pourquoi faire?

— Pour mon quart d'agent de change.

— Qu'y a-t-il donc?

— Toujours la baisse, je lui avais dit cependant...

— Eh bien?

— Il va piquer une tête si formidable. à la liquidation de fin courant, qu'il ne peut plus conserver son rez-de-chaussée de la rue Marbeuf.

— Bah!

— Non, nous venons d'arrêter un logement plus modeste, rue de Crimée, en haut de Belleville, à côté des fortifs.

— Mais il va se faire chouriner par là!

— Pas du tout. Ça va même devenir très fréquenté.

— Qui diable peut avoir l'idée d'aller se nicher dans un quartier pareil?

— Comme on voit bien, au *Paris qui Rit*, que vous êtes absorbés dans l'étude des sciences abstraites; tu n'es donc au courant de rien?

— Comment ça?

— Toute la tribu des lanceurs d'affaires s'apprête à émigrer vers le nord de la capitale et la rue de Crimée fait prime.

— Ils ont donc envie de se faire dévaliser par les indigènes de l'endroit.

— Pas de danger à présent, ces messieurs de

la pègre leur ont rendu leur estime. Au besoin même, ils les défendraient de leur corps.

— Quelle épouvantable fumisterie !

— Rien de plus sérieux mon ami. Quand on est appelé à fraterniser à Mazas, tu comprends.

— C'est juste, c'est un trait-d'union entre futurs voisins.

— On échange des politesses.

— Hein ? plaît-il ? plus fort, je n'entends pas ! tu dis ? Allons bon ! je parie que c'est encore une farce de ces demoiselles du téléphone. Elles m'ont accroché à un autre fil.

— Allo !

— Oh ! tant pis, je me risque. Allo ! allo !

— Agence express.

— Parlez !

— Dernière nouvelle, source sûre ! la gare de Lyon est expropriée.

— Bah ! en l'honneur de quel saint, Monsieur.

— Saint Frusquin ! on va agrandir Mazas. Il y a affluence de prévenus.

— Et comme un prévenu en vaut deux...

— Il faut le double de place, vous l'avez dit.

— De quel canal tenez-vous cette information, Monsieur ?

— Eh ! du canal du Panama, parbleu.

— Allo !

— Sapristi ! encore un changement de commucation. Allo !

— Serpentinette.

— Quoi ?

— Une primeur. L'Etat vient d'acheter l'entrepôt de Bercy.

— Pour y emmagasiner les pots de vins ?

— Non pas, pour la nouvelle annexe à Mazas.

— Je croyais que c'était la gare de Lyon.

— Elle aussi ; mais il paraît que, toutes mesures prises, ça ne serait pas suffisant. Eh bien ! et mon entrepreneur de déménagements ? les meubles de mon quart d'agent de change attendent sur le trottoir.

— Vois Bailly, place Saint-Sulpice.

— Inutile. Il est occupé à la présidence de la Chambre.

— Bedel, rue de la Victoire.

— A la disposition des membres du Gouvernement.

— Forget, rue des Poissonniers.

— Même histoire. Il est en permanence aux Affaires Etrangères.

— Allo ! hum ! ce coup ci, je crois qu'on m'a décroché pour de bon. J'ai beau sonner, le récepteur reste d'un mutisme enragé.

Quand ces demoiselles le permettront, je reprendrai.

— Dites donc, Monsieur Petit-Claude, fit tout à coup, Georges, notre garçon de bureau, en s'arrêtant de vérifier l'envoi de l'imprimeur, si ça ne vous ennuyait pas trop, je vous demanderais un petit renseignement.

— Je suis à vos ordres, mon garçon.

— Est-ce que ça remontera, le Panama ?

— Ça vous intéresse donc ?

— Beaucoup, Monsieur. Quand je me suis marié, ma belle-mère n'a donné que de ça comme dot à sa fille.

— Des obligations à lots ?

— Oh ! non, celles-là, elle les garde pour elle, à cause des tirages.

— Dame, si vous n'attendez pas après les coupons...

— Mais, monsieur...

— Ça pourra toujours vous servir plus tard.

— Ça remontera donc, vous croyez ?

— Oui, ça pourra remonter... le coup à votre futur gendre, quand votre fillette se mariera, à son tour.

— Merci, Monsieur ! je disais bien aussi à ma femme que nous en tirerions quelque chose un jour ou l'autre.

Je commençais à en avoir par dessus la tête, du Panama ! Et comme cette scientifique lecture ne pouvait que ramener le calme en mon cerveau, je décachetai la bande de « l'Enquêteur fin de siècle » un organe des mieux renseignés, que je vous recommande tout particulièrement.

Et, en première page, j'y lus :

« Le quinze janvier, à Paris : comment ils s'y sont pris, pour ne pas payer leur loyer. »

Rue Marbeuf, la bonne au concierge : « Madame de Vol-Galant m'envoie vous porter ce chèque, veuillez émarger au talon. »

— Je suis fonctionnaire, Mademoiselle Clara ; et les talons, il n'y a rien qui vous fasse glisser comme ça.

— Mais Madame n'a pas d'autre monnaie...

— J'ai la conscience pure, je la garde, dites à Madame que j'attendrai.

Boulevard de Ménilmontant : un pur ! à son pipelet.

— Vous savez, ma bombe, je l'ai terminée, Ducordon !

— Votre b...

— Ça va être épatant ! de quoi faire sauter tout le quartier.

— Tout le... vous ne ferez pas ça, Monsieur Célestin.

— Comment voulez-vous que j'en sorte ? la purée la plus infernale, au moins, ils me nourriront, au dépôt.

— Si c'est votre quittance qui vous embarrasse.

— Un peu, j'en conviens franchement, Ducordon.

— Tenez, la voilà...

— Sans argent, et le propro, qu'est-ce qu'il dira de ça ?

— Le propriétaire ! je m'en charge ; Monsieur Célestin. J'espère même arriver à ce qu'il vous fasse un petit cadeau d'amitié.

— Pas possible !

— Tout le monde n'as pas autant de veine que lui ; un anarchiste, c'est comme les hirondelles, ça protège la maison ; mais votre bombe, vous me promettez...

— Entendu ; je la garderai pour le voisin... au revoir et merci, citoyen Ducordon.

— Mes respects, Monsieur Célestin.

J'allais arriver aux quartiers du Centre quand Serpentinette entra dans le bureau :

— Eh bien ! tu es un joli coco, toi ! me laisser en plan comme une oie devant la plaque du téléphone.

— Pas ma faute, la communication a été coupée.

— Heureusement que mon quart d'agent de change a trouvé une voiture à bras ; mais ce n'est pas tout ça, ton chapeau, tes gants...

— Où veux tu m'emmener, grands dieux ?

— Tiens ! Et elle me tendit une carte satinée.

« Madame de Saint-Colombe a l'honneur de vous prier d'assister au « five o'chock tea » qu'elle donne pour inaugurer les nouveaux couloirs de son hôtel de la rue Prony. »

— Comment ça, les couloirs ?

— Le dernier genre, mon cher. Depuis l'instruction de Panama, ça fait rage dans le monde bien pensant, on ne reçoit plus ses intimes autrement.

Et nous partîmes vers la rue Prony.

En route, à la devanture d'un marchand d'articles de voyage, une foule de curieux était assemblée.

Ils contemplaient, à l'étalage, un énorme portefeuille en marocain rouge, avec cette étiquette coloriée.

## PORTEFEUILLES A TRANSFORMATIONS

succès du jour

Adoptés par les Ministères et les Membres du Cabinet

L'ADRESSE CHANGE EN SOUFFLANT DESSUS

Petit-Claude.

---



# UN SAUVETAGE

Madame de Lyroseuse, le corps — son corps mignon d'amoureuse moderne, — enveloppé d'un élégant et suggestif déshabillé de dentelle mauve qui, — en la pénombre du boudoir, — formait comme un fond de crépuscule à l'épanouissement de sa chevelure blond doré, madame de Lyroseuse, toute seule cette après-midi-là, s'ennuyait déplorablement.

Mainte fois déjà, son visage délicatement chiffonné d'aristocratique parisienne s'était contracté avec des fossettes aux joues, tandis que s'allongeait verticalement la courbe rose de sa petite bouche, faite plutôt pour les baisers.

En vulgaire prose, la jeune femme avait tout simplement bâillé.

Etendue dans un fauteuil bas, elle tendait alternativement au feu, avec une insouciante négligence, la pointe fine de chacun de ses petits pieds, l'extrémité frétillante de sa jambe finement attachée.

La flamme dansait gaiement dans la cheminée, et madame de Lyroseuse s'arrêtait de bâiller pour soupirer longuement.

Ses doigts tenaient encore un petit carré de papier bleu, mais froissé, chiffonné, tordu, et que sa couleur seule pouvait permettre de reconnaître pour un télégramme.

Plusieurs fois déjà, les beaux grands yeux bleus languides, mais en lesquels sommeillaient de sombres lueurs, plusieurs fois les yeux bleus de la jeune femme avaient parcouru le billet et s'étaient courroucés à cette lecture.

C'est qu'aussi, il y avait de quoi !

Franchement, ce petit Gontran ne se moquait-il pas d'elle ?

Un garçon, — gentil, sans doute, — mais pour qui elle avait tout fait, depuis deux ans qu'elle était veuve et même avant... agir de la sorte !

Comment ! elle lui avait réservé tout entière cette après-midi — que tant d'autres auraient bien voulu se disputer, sur sa permission, — et il répondait à la dernière heure par ce télégramme : Une affaire imprévue, qui l'éloignait de Paris, un oncle à héritage sur le point de mourir !...

Comme si ce n'était pas risible, en vérité !

Est-ce qu'il en existait encore, des oncles comme cela ! C'était bon dans les comédies de 1840 ! Mais à présent, c'était usé.

Néanmoins, l'irritation de madame de Lyroseuse, — Emmeline, de son petit nom, suffisamment long — était tombée ; elle s'était dit :

« — Après tout, qu'il aille se promener, si cela ne lui convient plus ? Je ne serai pas embarrassée pour trouver un remplaçant qui le vaille — et que je n'aurai pas mis à l'épreuve depuis deux ans !...

Elle avait si bien — pour ce petit fat ! — rebuté tous ses soupirants, consigné sa porte, que, bien sûr, il n'en viendrait pas un seul !

Et la pauvre petite veuve, faute de mieux, bâillait épouvantablement, — toute seule !

Tout à coup, un bruit de voix venu de l'antichambre, la tira de son apathie.

Un organe féminin, aigu, mais harmonieux tout de même, s'évertuait à prouver à la femme de chambre qu'il lui fallait absolument voir sa maîtresse.

Elle se leva et ouvrit la porte de son boudoir.

La visiteuse poussa une exclamation :

— Ah ! j'étais bien sûre que tu me recevrais !

— Comment? fit Emmeline, c'est toi, Angèle !

Et, faisant entrer son amie, elle ajouta :

— Mais qu'as-tu donc ? — Tu es toute rouge, toute bouleversée...

Tu trembles...

— De peur, et de colère, oui...

Figure-toi qu'il m'arrive une chose épouvantable...

Madame de Lyroseuse, — en bonne petite amie qu'elle était, — eut de la peine à retenir un sourire gourmand.

Comme cette petite Angèle avait été bien inspirée de venir la tirer de son ennui.

Elle s'assit.

— Raconte, dit-elle.

— Oh ! je n'ai pas le temps ! riposta Angèle, il faut que tu me sauves !...

— Hein ?

— Tout de suite !

— Mais enfin, de quoi s'agit-il ?

— Eh bien, voilà !

« Mon mari m'a surprise au moment, où je... où nous sortions... d'un petit appartement...

— Ah ! ah ! fit Emmeline, voici donc cette vertu que tu prétendais si farouche ! cette forteresse...

— De grâce ! supplia Angèle ! Ne me fais pas de morale ; nous n'avons pas le temps ! — Et puis, je t'assure que c'était la première fois !

— Oh ! interrompit Madame de Lyroseuse, ce n'est pas à moi qu'on dit cela, petite...

— Sauve-moi ! continua Angèle suppliante... Je crois que Roger ne m'a pas absolument reconnue... Il s'est lancé à ma poursuite. . Alors, je suis partie comme une folle, je l'ai distancé, je suis arrivée chez toi... Mais comme il sait où tu demeures, il va venir... Cache-moi, et renvoie-le !...

Sentant son amie à sa merci, Emmeline se fit bonne.

— Sois tranquille, ma mignonne, tu sais bien que tu peux te fier à moi !

« Mais dis-moi d'abord, je suis curieuse, le nom de l'heureux mortel qui...

Angèle baissa un peu la tête...

— Gontran Sergny, murmura-t-elle...

Madame de Lyroseuse eut un très petit tressaillement, puis d'une voix tranquille.

— Eh bien ! dit-elle, je m'en doutais !...

Et elle ajouta :

— Passe dans la salle à manger, je vais recevoir ton mari...

— Pourquoi pas dans ta chambre ? Il me semble...

— Non ! non ! Il faut que tu puisses partir sans être vue, afin que M. de Celvoise te trouve chez lui en rentrant...

Et, comme le timbre résonnait :

— Va, ma mignonne, ajouta-t-elle.

A peine, la petite silhouette froufroutante, menue et parfumée d'Angèle avait-elle disparu, que M. de Celvoise fit son entrée.

— Tiens, fit-il, je vous demande pardon, je vous dérange sans doute...

Je croyais qu'Angèle était venue vous voir...

— Et vous veniez la rejoindre, en mari galant !... Mais c'est très bien cela !...

Emmeline regardait M. de Celvoise, avec un étonnement moqueur...

Elle continua :

— Il y a deux jours que je n'ai pas vu votre femme.

Roger crut devoir s'excuser, sentant venir le ridicule. Il faisait la cour à la jeune femme depuis un certain temps déjà et ne tenait pas à perdre la partie par une sotte aventure.

Il repartit :

— Vous vous trompez ; si je venais retrouver Angèle chez vous, ce n'était pas surtout pour elle...

Un éclair de satisfaction passa dans les yeux d'Emmeline.

— Allons donc ! pensa-t-elle, il y vient plus vite encore que je ne croyais : décidément, ces dentelles mauves me sont favorables... et s'ac-

coudant sur la chaise de Roger, de manière à bien le griser de son parfum.

— Ne serait-ce pas plutôt pour moi que vous êtes venu ?

M. de Celvoise se sentit troublé.

Et puis, Emmeline était si jolie, elle le regardait avec des yeux... si mutins, que le pauvre mari oublia totalement pourquoi il était venu tout d'abord.

****

Une fois rentrée chez elle, Angèle avait attendu, avec impatience et crainte, le retour de son époux courroucé.

Elle avait changé de robe et revêtu celui de ses costumes d'intérieur qui lui plaisait le plus, à lui, pour essayer de détourner ses soupçons.

Mais M. de Celvoise ne rentra pas pour dîner et quand il vint le lendemain matin la saluer, comme à l'ordinaire, il ne parla de rien, comme si rien ne s'était passé.

Angèle se crut sauvée, il ne l'avait pas reconnue!

Dans la journée, elle courut remercier son amie :

— Quel service tu m'as rendu ! combien j'étais imprudente et coupable ; car enfin, Gontran...

— Oh ! celui-là ! je te l'abandonne, fit Emmeline dédaigneuse.

— Non ! j'ai conscience de ma faute ; à présent, je ne trahirai plus monsieur de Celvoise.

— Minute ! répliqua sèchement Mme de Lyroseuse ; non, pas tous, s'il te plaît ! Gontran, passe ! mais quant à ton mari, ma chère, il est charmant... et je le garde.

Elles ne se revoient plus depuis ce jour-là.

Lucien Destelle.

---

# NOS PRIMES

*Nous appelons tout spécialement l'attention de nos lecteurs sur nos primes de chaque mois. Ces primes sont la reproduction exacte de vieilles gravures des Maîtres du XVIIIe siècle — comme est, par exemple, celle qui paraît avec le présent numéro: La Sentinelle en défaut, de Beaudoin, peintre du Roi (1777). Ces gravures, dans le commerce (quand on parvient à les trouver, car elles deviennent rares), coûtent communément de 5 à 10 francs l'exemplaire, en reproduction et l'original en varie de 50 à 100 francs*

*C'est donc un véritable cadeau que **Paris qui Rit** offre à ses nombreux lecteurs, et nous tenons, contre envoi de 0.15 en timbres-poste, chacune des primes précédentes parues: « **Nécessité n'a pas de loi** », et son pendant : « **Ah ! si je te tenais** », à la disposition de toute personne qui en fera la demande.*

---

# 20 Jours de plaisir dans la Capitale

Entre temps, et tandis que Carle-Max s'enfermait chez lui pour perpétrer, dans le silence de son cabinet de travail, la copie qu'il devait, par traité, envoyer à l'heure exacte au journal ; en homme bien élevé, le jeune Dubassin allait rendre ses visites de galante digestion aux aimables gigolettes avec qui il avait docilement satisfait au programme d'études édicté par son futur beau-papa.

Presque toutes ces secondes entrevues, d'ailleurs, lui semblaient plus agréables que les premières. On aurait dit vraiment qu'on le recevait avec plus d'amitié, à présent qu'on savait la

nature de la mission dont il s'acquittait et dont l'étrangeté lui valait plus d'une sympathie.

Et puis, du moment qu'il n'était plus « le monsieur sérieux », ces dames et ces demoiselles laissaient toute pose et toute afféterie de côté et, se montrant naturelles et franches, elles étaient cent fois amusantes et gentilles avec lui.

C'est ainsi que Philoctète arriva un jour chez Colombe, l'écuyère du cirque Fernando, vers quatre heures de l'après-midi, sûr de la rencontrer au logis, rentrée de la répétition, et se reposant afin d'être en bonne disposition pour le travail du soir.

Colombe y était, en effet, comme le lui dit la femme de ménage ; mais monsieur Dubassin avait drôlement choisi le moment de son arrivée ; il tombait comme un hanneton dans un plat de crème fouettée.

— Madame ne va pas pouvoir recevoir Monsieur, certainement ; elle est avec son fournisseur de cravaches, très affairée du choix d'un modèle nouveau.

— Ça ne fait rien, annoncez-moi quand même, riposta le jeune Dubassin, qui ponctua sa phrase d'une pièce de quarante sous, adroitement glissée dans la patte velue de la maritorne de louage.

Deux minutes après, la servante revenait le prier de passer dans le salon où madame l'attendait.

Saperlotte ! Ce devait être un gros négociant, ce débitant de cravaches, à en juger par sa tenue soignée et les bagues diamantées qui chargeaient ses doigts, à la peau légèrement cuivrée.

— Monsieur Dubassin, monsieur Philéas Wallerscott, fit Colombe, en les présentant l'un à l'autre.

Philoctète allait demander à l'écuyère où son cravachier négociant avait fourré ses cartes d'échantillons qu'il n'apercevait nulle part, quand la mignonne enfant lui souffla à l'oreille, en l'embrassant :

— Tu arrives comme Mars en calèche, mon chéri ! Tu n'as pas idée de ce qu'il m'assomme, lorsque je suis seule avec lui.

— Et les cravaches ?

— Ne dis pas de bêtises, je ne te fais pas l'injure de supposer que tu as coupé une seconde dedans.

— Alors, ce respectable Monsieur est...

— Mon carnet de chèques, mon gros.

— Je me sauve, je ne veux pas te gêner.

— Au contraire, j'ai déjà touché. Tu vas rester à dîner avec nous et nous irons ensemble à la fête de Neuilly, ce soir.

— Hum ! C'est que, tu sais, je ne suis pas très fort sur les tête-à-tête à trois...

— Comme tu es complaisant, je te remercie ! Pour un petit service que je te demande...

— Bon ! je reste ; mais c'est bien parce que c'est toi, sans cela !...

— Oh ! tiens ! tu es le plus charmant des bons garçons ! Je t'adore !

Pendant cet à-parté, le pseudo-cravachier s'était retiré un peu à l'écart, froidement, feuilletant le *Courrier Français*, dont la lecture avait l'air de le passionner étrangement.

— Mais ton cirque, interrogea Philoctète, la représentation ?...

— Congé d'un mois, répondit l'écuyère, mon « carnet de chèques » l'a obtenu de ma direction, en lui payant les frais d'une remplaçante.

— Est-ce qu'il est toujours aussi gai qu'à présent, fit le jeune Dubassin, en montrant le « cravachier » immobile, devant le *Courrier Français* déployé.

— Je ne l'ai jamais vu autrement, dit Colombe ; juge si j'ai été contente de son arrivée.

La femme de ménage annonça le dîner et l'on se mit à table.

Le potage dérida le sieur Philéas Wallerscott et Philoctète put se convaincre sur le vif combien les étrangers nous surpassent en ingéniosité dans les moindres choses de la vie.

Philéas Wallerscott voulait, à Alderman-City,

sur les confins de l'Arkansas, fonder, pour la grande joie de ses concitoyens, un établissement modèle, où l'on trouverait réunis tous les plaisirs qui font de Paris la première ville de l'univers.

Il avait tout d'abord songé à prendre un guide, mais, après fort sagace réflexion, il s'était dit que, pour être d'Alderman-City, on n'avait pas fait vœu de célibat, et qu'outre les frais de guide, il aurait à payer les frais... d'extra commerciales pérégrinations.

Et né pour le négoce, il avait fait d'une pierre deux coups. Colombe cumulait, tenant auprès de lui le double emploi de cicérone et d'initiatrice aux subtilités du flirtage parisien.

Il avait calculé, fait des chiffres et découvert qu'ainsi il économiserait par jour le prix de son déjeuner du matin. C'était appréciable ; et il se félicitait de sa bonne combinaison.

Ce soir-là, Colombe devait le conduire à la fête de Neuilly, où il puiserait des documents humains pour les Kermesses qu'il aurait à organiser à Alderman-City, à son retour en Amérique.

Et d'avance, l'écuyère lui énumérait les diverses attractions qui n'allaient pas manquer d'éveiller son admiration et sa curiosité.

Les dompteurs le laissèrent un peu froid ; là-bas, à Alderman-City, ne coudoyait-on pas les buffles dans la prairie et, à chaque pas, ne frôlait-on pas sur le sol les « cobras » et les « pythons » en liberté !

Les sauvages qui mangent de l'étoupe enflammée ne lui arrachèrent même pas un sourire ; dans l'Arkansas, il leur avait vu faire bien autre chose que cela !

Ce fut seulement lorsqu'elle en vint à parler de Marseille et de ses lutteurs que l'œil de l'Américain s'éclaira d'une lueur subite.

— Ah ! cela, oui ! s'écria-t-il, avait de l'intérêt pour lui.

Et il demanda à Colombe s'il était vrai que les gens du grand monde en avaient fait leur lieu de sélection, si des hommes du meilleur ton s'y mesuraient de force avec les « artistes » de la maison.

A Alderman-City, on ne connaissait que la boxe. Quelle fortune, s'il pouvait y inaugurer la lutte à main plate, encore inconnue dans ces paradisiaques régions !

« Time is money » il ne perdrait pas son temps aux curiosités banales dont il ne pourrait pas tirer profit.

On irait droit chez Marseille, pas ailleurs.

Le jeune Dubassin était rêveur, ce dont Colombe fut fort intriguée.

— A quoi penses-tu ? lui dit-elle.

— Moi !

— Oui, voilà dix minutes que tu n'as pas dit un mot.

— Je pense à Marseille, qui est venu chez nous, à la foire de l'an dernier.

— Eh bien ?

— Et je songe qu'on lui a fait une renommée tant soit peu surfaite et exagérée.

— Pourtant, son nègre n'a pas encore trouvé son « tombeur ».

— Oh ! oh !

— Je t'assure. C'est connu de tout Paris, cela, mon bon !

— Quelle plaisanterie ! Je parie que si je voulais...

— Toi ! tu toucherais des épaules au premier coup.

Philéas Wallerscott écoutait attentivement.

— Vous savez lutter, monsieur Philoctète ?

— Pas du tout ; mais si je m'y mettais...

— Vous croyez ! et en disant ces deux mots, le barnum d'Alderman-City avait un ton moqueur qui irrita le jeune Dubassin.

— Cinq louis que je tombe le nègre ! s'écria-t-il.

— Tenu ! répondit flegmatiquement l'Américain.

Une heure après, ils descendaient tous trois de voiture, à la porte de la Grande-Armée.

On s'achemina en flânant vers la baraque à Marseille, Colombe s'arrêtant à tous les tirs, à toutes les loteries, malgré les observations de l'Américain qui trouvait que cette dépense n'avait pas été stipulée dans leur traité.

Elle lui rit au nez, en le menaçant de le planter là ; mais ce qui l'amusa davantage, ce fut l'acquisition que fit le jeune Dubassin d'une boîte de cette diabolique fumisterie qu'on appelle le « poil à gratter ».

— Pourquoi faire ?

— J'en fourrerai dans le lit de futur beau-papa ; mais quand je serai son gendre, seulement ; répondit-il.

Chez Marseille, ils trouvèrent une splendide chambrée. Tout le gratin s'y était donné rendez-vous. Un courant de vive curiosité surchauffait l'assistance.

Trois « gardenias » des plus selects avaient ramassé les gants du combat et tous trois avaient réclamé le nègre comme adversaire.

En bras de chemise, à leur tour, chacun, ils s'enlacèrent avec le robuste gaillard qui, en un tour de main, leur donna la leçon qu'ils lui avaient demandée. Tous les trois, ils firent un innénarable « plat-dos. »

— Oh ! là là ! s'écria Philoctète, provocateur et ricanant ; ce n'est pas si fort qu'on le croit ; si c'était moi...

Le nègre le regarda curieusement ; puis digne, en athlète conscient de sa valeur, il lui dit :

— Si Monsieur veut s'offrir la satisfaction d'y goûter. Je suis à ses ordres quand il lui plaira.

On aurait entendu une mouche voler ! « Dégrafées » et « Gardénias » se penchaient pour ne pas perdre une miette du spectacle affriolant qui se préparait.

Le grand Marseille lui-même, en acrobate bien élevé, vint en personne chercher Philoctète pour l'amener dans l'arène, en face du nègre dont l'œil blanc pétillait de dédaigneuse commisération.

Le jeune Dubassin, poliment, s'inclina devant l'assistance ; puis prenant dans sa poche un objet qu'il dissimula — un fétiche sans doute ; comme autrefois à Rome les athlètes qui portaient amulettes de Jupiter et de Vulcain — il donna le signal au nègre qui l'étreignit de ses bras nerveux.

Et alors on vit un étrange phénomène !

A la seconde passe, le nègre, fort entre les plus forts, faiblissait déjà, s'arrêtant de lutter contre son adversaire, avec des gestes bizarres, extravagants, comme s'il eût été harcelé par d'insoutenables démangeaisons !

Marseille avait pâli de colère. Il manquait de respect à son salarié en l'invectivant en pleine assistance.

Peine perdue ! à la cinquième minute Philoctète, soulevant le nègre qui songeait à toute autre chose que se défendre, l'étendit tout doucettement sur le tapis qui garnissait l'arène.

Un tonnerre d'applaudissements salua son triomphe. Les femmes, à l'envi, lui jetaient leurs cartes en vélin satiné.

Et l'on riait à se tordre, le nègre vaincu se roulait comme un fou sur le tapis, se frottant le dos à s'en enlever l'épiderme.

— Ah ça ! que signifie ? hurlait Marseille, désorienté.

— Cela signifie simplement, Monsieur, répliqua très modestement le triomphant Dubassin, que quand on a des pensionnaires qui ont des puces, on devrait les faire nettoyer avant la représentation.

Et, ayant rejoint Colombe et Philéas, il leur jeta rapidement ces mots :

— Filons vite ou dans un instant ils vont tous nous tomber dessus.

Quand ils furent à l'abri du danger, Colombe voulut savoir comment Philoctète avait pu s'y prendre pour vaincre le fort d'entre les forts.

Le jeune Dubassin, en réponse, lui tendit la boîte de poil à gratter ; elle était vide.

Il en avait adroitement versé le contenu sur le torse nu du nègre de monsieur Marseille.

— Ce qui prouve, dit-il, que chacun peut trouver son maître, alors même qu'on s'y attend le moins.

C'est justement ce qui arriva en cette minute précise, au barnum d'Alderman-City.

Deux hommes de mauvaise mine lui mettaient la main au collet.

Pour s'indemniser prudemment du surplus de dépenses auxquelles l'avait entraîné Colombe, il s'était remboursé dans la poche entr'ouverte d'un des « gardénias » lutteurs.

Et, pendant qu'en compagnie des deux hommes à la mine rébarbative, il prenait la route du Dépôt, Colombe s'appuyait sur le bras de Philoctète, qui lui murmurait tendrement :

— Je t'accompagne, n'est-ce pas ?

— Hum !

— Pourquoi ?

— Jure-moi qu'il n'y a plus rien dans ta boîte, alors ?

*(La suite au prochain numéro).*

# INTERWIEWS

### MARGUERITE DE VAL

— Cocher, 3, rue Galilée.

— Bien, bourgeois.

Arrivé chez le concierge :

— Mademoiselle de Val, s'il vous plaît ?...

*Le concierge :*

— Encore !

— Plaît-il ?...

— Elle vient de sortir, Monsieur.

— Diable !

— Vous veniez sans doute pour *l'interwiever.*

— L'inter ?... justement.

— Vous n'êtes pas le seul allez ; depuis un mois on ne fait que grimper et descendre pour cela.

— Ah ! ah !...

— Oui, ça devient la maison du bon Dieu, ici. Si ça continue, tous les journalistes de Paris finiront par s'y donner rendez-vous.

— Pourriez-vous m'indiquer où elle est en ce moment !

— Mais à son théâtre, probablement... à l'*Applique cassation...*

— Comment, il y a matinée aujourd'hui ? c'est vrai, au fait !

— Cocher, à la Bodinière, et vivement.

— Bien, bourgeois.

Et je quitte brusquement le cerbère qui décidément n'est pas bien avec la presse.

Qu'on se le dise !

Arrivé à l'Application.

— Bonjour, Monsieur Bodinier, comment allez-vous ?

— Hum ! enrhumé, merci ! Reviens de tournée.

— Ah ! oui, l'*Enfant Jésus* de Grandmougin et le *Baiser* de Banville, drôle d'accouplement. Ça a-t-il marché ?

— Très bien.

— Mademoiselle de Val est-elle arrivée ?

— Elle s'habille ; on attend encore *Flers* toujours en retard.

Je fais un tour dans le foyer, relevant au hasard, parmi les tableaux exposés, une *Veuve* de *Rousseau*, une *Mosquée à Alger* de *Schuller* et une *Nourrice* de *Havet.*

J'arrive à la loge désignée.

— Toc, toc, toc.

— Entrez.

— Mademoiselle de Val, n'est-ce pas ?

— Elle-même.

— Mille fois charmé. Je suis rédacteur du *Paris qui Rit* et comme vous êtes un des plus gracieux éléments du rire parisien, je venais...

— Vous venez pour m'interwiever ?

— Précisément.

— Alors, vite, car je vais entrer en scène, *Fordyce* m'attend... Que faites-vous ?

— J'inscris votre portrait à la hâte, à coups d'adjectifs.

— Voyons : « Petite, potelée, faite au tour, corsage dont l'étoffe craque agréablement, décelant des merveilles sans aucun doute ; cheveux fous, le regard malin et riant, bouche cascadeuse, voix claire et légèrement nazillarde, pouffant toujours d'hilarité. »

— Pas mal, après ?

— Tour de taille ?...

— Ah ! ça ; je me le réserve... et puis, pas le temps, vous comprenez.

— C'est dommage !

— Tant pis ?

— Votre revue, *Paris-Forain* ?

— J'en suis folle, on la joue partout, dans les cercles et les salons.

— De familles ?...

— Oui, de familles d'hommes. D'ailleurs, elle est très bien. Vous restez ?

— Impossible, mais je vous ai déjà applaudie de tout mon cœur.

— Qu'en dites-vous ?

— C'est charmant ; l'auteur Redelsperger a du talent, mais *Ludus Pro Patria* m'a moins enthousiasmé.

— Vous avez tort, j'y suis très bien.

— Parfaite, dans la *Nourrice* comme dans *Madame Paillasse*. Quel est votre genre préféré ?

— L'opérette et la pantomime. Boucheron me prépare un rôle aux Nouveautés. J'adore aussi la chansonnette à diction.

— Où vous excellez !

— Vil flatteur !

— Oui, mais toujours intéressé !

— Oh ! bernique ! Mais on frappe les trois coups. Adieu, vous êtes gentil !

Et l'étoile des *Folies Bodinières* me tend la main en me laissant le prospectus suivant qui ne ressemble en rien à un billet doux.

Tournée de la Famille PAILLASSE

## PARIS-FORAIN

La troupe va-t-en ville et donne des séances !
Faites en part à vos amis et connaissances !
Seulement, hâtez-vous. A partir de ce soir
Les clubs et les salons se battront pour l'avoir !

L'INDISCRET.

# ODEUR DE POUDRE

Il tenait une petite boutique de cordonnier à Dreux, dans un faubourg. On l'appelait Michaut. Il avait de l'ordre, ne se grisait point. Ses affaires prospéraient. Il achetait du bien, devenait riche.

Petit à petit, le démagogue qui, vingt ans, avait grondé en lui, sourdement, quand il n'avait pas le sou, s'effaçait — déjà il parlait avec respect de Gouvernement ; encore un lopin de terre, et la société compterait un conservateur de plus.

Chaque fois que je passais, — c'est déjà loin, cela, — me rendant au « bahut » à l'heure matinale, j'avais coutume de lui jeter quelques mots. J'aimais ce brave homme.

C'est moi qui lui appris un jour la déclaration de guerre. Je lui criai cela par son carreau, d'un ton joyeux, comme on annonce une bonne nouvelle. Lui, en laissa tomber son marteau et blêmit.

— Hein ! que dis-tu, petit ? sa voix était toute changée.

— Ça vous produit tant d'effet que cela, à vous, un vieux soldat ?

— Mon pauvre enfant, me répondit-il, tout triste, lui si joyeux d'habitude ; tu ne sais pas ce que c'est !

J'ai toujours à l'esprit cette réponse.

Quelques jours après, son langage c'était modifié. Il se laissait aller à l'emballement, comme les autres, et était devenu belliqueux.

On formait la garde nationale. Comme il avait servi, on songea à lui pour un grade. Mais il ne voulait rien être.

Pourtant, il dut accepter celui de caporal, les hommes de sa compagnie, la 4e, l'y ayant absolument contraint.

Dès lors, Michaut délaissa un peu ses souliers pour l'exercice, le service de marche, les rondes, les patrouilles, les reconnaissances, les grand'gardes, pour le tralala militaire dans la hâte, la fièvre, l'inexpérience, dans la panique, dans le chaos sans nom où vous plaçait l'invasion qui montait comme une mer sans bornes, affolante et terrible.

Ce jour-là, il faisait du soleil. L'été s'était prolongé tard, jusqu'à la mi-octobre, comme pour faire pardonner l'hiver qui allait suivre. Le soleil était d'un bleu calme de juin : à peine quelques nuages épars qu'un vent d'ouest chassait comme des flocons de brume. La route de Paris s'étendait toute droite, toute blanche, entre ses deux lignes d'arbres garnis encore de leurs feuilles.

Michaut avait été détaché avec un petit poste à deux kilomètres de la ville, sur la route.

On était là depuis quatre heures du matin ; il était midi. On n'avait pas de nouvelles de la Place qui n'envoyait aucune patrouille ; on ne voyait pas un chat. Aussi, s'ennuyait-on ferme.

La vigilance et la discipline ne tardèrent pas à s'en ressentir. Justement, tout près, il y avait un cabaret. Il faisait beau ; on était confiant, parce qu'il faisait beau, — les visages étaient déridés, la faconde était revenue. On y entra.

On mit les fusils dans un coin, on enleva le ceinturon et la giberne. Quatre des hommes, dont le Horteur, un grand bougre aux épaules d'athlète, à la moustache terrible, commencèrent une poule au billard. Deux autres se portèrent un défi aux quilles. Plus calme, le caporal se borna à une partie de bezigue avec le patron de l'établissement.

Tout à coup, un galop effréné retentit au dehors et un peloton de cavaliers, sur deux rangs, en bataille, mousqueton au poing, défila au train de charge devant l'auberge.

Michaut l'aperçut au travers les rideaux.

Tout de suite il sortit. Mais le peloton était déjà loin — il ne put savoir qui il était.

Une vieille femme, une voisine, se tenait devant sa porte.

— Oh ! monsieur, lui dit-elle, les drôles de gens ? Tout verts, sur de petits chevaux, verts avec de grandes soutaches blanches, et l'air mauvais... Ce sont des Prussiens, bien sûr.

— Des Prussiens, fit Michaut.

Les joueurs de billard sortirent, la pipe à la bouche, débraillés, le rire aux dents.

— Vous avez la berlue, la mère !

Ils rentrèrent, et la partie recommença, animée, bruyante, avec des trépignements, des jurons, des bravades, avec des rires, comme dans un coup d'insouciance et de folie.

Tout à coup un bruit de cloches sonnées à la volée le fit tressaillir ; il lui sembla qu'il s'y mêlait des sonneries de clairon, un roulement de tambour continu, une clameur diffuse, comme un bruit lointain de vague déferlante...

Michaut, qui était ressorti sur la porte devint pâle.

— Hé ! camarades, cria-t-il.

— Quoi donc ?

— Il se passe quelque chose d'anormal. Ecoutez.

La rumeur montait, plus intense et plus haute.

Maintenant toutes les cloches de la ville sonnaient.

— C'est le tocsin ! dit quelqu'un.

Ce mot les glaça. Le Horteur, le colosse, était verdâtre.

La voisine rentra et ferma ses volets sans mot dire.

Un crépitement sourd, très bref, déchira l'air. On se battait quelque part ; un grand silence se fit. Une minute s'écoula, longue comme un siècle ; puis le même bruit retentit, strident et sinistre, plus rapproché, cette fois, plus distinct ; puis ce fut toute une volée de détonations qui fit trembler les vitres de l'auberge et roula d'écho en écho dans la vallée, en face, d'où montaient, du côté de la ville, de petites fumées bleues.

— Aux armes ! cria Michaut.

Il y eut une bousculade. On chargea les fusils en hâte. Deux ou trois, les plus résolus, sortirent et se postèrent sur la route ; les autres s'apprêtèrent à faire feu de l'intérieur, par les fenêtres. Le Horteur disparut.

— Les voici !

Cent détonations éclatèrent. Et, au milieu d'un tourbillon de poussière et de fumée, l'escadron ennemi pourchassé et combattant, emporté dans un galop infernal, passa comme une trombe.

Personne ne tomba. Amis et ennemis, tous étaient sains et saufs.

Mais la secousse avait été rude pour d'aucuns, pour le pauvre Michaut, notamment, qui, au service, avait opté pour « la hors-rang », pour l'épaulette verte, les postes doux ; tellement rude qu'il n'avait même pas eu le temps de lâcher son coup de fusil, circonstance qu'il expliqua plus tard en disant :

— Ainsi, moi, j'avais un fusil : jamais je n'ai pu le décider à partir. Ah ! nous étions bien outillés !

Il rentra chez lui dans un état d'abattement voisin du délabrement. Sa femme s'en émut.

Il était rouge, bleu, vert, — un arc-en-ciel ; les mots empâtés lui restaient dans la gorge.

— Ah ! chère amie !... chère amie !...

Très inquiète, M^me Michaut s'approcha. Mais son empressement subit un temps d'arrêt.

— Eh ! tu ne te parfumes pas, toi, quand tu vas à la bataille.

Cette remarque eut un effet bienfaisant instantané : d'un seul coup, Michaut, se reprit :

— C'est l'odeur de la poudre, répondit-il, d'un air de simplicité antique et se dirigeant vers son cabinet de toilette qui ouvrait au fond du magasin.

Le beau-père de Michaut, un vieux brave qui avait laissé une jambe en Espagne, entra en ce moment. Il avait vu rentrer son gendre ; il venait s'informer.

Il fit deux pas et, subitement, comme sous le coup d'une vive satisfaction olfactive, il s'arrêta et se mit à aspirer l'air bruyamment.

— Ou s'est cogné dur, je sens ça. Tu ne sens rien, toi ?

— Je me demande précisément ce que c'est.

— Ce que c'est, tu ne le devines pas, c'est l'inoubliable parfum du combat : la poudre, ma fille ! Ah ! ça me rappelle mes meilleures années, cela ! c'est...

— La poudre ? murmura M^me Michaut, sans essayer d'arrêter son père, emballé, eh bien ! ce n'est jamais ça que j'aurais supposé !

EDOUARD ZED.

# LE LAPIN

Oh ! combien elle était troublée, en allant le rejoindre là-bas, au bout du grand parc, au pavillon de chasse, perdu dans les hauts chênes séculaires.

Personne ne pouvait cependant se douter aucunement de la grosse faute — du crime même, puisqu'elle était mariée — qu'elle se risquait enfin à commettre ; personne, que son amie de couvent, la marquise Gaétana, la toute jeune veuve du vieux marquis del Rosario, chez qui elle était venue passer les quelques jours d'abandon forcé où l'avait laissée son époux, le comte Henri, parti à Lannion, en Bretagne, faire ses treize jours, capitaine aux chasseurs à cheval.

Cette bonne Gaétana, comme elle avait été serviable pour elle en la circonstance présente, invitant au château en même temps qu'elle, lui, l'élu, Jacques de Simeuse, qui devait être le héros de sa mutine équipée.

Oh ! combien elle était troublée, la petite comtesse Jehanne, non pas de l'appréhension de la chute, à laquelle elle était résolument décidée, en brave, étant bien de son monde et de son époque, ne voulant se singulariser en rien, surtout en ridicule pruderie.

Troublée, elle l'était, la pauvrette, jusques au fond de l'âme ; et franchement il y avait de quoi.

Loin, bien loin même, que son élu, Jacques, fût en aucune façon redoutable ni effrayant ; lui ! le charmant garçon, toujours aimable, que les femmes adoraient et que ses amis chérissaient pour sa grande sincérité de franche camaraderie.

C'avait été, parmi les nombreux assidus qui, depuis son mariage, — déjà ancien, datant de six longs mois, — s'empressaient à lui faire cortège, le moins fat, le moins prétentieux ; celui que du premier coup sa cervelle coquette avait désigné pour être le partenaire de sa première envolée vers l'horizon des vénielles frivolités. Aussi n'avait-elle pas un instant hésité, quand elle avait cru entendre pour elle sonner l'heure précise où elle devait, sous peine de passer pour sotte, se conformer au commun usage, à prier son amie Gaétana de convier, en même temps qu'elle-même, Jacques de Simeuse, le clerc qui devait chanter les répons de la messe rose, où elle allait officier.

Tout avait, entre les deux anciennes compagnes d'études, été préparé, ourdi, tramé avec le plus grand soin, sans ces hâtes, cette précipitation qui souvent anéantissent les tactiques les mieux combinées, en pleine liberté du cœur ; car du cœur il n'était tout juste question, en l'affaire, que ce qu'il en fallait pour les strictes convenances ; en toutes choses, la comtesse Jehanne était de son temps.

La marquise Gaétana, à qui sa position de jeune veuve permettait certaine liberté d'allures, s'était fort gracieusement prêtée à ce que lui demandait son amie.

— Mais, au moins, es-tu sûre qu'il t'aime ?

— Au point de n'avoir jamais osé me l'avouer, ma chère ! d'une timidité, d'un respect !

— En effet, c'est des plus significatif, ma Jehanne ; mes compliments, tu sais, c'est un charmant cavalier.

— N'est-ce pas ?

— Et puis, ton mari n'aura le droit de rien te reprocher ; somme toute, pendant six mois, tu as été d'une sagesse exemplaire, héroïque...

— Héroïque, sincèrement.

— Tandis que d'autres, bien d'autres...

— Tu dis ?

— Rien.

Et la marquise, comme pour couper court à un aveu imprudent, changea le sujet de la conversation.

Il y avait huit jours que Jacques, invité par la marquise, était venu se mêler aux hôtes du château des Bruyères, sur la route d'Enghien à Montmorency.

Était-ce l'intimité plus grande dans laquelle il vivait auprès de la comtesse Jehanne ? M. de Simeuse était moins timide, plus familier, la recherchant, faisant traîner longuement leurs causeries, paraissant un peu énervé, laissant deviner qu'il avait quelque chose à dire, puis s'arrêtant au moment de parler, l'air gêné, comme un écolier.

La comtesse Jehanne un peu taquine, le laissait aller sans l'aider.

— Je crois que nous touchons au but, disait-elle, à l'aimable marquise, qui s'amusait fort de cette petite comédie.

Et la veille, après le dîner, au salon, le soir, Jacques, semblant encore plus nerveux que de coutume, avait demandé à la marquise l'autorisation de tirer quelques pièces dans le parc, qui était assez giboyeux.

Il insista, désignant le lieu où il dirigerait surtout ses pas et, profitant d'un moment où la marquise était distraite par un autre de ses invités, il murmura, à l'oreille de la comtesse Jehanne :

— Oh ! de grâce, madame, demain au pavillon de chasse...

— Mais...

— Je vous en supplie.

Qui ne dit mot, consent ; et la comtesse Jehanne, tacitement, consentit.

C'est à ce rendez-vous qu'elle allait donc, troublée jusqu'au fond de l'âme, dans un émoi bizarre, lancinant, particulier.

Troublée comme le fiancé à l'approche du premier aveu qu'il s'apprête à faire à l'épouse.

Elle était diantrement embarrassée, la pourtant spirituelle comtesse ; tremblante de paraître trop niaise ou trop hardie, voulant sortir de l'épreuve correctement, comme en tout ce qu'elle se mêlait d'entreprendre.

Lui parlerait-il le premier et comment lui répondrait-elle ? Serait-elle sévère, jouerait-elle la femme offensée d'abord, pour se faire implorer davantage, donnant un plus grand prix à sa feinte de pardon ?

Ou bien serait-elle clémente à sa peine, le consolant dès les premières phrases de son chagrin ?

Ç'allait être sa première bataille galante ; elle avait le trac d'un conscrit.

Et trois fois, presque arrivée au pavillon de chasse, elle était retournée en arrière, bégayant à mi-voix les répliques qu'elle destinait à l'élu qui devait se morfondre en l'attendant.

A la fin, se trouvant stupide, elle s'irrita de cet émoi bizarre qui la paralysait et, vaillante, résistant à l'envie folle qui lui était venue de reculer, elle alla retrouver monsieur de Simeuse dans le pavillon.

— Comme vous êtes bonne d'être venue, Madame ? lui dit Jacques, en la faisant asseoir sur le banc rustique où, de son vivant, le feu marquis del Rosario fêtait la Saint-Hubert, jadis, en compagnie de ces cynégétiques invités.

Oh ! la minute terrible, fatale ! Elle y était arrivée.

Que dire ? Quel mot prononcer qui fût le mot précis, juste dans le ton, sans aucune dissonance ?

Et ce monsieur de Simeuse, debout devant elle, qui semblait malicieusement épier sa première parole ?

Comment s'y prendre pour ne pas commettre une irréparable bévue ?

Le petit cœur de la comtesse battait une charge effrénée ; mais, fille d'Eve, elle tourna la difficulté, en mettant l'ennemi en demeure de découvrir son jeu.

— Vous m'avez priée de venir, monsieur de Simeuse, me voici. Qu'aviez-vous donc à me dire de si mystérieux ?

Jacques hésita une seconde. Evidemment il aurait préféré un prélude banal qui lui facilitât l'explication décisive.

— Madame, dit-il, très ému, vous pouvez, si vous daignez agréer mon humble requête, faire le bonheur et la joie de mon existance tout entière.

La comtesse Jehanne eut un sourire. Eh ! mais, il s'en tirait à merveille, le sacripant. Comme il avait délicieusement dit cela.

— Moi, monsieur Jacques ! Je ne vous comprends pas, fit-elle, traîtreusement, redevenue elle-même, mutine.

— J'adore la marquise Gaétana, votre amie, madame, reprit Jacques, dont la voix chevrotait d'émotion ; comme un niais, je n'ose pas le lui dire et...

La comtesse Jehanne s'était brusquement levée, le sourcil froncé, un peu pâle, sortant du pavillon, dans un besoin d'aspirer l'air.

— Et ? lui demanda-t-elle, sèchement, comme il l'avait suivie au dehors.

— J'ai compté sur la grande amitié qui vous lie, madame. Voulez-vous me faire l'honneur d'être mon interprète auprès d'elle, de la prier d'accepter l'hommage respectueux de mon nom ?

Comme Jacques achevait de parler, un bruit de pas, lointains encore s'entendit.

On semblait venir dans leur direction.

— Ah ! Monsieur ! s'écria la comtesse Jehanne apeurée ; on vient, on va nous surprendre. Je vais être perdue, monsieur ! Ayez au moins une contenance quelconque ; vous avez dit que vous chasseriez, tuez vite quelque chose, n'importe quoi !

— Mais, Madame...

— Dépêchez-vous donc ! Tenez, là ! Quelque chose qui court. Tirez donc, que j'aie un semblant d'excuse ! Vous n'allez pas exiger, j'espère, que je pousse l'abnégation jusqu'à être compromise par dessus le marché.

Jacques mit en joue le « quelque chose qui courait », fit feu, l'objet tomba.

La marquise Gaétana débouchait de l'allée voisine, venant les prévenir de rentrer au château, où leur absence simultanée avait causé une certaine impression.

— Ah ! mon Dieu ! s'écria-t-elle, en voyant l'objet que Jacques ramassait : mais ce n'est qu'un affreux lapin !

— Et un vrai ! lança la comtesse Jehanne, en foudroyant M. de Simeuse du regard.

Deux mois après, la marquise Gaétana acceptait l'hommage respectueux du nom de M. de Simeuse et la comtesse Jehanne continuait à passer pour une véritable sainte, désespérant toutes les tentatives qui s'empressaient autour d'elle.

Le dénoûment de sa première envolée dans les frivoles horizons l'avait sans doute à jamais guérie de toute velléité de récidive.

S'il survient du nouveau, je vous tiendrai au courant.

BABYLAS.

# L'Addition

La haute vie parisienne s'est, on le sait, enrichie d'une nouvelle étoile vers le milieu de l'été dernier. Cette horizontale de marque, jolie à l'excès, est propriétaire d'un des grands noms de France ; nous n'affirmerons pas qu'elle descend en ligne directe des croisés, mais il est certain que ses ancêtres ont eu quelques accointances avec de nobles pipelettes, ce qui nous autorise à en inférer qu'elle pourrait bien appartenir à la lignée des fenêtres... à tabatière.

Elle s'appelle, personne ne l'ignore, Langoureuse Mézil-d'Oye, et porte de jaune sur champ de louis au chef d'or, strié de trois merlettes d'escarcelles, avec cette fière devise en exergue : « Béni soit qui bien y verse. »

Langoureuse est belle, d'une beauté panachée de Môme Livarot et de baronne d'Ange, également de *langoureuse* mémoire. Elle arriva de Saint-Jean-Pied-de-Port dans le courant de juin, et produisit tout de suite, dans les jeunes et vieux cœurs du faubourg Saint-Chic, l'effet d'une capsule au fulminate de mercure ; sur ce préambule absolument nécessaire pour l'intelligence de ce qui **va suivre**, nous enfonçons le scalpel de la vérité dans le vif de notre histoire. Et, comme dit Georges Ohnet : tant pis si ça saigne !

C'était au commencement de décembre, à l'heure trouble de l'absinthe. Deux hommes aux allures mystérieuses étaient assis côte à côte, dans un coin du café Américain, échangeant de rares paroles à voix basse, et savourant par intermittences, quelques gouttes de leurs pernods-grenadine. Il n'y avait encore, dans l'établissement, que de rares consommateurs ; et les garçons qui se roulaient les pouces en attendant la clientèle, dévisageaient en dessous les deux inconnus qui, évidemment, leur paraissaient suspects.

Tout à coup, le premier des deux hommes vida fiévreusement son verre, et dit à son acolyte :

— Voyons, Alcibiade, il faut en finir ! es-tu prêt ?

— Je suis à tes ordres, Polochon ! répondit l'autre.

Puis il ajouta d'une voix sombre :

— D'autant plus que j'ai une faim ugoline !

Alcidiade appela le garçon, et lui jetant un louis de vingt sous :

— Payez vous largement et rendez-moi de même ! lui dit-il.

On voyait que, en dépit des allures louches, ce personnage avait des habitudes de grand seigneur.

Polochon se leva.

Mais au moment où Alcibiade se préparait à lui emboîter le pas, la porte de l'établissement s'ouvrit violemment, et une femme parut ..

Mais quelle femme, doux Jésus !

Une superbe chevelure jaune, das yeux grands comme ça, une bouche petite comme ça, un nez de déesse et un port de reine...

C'était la jolie Langoureuse Mézil-d'Oye.

Résolûment, elle s'avança vers Alcibiade et Polochon, et leur demanda d'une voix de cristal :

— Pardon, messieurs, vous n'auriez pas trouvé un parapluie ?

Alcibiade se fouilla, Polochon tâta son gousset.

Non, madame ; répondirent-ils en même temps.

Ils demeuraient immobiles, fascinés, hypnotisés par cette surnaturelle beauté qui leur faisait venir l'eau à la bouche.

Langoureuse avait l'air de s'impatienter.

— Alors, c'est tout ce que vous payez ? leur demanda-t-elle enfin.

—Madame, dit-il avec émotion, je vous offre tout ce que vous voudrez : un bitter-curaçao une absinthe poivrée, un tord-boyaux si vous le désirez, et mon cœur avec...

— Non, non, pas de ça, Lisette ! s'écria Alcibiade qui, à son tour, venait de recouvrer sa langue.

— Non, c'est toi qui offre l'absinthe à madame, mais c'est moi qui lui offre mon cœur !

— Ah ! farceurs que vous êtes ! fit Langoureuse en leur donnant à chacun une claque sur le ventre.

Et, sans façon, elle s'assit sur le divan entre les deux acolytes.

Dès l'instant où Alcibiade et Polochon eurent aperçu la belle Langoureuse Mézil-d'Oye, ils en étaient tombé à la fois amoureux comme père et mère.

Aussi fallait voir les coups d'œil, les coup de genoux, les coups de coude que les deux hommes prodiguèrent à la jeune femme qui tranquillement, se plongeait dans la littérature des *Petites-Affiches* pendant ce temps-là.

Cependant l'établissement commençait à se garnir.

Soudain, Polochon, farouche, s'adressa à son camarade :

— Alcibiade, lui dit-il, vous êtes un polisson ! vous faites du pied à Madame, et ça ne me plaît pas !

— Vous lui faites bien de l'œil, vous !

— Ça, c'est mon affaire ! je l'aime, moi, cette « fâme » !

— Moi aussi !

— Vous n'en avez pas le droit !

— Nous allons bien voir !

— Entendez-vous le moins possible ! fit en riant la belle Langoureuse.

— Lequel préférez-vous de nous deux, Madame ? demanda hardiment Polochon.

— N'oubliez-pas que c'est moi qui paie l'apéritif, fit remarquer Alcibiade.

— Moi, ça m'est égal ! répondit la jolie Mézil d'Oye. Je vous gobe autant l'un que l'autre !

— Diable ! fit Polochon.

— C'est alors, suivant la coutume.

« Le sabre qui décidera... »

— Hein ! de quoi ? le sabre ! s'écria Langoureuse. Oh ! mais s'il doit y avoir du sang, je fiche le camp, moi !

— Où vous reverrai-je, Madame ? demandèrent ensemble les deux hommes.

La belle enfant réfléchit.

— Écoutez, dit-elle enfin, si vous m'aimiez, que le vainqueur de vous deux vienne me retrouver à deux heures du matin chez Sylvain Il n'aura qu'à me demander à Totor, le garçon, il me connaît.

— J'y serai ! répondirent en chœur Polochon et Alcibiade.

Langoureuse les salua et sortit du café.

— Ah ! ça, dis donc, je reviens a mon idée : j'ai rudement faim ! si nous allions dîner avant de nous battre.

C'était Alcibiade qui, après le départ de la dame, faisait cette proposition à son ami.

— Ça va ! répondit celui-ci. Nous nous occuperons de nos témoins en mangeant. Cela nous distraira.

Bras dessus bras dessous, ils traversèren le boulevard et entrèrent chez Jullien.

Tout en mangeant, Alcibiade dit timidement à son copain.

—Après tout, je crois que nous serions bien bêtes de nous couper la gorge pour cette femme, fort jolie, sans doute, mais...

— Tu pourrais bien avoir raison, cher ami ; et si tu veux...

— Nous allons aller faire un carambolage en cent vingt, ajouta Polochon, complétant la pensée de son compagnon.

— C'est que j'allais te proposer ! fit Alcibiade. Du reste, rien ne nous empêchera d'ailleurs de retrouver notre belle à l'heure qu'elle nous a indiquée. Et il sera toujours temps alors de voir ce que nous aurons à faire !

— Juste, Auguste !

Et les deux convives s'en furent caramboler à outrance.

Or, comme deux heures sonnaient au beffroi de chez Sylvain, Alcibiade et Polochon entraient dans cet établissement cher aux fêtes nocturnes.

— Monsieur Totor est-il là ? demandèrent-ils au premier garçon qu'ils aperçurent.

— C'est moi, Messieurs.

— Ah ! très bien. N'avez-vous pas vu entrer ici une dame blonde avec un boa en poil de ..

— Monsieur veut dire en plumes ?

— Peut-être bien.

— Mademoiselle Langoureuse ?

— Il se pourrait.

— En effet, reprit Totor ; mais elle est partie vers une heure du matin.

— Pas possible ! fit Polochon.

— Ça ne peut pas être vrai ! dit Alcibiade.

— Si ; c'est absolument vrai répondit le garçon. A preuve que si vous êtes bien le monsieur qu'elle attendait...

— Si je le suis ! s'exclamèrent en même temps les deux amis... si je le suis ! il ferait beau voir qu'il y en eût un autre que moi !

— ... Si vous êtes bien le monsieur qu'elle attendait, elle m'a chargé de vous remettre ceci.

— Ah ! firent ensemble Alcibiade et Polochon. Et un soupir de satisfaction s'échappa de leurs poitrines.

Vivement, ils jetèrent les yeux sur un billet que leur présenta le garçon ; mais ils se reculèrent aussitôt avec effroi.

— Eh bien ? fit Totor étonné.

— Quel est donc ce mystère ? balbutia Polochon.

— Tu te gausses de nous, manant ! s'exclama Alcibiade.

— Mais non ! reprit le garçon. Voilà : Mⁿᵉ Langoureuse est venu souper avec son prince Brésilien, et elle est partie avec lui, en me disant de vous remettre ceci.

C'était une note, se montant à cent trente francs, y compris le service...

Force fut à Alcibiade et à Polochon de mettre la main à la poche.

C'était une consolation. N'ayant pu se partager la femme, ils se partagèrent l'addition...

Marius RETY.

Le replâtrage rapide du ministère et la solution de la question irritante de la Présidence de la Chambre n'ont pas tardé à porter leur fruit.

La fermeté qui s'en est suivie, ainsi que le mouvement de reprise sur nos rentes, ont indiqué suffisamment combien cette situation tendue était désastreuse à tous les points de vue.

Si l'on est étonné de trouver certains noms parmi nos gouvernants, compromis dans toutes ces louches affaires, il y a lieu d'espérer, par contre, que les actes énergiques qui en sont la sanction naturelle auront pour effet de ramener le calme qui, depuis quelques semaines, faisait si complètement défaut sur notre grand marché français.

Nous sommes en pleine échéance des coupons de janvier. La presque totalité de nos grandes compagnies de Chemins de fer payant le revenu des obligations en janvier et en juillet.

Si les débats du Panama ne viennent encore nous dévoiler quelque énorme pot aux roses, il faudra bien que ces grosses disponibilités trouvent leur placement quelque part.

Où, mieux que sur nos Rentes, peuvent-elles se poser ?

Déjà nous constatons que la spéculation à la baisse rachète son découvert, qui doit être encore plus profond qu'on ne le croit.

Ces rachats contribueraient donc à un relèvement des cours, dont la moindre espérance de tranquillité donnerait certainement le signal.

Parmi les valeurs les plus attaquées par les syndicats, il faut placer au premier rang le Foncier qui, des environs de 1,200 avait été ramené à 980, soit 200 francs de baisse, en chiffres ronds. Or, les ventes à découvert ayant un peu cessé leur feu, on a pu le voir franchir à nouveau le cours de 1,050 f. et continuer sur les achats du comptant, régulièrement, sa marche ascensionnelle.

Sans être trop optimistes, nous pensons donc qu'aux cours actuels, le moment est favorable pour prendre position à la hausse, soit *ferme*, soit en se couvrant par exemple par des primes dont *0 50*.

G. QUATRESS.

**Ba-ta-Clan**. — *Les Paulussonneries de l'année*, revue en deux parties, de MM. Numès et Garnier; musique de E. Galle. — La revue est très réussie, et Paulus est un excellent compère, il a de l'entrain; Antony est superbe de vérité dans le juif Samuel; Gosset est charmant dans *Gigolot* et en *municipal*. A citer, Romas, dans Inaudi; M⁰ᵉ Claude Roger est une agréable commère; Augusta, est la meilleure du côté des dames. Le clou de la revue est la danse serpentine par Miss Matthews : c'est un clou à sensation; Paulus chante chaudement « la Légion étrangère » et on lui fait une ovation chaque soir. Dans le concert, Daubreuil, Balazy, Réval, Bollini, un bon ténor, rivalisent tous d'entrain. Romas est parfait dans « J'suis trop vieux ». — Tous les jeudis, soirées de gala. — On prépare activement « Au Dahomey », une pantomime à grand spectacle.

**Nouveau-Théâtre**. — *Le Bouton d'Or*, comédie lyrique, en quatre actes et cinq tableaux, de M. Michel Carré; musique de Gabriel Pierné. — Je donnerai le compte-rendu de cette pièce, qui est un succès, dans le prochain numéro.

**Gaîté Rochechouart**. — *Musclez-les!* revue. — Cette revue est bourrée de mots d'esprit et de couplets habilement tournés par MM. Georges Chauvin et Grison; Claudius est le compère : vous pensez si l'on doit s'amuser. La toute gracieuse Bockhaï est une commère aux yeux polissons. Du reste, je reparlerai de cette revue. A féliciter, M. Briet, le metteur en scène.

**Élysée Montmartre**. — Les bals masqués du samedi à l'Elysée-Montmartre obtiennent un grand succès, les artistes chorégraphiques Rigolette et ses élèves, La Cascade, etc., y sont très applaudis du public.

ALBERT VERSE.

## SPECTACLES DE LA SEMAINE

OPÉRA. — FRANÇAIS. — OPÉRA-COMIQUE. — ODÉON : —Spectacle variable : consulter feuilles quotid.
GYMNASE. » h. »/» — Relâche.
VAUDEVILLE. — 8 h. »/». — Gens de Bien.
VARIÉTÉS. — 8 h. »/». — La Petite Marquise.
PORTE-SAINT-MARTIN. — 8 h. »/». — Au Dahomey.
CHATELET. — 8 h. — La Prise de Pékin.
GAITÉ — » h. »/». — Relâche.
AMBIGU. — 8 h. »/» — Les Cadets de la Reine.
PALAIS-ROYAL. — 8 h. 1/4. — Système Ribadier.
NOUVEAUTÉS. — 8 h. 1/4. — Champignol malgré lui.
FOLIES-DRAMATIQUES. — 7 h. 3/4. — Miss Robinson.
BOUFFES-PARISIENS. — » h. »/». — Relâche.
MENUS-PLAISIRS. — 8 h. — Tararaboum-Revue.
THÉATRE CLUNY. — 8 h. 3/4. — La Tournée Ernestin.
DÉJAZET. — 9 h. »/». — Ferdinandle Noceur.
CHATEAU-D'EAU. — 8 h. 3/4 — La Poissarde.
BOUFFES DU NORD. — 8h. — Cadet-Roussel.
THÉATRE MONCEY. — 8 h. — Le Roi s'amuse.
FOLIES-BERGÈRE. — 8 h. 1/2. — Miss Loïe Fuller, danse serpentine; les Delevines, Mlle Duclerc. — Dimanches et fêtes, matinées à 2 h. 1/2.
ELDORADO. — 8 h. 1/2. — Concert. — Spectacle.

*L'Imprimeur-Gérant :* ALPHONSE CARROT.

Imprimerie spéciale du *Paris qui Rit*, 13, faub. Montmartre, Paris.

# LES CHASSEURS DE VIERGES
## Grand roman de mœurs fin-de-siècle, par Emile BLAIN

**CHEZ TOUS LES LIBRAIRES**, demander les « CONTES A BIBI », du même auteur, qui paraissent deux fois par semaine, en fascicule de 16 pages, au prix de 0 fr. 05 chaque livraison.

## ABONNEMENTS

PARIS : Un an, 6 fr.; Six mois, 3 fr.; Trois mois, 1 fr. 50. ✳ DÉPARTEMENTS : Un an, 6 fr. 60; Six mois, 3 fr. 25; Trois mois, 1 fr. 75. ✳ ÉTRANGER : Un an, 7 fr. 50; Six mois, 3 fr. 75; Trois mois, 2 fr.

### Chemin de fer d'Orléans

Voyages aux Stations Thermales, Hivernales et Balnéaires des Pyrénées et du golfe de Gascogne.

La Compagnie d'Orléans, d'accord avec celle du Midi, vient d'adopter de nouvelles mesures en vue de faciliter les voyages aux Pyrénées et sur les bords du Golfe de Gascogne.

1° La durée de validité des billets d'aller retour, individuels, de toutes classes, réduits de 25 0/0 en 1ʳᵉ classe et de 20 0/0 en 2ᵉ et 3ᵉ classe sur les prix du Tarif général vient d'être portée de 10 à 15 jours, non-compris les jours de départ et d'arrivée.

En outre, la durée de chacune des deux périodes de prolongation qui sont accordées aux voyageurs moyennant le paiement, pour chacune d'elles, de 10 0/0 de la valeur du billet, est portée de 5 à 10 jours.

2° Les billets d'aller et retour de famille à prix réduits, de 1ʳᵉ et de 2ᵉ classe dont la durée de validité est de 33 jours, non compris les jours de départ et d'arrivée, devaient antérieurement comprendre au moins trois personnes.

Or, une réduction de 20 0/0 sur les prix du tarif général est accordée, actuellement, *aux familles de deux personnes* ayant à parcourir une distance d'au moins 500 kilomètres, aller et retour compris.

Ces divers billets sont délivrés, toute l'année, à toutes les stations du réseau d'Orléans, pourvu que la demande en soit faite au moins 4 jours à l'avance, pour les stations ci-après :

Alet, Arcachon, Argelès-Cazost, Ax-les-Thermes, Bagnères-de-Bigorre, Bagnères-de-Luchon, Banyuls-sur-Mer, Biarritz, Cambo-ville, Capvern, Céret (Amélie-les-Bains, La Preste, etc.), Couiza-Montazels, Dax, Guéthary (halte), Hendaye, Lamalou-les-Bains, Larruns-Eaux-Bonnes, Oloron-Sainte-Marie, Pierrefitte-Nestalas (Cauterets), Pau, Prades (Le Vernet et Molitg), Saint-Flour (Chaude-Aigues), Saint-Girons, Saint-Jean-de-Luz, Salies-de-Béarn, Salies-du-Salat et Ussat-les-Bains.

A cette nomenclature, il convient d'ajouter la station de Boulou-Perthus, pour laquelle, jusqu'à présent, ces billets n'étaient pas délivrés.

Ne louez pas d'appartement

sans le certificat délivré par le

## SANATORIUM DE PARIS

23, rue Lantiez — TÉLÉPHONE — 12, Chaussée d'Antin

Tous les soirs

# MOULIN-ROUGE
*CONCERT, SPECTACLE, BAL*

## COMPTOIR GÉNÉRAL
*9, boulevard Poissonnière et 45, rue du Sentier*
Maison Henri RIONDET
de premier ordre et de toute confiance
POUR
l'HORLOGERIE, la BIJOUTERIE & les ARTICLES D'ÉCLAIRAGE
*Reconnue comme vendant le meilleur marché de tout Paris*

*DIMANCHES, MARDIS, JEUDIS & SAMEDIS*
## BALS
# ÉLYSÉE - MONTMARTRE
PATINAGE DIMANCHES & FÊTES EN MATINÉE

# PIERRE PETIT
*Opère lui-même.*

DANS SES NOUVEAUX ATELIERS
**29, Place Cadet, 29**
Douze marches à monter.
Les PHOTOGRAPHIES de CHARDON sont LES SEULES INALTÉRABLES

# La Sentinelle en défaut

PRIME GRATUITE du « *PARIS QUI RIT* » n° 16, offerte gracieusement à ses lecteurs

Imprimerie spéciale du « *Paris qui Rit* », 13, faubourg Montmartre, Paris.

Deuxième année, n° 17.  LE NUMÉRO: **DIX** CENTIMES  Dimanche 29 Janvier 1893.

ABONNEMENTS

PARIS : Un an, 6 fr.; Six mois, 3 fr.; Trois mois, 1 fr. 50.  —  DÉPARTEMENTS : Un an, 6 fr. 60; Six mois, 3 fr. 25; Trois mois, 1 fr. 75.  —  ÉTRANGER : Un an, 7 fr. 50; Six mois, 3 fr. 75; Trois mois, 2 fr.

*Adresser lettres, communications et mandats à M. l'Administrateur de la Bibliothèque Gauloise*

Elle se retourna, le visage découvert.

— Il y avait trop de ballotage !

---



## CHRONIQUE GAULOISE

— Ah! mes enfants! quel cataclysme! Quelle abomination de la désolation! s'écria Serpentinette qui, en se secouant, nous enveloppa tous, dès son entrée dans la salle de rédaction, d'un nuage de neige mi-fondue.

— Qu'y a-t-il donc! on a renversé le ministère?

— Une hausse sur les pipes Gambier? demanda le sentimental Babylas.

— Une épidémie sur les harengs-saurs? risqua le tendre Édouard Zed.

— La morue serait augmentée? interrogea Flanochard.

— Je parie, exclama Réty, qu'on a découvert un nouveau complot anarchiste.

— C'est bien pis que cela, répondit notre collaboratrice, navrée.

— Quoi, alors?

— Devinez?

Et comme nous nous taisions comme un seul homme.

— Les cuisinières sont dans le marasme, les médecins aux abois, les pharmaciens perplexes et les charcutiers ne savent plus à quel saint se vouer.

— Au saindoux! riposta K. Storr, en veine de frivolité

— Pas même; on n'en fait plus. Les sauces sont en détresse, les purges...

— Oh! Serpentinette!

— On n'en trouve plus qu'à prix d'or; c'est une révolution en perspective.

— Pourquoi ça?

— Il n'y a plus de sel à Paris.

— Quelle blague!

— Comme je vous le dis. On a tout usé pour la fonte des neiges.

— Tu nous mènes en... traîneau! dit Lucien Destelle, très sceptique de sa nature.

— Vous riez! Eh bien! je paie un panier de champagne si vous en trouvez seulement de quoi faire mon pot-au-feu de ce soir en vous y mettant tous ensemble.

— C'est dit, nous écriâmes-nous, en chœur.

Et sous la conduite de Georges, notre garçon, qui connaît les bons coins, nous descendîmes sur le boulevard, en monôme, comme des hommes sandwichs, avec chacun *Paris qui Rit*, bien visiblement déplié à la main, pour faire de la réclame au journal.

Arrivé devant chez Marguery, Georges, le chef de file, s'arrêta.

— Ici, nous trouverons notre affaire.

— Vous croyez?

— Dame! d'habitude, Monsieur, ici, c'est salé!

— C'est juste.

A peine entrés, nous nous arrêtâmes stupéfaits. Serpentinette avait raison.

On lisait sur une pancarte, fond noir, caractères argent :

*Vu la fonte des neiges, les plats au sel ont été supprimés des menus.*

Flanochard voulut en avoir le cœur net et s'asseyant à une table, commanda un bifteck nature.

Le garçon lui servit un filet saignant entouré d'une demi-douzaine de pruneaux cuits au four.

— Des pruneaux? fit-il au gérant qu'il avait appelé du geste.

— Monsieur n'a donc pas lu la pancarte : les plats salés...

— Possible! mais en mettant le prix...

— Si Monsieur était venu seulement vingt minutes plus tôt, nous avions mis de côté, en cachette, une demi-livre de sel gris, mais...

— Mais...

— Il n'y a pas un quart d'heure qu'on est venu la chercher pour la Présidence...

Et Flanochard, furieux et désappointé, en fut pour son bifteck aux pruneaux qu'il ne put manger.

— Eh bien? lui dit Serpentinette, quand il nous rejoignit au café voisin.

— Je ne me rends pas encore, j'ai mon idée!— et prenant la tête du monôme, il nous conduisit rue Drouot, à la pharmacie Normale.

— Monsieur désire?

— Quarante grammes de sel de Sedlitz.

— Si Monsieur veut me donner son nom, je lui donnerai un numéro d'ordre. Dans huit jours, monsieur pourra venir chercher sa commande.

— Vous n'en avez plus?

— Non, monsieur, nous avons tout jeté devant la porte, pour les neiges.

— Donnez-moi du sel de Glauber, alors?

— Prenez un numéro.

— Du sel de...

— Inutile, Monsieur; en fait de sels, il ne nous reste plus que de l'huile de ricin...

Flanochard s'esquiva, trouvant que cela n'avait rien d'engageant.

— Et de deux! fit Serpentinette, qui s'amusait fort de sa déconvenue.

— Je rends les armes, s'écria Flanochard, que sa double épreuve avait convaincu.

— Et moi, je ramasse le gant! dit fièrement le tendre Edouard Zed, qui nous entraîna à sa suite, toujours en monôme, jusques chez le docteur Brouardel.

— Ah! docteur! lui dit-il, d'un ton lamentable, j'ai d'épouvantables coliques.

— Je vois ce que c'est, c'est le froid! fit l'excellent docteur, je vais vous mener à Péan.

— Pourquoi faire ?

— Avant les neiges, je vous aurais ordonné du sel de magnésie, ça vous aurait débarrassé;

mais à présent il n'y a plus qu'un moyen, ouvrir le ventre...

— Attendez-moi donc, je reviens! s'écria Zed, blême de peur, descendant quatre à quatre l'escalier.

— Je passe la main, bégaya-t-il, quand Serpentinette lui demanda s'il était satisfait.

K. Storr demanda la parole.

— Euréka! nous dit-il, joyeux. Serpentinette, ce soir, tu assaisonneras ton pot-au-feu.

— Avec du sel ?

— Avec du sel.

Le monôme se remit en route. K. Storr nous amena rue des Halles devant une boutique peinte en rouge: *Salaisons en gros.*

— Chère Madame!

— Tiens! Monsieur K. Storr! quel hasard?

— Je voudrais une douzaine d'anchois, en baril.

— Ah! si vous étiez venu il y a trois semaines, Monsieur K. Storr.

— Pourquoi cet air de regret, Madame ?

— J'aurais pu vous servir; aujourd'hui, nous n'avons que des anchois frais.

— Pas possible !

— Oui, on nous les dessale à l'octroi en prévision d'une nouvelle avalanche de neiges. C'est la Ville qui renouvelle sa provision pour la fonte.

— Allons à la Ville, en ce cas! proposa Babylas, j'ai des camarades dans les bureaux.

A l'Hôtel de Ville, on nous reçut comme des chiens dans une partie de croquet.

— Monsieur X... demanda Babylas, citant le nom d'un employé.

— Il est aux pompes.

— Et Monsieur Y...?

— Egalement.

— Comment! ils ont donc tous changé de service? Les Pompes Funèbres réclamaient donc un supplément de fonctionnaires?

— Je ne vous ai pas dit que c'était les Pompes Funèbres, il me semble, mauvais plaisant! répliqua le garçon de bureau, d'un ton aimable; ils sont aux pompes pour le sel.

— Plaît-il ?

— Ils pompent l'humidité des magasins, pour empêcher le sel de fondre ; car s'il venait de nouvelles neiges, je ne sais pas comment nous ferions.

— Merci !

Et, glissant généreusement cinquante centimes à son interlocuteur, Babylas reprit :

— Dites donc, mon ami, j'ai ma belle-mère qui est gravement malade et le docteur a ordonné de lui faire prendre de l'eau salée. Vous me rendriez un véritable service en me cédant une pincée de la réserve que vous avez en magasin pour les neiges.

— Je ne demande pas mieux ; mais je ne crois pas que cela puisse vous servir.

— Vraiment ?

— Il ne reste plus que du sel d'oseille.

Décidément, nous étions capots; on ne pouvait décemment pas user de ce moyen-là pour saler le bouillon de Serpentinette.

Et nous rentrions, tête basse, à la rédaction, quand une bande de camelots surgit des environs de la rue du Croissant :

— Demandez la *Cocarde !* trente-septième édition du soir! Curieuses révélations sur le Panama!

Serpentinette fit emplette d'un numéro et elle lut :

« On annonce que la Commission d'Enquête va se transporter aux haras de remonte de Blois, pour procéder à un nouvel examen... d'étalons.

« Un avis officieux prévient les personnes qui se rendent au five o'clock tea, dans le couloir des juges d'instruction, d'apporter des pliants avec eux s'ils veulent s'asseoir, l'administration du Palais ne disposant que d'un nombre de sièges trop restreint, vu l'affluence des visiteurs.

A la Rédaction, je trouvai le télégramme suivant de l'Agence Passe-Partout :

« Dernières nouvelles du Dahomey. — Béhanzin vient de demander au général Dodds un bureau de tabac pour remplacer la liste civile qu'il a perdue. »

La carotte de l'amitié, quoi !

PETIT-CLAUDE.

# SUR LA GLACE
### ou
## On ne patine pas avec l'Amour

Le premier soin du petit Duveté, pour l'instant caporal au 175e de ligne, a été de profiter de sa permission du Jour de l'An pour rouvrir le somptueux entresol qu'il possède avenue de Messine et qu'habite son fidèle James, la crème des valets de chambre, un être doux et paisible qui occupe ses loisirs à cultiver toutes sortes de sauces tartares pour le cas où il lui serait nécessaire de se créer une autre situation dans le monde ou de lutter contre de malignes concurrences.

Rose-Lilas, que la loi de 91 oblige à une navette continuelle entre Paris et Meaux, ce qui l'éreinte, dit-elle, et qui espérait un instant de repos sous des courtines confortables où elle ne grelottât pas comme à Meaux, cette Nouvelle-Zemble ; Rose-Lilas, à l'annonce d'une fête, avait fait la moue une minute.

Mais Duveté l'avait ralliée à son projet en la chargeant du menu et des invitations.

— Bon, j'accepte, avait-elle dit, mais sauf Albertine — Albertine était son amie — on n'invitera pas de femmes. Je les ai en horreur. D'abord elles se tiennent mal ; puis, ou elles n'ont point d'esprit, et alors à quoi bon? ou elles en ont, et c'est une plaie, on ne peut plus placer un mot : ce qui rend les hommes d'un bête...

— Bonne petite !

— Le nombre des invités sera de vingt et un, un pour chacun de mes printemps ; — il me sera ainsi rendu un discret hommage. — L'armée sera représentée par le sergent Flique, un gentil garçon... J'allais dire comme toi, mais tu es mieux que cela.

— Charmante Lilas !

— Après le dîner, — ce sera un dîner, — il sera minuit ; on se dirigera en bande vers Armenonville où a lieu une fête de nuit, sur la glace. Je pense qu'on ne s'ennuiera pas trop. Comme menu... J'y réfléchirai.

Je mettrai Flique entre Albertine et moi, à cause de l'uniforme, pour former bouquet. Une table qui se respecte doit flatter le regard. Notre toilette, à nous... aussi tapageuse que possible, mais col sévère, vu l'austérité du lieu et la sortie de la nuit. Pour celle-ci, des fourrures en tas... A propos, j'aurai besoin de cent cinquante louis pour satisfaire à cette dernière partie du programme.

— Cent cinquante louis, mais tu veux donc confisquer la Sibérie?

— Je puis acheter du faux, c'est ton affaire.

— Ça jamais, je me dois à ta devise : de roses, de lys et d'authenticité... Je les contre-blasonnerai d'autant de louis qu'il faudra.

— C'est gentil.

La fête fut étourdissante.

— Psssuuu... fit le sergent Flique dans un éclat de rire qu'il acheva le nez dans son assiette sans force pour le tirer de là, mais très digne, au dire de ces Messieurs et de Rose-Lilas, qui ne put s'empêcher de s'écrier :

— C'est un vrai gentilhomme!

James qui dirigeait le service s'approcha aussitôt, cueillit Flique avec délicatesse et dextérité et l'emporta au fumoir.

— Le lit, ou la pompe? lui demanda-t-il.

— La pompe, répondit Flique, qui avait du monde et qui, au bout de dix minutes, reparut frais comme un lys et pas gêné du tout, aux applaudissements frénétiques de l'assistance.

Hugues de Vieillebranch, seigneur de Poitou et de l'Aunis, s'enquit du procédé.

— J'y vais, s'écria-t-il. Çà, James, l'itinéraire.

— J'y vais aussi, dit Albertine.

Ce fut bientôt toute une procession. Et Raymond de Grandsac, que se piquait de littérature, put inscrire cette pensée sur une page de son carnet : « Il n'est que la Dhuis canalisée pour ramener le torse dans la verticale et la netteté dans les idées. »

A minuit, tout le monde se leva comme un seul homme.

— James.

— Mon épée! clama Flique.

— Et maintenant, à la Tour de Nesle! hurlèrent vingt poitrines.

— Pardon? au Moulin-Rouge, dit Hugues de Vieillebranch... Nous ne serions pas en force.

Cochers! demi-tour, chez Ziller! cria Duveté du seuil de sa porte, avec l'intonation du commandement, ce qui lui valut un éloge de Flique.

Au Moulin, ce fut une révolution.

— Garçon, vingt femmes!

Le garçon restat béat.

— Vous ne voyez donc pas qu'il est myope et qu'il faut qu'on l'éclaire, fit Hugues en tirant un louis de sa poche.

— Drôle! prends ce monocle, le fixe sous son arcade et vois nos têtes.

— C'est bien, messieurs, fit le garçon.

Les vingt et un coupés s'ébranlèrent et prirent le galop. Moins d'une demi-heure après, on touchait Armenonville.

Le restaurant, éclairé jusqu'au faîte, flambait. Des braseros étaient allumés sur les pelouses; des porteurs de torchères se promenaient sur le lac, où une foule grouillante s'entassait. Les profondeurs neigeuses du bois s'illuminaient de lueurs ardentes où passaient des ombres démesurées. Le givre, à la cime des arbres, prenait des tons roses; le ciel, ourlé de neige, se ternissait de rougeurs d'incendie.

Des rires, des éclats de voix montaient dans l'air glacé, strident et bizarre. La fête battait son plein. Sur la terrasse, une musique jouait des airs à la mode.

— C'est une foire, dit Hugues, allons-nous-en. Le Cercle est à deux pas; il n'y a que cela de vrai.

Au cercle, en effet, personne, naturellement, on allait pouvoir s'ébattre tout à son aise.

On fit allumer des brasiers, on planta des torches sur la glace, et, tandis qu'un punch gigantesque flamboyait à la buvette, la bande se répandit sur le lac.

— Les barres! et qu'on tournoie, cria Hugues, qui avait de l'entrain et de l'esprit d'organisation!

*.*

Mais deux couples manquèrent constamment à l'appel; on les retrouvait de temps à autre en faisant le tour de l'îlot; on avait beau les ramener, on ne les avait jamais. Rose-Lilas prétendait que Flique était inapte aux manœuvres d'ensemble, à raison de peu d'expérience du patin; Albertine avait commis l'imprudence de taquiner Duveté, à table; elle payait son étourderie dans les petits coins, où l'amphytrion la soumettait au supplice de la valse à deux temps, sur les pointes, sans seulement la laisser souffler.

Deux ou trois fois, Albertine avait manqué choir.

— Du liant, allons, du liant...

— J'en ai.

— De bons principes, pas assez d'école... Tenez, encore, si je ne vous avais pas retenue.

— Vous me trouvez gauche, n'est-ce pas?

— Moi, je vous trouve adorable.

Mais Hugues sonna le rappel, furieusement.

— Une farandole, pour finir. Tout le monde sur le pont.

Pour la farandole, le petit Duveté, qui avait obtenu d'Albertine tout un échelon de rendez-vous, crut pouvoir s'accaparer de Rose-Lilas qui, décidément, s'occupait avec beaucoup trop de sollicitude de son brillant sergent de section.

Rose lui parut très animée, très tendre, idoine aux tentations, corruptible, ce qui est d'actualité. Elle voulut bien rester, quand il lui prit la main.

Duveté se crut alors autorisé aux entrechats les plus extravagants, aux manœuvres les plus hardies, : il la prenait dans ses bras, la soulevait comme il eût fait d'une plume et l'emportait ainsi, dans des filés d'une excessive témérité, d'un bord du lac à l'autre.

Les groupes se pressaient confusément; les chutes se multipliaient.

— La chaîne! venait de dire Hugues.

Les maillons de celle-ci s'étaient tout de suite enmêlés; on tournoyait en désordre.

Tout à coup, Duveté, qui tenait Rose enlacée, fondit sur le groupe, lancé avec tant de force, qu'il ne put se retenir.

Il n'y eut qu'un cri. Vingt femmes mordirent la surface lisse.

La pauvre Lilas ne put se relever. On constata qu'elle était évanouie.

Elle ne reprit ses sens que chez Duveté, chez lequel on l'avait transportée et couchée doucement.

Albertine, ainsi que cet animal de Flique, avaient disparu dans la bagarre. Tant d'indifférence navra la blessée qui s'en plaignit amèrement, autant que de ses contusions.

— Moi, je te reste, lui dit Duveté, en lui donnant une tasse de tisane, debout près du lit.

— Hélas! fit la pauvre Lilas, toute endolorie et poussant un soupir en se retournant, mais si bas, qu'il ne l'entendit pas murmurer, avant de s'endormir : Pour mes bleus, un caporal ne vaudra jamais un sergent.

Édouard ZED.

Demander chez tous les Libraires et dans les Kiosques

## LES CONTES A BIBI

### par Emile BLAIN

**IL PARAIT DEUX FASCICULES PAR SEMAINE**

*Prix:* **O fr. 05** *le fascicule de 16 pages*

## 20 Jours de plaisir dans la Capitale

Comme le lendemain, vers onze heures, Philoctète rentrait dans la chambre garnie qu'il avait louée, la bonne de la personne qui lui sous-louait en garni l'arrêta au moment où il retirait sa clef de la serrure.

— Monsieur, lui dit-elle, il est venu un drôle de monsieur vous demander pendant que vous étiez sorti.

— Un Monsieur, quel Monsieur? demanda le jeune Dubassin, M. Carle-Max?

— Oh! non pas; celui-là, nous le connaissons.

— Qui alors?

— Il n'a jamais voulu nous dire son nom; prétendant qu'il voulait vous faire une surprise.

— Vraiment?

— Oh! ce doit être une des connaissances de Monsieur, même un de ses intimes.

— Pourquoi ça?

— Il n'a pas arrêté de questionner Madame sur la conduite qu'avait tenue Monsieur depuis son arrivée à Paris.

— Et qu'a répondu votre maîtresse?

— Oh! Monsieur peut être tranquille, Madame a fait le plus grand éloge de Monsieur, et moi aussi...

— Bien, merci; fit le jeune Dubassin qui, com-

prenant le sous-entendu caché de ces obligeantes paroles, glissa une pièce de monnaie à la servante loquace.

— Mais ce Monsieur, à quelle heure est-il arrivé?

— Vers huit heures et demie du soir, hier.

— Ah! et à quelle heure a-t-il dit qu'il reviendrait?

— Il n'a rien dit, Monsieur, et il n'a eu besoin de rien dire. Il a demandé la chambre de Monsieur, et après avoir attendu Monsieur quelque temps, il s'est couché, ne le voyant pas rentrer, dans le lit de Monsieur, où il doit encore dormir profondément, car il n'a pas sonné encore pour que je lui porte son chocolat.

— Ah! ça, c'est trop gêne, par exemple! s'écria le jeune Dubassin, extraordinairement intrigué; nous allons bien voir quel est l'audacieux qui s'est ainsi arrogé le droit d'abuser de mon lit sans ma permission préalable.

Mais, en entrant dans sa chambre, il tomba presque à la renverse de surprise.

Étendu sur son large dos, ronflant comme trente-six poêles Chouberski, il aperçut son futur beau-père se livrant aux suaves douceurs du profond sommeil des consciences pures et sans reproche.

N'osant pas, en l'éveillant brusquement, lui causer une secousse dangereuse, Philoctète s'y prit doucement en entonnant à pleine voix la fameuse évocation mélodique :

« Nonnes! qui reposez... »

— Hein! qui parle de pets de nonne? s'écria le futur beau-père, en s'éveillant, encore assourdi par le sommeil.

— Ah! vous voilà enfin, Monsieur, ajouta-t-il, après avoir aperçu Philoctète qui, dans l'attitude respectueuse qu'il devait observer devant son autorité quasi paternelle, attendait respectueusement qu'il lui parlât.

— En voilà une vraie surprise! répondit le jeune Dubassin, toujours pénétré du plus onctueux respect. Je veux bien que le concierge de l'obélisque soit pendu si c'est vous que je supposais trouver ainsi dans mes draps? Ça va bien, papa beau-papa?

— Monsieur Dubassin, cessez ses plaisanteries! Je ne suis pas content de vous, Philoctète.

— Pourquoi ça? demanda Philoctète ; j'ai pourtant, de point en point, fidèlement rempli le programme que vous m'aviez donné.

— Ne mentez pas : l'excellente femme qui vous sert de propriétaire m'a pleinement édifié sur votre hypocrisie?

— Sur ma...

— Déloyauté, Monsieur : ce n'est pas pour venir concourir pour le prix Montyon que je vous avais si somptueusement subventionné, m'est avis?

— Le prix Montyon, moi! Société protectrice des animaux, section des grues, alors?

— Des grues? ah! mon ami, si je pouvais vous croire.

A ce moment, sans frapper, en ami, Carle-Max fit irruption dans la chambre.

— Eh bien! qu'avez-vous fait hier! s'écria-t-il en s'adressant à Philoctète, sans voir le beau-papa; moi j'ai bûché jusqu'à minuit, me voilà libre pour huit jours et je viens vous chercher pour...

— Ah! pardon; fit-il, s'arrêtant court, en apercevant l'hôte du jeune Dubassin, vous avez du monde, je vous laisse.

— Du tout; du tout, restez, mon cher Carle-Max, Monsieur est mon futur beau-père qui sera enchanté de faire votre connaissance.

— Monsieur...

— Monsieur Carle-Max, que je vous présente, mon cher beau-papa, a été mon initiateur et mon guide dans les excursions galantes que vous m'avez envoyé accomplir à Paris. Si je puis à présent me présenter à vous, tête haute et vous dire : interrogez, vous trouverez à qui répondre! C'est à ce cher ami que je le dois. C'est mon professeur.

— Vrai, Monsieur ? demanda le futur beau-père du jeune Dubassin.

— Oh ! professeur est trop élogieux, Monsieur ; répliqua, toujours modeste, Carle-Max ; d'autant plus que souvent l'élève a damé le pion à son Mentor ; et si j'osais...

— O-ez ; que je sache au moins à quoi m'en tenir. Je ne vous cache pas que vous me trouverez assez incrédule, car la propriétaire de mon gendre m'a donné de si mauvais renseignements sur lui...

— Eh bien ! mais cela doit vous faire plaisir, au contraire, cher Monsieur ; objecta Carle-Max, puisque vous l'avez expédié rien que pour ça dans la capitale.

— Moi, jamais de la vie ! Jamais je n'ai eu l'intention de donner ma fille à un petit Saint-Joseph.

— Saint-Joseph, lui ! en voilà une plaisanterie.

— Pourtant.

— Vous allez en juger.

Et Carle-Max raconta au futur beau-papa de son ami, avec détails circonstanciés, les aventures que nous avons redites précédemment à nos lecteurs. Le futur beau-papa s'était légèrement déridé en écoutant le récit de notre ami ; mais il ne paraissait pas encore convaincu.

— Vous ne me croyez pas, Monsieur ? fit gaiement Carle-Max.

— Le fait est que, je l'avoue, tout cela me semble bien beau et que...

— Voudriez le voir ; rien de plus simple, nous allons prendre une voiture et votre gendre va vous présenter à toutes ces dames, si vous le désirez

— Si je le désire, s'écria le vieux provincial, qui passait déjà son caleçon ; ah ! Monsieur, je veux tellement savoir que ma fille sera heureuse avec lui qu'il n'est rien que je ne fasse pour m'assurer que je la remettrai en bonnes mains.

Dix minutes après, aussitôt que futur beau-père eut avalé le chocolat qu'on lui avait servi, ils descendaient tous les trois et commençaient la tournée de visites proposée par Carle-Max.

A onze heures et demie, en prenant l'apéritif au café de Madrid, le négociant provincial n'émettait plus que des doutes bien affaiblis.

A deux heures de l'après-midi, il tapait pour la première fois sur le ventre du jeune Dubassin avec une amabilité pleine de promesses.

A six heures un quart, au second apéritif, au Rat Mort, il le tutoyait.

A sept heures, au dîner, à l'Abbaye de Thélème, il offrait à nos deux compagnons joyeux le champagne de l'amitié.

Mais où il fut complètement édifié, ce fut vers neuf heures et demie quand il entra, avec Philoctète et Carle-Max, au Moulin-Rouge.

Dès l'entrée, Philoctète avait été reconnu par les témoins de son duel aux chandelles romaines.

On l'avait aussitôt entouré, acclamé.

D'autres évoquaient ses talents musicaux et le succès qu'il avait eu, le soir de ses débuts dans ce lieu de plaisirs supra-copurchics, en remplaçant le pétomane absent.

On réclama un *bis* à l'unique audition qu'il avait donnée.

Et, gracieusement, comme la première fois, montant sur une table, le jeune Dubassin se mit en posture de... déclamation mélodique, ce qui lui valut une magistrale ovation.

Futur beau-papa semblait ahuri de ce qu'il voyait. Il le fut encore davantage quand il entendit le déluge de notes claires et aiguës que son gendre lançait en cascades harmonieuses, au gré des vents d'alentour.

— Sacrebleu ! s'écria-t-il, mon ami, je ne vous savais pas... Ventriloque, ma parole d'honneur !

Et poliment, pour le rafraîchir, il paya à son futur gendre une nouvelle libation d'Aï mousseux.

Puis on fit un tour dans la salle.

Le provincial n'en revenait pas.

Lui, qui ne connaissait de la danse que la bourrée et les sauts de cabri, qu'il avait pratiqués, là-bas, dans sa ville natale, aux temps passés de son adolescence, demeurait bouche bée devant les exploits des grandes étoiles du chahut !

Les filets pudibonds de ces dames le fascinaient, il était rouge d'émotion.

La Goulue, bonne fille, sans rancune, pria Philoctète de lui faire vis-à-vis, lui jurant de ne plus lui faire de misères.

Et répondant à l'honneur qu'elle lui faisait, le jeune Dubassin exécuta le plus exhilarant cavalier seul qui se fût jamais vu au Moulin.

Futur beau-papa, mis en train par le champagne, émoustillé par les pudibonds filets, s'élança en aveugle dans la mêlée, et sautant comme un alerte chevreau échappé de la bergerie, il rivalisa de gambades avec son futur gendre.

Ils remportèrent à eux deux un triomphe phénoménal.

Enthousiasmée, la Goulue se jeta fébrilement au cou de futur beau-papa, s'écriant :

— Oh ! tiens, toi ! j'te gobe, que c'est épatant ! je vais te présenter à Zidler, pour qu'il t'engage dès demain.

— Cher ange ! murmura le provincial, ému et prêt à perdre le peu de sang-froid qui lui restait, sous les embrassades multipliées de la célèbre cascadeuse.

Mais, en regardant sa montre, par habitude, il la vit qui marquait minuit et, subitement, il reprit l'air digne qui lui était habituel.

— Monsieur Dubassin, prononça-t-il grave et sévère ; suivez-moi, j'ai à vous parler.

Et, prenant très correctement congé de la Goulue, surprise de son changement d'allures, il s'éloigna suivi de Carle-Max et de Philoctète, auquel il dit en débouchant sur la place Blanche :

— Topez là, vous êtes mon gendre !

Et à Carle-Max :

— J'ai encore une nièce, Monsieur ; à la noce de ma fille, vous serez son garçon d'honneur et si elle vous plaît, dans un mois je me charge de signer votre contrat.

— Monsieur !

— Mais nous ne devons pas oublier qu'à présent le devoir nous réclame.

— Beau-papa !

— Il est minuit vingt-deux ; depuis vingt-deux minutes, Philoctète, votre temps d'épreuves est passé et ma fille, votre fiancée, est en droit de s'impatienter de votre absence, désormais sans excuse acceptable.

— Croyez, beau-père...

— Dans une heure, nous prendrons le train. J'ai dit.

Et rentrant à la hâte dans la chambre garnie du jeune Dubassin, les trois hommes bouclèrent les malles.

A toutes forces, le beau-papa futur exigea que Carle-Max vînt avec eux.

Et à trois heures un quart, tandis que le wagon roulait à toute vapeur, le provincial disait à son futur gendre :

— Il me vient une géniale idée.

— Quoi donc ?

— Je vais m'associer avec vous.

— Pourquoi faire.

— Pour créer une succursale du Moulin-Rouge dans notre pays, ma fille tiendra la caisse.

Puis après une courte hésitation :

— Dites donc, Philoctète, entre nous Croyez-vous qu'il y aura moyen d'avoir la Goulue ?

FIN.

Dans le prochain numéro nous commencerons la publication de

## LES AVENTURES
### d'une Amazone de Behanzin à Paris
de notre Rédacteur **PETIT-CLAUDE**

qui collaborerait aux 20 Jours de Plaisir dans la Capitale, avec M. E. BLAIN

# AMOURS ÉLECTORALES

Sachez donc que ceci se passait dans le courant de la présente année, en la petite ville de Topinambour-en-Vexin, un mois après l'arrivée dans cette localité de la famille Corneval.

Polydore Corneval, ancien parfumeur, avait fait dans cette industrie une respectable fortune.

Quant à Ciboulette, sa femme, c'était une forte personne de trente ans, d'une parfaite insignifiance, spirituelle en tout ce qui ne regardait pas les matières adipeuses et saponifiables ou les huiles essentielles.

Après avoir cédé leur fonds contre de beaux écus sonnants, les Corneval avaient pris la résolution d'aller manger leurs quatre sous dans ce joli pays de Topinambour, en se laissant vivre comme de bons bourgeois revenus des vanités du monde.

En ce lieu charmant, Polydore et Ciboulette coulaient des jours paisibles, exempts d'envie, comme on peut supposer que seront ceux de la vie éternelle au céleste séjour. Et l'on eût bien étonné le ci-devant parfumeur si on lui eût dit qu'au bout de quelques mois à peine, la tarentule politique viendrait le piquer au point de le jeter dans des aventures dont le Seigneur seul pouvait connaître la portée.

Un matin, comme il sortait de chez lui pour aller faire sa partie de manille aux enchères au café de la *Botte de Foin*, le regard de Polydore fut attiré par de grandes affiches blanches placardées sur les murailles de la mairie, et annonçant que les électeurs de la circonscription étaient convoqués pour le troisième dimanche suivant, à fin d'élire un conseiller municipal en remplacement de M. Malveau, décédé.

— Tiens ! tiens ! tiens ! fit Corneval, après avoir pris connaissance de l'affiche... Mais il y a là une idée à creuser ! il faudra que j'en parle à Ciboulette ?

Il se rendit néanmoins au café, où il joua, comme d'habitude. Mais, évidemment, son esprit était préoccupé ; car, en moins de trois heures il gagna la somme de quatorze sous.

A la *Botte de Foin*, il n'était question que de l'élection prochaine. Tout le monde en causait, depuis le docteur Crampadœil jusqu'à l'illustre peintre Oscar Badigeon, l'un des électeurs les plus influents du parti impressionniste.

Tout en savourant son absinthe-groseille, Polydore écoutait, ravi, l'éloquence étourdissante de l'artiste, en se disant, *in-petto*, avec regret :

— Ah ! si j'avais la verve de ce peintre, je n'hésiterais pas une minute à me porter candidat, par malheur, j'ai l'élocution assez défectueuse, et comme je n'ai été à l'école mutuelle que pendant six mois, ma puissance littéraire n'est pas absolument formidable ! c'est égal, je vais tout de même soumettre mon idée à Ciboulette.

Je ne sais pas exactement les termes de la conversation qui eut lieu entre Corneval et son épouse ; mais le jour même, Ciboulette, rédigea une invitation à dîner qui fut envoyée au peintre Oscar Badigeon.

L'artiste arriva chez les Corneval sur le coup de cinq heures. On bavarda de choses et autres, puis on se mit à table. Au moment du pousse-café, Ciboulette qui n'avait cessé d'être aimable pour l'artiste et de lui prodiguer des œillades en coulisse, poussa subrepticement le coude de son époux.

Celui-ci, visiblement embarrassé, toussa, se moucha, noua sa serviette, et, finalement, prit la parole :

— Vous vous occupez beaucoup de politique, mon cher monsieur Badigeon ? dit-il.

Le peintre but un verre de fine, et répondit, après s'être essuyé les lèvres du revers de sa manche :

— La politique, moi j'men fous !

Un peu interloqué par cette réponse inattendue, Polydore reprit, timidement :

— Excusez ! excusez ! il m'avait semblé... j'avais cru...

L'artiste alluma sa pipe.

— Moi, fit-il avec componction, je suis pour la rénovation du grand art, voilà tout. Et je désirerais que le gouvernement, les pouvoirs publics...

— Le Conseil municipal, c'est cela !

— ... Que les pouvoirs publics fussent amenés à jeter un regard favorable sur le marasme bourbeux et festambule...

— Ah ! charmant ! festambule ! le mot est trouvé ! s'exclama Ciboulette, en remplissant le verre de Badigeon.

— Il faudra que je consulte Larousse, se dit à part Polydore.

— ... Et festambule, reprit le peintre, où gémissent nos pauvres artistes... Car la peinture à l'huile...

— C'est bien difficile ! fit Corneval.

— Oui ; mais c'est bien plus beau. .

— Que la peinture à l'eau, conclut Ciboulette.

— Vous l'avez dit ! Quant à la politique...

— Un instant ! un instant ! interrompit Polydore... si ce sont les hommes politiques seuls qui peuvent faire quelque chose pour le grand art...

— Eh bien ?

— ... Eh bien ? pourquoi ne pas s'en occuper ?

— Est-ce que j'ai le temps, moi ! clama Badigeon en lâchant une énorme bouffée de fumée. L'esthétique me réclame tout entier !

— Ah ! l'art, l'esthétique, comme vous dites, voilà ce que j'aime moi ! dit avec enthousiasme l'ex-parfumeur. Tenez, mon cher Badigeon, voulez-vous m'aider ?

— Vous aider ? à quoi ? questionna le peintre.

— Vous êtes, à Topinambour, ce que l'on appelle un électeur influent ?

— Ma foi oui, et je m'en vante !

— Voulez-vous m'aider à être nommé conseiller, et je vous jure que la peinture n'aura qu'à se louer de moi ! à nous deux, nous ferons de grandes choses !

Badigeon, interdit, ne savait s'il devait rire ou se fâcher.

— Voyons, c'est entendu, vous m'aiderez ? reprit Polydore.

Badigeon hésitait.

Ciboulette se pencha, et lui souffla à mi-voix, dans le tube auditif :

— Dites-lui donc oui, gros bêta ! puis très tendre : faites-le pour moi !

— Eh bien ! oui, ça y est ! finit par dire le peintre.

— A la bonne heure ! fit Corneval. Allons, ma femme, verse-nous encore une goutte, et à la santé du grand art !

— A sa santé ! répétèrent ensemble Badigeon et Ciboulette.

C'était fait. Polydore Corneval avait enfin embauché le meilleur agent électoral de Topinambour-en-Vexin.

A quelques jours de là, de multicolores affiches couvrirent littéralement les murs de la localité. Trois candidats seulement étaient en présence : MM. Cucheval-Fleuri, patron de la *Botte de Foin;* le docteur Crampalœil ; et Polydore Corneval, ex-parfumeur.

Les professions de foi... nous n'en parlerons pas, pour éviter de vexer les élus du peuple. Mais nous reconnaîtrons que Badigeon tint sa promesse jusqu'à la veille du scrutin. D'ailleurs s'il soutint ferme la candidature Corneval, il faut avouer aussi que la grosse Ciboulette se mit en frais pour lui être agréable. Elle se fit faire des corsets neufs qui lui moulaient la taille, une taille peu ordinaire qu'eût enserré facilement un ruban de quatre-vingts centimètres de longueur !

— et la poitrine à l'avenant.

Ce fut cette même veille de scrutin que madame Corneval remercia chaleureusement l'artiste, et cela, dans l'intimité. Polydore visitait dans le pays quelques derniers électeurs récalcitrants.

Le lendemain, la bataille électorale eut lieu, Corneval et le docteur Crampalœil, sur trois cents votants, avaient obtenu chacun cent cinq voix ; quant à Cucheval-Fleuri, il était arrivé bon dernier avec quatrevingt-dix voix...

Il y avait ballottage.

Le second tour de scrutin devait avoir lieu quinze jours après.

Le soir, il y eut dîner chez les Corneval, qui n'avaient guère lieu d'être mécontents. Evidemment, le patron de la *Botte de Foin* allait se désister, et ses voix se reporteraient sur Polydore, qui serait élu à une majorité formidable.

— C'est singulier ! observa l'ex-parfumeur ; nous n'avons pas vu Badigeon depuis hier... J'aurais pourtant tenu à le remercier...

— Il va venir pour dîner, sois tranquille, répondit madame Corneval ; il me l'a promis hier... Hélas !

Le dîner se passa, et l'artiste ne vint pas...

Une semaine s'écoula : pas de Badigeon !

Le jour du scrutin revint : pas de peintre !

Et, chose triste à dire, Polydore fut battu à plate couture par le docteur Crampalœil...

Mais Corneval eut une agréable compensation. Peu après, rougissante et timide, Ciboulette lui annonça la prochaine naissance d'un héritier Corneval.

Le parfumeur ne se sentit plus de joie.

— Quand je pense que ces imbéciles de médecins m'avaient dit que je devais renoncer au bonheur de la paternité !

Tout à coup, la semaine dernière, Oscar Badigeon reparut à Topinambour-en-Vexin.

— Ah ! vous voilà ; vous, satané lâcheur ! s'écria Polydore Corneval... Oh ! c'est ma femme surtout qui vous en veut. Pourquoi diable avoir disparu de la sorte et n'être pas revenu lui rendre une visite de digestion !

— Ah ! oui ; votre élection. Eh bien ! entre nous, vous savez, dès le premier tour j'étais fixé. Je n'ai pas osé le dire à votre femme, mais il y avait trop de ballottage.

MARIUS RETY.

# CHANSON

En ce mois frileux que glace la bise,
Nous devions aller voir le magistrat
Tout de noir vêtu, le prêtre et l'église,
Qui règlent l'amour à coups de contrat.
Mais pour me livrer les lèvres chéries
Le maire n'a pas son utilité...
 Aimons-nous donc en liberté !
Nous nous marierons à Pâques-fleuries...
 Ou bien à la Trinité !

Quoi ! nous marier, par ce temps de neige !
Rosette, voyons, tu n'y penses pas !
L'amour fuit l'hiver et tout son cortége ;
Il lui faut l'alcôve où l'on parle bas.
Ah ! si nous vivions aux tièdes patries
Que le clair soleil n'a jamais quitté !
 Mais loin de ce ciel enchanté,
Nous nous marierons à Pâques-fleuries...
 Ou bien à la Trinité !

Avril reviendra, crois-m'en, ma petite.
Les champeaux déserts verdiront encor ;
Les coquelicots et la clématite
S'y mélangeront aux clochettes d'or.
Alors — si déjà, ne sont point parties
Chimères d'amour et notre amitié
 — Pour enterrer notre gaîté,
Nous nous marierons à Pâques-fleuries...
 Ou bien à la Trinité !

Vois, autour de nous, petite Rosette,
De libres amours les logis sont pleins ;
Manette et Manon, Lison et Lisette
Jettent leurs bonnets sur tous les moulins.
Si leurs cœurs n'ont pas peur des avariés
D'un amour sans lois longtemps escompté,
 Rose, livre-moi ta beauté !
Nous nous marierons à Pâques-fleuries ..
 Ou bien à la Trinité !

Oui, Rosette, aimons ! L'amour a des ailes...
Lorsque floréal va nous revenir.
Semant de refrains les vertes tonnelles,
Sera-t-il pour nous plus qu'un souvenir ?
Telles Marlborough, les amours flétries
Bien souvent s'en vont vers l'éternité ..
 Comme ce guerrier tant chanté,
Les reverrons-nous à Pâques-fleuries...
 Ou bien à la Trinité !

M. R.

# NOS PRIMES

*Nous appelons tout spécialement l'attention de nos lecteurs sur nos primes de chaque mois. Ces primes sont la reproduction exacte de vieilles gravures des Maîtres du XVIII* siècle — comme est, par exemple, celle parue avec le précédent numéro :* **La Sentinelle en défaut, de Beaudoin, peintre du Roi (1777).** *Ces gravures, dans le commerce (quand on parvient à les trouver, car elles deviennent rares), coûtent communément de 5 à 10 francs l'exemplaire, en reproduction et l'original en varie de 50 à 100 francs*

*C'est donc un véritable cadeau que* **Paris qui Rit** *offre à ses nombreux lecteurs, et nous tenons, contre envoi de 0.15 en timbres-poste, chacune des primes précédente parues :* « **Nécessité n'a pas de loi** », *et son pendant :* « **Ah ! si je te tenais** », *ainsi que* **La Sentinelle en défaut,** *à la disposition de toute personne qui en fera la demande.*

# INTERWIEWS

## MADEMOISELLE X..., DU CONSERVATOIRE

Dans la bergerie du faubourg Poissonnière.

Onze heures et demie.

Un groupe de jeunes éphèbes tout à fait imberbes et de jeunes personnes maquillées obstrue complétement l'entrée de la porte principale, au grand désespoir de M. Lami, surveillant général (un nom musical bien à sa place au Conservatoire !)

M. Lami fait l'appel.

C'est le seul fonctionnaire qui, avec Lescot, le garçon, rende de réels services, me dit-on.

J'avise, dans la cour, un cou très blanc émergeant d'un boa roux, les cheveux noirs relevés sur la nuque, un visage affriolant.

Je m'approche.

Le boa vient à moi et me tend la main.

— Bonjour, comment allez-vous ?

— Très bien, merci, et vous-même ?

— Moi, je me laisse aller.

— Diable !

— Pourquoi riez-vous ? oh ! vous êtes assommants, vous autres, vous cherchez toujours des sous-entendus.

— Pas le moins du monde. Je venais vous interwiever.

— Moi ?

— Vous ! On a parlé de vous récemment à la suite de votre création...

— Chut ! plus bas !...

Je me retourne ; personne !

— Qu'y a-t-il ?...

— Il nous est défendu de jouer, au Conservatoire.

— Tiens, alors qu'est-ce que vous devez faire ?

— Tout, excepté ça !

— Drôle de moyen de former des artistes ? Alors, mon interview ?...

— Désolée, mon cher, mais ça m'attirerait des histoires. Tout ce que je puis faire, c'est de vous donner quelques renseignements sur la boîte, en vous demandant l'anonymat.

— Ce sera moins intéressant !

— Peut-être.

— Eh bien ! qu'en pensez-vous, du Conservatoire ?

— C'est une boîte à conserves, où l'on perd son temps pendant quelques années avec l'espérance de le rattraper plus tard.

— Mais on parlait de réformes ?

— Depuis longtemps ; la commission s'est réunie, il y a un an... il faut croire que pour se réunir de nouveau, ils attendent... que le Panama remonte !

— Les professeurs ?

— Classe du père *La Période* où l'on apprend à monter et à descendre... je parle de la voix ; et à soutenir... la finale !

« Classe de l'*Éternel... regret de la Comédie Française* où l'on vous met une boîte à musique dans le nez pour caresser le son.

« Classe du *Verbe*, où l'on vous fait sombrer, ce qui est toujours dangereux, ici comme partout.

« Enfin la classe *Réfrigérante*, ainsi nommée parce que le professeur est si glacial... qu'on y gèle en entrant.

« Ce qu'il y a de plus curieux, c'est que M. Got réclame de la passion, M. Delaunay de la modestie, M. Maubant de la légèreté, et M. Worms de la chaleur !

Moi, j'ai trois ans d'étude, j'espère enlever mon prix cette année, car j'ai le piston nécessaire, et débuter à l'Odéon, où l'on doit voir tout le temps dans la caisse des marks, et des beaux !...

— Ah ! vous pratiquez le jeu de mots ?

— Quelquefois ; me reconduisez-vous ? Pour terminer votre interview, je vais vous dire une complainte en faisant le chemin.

— J'écoute...

— La complainte d'une élève du Conservatoire.

*Air des Feuilles mortes.*

PREMIER COUPLET

Je vais vous raconter la lamentable histoire
D'un pauvre lauréat des classes d'auditeurs.
Oui, pour avoir un prix au grand Conservatoire
Resté dix ans posés dans la boîte aux acteurs ;
Ce ne fut qu'en trois ans qu'il devint titulaire,
Dans la classe à M'sieu Got il put entrer enfin,
Mais hélas ! en juillet, au concours populaire
Un rhume l'empêcha d'aller jusqu'à la fin *bis*.

2e COUPLET

Cependant, plus prudent, la quatrième année,
Avant d'entrer en scène, il prit de l'aconit.
Mais on fit du potin depuis la matinée.
Cela fit échouer son deuxième accessit !
L'an suivant, ses efforts eurent leur récompense ;
On le loua beaucoup sur son talent subit ;
Mais la sixième année, oh ! quelle malechance !
Il eut un' veste au lieu du premier accessit ! *bis*.

3e COUPLET

Il l'obtint cependant un an après, et même
A l'Odéon chacun disait qu'il était pris ;
Mais la huitième année il arriva tout blême,
Le cœur très embrouillé !... adieu le second prix.
Il eut l'an qui suivit, et Monsieur Claretie.
De son talent, dit-on, soudain s'était épris ;
Mais la dixième année, il manqua sa sortie,
Il se cassa le nez devant son premier prix ! *bis*.

4e COUPLET

Enfin, les cheveux blancs, on couronna sa tête ;
Il eut son premier prix après tant de concours.
Alors on l'engagea... souffleur à la Villette.
Et, depuis ce temps-là, le pauvre attend toujours.
Mais pour qu'il n'aille pas s'j'ter dans la rivière,
Le Ministre lui dit, avec un ton béat,
Qu'un jour il s'rait concierge au faubourg Poissonnière.
Il faut bien fair' quelqu'chose pour un ex-lauréat *bis*.

*
* *

— Très drôle, et Dupont Vernon, et Silvain ?

— Classe des stagiaires. Le premier indique le moyen de s'éponger le front quatre-vingt-dix-neuf fois par minute ; le second répète sur tous les tons : « Moi, je m'en fous ! »

On était arrivé 25, rue des Abbesses, une concierge nous salua de la tête et du balai.

La petite lâcha mon bras, en disant : « c'est maman ! »

L'INDISCRET.

## Le Carnet d'une Dégrafée

Dans le charmant boudoir bleu ciel de Diamantine.

Celle-ci, tout le corps béatement allongé sur un divan moelleux fume une fine cigarette de tabac turc dont la fumée violette et pénétrante s'élève toute floue.

Elle tient en main un délicieux carnet et d'un œil riant s'absorbe dans une énumération à voix haute qui la fait parfois pouffer d'un rire cristallin, tandis qu'un des rédacteurs appréciés du *Paris qui Rit*, prend des notes avec un soin scrupuleux.

— Vous voyez qu'il y en a déjà un joli petit tas, pour me servir de l'expression fleurie de votre excellent Monsieur le Premier, Périvier, à la correctionnelle.

Et d'un mouvement tout gracieux de chatte qui s'étire, elle laisse tomber le carnet.

Le rédacteur, froidement, se sentant dans l'exercice de ses fonctions d'interviewer (un sacerdoce !) répond :

— En effet, mais je désirerais un aperçu général, la liste serait trop longue à publier.

— N'est-ce pas ?

— Sans nul doute.

— Vous voudriez des détails ?

— Et quelques types un peu curieux.

— Rien de plus facile alors, mon cher. Les femmes, à peu de chose près, se ressemblent presque toutes.

— Ah !

— Oui, vous voyez que je suis franche.

— C'est une qualité.

— Qui ne vous est propre que lorsque nous le voulons bien.

— Parfait, je note toujours ?

— Notez... La femme, brune ou blonde, grande ou petite, ayant des scrupules ou n'en ayant pas...

— Comme vous.

— Comme moi si vous voulez, la femme, dis-je, en dehors des qualités qu'elle sait s'arroger, est toujours coquette, capricieuse et dissimulée.

— A différents degrés ?

— Bien entendu, mais le fond est toujours le même.

— Parfait.

— Il n'en est pas ainsi pour l'homme !

— Ah ! ah !

— Non. Il est incontestablement plus curieux à étudier.. lorsqu'il est amoureux. Il existe plusieurs genres, plusieurs espèces, plusieurs catégories que nous connaissons toutes comme le chasseur...

— Connaît le gibier ?

— C'est cela même.

— Voilà précisément ce que je vous demandais. Expliquez-moi ces différents types, choisissez des exemples dans ce fameux carnet, si vous le voulez bien. J'écoute avec recueillement, le crayon en main. Ce sera un cours d'histoire naturelle de l'homme à l'état... galant et nous dresserons un tableau synoptique de tous ces bonshommes-là.

Ce sera une leçon d'amour... théorique.

— Va pour la théorie. Ça servira de manuel aux camarades.

Et elle s'installa commodément pour commencer.

— D'abord ; car toute théorie est aride, établissons les grandes lignes.

Vous voyez que je parle comme un professeur à la Sorbonne.

— Monsieur Pasteur ne dirait pas mieux.

C'est qu'il s'agit aussi de la rage, mais de la rage du cœur, contre laquelle il n'y a pas encore de virus.

Il y a trois classes :

Les *Timides*, les *Audacieux* et les *Indécis*.

— Très bien !

— Ces trois classes se subdivisent ainsi :

Les Timides, en *Candides*, en *Transis* et en *Pleurnichards*.

Les Audacieux, en *Don Juan*, en *Fin de Siècle* et en *Sensuels*.

Enfin les Indécis comprennent :

*Ceux qui ont des scrupules ;*

*Ceux qui redoutent la concurrence ;*

*Ceux qui ne savent pas s'ils aiment ou s'ils n'aiment pas.*

Ceci dit, je débute par les *Timides*, classe des candides.

Et elle se souleva tout à fait, reprit son carnet qu'elle feuilleta du bout de ses doigts roses, cherchant un nom, et commença en ces termes :

(*A suivre.*)     K. STORR.

## EN DILIGENCE

Avez-vous connu les diligences ? non ! Tant mieux pour vous ; cela prouve que vous n'êtes pas encore bien vieilles, mesdames.

En diligence où l'on voyageait dans l'obscurité, où les relais se trouvaient parfois espacés, où les conducteurs ne se montraient que s'ils étaient conviés aux rafraîchissements par un de leurs voyageurs, on causait ou l'on dormait ; on nouait des mariages et d'éternelles amitiés, s'il faut en croire ma maman.

On y devisait aussi d'amour, quand le dieu Hasard faisait aux jeunes la farce du tête à tête.

Il paraît que la chose arriva à mon père. Oh ! avant son mariage, rassurez-vous, pudiques lectrices, papa était un homme sage, qui s'est marié à quarante ans et n'a jamais trompé sa femme, même en diligence.

Or, il était célibataire quand, par une nuit, sans lune, mais étoilée et douce comme une nuit méridionale, il prit pour venir à Paris, la diligence à Saint-Quentin.

Il était huit heures du soir ; la voiture Laffitte et Gaillard — une renommée de ce temps-là — devait faire son entrée dans la capitale à huit heures du matin. Douze heures pour trente-cinq lieues ; c'était une fameuse diligence, celle-là.

Quand mon père y monta, il crut l'intérieur vide tant une dame, modestement vêtue de noir et le visage couvert d'un voile, se faisait petite dans son coin. Il prit le coin en face et apercevant, grâce aux lanternes de la cour des messageries une forme humaine, salua. La dame le regardait, car elle répondit par une légère inclinaison de tête. On partit.

Une demi-heure se passa dans un silence absolu. Papa, qui ne pouvait dormir en voiture, pensa avec effroi que la nuit allait prendre des proportions de siècle. Sa compagne de route ne faisait pas un mouvement. Est-ce que déjà elle s'abandonnait aux bras de Morphée ? — On parlait et pensait ainsi à cette poétique et fastidieuse époque du romantisme. — Il voulut s'en assurer :

— Madame va jusqu'à Paris, sans doute ?

— Non monsieur, je m'arrête à Noyons.

— Ah ! tant pis, fit mon père.

— Tiens, pourquoi ?

La première phrase avait été timide; celle-ci fut curieuse.

— Parce qu'il eût été agréable pour moi de faire avec vous la route jusqu'au bout.

La dame eut un petit rire bas, moqueur tout plein, qui enhardit en l'irritant son compagnon de route. Elle dit :

— Il montera sans doute des voyageurs aux relais.

— Espérons le contraire. On voyage peu en ce moment.

Il quitta sa place pour aller s'asseoir près d'elle.

— On cause mieux ainsi.

Elle se resserra dans son coin.

— C'est votre mari qui vous attend à Noyous ?

— Je ne suis pas mariée. Je vais dans ma famille.

— Et vous ne songez pas à vous marier ?

— J'aime trop ma liberté pour cela.

Ce fut dit d'un petit ton crâne qui pouvait être un défi de l'innocence aussi bien qu'un résultat de l'expérience.

Mon père avait alors vingt-cinq ans, l'âge de l'audace, et pour cause. Il chercha la main de la dame et la trouva sans trop de peine, gantée, petite et fine, une main d'enfant. Il la porta à ses lèvres.

— Que faites-vous donc ?

— J'embrasse un bijou.

Le petit rire bas se fit entendre à nouveau, plus moqueur. Sa main se retira doucement.

— Ce n'est pas une naïve, pensa le voyageur. Il demanda :

— Vous n'avez pas peur de voyager ainsi toute seule ?

— De quoi voulez-vous que j'aie peur ? je ne porte aucun bijou et ma bourse est trop légère pour tenter les voleurs.

— Vous possédez une valeur qui peut tenter plus que votre bourse.

— Laquelle donc ? demanda étourdiement la voyageuse.

— Votre personne qui sûrement doit être enviable.

Cette fois l'éclat de rire fut plus hardi. Il s'en échappa ces mots :

— Prenez garde. La nuit les laiderons ressemblent aux jolies femmes.

— On ne saurait être laideron quand on est si mignonne.

Il avait repris la main gantée, ses doigts s'égaraient dans une manche large, essayant de monter jusqu'au coude. Il acheva.

— Quand on a tant de grâce, tant de gaîté, tant d'esprit.

Le rire éclata, complet, sonore, pleinement vaillant; mais pas mauvais, un rire de bonne et folle fille qui s'amuse de tout en passant.

— Quand on a quoi encore ? continuez donc.

Il ne put obéir. La voiture s'arrêta, et le conducteur, sa lanterne en main, passait devant la portière, éclaira l'intérieur. Il allait inspecter son nouvel attelage.

Papa voulut profiter de l'occasion pour dévisager sa compagne de route, mais le voile était toujours baissé. Tout ce qu'il put saisir dans une bouche où se continuait le rire fut la blancheur éclatante d'une mâchoire d'enfant.

Mais la voiture a repris son galop jusqu'au bas d'une côte très longue que les chevaux montent au pas, pendant que le conducteur siffle comme un merle : *au clair de la lune*.

Et dans l'intérieur on a repris la conversation commencée; papa continue de se montrer pressant; les jolies dents entrevues attirent ses lèvres; il ose lever le voile qui se défend mal. Et, convertie sans doute, sa compagne de route, en revanche, ne se défend pas du tout.

Papa et sa compagne arrivèrent à Noyons sa-

tisfaits : la diligence n'avait pas versé et la nuit s'était passée sans orage.

Galamment, le voyageur offrit pour descendre la main à la voyageuse qui, un peu confuse, s'était à nouveau couvert le visage. Il lui demanda à la revoir; elle répondit par un petit cri :

— Mon frère !

Elle courut vers un vieillard qui l'embrassa à pleine bouche; de vrais baisers picards qui claquaient presque aussi fort que le fouet du conducteur, et qu'elle lui rendait.

Quand l'effusion fut calmée; elle se retourna, le visage découvert, et salua.

— Adieu, monsieur.

Horreur ! la mignonne créature avait avec la pomme cuite au four la plus parfaite ressemblance, teint et rides. De plus, elle était borgne; de ces yeux que papa avait embrassés, les croyant modestement baissés, un seul existait. Et quel œil ?

Quant aux jolies dents, elles juraient dans ce visage de soixante-dix ans, comme un râtelier qu'elles étaient.

— Adieu, monsieur.

Elle se montrait à présent, n'ayant pas peur d'un bavardage vantard. Oh ! non.

Furieux, mon père cria :

— Adieu, bisaïeule.

Cela se perdit dans le petit rire moqueur qui avait été le prélude de la... conversation.

PASCALINE.

Je sais un petit pays, aux environs de Paris, dont le maire (un bon villageois, ma foi !) est possédé de la manie de mettre partout des écriteaux indicatifs. Chez lui, on lit, écrit sur chacune des pièces de son logement :

*Salle où M. le maire se rase; salle où mange M. le maire; chambre où dort M. le maire*, etc., etc.

Il existe un banc devant sa maison; il a fait écrire au-dessus :

*Banc pour s'asseoir.*

Plus loin, on lit à l'entrée d'un pont :

*Pont pour passer.*

Dimanche, il a fait tambouriner par le tambour de la commune, qui tient lieu des *Petites Affiches*.

« On fait assavoir qu'il a été perdu quelque part un jupon de femme. »

Un *jupon d'homme* eût été plus étonnant.

J'ai lu près d'un pré à lui appartenant :

« Il est défendu aux bestiaux de passer sur ce trottoir, excepté M. le maire et son épouse. »

Je connais un homme de lettre à Paris qui a beaucoup d'esprit, mais qui a encore plus de dettes. Il déménageait sans cesse de la rue Pigalle au Panthéon, de l'avenue de l'Impératrice à Charenton, et partout sa meute de créanciers le suivait.

Un soir, il se promenait dans le quartier Mouffetard; il avise au coin d'une borne un mendiant vieux comme les rues, qui tendait sa sébille en geignant.

— Mon bonhomme, dit il, êtes-vous content de votre place ?

— Oh non, mon bon monsieur; si je pouvais obtenir le grade de mendiant sur un pont, je serais au comble de la félicité.

— J'ai des amis, je tâcherai de vous pousser... Combien gagnez vous par jour ?

— De trente-cinq à quarante sous l'un dans l'autre.

— Eh bien, je vous donne deux francs cinquante par jour, en attendant que je vous donne un pont, ce sont les invalides de la mendicité.

— Que faudra-t-il faire pour ça ?

— Vous installer chez moi, au coin d'un bon feu; beaucoup tousser et beaucoup geindre.

— C'est dans mes cordes.

Là-dessus l'homme de lettres emmène le mendiant, l'habille et l'incruste dans son logis.

Le jour même un tailleur inflexible se présente, la note en main.

— Chut! dit tout bas l'ingénieux auteur à son créancier, mon oncle, riche à millions, vient de s'installer chez moi... Je suis son légataire universel. Prenez patience, il n'ira pas loin.

Vingt fournisseurs se présentent; le vieux tousse, et l'auteur répète la même bourde, qui est prise pour de l'argent comptant. Bref, bientôt il voit le crédit lui rouvrir sa grosse sacoche, et, quand il fait mine de refuser, ses tigres de créanciers, devenus des agneaux, lui disent:

— Prenez donc, cher ami, nous compterons plus tard, quand vous perdrez votre respectable oncle.

Seulement le vieux coquin de mendiant demande de l'augmentation.

# PROFILS D'ARTISTES

## PAULUCETTE HABANS

Paulucette est née à Vincennes, le 2 septembre 1872, elle débuta à l'âge de 19 ans à Marseille avec une réclame monstre qui fit courir le public marseillais, depuis elle chanta l'été dernier au Jardin de Paris, puis cet hiver à l'Eldorado, où elle est actuellement il faut l'entendre chanter « Un clou mal placé ! », « Oh ! ça jamais ! » et surtout dans « Une jeune fille moderne » où elle a montré de véritables qualités artistiques, Paulucette aime son métier, par dessus tout, elle ne restera pas au concert car elle veut arriver au théâtre, et elle arrivera car elle est jeune et intelligente.

### Petite Correspondance

*C. L. J. D. J., rue de Strasbourg.* — Impossible d'insérer votre annonce. Veuillez nous faire connaître votre nom autrement que par une signature toujours difficile à lire, et nous vous renverrons vos timbres.

**Pépinière.** — M. Roger encaisse chaque soir de belles recettes. Il faut dire que la troupe qu'il a su réunir est une des meilleures de Paris, avec MM. Ransard, Gombert, Renneval, etc. Jean Maxim est un boucher nature.

Un bon début, c'est celui de M. Albens, il est très rigolard en troupier. M. Tassaert chante mignonnement « Les femmes des autres », Brunin fils, Marcenay, Helt, complètent cet ensemble merveilleux. Mme Daris chante avec beaucoup de grâce « Les deux hémisphères ? » Delly-Monelzi, L. Debay, cette dernière surtout très en train. Il faut citer Mmes Morcelli, Ida, Sellier, etc.

**Eldorado.** — La revue tire à sa fin. Dans le concert, Paulucette est une jeune étoile qui brille toujours de plus en plus. Irène Henry (*L'Yvette*, seconde édition), détaille avec finesse « Mon p'tit Blaise ». Plébins est l'idole du public. Anna Thibaut, toujours exquise; Vaunel toujours inimitable en ses imitations.

**Cigale.** — *Le serment d'Horace*, comédie en un acte, d'Henry Murger. Cette pièce si spirituelle de l'auteur de *la Vie de Bohème* est jouée comme elle est écrite, c'est-à-dire supérieurement par M. Grandval, Mmes Rissler, Darbel. Quant à M. Febvre, le sympathique régisseur s'est chargé du rôle d'Horace, il s'est acquitté de sa tâche avec un succès fou, c'est un artiste de réel talent, au jeu simple et correct, de plus la mise en scène est soignée. Très prochainement « La Revue ».

**Scala.** — Depuis le 24 janvier, Bourgès, le joyeux comique de la Scala, obtient un véritable triomphe dans « Fortencrac de Bergerac », il est bissé et trissé chaque soir dans cette scène comique écrite si gaiement, il dit avec un accent savoyard « L'Auvergnat satisfait » et détaille, en poivrot, « les Enseignes ». Je conseille aux aimables lecteurs et aux rieuses lectrices d'aller à la Scala voir Bourgès, dans ses trois incarnations, en marseillais, en poivrot, et en auvergnat.

**Gaîté Rochechouart.** — Le concert est très écourté à cause de la Revue, il faut citer comme artistes hors pair : MM. Cazalis, Amond, Brunel, Favart et Auvray ; Mmes Gaudet, Schneider, Damoye, etc. La revue Muselez-les, est amusante. Avec un compère comme Claudius et une sémillante commère comme Bokhau, le succès est sûr. Aimables lecteurs, adorables lectrices, allez à la Gaîté, vous y entendrez la meilleure revue de l'année.

**Eden-Concert.** — M. Villé dit avec drôlerie « Tiret le ridiau », Régiane est naturel dans « Paris à 5 heures du matin », Dambreville, Teulet, Grisar et Limat sont les artistes préférés du public. Côté des dames : Dufresny est la joie du boulevard Sébasto-

pol, il faut l'entendre chanter « La gardeuse d'oies » : elle m'a joliment amusé. G. Chalon, Gieter, Stelly, etc., sont bonnes.

**Époque.** — Samson et Dalila, parodie en vers de M. Sérard, a produit beaucoup d'effet dans l'amusante revue Cocher, 10, boulevard Beaumarchais, qui nous paraît devoir longtemps tenir l'affiche.

La revue fait courir beaucoup de monde, 10, boulevard Beaumarchais ; c'est un succès pour le directeur, l'auteur et les artistes. M. Courville est un joyeux compère ; M. Sérard, l'heureux auteur de la revue, est lui-même désopilant dans ses scènes : Mlle Nicolle est une commère fort appétissante. Mes félicitations à toute la troupe en général, et à Sérard en particulier.

**Concert du Soleil** — Une bonne troupe, M. Hervier en tête qui, de plus, soigne la mise en scène des pièces avec un goût artistique. MM. Sylvin et Nestor sont amusants ; MM. Poquelin, Béal, Roussard également. Côté des dames ; Mme Huart est amusante au possible dans le Cornet à piston, c'est une artiste de talent ; Mme Silvin est à citer dans : Ca ne r'gard' que moi. Dupré, Alfreda sont de petits amours de femmes ! « Les Etrennes ! de M. Trouillard opérette en un acte, est bien jouée. — Prochainement. la Revue.

ALBERT VERSE.



L'Imprimeur-Gérant : ALPHONSE CARROT.

Imprimerie spéciale du Paris qui Rit, 13, faub. Montmartre, Paris.

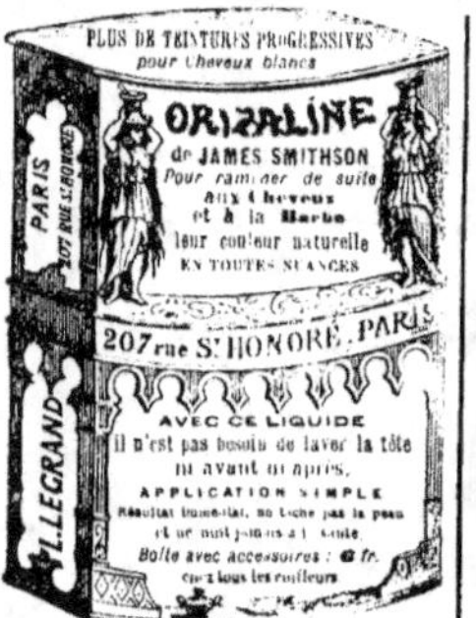

# PIERRE PETIT
### Opère lui-même.

DANS SES NOUVEAUX ATELIERS
## 29, Place Cadet, 29
Douze marches à monter.
Les PHOTOGRAPHIES au CHARBON sont LES SEULES INALTÉRABLES.

Deuxième année, n° 18.  LE NUMÉRO: DIX CENTIMES  Dimanche 5 Février 1893.

ABONNEMENTS

PARIS :
Un an, 6 fr. ; Six mois, 3 fr. ; Trois mois, 1 fr. 50.

DÉPARTEMENTS :
Un an, 6 fr. 60 ; Six mois, 3 fr. 25 ; Trois mois, 1 fr. 75.

ÉTRANGER :
Un an, 7 fr. 50 ; Six mois, 3 fr. 75 ; Trois mois, 2 fr.

Adresser lettres, communications et mandats à M. l'Administrateur de la Bibliothèque Gauloise

— Nous organisons des concours.

— Ah! sacré nom d'un chien! ma tante.

# CHRONIQUE GAULOISE

— Allons bon! fit Serpentinette, qui était en train de dépouiller son courrier; pour original, voilà qui est original, par exemple.

— Quoi donc?

— Vois plutôt!

Et elle me tendit une circulaire où je lus :

POMPES FUNÈBRES (*Secrétariat général*).

« L'administration prévient les familles que jusqu'à nouvel ordre, elle se voit dans la nécessité de remettre à une date indéterminée l'exécution des commandes qui lui seront adressées.

« Un avis ultérieur informera les intéressés de la reprise des travaux. »

— Qu'est-ce que ça veut dire?

— Tu n'as rien vu dans les journaux?

— Je n'en lis qu'un et celui-là, c'est toujours le dernier informé.

— L'*Officiel*?

— Tu l'as dit. Ah! je t'assure bien que n'était l'éloquence du député de ma circonscription...

— Il parle bien?

— J't'e crois Le même jour il a pris vingt-sept fois la parole pour interrompre.

— Quand ça?

— Au moment du Jour de l'An.

— Et il réclamait?

— La clôture.

— Bon! je sais, c'est... Machin...

— Non!

— Chose?

— Non plus.

— Le petit X..?

— Ne cherche pas; ce jour-là, sur trois cent quarante orateurs, il y en a eu trois cent trente-huit qui ont fait la même motion. Mais cette circulaire, ça va faire un tapage à tout casser.

— J'en ai peur.

—Saint-Pierre ne va plus avoir à tirer le cordon.

— Comment ça ?

— Dame ! personne ne va plus pouvoir dévisser son billard sans se faire mettre en contravention par les gardiens de la paix.

— Pourquoi ?

— C'est d'un syllogisme rigoureux. Suis-moi :

*Sans Pompes-Funèbres, pas d'enterrement...*

Puisqu'ils ont le monopole, c'est comme si le notaire y avait passé.

*Et pas d'enterrement sans macchabées...*

Même pour Reinach, c'était un canard.

*Donc, sans Pompes-Funèbres, pas de macchabées !*

C'est clair !

— Sois sérieuse, tu ne t'imagines pas ce que ça m'en...nuie cette nouvelle-là !

— Tu espérais donc me perdre bientôt ?

— Non, pas toi ; mon tailleur, qui était en train de démonter son bois de lit.

— Alors ?

— Quand il va savoir ça, il est fichu de reboutonner les écrous !

— Ne l'épouvante pas d'avance.

— Si tu crois que c'est amusant, il va nous réclamer sa note.

— Allons aux nouvelles, tu sauras à quoi t'en tenir !

— C'est une idée !

Et nous hélâmes un sapin.

— Cocher ! rue d'Aubervilliers.

— Aux Pompes-Funèbres ?

— Juste !

— Je m'en doutais, tout Paris y va. Hue, Cocotte !

Rue d'Aubervilliers, devant la porte de l'Administration, hermétiquement close, stationnaient des groupes de messieurs bien mis qui discutaient avec véhémence.

On aurait juré des pasteurs anglais ! Chose étrange ! ils avaient tous le menton rasé !

Notre sapin était à peine reparti que Serpentinette et moi nous fûmes entourés de braillards.

— C'est une indignité, Monsieur.

— C'est abominable, Madame.

— Pardon, mais de quoi ..

— L'Administration qui voudrait continuer à nous faire le poil, c'est odieux !

— Comment...

— La barbe, ou la grève, nous l'avons juré !

— La barbe ?

— On l'a bien rendue aux garçons de café !

— Aux pioupious !

— A la mère de mon épouse !

— Nous seuls, nous resterions rasés ?

— Jamais !

— A la barbe ! à la barbe ! à la barbe !

Nous étions complètement ahuris, Serpentinette et moi.

Un vénérable quidam, à la tête blanche, mais décoré d'un nez à faire honte à un homard cuit, s'en aperçut et nous accosta poliment.

— Qu'est-ce que vous venez godailler ici, si ce n'est pas pour manifester avec nous ?

— Pardon, vénérable vieillard, mais à qui avons-nous l'honneur. Je serais enchanté...

Pour l'interviewer, je lui tendis affectueusement la main.

— Tout à votre service, Monsieur, me répondit-il, adouci ; je suis le doyen des croque-morts.

Brou !! je feignis d'avoir besoin de me moucher pour lui reprendre ma menotte qu'il étreignait.

Vous savez, fraterniser avec un croque-mort ? sur le moment, ça jette un froid.

Mais on est journaliste avant tout, je pris mon courage de l'autre main et le questionnai sur la fameuse circulaire.

Voici ce dont il s'agissait ; vous le savez, du reste, sans doute, par nos confrères quotidiens.

Ces Messieurs les croque-morts avaient demandé qu'on leur permît le port de la barbe et l'administration avait catégoriquement refusé.

D'où conflit ; en ce moment, cinq délégués étaient en conférence avec le Conseil d'administration.

Ils en sortirent cinq minutes après, annonçant que le Secrétaire Général assisterait le soir au Meeting qui devait avoir lieu chez Favié.

Le soir, avec Serpentinette, nous fûmes à l'heure dite chez Favié.

Le Secrétaire Général, un peu pâle, mais très digne, venait d'informer l'assistance de la fin de non-recevoir formelle décrétée en haut lieu.

Il y eut un tapage assourdissant.

Le Secrétaire, agacé, se releva et demanda à voir les pétitions qui, vociférait-on, de tous les côtés, étaient couvertes de plus d'un million de signatures.

— Lisez tout haut, cria quelqu'un.

Il lut :

« Mon croque-mort ? qu'il ait de la barbe ou non, je m'en moque ; pourvu qu'il sente le congo. — Anaïs de Sainte-Hirondelle. »

« Hein ! le chevalier du sapin ? Oh ! avec des favoris ou pas, je m'en soucie comme d'un haricot ; ça ne sera pas avec lui que je ferai des traits à Edgard ! — Lucile de Castel-Joyeux. »

« Je me fiche pas mal qu'ils aient de la moustache ; ce que je leur demande, c'est d'avoir des gants. — La chiffonnière de la rue d'Orsel. »

— Assez ! on nous joue ! c'est une fausse liste !

Et le tumulte grandissant, le commissaire de police allait demander main-forte, quand Serpentinette, montant à la tribune, vida la salle en un clin-d'œil.

— Vous avez raison, mes amis, déclama-t-elle, ce ne sont pas ces gens-là qu'il faut consulter.

— Bravo !

— Il n'y a que ceux qui y ont passé pour être capables de donner leur avis, en connaissance de cause ; il faut leur envoyer un délégué.

Et brandissant un révolver qu'elle avait apporté par précaution, elle s'écria :

— Un homme de bonne volonté, s'il vous plaît, voilà le passeport.

Une seconde après, il ne restait plus chez Favié que nous deux avec les banquettes.

Le lendemain, on me remit deux petits bleus, à la rédaction :

1° Pompes Funèbres — service repris, croque-morts sont autorisés à porter la barbe en dehors des heures de travail ; pour trancher la difficulté, l'Administration fournira les postiches avec l'habillement ;

2° Agence Passe-Partout : Dahomey, Béhanzin obtenu bureau de tabac, mais fera pas ses affaires — est en train de manger son fonds.

PETIT-CLAUDE

## AVIS AUX JEUNES AUTEURS

*PARIS QUI RIT a l'honneur d'informer sa nombreuse clientèle que, pour faciliter aux jeunes auteurs le moyen de produire leurs œuvres, il recevra tous les manuscrits qu'on voudra bien lui adresser, et publiera, à titre gracieux, celles des œuvres envoyées que son Comité de lecture aura jugées les meilleures et les plus intéressantes.*

*Prière de joindre un timbre-poste à l'envoi du manuscrit pour affranchissement de la réponse du Comité, qui toujours donnera sa décision.*

# LE CHÈQUE

MON CHER DIRECTEUR,

« Ayant appris par la rumeur publique que notre excellent ami Babylas allait être nommé membre de la Commission d'enquête, je crois devoir vous faire la communication suivante afin qu'elle passe par la voie hiérarchique pour arriver jusqu'à cet ineffable fonctionnaire.

« Car, quoi qu'il ne s'agisse pas du Panama, oh ! non alors, trop de Panama à la clef depuis quelque temps, il ne s'agit pas moins d'un chèque — or chacun sait que maintenant tout ce qui porte ce nom (exception faite pour ceux d'Afrique cependant) est justiciable de la célèbre commission.

« Or donc, voici l'histoire. Elle est d'hier.

Nous avons tous connu, n'est-ce pas, l'Association financière, baptisée en Bourse « Syndicat général des gros bénéfices ».

Cette association, excessivement fermée, se composait de quatre malins compères, deux catholiques, deux israélites — mais le tout était tellement homogène et soudé que l'on ne pouvait dire à première vue quels étaient les Chrétiens ou quels étaient les Juifs.

Leurs bénéfices se chiffrèrent en ces dernières années par des inventaires de plusieurs centaines de mille francs récoltés sur les émissions des meilleures affaires connues. Telles que *la Grande Compagnie des Carrières de Pavés en caoutchouc, les Platrières réunies du Cambodge et du Dahomey, l'Assurance Générale contre les trous dans la Lune,* etc., etc.

En somme, comme les engagements qu'ils prenaient étaient toujours religieusement tenus, la galerie ne pouvait que compter les coups et passer à un autre exercice.

Ils avaient certes beaucoup d'envieux, mais qui n'en a pas ? et du reste, à leur décharge, nous devons reconnaître qu'ils s'en souciaient absolument comme un poisson d'une pomme.

Ils allaient de l'avant, la main dans la main, le Talmud faisant excessivement bon ménage avec l'Evangile et, sûrs d'eux-mêmes, encaissaient primes sur primes et liquidations sur liquidations.

Mais, hélas! le bonheur durable n'est pas de ce monde et le moindre souffle de vent détruit en une minute le plus merveilleux équilibre.

Un beau matin, le brave papa Myrtil, un de nos bons israélites, se sentit la tête plus lourde que d'habitude, et malgré tout les secours de la science, un transport cérébral le terrassa en quelques minutes.

Oui, en quelques minutes, il partit vers ces contrées lumineuses, à la recherche des Eternelles Vérités, comme dirait éloquemment ce sournois de Babylas, qui brigue l'Académie sans en souffler mot à personne.

Or, prenez une table à quatre pieds. Si vous voulez en enlever un, elle devient boiteuse sans le secours de l'algèbre et par la simple force des choses.

Ce qui arriva, ce jour-là, aux trois pauvres êtres subitement désemparés.

Alors d'un commun accord et aussitôt les premières larmes essuyées, ils résolurent de lui élever un monument digne des temps antiques, malgré les réflexions de son coréligionnaire Joab Mosé qui était bien d'avis lui aussi de lui élever le monument indestructible, mais qui prétendait (avec le léger accent germanique dont il n'avait jamais pu se défaire), que ce *devait être dans le cœur*.

Ils se donnèrent toutefois rendez-vous pour le lendemain, afin de lui faire ensemble leur dernier adieu.

En effet, à 9 heures très précises arrivaient les deux catholiques, portant avec dignité leur deuil et leur chagrin.

Ils étaient un peu en avance sur leur vieil ami Mosé que son grand âge excusait bien un peu en la circonstance.

Tout en examinant la froide dépouille, l'un d'eux dit tout à coup : — Ce pauvre Myrtil, que pourrions-nous bien faire, puisque nous admettons qu'il y a un *Au-delà*, qui puisse, au séjour qu'il habite, lui faire un grand plaisir ?

— Ma foi, répondit l'autre, je ne vois qu'une chose, moi. Il aimait tellement l'argent que je suis convaincu qu'en lui en mettant un peu avec lui, il tressaillera encore de joie dans sa tombe ?

— Oh ! Parfait, mon ami, tu as trouvé l'idée géniale. Ne tardons pas une minute.

Et incontinent ils déposèrent sur le corps chacun cinq louis tout battant neufs. Au moment même faisait son entrée l'excellent Mosé qui, à travers ses larmes, les questionna pour être au courant de cette sorte de cérémonie païenne.

— Oh ! prafo, prafo, mes pons amis, — oui, oui, *z'est très pien Moi aussi je feux en êdre.*

Et aussitôt de fouiller dans toutes ses poches en donnant les signes du plus violent chagrin. *Bas un son, zur moi — che suis tésolé, bofre vieil ami...* Et soudain, en une explosion de contentement. *Ah ! che n'ai bas le monnaie, z'est frai, mai chai mon Garnet de chèques.*

Lequel carnet fut en effet tiré gravement de sa poche et attentivement contemplé par lui.

Il fit un chèque de trois cents francs, le déposa pieusement sur le corps de son ami, puis toujours aussi pieusement, ramassa les dix louis déposés précédemment, et avec le plus profond de ses soupirs, les glissa dans sa poche, en ajoutant dans un sanglot :

*Z'est pur la rékularidé !*

. . . . . . . . . . . . . . . . . . . . . . . . . . . . .

Les portes de l'Eternité, comme dirait encore l'académique Babylas, ne se sont pas encore rouvertes pour nous apprendre si le chèque serait bientôt présenté.

« Croyez-moi, mon cher directeur, votre très affectionné *collabo*...

F. NEMO.

# LES AVENTURES
## D'UNE AMAZONE DE BÉHANZIN
### A Paris

Il y a peine six mois qu'ils m'arrivèrent, un beau soir, descendant du rapide de Marseille, rue des Martyrs, chez moi, au moment où j'allais me mettre à table pour dîner.

— Monsieur, me dit ma bonne, c'est deux particuliers rigolos.

— Comment, des particuliers rigolos ?

— Oui Monsieur Petit-Claude. C'est deux échappés du Jardin d'Acclimatation, pour sûr !

— Dépêchez-vous, qui est-ce ?

— Ils n'ont pas dit leurs noms, monsieur; mais voici la carte qu'ils m'ont remise pour monsieur.

Je lus :

*Kissé-Ouqui-Fotapé, ancien ministre du roi Béhanzin. — Mollet-d'Acier sous-lieutenante aux Amazones du Dahomey.*

Je fis un saut, sous lequel mon pauvre fauteuil craqua. Le Dahomey, Béhanzin ! On ne parlait que de ça, dans tout Paris, depuis huit jours. C'était la grande actualité du moment !

— Faites entrer, ordonnai-je à la bonne qui courut chercher les deux visiteurs.

Je me levai pour les recevoir et restai bouche bée, à leur apparition.

Ils étaient tous les deux dans leur grand costume national qui se compose tout simplement du pagne — nous étions en été, heureusement !

— Mais, malheureux ! m'écriai-je, si vous vous promenez comme ça dans la rue, les agents vont vous arrêter.

— Ne craignez rien, monsieur Petit-Claude, répondit l'ex-ministre, nous avions pris nos précautions. Et il me montra un ample caoutchouc bariolé, de fabrication anglaise; sa compagne m'en exhiba un second, de différente couleur.

— Dans la rue, nous étions dissimulés ! fit la dame, avec un ton parfait.

Ah! quelle superbe créature, mes amis !

La Vénus de Milo à l'encre de Chine ! Et avec des bras épatants ! et des yeux ! et un nez ! et une bouche ! et des dents ! et des jambes ! et une poitrine ! Un chef-d'œuvre ! !

Lui, épouvantable de laideur, maigriot, chétif, rabougri, une figure renfrognée, un vrai singe !

Quand, sur un signe de moi, ils se furent assis, je leur demandai :

— Que me vaut l'honneur de votre visite ?

— A toi, Kissé-Ouqui-Fotapé !

— Non pas ; à toi, Mollet d'Acier !

— Je vous écoute.

— Voilà, se décida à répondre le Monsieur, nous venons vous voir de la part de la petite Anna, du Rat-Mort !

— ... Anna ! fis-je, elle n'est donc pas morte. Voilà plus d'un an qu'on l'a perdue de vue...

— Morte? non, Monsieur; à moins que depuis que nous avons quitté Kana.

— Comment, Kana! Vous arrivez vraiment du Dahomey?

— En droite ligne, Monsieur.

— Et Anna ?

J'y revenais, car Anna avait été un de mes plus furieux béguins de l'année dernière.

— Nous l'avons laissée à Kana, Monsieur.

— Que diantre fabrique-t-elle là-bas ?

— Elle était notre cuisinière, monsieur Petit-Claude, me dit la superbe amazone, dont les regards me faisaient loucher.

— Et c'est pour ça qu'elle a lâché le Moulin-Rouge ?

— Non, Monsieur; elle était venue là-bas avec le représentant d'une maison de gros de la rue du Sentier qui voulait fonder un comptoir; mais comme un jour de Fête Nationale...

— Eh bien ?

— Béhanzin l'avait remarquée parmi les curieux qui regardaient les divertissements, on a rapatrié le représentant et...

— Et...

— A la suite d'une audience royale, Anna a été nommée, au choix, la cantinière de notre escadron.

— C'est donc une faveur ?

— C'est la fortune. Rien que les champoreaux rapportent dix mille francs par an.

— Comment, mesdames, vous buvez ?

— Non, pas nous; ce sont nos brosseurs.

— Merci ! mais je ne vois pas...

— Ce que nous sommes venus faire à Paris, reprit l'homme. C'est bien simple, nous sommes en voyage de noce.

— Ah ! Madame est...

— Mon épouse, monsieur Petit-Claude.

Et comme je regardai la splendide créature qu'elle était, l'œil attendri de compassion de la voir accouplée à un pareil nabot :

— Oh! ne vous gênez pas, fit-elle. Mon mari sait qu'il est affreux. Ce n'est pas la première fois qu'on le lui dit.

— Alors...

— Mais ça m'est égal, fit le singe, en ricanant. J'ai le sac.

La bonne vint me prévenir que le potage m'attendait.

— Si vous le permettiez, leur dis-je...

— Mais parfaitement, nous allions justement vous le demander.

— Hein !

— Depuis Lyon, nous n'avons rien pris.

— Et j'ai l'estomac qui, si ça continue, va me tomber dans les talons, s'écria l'amazone nouvelle épousée.

C'eût été dommage, une si belle poitrine ! J'eus pitié, et après avoir dit à ma bonne, pour corser le menu, d'aller nous chercher des côtelettes à la sauce chez le charcutier voisin, nous passâmes dans la salle à manger.

A table, la familiarité devint plus grande. Kissé-Ouqui-Fotapé avait un appétit de sauvage; des côtelettes, il ne fit qu'une seule bouchée.

— Pas mauvais, disait-il, mais ça ne vaut pas les biceps d'hottentots !

Ce mot cruel m'avait coupé l'appétit et comme il me regardait sournoisement, je regrettais vivement d'avoir invité cet anthropophage à dîner, pris de peur qu'il ne lui vînt envie de goûter de ma viande blanche, serrant dans ma main le manche de mon couteau, prêt à défendre chèrement les parties charnelles de mon individu.

— N'ayez pas peur, me glissa à l'oreille Mollet-d'Acier, pendant que son époux dévorait. On voit bien que vous ne vous y connaissez pas: les blancs, comme goût, ça ne vaudra jamais les noirs.

Vivement, je reculai ma chaise de la sienne qu'elle avait rapprochée pour me parler.

Ma faim avait totalement disparu.

Mollet-d'Acier semblait, elle aussi, avoir totalement oublié sa fringale de tout à l'heure.

Elle ne touchait à aucun des plats ; mais buvait, en revanche, comme trente-six dragons et, par distraction sans doute, c'était dans mon propre verre qu'elle trempait ses lèvres purpurines.

— Quel malheur, pensais-je, que ce soit une anthropophage! sans cela, qu'elle piquante aventure ce serait !

Elle devina évidemment ma pensée, car son regard m'enveloppa d'un chaud rayonnement de caresse.

— Tiens! tiens! me dis-je, et ma frayeur s'évaporant à l'étincelle de ses yeux, je rapprochai ma chaise que j'avais reculée.

Elle aussi. Et bientôt nos deux sièges se touchèrent.

Kissé-Ouqui-Fotapé mangeait toujours, n'ayant l'air de rien voir.

— Ne te gêne pas pour lui, va! me murmura l'amazone, en se penchant tendrement vers moi.

— Mais c'est ton mari, lui dis-je, hésitant à prendre le baiser qui s'offrait à moi.

— Oné qu'ça fait ?

J'allais d'étonnement en étonnement !

Mais j'ens bientôt la preuve que Mollet-d'Acier ne s'exagérait pas notre sécurité; car Kissé-Ouqui-Fotapé ne tarda pas à tomber la tête sur la nappe, ronflant comme le grand orgue de Saint-Eustache, succombant au gigantesque travail de la digestion des côtelettes à la sauce qu'il avait toutes avalées.

— Laissons-le, fit Mollet-d'Acier, se levant et m'entraînant dans ma chambre; je le connais, il en a pour jusqu'à demain matin.

Et, seuls tous deux, la sous-lieutenante aux amazones me fit sa petite confession.

C'était Anna, mon ancienne, qui avait fait naître en elle le désir fou de voir Paris.

Quant à l'anthropophage qui ronflait dans la pièce voisine, elle ne l'aimait pas plus qu'une abeille aime la moutarde.

Mais la solde d'une sous-lieutenante, même dans l'armée dahoméenne, ne lui aurait jamais permis de se payer la petite excursion qu'elle rêvait.

Or, Kissé-Ouqui-Fotapé, en sa qualité de ministre des Finances, vous comprenez..

Et ce qu'elle était tranquille avec lui! le pauvre homme ne pouvait pas la souffrir. Son idéal, c'était les blanches! les blanches dont le minois chiffonné d'Anna lui avait donné la magique révélation.

Mais Anna, bernique! Béhanzin punissait de mort tout crime de lèse-majesté; et, ne répondant pas de ne pas succomber à la fatale tentation, sur les conseils de Mollet-d'Acier, à qui Anna avait fait ses petites confidences, Kissé-Ouqui-Fotapé avait demandé un congé, et ils s'étaient mariés pour obtenir de Béhanzin la permission de partir en voyage de noce; ce que le monarque, qui savait son monde, n'avait pu décemment leur refuser.

— Alors, vous êtes venus... demandai-je.

— Rien que pour faire la noce, mon petit, riposta gaiement ma lieutenante aux amazones, et une noce carabinée, tu vas voir ça!

— Et pour commencer, ajouta-t-elle en me sautant au coup et en me plaquant deux gros baisers sur la joue : un pour Anna, un pour moi.

Le lendemain matin, comme ma bonne, habituée à mes turlutaines nous apportait sans mot dire notre café au lait au lit, Mollet-d'Acier lui demanda ce que faisait son époux.

— Il ronfle encore, fit la bonne; mais il est couché sous la table.

— Oh! alors, il en a jusqu'à midi, dit la sous-lieutenante aux amazones. Nous aurons le temps de faire nos courses.

— Où ça?

— Chez Worth, en premier lieu. Tu ne voudrais pas que je me ballade en pagne, je suppose.

— Non! ce n'est pas encore la mode chez nous.

— .a mode! Veux-tu parier que je la fais prendre d'un coup.

— Je n'en doute pas, ton costume a des avantages... surprenants, mais...

— Mais...

— Les gardiens de la paix qui veillent à la nôtre...

— Oui, je sais, comme les sbires de Béhanzin; seulement là-bas, vous n'avez qu'à payer l'amende et à recommencer de plus belle.

— Au même prix.

— Oh! non, ça augmente d'un sou à chaque fois. Après Worth, nous irons, Anna m'a donné des adresses, chez la modiste chez le bijoutier, chez le cordonnier; puis il va me falloir un parapluie, des gants, une ombrelle, un petit chien, un perroquet, une mère!

— Comment, une mère?

— Dame! pour avoir l'air d'une personne distinguée. Anna m'a dit que c'était bien porté. Dis donc?

— Quoi!

— Tu dois bien connaître une concierge, toi?

— Pourquoi faire?

— Pour être ma mère, Anna m'a dit que c'était ce qui se faisait de mieux.

PETIT-CLAUDE.

*(La suite au prochain numéro).*

# INTERWIEWS

## SUZANNE GAY, DU NOUVEAU-THÉATRE

Un temps impossible. Il gèle à pierre fendre. La neige s'étend, ouatant les trottoirs et les chaussées...

Brrr! La Rue du Trésor, mais c'est au diable! Et il faut partir de Montmartre. Protégez-nous...

Au 7 de la Rue du Trésor.

— Madame Suzanne Gay, s'il vous plaît?...

— Elle est sortie, Monsieur!

— Sapristi! c'est toujours la même chose, on est toujours sorti!..

Le concierge ahuri, me répond : « Que voulez-vous que j'y fasse. »

Au Nouveau-Théâtre : le soir, cette fois.

— Madame Suzanne Gay, s'il vous plaît.

— Pas encore arrivée, Monsieur!

— Et je suis pressé; c'est la guigne, je vous dis.

Quel métier que d'interviewer, ne m'en parlez pas. Si le ministre, ayant égard aux éminents services que j'ai rendus, — car je m'occupe assez des arts... et des actrices comme cela! — ne m'accorde pas les palmes académiques à la fin de l'année... vous avouerez que ce sera une injustice bien flagrante.

Il neige toujours!

Tout en faisant de froides réflexions, je descends le faubourg Montmartre.

— Mais je ne me trompe pas, c'est vous?

— C'est moi!

— C'est elle, enfin! Suzanne Gay, le dieu de la Presse m'est propice, comment allez-vous?

— A votre bras, si vous voulez, ce temps-là m'affole, je vais partager votre parapluie...

— Mon paraneige?

— Oui, c'est désolant! vous m'accompagnez, hein?

— Comment donc! Figurez-vous que vous tombez comme une alouette toute rôtie...

— Toute gelée, vous devriez dire... A quel propos?

— Depuis ce matin je cours après vous pour vous interviewer.

— Tiens! c'est drôle, vous avez de la constance alors?

— Beaucoup.

— Eh bien! allez-y.

— Je dirai donc d'abord, — car j'ai recueilli mes petits potins, — que vous êtes une excellente camarade, caractère ouvert, comme les yeux qui sont d'un brun très réussi. Vous adorez la plaisanterie et la pointe spirituelle. Ni grande, ni petite, physionomie très sympathique, et corsage à l'avenant...

— Assez comme ça.

— Je m'incline. Vous avez débuté?...

— Au couvent.

— Hein!

— C'est-à-dire que c'est au couvent que j'ai senti la vocation du théâtre me venir.

— Au fait, il vaut mieux ça qu'au Conservatoire

— Je suis joliment de votre avis. Oui, je lisais des comédies, en cachette. J'ai étudié d'abord la *Princesse de Grecade.*

— Ah! ah!

— Puis, plus tard, j'ai suivi quelques cours de ci, de là, avec grand intérêt. Je jouais dans des cercles et des sociétés. Mais ma première comparution sérieuse devant le public fut à Déjazet, il y a trois ans, dans « Musette » de la *Vie de Bohème*, en représentation.

— Que vous jouâtes avec une note un peu réaliste et très personnelle, j'y étais.

— Puis vint le Théâtre d'Art...

— Ah! oui, où l'on a fait brûler du sucre, en musique et dans l'obscurité, pendant la représentation de...

— Pas du sucre, des parfums...

— Oh! ces symbolistes; mais je ne dis rien car je crois savoir qu'ils sont de vos amis?

On continue sans me répondre :

— Je jouai dans *Madame La Mort*, puis dans *Le Mâle*, avec Chelles, au Théâtre-Moderne.

— Alors théâtre de l'Avenir Dramatique. Vous aviez en effet très bien composé votre personnage de jeune mendiante.

— Puis en tournée avec Baron qui, à cause de mes opinions, m'appelait *son anarchiste*. Enfin au Château-d'Eau, à la Porte-Saint-Martin, où je remplaçai Lecomte dans les *Voyages dans Paris (Cerdelette)* et le Nouveau-Théâtre où je joue actuellement M<sup>lle</sup> *Hortense*, un rôle peu important, mais en doublant le rôle de *Bouton d'Or.*

On était arrivé au Nouveau-Théâtre.

— Vous venez?

— Impossible, une course à faire.

— Alors je le regrette et vous remercie.

— Vous plaisantez, c'est moi.

Je me dirige de nouveau vers le faubourg Montmartre. Et la neige tombait toujours!

L'INDISCRET.

# LE BRACONNIER

Le château de la Houblonnière est l'un des plus beaux et des derniers vestiges de ce temps héroïque qu'on appelle le « Moyen-Age ». A vrai dire, il n'a été construit que vers la fin du second empire; mais il vous a un tel aspect avec son parc, ses sauts-de-loup, ses tourelles gothiques, ses fenêtres ogivales, son pont-levis, ses cachots, ses basses fosses et ses oubliettes genre Philippe-le-Bel que, rien qu'en l'apercevant, on croirait que *c'est arrivé.*

Il est situé entre trois heures de chemin de fer et la petite localité de Condé-sur-Poireau, et ne possède pour seuls habitants que le vieux marquis Corentin de la Houblonnière et sa jeune épouse le florescente Maritorne.

Ajoutons que le noble marquis, sans égards pour l'âge tendre de sa moitié, est jaloux comme un hidalgo; que le pays est fort giboyeux; et qu'enfin il fourmille de braconniers.

Maintenant, si nos lecteurs veulent encore savoir quelque chose, la suite de cette histoire va le leur apprendre.

C'était l'année dernière, vers les premiers jours de printemps, dans la matinée, Corentin de la Houblonnière s'était levé de bonne heure; et, sans passer par la chambre de Maritorne afin de lui souhaiter le bonjour, il était descendu, selon son habitude, faire un petit bout de promenade dans son parc, en lisant un chapitre de l'*Imitation de Ravachol*, par le compagnon Lhérot (édition revue et corrigée), où l'auteur *explose* clairement sa manière de voir.

Le marquis lisait, tout en déambulant au hasard, à l'ombre de la futaie séculaire.

Mais il n'avait pas fait vingt pas qu'il s'arrêta, stupéfié...

Devant lui, à quelques centimètres, il venait d'apercevoir la trace d'un pied sur le sable...

Je ne sais pas si vous avez lu *Robinson Crusoé*; mais je peux vous certifier que ce digne anglais n'éprouva pas l'émotion de Corentin lorsqu'il fit la même découverte dans son île!

Il demeura cloué sur place, l'œil hagard, dans la position inénarrable du fantassin étonné...

Cependant, après le premier moment de stupeur passé, il s'approcha avec prudence, et, se penchant vers la trace mystérieuse, il l'examina attentivement durant trois quarts d'heure...

Quand il se redressa, la sueur perlait à son front, et, bien qu'il n'eût plus un seul cheveu sur le crâne, ils étaient devenus tout blancs!

Foudroyant effet de l'épouvante!

— Ce pied n'est pas le mien! murmura-t-il, d'une voix sombre. C'est tout au plus une pointure trente-neuf, et moi je chausse quarante-six... Ce n'est pas non plus celui de Maritorne, qui est beaucoup plus mignon... D'ailleurs, elle ne porte pas de sabots! Pourtant, ce pied n'est pas venu ici tout seul! quelqu'un l'y a apporté, sans aucun doute...

En proie à ces judicieuses réflexions, la Houblonnière fit encore quelques pas en avant...

O comble de l'effroi!

Deux pieds, trois pieds, quatre pieds, une multitude de pieds, tous de même taille, s'alignaient sur le sable de la venelle...

Absolument ahuri, le marquis fouilla dans son escarcelle, en sortit un louis de dix centimes, et s'écria :

— Deux sous à qui me donnera la clé de ce mystère!

Les traces qu'il avait suivi l'avaient conduit sous un bosquet naturel situé à l'extrémité du parc, non loin de la haie qui dominait le saut-de-loup Tout en marchant, Corentin pensait :

— J'habite seul ce domaine avec Maritorne. Je n'ai aucun domestique et personne, hors ma femme et moi, ne pénètre dans ce parc. Ce pied est donc d'une essence surnaturelle, infernale ou céleste!

Subitement, la Houblonnière se frappa le front :

— Que je suis bête! s'exclama-t-il.

— Ça, c'est vrai! répondit une voix aux environs.

— Hein! fit Corentin, en se retournant vivement.

Il écouta; mais la voix se tut.

— C'est l'écho! conclut-il.

Il reprit :

— Je disais donc que j'étais bête. Sans doute. Mon parc est le plus riche de la contrée en gibier et autres volailles. Les braconniers du pays ne l'ignorent pas, et, probablement, ce pied appartient à l'un d'eux, lequel s'introduit nocturnement ici en franchissant le saut-de-loup et en escaladant la haie... C'est cela! eh bien, dès ce soir, je me mettrai ici près en embuscade; et gare à celui que j'apercevrai! je lui apprendrai à venir me voler des lapins !

— On ne t'en vole pas, mais on t'en pose ! répondit la voix.

— Hein ! fit le marquis. Ah ! oui, c'est l'écho. Je n'y songe jamais !

Le soir de ce même jour, lorsque la dixième heure se décrocha au campanile de l'église de Condé-sur-Poireau, deux ombres, l'une venant du château et l'autre de la haie, se rejoignaient sous la feuillée du parc.

— Mon bien-aimé Sosthène ! dit la première ombre.

— Mon adorée Maritorne ! répondit la seconde.

— Aimons-nous jusqu'à l'aurore, pendant que le vieux roupille ! ajoutèrent-elles en cœur...

Or, à cet instant précis, une troisième ombre apparut à l'entrée de la venelle.

C'était le marquis de la Houblonnière.

Il avait un aspect terrible. A sa ceinture pendait un gigantesque yatagan et trois énormes pistolets d'arçon, tandis qu'il portait, sur chaque épaule, un fusil à deux coups.

Il s'avança silencieusement jusque près de la haie, et, se cachant derrière un buisson d'épine :

— A présent, dit-il, les braconniers n'ont qu'à se bien tenir !

Puis il s'endormit avec la conscience tranquille...

. . . . . . . . . . . . . . . . .

Lorsqu'il se réveilla, il y avait longtemps que le rossignol chantait, et le jour se montrait à l'orient.

Il se frotta les yeux, et se sentit tout chose d'avoir dormi hors de son lit.

A ce moment, un bruit insolite se fit entendre non loin de là.

Corentin bondit sur ses carabines. Puis, apercevant un quidam qui sortait du parc par dessus la haie, il épaula résolùment, fit feu...

— Pan !

Et le rata. L'intrus avait disparu au dehors.

— Maladroit que je suis ! fit la Houblonnière... Manquer un braconnier presque à bout portant !

Mais aussitôt un cri d'épouvante retentit derrière le marquis.

Il se retourna et aperçut Maritorne, sa femme.

— Madame, lui dit-il, que faites-vous en ce lieu, à pareille heure.

Tremblante, la chaste épouse répondit :

— Voilà, mon cher Corentin : j'ai entendu du bruit dans le parc ; je me suis levée et me suis rendue à votre chambre. Ne vous y ayant point trouvé, j'ai craint un malheur, et suis venue à votre recherche... Si vous saviez comme j'ai eu peur !

Le marquis prit une prise. Et avec un air d'incrédulité marquée :

— Hum ! hum ! dit-il, votre présence ici n'est pas claire ! enfin, rentrez chez vous. Nous recauserons de cela tantôt !

Hélas ! ni le tantôt, ni les jours, ni les mois suivants la pauvre Maritorne ne fut en état de parler de cette affaire. Elle avait eu une si grande frayeur en entendant le coup de fusil, qu'elle en fit une maladie.

Oui. Et une terrible, allez ! Elle devint grosse... comme ça !

Quelques mois après, Maritorne fut heureusement délivrée par la naissance d'une adorable petite fille qui ressemblait... à sa mère, comme deux gouttes de rosée.

L'année suivante, le marquis de la Houblonnière eut un garçon qui, lui, en revanche, ne ressemblait ni à l'Eve ni à l'Adam paternels.

Et les traces de pas, dans le parc, n'avaient pas diminué, au contraire.

C'est alors que le marquis prouva qu'il était de race des gens d'esprit.

Il quitta Condé-sur-Poireau avec sa femme et sa lignée.

— Vertugadinbleu ! s'était-il écrié en prenant cette résolution : Au train dont marchent ces Messieurs les braconniers, ma fortune ne suffirait jamais à payer les mois de nourrice.

MARIUS RÉTY.

# RICHE MARIAGE

Quand Rodolphe de... Haulte-Souche, si vous voulez — cette histoire étant en tous points de la plus scrupuleuse vérité, la discrétion professionnelle nous oblige envers nos héros au subterfuge du pseudonymat — quand Rodolphe de Haulte-Souche, vers ses seize ans, perdit ses aristocratiques parents, empoisonnés ensemble par la même douzaine d'escargots de Bourgogne, malsaines ou falsifiées en gutta de qualité inférieure, ce fut son oncle maternel, Guy de... Folle-Adventure — toujours le pseudonymat — qui devint son tuteur légal.

Et, comme tout tuteur qui se respecte, M. de Folle-Adventure s'empressa de « coller » son intéressant pupille comme interne au lycée Saint-Louis, pour qu'il achevât les études commencées et surtout afin de ne pas être troublé au cours de la lune de miel qu'il goûtait, lui, Guy de Folle-Adventure, auprès de sa récente épousée, Célestine de... Maison-Caduc — ô la professionnelle discrétion ! — qui avait daigné accepter son alliance, malgré leur différence d'âge... appréciable.

Il avait dix-sept ans de plus qu'elle ; mais aux Oiseaux où elle avait été élevée, on est très fort sur les calculs de compensation, et ses deux millions suffisaient pour grimer sortablement les rides de son front dégarni.

Puis, Célestine, à trente-trois ans, bien que très jolie femme, était encore à marier, parce que les Maison-Caduc étaient depuis très longtemps ruinés jusqu'à limaille de blason et elle mourait d'envie de liberté et de plaisirs mondains.

Elle avait accepté, se réservant, si son époux... était trop sérieux pour elle, d'accueillir en chemin l'hommage de quelque troubadour dont la chanson répondît à sa naturelle gaîté. Ce serait bien le diable qu'elle n'en trouvât pas ! Au couvent, on lui avait assuré que dans le monde ça se trouvait toujours. Et puis, avec l'argent de Guy, elle s'arrangerait bien à sortir jusqu'à ce qu'elle eût découvert son héros. Mais Guy, en son expérience d'ancien viveur, méfiant, se rappelant ce qu'il avait fait à autrui, la tint habilement serrée : un louis par mois pour ses menus plaisirs, et c'était tout ! jamais, mais là ! jamais Célestine ne mettait sa bottine cambrée sur l'asphalte du boulevard sans que Guy ne lui emboîtât le pas, lourdement.

Oh ! que oui, lourdement. Ses cinquante ans pesaient d'un terrible poids sur les pavés, comme sur le tapis de leur chambre.

Et les amis qu'ils recevaient ? Le Musée de Cluny, comme elle les dénommait, dépitée. Le plus jeune d'entre eux était l'aîné de Guy !

Les seuls bons jours qu'elle eût, étaient les dimanches de sortie de Rodolphe qui, de son babil d'écolier — fin de siècle, comme un collégien de bon ton - jetait une note claire dans l'obscurité ordinaire de sa vie de tous les jours.

Les années se passèrent, deux, trois, quatre, Guy n'avait plus dix-sept, mais cinquante ans de plus que sa femme, ayant, à l'âge, ajouté les imprudences de tout vieux féru d'amour.

Rodolphe aussi avait poussé, grandi ; il promettait beaucoup ; avait déjà fait ses preuves d'opportunisme grand mondain, s'étant fort galamment fait retoquer trois fois au bachot.

C'était à présent un charmant cavalier, malgré l'uniforme, que du reste sa tante exigeait, aussitôt arrivé chez son tuteur, qu'il troquât contre un exquis complet dernier genre.

Très fat, comme on l'est à l'âge de Rodolphe, celui-ci, à la table de son tuteur, posait au poète, au décadent, et sentant chez son oncle une hostilité d'homme fini, revenu de ces billevesées, il en appelait au goût de sa tante, dont il réveillait les mutins désirs de gaîté et de joyeuses chansons.

Elle hésita longtemps, très longtemps ; par décence, à cause de la parenté de son mari et de Rodolphe ; mais, subtile de raisonnement, elle se dit qu'après tout, elle n'était sa parente que par alliance, qu'elle serait excusable, que rien ne serait arrivé si Guy avait eu un autre caractère que le sien ; et, procédant par ce même calcul de compensation, si savamment appris aux Oiseaux, elle en arriva à la logique déduction que les dix-sept ans, que Rodolphe avait de moins qu'elle, ne seraient que la juste contre-partie des dix-sept que Guy avait de plus, pour qu'elle établît le parfait équilibre de son existence.

Et certain dimanche d'avril, Guy de Folle-Adventure n'eut plus rien à envier à Georges Dandin, d'impérissable mémoire. Rodolphe fut retoqué pour la quatrième fois, à la session d'août et, à celle de novembre il eût infailliblement reçu le même déplorable accueil, si son tuteur n'avait jugé à propos d'aller rendre aux éternelles autorités la vilaine âme qu'elles lui avaient donnée à gaspiller sur notre planète terrestre.

Huit jours après qu'on eut, en caveau dûment scellé, mis sa respectable dépouille, Célestine et Rodolphe ayant déménagé s'installaient au quartier Marbeuf, dansant au duc de gaîté, chantant les refrains préférés de l'ex-élève des Oiseaux, tandis que les écus dansaient follement. Et Rodolphe, malgré leur différence d'âge, était envié de tous ceux qui les fréquentaient. A quarante ans bientôt, Célestine, dans tout l'éclat de sa maturité, était une splendide créature.

Comme une fillette curieuse, elle s'émancipait à bouche que veux-tu ! Il ne savait pas grand'chose non plus, et ils se jetèrent, la tête baissée, dans ce tourbillon parisien qui les fascinait irrésistiblement.

Ce fut cinq années pleines d'orgie de plaisirs et de fêtes, à travers les bals et les cabarets, les théâtres et les beuglants ; et vous les avez certainement rencontrés quelque part.

Si je vous disais leurs vrais noms, vous vous écrieriez aussitôt :

— Tiens ! si je les connais ! Je crois bien, je les ai tapés de deux louis au Rat-Mort.

Car ils avaient la bourse large ouverte aux amis.

Mais ce que vous ne savez pas, c'est leur fin : la voici :

Un matin, au réveil, Célestine recevait une missive recommandée de son notaire, et Rodolphe une lettre du sien.

En décachetant, ils pâlirent.

On aurait juré que les deux honorables tabellions s'étaient donné le mot.

« J'ai l'honneur de vous informer que votre compte créditeur se réduit à ce jour à la somme de mille francs que je tiens à votre disposition. »

Rodolphe et Célestine se regardèrent ahuris. Comment ? ils avaient, en cinq ans, croqué près de trois millions ; car les parents de Rodolphe lui avaient laissé une assez jolie fortune aussi.

Mais, en comptant bien, ils trouvèrent qu'ils n'avaient pas tout mangé, qu'on les avait, d'après leurs notes « tapés » de dix-huit cent mille francs !

— Que faire ? s'écria Rodolphe.

— Nous faire rembourser, parbleu ! répondit Célestine.

— Ça, tu peux te fouiller !

— J'en ai peur !

— N'importe, j'ai mon plan, reprit Rodolphe, en passant son pardessus.

— Et moi aussi, fit Célestine, en prenant son chapeau.

— Où vas-tu?

— Chercher du travail, répondit-elle, un peu gênée, j'ai appris à broder aux Oiseaux... et toi?

— Comme nos idées se rencontrent; j'allais également tâcher de trouver des répétitions... répliqua Rodolphe, qui semblait comme elle, embarrassé... tu comprends, quatre fois retoqué au bachot, ça vaut un diplôme!

— Bonne chance!

— Merci! A ce soir.

Le soir, ils reprirent ensemble leur vadrouille ordinaire, en attendant, s'étaient-ils dit, les réponses qu'on leur devait adresser.

Par une étrange coïncidence, les deux réponses arrivèrent par le même courrier, trois jours plus tard.

— Es-tu contente? fit Rodolphe, après avoir lu la sienne.

— Enchantée, répondit Célestine, et toi?

— Ravi.

Et ils sortirent tous les deux pour aller où on les convoquait.

Rodolphe avait dû s'occuper de tout autre chose que de chercher des répétitions, car, au Monsieur, mis comme un fonctionnaire gouvernemental. qui le reçut dans un luxueux appartement de la rue Le Peletier, il demanda:

— Vous avez déjà trouvé ce qu'il me fallait?

— Un hasard miraculeux! une personne charmante, Monsieur! un peu mûre, peut-être, mais si distinguée...

— Et la dot?

— Convenable, Monsieur jugera; mais il n'hésitera pas quand il aura vu la personne en question.

— Quand la verrai-je?

— De suite, Monsieur, je l'ai convoquée en même temps que vous.

— Voyons! j'ai hâte d'en finir.

Et, entrant dans le salon où le fonctionnaire âgée l'introduisait, il s'apprêtait à saluer poliment une dame qui regardait à la fenêtre, tournant le dos, quand celle-ci se retournant, il s'écria stupéfait:

— Ah! sacré nom d'un chien! ma tante!

— Rodolphe! Si je m'attendais à celle-là!

Ils avaient imaginé tous les deux la même combinaison: un mariage riche qui rétablît l'équilibre de leur budget et tous deux avaient, sans s'en douter, eu recours à la même agence de placement.

Ils s'en allèrent, bras-dessus bras-dessous, riant comme des fous de leur aventure.

— Oh! moi; tu sais, faisait Célestine, câline, si çavait été un autre que toi qu'on m'eut présenté, j'aurais dit oui, et le lendemain...

— Quoi?

— J'aurais fait comme pour Folle-Adventure, mon chéri!

Puis, ramenés, par leur double échec, à de plus saines décisions, ils ont, depuis deux mois, pris le parti le plus sage: se refaire une position.

Avec les deux mille francs qui leur restaient, ils ont monté un bar, à Montmartre, où ils ont eu de suite la clientèle de leurs anciens compagnons de plaisirs.

Ça va bien. Rodolphe m'avouait, avant-hier, qu'ils avaient déjà rattrapé la moitié des dix-huit cent mille francs, dont, au temps de vadrouille, les amis les avaient « tapés ».

BABYLAS.

Rosa la Rose — qui prend quelquefois deux s — rencontre l'autre jour sur le boulevard Emilienne de Concarneau.

— Comme tu es en beauté, aujourd'hui, ma chère. quelle mine! quels yeux! Tu pourrais presque te passer de rouge, et, si j'en crois l'apparence, de lait d'Iris par dessus le marché.

— C'est le bonheur; ça fait cet effet-là.

— ...?

— Oui, j'ai touché un tchèque.

A quelque temps delà, pareille rencontre, au même endroit. Mais Emilienne a les yeux battus, les traits tirés, les lèvres pâles et, horreur! des taches de son sur ses joues, naguère vermeilles.

— Quelle purée, ma pauvre vieille!

— Ne m'en parle pas.

— C'est ce tchèque...

— Hélas!

— Je crois qu'il t'a rendu la pareille, hein?

— Oui, le coup du talon.

## Le Carnet d'une Dégrafée
*(Suite)*

II

J'avais à peine dix-sept ans, toute jeunette; mais déjà connaissant la vie. Très brune, je ne me teignais pas encore, ce n'était pas de mode.

Au nombre des amis de ma mère — car je suis de bonne famille — se trouvait le vicomte de Saint-Ganachon et son fils, — le vicomte, naturellement—Anténor, un potache d'une ingénuité à faire rougir saint Antoine le Grand.

Il papillonnait autour de moi et quoique n'en étant pas à mes premières armes de coquetterie, je faisais des études sur ce bipède fort intéressant.

Il avait dix-sept ans comme moi et je ne tardai pas à troubler sa cervelle de collégien; mais, élevé dans les jupons de sa mère—une bégueule de haut blason — il était d'une timidité, d'une naïveté sans exemples.

Chaque fois qu'il m'apercevait, il rougissait, pâlissait, passant du violet au rouge brique, par toutes la gamme de l'arc-en-ciel.

Au bout de deux mois, il s'enhardit un jour à me prendre la main à la dérobée, dans un couloir; puis, j'en restai saisie, là, s'était arrêtée sa déclaration. Pour l'aider je lui fis comprendre qu'il pouvait m'écrire et je reçus une lettre ornée d'une fleur symbolique, vraie épître de jour de l'an où il me comparait au disque de la Lune.

A la fin, j'en voulus avoir le cœur net et je lui donnai rendez-vous, certain soir, dans le potager, derrière la maison de mes parents

Il semblait avoir perdu un peu de sa timidité.

A mes pieds, à genoux, il poussait des soupirs émus, roulait des yeux blancs et... gardait un silence exaspérant.

Enervée, je vins à son aide:

— Relevez-vous, lui dis-je. et asseyez-vous là, près de moi. Puis, penchant ma tête sur son épaule:

— Eh bien! c'est tout ce que vous trouvez à me dire? Voyons! je vous fais donc bien peur, que vous ne m'avez pas encore embrassée?

Il se leva d'un bond; tremblant comme la feuille.

— Je n'oserai jamais.

— Puisqu'on vous y autorise, monsieur!

Il se précipita et me saisit les deux mains qu'il couvrait de baisers fous et puis...

Il s'enfuit en courant, comme un criminel, me laissant toute seule; dans une colère, je ne vous dis que ça!

Furieuse, je ne lui avais plus adressé la parole depuis, quand un jour, me croisant à la promenade. il m'arrêta:

— Que voulez-vous encore? lui dis-je d'un ton sec.

— Oh! un mot...

— Faites vite, je suis pressée.

— Vous rappelez-vous notre rendez-vous?

— Que trop, pourquoi? vous ne voulez pas recommencer votre comédie, je suppose

— Il y a neuf mois de cela!

— Ah!

— Je ne suis pas si bête que j'en l'air; j'ai pensé à ce que je devais faire, pour remplir mon devoir envers vous.

— S'il vous plaît?

— Ma dignité d'homme me le commandait... prenez! — et il me remit un paquet qu'il tenait à la main, j'ouvris et jetais un cri de fureur; le paquet contenait une layette de nouveau-né.

— Que signifie cette insolente plaisanterie, monsieur?

Il me prit la main et me la serrant de toute ses forces, mettant toute son âme dans sa voix:

— Dans le potager, près de nous, mademoiselle... vous n'avez donc pas remarqué...

— Quoi!

— Il y avait des choux! me dit-il, me saluant pour prendre congé.

Depuis, j'ai appris qu'au lycée il décrochait à tous coups le prix de... thème grec.

*(A suivre.)*     K. STORR.

## NOS PRIMES

*Nous appelons tout spécialement l'attention de nos lecteurs sur nos primes de chaque mois. Ces primes sont la reproduction exacte de vieilles gravures des Maîtres du XVIII<sup></sup>e siècle — comme est, par exemple, celle parue avec le précédent numéro:* **La Sentinelle en défaut,** *de* **Beaudoin, peintre du Roi (1777).** *Ces gravures, dans le commerce (quand on parvient à les trouver, car elles deviennent rares), coûtent communément de 5 à 10 francs l'exemplaire, en reproduction et l'original en varie de 50 à 100 francs*

*C'est donc un véritable cadeau que* **Paris qui Rit** *offre à ses nombreux lecteurs, et nous tenons, contre envoi de 0.15 en timbres-poste, chacune des primes précédente parues:* « **Nécessité n'a pas de loi** », *et son pendant:* « **Ah! si je te tenais** », *ainsi que* La Sentinelle en défaut, *a la disposition de toute personne qui en fera la demande.*

## PROFILS D'ARTISTES

**ÉMILE SPENCER**

Né à Bruxelles en 1859, Spencer, le compositeur populaire fit ses premières études au Conservatoire de Bruxelles, puis il vint à Paris en 1879, il fut pianiste dans différents cafés-concerts; il commença la chanson en 1882, et depuis, c'est le compositeur universellement connu et dont le talent est apprécié, on l'a surnommé, à juste titre, « L'Offenbach des cafés-concerts ». Son premier grand succès a été « J'avais mon pompon en r'venant de Suresnes » créé par l'excellent artiste Bourgès... tout le monde connaît ça, puis « La p'tit' Chopinette » également chantée par Bourgès. Je citerai parmi les succès connus: « J'habit' chez ma tante, « La Saint Boute en train », « La Marche des treize jours », « Le Sous-Préfet », créés par Caudieux; « La Marche des Séminaristes », créée par Jeanne Bloch; l'inoubliable et regrettée Amiati a créé « Le Clos aux lilas », puis Yvette Guilbert, qui aime beaucoup ce que fait Spencer, parce que c'est toujours très bien, créa « Le Rapin » et bien d'autres; Spencer a été pour beaucoup dans le succès de Blockette de la Scala, en composant « Il est en or », « La Marche des ouvrières »; Paulus, qui est très difficile, a créé de Spencer « L'Amant de la tour Eiffel », « Les exploits d'un trombonne », « La valse du vin rose », « La polka des chons chons ». C'est dans son cabinet de travail que Spencer vous reçoit, très coquet son petit cabinet, un grand nombre de photographies entoure son bureau, et, jetant un regard oblique sur ces têtes plutôt fémininesques que masculines, il trouve de jolis motifs qui deviennent populaires; il offre à ses amis un certain mare qui est excellent; de plus, il fait bon accueil aux jeunes et aux vieux, il encourage les uns et les autres; n'est pas encore décoré de l'Académie.

*Avenir*: Deviendra un de nos premiers compositeurs d'opérette et continuera à se faire un nom, comme ses prédécesseurs Audran, Planquette, Hervè, etc. Avis à MM. Boucheron, Paul Ferrier, Clairville, etc., car en prenant Spencer, c'est le succès assuré d'avance.

*⁎*

### BALDY

A d'abord chanté l'opéra comique en province, puis la chansonnette en habit noir au café-concert; est venu à Paris, engagé de suite aux Folies-Belleville il ne tarda pas à être remarqué par le Directeur du Concert-Parisien qui l'engagea dans de fort belles conditions, mais le concert fut obligé de fermer ses portes et Baldy se trouva sans engagement, ce ne fut pas un malheur pour lui; de là, il fit les délices du Concert-Européen, de l'Époque et finalement, il entra à la Cigale où il est actuellement.

Cet artiste excellent sera engagé sûrement cet été aux Champs-Élysées, à l'Horloge, aux Ambassadeurs, ou à l'Alcazar d'Été; mais les Directeurs de la Cigale tiennent beaucoup à leur étoile car Baldy attire le public. Ses créations sont nombreuses : *Des Heures militaires, Je n'sais pas c'que j'ai, Sa Femme aussi*, etc.

*Paris qui Rit* espère le voir bientôt dans un grand concert où il amusera le public avec sa verve et son talent de véritable artiste.

*⁎*

### LÉON BRIET

Né à Moulins, en 1827, Briet, tout enfant, fit partie de la troupe enfantine dirigée par M. Castelli ; plus tard, a joué avec succès dans différentes villes : Bordeaux, Bayonne, Madrid, etc., etc. En 1880, Léon Briet s'engagea comme franc-tireur et il est revenu avec les galons de sergent ; il a été régisseur pendant huit années, à Rio-de-Janeiro, et enfin il appartient, depuis 1884, comme régisseur et metteur en scène au concert de la Gaîté-Rochechouart.

Tout le monde a pu apprécier sa mise en scène, bien réglée et avec un soin scrupuleux.

<hr>

# LE POÈTE-HUISSIER

On naît poète.

On devient huissier.

C'est, en six mots, la très simple et très mélancolique histoire de l'infortuné Claude Nohic, venu trop tard, sans doute, dans un monde trop vieux.

Fils d'un avoué de Saint-Malo, orphelin à dix ans, n'ayant d'autre parent qu'un oncle qui l'avait mis au collège et l'avait laissé s'élever tout seul. Il avait grandi dans le culte des poètes et dans l'admiration de la nature.

Au collège, durant les récréations et les heures inoccupées d'étude, il lisait, relisait sans cesse. Les jours de sortie et pendant les vacances, il quittait avec joie le rocher de Saint-Malo pour s'en aller en pleine campagne, aux environs de Dinard ou de Saint-Servan, s'abîmer des heures entières dans la contemplation d'un site agreste, ou d'un rivage verdoyant. Quand par hasard son oncle l'emmenait à Dinan par le bateau, c'étaient des extases sans fin devant le pittoresque découpage des bords de la Rance, l'étrange chaos des gros rocs couverts de mousse, l'enchevêtrement touffu des grands arbres, charmes et hêtres, pins

et chênes verts. Son oncle n'y comprenait rien.

A dix-huit ans, quand il eût terminé sa philosophie, Claude Nohic se trouvait déjà à la tête d'un petit bagage littéraire : un certain nombre de poèmes, et un drame en cinq actes, en vers, intitulé : *La Vengeance du Corsaire*. Pour sa fortune, elle était plus que modeste : quinze cents francs de rentes, tout l'héritage paternel.

Interrogé par son oncle s'il se sentait une vocation pour le barreau, la magistrature, le professorat ou le clergé, Claude confessa ingénûment qu'il n'y avait jamais réfléchi, et que pour lui le bonheur suprême serait d'écrire des poésies et de composer des romans, à quoi l'oncle répliqua, avec beaucoup de bon sens, que le neveu était stupide, et décida aussitôt qu'il irait faire son droit à Paris, parce que l'étude du droit conduit à tout. Ajoutons, à l'éloge de l'oncle, qu'il accompagna le neveu, passa huit jours avec lui dans la « Babylone moderne », le conduisit à la Faculté pour prendre sa première inscription, lui meubla une chambre rue Saint-Jacques ; et le présenta à son vieil ami Pélussin, avoué, chez lequel, pour s'initier aux mystères de la procédure, il l'enterrait en qualité de troisième clerc, aux appointements de cinquante francs par mois.

Ce qui fut fait. Consciencieux par nature, et jouissant, d'ailleurs, d'un revenu insuffisant pour entretenir des danseuses et se livrer à de folles orgies, Claude passa ses examens avec des boules blanches, en même temps qu'il demeurait assidu à l'étude Pélussin, et que les *sommations, assignations, conclusions, placets, qualités, cahiers de charges* — tout l'effroyable grimoire imposé aux pauvres justiciables — n'avaient plus de secrets pour lui. Au bout de trois ans de ce régime, il avait conquis le diplôme de licencié en droit, et la place éminemment lucrative de principal clerc, soit cent cinquante francs mensuels à additionner à ses faibles ressources. Son patron était content de lui. Son oncle exultait.

Beaucoup moins grand était l'enthousiasme de Nohic pour la carrière qu'on lui faisait suivre. La Muse le taquinait toujours, et il persistait à taquiner la Muse. Au milieu des dossiers insipides et poudreux, il avait ses heures d'abattement profond, de désespérance morale. Il ne connaissait presque personne, s'étant peu lié avec ses camarades de l'École de droit ou du Palais, n'allait point au café, ne fréquentait pas les bals publics, et employait ses loisirs à se tenir au courant des publications nouvelles. Les soirs, sa quotidienne besogne achevée, il se reprenait à vivre. Les idées et les rimes bourdonnaient dans son crâne. Fiévreusement, il les jetait sur le papier, et passait quelquefois à travailler la moitié de ses nuits. Son bagage s'était sensiblement accru : une quantité considérable de *nouvelles*, deux romans, l'un de cape et d'épée, et l'autre de mœurs parisiennes, un drame moyen-âge, une comédie moderne, un recueil de poésies rimées richement et un coquet petit acte en vers, étaient venus s'ajouter à la *Vengeance du Corsaire*, qu'il condamnait maintenant comme une œuvre de jeunesse. Il avait écrit tout cela pour rien, pour le plaisir, par besoin d'écrire, et il ne doutait pas le moins du monde, dans sa candeur de provincial, que, le jour où il souhaiterait un éditeur pour ses lignes, et un théâtre pour ses pièces, les portes s'ouvriraient devant lui, toutes grandes.

. . . . . . . . . . . . . . . . . . . . . . . . .

Dans le bureau de rédaction, nouvellement installé, du journal *Le Trapèze*, organe des jeunes, la discussion était vive entre le directeur-fondateur, Gustave Bertrand, et son ami Raoul Harrault.

— Je te dis, moi, s'écriait ce dernier, que tu n'arriveras à rien avec ton *Trapèze*. D'abord, ton titre est idiot. Tu as l'air d'une société de gymnastique ou d'un concours de géométrie... *Le Trapèze !* Je te demande un peu à quoi ça ressemble?... Qui achètera jamais ce journal-là, *le Trapèze ?.*. Utopie, mon cher, utopie pure !... Tu me fais l'effet de Jérôme Paturot, fondateur de l'*Aspic*, journal littéraire, paraissant quelquefois.. Il

ne te manque que Malvina pour aller avec elle réclamer *le Trapèze* dans tous les cafés de la capitale... On n'est pas 1830 à ce point-là, ma parole d'honneur!

— Et je te dis, moi, répliquait Gustave Bertrand avec véhémence, que nous réussirons, en dépit de tes prédictions de mauvais augure !

Mon titre n'est pas idiot, il est suggestif, et tous les gens intelligents le comprendront,..

— Il n'y a plus de gens intelligents... Et qu'est-ce qu'il signifie, ton titre suggestif...

— Il signifie que nous arriverons quand même, à la force du poignet ! Tu n'as pas besoin de rire : c'est avec des bonshommes comme toi qu'on ne fait jamais rien... Oui, je le sais, nous avons à lutter contre beaucoup de mauvais vouloir, beaucoup de parti pris, et — beaucoup d'indifférence...

Mais nous en viendrons à bout... De quoi se plaignent les jeunes écrivains?... De n'être pas lus. Les jeunes auteurs dramatiques ?... de n'être pas représentés. Les jeunes artistes?... De n'avoir pas l'occasion de se produire en public... Aux premiers nous offrons notre journal, nous organisons des concours, nous nommons des lauréats... Aux autres nous facilitons l'accès du théâtre : tous les mois ou tous les deux mois, dans une salle de spectacle connue, nous faisons représenter, par de jeunes artistes, pris au Conservatoire ou aux alentours, des pièces inédites de jeunes auteurs. Nous convoquons la presse, nous convoquons les directeurs de théâtre.

— Qui s'empressent de ne pas venir...

— C'est ce que nous verrons !

— C'est tout vu, parbleu ! ton journal te coûte beaucoup d'argent, les représentations te ruinent, tu manges tes quatre sous et tu perds ton temps et ta jeunesse !

— Fiche-moi la paix ! On frappe. Entrez !

— C'est un groom; il est très chic, ton groom.

— Dites-moi, Abel... ce monsieur est là ? Oui, faites entrer... Claude Nohic... Tu connais cela, toi ?

— Pas du tout. C'est peut-être un abonné ?

*⁎*

<hr>

## NE LOUEZ PLUS VOS APPARTEMENTS

**sans demander le Certificat délivré par le**

# SANATORIUM de PARIS

23, rue Lantiez (avenue de Clichy)

L'Établissement le mieux installé pour la désinfection des logements, des effets d'habillement et de literie.

La désinfection est une précaution de première nécessité, pour lutter sans crainte contre toute épidémie, croup, maladies de poitrine et contagieuses, dont les germes et les microbes se propagent si dangereusement.

On peut aussi s'adresser, pour tous renseignements, au bureau central :

*12, rue de la Chaussée-d'Antin — TÉLÉPHONE*

<hr>

**Scala**. — La Revue *Cambriolons* tire à sa fin. Dans le concert, Bourgès continue à se tailler un immense succès avec « Fortenerac de Bergerac », tout le public s'arrache cette chansonnette faite avec esprit et dite de même, par l'excellent Bourgès. Camille Stéfani est la consciencieuse artiste que l'on connaît; Caudieux, l'inoubliable créateur de « La Marche des Commis-Voyageurs », est étourdissant de verve et d'entrain ; la toute gracieuse Paula Brebion charme l'auditoire dans « Ces Hommes » et « V'la les Soldats »; Mathias est un vrai comédien doublé d'un fin monologuiste ; Vignais chante « Le Page de Malboroug » avec drôlerie ; Blanche Raymond est une étoile jolie, elle chante avec crânerie « Les 4 Élèves », quant à Lecourt, il nous fait tordre. La Scala est en plein succès, avis aux lecteurs et lectrices qui n'auraient pas encore vu *Cambriolons* et Bourgès.

**La Pépinière.** — Ce gentil concert est fort bien dirigé par M. Roger, l'intelligent et actif directeur. Toute sa troupe est à féliciter : je signale le début d'un jeune artiste, M. Allens, ayant une bonne tête en troupier, MM. Ransard, Gombert, Renneval sont très goûtés. Tassaert chante la romance avec sentiment, Brunin fils est en progrès. Côté des dames ; Mᵐᵉ Daris est parfaite, Walsy est une joyeuse petite folle !..., L. Debay également, Mˡˡᵉ Morelli chante « Fillet de Lune » avec un air polisson. A féliciter, Delly-Mo, Nelzi, Ilda, Sellier. Dans les pièces, M. Durafour prête gaiement sa joyeuse fantaisie et sa rondeur habituelles. Joyeux lecteurs, joyeuses lectrices, allez à la Pépinière, on s'y amuse joliment bien.

**Ba-ta-Clan.** — Dernières représentations des *Paulussonneries de l'année*, avis aux personnes qui n'ont pas vu Paulus en compère et la danse serpentine. Prochainement, « Au Dahomey ». Mˡˡᵉ Ragani, est engagée spécialement pour les représentations de cette pièce.

**Casino de Paris.** — L'hercule Leitner attire du monde au Casino, par ses exercices surprenants de force. Il y a une dizaine de clous à sensation, c'est le rendez-vous du Tout-Paris et l'on y voit de bien jolies femmes.

**Concert du Soleil.** — M. Hervier est un metteur en scène de premier ordre et un artiste de valeur. M. Sylvin est désopilant, de même Nestor et Poquelin. Alfreda est la reine de la gaîté, Mᵐᵉ Sylvin est amusante, Mᵐᵉ Huart détaille avec un air ingénu « Sans place ». A citer : Mˡˡᵉ Dupré, S. Mery.

**Elysée-Montmartre.** — On s'y amuse toujours beaucoup.

Les bals masqués du samedi attirent dans ce joyeux bal tous les amateurs de plaisir.

Les soirées du dimanche et les matinées de bal patinage sont également très suivies.

**Musée Grévin.** — Le centenaire de la mort de Louis XVI redonne un intérêt d'actualité à la galerie consacrée, par le Musée Grévin, aux épisodes les plus poignants de la tragédie royale.

« La journée du 3 septembre 1792 au Temple et Marie-Antoinette à la Conciergerie » sont, parmi ces restitutions historiques, les scènes les plus curieuses et les plus émouvantes.

ALBERT VERSE.

On trouve chez Patay, éditeur de musique, 79, passage Brady, un monologue bien amusant « Ma Gonzesse », de notre collaborateur et ami Verse, au prix de 0,25 centimes.

# PIERRE PETIT
### *Opère lui-même.*

DANS SES NOUVEAUX ATELIERS
## 29, Place Cadet, 29
Douze marches à monter.
LES PHOTOGRAPHIES AU CHARBON SONT LES SEULES INALTÉRABLES

Deuxième année, n° 19.   LE NUMÉRO: **DIX** CENTIMES   Dimanche 13 Février 1893.

ABONNEMENTS

PARIS :   Un an, 6 fr. ; Six mois, 3 fr. ; Trois mois, 1 fr. 50.   ÷   DÉPARTEMENTS   Un an, 6 fr. 60 ; Six mois, 3 fr. 25 ; Trois mois, 1 fr. 75.   ÷   ETRANGER :   Un an, 7 fr. 50 ; Six mois, 3 fr. 75 ; Trois mois, 2 fr.

*Adresser lettres, communications et mandats à M. l'Administrateur de la Bibliothèque Gauloise*

— Dieu ! que c'est bête, s'écria Armand.

— Robinson ayant dissimulé ses hommes.

## CHRONIQUE GAULOISE

— Ah ! mon cher, s'écria Serpentinette qui venait de me rejoindre au Coq d'Or où je dégustais l'apéritif ; pour un évènement, sûr que c'est un véritable évènement !

— Quoi donc ?

— Offre-moi quelque chose, ça me donnera du ton.

— Commande ; garçon !

— Garçon, un pernod-grenadine.

— Alors ?

— M'y voilà.

— Je note.

— Hier, à 4 heures de l'après-midi, monsieur Lozé recevait à la Préfecture de police une lettre ainsi conçue :

« Monsieur le Préfet, M. Arton est en ce moment dans l'hôtel du comte de B..., rue T..., n° 17 ; il ne veut se rendre qu'à monsieur Lozé lui-même, car c'est à lui seul qu'il fera les révélations qu'il a à faire, en remettant les nombreux dossiers, livres, chèques, papiers, etc., dont il est le possesseur. Recevez, monsieur le Préfet, etc.... signature illisible ».

Certaines indications donnant à cette nouvelle un semblant de vérité, l'aimable monsieur Lozé fit prévenir de suite le bon monsieur Clément qui fit prévenir des policiers, lesquels firent prévenir des cochers de fiacre et tapissière, pour enlever les fameux papiers et, en moins d'une heure et demie, préfet, commissaire, agents, cochers, tous se trouvaient rue T..., n° 17, à l'hôtel de monsieur le comte de B...

A cinq heures et demie précises, ces messieurs sonnaient à la grande porte d'entrée. Les concierges de l'hôtel, les époux V..., tirèrent le cordon aux inconnus.

— Monsieur le comte de B... ?

— C'est ici, messieurs.

— Il est chez lui ?

— Non, messieurs, monsieur le comte est en voyage pour l'instant.

— Madame la comtesse est chez elle?

— Non, messieurs, madame la comtesse voyage également, avec monsieur le comte.

Ici monsieur Clément, l'homme des coups de théâtre, jeta à brûle-pourpoint aux concierges, le nom fatal...

— Et Arton ?...

Stupéfaction des braves gens!

— Arton ?... quel Arton ?...

— Allons, ne faites pas les ignorants ou les imbéciles, Arton est ici !...

Et ce disant, monsieur Clément ouvrit sa légendaire redingote, respira fortement (car il la serre furieusement, sa légendaire redingote, monsieur Clément) et l'écharpe tricolore apparut aux regards abrutis des concierges!

— Eh! quoi, messieurs, vous êtes ?...

Un agent, zélé autant qu'inspiré, s'écria :

— Vous avez l'honneur de parler à monsieur Lozé, préfet de police, et à monsieur Clément, commissaire aux délégations judiciaires!

La foudre serait tombée sur la tête des braves portiers qu'ils n'auraient pas été plus saisis! Arton ? Lozé ? Clément ?

Qu'est-ce que cela voulait dire? Que se passait-il donc? Quelle affaire! quel événement!

Ils appelèrent vivement le valet de chambre, lequel tout aussi étourdi de ce coup inattendu, s'empressa de se mettre à la disposition de ces messieurs afin de leur faire visiter l'hôtel et qu'ils se rendissent bien compte qu'ils étaient victimes d'un mensonge odieux, monsieur le comte de B... n'ayant rien de commun avec « ce Arton » et étant un homme trop chic, pour avoir trempé dans les chèques!

Pendant que nos policiers étaient montés, inspectaient l'hôtel avec le valet de chambre et s'apprêtaient à saisir tous papiers, une autre scène se passait en bas.

Le cocher du comte de B..., un bon gros cocher, bien ivrogne, revenait de consommer plusieurs absinthes chez le marchand de vins du coin, tout en potinant et causant du fameux pillage de l'avenue Marceau; il y songeait même encore, lorsque son attention fut attirée par un luxe de fiacres et tapissière, arrêtés devant son hôtel!

Notre cocher demanda de suite à son ami le concierge ce que cela signifiait; la femme du concierge le mit vivement au courant de ce qui se passait et ce, en poussant des oh! et des ah! à ameuter tout le quartier!

— Tas d'imbéciles; s'écria le cocher, dont l'esprit était encore à l'avenue Marceau: vous n'avez donc pas lu les journaux hier ?

— Si fait?

— Eh bien!...

— Eh bien ?

— Ces gens-là, ça n'est pas plus le préfet et le commissaire que vous et moi! C'est la bande de l'avenue Marceau, les dévaliseurs de l'hôtel du marquis de Panisse, et nous allons être dévalisés et rossés aussi!

— Serait-ce possible?

— C'est certain! ça y est bien; les fiacres, la tapissière! mais nous ne serons pas dupes comme les imbéciles de là-bas! Vite! appelons le marchand de vins, les voisins !...

Sitôt dit, sitôt fait, et en moins de temps qu'il n'en faut pour l'écrire, cocher, concierge, marchand de vins, charbonnier, etc., bref, tous les voisins armés de manches à balais et de bâtons envahirent l'hôtel et vinrent troubler la perquisition de messieurs de la police.

Le valet de chambre fut bientôt convaincu et malgré leurs protestations, indignations, vociférations, c'est au milieu d'une bagarre terrible que monsieur le Préfet fut pris pour un cambrioleur, ainsi que ce pauvre monsieur Clément et tous les agents qui les accompagnèrent; ils durent fuir au milieu d'une grêle de coups de poings et de coups de bâtons.

Arrivés dans la rue, les cochers voyant fuir leurs clients se mirent à leur poursuite, tout comme les domestiques du comte de B... et les voisins.

Après quelques minutes d'une course effrénée et pendant laquelle aucun gardien de la paix ne fut aperçu (bien entendu) on tomba dans le commissariat de police de la rue G..., où les victimes de cette horrible mystification n'eurent que le temps de tomber toutes meurtries dans les bras du commissaire et de ses employés.

Dans la rue, plus de trois mille personnes étaient rassemblées, commentant l'arrestation de la bande de l'avenue Marceau.

Après l'arrestation, de nombreux procès-verbaux ont été dressés et messieurs Lozé et Clément ont été reconduits (oh! en quel état, mon ami) à leurs domiciles, dans les fiacres qui les avaient amenés et dont les cochers saluèrent jusqu'à terre. Ce que ça fait du bruit dans Paris!

— Mais sait-on quel est le mystificateur qui...

— Chut! on ne nous écoute pas? demanda, très prudente, Serpentinette.

— Pourquoi ça ? lui dis-je.

— Parce qu'on irait de suite le redire au *Journal* qui nous couperait... Arton sous le pied.

— Quoi!

— Je sais qui.

— Qui, alors ?

— C'est Béhanzin qui a lâché son bureau de tabac d'Abomey et qui, pour dépister la police, pour qu'on ne l'interviewe pas pendant son séjour à Paris (il y a trois jours qu'il est descendu à l'hôtel des Trois Haricots, rue Galande), s'ingénie à lancer les agents aux quatre coins de la capitale, pendant qu'au milieu, boulevard Montmartre, il va tous les après-midi, chez Grévin, contempler l'entrevue de Cronstadt.

PETIT-CLAUDE.

---

# AVIS AUX JEUNES AUTEURS

*PARIS QUI RIT a l'honneur d'informer sa nombreuse clientèle que, pour faciliter aux jeunes auteurs le moyen de produire leurs œuvres, il recevra tous les manuscrits qu'on voudra bien lui adresser, et publiera, à titre gracieux, celles des œuvres envoyées que son Comité de lecture aura jugées les meilleures et les plus intéressantes.*

*Prière de joindre un timbre-poste à l'envoi du manuscrit pour affranchissement de la réponse du Comité, qui toujours donnera sa décision.*

---

# Confetti

C'était un fourmillement polychrome de costumes aux couleurs chatoyantes et ondoyantes que piquait comme un essaim de mouches dans une corbeille de fleurs, la ponctuation multiple des habits noirs.

Fleurs vivantes, en effet, toute cette féminité éparse dans la grande salle somptueusement décorée pour le bal travesti.

Gaies, rieuses, la réplique aux lèvres, les jeunes femmes se dispersaient, éparpillant leur jeunesse avec l'éclat cristallin de leurs rires dans ce *Casino de Paris* dont elles ne manquaient pas une redoute.

Les reines du demi-monde, les princesses de la galanterie, les duchesses de boudoirs roses, toutes étaient là, les plus adorables et les plus fêtées : Émilienne d'Alençon, Marguerite Deval (des Nouveautés), Mathilde Castera, Jeanne Harding, Valtesse de la Bigne, comtesse Latisheff, Odette Rhenée, Marcelle Langlois, Berthe d'Égreville, Louise Willy, Suzanne Derval, toutes!

Et elles s'en donnaient à cœur joie, sous la protection — oh! combien illusoire — de leurs masques, qu'elles n'avaient pas besoin d'enlever, pour qu'on les reconnût ..

Une seule, une inconnue, celle-là, une toute nouvelle venue dans le monde de la noce, passait au milieu des viveurs sans qu'ils pussent mettre un nom sur ses épaules... Il est vrai qu'à défaut de nom, ils se seraient bien contentés d'y mettre des baisers. La jeune femme était jolie, en effet; une épaisse chevelure d'un blond doré cascadait sur son cou très blanc, ses yeux brillaient d'une flamme noire intense derrière le loup de velours, elle portait adorablement le satin de son costume de Colombine.

Tout cela enthousiasma subitement un jeune clubman, Armand Poysseau, qui, lâchant le groupe d'amis, au milieu duquel il se trouvait, s'élança au devant de la jolie inconnue, en se disant intérieurement :

— Ma foi, tant pis !

Pourquoi le jeune clubman Armand Poysseau se dit-il : « Ma foi, tant pis ! »

Pour cette raison :

Armand était un jeune homme bien élevé, de bonne famille, et cette famille austère, avait vu avec déplaisir le jeune homme se lancer dans le monde où l'on s'amuse et où l'on savoure les amours faciles.

Remontrances, admonestations, reproches, rien n'y fit.

Armand quittait Nini Cold Cream pour Lucie Brin d'Avoine, et celle-ci pour courir à Juana Rosina, bientôt lâchée pour Cigale ou Rayon de Lune.

Poysseau tapait aussi bien dans les danseuses que dans les chanteuses, mais toujours dans les blondes : c'était un goût, une toquade! Sa famille n'était sans doute pas au courant de cette prédilection, ou bien elle n'en tint aucun compte, car pour ranger le jeune homme, elle résolut de le marier, — et elle lui proposa une fiancée brune.

Armand fut navré. Il refusa de la voir. Et, pendant un mois, on le sollicita, mais en vain.

Armand était amoureux d'une écuyère qui ne le trompait qu'avec deux amis et un clown : il était ravi.

Néanmoins, un beau matin, il fallut capituler.

Un oncle à héritage se fâcha tout rouge et menaça le jeune homme de le déshériter s'il n'épousait pas la jeune fille qu'on lui proposait.

Les écuyères et les Nini Cold Cream coûtent cher. Armand céda. Mais il céda... à distance, si l'on peut s'exprimer ainsi, refusant de voir sa prétendue jusqu'au jour du mariage. On lui assurait d'autre part qu'Élise, — ainsi s'appelait la demoiselle, — l'avait aperçu plusieurs fois et était amoureuse de lui.

Une fois le mariage décidé, Armand ne changea rien à ses habitudes : il les dissimula un peu plus, voilà tout.

Pourtant, il gardait tout au fond de lui une crainte salutaire : celle d'être déshérité; et il prenait des précautions, il avait peur... Mais il ne put résister devant la beauté de la Colombine mystérieuse, du *Casino de Paris*, et il se précipita, lançant le : Ma foi, tant pis ! que nous avons reproduit.

— Acceptez mon bras, s'écria-t-il, je l'adore, et je t'appartiens tout entier, — jusqu'à demain matin !

— Marché conclu! riposta la Colombine, je t'appartiens aussi! Et maintenant, aimons-nous!

— Comment t'appelles-tu ?

— Georgette.

— Eh bien! Georgette, laisse-moi t'embrasser !

Georgette avança son visage, souleva de ses petites mains, la dentelle de son loup, et découvrit sa bouche, rouge et humide, comme une rose épanouie dans la rosée...

Armand y colla ses lèvres... Mais au même moment, Berthe d'Egreville qui passait, se mit à rire, et envoya entre leurs visages une énorme poignée de confetti multicolores.

— Dieu ! que c'est bête ! s'écria Armand en se reculant : j'en ai plein la bouche !

Quant à la Colombine, elle était inondée de petits ronds blancs, bleus et roses ; sa chevelure blonde et ses épaules étaient toutes constellées...

— Hein ! tu dis que c'est bête ! s'écrièrent vingt voix de femmes. Attends un peu !

Et aussitôt une pluie de confetti s'abattit sur le malheureux. Il ne savait plus où se tourner...

Toute éclaboussée, Georgette le regardait en souriant, tandis qu'autour d'eux la galerie s'amoncelait, riante, bruyante, amusée de ce spectacle, et s'excitant à qui mieux mieux pour achever d'accabler ce malheureux Armand.

Georgette fut la première qui eut pitié de lui.

Elle s'approcha bravement sous la mitraillade, prit le bras de celui qu'elle avait promis de ne pas quitter et l'entraîna au milieu des cris de la foule endiablée qui vociférait, au comble de la joie.

C'était du délire.

— Elle l'emmène ! cria Laure de Chiffreville ! c'est inconvenant ! c'est indécent !

— A la porte ! à la porte ! hurla le petit Casque à Mèches, ils usent tous les confetti !

Armand et Georgette parvinrent enfin à s'échapper. Ils se glissèrent dans un fiacre qui les déposa chez Sylvain.

Là seulement, Armand commença à reprendre ses esprits. Il s'était débarrassé des confetti qui l'inondaient ; il composa la carte, puis pria Georgette d'enlever son masque.

— Tu y tiens ? dit-elle.

— Dame !

— Tu veux me voir ?

— Oui !

— Tu me jures que tu y tiens !

— Je te le jure !

— Eh bien, voilà !

Georgette n'était pas une beauté. Mais ses traits étaient gracieux, son teint frais, ses yeux vifs, sa bouche rose... Armand la trouva délicieuse.

— Alors, tu es satisfait ? demanda-t-elle.

— Je t'adore !

Armand souffrait.

La pluie de confetti avait recommencé. Et ce n'était plus une pluie, maintenant, c'était une neige... Il était tombé sous les coups... Et les confetti le noyaient, le submergeaient, l'étouffaient...

Et, comble de malheur, il aperçut sa fiancée, une grande vilaine brune, au nez de perroquet, l'Elise de sa famille qui s'approchait à pas lourds, marchant sur sa poitrine, l'écrasant de son poids, lui montrant le testament de son oncle qui le déshéritait en faveur de la jeune fille.

.... Armand s'éveilla brusquement de ce cauchemar et il respira d'aise en se trouvant couché près de sa Colombine, qui le regardait en souriant.

— Eh bien ! lui demanda-t-elle, êtes-vous content ? mon féal seigneur, et regrettez-vous notre aventure ?

— Oh ! non, fit-il, bécotant la main qu'elle lui abandonnait.

— Quand je pense, vilain méchant, que vous ne daigniez même pas consentir à ce que votre oncle me présentât à votre seigneurie avant que la loi nous unît pour toujours ?

— Hein !

— Eh ! sans doute, Monsieur, je suis cette Elise que vous dédaigniez si fort.

— Toi ?

— Moi ! qui n'avais que ce moyen de me présenter à vous, malgré votre volonté...

— Mais on m'avait assuré qu'Elise était brune...

— C'est vrai ! je l'étais avant-hier ; mais pour vous plaire, je me suis teinte en blonde...

Puis, l'implorant, devenue timide.

— Vous ne me dites rien ?... vous m'en voulez... Si j'ai été pourtant un peu... fin de siècle, je l'avoue, c'était pour le bon motif... me pardonnes-tu ?...

— Je t'adore, fit Armand, partant d'un franc éclat de rire, désarmé ; allons chez papa.

Lucien Destelle.

# LES AVENTURES
## D'UNE AMAZONE DE BÉHANZIN

### A Paris

*(Suite)*

Sur cette réponse qui me donna immédiatement une idée du soin avec lequel Anna avait dirigé ses études préparatoires, nous procédâmes à nos toilettes, formalité qui, en ce qui concernait *Mollet d'Acier*, fut vite accomplie.

Puis laissant l'ex Excellence ronfler à l'aise sous la table où il paraissait se trouver aussi bien que sur la plus voluptueuse des couches, nous partîmes à la recherche d'un rapide automédon — car vous devez comprendre qu'il m'était un peu gênant de promener à travers les boulevards ma chaste et noire compagne dans son costume de singe savant.

Seul le sapin gouailleur me flagella de ses ironiques regards, et, fouetté cocher, en route pour chez le célèbre costumier.

Mais de la coupe aux lèvres il y a loin, a dit un antique et judicieux proverbe.

En débarquant rue de la Paix, et à peine sur le trottoir, la première chose qui frappa ses regards et son imagination fut bien entendu la Colonne Vendôme.

— Petit-Claude — *Qu'est-ce qui c'est Piton !*

— Comment Piton, répondit aussitôt mon amour-propre national douloureusement froissé. Sache, fille de bronze, que c'est la seule et unique Colonne Vendôme, un monument indestructible de nos gloires ; sauf cependant en temps de révolution.

— Colonne Vendôme, révolution ?...

Cette simple réflexion m'amena à comprendre que mon amazone n'avait pas encore pioché à fond notre histoire, et alors emporté par mon sujet, j'ajoutai sans remarquer la foule qui grossissait autour de nous :

— Certainement, monument glorieux et le personnage, qui est là-haut exposé à tous les vents, est l'empereur Napoléon, le plus grand génie militaire de notre siècle.

Militaire, c'était sa partie.

Aussi parut-elle comprendre de suite.

— Oui ah! oui. Grand Cabécère alors.

— Précisément, tu as la bosse des choses de la Guerre, superbe fille des tropiques.

— Alors pourquoi avoir habillé Grand Cabécère en blanchisseuse portant son linge au lavoir ?

— Dans cette observation judicieuse, je retrouvais tout de suite la façon d'enseigner d'Anna, et ma foi, je ne puis répondre, n'ayant jamais su pourquoi les costumes d'empereurs romains avaient en effet cet aspect, vus à une certaine hauteur.

Cependant un coup d'œil circulaire m'ayant fait remarquer que nous devenions décidément un encombrement à la circulation, je m'empressai de nous engouffrer sous la porte cochère de Worth, et, majestueusement nous montâmes le grand escalier où tant de princesses et duchesses nous avaient précédés.

Ah ! mes enfants !

Non. Vous avez pu, dans votre vie, assister à des coups de théâtre, sans doute en vulgaires amateurs seulement, — mais vous donner une faible idée du succès d'enthousiasme que provoqua notre entrée, non c'est chose impossible et ma plume timide de narrateur fidèle se déclare complètement impuissante.

Aussitôt on nous introduisit dans le grand salon où Worth, le grand Worth lui-même, nous attendait entouré de son olympe.

Les premiers voiles tombés, voiles qui se composaient comme l'on sait du fameux Water Proof anglais, ce ne fut qu'un cri d'admiration.

Ah ! c'est qu'elle était plantée la Vénus noire et d'équilibre, je vous en réponds.

Les *premières-premières*, les *premières secondes*, les *premiers-mannequins*, enfin tout le haut grattin qui seul avait le droit d'approcher, étaient dans une extase qui frisait bien un peu la jalousie.

Dès que les présentations furent faites, j'expliquai le but de notre visite. Il fallait quelque chose de simple et de bon goût, quant au prix — carte blanche.

— Simple et de bon goût ; mais je vais avoir votre affaire sans qu'il soit besoin de le confectionner, nous avons justement là quelques laissés pour compte, dont la princesse de Tombouctou nous a gratifiés dans un moment de mauvaise humeur et ma foi ! comme gabarit, c'est à peu près ça.

Alors on nous exhiba deux ou trois costumes sur lesquels toutes les autruches de Nubie semblaient s'être données rendez-vous.

Quelque chose d'incohérent et bien frappé au coin du plus pur rastaquouérisme.

Du reste, pas cher — les trois, en bloc, dix-mille francs, et encore parce que la cliente était présentée par le représentant le plus autorisé du *Paris qui Rit*, qui fait autorité dans la question des modes, ainsi que chacun le sait.

La joie délirante de *Mollet d'Acier*, en présence de ces richesses, ne peut se décrire. Elle essayait l'un, elle remettait l'autre, et enfin n'avait qu'un regret — c'était de ne pouvoir les endosser tous les trois à la fois.

— Vous ferez toucher à la *Banque Continentale* dis je au grand couturier.

— Oh ! Monsieur Petit-Claude, protesta-t-il ! ici, jamais question d'argent, plus tard, plus tard, et si Madame... Madame a besoin d'autre chose.

— *Madame Kissé-Ouqui-Fotapé*, dis-je aussitôt, venant à son secours.

— Tête de Worth — sur le registre duquel je fus obligé d'écrire moi-même les noms, titres et qualités de sa nouvelle cliente.

— Nous reviendrons un de ces jours, ajoutai-je, en prenant congé, commander un costume de bal pour la grande Redoute que va organiser le *Paris qui Rit* en l'honneur de Madame. — Notre salle des dépêches va être transformée par Lion en un magnifique jardin des Tropiques, et plantée de palmiers grandeur naturelle. — Nous nous permettrons, monsieur Worth, de vous envoyer, ainsi qu'à ces dames, quelques invitations.

— Mille remerciements, cher Monsieur, c'est avec grand plaisir que nous acceptons cette faveur que nous savons si courue par le Tout-Paris.

Enfin, et d'une. — Nous étions libres pour ce côté-là, et comme nous n'avions qu'à traverser la rue pour aller chez Virot, nous n'eûmes à subir que la profonde stupéfaction de notre cocher qui n'était pas éloigné, je suppose, de croire à une substitution de personne.

Chez Virot, où l'étonnement ne se produisit qu'en de bien moindres proportions, l'acquisition et la commande d'une douzaine de chapeaux fut relativement rapide. — Coût, deux mille.

— *Kissé-Ouqui*, mon bonhomme, me disais-je intérieurement, tu peux préparer ton carnet de chèques, affreux magot, car les finances dahoméennes vont danser à ce train-là.

Cependant le soleil montait au zénith pendant

ces divers épisodes, et le tambour de midi battait impérieusement le déjeuner.

Je m'en ouvris sincèrement à la tendre enfant, qui me répondit :

— Oui, oui, yes. — (Elle avait des teintures de langues vivantes, décidément), mais avant, apéritif, toujours comme avec Anna.

— Parfait, apéritifons !

Et en un tour de roue, nous voilà chez Jullien.

— Garçon, une absinthe et un malaga pour Madame.

— Boum. — Voilà.

— Les deux nectars versés, la noble donzelle avala d'un trait le petit gobelet de malaga, et, avec une grimace de dégoût le reposa sur la table disant : toi trompeur, pas apéritif, cette machine-là ; et s'emparant de mon verre avant que j'eusse le temps d'y mettre de l'eau, le vida d'un trait, à l'ahurissement complet du garçon.

— Ah! voilà, à la bonne heure — absinthe, bonne eau de feu.

— Mazette, dit le garçon auquel j'expliquai la situation, ça ne m'étonne pas si on appelle ces *particuyers* des *becs en zinc*.

Et en deux temps et un mouvement, nous repartions et nous nous installions confortablement dans une encoignure de la grande salle du *Lyon-d'Or*, où les petites camarades purent, à leur aise, crever de dépit pendant les deux heures que dura ce pantagruélique festin.

Suave et charmante, *Mollet-d'Acier*, qui m'avouait naïvement le flot montant de son amour pour moi. — Elle, la fière amazone qui n'avait encore jamais aimé d'Européen qu'à l'état..... comestible.

Brr! ces confidences, tout en me donnant une haute et juste idée de ma personne, me refroidissaient bien quelque peu, mais à force de me remonter l'imagination, j'arrivais à oublier ces légers détails.

Lorsque, enfin, les langoustes américaines, les pickles au piment, et les poivres rouges de l'établissement eurent tous été engloutis par mon Amazone, pour laquelle sûrement n'avait pas été inventé le dicton : « vivre d'amour et d'eau fraîche », et que le coup de trois heures s'approchait, nous prîmes la bonne résolution d'aller enfin voir si Monsieur l'ex-Ministre des finances était réveillé, et un quart d'heure plus tard, Mollet-d'Acier, méconnaissable, passant devant Madame Manchabal, mon honorable pipelette, dont les yeux arrondis ne reconnaissaient nullement ma visiteuse de la veille.

— Ah! en voilà une gaillarde qui peut se vanter de porter la toile.

Sans parler du déjeuner, pour son simple dessert, elle avait absorbé le contenu des quatre petites bouteilles apportées avec le café.

— Ci, Kirsch, Kummel, Rhum et fine Champagne.

Dieu des armées! je pense qu'une lieutenante de cette trempe aurait fait reculer pas mal de sapeurs.

A notre coup de sonnette accourut ma bonne devant laquelle nous passâmes en coup de vent, sans nous enquérir de quoi que ce soit, nous arrêta t seulement dans le salon en un envahissant tumulte.

Mais surpris et confus, je m'arrêtai médusé.

Il y avait quelqu'un m'attendant.

Oui, un gentleman très correctement vêtu et regardant attentivement, par ma fenêtre, couler la rue.

Au bruit, il se retourna naturellement, et alors il n'y eut plus assez de fauteuils et de canapés pour laisser déborder notre gaieté délirante.

Ce gentleman si galbeux était tout simplement *Kissé Ouqui-Fotapé*, lui-même qui gravement nous dit :

— Eh bien! oui, c'est moi, comment me trouvez-vous ?

Mettez à l'intelligent Kanguroo du Nouveau Cirque un complet à carreau et un col évasé, de couleur tendre, et vous aurez l'image exacte de ce que représentait notre Africain — l'air intelligent en moins cependant, car je ne voudrais pas être désagréable au kanguroo, tant s'en faut.

PETIT-CLAUDE.

*(La suite au prochain numéro).*

# INTERWIEWS

## Mlle JOVITA NADAL

BALLERINE-CHANTANTE ESPAGNOLE

Je m'arrête devant le 74 de la rue Condorcet. La maison qui fait l'angle avec la rue des Martyrs.

— Mlle Jovita Nadal?

— Troisième au-dessus de l'entresol, à droite.

Une bonne vient m'ouvrir.

— Mlle Jovita Nadal?

— C'est ici, Monsieur.

— Vous êtes bien sûre qu'elle y est, au moins? La bonne ouvre de grands yeux.

— Certainement, Monsieur.

— Faites passer ma carte.

— Bien, Monsieur. Veuillez attendre ici un instant, je vais prévenir.

Je suis introduit dans un salon d'un goût insolite, mais artistique, tentures rouges, un piano ouvert avec une partition qui bâille.

Je regarde le titre : « Bouton d'Or ». Décidément, c'est de mode. — Quelques tableaux de goût, une mandoline sur le canapé, un violon sur le guéridon, tambour de basque et castagnettes à la tapisserie. Un rocking-chair cannelé qui se balance encore, tout près d'une chaise longue sur laquelle je relève les *Méditations*.

Entourant la glace, et formant panoplie, des javelots et banderillos rouillés aux flèches. Sans doute le sang du taureau que l'on a sacrifié à la vindicte publique. Enfin, des photographies ; à gauche, pendue au mur et entourée de faveurs roses celle de la diva.

La porte s'ouvre. Mademoiselle Jovita Nadal paraît. — Petite, vive, élancée, les cheveux flottants, très brune avec des reflets rouges, les lèvres souriantes, un rayon de soleil natal dans les yeux très ouverts, le visage d'un oval parfait, le teint un peu chaud de l'Espagnole, elle me tend la main gentiment.

— Bonjour, je vous attendais.

— Je ne suis pas indiscret?

— Nullement, asseyez-vous.

Nous causons :

Esprit très vif, ripostant toujours. Nous causons belles lettres, elle me suit sur ce chapitre et discute pied à pied. Un peu plus nous entamions la philosophie !

Conversation très imagée, émaillée de ci de là d'expressions peu ordinaires et révélant une éducation parfaite, le tout agrémenté parfois d'une échappée semi-faubourienne. Petit accent légèrement méridional mais ne décelant en aucune façon la patrie hispanique.

Comme je m'en étonne.

— Oh! c'est que vous savez, je suis parisienne dans l'âme. D'ailleurs je suis à Paris depuis mon enfance.

— Vous êtes native?

— De Barcelone.

— Et vous ne regrettez pas l'Espagne?

— Pas le moins du monde.

— Vous continuez toujours la danse?

— Oh! oui, pensez donc, c'est un art qui demande à toujours être entretenu; sans ça, on se rouille les jambes.

— Vous dansez?

— Les danses et les chants du pays, dans les grands concerts,

— Quelques titres?

— L'*Olé*, le *Vito*, l'*Apatéado*, la *Sévillonna*, etc.

Et dans un moment de fugacité elle m'esquissa quelques-unes de ces danses nationales.

La tête haute, le regard provocant, le poing sur la hanche, se cambrant fièrement et piétinant sur place en lançant des notes stridentes.

Lui montrant les banderillos.

— Vous aimez ça, les combats de taureaux ?

Son regard s'allume.

— Je crois bien, c'est magnifique.

Je souris.

— Chassez le naturel, il revient au galop.

— Et le théâtre?

— Oh! ça, c'est mon rêve! Tout pour le théâtre.

Je travaille, et sérieusement — d'ailleurs je suis très sérieuse, j'aime l'art pour l'art.

— Vous avez déjà joué la comédie?

— Oui, aux Variétés, dans une revue, un rôle de gavroche.

Actuellement j'ai de la besogne, allez, je suis très prise.

Une opérette inédite d'*Uzès*, le sympathique accompagnateur, et de *Stop*, l'auteur du *Cadeau de Noces*.

— Quel titre?

— Les épreuves de Jacqueline.

Je travaille aussi une autre opérette pour le Cercle Pigalle, de *Monsieur Marti : Simonne*.

— Quelle est votre voix?

— Mezzo.

— Monsieur Michel Carré a promis de penser à moi. Je suis assez satisfaite, sauf qu'on veut mettre quelques obstacles à ma carrière, mais cela, nous verrons bien.

Pour terminer, que je vous fasse voir.

Elle me montre le livre de Champsaur, *L'Amant des danseuses*.

— Ceci est pour avoir dansé le Vito, voyez la dédicace.

Je lus.

*A Jovita Nadal, My bonita baïlerina, recuerdo.*

FÉLICIEN CHAMPSAUR.

Et je prends congé de cette charmante personne.

L'INDISCRET.

# UN CRIME

Il y a une quinzaine de jours, un individu, élégamment vêtu et précédé d'un chien mouton, se présentait à la Préfecture de police et demandait violemment à être interviewé par M. Lozé. Or, comme ce magistrat achevait la lecture d'un chapitre des *Mousquetaires*, on fit attendre l'inconnu pendant quelques instants, après lesquels il fut admis à exposer le motif de sa visite.

Voici exactement ce qu'il déposa, ainsi qu'il résulte du procès-verbal que nous avons en ce moment sous les yeux :

— Je me nomme Bélisaire Vaugrenu. J'habite rue de Provence, 99 *bis*. J'exerce la monotone, mais lucrative profession d'aveugle de naissance et mon atelier est situé place Cadet, sous le premier bec de gaz, à gauche de la colonne Morris. Je mène une existence paisible et retirée ; jamais je n'ai mis les pieds dans ces lieux de perdition qu'on appelle les Folies-Bergère ou le Moulin-Rouge. Je ne m'occupe pas de politique et ne vais jamais dans les réunions anarchistes... Mes yeux me sont inutiles, mais j'y tiens, et ne veux aucunement me les faire mettre au beurre noir !... Mon passé n'est maculé par aucune tache boulangiste et je n'ai aucun intérêt dans l'aventure de Panama. De plus, je me tiens en garde contre la décadence des mœurs appelées *fin-de-siècle*. En un mot, je suis un bon bourgeois

. . . . . . . . . . . « Et me mêle un peu
» Des habits noirs pour qui l'on fait le coup de feu. »

J'ai pour coutume de terminer mon travail à la tombée de la nuit. Je dîne modestement dans un restaurant de mon quartier et je rentre de bonne heure à mon domicile, car je redoute fort les attaques nocturnes.

Pour en arriver à dire ce qui m'amène ici, je dois m'armer de courage.. J'espère que je n'en manquerai pas.

Voici :

« Depuis le terme d'octobre dernier, de nouveaux locataires sont emménagés sur le carré que j'habite, et y occupent un appartement qui a ses fenêtres sur la cour, juste en face des miennes.

Vous vous êtes aperçu, Monsieur le Préfet, que ces jours derniers, au moment du dégel, la température s'est subitement radoucie. J'en profitai pour donner un peu d'air à mon intérieur. J'ouvris ma fenêtre et m'assis dans mon fauteuil pour respirer la brise du soir...

A peine étais-je installé, que j'entendis des voix dans l'appartement d'en face. Je dis « j'entendis », parce que ma conscience d'aveugle s'oppose à laisser croire que je « vis ».

Bientôt les mots arrivèrent distinctement à moi, bien que prononcés à mi-voix, — vous savez que les gens de mon acabit ont l'ouïe excessivement délicate. Aux premières paroles, je demeurai saisi et cloué d'horreur dans mon fauteuil...

Ils étaient deux ; l'un avait la voix nasillarde ; l'autre possédait l'organe d'une jeune femme.

La voix douce interrogeait :

— Tu disais donc, Matteo, que nous devrions nous délivrer de cet homme ?...

— C'est fait ! répondit la voix nasillarde.

— Tu l'as tué ?

— Oui !

— Et... comment ?

— Je lui ai donné dix-sept coups de couteau dans le cœur... tous dans le même trou pour ne pas abîmer la viande !...

— Et le cadavre, qu'en as-tu fait ?

— Il est sous le lit...

Un bruit étrange succéda à ce dialogue ; puis j'entendis fermer une fenêtre... Je suppose que ce fut celle de l'appartement du crime. A mon tour, je me levai en tremblant et poussai ma croisée silencieusement...

Je me mis au lit, mais ne pus dormir.

Cela dura une semaine. Enfin, aujourd'hui n'y pouvant plus tenir, j'ai pris la résolution de venir tout vous dire. Voyez maintenant ce que vous avez à faire ».

M. Lozé se leva.

— C'est bien, Monsieur, répondit-il. Retournez à votre atelier de la place Cadet ; vous aurez de mes nouvelles tantôt. Jusque-là, mystère et sébile en bois !

Le soir même de ce jour, l'un des plus fins limiers de la Sûreté était installé dans la chambre de l'aveugle Bélisaire Vaugremu.

Ce limier, disons-le tout de suite pour l'honneur de la corporation, n'était autre que Robinson Gröpépin, le transfuge de Scotland-yard que l'Angleterre nous envie.

En homme rompu à toutes les ficelles du métier, il ne demanda aucun renseignement à la concierge et n'alla pas bêtement se faire ouvrir la porte de l'appartement occupé par les assassins.

Non. Pas si naïf, le Robinson !

Il voulut voir et entendre, de façon à agir, quand le moment serait venu, avec précision et certitude.

Et bien lui en prit, le malin !

Il avait entrebâillé la fenêtre et se tenait derrière les rideaux baissés, prêt à saisir la moindre parole au passage.

A la tombée de la nuit, la fenêtre d'en face s'ouvrit également ; mais, aussi prudent que le serpent, Robinson ne regarda point : il se contenta d'être tout oreilles.

Au bout de quelques minutes, la voix nasillarde se fit entendre :

— Ah ! prononça-t-elle, ce fut une nuit terrible !...

— Chassons ces tristes souvenirs, Matteo, répondit la voix de femme... Il faut dresser une muraille d'oubli entre nous et notre victime...

— Si tu savais ! Je vois toujours cette noble tête de vieillard apparaître dans mes rêves !

— C'est vrai ! il était assez vieux pour faire un mort ! et tranquillise-toi, Matteo, les morts vont vite !

Les voix se turent.

Robinson n'avait pas perdu un mot de la conversation ; il prenait des notes.

Cette jeune femme devait être une bien grande criminelle, car elle ne paraissait avoir aucun remords.

La soirée se passa.

Le lendemain, l'agent réfléchit toute la journée pour savoir ce qu'il avait à faire. Enfin, le soir, il fit monter avec lui trois collègues vigoureux et armés jusqu'aux dents dans la chambre de Bélisaire. Son plan était arrêté : au moment où il entendrait la voix des deux complices, tous quatre se précipiteraient chez les criminels et les arrêteraient.

Ayant dissimulé ses hommes, Robinson se mit en observation comme la veille, la fenêtre s'ouvrit et la conversation commença :

— Ecoute, Matteo, il faut faire disparaître le cadavre... Ça sent mauvais ici et ça tient de la place ! fit la voix de femme.

— Lorsque minuit se décrochera à Saint-Marc, répondit l'organe nasillard, j'irai le jeter dans les lagunes...

— Diable ! pensa Robinson... Saint-Marc ! les lagunes ! connais pas ! ça doit être dans la banlieue !

A ce moment, l'appartement d'en face s'éclaira.

— Enfin, dit l'agent, ces monstres vont nous montrer leurs visages !

— Matteo, reprit la voix douce, as-tu du cœur ?

— J'en ai un gros !

— Eh bien ! c'est le moment de le faire voir !

Peu à peu Robinson avait soulevé le rideau et avancé la tête. Tout à coup, il demeura stupéfait et fit un geste pour arrêter ses collègues prêts à se précipiter à la fenêtre...

Vous voudriez peut-être maintenant connaître la fin de ces horreurs ? Et bien ! je vais vous les dire : Robinson Gröpépin vient d'épouser Sophie Rondebosse, l'étoile des Folies-Bobino.

Vous trouvez sans doute que ce n'est pas clair ? Voici l'explication :

Au moment où le limier regardait dans la chambre du crime, il aperçut une jolie blonde de vingt ans vêtue en Vénus Anadyomène, en train de se faire des grâces dans son armoire à glace...

— Mais, avec la fenêtre ouverte ? me direz-vous.

Qu'est-ce que ça fait, puisqu'elle savait que son voisin de face était aveugle !

Et le crime ?

Le crime ? Ah ! voilà !

Sachez donc que la jolie blonde s'appelait Sophie Rondebosse et était artiste dramatique. Elle devait jouer le principal rôle dans la tragédie *Les Bandits vénitiens* de M. Victorien Sardou. Et comme elle possédait un ara superbe, elle lui avait appris ses répliques, et répétait avec lui.

Qui est-ce qui aurait pu s'attendre à ça !

Seulement Bélisaire l'aveugle a donné congé : il ne veut pas avoir *sous les yeux* une créature qui s'habille en maillot chair, — très chair ! Cela lui donne des tentations.

MARIUS RETY.

---

Demander chez tous les Libraires et dans les Kiosques

## LES CONTES A BIBI

**IL PARAIT DEUX FASCICULES PAR SEMAINE**

*Prix :* **O fr. 05** *le fascicule de 16 pages*

# Le Carnet d'une Dégrafée

*(Suite)*

III

# TRANSI

— Passons aux *amoureux transis* continua la belle enfant en tournant une feuille.

Le jeune Eusèbe de Malfixé me fit ensuite la cour. Il ne ressemblait en rien à son prédécesseur.

Taille moyenne, châtain-clair, les yeux vert bouteille, moustache fine ombrant la lèvre supérieure ; c'était un assez joli garçon qui avait déjà franchi le détroit — bien connu du pays de Tendre, cela se voyait à son air de jésuite, baissant les yeux pour mieux voir.

Comme les transis ses pareils, le jeune Eusèbe, — il avait vingt-six ans — après avoir essayé vainement de se faire comprendre par des soupirs langoureux et de tendres serrements de main, se résignait à vivre et à souffrir en silence.

J'avais fait sa connaissance à la promenade. J'étais avec ma bonne : il me suivit jusqu'à ma porte et je le vis relever le numéro de la maison sur un calepin. C'était un garçon d'ordre, comme vous le voyez.

Le lendemain il se trouvait encore sur ma route.

Et ce manège dura pendant quinze jours. Cela devenait agaçant.

J'avais toujours cet obstacle dans les jambes et cela finissait par me lasser. Enfin, il se décida à m'aborder. Voici comment :

J'avais une petite chienne havanaise que ma bonne tenait en laisse lorsqu'elle sortait avec nous.

Ce jour-là, *Mignonne*, c'était son nom, était particulièrement agitée. Elle faisait des bonds capricieux, tirant sur son attache, gambadant, aboyant de toutes ses forces. Moi, je riais comme une folle.

Soudain elle s'échappa ; dans un effort qu'elle fit, la laisse resta dans les mains de la bonne et se sentant libre, la petite folle s'élança sur la chaussée au beau milieu d'un embarras de voitures.

Je ne riais plus.

Je tenais à cette petite bête comme à mes yeux et ce n'est pas peu dire lorsqu'on les a des plus présentables. Je poussais un cri de détresse.

Au même instant, Eusèbe, le fidèle Eusèbe de Malfixé, qui nous suivait derrière, comme un second chien à la laisse, s'élança entre les voitures, fit arrêter les passants, perdit son chapeau, sa canne, ses gants, son binocle ; mais me rapporta ma petite bête qui, peu reconnaissante, l'avait mordu à la joue.

— Mademoiselle, me dit-il en s'inclinant légèrement et avec assez d'élégance, voici votre *Mignonne*, qui, j'en suis cent fois moins que vous.

Je remerciai, un peu confuse, et très reconnaissante au fond. La glace était rompue, enfin !

Reconnaissante, je l'étais en effet ; or, c'est une corde qui, lorsqu'elle vibre réellement chez la femme, peut la conduire plus loin qu'elle ne le croit.

Mon jeune sauveur ne fut plus regardé d'un œil indifférent. Je lui rendais maintenant son salut, il m'offrait le bras quand je sortais seule ; il me reconduisait, nous causions.

Il fut reçu chez ma tante, — car j'avais une tante alors. — Bref, il me fit la cour, mais une cour si modeste, que cela commençait à me paraître étrange ; je n'étais cependant pas un dragon, mais que diable aussi, je ne pouvais faire les avances, cela n'était pas dans mon rôle. Un jour il me prit un baiser fou, je jetai un petit cri, pour la forme et le repoussai faiblement. Il pâlit et s'excusa longuement, l'imbécile !

Néanmoins, il me fit pitié. Le soir, comme ma tante s'était endormie, je le menai dans ma chambre, pour visiter ma bibliothèque, il m'avait dit être amateur.

— C'est superbe! s'écria-t-il.

Une idée me passa par la tête.

Oui, il y avait eu de la délicatesse dans sa conduite du matin! s'excuser de la sorte pour un baiser, lorsqu'on se bornait à crier faiblement... cela était presque chevaleresque.

Au fond, même, c'était très bien. Et je l'avais traité intérieurement d'imbécile. C'était mal, très mal!

Je fus presque touchée. Ne lui devais-je pas une compensation? Si, oh! si, une petite!

Et, spontanément, je soufflai sur la lampe qui s'éteignit.

Nous étions dans l'obscurité.

— Ah! mon Dieu, m'écriai-je, nous sommes bien, figurez-vous que je n'ai pas une allumette.

Et je m'approchai de lui, désespérée.

Il y eut un silence ; mon cœur battait très fort. Tout à coup j'entendis un petit crépitement et je vis jaillir une flamme bleue.

— J'en avais, moi! répondit le jeune Eusèbe.

Depuis ce jour je ne pus supporter sa vue.

(A suivre.)      K. STORR.

# LE FÉTICHE

Au baptême, son parrain, narquois, l'avait appelé Narcisse et la ridicule coutume qui nous astreint à nous affubler du nom que nos parents ont illustré dans les nougats de Montélimar ou dans les sucres de pomme de la Villette, lui avait assigné l'harmonieux vocable familial de Failebeau.

Donc, Narcisse Failebeau, de naissance.

La seule chose précisément à laquelle, de naissance, le pauvre garçon était sûr de ne jamais parvenir; car il était laid, d'un laid idéal, plus laid que les masques japonais de la chambre à coucher de la petite Ivoirine du quartier Monceau, la mignonne évaporée qui en a tapissé tout son sanctuaire, à seule fin qu'à force de les regarder, elle pût se donner illusion que ses commanditaires de passage, ceux des jours noirs avant saisie du tapissier, pris à la hâte, dans la frousse du prôlèt du lendemain, étaient au moins de jolis gars, excusant l'infidélité qu'elle commettait envers le gros Philippe, de la Bourse, son « carnet de chèques » de chaque fin de mois.

Le fait est qu'auprès de ces masques-là, fatalement, vous ou moi, nous aurions été des Adonis, et fatalement la gentille dégrafée n'aurait pu faire autrement que de s'extasier devant les lignes de notre profil.

Elle! l'argent? fi donc! à chaque fois, c'était des coups de cœur! On lui donnait de l'or, misère! Ce n'était pas Elle, d'ailleurs, qu'elle faisait payer, puis qu'aussitôt tout allait à ses fournisseurs.

Ivoirine était pure, puisque rien ne restait après ses doigts fuselés.

Au surplus, jamais elle n'oubliait ses devoirs vis-à-vis de Philippe, qu'aux moments de soucis budgétivores et de gêne, où, sur le bord du précipice creusé par notre imprévoyance et la cherté croissante des chiffons et des bibelots, nous sommes forcés, pris de vertige, de nous raccrocher au premier venu : ce qu'elle faisait. Narcisse, un soir, veille de tapissier, avait été ce premier venu, au hasard de la lergnette, au cirque des Champs-Élysées.

Et comme il avait, à l'issue du spectacle, offert un tour du lac, dans le remise qui l'attendait au coin de l'avenue d'Antin, elle s'était raccrochée à lui.

Mais, arrivé chez elle, dans ce bizarre milieu de temple asiatique, encadré de ces figures grimaçantes, hideuses, pendues au mur, Ivoirine ne put, quoique le vertige d'une vente imminente lui troublât tant soit peu la saine vision des choses, découvrir en Narcisse cette illusion bénie qui, d'ordinaire, la grisait jusqu'à la maligne forfaiture.

Narcisse Failebeau ne le faisait pas, même auprès des chinois grimaciers ; leur rictus était plus gracieux que son sourire, leurs yeux d'idoles mieux fendus et plus ouverts que les siens, leurs moustaches pendantes mieux plantées que les crins qui défendaient ses lèvres, hérissés comme les pointes d'un pont-levis.

S'ils étaient la beauté de la laideur, il en était, lui, la quintessence suprême.

Un moment, alors qu'il ouvrait la bouche pour débiter à sa ravissante hôtesse les fadeurs en situation, Ivoirine partit d'un rire fou!

— Qu'ai-je dit? Qu'ai-je fait? demanda le pauvre Narcisse, assez vexé.

— Rien! oh! rien, mon cher; lui dit-elle, mais c'est... oh! c'est là... regardez!... Oh! mon Dieu, je vais en mourir, pour sûr!

Et se tordant, convulsée sous le rire qui la hoquetait, elle lui montrait un « Bouddha » en carton-plâtre, en face d'eux...

— Eh bien?

— Votre bouche, mon pauvre ami, et sa gueule... oh! tenez, mon petit, fichez le camp! Non, parole! je croirais coucher avec lui.

Il descendait l'escalier, navré, qu'Ivoirine se pâmait encore de gaîté.

Oh! combien triste fut en sa garçonnière le retour de Narcisse Failebeau! Combien, comme jamais encore de sa vie, il souffrit de son abominable laideur!

Le pis, c'est, il le pressentait, qu'Ivoirine devait lui prendre le meilleur de son âme, qu'il allait l'aimer comme il n'avait oncques encore aimé aucune fille d'Eve.

On a beau être laid, on n'en est pas moins homme! et parfois, — ça se trouve — homme d'esprit.

Narcisse Failebeau qui, jusqu'alors avait plié l'échine sous les quolibets féminins, s'était soumis sans murmure aux « quand on est aussi joli que ça, on se cache », des horizontales de petite, moyenne, ou grande marque, les ayant toutes « interviewées » jusqu'à leurs boudoirs, exclusivement; Narcisse Failebeau, après avoir donné à son chagrin une heure d'amères, mais muettes considérations, se leva et passa dans sa chambre à coucher, s'étendit sous les draps, s'endormant bercé par cette gourmande pensée.

— Toutes! elles y passeront. J'ai mon plan.

Et le lendemain, vers midi, comme si rien ne s'était passé entre eux, il alla hardiment s'inviter à déjeuner chez Ivoirine.

— Comment, vous?

— Oui, chère enfant, je vous dérange...

— Si c'est pour le bon motif, parfaitement, car, non, vous savez, la gueule à Bouddha... oh! là, là; voilà que ça me reprend!

— Narcisse arrêta le rire qui menaçait encore d'étrangler la mutine enfant.

— Un pari, fit-il.

— Un pari?

— Mais, de grâce, laissez-moi entrer ; vous me tenez dans l'antichambre et faites moi mettre un couvert, j'ai une faim.

Un peu étourdie de l'aplomb de Narcisse, Ivoirine, fit mettre le couvert réclamé.

— Et ce pari? dit-elle, au café servi.

— Vous y tenez? Eh bien, avant huit jours, vous serez ma maîtresse, ma chère enfant.

— Et Bouddha? vous n'y songez plus.

— Au contraire, c'est lui qui m'y a fait songer.

— A quoi?

— A ma revanche. Pariez-vous?

— Tout ce que vous voulez, j'ai toujours eu de la chance quand je pariais à coup sûr.

— Bon! je vais commencer. D'abord, vous allez m'accompagner au Bois, cet après-midi.

— Et mon tapissier qui va venir...

— Combien?

— Vingt louis.

— Voilà; je me rattraperai sur le pari. Allez mettre votre chapeau. Ah! dites donc, qu'est-ce que vous me diriez, si j'ajoutais que vous me demanderez de vous épouser.

— Moi, madame Bouddha?

— Non, madame Failebeau. Ça sonne mieux.

Au bois, il y eut, sur leur passage, le premier jour, quelques rires moqueurs, à leur dissemblance d'accouplement.

Le lendemain, des cavaliers, dont le prince du Caucase, suivirent leur voiture avec ostentation.

Ivoirine semblait doublement délicieuse, à côté de ce grotesque Failebeau.

Quatre après-midi ne s'étaient pas passés que le prince *** seul, cette fois, en les croisant, avait jeté cette phrase tout haut :

— Comme je vous plains, Mademoiselle, d'être sacrifiée à un aussi vilain personnage!

A l'aube suivante, Ivoirine, trouvait, à son réveil, chez elle, la carte armoriée du prince, avec cette exergue calligraphiée :

— Dix mille louis par mois, voulez vous ?

Si elle voulait?

Et quand Narcisse, vers onze heures, vint pour déjeuner, la bonne de madame le fit entrer dans la chambre aux masques chinois.

Ivoirine avait compris :

Seule, personne ne la remarquait.

Avec lui, le repoussoir, la fortune lui était venue; et, folle des fétiches, dont sa chambre était pleine, elle ajoutait Narcisse à sa collection.

— Mais le prince? lui demanda-t-elle, parfois, s'il savait?

— Lui! je serai le dernier dont il se méfiera jamais. On ne se méfie pas de « Bouddha » ma chère.

— Méchant!

Narcisse était dans le vrai : le prince était loin de la méfiance.

Il avait au contraire pour lui une reconnaissance très vive.

— Si vous saviez, lui disait-il, toute la grâce que je vous dois, cher Monsieur ; où allez-vous? Restez ; jamais Ivoirine n'est plus charmante que lorsque vous êtes avec nous.

— Par comparaison, prince?

— Non... comment appelez-vous ça? par antithèse, simplement.

Narcisse ne se fâchait pas et le ménage allait on ne peut mieux, le prince avait amplement remplacé Philippe de la Bourse et Failebeau, de fortune beaucoup plus modeste, mais correct, payait son écot en bouquets.

Bientôt, lui, le jadis conspué, honni, ne sut plus où donner de la tête. Les petites amies d'Ivoirine, qui, jalouse d'étaler son nouveau luxe, avait jasé, accablèrent Narcisse, le fétiche, d'œillades et de suggestives tentations ; chacune rêvait un prince doré.

Et, comme il se l'était juré, elles y passèrent toutes.

Ah! Bouddha, du haut des célestes régions, ton Empire, encore un truc que tu as oublié de codifier! mais on ne pense pas à tout, c'est certain!

Or, quand Narcisse s'absentait, invité ailleurs, le prince était, chez Ivoirine, de la plus désagréable humeur.

Si bien que, redoutant la perte de son Caucase, l'espiègle évaporée, pour le tenir, proposa un jour à Narcisse de l'épouser en cachette.

Ça y était, comme il l'avait parié: mais il refusa.

— Non, mignonne, fit-il ; si pour te plaire, j'ai imité Bouddha, de céleste mémoire, en me faisant fétiche comme lui ; la légende n'a jamais dit qu'il ait été... cornard, et tu seras assez aimable pour me permettre encore de ne pas m'y exposer plus que lui.

            BABYLAS.

— Portier, qu'avez-vous à louer?

— Je ne suis pas portier, jeune homme.

— Concierge, alors?

— Je ne suis pas concierge.

— Suisse, alors?

— Je ne suis pas suisse.

— A la fin du compte, qui êtes-vous?

— Je suis gérant, jeune homme.

— Eh bien, gérant, qu'avez-vous à louer?

— Un petit logement au sixième... au-dessus de deux entre-sols.

— Ça fait un huitième... et les étages sont hauts, chez vous.

— C'est un peu haut, je ne dis pas le contraire... mais je ferai observer à monsieur que la maison tasse beaucoup.

.*.

Hyppolyte Concarneau avait en horreur de venir au Ministère où il est employé et pourtant on n'exigeait de lui présence effective de trois ou quatre heures par jour, — à raison de deux mille six cents francs par an. C'était peu de comme argent, mais c'était beaucoup comme travail. Or, Hyppolyte avait, je l'ai dit, des habitudes d'indépendance assez incompatibles avec le métier d'employé. Il venait rarement à son bureau.

Ses chefs commençaient à murmurer. Pour les apaiser et leur faire croire au moins à un semblant de présence de sa part, — ce qui parfois suffit, en effet, — il imagina d'apporter de chez lui une paire de bottes vernies trop étroites, qu'il ne pouvait pas loger dans ses pieds, ou dans lesquelles il ne pouvait pas loger ses pieds, — on ne savait au juste. Cela fait, et les susdites bottes placées en évidence sur une montagne de dossiers, il partait allègrement et ne revenait plus de la journée.

— Où donc est M. Concarneau? demandait souvent son chef de bureau.

— Oh! monsieur, il n'est pas loin, car voilà ses bottes, répondaient invariablement et tranquillement ses camarades.

A la fin, cependant, les bottes commencèrent à s'user, et, avec elles, la patience du supérieur d'Hyppolyte Concarneau qui fut prié, — très poliment, — de remporter ses bottes chez lui et de ne plus les quitter.

Cela, du moins, lui procura l'occasion de répondre à ses amis qui lui demandaient pourquoi il avait quitté le ministère :

— Oh! à propos de bottes!...

M. Veaurincé vient de perdre sa femme. Un employé des pompes funèbres lui apporte la liste des frais funéraires.

— Mille francs, s'écrie le mari de la défunte, mais c'est horriblement cher! A ce compte-là je préférais autant que ma femme ne fût pas du tout morte!

Dans un salon du faubourg Saint-Germain, M. de C... déblatérait contre sa femme :

— Elle est pétrie de défauts, gémissait-il; elle est coquette, gourmande, paresseuse, dépensière : quant à sa beauté...

Madame de C... l'interrompit en s'écriant :

— Pour Dieu! monsieur, si vous n'en voulez plus, au moins n'en dégoûtez pas les autres!

# LE POÈTE-HUISSIER

(SUITE)

Comme le *Trapèze* manquait positivement de lauréats, et que d'autre part les vers de Nohic étaient très honorables, le comité composé du seul Gustave Bertrand, décida qu'ils seraient insérés dans le plus prochain numéro.

Un dimanche matin qu'il se rendait à la gare Saint-Lazare pour aller passer sa journée dans le bois de Ville-d'Avray, Claude, qui n'avait point reçu la réponse annoncée, non plus que son jour-nal, ne résista pas à la tentation d'acheter un exemplaire du *Trapèze* placé par mégarde bien en évidence à une devanture de la salle des pas-perdus. O bonheur! son poème s'étalait triomphalement, en deuxième page : il était lauréat! Il éprouva, à se voir imprimé, une joie intense!... En chemin de fer, il relut plus de dix fois, le *Mont-Saint-Michel*, tournant et retournant le journal pour en bien montrer le titre aux voyageurs de son compartiment. Il avait envie de leur crier : « Mais vous ne connaissez donc pas le *Trapèze*!... Vous ne voyez donc pas que c'est moi, Claude Nohic, qui suis lauréat du concours de poésie!... »

Le lendemain, il alla remercier Gustave Bertrand, et causa longuement avec lui. Peu à peu, il prit l'habitude de l'aller voir, après son dîner. Ils parlaient ensemble littérature, théâtre, et s'entendaient assez bien. De simple lauréat, Claude devint bientôt rédacteur attitré du *Trapèze*. Il faisait la chronique d'actualité, la causerie littéraire et les échos du Palais. Bertrand faisait le reste. Harrault, qui n'apparaissait à la rédaction qu'à de rares intervalles, donnait de temps en temps une *nouvelle* ou un *carnet de la semaine*, critiquait tout, jugeait que tout allait de travers, et demandait sans cesse des réformes. Deux ou trois autres rédacteurs intermittents envoyaient ou apportaient leur copie, et, tant bien que mal, le *Trapèze* se maintenait, ayant de trente à quarante abonnés, et tirant à cinq cents exemplaires — sur lesquels on voyait régulièrement revenir trois cent cinquante *bouillons*.

Cependant Bertrand n'avait point abandonné son idée de faire représenter, par de jeunes artistes, des pièces de jeunes auteurs. Le premier spectacle devait se composer ainsi : un acte en prose, de Gustave Bertrand; un acte en prose, de Raoul Harrault, et un acte en vers, de Claude Nohic — ces trois pièces interprétées par des élèves du Conservatoire, dont le cours était assuré.

Le bureau de rédaction du *Trapèze* était devenu un véritable foyer des artistes. Tous les soirs, on y piochait ferme, en attendant qu'on eût choisi un théâtre, pour la mise au point définitive.

Nohic était aux anges! Désormais sa vie avait un but... Il existait, il avait une raison d'être!... Qui donc prétendait qu'il était impossible d'arriver, à Paris?... Mais rien de plus facile au monde!... Il était venu... et il allait vaincre... et il allait vaincre!

Les répétitions n'étaient pas sans charme. La principale interprète de Claude — élève de la classe de comédie — était une petite brune piquante, tout à fait bonne fille, et absolument dépourvue de mère, il l'avait emmenée chez lui, pour répéter, parce que ce n'était vraiment pas commode de répéter trois pièces tous les soirs, dans l'unique salon du *Trapèze*!... Ça marchait très bien.

La quinzaine qui précéda la représentation fut agitée et fiévreuse. Après des courses effrénées et des pourparlers sans nombre, on avait fini par découvrir un directeur de théâtre qui, ne faisant pas d'argent, consentait à louer sa salle — moyennant un prix raisonnable — pour la matinée du dimanche.

On répétait tout les matins, de dix heures à midi — il n'y avait pas d'autre heure disponible — et Nohic faisait d'incroyables tours de force pour dérober une heure à l'étude Pélussin. Il arrivait au théâtre tout courant, rouge, essoufflé, heureux de se sentir dans son élément, bousculait le machiniste qui ne pouvait s'habituer à voir la scène envahie de si bonne heure...

— Comment? on répète ce matin?...

Mais oui, on répète. Dépêchez-vous de mettre un décor.

Le machiniste n'en revenait pas. Un à un, les artistes apparaissaient, gémissant du retard les uns des autres, emmitouflés, de mauvaise humeur, se frottant les yeux... Vus de la salle à travers le grillage auquel a succédé le rideau de fer, sous la lumière indécise d'un bec de gaz unique, ils rappelaient vaguement les grands fauves du Jardin des Plantes, mal éveillés encore, avant l'heure des repas.

Nohic ne tenait pas en place.

— Eh bien! tout le monde est là. Qu'est-ce qu'on fait?

Pourquoi ne commence-t-on pas?

— Mais non... il manque quelqu'un...

— N'importe je le remplacerai... Allons-y!

Et les alexandrins résonnaient dans la salle, interrompus à chaque instant :

— C'est ici qu'il faut que je passe.

— Non, à l'autre réplique, puisque c'est à ce moment-là seulement que vous devez vous approcher de la table, pour y prendre les papiers...

— C'est juste!

— Recommençons!

— Qu'est-ce qu'il a? qu'est-ce qui vous fait rire?...

— C'est le pompier de service que vous avez réveillé en sursaut.....

— Cristi! qu'il fait froid! attendez, je vas faire un mouvement.

Et le pompier de service sortait par le fond, en marchand sur les mains.

On continuait. Tout à coup, au foyer, des rumeurs éclataient, des répliques se croisaient avec les répliques échangées sur la scène :

— Qu'y a-t-il encore?... Ah! c'est la pièce de Bertrand qu'on joue là-haut, pour ne pas perdre de temps...

— Allez donc dire au menuisier de ne pas faire tant de bruit...

— Qu'est-ce que ça sent? Ça sent la soupe!

— C'est la soupe du pompier...

— Ah! j'ai faim, je mangerais bien de la soupe de pompier, moi!                    . . .

(*A suivre*)

---

## NE LOUEZ PLUS VOS APPARTEMENTS

### sans demander le Certificat délivré par le

# SANATORIUM de PARIS

### 23, rue Lantiez (avenue de Clichy) --- TÉLÉPHONE

l'Établissement le mieux installé pour la désinfection des logements, des effets d'habillement et de literie.

La désinfection est une précaution de première nécessité, pour lutter sans crainte contre toute épidémie, croup, maladies de poitrine et contagieuses, dont les germes et les microbes se propagent si dangereusement.

On peut aussi s'adresser, pour tous renseignements, au bureau central :

*12, rue de la Chaussée-d'Antin — TÉLÉPHONE*

---

**Pôle-Nord**. — Rien de plus splendide que la salle; des peintures d'Amable ornent les murs; un public choisi et élégant; à citer parmi nos jolies Parisiennes demi-mondaines : Renée de Presles, Blanche Delaborde, Marcelle Karle, Clémence P..., Fanny Robert, Madeleine de Bèze, Loulou, etc. Parmi nos étoiles artistiques : Mmes Depoix, Decroza, Lanteline, Invernizzi, Jeanne Granier, etc. L'orchestre est des meilleurs, sous le direction de M. Laporte.

**Concert Parisien**. — Succès fou : *Paris Gaudriole*, revue en douze mois et douze tableaux. M. Clovis est désopilant en compère; M. Beschal est amusant; Charlus admirable; MM. Chambot et Velly s'acquittent fort bien de leur tâche; M. Luciani est un comédien doublé d'un chanteur agréable. Nous félicitons M. Mussleck pour l'agréable soirée qu'il nous a fait passer. Yvette Guilbert chante à 10 heures un nouveau répertoire; notre Yvette est l'objet de rappels unanimes, elle ne sort de scène qu'après avoir chanté cinq à six chansons.

**Paris Concert** (Ternes). — En ce moment : *Mon Camarade*, vaudeville en un acte, de MM. Bataille et Sermet, musique de M. Patusset, le chef d'orchestre de la Scala. Cette pièce amusante a été bien accueillie, il faut dire que les artistes sont tous excellents ; la mise en scène est soignée par le joyeux artiste E. Desmonts. Prochainement, rentrée de Milcamps, le comique réaliste.

**Folies-Bergère**. — La *Loïe Fuller* a dépassé la centième représentation ; nous engageons vivement les lecteurs et lectrices du *Paris qui Rit* à se hâter, s'ils veulent applaudir la merveilleuse et incomparable danseuse serpentine dans ses numéros universellement appréciés.

**Européen**. — La revue *Ouah ! Ouah ! Ouah !* continue à faire courir tout Paris, rue Biot ; il y a de nouvelles scènes amusantes dues à la plume de nos confrères, Arthur Verneuil et Maxime Guy.

**Coq d'Or**. — Petit concert ignoré dont je parlerai prochainement, car on s'y amuse.

**Elysée Montmartre**. — Mardis, jeudis, samedis et dimanches, grandes fêtes. — Tous les dimanches, matinées à deux heures. — Salle de patinage. J'aime beaucoup voir les femmes patiner, surtout lorsqu'elles tombent, cela me permet de voir la couleur des jarretières de nos jolies dégraffées.

**Théâtre Libre**. — Première représentation de : *Le Devoir*, pièce en quatre actes de M. Bruyère. Les principaux rôles sont créés par MM. Antoine, l'intelligent et actif directeur, Pons, Arlès, Gemier. Verse, Arquillière, etc.

**La Cigale**. — La *Cigale ayant chanté !...* revue en deux actes et trois tableaux, costumes des plus déshabillés. Baldy anime de son rire communicatif cette revue. La gracieuse Lidia est une commère faite au moule. nous en reparlerons.

**Musée Grévin.** — Le Musée Grévin vient d'inaugurer un spectacle fort curieux et absolument inédit. Ce sont « *Les Pantomines lumineuses* » de M. E. Reynaud, inventeur du théâtre optique. Par un procédé très ingénieux, M. Reynaud a créé des personnages aux expressions et aux gestes si justes, qu'ils donnent l'illusion complète de la vie.

« *Pauvre Pierrot !* », « *Un bon bock* », « *Le clown et ses chiens* », trois pièces de l'effet le plus comique, composent actuellement ce spectacle dont le caractère artistique est encore rehaussé par une adaptation musicale très agréable de M. Gaston Paulin. Le Musée Grévin tient là un succès de bon aloi.

ALBERT VERSE.

*Fort-en-Crac de Bergerac*, le grand succès du jour et de Bourges, cette comique de notre collaborateur et ami Verse et du joyeux créateur Bourgès, se trouve chez tous les marchands de musique et libraires. — Avis à nos lecteurs et lectrices aimant à rire.

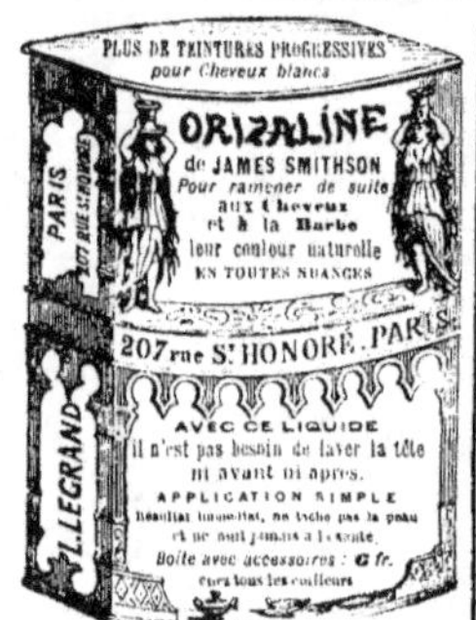

Deuxième année, n° 20.   LE NUMÉRO: **DIX** CENTIMES   Dimanche 19 Février 1893.

ABONNEMENTS

PARIS :
Un an, 6 fr. ; Six mois, 3 fr. ; Trois mois, 1 fr. 50.

DÉPARTEMENTS :
Un an, 6 fr. 60 ; Six mois, 3 fr. 25 ; Trois mois, 1 fr. 75.

ÉTRANGER :
Un an, 7 fr. 50 ; Six mois, 3 fr. 75 ; Trois mois, 2 fr.

Adresser lettres, communications et mandats à M. l'Administrateur de la Bibliothèque Gauloise

— Comment ! pourquoi je m'appelle Bertrand ?

Alors, ce fut du délire.

# CHRONIQUE GAULOISE

Vous connaissez tout au moins de réputation les tigres du Bengale ?

— Oh ! très peu, Pourquoi ?

— Parce que cela vous donnerait une vague idée du caractère égal de Serpentinette, depuis quelques jours.

— Ah ! ah ! il y a du nouveau, du côté de cette charmante enfant ?

— Charmante est le mot !

Vous allez en juger, surtout depuis le commencement de la semaine.

Vous vous souvenez de l'avant-dernier *five-o-clock* du *Paris qui Rit*, où la duchesse de *** a eu tant de succès.

— Parfaitement !

— Vous vous souvenez également que c'est moi qui eus l'honneur de l'accompagner jusqu'à sa voiture, lorsque vers les sept heures, cette divinité nous quitta.

— Respectivement !

— Eh bien ! mon cher, depuis ce jour-là, notre muse intermittente ne cesse de me monter une de ces *scies* qui finissent par exaspérer le mortel le mieux doué en fait de patience.

Je ne lui dois rien, elle ne me doit rien ! Liberté, libertas, n'est-ce pas ?

Eh bien ! non. Les anciennes conventions sont oubliées et ce tranquille *statu quo* que vous saviez, est dénoncé comme un simple traité de commerce.

Tenez, pas plus tard qu'hier, jour de ma visite hebdomadaire aux Invalides, où je venais de porter sa provision de tabac à mon viel amputé d'oncle.

J'attendais l'omnibus au coin de la rue de Grenelle, lorsque soudain une trombe s'abat sur moi.

— Ah ! je t'y prends !

— ?...

— Oui, tu l'attends !

— Qui ?

— Ta duchesse, parbleu ! Cette blonde fadasse, avec ses yeux de tortue amoureuse.

Et du bout de son ombrelle, dans un geste tragique, elle me montrait un hôtel splendide. Un des plus beaux en effet du quartier de l'Esplanade.

Rien à dire, n'est-ce pas, à une affolée. Mon vieil amputé d'oncle et son paquet de tabac. Invention que tout cela.

Doucement je l'invitai à faire une petite visite au docteur Blanche, m'avouant à part moi, combien les devoirs de famille des plus pieux, sont sujets parfois à amener de grands cataclysmes.

Et depuis, le travail devient une galère.

Elle va, elle vient. Elle me traite de tous les noms. Elle a été ce matin jusqu'à me traiter de chéquard.

Ceci est un comble. — Hein ! Qu'en dites-vous ? De ce côté-là je crois que la fréquentation de ces objets ne nous a jamais trop corrompus, ni l'un ni l'autre.

Enfin, bref ! j'aime mieux mettre cela sur le compte du printemps qui s'avance.

Cette idée m'est venue tout à l'heure en passant devant les Tuileries, où j'ai pu apercevoir de loin quelques pantalons rouges commençant à déambuler.

Or, chacun sait que lorsque le *militaire* se rapproche des squares, c'est le printemps d'une part et les nourrices de l'autre qui s'avancent.

Tout à l'heure, la voyant à peu près calme, je lui dis, pour la mettre en belle humeur :

— Tiens ! ce soir, pas de compte-rendus ennuyeux. J'ai des places. Je t'emmène aux Menus-Plaisirs.

— Qu'est-ce que l'on y donne en ce moment ?

— Eh bien ! Tararaboum, toujours ?

— Ah ! oui. Je comprends !

— Quoi encore ?

— Oui ! oui ! Emilienne d'Alençon, avec sa mouche.

— Qui ça, Emilienne d'Enlaçons ?

— Je ne dis pas d'Enlaçons, mais d'Alençon ! ne fais donc pas l'âne pour avoir du son, etc., etc. et en avant les aménités qui recommencent.

Immédiatement j'éteignis mes feux.

*Alençon* ou *Enlaçons* m'était tout à fait indifférent. Quoiqu'au fond s'il m'avait été donné de choisir... mais suffit... ne subissons pas tous aussi l'influence du printemps (rien de celui de *mossieu* Jaluzot).

Et dire qu'il faut quand même entretenir le lecteur du cancan du jour — car sans cancan plus de chronique, et sans chronique plus de chroniqueur.

Oh ! ma tête, ma pauvre tête !

Or donc, tout est bien qui finit bien, et la solution d'une des questions Panama connue depuis quelques jours, nous démontre qu'il y a encore de la vertu sur la terre.

Allons, tant mieux, c'est toujours ça.

Coupables au-delà ?

Innocents en deçà ?

La justice a parlé, laissons couler la justice.

Dans cette danse des millions, qu'avons-nous à faire ? C'est une langue qui nous est étrangère, à nous les moineaux francs de la gaieté gauloise.

L'actualité, mais l'actualité bonne fille, et si cette fois j'ai dû attrister l'âme de mes lecteurs par mes pénibles confidences intimes, c'est que, ma foi, l'homme n'est pas parfait, et que lorsqu'un chagrin vous assaille, une bonne confidence bien placée vous soulage tout de suite.

Heureusement que voici venir les grands jours du Carnaval et leurs joyeux cortèges.

Arlequine et Pierrot vont pendant quelques heures égrener leur folie au-dessus de nos fronts et alors, pendant toute une semaine, les fêtes et les bals de nuit aux tapageuses splendeurs nous verseront l'oubli d'hier et le sans-souci du lendemain.

Le Léthé est devenu un fleuve gaulois qui prend maintenant sa source en Champagne.

Jusqu'à la mythologie qui s'est modernisée.

Après cela, comme *fin de siècle*, on peut tirer l'échelle.

Il n'est pas jusqu'aux jeunes et accortes blanchisseuses qui, soucieuses de faire bonne figure pour la *mi-carême*, n'aient déjà mis en branle tous les carillons de la publicité ; et qui, non contentes des hauts patronages administratifs déjà acquis, ont délégué auprès du chef de l'Etat, les ambassadeurs de la Reine des Reines.

Vous voyez qu'il n'y a pas de République qui fasse. Le droit divin a encore laissé des traces et il n'est pas moins certain que ces deux majestés vivent en merveilleuse intelligence.

M. Carnot a, en effet, donné une preuve de sa satisfaction, en contribuant par un cadeau présidentiel à l'éclat projeté de cette fête de la Royauté.

J'aurai vraisemblablement le plaisir de revenir plus tard sur ces agapes populaires et de vous en conter les épisodes originaux, car si dans l'Institut laïque et obligatoire où j'ai perpétré mes fortes études, on ne m'a pas inspiré l'horreur des duchesses, surtout lorsqu'elles sont jolies, on ne m'y a pas non plus appris la crainte des reines de *mi-carême* qui, habituellement, n'ont rien, oh ! mais rien du tout d'effrayant.

Le courage est une belle chose, et au *Paris qui Rit*, nous savons à l'occasion en donner des preuves indiscutables.

PETIT-CLAUDE.

---

## AVIS AUX JEUNES AUTEURS

*PARIS QUI RIT a l'honneur d'informer sa nombreuse clientèle que, pour faciliter aux jeunes auteurs le moyen de produire leurs œuvres, il recevra tous les manuscrits qu'on voudra bien lui adresser, et publiera, à titre gracieux, celles des œuvres envoyées que son Comité de lecture aura jugées les meilleures et les plus intéressantes.*

*Prière de joindre un timbre-poste à l'envoi du manuscrit pour affranchissement de la réponse du Comité, qui toujours donnera sa décision.*

---

# A LA DRAGONNE

Pierre qui, avant tout, était un rêveur, n'avait point coutume d'aller à Paris tous les dimanches, ainsi que le faisaient ses camarades, des êtres positifs qui ne plaisaient point à Versailles ; — ayant, disaient-ils, vingt ans, des yeux, un cœur, des aspirations de toutes sortes plein la tête, un continuel besoin d'expansion et de poésie, — de poésie vivante, — avec des fleurs dans les cheveux, de l'incarnat aux lèvres, la toque un brin sur l'oreille, la jupe un brin dénouée, chantant. — Versailles n'est plus Versailles — en effet : c'est la cage sans l'oiseau, l'Hélicon sans la muse. Une saute de vent, et rien n'est plus resté, qu'une mythologie de marbre qui s'ennuie, des boulingrins maussades, les froides rosaces de Le Nôtre, les profils attristés de Mansard, de grandes allées, — un grand vide, qu'on fuit.

Lui, Pierre, restait le plus souvent dans sa garnison. Le cerveau rempli des souvenirs du grand Règne, il en savait repeupler les solitudes, remettre en leur place les marquises poudrées, les visages roses, les poitrines qui s'effarent sous la soie, les traînes de brocart, les bonbonnières d'or, les carosses étincelants au fier soleil du Grand Siècle. Il décrivait délicieusement la grande vie facile de ces temps, dans un luxe inouï, sans précédent, triomphant, disparu.

Or donc, le dimanche, ce solitaire déjeunait au mess avec les autres, les accompagnait ensuite jusqu'à la gare, leur souhaitait de se divertir le plus et le mieux possible, et s'en revenait au parc par le boulevard de la Reine.

Ce jour-là, il était assis sur un banc auprès de Téos, dans les charmilles. Fort occupé de traduire ses rêveries en une prose qu'il comptait livrer, plus tard à la postérité, il ne s'était pas aperçu que quatre ou cinq jeunes filles de seize à dix-neuf ans, évidemment en rupture de surveillance naturelle, avaient pris possession du carrefour et s'y livraient avec acharnement à l'exercice hygiénique de la raquette.

De temps en temps, elles s'arrêtaient pour le regarder à la dérobée, puis une fusée de rires partait sur un mot de l'une d'elles, certainement malveillant, puisque les visages se détournaient en hâte et le jeu reprenait, — jusqu'au prochain quolibet.

— Il est en zinc, dit Valentine, la plus âgée.

— Comme son coupe-choux, ajouta une autre, — car il est entendu que les jeunes filles du monde ont le langage bien. — Il est gelé, pour sûr !

Pierre, en cet instant leva les yeux machinalement. Il aperçut le groupe et devina tout de suite qu'il était l'objet du petit colloque qui se tenait à mi-voix à deux pas de lui. — A l'éclat de son regard comme à la teinte carminée qui envahit tout-à-coup ses joues, nos colombelles purent se convaincre qu'elles l'avaient calomnié grandement. Il leur vint aussi un peu de rouge et elles rentrèrent leur langue.

— Elles sont charmantes, se dit Pierre ; et, presqu'aussitôt, répondant à je ne sais quelle pensée intérieure qui lui était venue : ce serait dommage ! continua-t-il.

Il voulut se remettre au travail, mais ses yeux, à tout instant, quittaient son papier, il lui venait un peu de fièvre. Enfin, troublé, obsédé par un sentiment dont il ne se rendait pas bien compte, il se leva et alla s'installer ailleurs, non par exemple sans se détourner fréquemment et chanter bien haut la louange de l'exquise apparition de cette « jeunesse en barre, » comme il disait, qui l'avait arraché à sa quiétude et bouleversé !

Le groupe, narquois, le suivait du regard.

— Le voilà qui se rassied.

Valentine émit l'idée qu'on lui donnât la chasse.

— Mais on ne sait pas où nous sommes.

— Raison de plus.

— Et s'il se fâche ? fit observer la plus jeune.

— Se fâcher ? — trop heureux ! répondit l'aînée, avec une petite nuance de mépris pour tant d'innocence.

— Dame, je ne sais pas, moi.

— Nous savons, nous.

— Vous êtes bien heureuses. Mais pas la peine pour cela d'humilier les autres.

— Ma pauvre chérie, on ne t'humilie pas. — Allons, c'est dit ?

— C'est dit.

Le volant lancé dans l'air avec force vint tomber à deux mètres du banc où se tenait Pierre qui, cette fois ne fut pas surpris. Il avait vu se dessiner l'attaque, venir à lui, non les petits enfants, ce n'en était plus, mais les conspirateurs, tout hésitants, malgré la résolution prise, se dissimulant derrière les arbres, échangeant des regards, des signes, dans l'attitude d'une troupe d'Apaches sur le sentier de la guerre.

— Je suis visé, s'était-il dit. Eh bien ! si elles y tiennent...

Et bravement il était resté là, l'air indifférent en apparence, mais piqué au jeu et sur ses gardes.

Valentine, dont l'audace frisait la témérité, s'offrit d'aller reconquérir le projectile.

Légère, elle allait sur la pointe des pieds, l'œil au guet et tourné, malicieux, vers Pierre, lequel à l'état de bloc enfariné, attendait son moment, griffonnant toujours, riant dans sa moustache, sûr du succès.

Valentine arrivait. Elle s'arrêta une seconde, comme une chatte craintive, à deux pas de sa proie, puis se baissa vivement. Pierre l'attendait là : il se leva, ne fit qu'un bond de son banc à l'objet en cause, l'atteignit le premier et le mit dans sa poche.

Mais il y eut une complication : son épée pendait au porte-mousqueton. Dans son mouvement, elle toucha la terre du pommeau, rebondit et continua un instant de se projeter en avant, dans un tournoiement furieux de sa dragonne.

C'était le moment où la main de Valentine s'avançait. La dragonne, qui ne connaissait rien que l'inertie, n'en fit ni un ni deux : elle continua de tournoyer et comme un poignet se trouvait là, elle s'enroula autour du poignet, fortement. Elle était d'or, elle ne le dépara point.

Valentine surprise, se retira brusquement, cherchant à dégager sa main, mais les cordons se serrèrent davantage et l'épée sortit à demi du fourreau. Elle poussa un cri. Pierre s'empressa, s'excusa de sa maladresse, rassura la jeune fille toute tremblante, et débarrassa son poignet de ce bracelet nouveau genre ; mais au contact de la main de la jeune fille, il se sentit pris d'un trouble étrange et il resta tout embarrassé devant elle. Les amies se rapprochaient ; se dominant, il reprit son aisance et s'inclinant devant Valentine, lui dit :

— Vous connaissez le proverbe, Mademoiselle : « Souris qui n'a qu'un trou est bientôt prise. » De même les jeunes filles qui n'ont qu'un seul volant et qu'une tactique unique. Si vous répétez cela à votre maman, ne manquez pas de lui dire que vous avez trouvé cette sentence dans la dragonne d'une épée.

Toute pâle encore et violemment agitée par une émotion singulière, Valentine dut, elle aussi, faire effort pour se recueillir et répondre. Un peu piquée, toutefois, elle trouva sans chercher la phrase et l'intonation :

— J'accepte la leçon. Pardonnez-moi, Monsieur.

Et elle se retira sur une révérence très froide en même temps que très digne.

Son regard heureusement, ne parla pas le même langage : tout à la splendeur bleue du ciel qui, tout d'un coup, l'avait frappe, il en était encore à l'enroulement de la dragonne. Il lamisa cette froideur.

Valentine s'éveille. Rose, charmante, l'air heureux, elle regarde autour d'elle. Le jour naissant s'infiltre dans la chambre nuptiale. Elle le salue d'un sourire. Il lui tarde de voir se lever le premier soleil qui luira sur son bonheur. Près de la fenêtre, sur un fauteuil, un objet brille d'un éclat métallique et sévère ; son cœur se met à battre à grands coups ; c'est l'épée à la dragonne d'or. Elle salue le souvenir qu'elle lui rappelle. A son tour, Pierre ouvre les yeux. Elle n'est pas encore habituée à le voir là : involontairement, elle esquisse un petit mouvement de recul.

— Tu te sauves ! lui dit-il. Et ces mots la rassurent.

— Notre amour, ma Valentine, a commencé sur un proverbe ; notre vie à deux peut commencer sur une pensée. Le cœur et l'âme ne sont point pareils : la joie fait bondir l'un, elle calme l'autre.

— Mais tu m'enchantes ; et puisque Monsieur fait de l'esprit, ajouta-t-elle tant soit peu moqueuse, me permettra-t-il...

— Dis voir !

— Ce qu'il a de remarquable surtout dans notre mariage.

— C'est que...

— Quoique tu sois dans les chasseurs...

— Eh bien !

— C'est... à la dragonne qu'il s'est accompli.

Et pour se faire pardonner ce mot, elle lui dit en l'embrassant.

— Pardonne ! C'est le premier que je fais !

EDOUARD ZED.

---



---

# LES AVENTURES
## D'UNE AMAZONE DE BÉHANZIN
### A Paris
*(Suite)*

La première expansion d'hilarité passée, ce qui du reste ne l'avait nullement démonté, il nous fit part des nombreuses emplettes qu'une *cicerone* de bonne volonté lui avait libéralement fait faire.

Il y avait, paraît-il, de tout ; depuis le suave costume sous lequel il nous était apparu, jusqu'au claque et à un complet de cérémonie.

Tout cela devait être déjà livré à domicile.

— Lettre de recommandation, moi aussi, pour dame parisienne, nous avons-t-il à la fin.

— Y a-t-il indiscrétion à vous demander son nom ?

Un silence fut la seule réponse ; ni Mollet-d'Acier, ni moi, ne crûmes devoir insister.

Il se mit à tourner autour de son épouse en poussant de petites exclamations de ravissement. A son tour il était médusé.

Une seule chose manquait à son bonheur, c'était de ne pouvoir à ce moment même s'exhiber avec sa compagne sur la grande place d'Abomey, pour y faire crever d'envie tous ses anciens collègues du Cabinet.

Mais là n'était pas le tout.

Il ne suffisait pas, ni pour lui ni pour elle, d'être costumés dans le dernier goût de la haute gomme pour la satisfaction de mon coup d'œil unique.

Il fallait trouver un théâtre où les admirations fussent un peu moins isolées.

Alors programme !

La Cavalcade du bœuf gras ne donne certainement pas lieu à plus de discussions orageuses.

Les théâtres en général furent d'abord soigneusement écartés par moi, qui aurais eu décidément par trop de succès dans mon rôle de Barnum.

Les grands magasins dont la liste avait été soigneusement dressée par Anna et où cette parisienne de fraîche date se sentait instinctivement portée, ajournés également.

Merci !

J'avais encore sur la conscience la réception de chez Worth. C'était assez pour une fois.

Alors ?...

Alors, nous nous arrêtâmes pour cette soirée, au Musée Grévin ; et ma foi, arrive que plante, au Casino de Paris.

Je brûlai mes vaisseaux et pris bravement mon parti de pénétrer, flanqué de mes deux tourtereaux dans cette fournaise acrobatique.

A ce nom magique du *Casino de Paris*, j'avais bien remarqué un éclair fugitif dans l'œil de chat de *Kissé-ouqui-Fotapé*, mais dans mon innocence je n'y attachai pas autrement d'importance.

Sur ces entrefaites la séance prit fin par cette exclamation de *Mollet d'Acier*.

— Et maintenant, il s'agit d'aller dîner ! chez cette vaporeuse enfant, la belle nature ne perdait jamais ses droits.

Il y avait une heure à peine que ses infatigables mâchoires avaient cessé de fonctionner que déjà se faisait sentir pour elle le besoin de recommencer.

J'en arrivais à la regarder presque avec admiration !

Seulement, désireux de limiter cette opération initiale de nos aventures nocturnes dans la zone la plus restreinte possible, je réussis à les enlouir en ma compagnie dans un cabinet extra-muré de l'abbaye de Thélème.

Vous dire que l'évocation des grands souvenirs de la célèbre communauté entra pour une part importante dans notre conversation gastronomique serait évidemment un mensonge insigne.

Seuls, les aloyaux sauce madère et les primeurs *de conserve* eurent le beau rôle dans le menu qui défila devant nous.

Le triomphe culinaire de la chimie intensive eut seul en cette circonstance son apothéose.

Toutefois, je me permis d'intervenir, et cela dans l'intérêt de notre suggestive soirée, pour mettre un frein salutaire à l'entrée en scène des *pousse-café* des *rincettes* et *sur-rincettes*.

— Ah non ! alors.

— La démonstration du matin m'avait plus que suffisamment édifié sur la capacité alcoolique de mes philistins du Dahomey.

Si l'échantillon masculin répondait à dose proportionnelle à celui du sexe faible, que j'avais eu l'honneur insigne d'abreuver. — Eh bien ! non ! il n'en fallait plus.

Anna — la lointaine et dahoméenne Anna, aurait dit elle-même :

« Rien de fait — mes excellents bons ! ... »

Alors du coin de l'œil, je fis un signe à Benjamin, le garçon philosophe que *le tout-Paris* connaît — signe — qui dans le langage des dieux signifiait clairement « vite, plus vite que ça, une voiture bien comprise ».

Ce qui fit que les uns et les autres, véhicules et véhiculés, nous déboulons vingt minutes plus tard boulevard Montmartre, où toutes les lampes électriques présidaient à notre entrée dans le somptueux établissement.

Là, *Ou-qui-Fotapé*, commença la série des impairs et des gaffes, qui, dans cette soirée mémorable, devaient porter si haut son renom d'originalité.

Ah ! il n'était pas banal, dans sa manière d'être, le sujet du Dahomey ; non — tant s'en faut.

A peine entré dans ce sanctuaire, dont l'aimable M. Roy nous fit les honneurs avec sa courtoisie habituelle, l'ex-ministre dégommé tint à faire preuve du mépris profond dans lequel il tenait les institutions civilisées.

Ah ! ah ! oh ! Goddam ! ! (cet animal était absolument résolu à nous faire assister à l'exhibition de ses connaissances polyglottes), et sans balancer il se dirigea vers l'image en cire d'un de nos plus célèbres confrères (salon carré, côté des hommes), s'écriant avec des larmes dans la voix :

— Oh ! — moi heureux — moi pouvoir embrasser Behanzin !

Et avant que nous n'ayons pu le retenir et sans souci de la tenue de parfait gentleman qu'il avait eu le temps d'endosser après dîner, il se mit incontinent à ramollir sous ses furieux baisers, l'éminent critique Z... qui ne paraissait pas autrement flatté de cette familière démonstration.

Lorsque nous pûmes enfin l'arracher à son accolade, l'éminent confrère n'avait plus de nez, ni d'oreille, ce qui pour un musicien surtout, ne dut pas manquer de lui causer un inconsolable chagrin.

De vive force et pour détourner un peu cette rage stéarinophobe, je l'emportai sous mon bras jusqu'au Panorama de la rade de Cronstadt, face à face avec les escadres tonnantes de *France* et de *Russie*.

Là, ce piteux animal, fortement houspillé par sa compagne de bronze vivant, parut enfin revenir à lui, et dans un élan de reconnaissance s'écria :

— Oh ! oui — oui — très beau !

— Merveilleux spectacle ! Wharf de Kotonou — for ever ! ! !

En voilà un, auquel l'alliance franco-russe ne murmurait rien à l'oreille.

Aussi dans la crainte que son cannibalisme ne l'entraînât à de nouvelles et incongrues extrémités, m'empressai-je de le transporter délicatement au fond du landau, qui, dix minutes plus tard, reconduisait chez moi, où Mollet-d'Acier revêtit son costume national, la soirée du Casino de Paris étant une redoute, et c'est dans sa tenue de Vénus dahoméenne que battant pavillon de votre serviteur, l'amiral *Petit-*

*Claude*, l'équipage fit son entrée dans la grande nef du splendide établissement

L'orchestre préludait avec une savante maestria aux premiers accords de l'*Hymne Russe* et c'est sur cette page magistrale que nos congolais firent leur entrée solennelle dans le monde de la haute noce.

Vous dire que ma compagne fit un sensationnel effet, serait, n'est-ce pas, superflu ?

Ce bronze florentin, cette Galathée de l'Erèbe, flairant de toutes ses narines ouvertes, cette atmosphère d'ambiantes amours était réellement dans son cadre voluptueux.

Son œil étincelait d'aspirations nouvelles et inconnues jusqu'alors, et point n'était besoin d'être grand clerc en la statuaire antique pour reconnaître en elle la reproduction exacte de la fameuse Vénus Noire.

Cependant, escortés par un groupe enthousiaste de gilets à cœur, nous avancions toujours, lorsque du milieu des galeries partit soudain ce cri.

— Tiens, le voilà. C'est bien ce chimpanzé d'Alfred.

Et aussitôt en un tourbillonnant tumulte dégringola vers nous, une grappe de jeunes vestales des mieux et des *plus* tarifées.

— *Fotapé*, mon ami, me dis-je aussitôt, il y a de l'ex-excellence là-dessous !

Et en effet :

— Tout ce qu'il y avait de *Rayon-d'or*, de *Nini-Pattes-en-l'Air* et de *Môme-Sauterelle*, dans l'établissement, se rua sur nous et nous enveloppa dans un amoncellement de dentelles, de fourrures et de boas plus ou moins constricteurs.

*Mollet d'Acier*, hautaine, ne s'humanisait point et daignait à peine laisser tomber un regard de mépris sur le malheureux *Kissé-ouqui-Fotapé*, *Alfred*, pour les dames.

Cette appellation familière nous donna aussitôt la clef de l'emploi de sa journée, étant donné ce que nous connaissons déjà de son penchant avéré pour les femmes blanches.

Pour cet orang-outang qui était, en musique, juste aussi savant qu'un phoque, une blanche ne valait pas seulement deux noires, mais bien toutes les noires réunies du continent africain.

— Aussi, combien je m'expliquai l'amour forcené que lui portait mon aimable compagne.

— Alfred ! oh ! Alfred !

— Quis qui c'est ?

— Je te retiens pour la prochaine !

— Non pas tout pour toi, Patte-en-l'Air.

— J'en retiens un aileron ?

— Oh ! non ! Ce qu'il a une bille ?

— Laisse-moi z'y toucher ?

— Va donc prévenir le gardien du Jardin d'Acclimatation, bien sûr qu'il se sera échappé.

Et tout le vocabulaire fantaisiste de ces dames de se donner libre cours jusqu'à ce que nous pûmes, *Mollet d'Acier* et moi, nous échapper du côté de la salle de spectacle, où nous essayâmes de jouir un instant d'une tranquillité relative.

Mais dans la grande salle, le tumulte continuait et bon gré mal gré, il nous fallut bien revenir, voir un peu ce qui se passait.

— Oh ! fit mon Amazone au premier coup d'œil qu'elle lança !

— Quoi donc ?

— Regarde !

Et je regardai en effet ! et ce que je vis n'était point d'une banalité ordinaire, je vous en réponds.

*Kissé-ouqui-Fotapé*, ancien premier ministre d'un roi nègre, nègre lui-même, en habit noir et gilet à cœur, lorgnon à l'œil, lancé dans un cavalier seul avec la jeune et folle Rayon-d'Or qui emportée par la situation, ne savait certainement plus distinguer ses jambes de ses bras et *vice-versa*, *naturablement*.

A cette vue, une folie irrésistible s'empare de *Mollet d'Acier* et d'un bond de panthère franchissant le cercle compact qui applaudissait aux ébats de son noble époux, vint se planter frémissante en face de lui, après avoir, d'un revers de mains, enlevé comme un fétu de paille sa frêle antagoniste.

Ce que voyant la musique fit rage, car toute l'attraction de la soirée s'était d'un coup portée sur ce point de l'établissement.

Alors ce ne fut plus des applaudissements, mais bien du délire, dans la foule qui s'entassait toujours de plus en plus nombreuse.

*Mollet d'Acier* et *Alfred* (pour les dames), saisis par un vertige furieux, exécutaient, l'un en habit noir et l'autre en costume sauvage, une sorte de danse de guerre qui les reportait aux plus beaux jours des massacres humains du grand roi Behanzin. Les bonds et les cris de bêtes fauves se succédaient sans interruptions et dans une incantation d'un fanatisme intense, ils tournoyaient vertigineusement autour d'un candélabre, s'imaginant véritablement faire la danse du scalp autour du poteau de torture.

Heureu-ement que les forces humaines, même les forces de bronze, ont une limite.

Après une demi-heure de ce travail d'hercule, nos deux innovateurs renoncèrent forcément à étonner le vieux monde et dans un dernier spasme, il s'écroulèrent en bloc, sans le moindre respect pour les nobles frusques que publiquement ils venaient de déshonorer.

PETIT-CLAUDE.

*(La suite au prochain numéro).*

---

# INTERWIEWS

## Marion DELORME

Prendre le nom d'une célèbre amoureuse des siècles passés pour en faire le sien, pour le proclamer comme une devise et comme un cri de guerre, — oh ! guerre combien douce ! — semble une chose très facile à première vue...

Raisonnons, pourtant — une fois n'est pas coutume, et quoiqu'il soit toujours vrai que « le cœur a des raisons que la raison ne connaît point » ; — plus d'une de nos jolies minettes, en se faisant appeler Diane de Poitiers ou Ninon de Lenclos — Saint-Laurent ? — s'exposeraient à être comparées au geai qui se pare des plumes du paon... Il n'en est pas ainsi pour la mignonne qui, de Marion Delorme, a recueilli toute la succession, c'est-à-dire grâce, jeunesse, beauté, charme, passion...

Nous allions oublier l'amabilité...

Et ce serait une ingratitude, car c'est d'une façon bien courtoise qu'elle nous a reçu et qu'elle a daigné en souriant nous donner quelques petits détails sur sa personne : une jolie personne, allez ! avec des cheveux blonds soyeux, et des yeux bleus d'un spirituel !...

— Voyons, nous dit Marion, vous n'avez pas la prétention que je vous livre des indiscrétions.

— C'est au contraire mon plus cher désir...

— Trop curieux ! vous ne saurez rien.

— Hélas !... Je vous assure que je ne répéterai que ce que vous m'autoriserez à dire...

— Allons donc ! c'est une promesse de journaliste, cela ! On sait ce que cela vaut !

— Je vois que vous avez vu jouer *Charles Demailly*. Je vous assure que c'est exagéré.

— Contentez-vous de faire mon portrait et de savoir que mon papier à lettres est orné d'un bouquet de pervenches... Vous comprenez le symbole ?

— Charmant ! comme vous...

— Maintenant, sachez encore que je lis quelquefois *Paris qui Rit*, mais que je lui préfère Musset.

— Respect aux morts !

— Mes parfums sont l'héliotrope blanc et le chypre. Etes-vous satisfait ?

— Je voudrais encore savoir autre chose.

— Dites !

— Patinez-vous ?

— Avec l'amour ?

— Naturellement !

— Venez au Pôle Nord ; j'y tombe tous les soirs ; vous verrez...

— Ah ! vous n'en êtes donc encore qu'à vos débuts ?...

— Mes débuts ? Ah ! ah ! ah ! ils sont loin ! Je patine admirablement... Mais je tombe à heure fixe... exprès !

— Pour être... relevée ?...

— Toujours : c'est ma passion !

— Et c'est à ?...

— Onze heures et quart.

Dans l'escalier, nous croisâmes la femme de chambre qui répondit en riant à une question indiscrète que nous ne pûmes nous empêcher de lui adresser :

— Madame n'aime pas la batiste, ni la dentelle... Elle ne porte que de la soie... bleue...

Nous avions déjà descendu un étage, lorsque la futée soubrette nous cria par dessus la rampe :

— Quant au corset de madame... il est noir !

L'INDISCRET.

---

Dans une institution où l'on suit la méthode d'enseignement de l'abbé Gauthier, M. J..., qui, avec une haute position administrative, possède une grande fortune, ce qui ne l'empêche pas d'être économe à la manière d'Harpagon, assistait à l'examen de son fils, enfant terrible de la plus belle espérance.

— Y a-t-il, lui demande l'un des professeurs, des mots qui sont à la fois substantifs et adjectifs ?

— Oui, monsieur, répond l'élève sans hésiter : un homme avare, une femme avare.

— Définissez l'avare ? Qu'est-ce que l'avare ?

— L'avare, c'est papa !

.'.

La scène se passe encore en province, mais cette fois c'est en Picardie.

Un propriétaire des environs d'Abbeville a pour ami et pour voisin de campagne un avocat de la vieille roche, c'est-à-dire très âpre sur la question des honoraires.

— Prêtez-moi un âne pour aider mon métayer dans ses travaux de jardinage, dit un jour le Cujas au tenancier.

— Volontiers ; tenez, voilà le meilleur de mon domaine.

Une semaine après, une affaire contentieuse étant survenue, le propriétaire consulta le juriste sur une question de droit assez embarrassante.

L'avocat étudia la difficulté et en donna la solution ; mais il demanda ses honoraires à son ami, en lui disant :

— Mon cher voisin, il faut que le prêtre vive de l'autel ; science de palais coûte un peu d'argent à qui s'en sert.

Indigné de voir son ami si intéressé, le châtelain lui répondit :

— Mon cher avocat, je consens à satisfaire à votre demande. Je vous dois dix francs pour une consultation, mais vous, vous me devez dix francs pour les vacations de mon âne. Partant, quittes.

---

# La Sirène

« La Sirène ayant chanté<br>« Tout l'été... »<br>LAFONTAINE.

Sur les planches du concert des Folies-Bonneteau, situé à Paris, vers les « bords fleuris qu'arrose la Seine », à la porte du Point-du-Jour, et ayant obtenu l'immense succès que l'on sait, en interprétant la dernière mélodie à la mode : « Donn'-moi d'quoi qu't'as, t'auras d'quoi qu' j'ai ! » elle s'était vue tout à coup élevée à la hauteur d'une étoile. Etoile de mer, bien entendu : *Maris stella.* Car toute sirène qui se respecte ne peut être d'eau douce ni de rempart !

Or, notre sirène s'appelait tout bêtement Brigitte ; et, bien longtemps avant de nager dans les eaux saumâtres où évoluent gracieusement les dauphins et autres dos aquatiques, elle avait senti en elle une vocation, une attraction irrésistible vers la brillante carrière à laquelle Thérésa et la Patti doivent leur célébrité.

Elle avait d'ailleurs tout ce qu'il faut pour réussir dans cette branche artistique ; plantureusement bâtie, la poitrine en ligne horizontale, une croupe de Vénus callipyge, elle pouvait, grâce à sa voix, — que nous appellerons *voix de platine,* pour ne pas chagriner Sarah Bernhardt, — prétendre à tous les succès que comportent une plastique irréprochable et un organe séducteur.

Comment, avec de si belles espérances, la tendre Brigitte en arriva-t-elle, insensiblement, à prendre le chemin de Saint-Lazare où elle vient d'échouer ?

C'est ce que nous allons apprendre aux foules anxieuses.

Ceci étant du domaine de la haute philosophie, et non un article de fantaisie, nous prévenons le lecteur qu'il n'y trouvera point de coups de couteau, de gendarmes, d'incendies ni d'enlèvements. Mais il y rencontrera, par contre, de douces émotions, des attendrissements subtils, et surtout une moralité à la papa qui laissera dans son cœur des traces profondes et indélébiles.

Brigitte Putiphar, fille d'une aimable portière de la barrière des Fourneaux, manifesta de bonne heure un goût très prononcé pour le vert.

On ne s'étonnera pas de cette particularité, car, en dépit des peintres et des poètes qui voudraient nous montrer tout en bleu, le vert est la véritable couleur marine.

Aussi, Brigitte, destinée à devenir sirène, devait avoir certaines tendances vers la marée. On n'ignore pas, en effet, que les sirènes sont des êtres moitié femme et moitié poisson ; qu'elles habitent d'ordinaire les rochers de Caprée ; et que, par la douceur de leur chant, elles attirent les voyageurs au milieu des écueils et les font périr. L'histoire ajoute qu'Ulysse, ayant été insensible à leurs accents, se jetèrent, de dépit, dans la mer. Mais cela ne put arriver à Brigitte, parce que la mer était trop loin, et qu'elle ne songea jamais à franchir les fortifications de Paris.

Sa mère, ne tenant aucun compte des préférences de la fillette, mais remarquant néanmoins qu'elle était jolie et faisait tout ce qu'elle voulait de son organe, la fit entrer au Conservatoire, d'où elle sortit un beau jour avec un troisième accessit...

Vous dire si l'on causa de cela dans la rue des Fourneaux, je vous le laisse à penser !

Trois mois après, comme le printemps était venu, elle entra, grâce à de hautes influences, au beuglant des Folies-Bonneteau, déjà nommé.

C'est dans ce lieu de plaisirs mondains et autres qu'elle recueillit tous ses succès. Ce fut là, également, qu'elle mérita le nom de « Sirène », et voici à quel propos :

Le concert, nous l'avons dit, était situé au bord de l'eau. Un jour, par une température tropicale, Brigitte, en attendant son tour de chant, était assise à la terrasse et sirotait une grenadine au kirsch. Il y avait là toute une petite société triée sur le volet : Alphonse (du Gros-Caillou) ; Michaud Delapince, dit Boule-de-Gomme ; Fanchonnette Troulala, etc., etc. Le soleil, dardant ses rayons avec une impitoyable ironie, mettait de petites perles liquides sous les frisons d'or des femmes, et faisait buer la bière dans les chopes...

Tout à coup, Boule-de-Gomme eut une idée :

— Si nous faisions une pleine eau ? proposa-t-il.

— Ça y est ! fit Alphonse.

— Oh ! fi ! s'exclama Fanchonnette ; j'ai pas d'can'çon !

— Fais donc pas la poire ! lui répliqua Michaud.

— En es-tu ? demanda Alphonse à Brigitte.

— J'veux bien, répondit celle-ci ; mais j'sais pas flotter...

— Ça n'y fait pas, j'te soutiendrai.

— Allons-y !

En deux temps, les trois baigneurs furent en Seine dans le plus simple appareil. Mais les habitués des Folies-Bonneteau s'étaient rassemblés sur la rive, et applaudissaient Brigitte. Soudain, un titi s'écria :

— L'*Egout collecteur !* on demande l'*Egout collecteur !*

L'*Egout* était le grand succès de Brigitte : une romance patriotique, paroles et musique d'Augusta Holmès...

La jeune artiste ne savait rien refuser à son public ; elle s'exécuta.

Alors on vit ce spectacle sublime, extraordinaire, renouvelé des Grecs : un être à fleur d'eau, baignant l'air ambiant dans une suave harmonie... Et cet être double, dont on ne voyait que le haut du corps, se composait de Brigitte et d'Alphonse... moitié femme, et moitié... poisson : l'illusion était complète !

Une célébrité de la taille de Brigitte ne pouvait manquer d'adorateurs, sans parler d'Alphonse, qui, après tout, n'était que son souteneur... à fleur d'eau ; tout un essaim de jeunes et vieux pervers papillonnait autour d'elle. Cela ne devait pas durer ainsi.

Aussi, sur l'avis même d'Alphonse, songea-t-elle à faire un heureux parmi cette bande d'énamourés.

Et voyez jusqu'où va parfois la fatalité lorsqu'elle se mêle de quelque chose : celui qui fut l'élu s'appelait justement Ulysse... Oui, Ulysse Topinard ! mais celui-ci, à l'encontre du mari de Pénélope, consentit à se laisser séduire moyennant une mensualité de 50 louis, — qu'il paya.

Ah ! ce fut un beau temps pour Brigitte ! Et pour Alphonse du Gros-Caillou, donc !

Hélas ! qui trop embrasse, mal étreint !

Alphonse voulut étendre les relations de la Sirène, et mal lui en prit ; car Topinard s'aperçut que Brigitte ne chantait pas pour lui seul. Et, quelque matin d'humeur atrabilaire, il la planta là et se décida à l'oublier sur le sein de Fanchonnette, sa petite camarade.

Et de fil en aiguille, la sirène tomba dans la dèche qui mène du trottoir à la rafle et à l'asile dont nous parlions en tête de ces lignes, lorsqu'avant d'en arriver là, elle revit Topinard et essaya de le reconquérir, celui-ci, au bras de Fanchonnette, lui dit, d'une voix implacable :

— Que faisiez-vous, ma belle, au temps de nos amours ?

— Mais... je chantais, ne vous déplaise...

— Oui, comme sautait Paillasse : pour tout le monde ! vous chantiez ? j'en suis fort aise...

« Eh bien ! dansez, maintenant ! »

MARIUS RETY.

# Le Carnet d'une Dégrafée

(*Suite*)

## IV

## PLEURNICHARD

Armand D... (rien d'Armand Duval, n'allez pas confondre !) était, lui, un véritable saule pleureur. Il m'avait voué un culte, m'adorant comme une madone, me suivant comme une ombre, appuyant sa main sur le cœur, et se soutenant de l'autre à la porte pour ne pas tomber chaque fois que mon regard rencontrait le sien.

Une telle mimique, surtout lorsqu'elle est accompagnée de constance, ne peut que flatter une femme dans les premiers temps.

Un jour il m'aborda, un sonnet à la main, tout comme Oronte du « Misanthrope ».

Le sonnet était à mon adresse ; bien entendu.

J'étais comparée à la lune ; mon teint plus éblouissant, — et surtout plus net — que celui de son disque d'argent.

Mes deux yeux étaient des étoiles.

Ma chevelure une nuit sans crépuscule.

On voit qu'il était poète, et poète symbolique par dessus le marché.

Toutes les qualités voulues pour assommer une femme ; car, entre nous, nous n'aimons guère la poésie, surtout à l'état chronique.

C'est bon dans le commencement ; mais les vers que l'on fait à votre intention vous donnent généralement une piètre opinion de vos adorateurs.

Que voulez-vous, la femme avant tout est pratique !

Le bel Armand était donc, navrant et maigre, triste comme plusieurs paires d'enterrements, long comme une nuit sans sommeil et sans amour, et possesseur de poumons formidables... pour soupirer !

Je ne tardai pas à lui avouer mon antipathie.

— Vous m'ennuyez, mon pauvre ami, lui disais-je, ne roulez pas ainsi des yeux furibonds, ne me faites pas la mine chaque fois que je cause à une autre personne, sans cela, je vous le dis franchement, votre présence me deviendra complètement insupportable. Je reçus pour toute réponse, une ode, deux quatrains, une douzaine de triolets, et cinq ou six poèmes où le pauvre garçon suait noir et son encre.

Impossible de l'arrêter.

Je finis par ne plus ouvrir les billets envoyés à mon adresse, de peur de rencontrer encore de nouvelles élucubrations.

Je ne le reçus plus, il m'énervait au paroxyme. Cependant je le rencontrais toujours sur ma route, une larme au coin de l'œil.

Un homme qui pleurait pour moi ! cela me flattait et me touchait presque.

Je finis par lui accorder un rendez-vous.

Il arriva une heure à l'avance.

Quand je l'abordai, je le trouvai son carnet à la main, occupé à raturer des lignes.

Toujours des vers !

Je réprimai mon impatience.

Il leva la tête et fixa sur moi un regard attendri. Une larme sillonnait sa joue.

— Quoi ! vous pleurez encore ? fis-je toute étonnée.

— C'est de bonheur ! me répondit-il en me serrant la main.

Pour le coup cela devenait impossible.

Je lui tournai le dos brusquement, et partis sans incliner la tête : juste le temps de lui voir sortir son mouchoir et s'essuyer les yeux.

Vous croyez peut-être que ce fut fini.

Pas le moins du monde.

Le lendemain soir, en fermant ma fenêtre, je le trouvai installé au-dessous.

Il faisait un temps magnifique.

La clarté de ma lampe derrière les rideaux le faisait rêver et l'attirait sans doute, comme les papillons de nuit.

Le lendemain il plut, venta un orage épouvantable à ne pas risquer un chien dehors.

Par curiosité je regardai dans la rue :

Comme la veille, il était là ; muni cette fois d'un parapluie.

Ce manège menaçait de durer toujours, lorsqu'un accident, que je déplore, — il faut être compatissante ! — vint mettre un terme à tout cela.

Par une seconde nuit d'orage, une tuile se détachant tomba sur la tête de mon héros.

Depuis ce jour il est interné à Charenton.

Sa folie consiste à se mettre sous une gouttière, un parapluie ouvert à la main et les œuvres de M. Stéphane Mallarmé, ou de Saint-Pol Roux sous le bras.

Il improvise des vers symboliques.

Et cela, quelque temps qu'il fasse.

Il est vrai que le plus souvent après ses lectures humoristiques, il se met à pleuvoir !

(*A suivre.*) K. STORR.

# INVITATION DE VACANCES
## En Province

### I

(Le cabinet de M. Goffinet.)

**M. GOFFINET, MADAME GOFFINET.**

M. GOFFINET *une lettre à la main.* — Voici ce que j'écris à mon ami Francbourdon :

« MON CHER FRANCBOURDON,

« Madame Goffinet et moi, nous venons te rappeler la promesse que tu nous fis l'an dernier.

« Comme tu le vois, la présente a pour but de te *rafraîchir* la mémoire; mais je souhaite que tu l'aies moins *altérée* que le gosier, car j'ai dans ma cave une certaine piquette avec laquelle je veux te faire faire connaissance. C'est un peu vinaigré, ça gratte en passant, mais c'est plein d'idées agréables: c'est ce que j'appelle un *fier* vin! et j'espère, quand tu l'auras *goûté*, que tu n'en seras pas *dégoûté*.

« Nous t'attendons, toi, ta femme, la progéniture, ton chat, ton chien et tout le tremblement. Si vous n'arrivez pas au plus vite, je vous retire à tous mon estime, et je déclare que vous n'êtes que des *faux* bourdon.

« Ton ami pour la vie,
CÉSAR GOFFINET ».

MADAME GOFFINET *avec un haussement d'épaules improbateur.* — Une jolie lettre! Pourquoi écrire aux Francbourdon toutes ces bêtises!

M. GOFFINET *piqué.* — Chacun a son style; le mien est folâtre, je l'avoue, mais il ne déplaît pas aux gens d'esprit.

MADAME GOFFINET. — Je vous conseille de vous vanter. Par votre faute, nous allons avoir sur les bras toute la famille des Francbourdon.

M. GOFFINET. — N'est-ce pas pour qu'ils viennent que nous les invitons à venir!

MADAME GOFFINET. — Croyez-vous qu'il soit facile de loger et de nourrir tout ce monde, — dans une ville où il y a si peu de ressources? — Ce n'est pas pour vous que sera la peine, je suppose; ce n'est pas vous qui ferez les lits et qui irez au marché? — Et quoi acheter?... — Les volailles sont hors de prix! Et le beurre, monsieur, savez-vous ce qu'il vaut?.. le savez vous?...

M. GOFFINET. — Enfin, madame, vous n'ignorez pas que *je dois* inviter les Francbourdon.

MADAME GOFFINET. — Invitez-les, mais en d'autres termes. Qui vous oblige à être si pressant. Faites une autre lettre.

M. GOFFINET *indigné.* — Faire une autre lettre? Mais elle est très bien, ma lettre, elle est très bien.

MADAME GOFFINET. — Alors, envoyez-la, monsieur. Mais je vous préviens que si les Francbourdon viennent s'installer ici pendant un mois, moi je n'y resterai point. Je ne veux pas assister au pillage de ma maison.

M. GOFFINET *hors de lui, déchirant sa lettre.* — Eh bien, la voilà ma lettre! mais je n'en ferai pas d'autre, et si les Francbourdon se fâchent, s'ils me nuisent auprès de mon chef de bureau, qui est leur ami, s'ils me font perdre ma place... tant pis! ça m'est égal.

MADAME GOFFINET *froidement.* — Je vais leur écrire.

(Elle s'assied devant le bureau de son mari et écrit.)

« MADAME,

« Monsieur Goffinet et moi nous venons vous rappeler la promesse que vous nous fîtes l'an dernier.

« La dyssenterie ravage notre petite ville. Les personnes les plus saines et les plus robustes ne sont point à l'abri de ce terrible fléau; notre quartier est particulièrement maltraité, et l'on peut dire, sans exagération, que nos voisins meurent comme des mouches. Quant à nous, jusqu'alors nous n'avons eu que la colique; mais de nos fenêtres nous voyons passer sans cesse de funèbres convois qui se rendent au cimetière. C'est un spectacle bien lugubre.

« Néanmoins, monsieur Goffinet et moi nous espérons que vous allez vous empresser de faire vos malles et d'accourir chez nous avec votre mari et vos enfants.

« Nous vous attendons avec une très vive impatience.

« Veuillez agréer, etc.
CLÉOPÂTRE GOFFINET ».

(Un salon élégant.)

**MATHILDE, EDOUARD**

EDOUARD *lisant des noms qu'il vient d'inscrire sur son carnet.* — Madame Bourgeois, madame Quesnel, mademoiselle Royer, madame Langlet, madame Forest. — Est-ce tout?

MATHILDE. — C'est tout pour moi; mais il te reste à faire la liste de tes amis.

EDOUARD. — Ce sera vite fini: — Quesnel et Girardin. — Je m'arrête là.

MATHILDE *négligemment.* — Tu n'invites pas ce jeune avocat qui est venu l'année dernière?... Comment donc le nommes-tu?

EDOUARD. — Ah! oui, Gustave... Ma foi, non. Si je l'invitais, il me faudrait augmenter de quatre ou cinq personnes le nombre de nos invités, — et je l'avouerai que ma caisse a besoin de ménagements.

MATHILDE. — Mon Dieu! mon ami, si tu le veux, nous ne recevrons personne.

EDOUARD. — Est-ce sérieusement que tu dis cela?

MATHILDE. — Très sérieusement. Je suis fatiguée, un peu malade; je te jure que je ne tiens nullement à avoir *du monde* cette année.

EDOUARD. — Alors, c'est convenu: tu te reposes et nous faisons des économies.

MATHILDE. — Cependant on ne peut se dispenser d'écrire à Jenny.

EDOUARD. — Jenny est de la famille, et son séjour ici ne nous entraînera à aucune dépense. Je lui écrirai dès aujourd'hui.

(Le lendemain.)

MATHILDE *à Edouard.* — As-tu remarqué, l'année dernière, comme ce jeune avocat... M. Gustave... était aimable et assidu auprès de Jenny?

EDOUARD. — Ma foi, non.

MATHILDE. — Tu es aveugle, tu ne vois jamais rien.

(Le surlendemain.)

MATHILDE *à Edouard.* — Est-il d'une bonne famille ce M. Gustave? A-t-il quelque chose?

EDOUARD. — Lui?... dix mille livres de rente et une position superbe.

MATHILDE. — Mais alors sais-tu qu'il ferait un mari très convenable pour Jenny.

(Trois jours après.)

MATHILDE *à Edouard.* — Pourquoi donc ne veux-tu pas écrire à M. Gustave? Tu as bien tort: il aime Jenny, et, tu l'as dit toi-même, ce serait un excellent parti.

EDOUARD. — Crois-tu qu'il aime Jenny?

MATHILDE. — J'en suis sûre. Il ne s'est point déclaré l'année dernière, mais cette année je saurai bien l'y contraindre.

EDOUARD. — Puisque tu y tiens absolument...

(A la campagne. — Chez des artistes.)

**JULIEN, HERMINIE**

(Julien lit une lettre qu'il vient de recevoir, et indique par sa pantomime une joie excessive.)

HERMINIE. — Me répondras-tu, Julien? Que te dit cette lettre? De qui est-elle?

JULIEN. — Parbleu! voilà un bonheur sur lequel je ne comptais pas; un bonheur imprévu, comme une tuile qui me tombe sur la tête. Vivat! j'aime les surprises.

HERMINIE. — Explique-toi donc.

JULIEN. — Laurent, mon meilleur, mon plus ancien camarade... tu sais?... Laurent... celui qui est parti depuis deux ans pour daguerréotyper les Chinois.

HERMINIE. — Je ne le connais pas. Après?

JULIEN. — Il arrive ce soir; il vient passer un mois chez nous. Je l'invite à partager ma joie.

HERMINIE *avec effroi.* — Mais, malheureux! nous n'avons qu'une chambre. — Où le loger?

JULIEN. — Une chambre et un atelier. On lui dressera un lit de camp dans l'atelier.

HERMINIE. — Mais nous n'avons qu'un lit!

JULIEN. — Un lit... ça fait deux lits, — quand il y a plusieurs matelas.

HERMINIE. — Je veux bien, mais tu ne songes pas que l'atelier n'est séparé de notre chambre que par une simple cloison: tout ce qui se passera chez nous il l'entendra.

JULIEN. — Diable! voilà une difficulté sérieuse. — Où allons-nous fourrer Laurent?

HERMINIE. — Je n'en sais rien, moi.

JULIEN. — A part la chambre et l'atelier, nous ne pouvons disposer de rien dans cette maison.

HERMINIE. — Si fait, nous avons droit à la cave et au grenier.

JULIEN. — Il y a des greniers qui sont fort bien. Le connais-tu notre grenier?

HERMINIE. — Mais non.

JULIEN. — Voyons-le.

(*Le grenier est barré dans sa profondeur par une multitude de ficelles sur lesquelles sèche une lessive; à droite il y a un tas de fagots, à gauche s'alignent plusieurs rangées de bûches; au fond une lucarne et un coin de mur dégarni.*)

JULIEN. — Voilà parfaitement notre affaire. Il y a de la place pour Laurent.

HERMINIE. — Tu oseras loger ton ami dans un grenier?

JULIEN. — Du tout, dans un palais! Suis mon explication: Je fais trois tas du tas de fagots; je place le premier tas à droite de la lucarne, le second tas à gauche, le troisième tas en avant, et je ménage au milieu une ouverture qui servira de porte. J'obtiens une chambre très convenable, et je la meuble d'un lit de sangle, d'une pipe, d'une boîte d'allumettes et d'un paquet de tabac. — As-tu compris?

HERMINIE *ouvrant la lucarne.* — M. Laurent aura une belle vue.

BABYLAS.

# LE POÈTE-HUISSIER
(SUITE)

— Voyons, Mesdemoiselles, répétons sérieusement, je vous en prie... La grande scène ne va pas du tout. Rien n'est réglé!...

— Où est Maurice?

— Il est parti, il avait un rendez-vous à onze heures...

— Bon! je vais prendre son rôle... Ah! ça ne va pas du tout, ça n'ira jamais!

Et Bertrand survenait, affolé:

— Les costumes?... Tout le monde a-t-il son costume?

Oui?... les figurants aussi?... Vous savez où l'on va, pour les souliers, et pour les perruques?... Non?... Je vous l'ai dit vingt fois... Ah! alors, si tout le monde suit son idée, il n'y a plus moyen de rien faire!...

— Dites donc, Bertrand, et les critiques?...

— Je suis allé les voir...

— Et les journaux?... Toutes les lettres sont-elles envoyées aux journaux?...

— Il y en a encore toute une série à terminer. Je prendrai une voiture, et je les porterai moi-même... Ah! les manuscrits qui sont à la censure... Il faut les retirer...

J'irai dans la journée.

— Sans faute, n'est-ce pas?... Le conférencier est-il prévenu de l'heure de la répétition générale?...

— Je lui ai écrit hier.

— Allons, c'est bien !... Qu'est-ce que vous faites-là, Mademoiselle ?...

— Mais, Monsieur, je viens répéter.

— Comment ? vous venez répéter. Mais vous ne jouez plus, il y a huit jours que vous êtes remplacée.

— Remplacée ?...

— Dame ! vous n'êtes jamais venue, alors...

— Ah ! Monsieur, je demeure si loin... C'est mal, ce que vous avez fait là.

— Croyez à tous mes regrets, Mademoiselle, je vous assure que je n'ai pas pu faire autrement.

— A demain, même heure, n'est-ce pas ?...

Nohic quittait précipitamment le théâtre, et, sans prendre le temps de déjeuner, courait au Palais, pour n'être pas en retard, à l'audience des référés. Puis, chargé de dossiers recueillis à la Chambre des avoués, il regagnait l'étude Pélussin pour y noircir machinalement du papier timbré, jusqu'à six heures du soir.

Le jour de la première et unique représentation du *Trapèze* fut une date à jamais mémorable.

Tout d'abord, on eut une émotion. A l'heure fixée pour l'ouverture du théâtre, les portes demeuraient obstinément fermées. Pourquoi ?...

On n'avait plus pensé à l'autorisation du commissaire de police. Fort heureusement, son bureau était tout proche. On s'empressa de lui remettre le programme visé par la censure, et les portes s'ouvrirent.

De la scène, Nohic voyait peu à peu se garnir la salle, que les parents et amis des auteurs et des artistes, avec quelques curieux entrés là par hasard, parvinrent à remplir à peu près.

Dans les coulisses, c'était une agitation indescriptible, un tumulte inénarrable...

— Où est mon maillot ?...

— Qui est-ce qui m'a chipé ma patte de lièvre ?...

— Apportez-moi mes bottines !

— Attention... on a sonné, tout le monde est prêt !...

Au rideau !

— Non, non ! pas encore, une minute, je vous en prie, je n'ai pas mes accessoires...

— Mon maillot s'est déchiré... Je ne trouverai donc personne pour y faire un point !...

— Y êtes-vous ?... Vous y êtes !... Au rideau !

Quand le rideau fut levé, Claude sentit l'émotion le saisir à la gorge. Appuyé contre un portant, il suivait du regard le jeu des artistes, écoutait les répliques se succéder dans le grand silence de la salle, devant le public tout à coup recueilli, et attentif. A la fin du morceau de bravoure qui terminait la première scène, des applaudissements éclatèrent... Il poussa un soupir de soulagement, comprenant que la partie était désormais gagnée.

Tout se passa bien, en effet : les vers étaient solides, sonores, convenablement rimés ; les scènes s'enchaînaient à propos ; les entrées et les sorties étaient suffisamment justifiées ; les interprètes, à défaut d'expérience, mettaient dans leur jeu beaucoup d'ardeur, de jeunesse et de conviction... Des bravos unanimes saluèrent le nom de l'auteur.

Le lendemain, les journaux dans lesquels on comptait des rédacteurs amis rendirent compte de la représentation dans d'excellents termes, et prédirent aux jeunes débutants le plus brillant avenir ; et le *Trapèze*, dans son numéro suivant, sous la rubrique : *Nos matinées dramatiques et la Presse*, reproduisit, par un habile découpage, les éloges adressés à ses collaborateurs.

Ce fut à la suite de ce trop facile succès que Gustave Bertrand conçut l'idée de forcer les portes de la Comédie-Française avec un à-propos sur Racine. Il communiqua son projet à Claude Nohic : en huit jours, tous deux rédigèrent, en collaboration, le scénario d'un petit acte, et, trois semaines après, la pièce était écrite.

Mais ce n'est rien d'écrire une pièce. Le difficile, l'impossible, c'est de la faire représenter.

Bertrand connaissait un peu le doyen de la Comédie. Un beau dimanche, ayant pris rendez-vous, il alla le trouver avec son complice.

L'artiste jugea la pièce intéressante et scénique, et indiqua aux auteurs le mécanisme en usage, pour obtenir une lecture devant le comité.

Ils devaient s'adresser, d'abord, à l'un des deux examinateurs — sortes de portiers littéraires, de Cerbères vigilants chargés d'empêcher d'arriver, devant le comité, tous ceux qui n'ont point au théâtre un nom connu — et obtenir de lui un rapport favorable. Pour faciliter leur tâche, le doyen se chargea de remettre lui-même le manuscrit au père Destourelles, avec force recommandations.

Le père Destourelles, qui avait fait autrefois un peu de théâtre, vivotait maintenant du cumul de quelques sinécures, à la fois inspecteur d'un important cimetière, examinateur à la Comédie-Française, rédacteur dans plusieurs journaux auxquels il fournissait de spirituelles nouvelles à la main, recueillies par lui, quand il allait dans le monde, sur de légendaires manchettes en papier, qu'il ne remettait à la blanchisseuse que dûment noircies et crayonnées de notes... les pommes du voisin, l'esprit des autres !

Trois semaines après, Bertrand recevait une convocation du père Destourelles.

— Mauvaise nouvelle ! Monsieur, mauvaise nouvelle ! lui dit-celui-ci, dès qu'il le vit entrer.

— Ah !... vous avez lu la pièce ?...

— Oui, et à mon grand regret, malgré tout mon désir de vous être agréable, je ne puis pas vous la laisser lire au comité.

— Pourquoi ?... Est-ce qu'il y a des vers de treize pieds ?...

— Du tout, vos vers sont fort bons, d'un style agréable, et d'un excellent rhythme...

— Alors, c'est le sujet lui-même, l'intrigue, que vous n'aimez pas ?...

— Du tout, le sujet est très gentil, l'anecdote est bien présentée, et l'intrigue amusante...

— Ah !... alors je ne vois pas...

— Mon Dieu ! mon cher Monsieur, c'est assez difficile à vous expliquer... comment dirai-je ?... certainement votre petit acte n'est pas sans mérite... seulement il est... en quelque sorte... il est... c'est une affaire d'impression... comprenez-vous...

— Pas très bien.

— Voilà... je cherche une comparaison, et... je ne la trouve pas... Ah ! si vous m'aviez apporté une œuvre considérable... cinq actes, par exemple... je pourrais vous dire... L'exposition... le dénouement... ne me plaît pas... je pourrais... discuter avec vous... vous exposer... mes idées... et, en retour, vous m'exposeriez... les vôtres... vous pourriez me répondre, tandis que là...

— Je ne puis rien vous répondre en effet, puisque vous ne me dites rien.

— Mais si... mais si ! Comprenez-moi bien... c'est une affaire d'impression, n'est-ce pas ?... Or, mon impression, à moi, est que le comité — et je connais mon comité — ne recevrait pas votre pièce.

— J'entends parfaitement... Mais pourquoi ?...

— Ah ! voilà... Je peux me tromper, n'est-il pas vrai ?... Je ne suis pas infaillible... Alors, j'ai fait ce que je fais toujours, en pareil cas... Vous savez que nous sommes deux... J'ai envoyé votre pièce à mon collègue... sans rien lui dire... pour ne pas assumer, tout seul, la responsabilité... et voici ce qu'il m'a répondu... C'est sa lettre... vous pouvez la lire...

— Je le pense bien. Ce n'est même pas pour autre chose qu'elle a été écrite... Pardonnez à ma franchise, Monsieur, et permettez-moi d'insister. Vous reconnaissez vous-même que notre pièce est convenablement charpentée, écrite en français et en vers... Que risquez-vous, par conséquent, en nous laissant arriver devant le comité ?... S'il nous refuse, nous le verrons bien.

Mais au moins en aurons-nous le cœur net. Pourquoi cette résistance, alors qu'il vous serait si facile — sans vous compromettre en aucune façon — de rédiger un rapport en notre faveur ?...

— Pourquoi ?... pourquoi ?... Voulez-vous que je vous le dise, mon cher Monsieur ?...

— Je vous en prie.

— Pourquoi vous appelez-vous Bertrand ?...

— Comment ? pourquoi je m'appelle Bertrand ?... Parce que c'est mon père...

— Vous ne saisissez pas... Pourquoi ne vous appelez-vous pas Emile Augier, Alexandre Dumas, Victorien Sardou, Edouard Pailleron ?... Votre pièce passerait comme une lettre à la poste. Faites-vous connaître, faites-vous un nom, et revenez ensuite !

— Mais comment voulez-vous que je me fasse connaître, avec un raisonnement pareil ?... Je ne peux cependant pas commencer par la seconde fois... Avant de s'appeler Augier, Augier se nommait Bertrand, et c'est peut-être pour cela qu'il a dit :

« Pour se faire connaître, il faut être connu ! »

— Je vois que vous possédez vos auteurs. Vous arriverez, mon cher monsieur, vous arriverez, je ne vous conseille pas de commencer par un à-propos. Faites une pièce, une bonne pièce, et...

— Et vous me la refuserez !

— Je ne dis pas cela.

— Mais vous le pensez !... C'est à se casser la tête contre les murs !

— Ne vous découragez pas... je ne veux pas vous décourager, moi... Au contraire !... Il est très gentil, votre petit acte... seulement, il n'est pas... pour ainsi dire... il est... comment dirai-je ?... il est quelconque, enfin !... Il n'est pas d'une originalité...

— Certainement ! Nous le savons bien, parbleu ! Nous n'avons pas la prétention de décrocher la lune, avec un à-propos... Mais comme il vous en faut un tous les ans, à date fixe, nous comptions justement là-dessus pour essayer d'ouvrir...

*(A suivre)*

# PROFILS D'ARTISTES

## LUCIANI

Né à Ivry, le 17 avril 1857, fils de militaire haut placé, Luciani suivit ses classes jusqu'à l'âge de 18 ans, après quoi il entra dans le commerce ; comme bien d'autres, Luciani se sentit de grandes aspirations pour le théâtre, il débuta à Auteuil, ensuite à Ba-ta-Clan, c'est là qu'il commença à se faire connaître, puis il fut engagé à la Gaîté-Rochechouart et à la Cigale ; il avait et il a encore une jolie voix, quels succès n'a-t-il pas obtenus à la Cigale avec Clairette dans des duos fantaisistes, cela lui valut un engagement au théâtre de la Porte-Saint-Martin, où il devait remplacer un artiste ; mais la guigne le poursuivait, il fut engagé au grand Concert Parisien où il est actuellement. Le public lui a fait un succès plus que satisfaisant, *Paris qui Rit* lui souhaite bonne chance. — A. J.

**Moulin-Rouge**. — En ce moment, il y a foule pour applaudir le désopilant Chevallier dans « La lettre à Euphémie », M. Carman est un gommeux parfait, il dit d'un air niais « Les jolis té... té, terrains de Saint-Quentin ». Un solo de flûte est brillamment exécuté par M. Picot. M. Fougère est bien mauvais, Hotlair est un bon artiste, mais il fait une trop courte apparition. Côté des dames : Mlle M. Sarra est la meilleure chanteuse du concert, Mlle Dante est une diablesse en générale ; Mlle Camille Romau est une fine diseuse, Mlle Marie Durier a débuté gentiment,

Berthe Stoldy chante « Il est en or » avec galbe, Blanche Dory et B. Dennys ont de jolis yeux, de jolies jambes, de jolis nichons, etc.

**Divan Japonais**, rue des Martyrs. — Réouverture, sous la direction de M. Fournier.

**Eldorado.** — M. Kam Hill, l'étoile de l'Eldorado, est l'artiste au talent sûr, il est frénétiquement rappelé chaque soir; à citer parmi ses succès « La claque », « Chez une actrice »; la sémillante Lancy est toujours aussi gracieuse. Dernières représentations de *Dans cent ans*, de MM. Lebreton et Moreau. Sulbac a repris son rôle de compère qu'il avait été obligé d'abandonner il y a un mois, par suite d'une fracture à la jambe droite. Prochainement rentrée de Jules Perrin dans un rôle écrit spécialement pour l'excellent artiste qui fut si longtemps l'enfant gâté du public de l'Eldorado.

**Concert-Parisien.** — Il y a eu beaucoup d'émoi au Concert-Parisien, il y a une quinzaine de jours; la jolie divette Guilbert, l'artiste préférée du public élégant, était comme d'habitude trissée, il paraît que le régisseur de la scène est jaloux des lauriers de la divette, comme on rappelait la charmante artiste une quatrième fois, ce régisseur fit brusquement baisser le rideau en donnant ordre qu'on ne le relevât plus, il y a eu beaucoup de tapage et de bruit, Yvette ne demandait qu'à revenir et le public s'en prenait à elle, la rendant responsable d'un fait qui paraissait lui incomber. Colin Maillard, du spirituel journal *Le Journal*, ajoutait : « Il faut rendre cette justice à la direction du Concert-Parisien que, sous le rapport des maladresses, elle fait plus que le maximum. »

**Elysée-Montmartre.** — Allez voir Miss Rigolette, elle est gentille et danse le quadrille avec des mouvements qui font rougir les rédacteurs du *Paris qui Rit.*

**Chez Patay**, 79, passage Brady, tout le répertoire de Victor Meusy est en vente. A citer parmi les principaux succès : « Les Halles », « Paris Port-de-Mer », etc., etc. Puisque nous parlons de Meusy, disons que l'excellent chansonnier est engagé au Divan Japonnais pour chanter ses œuvres.

ALBERT VERSE.

Mme Bonnaire, la joyeuse comique de l'Eldorado, vient de créer avec sa fantaisie amusante : « O mon chéri », de notre collaborateur et ami Verse, musique du compositeur populaire Spencer ; c'est un succès de plus qui vient de s'ajouter au répertoire de Mme Bonnaire.




*L'Imprimeur-Gérant :* ALPHONSE CARROT.

Imprimerie spéciale du *Paris qui Rit*, 13, faub. Montmartre, Paris.

Deuxième année, n° 21.　　　　LE NUMÉRO: **DIX** CENTIMES　　　　Dimanche 26 Février 1893.

Directeur responsable : **G. HAAG**

Direction et Administration : à la **BIBLIOTHÈQUE GAULOISE**
13, Faubourg Montmartre, PARIS

ABONNEMENTS

PARIS :　　　　DÉPARTEMENTS :　　　　ÉTRANGER :
Un an, 6 fr. ; Six mois, 3 fr. ; Trois mois, 1 fr. 50.　　Un an, 6 fr. 60 ; Six mois, 3 fr. 25 ; Trois mois, 1 fr. 75.　　Un an, 7 fr. 50 ; Six mois, 3 fr. 75 ; Trois mois, 2 fr.

*Adresser lettres, communications et mandats à M. l'Administrateur de la Bibliothèque Gauloise*

... Elle fixait un groupe joyeux qui se tenait à dix pas de nous.　　　　Athénaïs alluma une lanterne et traversa le passage.

# CHRONIQUE GAULOISE

J'étais à déjeuner tranquillement, devant plusiours douzaines de marennes et que ques fioles de vénérable Châblis, en attendant Serpentinette qui était assez fort en retard, quand elle m'apparut accompagnée d'un paysan.

— Mon gros, je te présente mon oncle Grelu, arrivé de Pépin-les-Pommes pour voir les fêtes du Carnaval, et je te l'amène avec moi.

— Arr'vez, son oncle, soyez le bienvenu, asseyez-vous là et déjeunez avec nous !

— Vous êtes ben honnête, m'sieur ; c'est vous qui êtes le professeur à Serpentinette, à ce qu'elle m'a dit !

Ah ! ben, j'suis ben heureux d'vous connaître ; et une bonne franche poignée de main accompagna sa phrase.

— Moi aussi, mon cher ami, je suis enchanté de faire votre connaissance ! J'adore la campagne et nous allons jaboter comme de vieux amis... Prosper ! un couvert de plus et vivement, et trois douzaines de suite ! et ensuite trois autres si le besoin s'en fait sentir...

— C'est mon oncle, dit Serpentinette, qui m'a mis en retard, il a fallu causer de choses et d'autres, de la famille, des affaires ; figure-toi qu'il m'a apporté un tas de provisions que nous goblotterons gaiement après le spectacle.

— Ah ! mais c'est très bien, ça, c'est d'un bon oncle.

— C'est qu'on s'aime ben cheux nous, vous savez ça ! On ne regarde pas à une tranche de lard, ou à un lapin de garenne, voir même à une superbe diude !

— On a le sentiment de la famille, quoi !

— Dis donc toi, est ce que tu vas continuer tes allusions, demanda Serpentinette.

— Mon Dieu, comme tu interprètes mal mes paroles, Serpentinette ! Eh bien ! puisque c'est ainsi, je ne parle plus avant d'avoir avalé ma deuxième douzaine ; allez-y, mes enfants.

Et nous nous mîmes à travailler dans le bon sens du mot... On aurait entendu voler... un porteur de chèques de Panama... jugez du silence.

— Garçon, trois autres douzaines ..

— Voilà! voilà!...

— Albert, mon oncle, raconte-nous ce que tu as vu d'intéressant dans le Carnaval ?...

— Ah ! ben franchement, rien de ben extraordinaire, un tas de gens qui vous embêtent avec des ficelles de papiers ou des petits ronds qui vous crèvent les yeux, qu'on ne peut plus rien admirer de rigolo ; j'ai vu des bergères et des bayadères qui étaient dans des chars ; il y en avait qu'étaient bien gentilles tout de même, mais cristi! qu'elles avaient de vilaines jambes ; s'ils s'en trouvaient deux ou trois q(u'é)taient un peu grassouillettes, ils s'en trouvaient ben dix qu'étaient bâties comme des serpes ou des échalas ! sans compter les cagneuses ! Est-ce que vous les aimez, vous, les cagneuses ?

— Mais dites donc, notre oncle, vous racontez de ces histoires... devant votre nièce...

— Eh ben! est-ce que vous croyez qu'elle ne sait pas ce que c'est que des jambes, ma nièce?... Voyons, Serpentinette, le sais-tu ?

— Pour sûr, mieux que vous, j'en ai d'assez jolies pour ça ! Continue, mon oncle, ta nous intéresses! Qu'est-ce que t'as vu encore ?...

— (I)l a tas d'imbéciles déguisés en juges et qui se prenaient pour d(e vra)is gens. D(ans) ce temps-là, même qu'il y en a un qui m'a fait monter le sabot de son cheval sur mon pied; j'y dis poliment: vous pourriez ben faire attention ! Il me répond : j'suis Louis XIV, et j'as l'air méchant, espèce de mufle ! ! !... J'ai plus rien dit, c'pas, c'était Louis XIV, mais j'ai pensé en moi-même : il était rudement mal élevé ce roi-là! Après avoir cherché à regarder la défilade des chars, des charrettes et des charrues, et pi un tas de voitures, de toutes sortes de véhicules, pour ça il y en avait-il, y en avait-il des ... Et c'est vraiment que la capitale soit encombrée de mauvaises marchandises pour la promener tant que ça, j'as que vous savez, chez nous, il y a un vieux proverbe qu'est ben vrai, allons! il dit comme ça : le bon vin n'a pas besoin d'enseigne... c'est ben juste!...

— A preuve celui-ci, dit Serpentinette en élevant son verre!

— C'est si bon ça à boire frais.

— Et vous n'avez pu sortir de cette foule ?

— C'est-à-dire que c'est la foule qui m'a sorti! Elle m'a jeté, d'la force de l'idée, mais que je mette un pied par terre, depuis la porte Saint-Denis jusqu'au Musée Grévin, où elle a bien voulu me déposer, et je me suis dit :

— Allons donc je vais voir, qu'elle dit-elle !...

— Naturellement, puisque j'étais venu à Paris pour m'amuser, et le fait est qu'c'est amusant, le Musée Grévin; je m'a emplé de voir le massacre à la foire de chars nous. Seulement les personnages sont plus grands et plus séparés, ce qui fait qu'ils s'amusent peut-être moins entre eux, et puis, c'est vrai que ces pauvres gens sont pour la plupart des assassins, des assassinés, des geôliers dans les prisons avec des victimes et des condamnés à la guillotine; enfin, c'est très gai! très gai!... De là, je suis allé au Moulin-Rouge, où j'ai vu de ben drôles de choses !...

— Et lesquelles donc, mon cher Grein ?

— Dis-nous tout, va mon oncle, nous buvons les paroles !

— Prosper, le Châteaubriant !... que nous ne buvions pas les paroles de notre brave ami sans manger quelque chose avec !

— Voilà, voilà, voilà, messieurs, madame.

— Eh ben! reprit Jean, j'ai vu, et il se mit à rire de son bon gros rire, oh! non, j'oserais jamais le dire en mangeant !...

— Dis-le donc, dis le donc !...

— Eh ben, sauf le respect que je vous dois, j'ai vu un sale individu, qui pétait au nez de toute l'honorable société du Moulin-Rouge.

— Ah ! le Pétomane !... ah ! c'est connu, ça !

— C'est connu, c'l'affaire-là ! Eh ben! c'est rudement dégoûtant! Et, vous n'êtes pas dégoûté, messieurs les Parisiens ! Nous, si un cochon comme ça venait à la campagne nous péter à la figure, eh ben ! il n'y aurait pas assez de fourches et de balais pour le chasser !

— Mais malheureux, c'est une question d'art, ça ! Il exécute en musique ! C'est un artiste !

— Vraiment? c'est un artiste, eh ben! dans ce cas-là, je crois que je suis encore plus artiste que lui !

— Faut le faire valoir, mon oncle, dit Serpentinette.

— Il y aurait quelque chose de mieux à trouver, dis donc, Serpentinette, ça serait de s'associer à deux ou trois, et pé..., chanter des duos et des trios...

Jean indigné, s'écria : Ça serait encore plus dégoûtant !

Maintenant, je me trompe peut être, je me suis peut-être amusé sans le savoir, c'est sans doute les nouveaux plaisirs de Paris, le progrès, quoi ! Ah ben ! dans ce cas-là, je me suis ben amusé; je ferai aussi des bonnes blagues aux camarades, je les enverrai se distraire dans la Capitale ! Mais pour l'instant, j'en ons assez, ma bonne nièce, mon bon monsieur, merci de votre bon déjeuner et quand vous voudrez venir me faire payer mon tour à Pépin-les-Pommes, arrivez, vous serez reçus à bras et à cœur ouverts.

— Au revoir, mon oncle, s'écria Serpentinette, en s'accrochant au cou de Jean.

— Au revoir son oncle, et à bientôt, nous nous reverrons, et c'est moi qui viendrai chez vous avec Serpentinette, et je vous raconterai à mon tour mes impressions et mes pensées sur votre belle campagne.

Et, après avoir pris rendez-vous, nous avons reconduit le brave homme à la gare, où il murmurait encore en prenant le train :

« On s'amuse drôlement, tout de même, à Paris ».

Petit Claude.

## AVIS AUX JEUNES AUTEURS

*PARIS QUI RIT* a l'honneur d'informer sa clientèle ordinaire que, pour faciliter aux jeunes auteurs le moyen de produire leurs œuvres, il recevra tous les manuscrits qu'on voudra bien lui adresser, et publiera, à titre gracieux, celles des œuvres envoyées que son Comité de lecture aura jugées les meilleures et les plus intéressantes.

*Prière de joindre un timbre-poste à l'envoi du manuscrit pour affranchissement de la réponse du Comité, qui toujours donnera sa décision.*

# BRUTALE!

Oh ! mon Dieu ! je ne pensais à rien, — à rien de mal s'entend.

J'étais au Moulin, seul à une petite table, j'attendais qu'il fût une heure et demie, ou qu'il plût à l'oracle de nous annoncer enfin le dégel.

Une femme entra. Très brune, pâle, l'air résolu, un peu enfiévrée, par exemple, ce qui gâtait un tantinet le caractère et la délicatesse de sa physionomie, en ce qu'elle en exagérait à l'excès la mobilité, mais ajoutait aux charmes de son corsage, lequel, ainsi que tous ses confrères, ne pouvait que gagner au mouvement gracieusement ondulatoire qui l'agitait. Quelle sensation laisserait donc l'Océan, sans la vague et sans la tempête ; le désert, sans la marche des sables au vent ardent des tropiques ; la plaine, sans les brises du soir où s'inclinent en nappes bruissantes ses millions d'épis !

Je vous le demande un peu. Dans la circonstance et à l'égard de la nouvelle venue, l'impression était entière et favorable, comme celle qui résultait d'ailleurs de l'examen du reste de sa personne, où rien, mais rien ne paraissait laisser à désirer.

Elle resta un instant debout, embrassant du regard toute la salle ; puis, essuyant sans broncher le feu de vingt monocles, elle prit place à une table voisine de celle que j'occupais.

Un mince freluquet, tout de suite s'approcha d'elle, le cigare au bec, déhanché, impertinent. Elle eut un recul brusque qui rapprocha sa chaise de la mienne jusqu'à la toucher.

— Pardon ! Monsieur, me dit-elle en se retournant.

L'harmonieux et doux son de sa voix me pénétra tellement que, pour lui faire place, je m'y pris si maladroitement que je renversai la table, mon bock et la pile de mes soucoupes.

— Oh ! Monsieur, s'écria-t-elle, toute confuse, que je regrette cet accident.

— Que seul j'ai causé, répondis-je. Mais ne vous êtes-vous pas trouvée éclaboussée ?

Elle secoua légèrement le bas de sa robe.

— Non, rien.

La glace était rompue, position prise.

Il s'agissait maintenant de ne pas laisser tomber la conversation. L'interlocutrice en valait la peine.

Je ne me le serais jamais pardonné.

Elle s'était dégantée : une main fine de patricienne au bout d'un poignet délicat et souple, aux rondeurs blanches, aux lignes idéalement pures ; elle avait dégrafé la fourrure qu'elle portait : un cou de vierge, ni plus ni moins.

Ehbon! je crus un instant que les mots ne s'alliaient pas venir. Avec ceci, cette femme avait un air de telle distinction que je me voyais contraint à la rectitude. Elle ne devait pas fréquenter souvent les « Moulmartre ».

— Ce garçon vous a causé quelque frayeur, Madame ? lui dis-je enfin.

— Frayeur, non ; quelque ennui tout au plus, je n'aime pas les fats, ni les fadaises. Quel est ici ce sot établissement ?

— Je le vois c'est le mien mieux — C'est-à-dire très bien.

— J'aime de vous, sans doute ? me demanda-t-elle.

— Oh ! Madame !

— Bien vrai ?

— Bien vrai.

— Alors vous plairait-il de m'accompagner un instant dans ces salles... de m'y diriger. Je vous demanderai seulement de ne pas vous inquiéter des façons mystérieuses que je pourrai être appelée à prendre, ni des brusques circuits que je vous imposerai sans doute. Et, — elle dit cela le doigt sur les lèvres, une tristesse dans la voix, mais avec un si beau sourire, — et vous me jurez de ne pas être trop curieux, n'est-ce pas ?

Je jurai tout ce qu'elle voulut. J'étais extrêmement intrigué.

Nous eûmes vite accompli notre circuit-visite et ma compagne, malgré ce dont elle m'avait menacé, n'avait pas donné lieu à trop de mystère ni d'excentricité.

Elle s'appuyait à mon bras, — c'est-à-dire que je crois bien que c'est moi qui m'appuyais au sien, — et j'aurais désiré que la promenade se continuât jusqu'au jour ; mais elle manifesta le désir de se reposer un instant.

Je ne pouvais qu'y souscrire.

Nous prîmes place dans une loge sombre, qu'elle me désigna.

Depuis quelques instants, elle ne quittait pas des yeux un groupe bruyant qui se tenait à dix pas de nous, et où un homme encore jeune, fort bien ma foi, se distinguait par une pantomime expressive à l'égard d'une élégante dégrafée qui se pâmait dans un rire fou à ses côtés.

Tout à coup son visage se contracta ; sa main chercha la mienne, l'étreignit dans un mouvement fébrile, tandis qu'un cri sourd, vite réprimé, sortait de sa gorge, comme un râle.

Déjà, j'avais compris à demi ; je compris alors tout à fait. Diable ! une femme outragée ! Situation terrible pour un galant homme, surtout quand la femme est désirable et qu'elle s'appuie de tout son poids charmant sur le rempart que lui a délégué le hasard, éternel dieu de l'hymen — et de l'amour.

Dans le groupe, on continuait de s'amuser fort.

La main accentuait son étreinte pleine d'effluves. J'y répondis par une pression des deux miennes, troublé, certes, mais rien que dans un élan sympathique, ému, consolateur, fraternel.

Elle s'en montra reconnaissante. Ses yeux se tournèrent vers moi, très doux.

Oh! trop doux, car nos mains enlacées ne se quittèrent pas. Les pressions échangées perdirent peu à peu de leur pureté première et de leur innocence. Il me semblait que j'allais vers des lieux inconnus, dans une griserie délicieuse et vague.

Je laissai se poursuivre la destinée.

Insensiblement, nos genoux se joignirent; nos regards se cherchèrent, se comprirent; un peu de sang monta aux tempes de la ravissante inconnue.

En face, le groupe se disjoignit. Avec un geste aisé, une galante inflexion du torse, le monsieur très bien tendit à l'élégante dégracée son manteau de fourrures qu'un chasseur venait d'apporter. Puis, avec les mêmes formalités polies, il lui offrit le bras et se dirigea avec elle vers la sortie.

— Vous m'attendez cinq minutes, n'est-ce pas?

Mon inconnue se leva, abaissa sa voilette, releva le col de son manteau et, se faufilant dans la foule, suivit à pas pressés le couple qui venait de disparaître.

Elle me revint dans le délai, plus agitée encore, plus pâle, plus belle.

— J'ai soif, dit-elle.

Coup sur coup, sans se rasseoir, elle absorba deux verres de champagne.

Puis, brusquement:

— Je ne tiens plus en place. Vous m'obligeriez, Monsieur, de m'accompagner au dehors... si toutefois je ne vous suis pas à charge, si je ne vous cause pas d'ennui.

J'étais trop ému pour répondre. Je lui pris le bras seulement et le glissai sous le mien.

Dehors, je hélai un fiacre.

— Où désirez-vous que je vous conduise, Madame? lui demandai-je.

Elle hésita un moment — un siècle.

— Mais... où vous voudrez, dit-elle enfin, d'une voix très brève, avec un frémissement de tout son être.

Selon l'expression populaire, mon sang ne fit qu'un tour. C'est l'effet que doit produire aux élus le lever de rideau du paradis, là-bas, dans les espaces bleus où chantent les voix célestes, parmi les étoiles où gravitent les anges, où les vierges sourient, debout sur leur nuage, dans leur ascension éternelle.

J'allais lancer une adresse.

— Pardon! me dit-elle. Je ne sais vraiment où j'ai la tête... cocher, 42, rue Saint-Georges, hôtel du Grand-Duc.

Un gavroche se tenait à la portière. Cette indication parut le frapper.

— Hôtel du Grand-Duc. Ils y vont tous! Je prends des actions sur la boîte.

A l'hôtel, le garçon somnolait. Ma compagne, qui s'était élancée pendant que je soldais le cocher, venait de le réveiller en lui mettant sous le nez une couple de louis.

— Vous avez reçu tout à l'heure, lui dit-elle, un monsieur et une dame. Elle les lui dépeignit.

— Ils sont au 9.

— Donnez-nous une chambre contiguë.

— Le 7 est libre, ça tombe bien. Madame remarque que nous numérotons...

— Bien, allez.

Le lendemain, de bon matin, elle se leva et s'habilla. Elle était rêveuse, mais plus tranquille.

Quand elle fut prête, elle s'approcha du lit, s'assit au chevet, et m'abandonnant sa main, resta un moment silencieuse.

— Vous ne m'en voudrez pas, me dit-elle enfin à voix basse, du rôle bizarre que je vous ai fait jouer... oh! bien malgré moi, croyez-le. Je sais que les hommes pardonnent tout aux femmes, quand ils en tirent bénéfice: j'espère en votre mansuétude. Je vous considère, vous voyez, comme semblable aux autres: vous me pardonnerez cela en plus. Mais, ce dont surtout je vous supplie, c'est de ne jamais chercher ni à me revoir ni à me connaître. Avec le souvenir d'un galant homme, j'emporte cette promesse. Adieu, Monsieur!

A côté, une porte s'ouvrait. J'embrassai une dernière fois ses petites mains tièdes, et elle disparut, refermant vivement la porte derrière elle.

Dans l'étroit vestibule, un colloque animé s'engagea. Je sautai à bas du lit, et, si blâmable que fût mon action, je n'y pus tenir, j'écoutai.

— Vous, Madame, ici!

— N'y êtes-vous pas vous-même!

— Mais...

— Pas de parallèle, n'est-ce pas. Je connais cette théorie-là. Mais j'ai aussi la mienne: Dans toute association, Monsieur, fût-ce même le mariage, il faut être de mèche. Ah! l'expression vous surprend: que m'entraînez-vous au Moulin-Rouge, à votre suite;—il faut être de mèche, dis-je, ou ne s'étonner de rien. Vous m'enamenez?

— Je l'emmène...

Le lendemain, je reçus par un commissionnaire un superbe étui à cigares en chagrin, portant, en diagonale, une large palme d'or. Il contenait une carte de visite toute blanche et cornée à l'un de ses angles.

Il fallait sur cette carte un nom, un nom de femme ou de fleur; j'y inscrivis celui-ci: *Perce-neige*. Et je rangeai précieusement la carte au fond de mon reliquaire.

EDOUARD ZED.

# LES AVENTURES
## D'UNE AMAZONE DE BÉHANZIN

### A Paris
*(Suite)*

A la suite de ce retentissant début je n'ai pas besoin d'insister pour faire comprendre si les bureaux de la rédaction furent assaillis par les *reporters* de tous les confrères du grand et du petit format.

Nos garçons n'avaient plus de petits carrés de papiers que pour votre indigne serviteur.

— Monsieur Petit-Claude, par-ci.

— Monsieur Petit-Claude par-là.

Jamais diplomate des mieux qualifiés ne dut, dans une seule journée, subir de plus nombreux *interviews*.

Jusqu'au *Phare de Saint-Sauge* (en Morvan) qui me dépêcha son rédacteur spécial précisément de passage dans la capitale.

Décidément mon amour-propre de folliculaire commençait à être singulièrement chatouillé, d'entrer comme cela de plein-pied dans cette auréole de gloire.

Et modestement, je dois l'avouer; à confirmer si souvent les hauts faits de mes deux jouvenceaux, je finissais moi-même par entrer tellement dans la peau du bonhomme que je ne parlais plus de leurs aventures qu'en me mettant de bonne foi dans le trio.

Comme je comprends et excuse maintenant les Marseillais, que jusqu'alors j'avais été si enclin à blaguer.

Je finissais cependant par être sur les dents, lorsqu'une visite inattendue vint donner un nouveau tour à mes idées.

Le garçon de bureau rentrait dans mon cabinet pour la trentième fois au moins, et sur son plateau d'argent me présentait un bristol d'une dimension inusitée.

M. DUFOURNEAU<br>
DIRECTEUR-GÉRANT<br>
*Du Grand Hôtel de France et des Colonies.*

— Bon! quoi encore. Je n'y suis plus pour personne.

Mais Georges, impassible: «Ce monsieur insiste pour être reçu et dit qu'il ne sortira que par la force des baïonnettes.»

— Ah! c'est trop fort. Si cela continue, le premier qui force la consigne, je le mords!

— Pardon, monsieur Petit-Claude, mille pardons. Mais je n'abuserai pas de vos instants. Et M. Dufourneau, s'introduisant, ajouta:

— Je sais, monsieur, toute la haute influence que vous exercez si justement, du reste, sur les illustres hôtes étrangers dont tout Paris s'occupe en ce moment, et je ne saurais trop vous dire combien serait grande ma reconnaissance si vous obteniez d'eux la faveur insigne de leur installation dans mon établissement.

Voyez-vous d'ici quelle réclame pour une maison nouvelle?

Enchanté de cette proposition qui allait avoir pour premier avantage de débarrasser mon *osteria* de ces pensionnaires encombrants, j'allai lui promettre tout mon appui, lorsque *Kissé-onozi-Folapé*, en personne, entra sans crier gare dans mon bureau.

Mis aussitôt au courant de la requête de M. le directeur-gérant, l'ex-fonctionnaire prit l'air digne qu'il devait avoir là-bas au *Bénin* lorsqu'avec son royal maître il discutait la grave question des finances du Dahomey.

— Et comment toi propose à nous, aller dans la case?

— Oh! excellence! je vous ferai à Madame et à vous les conditions les plus douces, et le service réservé aux seuls princes en voyage.

— Alors, rien de fait, répondit mon négro, qui devenait décidément de plus en plus fin de siècle. Directeur de Continental et directeur de Grand-Hôtel proposent à nous tout ça à l'œil, et au besoin paieraient même quelque chose en plus.

— A l'œil! L'excellent Dufourneau n'en revenait pas. Cette expression peu dahoméenne rougissait ses oreilles de parfait gentleman.

Mais l'autre citoyen, sans se démonter, lui posa nettement son ultimatum.

Non seulement sa femme et lui ne paieraient rien, mais il exigeait six repas par jour, vins et liqueurs à discrétion.

Le Dufourneau accepta tout et ne mit pour condition que la seule obligation pour les deux époux de se montrer deux fois par jour dans les salons de l'hôtel, aux heures des repas.

En un mot, une petite exhibition qui devait remplacer d'une façon originale, les orchestres de Tziganes des Batignolles dont la mode était à ce moment-là si répandue.

Ces conventions bien et dûment acceptées de part et d'autre, M. le directeur se retira à reculons en saluant profondément.

Derrière lui, *Kissé-onozi-Folapé* exécuta une gigue de satisfaction et courut porter la bonne nouvelle à sa tendre moitié, me donnant rendez-vous pour la soirée, au cours de laquelle nous devions honorer de notre présence la *Plazza de Toros*.

En effet, à huit heures tintantes, notre char triomphal mettait la rue Pergolèse en émoi et nous déposait devant la grande entrée du célèbre établissement où la loge de M. le directeur avait été gracieusement mise à notre disposition.

— Dis-nous, Petit-Claude!

— ???

— Quoi c'est-il qui arrive dans grande pagode?

— Eh bien! je te l'ai expliqué déjà. Ce sont des courses de taureaux — divertissements nouveaux importés d'Espagne!

— Ah! oui; Espagne! connais! Anna m'a raconté là-bas! fabrique de castagnettes!

— Précisément, on prétend même que la guitare s'y vend sur un bon pied.

— Oh! alors, joli, joli; nous très contents?

Cet intéressant dialogue fut heureusement interrompu par l'explosion soudaine de l'orchestre, qui attaqua une de ces marches héroïques dont tous les cirques du monde conservent soigneusement le secret.

Le défilé fameux que vous connaissez tous, commença aussitôt, et je n'essaierai pas de vous dépeindre l'extase de mes deux hauts personnages à la vue des *Picadores*, des *Banderilleros*, des *Chulos* et de tous les artistes en *os*.

Mais où leur attention se changea en tressaillements de bonheur, c'est lorsque, dans leur majesté Castillane, firent leur entrée les deux Caballeros en plazza.

J'eus besoin de toute la force accumulée dans mes biceps pour les empêcher d'enjamber le rebord de la loge afin d'aller dans l'arène contempler de plus près cet attrayant spectacle.

Nouveau silence. — La musique se tut et les portes du torril s'ouvrirent toutes grandes.

Alors s'élança du fond obscur un superbe taureau roux qui vint en bondissant jusqu'au milieu de l'arène.

Là, s'arrêtant indécis, il commença par examiner en-dessous les groupes de toréadors disséminés un peu partout.

Le premier mouvement de Kissé-Ouqui fut de se rejeter, avec une pâleur sur son vernis, jusque dans le fond de la loge.

Alors que Mollet-d'Acier, toute frémissante, s'avançait éperdûment au bord du balcon, non sans avoir jeté un regard de mépris sur son pusillanime époux.

Au même instant, le taureau, agacé par les chulos, fonçait dans une brusque attaque sur le Picador le plus à sa portée et réussissait à enlever de terre cheval et cavalier.

Les banderilles piquées par douzaines commençaient à ensanglanter l'animal qui, décidément furieux, multipliait ses charges, tête baissée, contre ses insaisissables ennemis.

Le sang de plusieurs chevaux coulait également et un matador venait d'être renversé aux applaudissements, sans doute de tous les Espagnols que contenait l'immense édifice, et j'étais moi-même, il faut bien l'avouer, absorbé par le tragique du moment, lorsqu'une clameur épouvantable me tira en sursaut de cette sorte d'hypnotisme.

Cette fois le mal était fait, et il n'était plus en mon pouvoir de rien empêcher.

Mollet-d'Acier, dans un élan de fureur, venait de sauter par dessus la balustrade et dégringolait dans l'enceinte en poussant son cri de guerre et relevant des deux mains la traîne de sa fameuse robe à plumes d'autruche.

Ooch! Hourrah! Buffalo! tous les dialectes passaient à tour de rôle dans sa furie batailleuse que la vue du sang avait rallumée comme au beau temps où elle n'était encore qu'une simple Amazone.

Cependant, accablée de ce costume d'une commodité plus que discutable pour ce genre d'exercices, elle ne put résister longtemps aux efforts faits par le personnel pour l'entraîner.

Le toro lui-même, avec une courtoisie toute espagnole, parut comprendre l'imprévu de ce numéro et ne profita pas lâchement de cette sorte de trêve de Dieu.

Dans la galerie intérieure où je ne fis qu'un bond, je retrouvai mon héroïne commençant un peu à se calmer, mais ne voulant à aucun prix rendre les pompons dorés, glands, broderies, que dans la lutte elle avait arrachés aux pittoresques costumes qu'un instant avant elle avait tant admiré.

Dépouilles opimes, elles étaient la propriété du vainqueur, rien ne put la faire sortir de là.

J'allai repêcher au fond de la loge où il était encore tapi, monsieur l'ex-ministre, et plaçant le tout délicatement au fond d'une voiture, je donnai l'adresse du Grand-Hôtel de France et des Colonies, bénissant du fond du cœur l'excellent Dufourneau de m'avoir déchargé du souci de cette hospitalité.

Ouf! cette équipée héroï-comique allait donc avoir un bon côté.

J'avais réussi à persuader à Kissé que les autorités m'avaient fait prévenir, à la suite de cette aventure, d'avoir à les prier de se dispenser de sortir pendant trois ou quatre jours.

Mon truc avait assez bien réussi. Et tout en donnant complète satisfaction à leur hôtelier, qui pourrait les promener intra-muros tant qu'il le désirerait cette sorte de consigne au quartier allait me laisser quelque peu respirer.

Le seul puni dans cette affaire, fut l'ancien membre du cabinet, auquel allait manquer sérieusement, l'occasion de s'entendre appeler Alfred par les petites dames à la mode.

Le quatrième jour, au matin, les arrêts de rigueur étant enfin levés, je vis apparaître au journal mon intéressant moricaud, flanqué de sa moitié qui, sans se soucier du décorum conjugal, me sauta au cou avant toute autre explications.

Alors, sortant de sa poche une lettre, il me la tendit gravement, m'ajoutant qu'il en avait encore une autre, mais qu'il l'avait oublié à l'hôtel.

La suite devait m'apprendre ce qu'était la deuxième proposition, car l'animal, décidément, avait l'air de me faire des cachotteries.

Alors je lus ce qui suit :

GRAND BUREAU DE NOURRICES
DE LA RUE TAITBOUT

« EXCELLENCE,

« Les mille voix de la presse ont porté votre réputation à un tel point que, je suis convaincu que si vous pouviez décider Madame votre épouse à venir figurer pendant quelque temps parmi mon personnel de nourrices de choix, seulement deux petites heures par jour, avec autorisation de faire tirer immédiatement un prospectus spécial, mon aristocratique clientèle française et étrangère se disputerait la faveur d'être admise auprès de cette fleur des Tropiques.

« Je lui assurerais provisoirement un cachet respectable, et si elle se décidait à accepter les propositions qui ne manqueraient pas de lui être faites, elle aurait le droit de se montrer exigeante, car à la notoriété, qui en ce moment, s'attache à son nom, viendrait s'ajouter la réputation particulière et si méritée dont jouit universellement le lait des négresses... Comme dans les fermes, les... laitières noires sont les plus prisées.

« Veuillez me croire, de votre Excellence, « le....., etc.

« SAINBLANT.

« *Directeur autorisé*, etc., etc. »

Il faut déclarer que la proposition, qu'il n'avait du reste pas très bien comprise, l'avait laissé perplexe, ainsi que notre Amazone, à qui la destinée des futurs nourrissons était de la plus haute indifférence.

Quant à moi, je ne pus m'empêcher de m'esclaffer, trouvant *in petto* que ce nourrisseur n'était pas déjà si bête.

PETIT-CLAUDE

(La suite au prochain numéro).



# INTERWIEWS

## M<sup>lle</sup> BEAUPREZ, de l'Odéon

Je m'étais promis d'aborder le deuxième théâtre Français.

Nous entrons dans les grandes eaux !

Mais pour cela il faut aller... de l'autre côté de la Seine. C'est un voyage, pensez donc !

Enfin. avec de la bonne volonté, n'est ce pas ? Et puis j'ai un faible pour l'Odéon.

Du temps de son ancien directeur, cette scène fut toujours un port, elle, pour les jeunes.

Je faisais les réflexions que je vous soumets, place du Châtelet, en face la maison Carvalho, lorsque j'avise un petit chapeau très coquettement posé sur des cheveux noirs.

J'adore les cheveux noirs et les petits chapeaux !

Je m'avance; on recule, on se retourne, et je pousse l'exclamation d'usage en pareil cas :

— Tiens !

— C'est vous ? Comment va?

— Toujours, mais comme ça se trouve.

— Quoi donc !

— J'allais justement chez vous.

— C'est fort aimable, vous avez à me parler ?

— Beaucoup.

Ici, je sors mon calepin, mon fameux calepin que je vous communique chaque semaine.

— Qu'est-ce que vous avez à la main ?

— De quoi vous interviewer.

— En marchant ! cela n'est pas possible. Il fait un temps magnifique, je rentre chez moi ; mettez cela dans votre poche et accompagnez moi un peu.

— Vous avez raison, fis-je, en m'inclinant.

Vous demeurez toujours au 66 de la rue Gay-Lussac ?

— Toujours.

— A côté de votre directeur ?

— En effet.

Mademoiselle Beauprez est une charmante petite personne, très brune, avec des yeux noirs, le teint d'une fraîcheur remarquable, le nez hardi, l'oreille délicate, le regard très franc et plein d'éclat; enfin très jolie...

(Je ne flatte jamais mes portraits).

Avec cela gracieuse à plaisir et douée d'une voix fort douce, un peu perchée dans les notes du haut, mais c'est si gentil !...

Je n'eus garde de lui soumettre ce résumé, — qui n'est qu'une simple ébauche, — la sachant très modeste, et je continuai.

— Vous allez donc me donner quelques renseignements.

— Sur moi ?

— Apparemment.

— Quoi donc ?

— D'abord vous jouez les ingénues ?

— Oui, les ingénues gaies principalement.

— Le physique s'y prête d'ailleurs merveilleusement.

— Je suis à l'Odéon depuis près de trois ans et j'y entrai, sous M. Porel, à la suite d'une simple audition.

— Dans quelle scène ?

— *Chérubin* du *Mariage de Figaro*.

— Parfait. Vous sortez du Conservatoire ?

— On je ne fus qu'élève stagiaire, chez M. Dupont-Vernon.

— Ce qui n'empêche pas de faire son chemin !

— J'espère que non.

— Vous pouvez espérer. Que jouez vous !

Du classique, beaucoup : *Les Fourberies de Scapin*, *Le Médecin malgré lui*, etc.

— Vous avez fait quelques petites créations ?

— Oui, *La Mer* par exemple, un petit rôle très gentil.

— La pièce eut un certain retentissement. Je me souviens, en effet, vous mangiez une tartine de pain noir au dernier acte, ce devait être bien dur, quand on a de si jolies dents.

— Moins cependant, que lorsqu'on en n'a pas!

— C'est très juste.

Et avant l'Odéon?

— Je jouais à gauche et à droite, mais fort peu, aux Esbaudis par exemple.

— Quoi donc?

— Léonie de *Bataille de Dames*, le *Flibustier*, l'*Ingénue*, le *Baiser* de Banville, avec mon camarade *Grisey* du Vaudeville, etc.

— Que dites-vous de la troupe actuelle de l'Odéon?

— Oh! cela, vous ne m'y prendrez pas, je ne dis jamais que du bien des autres.

— De peur que l'on suppose que vous en pensez du mal?

— Jamais, jamais je n'ai dit cela!

Et la voilà devenant toute rose.

— Rassurez-vous, je ne divulgue pas les secrets professionnels.

— Si vous continuez, je vous fais l'apologie de mon théâtre, et cela vous pourrez le *divulguer*, car je le pense véritablement.

— Tout simplement pour que cette appréciation figure dans mon interview? oh! femme! Figaro avait raison.

Mais je ne veux pas empiéter sur votre répertoire. Merci de vos renseignements et au revoir.

— Au revoir!

Le petit chapeau s'incline au-dessus d'un sourire mignon, et la charmante ingénue continue sa course.

L'INDISCRET.

Que les Parisiennes ont d'esprit, quand elles se mêlent d'en avoir!

Une femme du faubourg Saint-Honoré avait écrit une lettre d'horreurs à une jolie recluse de la Chaussée-d'Antin. — Celle-ci, pour toute réponse, a mis au bas: *Fait double entre nous,* et a renvoyé l'épître.

— N'est-ce pas tout un livre que ces quatre mots?

***

Voici une épitaphe curieuse, que j'ai lue dans un cimetière d'une des communes des environs de Paris:

> IL FUT BON PÈRE, BON ÉPOUX,
> BON MARCHAND DE VIN
> PRIEZ POUR SON ÉPOUSE.

***

LE DOCTEUR. — Ah! ah! voilà du mieux; vous avez, je le vois, suivi mon ordonnance.

LE MALADE. — Suivie! non pas, s'il vous plaît; je me serais cassé le cou.

LE DOCTEUR. — Comment céla? Je ne vous comprends pas.

LE MALADE. — C'est que j'ai jeté votre ordonnance du troisième par la fenêtre.

***

Un jeune gandin de lettres s'était fait le cavalier servant d'une ballerine de bals publics et lui avait adressé des vers où il la comparait bien maladroitement à Diane, déesse de la chasteté. On ajouta ces quatre vers au bas des siens:

> O gandin, pourquoi nommer Diane
> La folle beauté que tu sers?
> Car Diane prenait des cerfs,
> Et ta maîtresse a pris un âne.

***

Un aveugle avait reçu de la préfecture de police la permission de mendier en soufflant dans une clarinette sur un des ponts de Paris.

Quand il eut fait ses petites affaires, il voulut se retirer en cédant sa charge d'aveugle à son fils.

— Mais votre garçon est simplement borgne, lui fit remarquer le chef de bureau, et cette place ne peut être donnée qu'à un aveugle.

— Soyez tranquille, répliqua l'honnête mendiant, il le deviendra.

# LA CLÉ DE LA CAVE

Elle était jolie, madame Mauroi, et le savait, ce qui n'étonnera personne. Avec ça pieuse comme un ange et agaçante comme un démon. Ce n'était pas sa faute si tous les hommes lui faisaient la cour, ce n'était pas sa faute si le sourire de ses lèvres était moqueur comme un défi et si son regard, à la fois profond et provocateur révélait ce qu'elle voulait cacher. Voilà du moins ce qu'elle disait à ceux qui lui reprochaient sourire et regard.

Son cœur battait-il? sans doute puisqu'elle avait fait des aveux à un jeune docteur qui en était à moitié fou de désenchantement après les espérances données.

Mais elle avait un mari, la belle madame Mauroi, qu'elle ne voulait pas tromper quoi qu'il fût laid et, malgré cela, aveugle à l'envoyer pensionnaire au *Quinze-Vingts*. Elle avait sa réputation qu'elle ne voulait pas entacher, son honneur de bourgeoise qui lui tenait à cœur.

Et puis, elle avait aussi des nerfs qui la faisaient tour à tour languissante ou irritable, mourante ou fiévreuse.

Ce fut pour ces nerfs que le mari, fort occupé de ses affaires commerciales, l'envoya à Noisy-le-Grand où le hasard lui fit rencontrer Anna d'Arbelles, une camarade du Sacré-Cœur devenue une demi-mondaine, richement entretenue par le banquier X... qui ne comptait pas plus avec elle les amis que les billets de banque. Un amant au moins aussi commode que le mari de madame Mauroi.

Elles s'étaient rencontrées dans cet ancien parc de madame de Maintenon, sous les épais ombrages qui avaient abrité les amours d'une bégueule, maîtresse d'un roi.

La jeune femme filait l'amour platonique au bras de son docteur, par elle autorisé à venir animer sa solitude.

L'autre riait à pleine gorge des sornettes que lui contait un amant de cœur, consolateur forcé pendant les heures d'absence du protecteur sérieux.

Elles eurent un même cri, et coururent l'une vers l'autre.

— Anna!

— Athénaïs!

Les deux amoureux abandonnés s'arrêtèrent? D'autres qui suivaient, hommes et femmes, les rejoignirent bientôt.

Anna d'Arbelles recevait tous les jours; ceux-là étaient ses hôtes.

Les deux amies de pension ne s'occupaient point d'eux; elles marchaient, déjà aux confidences.

— Tu es mariée?

— Oui.

— Et ton mari?...

— Oh! des plus faciles. Il vient ici tous les soirs.

La demi-mondaine eut un rire dont elle retint l'éclat.

— Et celui, dit-elle qui était avec toi et se promène à présent seul là-bas, d'un air lugubre?

— C'est mon docteur; il me fait la cour.

— Vous n'en êtes que là?

— Je lui ai fait des promesses que je ne peux pas tenir.

— Pourquoi?

— J'ai peur qu'il me compromette; je tiens à ma réputation.

La courtisane regarda la bourgeoise d'un petit air moqueur.

— Vous ne devez pas rire souvent tous les deux.

— Oh! jamais.

— Voilà ce qui s'appelle comprendre la vie. A quelle heure rentre ton mari?

— Généralement à neuf heures, quelquefois à dix.

— Viens dîner avec nous; tu t'amuseras un instant. On rit à ma table; nous nous y mettrons à sept heures; tu seras libre à neuf.

Elle était fort tentée, la jolie madame Mauroi. Elle entendait les rires joyeux des futurs convives et, la curiosité aidant le désir, avait bonne envie de dire oui tout de suite.

Elle aperçut tout à coup le docteur se morfondant sous la feuillée, abattant du bout de sa canne les jeunes pousses qui n'en pouvaient, mais...

Elle pensa qu'un amoureux de si méchante humeur n'était pas chose bien gaie. Son amie suivait son regard et saisissait sa pensée.

— Sois tranquille, dit-elle; je me charge de l'inviter.

Elle donna l'ordre du retour et alla sans plus de façon prendre le bras du docteur pendant qu'un jeune officier de dragons offrait le sien à madame Mauroi.

Oh! le gai retour et les bonnes folies. Oh! les étourdissants rires auxquels se mêlait le bruit des baisers.

Le docteur surpris avait accepté l'invitation, mais au moment de se mettre à table, on s'aperçut qu'il n'était pas là. Cependant, très correct, il envoya à la maîtresse de céans un mot d'excuses; il s'était souvenu tout à coup qu'un client très malade l'attendait à sept heures.

D'abord un peu tourmentée, madame Mauroi s'oublia bientôt dans la gaieté générale. Elle avait pour voisin le bel officier que le hasard avait amené dans le pays, mais qui n'y devait pas revenir. Dans le brouhaha du lever pour passer au jardin prendre le café, la belle Athénaïs eut une surprise qui laissa sur ses lèvres une ineffaçable empreinte.

Ce fut Anna d'Arbelles qui vint lui rappeler l'heure du train par lequel devait arriver son mari.

L'officier offrit à nouveau son bras, et, très discret, très respectueux reconduisit la jeune femme. Mais en la quittant:

— Je pars demain, dit-il, je ne vous reverrai sans doute jamais. Aussi, à partir de minuit, je vous attendrai près de la grotte.

C'était audacieux; elle resta bouche bée de surprise et de colère. Quand elle put s'écrier: « Horreur! il me prend pour une fille! l'officier avait disparu. »

M. Mauroi se trouvait ce soir là fatigué. Il se coucha en arrivant, et sa femme, très douce, lui fit prendre force fleur d'oranger avec une légère décoction de pavots.

Comme il dormit bien cette nuit-là, le pauvre homme!

A minuit moins un quart Athénaïs, quoique moins indignée, disait encore: jamais! Du reste, comment sortirait-elle sans éveiller l'attention du mari et de la bonne? Il y avait trois portes à ouvrir pour cela et sur ces trois, deux qu'on devait huiler depuis huit jours, grinçaient.

Ah! pourtant, il y avait la cave dans laquelle on descendait par la cuisine et qui avait une ouverture extérieure pour l'entrée du vin et du chauffage. Athénaïs chercha la clé, descendit, puis alluma une lanterne et traversa le passage. Une minute plus tard elle était dehors, dans une avenue, sous les grands arbres qui s'embrassaient au clair de lune.

Comme la grotte aux royaux souvenirs devait être jolie à cette heure!

Elle ferma la cave et mit la clé dans sa poche. Bien sûr que cet impertinent officier n'aurait pas eu l'audace de la croire capable de cela. Elle allait trouver la grotte solitaire et revenir tout de suite.

Quand elle revint, ô terreur! impossible de rouvrir. Dans la serrure s'était introduit un objet étranger, fer ou caillou, qui ne permettait plus à la clé de pénétrer dans l'ouverture obstruée.

Que faire?... Depuis qu'Ève offrit à Adam la moitié de la pomme dont elle avait croqué l'autre avec le serpent, sa descendance féminine ne fut jamais aussi en peine devant le péril.

Elle se mit à geindre, crier, faire un infernal tapage. Sa bonne qui n'avait pas pris de pavot, s'éveilla la première et, terrifiée, arracha son maître aux douceurs d'un beau rêve, ce qui ne lui fut pas besogne aisée :

— On assassine madame, pour sûr, là, dehors.

Le malheureux n'eut pas le temps de réfléchir; un œil encore fermé, il prit son révolver pendant que la bonne, derrière lui, saisissait son balai.

A chacun ses armes.

Il fallut ouvrir les trois portes pour arriver dans l'avenue où l'on trouva madame, se roulant sur le sol, en proie à une épouvantable rage de dents.

A son cher époux, la bonne âme, afin de ne pas le réveiller, conta qu'elle avait pris le chemin de la cave pour aller chez le médecin qui, du reste, n'avait pas répondu à son coup de sonnette. Elle était revenue et n'avait pas pu rouvrir.

C'était par trop de dévouement pour le repos de son mari; celui-ci gronda; il ne faut d'excès en rien.

Un mois plus tard, le docteur écœuré était un heureux mortel. Il avait raconté, en épiçant le récit, l'aventure de la grotte, sans, bien entendu, en nommer les héros.

C'était donc lui!... jamais Athénaïs ne l'aurait cru capable de cela. Un peu par attirance, un peu par crainte des piqûres de l'aiguillon qu'elle avait fourni, elle lui tendit la main, et lui, qui ne se trouvait plus en présence du fantôme de la vertu farouche, fut hardi, ce qui les fit rire plus d'une fois tous les deux.

Morale : Si vous êtes amoureux de ce qu'on est convenu d'appeler une honnête femme, souvenez-vous du conseil de Danton; c'est surtout en amour qu'il faut de l'audace! encore de l'audace! toujours de l'audace.

PASCALINE.

# Le Carnet d'une Dégrafée

*(Suite)*

V

## DON JUAN

Nous passerons maintenant, si vous le voulez bien, à la classe des *audacieux*.

— C'est cela.

— En premier lieu les *don Juan* :

Je choisis un exemple : Aurélien de Boisflotte.

Celui-ci comptait la trentaine, les cheveux et la barbe blond clair, une raie partageant artistement le crâne en deux parties égales.

Les yeux étaient gris, celui de gauche écaillé perpétuellement d'un monocle dont le large ruban noir frétillait sur la pointe de la moustache.

Ajoutez à cela un léger embonpoint, la main petite, blanche, mais grasse et potelée, aux ongles assez longs, les doigts garnis de bagues, — beaucoup de bagues! — et vous aurez un portrait rapidement esquissé de mon premier séducteur.

Quant aux vêtements, ils étaient infailliblement gris perle, et toujours flottants.

Aurélien ne faisait pas longtemps la cour à une maîtresse.

La première fois qu'il me vit, il me jeta un peu brusquement un bouquet de violettes qu'il avait à la boutonnière. Le bouquet pénétra juste dans l'entrebâillement de mon corsage. C'était en soirée, j'étais décolletée. Je rougis très fort et le lui rapportai, très digne.

Il me jeta un regard assez froid, mais de ces regards qui détaillent.

Puis avec le geste de tête d'un appréciateur :

— Je regrette, fit-il d'une voix mordante, mais je n'avais pas de mouchoir. Et, s'inclinant en souriant, il partit sans reprendre son bouquet.

Les femmes, en général, raffolent de l'impertinence, lorsqu'elle est dite sur un certain ton. Un compliment gouailleur et malin vaut plus qu'un trait d'esprit et même qu'un éloge.

Cette hardiesse me fit réfléchir. On le citait à tous propos, comme un homme à bonnes fortunes.

Il avait du goût, disait-on. Secrètement je fus flattée.

Puis ses manières mondaines me séduisirent; j'étais très jeune.

Bref, il ne fit plus attention à moi. Ce fut à mon tour de rechercher des moyens indirects pour me trouver en sa présence, pour qu'il me parlât.

Nous sommes très ferrées là-dessus, nous autres.

Après m'avoir évité quelque temps, il revint juste au moment où, piquée, j'étais décidée à ne plus penser à lui, s'il manquait cette dernière occasion.

Toute femme a de ces résolutions; il faut choisir le moment opportun, ni trop tôt, ni trop tard.

Je devins donc la maîtresse d'Aurélien :

Il fut toujours charmant pour moi, très prévenant, me comblant de cadeaux, de bouquets, de bijoux et toilettes.

J'étais folle de lui. Je ne tardai pas à reconnaître cependant que j'avais une rivale. Déjà! je le connaissais depuis un mois.

Il paraît que notre liaison durait même plus longtemps que les autres. Je pris mes renseignements.

Les toilettes, les bijoux, toutes ses gracieusetés n'étaient pas tout à fait à mon adresse.

Aurélien avait des amis, beaucoup d'amis.

J'avais plu très fort à l'un d'eux; c'est pour cela qu'il m'avait prise.

Dès lors, dans mes sorties fréquentes avec lui, car il m'affichait presque, il fut surtout accessible aux compliments qu'on lui faisait sur moi.

Comme je l'interrogeai là-dessus, car j'étais jalouse :

— Mignonne, répondit-il, n'as-tu pas ce que tu désires ?

— Non, tu ne m'aimes pas !

— Voilà le grand mot lâché, bébête, va! T'aimer, c'est de l'enfantillage; mais pourquoi donc faire, bon dieu ?

— Comment ?

— Sans doute. Tout cela n'est qu'amour-propre, les femmes cherchent à plaire, avant toute chose, il leur faut les suffrages de tous.

— Mais je n'ai pas le tien.

— Tu as ceux de mes amis, et ils s'y connaissent, c'est tout ce que je demande.

J'ai entendu dire que dans toute liaison il y en a toujours un qui tire la couverture.

J'ai juré que je serai celui-là.

Ces hommes-là seuls vous comprennent; avec eux, il faut avouer que nous ne sommes pas de force.

Après qu'il eut rompu avec moi, j'appris que j'avais un numéro d'ordre, et que la mèche de cheveux qu'il m'avait demandée était allée rejoindre une collection, de toutes nuances, et déjà très fournie en échantillons.

— Que voulait-il donc en faire ?

— Une douzaine de perruques... pour ses vieux jours.

*(à suivre)*       K. STORR.

LES

# DÉBOIRES DE ZÉPHYRIN

L'ami Zéphyrin a fait une étude toute particulière des arts plastiques. Après avoir gravé des eaux-fortes qui ont été remarquées, a il dessiné au fusain des paysages qui avaient le diable au corps; mais sa passion pour la musique et surtout pour l'art mimique l'a toujours emporté plus loin qu'il ne le voulait.

Il n'a qu'un filet de voix, mais de ce filet de voix il se sert admirablement pour chanter les morceaux les plus héroïques, et surtout pour les mimer avec un *chic* qui n'appartient qu'à lui.

Vers la fin d'août dernier, je le vois bourrer mystérieusement son fantastique sac de nuit de papiers de musique et d'une demi-douzaine de faux cols.

— Bon! me disais-je, Zéphyrin me cache quelque chose... Il va probablement rejoindre en Allemagne Richard Wagner, qu'il adore à l'égal d'un demi-dieu, ou se livrer à une excursion impossible à la suite de Vivier...

Je n'y étais pas du tout. Mon ami Zéphyrin venait de s'engager comme chanteur pour un théâtre lyrique de province où il allait faire ses débuts. L'engagement portait *second baryton*, *et, au besoin, fort ténor*... Du moins, ceci résulte-t-il de l'explication qu'il vient de me donner. Il avait bien essayé de me prouver autrefois qu'un vrai chanteur devait chanter au besoin et à la fois les rôles de ténor, de baryton et de basse-taille; il me rappelait avec exaltation que le célèbre Garcia avait chanté avec succès les trois grands rôles d'homme de *Don Juan*; mais je ne paraissais pas convaincu à son endroit, ce qui le jetait dans des colères bleues. Il s'était engagé comme chanteur pour joindre la pratique à la théorie, et rien que pour me prouver la possibilité de ce que je paraissais regarder comme impossible.

— Voilà qui est absurde, insensé, — lui disje; — ne pouvais-tu pas essayer aussi bien ici l'application de tes théories ?...

— Vous êtes tous ainsi, vous autres Philistins. — me répond-il en s'agitant frénétiquement des jambes et des bras; — tant que Byron n'a pas passé l'Hellespont à la nage, vous le raillez, et quand il a accompli héroïquement sa tâche, vous le traitez de fou, vous haussez les épaules.

— Mais enfin, d'où viens-tu? d'où sors-tu ?...

— J'arrive en droite ligne de Folleville, un endroit de *Seine-Inférieure* où les habitants sifflent les chanteurs pour leur prouver qu'ils comprennent la *scène supérieure*.

Content de lui-même et de son affreux calembour, Zéphyrin se mit à chantonner sur l'air de *Ma Normandie* :

Il est un âge dans la vie
Où chaque rêve doit finir ;
Par les *batraciens* asservie,
L'âme a besoin de s'affranchir ;
Pourquoi se faire tant de bile
Pour le peuple au cœur de vautour ?...
Je te maudis, ô Folleville !...
C'est le pays dans lequel j'ai fait four...

— Donc, tu ferais brûler sans pitié cette malheureuse cité de Folleville, parce que ses habitants ont eu l'indélicatesse de ne pas te comprendre ?

— Ce sont des batraciens, des Philistins que je ferais rôtir comme des Bédouins qu'ils sont, si j'avais à ma disposition les grottes du Dahra.

— Pour une première leçon, elle te serait exemplaire; ce serait pour répondre à ton premier début... Mais enfin, toi, on ne t'a pas brûlé ?...

— Ils ont fait bien pis! Ils m'ont sifflé, conspué, *chaté*, pour le premier début; au second, ils m'ont envoyé des fragments de banquette à la tête; au troisième, quand on a consulté le public sur mon admission, ç'a été un vacarme infernal; puis, un monsieur en habit noir et en cravate blanche, un véritable croque-mort, qu'on appelle *régisseur chargé de parler au public*, a tiré du trou du souffleur une énorme pancarte sur laquelle était écrit ce simple mot : REFUSÉ... C'est alors que j'ai été applaudi pour la première fois, oh! mais applaudi avec frénésie...

— Es-tu sûr qu'ils ne s'y connaissent pas ?

— Comment veux-tu qu'ils s'y connaissent! une ville où il n'y a que des filateurs de coton !... A force de pratiquer cette industrie, il leur est resté du coton dans les oreilles... Chacun d'eux [a] une balle de coton qui lui bouche le tympan, de sorte que l'orchestre joue toujours *fortissimo* d'un bout à l'autre des opéras... Les chanteurs doivent avoir une *gueule d'empoigne* pour domi- ner cet éternel *fortissimo*... A moins qu'ils ne fassent tous comme Boule-de-Suif?

— Qu'est-ce que c'est que Boule-de-Suif?

— Figure-toi un ténor léger, petit et boulot, si rond, si rond, qu'on ne sait jamais s'il est de face ou de profil, ou s'il vous tourne le... dos. Boule- de-Suif s'est fait ce simple raisonnement : « Les Follevillois ayant du coton dans les oreilles, faisons semblant de chanter : l'orchestre donnera du son pour moi ; j'ouvrirai la bouche en cœur, je ferai des mignarderies aux dames, et l'on croira que j'ai lâché l'*ut* dièse... » A Folleville, on croit à l'*ut* dièse de Boule-de-Suif. Quand par hasard il lui arrive de chanter, c'est toujours de la tête, de la gorge et du nez. Aussi les Follevillois disent-ils avec attendrissement en parlant de lui : « Jamais nous n'avons eu un ténor aussi léger ! »

— Et tes talents dans l'art mimique, que ne les mettais-tu en évidence?

— C'est justement ce que j'ai essayé de faire, et c'est là qu'a éclaté le bouquet... Je vais trou- ver le premier régisseur, le régisseur de la scène, et je lui parle de mes études spéciales sur le drame satirique chez les Grecs...

— Le drame satirique chez les Grecs? me répondit-il de suite en écarquillant de gros yeux bêtes, connais pas. — Vous n'en serez que plus satisfait, car ce sera pour vous quelque chose entièrement neuf. Le drame satirique des Grecs, continuai-je, n'était autre chose que la mise en scène par le chant, par la danse et par le mimi- que, des actions des héros et des dieux. Ainsi, j'improviserai, par exemple, la saynète d'un vieux faune faisant la leçon au petit Silène encore [...] [...] en voix de so- prano à vous y méprendre, [...] [...] entendre un chanteur de la chapelle Sixtine.

— Mais vous êtes engagé comme baryton et [non comme] soprano, m'objecta avec effroi le prosaïque régisseur.

— [...] chose, mais qu'y a-t-il...

— Comment, ça n'y fait rien?

— [...] Tarte, j'ai plusieurs cordes à [mon arc], ou plutôt à ma voix, et comme j'ai un gosier très flexible, je puis en tirer tous les sons que je veux. J'ai bien plus de voix que Boule-de-Suif, votre ténor, qui n'en a pas du tout. De plus, j'exprimerai par une *ricaoustai* (une danse grec- que) et par une pantomime expressive l'éloquence du vieux faune et la joie enfantine du petit Silène.

— Mais, monsieur, vous êtes engagé pour le chant et non pour le ballet, reprit avec un nouvel effroi le stupide régisseur, qui roulait des yeux en boule de loto. (Ici le régisseur me crut atteint de démence, et il se frappa trois ou quatre fois le front avec l'index, en se tournant vers le direc- teur, pour lui donner à entendre que j'avais un ou plusieurs hannetons dans le cerveau). Le directeur fut bientôt de l'avis du régisseur, et, avant le soir, il s'entendit avec les abonnés pour me faire siffler... Et voilà comment Folleville s'est privé volontairement du plaisir de savoir au juste ce que c'était que le drame satirique chez les Grecs Comprends-tu, ô mon ami ?

— Si je te comprends, ô Zéphirin !... Sache bien qu'il y aura toujours un endroit dans le monde, ne serait-ce que le cœur de ton ami, où tu ne seras pas incompris.

Mon ami Zéphirin se précipita de nouveau dans mes bras, et m'inonda de larmes en s'écriant :

— Embrassons-nous, Folleville !

Il est évident que l'émotion lui avait ôté le sens de la situation, sans quoi il ne m'aurait pas dit : « Embrassons-nous, Folleville ! »

JEAN LEBLOND.



# LE POÈTE-HUISSIER

(suite)

— C'est impossible, encore une fois, impos- sible, vous dis-je, et soyez convaincu que c'est un service que je vous rends... je vous évite ainsi d'aller au-devant d'un échec... d'un échec cer- tain ! Croyez-moi.

— Je suis bien obligé de vous croire. C'est votre dernier mot !... Voulez-vous me rendre le manuscrit ?...

— Très-volontiers Voyez-vous, cela vaudra beaucoup mieux. Vous reprenez tout bonnement votre pièce — je ne fais pas de copie — je ne la connais pas, je ne l'ai pas lue...

— Comme vous voudrez... Au revoir, Mon- sieur !

— Au revoir, *mon cher ami*... N'allez pas m'en vouloir, au moins... C'est dans votre intérêt... oui, dans votre intérêt... car vous êtes un char- mant garçon... plein de talent... et vous arrive- rez... Bon courage !

Et le père Destourelles reconduisit Gustave Bertrand jusque sur l'escalier.

— Monsieur Claude Nohic ?...

— Monsieur Pélussin ?...

— C'est ainsi que vous me faites des cachot- teries ?...

— ...??? ...

— Oui, vous avez une pièce reçue au théâtre national de l'Odéon, et vous ne m'en dites rien !... Je l'apprends ce matin, par la voie des jour- naux !...

— Si j'avais pensé que cela pût vous intéres- ser, Monsieur...

— Comment !... si cela m'intéresse ?... Mais tout ce qui vous touche m'intéresse... Ah ! ça, j'espère bien que vous allez me donner un fau- teuil pour la première...

— Une loge, si vous vouliez, monsieur Pé- lussin.

— Oui, c'est cela, une loge : j'offrirai deux places à mon ami Nègreblant et à sa fille Hor- tense... Ah ! vous cultivez la Muse, mon gail- lard... A la bonne heure !... Dites-moi donc, il ne faut pas que cela fasse négliger vos dossiers, et les intérêts de l'étude... C'est très joli de faire des vers, mais les choses sérieuses avant tout, eh ?...

— Soyez tranquille, monsieur Pélussin.

Claude Nohic regagna son cabinet de travail, avec un gros soupir. Il professait pour son pa- tron le plus souverain mépris, depuis un jour où celui-ci l'avait mené passer la soirée chez Ana- tole Nègreblant, huissier, un vieux correspon- pondant de l'étude. On avait joué aux petits jeux de société. La *demoiselle* de la maison, Hortense, qui se piquait de littérature, avait proposé des bouts rimés, et comme on demandait à Pélussin de fournir une rime féminine, il avait indiqué immédiatement *certa*, et n'avait pas voulu en

démordre. Claude avait cru d'abord à une plai- santerie, mais Pélussin ne plaisantait jamais... A la fin, il s'était fâché tout de bon, envoyant les bouts-rimés à tous les diables : « Est-ce que je sais, moi... Vous m'embêtez avec vos consonnes d'appui, vos rimes féminines qui sont des mots masculins, et réciproquement !... Pensez-vous qu'un homme sérieux puisse s'incruster dans la tête des billevesées pareilles ?... »

Claude ne lui avait jamais pardonné. Cela l'hu- miliait d'être sous les ordres d'un homme d'une ignorance aussi crasse. Ce qu'il en avait assez, d'ailleurs, de la procédure, des requêtes, des ordres et des contributions !... Ce qu'il lâcherait l'étude avec plaisir, aussitôt qu'il aurait trouvé un débouché, une issue quelconque dans le jour- nalisme, le roman ou le théâtre !... L'avenir s'an- nonçait bien : Bertrand, après son échec chez Destourelles, s'était empressé de porter le ma- nuscrit à l'Odéon, où le directeur lui avait fait le meilleur accueil du monde... Non seulement il leur jouerait leur à-propos, mais encore ils pou- vaient se considérer comme de la maison, et tra- vailler de confiance à une œuvre plus impor- tante, trois actes, cinq actes ! sûrs — à peu près sûrs tout au moins — à être représentés ! Ce détail... Ce n'étaient pas les pièces qui manquaient, et le directeur de l'Odéon n'aurait que l'embarras du choix.

En attendant, l'à-propos était annoncé, et [...] paraîtrait bientôt sur l'affiche. Nohic s'occupa de le faire imprimer, et entra, pour la première fois, en relations avec Messieurs les éditeurs. Il se figurait naïvement que l'annonce de la réception de la pièce suffirait à vaincre chez eux toute vel- léité de résistance. Il en vit deux, il en vit trois, il en vit cinq, et partout la réponse fut la même.

— [...] Non, nous n'en voulons pas, [...] Cela ne se vend pas du tout.

Un seul proposa une combinaison aux termes de laquelle les auteurs entreraient pour [...] dans les frais en achetant un certain nombre d'exemplaires, sans que d'ailleurs il leur fût [...] sible de s'inquiéter ni de la vente, ni du tirage... Nohic refusa avec une indignation partagée par Bertrand, et mal leur en prit à tous deux : enga- gés de s'éditer eux-mêmes, avec le concours d'imprimeur la *Trapèze*, ils réalisèrent la [...] désastreuse des spéculations.

Mais il s'agissait bien de cela ! L'Art [...] tout entiers. Convoqués pour la lecture aux artistes, ils dirigeaient, avec enthousiasme, les répétitions.

Le soir de la première, une pluie torrentielle tombait, et l'apothéose de Racine eut lieu devant une salle à moitié vide. Le public n'en accueillit pas moins leurs vers avec beaucoup de bienveil- lance et de sympathie, et leur petit acte demeura une quinzaine de jours sur l'affiche, en levée de rideau. Ils virent leur excellente presse, et rien ne manqua à leur gloire, pas même l'éreintement traditionnel d'un confrère qui avait traité le même sujet, sans jamais pouvoir parvenir à cas- ser son travail nulle part. Enfin, ils touchèrent assez de droits d'auteur pour offrir à déjeuner à leurs interprètes.

Rendu indulgent par le succès, Claude Nohic reçut de bon cœur les félicitations de Pélussin, et crut devoir accepter une invitation à dîner chez l'huissier Nègreblant, témoin de son triom- phe. Après le café, Mlle Hortense lui fit réciter les stances qui terminaient la pièce, et l'interrompit à chaque instant par des exclamations admira- tives. Il ne fut point insensible aux compliments dont elle l'accablait, et qui chatouillaient, de façon fort agréable, sa vanité d'auteur... Il en arriva, par un effet d'optique singulier, à la trouver pres- que jolie, en dépit de son extraordinaire maigreur et de son nez en bec d'aigle.

A la suite de ces événements heureux, Claude vécut un mois durant, dans le ravissement et dans l'extase. Il se crut lancé.

Les désillusions vinrent vite.

Il commença par ne trouver d'éditeur pour aucun de ses ouvrages.

Le volume de vers : la *Chanson des grèves*, fut repoussé partout avec perte.

Le volume de nouvelles eut le même sort.

Le roman de cape et d'épée n'eut pas plus de chance.

Les grands éditeurs — gens considérables et connus sur la place — refusaient même de faire examiner les manuscrits. Les autres les conservaient indéfiniment, sans jamais donner de réponse.

— Repassez dans une quinzaine de jours.

(*A suivre*)

**Odéon.** — *L'argent d'Autrui* se maintient avec son succès du début. C'est une œuvre sérieuse que nous recommandons tout spécialement à tous nos lecteurs.

**Variétés.** — *Le Premier Mari de France* est décidément le clou de la saison, on s'y tord positivement de rire.

**Palais-Royal.** — *Le Veglione* n'est pas prêt de quitter l'affiche, si nous en croyons les applaudissements que nous avons entendu ces jours-ci à la représentation.

**Folies-Bergère.** — Non contente de nous charmer avec la Loïe Fuller, la direction de ce très select établissement vient encore d'augmenter l'attrait de son programme avec le Kangourou-boxeur qui est amusant à voir.

**Eldorado, Scala.** — Toujours le même succès mérité; nos compliments à l'habile directeur de ces deux scènes, M. Brigliano.

**Ba-Ta-Clan.** — Le maximum tous les soirs — C'est la meilleure réclame qui puisse se faire.

**Européen.** — M. Debasta continu à prouver qu'il est directeur habile et homme de goût, — personnellement, le plus charmant homme de Paris.

**Elysée-Montmartre.** — Dimanches, ballet, patinage. Grand succès.

ALBERT VERSE.

## SPECTACLES DE LA SEMAINE

OPÉRA. — FRANÇAIS. — OPÉRA-COMIQUE. — ODÉON : —Spectacle variable : consulter feuilles quotid.
GYMNASE. 8 h. »/» — Les amants légitimes.
VAUDEVILLE. — 8 h. »/». — L'Invitée.
VARIÉTÉS. — 8 h. »/». — Premier Mari de France.
PORTE-SAINT-MARTIN. — 8 h. »/». — Le Bossu.
CHATELET. — 8 h. — La Prise de Pékin.
GAITÉ — 8 h. »/». — Le Talisman.
AMBIGU. — 8 h. »/» — Mère et Martyre.
PALAIS-ROYAL. — 8 h. 1/4. — Le Veglione.
NOUVEAUTÉS. — 8 h. 1/4. — Champignol malgré lui.
FOLIES-DRAMATIQUES. — 7 h. 3/4. — Miss Robinson.
BOUFFES-PARISIENS. — L'Enfant prodigue.
MENUS-PLAISIRS. — 8 h. — Tararaboum-Revue.
THÉATRE CLUNY. — 8 h. 3/4. — Cambrioles de l'année.
DÉJAZET. — 8 h. »/». — Ferdinand le Noceur.
CHATEAU-D'EAU. — 8 h. »/» — Le Crime d'Orcival.
BOUFFES DU NORD. —8h.— Jean Mayeux.
THÉATRE MONCEY. —8h.— Quatre-vingt-treize.
FOLIES-BERGÈRE. — 8 h. 1/2. — Miss Loïe Fuller, danse serpentine. — M^me Bonnaire. — La Belle Fatma. — Jeudis, dimanches et fêtes, matinées à 2 h. 1/2.
ELDORADO. — 8 h. 1/2. — Concert. — Spectacle.

*L'Imprimeur-Gérant :* ALPHONSE CARROT.

Imprimerie spéciale du *Paris qui Rit*, 13, faub. Montmartre, Paris.

Deuxième année, n° 22.          LE NUMÉRO: **DIX** CENTIMES          Dimanche 5 Mars 1893.

ABONNEMENTS

PARIS :
Un an, 6 fr. ; Six mois, 3 fr. ; Trois mois, 1 fr. 50.

DÉPARTEMENTS :
Un an, 6 fr. 60 ; Six mois, 3 fr. 25 ; Trois mois, 1 fr. 75.

ÉTRANGER :
Un an, 7 fr. 50 ; Six mois, 3 fr. 75 ; Trois mois, 2 fr.

*Adresser lettres, communications et mandats à M. l'Administrateur de la Bibliothèque Gauloise*

Mollet d'Acier s'empare du Cliquot qu'elle finit d'avaler !...          Elle avait une mouche... là, au milieu de la joue...

---

*Une indisposition de notre collaborateur Petit-Claude nous oblige à remettre à la semaine prochaine la Chronique Gauloise qu'il n'a pu nous envoyer.*

## LES MOUCHES

L'affaire dont il s'agit, était celle-ci :

Plainte portée par la maison Antoine Cerf et C° contre un de ses employés, pour détournement de marchandises.

Le plaignant est le nommé Antoine Cerf, qui tient un magasin de velours et soiries en gros dans la rue Tiquetonne. Après les questions préliminaires d'usage, auxquelles il répond d'une voix entrecoupée par les sanglots, Cerf raconte ainsi son épouvantable histoire :

— Mon histoire, Monsieur le Président, sera brève... Voila : Je suis établi depuis vingt-cinq ans, et je vais en avoir cinquante. Vous voyez que le commerce a toujours été ma joie. Du reste, je puis vous recommander mes articles ; car je ne tiens que de bonne camelotte... J'ai toujours fait dans le velours et la soie ; c'est vous dire que je ne suis pas un de ces juifs qui...

— Arrivez au fait.

— J'y arrive, mon président. C'était donc pour vous faire savoir que mes marchandises ne sont point des tissus à cinquante sous le mètre, et qu'il en faut peu pour représenter une grande valeur...

Je dois vous apprendre que je suis resté célibataire. Oui ; on a quelquefois des idées comme ça. Et puis mon nom patronymique de Cerf ne me prophétisait rien de bon dans le mariage... Donc, je suis resté garçon. Mais, vous le comprendrez, n'est-ce pas, quoique commerçant, on a un cœur... et le mien n'est pas dans un sac ! Or, quand ce cœur parle, on doit l'écouter.

C'est ce que je fis, et je m'en repens bien aujourd'hui, allez !

Bref, un jour, comme je passais dans les environs de Saint-Eustache, j'entendis mon cœur qui parlait... Oui, il s'adressait à une jeune et charmante femme qui promenait son ombrelle devant le pavillon à la marée... Ah ! vous savez, mon président, c'était une personne comme je m'en souhaiterais tous les soirs...

— Passons, passons !

— C'est ce que j'aurais dû faire ! j'aurais dû passer mon chemin ! mais je fus arrêté par une gredine de mouche, — car elle avait une mouche... là, voyez-vous, au milieu de la joue... un petit grain qui me tenta... Je laissai donc parler mon cœur, lequel offrit à cette dame un dîner chez Baratte et une promenade en voiture. Moi, j'ai toujours aimé le dix-huitième siècle. Le grand roi Louis XV possède toute mon admiration : c'était un lapin, celui-là ! et cette satanée mouche donnait au visage de ma conquête une certaine ressemblance avec la Pompadour ou la Dubarry, — je ne sais plus au juste.

Enfin, j'étais subjugué au point que j'en arrivai à faire des folies, moi, toujours si rangé d'habitude ! je louai un appartement à Clorinde — c'est le nom de ma Pompadour, — je la meublai splendidement... Oh ! pour pas cher ! vous savez, on a quelquefois des occasions chez les bric-à-brac... En somme, je fis toutes les dépenses voulues pour la rendre heureuse.

— Mais, en tout ceci, je n'aperçois pas encore...

— Patientez un peu, Monsieur le Président. Il faut vous dire que Clorinde avait une mouche, non seulement sur la joue, mais deux autres encore sur la poitrine, à la naissance du cou...

— Passez !

— Décidément, pensais-je, je suis un fortuné mortel ! car ces mouches, sur le blanc de la chair, sont d'un radieux effet.

— Passons, vous dis-je.

— Pour tout vous dire, enfin, j'étais absolument heureux avec Clorinde, et j'eusse souhaité que cela durât toujours... Mais vous allez voir combien l'amour, comme la Fortune, est aveugle !

J'avais comme premier employé le nommé Sosthène Fierperluis. Jamais je n'avais eu qu'à me louer de ses services ; aussi jouissait-il de toute ma confiance.

Un jour, il y a de cela trois semaines à peu près, il me demanda un congé pour aller voir sa nourrice. Je le lui accordai. Et comme, justement, Clorinde devait aller ce jour-là visiter sa tante, je demeurai au magasin, et vérifiai l'état des marchandises.

Quel ne fut pas mon étonnement, en passant ma revue, d'apercevoir une pièce de velours noir, — qualité riche, — toute percée de petits trous ronds grands comme des confetti.

— Tiens, m'écriai-je, d'où cela peut-il provenir ?

On eût dit des coups d'emporte-pièce.

Quand Sosthène arriva, le lendemain, je le questionnai à ce sujet.

Il resta un moment pensif, et me répondit :

— Que vous êtes bête, mon cher patron ! vous ne voyez pas que ce velours est rongé par les vers ? Donnez-moi donc trente sous ; je vais aller chercher de la poudre insecticide.

Moi, la bonté même, je lui donne un franc cinquante, et je file voir Clorinde...

Mon président, ce fut la dernière heure que je passai auprès d'elle... Ah ! il m'en souviendra, larira ! .

Nous devions aller ce soir-là à un bal masqué, dans la société de joyeux garçons dont je suis président d'honneur, et Clorinde avait choisi un costume gracieux d'arlequin.

Quand je vis tout à coup sur le satin rose de son corsage décolleté, deux petites rondelles de velours noir et, horreur ! sur la joue et à la naissance de sa poitrine, plus un seul vestige de ces mouches qui m'avaient séduit.

Je ne dis rien, je restai digne, et sortis, non sans avoir pris...

— La mouche ?

— Oui, Monsieur, les mouches... les deux mouches.... J'arrivai au magasin. Sosthène n'était pas encore venu. Je pris la pièce de velours contaminée, j'approchai l'une des rondelles : c'était la même étoffe... Je la mis dans l'un des trous : elle s'y adaptait... Seulement, il y avait de la gomme arabique derrière...

Je ne pus contenir ma colère plus longtemps.

Je repartis chez Clorinde pour avoir une explication. Comme j'avais une double clef, j'ouvris la porte, mais je m'arrêtai au milieu du salon, en entendant un bruit de voix dans la chambre...

— Eh bien ! disait mon adorée, ton vieux mufle de singe est encore venu aujourd'hui... Il commence à me raser, tu sais !

— Qu'est-ce que ça fait, du moment qu'il casque, répondit une autre voix, que je reconnus pour être celle de Sosthène...

— A propos, reprit Clorinde, n'oublie pas de m'apporter des mouches ; je n'en ai plus.

Un bruit de baisers succéda à ces paroles.

Je ne voulus pas en entendre davantage. Je repris...

— La mouche ?

— Oui, Monsieur ; et je la portai chez le commissaire, avec ma pièce de velours ..

Voilà !

— Bien ! fit alors le Président, la cause est entendue. Allez vous asseoir !

Puis, très tranquillement, il acquitta Sosthène, à la grande joie de Clorinde, l'arrêt spécifiant que l'abus de confiance n'était pas suffisamment établi.

MARIUS BLAY

# Le Carnet d'une Dégrafée

*(Suite)*

VI

## *FIN-DE-SIECLE*

La jolie mignonne eut une pause, juste le temps de rouler une cigarette, et reprit d'une voix pénétrante :

— En même temps que je vous parlais de Don Juan, je vous rappelle que j'entamais le chapitre des audacieux et des obscurs.

Les fin-de-siècle sont de la même famille que les Don Juan, mais avec un cachet de modernité, qui les rend plus difficiles à contenter encore.

Il y a deux sortes de fin-de-siècle, en matière d'amour : les *précoces* et les *blasés*.

Les premiers sont le juste produit de la génération actuelle, qui vit plus vite et par conséquent disparaît plus rapidement.

Vous voyez que nous pourrions raisonner philosophie et métaphysique si nous voulions.

Un gamin de quatorze ans, maintenant, ferait rendre des points à un homme de trente du siècle dernier. Ce que je dis là n'est pas exagéré.

Un exemple à l'appui.

Une de mes amies est mère de famille. Cela vous étonne ! Vous êtes naïf ! c'est une fin comme une autre, et ce n'est pas la plus mauvaise.

Elle a épousé un riche imbécile, qui fait des opérations financières où il se montre très intelligent.

Elle possède un fils, un joli chérubin de dix ans, pas davantage, avec des boucles blondes et des yeux bleus.

Moi, j'en raffole.

D'ailleurs, c'est un signe particulier qui vous est propre. Nous adorons toutes les enfants, sans doute parce que nous n'en désirons pas pour nous-mêmes.

Ce mignon garçonnet est le type le plus curieux de ce que je vous disais des précoces.

Très intelligent, — il tient de sa mère, — il ne se laisse rebuter par aucune difficulté. Figurez-vous, que, tel qu'il est, le voilà amoureux fou de moi.

— Pas possible !

— Authentique.

Il me vole toutes mes photographies, il m'écrit des lettres qui feraient la joie de Monsieur le rhéteur qui veut réformer l'orthographe à l'Académie française.

Comme je dormais, l'autre fois, il vint me couper une mèche de cheveux. Enfin, qui plus est, il me fait des scènes ; des scènes de jalousie, s'il vous plaît.

Cela vous paraît extraordinaire, n'est-il pas vrai ? Mais voyez-vous, l'amour est une chose sérieuse chez les enfants.

C'est un sentiment beaucoup plus vrai, pris au sens théorique, beaucoup plus sincère et véritable que chez l'homme qui commence à vivre. C'est le bégaiement du cœur.

Dernièrement, je fis une découverte qui me fit réfléchir et beaucoup.

Toutes mes photographies d'hommes, dans mon album, étaient toutes percées au cœur d'un coup d'épingle.

Mon petit adorateur avait passé par là. Il avait sans doute entendu parler des récentes expériences de Monsieur de Rochas à l'École Polytechnique, sur l'envoûtement. Il se doutait donc ?...

— Voyez-vous cela.

— Enfin, un mot, un mot superbe. Depuis quelque temps il manifestait le désir de se faire conduire à la Bourse.

— Pourquoi cela ? lui demandai-je, en l'embrassant.

— Pour tripoter avec le Panama ...comme papa.

Je partis d'un éclat de rire.

— Tu voudrais donc être bien riche ?

— Certainement, fit-il, en me regardant fixement et de tous ses yeux ; de cette façon, je t'achèterais un hôtel... et tu mettrais mon portrait dans l'album, tu sais bien, avec les autres.

— Vous direz ce que vous voudrez, mais cela me tira des larmes. Monsieur Prud'homme, enfant, se serait fait écouter.

— Et les blasés ?

— Ce sont les mêmes, les mêmes à l'âge de raison. Ils ont aperçu la vie sous ses côtes factices. Le scepticisme les a mordus à l'époque où les autres se livraient de tout cœur à leurs emballements.

Plus rien ne leur fait, ils n'ont de goût pour rien.

Ils ont dévoré de leurs yeux précoces tout ce qu'ils croyaient bien, bon et beau, et le voile n'a su résister à une étude approfondie de ce qu'ils admiraient d'abord.

Le voile s'est déchiré, le bandeau est tombé à terre.

L'idole les a fait souffrir.

Ils ne croient plus, ils ont raison ; mais ils ne sont pas heureux.

*(A suivre)*

K. STOR.

# MA TANTE

Ce n'était pas une tante comme les autres. Elle n'avait pas de cheveux gris et pas la moindre ride ; aucune tendance à l'obésité, sans nul excès de maigreur. Une taille bien prise, des épaules élégantes, un cou blanc et flexible, et, dominant le tout, un visage frais et gracieux éclairé de grands yeux bleus, et casqué d'une lourde chevelure noire à reflets fauves. Bref, ma tante comptait dix-huit printemps.

C'était juste une année de moins que moi qui entrais tout fringant dans ma vingtième année.

J'étais l'aîné de ma tante. Eh bien ! pourtant, je dois le reconnaître, elle était beaucoup plus sérieuse que moi. Cela ne m'empêcha pas de lui faire la cour, — ou peut-être même fut-ce à cause de cela.

Ce qu'il y a de certain, c'est que je l'ai aimée, — ou cru l'aimer — avec cette ardeur de la jeunesse, qui brûle si fort qu'elle se consume toute seule. Outre les attraits de la jeune fille, il y avait aussi la séduction de l'obstacle qui me fascinait : si je me faisais aimer d'elle, — ô bonheur ! — quelle opposition n'allais-je pas rencontrer dans ma famille ! Un neveu épouser sa tante ! .. Quelle folie ! Nous étions trop jeunes ! Et puis, il fallait des dispenses !... etc... Que sais-je ?... — Ma mère, elle-même, quoique éprouvant pour cette toute jeune sœur si tardivement venue une affection quasi-maternelle, n'aurait sans doute pas accueilli le projet sans objections : me voyez-vous le beau-père de maman !

Le sort devait en décider autrement ; ma tante — je l'appelais par son prénom : Madeleine... — ne se laissa pas émouvoir par mes attitudes langoureuses, ni par mes œillades furtives !

Quelle jeune personne sérieuse !

Elle était venue passer l'été dans ma famille, à la campagne. Retenu à Paris, je ne vins qu'au mois de septembre chez mon père, il y avait plusieurs années que je n'avais vu Madeleine ; je ne mis pas une demi-journée à m'en éprendre comme un fou. S'en aperçut-on, et fut-ce pour cela qu'on nous interdit de nous tutoyer ? Toujours est-il qu'on n'empêcha pas ma tante de se promener avec moi. De son côté, elle y semblait prendre plaisir. De sorte que j'en abusai.

Mais chaque fois que nous nous trouvions seuls ensemble et que je voulais engager l'entretien sur un terrain brûlant, Madeleine me regardait de son air le plus sérieux — qui me glaçait, — et, haussant les épaules :

— Mon neveu, me disait-elle, j'ai à travailler ; je rentre...

J'enrageais ! — Mais pour qu'elle ne me quittât pas, je pris le parti de ne plus lui parler de rien. Notre intimité y gagnait : nous étions ensemble comme frère et sœur !

Un matin, on reçut une dépêche : c'était mon oncle César, — le frère de mon père, — qui venait passer une semaine chez nous, avec sa fille.

Mon oncle : quarante ans, — peut-être même trente-huit !... — la tournure et la physionomie très jeunes, malgré une calvitie précoce qui commençait à lui dénuder le crâne. Veuf depuis plusieurs années. — Ma cousine : une petite pensionnaire quelconque : quinze ans ; la taille plate, les épaules carrées d'une fillette ; les traits pas encore affinés, — à peine dégrossis...

De ma part, ces nouveaux hôtes ne furent pas bien accueillis : ils mirent fin à mes tête-à-tête avec Madeleine. Tantôt, c'était le père, tantôt, la fille ; souvent les deux.

Le premier s'emparait du bras de ma tante qui me disait :

— Nous vous confions Pauline !

Et, souriante, devant ma moue :

— Amusez-vous bien ! Vous êtes du même âge ! Cinq ans de différence ! C'est la proportion...

Je n'étais plus assez jeune pour pouvoir protester. Mais au fond de moi, je ressentais une colère furieuse.

Et Madeleine ne manquait pas une occasion de me vanter Pauline :

— D'abord, elle est jolie !

— Ah oui ! parlons-en !

— Certainement : une blonde aux yeux noirs.

— Cela ne vaut pas une brune aux yeux bleus !

— Vous ne savez ce que vous dites ! Pauline est charmante.

Cela ne pouvait pas durer.

Un jour, après le déjeuner, j'entraînai Madeleine dans le parc.

— C'est exprès, ce que vous faites là ? lui demandais-je avec rage.

Elle demeura impassible.

— Dites-moi d'abord ce que je fais, répondit-elle, je ne comprends pas.

Ces paroles m'exaspérèrent.

— Vous voulez que Pauline vous remplace auprès de moi, parce que vous ne m'aimez pas ! Vous n'avez pas de cœur !

— Et vous, vous êtes fou !

— Pas du tout, je suis très calme, au contraire, répondis-je en faisant un effort surhumain. La preuve, c'est que... vous voyez bien... je ne vous retiens pas...

— Vous avez raison... Ma place est avec les gens sérieux... Et vous êtes un enfant.

Très calme, elle s'éloigna.

Je la suivis du regard, et, sitôt qu'elle eut disparu, m'étant laissé tomber sur un banc, je cachai ma tête dans mes mains... et je ne pus m'empêcher de pleurer !

Il y avait un temps inappréciable que j'étais ainsi — peut-être cinq minutes, peut-être une heure, — lorsque je sentis qu'on s'asseyait doucement à côté de moi ; une main légère se posa sur mon épaule... Et une idée folle me passa par l'esprit :

— Si c'était elle !

Mais on parla ; et le charme fut rompu. La voix, caressante, disait :

— Qu'est-ce que tu as, Georges ?... Réponds-moi !... Georges !...

Et, après un silence :

— Si, pourtant, tu voulais avoir confiance en moi !...

Cette intervention de Pauline, — envoyée sans doute par Madeleine, — m'énerva.

Je repoussai ma cousine brutalement ; et, me me levant :

— Je n'ai rien ! Il s'agit de choses qui ne regardent pas une petite fille comme toi ! Va jouer avec la poupée !...

Et je m'éloignai — sans qu'elle songeât à me suivre !

Mon oncle César resta jusqu'à la fin du mois, et ces derniers jours furent épouvantablement tristes... Je ne me départais pas d'une mauvaise humeur furieuse qui jetait une ombre sur la gaîté de tout le monde.

A mon retour à Paris, les circonstances m'amenèrent à partir pour l'Allemagne, où, sur le désir de mon père, je restai deux ans. Quand je revins en France, mes sentiments et ma manière de voir étaient considérablement modifiés. Oserai-je le dire ? je ne pensais plus à ma tante sans sourire ; quant à ma cousine, je n'y pensais pas du tout.

J'arrivai à la maison.

— Madeleine est ici, me dit mon père.

— De plus en plus sérieuse !

— De plus en plus. — Ton oncle César est aussi avec nous...

— Est-ce qu'il se déplume toujours ?

— Ces deux années ne t'ont donc pas rendu plus raisonnable, Georges ?

— Si, si ! seulement je m'informe des nouvelles...

— Eh bien ! en fait de nouvelles, je vais t'en apprendre une grande : Madeleine va épouser mon frère.

J'ouvris de grands yeux. Puis, me remémorant les temps passés, je conclus que l'événement était tout naturel. En somme, Madeleine était si sérieuse qu'elle comblait la différence d'âge. Tenait-elle tant à être ma tante qu'elle s'apprêtait à le devenir doublement ?

— Elle est dans le jardin, me dit mon père ; si tu veux aller la rejoindre...

Du perron, je l'aperçus ; elle était toujours très bien ; mais toute mon attention fut absorbée par la jeune fille qui marchait à côté d'elle.

Une taille fine, élancée, gracieuse ; une cascade de cheveux blonds ébouriffés sous un large chapeau de paille ; une bouche rose et souriante comme une fleur sous un rayon de soleil ..

De loin, tout cela me charma, mais ne me rappela aucun souvenir. De près, je reconnus Pauline.

Quelle métamorphose !

Ma tante fut affectueuse, — mais très digne.

Pauline voulut être aimable, mais demeura tout intimidée ; elle avait dix-sept ans.

Le soir, moins effarouchée, elle s'abandonnait à sa nature exubérante, et nous étions devenus intimes amis. Elle ne m'avait pas gardé rancune.

Madeleine eut un sourire en me regardant.

Le mois suivant, on nous fiança.

C'était trois ans à attendre : je devais partir au service à l'automne.

* *

Aujourd'hui, je témoigne très sérieusement le plus profond respect à Madeleine, — qu'on prendrait volontiers pour ma sœur, — puisqu'elle ne s'est pas contentée d'être deux fois ma tante, et qu'il lui a encore fallu devenir ma belle-mère.

LUCIEN DESTELLE.

# LES AVENTURES
## D'UNE AMAZONE DE BÉHANZIN

### A Paris

*(Suite)*

Je fis au couple une timide ouverture au sujet de la façon dont il désirait que nous employions notre soirée, et, à ma grande satisfaction, ils se retranchèrent derrière une foule de prétextes aussi peu sincères les uns que les autres, mais que j'acceptais d'enthousiasme et à mains levées.

Sans essayer d'approfondir la vérité, tant je craignais un retour offensif, surtout de la part de Mollet - d'Acier, je les laissais partir, leur promettant d'aller les prendre le lendemain à leur hôtel, où ils continuaient avec succès, paraît-il, le cours de leurs représentations.

Je ne pensais plus à eux, lorsque le soir, reprenant à mon heure habituelle le chemin de ma colline, je fus arrêté, place Cadet, par un attroupement considérable.

C'étaient les projections lumineuses de Pierre-Petit, le célèbre photographe chevelu qui avaient déjà commencé leurs multiples transformations.

Alors, en présence de cette foule inaccoutumée, je fis comme tout le monde, je levai les yeux en l'air, et quelle ne fut pas ma stupéfaction en reconnaissant sur la toile mes deux loustics Dahoméens qui se livraient à toutes les contorsions de leur belle nature, et cette fois, en grand costume national.

Le pagne, le fameux pagne aux plumes multicolores de ma Vénus noire, s'étalait là dans toute sa gloire, et le complet à carreaux de son chimpanzé d'époux s'alliant avec des oripeaux sauvages, dans une harmonie qui défiait résolument toutes les règles du bon sens.

C'était donc là la fameuse lettre oubliée à l'hôtel, et je les pinçais la main dans le sac, en plein mystère vis-à-vis de moi.

En deux sauts j'escaladais le premier étage de Pierre-Petit qui, selon la formule si connue, était en train d'opérer lui-même.

Il vint aussitôt en souriant et la main tendue, à ma rencontre, me disant :

— Ne leur en veuillez pas, s'ils ne vous ont rien dit pour cette fois, mais c'est sur ma recommandation instante : il y a là-dessous un secret d'État.

En échange de la réclame que leurs tableaux vivants me procure, je dois fournir à Kissé-Ouqui-Fotapé un millier de ses photographies, destinées à être distribuées par ses espions dans tout le territoire du Dahomey, afin d'y préparer son avènement, aussitôt que le colonel Dodds aura mis Behanzin à la raison ; et j'aurai en plus comme avantage d'être nommé immédiatement photographe en titre de la Cour et grand cordon de l'ordre des Amazones.

Fiez-vous donc aux apparences ! Intrigant de Kissé-Ouqui-Fotapé !

Eussiez-vous jamais supposé que tant de duplicité pût se nicher dans l'âme d'un nègre, et tant de complicité dans le cœur d'un photographe.

Mais comme le proverbe, « le silence est d'or », n'a pas été fait pour les seuls conspirateurs, je ne me retirai pas sans avoir compris le geste éloquent du maître, qui voulait dire clairement, « toi mon bonhomme, tu ne seras pas embar-« rassé pour distribuer d'ici peu ta silhouette à « tes amis et connaissances ; et pour la pose tu « n'auras pas affaire au fils, mais *au père lui-« même* ».

Ainsi que cela était convenu, le lendemain soir à sept heures, un char numéroté (ne pas confondre avec le char de l'État), transportant votre serviteur, faisait son entrée tonitruante dans la cour d'honneur de l'*Hôtel de France et des Colonies*, où mes nobles hôtes m'attendaient.

La grande salle à manger était comble, ainsi que cela se produisait chaque fois que mes animaux prenaient leur nourriture, et bon gré mal gré, à la table spéciale où se faisait notre service. Je dus prendre ma part de leur gloire.

Leur attitude commençait à se ressentir du frottement de la haute société, et à part quelques inévitables retours sur eux-mêmes, cela marchait couci-couça.

Le service des légumes et des entremets eut bien un petit épisode drôlatique, mais enfin, un sauvage ne peut pas être parfait.

Comme la veille, on avait fait observer à *Kissé-ouqui-Fotapé*, qu'il ne fallait pas manger les asperges par le blanc et que l'on nous servit cette fois des artichauts, il se mit avec enthousiasme à les manger par le vert.

Il tirait là-dessus, comme un âne sur des chardons, à la grande jubilation de l'assistance ; ce qui n'était pas sans amener un certain froncement de sourcils chez la belliqueuse Mollet-d'A-cier que je m'empressai de calmer par quelques paroles bien senties et la promesse d'une surprise agréable pour le dessert.

Aussi quoique sa noirceur ne l'empêchait nullement d'être ferme au point de vue de la curiosité, n'eus je ni paix ni repos tant qu'elle ne fut pas satisfaite.

Voici en somme, ce que c'était :

La célébrité toujours croissante des deux époux m'avait valu le matin même, la lettre suivante, fleurant l'héliotrope et apportée à la rédaction par un superbe laquais :

« Monsieur Petit Claude,

« Je ne crois pas pouvoir frapper à une meil-« leure porte que la vôtre, pour obtenir une fa-« veur dont je vous serai reconnaissante toute « ma vie.

« Sachant, l'influence prépondérante que vous « seul exercez sur les Excellences Dahoméennes « dont tout Paris s'occupe, je vous prie instam-« ment de bien vouloir leur faire accepter mon « invitation à une *Garden-Party*, que je désire « donner jeudi prochain en leur honneur.

« Inutile d'ajouter que ma satisfaction sera « complète si vous consentez, cher monsieur Pe-« tit-Claude, à les accompagner.

« Princesse de la Tour Prends-Garde,
« rue Saint-Dominique, 495 ».

Alors, dans le petit salon où l'on nous avait servi le café et les liqueurs, je donnai lecture de mon document.

Lecture interrompue à chaque instant, par les demandes d'explications de *Mollet-d'Acier* et par ses cris de ravissement.

Seulement, il me fut impossible de les décider à figurer dans cette fête en costume national, et ni l'un ni l'autre ne voulut démordre de son intention bien arrêtée, d'endosser les fameux costumes de gala.

Enfin, à la grâce de Dieu, je me rendis à merci, murmurant à part moi.

— Ombres de Worth et de Dusautoy, protégez-moi !

Le jeudi suivant, donc, ayant moi-même, mis toutes voiles dehors, j'arrivai à trois heures en galant paladin, nanti du plus brillant landau de chez Brion.

Toute la rue de la Paix et le Palais-Royal s'é-taient donné rendez-vous sur les doigts et sur le gilet de *Kissé-ouqui-Fotapé*, bagues de tous calibres, chaîne de montre, invraisemblables et rutilantes pierreries sur tout le devant du plastron.

— Un vrai coup de soleil dans un miroir.

— Quant à Mollet-d'Acier ; une grande dame accomplie. Une des trois robes de Worth, naturellement. Tout soie jaune et dentelles noires, d'un décolleté à faire frémir un sapeur. Chapeau à plumes en coup de vent, et les diamants du Cap aux oreilles. Tout cela complété par des gants blancs à manches bouffantes qui avaient dû donner à la femme de chambre plus d'ennui à eux seuls, que tout le reste du costume réuni.

Je les installai tels quels dans le fond du landau, et prenant place sur la banquette de devant, je fis, au cocher, signe de partir.

Kissé — le galbeux Kissé, — était morose depuis mon arrivée, un nuage pâle défigurait son beau front, et sur mes amicales questions, il laissa déborder l'amertume dont son cœur de nègre était rempli.

C'était mon habit rouge, mon superbe habit rouge qui était le grand coupable. Ma culotte courte et mes bas de soie, lui donnaient moins de regrets, mais c'était cet habit rouge.

*Mollet-d'Acier*, du reste, n'était pas non plus insensible au surcroît de charmes que me donnaient cet accoutrement. Ses œillades devenaient plus expressives, et ses gants blancs compromettaient quelque peu leur immaculature en de furtives et expressives poignées de mains.

— Petit-Claude, toi, pas l'ami de *Kissé-ouqui-Fotapé* !

— Allons, allons, un peu de sagesse, ne vous faites donc pas de bile comme cela ; vous êtes *très select*, mon ami, *very select !*

— Non, non ! pas parisien comme toi. C'est trahison de toi !

Et je dus employer toutes les forces de mon raisonnement, pour l'empêcher de descendre du landau, à chaque fois que nous passions devant une de ces boutiques de fripier, très abondantes dans le faubourg Saint-Germain et où se balançaient à la porte, entre les cors de chasse et des carricks à trente-six collets, de vieilles défroques rouges de piqueurs.

Ah ! ce fut une sacrée lutte que je dus soutenir là !

Enfin, et grâce en soit rendue au dieu des batailles, nous arrivâmes à l'hôtel de la princesse.

Au coup de timbre retentissant du concierge annonçant des invités de marque, toute la domesticité vint se ranger en haie sur le perron, et c'est au milieu de ce nouveau crève-cœur pour *Kissé*, que nous fûmes introduits dans le grand hall par le maître des cérémonies en frac et chaîne d'acier au cou.

Pensez donc un peu ! Cette livrée amaranthe et argent que tout le Paris des *courses* et des *pre-mières* connaît si bien, devaient forcément laisser une ineffaçable trace dans l'esprit de mes protégés.

Sous la vérandah qui donnait accès au splendide jardin, si réputé dans le *high-life*, la princesse nous attendait, entourée de tout le dessus du panier de la noblesse française.

Il y avait là certainement, d'après ce que j'ai pu retenir des présentations, cinq ou six siècles de gloire.

Tous les représentants, en un mot, de ce qui portait *un nom*, depuis les croisades jusqu'aux époques, plus modernes, des guerres de religion.

La princesse, très éclectique, avait réussi depuis longtemps à résoudre ce difficile problème ; réunir dans un même salon, les purs catholiques et les doctrinaires protestants. Son hôtel était un terrain neutre où l'on était heureux d'oublier réciproquement les torts du voisin.

Après que ces préliminaires furent accomplis, la grande dame s'empara de *Mollet-d'Acier* et l'emmena sous une tente de coutil fleurdelisée, élevée dans le milieu du jardin, de l'autre côté d'une immense pelouse qui commençait à partir des marches du perron ; et là, aussitôt installées, le signal des divertissements fut par elle donné.

Dans le programme figurait un bal Watteau, qui devait avoir lieu sous la tente en question, et la musique de la garde républicaine sous la conduite de son célèbre chef, donnait son concours à cette aristocratique kermesse.

Pour préluder aux merveilles de la fête, elle attaqua un des plus beaux morceaux de son répertoire. La marche de Racockscki, poème savant dédié à la mémoire d'un des plus grands héros de la Pologne.

Mollet-d'Acier, très digne, écoutait les flots d'harmonies avec un sérieux qui eût honoré un bronze.

Quant à Kissé-ouqui-Fotapé, il avait complètement perdu la notion du temps et du milieu où il se trouvait, abîmé dans la contemplation du trombone-solo qui lui causait des étonnements voisins de la démence.

Il me l'a du reste avoué depuis.

Jamais il n'était et n'est encore arrivé à comprendre comment cet homme parvenait à s'entrer et à se sortir de la tête ces énormes pincettes en cuivre, qui geignaient si terriblement.

Le bal Watteau commença à son tour, et les danseurs costumés tournoyèrent pendant une heure devant nous au son des airs de Lulli, en de gracieux menuets et de cadençantes gavottes.

Heureusement, fort heureusement que, personne, dans l'assistance n'eut, la malencontreuse idée de venir tenter une douce amie.

Je l'avais vu à l'œuvre en fait de danse, si vous vous souvenez, et je n'avais guère envie, je vous assure, de renouveler l'expérience.

Les jeux de *croquets* succédèrent aux danses. Les jeux de *Foot-Ball* et de *Lawn-Tennis*, et enfin arriva le moment si sérieusement attendu par tout ce qui mange et qui boit.

Saluez. L'heure du lunch venait de sonner.

Alors ce fut un va-et-vient incessant, des magnifiques larbins amaranthe et argent.

Les plateaux succédaient aux plateaux et les sorbets alternaient avec le champagne et les glaces.

— Qui-qui c'est Petit-Claude ? s'assurait à mon oreille l'ineffable Fotapé, en montrant le plateau le plus à notre portée.

— Chauds-froids de becfigues ! lui répondis-je sur le même ton.

Et faisant un signe au domestique le plus rapproché, j'offris à Kissé-ouqui-Fotapé l'occasion d'y goûter.

Alors, délicatement, il prit d'une main la petite fourchette de vermeille, et tandis que de l'autre, il saisissait en plein la bestiole dans son lit de gelée et avalait le tout gloutonnement et sans crier gare.

Ce que voyant Mollet-d'Acier, dit à la princesse dans un élan de franchise :

— Très beau, madame, les *Gadéné-Pâtti*, mais très soif aussi !

Et comme dans les contes de fées, un serviteur en livrée surgit avec un plateau chargé de verres et d'une bouteille de cliquot.

Alors, pressentant quelques catastrophes, je me hâtai d'arriver en tiers dans le rafraîchissement.

Les trois coupes furent remplies, la princesse trempa ses lèvres dans la sienne, moi je bus la mienne, Mollet-d'Acier en fit autant, et toujours aussi naturelle qu'en tout ce qu'elle faisait, elle s'empara tranquillement de la bouteille qu'elle finit d'avaler, les lèvres au goulot, tant qu'il en resta une goutte.

PETIT-CLAUDE.

*(La suite au prochain numéro).*

# PICHENETTES

*(La scène se passe dans la boutique d'un épicier liquoriste du quartier Mouffetard. Les comptoirs sont assaillis par un escadron de chiffonniers fumant, jurant, beuglant et dégustant à qui mieux mieux le troix-six, les chinois, les prunes à l'eau-de-vie, et généralement tous les produits qui vivent en bons amis avec l'alcool.*

Tout à coup, madame l'épicière descend à la cave, retrouver monsieur son mari, occupé à baptiser un petit bordeaux qui n'en devient pas plus catholique pour cela.

L'ÉPICIÈRE. — Ah! mon pauvre homme, je suis perdue!

L'ÉPICIER. — Qué que t'as, voyons, qué que t'as?

L'ÉPICIÈRE. — Je suis peut-être l'auteur d'un homicide par imprudence.

L'ÉPICIER. — Un *ivrognicide*, tout au plus... Mais comment que t'as fait?

L'ÉPICIÈRE. — A force de passer d'un bocal à un flacon, j'ai commis une erreur. Un soulard me demande de l'eau *d'af*, et v'là-t-y pas que je lui ai versé de l'eau seconde destinée à nettoyer des chenets de cuivre.

L'ÉPICIER. — Pristi!... et il l'a avalée?

L'ÉPICIÈRE. — Hermétiquement.

L'ÉPICIER. — Fichtre et fichtre!

La journée s'écoule sans événements, et les deux débitants demeurent mornes et inquiets. Ils flairent une visite en police correctionnelle.

La nuit se passe, point la moindre apparence de commissaire de police.

Au petit jour, la boutique se rouvre selon l'usage, et le premier consommateur qui y pénètre, c'est le buveur d'eau seconde de la veille.

L'épicière pâlit et prépare une excuse; l'ivrogne, au visage abruti, glisse humblement ses deux sous sur le comptoir, et dit en passant avec convoitise sa langue sur ses lèvres:

— Madame la bourgeoise, faites-moi bonne mesure, et surtout donnez-moi de la même qu'hier, je n'en ai jamais bu d'aussi bonne de ma vie!

Un banquier, millionnaire et généreux, a reçu, il y a quelque temps, une lettre ainsi conçue :

« Monsieur,

» Madame X (le nom du banquier), assistait hier à la représentation du théâtre de.... où l'on jouait un de mes vaudevilles.

» Un heureux hasard m'ayant conduit dans la salle, j'ai vu avec plaisir que ma pièce avait le privilège d'amuser extrêmement madame X... Sa gaieté franche était communicative, et je suis sûr que depuis son mariage elle n'a jamais ri autant. J'estime qu'elle a ri pour deux mille francs au moins.

» Fort de cette conviction, je prends la liberté, monsieur, de tirer à vue sur vous pour montant de pareille somme, certain qu'en faveur de la cause vous ferez honneur à ma signature.

» Le plus nécessiteux de tous les vaudevillistes,

« Z..... »

D'aucuns prétendent que le billet a été acquitté,
Avis aux auteurs dramatiques dans le besoin.

Demander chez tous les Libraires et dans les Kiosques
## LES CONTES A BIBI

**IL PARAIT DEUX FASCICULES PAR SEMAINE**

*Prix:* 0 *fr.* 05 *le fascicule de 16 pages*

# INTERWIEWS

## M<sup>lle</sup> AUMONT
### *(des Nouveautés)*

Sur le boulevard des Italiens, je rencontre le président de la Société des Esbaudis. Voilà mon affaire.

— Bonjour, cher duc, comment allez-vous?

— Très bien, merci.

— J'ai un petit service à vous demander.

— Parlez, j'écoute.

— L'adresse de mademoiselle Aumont.

— Vous voulez la voir?

— Oui, pour l'interviewer.

— 18, rue Notre-Dame-de-Lorette, rien de plus facile. Mais j'y songe, allez-vous ce soir à la centième de *Champignol malgré lui!*

— Sans doute, j'ai reçu une fort aimable invitation.

— Vous la trouverez là, au souper.

Je pousse une exclamation, que je représente pour les lecteurs par le signe conventionnel (!).

— En effet, rien de plus facile. Merci, duc, au revoir. Et je le quitte après une poignée de mains.

Le soir, aux Nouveautés, après le spectacle, Souper magnifique dans le foyer du public, décoré pour la circonstance.

Le champagne pétille dans les verres, les éclats de rire sonnent cristallins, enfin la gaieté brille, surtout au moment du dessert.

Je prodigue mes bonjours et salutations à mesdames Lucie Chassaing et Chassaing Tarride, Berry, Lantelme, Biana Duhamel, Lavallière, (*rien de Louis XIV*), Froment, Pierny, Mily Meyer, Crouzet, Deval, Gilberte, Lender, Montcharmont, Laporte (*le pierrot de Déjazet*), Régina (*ne pas confondre avec Régina Rex*), Germaine Gallois, Sorel (*pas Agnès*), Marlay (*l'ex-soubrette du Vaudeville*), etc.

Je demande pardon à *l'et cœtera*, mais la liste serait trop longue à nommer. J'arrive à mademoiselle Aumont.

— Je suis sûr que vous ne vous doutez pas de ce que je viens tenter auprès de vous?

— Pas de déclarations, ce serait ennuyeux!

— Non, une interview seulement.

— Vous plaisantez, ce soir, c'est pour rire; ce serait encore plus ennuyeux, mon cher, donnez-moi donc du champagne.

— Il me faut mon interview à la minute.

— Il est infatigable, dit Deval.

— Et tenace, ajoute Tarride.

— Eh bien! à la seconde, alors, voici le café, on va tirer la tombola.

— Merci, Deval, vous périrez par la presse, si vous empêchez... mon interview.

— Vite, vite!

— Je suis à vous. Blonde avec des yeux longs comme un poème... bien écrit, le teint rosé, les joues vermeilles, pas maigre du tout...

— Dites donc!

— Très vive et enjouée, gaieté légèrement nerveuse — pétulance endiablée...

— Assez, assez, à moi la parole; vous êtes remonté mon bon, vous n'en finissez plus. Je suis aux Nouveautés, depuis près de deux ans.

— Je me fis...

— Distinguer?

— Si vous voulez, dans la *Demoiselle du Téléphone* et j'eus l'heureux avantage de doubler ma camarade Mily Meyer, ici présente.

— Et parfaitement, je l'atteste, ajoute celle-ci.

— Quel rôle jouiez-vous?

— Athénaïs.

— Puis une lever de rideau, je crois, où vous étiez charmante.

— Sont-ils flatteurs, hein! s'écrie Marlay.

— Oui, le *Scrupule*. Enfin, maintenant, c'est *Champignol malgré lui*, un succès. Feydeau s'incline en envoyant des baisers.

— Voilà.

— Vous m'en passez, et des meilleures.

— Ah! c'est trop long.

— Etes-vous pressée? Avant les Nouveautés?

— Je jouais à gauche et à droite, dans des cercles et dans des sociétés.

— J'ai le bonjour à vous souhaiter du duc C. d'A***.

— Ah! il est charmant, vous le lui rendrez de ma part.

— Que jouâtes-vous?

— Vous êtes assommant avec vos jouâtes! Eh bien! un peu de tout, pantomime, piécette, opérette, avec Perrier notamment.

— De l'Opéra-Comique?

— Oui monsieur. *Avant la Noce, Jobin et Nanette*, etc.

— Et le Conservatoire?

Elle se lève, toute rouge.

— Je n'ai jamais mis les pieds dans cette boîte-là!

Tout le monde applaudit de grand cœur; c'est un des mots de la soirée.

Xanroff va lui porter un toast, mais il est rappelé à l'ordre, les toasts sont interdits.

On tire la tombola. Aumont gagne un matou en porcelaine, Régina un lapin; quand à Deval, un canard lui est adjugé.

Quand je vous disais qu'elle aurait des démêlés avec la presse!

Enfin, intermède et bal.

Le jour est venu depuis longtemps, lorsque je songe à m'en aller.

L'INDISCRET.

# L'AUMONE DE L'AMOUR

On s'est beaucoup occupé de l'amour fait par hasard, en marchant, le lorgnon à l'œil et le chapeau à la main. Tout le monde ou à peu près s'en est moqué. Victor Hugo a écrit un des plus beaux chapitres de *Notre-Dame de Paris* sous ce titre : *Du danger qu'il y a de suivre une jolie fille dans la rue*. Un peu plus tard, deux vaudevillistes se sont associés pour faire jouer une fort jolie pochade, l'*Homme qui suit les femmes*.

— Bien avant ces hommes d'esprit, Gavarni, si je ne me trompe, avait fait tomber aussi ce type de la pointe de son subtil crayon.

Eh bien! rien n'y fait. Le Parisien ne se corrige jamais. Pensez-vous qu'il prenne pour une leçon l'exemple de ce pauvre Pierre Gringoire qui tomba en si grande détresse pour avoir suivi la gracieuse Esméralda? La philosophie du roman! qu'est-ce que cette vétille peut nous faire, à nous qui ne tenons pas compte de la philosophie de l'histoire? Et le vaudeville qui fait rire! et la caricature qui fait penser! On oublie ces coups d'épingle, et l'on suit toujours les femmes.

Il y aurait assurément à délayer cette observation dans l'étendue d'un in-folio. Rassurez-vous; ce ne sera même pas l'affaire d'une page. Je ne veux que vous citer un fait, un épisode de la semaine passée.

F... voit une élégante sortir de la rue Caumartin; F... s'arme en guerre; il met ses gants, frise sa moustache, chausse son pince-nez, sourit, se dresse sur sa canne, sourit encore, et suit.

— La jolie jambe! disait F... Cette démarche décèle une autre Vénus d'Arles (F... est ferré sur ses classiques et sur l'art grec). Je sais qu'elle a un voile; Poppée, favorite de Néron, pensait, non sans raison, qu'une beauté voilée est dix fois plus belle Cette jambe divine ne peut dire qu'un charmant visage. Et ce chapeau mauve avec des rubans si modestes! Voilà qui est d'un bon goût! Il en arrivera ce qui en arrivera; je la suivrai jusqu'au bout du monde.

Ce second exemplaire de la Vénus d'Arles n'allait pas aussi loin que le capitaine Cook ni même que l'amiral Anson ; F... pouvait se permettre l'hyperbole dans le discours ; mais enfin elle allait loin, puisque de la rue Caumartin elle se rendait rue Ménars, chez sa couturière.

F... la vit entrer et soupira.

— Pendant combien de temps fera-t-elle halte en cet endroit ? se disait le galant marcheur. Pythagore est d'avis qu'il ne faut pas interrompre une femme qui danse pour lui demander un avis ; allez donc interroger une femme qui essaye une robe neuve pour lui dire : « Madame, « depuis cinq minutes que je vous ai vue, je vous « adore ! » C'est pour le coup que je serais reçu comme un chien dans un jeu de quilles. Je n'entrerai donc pas chez la couturière, où je ne saurais d'ailleurs quelle contenance garder. Ainsi j'attendrai, je ferai le pied de grue sur le trottoir.

Et F..., toujours armé en corsaire, se promenait de long en large sur l'asphalte de la rue Richelieu.

— Il n'en est pas moins vrai, reprenait-il, qu'elle a une petite main de fée. J'ai été à même de m'en assurer quand elle a tourné le bouton de la porte, à l'entrée du magasin. — Et après une légère pause : — Que je suis donc bête ! quand une femme a un joli pied, elle a naturellement une jolie main ! Mais comment faire si l'on ne divague pas en faction d'amour ?

Cela ne demanda pas moins d'une demi-heure.

Lorsque le tome second de la Vénus provençale sortit, F... put entrevoir ses yeux, attendu que le voile était à moitié relevé.

— Ah ! quels grands yeux ! dit-il en se pâmant. Il est douteux que Junon, tant célébrée par Homère, en ait eu de plus beaux. Ça ! des yeux ? non, je dois plutôt dire deux astres, deux étoiles, deux escarboucles ; je me trompe, deux saphirs, car ils sont bleus ! Une brune avec des yeux bleus, quelle adorable rareté !

Elle marchait, il la suivait.

Qui pourrait dire avec des mots sans mélodie tous les rêves délicieux que conçut notre galant flâneur en pensant à la jolie jambe et aux grands yeux bleus de la promeneuse ? Pour le moment, sa pensée, s'enroulant dans les plis de serpent de la rêverie, ressemblait à un *lieder* allemand des maîtres. Tout était lyrisme en lui.

— Mais où va-t-elle ? se demanda-t-il tout à coup à un petit détour des boulevards.

Il essuya les lunettes de son pince-nez.

Cette fois elle entrait chez un cordonnier à la mode.

— Heureux homme que ce personnage en favoris roux qui va essayer à ces pieds-là une chaussure fraîche !

Il eut pendant vingt minutes bien des variations à faire sur ce thème ; car elle resta longtemps dans son magasin, ne trouvant pas de souliers à ses pieds trop petits. Pendant ce temps-là l'artiste, disciple de saint Crépin, maudissait le Créateur, qui a rendu son art si difficile en formant les pieds des Parisiennes.

— Heureux homme ! pensait le cordonnier, que ce gandin que je vois faire sentinelle sur l'asphalte en papillonnant le long des vitres de ma boutique ! Celui-là n'a pas à traverser les caprices des plus jolies, mais des plus insupportables mijaurées de la terre !

A la fin elle se tint pour satisfaite d'un choix et sortit ; elle marchait légèrement en rabaissant toujours son voile, toujours en rappelant la Galatée de Virgile qui s'enfuit sous les saules, et la Poppée de Néron qui se cache à demi.

Dans l'après-midi, la promenade des boulevards est mieux qu'un exercice hygiénique, c'est un spectacle. On y voit plus de choses diverses inattendues de dix pas en dix pas, qu'on n'en aperçoit dans tous les tableaux de la *Prise de Pékin* ou du *Talisman*.

Elle marchait, mais en regardant tout ; lui regardait tout et marchait comme elle, réglant son pas sur le sien et répétant à toute minute :

— Quelle jolie jambe ! quels grands yeux bleus !

Plusieurs fois la foule menaça de couper leur marche ; — lui, avec autant d'efforts que Lazare Hoche en a dû faire dans sa fameuse retraite, allait, poussait, se faufilait, serpentait et parvenait toujours à se retrouver sur ses talons : c'était une fascination, une magie.

On voyait que sa tête était affairée. — La dame avait à faire une autre station ; — elle monta chez Nadar, sans doute pour prendre jour, afin de faire son portrait.

Mais quand on va chez Nadar, sait-on quand on en sortira ? Les salons et les ateliers du prince des photographes « sont des musées ». Que de choses à y voir ! Il faut croire qu'elle y regarde tout, et la charge des hommes célèbres, et les meubles précieux, et tout le riche bric-à-brac qui s'y trouve.

Bref, elle ne sortit qu'à la nuit tombante, à une heure déjà crépusculaire, où l'on y voyait assez pour se faire reconnaître, et assez aussi pour avoir un peu d'audace et ne plus craindre de se compromettre.

— La voilà ! dit l'élégant ; voyons, que je lui propose de l'accompagner au moins cinquante pas.

Alors il se mit en devoir de se présenter, et, au moment où elle descendait de chez Nadar, il ôta timidement son chapeau de la main droite, et tout aussi timidement il lui dit :

— Madame, oserai-je ?...

Elle tira alors de sa bourse une pièce de deux sous et la jeta dans le chapeau du jeune homme.

— Je ne puis faire davantage, mon cher.

BABYLAS.

# LES BOTTES HOMICIDES

Vous avez certainement entendu prononcer le nom de Pandore, qui fut gendarme dans la localité de Cornofront-en-Vexin, de 1830 à 1860. Gustave Nadaud, le chansonnier populaire, l'a rendu célèbre par ce fameux refrain :

> « Brigadier, vous avez raison ! »

Eh bien ! ce n'est pas de lui que nous voulons vous entretenir, mais de son fils unique, le bouillant Achille Pandore, digne successeur de son père, dans le noble métier de la maréchaussée.

Achille, dès sa plus tendre enfance, entra à l'école des enfants de troupe, puis dans un régiment de cavalerie. Il fit glorieusement les campagnes d'Italie et du Mexique. Ayant enfin gagné la médaille militaire sur les champs de bataille, il revint à Cornofront planter ses choux.

Mais la carrière de cul-terreux ne lui allant qu'à moitié, il demanda et obtint, comme son père, un emploi de gendarme dans la localité qui l'avait vu naître.

Il ne tenait pas à quitter le pays, car il y possédait une cousine...

Chut !

Pourtant, sans vouloir insister sur ce chapitre, nous pouvons dire que cette cousine, orpheline et sans fortune, avait été recueillie par lui, et élevée d'aussi bonne façon que ses modestes moyens de gendarme pouvaient le lui permettre. La cousine Zoé allait avoir seize ans. Lui, Achille Pandore, en avait trente-trois ; mais il se disait qu'en patientant encore quelques années, la disproportion d'âge disparaîtrait un peu, et qu'il pourrait fort bien alors aspirer à devenir l'époux de la jeune fille, en récompense des soins qu'il aurait pris d'elle.

. .

Pour un gendarme, on peut dire que Pandore fils était un bon gendarme. Ah ! dame, il était à cheval sur les règlements et la consigne... Les vagabonds, braconniers et autres malandrins ou francs-routiers ne trouvaient pas en lui un camarade ! alors, ce n'aurait pas été la peine d'être gendarme, pas vrai ?

Et c'était un gaillard que la dureté du service ne rebutait pas. Oh ! mais non ! qu'il fît jour ou nuit, pluie ou gelée, soleil ou tempête, du moment qu'il était commandé, il partait faire sa tournée dans le bois, dans les prés, dans les guérets, partout où pouvait se trouver un maraudeur ou un tendeur de collets.

La cousine Zoé habitait dans la même maison que lui, mais dans une chambre située à l'étage supérieur, tandis que lui couchait au rez-de-chaussée.

Une particularité était à noter : c'était que Pandore ne retirait jamais ses bottes dans sa chambre, mais les déposait, au contraire, dans un petit jardinet situé devant la maison, et clos seulement par une haie.

Achille, comme tout bon gendarme, en possédait trois paires... et quelles bottes, mes seigneurs ! des poèmes, de vrais poèmes auprès desquels les meilleurs sonnets n'eussent été que de la roupie ! Il se plaisait d'ailleurs à les contempler amoureusement, à se mirer dans le brillant de leurs tiges, — mais pas de trop près, par exemple ! Car nos judicieux lecteurs ont déjà deviné que si Achille les déposait au dehors, c'était pour ne point vicier l'atmosphère pur de sa chambre, et ne pas occasionner de maux de tête à sa petite Zoé. Que voulez-vous ! chacun a ses petits défauts... L'homme n'est pas parfait !... Et Pandore embaumait des pieds, que c'en était outrageant !

Excepté ça, c'était un très brave homme.

Il souffrait cruellement, du reste, de cette infirmité inhérente à tout grand marcheur devant l'Eternel. Et c'était toujours avec des soupirs de tristesse qu'il détournait la tête en se déchaussant... On voyait d'ailleurs, aussitôt qu'elles étaient à l'air libre, les bottes du gendarme exhaler des nuages de vapeurs opaques qui tuaient les moustiques et les maringouins à vingt pas à la ronde...

Achille Pandore, on l'a compris, aimait sa cousine Zoé ; mais il l'aimait d'un amour pur et candide, comme la nature aime le soleil, comme le bœuf entrelardé aime la moutarde, — c'est-à-dire d'un amour platonique, plein d'abnégation et de sacrifice... en attendant mieux. Mais afin de se la conserver intacte pour quand le moment serait venu d'en faire sa femme, il exerçait autour d'elle toute la surveillance dont il pouvait disposer. Et c'était la seule inquiétude qui l'obsédait de ne pas la voir en sûreté, lorsque son service l'obligeait à s'absenter toute la nuit.

Aussi passa-t-il par des transes mortelles, lorsqu'un matin, en revenant de tournée, il s'aperçut que les bottes qu'il avait quittées la veille, et déposées comme de coutume dans le jardin, avaient disparu...

— Diable ! pensa-t-il ; il y a des malfaisants dans le pays ! pourvu qu'il n'arrive pas de mal à Zoé pendant mes absences !

Il entra dans sa chambre, et constata que son propre lit avait été foulé...

Ah ! mais l'affaire se compliquait !

Au premier étage, Zoé dormait encore. Quand elle se réveilla, Achille l'interrogea. La jeune fille, avec une suave candeur, répondit qu'elle n'avait rien vu ni entendu.

Pandore se promit d'être plus circonspect à l'avenir.

Le surlendemain, comme il était encore de service, il mit ses bottes neuves, mais laissa sa seconde paire dans sa chambre, au risque d'incommoder sa cousine.

— Comme cela, dit-il, on ne me les volera pas.

Et il s'en alla en ayant bien soin de fermer la porte à double tour.

Triste !

Bien triste !

Quand vint le jour, et que Pandore rentra chez lui, deux corps gisaient inanimés sur son lit...

Le premier était celui de Zoé, le second était celui du jeune fils du maire de l'endroit...

— Enfer et damnation ! rugit Pandore.

Puis il alla quérir le docteur Plumeausec qui constata que les *cadavres* respiraient encore.

C'était bien se comporter, pour des cadavres !

Longtemps le médecin resta penché sur le couple évanoui... Et lorsqu'il se redressa, une auréole de gloire illuminait son front...

Pandore ne la vit pas ; mais nous savons qu'elle y était.

Alors, étendant les bras dans un geste éloquent, l'illustre docteur Plumeausec prononça cette phrase solennelle, en désignant les bottes du gendarme :

— O science, tu n'es pas un vain mot ! grâce à toi je viens de dévoiler un secret perdu depuis quatre siècles ! il appartenait au beau pays de Cornofront-en Vexin et à Plumeausec, votre serviteur, de prouver que le poison des Borgia n'était point l'*acqua-toffana* comme on l'a cru, mais bien l'*olor di gendarmita* ainsi que vous pouvez vous en convaincre ! seulement il n'a pas eu le temps de produire tout son effet...

Pandore était abasourdi...

— Maintenant, reprit le docteur au moment où les deux jeunes gens rouvraient les paupières ; — maintenant, bouillant Achille, il ne vous reste plus qu'à marier au plus vite ces deux amoureux !

C'est ce que fit le gendarme, à son grand regret. La noce eut lieu à la gargote du *Cochon trichiné*, où les invités se flanquèrent une bosse de tripes à la gelée de framboises, dont on parlera longtemps sous le chaume.

Et voilà pourquoi Pandore est demeuré célibataire.

Le veinard !

F. LANOUVARD

---



# LE POÈTE-HUISSIER

(SUITE)

Ou bien :

— Comment dites-vous ?... Voulez-vous me rappeler votre nom, Monsieur ?... Claude Nohic... Ah ! oui ! Claude Nohic... parfaitement ! Est-ce que nous avons un manuscrit Claude Nohic ?... Monsieur Albert, voyez donc, je vous prie... Non ? Il est sans doute en lecture !

Ou bien :

— Seriez-vous disposé, Monsieur, à faire les frais d'édition de votre ouvrage ?

Après d'innombrables visites aux quatre coins de Paris, Claude finit par signer, pour son roman de mœurs parisiennes, un traité par lequel il renonçait à tous droits d'auteur.

Trois semaines après la signature de ce traité, son éditeur avait fait faillite.

Dans les théâtres, ce fut bien autre chose !

Une comédie en trois actes passa du Gymnase au Vaudeville, et du Vaudeville à l'Odéon, dont le directeur parut avoir oublié totalement ses belles promesses : elle demeura dix-huit mois dans les cartons de ces différentes scènes, renvoyée de l'une à l'autre par le merveilleux système de ricochets que vient d'immortaliser l'auteur du *Pompier de Gonesse*, et finalement refusée partout, faute d'avoir trouvé le *cadre* qui lui convînt.

Un drame — des plus corsés cependant — resta huit mois à la Porte-Saint-Martin, et plus d'un an à l'Ambigu. Après quoi il fut expédié à Bruxelles, d'où il ne revint jamais.

Une comédie-bouffe fut présentée au Palais-Royal. Au bout de six mois, après avoir écrit quinze lettres, dont les deux dernières recommandées — sans avoir obtenu de réponse — Claude réussit à voir le directeur. Sans s'excuser de son impolitesse — car les directeurs de théâtres, en vertu d'un code spécial qui affranchit des règles habituelles de la civilité puérile et honnête, sont dispensés de répondre aux lettres qu'on leur adresse — celui-ci dit tranquillement à Claude que son manuscrit était égaré. Prié de le chercher, il n'en fit rien, sous prétexte qu'il n'en avait pas le temps.

Alors un horrible soupçon vint à Claude : les directeurs ne lisaient pas !

Pour s'en convaincre, il fit coudre, dans des *chemises* de dossiers, trois cahiers de papier de grosseur respectable. Sur la première feuille du premier cahier, il fit écrire, en belle ronde, par l'expéditionnaire de l'étude, des noms quelconques de personnages, et lui fit copier ensuite, coupés en manière de dialogue, des versets de la Bible, des passages des *Trois Mousquetaires* et des conclusions grossoyées. Il porta le tout au théâtre Cluny, et trois mois après, quand il vint connaître son sort, on lui déclara textuellement « que sa pièce était très-intéressante, très-bien charpentée, mais qu'elle n'était pas *au point*....» Il était fixé.

L'idée lui vint de profiter de la publicité (?) du *Trapèze* pour entreprendre une campagne vengeresse.

Dans une série d'articles virulents, il fit le procès des directeurs, du Syndicat des journalistes auteurs, et de la Société des auteurs dramatiques.

Armé de documents recueillis avec soin, il raconta les abus de toutes sortes qui, depuis vingt-cinq ou trente ans, stérilisent le théâtre.

Il ne recula point devant les personnalités, montra Sardou, à ses débuts, déposant le manuscrit des *Pattes de mouche* entre les mains du concierge du Vaudeville, et le concierge du Vaudeville, quelques mois plus tard, ouvrant à l'auteur des *Pattes de mouche* une sorte de capharnaum, qui tenait lieu de débarras, et où gisaient, amoncelées, de poussiéreuses paperasses : « Cherchez dans le tas, Monsieur ! »

Il rappela de quelle façon avait coutume de procéder Nestor Roqueplan, qui fut le directeur fantaisiste que l'on sait, ne lisant jamais, l'avouant avec franchise, et se bornant à placer, dans un coin spécial, les noms connus, puis, le moment venu de mettre une pièce en répétitions, puisant parmi ceux-là, au hasard de la fourchette.

Remontant plus loin encore, il cita le fameux Harel, celui auquel Frédérick-Lemaître avait dit un jour, en voyant sortir du cabinet directorial un jeune auteur sans expérience : « Comment ?... Vous le laissez partir ?... Mais il a encore sa montre !... » Il expliqua comment, aux environs de 1832, ce directeur illustre fut l'inventeur de la collaboration forcée, en apportant à Dumas, à l'insu de Gaillardet, le manuscrit de *La Tour de Nesle*.

Il analysa les terribles progrès du mal, depuis cette époque reculée, et, passant aux temps modernes, établit, par des exemples, que la collaboration forcée est d'un usage courant. Il flétrit, à ce sujet, le mercantilisme des entrepreneurs de spectacles, soucieux du grand art comme un brochet d'une calville, commerçants éhontés pour lesquels l'étiquette est tout, la marchandise n'est rien, et qui pourraient presque tous écrire, sur la façade de leurs usines : *Épicerie dramatique !*

Il conta l'aventure de cet infortuné romancier, qui, ayant tiré lui-même une pièce de son ouvrage, se vit proposer par un directeur un collaborateur inconnu, et eut la naïveté de s'en étonner : « C'est mon gendre, » dit l'autre d'un air aimable... « Est-ce que cela vous fait quelque chose ?... »

Il n'eut garde d'oublier l'instructif épilogue de l'histoire, le drame enfin reçu pour être représenté sur une scène importante, grâce à l'apposition, sur l'affiche, du nom d'un journaliste bon enfant, lequel, le jour de la lecture aux artistes, s'excusa de déchiffrer tout de travers le manuscrit : « Je vous demande bien pardon, mais je ne connais pas un mot de la pièce... » Il exposa, par le détail, l'organisation défectueuse de la Société des auteurs, qui, loin de protéger — ainsi qu'elle prétend — les intérêts de tous, crée un monopole, une féodalité, une oligarchie au profit de quelques-uns, au détriment du plus grand nombre, et dont les statuts semblent n'avoir été faits que pour être constamment violés !

Il multiplia les anecdotes, les preuves à l'appui, narra tout au long la mémorable odyssée du directeur châtelain Ballande, enrichi par une série ininterrompue de *fours* successifs, mit en lumière les mille et un tripotages de l'envers du théâtre, la cuisine interlope des droits d'auteurs, le classique homme de paille indispensable à tout impressario pour jouer le rôle de créancier imaginaire, et toucher à la Société, la moitié ou les trois quarts de ce qui devrait, légitimement, revenir à l'écrivain, examina la question des levers de rideau, achetés deux cents francs, cent francs, vingt francs, rien du tout !... et représentés trois cents fois de suite, en dépit de leur insanité profonde, au mépris de la dignité des hommes de lettres, et du respect qu'on doit au public !

A tous ces fléaux il proposa des remèdes, réclama hautement la modification des statuts de la Société des auteurs, la liberté pour chacun de disposer à son gré du fruit de son travail, la création de jurys sans cesse renouvelés, destinés à remplacer les examinateurs — qui n'examinent pas — et les comités de lecture — qui ne lisent point — l'observation rigide des cahiers des charges pour les théâtres subventionnés, la décentralisation de l'art dramatique, la fin de tous les abus en un mot, le commencement d'une ère nouvelle, féconde pour les jeunes et pour les inconnus !

Enfin, il termina son dernier article par une belle période indignée, vibrante, toute remplie d'éloquence et de sève juvénile, et, toujours débordant de lyrisme, oubliant qu'il écrivait en prose, s'écria avec le poète : *Facit indignatio versum !*

Cela lui valut l'envoi d'un drame en cinq actes, en vers, intitulé *La Nièce de l'aubergiste*, luxueusement imprimé sur papier de Hollande, et absolument incompréhensible d'un bout à l'autre, avec une flatteuse dédicace de l'auteur.

Quant à la campagne menée par *le Trapèze*, elle demeura tout à fait platonique, n'eut aucun retentissement, fit hausser les épaules aux directeurs, amusa les journalistes, ne trouva d'écho nulle part, et ne changea point un *iota* à l'ordre social existant.

Cependant *le Trapèze* entrait dans la quatrième année. Comme son premier numéro datait de la fin de décembre, il paraissait tout juste depuis deux ans, que Gustave Bertrand disait couramment, non sans un certain orgueil : « Nous qui avons quatre ans d'existence... »

Et il le croyait.

(*A suivre*)

** **

**Scala.** — *Carnaval conjugal*, jolie opérette, de MM. Lebreton et Moreau, musique de M. Albert Petit. Je dois dire tout d'abord que la musique d'Albert Petit est pimpante, très habilement exécutée par M. Patusset. La pièce est d'une gaieté folle. M. Battaille est un second Lassouche: Libert, plein de gaieté ; Mathias est un fin comédien. il joue son rôle du youtre Jacobus avec fantaisie. A citer: Hobret, Stéphany, Vignais, Maurel, etc. Mme Jeanne Bloch est désopilante comme toujours ; la gracieuse Blockette est jolie et amusante dans Nadine ; Mlles Laroche, Iida, d'Alger, sont gentilles à croquer... avis aux amateurs ! Dans le concert, la petite Laurence Parfait, prodige applaudie au Théâtre-Libre est la joie de la Scala; Paula Brebion est toujours aussi exquise dans « A la lueur de la veilleuse » ; Mme Camille Stefani détaille « Chez le Photographe»; Mme Bessard chante comme un petit rossignol ; Mlle Larive gigotte avec grâce; Mlle Dowe a débuté avec succès; Blanche Raymond chante avec entrain « A la fête de Chaillot », retenez ce nom : Blanche Raymond, c'est une jeune étoile ayant un brillant avenir devant elle !... Côté des hommes : Vignais est un excellent comique ; Lecourt envoie une nouvelle scie « Turlu ! Turlu ! » qu'il va rendre populaire ; G. Mathias est correct ; Caudieux, le bon Caudieux, le comique boute en train, tient un succès avec « la Lettre à Catherine »; Marius Richard chante chaudement « Y a la goutte à boire là-bas ! »; Bourgès, le désopilant Bourgès qui avait été obligé de quitter la scène pendant une huitaine de jours, par suite de l'opération d'un polype que l'excellent artiste avait sur les cordes vocales. Le docteur Poyer lui a rendu sa voix d'autrefois, aussi nous allons bientôt lui entendre chanter, outre les scènes comiques, ces jolies valses qui lui valurent de si beaux succès.—Bourgès a donc repris son inépuisable succès « Fortencrac de Bergerac », et chaque soir il est l'objet d'un véritable triomphe.

Aimables lecteurs, adorables lectrices du *Paris qui Rit*, allez à la Scala, vous ne vous ennuierez pas !

**Époque.** — Nous avons à constater le bon accueil fait aux nouveaux artistes du concert de l'Époque, particulièrement à Mmes Diane Fleury, Tessier et M. Malleville. — M. Serard est toujours l'étoile de l'Époque.

ALBERT VERSE.

## SPECTACLES DE LA SEMAINE

OPÉRA. — FRANÇAIS. — OPÉRA-COMIQUE. — ODÉON : —Spectacle variable : consulter feuilles quotid.
GYMNASE. 8 h. »/» — Les amants légitimes.
VAUDEVILLE. — 8 h. »/». — L'Invitée.
VARIÉTÉS. — 8 h. »/». — Premier Mari de France.
PORTE-SAINT-MARTIN. — 8 h. »/». — Le Bossu.
CHATELET. — 8 h. — La Prise de Pékin.
GAITÉ — 8 h. »/». — Le Talisman.
AMBIGU. — 8 h. »/» — Mère et Martyre.
PALAIS-ROYAL. — 8 h. 1/4. — Le Veglione.
NOUVEAUTÉS. — 8 h. 1/4. — Champignol malgré lui.
FOLIES-DRAMATIQUES. — 7 h. 3/4. — Miss Robinson.
BOUFFES-PARISIENS. — L'Enfant prodigue.
MENUS-PLAISIRS. — 8 h. — Tararaboum-Revue.
THÉATRE CLUNY. — 8 h. 3/4. — Cambrioles de l'année.
DÉJAZET. — 8 h. »/». — Ferdinand le Noceur.
CHATEAU-D'EAU. — 8 h. »/» — Le Crime d'Orcival.
BOUFFES DU NORD.—8h.— Jean Mayeux.
THÉATRE MONCEY.—8h.— Quatre-vingt-treize.
FOLIES-BERGÈRE. — 8 h. 1/2. — Miss Loïe Fuller, danse serpentine. — Mme Bonnaire. — La Belle Fatma. — Jeudis, dimanches et fêtes, matinées à 2 h. 1/2.
ELDORADO. — 8 h. 1/2. — Concert. — Spectacle.

*L'Imprimeur-Gérant :* ALPHONSE CARROT.

Imprimerie spéciale du *Paris qui Rit*, 13, faub. Montmartre, Paris.

---



---

**Chemins de fer de Paris à Lyon et à la Méditerranée.** — Courses de Nice. — Tir aux pigeons de Monaco.
Billets d'aller et retour de 1re classe de Paris à Nice et Menton, valables pendant 20 jours y compris le jour de l'émission.
Faculté de prolongation de deux périodes de 10 jours, moyennant un supplément de 10 % pour chaque période.
Billets délivrés du 12 au 20 janvier inclusivement, et donnant droit à un arrêt en route, tant à l'aller qu'au retour.
On peut se procurer des billets et des prospectus détaillés aux gares de Paris P.-L.-M. et Paris-Nord, dans les bureaux succursales de la Compagnie : 88, rue Saint-Lazare; rue des Petites-Écuries, 11; rue de Rambuteau, 6; rue du Louvre, 44; rue de Rennes, 45; rue Saint-Martin, 232; place de la République, 8; rue Sainte-Anne, 6, et rue Molière, 7; rue Etienne-Marcel. 18. et aux diverses agences de voyages.

**Chemins de fer de l'Est.** — France, Suisse et Italie (par le Saint-Gothard).
Les voyageurs peuvent se rendre de Paris à Milan par trains directs et rapides, via Troyes, Belfort, Bâle, Lucerne (Lac des 4 cantons et le St-Gothard) (Lac majeur, de Lugano et de Côme).
La durée du trajet est d'environ 20 heures.
A Milan, les voyageurs trouvent des correspondances pour toute l'Italie.
Pour tous autres renseignements, consulter les affiches, les indicateurs et s'adresser aux gares.

**Chemin de fer de Paris à Lyon et à la Méditerranée.** — *Circulation à demi-place.* - Le public peut se procurer dans toutes les gares des Chemins de fer de l'Etat, de l'Est, du Midi, du Nord, d'Orléans, de l'Ouest et de P. L. M. des cartes donnant le droit de circuler à demi-place *sur les sept réseaux*, moyennant le versement préalable d'une somme de :

| | 1re cl. | 2e cl. | 3e cl. |
| --- | --- | --- | --- |
| Pour 3 mois | 180 fr. | 135 fr. | 90 fr. |
| — 6 mois | 270 » | 200 » | 135 » |
| — 1 an | 360 » | 270 » | 180 » |

Ne louez pas d'appartement
sans le certificat de désinfection délivré par le
## SANATORIUM DE PARIS
23, rue Lantiez — TÉLÉPHONE — 12, Chaussée d'Antin

Tous les soirs
# MOULIN-ROUGE
CONCERT, SPECTACLE, BAL

## COMPTOIR GÉNÉRAL
9, boulevard Poissonnière et 45, rue du Sentier
Maison Henri RIONDET
de premier ordre et de toute confiance
POUR
l'HORLOGERIE, la BIJOUTERIE & les ARTICLES D'ÉCLAIRAGE
Reconnue comme vendant le meilleur marché de tout Paris

DIMANCHES, MARDIS, JEUDIS & SAMEDIS
BALS
# ÉLYSÉE - MONTMARTRE
PATINAGE DIMANCHES & FÊTES EN MATINÉE

DEMANDER DANS TOUTES LES PHARMACIES LES
**Pastilles Géraudel**
*1 fr. 50 le flacon*

## PIERRE PETIT
*Opère lui-même.*

DANS SES NOUVEAUX ATELIERS
**29, Place Cadet, 29**
Douze marches à monter.
Les PHOTOGRAPHIES au CHARBON sont LES SEULES INALTÉRABLES

Librairie et Administration, 4, boul. des Italiens

ABONNEMENTS

PARIS :
Un an, 6 fr. ; Six mois, 3 fr. ; Trois mois, 1 fr. 50.    ⁂    DÉPARTEMENTS :
Un an, 6 fr. 60 ; Six mois, 3 fr. 25 ; Trois mois, 1 fr. 75.    ⁂    ÉTRANGER :
Un an, 7 fr. 50 ; Six mois, 3 fr. 75 ; Trois mois, 2 fr.

*Adresser lettres, communications et mandats à M. l'Administrateur de la Bibliothèque Gauloise*

Il dormait paisiblement, quand on lui annonça l'huissier.....

— Si j'étais homme, dit-elle, j'aimerais une petite femme comme ça !

# CHRONIQUE GAULOISE

Eh bien ! mon petit, s'écria Serpentinette, je ne l'humilie pas sous le poids de mes dédains, mais c'est tout juste ; et si je n'étais pas la bonne fille que tout le monde connaît...

— Malin, plus que ça de connaissance !

— Ne dis donc pas de bêtises et laisse-moi plutôt achever mon discours.

— J'écoute de toutes mes ouïes, oh ! Serpentinette de mes rêves, vas-y !

Ce dialogue intéressant avait lieu, il y a deux ou trois jours, entre notre turbulente collaboratrice et votre féal serviteur.

— Oui, mon excellent bon. J'en suis encore fourbue, vannée, etc., etc., tant j'ai eu de succès dans le monde *extra-chic* où une de mes plus hautes relations a eu l'honneur de m'introduire.

— Enfin, t'expliqueras-tu, espèce d'énigme en jupon. Tu arrives de l'Elysée sans doute, dis-le donc tout de suite.

— De l'Elysée, oh ! là ! là !

Je laisse ça aux députés et aux ambassadeurs, mon petit.

J'arrive du *Pôle-Nord !*

— Chercher le fameux passage, ou chasser l'ours blanc ?

— Le fameux passage justement, et je l'ai trouvé. Ce qui n'était pas facile, je t'assure. Quant à chasser l'ours blanc, je l'aurais pu, car il y en avait.

— Alors si tu as découvert cette rareté boréale, tu es plus heureuse que les illustres Nordenskjold, vas-te faire décorer par la Société de Géographie.

— Dame on en décore qui n'ont pas fait pire.

— Ah ! tu sais, si tu ne t'expliques pas p'us clairement, je t'enferme dans la soute aux bouillons et ma foi, tu t'arrangeras.

— Eh bien ! voilà...

Tu as su, ou plutôt tu n'a pas su, que le sympathique directeur du Pôle-Nord, (— celui de la rue de Clichy, bêta), un pèlerin qui n'est pas manchot tous les jours, avait eu une idée d'un fastueux pyramidal. C'était de donner une redoute à ses amis, rien qu'à ses amis.

Pas d'entrées payantes, rien que des invitations.

— J'avais en effet vaguement entendu parler de cela.

— Oui, très vaguement, je pense, car ces fêtes de raffinés ne sont pas pour de vulgaires Petit-Claude.

— Si c'est pour ouvrir le tiroir aux insolences que tu es venue ce matin, tu sais, je ne te retiens pas !

— Ne te fâche pas. Allons, je frappe, mais écoute.

Or, donc la conquête de cette carte d'invitation me hantait depuis huit jours absolument comme Jason était poursuivi par celle de la Toison-d'Or.

Pas de cocottes, pas d'ingénues trop expérimentées, pas de bas-bleus, enfin, rien de ce qui pouvait rappeler les casinos ou autres Moulin-Rouge.

Alors je me suis souvenue juste à pic, que dans mon magasin aux accessoires, se trouvait un vieux diplomate en ruines qui n'aurait qu'à lever le doigt (ce doigt qui, autrefois, faisait trembler l'Europe, comme on dit au *Constitutionnel*) pour obtenir le bienheureux vélin.

Et, en effet, mon petit coup réussit d'emblée, et mardi dernier, sur le coup de minuit, Milord X..., costumé en vieux roué de Régence, et la douce amie, travestie en *femme timide*, faisaient leur entrée dans ce palais de toutes les élégances.

Mon costume était tellement déroutant que personne ne m'a reconnu !

— Ça ne m'étonne pas.

— Trêve à tes sarcasmes où je m'arrête.

— Et alors, mon très cher, tu sais ; si j'y vois encore clair, ce n'est pas de ma faute.

Non, ce qu'il y avait là une débauche de diamants et de pierreries de toutes sortes. C'était à en devenir aveugle, et je ne sais pas, mais je crois que le fameux soleil de minuit, du vrai Pôle-Nord, ne doit être que de la Saint-Jean à côté de ceux-là.

— Oui, je connais ça — une foire — on voyait tant de choses qu'on ne voyait rien.

— Pas du tout, idole de mon âme, cinq à six cents personnes tout au plus, et triées sur le volet.

— Je le pense bien, puisque tu y étais !

— Va toujours, si tu te crois spirituel avec tes remarques idiotes, qui sentent la rage d'une lieue.

— Je ne peux pas cependant te citer tout ce qui mériterait de l'être, mais cependant je puis te parler, d'une certaine toilette — blanche, pailletée d'argent qui a fait un potin, du moins un effet, veux-je dire, ébouriffant.

Ah ! mon ami, il n'y a pas à dire, je ne crois pas possible que la denrée coloniale ait jamais importé rien de plus ravissant.

Et dire que si ma famille avait dirigé mes études du côté de l'épicerie, j'aurais pu, moi aussi, atteindre à ces hauteurs.

Quant au patron de l'établissement, il s'était taillé un de ces succès de première classe avec un costume de nourrice normande qui était d'un réalisme à faire frémir.

C'est-à-dire que l'on était tenté d'aller lui demander le sein. Mais schoking, glissons, mortels, n'appuyons pas.

Or, après un de ces cotillons indéfinis, au cours duquel la jeune femme timide qui a l'honneur de le communiquer ses impressions a eu un succès sur lequel ma modestie me défend d'insister, le pourtour de la piste où le patinage avait fait rage se trouva comme par un coup de baguette couvert en entier de petites tables toutes servies, et cela de telle façon qu'il est bien probable que jamais les misérables yeux de chroniqueur n'ont dû se trouver à pareille fête.

Moi, j'avais perdu ma vieille ruine diplomati-

que et avais promis une récompense honnête à celui qui me me la rapporterait pas.

Le qualificatif ajouté à ma récompense avait même fait grogner fortement l'ours blanc dont j'avais accepté la patte pendant les délices du cotillon.

Mais comme je lui ai fait justement observer que l'ours était un animal réputé pour ses bonnes mœurs, il avait fini par paraître se rendre à mes raisons.

Enfin, nous nous attablions et comme l'orchestre attaquait le *Boje-tzara-Krani*, en ours qui sait ce qu'il doit au plus puissant souverain du Nord, le mien se leva et après avoir enlevé sa tête qui le gênait pour manger, se retourna de mon côté...... tableau...

En mille, je le donne à deviner ?

Non, ne cherche pas, tu n'es pas assez malin.

— Merci.

— Il n'y a pas de quoi.

Eh bien ! mon bon, tout simplement cet intrigant de Babylas qui, soi-disant était parti depuis huit jours pour le Cap-Martin.

— Oui, lui-même, en personne naturelle. Et lorsque je poussais les hauts cris en lui reprochant de s'être payé ma tête, tu ne te doutes pas de ce qu'il m'a répondu avec son outrecuidance habituelle.

— Ne te fâche pas, ma bonne Serpentinelle. Je me suis déguisé en bête pour que personne ne puisse me reconnaître.

Ah ! en voilà un qui ne s'abîme pas les os des jambes, pour sûr ?

Et comme complément, il m'a fait donner ma parole d'honneur de ne pas vendre la mèche et de n'en parler à personne.

Je lui ai juré tout ce qu'il a voulu et tu vois que je n'ai qu'une parole.

Enfin, mon bon chéri, que veux-tu que je dise de plus.

Lorsqu'on a ouvert la ménagerie, il était sept heures du matin, le soleil commençait à poindre. J'ai été repêcher mon vieux Chatcau-Yquem au milieu des glaces... et des sorbets, et je me suis fait reconduire à domicile comme toute jeune femme, timide et élevée dans les grands principes, doit le faire.

Depuis, j'ai dormi quarante-huit heures et... me voilà.

— Et c'est tout ce que tu m'as rapporté dans tes poches. Ayez donc des amies !

— Eh bien ! sorte d'ingrat, et tous les détails que je viens de te distribuer gratis *pro-deo*, alors, ça n'est rien, tout cela ?

Obligez donc des ingrats. Voilà votre récompense. Je puis en outre te dire qu'au milieu de cette fête des yeux, j'ai reconnu tout le dessus du panier de la haute Banque.

Agents de change et coulissiers, tous ces frères ennemis qui sont si bien disposés aujourd'hui à s'entre-déchirer pour le dernier caprice du vieux surintendant des finances.

Oui, tout cela est bel et bon. Mais je ne perds pas de vue que tu devais m'apporter ce matin une *interview* de grand calibre que nos lecteurs attendent comme le Messie.

— Aïe ! aïe ! j'avais le fol espoir que mon fantastique récit t'aurait troublé la mémoire, mais pas du tout,

Pas de chance.

— C'est cela, Madame va se commettre en des sociétés huppées et puis va le faire lanlaire, le service du journal en souffre.

— Oh ! en souffre !!!

— Mais certainement. Voyons, as-tu vu ou n'as-tu pas vu l'impératrice d'Autriche ?

Ta lettre d'introduction accordée sur la demande toute puissante du *Paris qui Rit* était en bonne et due forme, il me semble.

— Oui, tout cela est vrai. Seulement mon sommeil de quarante-huit heures a donné à la souveraine le temps de partir pour la Suisse où son impérial époux doit venir l'attendre.

Le larbin galonné me l'a annoncé avec ce grand style des cours que seuls les hauts fonctionnaires savent employer.

— Vous voulez voir Sa Majesté, Madame, eh bien ! vous pouvez vous fouiller. L'Impératrice se cavale en ce moment sur la route de

Territet et si vous voulez la rattraper, je vous engage à vous décarapater.

Oui, cet homme galonné a dit *dé ca ra pa ter*. Et je ne te dis que ça, il n'aura pas laissé tomber ce vocable dans l'oreille d'une sourde.

Je vais faire mes malles et exécuter une pointe distinguée sur ces vallons de l'Helvétie, où l'aspect de ces montagnes....

— Oh ! non, assez de « Chalet », ferme, ferme !

— Et puis là-bas, je ferai d'une pierre deux coups, l'Impératrice Élisabeth pour le côté cour, et François-Joseph, qui est un grand horticulteur, pour le côté jardin. Et tu sais mon petit, si je ne reviens pas après avoir percé à jour la Triple-Alliance, eh bien ! c'est que ce vieil Empereur y aura mis rudement de la mauvaise volonté.

Sur cette boutade politico-humoristique, Serpentinelle partit en tempête, me laissant la tête plongée dans les mains et murmurant à part moi :

O femmes, éternel féminin, si vous n'étiez si incomplètes, que vous seriez donc parfaites !

Petit-Claude

# CHANGEMENT DE PROPRIÉTAIRE

— Non, cette couleur ne me plaît pas !

— Nous avons mieux, Mademoiselle Juliette, ne craignez rien ; vous savez que nous nous entendons toujours à merveille, et cette fois encore vous aurez ce qu'il vous faut.

La petite mercière alerte, l'air aimable, trottait par le magasin, escaladant les rayons, vantant ses marchandises de son « engageant boniment » débité avec des inflexions de voix douces et souples, une bonne grâce parfois emphatique.

Tout son assortiment de pantalons était étalé.

Les uns très droits où la jambe devait se dissimuler avec des pudibonderies farouches de pensionnaire.

Les autres, serrés au bas, coquettement liés à la jambe par une jarretière et moulant les contours ;

Mademoiselle Juliette hochait sa petite tête pour dire, en cliente difficile :

— Non, pas celui-là, je trouve la dentelle trop étroite !

— Et celui-ci ?

— Non plus, c'est par trop « cocotte ». Il faut être distinguée, Madame Duminois !

Enfin, après des récriminations, des hésitations, le choix de Mlle Juliette se fixa, grâce à la persuasion de la marchande.

— Mais... je voudrais savoir s'il me plaît bien ?...

— Vous pouvez l'essayer, répondit la souriante Madame Duminois, il vous ira à ravir et je tiens à ce que vous soyez entièrement satisfaite.

— Tiens, c'est une idée, comme cela je serai sûre d'être contente... et puis, essayer un pantalon, ce sera drôle !...

La petite folle partit d'un grand éclat de rire.

— Voulez-vous passer dans la pièce voisine. Vous excuserez le désordre, mais nous avons vendu notre fonds ces jours-ci.

— Comment, vous partez ?

— Oui, Mademoiselle, les affaires ne sont pas brillantes...

— Votre successeur est-elle aussi aimable ? interrompit la jeune fille.

— Charmante !

Mademoiselle Juliette se retira dans l'arrière-boutique pour procéder à l'essayage.

Elle fit son examen, un examen consciencieux duquel le pantalon eut les honneurs :

L'étoffe rose, d'une nuance claire et transparente la dessinait tant à son goût que, contemplant son image dans la glace, elle s'écria :

— Si j'étais homme, j'aimerais une petite femme comme ça !

— Venez donc voir ! appela-t-elle. Madame Duminois accourut.

— Vous êtes un ange ainsi.

Vraiment, c'était bien ce pantalon-là qu'il fallait.

— Alors vous le conservez ?

— Mais, je crois bien. Tenez, enveloppez l'autre !

La marchande retourna à son comptoir.

Mademoiselle Juliette s'assit sur la première chaise venue, gracieuse, ébouriffant ses folles bouches de cheveux, arrangeant sa petite frimousse malicieuse, pour le rendez-vous de tout à l'heure.

Puis, elle compléta sa toilette.

Et, heureuse de son acquisition, elle s'esquiva en riant.

Lorsqu'elle arriva chez elle, Florimond, son ami, l'avait devancée.

Ils s'assirent côte à côte sur le canapé.

Florimond commença leur romance d'amour.

— Vrai, je t'adore comme une reine céleste !... dis-moi que tu m'aimes !

Juliette connaissait le refrain qu'elle exécuta le plus gentiment du monde.

— Oh ! mon ami ! si je t'aime ?... Jamais je n'ai aimé personne comme toi... Mais je sors de chez ma mercière, laisse-moi, veux-tu, revêtir mon peignoir, me mettre en toilette de maison.

Florimond demeura un instant admiratif devant le joli pantalon surmontant les bas de soie noire.

Puis il éclata de rire.

— Tourne-toi un peu ?

... Qu'est-ce que ces lettres d'imprimerie !... tu es marquée, ma chérie !

Il s'avança davantage.

— Les lettres sont à l'envers...

— Approche-toi de la glace !

Dans la glace, les lettres se reflétèrent sous leur véritable sens et Florimond épela... *changement de propriétaire.*

— Qu'est-ce que ça veut dire ? questionna-t-il, ahuri.

D'abord inquiète, Juliette ne perdit pas son assurance...

— Quoi ?...

Et au milieu d'un accès d'hilarité, Juliette s'écria :

— Tu ne comprends pas... je me suis assise pour essayer le pantalon... et c'est l'écriteau de la mercière.

Marcel Réginal.

# LES AVENTURES
# D'UNE AMAZONE DE BÉHANZIN

### A Paris

*(Suite)*

Je devins quelque peu pivoine. La princesse sourit, commençant à s'amuser ; quant au domestique, il restait bouche béante, rappelant vaguement la tête de Méduse.

La glace était rompue et, hélas ! la correction et les belles manières si laborieusement apprises, l'étaient également.

A ce verre de champagne succédèrent les sandwichs aux truffes, les babas au rhum, le rhum lui-même et, en un mot, un échantillon de tout le solide et le liquide si artistement dressé sur les buffets.

La robe jaune à dentelles noires, les diamants du Cap, et surtout les ex-immaculés gants blancs montant jusqu'aux coudes, tout cela s'agitait dans une fièvre de mouvements désordonnés qui me faisait entrevoir trop sûrement une issue lamentable.

Je cherchai des yeux l'illustre excellence pour sonder un peu l'étendue de nos désastres.

Disparu !

Je finis par le retrouver dans un groupe de jeunes dandys.

Il en était au deuxième acte de ses transformations : le malheureux.

Le premier avait été la pose de ses escarpins vernis, qui depuis longtemps gisaient dans la pelouse.

Le second se composait de son introduction violente dans l'habit galonné d'un des valets, qui avait dû lui abandonner, sur ses supplications pressantes, la superbe livrée amaranthe et argent qui, depuis notre arrivée, lui avait tapé dans l'œil.

Lorsqu'il m'aperçut, il ne fit qu'un bond.

— Regarde-moi, Petit-Claude ?

— Jamais Behanzin, plus beau que Kissé-ou-qui-Fotapé !

— Moi, emporterai là-bas ce bel habit, pour faire entrée royale à Abomey !...

Le malheureux, dans son ivresse montante, allait vendre la mèche de son photographique complot et compromettre peut-être pour jamais, le sort de sa royauté.

Je m'empressai de rallier mes troupes en débandade, et après des excuses à la princesse qui maintenant jubilait franchement, je réussis à opérer une retraite savante au milieu d'un succès sans précédents, dans les fastes de la haute vie.

Vous dire qu'à la suite de cette petite fête, j'insistai beaucoup pour les inviter à une visite de digestion, serait vous mentir abominablement.

Non ! Au contraire, je laissai soigneusement au temps, ce grand *maigre*, le soin de faire l'oubli sur ces évènements et engageai, au contraire, nos deux tourtereaux à observer pendant quelques jours, de Conrardt le silence prudent.

Puis, comme depuis le fameux jour de la rue de la Paix, j'avais fait à Mollet-d'Acier une promesse, il est vrai un peu légère, mais enfin une promesse, il fallait, bon gré, mal gré, que je la tinsse.

Cette Circé à l'encre de chine, avait une mémoire implacable.

Il s'agissait d'une visite aux Invalides, la pagode au casque doré où reposaient les restes du grand Cabécère, ainsi qu'elle le disait si bien dans son langage imagé.

Chaque fois, du reste, que nous passions en voiture dans les Champs-Élysées, elle ne manquait pas de me rappeler ma promesse que lui remémorait le fond du tableau, le grand casque doré.

Or, un beau jeudi d'automne, munis des cartes les mieux timbrées, nous arrivâmes par la grande entrée de l'esplanade, contrairement au commun des mortels qui n'est admis que du côté de l'avenue de Villars.

Là, nous quittâmes notre landau et aussitôt Kissé-ouqui-Fotapé se dirigea du côté des canons qui garnissent tout le tour du jardin, les terre-plein du fossé.

— Oh ! splen-n-dide, baragouina *Kissé* et de sa main noire il caressait amoureusement la croupe des pièces d'artillerie, qu'il savait du reste parfaitement inoffensives.

— Oh ! Petit-Claude, viens vers moi — tiens comme cela, lorsque Kissé sera roi du Dahomey, — lui ajustera gros canons sur ennemi, comme ça ! Regarde et le malheureux suait sang et eau pour faire le simulacre de pointer les pièces, ainsi qu'il l'avait vu faire là-bas par nos marsouins de l'artillerie de marine, et il s'escrimait des gestes et de la voix à imiter la manœuvre et le bruit des détonations.

Pif-Poum-Broum — ennemis, tous morts, Behanzin détrôné, prisonnier ; Kissé fera tuer tout le monde et sera grand roi.

Heureusement que l'arrivée opportune d'un vieux sergent vint arracher cette ancienne excellence à ses services à feu, en lui faisant observer qu'il y avait une défense formelle de se livrer à ce petit travail pyrotechnique sous peine des amendes les plus sévères.

Des amendes et des pyrotechnics, il faut bien avouer qu'il s'en souciait comme de sa première chemise, si toutefois vous voulez bien lui concéder d'avoir eu à un moment quelconque de sa vie : une première chemise.

L'affaire fut vite arrangée avec le vieux brave, qui nous accompagna respectueusement, jusqu'à la porte de l'hôtel que nous traversâmes par les cours d'honneur afin de gagner quelques bonnes longueurs sur les groupes de touristes que nous avions réussis à éviter jusqu'à présent.

Aussi arrivâmes-nous bons premiers dans l'église, que nous traversâmes rapidement, arrêtés seulement par les cris de triomphe de Kissé, acclamant les drapeaux suspendus à la voûte, et que la sainteté du lieu n'arrêtait pas dans sa manifestation.

Je me gardai bien de toute explication, ayant hâte d'arriver à la chapelle du tombeau, cette merveille d'architecture élégante et sévère, que l'œil de ces sauvages se préparait à profaner.

Nous fûmes reçus par le cicérone habituel du lieu et malheureusement ou heureusement pour moi, un groupe compact d'Anglais était déjà là, prêt à suivre le défilé traditionnel.

Aussitôt introduits sous l'immense coupole, tout le monde mit chapeau bas, et que voyant, notre suave amazone, avec une componction des plus religieuses, arracha son gain-borough à plumes et d'un geste des plus détachés, se le colloqua sous le bras, sans autre forme de procès.

J'eus beau lui expliquer que les dames étaient exemptes de cette formalité ; rien n'y fit.

Du moment que nous étions entourés de grands guerriers, morts ou vifs — cela lui était égal, elle redevenait amazone et je ne pus la faire sortir de là.

J'abandonnai donc la discussion et laissais sa tête crépue évoluer en toute liberté dans le saint lieu.

L'Invalide de service avait déjà commencé ses explications.

Le maréchal Berthier par ci, le maréchal Bertrand par là ?

Le mausolée de Paul, celui de Pierre, tout cela lui était assez indifférent.

Elle allait de l'avant en écarquillant les yeux et semblait faire sa petite pérégrination pour elle seule, simplement pour l'amour de l'art.

Je la suivais d'aussi près que possible, me méfiant toujours de quelques tours dans le style de ceux qu'elle m'avait déjà joués.

Quant à son honorable conjoint, éclipsé, évanoui.

L'illustre Kissé, était redevenu Alfred pour les dames et je l'aperçus dans la pénombre d'un des grands tombeaux, au milieu d'un essaim de jeunes *Miss*, qui sans respect pour les grands souvenirs évoqués par le cicérone le grandissaient du citoyen avec un sans-gêne tout à fait britannique.

Tout à coup, mon nom lancé à toute volée, résonna comme un carillon sous les voûtes.

— Petit-Claude — Dis à moi, quoi c'est-y ; Gros morceau chocolat dans le fond du puits.

— Silence, malheureuse — c'est là le saint des saints — c'est là que repose le grand capitaine — celui que je t'ai déjà montré sur la colonne Vendôme.

— Ah ! oh ! Comment ça, alors ?

Ah ! pour le coup, ce fut une autre paire de manches, et je dus bien vite renoncer à faire comprendre à l'angélique créature comment il pouvait se faire, qu'étant déjà sur la colonne Vendôme, le même personnage pût se trouver encore une fois dans le bloc de chocolat.

Ses études minéralogiques n'avaient décidément pas été poussées du côté des marbres polychrômes et je me résignai à la laisser dans la douce persuasion que le grand empereur dormait son dernier sommeil au milieu d'un bloc de cacao.

Ayez donc bouleversé la face du monde — gagné Austerlitz, Iéna et autres Wagram, pour que de nobles étrangers vous croient figés dans une denrée alimentaire, au sein de l'immortalité.

De là à chercher à y goûter, comme il n'y avait qu'un pas et que je savais que pour elle ce dernier pas était vite franchi (témoin son algarade de la plazza de Toro), je lui pris le bras et l'emmenai du côté de la sortie, où la caravane anglaise commençait à se diriger, entraînant dans son remous le grand homme d'État dahoméen, qui ne paraissait pas plus fier de son succès personnel.

Nous fîmes notre jonction juste à la grande porte, au moment où les visiteurs donnaient au gardien des discrets pourboires.

Comme Kissé-ouqui-Folapé, n'avait pu se rendre compte exactement des choses inconnues que les visiteurs lui glissaient dans la main, et voulant évidemment donner au vieux soldat une haute idée de sa munificence; d'un geste noble, il arracha de son gilet sa superbe chaîne de montre que suivit sans résistance le non moins beau chronomètre, et l'une portant l'autre, il tendit le tout à l'invalide ébahi, qui n'était pas éloigné de croire qu'il avait en face de lui un des propriétaires des trésors de la Golconde.

Les fameux trésors que l'on sert dans les chambrées après l'extinction des feux, aux innocents *bleus* de la classe.

Alors, je crus devoir intervenir et m'évertuai à lui expliquer qu'un léger souvenir suffirait parfaitement au brave gardien.

Il faut rendre justice à mon moricaud. Il n'eut pas la tête trop dure et rengaîna même avec une visible satisfaction sa quincaillerie dans ses poches.

Ajoutant gravement — Ah! oui — souvenir!
— Comprends très bien! et replongeant cette fois dans la poche de son complet, il en retira.... une photographie, (une des fameuses photographies de Pierre-Petit) et l'offrit dans un grand geste au vétéran, qui entre nous n'avait pas paru apprécier bien vivement mon intempestive intervention.

Je calmai un peu ses regrets en lui glissant une jolie pièce de cent sous et nous partîmes à la recherche de notre véhicule, suivis de loin par la tribu anglaise, qui fièrement inscrivait sur les tablettes l'appoint mémorable que mes deux excellents copains venaient d'ajouter à leur excursion.
— *Great attraction, very beautiful attraction!!!*
Je finis par faire recoiffer Mollet-d'Acier, qui maintenant portait son chapeau en Landouillère, comme un bouclier; et fouette cocher, nous filâmes à la Cascade pour l'apéritif, remettant à la prochaine occasion notre ascension à la Tour Eiffel, cet autre grand piton qu'ils n'avaient pu encore digérer.

PETIT-CLAUDE.

*(La suite au prochain numéro).*

# FANTAISIE

## CELLE QU'ON RÊVE

..... Ils étaient cinq à parler d'amour; c'est-à-dire qu'ils mettaient les femmes sur le tapis. A Paris, chez les hommes délicats, tout dialogue un peu animé commence ou finit toujours par là.

— Celle que je rêve, dit le peintre, celle que j'ai toujours aimée sans la connaître, existe à coup sûr quelque part, mais où? Boit-elle l'éther sur notre planète ou dans une autre étoile? Je ne sais. Je me la figure de taille moyenne, avec une tête pareille à celle des Vierges de l'Albane. Les cheveux sont blonds avec de petites barbes pointues qui sortent des torsades et qui ressemblent à la pointe des épis en temps de moisson. Je raffole de ses yeux bleus, qui ne sont ni trop grands ni trop petits. Le menton légèrement retroussé, est frappé d'une fossette. Dans ses Études, le grand Lavater dit qu'il faut se défier des lèvres minces. Tant pis pour l'illustre physiologiste, j'aime les lèvres finement découpées, et je ne la vois qu'avec cet appendice. Pour le reste, je serais peut-être aussi en désaccord avec un certain nombre de préjugés. Ainsi, la tête, exceptée, que je souhaite petite comme Horace désirait celle de Lycoris, je me la représente forte des épaules, les bras ronds et musculeux comme une héroïne de tragédie. Même chose pour les jambes; cela n'exclut pas la délicatesse du pied. Quant à l'esprit, j'ai aussi mes idées à moi. Sans doute il me déplairait qu'il n'y eût pas de liqueur généreuse dans un aussi beau flacon, mais cependant je me révolte à la pensée d'avoir une femme ou spirituelle ou lettrée. Sous ce rapport-là, je tiens des Turcs. Je rêve ma Vénus pour l'amour et non pour l'exercice du raisonnement. Une Ève qui raisonne, ou qui lit, ou qui cause, ne sera jamais une femme naïve. Du temps du Bas-Empire, un jour un Théodose quelconque voulait se marier. Pour mieux se choisir une impératrice, il fit publier que toutes celles qui se croyaient d'une beauté et d'un agrément à prétendre au trône du monde se trouvassent à Constantinople un tel jour. Il y en eut deux mille, venues de tous les pays de la terre. Icasie y alla, Icasie plus belle que les perles qui couronnaient son front. Toutes ses rivales, en la voyant, disaient : « Voilà celle que l'empereur choisira ». L'empereur vint. Il passa d'abord plusieurs rangs de belles sans rien dire; mais quand il s'approcha d'elle, il dit un mot piquant, et Icasie répondit par un mot plus piquant encore « — Comment, s'écria le prince, elle est si belle et elle a tant d'esprit! Je n'en veux pas! » Et il chercha plus loin. Je serais comme cet empereur-là.

— Celle que je rêve, dit l'agent de change, ne serait en rien pareille à celle que voudrait avoir notre artiste. Robuste tant qu'il vous plaira, les blondes sont trop douces ou trop soumises Il me faut un démon qui me contredise, quelque chose comme un diable qui change de temps en temps ma maison en enfer. Ainsi je la voudrais brune comme une Sévillane, volontaire comme le caprice. Donnez-lui du feu dans les prunelles, la bouche rouge comme la grenade qui saigne sous la lame du couteau et la tête toujours en mouvement. Le train-train prosaïque de la vie bourgeoise m'endort; j'ai besoin d'un caustique pour m'émoustiller. Ah! la belle avance pour un homme qui remue des colonnes de chiffres trois cents fois par an, la bonne fortune qu'une petite tête de brebis qui ne dit jamais non ou qui ne bêle invariablement que le même verbe! Tiens, puisque j'aime le blanc du poulet, je suis assez charmé de trouver, dans la tête à-tête, une femme qui demande le foie et les intestins. Comme ce doit être joli un ménage où l'on se parle toujours sur la même gamme! — Venez-vous à l'Opéra, ce soir? — Oui, mon ami. — Porterez-vous demain une robe bleue? — Oui, mon ami. — Le mois prochain, voudrez-vous ne dépenser que quinze cents francs? — Oui, mon ami. C'est à mourir d'une attaque de bâillement au bout de huit jours. — Non, mariez-moi à une vipère plutôt, je me sentirai vivre. Seulement je réclame des compensations. *Primo*, qu'elle ait la peau blanche; *secundo*, qu'elle sache chanter, une femme qui ne chante pas a une voix désagréable quand elle vous fait des scènes; *tertio*, qu'elle soit habile à monter à cheval cela voyez-vous, nous laisse la ressource de l'envoyer sou-vent promener; *quarto*, qu'elle excelle à danser, très bonne chose, en ce que le mari, s'il n'a pas des yeux de taupe, voit bien vite quel est celui des amis de la maison qu'il aura à congédier; *quinto*, qu'elle lise des romans le plus possible, afin qu'elle n'ait pas le temps d'en faire.

— Celle que je rêve, dit le jeune général, n'est pas de votre Paris, ville de possédés, mais de la chaste et calme province. Je la veux plus jolie que belle, plus correcte que jolie, plus simple que correcte. Figurez-vous une tête châtaine, deux grands yeux noirs, la bouche loyale; le reste comme il plaira au hasard. C'est un camarade que je cherche en elle, non une soubrette ni une maîtresse. Les jours de pluie, de neige ou de brouillard, quand il s'agit de corriger l'âpreté du temps par l'industrie du jeu, je désire qu'elle fasse mon cent de piquet ou ma partie d'échecs. Dans la belle saison, elle viendrait voyager avec moi, par eau ou sur terre, avec tant de réserve dans le maintien que les jeunes gens d'aujourd'hui, si bien élevés pour être des goujats, s'abstiendraient de fumer devant elle. J'exigerais d'elle qu'elle me donnât des enfants, deux fils autant que possible, et je lui dirais : « Vous les élèverez vous-même, en leur faisant boire votre lait ».

N. B. — Comme art d'agrément, je serais assez flatté qu'elle fût de première force à faire l'aquarelle.

— Celle que je rêve, dit le poète élégiaque, peut être ou brune, ou blonde, ou châtaine, ou rousse, ou cendrée, peu m'importe; grande ou petite, ce n'est pas non plus mon souci. Belle, c'est une charge qu'une femme qui attire trop les yeux du voisin; et d'ailleurs, lorsque l'âge arrive, la beauté s'en allant à tire-d'aile, votre moitié n'est plus de belle humeur. Qu'on me la donne laide, si l'on veut (les jolies femmes, on les aime; les laides, on les adore). Mais je tiens énergiquement à une double clause : bonne santé et bonne dot. En ma qualité de rêveur, les deux animaux de la création que je me plais le moins à rencontrer sont le médecin et l'huissier. Ainsi celle que je rêve serait plutôt Christine de Suède, par exemple, qu'un sylphe.

— Celle que je rêve, dit enfin à son tour le diplomate, est un oiseau fort rare à trouver. Il est bon de se la représenter grande, pâle, solennelle, silencieuse, distinguée, titrée et presque muette.

. . . . Cette scène se passait dans les bureaux d'une agence matrimoniale.

— Messieurs, répondit l'homme aux mariages, j'ai un tel assortiment de fiancées que je me fais fort de trouver chaussure à vos cinq pieds. Je viens de prendre bonne note de ce que chacun de vous m'a fait l'honneur de me dire. Veuillez vous donner la peine de repasser demain sur les deux heures de l'après-midi, j'aurai trouvé ce que vous me demandez au fond de mes cartons. Si, par impossible, j'étais dégarni en ce moment, je n'aurais qu'à faire appel à ma correspondance de l'étranger.

JEAN LEBLOND

Un élégant, qui était devenu chauve de très-bonne heure, avait eu l'idée originale de se faire confectionner autant de perruques qu'il y a de jours dans le mois.

Chaque matin il en prenait une qui différait un peu de celle de la veille. La perruque numéro 3, par exemple, était plus longue que la perruque numéro 2, et progressivement ainsi jusqu'à la dernière.

En sorte que notre dandy passait aux yeux de tout le monde pour avoir une chevelure naturelle, personne ne soupçonnant une ruse si habilement conçue.

Pour augmenter encore l'illusion, à la fin de chaque mois, lorsqu'il était arrivé à la perruque numéro 30, il disait négligemment à ses amis :

— Mes cheveux commencent à devenir longs, je vais les faire tailler.

Et le lendemain il reparaissait avec la perruque numéro 1.

Sa tête était un calendrier.

.*.

La scène se passe dans un foyer de théâtre.

PREMIER AUTEUR. — Ah ! mon ami, je suis doué d'une telle sensibilité que quand je vais au spectacle, me laissant gagner peu à peu par l'illusion, je pleure même à mes propres pièces.

SECOND AUTEUR. — Eh ! mon Dieu, pour moi c'est encore plus fort ; je pleure rien qu'en voyant mon nom sur l'affiche.

.*.

— Comme il y a peu de véritables honnêtes gens de par le monde ! disait quelqu'un devant un philosophe.

Celui-ci répliqua :

— L'honnête homme est une variété de l'espèce humaine.

. . .

Simple vers ajouté à la fin d'un volume de vers :

« On dirait de la prose où les vers se sont mis ! »

. * .

DANS UNE CRÉMERIE DU PAYS LATIN

Une étudiante trouve sur une table un calendrier nouveau pour l'an de grâce 1861.

— Dis donc, Ludovic, dit-elle à son vis-à-vis de table, l'almanach porte qu'en août prochain, les jours diminueront de quarante-deux minutes, c'est-y par jour ?

— Non, répond gravement Ludovic en lançant au plafond des bouffées de tabac, — c'est par heure du jour.

— Ah ! tant mieux, fit l'étudiante, ça fait que les nuits seront plus longues !

# LE MÉDIUM

Le pasteur Benjamin Taupier, ce modèle de piété, que le missionnaire Barbapoux tenta maintes fois d'arracher au protestantisme pour le faire entrer dans le giron de l'église orthodoxe, vient de voir sa foi ébranlée dans des circonstances tellement pénibles, dans un endroit tellement mal famé, que je me vois obligé de vous donner des détails sur cette douloureuse affaire.

Ce brave pasteur, pensant avec juste raison que toute connaissance humaine ne vient que de la divinité, était resté réfractaire à toute science ; il n'avait rien voulu savoir de ces vétilles saugrenues qui se décorent invariablement de noms finissant en gie ou en isme. Aussi représentait-il le plus beau spécimen de crétin qu'on peut trouver de la barrière Picpus à celle de la Chopinette. D'ailleurs il ne cherchait pas à tirer

un vain orgueil de sa crasse ignorance... Non. Il n'avait qu'une seule prétention, mais pas des moindres, il affirmait pouvoir correspondre avec Dieu sans le secours de l'administration des Postes...

Fichtre ! excusez du peu ! un téléphone privé, sans redevances à l'État, faisant communiquer Belleville avec le Paradis !

Enfoncées les lignes téléphoniques de Paris-London ! pouvant se passer de la voie par dessous la Manche, il traitait la direction des Postes par-dessous la jambe !

On peut se rendre compte, par ce seul fait, selon les beaux vers de *Tartufe* :

« ... Que Benjamin Taupier,
« N'est pas un protestant qui se mouche du pié !... »

Mais, à part cette prétention d'intimité avec le Seigneur (ça ne doit pas être vrai !) Taupier n'était pas un mauvais diable de pasteur.

Ayant à peine atteint la quarantaine, il s'était marié avec une Suissesse à la croupe monumentale, qui lui tissait de jours de soie et d'or et des chaussettes de laine, et excellait en outre dans la préparation des tripes à la gelée de coings.

Ces petites qualités d'intérieur ont leur importance pour l'homme austère qui mène une vie tranquille, et je les note ici afin qu'on ne puisse assimiler Rosalie à une de ces grues vulgaires comme on en épouse trop souvent.

L'existence se serait donc écoulée paisible et douce pour Benjamin, sans une mortelle inquiétude qui chassait le sommeil de ses yeux et troublait ses digestions...

Vous croyez peut-être que cette inquiétude lui venait d'un point obscur dans l'interprétation de certains versets de la Bible ?

Vous êtes alors dans une erreur que je ne peux qualifier, car j'ai la bouche trop mignonne pour laisser échapper une grossièreté ; mais je vous tirerai d'embarras en vous apprenant que Taupier doutait depuis quelque temps de la fidélité de sa femme.

Dame ! quand on est marié, n'est-ce pas !

Oui, notre pasteur supposait que Rosalie lui faisait des traits avec le jeune Antoine Peaudebouc...

Quantes fois il avait interrogé la divinité sur ce chapitre, mais celle-ci avait toujours fait la sourde oreille.

Il en était donc encore aux simples conjectures, lorsque lui arriva l'aventure terrible dont nous avons parlé, et que nous allons décrire avec notre lucidité ordinaire.

. . . . . . . . . . . . . . . . . .

La semaine dernière, l'un des amis de Benjamin l'aborda en l'invitant à venir avec lui passer la soirée chez des gens chics, où devait avoir lieu une séance qui l'intéresserait à coup sûr.

Taupier essaya de refuser ; mais l'autre insista, fut persuasif, insinuant ; le pasteur, finalement, accepta.

Le soir, les deux amis se mirent en route.

A neuf heures, boulevard de la Villette, ils entrèrent dans un pavillon, isolé au milieu des jardins.

Le maître du logis, en voyant entrer Taupier et son ami, leur serra la main, et, s'esquivant, alla rejoindre un autre personnage dans la pièce voisine.

Le dialogue suivant s'engagea entre eux :

— Eh bien ! mon cher Peaudebouc, tout est-il prêt pour la projection ?

— Tout. Le panneau que j'ai peint représente Rosalie habillée en Pénélope, ce qui symbolise la fidélité conjugale. Grâce à la puissance de votre lampe électrique, la figure apparaîtra d'une ressemblance frappante ; et mon imbécile de pasteur, subjugué, donnera dans ce... panneau !...

Après tout, c'est un service fameux que nous lui

rendons... car, qu'y a-t-il de plus précieux que la quiétude ?

— Alors, je vais faire mon expérience.

Nos lecteurs, dont l'intelligence est tellement développée qu'elle ne fait pas un pli, se sont déjà rendu compte que la soirée à laquelle on avait invité Taupier n'était qu'un piège.

En effet, le digne pasteur fut excessivement surpris et vexé en apprenant, par l'organe du maître de la maison, que la séance annoncée était une séance de spiritisme.

— Bon ! pensa-t-il, on va faire tourner les tables ! moi, je voudrais bien m'en aller !

Mais le *médium* ne lui laissa pas le temps de réfléchir, et reprit la parole :

— Mesdames et Messieurs, dit-il à l'assistance, on parle beaucoup, depuis un certain temps, de ces étranges recherches d'occultisme que poursuivent en tâtonnant quelques gens superficiels... Eh bien ! je veux vous prouver ce soir que notre science n'est pas un vain mot, et cela, par une expérience absolument concluante.

Ainsi, je me charge de faire apparaître sur ce tableau gris l'esprit *matérialisé* de n'importe quelle personne que l'on voudra bien me désigner. Comme, probablement, je ne connaîtrai pas cette personne, la bonne foi de celui qui me demandera l'expérience sera la seule preuve que j'aurai obtenu un résultat positif.

Entendant parler ainsi, Taupier, désirant prendre le médium en flagrant délit d'imposture, répondit qu'il voulait bien se prêter à l'expérience.

— Bien, fit le spirite. Voulez-vous voir apparaître une personne qui vous est chère ?

— Oui.

— Désignez-la.

— Ma femme.

Le médium se plaça auprès du tableau gris, fit des passes, et, soudain, dans le jet de lumière électrique, une ombre se dessina, d'abord vague, floue, voilée... puis précise, nette, frappante...

Taupier était abasourdi.

— C'est elle ! c'est bien elle ! c'est Rosalie ! s'écria-t-il.

Alors, sur le ton et avec le geste d'un barnum qui débite son boniment devant les toiles peintes d'une baraque, l'expérimentateur reprit :

— Vous avez, Monsieur, jusqu'ici, douté de la puissance des esprits et soupçonné injustement votre épouse ; vous avez cru qu'elle vous trompait... C'est pourquoi elle se montre à vous sous la robe de la femme d'Ulysse, qui est le modèle de la fidélité conjugale. Elle vous pardonnera ; mais les esprits vous châtieront de votre peu de confiance !

A ce moment l'image disparut.

Taupier n'en voyait plus clair...

— L'esprit a parlé ! conclut le médium.

— Diable ! pensa le pauvre pasteur.

Il avait à redouter la colère des esprits !... Ça, c'était fort ennuyeux ; mais c'est égal, il était tout de même très heureux de savoir que Rosalie ne lui en faisait point voir de grises !

Comme il était déjà tard, il sortit avec son ami, qui le quitta sur le boulevard.

Il faisait une nuit noire, propice aux crimes...

Le pasteur se dirigea, en allongeant le pas, vers la rue de Belleville...

Mais, en arrivant à la Courtille, dans l'ombre d'un renfoncement, il se vit tout à coup assailli par quatre gaillards armés de triques qui se mirent à lui caresser les côtes à tour de bras...

Cela dura deux minutes...

Subitement, il ne vit plus personne. Mais il entendit dans l'ombre une voix profonde qui lui dit :

— O Benjamin ! c'est ainsi que les esprits frappeurs vengent les femmes injustement soupçonnées par leurs époux !

Il fut quelques secondes avant de se remettre de ce dernier coup. Enfin, il reprit sa marche au moment où une petite dame s'éloignait précipitamment devant lui, le long des murailles.

En y réfléchissant, il lui sembla bien que la voix de l'esprit ressemblait légèrement à celle de Peaudeboue... il lui parut aussi que la petite dame qui venait de passer avait un peu la tournure de Rosalie... Mais il était si heureux de savoir sa femme fidèle qu'il ne s'arrêta pas à ces détails.

Dès le lendemain, il envoya sa démission de pasteur.

Depuis ce jour, Taupier est devenu spirite.

Sa femme aussi.

Et Peaudeboue est médium...

MARIUS RÉTY.

## ŒUFS A LA NEIGE

Auteur de romances sentimentales très goûtées dans les salons de l'Ane-Rouge, il reçut la semaine dernière d'une certaine baronne, qui s'était éprise de ses élucubrations poétiques, une invitation pressante de venir passer quelque temps à sa terre de Touraine, près du Mans, où elle se ferait une fête de le recevoir.

Il avait déjà rencontré cette noble dame dans le monde, et en avait reçu mille compliments flatteurs.

— Parbleu, se dit-il, la chose tombe à merveille, je ne savais où porter mes pas pour me livrer aux douceurs d'une villégiature élégante, voilà mon problème résolu. Une femme qui m'admire! je serai là comme un coq en pâte.

Là-dessus notre poète boucle sa malle, prend le chemin de fer, et se plonge dans des rêves enchanteurs, truffés de poulets du Mans, arrosés de vins généreux.

Il arrive le soir, à onze heures, fatigué et mourant de faim. Comme il n'a pas eu le temps de dîner en route, il pense qu'on lui aura sans doute préparé quelque délicate collation.

L'une des femmes de la baronne qui l'attendait, le conduit immédiatement à sa chambre.

Il entre, jette un rapide coup d'œil autour de lui et n'aperçoit rien. — Il s'informe.

— Oh! madame a pensé à vous, dit la soubrette, et vous trouverez ce qu'il vous faut dans cette armoire; — puis elle sort, et le voyageur famélique de se précipiter vers l'armoire du salut et d'inspecter ses rayons.

Il ne voit d'abord rien, mais en cherchant avec attention, il finit par découvrir dans un coin, un pot de confitures et deux biscuits!

Stupéfait et tout désappointé, L.... se coucha tristement, mais soutenu par l'espoir de se rattraper au déjeuner du lendemain.

Ce bienheureux lendemain venu, la Marton de la veille prévient monsieur que le déjeuner est servi.

A cette nouvelle, le poète pousse un soupir de sensuelle satisfaction, et descend offrir ses hommages à sa charmante hôtesse, qui le présente à cinq ou six hobereaux des environs, très curieux de savoir si un faiseur de romances était bâti comme les autres hommes.

La présentation finie, on se met à table. Le spectacle est appétissant, et à l'odeur parfumée des viandes, L... sent que ses dents s'allongent, que ses narines se dilatent, et il suit avec un tendre intérêt les moindres péripéties du service.

Mais quelle n'est pas sa surprise et son effroi lorsqu'il remarque qu'on sert tout le monde excepté lui et la baronne.

— Notre tour viendra, lui dit gracieusement cette dernière.

L.... grimace un sourire et ne dit mot, tout en cherchant celui de l'énigme.

Le premier service se passe, — rien.

Au second, il tourne au carnivore, mais il espère, en voyant la noble châtelaine le regarder complaisamment. « Enfin, le moment est venu, pense-t-il, ce n'est pas malheureux. »

Amère déception! tout est réservé aux gentillâtres qui se pourlèchent à qui mieux mieux.

— Patience, ami, module l'impitoyable baronne, nous aurons notre tour. Laissons ces natures prosaïques se repaître de matière et se livrer à leurs appétits grossiers, il nous faut à nous des mets plus en rapport avec l'élévation de notre esprit!

— Sans aucun doute, chère madame, dit L... stupéfait, mais je me hasarderai pourtant à vous faire observer que rien parfois ne donne plus de verve qu'un blanc de poularde arrosé de champagne. Moi, cela me rend sentimental comme un saule; il me pousse des branches.

— Quelle hérésie, ô poète! et que je me garderai bien de me rendre votre complice. D'ailleurs, voici notre tour:

On dressait le dessert.

— A nous deux, maintenant. Voyons, que voulez-vous? Un atome de ces œufs à la neige, image de votre talent, ou un peu de cette crème à la vanille qui a le parfum de vos romances?

— Merci, madame, merci, j'aime mieux un bifteck saignant, s'écria le malheureux poète au comble de la fureur.

Il se lève là-dessus, s'incline profondément, remonte dans sa chambre, reboucle sa malle, s'enfuit à toutes jambes, et prend une place dans le premier train vers Paris.

C'est la seule chose qu'il ait prise chez la baronne.

BABYLAS.

## LE POÈTE-HUISSIER

(Suite et fin)

La rédaction avait augmenté: à côté de Bertrand, d'Harrault et de Nohic, on comptait Maurice Renard, Paul Riollet et Louis Ponce, plus communément désigné sous le sobriquet de Ponce-Pilate. Ils représentaient à peu près toutes les opinions en littérature.

Maurice Renard était impressionniste.

Paul Riollet rêvait de transporter le naturalisme au théâtre.

Ponce-Pilate avait un faible pour les décadents.

Claude, naturellement, tenait pour le lyrisme et pour la fantaisie, en opposition avec Harrault, franchement réaliste; et Bertrand, quoique manifestant pour l'école romantique une préférence marquée, restait assez éclectique néanmoins, et permettait à chacun de travailler suivant son tempérament et son caractère.

C'étaient, dans les bureaux du *Trapèze*, de continuelles et interminables discussions, qui avaient le tort de ne jamais convaincre personne, et d'où la lumière ne parvenait pas toujours à jaillir.

— Nous ne sommes pas assez réalistes! affirmait Harrault.

— Nous ne le sommes que trop, répliquait Nohic. On ne peut plus ouvrir notre journal sans y rencontrer une apothéose de Zola, et de son dernier roman, *la Terre*.

C'est dégoûtant!...

— Ne touchez pas au Maître, interrompait Renard.

— Du calme, Messieurs, disait Bertrand.

Claude s'emballait:

— Non! mais vous êtes énervants, aussi!... Le naturalisme! les documents humains!... On dirait que personne n'a pensé ni écrit, avant vous et avant Zola!... On dirait que vous avez fait des découvertes!... S'il était vrai tout le temps, encore, votre Zola! Mais c'est qu'il n'est pas toujours vrai! *La Terre* ne nous donne point une idée exacte du paysan, pas plus que *Pot Bouille* ne nous peint véridiquement le bourgeois! Je ne vous parle pas des ordures et des obscénités voulues, qui sont accumulées uniquement pour exciter les curiosités malsaines du public...

— Va donc! Joseph Prudhomme!

— ... Et pour faire monter le tirage...

— Faire monter le tirage!... Voilà ce que nous demandons! s'écriait le rédacteur en chef.

Et pour cela continua triomphalement Harrault... savez-vous ce qui manque?... C'est un bon administrateur. Veux-tu me confier l'administration de ton canard?...

— Je ne demande pas mieux... mais tu n'es jamais là...

— J'y serai. Me donnes-tu pleins pouvoirs?...

— Tous les pouvoirs qu'il te plaira.

— Eh bien! d'abord, ton titre est idiot, je te l'ai déjà dit. Nous changeons le titre. Nous devenons *la Gazette parisienne*. Au dessous, si tu veux, nous mettons, en petites capitales: ANCIEN TRAPÈZE. Qu'en pensez-vous, vous autres?...

— Accordé!

— Bien! De plus, nous ne sommes que bimensuels, ce qui est ridicule: nous devenons hebdomadaires.

— Entendu!

Enfin, nous avons un format grotesque: nous adoptons un plus grand format... Ça vous va-t-il?...

— Parfaitement!

Cela ne fut pas long.

Au bout d'une dizaine de numéros, *la Gazette parisienne*, qui coûtait deux fois plus que le *Trapèze*, et qui ne se vendait pas davantage, eut complètement épuisé les ressources financières de Gustave Bertrand.

Une tentative désespérée de Raoul Harrault pour la mettre en actions et pour faire prendre des parts aux rédacteurs ne fut couronnée d'aucun succès.

Le marchand de papier ne voulut plus livrer sa marchandise que contre argent comptant.

L'imprimeur refusa de composer un numéro, si le précédent n'était payé.

Il ne le fut point.

*La Gazette parisienne* avait vécu!

A la nouvelle de ce décès prématuré, Claude Nohic reçut un coup terrible!

Quoique sa copie ne lui rapportât pas un sou, il éprouvait à se voir imprimé, une joie enfantine. Et puis, le bureau du journal était un centre de réunions agréables, où il se plaisait. C'était l'écroulement absolu de toute sa vie intellectuelle!

Il essaya bien de découvrir autre chose, de se caser dans une revue, dans une feuille littéraire quelconque... Mais toutes les places étaient prises, toutes les portes hermétiquement closes!

Désorienté, déconcerté, il se replongea dans ses dossiers avec rage!

Sur ces entrefaites, il reçut une lettre de son oncle de Saint-Malo.

La chose était assez rare. Depuis que son oncle, malgré les résultats obtenus déjà, avait refusé de prendre au sérieux ses essais dramatiques — qu'il traitait irrévérencieusement de bagatelles — Claude lui en voulait, et l'on s'écrivait presque plus.

Voici ce que disait l'oncle:

Mon cher neveu,

« Tu as tort de ne pas me faire tes confidences. « Mais mon vieil ami Pélussin m'a tout écrit. Tu « aimes M¹ˡᵉ Hortense Nègreblant, et tu es aimé « d'elle. Ne proteste pas, c'est pour le mieux. Je « veux contribuer au bonheur de ton avenir ; ré- « jouis-toi, tu épouseras M¹ˡᵉ Nègreblant, et tu suc- « céderas à son père. L'étude est excellente : elle « rapporte de quarante à quarante-cinq mille « francs. Je te prêterai, pour t'aider à la payer, « une centaine de mille francs, dont tu me servi- « ras le revenu... Pour le reste, tu t'arrangeras « avec ton beau-père. Sois heureux, mon cher « garçon, c'est le vœu le plus cher de ton vieil « oncle... »

— Ah ! bien, par exemple !... Ah ! bien, par exemple !...

Claude suffoquait... Épouser M¹ˡᵉ Nègreblant, lui !... Huissier !... lui !!! Est-ce que Pélussin n'était pas fou ?... De quoi se mêlait-il, celui-là ?...

Il ne fit qu'un bond jusqu'à son cabinet.

— Monsieur Pélussin !...

— Qu'y a-t-il, monsieur Nohic ?... Vous pa-raissez tout ému...

— Il y a que je viens de recevoir... de mon oncle... Tenez, lisez !...

— Oui... eh bien ?...

— C'est vous qui avez dit à mon oncle...

— Certainement. Mais remettez-vous, mon cher ami, vous êtes tout pâle... je comprends votre émotion... Le bonheur... la surprise...

— Ah ! oui ! la surprise !...

— C'est un peu à moi que vous devez cela... j'avais fort bien remarqué, la première fois que nous sommes allés en soirée chez Nègreblant, votre assiduité auprès de sa fille... Le soir de votre première, à l'Odéon, je n'ai plus conservé aucun doute... Une autre fois, le jour de ce dî-ner... quand vous avez récité des vers... vous savez bien... Bref, j'ai tout compris... Vous étiez sans fortune, sans situation... Votre délicatesse vous faisait un devoir de dissimuler votre amour... Ces sentiments vous honorent, jeune homme ! Mais moi, j'ai parlé pour vous. J'ai trouvé Nègreblant très bien disposé à votre égard... sa fille aussi... Alors j'ai prévenu votre oncle... Voilà !

Claude, atterré, ne trouva rien à répondre, et se dirigea vers la porte.

Il passa une nuit épouvantable.

... Que faire ?... Sans le vouloir, sans le soup-çonner, même, il avait compromis M¹ˡᵉ Hor-tense... Il n'y avait pas à dire, il l'avait compro-mise... dans tous les cas, elle l'aimait... Le mal était fait, il fallait le réparer... Tirer Pélussin de son erreur, maintenant, c'était provoquer un vé-ritable scandale, perdre sa place à l'étude, se brouiller définitivement avec son oncle, et tout cela, pourquoi ?... Oui, pourquoi ?... Pour végé-ter, pour traîner une existence misérable dans les antichambres des journaux, des éditeurs et des théâtres, se faire éconduire, et mourir à peu près de faim... Riant horizon, aimable perspec-tive !

Et, tout à coup, son parti fut pris.

... Eh bien ! oui ! là ! Il achèterait la fille, et il épouserait l'étude !... Oui, il passerait sa vie à rédiger des sommations, des significations, des commandements, et des procès-verbaux de ca-rence... Oui, il donnerait à ses contemporains ce spectacle inouï, absurde, colossal d'un poète... huissier !... Il spéculerait sur la misère publi-que... Il s'enrichirait aux dépens des pauvres diables... Cela vaudrait toujours mieux que de gagner cent cinquante francs par mois chez Pélussin, ou ailleurs !... Que pouvait-on lui re-procher, après tout ?... Il avait fait son possible pour placer ses productions... Personne n'en voulait... Ce n'était pas sa faute... Plus tard, quand il aurait fait fortune, il se paierait le luxe d'un éditeur ou d'un théâtre — puisque tout s'a-chète, puisque tout se vend !

Le sacrifice est consommé.

Claude Nohic a épousé M¹ˡᵉ Hortense — plus maigre que jamais... Il a prêté serment, et a repris l'étude de son beau-père.

Il est devenu positif, pratique, sensé, expert dans l'art de faire verser des *provisions* aux clients les plus récalcitrants, impitoyable dans les saisies, habile à débrouiller les plus inextri-cables chinoiseries de la procédure.

Une seule fois il revit son ancien collaborateur, Gustave Bertrand, qui, ayant persisté à continuer la lutte, était poursuivi, traqué par ses créan-ciers.

Il venait — il y a des nécessités profession-nelles — pratiquer une saisie-arrêt à son domi-cile.

Par mesure de prudence, Bertrand avait fait descendre tout son mobilier dans sa cave. Il dor-mait paisiblement, quand on lui annonça l'huis-sier. En reconnaissant Nohic, il s'écria :

— Comment ?... c'est toi ?... tu n'es qu'un sa-laud... oui... c'est le mot... un salaud !

Et il se retourna contre le mur.

Mais Claude est accoutumé à tous les camou-flets, à toutes les rebuffades.

Peu à peu, au perpétuel contact de toutes les misères humaines, sa sensibilité s'est émoussée, puis éteinte.

Il a le cœur sec, et le cerveau vide.

Il était né poète !

Il mourra huissier.

*Alpha.* — C'est la première lettre de l'alphabet. Les femmes nous prennent souvent pour la se-conde.

*Amabilité.* — Ce qui sauve les femmes, — quand cela ne les perd pas.

*Amant.* — La préface du mari. Être l'amant d'une jolie femme, quelle horreur — charmante !

*Amateur.* — Il y a des amoureux amateurs comme il y a des clercs amateurs, des peintres amateurs, des poètes amateurs, — c'est-à-dire des gens qui ne seront jamais bons peintres, bons écrivains, bons notaires, etc.

*Ambiguïté.* — Il y en a souvent dans la conduite des hommes — et plus souvent encore dans celle des femmes. Plus une femme a de beaux yeux, plus sa conduite peut loucher.

*Ambition.* — L'hôtel des invalides des amou-reux.

*Ambre.* — Le frère du musc, le cousin du pat-chouli, — et l'ami de ces dames de la rue des Martyrs.

*Âme.* — Indispensable aux soufflets et aux violons.

*Amitié.* — Le faux nez que les jeunes femmes mettent à leur visage en face d'un indifférent qui voudrait leur devenir trop cher. Fiche de conso-lation qu'une vieille femme donne à son vieil amant, — comme le chasseur qui, faute de gri-ves, tue des merles.

Dans tous les cas, — soit pour hommes, pour femmes ou pour réalistes, — l'amitié est le ma-riage de deux âmes, et, comme tous les mariages, elle est sujette à divorce.

C'est l'opinion de Voltaire — et la mienne.

*Amie.* — Ce que les femmes appellent leurs amies sont d'autres femmes plus laides, plus pauvres et plus ineptes qu'elles, chargées de faire repoussoir à leur esprit, à leur fortune et à leur beauté.

*Amour.* — On en parle beaucoup, — mais on ne le connaît guère. Les journalistes disent que c'est un billet de spectacle, les coiffeurs disent que c'est un billet de bal, les banquiers disent...

Les journalistes, les coiffeurs et les banquiers ont raison.

C'est tout cela, à part ou ensemble, selon les goûts, l'homme — et la femme.

*Amoureux.* — On est bossu toute sa vie ; on n'est amoureux que jusqu'à trente ans.

*Amphibie.* — Il y a deux sortes d'animaux am-phibies, celle que la nature a faite pour exister dans un double élément, comme le phoque ; — et celle qu'une révolution a façonnée pour vivre dans un double milieu politique, comme l'homme. Cette plaisanterie est du grave Cuvier.

*Amusement.* — Les enfants en trouvent un à empaler les mouches ; les femmes, les hommes.

*Ange.* — L'être le plus immatériel. On s'obstine à donner ce nom aux femmes qu'on aime. Cela se chante aussi :

O mon ange, ô ma Lucie !...

PASSE-PARTOUT.

# PROFILS D'ARTISTES

### FEBVRE

Parisien de Paris, né en 1859, en plein faubourg Saint-Germain, qu'il affectionne par-dessus tout et qu'il représente dignement, ajouterais-je, car il se lèvre de personne ou je ne sais quoi d'aristocra-tique. Ses parents le destinaient au Barreau, et grâce à la haute protection de monseigneur de Ségur, il entra au séminaire de Meaux. À l'âge de sept ans Febvre potassait le latin et traduisait Xénophon, c'est dire qu'il possède à fond son latin et son grec. La guerre vint contrarier les projets d'avenir formés par ses parents, et il ne put achever ses études si brillamment commencées ; on lui fit apprendre le commerce et le soir, après avoir empaqueté des soie-ries d'Alger et de Chine, Febvre complète ses études en apprenant la philosophie et la théologie, en compa-gnie de son ami le docteur Lelarge, une de nos cé-lébrités médicales ; mais la fièvre du théâtre est là qui le guette, et c'est au contact du regretté Laro-chelle, alors directeur des théâtres Cluny, Montpar-nasse, Gobelins, qui l'aima comme son propre fils, que cette fièvre le prit pour ne plus le quitter ; c'est de lui aussi, pour ceux qui l'ont connu, qu'il a hérité de ce jeu simple qui en fait presque son image vi-vante ; après s'être essayé dans diverses sociétés dramatiques dont il était régisseur ,ah ! la destinée ! Febvre prend place dans une troupe d'artistes, sous la direction de Ch. Masset, aujourd'hui directeur des Bouffes-Parisiens. Febvre joua dans le *Mariage de Fi-garo*, *Daniel Rochat*, *l'Ami Fritz*, on l'applaudit à Liège, dans le *Tour du Monde*, puis il va créer *Michel Stro-goff*, à l'Alhambra de Bruxelles ; il file en tournée dans les casinos et bains de mer ; il triomphe dans *Divorçons*. Engagé par Roger, co-associé de Massay, au Palais-Royal et directeur du Vaudeville bruxel-lois, Febvre y passe six années et devient l'enfant gâté du public. C'est un des rares artistes français auquel les Bruxellois aient permis de jouer un *belge*... savez-vous ! La saison d'été lui permet de se faire applaudir tout à tour à Spa et Blankenberghe, dont il est des fondateurs du *Casino-Théâtre*, mais Febvre est ambitieux, le Casino bruxellois est en déconfiture, il entreprend de le relever ; il y réussit, vend l'établissement et transporte sa veine à l'Eden-Théâtre de Gand, où il fait ses premières armes de directeur. Est-il besoin de dire qu'il y réussit !... Dès lors, le café-concert l'avait conquis ! Il devient administrateur des Variétés de Lille, où M. Forêt, alors directeur de la Cigale, l'engage en cette même qualité. Il fut le précieux collaborateur de ce der-nier, qui l'a en haute estime, car il a contribué pour beaucoup à donner à la Cigale une impulsion mo-derne qui en fait un des premiers établissements de Paris. Grand admirateur du talent d'Antoine, l'intel-ligent directeur du Théâtre-Libre, Febvre aime aussi beaucoup les jeunes artistes ou auteurs qu'il s'ef-force de faire parvenir.

Un futur directeur, assurément, à moins que... Ah ! je suis certain théâtre le guette comme régis-seur ! Vous le *Roger* d'ici !...

**Ba-ta-Clan.** — M. Fourés, le fort ténor, chante en costume et avec mise en scène, le grand air de *Lucie*; Stiwa Hall est amusant dans ses imitations d'Yvette Guilbert; M^lle Davigny a fait une brillante rentrée dans « la Femme du Major »; Max Morel est un jeune réaliste au jeu simple et naturel; Gosset, Daubreuil, et surtout Plessis sont vivement applaudis. Paulus vient de créer, avec son talent habituel, « la Prière du soir »; on joue « Behanzin » ou M^lle Ragani, engagée spécialement, nous fait apprécier son jeu d'artiste distinguée qui, de plus, est très jolie.

**Pépinière.** — M^me Daris chante religieusement « l'Ange consolateur »; la jolie Delay se trémousse et dit d'une façon originale « les Deux Pommes d'api »; Gombert chante avec chaleur « la Légion étrangère »; le bon gros Maxime est étourdissant de gaîté; Albens personnifie comiquement les troupiers; Ransard, Hell, le petit Marcenay, Brunin fils complètent cet ensemble. Nous félicitons M. Roger sur la composition de sa troupe; cet intelligent directeur fait de grands sacrifices pour satisfaire sa nombreuse clientèle qui se presse dans ce charmant concert.

**La Cigale.** — *La Cigale ayant chanté...* revue en deux actes et trois tableaux de M. Numès. — Au lever du rideau une scène très drôle : « Une séance à l'Académie », les quatre immortels sont réussis, Chopp et Gibert sont à citer particulièrement, puis Baldy, un bon pèlerin; il y a l'inaugurateur Febvre qui s'acquitte de sa tâche avec dignité, son jeu est naturel et simple; Mireille, une gigolette nature; Chopp imite Paulin Ménier avec vérité; Gibert est superbe en soldat de bois, il est réussi. M^mes Grillon, Nita Darbel, Ryssler, Rouffe, de Verly Launay, etc., sont de jolies petites, agréables à voir et à entendre. Baldy est, comme toujours, amusant; c'est un compère spirituel. L'exquise Lidia est une gentille Cigale...

**Cirque Fernando.** — *A bride abattue.* — Grande revue équestre fort bien réussie; c'est un gros succès que nous sommes heureux de constater. Nous en reparlerons.

**Coq d'Or.** — Ce concert est fort attrayant, de jeunes et jolies femmes se font applaudir. Je citerai M. Monteil, un comique nature.

**Théâtre Montmartre.** — *Les Cadets de la Reine*, drame en 5 actes et 8 tableaux, de M. Jules Dornay.

Le gros succès de l'Ambigu est fort bien interprété à Montmartre et en ce moment à Batignolles; les décors sont somptueux; les artistes bons. M. Salvator est un second d'Artagnan; Duval apparaît au premier acte; Gédéon est parfait dans Mazarin, Vunblet, Berthelot, etc. M^me Haury est une Anne d'Autriche pleine de dignité. A citer : Marty, Delval, etc.

ALBERT VERSE.

Chez M^me Renoult, 90, passage Brady, vient de paraître un monologue réaliste de notre ami Verse : *Décadence!* créé par Pons Arlès du Théâtre Libre, Gaëtan, à l'Époque et Mileamps au Paris Concert.

## SPECTACLES DE LA SEMAINE

VARIÉTÉS. — 8 h. »/». — Premier Mari de France.
PORTE-SAINT-MARTIN. — 8 h. »/». — Le Bossu.
CHATELET. — » h. — Relâche.
GAITÉ — 8 h. »/». — Le Talisman.
AMBIGU. — 8 h. »/» — Mère et Martyre.
PALAIS-ROYAL. — 8 h. 1/4. — Le Veglione.
FOLIES-BERGÈRE. — 8 h. 1/2. — Miss Loïe Fuller. — Le Kangourou boxeur. — La Belle Fatma. — Jeudis, dimanches et fêtes, matinée.

*L'Imprimeur-Gérant :* ALPHONSE CARROT.

Imprimerie spéciale du *Paris qui Rit*, 13, faub. Montmartre, Paris.



**Chemins de fer de Paris à Lyon et à la Méditerranée.** — Courses de Nice. — Tir aux pigeons de Monaco.

Billets d'aller et retour de 1^re classe de Paris à Nice et Menton, valables pendant 20 jours y compris le jour de l'émission.

Faculté de prolongation de deux périodes de 10 jours, moyennant un supplément de 10 % pour chaque période.

Billets délivrés du 12 au 20 janvier inclusivement, et donnant droit à un arrêt en route, tant à l'aller qu'au retour.

On peut se procurer des billets et des prospectus détaillés aux gares de Paris P.-L.-M. et Paris-Nord, dans les bureau succursales de la Compagnie : 88, rue Saint-Lazare; rue des Petites-Écuries, 11; rue de Rambuteau, 6; rue du Louvre, 44; rue de Rennes, 45; rue Saint-Martin, 252; place de la République, 8; rue Sainte-Anne, 6, et rue Molière, 7; rue Etienne-Marcel, 18, et aux diverses agences de voyages.

× × ×

**Chemins de fer de l'Est.** — France, Suisse et Italie (par le Saint-Gothard).

Les voyageurs peuvent se rendre de Paris à Milan par trains directs et rapides, via Troyes, Belfort, Bâle, Lucerne (Lac des 4 cantons et le St-Gothard) (Lac majeur, de Lugano et de Côme).

La durée du trajet est d'environ 20 heures.

A Milan, les voyageurs trouvent des correspondances pour toute l'Italie.

Pour tous autres renseignements, consulter les affiches, les indicateurs et s'adresser aux gares.

× × ×

**Chemin de fer de Paris à Lyon et à la Méditerranée.** — *Circulation à demi-place.* - Le public peut se procurer dans toutes les gares des Chemins de fer de l'État, de l'Est, du Midi, du Nord, d'Orléans, de l'Ouest et de P. L. M. des cartes donnant le droit de circuler à demi-place *sur les sept réseaux*, moyennant le versement préalable d'une somme de :

| | 1^re cl. | 2^e cl. | 3^e cl. |
|---|---|---|---|
| Pour 3 mois........ | 180 fr. | 135 fr. | 90 fr. |
| — 6 mois........ | 270 » | 200 » | 135 » |
| — 1 an.......... | 360 » | 270 » | 180 » |

Ne louez pas d'appartement

sans le certificat de désinfection délivré par le

## SANATORIUM DE PARIS

23, rue Lantiez — **TÉLÉPHONE** — 12, Chaussée d'Antin

Tous les soirs

## MOULIN-ROUGE

CONCERT, SPECTACLE, BAL

## COMPTOIR GÉNÉRAL

9, boulevard Poissonnière et 45, rue du Sentier

Maison Henri RIONDET

de premier ordre et de toute confiance

POUR

l'HORLOGERIE, la BIJOUTERIE & les ARTICLES D'ÉCLAIRAGE

Reconnue comme vendant le meilleur marché de tout Paris

DIMANCHES, MARDIS, JEUDIS & SAMEDIS

BALS

## ÉLYSÉE - MONTMARTRE

PATINAGE DIMANCHES & FÊTES EN MATINÉE

DEMANDER DANS TOUTES LES PHARMACIES

LES

**Pastilles Géraudel**

*1 fr. 50 le flacon*

# PIERRE PETIT

*Opère lui-même.*

DANS SES NOUVEAUX ATELIERS
**29, Place Cadet, 29**
Douze marches à monter.
Les PHOTOGRAPHIES au CHARBON sont LES SEULES INALTÉRABLES

Deuxième année, n° 24.          LE NUMÉRO : DIX CENTIMES          Dimanche 19 Mars 1893

# PARIS QUI RIT

Direction et Administration : à la BIBLIOTHÈQUE GAULOISE
13, Faubourg Montmartre. — PARIS

Directeur responsable : G. HAAG

Adresser lettres, communications et mandats à M. l'Administrateur de la Bibliothèque Gauloise

— Ton mari, s'écria-t-il.

— Mon général, nous venons, dit Biriskoff

## CHRONIQUE GAULOISE

Eh ; arrivez donc ! Monsieur Petit-Claude, me cria du plus loin qu'elle m'aperçut, madame Manchabal, mon excellente concierge : il y a deux *télégraphes* qui vous attendent, même qu'il y en a un *qu'est* venu à cheval apporté par un *cipal*.

Comme je suis au courant de la façon peu banale dont la digne femme accommode le français, je ne sourcillai pas.

Le premier *télégraphe* était de Serpentinette, le second représentait une loge numérotée que m'envoyait mon ami le sous-chef aux beaux arts.

. . . . . . . . . . . . . . . . .

— Ah ! ah ! lui dis-je, c'est de madame Serpentinette ; elle rentre ce soir, retour de Genève. Bien des choses pour vous, madame Manchabal (il faut toujours être bien avec ses concierges).

— Ah ! elle vient de *Genièvre*, un fameux pays à ce qu'il paraît. Défunt mon pauv' mari prétendait qu'il n'y avait pas mieux, rapport aux montres et à l'absinthe.

— Précisément. Ça n'a pas changé.

Or, le télégramme disait en substance :

« Fait chou-blanc à Territet Impératrice
» Elisabeth invisible — et François-Joseph
» trop occupé — leur revaudrai ça à tous les
» deux. — Arrive ce soir onze heures. — T'embrasse follement. »

En effet, le soir je recevais dans mes bras notre collaboratrice ambulante qui ne décolérait pas depuis *Genièvre*.

— Oui, mon cher, figure-toi que cette satanée affaire du carnaval de Bâle a tellement émotionné les bons Suisses, que maintenant chaque fois qu'il s'agit d'*interciewer* un personnage quelconque, et à plus forte raison une tête couronnée, c'est d'une difficulté auprès de laquelle l'obtention d'un abonnement au *Paris qui Rit* n'est que de la Saint-Jean. Mais c'est égal, j'ai fait jaser le premier chambellan.

— Ah! tu as réussi tout de même.

— Oui, un peu, car ce haut fonctionnaire ennuyé sans doute d'avoir sa clef dans le dos s'était follement imaginé qu'il allait, comme ça, de but en blanc, en faire un autre usage. Mais minute, *Meiaher*. Quand il le faut, je suis sérieuse: j'ai su ce que je voulais savoir, ou à peu près, et j'ai accepté son rendez-vous pour le soir à souper à onze heures. Or, le train partant à neuf heures un quart, s'il m'attend toujours, les huîtres doivent être un peu défraîchies à cette heure.

— Je comprends cela; depuis hier soir, elles doivent s'ennuyer comme de vraies mollusques.

— Eh bien! je te dirai que dans ta prochaine chronique tu peux annoncer à tes innombrables lecteurs que pour le moment ils ont le droit de danser sur le fameux volcan, la mèche n'est pas prête d'être allumée. Gens d'Europe et autres lieux, dormez en paix.

François-Joseph se livre à ses chères études, Humbert Iᵉʳ cherche de l'argent comme un simple journaliste et l'empereur Guillaume continue à être *embêté* par Bismarck, absolument comme autrefois Grassot était embêté par Ravel.

On ne croit pas, dans le monde des cours, que les favoris de M. Jules Ferry soient chargés à la mélinite et l'empereur de Russie s'amuse à lancer des petits bateaux.

Huit cuirassés d'escadre, onze torpilleurs et autour, comme garniture, une douzaine de choses ...es canonnières, — depuis un an, c'est le bilan.

Ce paysage ne rappelle que vaguement la fameuse sole Marguery, mais il paraît que cela met un peu de fraîcheur dans les idées belliqueuses de la Triple-Alliance.

Et voilà. J'ai dit!

— Ah! très bien!

— Et c'est tout?

— Tout, pas précisément, mais le reste est d'un domaine plus fantaisiste et je ne sais si je dois...

— Dis toujours. Va. Je bois tes paroles.

— Oui, mais *motus*, hein! Tu sais, je ne veux pas qu'avec tes indiscrétions, tu me fasses attraper des histoires avec le gouvernement.

— Mais va donc! grande bête, tu sais bien que si on ne venait pas d'imposer les livrées, je pourrais porter un galon sur mon chapeau avec l'inscription en lettres d'or:

## AU TOMBEAU DES SECRETS

— Eh bien! voilà la chose — tu comprendras ensuite pourquoi j'ai été en retard d'un train. — Je m'étais bien aperçue que pendant la visite de la douane, à Bellegarde, un monsieur passait et repassait devant moi en me dévisageant, mais comme je suis habituée à être suivie, même en voyage, je ne fais jamais attention à ces détails oiseux.

Cependant ce *reluquage* incessant prit un corps au départ du train, car de seule que j'étais dans mon compartiment au départ de Genève, je me retrouvai *deux* au départ de Bellegarde.

Le numéro deux c'était mon monsieur au lorgnon, des bureaux de la douane.

Il était déjà installé, le criminel, et je t'assure qu'il ne m'a pas fallu beaucoup de kilomètres pour reconnaître en lui un personnage ayant l'habitude des voyages.

On ne pouvait pas décemment rester dix heures enfermés dans ce wagon sans desserrer les dents.

Il m'adressa la parole. Que fallait-il faire? Que ceux qui n'auraient rien répondu me jettent la première pierre.

Moi, je lui répondis; et, enfin, de fil en aiguille, une invitation à déjeuner en règle, au buffet de Mâcon, où le train devait s'arrêter trois quarts d'heure.

Comme le souper de mon chambellan ne m'avait pas trop surchargé l'estomac, je finis par accepter. — Moi, tu sais, en voyage, je suis *un bon garçon*.

Et alors, dare-dare, un coup de télégraphe à la plus prochaine station et en cinq sec, il commanda un de ces menus qui me fit répéter encore une fois *in petto*:

« Non, eh bien! vrai, mon petit, on voit que tu as l'habitude de voyager, toi! »

Nous n'avions toujours pas échangé nos cartes et, ma foi, il était un peu tard pour lui crier en pleine figure:

« Comment vous nommez-vous? » — Tu me connais, n'est-ce pas. Je suis trop grande pour avoir de ces manières-là.

— Oh! *oui*, alors! continue, tu m'intéresses.

— Alors, sur le coup de huit heures, broum, broum, broum, tu sais, les fameux passages sur les plaques tournantes et puis aussitôt la voix du conducteur:

— « Mâcon, quarante-cinq minutes d'arrêt. Buffet. Tout le monde descend. »

— Là, j'avoue que je n'eus pas une seconde de bégueulerie et que mon estomac battant une chamade épouvantable, je saisis avec empressement la main qu'il m'offrit pour sauter sur le quai.

Comme nous étions attendus, nous nous trouvâmes bientôt installés dans un cabinet chauffé, éclairé et devant un déjeuner servi... je ne te dis que ça.

Ah! oui, alors, qu'il devait avoir l'habitude de voyager celui-là.

Je commençais à pencher pour un grand-duc déambulant incognito. Il parlait cinq ou six langues, ce qui me confirmait dans mon opinion, les Russes ayant tant de facilité pour les langues vivantes.

Quant à moi, tu sais mes dispositions à cet égard, née-native de Montmartre-les-Bains, je les parle toutes en français pour ne pas humilier mes relations sous le poids de mes connaissances.

Je te prie de croire que le menu était soigné. La chair était fine et les vins délicats, comme aurait dit Brillat-Savarin.

On toucha un peu à tous les crûs de la Bourgogne, c'était une politesse locale, et enfin au champagne. Nous étions les meilleurs amis du monde, toujours en tout bien tout honneur, s'entend.

Enfin, le café dégusté, j'eus l'idée de regarder l'heure; il était près de midi.

— Quarante-cinq minutes d'arrêt, pensais-je tout haut, alors le train doit être parti.

— Il y a quelques probabilités, me répondit mon amphytrion; mais cela ne fait rien, une femme de votre qualité ne doit pas être à l'heure. Après ce train-là, il y en aura d'au-

tres, et je n'ai qu'un regret, c'est celui de ne pouvoir profiter jusqu'à Paris d'une aussi charmante société.

Mais mes affaires me *repoussent* d'un autre côté.

— Vous attirent, lui dis-je en souriant.

— Non, madame, j'ai bien dit me repoussent.

Je n'avais pas à insister et fis un léger signe d'acquiescement.

Mon compagnon de route m'avait plu par sa rondeur et ses manières affables, aussi lui avais-je raconté, un peu à bâtons rompus, une partie de nos petites affaires. Les Sociétés de bienfaisance dont je faisais partie, les Caisses de secours pour les artistes ou les vieux journalistes, les fêtes de charité dont nous étions par ci par là, les promoteurs, etc.

De sorte qu'au moment de nous quitter pour prendre chacun une direction opposée, il s'approcha de moi, un carnet à la main et, très ému, me dit respectueusement:

— « Madame, vous n'arrivez pas de Copenhague, il est vrai, non plus que du Portugal, mais vous arrivez de la Suisse qui est également un pays étranger, voulez-vous me permettre de contribuer à vos bonnes œuvres, cela me portera bonheur, puisque les Saintes-Écritures disent que l'on se sauve par la charité.

» Nous ne nous rencontrerons peut-être plus face à face. Laissez-moi emporter dans mes lointains voyages le souvenir d'une bonne action faite en commun.

» En acceptant ce chèque que vous pouvez toucher en arrivant à Paris, ce n'est pas vous qui serez l'obligée, ce sera encore moi, madame, croyez-le bien. »

Je me confondis en remerciements au nom de toutes nos bonnes œuvres de la presse, et, comme son train remontant sur Lyon sifflait éperdûment, il s'empressa de monter dans le coupé qu'il s'était fait retenir en arrivant, me criant dans un dernier adieu:

— « Votre nom chéri, madame, n'est pas sur le talon, faites-le simplement toucher par votre concierge. »

Le Rapide disparut dans la fumée, et là-bas, vers l'horizon, il n'était plus qu'un minuscule point dans la brume lorsque je revins à moi, toujours plantée, mon chèque à la main, sur le bord du quai.

A cet adieu suprême, dans cette dernière parole, je venais de reconnaître.... Arton.

PETIT-CLAUDE

Un de nos amis trouve l'autre jour le reporter X..., surnommé le Calino du journalisme, en train d'écrire à sa famille en province, et se préparant à introduire la lettre dans une enveloppe bordée de gigantesques filets noirs.

— Prenez garde, dit notre ami, vous allez effrayer vos parents. Ils vont croire que votre femme est morte.

— Oh! que non, répond X... J'ai bien soin de leur dire dans ma lettre de ne pas s'inquiéter.

. . .

Nous sommes au lendemain des noces. L'époux, matinal, est allé conter son bonheur à l'aurore.

La mère pénètre dans la chambre nuptiale pour recevoir les premiers épanchements de la chrysalide devenue papillon.

La jeune femme est assise sur le lit, les cheveux en désordre, la tête entre ses mains, et pleurant à fendre l'âme.

— Mais qu'as-tu donc, chère enfant? dit la mère anxieuse, et que veut dire cette douleur?

— Ah! maman, soupire l'ingénue entre deux sanglots, je suis déshonorée!

Durant la dernière session de la Cour d'assises de la Seine, un négociant en vin, qui était appelé à faire partie du jury et que cela ennuyait beaucoup, chercha un moyen de s'esquiver. Il s'approche d'un des huissiers pour lui faire savoir qu'il ne pouvait prendre place à côté des autres jurés à cause de sa surdité.

— Que dit-il? demanda le président.

— Il dit qu'il est sourd, monsieur le président.

Celui-ci se tournant vers le marchand et d'une voix très faible:

— Est-ce vrai? dit-il.

— Oui, monsieur, dit le marchand, pris à l'improviste.

— En ce cas, répondit le juge, allez vous asseoir à côté des autres jurés: les témoins parleront à voix basse!

Depuis de longs mois, Joseph n'avait pas touché un seul sou de ses gages, et Joseph devenait paresseux, exigeant, insolent.

Son maître sonne. Il ne se dérange pas.

A la fin, celui-ci, impatienté, se rend dans l'antichambre où il trouve son domestique installé dans un fauteuil en train de se délecter à la lecture du *Tam-Tam*.

— Ah ça! mais, animal! tu ne m'as pas entendu?

— Mais si, mais si.

— Que penses-tu qu'un maître doive faire à un serviteur tel que toi?

— Mon Dieu!... *lui régler son compte*, et le mettre à la porte après.

# LES AVENTURES
## D'UNE AMAZONE DE BÉHANZIN

### A Paris

(Suite)

Cette partie était depuis longtemps préméditée.

L'automne s'avançait et nous devions assister à la dernière fête de nuit du Champ-de-Mars, qui était donnée ainsi que vous vous en souvenez, au profit de l'œuvre des « vieux sous-préfets dégommés ».

Les journaux promettaient monts et merveilles pour ce chant du cygne de la belle saison, et Mollet-d'Acier m'avait fait jurer sur les cendres de mes ancêtres d'avoir à l'accompagner.

Nous étions en plein été de la Saint-Martin, et malgré l'époque avancée, le temps restait beau et les nuits encore clémentes.

Or, ce jour de novembre désigné pour notre festival en question, le soleil avait été exceptionnellement vainqueur.

Il avait été convenu que le couple devait me prendre à neuf heures chez Imoda, le célèbre glacier de la rue Royale.

Aussi à huit heures quarante, en gentilhomme connaissant les devoirs de l'hospitalité, étais-je déjà installé devant la terrasse, faisant des effets de plastron aux yeux éblouis des phalènes de nuit qui commençaient leur migration.

Les équipages se succédaient du côté des Champs-Élysées, nous précédant vraisemblablement vers le lumineux Eden.

Parmi les passants, beaucoup me reconnaissaient et échangeaient avec moi des saluts.

Les uns chuchotaient, les autres souriaient, se doutant bien des fonctions que je m'apprêtais à remplir.

Depuis deux mois, ce métier de cornac m'avait acquis une sorte de célébrité qui commençait à faire changer de nature ma modestie si connue.

Enfin, un bruit de grelots me fit lever la tête et je vis arriver, en poste, une grande victoria attelée de deux magnifiques doubles-poney, la queue de renard flottant aux oreilles.

Mes deux loustics occupaient le fonds de la voiture. Mollet-d'Acier en costume clair-de-lune, ceinturée de cuir fauve, et Kissé empiloté-pé — en gandin copurchic — petite jaquette à carreaux rouges et blancs, gilet à deux boutons et pantalon à pieds d'éléphant.

Pour compléter cet harmonieux édifice, ajoutez un chapeau melon imperceptible et vous aurez une photographie assez réussie de notre individu.

Je vous fais grâce bien entendu de l'étalage habituel de la bijouterie sans lequel n'était possible pour lui, nul bonheur sur cette terre.

Sur le devant de la victoria était restée une forme humaine qui ne les avait pas suivis dans leur descente auprès de moi.

Alors, j'interrogeai curieusement ma jeune amie, qui aussitôt me répondit avec un certain orgueil:

— Eh bien! c'est *mama* à moi!

— Mama, à toi?...

— Certainement, mama très chic — venue me trouver avec lettre de recommandation d'Anna reçu hier et donnant nouvelles du Dahomey.

— Voyons, explique-toi? On t'a expédié ta mère, quoi, qu'est-ce, éclaire ta lanterne.

— Oh non! Petit-Claude, mama très chic est parisienne, vois plutôt lettre d'Anna.

La mémoire me revenait à grands pas et je me souvenais de ce premier cri du cœur arraché aux fibres familiales de la douce enfant au contact de son pied, sur notre sol civilisé.

— « Anna avoir dit qu'il à moi faut une « mère pour être très chic et que ancienne « concierge était ce qu'il y avait de mieux « dans le genre ».

En effet, l'autre enragée, de là-bas où le boulevard commençait à lui manquer tout-à-fait, rafraîchissait la mémoire à son amie; et protectrice jusqu'au bout, lui fournissait à distance, une *vraie* mère et la manière de s'en servir.

La lettre, qui contenait des renseignements sur la guerre et les succès croissants du colonel Dodds, ne lui inspirait que des réflexions mélancoliques où l'on sentait l'effondrement complet de ses projets de grandeur. Nous ne la reproduisons pas ici de crainte d'avoir maille à partir avec l'administration des colonies. Seul, nous citerons en entier le post-scriptum qui est intéressant.

« Tu recevras la visite d'une *mère* que je te « recommande chaudement. Elle ira te trouver « avec une lettre de moi. Cette brave « femme se nomme la veuve Ginestous. Tu lui « donneras des appointements royaux. Trente « francs par mois et nourrie. C'est cent sous « de plus que je ne la payais autrefois. Elle « sera enchantée. Quant au costume, tu l'ha« billeras avec des défroques. Ça ira tout seul.

« Ta vieille Branche,

« ANNA. »

— Et alors, dis-je aux deux époux, sitôt prise, sitôt pendue. Elle est entrée en fonction *illico*.

Et tout en continuant notre conversation, nous nous dirigeâmes vers l'équipage dont les grelots de nos postiers réveillaient joyeusement les échos de la rue Royale.

Alors là, une nouvelle surprise m'attendait.

Sous le travestissement dont Mollet-d'Acier l'avait gratifiée, j'aperçus une figure noire, ou pour mieux dire, fortement bronzée.

— Eh bien! Quoi donc?.. Mais Anna a poussée la vraisemblance jusqu'à te fournir une *mère* de couleur.

Ça, c'est de la conscience artistique ou je ne m'y connais pas.

Alors, la *mama* s'adressant à moi, me dit, en me montrant ses dents blanches:

— Eh bonjour! *Mochieu* Petit-Claude, vous ne me *reconnaichez* pas, je vois *cha!*

— Bon, une vieille négresse qui parle auvergnat, en voilà bien une autre, maintenant!

— Eh oui! vous ne vous *chouvenez* donc plus de la mère Ginestous, la marchande de charbons de la rue *Chatal-Ferdinand*, aux Ternes, même que *chétait* moi que je portais tous les matins les *provijions* de madame Anna.

— Ah! parfaitement, j'y suis — bravo — et aussitôt je me rendis compte du phénomène.

C'était l'humus de plusieurs lustres carbonifères qui, s'accumulant sur ses joues, en avait fait la pseudo négresse que j'avais sous les yeux.

Cependant, notre train roulait toujours, et quelques minutes après nous arrivions à l'entrée de l'Exposition, sans que j'aie encore trouvé le moyen de faire déposer ce nouvel accessoire dans un vestiaire quelconque.

Les rubans de soie jaune qui enveloppaient comme d'une auréole la respectable tête de la veuve Ginestous corsaient un peu trop notre société déjà suffisamment remarquable sans cela.

Je fis bien à Mollet-d'Acier la proposition insidieuse de laisser madame sa mère sur un banc où nous serions venus la reprendre plus tard, mais je l'en souhaite. Elle avait une *mama*, c'était pour s'en servir, et ce subit amour de la famille s'était développé à un tel point que rien ne put la faire sortir de là.

— Allons, dis-je, buvons le calice jusqu'à la lie, et, prenant le bras de ma jeune indomptée, je l'entraînai du côté des fontaines lumineuses, laissant Kissé (Alfred pour les dames) se débattre sous la poigne vigoureuse de sa *belle-mama* qui, sans plus de façon, l'avait harponné.

La foule entourait déjà les pelouses des bassins, et la fête commençait. A chaque changement de couleurs, c'était des cris de joie et des applaudissements de la foule, mais tout cela était couvert par les hourras de ma folle compagne, qui allait évidemment recommencer une trentième édition de ses fumisteries.

Déjà elle avait lancé dans les airs son éventail en plumes de paon bientôt suivi de sa jumelle et de l'étui d'icelle.

Elle brandissait maintenant son écharpe qui allait suivre le même chemin, lorsque prise soudain d'une idée nouvelle, elle franchit la légère clôture et se précipita tête baissée à la chasse de ses différents bibelots, sans tenir le moindre compte des efforts des gardiens de la paix cherchant à arrêter son envahissement.

Je me précipitai, de mon côté, sans beaucoup plus de succès, lorsque mon attention fut ramenée violemment derrière nous par une cacophonie encore plus réussie que celle qui m'attirait :

— Vous pas toucher moi, grand roi bientôt. Vous ferai canonner.

— Arrêtez-le, il s'est sauvé d'une ménagerie, bien sûr !

— Fouchtra ! voulez-vous laicher mon gendre, vous ! dites donc !...

— Hip, hourrah ! à moi, les amazones ! — Suis Kissé-onqui-Fotapé, moi, grand brave !

— Rendez-vous, ou pas de quartier.

Vous avez deviné que l'armée de secours qui nous arrivait était tout simplement notre arrière-garde, la veuve Ginestous, négresse par vocation et pour le présent *belle-mama* d'un ex-ministre qui, voyant notre bagarre, s'était élancée courageusement, l'entraînant avec elle au sauvetage de sa fille d'occasion.

Cet intermède fit pâlir, je vous assure, l'éclat des fontaines multicolores et les assistants assez privilégiés pour se trouver au centre de nos opérations n'avaient pas lieu de s'embêter, vous pouvez le croire.

« L'Œuvre des vieux sous-préfets dégommés », fondée par la regrettée Montaland dans l'une de ses dernières créations, était quelque peu dans le marasme et si le programme avait pu mentionner à l'avance la scène homérique en question, nul doute que le succès eût dépassé de beaucoup ce que l'on espérait.

Ce conflit entre Dahoméens, Auvergnats, gardiens de la paix et *tutti quanti* valait certainement la peine d'être vu de près.

Heureusement que la nature, chez ma belliqueuse Africaine, ne perdait jamais ses droits et, qu'à bout d'arguments, je pus lui glisser à l'oreille que le souper nous attendait, là-bas, à la Tour, ce qui agit sur elle avec un effet foudroyant.

Elle cessa son pugilat contre la force armée et, dignement, revint sur ses pas sans s'inquiéter autrement des horions qu'elle avait reçu autant que distribués.

Heureusement que l'officier de paix, attiré par la lutte, était un homme des plus charmants et qu'il voulut bien accepter mes excuses, avec la meilleure grâce du monde, lorsque je lui eus expliqué la situation et les conditions dans lesquelles se trouvaient mes deux combattants voyageurs.

Ouf ! je ne commençai à respirer que lorsque nous fûmes arrivés sous l'ombre tutélaire du gigantesque monument où nous allions enfin trouver une hospitalité réconfortante, ce qui était inutile ni pour les uns ni pour les autres.

Cette soirée, cependant, n'était pas encore achevée, oh ! non, alors, ainsi que j'allais bientôt m'en apercevoir.

PETIT-CLAUDE.

*(La suite au prochain numéro).*

# HISTOIRE RUSSE

Ce matin-là, Kimsikoff s'était levé de bonne humeur. Ses gros yeux verts, — enfouis sous la masse épaisse de sourcils continuellement froncés, — montraient à peine cet éclat sinistre qui, d'habitude, donnait froid dans le dos aux Cosaques les plus endurcis.

Du reste, le thermomètre de Kismsikoff, — son nez, puisqu'il faut l'appeler par son nom, — indiquait un beau temps sinon fixe, du moins complet.

Ah ! quand ce nez large, rond, aux superbes narines, apparaissait au-dessus des colossales moustaches du général, aussi chaud, aussi rouge qu'une coupole enflammée par les derniers rayons d'un soleil couchant, — la joie était à l'ordre du jour.

La bonne humeur du général avait une cause : l'Empereur devait passer le soir son régiment en revue. Aussi, l'aide de camp Birisky dit-il à son collègue Biriskoff :

« Le moment est venu, parlons.

— Parlons, » répondit Biriskoff.

.˙.

Birisky s'approcha et dit, avec tout le respect qu'inspire un homme qui peut se passer la fantaisie d'envoyer ses soldats battre la semelle dans les plaines de la Sibérie :

« Mon général, nous venons, Birisky et moi .. »

Il s'arrêta, troublé, et Kimsikoff, remarquant son trouble, fronça ses sourcils châtains, releva sa grosse moustache, et regarda son aide de camp d'un air terrible.

« Pas de phrases ! D'un mot, la chose. — Parlez.

— Général...

— Mille tonnerres !... A vous, Biriskoff... Expliquez-vous... pas de phrases...

— Général...

— Très bien !... Vous voulez vous marier ?

— Non.

— Vous battre ?

— Oui.

— Défense sous peine de mort ! A quelle heure ? Tout de suite ? Allez. Souvenez-vous que l'Empereur doit passer en revue mes régiments ce soir. »

Sur ce, Kimsikoff avala un grand verre d'eau-de-vie.

.˙.

Un quart d'heure après Biriskoff revenait.

« Général. .

— Et Birisky ?

— Mort.

— Très bien. Son témoin ?

— Le colonel Borasky.

— Défense, sous peine de mort, de servir de témoin. Borasky se battra avec vous. N'oubliez pas que l'Empereur doit passer en revue mes régiments ce soir. »

Sur ce, Kimsikoff avala un second grand verre d'eau-de-vie.

.˙.

« Général, dit Borasky.

— Et Biriskoff ?

— Mort.

— Parfait. Son témoin ?

— Le capitaine Orloff.

— Défense, sous peine de mort, de servir de témoin. Je vous casse de votre grade de colonel pour que vous puissiez vous battre avec le capitaine Orloff... Allez, et songez que l'Empereur doit passer en revue mes régiments ce soir. »

Sur ce, Kimsikoff avala un troisième grand verre d'eau-de-vie.

.˙.

« Général, dit Orloff.

— Compris. Borasky ?

— Mort.

— Admirable... Son témoin ?

— Le lieutenant Meuscheff.

— Défense de servir de témoin sous peine de mort. Je vous casse de votre grade de capitaine pour que vous puissiez vous battre avec le lieutenant Meuscheff. Filez, et rappelez-vous que l'Empereur doit passer en revue mes régiments ce soir. »

Sur ce, Kimsikoff avala son quatrième grand verre d'eau-de-vie.

.˙.

« Général, dit Orloff.

— Devinez ! — Et Meuscheff ?

— Mort.

— Superbe !. . Son témoin ?

— Un soldat, — Pif-Poff.

— Un soldat ?... Mille bombes !... Défense de servir de témoin sous peine de mort. Je vous casse... Non, je nomme Pif-Poff lieutenant pour qu'il puisse se battre avec vous. Courez, l'Empereur doit passer en revue mes régiments ce...»

Là-dessus, Kimsikoff bâilla...

.˙.

« Général, dit le lieutenant Pif-Poff.

— Et Orloff ?

— Mort.

— Diable !... Son témoin ?

— Le lieutenant Nicolapeff du régiment Nicolopoff.

— Défense de servir de témoin sous peine de mort... Je vous fais lieutenant pour que vous puissiez vous battre avec lui. Dépêchez-vous, car l'Empereur doit passer en revue mes rég... »

Là-dessus, Kimsikoff étendit les bras et...

« Général, dit le lieutenant Pif-Poff.

— Et Nicolapeff ?

— Mort.

— Mille saint Nicolas !... Son témoin.

— Le capitaine Pétéroff.

— Défense de servir de témoin sous peine de mort. Je vous fais capitaine pour que vous puissiez vous battre avec lui. Hâtez-vous, car l'Empereur doit passer en revue mes... »

Là-dessus, Kimsikoff ferma les yeux.

.˙.

« Général, dit le capitaine Pif-Poff.

— Oh ! oh ! Et Pétéroff ?

— Mort.

— Nom d'une pipe !... Son témoin ?

— Le colonel Nicolapeff, du régiment Nicolapoff.

— Défense de servir de témoin sous peine de mort. Je vous fais colonel pour que vous puissiez vous battre avec lui. Filez, car l'Empereur doit pass... »

Là-dessus, Kimsikoff ronfla.

« Général, dit le colonel Pif-Poff.

— Ah çà ! voulez-vous me f...! Et le colonel Nicolapoff ?

— Mort.

— Mille millions de Chinois de paravent ! Son témoin ?

— L'Empereur.

— L'Emp... Je vous fais... S... Cosaque du Don ! Pas possible !... Je vous... Et mon régiment... Défense...»

L'Empereur entra.

— Défense de permettre de se battre en duel sous peine de mort. Colonel, je vous fais général pour que vous puissiez vous battre avec Kimsikoff.

Kimsikoff se leva, chancela, se redressa, décrocha son grand sabre et partit.

***

« Sire, dit le général Pif-Poff.

— Et Kimsikoff ?

— Mort.

— Bigre !... Son témoin ?

— Sa femme, qui nous regardait d'une fenêtre...

— Est-elle jeune ?

— Oui.

— Jolie ?

— Oui.

— Défense de servir de témoin sous peine de mort. Je te fais...

— Mais, sire, c'est une femme !!

— Pas de réplique ! — Je te fais... présent de la veuve, et tu l'épouseras... »

NIKITOFF

On signalait dernièrement un contrat dans une grande famille du faubourg Saint-Germain, et les salons étaient remplis par une foule aristocratique, — venue là en tenue d'étiquette, — les hommes sanglés d'habits rouges et de cravates d'une blancheur immaculée, les femmes habillées en toilette de bal, c'est-à-dire splendidement déshabillées.

Un évêque, ami de la famille et qui est à la fois homme du monde et homme d'esprit, — ce qui ne gâte rien à la qualité de prêtre, — était venu, sur les instances des parents, pour signer au contrat des jeunes époux.

Dès qu'il eut rempli cette formalité, il manifesta aussitôt le désir de se retirer immédiatement.

Comme on insistait pour le faire changer de résolution :

— Non, répondit-il avec un sourire, c'est impossible. Je ne puis demeurer plus longtemps ici, — ces dames me chassent par les épaules.

***

B..., ancien ouvrier typographe, a étudié ; il vient de se faire recevoir médecin.

— Tiens, a dit Z..., il pourra faire des billets d'enterrement lui-même.

***

Entendu hier sur le boulevard extérieur :

Un malheureux cul-de-jatte sollicite la charité des passants ; un gavroche, avec cet air narquois que chacun sait, lui crie :

— Dis-donc, vieux, veux-tu une recette pour les cors ?

Une vieille dame charitable :

— Gamin, tu mériterais qu'il te donnât son pied... quelque part !

***

Dans une grande soirée : Un gommeux à une demoiselle :

— Connaissez-vous cet affreux vieillard, mademoiselle.

— Mais... c'est mon père, monsieur ?

— Ah ! pardon ! (*froidement*.) Oh ! bien, si vous voyiez le mien, *il est encore pire.*

---

# LE CHALET DU GARDE

Je ne vous dirai point dans quel bois vivait ce garde. La chose est inutile à mon récit. Dans tous les bois qui avoisinent Paris, il y a des gardes. La ville leur a fait construire d'élégants pavillons en forme de chalets, avec les armes de Lutèce au-dessus de la porte d'entrée. Cave spacieuse ; trois pièces au rez-de-chaussée ; trois pièces au premier ; mansardes ; jardin tout autour. Une famille peut y vivre à l'aise, à moins d'être plus nombreuse que de raison et que de coutume.

La solde du garde est un peu maigre ; seulement, comme les gardes sont pour la plupart d'anciens militaires retraités, — quelques-uns mêmes décorés ou médaillés, — leur pension s'ajoute à leur traitement pour faire un total convenable. En outre, ils tuent quelques lapins, étranglent quelques canards ; ce sont les revenants-bons du métier... Mais leur grosse source de bénéfice, ce sont les petits Parisiens chétifs que les parents mettent en pension chez eux, pour qu'ils puissent respirer l'air pur et fortifiant des bois. Il n'est pas de garde marié, — et ils le sont tous — qui n'ait ainsi, à demeure près de lui, un ou deux mioches de quatre à six ans. Nourriture, surveillance et débarbouillage, tout ça se paye fort cher ; puis, quand le petit *profite bien*, les parents ne *regardent* pas aux cadeaux.

Le garde dont il va être ici question est un ancien maréchal des logis de cuirassiers. Nous l'appellerons *Simplice*.

Il y a deux ans qu'il est à la retraite ; il y a deux ans qu'il est garde. En sortant des cuirassiers, le jour même de son installation dans les bois, il épousa Annette, une femme de chambre qui a vingt-cinq ans de moins que lui et qui était bien la plus jolie soubrette qu'on puisse rêver. Annette était tout bonnement ravissante, et elle l'est encore. Petite, le nez retroussé, l'œil vif, la peau blanche, grassouillette, avec fossette aux deux joues et au menton... Tout en elle est... appétissant.

Aussi, bien souvent, on a aperçu de beaux messieurs rôder autour de l'habitation !...

Quand Simplice voit cela, il s'éloigne, il s'en va dans le bois ; il se connaît ; il se mettrait en colère et ça finirait mal.

La semaine qui suivit leur installation, il leur vint un gentil petit pensionnaire de cinq ans, aux cheveux blonds bouclés, soyeux ; aux yeux bleus. On l'appelle le petit Ernest. Le père, c'est M. le marquis de ***. Il vient le voir souvent, — deux fois par semaine, — et

paye grassement. Aussi le ménage du garde est-il dans l'aisance. Annette a des boucles d'oreilles de toute beauté ; tous les deux ont chaîne et montre en or, et les autres gardes vous diront qu'ils ont de l'argent placé. Un fait certain, d'ailleurs, c'est qu'Annette avait une dot et même une dot assez rondelette pour une femme de chambre...

Annette a un soin extrême du petit Ernest. Elle le caresse, elle le bichonne. Ernest l'appelle *maman*. Il est gentil tout plein, un peu triste. Les autres gardes croient que c'est un enfant de l'amour. Ce n'est pas impossible. Du reste, la campagne lui fait beaucoup de bien. Il était autrefois en nourrice, dans la Normandie, je ne sais où ; le père a voulu l'avoir plus près de lui...

Il y a quelques mois, Simplice reçut la visite d'un capitaine de son régiment qui tenait garnison à Saint-Germain.

« Mon vieux Simplice, lui dit le capitaine, voici l'affaire : il est possible que je vienne quelquefois, ici, dans ton chalet, me reposer... avec une dame... Ce coin-là est très retiré, très couvert ; le diable en personne ne nous y dénicherait pas...

— Suffit, capitaine ! » répondit Simplice en clignant de l'œil. Simplice savait qu'il serait largement indemnisé.

Le capitaine avait connu la marquise ***, où l'on connaît les marquises, parbleu !... dans le monde blasonné. A la voir, vous n'eussiez point dit qu'elle eût un capitaine dans son intimité. Elle passait au contraire pour une vertu farouche, pour un dragon de vertu ; mais de *dragon à cuirassier*, il est si facile de s'entendre. Elle avait cet avantage : que sa réputation la protégeait contre le soupçon. Les petits crevés de son entourage disaient tous à qui voulait l'entendre qu'il n'y avait rien à espérer de ce côté ; d'où ils concluaient que c'était une femme *sans tempérament*. Cela prouvait qu'elle n'aimait pas les petits crevés...

Quand parut le capitaine de grande famille et de grande fortune du reste, elle fut positivement éblouie. Elle ne croyait pas, — elle le dit naïvement, — qu'il existât encore dans sa classe des hommes de cette taille et de cette carrure. Elle entrevit tout un monde de voluptés et ne résista pas à la tentation. Si le beau capitaine eût tardé à faire le premier pas, la marquise eût pris les devants, sans nul doute.

Aussi, à la première déclaration du beau capitaine, répondit-elle :

« Oui. Quand vous voudrez !...

— Où ?

— Je ne sais. Cherchez ».

Le capitaine chercha. La matière était délicate. On a beau dire que Paris est un monde où toute intrigue amoureuse se peut mener en toute sûreté, une marquise est si vite compromise. Et puis, un cuirassier cela se voit de loin ! et la marquise tenait essentiellement à l'uniforme.

Goutran, — c'est bien un nom de capitaine amoureux d'une marquise, n'est-ce pas ? — se souvint fort heureusement de Simplice. C'est lui qui avait apostillé sa demande au préfet, et Simplice, en venant le remercier, lui avait dit :

« Quand vous passerez par le bois, capitaine, j'espère que vous voudrez bien accepter un verre de vin, sans cérémonie ».

Il alla le trouver et nous avons vu que Simplice accepta avec empressement.

Le chalet de Simplice paraissait être construit exprès pour la chose. Enfoui sous les arbres, on n'y pouvait aborder que par une allée si droite, si longue que l'arrivée de tout promeneur était aisément signalée dix minutes à l'avance.

Donc, il fut convenu qu'on se rencontrerait là, aussi souvent qu'on le pourrait.

Tous les jours que Gontran ne devait pas à son service, il les passait à Paris. Il avait avisé un café non loin de l'hôtel de la marquise et venait s'y installer. Si la marquise était libre, elle sortait à pied, en toilette modeste, passait devant le café que le capitaine quittait un gros quart d'heure après... et tous les deux, *séparément*, se rendaient en *fiacre* au chalet de Simplice.

Ce manège dura deux, trois mois. C'étaient des ivresses sans fin. Le beau capitaine raffolait de sa belle marquise... mais je m'aperçois que je ne vous ai point encore fait son portrait...

Elle était brune, un peu maigriotte, le teint mat, les lèvres d'un rouge vif; petite... Vous connaissez la Patti, n'est-ce pas?... presque cela...

Entre les bras du capitaine, un colosse, elle devait disparaître entièrement; mais elle était nerveuse... et infatigable.

Elle passait devant le café au moins tous les deux jours; faisant ainsi toute liberté à son mari, qui de son côté... oh! mon Dieu!... bien souvent, les maris ne valent pas mieux!...

Un jour comme nos deux amoureux, après une longue station au chalet, se disposaient à le quitter pour rentrer à Paris, et que dans le salon du rez-de-chaussée, la marquise donnait un dernier tour de main à sa coiffure, un tantinet chiffonnée, elle aperçut au bout de l'allée droite et longue qui faisait face, un monsieur qui s'avançait à grands pas...

« Gontran! fit-elle toute émue, viens voir! »

Gontran alla voir. Il eut un mouvement.

« Ton mari!... s'écria-t-il.

— C'est lui, n'est-ce pas!... Nous sommes perdus!... Quelqu'un nous aura suivis, nous aura trahis...

— Simplice!... où est Simplice?... cria le capitaine qui, tout cuirassé qu'il était et armé de son sabre, commençait à perdre la tête.

Simplice, qui fumait sa pipe dans le jardin, parut la main au chapeau.

« Qu'y a-t-il, capitaine?

— Tu vois ce monsieur?

— Ça!... c'est M. le marquis *** fit tranquillement le garde.

— Tu le connais!

— Je crois bien, c'est le père du petit Ernest!...

— Hein!... » fit la marquise stupéfaite.

Simplice répéta et continua:

« Il vient ici deux fois la semaine. C'est même étonnant que vous ne vous soyez pas encore rencontrés!... C'est une bonne pratique, allez! et qui paye *joliment*... chaque fois... »

Le capitaine coupa court aux racontars de Simplice.

« Il ne faut pas, lui dit-il, que ce monsieur nous voie, nous allons remonter là-haut. Pas un mot!... tu viendras nous avertir quand il sera parti. Reste-t-il longtemps d'habitude?...

— Une petite heure, au plus! »

Nos deux amoureux remontèrent précipi-

tamment à leur nid, et s'enfermèrent à double tour...

Simplice alla au-devant du marquis qui franchissait la grille.

« Bonjour, Simplice!... Où est Ernest?... il va bien?

— Il va bien, monsieur le marquis, il était là, il n'y a qu'un instant, avec Annette ».

Ernest accourut. Etreinte du père et du fils.

« A-t-on été sage?

— Oui, papa.

— Alors, on aura des jouets ».

Et le marquis tira de sa poche différents petits jouets: des pantins, des soldats, un ballon... Ils jouèrent au ballon. Le père courait après son fils et l'embrassait à pleines joues. Tableau charmant!

Le capitaine et la marquise voyaient tout ça de la fenêtre.

« Il ne m'a jamais parlé de cet enfant, disait la marquise rêveuse.

— Je crois bien! Est-ce que ça s'avoue, ces choses-là!

— Pourquoi pas? Cet enfant était né quand j'épousai le marquis. Il me semble que je l'aurais adopté, » fit-elle avec une moue de regret.

Quand le père et l'enfant eurent bien joué, le garde appela sa femme qui était occupée, à l'autre bout du jardin, à écosser des petits pois. Annette arrive tenant les petits pois dans son tablier relevé, le marquis lui dit: « Bonjour, Annette! » plongea la main dans le tablier à plusieurs reprises, faisant avec ses doigts des cascades de petits pois; puis tous deux, ils entrèrent dans le chalet. Le garde prit l'enfant par la main et l'emmena dans le bois.

La marquise et le capitaine ne virent plus rien.

Environ une demi-heure après, le garde rentra avec le petit marquis, prenant congé de tous, couvrit son fils de baisers et s'enfonça dans l'allée droite et longue.

Les deux prisonniers purent descendre enfin... Ils avaient eu une belle peur:

La marquise ne pouvait se lasser de regarder Ernest. Elle l'appela, lui caressa ses boucles blondes...

« Tu comprends, mon vieux, disait pendant ce temps-là le capitaine à Simplice, que nous ne pouvons plus venir dans ton chalet, maintenant que nous sommes exposés à y rencontrer des personnes de connaissance.

— Ce n'est pas son heure pourtant! ne cessait de répéter Simplice.

— N'importe! nous avons failli être *pincés*... cela suffit.

— Ah! sapristi! sapristi! capitaine, ça me fait bien de la peine! Je vous aimais bien, moi!

— Enfin que veux-tu?... Je regrette aussi, moi, parce que... c'était bien commode... »

Simplice se grattait le derrière de l'oreille.

« Je vous dirais bien: « Capitaine, je vais renvoyer le mioche. « Mais ça, voyez-vous, c'est impossible!

— Impossible!... Et pourquoi?

— Parce que, voyez-vous, la mère de l'enfant...

— La mère de l'enfant?...

— Eh bien!... la mère de l'enfant... c'est... ma femme! »

JEAN LEBLOND.

# PROFILS D'ARTISTES

## LECOURT

Né à Lyon, le 2 mars 1867, Lecourt qui devrait plutôt s'appeler *Lelong*, de son métier était plâtrier, il n'avait pas besoin d'échelle pour toucher le plafond, car il mesure 1m 94; comme bien d'autres, Lecourt s'assaya dans plusieurs sociétés lyriques et jouait en amateur, il fit si bien qu'il se fit remarquer par un ami de M. Verdellet, directeur du Casino de Lyon qui se l'attacha. Lecourt reste neuf mois dans sa ville natale; il voulait se faire connaître un peu partout, il fit donc la province et ses premiers grands succès ont été à Avignon, Saint-Etienne, Oran, Toulon, Rouen, Nice, Bastia, Narbonne, Cette, Besançon et Toulouse, c'est là qu'il fut remarqué par M. Allemand qui se trouvait de passage dans cette ville, il le demanda et lui fit signer un engagement pour la Scala. Il y a trois ans que Lecourt est à la Scala et l'accueil qu'on lui fait chaque soir fait prévoir qu'il y restera encore de longs jours. Lecourt, c'est le Ducastel du jour, un Ducastel *fin de siècle*, il faut le voir faire manœuvrer ses bras immenses et ses jambes gigantesques, son jeu est comique, de plus il est doué d'une belle et jolie voix. *Sa première création fut la Ruelle, la Fête des Pâtissiers, Fuyez les baiser des d'moiselles, Le grand bêta, Pas beau mais bien fait, Je n'sais pas c'que j'ai, La fleur du pétrin, Santampain, Isabelle la belle, la Rose de Mézi ion, Tirli! Turin. Ne me fait plus poser, Les amours de Planchapain, La plus belle du village, Miss Papillon, Fleur de roseau, O pouvoir être melon, etc...* Sa dernière excentricité. *Un amour de mitron* de notre ami et collaborateur Verse, musique alerte et vive d'Albert Petit, est un immense succès, car Lecourt a prêté à cette chanson sa joyeuse nature et son jeu si drôle, de plus Lecourt a joué soixante dix fois avec le petit Bob une amusante saynette: *Bob et son pion*; Lecourt va nous quitter au commencement d'avril pour se rendre à Bukarest où il vient de signer un brillant engagement. L'excellent administrateur de la Scala et de l'Eldorado, M. Brigliano, a bien voulu lui accorder un mois de congé avant la fermeture; de plus Lecourt est en pourparlers pour Vienne, Budapest; cet été il chantera à Bordeaux, où le vaillant directeur, M. Vareille, vient de le réengager, au Casino des Lilas, pour la quatrième fois dans cette ville, c'est dire que Lecourt est l'enfant chéri du public bordelais, puis comme les autres années il retourne à Marseille, où il est surnommé le *Populaire*, puis à Lyon. Lecourt est un jeune travailleur, ne cherchant qu'à satisfaire le public, il a le plus brillant avenir devant lui.

*Paris qui Rit.*

# PRÉDICTIONS DAHOMÉENNES

J'ai rencontré au Casino de Paris un Dahoméen qui essayait de vendre le passé, le présent et l'avenir, — mais sans pouvoir y réussir. Touché de son infortune, je lui ai donné tout l'argent que j'avais sur moi, et, en échange, il m'a donné tous les horoscopes qu'il avait sur lui. Les lecteurs du *Paris qui Rit* jugeront si j'ai été volé ou si je ne l'ai pas été. C'est pour eux que j'ai fait l'acquisition de toutes ces petites femmes de papier vert pomme ou jaune d'œuf qui sont les petits bleus de l'avenir.

## JANVIER

### Signe du Verseau

Ceux qui naissent sous ce signe ont toujours l'onglée aux doigts et à l'esprit, ce qui fait qu'ils ne parviennent pas à réussir dans le monde. Du reste, ils aiment à obliger et prêtent volontiers cent sous — à ceux qui leur laissent un objet de vingt francs en gage.

## FÉVRIER

### Signe des Poissons

Ceux qui naissent sous ce signe meurent très jeunes, — le mois de février n'ayant que vingt-huit jours. Ils aiment la chasse et ne vont jamais à l'Odéon.

#### MONSIEUR OU MADAME

Vous avez mis votre confiance et votre fortune entre les mains de quelqu'un qui n'en est pas digne : retirez-les-lui au plus vite, — la fortune surtout. Vous avez fait des rêves qui se réaliseront peut-être si vous êtes bien sage. Seulement, il est inutile que vous comptiez sur l'héritage d'un oncle d'Amérique ; il y a encore une Amérique, — mais il n'y a plus d'oncles.

## MARS

### Signe du Bélier

Ceux qui naissent sous ce signe sont courageux et extravagants. S'ils pouvaient prendre la lune avec les dents, ils la prendraient ; ne pouvant la prendre, ils se contentent de lui faire des trous. La plupart ne vivent pas vieux parce qu'ils redoutent la goutte et les catarrhes. C'est, en effet, la seule chose dont ils aient peur, — ainsi que de se brûler les doigts lorsqu'ils mouchent une chandelle.

#### MADAME OU MONSIEUR

Je dois vous donner l'avis que, si vous ne mettez pas au plus vite un terme à votre excessive jalousie, il vous surviendra de grands malheurs : votre propriétaire vous donnera congé, et l'un de vos amis vous donnera un billet de faveur pour aller voir la *Prise de Pékin*. Bien des personnes ne contractent des défauts qu'après en avoir été accusées injustement. Surmontez vos chagrins, et ne faites pas rejaillir vos peines sur personne, c'est malpropre.

## AVRIL

### Signe du Taureau

Ceux qui naissent sous ce signe aiment les goujons frits et les anguilles à la tartare. Ardents au plaisir, ils ne font pas de vieux os, — laissant cette spécialité aux marchands de chiffons.

#### MONSIEUR OU MADAME

La confiance est une belle chose, mais il faut savoir s'en servir. Vous avez mal placé la vôtre : empressez-vous de la retirer et de la replacer ailleurs, — elle et vous, vous vous en trouverez mieux. Je ne vous dis que ça, — parce que je n'en sais pas davantage.

## MAI

### Signe des Gémeaux

Ceux qui naissent sous ce signe aiment les boucles d'oreilles, et quand les petites filles ne veulent pas les leur donner assez vite, ils les leur arrachent — avec un bout de l'oreille. De là des désagréments judiciaires. Du reste, enclins à l'économie et à la propreté.

#### MADAME OU MONSIEUR

Vous recevrez une visite qui vous fera plaisir, mais ce ne sera qu'après l'avoir impatiemment attendue. Par suite des machinations d'un homme de loi en qui vous aurez imprudemment placé votre confiance, vous courez le risque d'être privé de votre liberté. Ayez l'œil au grain ! ayez l'œil !

## JUIN

### Signe de l'Écrevisse

Ceux qui naissent sous ce signe sont doux, tendres et bons. Ils ont une complexion délicate et se couvrent volontiers de flanelle des pieds à la tête. Amants fidèles, ils sont fréquemment trompés, et à cause de cela ils sont forcés d'avoir recours à la polygamie. Cela les mène un peu loin.

#### MONSIEUR OU MADAME

Vous inspirez plus d'amour que vous n'en ressentez, — et cela n'est pas flatteur pour votre cœur, si c'est honorable pour votre mérite. On vous cherche pour vous remettre soixante actions de chemin de fer — au pair — que vous avez oublié d'emporter en déménageant. Du reste, ayez confiance en votre étoile, et vous serez l'un des mortels les plus heureux en amour.

## JUILLET

### Signe du Lion

Ceux qui naissent sous ce signe sont rouges et ils aiment la solitude. Leurs talents de société ne se développent bien que dans dans le silence et dans le recueillement. Du reste, ils font volontiers banqueroute lorsque l'occasion s'en présente, et quand elle ne se présente pas, ils la font naître.

#### MADAME OU MONSIEUR

Tout n'est pas rose dans la vie. Le cèdre est vert, les pivoines sont rouges, les potirons sont jaunes et le drapeau de la France est tricolore. Vous vous en apercevrez à vos dépens à mesure que vous avancerez en âge — sans avancer en grade. Méfiez-vous, quelqu'un cherche à vous tromper. Jouez serré, de peur de perdre la partie.

## AOÛT

### Signe de la Vierge

Ceux qui naissent sous ce signe joignent la prudence de la couleuvre à l'intrépidité du zouave. Ils ont la tête un peu trop près du bonnet — ou le bonnet un peu trop près de la tête, à votre choix. Du reste, serviables, économes, rangés et amoureux des spectacles.

#### MONSIEUR OU MADAME

Vous avez toutes les qualités du cœur et de l'esprit, et cependant vous n'êtes pas heureux en ménage, et encore moins en littérature. On a refusé de jouer votre tragédie, et votre femme ne se refuse pas assez le plaisir de vous jouer des tours. Cette année-ci ne se passera pas sans que vous soyez la victime innocente de quelque grande catastrophe. Du reste, ne vous chagrinez pas d'avance ; c'est inutile, car ce qui est écrit est écrit.

## SEPTEMBRE

### Signe de la Balance

Ceux qui naissent sous ce signe adorent le vin de Bordeaux et les omelettes au rhum. Un peu trop portés sur leur bouche, ils n'ont pas le temps de l'être à l'Académie. Le jeu, le vin, les belles, Bacchus, Vénus et Momus occupent tous leurs loisirs ; ils ne songent même pas à dormir.



Vous dansez sur un volcan : prenez garde de faire un faux pas. Une petite brune cherche à vous nuire, mais elle n'y réussira pas si vous vous y prenez bien. Vous entreprendrez un voyage, et vous en reviendrez avec un œil de moins. Du reste, méfiez-vous de tous ceux qui vous entourent ; ce ne sont pas des gens aussi sûrs que d'autres.

## OCTOBRE

### Signe du Scorpion

Ceux qui naissent sous ce signe, meurent ordinairement dans un âge fort avancé. Ils deviennent facilement riches, par suite d'héritages.

#### MONSIEUR OU MADAME

Votre bonheur tient à un fil ; ne le coupez pas.

## NOVEMBRE

### Signe du Sagittaire

Ceux qui naissent sous ce signe, ont ordinairement le nez moins long que le bras, mais cela ne les empêche pas d'arriver à la fortune et aux honneurs. Ceux qui ne meurent pas jeunes meurent rentiers.

#### MADAME ET MONSIEUR

Faites attention à votre portier ! faites attention à votre portier !

## DÉCEMBRE

### Signe du Capricorne

On ne naît pas dans ce mois-là ; il fait trop froid.

DEVINN-ETT

**Eldorado**. — *Les Amours d'un certain Bidoche*, opérette de MM. Péricaud et Delormel, musique de M. Albert Petit. La pièce est des plus bouffonne, mais par contre, la musique est bien écrite par le compositeur à succès, Albert Petit, qui a trouvé de jolis motifs. Plébins est un Bidoche plein de gaîté et un comédien hors ligne. Teste prête sa rondeur au connétable Guy de Flacoville, MM. Farville, Blondel, Bannière, M<sup>mes</sup> Micheline, Lepayeur, Saint-Lot, Valbruge, Destigny, ont contribué au succès de la pièce.

**Moulin Rouge**. — Public élégant, jolies femmes aux toilettes luxueuses, artistes excellents, à citer M<sup>lle</sup> Marie Durier, charmante dans « Le café du Rond Point », M<sup>lle</sup> Kamouna est exquise, je la recommande à M. Ducarre pour cet été aux Champs-Elysées, M<sup>lle</sup> Camille Roman détaille comme il faut « Madame le Docteur » ! M<sup>lle</sup> Sarra chante gentiment la romance, de même M<sup>lle</sup> Bertiny ; l'étoile du Moulin-Rouge, c'est M<sup>lle</sup> Andrée Philipp, amusante au possible. Côté du sexe fort, il y a Chevallier, un comique excentrique de talent. Brunw a fait sa rentrée au commencement de ce mois, elle a été saluée par d'unanimes applaudissements. MM. Hotlair, Martin sont bons. M. Fougère est agaçant, il se croit intéressant, il ne l'est pas du tout. Quadrille fin de siècle, par la Sauterelle et la Glu, Fend-l'air et Merlatti. En somme, bonne soirée.

**Elysée Montmartre**. — Bal du fin de siècle. Le Fin de siècle a donné un bal splendide, à l'Elysée, costumes resplendissants, belles femmes ! dans des costumes à faire rougir Armand Sylvestre et votre serviteur, vers deux heures du matin on a promené dans la salle Manon, une fille superbe aux nichons durs (c'est moi qui vous le dis)..., elle se trouvait dans le simple appareil d'une beauté qu'on arrache au sommeil !... (pour les lecteurs et lectrices qui n'auraient pas compris, elle était a... nue !... Tous les hommes vieux et jeunes suivaient le cortège et on se battait pour toucher de la main un peu de sa chair rose... C'est dégoûtant !... mais cela amuse... A la revoyure !...

**Paris Concert** (Ternes.) — Il y a eu de nouveaux débuts : M. Sylvin et une bonne recrue pour le concert, de même M. Poquelin, M. E. Desmont, le régisseur et metteur se taille de jolis succès dans ses chansonnettes.

ALBERT VERSE.

## SPECTACLES DE LA SEMAINE

OPÉRA. — FRANÇAIS. — OPÉRA-COMIQUE. — ODÉON : — Spectacle variable : consulter feuilles quotid.
CHATELET. — 8 h. 1/4. — La Fille prodigue.
GAITÉ — 8 h. 1/2. — Le Talisman.
PORTE-SAINT-MARTIN. — 8 h. — Le Bossu.
AMBIGU. — 8 h. 1/2 — Mère et Martyre.
VAUDEVILLE. — 8 h. 1/2. — En partie fine. Flipote.
GYMNASE. 8 h. 1/4. — Les amants légitimes.
GRAND THÉATRE. — 8 h. 1/2. — Lysistrata.
VARIÉTÉS. — 8 h. 1/2. — Premier Mari de France.
NOUVEAU-THÉATRE. — 8 h. 3/4. — Bouton d'or.
PALAIS-ROYAL. — 8 h. 1/4. — Le Veglione.
BOUFFES-PARISIENS. — 8 h. 1/4. L'Enfant prodigue.
NOUVEAUTÉS. — 8 h. 1/4. — Champignol malgré lui.

FOLIES-DRAMATIQUES. — 8 h. — Miss Robinson.
MENUS-PLAISIRS. — 8 h. — Tararaboum-Revue.
DÉJAZET. — 8 h. 1/2. — Ferdinand le Noceur.
THÉATRE CLUNY. — 8 h. 1/2. — La Boîte à Bibi.
CHATEAU-D'EAU. — 8 h. 1/2 — La Mère La Victoire.
BOUFFES DU NORD. — 8h. — Jean Mayeux.
THÉATRE MONCEY. — » h. — Relâche.
FOLIES-BERGÈRE. — 8 h. 1/2. — Miss Loïe Fuller. — Le Kangourou boxeur. — Jeudis, dimanches et fêtes, matinée.
ELDORADO. — 8 h. 1/2. — Bonnaire, Kam-Hill. — Dans cent ans.
CASINO DE PARIS. — 8 h. 1/2. — La Fin d'un Monde.

L'Imprimeur-Gérant : ALPHONSE CARROT.

Imprimerie spéciale du Paris qui Rit. 13, faubourg Montmartre, Paris

## ABONNEMENTS

| PARIS : | DÉPARTEMENTS : | ÉTRANGER : |
|---|---|---|
| Un an, 6 fr. ; Six mois, 3 fr. ; Trois mois, 1 fr. 50. | Un an, 6 fr. 60 ; Six mois, 3 fr. 25 ; Trois mois, 1 fr. 75. | Un an, 7 fr. 50 ; Six mois, 3 fr. 75 ; Trois mois, 2 fr. |

**Chemins de fer de l'Ouest.** — *Services quotidiens rapides entre Paris et Londres.*

Le service de jour à heures fixes entre Londres et Paris, par Dieppe et Newhaven, est supprimé depuis le 1er novembre.

Quant au service de nuit entre les mêmes points, toujours par Dieppe et Newhaven, il est maintenu comme d'usage, pendant l'hiver.

**De Paris à Londres :**
                1re 2e 3e cl.
Départ de Paris-St-Lazare.     8 h. 50 soir.
Départ de Dieppe........     1 h. »» matin.
Arrivée à Londres :
Gare de London-Bridge.....    7 h. 40 matin.
Gare de Victoria...........    7 h. 50 matin.

**De Londres à Paris :**
Départ de Londres :
Gare de Victoria..........    8 h. 50 soir.
Gare de London-Bridge....    9 h. »» soir.
Départ de Newhaven.......    11 h. »» soir.
Arrivée à Paris-St-Lazare.   8 h. »» matin.

*Prix des billets :*
Billets simples, valables pendant 7 jours :
1re classe, 41 fr. 25. — 2e classe, 30 fr. — 3e classe, 21 fr. 25.

Plus 2 fr. par billet, pour droits de port à Dieppe et à Newhaven.

Billets d'aller et retour, valables pendant un mois :
1re classe, 68 fr. 75 — 2e classe, 48 fr. 75. — 3e classe, 37 fr. 50.

Plus 4 fr. par billet pour droits de port, à Dieppe et à Newhaven.

Ces billets donnent le droit de s'arrêter à Rouen, Dieppe, Newhaven et Brighton.

Le service de jour sera repris, à heures fixes, au printemps prochain.

×<br>× ×

**Chemins de fer de l'Est.** — Voyages circulaires en Italie par les lignes de l'Est.

La Compagnie des chemins de fer de l'Est délivre toute l'année des billets pour de nombreuses combinaisons de voyages circulaires ayant principalement l'Italie pour objectif.

Au moyen de ces combinaisons, les voyageurs ont le choix entre un grand nombre d'excursions au Nord des Alpes (parcours en dehors de l'Italie) et au Sud des Alpes (parcours italiens) qu'ils peuvent effectuer avec deux billets, dont l'un est valable pour les parcours Français, Suisses, Allemands et Autrichiens, suivant l'itinéraire choisi, ou l'autre pour les parcours italiens. La durée de validité pour les deux parcours réunis est de 60 jours.

Les prix et conditions ainsi que les différents itinéraires à emprunter figurent dans un livret spécial des voyages circulaires et excursions publié par la Compagnie des chemins de fer de l'Est et mis à la disposition du public dans la gare de Paris et bureaux succursales.

×<br>× ×

**Chemins de fer de l'Est.** — France, Suisse et Italie (par le Saint-Gothard).

Les voyageurs peuvent se rendre de Paris à Milan par trains directs et rapides, via Troyes, Belfort, Bâle, Lucerne (Lac des 4 cantons et le St-Gothard) (Lac majeur, de Lugano et de Côme).

La durée du trajet est d'environ 20 heures.

A Milan, les voyageurs trouvent des correspondances pour toute l'Italie.

Pour tous autres renseignements, consulter les affiches, les indicateurs et s'adresser aux gares.

Deuxième année, n° 25.　　　LE NUMÉRO: **DIX** CENTIMES　　　Dimanche 26 Mars 1893.

*Direction et Administration : à la* **BIBLIOTHÈQUE GAULOISE**
13, Faubourg Montmartre. — PARIS
**Directeur responsable :** **G. HAAG**

*Adresser lettres, communications et mandats à M. l'Administrateur de la Bibliothèque Gauloise*

Cyprien se précipite au récepteur !!　　　　　　— Arrêtez ! arrêtez ! crie Bézuchet.

# CHRONIQUE GAULOISE

Il était l'*heure verte*, le boulevard roulait ses ondes tumultueuses et pressées de la Bastille à la Madeleine.

Depuis vingt minutes j'étais installé à la terrasse de Pousset où mélancoliquement j'attendais cette écervelée de Serpentinette, qui venait enfin de nous donner de ses nouvelles par une laconique dépêche adressée à la rédaction, où depuis huit grands jours elle n'avait pas paru.

Or, la charmante enfant qui a, comme vous le savez, au milieu de ses nombreuses qualités celles d'être acariâtre, grincheuse, volontaire et fantasque, nous manque absolument lorsqu'elle n'est pas là pour nous distribuer à tous des choses désagréables.

Enfin sur le coup des six heures, pour le quart, je l'aperçus traversant le boulevard à grandes enjambées et se dirigeant de mon côté, avec une volumineuse serviette sous le bras.

Elle était vêtue de couleur sombre et avait un air si particulièrement tragique que soudainement, cela me dérida.

— Enfin ce n'est pas malheureux ! Vas-tu me faire l'honneur de me dire d'où tu sors, depuis les éternités que l'on ne t'a vue.

— Ce n'est pas le moment de rire, tu sais, me répondit-elle en s'asseyant et en me désignant la serviette d'un geste d'augure.

— ? ? ?

— Oui, oui. Attends un peu. Je vais t'en

donner des nouvelles et puis je pense que si tu n'es pas satisfait, c'est que tu seras bien difficile.

— Alors, c'est une devinette !

Madame voyage pour le *Rébus* maintenant et sans doute avec échantillons, fis-je en montrant à mon tour la serviette.

— Mais tu me fais bouillir avec tes sarcasmes idiots — et alors incapable de se contenir plus longtemps elle me cria dans la figure en frappant sur son *eugin* à coups de poings :

— Mais triple animal, c'est toi, toi, toi — entends-tu bien qui est cause de tout.

— Ah ! je suis cause de tout, ça, c'est déjà quelque chose que j'apprends, et ensuite :

— Oui, oui — fais de l'esprit, mais en fait de renseignements confidentiels, à l'avenir si tu as des poches, tu pourras te fouiller.

— Allons, allons, ça va mieux, du moment que tu deviens mauvaise, nous allons nous entendre. Tu rentres dans ton caractère, c'est bon signe.

— Oui Monsieur ! Monsieur le Tombeau des secrets ! Monsieur l'homme de parole.

— Et ta dernière chronique ?

Hein ! oui. Réponds donc ! et ta dernière chronique !

— ? ? ?

— Ah ! si j'étais un homme, ou toi, une femme, quel beau crêpage de chignons offrirais-je à mes contemporains.

Oui, depuis ton inqualifiable article où tu m'as lancé le pétard d'Arton — pour moi, il n'est plus de bonheur...

— Oh ! non, pas de romance, n'est-ce pas, si tu veux que je continue à l'écouter avec le calme et la dignité qui conviennent aux grandes infortunes.

— Oui, depuis ce moment-là, on ne voit plus que moi à la Commission d'enquête et tu sais, tous ces députés, eh bien ! ils vous ont une façon de me regarder, sous couleur d'interrogatoire...

— Que c'en est à faire frémir, quoi !

— Parfaitement, aussi à ma cinquième comparution j'en ai eu assez, et au sujet de mon trop fameux chèque, ma foi ! il y a eu de la brouille dans le ménage.

Je leur ai dit : mes bonnes œuvres n'en profiteront pas, c'est vrai — mais ni vous non plus, et séance tenante je l'ai avalé.

— Mais ils ne me connaissaient donc pas tous ces enquêteurs. — Moi, livrer une pièce confiée à mon honneur !!!

Ah ! mon petit si tu m'avais vue à ce moment-là — non — eh bien ! tu ne m'aurais pas voulu de mal.

Et alors, debout en face d'eux tous et les tenant sous mon regard, je leur ai sorti ma tirade n° 4 sur la question sociale. L'émancipation de la femme — Les droits de la femme — La femme électeur et éligible — et allez donc !... Ça me venait d'abondance. Non, mon cher, si tu avais vu ces têtes... ils en étaient *babas*, quoi !

Jamais Hubertine Auclert — n'atteindra ces hauteurs oratoires, va — je t'en réponds, elle peut en faire son deuil. — C'était comme allure quelque chose dans le genre de Sarah, dans sa grande scène de Dona Sol. Quoi ! — tu vois ça d'ici.

— Je vois ça d'ici — en effet — et ensuite ?

— Ensuite, où en étais-je donc) ah ! oui. Eh bien ! le président ne sachant évidemment quoi répondre tant je les avais tous collés, sonna un huissier et lui donna un ordre à voix basse, et deux minutes après, ce salarié rentrait avec un plateau sur lequel était un verre d'eau sucrée, qu'il me présenta avec tout le respect qui m'était dû.

Un peu interloquée, je bus sans trop savoir ce que je faisais.

Eh bien ! mon cher, l'effet de cette douche à l'intérieur fut immédiat.

Je rengaînai ma tirade n° 4. Je refermai ma serviette et sortis dignement de ce sanctuaire, sans que personne songeât à me retenir.

— Je comprends ça !

— Ah ! tu comprends ça — toi — et bien ! nous allons continuer nos petites communications.

— Comme toute peine mérite salaire, je viens te prévenir qu'en raison de ce qui s'est passé, je te charge de faire parvenir ma démission à notre honorable directeur.

A l'instant même j'arrive de la rédaction, voici là-dedans le stock de mes travaux en train, j'emporte tout, et je viens de secouer sur le paillasson la poussière de mes sandales et *cette ingrate patrie ne recevra plus mes os*.

Et tu sais, moi ! Je suis comme Coriolan, je n'ai qu'une parole.

Je ne suis pas un Petit-Claude, moi !

— Alors, tu vas nous quitter, toi ?

— Un peu, mon petit.

Tiens, il y a là-dedans en préparation des travaux qui vont faire époque dans l'histoire du journalisme — mais le *Paris qui Rit*, peut s'en consoler d'avance, jamais, jamais... plus une ligne. Oui, la feuille de chou... — oui — les plus grands journaux me font des propositions.

— Honnêtes ?...

— Oui, monsieur, et j'ai une pièce en train avec Séverine, et un ouvrage politique à l'étude avec madame Adam.

— Ainsi !

— Oui et jamais vous ne me reverrez dans votre boîte à potins, où une honnête femme ne peut rien dire, sans qu'aussitôt ce soit répété. — Mais vous n'avez donc rien dans la tête, tous tant que vous êtes, dans cette spirituelle rédaction pour vous emparer ainsi des idées d'une pauvre femme. — Aussi c'est bien entendu — Bonjour je fais mes malles.

— Tu as fini, n'est-ce pas ?

Eh bien ! maintenant, laisse-moi m'esclaffer, lui répondis je, en éclatant de rire.

Tiens, vois, si je me tord — non, ma parole, depuis que tu fréquentes le monde officiel, grâce à la réclame que je t'ai faite ; — car il n'y a pas à dire, c'est une vraie réclame que je t'ai faite là ; si tu savais ce que tu es devenue réussie.

Toi quitter le *Paris qui Rit*, mais tu en serais malade.

Tiens, tu as eu souvent des idées cocasses dans ta vie ; eh bien ! celle-ci est le bouquet.

— Mais tu m'exaspères à la fin et tu sais, pour commencer, je te plante là, et te dispense même à l'avenir de me saluer, comme cela, tu croiras peut-être que c'est sérieux.

Et là-dessus, Serpentinette très digne se leva.

Alors, sans me déranger :

— Veux-tu faire un pari d'une jolie pièce de cent sous ? Ça, c'est dans nos moyens à *toi z-et à moi !*

— Lequel ?

— C'est que nous allons commencer par aller dîner *ensemblement*, et qu'après nous irons à l'imprimerie corriger les épreuves !

— Décidément, tu te moques de moi, après tout ce que je viens de te dire !

Sans lui répondre, je continuai :

— Oui, à l'imprimerie où je te présenterai la nouvelle édition du *Paris qui Rit* transformée, et transformée sur un plan auquel madame vous n'êtes pas complètement étrangère — et même si vous êtes bien sage, je vous montrerai en dînant une épreuve que l'on doit m'apporter, et vous verrez dans un certain frontispice, si vos souvenirs ne retrouvent pas deux têtes autrefois connues.

— Quoi donc ? du nouveau ?

— Je crois que oui !

Pendant que madame se promène dans le monde parlementaire, son très humble serviteur, penché sur une besogne plus modeste, polit et repolit sans cesse l'œuvre commencée en commun, et au jour du succès, au moment où petit oiseau va devenir grand, au moment où la cage va devenir si habitable, son charmant colibri, sa plus gazouillante fauvette, s'envole sous d'autres cieux, chercher d'autres plaisirs.

Et quand tu seras un gros bonnet dans quelque grosse feuille sérieuse ; tu penseras tout de même quelquefois à nous, je suppose ?

— Dis donc Petit-Claude, as-tu bientôt fini avec les bêtises.

— Et tu le diras de loin en loin : C'était le bon temps tout de même, ce temps-là. On ne mangeait peut-être pas des perdreaux truffés tous les jours, mais comme on vivait dans une atmosphère d'amitié et de dévouement, car je pense que je ne t'apprendrai rien en te disant que tous nous t'aimons bien.

— Ah ! ça — toi, as-tu bientôt fini, je te répète. Si tu ne t'arrêtes pas, je te saute au cou devant tout le monde, tu n'as pas envie de me faire pleurer comme une Madeleine, au milieu du boulevard. Et puis, ce n'est pas tout cela — et ton pari de tout à l'heure — maintenant que tu as gagné — paie !

Et dressée comme par un ressort, dans un geste furtif, elle essuya d'un revers de mains une petite larme perlant au bord de ses cils.

Je la suivis sans mot dire emportant sous mon bras, le fameux porte-feuille qu'elle avait laissé sur la table, avec ses trésors de copie inachevée, où se mélaient fraternellement les études sociales, la célèbre tirade n° 4, plus le compte-rendu de la mi-carême à laquelle il ne manquait plus, m'avait-elle dit, que le portrait de la reine des reines et une description sommaire de l'armée du chahut.

Un instant après, nous étions installés devant une douzaine de marennes, lorsqu'un coup discret nous annonça une visite.

C'était Georges, qui apportait dans une grande enveloppe le spécimen annoncé.

Je tendis à Serpentinette le nouveau-né, et d'une main fiévreuse elle fit sauter l'enveloppe et d'un coup déplia le journal.

Alors, ma foi ! son cœur se fendit et là ne se contint plus.

Mais c'est moi — et moi en grande dame ! et c'est toi, mon bon Petit-Claude.

Nous serons ses parrains à ce jeune transformé et j'ose ajouter que les bons soins ne lui manqueront pas. Qu'en dis-tu ?

— Eh bien ! mais ton entrée au « Figaro », et ta collaboration avec Séverine, et la question sociale, et la poussière de tes sandales, là-bas sur le vieux paillasson.

— Oh ! non — finis — ne m'achève pas !

Laisse-moi tout à la joie de vivre, c'est en moi comme une résurrection. Laissons pour l'automne les choses sérieuses.

Aujourd'hui, c'est la fête du renouveau, c'est le printemps, ce gai soleil de la jeunesse, en un mot c'est pour nous le matin de la vie, laisse-moi à mes chères habitudes de chroniqueuse, pour qu'à l'instar de Figaro, je puisse continuer à tailler mon crayon et demander à chacun de quoi il s'agit.

PETIT-CLAUDE

Une pauvre femme, habitant une commune des environs de Paris, se présente dans les bureaux de l'Assistance publique et réclame des secours ; elle est littéralement sans ressources.

Un commis l'interroge :

— Etes-vous mariée ?

— Je suis veuve, monsieur.

— Combien avez-vous d'enfants ?

— J'en ai cinq.

— Quel est l'âge de votre dernier ?

— Le dernier est mort, monsieur ; mais depuis il en est né un autre.

Entre l'enfant de la maison et l'invité.

C'est en été. Il fait une chaleur torride. Monsieur Toto traîne par la main l'invité dans le jardin. L'invité est nu-tête, il étouffe, il cuit.

Toto. — Dis : Monsieur, pourquoi mon rosier est-il tout sec ?

L'invité (avec résignation). — Il faudrait de la pluie, mon petit ami.

— Vraiment. Alors, soyez bien gentil, Monsieur (avec élan) chantez un peu.

— Hein ?

— Mais, oui, puisque papa dis que quand tu chantes, ça fait pleuvoir.

Tableau !

Un mot sur les belles-mères, pourquoi pas ?

Dans une administration que nous ne nommerons pas : Un employé à son chef de bureau :

— Monsieur, je vous demande la permission de m'absenter à onze heures, *j'ai une course à faire.*

— Encore, monsieur, vous vous absentez souvent, ce me semble !

— Oh ! monsieur, aujourd'hui j'enterre ma belle-mère !

— Ah ! très bien ! seulement *ne vous amusez pas trop après.*

# LES AVENTURES
## D'UNE AMAZONE DE BÉHANZIN

### A Paris

*(Suite)*

Sur un ordre du gardien du Pilier Ouest, la porte de l'ascenseur fut ouverte et la foule commença à s'engouffrer dans le colosse de fer.

Mais là un autre obstacle se présenta.

*Kissé-ouqui-Fotapé* et son auguste moitié qui depuis un instant examinaient l'embarquement, avec une stupeur toujours croissante, refusèrent tout à coup de prendre place dans le compartiment.

Une angoisse inexprimable les étreignait depuis que l'appareil avait commencé son mouvement de va-et-vient, et sur leurs visages d'ébène s'élève ce sentiment se traduisant par des tics nerveux qui ne présageaient rien de bon.

Enfin, Mollet-d'Acier, toujours la plus brave, se décida à me faire part de ses impressions.

« Elle pas vouloir monter dans omnibus sans chevaux, qui marchait tout seul. »

Ils étaient convaincus qu'il y avait là-dessous quelques diableries qui leurs porteraient malheur.

Comme j'étais fixé sur leur dose d'entêtement à tous les deux en face des choses qu'ils ne comprenaient pas, je pris le parti de battre en retraite avec toute la tribu, me résignant, pour atteindre le premier étage, à prendre le vulgaire escalier.

C'était une ascension qui pouvait encore compter, mais avec ces adorables fantaisistes je n'en étais plus à calculer les surprises.

L'imprévu du spectacle, petit à petit leur faisait oublier leur belle peur et plus nous montions plus le Panorama de Paris illuminé commençait à les transporter d'admiration.

Il n'était pas jusqu'à la veuve Ginestous qui ne poussât des : *Chacrebleu ! que ch'est donc beau mochien Petit-Claude,* qui plongeaient dans une hilarité contagieuse tous nos compagnons en alpinisme.

— Comment c'est-il haut, tout en haut, Petit-Claude ?

— (Moi nerveux), trois cents mètres !

— Ah ! me répondit Mollet-d'Acier, d'un air incertain, qui me démontra plus que suffisamment l'idée un peu vague qu'elle avait encore des mathématiques.

Elle devait calculer mentalement ce que pouvalent bien représenter trois cents *maîtres* empilés les uns les autres, car elle finit par me répondre — oh, oui, — très grands, trois cents chefs.

— C'était bien cela. Je ne m'étais pas trompé.

Seulement comme Raffestin et son couvert tout dressé était encore à pas mal de mètres au-dessus du niveau de la mer, je ne jugeai pas opportun de continuer ce cours de système métrique et je gravissais avec l'énergie du voyageur tombé dans un gouffre, et qui a hâte d'arriver à la plate-forme de sauvetage.

Enfin, un dernier effort et nous nous installions dans un des angles de la grande salle où déjà de nombreux affamés nous avaient précédés.

Alors là, dans le tohu-bohu de cette fête de nuit, assourdis par les cris des garçons, aveuglés par les projections électriques, je pris le sage parti de me restaurer consciencieusement, laissant les deux excellences aux soins empressés de leur *belle-mama* qui, la serviette sous le bras, voulait, depuis le commencement du souper, faire l'office de domestique à la grande honte de sa simili fille et pour la grande jubilation des garçons.

Cette excellente douairière, sortait de son rôle de *mère-noble* avec une facilité vraiment lamentable.

A dix heures précises, un premier pétard éclata soudain au-dessus de nous.

C'était l'embrasement de la Tour qui allait commencer.

Sur notre carré, toutes les fourchettes instinctivement s'arrêtèrent et Mollet-d'Acier sursautant me demanda de quoi il s'agissait.

Les feux de bengale qui, de chaque côté, s'allumèrent instantanément, lui répondirent pour moi.

Alors, pour ne pas perdre une virgule de ce spectacle, elle s'élança dans la galerie, brandissant au bout des doigts le perdreau dont elle était en train de cultiver la connaissance et avec lequel elle tenait à achever la conversation commencée.

Alfred (pour les dames en fit autant du homard qu'il disséquait.

Quant à *Mama*, scrupuleuse jusqu'à l'excès vis-à-vis de l'engagement pris de ne jamais quitter sa tendre fille, elle les suivit résolument, emportant sans façon sous son bras la saucière, dans l'idée bien arrêtée de faire un sort à la mayonnaise.

Dans ce touchant accord familial, on ne pouvait trouver mieux.

L'un mangeant la sauce et l'autre le poisson.

Cette diversion, qui me laissa espérer quelques instants, ne fut pas cependant de longue durée.

Très excités par le champagne et le brouhaha qui montait toujours, mes hôtes devenaient d'une loquacité inquiétante, et notre jeune héroïne, toujours très avide de s'instruire, avait réouvert le chapitre des questions.

Sa belle frayeur d'antan avait disparu pour faire place à une confiance en moi qui, tout en m'honorant, me gênait passablement.

Je sentais que si je ne réussissais quelques mouvements tournants, la bonne tenue et la dignité de Mollet-d'Acier ne seraient bientôt plus que de vains mots et que là, en public, ses épanchements n'auraient rien de réjouissant.

Heureusement que le phare de la lanterne vint me fournir un dérivatif.

— Ah ! oh ! quoi ça, Petit-Claude.

— La projection électrique du phare.

— Oh ! beaucoup beau.

— Oui, très beau et on voit de là-haut, très loin, très loin.

— Oh ! très loin, Petit-Claude. Est-ce qu'on voit Dahomey ?

— Certainement, le Dahomey et pas mal de choses avec.

— Oh ! dis, fais-nous voir Dahomey, tu seras bon comme toujours.

Comme j'avais dans ma poche une permission spéciale, je consentis à ce dernier voyage aérien, ne mettant comme condition que la disjonction de notre arrière-garde.

La veuve Ginestous ne fit, du reste, pas de grandes objections, en voyant les reliefs du souper qui lui offraient encore des distractions intéressantes et en face desquels nous la laissions dans un tête-à-tête rempli d'allèchements.

Cette dernière partie du programme devait encore être modifiée, car lorsqu'ils voulurent prendre l'escalier, la meilleure des raisons s'y opposa. Comme depuis le deuxième étage il n'y en a plus, il n'y a pas l'embarras du choix.

L'ascenseur, à partir de là, filant absolument dans la verticale, fit à Kissé l'effet d'un ballon, et ni l'espérance de voir le Dahomey, ni les séductions promises pour là-haut, ne purent le décider.

« Lui pas vouloir prendre chemin de fer qui allait dans la lune. »

C'est tout ce que nous pûmes tirer de lui.

Son épouse, toujours plus brave et aiguillonnée par la curiosité, fit taire toutes ses appréhensions et, fouette cocher, notre ascension commença.

Vous connaissez le splendide panorama qui,

sous un beau soleil, se découvre de ce point élevé, mais à onze heures du soir et malgré les puissantes projections du phare, l'horizon est forcément borné.

Aussi, lorsqu'elle me demanda si le massif des forêts de l'État, entrevu derrière les coteaux de Marly, étaient bien le Dahomey, n'eus-je pas une minute d'hésitation pour lui répondre affirmativement.

Au besoin je lui eusse fait voir Behanzin lui-même, pour peu qu'elle eût insisté.

Elle reconnaissait tous les sites de son pays, et les méandres de la Seine, au clair de lune, lui rappelaient des souvenirs qui la transportaient de joie. Et dans son jargon, moitié sauvage et moitié français, elle m'expliquait, avec de grands gestes, les noms des différents pays, qu'avec une bonne foi complète, son imagination enfantait.

Cependant, il fallait songer à la retraite, ce qui ne fut pas sans un gros crève-cœur pour elle, et, replongeant dans l'abîme, nous redescendîmes à la grande plate-forme où Kissé et sa *belle-mama* finissaient d'engouffrer conjointement les desserts et liqueurs variées.

Une algarade, à laquelle j'eus l'insigne chance de ne pas assister, avait lieu entre sa noire Excellence et notre garçon de service.

Comme ce dernier faisait mine de remporter la fine champagne après avoir rempli les minuscules petits verres, Kissé, bondissant sur la bouteille, la lui avait arrachée des mains, soutenu énergiquement dans cette revendication par sa distinguée *belle-mama*.

De ce côté-là, ces deux honorables personnages étaient toujours d'accord.

Une heure après — tout était rentré dans l'ordre — toute ma smala était remisée en son hôtel et je remontais, comme délivré d'un cauchemar, le versant de ma butte.

Cependant, le temps s'écoulait, l'hiver et son cortège habituel était arrivé.

Les nouvelles du Dahomey n'étaient pas rassurantes pour les familles régnantes ou aspirant à régner, et cette marche triomphale sur toutes les capitales de Behanzin, le colonel Dodds venait de voir transformer ses torsades en étoiles, et le grade de général qui lui fut conféré aux acclamations de la France entière, avec les pouvoirs les plus étendus pour l'organisation administrative du pays, ne laissait plus qu'un vague espoir aux ambitions de notre Monck africain !

Aussi, Kissé, roulant du haut de ses chères illusions devenait morose, et son égalité d'humeur s'en allait.

D'autre part, l'hôtel des Colonies, qui avait maintenant sa clientèle toute faite, ne faisait plus d'efforts désespérés pour le retenir, sans cependant manifester encore l'intention d'en finir.

Mais ce bon Alfred, qui, depuis quelque temps, avait des conciliabules avec des étrangers d'allures mystérieuses, devenait de plus en plus rare.

Il m'avait du reste avoué que les finances dahoméennes étaient au plus bas et qu'il n'avait qu'un moyen d'équilibrer son budget.

Seulement, ce moyen il ne l'avait pas dévoilé.

Les petites dames et les bijoutiers avaient fait de telles brèches dans son trésor de guerre, que la dèche, la sombre dèche se dressait menaçante devant lui.

Enfin, un matin il m'arriva triomphant et

me mit sous les yeux un numéro du *Times*, avec une grande annonce encadrée de rouge.

Voici ce qu'en pur anglais je lus :

## TRÈS PROCHAINEMENT

### Arrivée en Angleterre du
### ROI BEHANZIN

#### Accompagné de la Colonnelle de ses Amazones

« Ce grand monarque détrôné injustement par la France a réussi à échapper aux troupes du général Dodds.

« Recueilli, après avoir couru les plus graves dangers, par un bâtiment du commerce de la Grande Angleterre, il vient « de passer un « traité avec l'administration du Palais-de-« Cristal (Cristal-Palace), pour une série de « cinquante exhibitions. »

Le jour de ses débuts sera annoncé dans toute la presse

.*.

## LES DANSES DE GUERRE

Seront exécutées en costume national

### Par S. M. BEHANZIN et sa célèbre AMAZONE

1er jour d'exhibition : ENTREE, 1 livre sterling

—————

— Alors, lui dis-je, tu t'intercales dans la peau de Behanzin ?

Pour toute réponse, il me montra ses dents blanches dans un large sourire.

— Nous, partir demain, pour débuter à Christmas.

— Toi, venir Havre, accompagner nous.

— Mollet-d'Acier, bien fâchée de quitter toi. Mais, nous revenir à Paris bientôt.

Mazette, pensai-je en moi-même, si vous ne revenez que lorsque j'irai vous chercher, ce ne sera pas de sitôt, et j'ajoutai, répondant à Kissé :

— Mais certainement que j'irai vous accompagner, et avec plaisir encore.

Et, en effet, le lendemain dans la soirée nous débarquions sur le quai du Havre, où le vapeur de Southampton, depuis longtemps sous pression, attendait cette famille royale.

L'inexpressible à carreaux et la cape avaient fait leur réapparition sur le dos de Kissé, et le fameux water-proof anglais de Mollet-d'Acier l'entortillait comme au jour déjà lointain de son arrivée.

Quant à sa *mama*, qui faisait, elle aussi, partie de l'exhibition, elle se distinguait de plus en plus par ses rubans jonquilles.

Après des adieux sympathiques, car enfin j'avais fini, malgré toutes leurs algarades, par m'attacher un peu à ces deux lascars, je repris la passerelle qui me ramenait à terre et deux minutes après la sirène du paquebot donnait le signal du départ.

Pendant un quart d'heure je pus apercevoir encore les signaux de Mollet-d'Acier, juchée au plus haut des bastingages, et puis, peu à peu le navire s'estompa dans son panache de fumée.

Un dernier rayon du soleil couchant éclaira encore le tillac irradiant un imperceptible point d'or.

C'était la veuve Ginestous et sa coiffure jonquille, qui disparaissait dans une gloire.

. . . . . . . . . . . . . . . . . .

PETIT-CLAUDE.

# PAR DÉPÊCHE

Dans un bureau de télégraphe, un monsieur que nous appellerons Georges Bellaret, si cela vous est égal, présente une dépêche à l'employé de service : Cyprien Rastibois, au cas où ce vocable ait l'honneur de vous agréer.

CYPRIEN, *comptant les mots.* — Un, deux, trois... Tiens ! Georges Bellaret ! voilà une signature qui ne m'est pas étrangère. (*Il se penche et regarde par le guichet.*) Parbleu, je ne me trompe pas ! c'est bien mon ami Georges !

GEORGES, *auquel la cloison dérobe Cyprien*). — Hein ! Qu'est-ce que vous dites ? (*Il met à son tour le nez dans la lunette.*) Cyprien !

(*Ici les deux amis échangent, toujours par le canal du bienheureux guichet, une vigoureuse poignée de main.*)

CYPRIEN, *ouvrant une petite porte de communication.* — Si tu n'es pas pressé, entre !... Ah ! par exemple ! s'il y avait quelque chose à quoi je ne m'attendais pas, c'était bien à te retrouver aujourd'hui !

GEORGES. — Je t'en offre autant. Du diable si je pensais tout à l'heure, en me rendant au télégraphe, que j'allais y rencontrer cette vieille branche de Rastibois. Il n'y a pas à dire, mon cher, mais voilà tantôt cinq ans que nous ne nous sommes vus.

CYPRIEN. — C'est vrai, tout de même ; comme ça nous pousse !

GEORGES. — Eh bien ! dans ces cinq ans, qu'as-tu fait de bon ?

CYPRIEN. — C'est un peu l'histoire de ma vie que tu me demandes-là.

(*Un mouvement de Georges Bellaret traduit mimiquement sa pensée intime, laquelle est qu'il trouve cruel le supplice dont le menace si benoîtement son propre ami, Cyprien Rastibois, un camarade de classes.* — Je l'écoute, *lui fait-il du ton dont un condamné dirait à son bourreau :* « Commencez ».)

CYPRIEN, *souriant.* — Je ne serai pas long, sois tranquille. Tu sais comment mon père me colla dans un bureau de télégraphe, il y a six ans de cela. Tu te figures peut-être que depuis ce temps ma position s'est sensiblement améliorée. Erreur, mon ami, erreur. D'augmentations dans mon traitement, j'en ai eu de dérisoires ; pour l'avancement... oh ! par exemple ! pour ce qui est de l'avancement, on m'en a donné dans tous les sens, dans trop de sens même. Je ne te chanterai pas mon odyssée ; je ne te dirai pas comment je fus trimballé de Carpentras à Quimper, de Quimper à Bayonne, de Bayonne à Arbois, d'Arbois à Blaye... le tout sous le fallacieux prétexte de me faire monter d'un cran dans la hiérarchie télégraphique. Pour finir, on m'a envoyé à Paris, il y a sept ou huit mois ; j'ai débuté au Luxembourg, puis j'ai passé par Ménilmontant, Vaugirard ; hier encore j'étais aux Ternes, quand j'ai reçu l'ordre de me transporter ici.

GEORGES. — Elle n'a déjà pas une si mauvaise idée, ton administration !

CYPRIEN. — En effet ; mais ce n'est pas sa faute si le hasard nous a réunis. (*Après un instant.*) Si seulement j'avais eu le temps de prévenir ma femme!

Georges. — Comment, ta femme! Tu es donc marié!

Cyprien. — Je ne te l'avais pas dit. Mais oui, mon cher, marié à une femme charmante, délicieuse, mignonne... une perfection!

Georges. — Où diable as-tu bien pu dénicher ce merle blanc-là... une femme parfaite?

Cyprien. — A... où parfaitement, à Arbois, ça ne s'oublie pas. Pourtant toute réflexion faite... eh parbleu! c'est à Bayonne... Hum, hum! ça pourrait bien être à Quimper...

Georges. — Tu n'es pas positivement fixé?

Cyprien. — Tu ne saurais croire comme ces voyages m'ont brouillé l'entendement. Ce qu'il y a de bien certain, c'est que je suis marié et... ceci entre nous, j'ai tout lieu d'espérer qu'avant peu la famille des Rastibois s'enrichira d'un nouveau membre.

Georges. — Mais la femme, où est-elle donc?

Cyprien. — A la campagne. Je l'ai envoyée passer huit jours chez son cousin, pour prendre des forces... Tu saisis...

Georges. — Seule, chez son cousin!

Cyprien. — Rien à craindre. Le cousin Athanase de Boisy-les-Soufflottes est un homme rangé.

Georges. — Tu en es bien sûr, au moins, du cousin?

Cyprien. — Comme de moi-même... ou plutôt, non!... ce n'est plus la même chose .. tu saisis?

Georges. — Parfaitement. C'est égal, vois-tu, à ta place, je ne méfierai des cousins...

Cyprien. — Allons donc! si tu n'étais pas un ami, je te dirais que tu insultes ma femme : du reste, elle n'abuse pas des cousins. Avec le cousin Athanase, je ne lui en connais qu'un: Alphonse Pistanchet.. un gamin de dix-huit ans... ça ne tire pas à conséquence.

Georges, *goguenard.* — Hé, hé, hé, je crois qu'à dix-huit ans... si men souviens bien...

Cyprien, *vivement.* — Oui, oui... mais ma femme l'exècre, le cousin Alphonse.

Georges. — Méfie-toi du cousin Alphonse!

Cyprien. — Mais puisque je te dis... Pardon, on frappe au guichet. (*Il se lève et va prendre une dépêche que lui tend une main sans bras, absolument comme dans le conte de la Belle et la Bête. Après avoir compté les mots et reçu l'argent, il va s'asseoir à la table où se trouve l'appareil expéditeur.*) (*A Georges*). Tu permets?

Georges. — Parbleu!

Cyprien. (*Il lit.*) « Madame Euphrasie Rastibois... Tiens, tiens, tiens... je n'avais pas remarqué... à Boisy-les-Soufflottes... De plus fort en plus fort! Prêt rejoindre. Attends dépêche, vite. Signé : Alphonse. Alphonse? Qu'en dis-tu, Georges? voilà qui est drôle!

Georges. — Cela l'inquiète!

Cyprien. — Pas le moins du monde ; ma femme ne s'appelle pas Euphrasie... Alphonse! j'aurais bien dû jeter un coup d'œil sur la physionomie du monsieur qui vient de sortir. (*Il envoie la dépêche.*) Ta-rata-tata. Si je n'étais pas sûr, sûr de ma femme... tata-ratara je pourrais... rata, tarata, tara... mais avec Ca-

roline, ratara, tatata, rata... Alphonse! c'est cet Alphonse qui me chiffonne... tararata, tata, tara... ta! envoyé! Ça me fait un effet, vois-tu, mais un effet!

Georges. — Allons donc, remets-toi, tu exagères!

Cyprien. — Assurément... tu as raison! mais si tu étais marié!

Georges. — Voyons, décidément, crois-tu qu'il n'y a que le cousin Alphonse qui s'appelle Alphonse? mais j'en connais quarante d'Alphonse, j'en connais cent ; tout le monde s'appelle Alphonse!

Cyprien. — Au fait, c'est vrai ; le cancre de ma concierge s'appelle Alphonse... Ne parlons plus de cela... Pourvu que ma femme ne sache pas que j'ai pu douter d'elle un instant!... Bon! une dépêche qui arrive!

(*Il se précipite au récepteur et lit mot à mot*) : Boisy-les-Soufflottes... La réponse... Monsieur Alphonse... c'est cela même... Pistanchet... Tiens! le cousin... rue des Merles .. Indubitablement lui!... Suis libre... Dis donc, Georges, je parie que c'est une femme.

Georges. — Surveille ton cousin, mon vieux!

Cyprien, *continuant.* — Viens... Aimable invitation... vite... Elle est pressée, la dame! La signature : Ca-ro li-ne. Caroline! c'est elle! ma femme! J'en étais sûr! Est-ce elle, dis?

Georges. — Mais rien ne le prouve!

Cyprien, *furieux.* — Comment, rien ne le prouve? Rastibois, Boisy-les-Soufflottes, Alphonse, Caroline, tout ça ne prouve rien?

Georges, *ne sachant quelle contenance garder.* — Mon pauvre ami!

Cyprien, *s'exaltant.* — Ah! les misérables!

Georges. — Voyons, calme-toi... ça peut arriver à tout le monde.

Cyprien. — Non, ça ne peut arriver qu'à moi. Tu ne vois donc pas que c'est moi, moi Rastibois, qui vais envoyer cette dépêche à cet affreux gredin de Pistanchet? Tu ne conçois donc pas que moi, le mari, mais aussi l'employé, je suis forcé de faire transmettre à l'amant de ma femme le rendez-vous que la coquine lui donne par télégramme? Quel coup! mon pauvre Georges, quel coup!... Il m'arrache toutes mes illusions, c'est vrai, mais il me rend le souvenir : il n'y a plus à s'y tromper, va, maintenant. Caroline est bien de Bayonne!

HAN-RITROL.

# PASSY-BOURSE

Heureux le petit employé qui voit le soleil se lever sur la journée radieuse du dimanche! Son dimanche, il ne le doit à personne. Ce jour lui appartient ; il est à lui. Comme il en savoure la possession dès l'aube... que dis-je! — dès la veille au soir, en pensant que le voilà pour vingt-quatre heures libre de faire de son temps ce qu'il lui plaît! Il échafaude à l'avance projets sur projets : « Si le temps est beau, j'irai à la campagne ; je pars à telle heure, etc. » Et, pour commencer à se prouver qu'il est son maître, il sera encore couché à l'heure où d'ordinaire on le voit prendre, en traînant la jambe, le chemin du bureau.

Tel Bézuchet, tapi sous les couvertures, restait au lit, quelque secret désir qu'il eût de se lever ; tandis que l'active madame Bézuchet, déjà en tenue de campagne, demandait, tenant une brosse d'une main, de l'autre sa progéniture : « Qu'est-ce que j'ai fait de la brosse? — Charlot, où est ton béret? »

— Je pars devant, Bézuchet, pour avertir ma mère que nous venons déjeuner. Surtout ne t'attarde pas. Ma mère n'aime pas qu'on dérange ses heures, et il y a toujours beaucoup de monde à l'omnibus de la Bourse.

— Soit tranquille, dit Bézuchet, se décidant à sortir de ses couvertures.

— C'est ça, maintenant que nous partons, tu te lèves, fait madame Bézuchet d'un ton aigre. Il t'aurait trop coûté de nous accompagner.

— Mais, mon amie...

— Bon, bon, tu as, raison de faire comme il te plaît ; mais au moins ne nous fais pas attendre.

Et elle sort, entraînant d'une main vigoureuse le jeune Charlot, qui a peine à la suivre.

Une heure après, Bézuchet se présente à la station des omnibus, où il demande un numéro pour Passy.

— Je n'en ai pas pour longtemps. C'est une voiture ou deux à laisser partir.

Tout à coup, il reçoit sur la main une goutte d'eau. Le ciel, si pur un quart d'heure auparavant, s'est fort assombri. Bientôt les gouttes se succèdent plus pressées.

— Diantre! j'ai mon chapeau neuf. S'il reçoit une averse, il aura l'air d'un chat qui sort de l'eau. Vite un numéro d'intérieur.

Mais le même mouvement qui pousse Bézuchet vers le bureau y a déjà poussé une trombe de voyageurs. Toutes les mains se tendent à la fois. Quand Bézuchet a conquis son rang à la force des épaules, le distributeur de numéros a déjà épuisé de nombreux tas de tickets. Enfin, sa main crispée a saisi un petit carton rouge. Il lit : 18. Dix-huit! Il en croit à peine ses yeux. Justement on vient d'appeler le 9. Mais alors il va partir tout de suite. Une voiture s'emplit. C'est toujours le 9 qu'on appelle.

Bézuchet constate avec mélancolie que les numéros ne désignent pas le chiffre des voyageurs, mais celui des voitures.

Neuf voitures à attendre! Pour faire passer le temps, Bézuchet calcule.

— Toutes les sept minutes il part un omnibus. J'ai huit omnibus à laisser passer devant moi. J'arriverai à temps pour déjeuner ; mais ce sera juste.

Enfin, on appelle le n° 18. Radieux, Bézuchet s'élance en excitant la colère de ses voisins : « Faites donc attention! — Hé! vous me déchirez! — Animal! » Il ne s'en faut plus que d'une poussée qu'il atteigne le marchepied, lorsque le conducteur, jetant un regard à son numéro :

— Ce n'est pas le 18, c'est le 81!

Une huée générale accueille ces paroles. Bézuchet, abasourdi, ne voit plus, n'entend plus. Il va tomber comme une masse sur les genoux d'une vieille demoiselle assise. Grands cris de la demoiselle. Éclats de rire des voisins. Bézuchet se dérobe et prend sa tête entre ses mains.

Le 81! Mais il sera encore là à la nuit! Et il pense à sa femme, qui est très nerveuse, à sa belle-mère, qui n'aime pas qu'on la fasse attendre. Un autre penserait peut-être à prendre une voiture; mais d'abord il faudrait la trouver; ensuite, Bézuchet sait qu'il n'a sur lui que les dix sous que la prudente madame Bézuchet lui a laissés sur la commode en sortant. Ah! que n'est-il parti à pied, comme il en avait eu un moment l'idée!

Mais maintenant, cela ne l'empêcherait pas d'arriver en retard. Et puis cette attente prolongée, tantôt sur un pied, tantôt sur l'autre, avait déjà fatigué Bézuchet; le dernier coup qu'il vient de recevoir lui a brisé les jambes. S'il partait à pied, il sent qu'il resterait en route.

Pour le consoler, un monsieur lui affirme que lorsqu'on a le 81, il y a beaucoup de chances pour que tous les voyageurs du 80, découragés, manquent à l'appel de leur numéro.

Bézuchet suit avec intérêt l'encaquement des voyageurs dans les cinq ou six voitures qui suivent. C'est avec un véritable plaisir qu'il constate, en effet, beaucoup d'absents. Allons, il lui reste un vague espoir d'arriver seulement deux heures en retard! Le malheureux recommence des calculs dans lesquels il cherche à tenir compte de la moyenne des absents. Pour un dimanche, pour le jour où enfin, il est libre, où il est son maître, ce n'est pas une récréation folle; mais on passe le temps comme on peut.

Cependant, quelques titillations de son estomac lui rappellent qu'il n'a pas déjeuné. Avec un petit pain, il pourra du moins tromper la faim. Bézuchet, sait, du reste, qu'il a tout le temps d'aller jusqu'à la boulangerie la plus prochaine. Il y court d'un pied léger, arrose son petit pain d'un verre d'eau et revient.

-- A quel numéro en est-on?
— Au 2.
-- Comment, au 2!
-- Oui, on a changé les numéros.
— Mais je suis là depuis trois heures; c'est une infamie!
-- Je vous prie de vous exprimer autrement.
— Je veux monter.
-- Vous ne monterez pas.

Le monsieur de bon conseil lui assure qu'il ne gagnera rien à faire une esclandre. Il ferait mieux d'aller vite redemander un carton. Bézuchet, qui étrangle de fureur, ne veut plus rien entendre. Il vocifère, on l'entoure. Un voyageur obligeant lui glisse son numéro dans la main, un numéro 4. C'est une bonne fortune. Bézuchet, attendri, le remercie d'un serrement de main; puis il s'accote à la muraille, las, épuisé, la tête vacillante et les yeux dans le vide.

Ce n'est plus un homme, c'est je ne sais quoi, qui pourrait tenir le milieu entre la bête et la chose. Chaque flot de voyageurs qui vient battre le marche-pied d'une nouvelle voiture l'emporte et le roule comme une épave. Il va pour monter dans une voiture.

On lui dit: « Mais non, pas ici », et on le pousse dans une autre. Il s'applatit sur les coussins plutôt qu'il ne s'assied. Sa tête se balance bientôt, somnolente, au cahotement de l'omnibus, pendant l'insipide *tremolo* des vitres battant leurs gaines. Il pense à sa femme, qui est très nerveuse; à sa belle-mère, qui n'aime pas qu'on la fasse attendre. A quelle heure arrivera-t-il? Il n'ose plus se le demander.

Tout à coup, la voix du conducteur le tire de sa torpeur.

Cette voix crie:

— Les voyageurs pour la Croix-Rouge!

La Croix-Rouge!

A ce nom, les yeux de Bézuchet se rouvrent effarés; déjà l'omnibus est reparti.

- Où suis-je? Conducteur, vous n'allez donc pas à Passy?

— Je vais à la Chaussée du Maine.

— Arrêtez! arrêtez!

— Laissez-moi le temps, au moins. Vous êtes bien pressé.

Le conducteur fait stopper l'omnibus en haussant les épaules. Et Bézuchet se trouve à quatre heures et demie dans la rue de Sèvres, consterné, anéanti, à bout de forces, pensant à sa femme, qui est très nerveuse; à sa belle-mère, qui n'aime pas qu'on la fasse attendre...

JEAN LEBLOND.

# UNE INSTALLATION

Il y a six semaines, un matin, au saut du lit, Odon Féru de Bonnespée m'apporte l'*Officiel* en m'indiquant d'un coup d'ongle désespéré le paragraphe minuscule qui le nomme sous-préfet à Château-le-Menu (Vienne), 1,080 habitants. Mes condoléances faites (on est poli) je lui demande quand il rejoint. « Le temps de boucler mes malles, quarante-huit heures, et nous partons, car tu m'accompagnes. » Ceci dit d'un ton suppliant. J'acceptai. Nous prîmes rendez-vous à la gare, et il courut à ses adieux.

Ce brave Odon! charmant garçon: vingt-quatre ans aux prunes, de petites moustaches blondes qui essaient de grandir, des yeux bleus qui n'ont rien d'administratif, malgré les victimes qu'on leur attribue; une voix douce et timide qui aura bien du mal à s'habituer aux échos d'un comice agricole ou aux tempêtes d'un conseil d'arrondissement, un esprit vif, pétillant, bavard, un peu femme comme toute sa personne. Quel charmant garçon, ce brave Odon! Tout ce qu'il fallait pour ne pas faire un sous-préfet. N'importe, on nous l'enlève, et le voilà condamné, grâce à de hautes influences (son père est un de nos honorables centrichambres), à la déportation dans l'enceinte non fortifiée de Château-le-Menu.

Le surlendemain, nous partions ensemble. Mantinette avait voulu nous escorter jusqu'à Orléans. Odon n'avait pas eu la force de lui refuser ces adieux de l'étrier. Il est si faible ce

bon petit Féru! Casés tous trois dans un coupé de la Compagnie, j'avais, par discrétion, proposé de me loger à côté, mais on s'était récrié. Je gardai mon coin. Ce fut un déluge de causeries tout le long de la route. Mantinette ne tarissait pas. Créature charmante, de son vrai nom Marie Bouzy, et dont le cœur, commandité par bien des actionnaires, faisait faillite assez régulièrement.

Malgré les coups de canif dont elle trouait son contrat avec Odon, je ne doute nullement de la bonne foi de sa recrudescence affectueuse dans ce coupé des adieux, sa dernière charrette à lui. Aussi, comme elle profitait de ses dernières heures pour égrener le chapelet des souvenirs, un vrai rosaire, je vous assure. Les *te rappelles-tu* allaient grand train, et la fameuse après-midi de Trouville, et la mémorable soirée de Bougival, et les bocks chez Louise Toupie, et les thés intimes d'Honorine Croutel, le bal masqué d'Hortense après la première d'*Héloïse*, et patati, et patata, un feu de file du passé, tout l'apprentissage du petit sous-préfet dans un bruissement d'ailes de hannetons effarouchés qui venaient piquer de leur dard cornu son pauvre cœur déjà gonflé. Il faisait bonne contenance, mais je prévoyais un débordement prochain. Et elle continuait toujours, la cruelle bavarde, le catalogue de ces bonheurs d'antan, le tout entrecoupé de guillemets... sur les deux joues. Moi, je me capitonnais dans un coin et j'avais ouvert un journal, par vue de ces épanchements *in extremis*.

Enfin, on arriva. Une voix rugueuse comme la peau de mademoiselle M... interrompit ce papotage. — « Les Aubraies, criait la casquette d'où sortait cette voix, quinze minutes d'arrêt; les voyageurs pour Vierzon changent de voiture. » Un dernier embrassement, bien long, bien traîné des yeux aux oreilles, à moi une poignée de main camarade, un saut dans le train en gare qui fumait sur Paris, Mantinette n'était déjà plus là.

Un quart d'heure après, nous roulions seuls cette fois à la dernière étape du changement de garnison. Odon avait baissé le store, ce qui ne m'avait pas empêché de voir ses yeux rougis. Le débordement. Pauvre petit cœur!

Allons, lui dis-je, sois sous-préfet et songe au conseil municipal de Château-le-Menu qui s'apprête à te haranguer. Je continuai sur cet air-là par le tableau enchanteur de la vie calme de province, les joies administratives, la satisfaction du haut fonctionnaire, etc., etc. Au fond, je n'en pensais point un mot. Je réussis à l'endormir.

Il était six heures et demie, par huit degrés au-dessous, quand nous nous réveillâmes à Poutlignon, garette qui dessert le chef-lieu d'arrondissement où le petit Féru allait représenter la République. Nous débarquons: Un froid sec et vif éclairé d'un soleil trouble à travers les buées traînant sur les marais.

Dans la petite cour, les deux pataches du Château-le-Menu attendaient les amateurs. Il y en avait ce matin-là, il y en avait même trop. C'était foire aux porcs à la sous-préfecture, une véritable occasion pour une entrée triomphale, si la timidité d'Odon ne l'avait réduit au plus strict incognito. Le mépris des grandeurs nous relégua à l'impériale sous la bâche, là-haut, entre deux indigènes qui gardaient les coins et exhalaient une odeur de terroir, où étaient condensés tous les parfums champêtres des étables départementales.

Les préliminaires d'usage : jurons du conducteur, commissions à prendre et à faire, avec accompagnement de petits verres, perte du fouet à la descente du tournant de route, arrêts réitérés à tous les bouchons de Pontlignan, trois bons quarts d'heure en tout. Que voulez-vous ? c'est réglementaire chez tous les patachiers de toutes les pataches, et tous les sous-préfets de la République n'y changeraient rien malgré l'autorité dont leur pouvoir souverain les investit sur les grands chemins de leurs arrondissements. Bref, on finit par démarrer. Les deux rosses pelées tricotèrent péniblement du jarret sur la route hérissée à neuf des cailloux de la dernière corvée. A droite et à gauche passaient des buissons malingreux, des prés misérables, quelques huttes sordides, à l'horizon perdu à travers un bois de châtaigniers au ciel bas et jaune; dans le nez, les bouffées de pipe de nos deux voisins; sous le tablier de cuir qui nous râclait les genoux, la Sibérie. Je pensai que huit jours avant Odon dormait encore dans un petit rez-de-chaussée de la rue de Trévise, insouciant de la dignité qui allait le frapper. De son côté, il devait faire les mêmes réflexions. Tassé entre deux vastes paires d'épaules, les miennes et celles de son administré, il ne soufflait que dans ses doigts, il était lugubre à voir. Pauvre petit, il y avait de quoi. Je ne trouvai rien à dire, moi non plus, quand le naturel de droite rompit la glace.

— Comme ça, vous allez à Château?

— Oui.

— Bien sûr pour acheter un lot ?

— Non.

Il était laconique le petit Féru.

— Si ce n'est pas pour les cochons de la foire, renoua l'indigène de gauche, c'est peut-être bien pour le nouveau sous-préfet.

Je sentis Odon me pousser le genou comme pour me charger de la réponse. Mais l'autre ne m'en donna pas le temps.

— Il aura du mal le remplaçant de M. Touchard, allez, pas vrai Boucasson?

Boucasson, c'était le conducteur.

— Dame, on lui secouera les puces comme à l'autre, et il sera bien forcé de décamper aussi. Ah ! c'est qu'à Château on ne se laisse pas marcher sur le pied par le premier venu. Des sous-préfets comme ça, il n'en faut pas : ça sent trop la violette. Nous avons notre conseil : des hommes, ceux-là, et des vrais. C'est pas Chastagnat et Cordencuir qui auraient fait prendre le deuil aux cabarets le jour de l'enterrement de Malbrough.

Je sentais Odon qui tremblait, de froid, j'imagine.

— Si nous reprenions le train? me dit-il à l'oreille.

L'émotion inséparable d'un premier début, comme vous voyez. Le soir, nous étions réunis à la table du capitaine de gendarmerie, le maire, Chastagnat, Cordencuir et quelques autres gros bonnets de la localité. Ce sont les meilleurs fils du monde. Au dessert, ils em-

brassaient Odon. Le lendemain, le petit Féru répondait aux harangues du Conseil municipal et à la bienvenue des corps de métier. C'est égal, la conversation de Boucasson me trotte par la tête, et je m'en suis revenu au bout de huit jours tout rêveur sur l'avenir du petit Féru.

Heureux Château-le-Menu ! Pauvre Odon !

J'ai rencontré hier Mantinette dans une avant-scène des Variétés avec le petit d'Huescard, encore un sous-préfet de demain. Elle les élève à la brochette. Si on nomme celui-ci dans le Nord, elle le mènera jusqu'à Lille : au bout de cinq ou six elle aura fait ainsi son tour de France.

# Une Séance à la Chambre

M. Jolibois, électeur, et sa famille sont à table, M. Jolibois lisant une lettre :

« Vous pouvez donc venir demain, cher monsieur. Je me ferai un véritable plaisir de vous fournir le spectacle de nos travaux législatifs. Il me plaît d'ailleurs d'initier nos excellents électeurs à notre vie quotidienne, à ses fatigues, à ses labeurs, à ses luttes. Croyez bien, cher monsieur, à mon entier dévouement et veuillez présenter mes respects à madame Jolibois ainsi qu'à votre aimable fille. Je n'oublie pas non plus mon jeune ami Ernest, enfant espiègle et charmant, auquel j'espère bien un jour pouvoir être de quelque utilité dans la vie.

« Votre ami,

« BADUCHARD, député. »

M. Jolibois donnant le signal. — C'est parfait !

Chœur général d'enthousiasme auquel tout le monde prend part, à l'exception du jeune Ernest. L'enfant « espiègle et charmant » s'est en effet brûlé en avalant gloutonnement sa soupe, incident regrettable qu'il ne manque pas de signaler à l'attention publique par des glapissements prolongés.

Une fois l'émotion calmée, M. Jolibois reprend :

— Mon épouse, et vous ma fille, préparez-vous au spectacle nouveau qui vous attend. Parez-vous en vue de cette solennité, non pas avec ostentation peu en rapport avec la majesté de la représentation nationale, mais d'une manière sévère non moins que digne.

## EN WAGON

La famille Jolibois. Dans un coin un monsieur à l'air grave, vêtu de noir, moustaches rasées. Le monsieur porte une liasse d'imprimés.

M. Jolibois à l'employé. — Vous demandez nos billets? Voici le mien, Monsieur, voici aussi celui de mon épouse et ceux de mes enfants. Vous le voyez, monsieur, nous allons à Paris, siège du gouvernement et de l'assemblée. (L'employé part sans que M. Jolibois cesse. Le train imite l'employé).

M. Jolibois se retournant vers le voyageur :

— Mon Dieu! oui, nous allons assister aux débats des élus de la nation. (Gracieusement) Monsieur est député?

Le voyageur, pour toute réponse, sourit non moins gracieusement.

M. Jolibois (bas à sa famille) : — Vous allez

voir comment on lie conversation (haut). Oh ! c'est un métier..., je veux dire un mandat... difficile à remplir (une pause). Les circonstances sont — comment dirai-je ? — sont graves. (Nouvelle pause), très graves, hum !

Il y a des divisions profondes (Il lève les bras au ciel), et nos enfants... — Monsieur le député doit avoir des enfants ?

Le voyageur. — Mais, pardon, je ne suis pas député. Je suis Mazuchet, huissier à l'Assemblée, au deuxième rang, à votre service, mon bourgeois. Tâchez de vous faire placer de bonne heure.

Etonnement de la famille Jolibois.

### A L'ASSEMBLÉE

Après une heure d'attente dans les couloirs, la famille Jolibois est introduite dans une loge pleine à ne plus pouvoir contenir une ombre chinoise. Les nouveaux arrivants sont accueillis par des grognements peu respectueux.

Un monsieur grincheux. — Est-ce que votre moutard ne pourrait pas mettre ses pieds ailleurs que sur mes épaules ?

Un monsieur plaisant. — Vraiment, monsieur, mademoiselle votre fille est charmante. Mais serait-il indiscret de la prier de ne pas enfoncer son ombrelle dans mes tibias ?

L'ordre se rétablit. Seul, l'enfant espiègle et charmant murmure qu'il voudrait aller jouer dans le parc.

M. Jolibois. — C'est M. Floquet, n'est-ce pas, qui préside ?

Le plaisant. — Pardon, c'est M. Naquet. Il préside par intérim.

M. Jolibois. — Il est fort bien, M. Naquet. Pourquoi donc les feuilles publiques ont-elles répandu avec persistance le bruit qu'il était bossu ?

Madame Jolibois, à sa fille. — Zélie, tiens-toi droite.

Le monsieur grincheux. — Silence donc !

M. Jolibois. — Ne trouvez-vous pas, monsieur, que l'orateur s'exprime avec facilité et élégance. Il rend très bien sa pensée. Mais je n'entends pas du tout, par exemple : c'est des chemins vicinaux qu'il parle ?

Le plaisant. — Non, monsieur, c'est des alcools.

M. Jolibois. — C'est précisément ce que je voulais dire.

Le monsieur grincheux. — C'est insupportable !

Pendant ce temps, le jeune Ernest arrache consciencieusement le papier rouge qui enveloppe les colonnes. De temps en temps, on entend une voix du fond : Zélie, tiens-toi droite.

M. Jolibois (au plaisant). — Monsieur, votre obligeance m'enhardit à vous poser une nouvelle question. (Montrant M. Clémenceau). Quel est ce député qui vient d'écrire deux ou trois lettres ?

Le plaisant. — Comment, vous ne l'avez pas reconnu, c'est M. Déroulède : il ne fait que cela tout le temps de la séance.

M. Jolibois. — Ah ! c'est.. ah !... (à son fils). Voyez-vous, Ernest, comme ce philosophe a le teint frais et reposé, comme il est d'une honnête corpulence sans atteindre à l'obésité, quelle physionomie fine, rien qu'à le regarder attentivement, j'aurais deviné qu'il avait traduit Aristote.

A ces mots, le plaisant imagine de pincer le dos de l'enfant « espiègle charmant » qui pousse aussitôt les cris les plus variés, mais les plus désagréables. Intervention de l'huissier qui enjoint à la famille Jolibois de se retirer.

SORTIE

M. Jolibois (dans le couloir, emportant sa femme, son parapluie, ses enfants et son pardessus). — Je proteste contre cette expulsion arbitraire. Une fois en bas ! C'est égal, je me suis éclairé en même temps qu'amusé !

SIMONETTE.

## SOUS L'ÉVENTAIL

**Concert Parisien**. — Jacques Inaudi vient de faire une brillante rentrée. Yvette Guilbert, l'exquise diseuse, est rappelée six fois, c'est du délire. MM. Luciani et Charlus sont deux excellents artistes, remplis de talent ; l'un nous charme par sa voix, l'autre par son jeu simple et amusant. Reschal, Clovis et Chambot ont toujours les mêmes succès auxquels ils sont coutumiers. La revue *Paris-Gaudriole* tient toujours l'affiche ; c'est un succès.

**Ambassadeurs**.—Très prochainement réouverture, aux premiers jours d'avril. M. Ducarre, l'habile et intelligent directeur, vient de faire dresser une toiture mobile, de sorte que les Ambassadeurs, contrairement aux années précédentes, sera couvert. M. Ducarre nous réserve d'agréables surprises cet été. Nous aurons le plaisir d'applaudir la gracieuse divette Guilbert.

**Casino de Paris**. — Attractions diverses et numéros à sensation, Acker et Lester sont des vélocipédistes de première force, Bunth et Rudd, sont désopilants. A dix heures et demie, bal. Les célébrités chorégraphiques de l'Époque, Rayon d'Or, Grille d'Egout, Hirondelle, La Môme Fromage, Cha-hu-Kao, La Cascade, La Glu, La Comète, La Torpille, La Fourmi. On s'amuse dans ce joyeux établissement.

ALBERT VERSE.

*L'Imprimeur-Gérant :* ALPHONSE CARROT.

Imprimerie spéciale du *Paris qui Rit*, 13, faubourg Montmartre, Paris

## ABONNEMENTS



**Chemins de fer de l'Ouest**. — *Services quotidiens rapides entre Paris et Londres.*

Le service de jour à heures fixes entre Londres et Paris, par Dieppe et Newhaven, est supprimé depuis le 1er novembre.

Quant au service de nuit entre les mêmes points, toujours par Dieppe et Newhaven, il est maintenu comme d'usage, pendant l'hiver.

**De Paris à Londres :**

1re 2e 3e cl.

Départ de Paris-St-Lazare. 8 h. 50 soir.
Départ de Dieppe......... 1 h. »» matin.
Arrivée à Londres :
Gare de London-Bridge..... 7 h. 40 matin.
Gare de Victoria........... 7 h. 50 matin.

**De Londres à Paris :**

Départ de Londres :
Gare de Victoria.......... 8 h. 50 soir.
Gare de London-Bridge.... 9 h. »» soir.
Départ de Newhaven....... 11 h. »» soir.
Arrivée à Paris-St-Lazare. 8 h. »» matin.

*Prix des billets :*

Billets simples, valables pendant 7 jours :
1re classe, 41 fr. 25. — 2e classe, 30 fr. — 3e classe, 21 fr. 25.

Plus 2 fr. par billet, pour droits de port à Dieppe et à Newhaven.

Billets d'aller et retour, valables pendant un mois :
1re classe, 68 fr. 75 — 2e classe, 48 fr. 75. — 3e classe, 37 fr. 50.

Plus 4 fr. par billet pour droits de port, à Dieppe et à Newhaven.

Ces billets donnent le droit de s'arrêter à Rouen, Dieppe, Newhaven et Brighton.

Le service de jour sera repris, à heures fixes, au printemps prochain.

×
× ×

**Chemins de fer de l'Est**. — Voyages circulaires en Italie par les lignes de l'Est.

La Compagnie des chemins de fer de l'Est délivre toute l'année des billets pour de nombreuses combinaisons de voyages circulaires ayant principalement l'Italie pour objectif.

Au moyen de ces combinaisons, les voyageurs ont le choix entre un grand nombre d'excursions au Nord des Alpes (parcours en dehors de l'Italie) et au Sud des Alpes (parcours italiens) qu'ils peuvent effectuer avec deux billets, dont l'un est valable pour les parcours Français, Suisses, Allemands et Autrichiens, suivant l'itinéraire choisi, ou l'autre pour les parcours italiens. La durée de validité pour les deux parcours réunis est de 60 jours.

Les prix et conditions ainsi que les différents itinéraires à emprunter figurent dans un livret spécial des voyages circulaires et excursions publié par la Compagnie des chemins de fer de l'Est et mis à la disposition du public dans la gare de Paris et bureaux succursales.

×
× ×

**Chemins de fer de l'Est**. — France, Suisse et Italie (par le Saint-Gothard).

Les voyageurs peuvent se rendre de Paris à Milan par trains directs et rapides, via Troyes, Belfort, Bâle, Lucerne (Lac des 4 cantons et le St-Gothard) (Lac majeur, de Lugano et de Côme).

La durée du trajet est d'environ 20 heures.

A Milan, les voyageurs trouvent des correspondances pour toute l'Italie.

Pour tous autres renseignements, consulter les affiches, les indicateurs et s'adresser aux gares.

www.ingramcontent.com/pod-product-compliance
Lightning Source LLC
LaVergne TN
LVHW080217200726
843507LV00006B/1010